Belas Letras

MÚSICA CULTURA POP ESTILO DE VIDA COMIDA
CRIATIVIDADE & IMPACTO SOCIAL

MEMPHIS,
DÉCADA DE 1960

LOANS
MORRIS LIPPMAN
COMMERCIAL LOAN OFFICE
HARRY'S
168

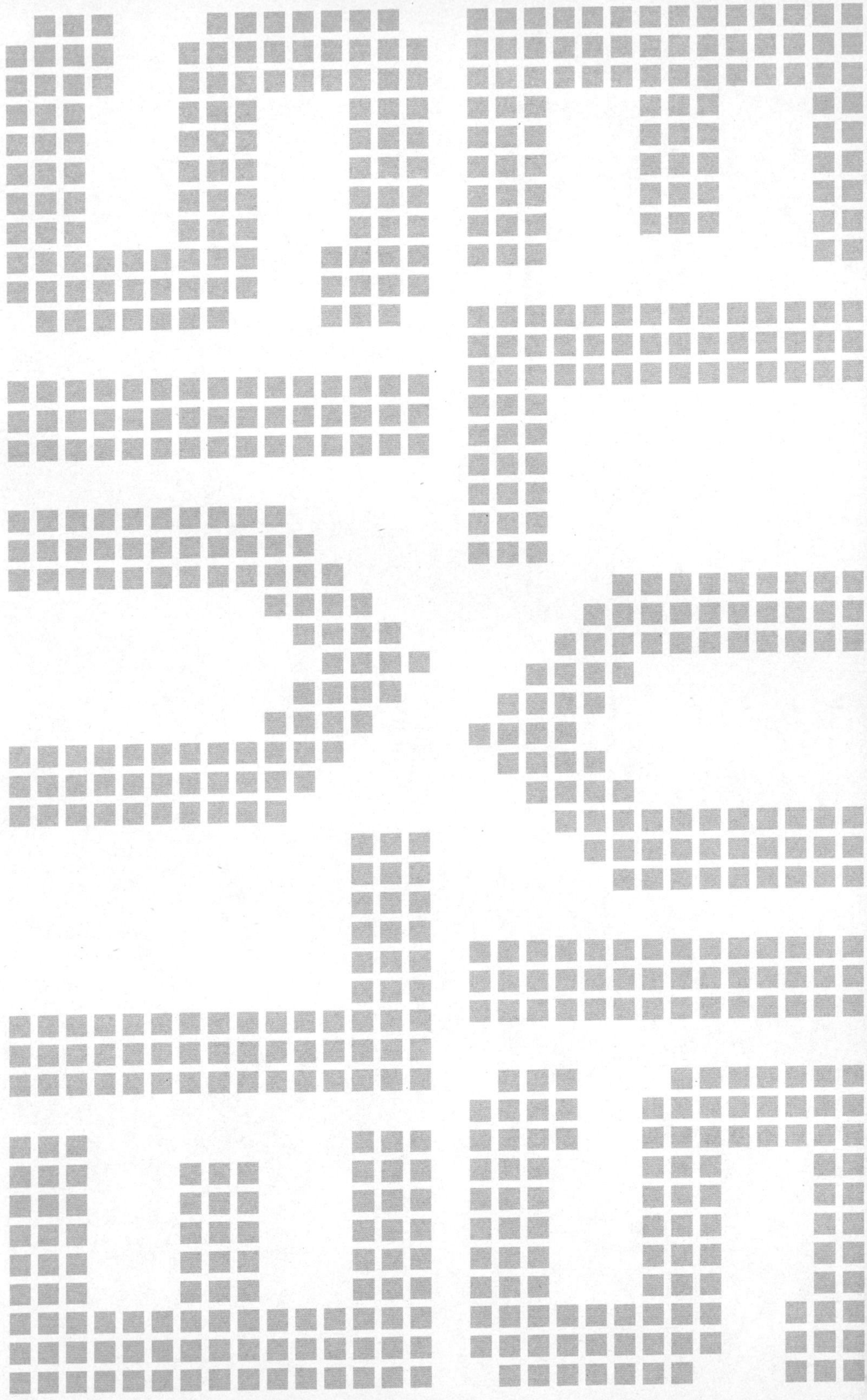
ELVIS

PETER GURALNICK

ELVIS

AMOR DESCUIDADO

Tradução
Henrique Guerra

Belas Letras

Título original: Careless Love: the unmaking of Elvis Presley

Este livro é o resultado de um trabalho feito com muito amor, diversão e gente finice pelas seguintes pessoas:

Gustavo Guertler (*publisher*), Germano Weirich (coordenação editorial), Henrique Guerra (tradução), Vivian Matsushita (preparação), Maristela Deves (revisão) e Celso Orlandin Jr. (capa e projeto gráfico)
Obrigado, amigas e amigos.

Foto: publicidade de Elvis Presley para o filme *Lindas encrencas, as garotas* (*The Trouble with Girls*), 1968 (Wikimedia)

2023

Editora Belas Letras Ltda.
Rua Visconde de Mauá, 473/301 – Bairro São Pelegrino
CEP 95010-070 – Caxias do Sul – RS
www.belasletras.com.br

Dados Internacionais de Catalogação na Fonte (CIP)
Biblioteca Pública Municipal Dr. Demetrio Niederauer
Caxias do Sul, RS

G978e Guralnick, Peter
Elvis: amor descuidado / Peter Guralnick; tradutor: Henrique Guerra. - Caxias do Sul, RS: Belas Letras, 2023
928 p. il.

Título original: Carless Love: the unmaking of Elvis Presley

ISBN: 978-65-5537-238-0
ISBN: 978-65-5537-240-3

1. Presley, Elvis, 1935-1977. 2. Biografia. 3. Rock (Música).
I. Guerra, Henrique. II. Título.

23/19 CDU 929Presley

Catalogação elaborada por Rose Elga Beber, CRB-10/1369

Para Jacob e Nina, e para Alexandra

EL
VIS
CIA

SUMÁRIO

EL

VIS

CIA

Elvis em Graceland, outono de 1960
(Robert Williams)

NOTA DO AUTOR

> Ser uma lenda é difícil. Para mim, é difícil *me* reconhecer.
> A gente passa um tempão procurando se esquivar disso...
> É insuportável o modo como o mundo nos trata...
> Insuportável, pois o tempo vai passando e você não é a
> pessoa da lenda, mas está preso nessa arapuca. Ninguém
> nos deixa sair dela, a não ser quem entende a situação.
> Mas são raras as pessoas que já sentiram isso na pele e
> entendem, e acho que isso pode nos fazer pirar. Pode, sim.
> Pode, sim.
>
> **– James Baldwin,* entrevista concedida a Quincy Troupe**

Esta é uma narrativa sobre a fama. Uma narrativa a respeito da celebridade e suas sequelas. É, penso eu, uma tragédia, e nenhuma tela biográfica deveria ser ocasião para julgamentos morais retrospectivos. O escritor Milan Kundera afirmou: "Suspender o julgamento moral não é a imoralidade do romance". A frase pode ser encarada como um desafio lançado também aos textos de historiadores e biógrafos. Essa suspensão do julgamento é a *moralidade* do contador de histórias, "a moralidade que se opõe ao inextirpável hábito humano de ficar julgando todo mundo, de maneira instantânea e contínua; de julgar antes mesmo de tentar compreender". Fazer esse julgamento moral não é algo ilegítimo; simplesmente não cabe na descrição de uma vida.

Elvis Presley é provavelmente o vulto de nossos tempos sobre o qual mais se tem escrito. Também, sob muitos prismas, é o mais incom-

* James Baldwin (1924-1987), romancista estadunidense, autor de *Notas de um filho nativo, Se a rua Beale falasse, Terra estranha* e *O quarto de Giovanni*. (N. de T.)

preendido, seja por causa de nossa pressa cada vez maior para julgar, ou, talvez mais objetivamente, apenas porque temos a impressão de conhecê-lo tão bem. Em meio a todos os nossos pressupostos, em meio à toda a falsa intimidade associada a uma personalidade de tabloide, imaginar *Elvis* tornou-se quase tão impossível quanto separar o presidente do mito da presidência, ou John Wayne do mito do Oeste dos EUA. Em 1972, Elvis fez a seguinte declaração numa coletiva de imprensa: “É duro fazer jus a uma imagem”. Ele não estava falando em tom de brincadeira. O fato é que tanto ele quanto o seu público pareciam cada vez mais presos a essa imagem.

Um homem entre 23 e 42 anos: esse é o Elvis Presley sobre o qual escrevo aqui. As circunstâncias dele são bem distantes daquelas do menino cujos sonhos se tornaram realidade no vigésimo segundo ano de vida. A mãe dele morreu, testando sua crença no próprio significado do sucesso. Mas não é só isso. Com ou sem a mãe ao seu lado, ele precisaria amadurecer e enfrentar todas as complicações da vida adulta numa situação de escrutínio público quase insuportável, um jovem adulto de temperamento pouco diferente da criança solitária que, a partir de sua própria imaginação, construiu um mundo. O exército foi difícil para ele, não só porque tinha o temperamento inadequado para a caserna, mas porque era algo em que ele sabia que precisava ter sucesso, tanto para si mesmo quanto para os outros. Ao retornar a uma vida interrompida, enfrentou escolhas artísticas bem mais ambíguas do que a boa sorte que ele havia abraçado com tanta inocência. Essas escolhas lhe impuseram a necessidade de tomar decisões, fardo com o qual ele nunca se conciliou plenamente. O talento natural para se adaptar e o relacionamento complexo com o empresário – que ele considerava não só um mentor, mas um talismã de sua boa sorte – serviram a Elvis tanto para o bem quanto para o mal. Para esconder sua solidão, o cantor formou uma concha que endureceu em suas costas. História mais triste eu não conheço. A última parte da vida de Elvis tem a ver com o preço que se paga pelos sonhos? Talvez, mas não devemos nos esquecer dos sonhos em si, nem da aspiração que lhes serviu de combustível. Sem eles, a história de Elvis Presley seria pouco significativa.

O máximo possível, tentei compor esta narrativa do ponto de vista de Elvis. Ele nunca manteve um diário nem nos deixou memórias. Raramente escrevia cartas ou dava entrevistas. Mas existe, é claro, uma rica documentação sobre a vida de Elvis Presley. Nisso se inclui o registro de suas próprias palavras, as quais, embora quase nunca proferidas sem finalidade pública, quase sempre nos oferecem um vislumbre do que palpitava em seu íntimo. Fui atrás de jornais da época, documentos oficiais, diários, revistas, fanzines, resenhas, relatos e depoimentos de amigos e testemunhas oculares, não com a intenção de assoberbar o leitor com informações, mas simplesmente para tentar entender a história. Claro, no fim das contas, é preciso deixar de lado a sobrecarga e confiar só no instinto. Estou pintando um retrato, não criando um site na web. Aceitar essa ideia exige sempre um salto de fé. Com certeza, é preciso correr o olhar sem pressa, é essencial levar em conta todas as possibilidades, não prejulgar com base em probabilidades ou vieses pessoais – mas é preciso também reconhecer que, alterando um pouco o ângulo de percepção e selecionando detalhes levemente distintos, surge uma visão bem diferente. É nisto que reside o salto de fé: a certa altura, você simplesmente precisa acreditar que, ao imergir no assunto, obteve sua própria perspectiva.

Dediquei 11 anos a Elvis. E um tempo bem maior, se eu retroceder aos artigos que escrevi originalmente para tentar expor ao mundo por que eu considerava a música dele tão crucial, tão emocionante e culturalmente significativa, parte do mesmo *continuum* da música vernacular estadunidense que produziu Robert Johnson, Hank Williams, Sam Cooke, os Statesmen, Jimmie Rodgers e o Golden Gate Quartet. Continuo achando isso, mas a imersão no assunto mudou a minha visão sobre outros – e mais sutis – aspectos. Antigamente, eu via Elvis apenas como um cantor de blues (esse era o meu próprio e peculiar preconceito), mas hoje eu o enxergo da mesma forma que, penso eu, ele se enxergava desde o início: alguém cuja ambição era abarcar todas as vertentes da tradição musical dos EUA. E se ainda não me sinto igualmente aberto ao modo como ele abordava cada uma dessas vertentes, ao menos posso dizer que despertei para a beleza de muitas baladas que outrora eu desprezava e, com frescor, passei a admirar a tradição dos quartetos gospel, que Elvis conhecia tão profundamente.

No processo de redigir estes dois volumes, entrevistei centenas de pessoas; algumas delas, dezenas de vezes. Em alguns momentos, indubitavelmente, senti que enfim tive acesso ao mundo de Elvis; mas, com a mesma frequência, me dei conta de que, não importa quanto tempo você fique espiando de fora, nunca se capta com exatidão o ponto de vista interno. Por isso é importantíssimo continuar voltando – não só para tentar entender a sequência de eventos, mas para dar à imagem a chance de ganhar um foco mais nítido. Você tenta captar a pintura descascada da maçaneta da porta, os cochichos abafados no corredor; você quer que o leitor escute a risada de Elvis em sua despreocupada exuberância – embora nenhuma dessas coisas venha plenamente à tona. Talvez não haja necessidade de realçar que essa tarefa pode levar à loucura tanto o escritor quanto os entrevistados. Porém, o que mais me causou surpresa, dia após dia, foi algo que me surpreendeu igualmente em todos os livros que escrevi: a gentileza dos participantes, a curiosidade deles em relação ao que *realmente aconteceu*, em relação às perspectivas dos outros sobre os eventos dos quais eles próprios participaram. Em minha cabeça, nunca tive dúvidas de que, praticamente sem exceções, todas as pessoas que entrevistei me contaram fatos por elas considerados verídicos. As interpretações podem estar sombreadas, e os períodos temporais, estreitados – mas não houve tentativa consciente de distorção, exceto pelo universal impulso humano de se ver no centro da imagem.

Quis respeitar essas verdades. Quis entender cada depoimento das testemunhas. Sobretudo, quis entender a história de Elvis. Delineando o *contexto* em que esses eventos – alguns já bem conhecidos – ocorreram, também tentei dar aos leitores novos alicerces para entendê-la. Junto

VOCÊ TENTA CAPTAR A
PINTURA DESCASCADA DA
MAÇANETA DA PORTA, OS
COCHICHOS ABAFADOS
NO CORREDOR; VOCÊ
QUER QUE O LEITOR
ESCUTE A RISADA DE ELVIS
EM SUA DESPREOCUPADA
EXUBERÂNCIA - EMBORA
NENHUMA DESSAS COISAS
VENHA PLENAMENTE
À TONA.

a outros importantes fatores, essa busca por contexto – às vezes, mera descrição das condições climáticas -- está no âmago de minha arraigada crença no ato de pesquisar. Não que o derradeiro significado possa ser desvelado (e, devo admitir, tenho lá minhas dúvidas sobre o que seria esse "derradeiro significado"), mas, em um nível mais básico, como vamos entender causa e efeito se não sabemos qual veio primeiro? Arthur Schlesinger Jr. sugeriu que a história é "uma discussão sem fim". Talvez ele tenha razão, mas a história fornece bases frutíferas para o debate, se observarmos certas regras no que tange às provas. Existe espaço para a mais vasta gama interpretativa, frisa Schlesinger, basta reconhecer que estamos estabelecendo "pequeninas verdades para (então) colocá-las em contextos e perspectivas maiores" e que "somos prisioneiros de nosso próprio tempo e de nossas próprias experiências". O mesmo podemos dizer sobre os protagonistas. Nas palavras do historiador David McCullough: "Thomas Jefferson e Benjamin Franklin não se sentaram ao redor de uma mesa e disseram: 'Não é excelente viver no passado?'. Não sabiam mais (do que nós) sobre o desdobramento das coisas". Para mim, isso significa que devemos respeitar não só a história, mas a maneira como ela se desenvolve; julgar o passado com base nos padrões do presente lança pouca luz sobre a compreensão, não representa mais do que histórias do tipo: "Eu não te disse?".

Não há vilões aqui. O relato sobre o inexorável ocaso de Elvis – o qual pode ser quase chamado de *apagamento* de Elvis Presley ao longo do tempo – não é simples, nem monolítico, e talvez não tenha moral maior do que a história de Jó ou o *Édipo-Rei* de Sófocles: "Nenhuma pessoa deve ser considerada sortuda antes de ter alcançado o fim de sua jornada". O tipo de fama experimentada por Elvis exige uma reinvenção constante para escapar de suas armadilhas – e, como mais de um amigo de Elvis observou, seu desejo de escapar era, na melhor das hipóteses, ambivalente. Às vezes, ele ficou tentado a fazê-lo, mas não estava disposto a jogar fora a identidade que havia criado com tanto afinco: ele *gostava* de ser Elvis Presley.

Os últimos anos de sua vida foram pouco mais que um triste declínio, e isso acabou se tornando a base da caricatura tão repetida nas biografias sensacionalistas e mórbidas, comuns nos dias de hoje. De modo ainda mais significativo, a música com a qual ele deixou sua marca tornou-se um campo de batalha para reivindicações etnocêntricas opostas: Elvis Presley, cuja visão democrática não poderia ser mais ampla ou abrangente, torna-se alvo de acusações de furto cultural. Isso mostra falta de compreensão não só sobre Elvis Presley, mas a respeito de cultura popular, que até mesmo em suas formas mais puras não deixa de representar os empréstimos poliglotas que as rádios e as gravações fonográficas introduziram pela primeira vez há mais de um século. Você não precisa *curtir* Elvis Presley – mas, se ouvir suas músicas, é impossível deixar de reconhecer suas conquistas e sua originalidade. Ele não copiava o cantor de blues Arthur “Big Boy” Crudup mais do que copiava o pioneiro do bluegrass Bill Monroe – embora eles, junto com um leque de influências (Roy Hamilton, Mario Lanza, Dean Martin, Clyde McPhatter e Jake Hess), estivessem entre seus heróis e Elvis tenha, de modo inquestionável, absorvido a música deles na sua. Como toda arte, essa música permanece sem explicação (se ela pudesse virar uma fórmula, por que todo mundo não faria isso?), mas surgiu não por fruto do acaso e sim por cuidadosa elaboração, como as composições de Duke Ellington e os blues de Robert Johnson. No final, é nisto que a história sempre volta a desembocar: na música. O frenesi da fama terá chegado ao fim, mas novas investigações continuarão sendo recompensadas por esse mistério.

Elvis na Union Station, Memphis, 7 de março de 1960
(James Reid)

PRÓLOGO: DE VOLTA AO LAR, MEMPHIS

Março de 1960

PARTIRAM APÓS uma forte nevasca. Recém-promovido a sargento, ele emergiu da tesouraria do Fort Dix, em Nova Jersey, com seu último soldo, o soldo que marcava sua dispensa da incorporação: 109,54 dólares para despesas de viagem, alimentação e vestuário. "Não se esqueça da minha comissão", rosnou seu empresário, o Coronel Tom Parker, em voz alta o suficiente para os jornalistas escutarem. Com um sorriso, Elvis Presley entregou-lhe o cheque. Foi andando rumo à limusine com chofer, escoltado por seis policiais militares, enquanto a banda marcial tocava a natalina "Auld Lang Syne". Súbito, seis adolescentes do sexo feminino se desprenderam da multidão. Os PMs cerraram fileiras, mas o jovem militar desacelerou, sorriu e parou para conversar com as fãs. Enfiou a mão na valise e retirou seis fotos autografadas, uma para cada moça, e logo depois sumiu com seu empresário na limusine enquanto seus camaradas do exército gritavam: "Vai fundo, Elvis!".

Dois anos antes, ele tinha abandonado a vida civil, e havia 17 meses não pisava em solo americano. Recostou-se no banco. Abriu um largo sorriso que iluminou suas belas feições de 25 anos. Relanceou um olhar para trás. Uma caravana de 40 veículos, com repórteres, fotógrafos e fãs, os seguia na estrada coberta de neve. Por um lado, era como se ele nunca tivesse ido embora; por outro, era como se ele ainda fosse um forasteiro em terras estrangeiras. Os dedos nervosos batucavam no elegante estofamento – ele mal havia conseguido dormir naquela noite. Até mesmo agora, um turbilhão de emoções o dominava, e, para ele, teria sido impossível expressar todas elas. Declarou aos repórteres que a única coisa que passava em sua cabeça era descansar em casa nas próximas semanas, mas isso não era verdade. Estava marcada uma sessão de gravação na RCA, na qual, ele sabia, todos depositavam suas esperanças. Sua presença especial na "Festa de Boas-Vindas a Elvis Presley", cujo anfitrião seria ninguém menos que Frank Sinatra, estava agendada para dali a menos de um mês. Além disso, Hal Wallis, o primeiro produtor a contratar Elvis como ator, quatro anos atrás, planejava iniciar as filmagens de *Saudades de um pracinha* (*G.I. Blues*) tão logo esses outros compromissos fossem cumpridos.

De uma coisa, Elvis podia ter certeza: seu empresário tinha um plano. Corpulento e taciturno, o Coronel permaneceu em constante contato com Elvis em todo o seu período no exército. O olhar semicerrado do Coronel escondia uma expressão de cobiça divertida que, às vezes, Elvis pensava que só ele era capaz de perscrutar. O Coronel nunca o visitou na Alemanha – estava muito ocupado orquestrando todos os elementos necessários para sustentar a carreira de seu único cliente –, contudo manteve uma comunicação quase diária e forneceu um fluxo constante de incentivo, tanto estratégico quanto paternal, até mesmo nos dias mais sombrios. O Coronel cuidava de tudo nos mínimos detalhes. Continuou a promover as mercadorias de Elvis Presley, elaborou campanhas de venda para cada novo disco lançado e impulsionou os donos de cinemas menores quando, no verão anterior, a Paramount recolocou em cartaz os filmes *Balada sangrenta* (*King Creole*) e *A mulher que eu amo* (*Loving You*). Travou um embate com os oficiais do exército e os convenceu a pôr de lado os planos de alistar Elvis como artista-embaixador; recusou-se a ceder às exigências cada vez mais importunas da RCA para que Elvis gravasse algo – *qualquer coisa* – enquanto estava na Alemanha; e, por fim, usou a seu favor a escassez de produtos, para aumentar seu poder de barganha. Mesmo em clima de dúvida, fechou contratos para realizar filmes (manchetes do tipo "O poder de atração de Presley vai durar?" eram comuns, e os estúdios costumavam citar isso na hora de negociar valores). Parker foi tão bem-sucedido nesse intento que, apenas naquele ano, já havia três filmes alinhavados com Elvis no papel principal, incluindo dois longas-metragens "sérios" para a Fox.

Acima de tudo, ele havia mantido o nome de Elvis nas manchetes por dois anos inteiros, façanha que nem o cantor acreditava ser possível. Compartilhou todos os detalhes da campanha com seu protegido, confidenciando sua estratégia, descrevendo seus *snow jobs*,* apoiando o soldado quando ele sentia saudades de casa, elogiando-o por sua coragem e paciência, fazendo-o se sentir um homem. Formavam um time imbatível, uma parceria que ninguém, jamais, olhando de fora, seria capaz de entender. Além disso, Elvis sabia muito bem que, no tempo em que estivera afastado, o Coronel não havia assumido a carreira de nenhum outro artista.

Nesse dia, o plano mais parecia uma manobra para desviar a atenção, e o Coronel estava se divertindo com isso. Comunicou à imprensa que estavam indo a Nova York; dariam uma grande entrevista coletiva no Hotel Warwick e depois passariam o fim de semana por lá. Mas, como se diz, quando a imprensa estava indo, o Coronel já estava voltando. O plano dele era outro. Havia bolado cinco itinerários e esquemas alternativos, totalmente detalhados, com um sem-número de veículos chamarizes e até mesmo um helicóptero de prontidão, se necessário – mas, na verdade, sua única intenção era iludir, e nisso ele tinha um talento sobrenatural. Em algum ponto de Nova Jersey, a caravana de veículos que os seguia perdeu seu rastro. "Misteriosamente Elvis Presley desapareceu na rodovia soterrada por neve e fãs", relataram os

* A expressão idiomática *snow job* significa exercer a lábia, engambelar, tentativa de persuadir ou enganar com elogios insinceros etc. O Coronel Parker se orgulhava de ser um *snowman* e criou a Liga dos Bonecos de Neve dos EUA, brincando com o duplo sentido do verbo *snow* (que também significa "nevar") e aludindo à sua habilidade de praticar *snow jobs*. No filme *Elvis*, de Baz Luhrman (2022), *snowman* foi traduzido nas legendas como "ilusionista". (N. de T.)

jornais no dia seguinte. Na verdade, porém, simplesmente se refugiaram num hotel discreto em Trenton. Lá se reencontraram com o restante do grupo: Lamar Fike, com seus 136 quilos, fiel escudeiro de Elvis na Alemanha, onde permaneceu ao lado do amigo ao longo de todos os 17 meses; Rex Mansfield, colega de caserna de Elvis, com raízes em Dresden, Tennessee, a quem o Coronel concordou de bom grado em dar uma carona para casa; o braço direito do Coronel, Tom Diskin; e vários outros representantes de gravadoras e pessoal ligado ao empresário. Na maior parte do dia, ficaram reclusos em Trenton, com o Coronel transmitindo mundo afora mensagens contraditórias, por meio de sua secretária em Madison, Tennessee. A bordo de um vagão privativo, partiram naquela noite rumo a Washington, onde pela manhã baldearam para o famoso trem de passageiros *Tennessean*, com saída marcada para as 8h05. Novamente ocuparam um luxuoso vagão particular, conectado à retaguarda do comboio, mas agora o mundo conhecia o cronograma deles. O próprio Coronel fez a divulgação. Queria dar a seu garoto o tipo de boas-vindas que um herói de volta ao lar merecia.

Uma multidão de 1.500 pessoas se aglomerou em Marion, Virgínia, e mais 2.500 pessoas em Roanoke, com números substanciais em paradas menores ao longo do caminho. Em cada uma delas, Elvis aparecia na plataforma de observação, esbelto e bonito no uniforme azul que havia mandado fazer na Alemanha com uma divisa extra no ombro que designava o posto de segundo-sargento. Ao ser questionado sobre a divisa extra, Elvis explicou constrangido que se tratava de um lapso do alfaiate, mas alguns dos repórteres mais cínicos creditaram isso à obra do Coronel ou, simplesmente, à vaidade de Elvis. Em nenhuma das paradas ele fez qualquer declaração. Limitou-se a acenar e sorrir. De fato, numa estação na Virgínia, por insistência do Coronel, Rex tomou o lugar de Elvis na plataforma, com o Coronel lhe garantindo que os fãs nunca perceberiam a diferença.

No interior do vagão, o Coronel e Elvis jogavam dados a 100 dólares por lance, e Elvis deu a Rex e a Lamar dinheiro suficiente para que jogassem também. Mais tarde, quando Rex tentou devolver as várias centenas de dólares que havia ganho, Elvis ofereceu-lhe um emprego de assessor-chefe. Explicou que haveria muito mais dinheiro se Rex ficasse com ele e, de quebra, uma vida glamorosa. “Se estiver em dúvida, fale com o Coronel”, sugeriu Elvis.

Para o espanto de Rex, o Coronel, sobre quem Elvis falava desde que se conheceram na Junta de Recrutamento em Memphis, dois anos antes, o desaconselhou. Após ouvir atentamente os bem-formulados planos de Rex para o futuro, bem como suas perspectivas de obter êxito no mundo dos negócios, o Coronel Parker “disse que me achava bom o suficiente para ter sucesso sozinho, sem ficar orbitando Elvis. Explicou que eu não tinha o perfil dos outros que acompanhavam Elvis e me aconselhou a não aceitar o emprego. Em seguida, o Coronel me pediu para não contar a Elvis o que havia dito, porque isso deixaria Elvis indignado... Garantiu que tinha me dado seu conselho honesto e sincero, mas a decisão final seria minha. E de novo frisou: ‘Se disser a Elvis que falei para você não aceitar o emprego, vou negar’”.

Em Bristol, Tennessee, David Halberstam, um jovem repórter do *Nashville Tennessean*, subiu a bordo. Alguém da equipe do Coronel o havia alertado com uma ligação a cobrar. Presley, escreveu ele, parecia “um potro contente. (...) Lutava com os guarda-costas, piscava para as moças na estação e fazia palhaçadas com seu sempre fiel empresário e gestor de marketing, Coronel Tom Parker. ‘Cara, a sensação de voltar pra casa é muito boa’, disse Presley. ‘É bom demais.’ Então pôs a mão na cabeça do Coronel, na linha da calvície, e comentou: ‘Não parece o Andy Devine [encorpado ator hollywoodiano]? É a cara do Andy Devine’. ‘Pare de arrancar meu cabelo’, protestou o Coronel. ‘Só estou fazendo uma massagem capilar no senhor’, alegou Presley. ‘Sempre que você massageia’ [retorquiu o Coronel] ‘sobra um pouco menos...’.

“O Coronel, extraordinariamente empolgado e, ao mesmo tempo, com a barba por fazer após os dias de intriga na Costa Leste (...) não escondia a satisfação. Satisfação com seu garoto e satisfação com as hordas de moças que ele teve de enfrentar. 'Em número igual ou maior do que antes', comentou, apontando as turbas. 'Melhor do que nunca.'"

Às 20h55, a menos de 11 horas de Memphis, o trem parou em Knoxville. Halberstam registrou a presença de 3 mil adolescentes, muitos com faixas e cartazes. Sentiu a crescente agitação, a energia nervosa do jovem cantor, que não lhe permitia ficar parado nem dormir. Foi uma noite comprida. Brincou com os parceiros, treinou saque rápido de pistolas e fez uma esporádica exibição da técnica oriental do caratê, que vinha praticando seriamente na Alemanha nos últimos meses. Se um dia ele perdesse a voz, ponderou o Coronel sarcasticamente, "a gente pode ganhar uma grana nos ringues de luta livre". Às 6h15 da manhã, em Grand Junction, Tennessee, quando os repórteres de Memphis se juntaram à comitiva, e na estação Buntyn, uma hora depois, ele ainda trajava seu uniforme de gala, ostentando o distintivo de Boa Conduta e a medalha de Perito em Tiro ao Alvo. Mas logo em seguida vestiu uma das duas camisas sociais de renda que ganhou em Fort Dix, presente de ninguém menos que Nancy, a filha de 19 anos de Frank Sinatra. "Se pareço nervoso, é porque estou", declarou ao repórter do *Press-Scimitar*, Bill Burk. "Estive fora por muito tempo, muito tempo", murmurou quase de si para si, enquanto o trem parava na estação. Alguém indagou: "Do que você mais sente saudades em Memphis?". "De tudo. Estou falando sério... de tudo."

Duzentos fãs, repórteres e curiosos aguardavam na plataforma quando o trem chegou, às 7h45. Flocos de neve caíam em meio ao vento congelante. Aglomerada atrás da cerca de ferro forjado de 1,80 metro de altura, a multidão gritava "Queremos Elvis!". "Foi bom ter você a bordo", disse o fiscal do trem, H. D. Kennamer, apertando a mão dele. "Obrigado, senhor", disse Elvis Presley, aprumando os ombros e mergulhando de volta na vida que ele conhecia. Caminhou ao longo da cerca, trocando apertos de mãos por entre as barras e reconhecendo rostos familiares. Bateu um papo ligeiro com vários amigos e fãs, depois deu a entender a Bitsy Mott, cunhado e assessor do Coronel, que gostaria de conversar com Gary Pepper, vítima de paralisia cerebral de 27 anos que recentemente havia assumido a presidência do Tankers Fan Club (Elvis serviu em um regimento de cavalaria mecanizado) e segurava acima da cabeça um cartaz com os dizeres "Bem-vindo ao lar, Elvis – The Tankers". No meio da multidão, Bitsy empurrou a cadeira de rodas de Pepper, e os dois tiveram um breve encontro. Pepper se desculpou por não haver uma afluência maior, afinal era um dia letivo. Conforme o jornal, "Elvis mordeu o lábio como quem tenta conter as lágrimas e disse: 'A gente se vê por aí, amigão'".

Então lá se foi ele, recolhido na viatura policial de seu velho amigo, o capitão Fred Woodward. Menos de meia hora depois, chegaram a Graceland, com as luzes piscando e a sirene tocando. "Os portões se abriram", relatou o *Memphis Press-Scimitar*, "e o carro de Woodward chispou a quase 50 km/h. Em seguida, os portões se fecharam. O Rei estava de volta a seu trono."

Em casa na Alemanha, 1959: Vernon, vovó e Elvis
(Cortesia do Espólio de Elvis Presley)

ALEMANHA:
MARCANDO PASSO

Outubro de 1958 a março de 1960

Elvis chegou a Bremerhaven em 1º de outubro de 1958, um dos 750 membros do Trigésimo Segundo Batalhão de Carros de Combate, da Terceira Divisão Blindada, parte do lendário "Punho Encouraçado da Europa".* Foi recebido no cais por 1.500 fãs, cinco equipes de notícias de televisão, dois operadores de câmeras para cinejornais, além de repórteres e fotógrafos de praticamente todos os principais periódicos e jornais europeus. A operação foi bem planejada, com poucos incidentes fora do protocolo. Um único caçador de autógrafos conseguiu romper os cordões da polícia, e uma jovem repórter alemã presenteou o soldado Presley com um buquê de flores.

A tropa embarcou de trem rumo a Friedberg, ao norte de Frankfurt, a cerca de 300 quilômetros de distância. Buscando um tempinho de privacidade, Elvis foi comer com os cozinheiros no vagão da cozinha. Em tom contido, agradeceu individualmente a cada um deles pela hos-

* A expressão *Mailed Fist* significa "punho cerrado" ou "punho erguido". *Mail coat* é "cota de malha", um tipo de armadura medieval; portanto, *mailed fist* também é "punho de ferro". Em sentido figurado, *mailed fist* significa "aplicação de força bruta". Textos sobre a Segunda Guerra Mundial trazem essa expressão em referência às melhores divisões blindadas. (N. de T.)

pitalidade. Os militares planejaram interações entre Elvis, a imprensa e o público ao longo dos dias seguintes – mas *apenas* nos primeiros dias após sua chegada. Na manhã seguinte, haveria uma coletiva de imprensa. Sem dúvida, ele enfrentaria os mesmos tipos de pergunta que os repórteres faziam em todos os outros lugares. Ainda pretende conhecer Brigitte Bardot agora que ela ficou noiva? O que ele achava das garotas alemãs, mesmo sem conhecer nenhuma? Sua música vai mudar? E a popularidade, continuará a mesma? O Coronel avisou a Elvis: ele precisava passar por isso; ele tinha o seu trabalho, e a imprensa, o dela, e não havia motivo para que uma parte não atendesse às necessidades da outra. O trabalho dele era ser *um soldado qualquer*. Tão logo acabasse essa onda inicial de atenção, Elvis se tornaria exatamente isso.

Tinha sido uma travessia estranha e solitária. Não porque tivesse se isolado no navio de transporte militar – fez amizade com vários caras. Mas sim porque, com o falecimento da mãe, estava realmente sozinho no mundo. Buscou consolo nas páginas da antologia *Poemas que tocam o coração*, que um dos colegas soldados lhe entregou antes de partir. Leu e releu poesias sobre morte e maternidade. Procurou a companhia de almas amigas, pedindo para ficar na cabine com Charlie Hodge, o rapaz franzino que conhecera no trem rumo ao Brooklyn Army Terminal, também sulista, cantor e veterano do show business. Charlie contou que, à noite, escutava Elvis pensando na mãe dele – percebia isso pela forma como o amigo respirava. Charlie tentava animá-lo, contando piadas, repetindo velhos números de *vaudeville*, até o amigo, enfim, adormecer.

Após vários dias no mar, Elvis e Charlie foram encarregados de um show de talentos no U.S.S. *Randall*. Fizeram audições e conduziram o programa; Charlie atuou como mestre de cerimônias, contando piadas, e Elvis tocou piano na banda de apoio, colaborando no entretenimento, mas tentando passar despercebido. Declarou que não queria roubar os holofotes dos outros militares. Ao mesmo tempo, correu o boato de que estava proibido de se apresentar por seu empresário. No geral, os colegas gostavam dele, mas mantinham certa distância, encarando-o com desconfiança compreensível, sentimento que Elvis também poderia estar nutrindo em relação a eles. "Charlie", confidenciou ele ao seu novo amigo, "é você quem me impede de ficar doido".

Em Friedberg, se alojou no Ray Kaserne, quartel das forças alemãs da SS na Segunda Guerra Mundial. Participou das inevitáveis coletivas de imprensa (ele *se interessava* pelas garotas alemãs; planejava adquirir um violão em Frankfurt, pois não havia trazido um com ele no navio; gostaria de assistir a óperas e música de concerto enquanto estivesse aquartelado na Alemanha). Inicialmente designado como motorista de jipe à disposição do comandante da Companhia D, logo foi transferido para a Companhia C e ficou às ordens do sargento Ira Jones, do pelotão de reconhecimento. Sargento de carreira, durão e pragmático, Jones acabou se revelando o homem ideal para o cargo; e o fato de a companhia passar a maior parte do tempo em manobras de campo ajudaria a afastar o soldado Presley do escrutínio público.

Os familiares dele chegaram no sábado, 4 de outubro. Naquela noite, Elvis foi jantar com eles no hotel, em Bad Homburg. Uma turminha estranha: o jovem soldado loiro, seu bem-apessoado pai de 42 anos, a esquelética avó de 68 anos e mais dois parças da cidade natal, Red West e Lamar Fike. Ansioso por notícias de Memphis, Elvis parecia quase desesperado para *se conectar*. Precisava de gente conhecida, gente em quem confiasse. Para Lamar, não era lá um grande mistério o motivo de todos estarem ali; "Elvis sempre mantinha seu próprio mundo com ele, mantinha sua bolha própria". Findo o jantar, ao lado do pai e da avó, posou para fotos. Em seguida, relutante, voltou à caserna. Disse aos repórteres que estava exausto, só queria voltar ao quartel e dormir um pouco.

Foi difícil, talvez mais difícil do que tudo que ele já havia feito – e a vida na caserna era apenas parte disso. Dois dias após a chegada da família, o grupo mudou de hotel. Três semanas depois, Elvis recebeu permissão para morar fora da base com seus dois dependentes familiares, e a família se mudou outra vez, agora para o elegante Hotel

Grunewald, em Bad Nauheim, a 20 minutos da base. Ficaram com todo o andar superior só para eles, mas mesmo assim ainda era apertado. Red e Lamar dividiam um quarto e, mais relevante do que isso, sentiam-se obviamente deslocados no suave ambiente de um spa europeu para turistas abastados e, na maioria, idosos.

A reação de Red, como sempre, foi explodir com qualquer um que atravessasse seu caminho. Elvis não pagava um salário a nenhum deles; estavam ali na condição de *amigos*. Mas disse ao seu pai, Vernon, que lhes desse dinheiro suficiente para se divertirem – algumas centenas de marcos, ou cerca de 50 dólares semanais para cada um. Vernon, por sua vez, não enxergava o que qualquer um deles havia feito para merecer tamanha generosidade. Por isso distribuía só dois ou três marcos por noite para cada um, e eles gastavam o dinheiro e acalentavam seus ressentimentos no barzinho da esquina, o Beck's Bar, onde Red volta e meia se envolvia em brigas com outros beberrões ou guardas locais. Seja como for, Red e Vernon nunca morreram de amores um pelo outro. Como Vernon também gostava de entornar umas, a possibilidade de as coisas saírem do controle era constante. Para Elvis, o único momento genuinamente pacífico do dia era em companhia da avó, carinhosamente apelidada por ele de "Dodger".* Ela nunca o julgava nem queria nada dele, o chamava de "Meu filho" e se lembrava de todos os dias da infância dele, com a clareza e a admiração em geral reservadas para narrar a vida dos santos.

Logo após a chegada de Elvis, houve um momento de confusão. Parecia que o exército estava rompendo o combinado com o Coronel Parker de não pressionar Elvis a se apresentar. Primeiro, o Coronel fez uma extensa campanha para estabelecer contatos em Washington. Em seguida, convenceu esse pessoal de que seria contra os interesses das Forças Armadas que Elvis não fosse tratado como um soldado comum. Ao mesmo tempo, alertava Elvis, em tom de protesto, que cabia a ele resistir a essas

* *Dodge* é "driblar", "esquivar-se". Consta que Elvis apelidou a avó de "Dodger" porque ela era ágil e um dia se esquivou com rapidez quando ele jogou uma bola na direção dela. (N. de T.)

oportunidades, por mais inocentes que pudessem parecer à primeira vista. No entanto, John Wiant, o editor europeu do *Army Times*, abordou Elvis e Vernon sobre um show beneficente de Natal para órfãos alemães. Vernon explicou que não tinha autoridade para aceitar ou recusar o convite. Então Wiant levou o assunto ao Coronel Parker. Por um instante, até mesmo o Coronel entrou em pânico, pois ficou claro que a pressão vinha de cima. Porém, orientou Elvis a *não assumir quaisquer compromissos*. Ato contínuo, alertou seu principal contato em Washington, E. J. Cottrell, diretor-assistente de Informações do Ministério do Exército: aquilo contrariava tudo pelo que os dois estavam trabalhando. Além disso, um show desse tipo ia gerar despesas ao exército para fornecer a segurança necessária – e se essa segurança não fosse fornecida, seria péssimo para a imagem do exército. Cottrell respondeu em tom divertido, mas compreensivo. A história chegou aos jornais e continuou a ser comentada, aqui e ali, por algumas semanas. Para qual função o soldado Presley deveria ser mobilizado? Parecia que havia um embate em andamento entre o Ministério de Relações Exteriores e o exército sobre a escolha correta. O resultado, é claro, favoreceu a tese do Coronel Parker.

Aos poucos, estabeleceu-se uma rotina. Elvis despertava às cinco e meia, e o restante do pessoal também. Claro, os outros podiam voltar a dormir às seis e meia, horário em que ele partia rumo à base, no táxi Mercedes preto contratado por ele para fazer o traslado diário. Almoçava em casa vários dias da semana e nunca voltava após as seis da tarde. A exceção era na sexta-feira, quando acontecia a "noite festiva dos soldados", cujas atividades incluíam escovar as latrinas e deixar todo o quartel limpinho. Muitas vezes, os serviços se estendiam até as dez da noite, pois a inspeção era aos sábados de manhã. Em linhas gerais, o trabalho militar era agradável. Elvis aprimorava suas habilidades para ler mapas e se orientar com a ajuda da bússola, tudo em preparativos para manobras de treinamento. E, claro, deixava o jipe sempre em ótimas condições. Estava namorando uma pequena – moça de 16 anos, mas que aparentava ser mais velha. Trabalhava como datilógrafa numa empresa de fornecimento de eletricidade em Frankfurt. No dia seguinte à chegada da família de Elvis em Bad Homburg, do nada, ela apareceu em companhia de um fotógrafo. Os dois esperaram na calçada em frente ao hotel até Elvis emergir com o pai dele. Ela se aproximou do cantor com o pretexto de pedir um autógrafo. Nisso, o fotógrafo que veio com ela – apoiado por outros fotógrafos que faziam tocaia perto do hotel – pediu a Elvis que desse um beijinho no rosto da garota. Elvis não se fez de rogado, e no dia seguinte os jornais estamparam manchetes sobre a "namorada germânica" de Elvis Presley, Margit Buergin. Lamar conseguiu o telefone dela para ele, e os dois se encontraram algumas vezes. Boa moça, morava com a mãe e dormia em casa todas as noites. Às vezes, ela trazia um pequeno dicionário alemão-inglês para os encontros.

Para Elvis, lembrar-se de casa gerava uma angústia quase insuportável. Telefonou a alguns de seus amigos e contou o quanto sentia falta de Memphis. Fez graça sobre os "docinhos" locais; fez seu pai ligar para casa em 15 de outubro a fim de encomendar um suprimento generoso de pílulas de alfafa de uma farmácia de Memphis, porque tinha ouvido falar que era uma boa maneira de manter o corpo em forma. Escreveu cartas animadas a algumas jovens, confidenciando seu desconforto, mas agindo como se estivesse *tirando de letra*. Só desabafou mesmo com Anita Wood – embora não tivesse certeza nem sobre o que realmente sentia por ela.

Ele sabia como *deveria* estar se sentindo. Praticamente desde o dia em que se conheceram, no verão de 1957, os jornais os interligaram, e ele sabia que Anita esperava um dia se casar. De fato, num momento de desespero, pouco antes da partida, inclusive comentou com ela a possibilidade de trazê-la para uma visita, assim que a poeira baixasse. Agora escreveu a Anita dizendo que ela deveria se manter pura e saudável, que nunca havia amado – e jamais amaria – alguém na vida como ele a amava, que mal podia esperar pelo casamento deles e "um pequeno Elvis". Em outra carta, referiu a si mesmo como um "garotinho solitário a 8 mil quilômetros de distância", negou peremptoriamente as histórias de jornal sobre Margit (chamada de "Margrit" na imprensa americana) e acrescentou, em um P.S. encabulado: "É só você quem lê minhas cartas, né?".

Embora transmitisse nessas cartas algumas de suas sensações de desamparo e isolamento, nesse meio-tempo as coisas já estavam começando a melhorar. Recebeu notícias de Janie Wilbanks, a moça que conheceu na estação ferroviária de Memphis, quando o comboio que transportava as tropas parou a caminho do Brooklyn Army Terminal. Ela contou que visitaria o tio dela, capelão do exército na Alemanha, por volta do Natal, e mal podia esperar para revê-lo. Seu camarada Charlie Hodge, do U.S.S. *Randall*, apareceu no hotel em sua primeira licença de fim de semana e se enturmou com o restante do pessoal. Elvis o intimou a contar ao pai dele as mesmas piadas que havia contado a Elvis na travessia. E Vernon deu boas risadas, aparentemente a primeira vez que se permitiu fazer isso desde a morte de Gladys. É óbvio que Red e Lamar também gostaram de Charlie, e todos entoaram juntos antigas canções gospel, *a cappella* ou acompanhados pelo violão que Elvis tinha adquirido em Frankfurt, em sua primeira folga na escala. Vernon também ajudou a fazer o coro.

Essa crescente aparência de normalidade foi reforçada pela onda de atividades que antecedeu as manobras da companhia no início de novembro. Elvis soube que Bill Haley faria shows em Frankfurt e Stuttgart, nos dias 23 e 29 de outubro, e fez questão de comparecer nas duas vezes. Reencontrou-se com o astro mais velho nos bastidores e conversaram animadamente. Elvis confidenciou a Haley: não fosse por sua ajuda e incentivo, talvez ainda estivesse dirigindo um caminhão. Algumas noites depois, no sábado à noite antes da partida, teve outro encontro com Margit. A moça revelou à imprensa: gostava muito dele, ele era "um ótimo rapaz". Na noite seguinte, 2 de novembro, de acordo com um relatório da agência de notícias, ele deu uma "estrondosa festa no hotel, pré-manobras militares. A voz dele e seus acordes de violão ressoaram na calçada lá embaixo, atraindo uma multidão. Entre um dedilhar e outro, confessou que gostava de Margit 'um montão' e acrescentou: 'E me alegra que os pais dela também gostem de mim'".

Nessa época, recebeu um curioso telefonema de uma senhora chamada Dee Stanley; ela explicou que era esposa de um primeiro-sargento de Frankfurt e só queria convidá-lo para jantar com sua família. Sabia o quanto Elvis devia estar se sentindo só e gostaria de mostrar a ele que um país estrangeiro não precisava ser tão frio e inóspito. Após uns minutos tentando descobrir aonde a senhora Stanley queria chegar, Elvis pediu que ela ligasse na segunda-feira. Sabia que estaria nas manobras de treinamento militar e deixou o problema a cargo de Vernon.

Então a companhia partiu para Grafenwöhr, localidade gélida e sombria, perto da fronteira tcheca. A princípio, teve em seu encalço repórteres ávidos por fotos, sem falar nos pedidos de autógrafo feitos por soldados e oficiais que ainda não o tinham visto antes. Mas logo a presença de repórteres foi proibida, os demais soldados se acostumaram com a presença dele, e uma rotina previsível se estabeleceu ao longo das sete semanas seguintes. Foi quando Elvis enfim provou o seu valor. Além de suportar as mesmas condições adversas que todos os outros, mostrou desenvoltura nos exercícios de campo. A unidade de reconhecimento a que pertencia fez oito prisioneiros, graças a um engenhoso ardil elaborado por ele. Para a satisfação do sargento que liderava o pelotão, Elvis enfim se entrosou e se tornou mais um dos soldados. No primeiro fim de semana de folga, os soldados puderam ir de ônibus a Friedberg, ao custo de 6 dólares ida e volta. Vários soldados amigos de Elvis não tinham dinheiro para a passagem, então ele disse ao sargento Jones que gostaria de ajudar. Deu dinheiro a Jones, que emprestou aos soldados. Mais tarde, eles reembolsaram Jones, sem nunca saber a identidade de seu benfeitor.

Após 15 dias de manobras, escreveu a Alan Fortas, seu amigo em Memphis, uma carta que, embora não fosse exatamente alegre, ao menos mostrava um tom mais otimista que as missivas anteriores. Primeiro, reclamou das condições climáticas e depois se entregou a um atípico devaneio. Bem que "um milagre" poderia acontecer a fim de levá-lo para casa antes de março de 1960! "Rapaz, seria ótimo sair." Concluiu enviando lembranças personalizadas à galera e deu pitadas sobre sua vida social: "Estou namorando essa eletrizante alemãzinha chamada Margrit. É a cara da B. B. [Brigitte Bardot]. Um caso fumegante". Então, após declarar que precisava sair para "cruzar um lodaçal", assinou como "Seu amigo, Elvis Presley". No verso do envelope, rabiscou um P.S.: "Eri Viar Ditchi" [*Arrivederci*].

Quase todas as noites, ele, Rex Mansfield e outro amigo, chamado Johnny Lange, iam ao cinema, muitas vezes assistindo ao mesmo filme várias noites seguidas, atiçados por Elvis. Costumavam entrar após o começo da sessão para evitar os curiosos e caçadores de autógrafo e, por esse motivo, também se esgueiravam para a saída antes de o filme terminar. Rex, moço de Dresden, Tennessee, era talvez o melhor amigo de Elvis no exército. Os dois se conheceram na Junta de Recrutamento de Memphis e tinham servido juntos em Fort Chaffee e Fort Hood. Até mesmo Red, desconfiado de todos os forasteiros, teve que reconhecer: Rex era um cara normal, nem deslumbrado nem egocêntrico, alguém capaz de se encaixar no mundo deles com naturalidade.

Uma noite, no cinema local, pouco antes do Dia de Ação de Graças, Johnny voltou do saguão, dizendo que uma garota queria um autógrafo de Elvis. O cantor indagou se ela era bonita, Johnny respondeu que sim. Então pediu a Rex que trouxesse a moça para se sentar ao lado dele na sala de cinema. A moça ficou quase petrificada. Ela só queria um autógrafo, mas ele a tratou com tanta gentileza e respeito, pôs o braço em volta dela, perguntou o seu nome, "e daquele momento em diante", escreveu ela mais tarde, "fiquei flutuando... Após o filme, Elvis me acompanhou até em casa, eu morava a apenas dez minutos do cinema. No percurso até minha casa, nessa primeira noite, conversamos sobre o exército, o que eu fazia em Graf e a respeito de minha família. Tive a impressão de que Elvis estava bastante interessado em mim pessoalmente e queria saber tudo sobre a minha vida. Ficamos em pé ao lado de uma árvore, de onde era possível avistar o prédio onde eu morava. Foi quando ele me beijou pela primeira vez. Foi um beijo de boa-noite, e perguntei se gostaria de entrar e conhecer meus pais, mas ele disse que talvez outra hora".

O nome dela: Elisabeth Stefaniak, de apenas 19 anos, filha de uma alemã cujo marido a havia abandonado durante a guerra; o padrasto, Raymond McCormick, era um sargento do exército americano aquartelado em Graf. A família tinha aumentado com a chegada de sua meia-irmã, Lindy, seis anos antes. Ao longo de uma semana, os dois se encontraram praticamente todas as noites. No Dia de Ação de Graças, Elvis apareceu subitamente na casa dela e ficou para o jantar. Impressionou os pais da garota com seus bons modos, falou na mãe dele com profunda emoção e depois cantou para toda a família com o violão emprestado de um vizinho. Em 19 de dezembro, último dia do treinamento, disse aos pais de Elisabeth que precisava de uma secretária com bons conhecimentos de alemão e inglês. A jovem se encaixava com perfeição na função. "Ele queria que eu fosse a Bad Nauheim para morar em sua casa. Falou que ele, o pai e a avó assumiriam total responsabilidade por mim." Para o espanto de Elisabeth, os pais dela consentiram, e ficou combinado que a garota viajaria a Bad Nauheim alguns dias após a virada do ano.

Voltando para casa, Elvis rapidamente compensou o tempo perdido. No dia seguinte à sua chegada, alugou um BMW esportivo branco para fazer companhia ao velho Cadillac, que o cantor tinha comprado do comandante da companhia para Vernon usar, e o velho fusquinha, adquirido para os rapazes. De volta a Ray Kaserne, ele se dedicou aos preparativos para uma festa natalina no orfanato local e deu uma polpuda contribuição financeira para o evento. Além disso, o pelotão de reconhecimento foi designado para limpar a área da companhia e decorar a árvore de Natal para os eventuais visitantes naquela época festiva. Trabalharam o dia inteiro; no outro dia, entrariam em licença. No fim do expediente, um dos soldados pegou um violão e começou a tocar uma música de Natal. Um por um, os outros fizeram coro, e então o soldado com o violão perguntou a Elvis se ele também gostaria de participar. "Sim, tudo bem", disse um contido Elvis, conforme relatou o sargento Jones, e ele cantou apoiado pelos soldados em coro. No final, todos se calaram quando o cantor entoou "Silent Night",* "como se estivesse em transe, completamente alheio" ao ambiente. "Quem estava de saída não interrompia, só passava por Elvis em silêncio, dava um tapinha no ombro dele e cruzava porta afora. Após o fim da música, ninguém deu um pio, até o cantor quebrar o feitiço: 'Feliz Natal a todos', disse ele. 'Feliz Natal, Elvis!', responderam em uníssono."

Também era Natal no Hotel Grunewald. Vernon deu a Elvis um presente: uma guitarra elétrica. O hotel preparou uma ceia especial. Mas isso não aplacou os maus pressentimentos de Elvis sobre o que andava rolando entre o pai dele e Dee, a senhora que ligara para ele, meio assim, do nada, pouco antes de sua partida rumo às manobras em Grafenwöhr. Ele se sentia um pouco culpado, de certa forma, nunca deveria ter encarregado Vernon de solucionar o caso. O pai dele aceitou o convite para jantar em nome da "singela hospitalidade" e se tornou um visitante frequente na casa de Dee. Lá conheceu os três filhinhos e fez amizade com o marido dela, Bill, o sargento alcoólatra que contava histórias insanas e incertas de seu tempo como guarda-costas pessoal do general Patton. Mas, quando teve oportunidade, Vernon acabou levando Dee para a cama. Agora Vernon estava agindo como um adolescente apaixonado, e Elvis mal pôde conter seu ressentimento quando foi apresentado a Dee – era muito cedo, ela não era o tipo certo de mulher e aquilo era um insulto à memória de Gladys. Ela tentou se insinuar para o cantor, assim como muitas mulheres faziam. Sedutoramente, perguntou se Elvis se recordava daquela vez em que ele fez um show em Newport News, no

* Canção composta por Franz Gruber em 1818 sob o título original de "Stille Nacht, heilige Nacht". No Brasil, virou "Noite feliz". (N. de T.)

estado de Virgínia, em 1956. Ela estava no meio da plateia, contou a sra. Stanley, mas teve a impressão de que Elvis cantava diretamente para ela. “Claro que eu me lembro da senhora”, respondeu Elvis com a cortesia de sempre. “Como eu poderia me esquecer de alguém tão bonita?” Mas não estava gostando daquilo, nem do modo como ela se exibira para ele, muito menos do que Vernon estava fazendo. Além do mais, não conseguia tirar da cabeça a ideia de que ele próprio era o alvo inicial e ainda estava na mira dela.

Parecia que todos sentiam a pressão de morar todos juntos num local apertado. Cada vez mais, Red e Lamar tinham atritos com Vernon. Quando Elvis descobriu que o pai só repassava a eles uns poucos marcos por noite, teve uma conversa séria com Vernon para que o valor previamente combinado fosse distribuído. “Eles que corram atrás e tentem ganhar dinheiro por conta própria”, retorquiu Vernon com raiva, expressando sua própria frustração com o quanto os rapazes estavam incontroláveis agora que Elvis tinha retornado. E avisou: se não mudassem o comportamento, o grupo inteiro, vovó inclusa, acabaria expulso do hotel. Elvis não aceitou as críticas de Vernon melhor do que este aceitou as críticas do cantor. E ainda aproveitou para lembrar Vernon de quem estava pagando as contas. Assim, ele e os rapazes continuaram a se perseguir nos corredores do hotel com pistolas d’água e a soltar fogos de artifício sempre que lhes apetecia, com Elvis assumindo a liderança, tal como fazia em casa.

A batalha com espuma de barbear, no finzinho de janeiro, foi a gota d’água. Red correu no encalço de Elvis, que se trancou no quarto dele. Red enfiou um jornal embaixo da porta e ateou fogo para expulsá-lo. Tentavam apagar o incêndio prestes a sair do controle, quando chegou o gerente, *Herr* Schmidt. Ele os informou que a presença deles não era mais desejada e que talvez fosse melhor o grupo procurar um novo lar sem demora. Esse desdobramento não os abalou muito, nem mesmo Vernon, desde que pudessem evitar que o escândalo chegasse aos ouvidos do Coronel. Obviamente precisavam de uma casa só para eles, onde teriam espaço e liberdade de serem eles mesmos, sem o escrutínio de estranhos; onde a vovó pudesse cozinhar uma refeição caseira e não fossem obrigados a comer aqueles malditos pratos da culinária germânica; onde não corressem o risco de matar do coração velhinhos rabugentos e convalescentes, sempre que resolvessem brincar.

ELISABETH FOI MORAR COM ELES quando enfim encontraram um lugar. Ela se apresentou ao trabalho, como prometido, logo após o primeiro dia do ano, e passou a ocupar o grande quarto na extremidade do complexo hoteleiro, até então utilizado como almoxarifado da correspondência dos fãs. Red e Lamar a treinaram para responder à correspondência, instruindo-a na sublime arte de falsificar a assinatura de Elvis, o que em pouco tempo ela estava fazendo quase tão bem quanto eles. A sra. Presley logo a adotou, insistindo que a chamasse de "Vovó", o sr. Presley sempre foi perfeitamente afável e polido, e ela gostou bastante dos meninos, mesmo sabendo que, pelas regras de Elvis, ela dificilmente poderia relancear o olhar para eles, muito menos ter conversas em particular – Elvis avisou que se ela desse atenção a seus amigos, por mínima que fosse, isso o faria parecer um tolo. Mesmo sem entender direito, ela aceitou isso, assim como aceitou todos os outros elementos confusos que aparentemente faziam parte do pacote. Na primeira noite, Elvis foi ao quarto dela e disse que passaria a noite com ela, embora em Graf só tivessem trocado uns beijinhos. Não estava bem claro para Elisabeth qual era o *status* romântico deles. Elvis explicou a ela que não havia motivos para se preocupar: não completariam a relação sexual, não ia fazer isso com uma garota com quem "teria contato frequente", porque não podia correr o risco de engravidá-la. "Esse risco prejudicaria a reputação e a imagem dele. Naquela primeira noite, só ficamos nas preliminares. Ao longo das semanas e meses seguintes, fui para a cama com ele quase todas as noites."

Mas logo percebeu que não era a única. Poucos dias após sua chegada, ele levou outra moça para cama. Quando Lamar foi acompanhar a jovem até em casa, Elvis deu três batidinhas na parede entre os quartos dos dois, convocando a presença dela. Margit Buergin continuou sendo uma visita constante, e, uma ou duas semanas depois, Elvis anunciou que Janie Wilbanks, a moça da estação de trem de Memphis, ia aparecer para visitá-lo. Elisabeth acabou por aceitar isso também; com o tempo, ela e Janie inclusive se tornaram boas amigas.

Com frequência, através da parede de seu quarto, ela o escutava com as garotas dele. Duvidava que Elvis fizesse mais com as outras do que com ela, mas não se sentia melhor por isso. "No mínimo duas moças durante a semana, e mais nos fins de semana... Na maioria das vezes, garotas muito bonitas. Eu ficava ressentida com a presença delas, mas sabia que não iriam ficar. Eu ficaria. Eu não deixava ele me ver chorando e o tempo inteiro ficava dizendo a mim mesma o quanto eu era sortuda... Ele nunca pedia desculpas. Tenho a impressão de que ele nunca achou que me devia explicações. Eu recordo da agonia de ir para a cama com ele uns dez, 20 minutinhos depois que a outra tinha ido embora. Muitas vezes não fazíamos amor; às vezes, só me dava um beijo de boa-noite e adormecia. Como se isso desse a ele certa sensação de conforto."

NO INÍCIO DE FEVEREIRO, mudaram-se para o bem-conservado casarão de três pisos, com a fachada em estuque branco, na Goethestrasse 14, a apenas dez quarteirões do Hotel Grunewald. Ao custo mensal equivalente a 800 dólares, várias vezes o aluguel padrão, a casa satisfazia as necessidades deles com folga. Equipada com uma cozinha para a vovó, cinco quartos, espaçosa sala de estar e, de quebra, a senhoria, *Frau* Pieper, que estipulou como condição de aluguel que ia manter um quarto na casa, para servir de governanta e, ao mesmo tempo, supervisionar seus inquilinos americanos. *Frau* Pieper e a vovó formavam uma estranha combinação – iam às compras juntas, cozinhavam juntas e bebiam juntas. Uma gostava da outra, isso era óbvio, mas volta e meia se desentendiam, e a coisa fervia, embora nenhuma entendesse a linguagem da outra.

Estava longe de ser um arranjo perfeito, mas era um lar, longe dos olhares indiscretos dos estrangeiros, à exceção de algumas horas específicas. Uma placa em que se lia *Autogramme von 19:30 20:00*[*] logo foi colocada na frente da casa, por ordem de Elvis. Pontualmente às sete e meia da noite, ele saía para dar autógrafos, com boa parte da vizinhança assistindo. Todos os dias, bem cedinho, vovó fazia biscoitos, ovos e bacon tostado para o café da manhã, e todos compartilhavam de uma grande refeição em família antes de Elvis partir ao quartel e todos os outros voltarem a dormir. A essa altura, Elvis havia comprado ao menos dez pares de coturnos, de um modelo não fornecido pelas forças militares (encomendados especialmente na lojinha de artigos militares, a 45 dólares o par). Red e Lamar lustravam os coturnos e mantinham limpas, passadas e engomadas as dezenas de fardas extras compradas por Elvis. Agora, Elvis vinha almoçar em casa quase todos os dias, pulando a cerca nos fundos. Mas os fãs não se deixavam enganar e antecipavam a chegada dele como um relógio.

Porém, foi durante as noites e os fins de semana que ele realmente começou a se sentir em casa na Goethestrasse 14. Cortinas fechadas para isolar o mundo lá fora, inúmeras garotas ao redor, dial sintonizado na estação das forças armadas, que tocava os mais recentes sucessos americanos: às vezes, até parecia que estavam em Graceland, não fosse pelo sotaque alemão de alguns visitantes. O toca-discos de Elvis rolava sem parar as bolachas de artistas como Statesmen, Harmonizing Four, Marty Robbins e Jackie Wilson. Uma das canções mais tocadas era "Fever", na voz de Peggy Lee. Quando não estavam escutando música, Elvis, Charlie e Red se reuniam ao redor do piano que o cantor tinha alugado em Frankfurt para cantar gospel, antigas baladas favoritas e rock'n'roll. Um tempinho após a mudança, Charlie trouxe um álbum que Elvis adorou: Golden Gate Quartet cantando clássicos gospel. Trazia faixas imortais

* Autógrafos das 19h30 às 20h. (N. de T.)

como "Blind Barnabus" e "Swing Down, Sweet Chariot", bem como a contagiante e animada "Born Ten Thousand Years Ago", que se tornou uma das preferidas de Elvis.* Uma das canções pendia mais para o pop: "I Will Be Home Again", e Elvis e Charlie se divertiam ao cantá-la em dueto. Charlie, que havia estudado canto com o professor Lee Roy Abernathy, em Canton, Geórgia (Abernathy, compositor do sucesso "Gospel Boogie", era um nome admirado no mundo gospel), deu dicas a Elvis sobre técnicas vocais, incentivando-o a desenvolver maior plenitude em seu tom vocal, ajudando-o a tornar sua voz "mais absoluta" e a quase ultrapassar a extensão de três oitavas.

Quase inevitavelmente, a música trouxe recordações sobre o show business e saudades de casa. Em sua primeira entrevista mais ampla desde a chegada à Alemanha, concedida por telefone a um DJ de Memphis, Keith Sherriff, dias antes de se mudarem para a casa, Elvis confessou que não se imaginava fazendo outra coisa além do show business. "É bem provável que será isso, de um jeito ou de outro. Como cantor ou ajudante de palco. Sabe, depois que isso entra em seu sangue, é difícil se afastar." Solicitado a fazer uma saudação a seus inúmeros amigos em Memphis, deu o seguinte recado: "Quero dizer que o pessoal só vai saber o quanto a boa e velha Memphis é maravilhosa quando se afastarem dela por um bom tempo. Estou contando dias e horas para voltar e retomar as coisas de onde parei. É só isso que se passa em minha mente, é só nisso em que penso, com todo o meu coração... E vou conseguir!".

Para seus amigos na Alemanha, ele deu informações mais práticas. Contou-lhes sobre os contratos de filmes que o Coronel estava alinhavando e as negociações com a gravadora RCA, que lhe pagaria 1 mil dólares por semana ao longo dos próximos 20 anos. Inclusive se gabou de que nenhuma estrela pagava uma comissão tão alta a seu empresário.

* Como toda canção que Elvis curte, há boas chances de um dia se lembrar dela no estúdio de gravação (ver capítulo "O último rodeio"). E qualquer semelhança não é mera coincidência: a versão de Elvis foi a inspiração para "Eu nasci há 10 mil anos atrás", de Paulo Coelho e Raul Seixas. (N. de T.)

Ele pagava ao Coronel 25% – e valia cada centavo. Frequentemente citava um dos ditados do empresário: "As pessoas desejam mais o que não podem ter, é a natureza humana". Como se isso ajudasse explicar ao menos parte do interesse do público por ele. Porém, quando cantava, explicou Elvis, não reprimia nada; nesse momento, ele se oferecia exatamente como era, inteiro e sem cálculo.

Faziam batalhas de fogos de artifício com os jovens locais. E todas as tardes de domingo, convidavam um seleto grupo e jogavam futebol americano no terreno baldio do fim da rua. Elvis tinha um barbeiro próprio que o atendia em particular. Um dentista abria o consultório à noite para esse novo e muito especial cliente. Elvis também contratou os serviços de um chofer e mensageiro, Joseph Wehrheim, que já havia exercido essa função para o empresário William Randolph Hearst. Desde a chegada à Alemanha, Elvis pela primeira vez começava a sentir que estava realmente no controle: tinha uma casa para onde voltar e uma garota louca por ele, pronta para fazer qualquer coisa que ele pedisse. Para completar, quando estavam nas manobras em Grafenwöhr, começou a tomar as pílulas que um sargento lhe apresentou, e andava com tanta energia que nem precisava desacelerar.

Todos eles as tomavam, nem que fosse apenas para acompanhar Elvis, que se tornou praticamente um devoto em relação a seus benefícios. De acordo com Rex, que começou a tomá-las após a mudança para a Goethestrasse, "Elvis dizia: 'Estas pequenas pílulas nos dão mais força e energia do que a gente imagina'. O melhor era tomar a pílula com café, recomendava Elvis, porque a cafeína e o café quente turbinavam o efeito da pílula. Elvis me garantiu que essas pílulas eram totalmente inofensivas, e quando eu comesse qualquer coisa, os efeitos sumiam de imediato... Elvis também me informou que as tais pílulas deixavam a pessoa magra e em forma, porque eram inibidores de apetite prescritos por médicos todos os dias a milhões de pessoas com excesso de peso... Acreditei em cada palavra que Elvis disse e alegremente recebi meu frasquinho de anfetaminas do estoque dele".

As pílulas comprovaram ser de uma eficácia quase milagrosa, *tanto* para controlar o peso corporal *quanto* para prolongar a energia fim de semana adentro, sem arrefecer o ritmo na segunda de manhã. Parecia que metade dos caras da companhia tomava aquilo. Ainda assim, Rex se perguntava: qual seria a fonte de onde Elvis obtinha seu colossal estoque? Uma sexta-feira, ele voltou para casa de carro com o cantor. Fizeram uma parada no dispensatório, espécie de farmácia de manipulação, do posto militar. Rex observou um dos balconistas entregar quatro frascos de anfetaminas em troca de algumas "cédulas de valor alto". Voltando ao carro, Elvis comentou com uma piscadela: "Rexadus, neste mundinho, o que faz a diferença não é *o que* você conhece, mas *quem* você conhece". E um pensamento veio à mente de Rex: "E ajuda muito se você tiver uma boa grana".

Elisabeth, por sua vez, também estava numa alta curva de aprendizagem. Apaixonada por Elvis de corpo e alma, adorava fazer parte daquele autossuficiente mundo em miniatura, deleitando-se com a atenção que recebia do cantor e se divertindo com os apelidos que ele inventava para ela: Miss *Foghorn* (pela voz grave como sirene de nevoeiro), a Bela das Galochas (pelos sapatos dela) ou Miss Espirro Ano 59 (por razões óbvias). Continuava sentindo a mesma angústia quando ele dava atenção a outras garotas, isso não diminuiu. Mas se acostumou a tirar o time de campo quando elas estavam por perto e a escamotear o papel que ela mesma desempenhava na vida de Elvis. Foi proibida de namorar outros caras e aceitou isso numa boa. Acostumou-se com os modos estranhos, diretos e, às vezes, bruscos de uma casa cheia de homens. Aprendeu a gostar de Red e Lamar, vendo outra face de Red e sentindo pena do falante e infeliz Lamar, que com seus 136 quilos sempre se apaixonava por moças que claramente só o usavam para se aproximar de Elvis. Tornou-se íntima da vovó, com quem aprendeu a assar biscoitos ao estilo sulista, bem do jeitinho que Elvis gostava. Volta e meia, a vovó contava histórias da infância de Elvis, o quanto ele era diferente das outras crianças, de como ele tinha se tornado o único membro da família a alcançar sucesso na vida. E quando os meninos aprontavam alguma, as duas comentavam e balançavam a cabeça, com ar tolerante.

Uma coisa, porém, Elisabeth estava achando duro de aceitar: o próprio Elvis! O abismo que muitas vezes existia entre a sua personalidade pública e a privada. As esporádicas – e extremas – mudanças de humor. E o modo cruel como ele agia de vez em quando. Um dia, ela foi com ele fazer compras. Elvis pediu a ela que dissesse à vendedora que estava procurando uma lixeira para o quarto dele. Sem pensar, Elisabeth o lembrou que ele já tinha uma cesta de lixo. Na mesma hora, o cantor se virou e deu uma encarada nela: "Nunca me diga o que devo ou não devo comprar", avisou ele. "Se eu quiser mil latas de lixo em meu quarto, o problema é meu." Saíram da loja sem comprar nada e, no carro, Elvis falou para ela "que planejava me comprar muitas roupas naquele dia, mas [que] eu tinha estragado tudo". Com base nessa experiência, ela ficou sabendo que "seja lá o que você pensa, nunca diga a Elvis o que ele deve fazer". E só demonstre uma postura positiva em relação às coisas.

Ela acabou percebendo, enfim, que ele sentia ciúmes quando alguém mais próximo desenvolvia algum relacionamento pessoal que não girava diretamente em torno dele. "Você tem que ter muito cuidado com o que diz perto de Elvis, porque num estalar de dedos ele se volta contra nós. Desconfia de todo mundo e, por conta de seu ego, em várias situações mostra-se ingênuo." Quem entrava em rota de choque com ele imediatamente era ameaçado de expulsão, em especial alguém do sexo masculino. Por outro lado, "com o seu jeitinho, fazia qualquer pessoa se sentir a mais importante do mundo para ele".

Que ela ia ficar, sobre isso nunca pairou nem sombra de dúvida.

Em março, Elvis decidiu se aventurar em Munique durante a licença de três dias. Dois meses antes, havia posado para algumas fotos publicitárias para a instituição March of Dimes, e o fotógrafo, vendo a oportunidade de colocar as fotos também numa revista de cinema, trouxe junto Vera Tschechowa, uma bela atriz de 18 anos, vinda de Munique, que falava inglês e cuja avó, Olga, era uma tradicional atriz do teatro alemão. Os dois evidentemente se deram bem, ou no mínimo a beleza exótica de Tschechowa parece ter despertado uma atração em Elvis, o suficiente para decidir visitá-la, sem prévio aviso, dois meses depois. Por intermédio da mãe dela, Ada, renomada agente teatral, descobriu que Vera atuava com um pequeno grupo de teatro num projeto experimental. Sem se intimidar pelo fato de a peça ser encenada em alemão, disse que gostaria de uma sessão só para ele. "Então alugou o teatro inteiro e apareceu com seus dois guarda-costas gordos e asquerosos", contou Tschechowa, que obviamente não ficou muito impressionada com esse "moço incrivelmente tímido, típico representante da classe média americana, bem-educado e comportadinho" nem com seus "leões de chácara que o cercavam como se fossem muros, e devo observar que eram muito toscos, com [seus] arrotos e peidos e coisas do tipo. Acho que eles o acompanhavam sempre, inclusive ao banheiro".

Vera considerou "desoladora" aquela sessão, com apenas um trio de espectadores que pareciam não estar discernindo nada. Depois dessa performance, Elvis e Vera passaram juntos boa parte dos próximos dois dias. Visitaram um set de filmagem onde estava sendo gravado um filme viking, fizeram um passeio de barco, foram ao zoológico, jantaram com a mãe de Vera e vários amigos do meio teatral.

Na primeira noite, também participaram do jantar Walter Brandin, o conhecido compositor de canções, e a esposa dele, Elisabeth. Quando Elvis mencionou que gostaria de ir a uma boate, Walter Brandin sugeriu o Moulin Rouge, sofisticado clube de strip-tease que ele conhecia bem. Algumas das mulheres do grupo nunca tinham colocado o pé num clube de strip-tease, mas todo mundo ficou empolgado com a perspectiva. Partiram rumo ao clube no grande Mercedes de quatro portas, que meses antes havia substituído o Cadillac. Desde o momento em que ele entrou no recinto, a banda começou a tocar músicas de Elvis Presley e a fazer o possível para persuadir o famoso convidado a subir ao palco. Segundo

Toni Netzel, relações-públicas da Polydor e um dos membros do grupo, "ele começou a cantar, mas um dos seus guarda-costas disse que devia parar: ele devia saber que não podia cantar, era proibido. Depois, Elvis começou a cantar na mesa, mas isso também não era permitido. Então ele cantarolou no ritmo do compasso, e isso também não era permitido".

Nas fotos daquela noite, Elvis aparece de terno escuro e uma gravatinha estreita, cabelo penteado para cima, um ar que alterna inocência e fome de pecado. Ao lado de Vera e em meio ao restante do grupo ligado ao teatro, transmite um aspecto estranhamente saturado, o semblante uma máscara toscamente patenteada, quase dissoluta. Com as *strippers* seminuas e outras artistas do show, maquiadas com extravagância, aparenta estar quase perdido, um americano no exterior com apetite estimulado por tanta diversidade que nem sabe por onde começar. A modéstia dele impressionou Elisabeth Brandin, e também sua independência: "Tínhamos uma ideia totalmente diferente sobre Elvis Presley. Quer dizer, pensamos que ele era doido ou que ia surtar, como qualquer outro cantor jovem. A naturalidade dele realmente nos pegou de surpresa". Também ficou desarmada com a docilidade de Elvis. Fazia tudo o que seus guarda-costas lhe diziam para fazer. Quando ia ao banheiro, seus guarda-costas iam com ele. Era por causa das ameaças à sua vida, Lamar explicou a ela. "Disse que eu deveria entender, afinal, eles tinham tantos contratos a cumprir após sair do exército, que se uma mulher enlouquecida tivesse a ideia de jogar um vidro de ácido clorídrico na cara dele ou qualquer merda parecida, já era... Havia muita grana a perder, se algo acontecesse com ele."

Naquela noite, Elvis se hospedou na casa de Vera, enquanto Red e Lamar ficaram no Hotel Edelweiss. Juntou-se a eles na noite seguinte porque, insinuou ele, a mãe de Vera o flagrou na cama com a filha. Vera contou uma história diferente. A mãe dela se cansou de todos aqueles fãs acampando no jardim da família e da inquietude que Elvis, sem sucesso, tentava reprimir: "Depois que ele incomodou nossos animais de estimação (canários, cães e gatos) por tempo suficiente, minha mãe disse a ele:

'É melhor você ir agora. A porta é a serventia da casa. Adeus!'". Aos repórteres, Ada Tschechowa comentou apenas: "Elvis é um rapaz simples e inteligente, que, embora rico, nunca se esquece de que uma vez dirigiu um caminhão por 35 dólares por semana. Faz seu trabalho como soldado sem choramingar. Adolescentes não precisam se envergonhar de ter um herói assim".

Passou os dois dias seguintes em Munique – e as duas noites seguintes no clube. No fim da primeira noitada, Vera o recebeu para o café da manhã. Elvis tinha "glitter por toda parte, no cabelo e nas sobrancelhas. Perguntei a ele o que havia acontecido e se limitou a responder: 'Fiquei por lá'". Seja como for, essa foi a última vez que os dois se viram: "incluindo a sessão de fotos (para o March of Dimes), nos encontramos três vezes". Isso não impediu a imprensa, que cobriu todos os passos dos dois, de anunciar um romance em grande escala em andamento. Vera se tornou a "namorada misteriosa" de Elvis, e os 65 fã-clubes da própria Vera protestaram contra o vínculo dela com esse rude americano. Para os amigos dele em Memphis, Vera se tornou um símbolo de seu novo e invejável estilo de vida. Nas palavras de Lamar: "Em algumas das fotos, ele está com a cara de quem está fazendo sexo sem parar há seis meses". Com Red, Lamar ou qualquer um dos outros amigos, Elvis nunca entrou em muitos detalhes sobre as coisas que fez com qualquer uma dessas garotas. Nunca se gabava, exceto por insinuação, mas eles ainda achavam ter uma boa ideia do que andava rolando. Muitas vezes, ficavam imaginando: será que ele estaria se saindo tão bem se ele não fosse Elvis Presley? Em uma competição justa, pelo menos Red tinha poucas dúvidas sobre quem ficaria com a garota.

Elvis era um bom soldado. Nas manobras, continuou a mostrar sua engenhosidade no reconhecimento de terreno. Mas o principal era que, naquele momento, já estava firmemente entrincheirado como um dos caras. Reagia à altura se algum soldado pegasse no pé dele por ser rico e famoso. Às vezes, contava a eles sobre suas experiências em Hollywood, como a vez em que teve uma ereção numa cena de amor com Debra Paget em *Love Me Tender* (*Ama-me com ternura*). Imitava o sargento como ninguém – mas o sargento era seu maior fã. Para o tenente Taylor, oficial subalterno da Companhia B, que já havia servido como comandante do pelotão de reconhecimento, Elvis era "um cavalheiro... um sujeito que se importava muito com as outras pessoas" e, sem muita educação formal, articulava com inteligência sobre assuntos globais e pessoais. Nada vem sem muito trabalho, frisou ele ao tenente; nesta vida cada um faz sua própria sorte. De vez em quando, expressava dúvidas sobre si próprio, mas era quase como se quisesse incentivar a si mesmo a superá-las. "Às vezes, tenho vontade de desistir", dizia ele, mas não podia fazer isso, "muita gente depende de mim. Muita gente pensa que vou fazer sucesso. Gente pra caramba".

Emprestava dinheiro com um sorriso no rosto, sem pensar duas vezes, e ignorava os inconvenientes da fama: desde ser importunado na fila da cantina por caras que não conhecia até ser seguido pelos fãs, que sempre pareciam descobrir exatamente onde ele ia aparecer. *Ele fazia do limão uma limonada*, repetia o Coronel nos telefonemas e nas cartas de incentivo quase diários. Todo mundo sentia orgulho dele, garantiu o Coronel. *Tudo transcorria exatamente como planejado*. E para Elvis essa era a absoluta verdade.

Por sua vez, o Coronel lançava um ataque feroz e multifacetado. Em um flanco, combatia executivos impacientes da RCA; no outro, desafiava as forças maciças de Hollywood. Por fim – e mais importante –, planejava novas e engenhosas estratégias para saciar os fãs. Com a RCA, resistiu com sucesso a todas as pressões que o diretor Steve Sholes e o vice-presidente Bill Bullock faziam *para Elvis gravar um disco novo*. Declinou até o convite para viajar à Alemanha por conta da RCA para supervisionar pessoalmente uma sessão que Sholes produziria. Refutou terminantemente o lançamento com "overdubs" de gravações inacabadas, como "Your Cheatin' Heart" e "Tomorrow Night", que Elvis considerou insatisfatórias para serem lançadas. Fez ouvidos moucos às importunações de Sholes para que o cantor marcasse presença num evento do setor fonográfico em Frankfurt. Imperturbável, resistiu a todos os aterrorizantes avisos de Sholes sobre as consequências de sua teimosa estratégia para a carreira de Elvis Presley. "E se as vendas de um dos novos singles caíssem abaixo de um milhão?", interpelou Sholes. Seria o caminho para a ruína.

"Deixa de bobagem", respondeu o Coronel, e justamente essa confiança atormentava Sholes ainda mais. A RCA sabia exatamente o que tinha na manga quando Elvis entrou para o exército, e o Coronel até capitulou diante da lógica de Sholes ao permitir que Elvis gravasse em Nashville na folga de junho anterior. Com certeza, a gravadora não queria *inundar o mercado*. Simples: a RCA tinha que aprender a colher sabiamente o que havia disponível. Seja como for, agora não seria um bom momento para começar a pensar em lançar uma segunda coletânea de melhores sucessos, após as vendas excelentes desfrutadas nos últimos 12 meses com a primeira?*

Bastava à gravadora manter o rumo, o Coronel aconselhava Sholes com frequência irritante, transmitindo a Elvis na Alemanha cada reviravolta desses intercâmbios, quase nunca perdendo a oportunidade de minar a dignidade e a autoridade de Sholes e, ao mesmo tempo, deixar claro que essas decisões cabiam apenas ao cantor. Só Elvis podia avaliar o material e determinar o que seria adequado para lançar como próximo single. Batia na tecla enfaticamente que ele – o Coronel – nada entendia sobre a música em si. Só apoiava os julgamentos de Elvis, e este tinha *toda a razão* em não querer gravar na Alemanha, onde já estava sob muita pressão, onde necessariamente seria forçado a se contentar com um ambiente desconhecido, onde já tinha *outra missão* a cumprir. Aliás, essa própria ausência de material excedente indicava uma realidade: em pouco tempo, a RCA

* Referência a *Elvis' Golden Records* (1958), terceiro lugar na parada de álbuns. (N. de T.)

estaria raspando o fundo do barril. E isso em nada prejudicaria o poder de barganha deles quando voltassem à mesa de negociações.

O que Sholes e todos os outros executivos da RCA não percebiam, insistia o Coronel, carta após carta, era que os fãs queriam apenas Elvis, não todos esses outros cantores e músicos que a RCA queria incluir nas sessões, só para atrapalhar. O Coronel, logo em 9 de janeiro, teve uma ideia simples: Elvis gravar a si mesmo. Tudo o que ele tinha a fazer era conseguir um gravador e depois registrar uma ou duas daquelas sacrossantas canções que ele executava tão bem, só com a própria voz e piano. Poderia ser feito estritamente na surdina, sem qualquer publicidade e sem que a RCA tivesse que saber nada sobre isso com antecedência – não tinha certeza se fazia tanto sentido para Elvis quanto para ele, mas *sabia* que os fãs ficariam "loucos" quando soubessem disso. Aparentemente com pouco mais do que a força de seu próprio entusiasmo, o Coronel escreveu a Sholes cinco dias depois, insinuando: em pouco tempo, ele poderia ter uma surpresinha para o diretor de A&R. De tempos em tempos, o tópico foi sendo revisitado com Elvis, mas não há registros de que o cantor tenha respondido seriamente à proposta ou tenha feito algo mais do que abrir um sorriso indulgente diante da comovente fé do empresário dele em seus poderes.

Já em Hollywood, as negociações andavam bem mais ferrenhas e, muitas vezes, repletas de ameaças de processo e reconvenção processual. Para começo de conversa, no outono de 1958, o Coronel havia plantado uma enxurrada de informações confusas e, às vezes, contraditórias na mídia, sobre a probabilidade de Elvis fazer seu primeiro filme pós-exército na Twentieth Century Fox. Claro, Hal Wallis levantou fortes objeções a essa postura, já que, de acordo com sua interpretação, Elvis estava por força de contrato obrigado a realizar seu próximo filme para Wallis na Paramount, como o Coronel bem sabia. Travou uma furiosa ação de retaguarda com Wallis e seu parceiro, Joe Hazen, levantando vários detalhes técnicos. Um deles envolvia a questão: o período no exército só postergava o poder de preferência ou na prática o cancelava?

Citou inclusive um produtor alemão não identificado que desejava pagar 250 mil dólares mais 50% dos lucros pelos serviços de Elvis numa produção europeia. No fim, o Coronel acabou cedendo ao que ele certamente sabia ser inevitável, mas não antes de extrair de Wallis o valor de 175 mil dólares, além de uma pequena participação nos lucros. Um detalhe: pelo contrato, Elvis não tinha motivos para esperar mais do que 100 mil dólares, incluindo bônus *e* a participação nos lucros. A essa altura, a Fox, longe de sair do páreo, indicou sua intenção de exercer sua opção não só por um, mas por dois filmes extras, levando o Coronel a comentar "Põe lábia nisso",* ao relatar esses desdobramentos a Elvis e Vernon no início de novembro. Perto do fim do ano, a Fox confirmou formalmente as duas opções, e o Coronel mal conseguiu conter seu júbilo. Isso daria a Elvis três filmes só em 1960 (um com Wallis, dois com a Fox), e uma renda garantida superior a meio milhão de dólares, sem falar nas negociações com a MGM ainda no horizonte. De uma vez por todas, isso deveria provar a Elvis, declarou o Coronel, que os receios de ser esquecido eram infundados: a carreira dele não se extinguiria. Na verdade, isso só alinhava as perspectivas fílmicas deles com os planos que o Coronel já vinha elaborando esse tempo todo. "O fato é que agora não precisamos mais ligar para Wallis sempre com o chapéu nas mãos."

Isso também pareceu trazer à tona o lado criativo do Coronel. Não contente com praticamente ter humilhado Wallis nos negócios, o Coronel continuou bombardeando o veterano *showman* com várias exigências, tramoias e sugestões, incluindo um enredo não solicitado, que ele afirmou ter prazer em apresentar gratuitamente – embora aceitasse de bom grado o pagamento de honorários se, na visão de Wallis, ele merecesse. No enredo do Coronel, a ação aconteceria no Havaí, porque a música havaiana parecia ser a nova tendência, e Elvis obviamente tinha a voz ideal para isso. A narrativa envolveria uma gangue de *promoters*

* No original, "*Some snow job*". Mais uma orgulhosa referência do Coronel por sua argúcia no mundo dos negócios. (N. de T.)

que enrolam Elvis para cantar com alguns havaianos nativos – talvez ele estivesse fugindo dos fãs, ou a gravadora estivesse freneticamente em seu encalço porque precisava de material, não importa. O fato é que os *promoters* engambelam Elvis a cantar de graça, mas então gravam clandestinamente e pirateiam a performance, para desvantagem financeira dos nativos (e de Elvis). No fim, o Coronel garante a Wallis, Elvis desvenda a conspiração – mas, antes de desenvolver o final dessa história, nesse meio-tempo idealizou outra abordagem. Dessa vez, Elvis é um enjeitado criado por um bando de ciganos itinerantes que vivem em carroças, dormem ao ar livre e têm o tipo de estilo de vida que proporcionará a Elvis a oportunidade perfeita para mostrar sua rústica versatilidade e se libertar dessa imagem de bom moço, a imagem que estava liquidando com a carreira de Pat Boone.

O tempo todo, Wallis, é importante observar, ouviu tudo com paciência tolerante, reconhecendo o potencial do ângulo havaiano, mas sugerindo que a trama soava um tanto melodramática. De qualquer forma, em janeiro ele havia sacramentado: o quase inevitável primeiro filme pós-exército seria uma comédia, O enredo se concentraria na experiência de Elvis na caserna, com título provisório *Christmas in Berlin*. Michael Curtiz, o respeitadíssimo diretor de *Balada sangrenta* (último filme de que Elvis participou antes de começar o serviço militar), colaborador de longa data de Wallis, leu o roteiro e concordou: com pequenos ajustes, este poderia ser o melhor filme de Presley até então, e o Coronel benignamente aceitou o veredicto – ao menos por enquanto.

Com os fãs, ele era uma pessoa completamente diferente. Como um tio ríspido que só baixa a guarda quando tem certeza de que não será rotulado de "afável", o Coronel e seu braço direito, Tom Diskin, permaneceram em contato direto com a ampla, mas pouco unida, confederação de fã-clubes. Ofereceram poucas cortesias, mas os mantiveram atualizados sobre as mais recentes novidades e os informaram, de uma forma ou de outra, que Elvis e o Coronel reconheciam e apreciavam sua lealdade. Fã-clubes promoviam concursos na Europa, revistas de cinema promoviam concursos nos EUA. Veiculavam na imprensa reportagens plantadas, desde uma transmissão em circuito fechado para 100 cidades que entraria para a história, até a perspectiva ainda mais improvável de uma turnê australiana, passando por um artigo numa revista de cinema sobre "A perseguição do soldado Presley", que o Coronel secretamente incentivou por todas as razões óbvias.

No âmbito mais formal, o Coronel Parker enviou mais de 4 mil telegramas, presentes e mensagens de congratulações a colegas artistas e gente famosa do show business, em seu nome e no de Elvis, por ocasião de estreias, acontecimentos marcantes na carreira ou qualquer outra oportunidade de engambelação mútua. Viajou a cinemas em todo o Sul para promover o relançamento dos filmes de Elvis; providenciou para que grandes eventos como a convenção Country Music Disc Jockey, em Nashville, o Festival do Algodão, em Memphis, e a convenção Music Operators of America, em Chicago, lembrassem o nome e as façanhas de Elvis. Inclusive montou um "Fã-Clube de Elvis Presley em Miniatura", composto de uma dúzia de pessoas com nanismo, só para chamar a atenção para seu cliente. Em suma, fez de tudo e mais um pouco para manter o nome de Elvis em destaque, *sem nunca expor o próprio Elvis*. As vendas de outros grandes artistas caíam e uma retração acontecia na própria indústria. Mas, justamente nessa conjuntura, ele assegurou ao cantor: sua organização e seu trabalho árduo como empresário e, é claro, o talento de Elvis, tinham sido capazes de mantê-los no topo.

E ele tinha razão. Desafiando todos os prognósticos apocalípticos de Steve Sholes, todas as críticas negativas e todas as adversidades enfrentadas, a estratégia bem bolada do Coronel sobre o valor da escassez e o cronograma de lançamento dolorosamente negociado que havia costurado com a RCA estavam realmente fazendo sucesso! Cada novo single de Elvis, com lançamento de quatro em quatro meses, alcançou pelo menos o número quatro nas paradas pop. E os álbuns, tanto a trilha sonora de *Balada sangrenta* quanto *Elvis' Golden Records*, mantinham um ritmo constante de vendas. Ele havia obtido êxito, o Coronel o tranquilizou repetidas vezes, mantendo seu curso de ação e se recusando a fazer qualquer coisa além de seu dever para com seu país. Provou que todos os céticos estavam errados e, com menos de um ano pela frente, só precisavam seguir seu plano.

Vernon e Elisabeth sofreram um acidente de carro em 26 de março. Nesse mês, um fotógrafo enviado pelo Coronel Parker chegara para tirar fotos publicitárias exclusivas do soldado Elvis Presley, com as quais o empresário desejava obter vários milhares de dólares de lucro (sob hipótese alguma, advertiu o Coronel ao cantor, deixe alguém tirar fotos grátis de você com uniforme). O acidente de Vernon aconteceu logo após o retorno do fotógrafo aos EUA. Vernon perdeu o controle do carro, que capotou várias vezes e acabou de rodas para cima, na contramão da autoestrada. Ele não sofreu nenhum trauma, porém a Mercedes teve perda total, e Elisabeth foi levada às pressas a um hospital próximo. Ao se deparar com o carro, a primeira reação de Elvis foi pensar que agora também havia perdido o pai, mas após constatar que estava tudo bem com Vernon, foi imediatamente ao hospital. Lá encontrou Elisabeth enfaixada, medicada e com muitas dores no corpo. Antes mesmo de perguntar como ela estava, logo "quis saber se tinha ocorrido alguma investida amorosa do sr. Presley em relação a mim... Ele achou que essa tinha sido a causa do acidente". A princípio, Elisabeth ficou chocada. O sr. Presley sempre a tratou como um perfeito cavalheiro. Mas ela se deu conta de que era só mais uma indicação das inseguranças e cismas que permeavam a vida de Elvis: "suspeitava de todos ao seu redor, inclusive do próprio pai".

As pessoas próximas também perceberam que Elvis parecia um tanto desconfortável com o sucesso militar de seu amigo Rex. O fato de Rex ter sido designado a um tanque mais poderoso antes do que ele já estava entalado em sua garganta. E a situação piorou quando Rex foi alçado à posição de chefe de carro de combate, ou sargento interino, começando a usar as divisas de sargento antes de receber a promoção de verdade. O ciúme de Elvis ficou exposto para todo mundo ver. Por isso Rex evitava usar a farda em casa, apesar de estar muito orgulhoso com a conquista.

Quanto a Red, a vidinha em Bad Nauheim tornou-se cada vez mais penosa. Sua inquietude aumentava ao se sentir tolhido no que lhe parecia um reinado cada vez mais arbitrário e autocrático. Viera à Alemanha seguindo apenas seus impulsos, em meio à onda de sentimentos precipitada por duas mortes com poucos dias de diferença: a da mãe de Elvis e a de seu próprio pai, tudo um pouco antes de sua liberação dos fuzileiros navais. Mas desde o início as coisas não tinham funcionado direito. Um cara durão, Red se irritava com as restrições impostas não só pela sovinice de Vernon, mas pela visível e crescente necessidade de Elvis de que todos ao seu redor o paparicassem e fizessem seus caprichos. Red tinha a sensação de ter feito o melhor que podia – e sabia reconhecer os problemas que ele próprio havia causado. Parecia que Elvis começava a adotar ares de figurão e a acreditar em sua própria publicidade... Aquilo irritava Red e, cada vez mais, o fazia recordar dos motivos pelos quais havia abandonado o barco, nos idos do verão de 1956. Sob o prisma de Red, esse era um Elvis para lá de diferente do menino assustado que ele conhecera no Ensino Médio, ou mesmo a estrela em ascensão que ele acompanhara nas primeiras turnês, em 1955 e 1956. Aquele Elvis não se achava tão altivo e poderoso, mostrava-se grato com a atenção que recebia e não ficava desfilando por aí como se acreditasse ser um presente de Deus para as mulheres e todos os outros. Foi esse o motivo, teorizou Red, por que ele aceitou tão prontamente os estimulantes: "[as pílulas] afloraram uma personalidade que ele não tinha".

Mas havia outro pormenor – Red não curtia receber ordens de Elvis nem de qualquer outra pessoa, mas jamais aceitaria ordens daquele falso do Vernon. Presenciar os devaneios de Vernon com a esposa daquele sargento bêbado, o trio andando para cima e para baixo como se fossem amigos de verdade, enquanto Vernon transava com a esposa do cara – o cúmulo foi a noite em que todos saíram para tomar umas e outras, "mas Vernon e Bill ficaram muito embriagados. Todos nós acabamos no apartamento do sargento Bill. Felizmente [ele] capotou em sua poltrona, porque o negócio estava ficando crítico. Vernon começou a dizer desaforos. Os filhos [de Dee] começaram a chorar, e eu os coloquei na cama". Vernon protestou com veemência quando Red e Lamar o carregaram e o embarcaram num táxi. "Xingava e ameaçava, aos gritos, que nos faria pegar o primeiro avião de volta aos Estados Unidos. Mas ainda bem que saímos de lá. Se Bill Stanley acordasse e ouvisse tudo aquilo, as coisas teriam saído do controle. Ele não sabia que Vernon e Dee eram mais do que apenas bons amigos." E era bom que Elvis também não soubesse nada sobre essa noitada: sempre deixou bem claro que não gostava de Dee e não gostava que seu pai bebesse. Pensar em alguém substituindo a mãe dele, Red sabia, era a única coisa que certamente o deixaria fora de si.

No fim, Red simplesmente anunciou que estava indo para casa. Saltou fora ou foi empurrado? Há controvérsias. O fato é que partiu no início de maio, bem na época em que Dee Stanley voltou à Virgínia com os filhos "para fugir e pensar". Sejam lá quais fossem os sentimentos privados de Red, sua lealdade pública era irrepreensível: pintou um quadro cor-de-rosa sobre a experiência de Elvis e Vernon na Alemanha numa entrevista ao vivo com o DJ de Memphis, George Klein, colega de escola e amigo de longa data de Elvis, logo após chegar em casa. Segundo Red, fora do quartel, a atividade favorita de Elvis era o futebol americano de contato leve.* Sua vida no exército era muito diferente da existência noturna que tinha como civil. O pai de Elvis também se adaptou. "Conheceu muita gente, principalmente familiares de soldados, que falam inglês e frequentam a casa."

* No original, "*touch football*". No futebol americano tradicional, os jogadores podem ser interceptados e derrubados, manobra chamada de *tackle*, enquanto no futebol americano de contato leve, praticado por Elvis, basta o toque do adversário para cessar o ataque. (N. de T.)

Elvis, por sua vez, entendia os sentimentos de Red, mas precisava de alguém de Memphis, além de Lamar. A primeira pessoa para quem ligou foi Alan Fortas, que até poderia ter estudado o caso com mais carinho, mas Red já o havia alertado sobre o assunto ("Red não parava de me dizer: 'Faça de tudo, mas não vá. Fique certo, você vai odiar, e a sua amizade com Elvis nunca mais será a mesma'"). Por um tempo, Elvis voltou a se concentrar em Anita, e o Coronel até marcou uma data provisória para uma visita dela, usando a tia de Anita como desculpa – porém, quanto mais pensava na ideia, pior ela parecia a Elvis. Mesmo em suas horas mais tristonhas, ele tinha plena consciência de que isso não supriria a sua carência por companhia constante. Nisso telefonou a Cliff Gleaves, sem esconder a apreensão, mas sabendo que Cliff sempre o fazia rir e já havia comprovado ser um cara leal, e até responsável, durante o ano e meio em que fez parte da gangue, antes de Elvis entrar no exército.

Cliff recebeu a ligação em Baton Rouge, onde arriscava a sorte no show business. Animador nato e ex-DJ, o medo do palco o levou a estragar sua única fala no filme *Balada sangrenta*. Atualmente promovia seu single de estreia, "Love Is My Business", no incipiente selo Summer, de Jack Clement, e inseria em seu show pitadas de humor, com material do comediante "Brother" Dave Gardner. "De repente toca o telefone, e é Elvis. 'Cliff, estou prestes a ganhar uma licença de duas semanas e ir a Paris.' Nem perguntei a ele como estava ou coisa do tipo. Falei: 'Elvis, estou a caminho'."

Toda essa rapidez não foi suficiente para Cliff acompanhá-los a Paris. Com as passagens que Elvis forneceu, Cliff permaneceu em trânsito por um tempo, passando por Memphis, Nova York, Londres e outros dois pontos no trajeto, até enfim chegar à Alemanha, no início de junho. Não demorou muito para debandar novamente, ao ser apresentado ao aviador Currie Grant, subgerente e produtor de um show de variedades no Eagle Club, em Wiesbaden, o maior clube da força aérea e um centro comunitário da Europa.

No mês anterior, Grant havia conhecido Lamar, Vernon e Elisabeth num evento beneficente para crianças com deficiências físicas em Giessen, no qual fora um dos anfitriões. Fez amizade instantânea com Lamar. Convidou-os para visitar o Eagle Club, e Lamar retribuiu convidando Currie e a esposa Carol para visitar Bad Nauheim, um tempinho depois que Elvis voltasse das manobras. O domingo em que Currie aceitou o convite de Lamar coincidiu justamente com o fim de semana da chegada de Cliff. Rex notou a reação quase imediata por parte de Cliff à notícia de que Currie trabalhava no meio do show business. Em poucos dias, Cliff fez as malas rumo a Wiesbaden, com um show recém-agendado no Eagle Club. Ele e o fusca que usava para transporte ficaram sumidos por um tempo. Por isso foi Rex, e não Cliff, que acabou indo a Paris.

Elvis e Lamar, Charlie e Rex embarcaram na aventura. Primeiro, fizeram uma paradinha em Munique, onde revisitaram o Moulin Rouge, e Elvis tirou uma foto com Marianne, *stripper* que havia desenvolvido um número no qual, segundo o divertido relato das agências de notícias, ela trajava "nada além de um LP de Elvis Presley". Passaram duas noites em Munique e partiram rumo a Paris a bordo de um vagão privativo. Lá foram recebidos em 16 de junho pelo codiretor da Hill and Range, Jean Aberbach, refugiado vienense que, com seu irmão, Julian, havia sido pioneiro no ramo de publicação de canções do estilo c&w (country & western) até que o destino, personalizado na silhueta do Coronel Parker, os uniu a Elvis Presley.

Jean cuidou de tudo. Reservou uma suíte no luxuoso hotel Prince de Galles, na cobertura, com vista panorâmica para a Champs-Elysées e o Arco do Triunfo. Ele ficaria hospedado logo adiante no mesmo corredor. E Freddy Bienstock, primo dos Aberbach e principal representante dos direitos de publicação nas sessões de gravação, também ficou à disposição deles, junto com Ben Starr, o advogado da Hill and Range que Elvis já conhecia desde o dia em que assinara o primeiro contrato com a RCA.

Elvis e os meninos podiam escolher. Tudo o que desejassem fazer seria providenciado por Aberbach, sofisticado e cortês solteirão de 48 anos que, com o irmão, mantinha apartamentos e escritórios em cidades estratégicas mundo afora. Ele, Freddy e Ben estavam ali só para garantir uma ótima estadia para os rapazes. Transmitiram lembranças do Coronel, é claro, que lamentava não poder estar lá pessoalmente, e de Hal Wallis, com quem Jean e seu irmão já articulavam o próximo filme, agora rebatizado de *Saudades de um pracinha* (*G.I. Blues**). Elvis já sabia que Wallis chegaria em breve à Alemanha para filmar cenas exteriores e do dia a dia do exército. Pontos turísticos? Um *city tour*? Era só pedir.

Rex e Lamar não escondiam a curiosidade, mas o interesse de Elvis focava estritamente as atividades noturnas. Ficou combinado que iriam ao Lido naquela noite. Após uma sucinta coletiva de imprensa, que ele tirou de letra com a sua habitual desenvoltura ("No centro das atenções, ele se transformava em outra pessoa", comentou Rex, que nunca tinha visto o amigo naquele tipo de cenário antes), Elvis decidiu dar uma chance à famosa sofisticação de Paris. Aqui, os repórteres lhe garantiram, ele não seria incomodado por populares; podia sair na rua sem medo de ser reconhecido e muito menos abordado. A experiência só durou dez minutos. Foi o tempo necessário para se formar um enxame de 200 pessoas ao redor de um café na calçada, a poucos quarteirões do hotel. Só uma hora depois conseguiram voltar ao Prince de Galles. Mais tarde, Rex e Lamar resolveram aproveitar a oferta de Jean para lhes mostrar os pontos turísticos. Elvis, porém, desse dia em diante, se ateve à sua resolução original.

As noitadas eram outros quinhentos. O Lido era como uma Las Vegas mais licenciosa e, após a primeira noite, um padrão praticamente se

* Literalmente, "Blues do soldado". A abreviatura G.I. tem origem nebulosa. Uma das teorias é que, nos anos 1920, latas de lixo e baldes militares traziam a sigla G.I., de *Galvanized Iron* (ferro galvanizado). Mais tarde, a sigla foi reinterpretada como "item do governo" (*government issue*) ou "item geral" (*general issue*). Na Segunda Guerra Mundial, a tirinha "G.I. Joe", do cartunista Dave Breger, fez muito sucesso e popularizou o termo. (N. de T.)

delineou. Acordavam tarde e faziam sua única refeição completa, um caprichado desjejum às oito... da noite. Em seguida, pegavam o primeiro show no Carousel ou no Folies Bergère, e de lá rumavam ao Lido, onde as Blue Belles, o grupo de coristas inglesas de corpo escultural, estavam todas ansiosas para conhecer Elvis Presley. Quando o Lido fechava, seguiam ao Le Bantu, clube noturno que só abria às quatro da manhã, levando a tiracolo quantas Blue Belles pudessem. Para fechar a noite, Elvis escolhia uma das moças e deixava Rex, Charlie e Lamar escolherem entre as restantes. Em uma noite memorável, todas as coristas subiram à suíte com eles, e todas ainda dormiam na noite seguinte, às nove e meia, quando o telefone tocou. O empresário do Lido avisou Lamar que pretendia dar início ao primeiro show da noite. Lamar respondeu: "Vá em frente" e desligou sem pensar mais nisso. Logo o telefone tocou de novo, com uma mensagem de igual teor. "Lamar se enfureceu", observou Rex com um sorriso, "[e] dessa vez... disse ao gerente do Lido... que parasse de nos importunar. Então o gerente disse a Lamar que não poderia começar o show porque todas as bailarinas do Lido estavam em nossa suíte de hotel. Claro que Lamar ficou um pouco sem jeito", concluiu Rex, que mais tarde ficou no mínimo igualmente constrangido ao se lembrar de seus próprios atos, "mas na época parecia estar tudo bem."

E as coisas seguiram nesse ritmo, uma espécie de *Mil e uma noites* em que eram guiados de uma fantasia improvável a outra. Uma noite, no Lido, Elvis se ergueu, sentou-se ao piano e cantou "Willow Weep for Me". Morreu de medo, confidenciou aos repórteres mais tarde. "Pela primeira vez em 15 meses fiquei diante de uma plateia. Meu chapa, um medo repentino percorreu meu corpo." Quanto à experiência dele no exército: "Eu me acostumei com esse estilo de vida. Todo mundo sente dificuldade para se ajustar ao Exército, e talvez tenha sido mais difícil para mim do que para a maioria. Mas eu estava decidido a me adaptar, porque caso contrário isso apenas me prejudicaria".

Pareciam um bando de colegiais, sacando seus isqueiros de butano (recentemente introduzidos no mercado) para ver quem acendia a chama mais alta, se alguém fosse incauto o suficiente para pedir fogo. O pobre Lamar, que já havia perdido o passaporte no trem, passou por um ridículo ainda maior quando encasquetou estar apaixonado por uma das dançarinas do Le Bantu. Sem demora, Elvis investigou e convidou a moça para os acompanhar no carro deles. Lamar quase caiu de costas ao descobrir, para sua grande surpresa, que "'ela' era 'ele'". Elvis adorava contar essa história da grande paixão de Lamar e, no final das contas, "o dela era maior que o dele!".

A estadia chegava ao fim, mas estavam se divertindo tanto que Elvis cancelou as passagens de trem e resolveu passar uma última noite em Paris. No dia seguinte, alugou uma limusine. Chegaram ao quartel em Friedberg bem a tempo de o trio de soldados se reapresentar, pouco antes da meia-noite do décimo quinto dia de licença.

ENQUANTO ISSO, VERNON TIRAVA uma licença particular e por tempo indefinido. Partiu de Bremerhaven no dia em que os rapazes rumaram a Paris. Chegou a Memphis oito dias depois, em 24 de junho. Tinha alguns assuntos a tratar, revelou aos repórteres que identificaram sua presença. Queria que os carros estivessem registrados e prontos para quando Elvis retornasse, dali a nove meses; além disso, precisava extrair um dente enquanto estivesse na cidade. Mas, claro: o motivo real de seu retorno era Dee. Abrir mão dela não estava em seus planos.

Ele a havia acompanhado até o aeroporto junto com o marido dela, Bill. Depois, a dupla afogou as mágoas na bebida, no apartamento dos Stanley, um mais desanimado do que o outro. Bill Stanley confessou: receava ter perdido a esposa, sem saber para quem a havia perdido. Pediu a Vernon que o ajudasse a recuperá-la. "Você é meu amigo mais querido", afirmou ele no relato que Dee fez da história. "Levou Dee para fazer compras, deu a ela tantas coisas que não dei. Sabe, ela amava você. Ela vai lhe dar ouvidos..." Por fim, isso foi demais para Vernon, e ele telefonou para Dee antes mesmo de ela chegar à casa da irmã.

A viagem dele durou um mês e meio. Participou da festa de 50 anos do Coronel em Madison, Tennessee, visitou seu pai em Louisville pela primeira vez em um bom tempo e aproveitou a ocasião para apresentá-lo a Dee, na prática tentando convencê-la de que poderiam mesmo ter uma vida juntos. Uma reportagem no *Memphis Press-Scimitar* o descreveu assim: "está quase irreconhecível... Um amigo disse: 'Chora o tempo inteiro. Anda tão solitário que às vezes um irmão dele passa a noite na casa com ele'". Foi ainda relatado que ele deixou intocada uma vidraça quebrada em uma queda de Gladys – por conta do grande pesar compartilhado por ele e Elvis. Mas trouxe Dee a Graceland. E prometeu que ia providenciar um lar para ela e seus filhos. "Fui mandado para casa da escola", contou ele a uma amiga local, Dotty Ayers, fã de Elvis. Não deixou dúvidas sobre o motivo pelo qual Elvis estava bravo com ele. "Não creio que seja essa mulher em específico", ponderou. "Acho que a reação seria igual com qualquer mulher." Quando partiu de Nova York no início de agosto, Dee havia deixado os filhos, agora com 8, 6 e 3 anos, num lar chamado Breezy Point Farms e planejava se encontrar com Vernon na Alemanha.

Em meados de agosto, Hal Wallis chegou a Frankfurt com uma equipe completa, para duas semanas de filmagens na Alemanha. Obteve permissão da Terceira Divisão Blindada para filmar manobras dos carros de combate, além de cenas mais corriqueiras na base – tudo isso às custas do estúdio, não do governo, como o aparato publicitário da Paramount se apressou a assegurar ao povo americano. Elvis recebeu instruções claras: não deveria participar das filmagens sob hipótese alguma. Mas, em várias ocasiões, jantou com Wallis, animadíssimo com a produção vindoura. Investiu um tempo significativo nos preparativos para o papel, ele declarou, uns 17 meses por enquanto. Ao sair, em março, estaria pronto. Elvis inclusive pediu o roteiro, relatou a colunista social May Mann, mas Wallis se recusou a entregar, pois sabia que o astro daria um passo à frente e logo estaria com as falas na ponta da língua.

Nessa mesma época da visita de Wallis, em 15 de agosto, o capitão Paul Beaulieu e sua família chegaram à base aérea de Reno-Meno e de lá viajaram a Wiesbaden, onde o capitão Beaulieu ficaria aquartelado. Como a maioria das famílias de militares, os Beaulieu se transferiam bastante, mas tinham passado a maior parte dos últimos quatro anos na Base da Força Aérea de Bergstrom, em Austin, onde a primogênita, Priscilla, de apenas 14 anos, fora eleita a "Mais Bonita" e "Mais Bem--Vestida" pelos colegas de turma na Del Valle Junior High School, no semestre anterior. Quatro anos mais velha que seu irmão Don, com uma irmãzinha de 4 anos e um irmão recém-nascido, Priscilla só recentemente havia descoberto que Paul Beaulieu, que sempre considerara seu pai, na verdade a adotara ao se casar com a mãe dela, quando Priscilla tinha 3 anos. O pai biológico, explicou a mãe dela perante os frenéticos questionamentos de Priscilla ao se deparar com uma foto dela bebê com os pais, era piloto da Marinha e havia morrido num acidente aéreo, seis meses após Priscilla nascer. Achava melhor, disse à filha consternada, guardarem o segredo entre elas, sem contar às outras crianças – na verdade, achava que seria melhor nem deixar que o padrasto de Priscilla, que tanto a amava, soubesse que a revelação tinha vindo à tona. Priscilla rendeu-se à avaliação de sua mãe, sem entender bem aquele raciocínio. A partir daí, começou a se sentir uma estranha na família. Para piorar, no ano seguinte, a repentina mudança – *mais uma!* – e ainda mais para a Alemanha... Priscilla sentiu-se injustiçada.

Após a chegada, passou uns dias sem fazer quase nada. Rejeitou todas as ofertas de ajuda, refutou todas as tentativas de ser apaziguada. A linda menina de narizinho arrebitado tinha na aparência um frescor infantil, mas uma expressão adulta plenamente formada e pensamentos próprios. A mãe dela fez tudo a seu alcance para demovê-la daquele taciturno ressentimento. Por sua vez, Paul Beaulieu, rigoroso, mas justo, tentou animá-la com brincadeiras, mas ela continuava emburrada, convicta em encenar aquele papel. Até que ela mesma começou a se entediar com essa postura. A família se mudou do hotel em que morava

Elvis e Priscilla
(Cortesia do Espólio de Elvis Presley)

para uma pensão nas proximidades do Eagle Club, espécie de centro comunitário para as famílias da força aérea. Priscilla adquiriu o hábito de dar uma passadinha por lá, todos os dias, a caminho de casa da escola. Sentava-se na lanchonete, ouvia a jukebox e escrevia cartas para as amigas nos EUA. Foi ali que ela conheceu Currie Grant.

Não sabia quem ele era a princípio. Era só um moço mais velho e bonito, de 20 e poucos anos, a encarando – mas já estava acostumada com isso. Um dia, quando estava sentada com Don, seu irmãozinho de 10 anos, Currie se aproximou. Ele se apresentou, e a garota, um pouco receosa, informou como se chamava. Ficou mais desconfiada ainda quando ele contou que era gerente de entretenimento ali no Eagle Club, e perguntou: por acaso ela era fã de Elvis Presley? Ela relanceou o olhar a Grant – claro que era, quem não era fã dele? Ao saber que ia morar na Alemanha, ela e a amiga Angela localizaram Bad Nauheim no mapa. Bem pertinho de Wiesbaden! Prometeu a Angela que ia se encontrar com Elvis lá. "Somos bons amigos", disse Currie Grant. "Minha esposa e eu vamos à casa dele com frequência. Gostaria de ir conosco uma noite?"

O pai dela acabou concordando com isso. Currie se apresentou e garantiu que a filha dele estaria sempre escoltada por ele e sua esposa. Não satisfeito, o capitão Beaulieu ligou para o comandante do aviador e então – só então – deu sua permissão, mediante a promessa de que ela estaria de volta às onze da noite, sem falta; no dia seguinte, ela não podia chegar atrasada na escola.

Ela foi de vestidinho azul e branco de marinheiro, meias e sapatos brancos. "Sweet Nothin's", de Brenda Lee, rolava no toca-discos. Priscilla entrou na sala, e Rex se achou diante da beleza em pessoa. Elvis, a perna jogada descuidadamente sobre o braço da poltrona, calça marrom e suéter vermelho, fumava um de seus charutinhos. Para Rex, ficou evidente que Elvis estremeceu nas bases, mas a jovem de 14 anos ficou encantada.

> Currie me conduziu até ele. Elvis se levantou com um sorriso nos lábios e disse:
> "Ora, ora. O que é que temos aqui?"
> "Elvis", falou Currie, "esta é Priscilla Beaulieu, a moça de quem te falei."
> Trocamos um aperto de mãos, e ele disse:
> "Olá, sou Elvis Presley."
> Seguiu-se um silêncio entre nós, quebrado pelo convite de Elvis para eu me sentar ao lado dele. Currie saiu de fininho. Elvis puxou papo comigo.
> "Vai à escola?"
> "Vou."
> "Penúltimo ou último ano do Ensino Médio?"
> Enrubesci e me calei, sem revelar que ainda estava no último ano do Fundamental.
> "Bem", insistiu ele.
> "Nono."
> Elvis pareceu confuso.
> "Como assim, nono?"
> "Ano", sussurrei.
> "Nono *ano*", disse ele começando a rir. "Puxa, você é só um bebê."
> "Obrigada", respondi secamente. Nem mesmo Elvis Presley tinha o direito de me dizer aquilo.

Tocou piano para ela, entoando seus sucessos, mas também a surpreendeu com músicas famosas e expressivas, como "Rags to Riches", hit de Tony Bennett de 1953, e "I Asked the Lord", de Mahalia Jackson. Com os demais fazendo coro, também cantou a baladinha de Earl Grant, ao estilo de Nat "King" Cole, "The End". Do jeito que ele olhava para ela, era óbvio que estava tentando impressioná-la, mas Priscilla realmente não sabia como responder a isso. Correu o olhar ao redor, observou o pôster de Brigitte Bardot, em meio a todos aqueles adultos disputando os olhares e a aprovação de Elvis. Ele a levou à cozinha, onde a apresentou à avó e saboreou o primeiro de cinco sanduíches de bacon com mostarda. Ela tentou pensar em coisas para dizer, mas por algum motivo isso não importava: ele parecia querer derramar seus sentimentos sobre ela. Quando Currie entrou no recinto e avisou que era hora de ir, Elvis implorou para Priscilla ficar um pouco mais. Currie explicou que ela não podia; Elvis sugeriu que ela viesse de novo, mas a garota duvidou que ele se lembraria. Chegou em casa às duas da manhã por conta do impenetrável nevoeiro na autoestrada até Wiesbaden.

Poucos dias depois, ela recebeu um novo telefonema de Currie: Elvis queria revê-la. Priscilla nem acreditou, e aquilo pôs a casa em polvorosa, mas os pais dela enfim concordaram em deixá-la ir. Quando percebeu, já estava de volta à casa na Goethestrasse. Dessa vez ficou claro, desde o princípio, que ela era a escolhida: após tocar piano e cantar para ela, Elvis murmurou: “Quero ficar a sós contigo, Priscilla”. Ela correu o olhar em volta, não havia ninguém mais por perto.

> “Estamos a sós”, falei sem esconder o nervosismo. Ele se aproximou de mim e me escorou de leve contra a parede.
> “Ou melhor, *realmente* a sós”, sussurrou ele. “Que tal subir comigo até o meu quarto?”
> Entrei em pânico ao ouvir essa pergunta. *O quarto dele?...*
> “Não tenha medo, meu docinho.” E acariciou o meu cabelo. “Juro que nunca vou fazer nada para machucá-la.”
> Ele soou plenamente sincero.
> “Vou tratá-la como quem trata uma irmã.”
> Atônita e confusa, desviei o olhar.
> “Por favor.”

Ela subiu as escadas primeiro, para não “dar na vista”, e aproveitou para explorar o quarto dele. Cartas de Anita e de outras garotas displicentemente espalhadas, a coleção de livros e discos, os uniformes no armário... Quase sem fôlego, ficou à espera dele. Aqueles instantes em que escrutinava esses itens lhe pareceram uma eternidade. Súbito Elvis entrou, tirou o casaco, ligou o rádio e sentou-se na cama. Por que ela não vinha se sentar ao ladinho dele? À mente dela afloraram todos os tipos de conclusões inimagináveis, mas acabou se rendendo à doçura, à sinceridade e ao olhar de Elvis. Entabularam uma conversa que ela teve muita dificuldade para interromper, mas era hora de ir para casa. Ele era igual a ela, sentia as coisas como ela, no fundo "não passava de um menino, tinha medo, não sabia se a carreira ia emplacar ou não, não sabia se ia voltar para os fãs [dele] – estava *desnudo* e vulnerável". A noite culminou num beijo de boa-noite, e ela se agarrou nele num abraço desesperado, sem querer soltá-lo. A iniciativa de se desprender foi dele. Não precisavam ter pressa, disse Elvis. Beijou-a na testa e, pela primeira vez, a chamou de "Pequenina".

No quarto encontro, Elvis foi apresentado aos pais dela, por insistência do capitão Beaulieu. Até então, Currie a levava a Bad Nauheim, mas Priscilla disse a Elvis que, se quisesse vê-la de novo, teria que buscá-la por conta própria. Chegou com o pai dele no BMW branco e sentou-se nervoso na sala de estar dos Beaulieu, esperando os pais de Priscilla. Eles entraram, Elvis se ergueu num pulo e disse: "Olá, sou Elvis Presley, e este é meu pai, Vernon", como se eles não soubessem. Jogaram conversa fora enquanto Priscilla tentava controlar o nervosismo, conhecia o jeito de ser de seu pai. Sabia que ele jamais aprovaria algumas coisas vistas e ouvidas por ela em Bad Nauheim. Mas Elvis, elegantíssimo em seu uniforme de passeio, comportou-se da melhor maneira – contou sobre suas tarefas no pelotão de reconhecimento. O capitão Beaulieu avisou: a partir daquele momento, Elvis teria que buscar Priscilla e trazê-la de volta, como em encontros normais. O cantor explicou: até sair do quartel e tomar banho, já era noite adentro. Que tal se Vernon viesse buscar a filha deles? Elvis a traria de volta.

Ruminando essa solução de meio-termo, súbito o capitão Beaulieu disparou: o que exatamente Elvis queria com a filha dele? Com tantas garotas se atirando em cima dele, por que Priscilla? Ao que pareceu, isso pegou Elvis de surpresa – por um momento, Priscilla sentiu ainda mais pena dele, submetido a esse tipo de interrogatório. Até Vernon se mexeu em seu assento, com ar constrangido. Mas, de repente, Elvis declarou: "Bem, senhor, eu gosto muito dela", com aquele jeitinho franco que tornava qualquer fala muito convincente. Afirmou que Priscilla era muito madura para a idade, e ele andava meio solitário, tão longe do lar, e garantiu: "Digamos que preciso de alguém para conversar. Não precisa se preocupar com Priscilla, capitão. Vou cuidar muito bem dela".

DESSE MOMENTO EM DIANTE, os dois se encontraram quase todas as noites. Nem sempre era *ele* que a levava para casa. E nem sempre era Vernon quem vinha buscá-la. Muitas vezes o chofer era Lamar, mas isso deixou de ser um problema. Os pais de Priscilla se tranquilizaram, convencidos por ora de que Elvis era um moço de boa índole, bem-educado.

Noite após noite, os dois acabavam no quarto dele. Noite após noite, acabavam nos braços um do outro. Mostrou-se fiel à sua promessa: não avançou o sinal, não faria isso nem mesmo se a garota implorasse – ela era muito novinha, explicou ele; queria que Priscilla permanecesse pura. Um dia, chegaria a hora certa, mas por enquanto poderiam fazer muitas outras coisas. Nunca na vida ela se sentiu tão próxima de alguém. Priscilla já chamava a vovó pelo apelido, Dodger. E a vovó contou a ela casos de infância e histórias familiares. Como a mãe de Elvis tinha sido rígida com ele, mas sempre o protegia de todos os males. Ela se sentia integralmente parte dele; mesmo assim, não sabia qual deveria ser seu próprio papel. Sabia que ele tinha outras garotas, por mais que negasse. Quando declarou que o amava, Elvis levou os dedos aos lábios dela e disse não entender o que estava sentindo. "Papai toda hora me lembra da sua idade e que isso é impossível", balbuciou ele. "Quando eu voltar para casa… Só o tempo vai dizer."

A situação piorava quando estavam perto dos outros. No começo da noite, antes de Priscilla o preceder subindo ao quarto, ficavam na sala, constantemente cercados pela turma. Ele era tão diferente com outras pessoas por perto! Deixava de ser o garotinho que se revelara a ela e repelia brutalmente sua vida secreta. Priscilla não sabia como deveria se portar com ele nessa situação. Por isso, agia como os demais, esperando que Elvis deixasse transparecer seu humor, rindo quando ele ria, sentada em silêncio, com olhar perdido, na expectativa de o cantor fazer um comentário.

"Tive a sensação de ter conhecido o real Elvis Presley naquela época. Não com ego – não a estrela que ele sentia que deveria representar. Eu o vi puro, totalmente puro, eu o vi como ele era de verdade após perder a mãe. Conversávamos muito, ele compartilhava suas dores comigo, era bastante inseguro, e se sentiu muito atraiçoado pelo pai, com o fato de ele ter se apaixonado por uma mulher daquelas [como Dee Stanley]. Literalmente balbuciava, o pai dele não era assim: "Isso vai passar, quando formos embora da Alemanha, isso vai ficar para trás...". Ele nunca esteve tão vulnerável, tão honesto e tão apaixonado como nessa época."

Sobre a carreira, ele expressava apreensão, mas tinha fé absoluta no Coronel. Mostrou a Priscilla as cartas que o Coronel havia escrito para ele, cartas detalhando seus planos, mostrando como ele estava mantendo vivo o interesse dos fãs, listando todos os seus lançamentos e promoções, dizendo a Elvis para não se preocupar. "Falou que um dia eu ia conhecer o empresário, que o Coronel articulava os detalhes do próximo filme, tão logo ele voltasse, e para outros mais [na sequência]. Falava nele com muito carinho." Ficou óbvio que Elvis confiava implicitamente em seu empresário, porque, confidenciou a Priscilla, fora por ordem do Coronel que não tinha feito apresentações no tempo em que esteve no exército. E, como sempre ao longo de sua carreira, *o Coronel tinha tomado a decisão certa.*

Ela absorvia todas aquelas informações e encarava tudo com naturalidade, desde a convicção dele sobre esse assunto até a adesão quase religiosa aos benefícios do iogurte, recém-descobertos por ele, consumindo potes e mais potes. Para arrematar a noite, ouviam "Goodnight, My Love", a saideira na estação de rádio das forças armadas, todas as noites. Então Lamar a levava para casa.

TODOS NOTARAM que foi diferente desde o início. Para Charlie, não havia dúvida de que Elvis tinha se apaixonado à primeira vista. "Reparou na estrutura óssea do rosto dela?", ponderou o cantor com seu amigo, como se devesse satisfações a alguém. "É como se ela fosse a mulher que procurei em toda a minha vida." Para Joe Esposito, novo amigo de Elvis, soldado de Chicago que recentemente tinha começado a jogar com eles futebol americano de contato leve aos fins de semana, a fonte da atração era visível: "Todo domingo à tarde Priscilla se sentava, sozinha, na lateral do campo, para assistir aos jogos. Essa imagem ainda está bem nítida em minha cabeça. Eu nunca tinha visto antes, nem vi depois, alguém com uma fragilidade e uma beleza tão plenas". A explicação subjacente poderia ter sido mais mundana. "Elvis sabia que Priscilla era jovem e queria treiná-la para ser do jeito que ele queria que ela fosse."

Até mesmo Elisabeth, que continuava a dormir com ele todas as noites e, é claro, era para lá de ciumenta, soube de imediato que isso era algo diferente de todos os outros flertes, de todas as outras moças que entravam e saíam da vida dele. Por um bom tempo, ela pensou que Elvis nunca ia deixar Anita; ela repassava as cartas de Anita sem tecer comentários. Todo mundo, inclusive Elisabeth, apostava que um dia Anita e Elvis iam se casar. Mas com aquela moreninha de beleza discreta, todas as certezas se evaporavam. "Muitas vezes, fiquei impelida a perguntar a Elvis se ele havia se apaixonado por Priscilla, mas eu sabia que não deveria fazer essa pergunta."

E, de repente, quase todas as conversas e todo o foco envolviam a volta para casa. De vez em quando, Elvis comentava a hipótese de levar Elisabeth a Memphis como secretária particular. Às vezes, comentava em levar *toda a turma* para os EUA com ele. Tudo o que tinham vivido juntos evocava já uma certa nostalgia. Cada vez mais, porém, a atenção dele era outra, mesmo quando estava com Priscilla. Elisabeth viu seu sonho se evaporar antes mesmo de estar plenamente formulado. A certeza dela aumentava: Elvis ia voltar para os Estados Unidos *como se nada tivesse acontecido.*

As mensagens do Coronel chegavam em ritmo cada vez mais acelerado – ligações telefônicas, cartas, telegramas. O especial de televisão com Frank Sinatra, anunciado pela primeira vez em julho, já estava alinhavado, sob o título "Festa de Boas-Vindas a Elvis Presley com Frank Sinatra". Elvis receberia 125 mil dólares, o cachê mais alto já pago por uma participação especial na televisão – e, o Coronel fez questão de destacar, para cantar só duas músicas. Outra coisa que não saía de sua mente era a sessão de gravação da RCA, que aconteceria pouco antes do especial na TV. Cantaria o novo single no programa, avisou o Coronel, então deveria ir pensando nisso – na sessão, esse seria o primeiro assunto em pauta, e não havia chance de erro. Afora isso, as negociações com a RCA transcorriam favoravelmente. Um novo contrato não podia ser lavrado antes de serem esclarecidas certas questões fiscais, mas a gravadora já havia concordado em pagar royalties integrais de publicação, espécie de "cláusula da nação mais favorecida", sobre todas as canções em que tivessem direitos autorais, modificação importante do contrato existente, que estipulava uma taxa de três quartos em todas essas composições, conforme a política padrão da empresa. O Coronel fez questão de frisar: à luz da parceria editorial de Elvis com a Hill and Range, isso significaria um acréscimo de 25% sobre o pagamento de quase todas as canções que ele porventura gravasse. Não só isso: se qualquer outro artista da RCA conseguisse um acordo melhor, o acordo de Elvis subiria automaticamente para o mesmo nível devido à tal cláusula da "nação mais favorecida" no contrato. A RCA estava praticamente comendo na mão deles, exclamou o Coronel – e tudo porque se mantiveram firmes na trincheira.

Contudo, Elvis na maioria do tempo pensava em outras coisas. Gostava de ouvir os relatos do Coronel sobre suas façanhas comerciais, adorava ouvir como o empresário fazia todos os figurões bailarem no ritmo dele e certamente apreciava a maneira como o Coronel estava sempre cuidando dele, sempre se precavendo contra futuros imprevistos. O que mais preocupava Elvis, porém, era algo a que o Coronel havia lhe dado plena *liberdade* para se concentrar: a música. E era nisso que ele, todas as noites, se concentrava, sentado ao piano; era com isso que sonhava, cada vez mais – as canções que gravaria em seu retorno ao lar, a música com a qual ele mais uma vez seria capaz de se comunicar com o mundo. Havia algum tempo, tinha em mente várias canções: o hit de 1955 dos Four Fellows, "Soldier Boy", cujo refrão ele passou a entender perfeitamente desde que começara o serviço militar; "I Will Be Home Again", antigo número do Golden Gate Quartet, que ele e Charlie cantavam em dueto; além de clássicos do r&b, como "Such a Night", de Clyde McPhatter, e "Like a Baby", de Vikki Nelson. Ele *sabia*: antes do fim do ano, gravaria um álbum gospel. Para isso, Charlie continuava abastecendo Elvis com hinos de jubileu, enquanto Gordon Stoker dos Jordanaires lhe enviava álbuns de uma gama de artistas, desde o grupo de gospel negro Harmonizing Four, com seu famoso baixo-profundo Jimmy Jones, até os últimos lançamentos dos Statesmen e dos Blackwood Brothers. Direto de Memphis, o bom e velho Dewey Phillips continuou indicando canções que ele provavelmente nunca conseguiria gravar, e Freddy Bienstock manteve um fluxo constante de material da Hill and Range.

Nenhum deles parecia reconhecer completamente os novos rumos que Elvis desejava explorar – mas como poderiam, se esse era um território que ele sempre tendia a evitar, desde que começara a gravar seus discos? Sempre teve uma queda pela força e pela inspiração das baladas de Roy Hamilton, com sua voz de cantor de ópera, nominalmente um artista de r&b, cuja "You'll Never Walk Alone" em 1954 havia disparado nas paradas e alcançado o número um. Em 1956, quando chegou à RCA, gravou a animada "I'm Gonna Sit Right Down and Cry (Over You)", de Hamilton, mas não se achava nem perto de pronto para dar conta dos números mais ambiciosos de Hamilton – e sabe-se lá o que Steve Sholes, o executivo que o contratara, teria pensado sobre isso? Agora, com o incentivo de Charlie, treinava perseverantemente para aprimorar sua técnica vocal – Charlie continuou a mostrar-lhe truques para ajudar com a respiração e expandir seu alcance. Empregou essas aulas em números como "Unchained Melody" e "I Believe", de Hamilton, assim como na melodia irlandesa "Danny Boy" e em uma de suas outras favoritas de longa data, "There's No Tomorrow", de Tony Martin – adaptação para o inglês, feita em 1949, da clássica "O Sole Mio", melodia folclórica italiana para sempre imortalizada em 1916, quando o grande cantor de ópera Enrico Caruso a registrou em disco.

Qual seria a reação dos fãs? Só de pensar nisso já ficava assustado. Mas buscou forças no único preceito que o guiava em toda a sua carreira fonográfica: cantar o que vem do coração. Não tinha a ver só com seguir as tendências, porque assim o público nunca acreditaria em você. Até agora, tinha confiado apenas nos instintos, e os instintos dele se mostraram tão confiáveis na música quanto os do Coronel nos negócios. Elvis não estava "de nariz empinado"; sempre amara esse tipo de música – nunca se esqueceu da experiência de ouvir discos de Caruso quando criança. Embrenhou-se nessas veredas novas com a mesma e inabalável dedicação que sempre mostrou por ideias arrojadas. Preparou-se para o desafio absorvendo as dicas de Charlie e estudando álbuns conhecidos de bandas como Ink Spots e Mills Brothers, nos mínimos detalhes, em busca de pistas de como compor o fraseado melódico e acertar o tom.

Freddy fez o possível para negociar uma participação nos direitos de publicação sobre "There's No Tomorrow", para que ganhassem royalties, mas sem sucesso. Então teve a ideia de encomendar uma letra nova, pois a melodia já estava em domínio público. Elvis recebeu bem a ideia – ele se importava com a *melodia*, não com a letra – e trocaram ideias sobre isso quando Freddy veio a Bad Nauheim entregar acetatos para a avaliação de Elvis. Tudo ia se encaixando para a sessão que se aproximava. Utilizariam a maioria dos mesmos músicos da última sessão em Nashville, em junho de 1958, e até Scotty Moore, o guitarrista da banda original de Elvis, voltou a colaborar – inclusive tinha uma canção com a qual queria fazer um acordo. Um bom relacionamento comercial: é justamente assim que as coisas devem ser, disse o Coronel. E se o outro membro original do trio, Bill Black, se fazia de difícil (a banda própria de Black, recém-formada, desfrutava de um bom sucesso inicial), bem, baixista competente em Nashville é o que não falta, declarou o Coronel, e ficar implorando não era do seu feitio. Na mente de Freddy, não havia dúvidas sobre o entusiasmo de Elvis para voltar ao trabalho – uma de suas marcas era sempre estar 100% comprometido, mas dessa vez ele parecia estar esfregando as mãos de tão ansioso. Ao mesmo tempo, a visão sardônica de Freddy sobre a natureza humana também foi reforçada durante sua visita. Estavam na sala quando começaram a escutar os ruídos de Vernon e sua namorada loira no quarto próximo. Constrangido, Elvis aumentou o volume do toca-discos.

EM OUTUBRO, ELVIS, folheando uma revista, viu um anúncio sobre os serviços de um médico sul-africano, especializado em dermatologia e detentor da patente de um exclusivo método de tratamento para reduzir os poros dilatados e as cicatrizes de acne. Isso poderia melhorar, e muito, sua aparência diante das câmeras de cinema, ponderou Elvis. Pediu para Elisabeth entrar em contato com o médico, dr. Laurenz Johannes Griessel Landau. A proposta de Joanesburgo veio quase imediata: um tratamento intensivo, totalmente confidencial ("Palavra de escoteiro", disse o médico), com sucesso garantido, mas Elvis só pagaria as despesas de viagem do dermatologista enquanto os resultados não aparecessem. O dr. Landau teria o maior prazer em atender um paciente tão famoso, sugeriu ele em sua carta inicial, de dez páginas. No P.S. de quatro páginas, mencionou que traria consigo gravações de algumas de suas próprias composições musicais. A correspondência continuou enquanto Elvis estava em manobras em Wildflecken, e súbito o próprio dr. Landau se materializou em Bad Nauheim, sem prévio aviso, antes mesmo de Elvis retornar do campo.

Os tratamentos começaram em 27 de novembro e continuaram várias vezes por semana, em sessões de duas horas, nas quatro semanas seguintes. Para Elvis, sua pele melhorava a olhos vistos. Os demais não percebiam mudança alguma. Aliás, Vernon tinha a convicção de que o excêntrico sul-africano os levaria à falência. No comecinho de dezembro, Elvis também passou a frequentar um curso de caratê, após conhecer o estúdio de Jurgen Seydel, "o pai do caratê alemão", em Bad Homburg, que na visita o brindou com uma demonstração. No início, ele e Rex iam duas vezes por semana, e em pouco tempo Elvis já mostrava, a Priscilla e a todo mundo na casa, o que haviam aprendido. Enaltecia a disciplina necessária para dominar a arte do caratê e sua superioridade em relação a outras formas mais simples de defesa pessoal.

Então, na véspera de Natal, Elvis irrompeu de uma sessão com o dr. Landau em seu quarto com uma expressão de horror no semblante. O desgraçado era bicha, contou a Lamar e Rex, ele ia matar o filho da puta. Na mesma hora, Landau foi expulso da casa, ainda que fosse apenas para impedir que Elvis realmente cumprisse o prometido. Naquela mesma noite, porém, o sul-africano reapareceu. Trazia uma carta ameaçando ir à imprensa, com fotografias, gravações e relatos de "situações comprometedoras" sobre as quais ele tinha conhecimento pessoal direto, inclusive um relacionamento ilícito com uma namoradinha americana de "16 anos [*sic*]".

Vernon mal conteve o pânico; estava convencido de que isso poderia significar o fim da carreira de Elvis. Em meio à consternação geral, fizeram telefonemas de emergência para o Coronel. Imperturbável, o Coronel consultou alguns de seus contatos militares de alto nível em Washington, e seguindo os conselhos dele, Elvis e Vernon entraram em contato com a Divisão da Chefia da Polícia do Exército, que por sua vez encaminhou o assunto ao FBI. Em 6 de janeiro, Laurenz Johannes Griessel Landau (que, conforme se verificou, não surpreendentemente, *não* tinha diploma em Medicina) embarcou num avião rumo a Londres, levando no bolso uma pequena quantia de dinheiro para compensar o transtorno, mas nunca mais se ouviu falar dele.

TODA ESSA AGITAÇÃO lançou uma espécie de mortalha sobre as festividades de fim de ano, mas não estragou a festa de Natal que Elvis ofereceu a alguns amigos em sua casa. Em 8 de janeiro, quando comemorou o aniversário de 25 anos com uma festa de arromba no centro de recreação local, o dr. Landau já não passava de mera lembrança. Evento de gala, com 200 pessoas no salão repleto de mulheres atraentes. Elvis, porém, só tinha olhos para Priscilla. Charlie cantou e Elvis também; Cliff, ausente na maior parte dos últimos meses, marcou presença; Joe Esposito e um bando de "parças" o presentearam com um troféu onde se lia: ELVIS PRESLEY, O CRAQUE DO JOGO. ASSOCIAÇÃO DE FUTEBOL AMERICANO DAS TARDES DOMINICAIS DE BAD NAUHEIM, 1959; Vernon e Dee, que trouxeram Priscilla à festa, agiam como marido e mulher, um velho casal observando a cena orgulhosamente.

À tardinha, Elvis tinha conversado por telefone com Dick Clark, apresentador do *American Bandstand*, que morava na Filadélfia, sobre suas próximas participações na televisão e no cinema. Tudo parte da ferrenha campanha publicitária que o Coronel vinha intensificando desde novembro. Pela primeira vez, reportagens amplas começavam a espocar com frequência na imprensa americana; a RCA lançou uma série cuidadosamente orquestrada de comunicados à imprensa e plantou histórias que suscitavam a questão: "Será que Elvis Presley vai mudar o seu estilo?". No próximo bimestre, uma série de entrevistas marcadas culminaria, conforme o plano do Coronel, numa avalanche de cobertura sobre o "Triunfante Retorno ao Lar" do soldado Presley. A vida real deixada para trás começava a incidir cada vez mais em seu dia a dia. Começou a pensar até em fazer as malas – mas ainda não sabia o que fazer com Priscilla.

Quase desde o início, vovó já havia percebido onde a coisa ia parar. E ela se sentia muito mal por Elisabeth, a sua melhor amiga naquela terra esquecida por Deus. Não chegava a culpar Elvis por isso, mas não gostava de ver a garota à mercê dos caprichos dele – e notava como Rex espichava o olhar para ela, com o rabo do olho. Então ela aproximou os dois, dando indiretas a princípio, depois convidando-os sorrateiramente para o quarto dela, onde explicou aos dois exatamente o que ela achava que deveriam fazer.

No começo, eles se encontravam no apartamento de um casal de militares que fazia parte da turma – a esposa até ajudava Elisabeth com a correspondência dos fãs. Precisavam ter muito cuidado, porque Elvis parecia capaz de rastrear onde todos estavam o tempo todo. Lamar e Cliff sabiam do relacionamento e, para a surpresa de Rex, "pareciam curtir bastante aquela alcovitagem... Talvez fosse a maneira de se vingarem de Elvis por algumas das coisas que ele havia aprontado para eles". Uma vez, quase foram pegos, mas um amigo falou que tinha sido ele quem fora visto com Elisabeth, então ele, em vez de Rex, foi expulso da casa. Encontravam-se furtivamente havia uns dois meses quando aconteceu a festa de aniversário, e Rex só observou, incapaz de agir. Elvis derramava todas as suas atenções sobre Priscilla, mas ele não podia sequer tirar Elisabeth para dançar.

Por fim, isso foi demais para ele, ver Elisabeth cercada de parceiros de dança, e um deles, em especial, fazendo movimentos descarados para ela. Informou a Elvis que um sujeito estava dando em cima de Elisabeth. Elvis explodiu e mandou o cara embora, e a frustração de Rex quase virou satisfação.

Logo depois, Elvis foi a Paris uma segunda vez, em companhia de Joe, Cliff e seu instrutor de caratê, Jurgen Seydel, e, claro, o fiel Lamar. As atividades noturnas permaneceram basicamente iguais, mas de dia ele agora estudava técnicas do caratê estilo *shotokan*, com um instrutor japonês apresentado por Jurgen Seydel. Nessa viagem, Joe ficou responsável por guardar o dinheiro, pagar todas as contas e, conforme as instruções de Vernon, recolher todos os recibos. Elvis ficou impressionado com sua capacidade organizacional. Uma noite, foram ao Café de Paris assistir ao Golden Gate Quartet. Elvis foi aos bastidores e, por horas a fio, cantou *spirituals* com eles, desencavando hinos evangélicos que de vez em quando até o grupo tinha dificuldade em se lembrar.

Em 20 de janeiro, dois dias após seu retorno, Elvis foi promovido a sargento. Um cálice amargo, afinal Rex tinha recebido a promoção havia um bom tempo. Elvis inclusive aproveitou o ensejo e insinuou que Rex provavelmente só se tornara sargento por sua ligação com Elvis. “Rexadus”, salientou Elvis, “olha quanta coisa boa pode acontecer com você por ser meu amigo”.

Em 11 de fevereiro, enfim, Elvis obteve as divisas de sargento e deu uma festinha na casa, em meio ao corre-corre dos preparativos. Vovó: atarefada com as malas. Vernon e Dee: fazendo planos para o futuro. Priscilla: agarrada a ele, desesperadamente, todas as noites, não querendo ir, e não querendo que ele fosse, nunca – mas, se ele fosse, por que não a levava junto com ele? Ela não dava bola para os pais, nem para a escola, e sequer podia transparecer que estava cansada. Uma noite, ela cochilou esperando Elvis terminar sua aula de caratê, e ele perguntou a ela quantas horas por dia a garota estava dormindo.

> Respondi, hesitante: “Quatro ou cinco horas por noite. Mas vou ficar bem”. Pensativo, Elvis disse: “Suba aqui um minuto. Tenho um negócio para você”. Levou-me ao quarto dele e colocou um punhadinho de pílulas brancas na palma da minha mão. “Quero que você tome isto,

> elas vão ajudá-la a ficar acordada durante o dia. Tome uma quando se sentir um pouco sonolenta, mas não mais do que uma, senão vai acabar plantando bananeira no corredor."
>
> "O que elas são?", eu quis saber.
>
> "Não precisa saber o que são, o pessoal nos fornece quando fazemos manobras. Se não fossem elas, eu não ia aguentar o tranco. Mas são seguras, não se preocupe", ele me garantiu. "Guarde-as e não conte a ninguém que você as tem, e não precisa tomar todos os dias. Só quando estiver precisando de um pouco mais de energia."

Ela confiava em Elvis e implicitamente acreditava nele. Por enquanto, contudo, guardou as pílulas em sua caixinha de recordações – charutos, bilhetinhos carinhosos que ele escreveu para ela, itens que a fariam se lembrar dele quando o cantor tivesse partido. E a partir de então tentou ficar acordada.

Nesse meio-tempo, Elvis tinha negócios a tratar. Entrevista após entrevista, enfatizou o sentimento de ter realmente cumprido a missão. "O pessoal esperava que eu fosse colocar os pés pelas mãos, que eu ia pisar na bola de uma forma ou de outra. Pensavam que eu não iria suportar, e assim por diante, e eu estava determinado a explorar meus limites a fim de provar o contrário. Não só para essas pessoas céticas, mas a mim mesmo." Mal podia esperar para retomar sua carreira, disse ele. Não sabia o que ia acontecer, mas, fosse lá como fosse, a experiência no exército tinha sido inestimável, e o empresário dele, o Coronel Parker, uma fonte infalível de apoio e bons conselhos. Sem dúvida, ele esperava fazer uma turnê pela Europa. Talvez no próximo ano, embora a hora certa dependesse de seu empresário. Nunca ia mudar seu estilo; escolhia todas as suas músicas por instinto, como se ele mesmo fosse comprar o disco; mais do que tudo, queria ser levado a sério como ator dramático.

O dia da partida se aproximava, e ele descobriu, para sua surpresa, que ficava cada vez mais difícil se desapegar. Conversou em separado com cada um dos meninos sobre manter contato, sobre não permitir que a amizade esmorecesse, sobre talvez irem trabalhar para ele quando chegassem aos EUA. O primeiro a embarcar foi Joe, uma semana antes de Elvis e Rex. Mediante a súplica de último minuto de Elvis, prometeu que ia desistir do trabalho de contador para o qual planejava voltar e estaria a postos assim que Elvis ligasse. Lamar e Cliff, é claro, continuariam em seus conhecidos papéis: Cliff, o comediante de mão cheia; Lamar, o alvo leal de todas as piadas. Charlie prometeu aparecer tão logo tivesse a chance de visitar a mãe e o pai em Decatur, não mais do que um pulinho de distância. Por sua vez, Elisabeth continuaria como sua secretária particular, não pairavam dúvidas sobre sua lealdade. Podia confiar nela e sabia que a jovem ia ficar de bico calado se Anita estivesse por perto. No entanto, quem ele mais queria era Rex. O tempo todo, Rex esteve a seu lado. Ele era o tenente de que ele precisava, o mais prático, o mais bem-educado e, à sua própria e silenciosa maneira, o mais independente do grupo.

Por sua vez, Rex andava angustiado pela culpa. Em meio a um turbilhão de incompreensões e mágoas doídas, rompeu com Elisabeth, mas reatou com ela uma semana antes de embarcar. Nisso a vovó ficou doente, e Elisabeth teve que se encarregar dos preparativos. O tempo para eles se tornou mais curto do que nunca, com mais de 2 mil discos para acondicionar, além de mais de 20 e poucos baús e malas. Mal conseguiam trocar olhares quando estavam perto de Elvis. Os dois sabiam que se um deles fosse trabalhar para Elvis Presley, não poderiam continuar seu relacionamento, mas Elisabeth não estava com vontade de voltar para a sua família, que tinha acabado de ser transferida para os Estados Unidos. A confusão e o conflito reinavam em suas mentes. Nenhum deles tinha ideia de como terminaria aquilo.

O dia 1º de março amanheceu cinzento e sombrio. Às nove, Elvis participaria de uma coletiva no clube dos homens alistados, no quartel

Ray, em Friedberg. Dezessete minutos atrasado, Elvis, em seu uniforme feito sob medida, entrou no recinto e foi recebido por uma rajada de perguntas de mais de uma centena de repórteres e fotógrafos. A maioria delas, as de sempre: o que achou de sua experiência no exército? ("Aprendi muito.") Perspectivas de casamento no futuro próximo? ("Na verdade, não.") Tem um diário? ("Não tenho um diário, mas posso lhe contar o que aconteceu na data que você quiser saber. Eu gostaria de escrever um livro.") Quais são seus planos de filmagens e gravações? O comandante, general Richard J. Brown, inclusive aproveitou a ocasião para entregar a Elvis um certificado especial de mérito, citando sua "alegria e determinação, além de uma constante e notável capacidade de liderança".

No geral, uma performance magistral e completamente desarmante, sem qualquer sinal de nervosismo da parte de Elvis – à exceção do constante balançar da perna embaixo da mesa. Ficou em uma "saia justa" ao ser questionado sobre Priscilla Beaulieu, a filha do capitão da força aérea, geralmente chamada de sua "namorada de 16 anos [*sic*]". Sim, reconheceu, ele tinha se encontrado com ela várias vezes nos últimos meses, uma linda morena, com belos olhos azuis. "Uma moça muito legal. É de uma família boa e muito madura para a idade." Ao ouvirem isso, os repórteres logo correram para os telefones e ligaram para o pai da menina. O capitão, por sua vez, antes de fazer qualquer comentário, pediu para saber as palavras exatas do sargento Presley, já que ele não queria dizer nada que causasse constrangimento a Elvis nem à própria filha. "Não há nada de sério nisso", declarou enfim o capitão Beaulieu, após lhe passarem as informações. "É uma bonita amizade. Tiveram momentos muito agradáveis conhecendo um ao outro. Mas isso é tudo por enquanto."

No finzinho da coletiva, Elvis avistou uma velha amiga de uniforme. "Marion!", gritou ele num misto de admiração e surpresa, reconhecendo Marion Keisker MacInnes, a capitã da força aérea que não via desde que ela havia deixado a Sun Records, no verão de 1957, e que agora estava na Alemanha. "Marion", repetiu ele enquanto ela se aproximava, "não sei se dou um beijo ou faço continência!" "Nessa ordem", respondeu a ex-assistente de Sam Phillips, a primeira a recepcioná-lo em sua gravadora original. Quando, um pouco mais tarde, ele a viu sendo repreendida por um capitão do exército por familiaridade excessiva com um suboficial, fez questão de ir correndo explicar que aquela entrevista coletiva nem estaria acontecendo se não fosse por essa senhora. "Senhora, não. Capitã da WAC"*, retorquiu o oficial do exército, sem nem ao menos dirigir o olhar para ela, recordou Marion mais tarde. "Elvis disse: 'Bem, é uma longa história, mas nem sempre ela foi capitã da WAC'. Então ele segurou minha mão. Estava decidido a não deixar o exército me expulsar. Foi uma coisa muito significativa para mim; foi a primeira e única vez que Elvis indicou publicamente que reconhecia o papel que eu havia desempenhado."

O dia inteiro as ligações sobre Priscilla não paravam de chegar. Elvis almoçou e deu uma passadinha rápida no quartel para finalizar alguns negócios, mas às 5h40 da tarde estava de volta à Goethestrasse, onde deu autógrafos. Noite adentro, teve de sair de casa várias vezes para tentar acalmar a quase histérica multidão de fãs. Naquela noite, Priscilla ficou com Elvis até tarde, implorando a ele pela última vez uma chance de consumarem o amor deles. O cantor respondeu que a amava e prometeu que, na hora certa, um dia consumariam – mas não agora. Ela era ainda muito nova. Cedo na manhã seguinte, Priscilla voltou de Wiesbaden após passar a noite em claro. Às 11h10, saíram de casa e tiveram de atravessar rapidamente um bando de fãs ruidosos, alguns dos quais ficaram a postos a noite inteira, sem arredar pé. Em seguida, Elvis se despediu temporariamente de Priscilla e da família – o pai, a vovó, Elisabeth e Lamar, todos decolariam de Frankfurt num voo comercial, ao final do dia –, e subiu com outros colegas de farda no ônibus militar que os transportaria rumo à base aérea de Reno-Meno. Quando Priscilla

* Sigla para *Women's Army Corps*, ou Corporação Feminina do Exército. (N. de T.)

NAQUELA NOITE,
PRISCILLA FICOU
COM ELVIS ATÉ TARDE,
IMPLORANDO A ELE PELA
ÚLTIMA VEZ UMA CHANCE
DE CONSUMAREM O
AMOR DELES. O CANTOR
RESPONDEU QUE A
AMAVA E PROMETEU QUE,
NA HORA CERTA, UM DIA
CONSUMARIAM – MAS
NÃO AGORA.

chegou à base, os repórteres já estavam à espreita, soterrando-a com perguntas e tirando fotos dela, o lenço amarrado embaixo do queixo, um recatado vestidinho xadrez de gola alta sob um discreto casaco de inverno. Gostava muito de Elvis, repetiu ela várias vezes em resposta à imprensa, mas isso era tudo. "Sou muito nova para casar", confessou ela a um repórter no dia anterior, "mas acho Elvis um moço incrível... tão gentil, tão atencioso, um cavalheiro e tanto... Não bebe, não fuma e nem sequer fala palavrões, como alguns garotos fazem".

Na pista de pouso, foi barrada por um cordão de policiais, que não permitiu que ela se despedisse. O adeus da moça apaixonada foi captado pelos repórteres em todas as suas nuances. Segundo relatos do *New York Mirror*, Priscilla foi cercada por "uma dúzia de imponentes guardas da força aérea".

> Ela caiu em prantos. Correu em direção a Elvis, mas os policiais a puxaram de volta... "Não querem me deixar eu me despedir dela, não vão me deixar falar com ela", disse Elvis, a decepção estampada no rosto bronzeado. Priscilla acariciou o presente de Natal de Elvis: um relógio de pulso de ouro com um belo diamante. "Prometeu me ligar sempre que puder. Elvis falou que prefere me ligar do que me escrever, porque assim pode escutar a minha voz", explicou a filha do capitão da força aérea.

O avião decolou às 5h25 da tarde, e a revista *Life* tirou uma foto de Priscilla acenando. A legenda: "A moça que ele deixou para trás". O artigo trazia outra foto de Priscilla, "de 16 anos", no banco traseiro do veículo que os tinha levado ao quartel Ray, onde trocaram "o último beijo" antes da separação.

"Quando ele foi embora, a jornada para casa, a bordo do carro, foi extremamente dolorosa. Eu não sabia se aquela seria ou não a última vez que o veria, se ele ia me ligar ou não. Sabe, uma coisa não saía de minha cabeça: por que ele me ligaria? Elvis estava voltando a Hollywood, e seus dias estariam ocupadíssimos, enquanto eu ia estar em casa, ou na escola, pensando só nele, escrevendo seu nome numa folha de papel, todos os dias, como uma criança. Seria paixão? Ilusão? Na época tudo foi muito real para mim. Eu estava apaixonada, e essa foi a primeira vez que senti emoções tão profundas. Eu não tinha bem certeza se a sensação era boa ou não. Por um lado, eu não curtia esses sentimentos, pois não conseguia controlá-los, mas em meu íntimo eu sabia: eram muito dolorosos e muito reais."

Elvis no *Frank Sinatra Show*, 26 de março de 1960
(Cortesia do Espólio de Elvis Presley)

ELVIS VOLTOU

Março de 1960 a janeiro de 1961

VOLTAR PARA CASA FOI COMO chegar a uma festa com todos os lugares preestabelecidos, com cornetas e chapeuzinhos de festa distribuídos a todos os convidados. No semblante do convidado de honra, o olhar de perplexidade é a única coisa que deixa transparecer o receio de estar, de alguma forma, invadindo o sonho de outra pessoa.

Todo de preto exceto pelo medalhão dourado no pescoço, para dar uma cor, ele apareceu na coletiva de imprensa no exato dia de seu regresso ao lar com o cabelo castanho-claro penteado em um dramático topete. Cerca de 50 repórteres lotaram o galpãozinho nos fundos da casa principal em Graceland, que normalmente servia como escritório de Vernon. Alguns dos repórteres notaram a árvore de Natal branca, feita de náilon, disposta a um canto, as luzes piscando, com supostos presentes ainda empilhados ao pé dela, lembrança de seu último Natal em casa.

"Bem, cavalheiros", anunciou ele atrás de uma austera escrivaninha metálica com uma placa na qual se lia "O Chefe", "eu os convoquei aqui para discutir um assunto importantíssimo". Deu risada quando vários repórteres captaram a alusão às conferências de imprensa televisionadas do presidente Eisenhower. Em seguida, começaram as perguntas, velozes e furiosas. Já havia escolhido seu primeiro single? O que aprendeu com a vida no exército? Mudaria algo em seu estilo musical?

Conduziu tudo com a mesma desenvoltura que sempre parecia manter reservada para ocasiões públicas. Recusou apenas o pedido para posar com uma boneca que lhe foi empurrada da pilha de bichos de pelúcia e outras homenagens de fãs. "Vai parecer meio bobo um homem de 25 anos voltar do exército e brincar com bonecas", explicou ele, consideravelmente mais interessado em compartilhar com os repórteres seus conhecimentos sobre caratê e mais do que pronto para rachar uma tábua com um golpe, se aparecesse uma. "Nem acredito que estou aqui", comentou entre uma pergunta e outra. "Estou faminto, mas ainda nem tive tempo para comer. Não paro de andar por aí e olhar tudo." Atrás dele, uma placa com os dizeres: "Não deixe o seu coração se perturbar. Vocês que creem em Deus, também creem em mim". Sorriu para os fotógrafos enquanto cortava e experimentava o gigantesco bolo branco em forma de guitarra, presente dos fãs, com a frase "Bem-vindo ao lar, Elvis". Na lateral do bolo, títulos de canções como "Hound Dog". Algum plano imediato? Nada além de recuperar o sono (não dormia havia 24 horas, explicou, tão empolgado estava para chegar em casa) e reencontrar os velhos amigos. Com isso, o Coronel Parker declarou encerrada a coletiva, e Elvis retirou-se para o seu quarto, no segundo piso da casa principal. Alguns repórteres permaneceram, e ao Coronel coube a tarefa de esclarecer a eles os detalhes financeiros de alguns contratos feitos.

Após o jantar, Anita apareceu. Ele havia escrito a ela que "na noite da chegada seria melhor não nos encontrarmos, para não decepcionar família, amigos e fãs. Por isso fui à casa de Patsy Presley, a prima dele... Eu sabia que a Patsy, a tia Clettes e o tio Vester estavam indo para lá, e eu queria muito ir, mas também sabia o que ele havia me pedido. Então ele ligou [e disse]: 'Venha, Little, eu quero te ver'. Então fui voando até lá... é inexplicável, não tenho palavras para explicar as sensações que tive ao revê-lo. Era como se ele nunca tivesse ido embora".

Logo Anita foi apresentada a Elisabeth. Superado o susto inicial – a secretária sem graça, praticamente órfã, descrita por Elvis em telefonemas e cartas era, na verdade, uma jovem linda –, sem demora começou a coletar informações. Convidou Elisabeth para saírem juntas uma noite em breve. Elisabeth, mesmo ainda não aclimatada ao novo meio, aceitou alegremente. Na mesma hora, porém, ouviu de Elvis que era melhor ter cuidado com o que fosse dizer. Ela continuava se sentindo insegura quanto à posição em que Elvis a colocara ao pedir que ela ocultasse em sua bagagem aquele pote de dois litros cheio de anfetaminas.

No dia seguinte, Elvis foi ao cemitério visitar o túmulo da mãe. Foi a primeira vez que viu as estátuas italianas encomendadas por ele e seu pai. O monumento consistia em dois anjos ajoelhados aos pés de Jesus, de braços abertos. Na lápide, havia a inscrição: "Ela era a Luz do Sol de Nossa Casa". A visita o deixou calado e deprimido e fez aflorar "recordações e tristezas", mas ele não deixou de voltar com frequência.

O pai do cantor era fonte de uma tristeza quase igual. Vernon andava se esquivando da imprensa desde a chegada a Memphis, quatro dias antes, com a vovó, Elisabeth e uma dama identificada apenas como "Dee", que tinha embarcado no trem na Virgínia. A princípio, negou conhecer "a misteriosa loira" de óculos escuros, lenço e casaco creme, mas logo foi desmascarado por repórteres que tinham olhos próprios. Um dia, admitiu ao fotógrafo do *Press-Scimitar*, James Reid: "Bem, você sabe que não estou sendo honesto com você... Mas ainda não posso falar sobre isso". Dee ficou fora de vista durante a coletiva de imprensa e nos dias que se seguiram, mas Elvis mal podia esperar que os dois fossem para a casa do irmão dela, em Huntsville. Era óbvio até para os repórteres que os dois planejavam se casar ("Não vamos falar nisso agora", teria dito Vernon com uma risada calorosa), mas por ora Elvis simplesmente não queria nem pensar nisso. Às lágrimas, visitou o quarto da mãe, que, por instruções dele, havia sido mantido exatamente como Gladys o deixara. "Nem parecia o Elvis", comentou a tia Lillian, que viera até a casa com os demais parentes, dois dias após o retorno do cantor. Ela pediu um emprego e, na segunda-feira seguinte, já estava de volta para trabalhar na equipe dele.

Mas ele *era* Elvis. E se Gladys nunca saía totalmente de sua mente, outras coisas também começavam a se precipitar. Sentia-se como um detento recém-saído da penitenciária. Um simples passeio de motocicleta com Elisabeth na garupa lhe dava uma sensação de liberdade que, às vezes, havia pensado que jamais voltaria a experimentar. Na quinta-feira à noite, foi ao show de patinação no gelo, no Ellis Auditorium, acompanhado por nove ou dez garotas e meia dúzia de rapazes. A mesma trupe tinha se apresentado em Frankfurt no ano anterior: *Holiday on Ice*. Após o show, visitou os bastidores e passou a maior parte da noite entre reminiscências com vários membros da trupe. Na sexta-feira, tingiu o cabelo de preto nos preparativos para as aparições na televisão, dali a duas semanas, e saiu para dar uma volta de moto com Lamar. Charlie e Joe se apresentaram na casa, Red e Cliff chegariam a qualquer momento. Anita, Alan Fortas e George Klein passavam lá todos os dias após o trabalho. A presença dos primos – Gene, Billy e Junior Smith – era constante, e só Elvis entendia a linguagem secreta de Gene, um misto de língua do P com falas ambíguas.

Os fãs também estavam de volta aos portões. De fato, a turma inteira estava reunida, exceto Rex, que ainda não voltara da visita à família para informar Elvis sobre sua decisão de liderar ou não a equipe. Perto do final da semana, Elvis deu a Elisabeth um presente surpresa: um lindo Lincoln amarelo. Saíram juntos para dar umas bandas no carro novo e também para que o cantor desse umas aulinhas de direção para ela. Elvis aproveitou para dizer que agora ela estava livre para namorar outras pessoas. Pela primeira vez, as opções de Elisabeth se cristalizaram: "Eu poderia ficar com o Elvis e ser apenas sua secretária particular... ou eu poderia ir com o Rex". Sem hesitar, ligou para Rex ("Expliquei a ele que eu estava ligando de uma das linhas telefônicas de Graceland… e, por isso, eu não podia dizer tudo o que eu estava sentindo"), e ele prometeu aparecer em breve.

Sábado à noite, Elvis deu uma grande festa para todos os seus amigos, dedicando um tempinho para saudar os alunos da Escola do Arkansas para Surdos que apareceram no portão. No domingo, voltou ao Ellis e assistiu à "performance para negros" do show de patinação no gelo, passando a maior parte do tempo nos bastidores, conversando e dando autógrafos, mas subindo rapidamente ao pódio, vestido a rigor em seu terno escuro, para reger a orquestra de 17 músicos com uma batuta luminosa. Surpreendeu a todos ao convidar os 60 membros da companhia para visitarem Graceland. No dia seguinte, os dois ônibus – alugados por Elvis especialmente para a ocasião – chegaram e foram recebidos por ele na porta. De calça preta e jaqueta marrom, presenteou cada uma das crianças da trupe com um bicho de pelúcia autografado. Em seguida, ciceroneou todos em um tour pela casa. "Se quiserem passear por aí, tudo bem, fiquem à vontade", disse ele. A única regra era "deixar máquinas fotográficas na porta". O orgulho que sentia de Graceland era óbvio, e ele se revelou um anfitrião exemplar. Em seu quarto, mostrou o chefe indígena entalhado em madeira e o retrato formal da mãe e do pai. Na mesinha de cabeceira, dois livros: *O poder do pensamento positivo*, escrito pelo dr. Norman Vincent Peale, e *Como viver 365 dias por ano*, do dr. John A. Schindler, ao lado de sua cama king size. Exibiu seus discos de ouro e, no térreo, a fonte de refrigerante. Com orgulho, comentou uma possível visita de Khrushchev à sua casa, "para ver como nos Estados Unidos da América um sujeito pode começar sem nada e subir na vida, sabe".

Naquela noite, Rex apareceu enquanto Elvis se arrumava para ir ao cinema, tendo alugado o Memphian Theatre para ele e seus amigos das 11 horas em diante. "Tratei com muita seriedade tudo aquilo e logo fui comunicando a minha decisão de voltar a trabalhar na empresa que eu havia deixado ao ser convocado para o exército. Achei que Elvis ficaria muito chateado comigo, mas para minha surpresa ele disse que entendia e me desejava boa sorte... Falei que gostaria de ficar por uns dias, e ele respondeu que eu poderia ficar o tempo que me aprouvesse e que eu seria sempre bem-vindo." Tomando coragem, Rex tocou no assunto de Elisabeth enquanto ajudava Elvis com seus suspensórios. Sem aludir a qualquer vínculo anterior, falou que gostaria de convidá-la para sair à noite, quem sabe levá-la a um drive-in onde pudessem ficar longe da multidão. "Elvis mergulhou num silêncio completo. Prendi a respiração, e aquilo durou um minuto ou mais. Por fim, ele disse: 'Rexadus, você sabe que Elisabeth nunca vai amar ninguém além de mim', ainda se encarando com muito orgulho e ego". Rex não deixou transparecer qualquer reação e se limitou a acrescentar que, na opinião dele, Elisabeth precisava espairecer um pouco. Elvis assentiu, pensativo, e comentou estar feliz por Rex sair com ela, pois sabia que podia contar com Rex para tratá-la sempre como uma dama.

No dia seguinte, Elisabeth partiu. Disse a Elvis que ia ver seus pais, que estavam de férias na Flórida, mas a essa altura todo mundo na casa já sabia que ela estava indo com Rex para conhecer a família dele. Para despistar ainda mais Elvis, ela pediu a Janie Wilbanks, a moça do Mississippi que os tinha visitado na Alemanha, fosse buscá-la em Graceland, mas quando elas estavam saindo, Elvis saiu correndo de casa e pediu que ela voltasse para dentro. O coração de Elisabeth batia forte quando "Elvis olhou fundo em meus olhos e me perguntou se [eu] ia me encontrar com Rex". Claramente Cliff foi incapaz de guardar o segredo assim que ela saiu porta afora, mas Elvis preferiu acreditar nela. "Não seja bobo", disse ela, "estou indo ver meus pais em Hialeah".

Menos de três meses depois, Rex e Elisabeth se casaram, convidando Elvis por telegrama. Elisabeth procurou manter contato com a vovó, mas, à exceção de uma foto autografada que Elvis enviou ao casal no Natal seguinte, nem ela nem Rex jamais receberam notícias dele novamente.

No domingo, 20 de março, a turma inteira partiu rumo a Nashville a bordo do ônibus Greyhound alugado pelo Coronel. O estúdio estava agendado com um nome falso, e alguns dos músicos foram inicialmente informados de que iam trabalhar numa sessão de Jim Reeves. Além do guitarrista Scotty Moore, o baterista D. J. Fontana e os Jordanaires, o grupo que fazia o apoio vocal, que desde o início tinham trabalhado em quase todas as sessões, a banda trazia os mesmos componentes que apoiaram Elvis na última sessão dele, quando tirou licença do exército, em junho de 1958. Faziam parte desse timaço de músicos de estúdio de Nashville: o pianista Floyd Cramer, o brilhante guitarrista de country--jazz Hank Garland, o contrabaixista Bobby Moore – que ainda usava um baixo acústico vertical – e o percussionista Buddy Harman, que mais uma vez trabalharia em dupla com D. J. na bateria. Na sala de controle, acotovelavam-se o engenheiro Bill Porter; o Coronel Parker e seu assistente Tom Diskin; o gerente de A&R da RCA em Nashville, Chet Atkins; o representante da editora musical, Freddy Bienstock; além dos executivos da RCA, Steve Sholes e Bill Bullock. O clima de expectativa, descrito como "quase sinistro" por Ray Walker, vocalista dos Jordanaires, beirava a tensão máxima quando Elvis enfim entrou pela porta dos fundos. "Não emitiu um som sequer (ninguém teria ouvido se ele tivesse), mas todo mundo girou nos calcanhares, e lá estava ele."

O primeiro item a entrar em pauta, como sempre em qualquer sessão de Elvis, foi conseguir algo para comer. Assim, Lamar foi ao The Krystal buscar hambúrgueres, doce de leite e batatas fritas. Colocaram a conversa em dia enquanto aguardavam os lanches. A comida chegou, mas o papo continuou, e o pessoal lanchou ouvindo acetatos. "Claro que contou aos caras sobre a Alemanha, as manobras com os tanques e tudo mais", observou Bill Porter. Então com 28 anos, havia sido contratado pela RCA como engenheiro-chefe no ano anterior, após cinco anos como engenheiro de áudio na estação de televisão WLAC, de Nashville. "E fez exibições de caratê. Bobby Moore, o baixista, também gostava de caratê, e ele e Elvis fizeram uma demonstração no estúdio que durou uns 45 minutos." Quando Elvis enfim começou a primeira música, Porter sentiu o Coronel, Sholes e Bullock quase bafejando em sua nuca. "Não disseram nada, mas só conseguiram se sentar quando ele acertou. E [só então] todos começaram a falar sobre outras coisas."

Na verdade, a primeira canção, "Make Me Know It", empolgante número com sabor gospel, de Otis Blackwell, exigiu 19 *takes*, prolongando um pouco o suspense. A segunda, "Soldier Boy", que Elvis trouxera para casa com ele da Alemanha, exigiu 15. Já na terceira, "Stuck On You", um rock um tanto prosaico, nem lento nem rápido, aos moldes de "All Shook Up", a banda atingiu um *groove*, um balanço. Na sequência, Elvis cantou com toda a sua emoção a baladinha "Fame and Fortune", espécie de "doo-wop", vertente do r&b. A banda teve certa dificuldade para acertar o tom nessa faixa, mas isso não foi suficiente para diminuir a prazerosa atmosfera da sessão como um todo.

A essa altura, Porter já havia reconhecido: apesar de todos os figurões na cabine e os músicos veteranos lá embaixo, quem dava as cartas era Elvis. O penúltimo número da noite, "A Mess of Blues", foi talvez o auge da sessão. Composta por Doc Pomus e Mort Shuman, nova dupla da Hill and Range, especializada em material de rhythm & blues, foi a única canção da noite que escapou da formulaica previsibilidade, passando uma sensação astuta de mesclar estilos, lembrando aquela sensação de liberdade que desde o início permeou o melhor da música de Elvis. Ao contrário de "Stuck On You", por exemplo, caiu como luva em sua imagem, mas sem ser confinada por ela. O gritinho entusiasmado de Elvis no final, espécie de falsete trêmulo, evoca reminiscências de sua alegre exclamação no arremate de "Mystery Train". Mas tudo naquela sessão pode ser classificado como de altíssimo padrão. O sol já nascia ao fecharem com a exuberantemente suja "It Feels So Right", cujos acordes dissonantes combinavam com sua mensagem sexual.

A sessão tinha sido um sucesso, e a RCA não perdeu tempo em capitalizar isso. Em pouco mais de 48 horas, já tinham prensado 1,4 milhão de encomendas antecipadas para o novo single ("Stuck On You" e "Fame and Fortune") e os remeteram em capas pré-impressas que anunciavam apenas "A primeira gravação nova de Elvis para seus 50 milhões de fãs mundo afora", na ausência de títulos definitivos no momento de produzir as capas. Finalizaram os preparativos, também, para uma segunda sessão, logo após a gravação do programa de Sinatra, o que garantiria a conclusão do álbum, já intitulado *Elvis Is Back*, com lançamento programado para meados de abril, antes de o cantor partir para Hollywood. Após todas as frustrações de lidar com o Coronel e de todas as preocupações causadas por ele, intencionalmente ou só por esporte, os executivos da RCA, Steve Sholes e Bill Bullock, enfim sentiram espaço para respirar. A julgar por sua atitude e seu desempenho, não restava dúvida: *Elvis realmente tinha voltado.*

O PERCURSO DE TREM A MIAMI para gravar o programa de televisão foi praticamente um repeteco da triunfal jornada para casa, duas semanas antes. Para Scotty Moore, que acompanhou as multidões desde o início, "foi simplesmente surreal. Só consigo comparar com o que já li a respeito do traslado do corpo de Lincoln a Springfield ou com os documentários sobre a morte de Roosevelt... o féretro saindo da Geórgia com o corpo dele. Cada encruzilhada, cada cidadezinha, você nem imagina... Estavam *abarrotadas* de gente. Mesmo sabendo que o Coronel tinha ido antes, deixando o povo de todos aqueles lugarejos de sobreaviso, ainda assim foi emocionante no trajeto inteiro".

Até então, para Scotty, a experiência tinha todas as características de um verdadeiro reencontro, com o despertar não só de velhas lembranças, mas também de uma dolorosa confusão que as velhas lembranças necessariamente evocam. A viagem de trem foi simplesmente mais uma oportunidade estendida para tentar resgatar os sentimentos de companheirismo descontraído que ele, Elvis e D. J. tinham compartilhado na estrada. "Todo mundo simplesmente entrava no vagão dele para ficar zoando. A certa altura, começou a ficar muito tarde, eram duas ou três da madrugada, e ele deu a mim e a D. J. umas pilulazinhas brancas e nos disse: 'Olha só, isso vai mantê-los acordados, é o que usam no exército, para pilotar carros de combate'. Nunca cheguei a tomar as minhas... Talvez nem tivesse grandes consequências. O fato é que eu nunca o tinha visto fazer isso antes."

Em meio ao restante da turma pulsava uma sensação de inquieta expectativa. Para Joe e Lamar, o primo de Elvis, Gene, e o *bad boy* Cliff Gleaves, era impossível não ficar acordado, nem que fosse apenas para jogar cartas, flertar com as moças ou contar piadas noite longa adentro. Para Joe, visto com certa desconfiança pelos companheiros de Elvis em Memphis como um "sagaz especulador" de Chicago, esse foi, na verdade, seu primeiro gostinho da fama e do sucesso. Na sessão de gravação, Joe tinha sido apresentado a um mundo completamente novo, e ali estava ele rumo a Miami, com a possibilidade de conhecer Frank Sinatra. Em Nashville, tinha acabado de conhecer o Coronel, que obviamente estava de olho nele. Em muitos aspectos, Joe ficou com a sensação de estar fazendo um teste para um cargo cuja descrição ainda não tinha recebido. Mas estava determinado a se manter na linha e cuidar dos negócios exatamente como tinha feito em Paris; imaginou que, no fim das contas, o velho ia acabar aceitando-o. Por sua vez, o Coronel ficava a maior parte do tempo em sua própria panelinha, só absorvendo tudo o que ocorria ao seu redor, rispidamente fazendo sentir sua presença – mas, em silêncio, exultava com o triunfo que *o menino dele* tinha alcançado em Nashville, confiante agora de que nada ia atrapalhar a trajetória deles.

Elvis e Joe compartilharam a suíte de cobertura com dois quartos, no Fontainebleau, com todos os demais em quartos contíguos e o Coronel no final do corredor. O primeiro encontro entre o apresentador e o convidado especial no Grand Ballroom foi cuidadosamente planejado. Elvis, elegante, de jaqueta esportiva bege e seu chapéu preto; Frank, calculadamente descolado, de suéter e boné. O comediante Joey Bishop, amigo de Sinatra, pediu cordialmente um autógrafo para a sobrinha dele. O Coronel respondeu que haveria uma taxa de 1 dólar. Por sua vez, Sammy Davis Jr., que tinha feito amizade com Elvis nos primeiros filmes dele em Hollywood, saudou o velho amigo com indisfarçável deleite. Elvis passou a semana indo a boates e ensaiando, na presença constante dos parças, mas Scotty, D. J. e os Jordanaires (o restante da banda se uniu a eles em Miami), por ordem do Coronel, foram expressamente excluídos de todas as atividades sociais.

Na noite da gravação, Frank, enfim obrigado a engolir sua intempestiva crítica ao rock'n'roll e a construir um programa justamente em torno do principal representante do rock, parecia mais constrangido do que Elvis. Em relação à música em si, não havia mudado necessariamente de ideia, garantiu Sinatra à imprensa. "Mas, afinal de contas, o garoto está ausente há dois anos, e tenho a sensação de que ele realmente acredita no que faz." Quanto a Elvis, levando em conta uma situação que poderia muito bem ter se tornado uma repetição do fiasco no programa de Steve Allen, no qual, de fraque, cantou "Hound Dog" para um bassê de cartola, comportou-se com dignidade, ancorando um reencontro obsoleto, quase dolorosamente autorreferencial, do grupo "Rat Pack" (só faltou Dean Martin na gangue de Sinatra), em uma participação de oito minutos, 40 minutos após o começo do programa.

"Bem, Elvis, este é o nosso presentinho de boas-vindas", declara Sinatra. "Pelo jeito você perdeu apenas as costeletas." E então, voltando-se ao público: "Certo, pessoal, e que tal se eu cantasse outra música agora?". Essa era a deixa combinada para um sonoro "Não" dos 400 membros e presidentes de fã-clubes convidados por meio de ingressos distribuídos pelo Coronel. "QUEREMOS ELVIS!" Nisso o convidado especial vem se esgueirando dos bastidores, abaixando a cabeça e rindo, um pouco envergonhado, o cabelo empilhado como uma cachoeira, parecendo incrivelmente original, incrivelmente elegante em seu smoking drapeado à perfeição.

É uma interpretação maravilhosa de duas canções bem medianas, com movimentos corporais tão suaves durante a balada ("Fame and Fortune") que nem mesmo a plateia convidada sabe como reagir. Mas então, quando se atira em "Stuck On You", vemos, de fato, um novo Elvis, um Elvis modificado, que sugere o movimento sem precipitá-lo, que provoca gritos autênticos por vias indiretas, em vez de partir para o ataque. Nessa hora, Sinatra envereda no que sem dúvida imagina ser a principal atração: um medley de duas músicas, com Frank cantando uma de Elvis, e Elvis, uma de Frank. O cantor mais maduro abre com

"Love Me Tender" e, ao tentar parodiá-la, apenas parodia a si mesmo; em seguida, Elvis lança-se na sofisticada "Witchcraft", de Sinatra, pela qual revela total respeito, indicando, no balançar de ombros, na extensão frouxa de seus pulsos, a perplexa aceitação de uma tarefa que, com elegância e humildade, está pronto para cumprir. Concluem harmonizando os últimos versos de "Love Me Tender" e, em seguida, repetem a harmonia quando Frank afirma: "Cara, isso foi bonito". E acabou, exceto por um breve diálogo cômico adicional e uma propaganda que o Coronel organizou para criar expectativa em relação a *Saudades de um pracinha*, o novo filme de Elvis. Sob todos os prismas, é uma performance fantástica e, sem dúvida, profundamente satisfatória para um artista que andava preocupado se ainda tinha espaço no show business. E os índices de audiência (o programa foi ao ar um mês e meio depois, em 12 de maio, com índice Trendex de 41,5, ou seja, uma participação de 67,7% na audiência) deixaram o triunfo ainda mais doce.

A volta a Memphis foi de ônibus fretado, pois o Coronel sentiu que o estratagema do trem já havia sido encenado, e os fundos não eram ilimitados. A segunda sessão de gravações em Nashville estava marcada para a semana seguinte. Um tempinho após chegar em casa, Elvis recebeu uma carta do Coronel relatando alguns itens que ele deveria ter em mente ao voltar ao estúdio. Tudo o que ele precisava gravar, a fim de cumprir as obrigações contratuais com a RCA, eram oito faixas extras. Com quatro faixas prontinhas e um single já lançado, isso daria à gravadora tudo o que precisava para lançar um álbum, e *ele não deveria gravar nada mais*. Seguiam à risca o mesmo conjunto de regras que sempre lhes serviu como diretriz: não queriam dar à RCA mais influência em negociações de contratos futuros do que tinham no passado. No que diz respeito ao material, Scotty havia feito o acordo padrão exigido de qualquer contratado musical externo: cedeu metade dos direitos de publicação à Elvis Presley Music e atribuiu um terço dos royalties de compositor ao próprio Elvis Presley. Nessas circunstâncias, aconselhou o Coronel, Elvis deveria fazer todo o possível para gravar a canção de

Scotty. Além disso, o Coronel havia instruído Freddy a obter "Fever" a uma taxa de royalties favorável, junto com "Are You Lonesome Tonight?", uma solicitação pessoal – e inédita – do Coronel, na primeira vez que fazia um pedido direto para Elvis gravar uma canção. Sabia que era antiquada, explicou a Elvis, uma balada com recitação dramática que emplacou nas paradas nos idos de 1927, mas achava que poderia se adaptar ao "novo estilo" de Elvis e algo lhe dizia que voltaria a ser um sucesso. Elvis sabia a importância dessa música para o Coronel: Gene Austin, o primeiro cantor que o Coronel agenciou, costumava apresentá-la em seus shows ao vivo. Não por coincidência, também era a canção favorita de Marie, a esposa do Coronel – e só pelo cunho sentimental Elvis provavelmente a teria gravado. Mas Elvis, na verdade, gostava da canção. O restante da carta do Coronel arrefeceu o entusiasmo de Elvis. A imprensa tinha ficado sabendo que Dee e os filhos dela estavam morando em Graceland. Nesse caso, o melhor a fazer, aconselhou Coronel sobriamente, era não marcar entrevistas na casa. Aproveitou também para chamar a atenção de Elvis para um fato: os registros contábeis de Joe na viagem a Miami tinham sido desleixados e ineficientes. A decisão cabia inteiramente a Elvis, mas se o Coronel começasse a administrar os negócios *dele* assim, não duraria muito no cargo.

A segunda sessão, em 3 de abril, começou novamente às sete e meia da noite de um domingo e terminou ao amanhecer. A banda de apoio teve a mesma formação da vez anterior, com o acréscimo do saxofonista Homer "Boots" Randolph, membro constante do primeiro escalão de músicos de estúdio de Nashville, que auxiliava na percussão quando o saxofone não era necessário na faixa. O velho baterista de Elvis, D. J. Fontana, e Buddy Harman continuaram a tocar bateria, com Harman abrandando o ritmo de D. J. Na primeira faixa, "Fever" – r&b de Little Willie John que fez grande sucesso em 1956, regravada como canção de amor sentimental por Peggy Lee em 1958, alcançando um sucesso ainda maior –, o baixista Bobby Moore e os dois bateristas forneceram um cenário sedutor para a interpretação de Elvis. A gravação de Elvis é um meio-termo entre as duas, traz um calor e uma intimidade que vêm não só da sugestão erótica da canção, mas de uma nova confiança vocal e de um novo controle vocal. Quando foi a vez de "It's Now or Never", a nova versão de "O Sole Mio" com letra reescrita, encomendada por Freddy, tornou-se óbvio que Elvis buscava algo que ainda não havia tentado antes, e fez várias performances, uma mais impressionante que a outra, até o momento que alcançou a plena cadência operística que arremata a ária. Tentando ser útil, Bill Porter sugeriu que sempre havia a possibilidade de ensamblar o final. "Frisei: 'Não precisamos repetir a canção inteira'. Ele respondeu: 'Bill, ou eu consigo acertar do começo ao fim, ou não vou fazer isso'. E, enfim, conseguiu."

Noite adentro gravaram material extraordinariamente eclético – blues, baladas, pop padrão da Hill and Range que ele turbinou com sua paixão... Entoou "Such a Night", tributo rítmico a Clyde McPhatter, à maneira de "White Christmas", homenagem ao The Drifters em seu álbum de Natal de 1957, que lhe rendeu críticas venenosas. Só quando a sessão chegou ao fim, e com as oito faixas requisitadas pelo Coronel já garantidas, que enfim trouxe à tona o número solicitado por seu empresário, junto com a música trazida por Scotty, "Girl Next Door Went A'Walking", além da canção do Golden Gate Quartet que havia prometido cantar em dueto com Charlie, apesar da oposição do Coronel.

Começou com "Are You Lonesome Tonight?" por volta das quatro da manhã, só com guitarra, bateria e baixo, a atmosfera sonora surpreendentemente parecida com "My Happiness", primeiríssima canção gravada por Elvis. Indagou a Chet Atkins se as luzes podiam ser desligadas. "Mandou evacuar o estúdio, todos os convidados tiveram que sair – sabe, os estúdios naquela época eram super bem-iluminados e fluorescentes como supermercados, mas preferiu cantar na penumbra." Enquanto isso, Bill Porter editava o *master take* do último rolo e o emendava num rolo máster para que, ao final da sessão, todas as versões aprovadas estivessem num só lugar. "Só sei que me virei e relanceei o olhar pelo estúdio. Luzes todas apagadas. Eu não conseguia enxergar o que diabos estava acontecendo. Súbito, escuto a guitarra, o baixo e os Jordanaires cantarolando baixinho. Então Elvis começou a cantar. Mas, de repente, ele começa a falar bem no meio disso! Se você ouvir com atenção, percebe que eles trombam sem querer nos pedestais dos microfones, porque estava escuro lá embaixo. Então recomeçamos o *take*, e, digamos, com apenas dois ou três compassos, Elvis parou de novo e disse: 'Sr. Sholes, vamos desistir dessa, não consigo fazer jus a ela'. Steve olha para mim e diz: 'Não se atreva, será um sucesso, Bill'. Ele aperta o botão de resposta e diz: "Os Jordanaires cometeram um erro, e eu gostaria de conseguir um bom *take*, do começo ao fim'." Então eles a refizeram, e foi um *take* perfeito do primeiro ao último compasso. O *master take*.

Em seguida, encaixou a canção de Scotty e depois chamou Charlie para o estúdio para o comovente dueto em "I Will Be Home Again". Com 11 faixas na lata e os músicos quase dormindo em pé (aquele não era o fim, mas o início do seu dia de trabalho: tinham no mínimo três sessões marcadas para aquela segunda-feira), Elvis não estava com vontade de parar. Pegou seu violão, um Gibson J-200, e começou a dedilhar "Reconsider Baby", de Lowell Fulson, um blues das antigas, com o qual já havia brincado na Sun, e os outros embarcaram na onda. Assim como nas faixas da Sun, o violão rítmico de Elvis dá a deixa, com piano, sax e guitarra obtendo solos nus e crus, mas o que diferencia a música é o jeito como a voz de Elvis se eleva, dando ao blues uma espécie de liberdade harmônica que chega a evocar Little Junior Parker, mas, no final das contas, é puro Elvis.

Faltando duas semanas para viajar a Hollywood, Elvis dedicava-se principalmente a batalhas sobre patins no Rainbow Rollerdrome, jogos de futebol americano de contato leve, idas ao cinema e encontros com Anita. Uma noite, ele ligou para o cantor gospel James Blackwood, uma de suas primeiras inspirações, que costumava deixar Elvis entrar de graça nos eventos noturnos de canto gospel, no Ellis Auditorium, quando ele era adolescente, e com quem sempre manteve contato. “Ele disse: ‘Na primeira noite que vocês tiverem uma folga e não forem dar um show, por que não vêm aqui e vamos cantar?’. Cantamos a maior parte da noite, só gospel, era tudo o que Elvis queria cantar. Acho que ele conhecia todas as canções que gravamos.” Elvis comentou sobre o álbum gospel que planejava gravar antes do fim do ano. Só esperava ser digno da tarefa.

No primeiro sábado após a sessão, foi ao centro da cidade e gastou 4 mil dólares em compras, inclusive um presente de aniversário para Vernon. Não se sabe o motivo, mas o fato de uma das compras ter sido um colar de diamantes para Anita foi imediatamente mencionado pelos jornais. Nos dias seguintes, ele e Anita tiveram a tarefa de negar que o presente tinha algum significado especial. Na verdade, sem o conhecimento de Anita, Elvis já estava namorando outra garota de Memphis, uma cantora de 19 anos e vencedora de um concurso de beleza, Bonnie Bunkley. Ele a conheceu quando ela visitou Graceland com sua professora de canto para buscar o ursinho de pelúcia que ele havia doado para uma festa beneficente na Whitehaven High School, *alma mater* onde ela havia estudado. Os dois se deram bem instantaneamente, e Bonnie às vezes aparecia quando ele dizia a Anita que queria passar um tempo sozinho. No segundo piso, Elvis tinha um aquário na sala de música, e muitas vezes os dois apenas se sentavam a sós para ouvir discos e observar os peixinhos nadarem. Contou que, às vezes, ficava deprimido sem motivo; as lembranças da mãe sempre o acompanhavam. Era mais instável do que Bonnie jamais teria imaginado ao observá-lo em público, mas sempre foi atencioso com ela e seus sentimentos. Nunca tocou no nome de Anita quando ela estava por perto, e perguntou se Bonnie e a mãe dela poderiam visitá-lo no set durante as filmagens na Califórnia.

Anita tingiu o cabelo de preto para combinar com o de Elvis, e no domingo de Páscoa, 17 de abril, um dia antes de sua partida, foram juntos à Igreja da Primeira Assembleia de Deus, onde a presença de Elvis causou tanta comoção que tiveram de abandonar o culto. Em seguida, o cantor partiu para Hollywood em outra triunfante jornada ferroviária de três dias, dessa vez a bordo do *Sunset Limited*, o trem de passageiros da Southern Pacific. Ao custo de 2.424,41 dólares, o grupo de 11 pessoas ocupou dois vagões particulares. Consistia em três homens da equipe do empresário e seis membros da comitiva pessoal do cantor: Joe, Gene, Lamar, o recém-chegado Sonny West (primo de Red) e um acréscimo de última hora: Charlie Hodge. Charlie passou as últimas semanas visitando Elvis e os acompanhou até o trem. "Não tínhamos falado nada sobre ele me contratar ou coisa do tipo. Então o sr. Presley e eu estávamos lá parados na plataforma, com Elvis na porta do trem, à espera do primo dele, Gene. Elvis olhou para baixo e disparou: 'Não quer ir comigo?'. Olhei para ele e falei: 'Por que não?'. E ele disse: 'Papai, mais um para a folha de pagamento!'."

Elvis deixou claro, desde o início: acima de tudo, o que mais lhe preocupava era a lealdade. "Eis o que ele me disse no navio rumo à Alemanha: 'Charlie, enquanto você estiver tranquilo' – ele se referia à imprensa e esse tipo de coisa –, 'podemos ser amigos por um longo tempo'." Com Sonny e os outros, o mesmo critério se aplicava. Sonny, três anos mais novo que Elvis, cresceu com o primo Red, dois anos mais velho que ele, na Humes High. Sonny só foi conhecer Elvis em março de 1958, semanas após terminar o serviço militar na força aérea e poucos dias antes de Elvis ingressar no exército. A iniciação dele no grupo veio em um daqueles jogos caóticos e brutais no Rainbow, com Junior Smith de árbitro, e Sonny, robusto ex-jogador de futebol americano e boxeador, estatelado no chão, derrubado por uma garota. Quando Elvis saiu do exército, Sonny namorava Patsy Presley, a prima-irmã dupla de Elvis.* Dessa forma, a aproximação com Elvis foi natural. Logo de cara, o cantor gostou dele. Seria interessante ter à disposição outro sujeito bem-humorado, "pé no chão", com físico avantajado, para cuidar de algumas

* No original, "*double first cousin*". Refere-se ao fato de a mãe de Patsy (Clettes) ser irmã de Gladys, e o pai de Patsy (Vester) ser irmão de Vernon. (N. de T.)

das tarefas e probleminhas que sempre surgiam. A única reserva dele em relação a Sonny, confidenciou a Red na época, era o linguajar. "Um cara superlegal... mas não para de dizer 'filho da puta'. Para ele todo mundo é 'filho da puta'. Bem que [ele] podia parar de dizer isso o tempo todo."

Elvis sentia um orgulho especial dos caras que o acompanhavam. Eram a prova de que você não precisava se cercar de "intelectuais" com formação universitária. Esses garotos sulistas de Memphis (à exceção de Joe, que tinha conexões nas "ruas" de Chicago) eram todos espertos, dedicados e sabiam cuidar de si mesmos. Cliff era uma "figura", Red (que, como Cliff, se encontrou com eles na Califórnia, onde trabalhava na nova série de televisão de Nick Adams, *The Rebel*) era um bom rapaz, Lamar cumpria habilmente o papel de bobo da corte, Charlie tinha conexões no show business e Gene era da família. Elvis também tentou atrair Alan Fortas para essa viagem, mas a família de Alan continuava se opondo. Porém, Elvis sabia que, mais cedo ou mais tarde, ele ia se juntar ao grupo; Alan queria muito participar e não ia arriscar ser deixado de fora para sempre.

Todos tinham suas identidades individuais, todos tinham suas idiossincrasias pessoais e papéis especialmente delineados. Elvis estava orgulhoso de ter montado uma equipe muito parecida com a do Coronel, um grupo de caras com quem se sentia à vontade, dava boas risadas e não precisava se preocupar com quem ele era ou onde se encaixava. Do ponto de vista de Sonny, "acho que você poderia dizer que éramos um bando de caipiras, [mas] havia uma grande camaradagem entre nós. Um grupo sem mesquinharia, só um bando de jovens em busca de um pouco de emoção e de conquistar o mundo. Era fantástico, e Elvis era o cara mais fantástico".

Em seu papel de líder, Elvis mantinha uma perspectiva própria, um pouco diferente. Sabia que o papel de líder era diferente: o líder precisa ser fonte de inspiração, controle e harmonia; acima de tudo, o líder tem que acreditar em si mesmo. Com certeza, tinha consciência dos conflitos de personalidade dentro do grupo. Joe não ia com a cara de Lamar;

Charlie era encarado como metido a sabe-tudo pela maioria dos caras; Lamar era tão dedicado que tinha ciúmes de qualquer outra pessoa que despertasse a atenção de Elvis; e ninguém, a não ser um parente de sangue, conseguiria entender Gene. Outros talvez considerassem essa divisão uma desvantagem, mas Elvis a encarava como "conflito criativo", citando um termo usado pelo Coronel. Em nosso mundo imperfeito, sempre se aplica um princípio básico: dividir para conquistar. Esse era o mundo dele, um espaço confortável com uma algazarra toda própria, seu próprio e constante burburinho de expectativa e animação. Certa vez, uma ex-namorada, Barbara Hearn, perguntou a Elvis suas predileções e repulsas para uma coluna que ela agora escrevia na *16*, uma revista para fãs, e ele citou entre o que mais gostava: esportes, varar a noite em claro, frituras, ouvir velhos discos de 78 rpm de rhythm & blues, Marlon Brando, fazer filmes e, acima de tudo, "ter muita gente ao meu redor o tempo todo". E do que menos gostava? Gente conformista e mal-humorada, falta de sinceridade, ficar sozinho e não conseguir ir à igreja com frequência. "A coisa que mais odiei na minha vida foi chegar em casa após o serviço militar e a minha mãe não estar lá. Ela orou tanto para aquele dia chegar. Não me pareceu certo retornar para uma casa sem ela."

A caminho da Califórnia, as multidões foram quase tão esmagadoras quanto nas duas viagens de trem anteriores, e Elvis teve que desembarcar em um desvio, na parte externa da Union Station, em Los Angeles, por medo de que alguns fãs se machucassem. Em 21 de abril, apresentou-se para a pré-produção e nessa noite foi a uma boate no Valley, a Crossbow, assistir ao show de Lance LeGault, uma promessa da Louisiana que Red elogiou como ótimo cantor de rhythm & blues. Sentaram-se no camarote curtindo o som – Ray Charles, Jimmy Reed, Fats Domino, todas as boas e velhas canções – e no intervalo do show Red o apresentou ao dono do clube, Tony Ferra. Na mesa do proprietário da boate havia uma foto de sua linda filha de 14 anos, Sandy. Elvis perguntou sobre ela, e Tony na mesma hora pegou o telefone e ligou para a filha. "Meu pai falou: 'Quero que você conheça o Elvis Presley' e o colocou na linha. Elvis disse: 'O seu pai comentou sobre você, e eu gostaria de recebê-la'. Eram dez horas da noite, e eu tinha aula no dia seguinte, então respondi: 'Me desculpe, mas hoje à noite eu não posso'. E ele falou: 'Bem, quem sabe outra hora'." Então ele e os caras voltaram ao hotel, e Sandy Ferra pensou que nunca mais ouviria falar dele.

Na semana seguinte, "Stuck On You" atingiu o primeiro lugar nas paradas, resultado óbvio após a pré-remessa de mais de 1 milhão de cópias aos revendedores. Na verdade, isso era mais uma declaração de confiança por parte da RCA do que um reflexo das vendas, já que os revendedores sempre podiam devolvê-las. Elvis também fez suas primeiras gravações para a trilha sonora de *Saudades de um pracinha*, mas devido a um novo acordo sindical, foi obrigado a gravar no estúdio da RCA, em Hollywood Boulevard, e não no Radio Recorders, onde conhecia a sala, gostava do pessoal e se sentia à vontade. Essa situação foi muito insatisfatória para Elvis, e em 6 de maio voltou ao antigo estúdio para refazer metade das canções, uma semana após o começo das filmagens.

Para o engenheiro auxiliar Bones Howe, o Elvis que retornou ao Radio Recorders era bem diferente do Elvis de dois anos antes. "Veio ao estúdio em uniforme de gala, com debrum nas mangas [presumivelmente o traje dele no filme], e todos aqueles caras ao redor dele, um novíssimo elenco de personagens. Fiquei estupefato. Sua aparência era ótima, ele tinha tudo o que era possível querer, todas as mesmas pessoas estavam lá – mas não era a mesma coisa." Howe detectou uma falta de espontaneidade de alguém que busca uma faísca e não a encontra de verdade. "Era, tipo, 'Peraí um minuto. Como é que eu fiz isso? O que foi que eu fiz?'. Em todo aquele tempo longe, talvez ele tenha tido a chance de pensar no que estava fazendo e tentou descobrir o que era. Mas algo se perdeu."

O próprio Elvis parecia sentir desde o início que algo faltava no filme. À exceção de "Doin' the Best I Can", parceria de Pomus e Shuman, escrita numa imitação consciente do estilo elegante e austero do compositor Don Robertson, as canções, em sua maioria, eram fracas. Elvis ficou decepcionado com a exclusão das composições de Jerry Leiber e Mike Stoller da trilha sonora devido ao que o Coronel descreveu como questões "comerciais". Em um telefonema para Priscilla na Alemanha, em meio a juras de carinho, expressou sua amarga frustração com a trilha sonora. Recém-saído de uma reunião com o Coronel Parker, ele informou que metade das canções seria cortada do filme. Priscilla ficou imaginando, e o Coronel, o que falou sobre isso? "Caramba, o que ele poderia ter falado? Estou enleado nesse negócio", respondeu Elvis, tristonho. Voltaram a falar sobre como um dia ela seria capaz de vir e ver tudo isso por ela mesma, planejando sonhadoramente um futuro que era difícil para ambos acreditarem que realmente existiria.

A essa altura, porém, ele já havia conhecido Sandy Ferra e andava encantado com ela. Pela segunda vez, da boate do sr. Ferra, ligou para a moça e obteve a mesma resposta: era muito tarde, na manhã seguinte precisava ir à escola, não tinha como ela sair para recebê-lo àquela hora. Elvis sugeriu então: bem, e que tal se os dois marcassem um encontro para a outra quinta-feira? Talvez a mãe dela pudesse trazê-la de carro. "Então perguntei à minha mãe, e ela disse que tudo bem. Reservaram o mezanino inteiro para ele, e naquela noite ele tinha um encontro com a atriz Kathy Kersh. Então lá estava eu, com meu pequeno rabo de cavalo. Ele me pegou pela mão e abriu um sorriso. Não me lembro bem do teor de nossa conversa, porque tinha aquela dama atraente do outro lado dele. Mas daí ele falou: 'Eu gostaria de ver você de novo', me deu um beijo de boa-noite na bochecha e a minha mãe me levou para casa.

"Dias depois, Red West me ligou com um convite: 'Elvis está dando uma festa no Beverly Wilshire Hotel, e ele quer que você venha'. Minha mãe disse: 'De jeito nenhum. Não me importo se ele é famoso... A resposta é não'. A minha mãe disse a Elvis: 'Por mim, você podia ser o rei Faruque. A minha filha é mais importante para mim'. E ele falou: 'Sabe, eu tenho uma carreira, sei que sua filha é menor de idade e prometo que vou respeitá-la'. Então a minha mãe foi ao encontro, quer dizer, ela me acompanhou. Pensei: sabe, é bem provável que ele nunca mais queira falar comigo de novo. Quer dizer, que vergonha! Mas ele *gostou* da minha mãe. Sentamos na cozinha da suíte dele no Beverly Wilshire Hotel e comemos banana split. E ele estava conversando com minha mãe e dizendo a ela o quanto sentia falta da mãe dele. Ele realmente gostou de conversar com ela, os dois se entenderam superbem.

"Dias depois, ele me ligou de novo. Achei que ele nunca ia ligar, mas ele ligou de novo, e minha mãe disse, bem, ela pode ir, desde que outra menina vá junto com ela. Daí eu convidava uma ou duas amigas para irem comigo, e isso funcionou por um tempo, e então, a certa altura, ela confiou nele e me deixou começar a vê-lo sozinha, e namorei com ele durante anos."

A diferença de idade nunca foi algo preponderante, mas a diferença em suas circunstâncias profissionais, sim. Matriculada na Hollywood Professional School, Sandy ficou lisonjeada quando Elvis afirmou que ela dançava melhor do que Juliet Prowse, sua bela coestrela sul-africana de 23 anos, cujo treinamento em balé a levou a ser descoberta por Hermes Pan, o famoso coreógrafo de Hollywood. Ela nunca pensou em visitá-lo no set, porém, e não se iludia em usar a amizade deles para fazer a própria carreira decolar. Ao mesmo tempo, ela se sentia perfeitamente à vontade na companhia dele. "Ele era um rapaz de 24 anos *muito jovem*. Quer dizer, ele e o pessoal interagiam como adolescentes, faziam batalhas d'água, perseguiam uns aos outros pelos corredores, brincavam de esconde-esconde... Coisas de criança. Então, na verdade, ele não parecia mais velho nem *agia* como se fosse mais velho. A gente dançava muito... Dançava e dava uns amassos durante horas, e então eu ia para casa. Às vezes, a minha pele ficava de um vermelho vivo de tanto nos beijarmos, e eu tinha que usar maquiagem no rosto para ir à escola no dia seguinte.

"Era bizarro, sabe. Sempre havia todo aquele mulherio. Nas noites em que tínhamos encontros, eu estava lá sentada, com meu vestidinho de babados, e entravam moças seminuas, tiritando, tremendo, gritando e entrando numas piras. Mas eu me sentia muito segura ali, porque ele tinha ligado para *mim*, porque ele queria a *minha* presença. Quer dizer, isso nunca me incomodou, porque do jeito que fui criada, essas outras moças podiam fazer coisas que eu não faria... e ele nem me pedia. Então eu imaginava: *alguém* tinha que estar lá para ele namorar de uma forma mais adulta, porque eu não estava pronta para algo assim. Então a gente só se divertia, e eu acho... não sei, talvez ele tenha namorado comigo porque sentia que não precisava ser um Valentino, não tinha que mostrar desempenho além de nos divertirmos, até a hora em que me dava um beijo de boa-noite, então ele poderia ir dormir, levantar e fazer o filme dele no dia seguinte. Por outro lado, quando namorava essas outras moças que já eram adultas, tenho certeza de que elas esperavam mais dele do que eu. Ele me dizia que ficava plenamente relaxado e tranquilo em minha companhia."

Bonnie Bunkley, a moça que Elvis conheceu em Memphis, veio com a mãe para uma visita de uma semana, e ele as levou ao set onde Dean Martin e Shirley MacLaine estavam filmando *A dama da madrugada* (*All in a Night's Work*). Ela também conheceu Currie Grant, o aviador que apresentou Elvis a Priscilla na Alemanha, e Elvis indagou a ele: "Não é parecida com a Priscilla?". O que a deixou meio contrariada, embora nem soubesse quem era Priscilla. Mas, afora isso, ele foi um anfitrião exemplar e nunca lhe deu motivos para pensar que não era nada além de um cavalheiro perfeito.

Por outro lado, para Elvis e a turma de rapazes, Hollywood era apenas um convite aberto para festejar a noite toda. Às vezes, saíam em companhia de Sammy Davis Jr., ou conferiam Bobby Darin no Cloister. Nick Adams e a turma dele apareciam na suíte o tempo inteiro, sem mencionar o excêntrico ator Billy Murphy, amigo de longa data de John Wayne e Robert Mitchum, que invariavelmente perambulava no Hollywood Boulevard portando o surrado roteiro sobre Billy the Kid, no qual trabalhava havia anos. Elvis trajou todos os caras com óculos escuros e roupas escuras, e eles portavam valises para parecer que eram ocupados. A valise de Gene trazia uma escova de cabelo e uma maçaneta, e ele passou a usar maquiagem e adotar um nome artístico, El Gino Stone; se alguém lhe perguntasse sobre suas funções, respondia: "Não faço porra nenhuma. Sou primo de Elvis Presley".

"Nenhum de nós", relatou Joe, "dormia mais do que umas horinhas seguidas. Vivíamos à base de anfetaminas. Todas as manhãs, acordávamos às cinco horas para nos apresentarmos no set, depois passávamos o resto do dia matando tempo." Assim como no Hotel Grunewald na Alemanha, as bagunças deles estavam começando a irritar outros hóspedes fixos do hotel. Para Joe, isso não foi uma surpresa. "A música alta não parava de tocar... Transportávamos estrelas de Hollywood para cima e para baixo nos elevadores, o dia todo e a noite toda. Elvis rachava tábuas em sua suíte e tentava nos ensinar caratê, [e] quando não tentávamos quebrar tábuas, fazíamos perseguições pelos corredores, travando batalhas com pistolas d'água, que se transformavam em guerras de grandes proporções."

Com a ideia de prosseguir os seus estudos de caratê com mais assiduidade, Elvis assistiu a uma demonstração de Ed Parker, mestre de caratê estilo kempô, no Beverly Hills Hotel. Aos 29 anos, Parker, natural de Honolulu, formado em sociologia pela Universidade Brigham Young, havia desenvolvido uma nova e flexível abordagem "urbana" da arte marcial. Após presenciar a exibição dele a um grupo de médicos, Elvis se aproximou. "Ele falou: 'Talvez o senhor não me conheça, mas meu nome é Elvis Presley', e tive que dar uma risada". Explicou a Parker que havia estudado caratê no período em que servira no exército e depois tinha travado contato com Hank Slamansky, um dos pioneiros do caratê nos EUA, mas que vislumbrava nos métodos de Parker uma criatividade e uma inovação autênticas.

"Ele me achava uma espécie de rebelde em meu ramo, assim como ele era na música. Eu não aceitava muito os métodos orientais, porque sabia que na rua eles não funcionavam, mas muitos outros aspectos poderiam ser reformulados para se tornarem aplicáveis." Passaram um tempinho à beira da piscina, conversando sobre caratê e as ilhas, sobre a herança étnica de Parker, com genuínas raízes polinésias, e suas crenças mórmons. "Falou muito na mãe dele, o quanto ela significava para ele. Comentou como ela o impedia de praticar atividades físicas por medo de que pudesse se ferir ou se machucar. Com o falecimento dela, descobriu no caratê um caminho de busca no qual desejava se embrenhar, para desfrutar das atividades e dos conhecimentos derivados dessa prática. Falou comigo sobre o fato de ser diferente dos outros. Basicamente um sujeito muito tímido." Parker se ofereceu para dar aulas a Elvis, e os dois abordaram aspectos técnicos ("Ele ficou fascinado com a lógica de minhas dicas"). Apesar do contato ocasional nos meses seguintes, e apesar da contínua paixão de Elvis por essa modalidade esportiva, só anos depois o cantor enfim procurou Parker como instrutor formal.

Resolutamente se dedicou às filmagens, com todo o profissionalismo e comprometimento. Porém, dia após dia, tornava-se mais difícil esconder seu ressentimento subliminar. O Coronel continuava a lhe garantir: o filme seria um grande sucesso e permitiria alcançar um público mais maduro, num momento em que seu próprio público estava envelhecendo – mas isso não o fez se sentir melhor com o roteiro, ou a imagem dele que o roteiro transmitia, justamente os elementos-chave para a expansão preconizada pelo Coronel e o produtor, sr. Wallis. O personagem encarnado por Elvis destoava não só dos personagens que ele interpretara em todos os seus filmes pré-exército, como também da própria imagem de rebelião que sempre o definiu. Longe de ser um pária, esse Elvis Presley era seguro, "sociável" e alegremente domesticado, figura convencionalmente branda de Hollywood cujo principal conflito ético é o de "namorar" uma dançarina de boate (Juliet Prowse) só para ganhar uma aposta. Inesperadamente, a garota acaba se revelando muito racional, e o militar da divisão de carros de combate do exército retratado por Elvis se mostra tão apto a cuidar de crianças quanto a seduzir. Em meio a belas imagens de pontos turísticos da Alemanha, o destaque da trilha sonora emerge num show de fantoches para a criançada, quando o personagem de Elvis improvisa uma canção. É, em outras palavras, um entretenimento genuinamente *saudável*, um filme para toda a família. Sob certos aspectos, não se afastava muito do verdadeiro Elvis Presley e de suas aspirações por respeitabilidade típica da classe média. Mas o filme nem de longe sugeria a complexidade do Elvis real ou do mundo real que o cantor veio a conhecer. A coisa só piorava quando a turma abria sorrisos maldosos ao ver algumas das cenas "fofas" que ele era obrigado a fazer e ao observar como ele tentava, sem sucesso, controlar sua fala acelerada pelas anfetaminas. Isso foi despertando nele a humilhante sensação de estar envolvido em algo simplório.

Já as escapadas românticas de Elvis eram acompanhadas pelos rapazes com um grau de interesse e respeito bem mais aguçado. Começou a sair com Judy Rawlins, atriz com uma ponta no filme, e conheceu Tuesday Weld, a "gatinha sexy" de 16 anos que em breve filmaria *De volta à caldeira do diabo* (*Return to Peyton Place*). Mas a crescente comitiva de Elvis estava mais interessada no namoro dele com Juliet Prowse, o par romântico no filme e noiva não oficial de Frank Sinatra. Elvis fazia questão de se refugiar no camarim com ela todos os dias, e em pouco tempo os caras começaram a bater na porta e gritar que Frank estava chegando. Um dia, Sinatra realmente apareceu, mas Elvis emergiu, impecável e imperturbável, não antes de mandar Red se danar ao ouvir de novo a mesma e tediosa mensagem. Todos ficaram fascinados com as histórias de Elvis sobre a elasticidade atlética de Juliet, principalmente Lamar. Contou que Juliet gostava de agarrar os próprios tornozelos e escancarar as pernas. "Mas [depois ele] falou isso sobre outra garota também. Comentei: 'Achei que fosse a Juliet'. E ele disse: 'Bem, muitas delas fazem coisas diferentes assim'. E eu disse: 'Ah, tudo bem'."

Um fluxo constante de gente visitava o set, a maioria a convite do Coronel: no mesmo dia, Elvis cumprimentou o rei e a rainha da Tailândia; o apresentador de televisão Tennessee Ernie Ford e a comediante Minnie Pearl; a esposa e a filha do presidente brasileiro;* o cantor Pat

* Na época, a primeira-dama brasileira era Sarah Kubitschek. (N. de T.)

Boone e três princesas escandinavas. Perante Wallis, o Coronel fazia questão absoluta de reivindicar o crédito pela realeza. Citava essas visitas como exemplo de sua incansável dedicação para engendrar novas maneiras de promover o filme. Nos escritórios cedidos gratuitamente pela Paramount, o Coronel, em meio às três salas repletas de itens de Elvis Presley, desde capas de álbuns até álbuns de partituras, de displays de silhueta em tamanho real a diversos brindes grandes e pequenos, mantinha o toca-discos emprestado pela RCA em um fluxo constante de sucessos de Elvis Presley. Criou seu próprio "mural da fama", um painel forrado de fotografias do cantor com celebridades de todas as esferas sociais. A sensação de bem-estar geral do Coronel se reflete nas entrevistas concedidas nessa época, que pela primeira vez tratavam o Coronel como protagonista.

Grisalho, barba por fazer, camisa havaiana para fora da calça, boina peculiar na cabeça e sandálias nos pés, não se dava ao trabalho de se desculpar enquanto respondia às perguntas dos repórteres e detalhava os sucessos comerciais alcançados administrando a carreira de seu garoto. Sim, agora estavam pedindo 150 mil dólares por participações especiais em programas de televisão, mas não esperava fazer nenhum, pois não queria que Elvis competisse com seus próprios filmes. No que dizia respeito aos filmes em si, duvidava que um dia ganhassem um Oscar. "Servem apenas para ganhar dinheiro." Quanto ao dinheiro: "Ele depende da renda direta, e eu também. Quando ele trabalha, sabe que cerca de 90 centavos de cada dólar que ele ganha vai para o governo e dez centavos para ele". O Coronel insinuou que sua comissão também se enquadrava nessa faixa de 90% de impostos, mas, longe de procurar evasivas, ele e Elvis adotavam a postura de que "Temos mais sorte do que muita gente, mesmo assim... Alguém precisa financiar o governo pelo país que temos".

Era quase como se estivesse se dirigindo a um público invisível; ríspido, espalhafatoso, grosseiramente honesto a um nível que parece tanto desafiar a opinião pública quanto servir de reflexo a ela. Parece determinado a proclamar seu patriotismo, sua integridade e sua *honestidade*, em um subtexto enfatizado em cada piadinha que ele solta. Não deixa que pairem dúvidas sobre a rústica afeição que sente por seu cliente, mas deixa claro que não socializam e também não interfere nas finanças de Elvis. Isso era função do pai dele, Vernon. "Não sou o pai dele… Temos interesses distintos. E ele não precisa de babá... Só digo a ele: 'Não se esqueça de pagar seus impostos'. Eu bato nessa tecla toda semana que ele trabalha. Já vi muita gente se meter em enrascadas por se esquecer de pagar os impostos." E se a carreira for por água abaixo? "Ele pode voltar a ser motorista de caminhão. E eu sempre posso voltar a trabalhar na carrocinha e recolher vira-latas. Ou melhor, chefe da carrocinha."

Ao ler algumas dessas reportagens, Elvis deve ter sorrido, embora não se desse ao trabalho de acompanhar todas as frentes em que o Coronel exercia sua lábia fazendo seus *snow jobs*. Elvis já tinha ouvido tudo isso antes: o cemitério de animais de estimação em Tampa; a *Snowmen's League* (Liga dos Bonecos de Neve), organização fantasma na qual o Coronel inscreveu metade de Hollywood; as histórias do mundo circense e dos parques de diversões itinerantes, em que o foco era sempre a clientela; o filme que um dia seria feito sobre a trajetória do *Coronel* (com provável produção de Bob Hope, informou ele a Louella Parsons); todas as artimanhas para atormentar os coitados sr. Wallis e sr. Hazen e voltando à carga, tão logo os produtores cediam às suas exigências. Sem dúvida, o Coronel era uma figuraça – Elvis gracejava e o chamava de Almirante, afinal, ele não era nem uma coisa, nem outra. Tinha seus próprios métodos e se aferrava a eles, e o pessoal acabava admirando-o por isso. Acima de tudo, *as coisas aconteciam exatamente como ele previa.* Elvis sabia que o Coronel só estava se divertindo agora, e a atitude dele era: "Deixe o velho se divertir". Com certeza, o próprio cantor também se divertia.

No fim de semana que terminaram de filmar, embarcaram rumo a Las Vegas. O estúdio só ia liberar Elvis na semana seguinte, após todos os copiões serem conferidos, então ele decidiu que deveriam tirar uns dias de folga. Uma vez, durante as filmagens, já tinham dado um pulinho em Vegas, e a galera estava empolgada para voltar. Entretanto, mal tinham chegado a Barstow quando Elvis pediu a Gene a sua *nécessaire*. Balbuciou algo sobre querer escovar os dentes, mas todo mundo sabia que era onde ele guardava suas pílulas. Quando ficou evidente que Gene havia esquecido a bolsa, Elvis ficou tão bravo que fez toda a caravana dar meia-volta e retornar a Los Angeles, o tempo inteiro xingando Gene e gritando com o resto dos caras.

Todos ficaram cansados e deprimidos. Sonny, antes tão animado quanto os demais, ficou observando Elvis ao volante. Cada vez que Gene cochilava, Elvis dava um tapa no peito dele. Gene acordava e assentia com a cabeça quando Elvis avisava: "Não é pra ninguém cair no sono, entendeu?". Sonny recorda: "Mas ali estava Joe, dormindo e mascando chiclete ao mesmo tempo no banco de trás. 'Mas que droga, Joe, falei que não é pra dormir.' Joe responde: 'Eu não estava dormindo, só olhando pela janela'". Quando enfim chegaram ao Beverly Wilshire, em Los Angeles, todo mundo já estava saturado. Raiava o dia quando o grupo foi dormir. Mal caíram no sono e o telefone tocou. Era Joe. Agora que localizara a *nécessaire*, Elvis tinha mudado de ideia: resolveu pegar a estrada até Las Vegas imediatamente.

O fim de semana seria longo. Elvis torrou 10 mil dólares nas mesas de dados, e foram a todos os shows: Billy Ward and the Dominoes, no Dunes; Della Reese, no New Frontier; Red Skelton, no Sands. Todo o séquito de Elvis usava óculos escuros e traje preto de *mohair*, tinha mulher a dar com o pau, e dormiram talvez um par de horas o fim de semana inteiro. Na cidade, circulava a piada de que eram a "Máfia de Memphis" de Elvis.

Na quarta-feira seguinte, 29 de junho, enfim Elvis foi liberado pelo estúdio. Impacientes para chegar em casa, ele e Gene pegaram um avião rumo a St. Louis naquela mesma noite, alugaram um Cadillac e chegaram a Graceland na tarde seguinte, por volta das três. Segundo os jornais, Anita saiu do trabalho e passou para visitá-lo, e tiveram uma noite tranquila em casa com Gene e a esposa dele, Louise, e Vernon, que por enquanto estava sozinho, mas saiu no dia seguinte para se juntar a Dee, na casa do irmão dela em Huntsville. Eles iam se casar, explicou ele a Elvis. A cerimônia aconteceria em Huntsville para tentar despistar os repórteres. Elvis deu de ombros e lhe desejou boa sorte. Não ia comparecer ao evento, disse ele, porque o foco da atenção deveria ser Dee. Os dois sabiam que não era bem isso que ele queria dizer, mas nenhuma das partes sabia como lidar com seus verdadeiros sentimentos. Em uma rápida conversa, decidiram colocar a casa apenas em nome de Elvis, interagiram principalmente assentindo com a cabeça e ficando em silêncio, em meio à tristeza que os dois compartilhavam, mas que tinham dificuldade para expressar.

Naquele domingo, 3 de julho, Vernon e Dee se casaram. No dia seguinte, Elvis foi ao cemitério de motocicleta e quase foi atropelado por uma moça que o viu ajoelhado, orando ao pé do túmulo de Gladys. "Falou comigo abusando de linguagem vulgar", teria declarado Elvis ao *Press-Scimitar*. "Ela me indagou onde é que eu estaria mais tarde. Falei para ela que não precisava usar aquele linguajar, ainda mais no cemitério. Acho que eu estava me sentindo um pouco deprimido. Mais tarde, quando eu estava indo embora, ela voltou a entrar no cemitério e deu uma guinada brusca em direção à minha motocicleta." Ela ficou achando graça, disse ele, como se tudo fosse uma piada.

Elvis comprou um barco e foi esquiar no Lago McKellar, como fazia com seu primeiro amor, Dixie Locke; continuou a fazer exatamente as mesmas coisas: ir ao cinema, alugar o Fairgrounds, assumir o controle do Rainbow Rollerdrome para confrontos de *roller derby* –, mas não era a mesma coisa. No fim do mês, Vernon e Dee voltaram da lua de mel e se mudaram para Graceland com os três filhos dela. Para consumo público, o cantor seguiu falando bem de Dee. "Ela parece ser uma pessoa bem legal e compreensiva", declarou quando as notícias do casamento começaram a vazar. "Ela me trata com respeito e faz o mesmo com meu pai. Ela entende que mamãe é insubstituível. Mãe eu só tive uma, e é isso. Nunca haverá outra. Se ela compreender isso, não vamos ter nenhum problema." Sobre Vernon: "Se ele encontrar a felicidade de alguma forma, eu torço por ele... É meu pai, e é tudo o que me resta no mundo. Nunca vou me opor a ele ou me colocar em seu caminho. Ele me apoiou durante todos esses anos e sacrificou coisas que ele tanto queria para que eu pudesse ter roupas e dinheiro para almoçar e ir à escola. Agora, vou apoiá-lo... certo ou errado".

Às vezes, ele tinha a sensação de carregar um peso insustentável nos ombros. Amigos e parentes o cercavam, todos dependendo dele, todos olhando para ele em busca de ajuda, de orientação, de esmolas – de alguma coisa. Elvis dava empregos e distribuía dinheiro e favores; na superfície, todos se submetiam a ele e a sua liderança. Nos momentos mais sombrios, ele suspeitava de que tudo não passava de um disfarce, de moscas varejeiras zumbindo ao redor do esterco, e moscas não sentem lealdade. Parecia haver um conflito constante entre seus parentes – os tios Travis, Johnny e Vester; a tia Lillian; os primos Harold Loyd, Gene, Junior, Bobby e Billy Smith; e até mesmo Vernon. Bobby usava o nome de Elvis para passar cheques sem fundos; o pai brigava com Travis e Vester por uma coisa ou outra; Lillian acusava Vernon de ser sovina; um dos tios se embebedava e abria os portões, convidando todo mundo que passava na rua para entrar; outros parentes só pegavam o dinheiro que ele dava, nem agradeciam, gastavam e depois voltavam pedindo mais. A mudança da nova esposa de Vernon para Graceland foi como uma nuvem que começou a pairar sobre Elvis e a memória de sua mãe. Logo depois, ele foi viajar.

Passou uma semana em Las Vegas antes de voltar ao batente. O novo filme, *Estrela de fogo* (originalmente intitulado *Black Star*, mais tarde rebatizado de *Flaming Star*), foi a primeira de duas produções consecutivas que o Coronel negociou com a Twentieth Century Fox, e consistia em um papel dramático sério. Concebido originalmente como veículo para Marlon Brando e com roteiro assinado pelos respeitados escritores Clair Huffaker (autor do romance que serviu de inspiração para o filme) e Nunnally Johnson (roteirista de *As vinhas da ira*), ele reuniu Elvis com o produtor David Weisbart, que depositou muita fé no cantor em seu primeiro filme, *Ama-me com ternura* (*Love Me Tender*). Para realizar o filme, escalou o talentoso Don Siegel, no auge de seus 48 anos (diretor de *Invasores de corpos*, o original de 1956). Toda a equipe de produção encarava o filme como sério. Na verdade, a primeira reação de Siegel foi contrária a escolher um protagonista que, na opinião dele, era amplamente considerado "motivo de chacota". Mas Weisbart, produtor cujo primeiro sucesso tinha sido *Juventude transviada*, de James Dean, contornou suas objeções. Trilha sonora minimalista (em 8 de agosto, quatro canções foram gravadas, e só duas entraram no filme). Enredo meio confuso, mas com cunho social e progressista – Elvis interpretava Pacer, "mestiço" preso entre dois mundos. Boa parte das filmagens em locações externas. Bom elenco de apoio – incluindo os veteranos Steve Forrest, John McIntire e Richard Jaeckel – e a hipnótica Dolores del Río, de 55 anos, interpretando a mãe indígena de Pacer, em seu primeiro papel em Hollywood desde 1942.

Porém, desde o início, problemas espocaram em quase todos os aspectos da produção. Não causa surpresa o fato de o Coronel ter contribuído com eles ao insistir em obter todas as vantagens possíveis. A morte de Buddy Adler, o chefe do estúdio, em meados de julho, foi um dos fatores, mas os principais obstáculos acabaram sendo a relação entre astro e diretor, além da confusão de propósitos que jazia no cerne do próprio roteiro. Elvis entrou no filme com a ideia de que seria um grande avanço em sua carreira de ator, e a princípio se atirou ao trabalho sem reservas, mas sentiu pouco estímulo vindo de Don Siegel. Na realidade, sentiu que o diretor no fundo caçoava dele. Por sua vez, Siegel pontua que "teve problemas para se comunicar [com Elvis]" porque nunca conseguia ficar sozinho com ele, mas Elvis estava convencido de que o diretor o encarava com desprezo, que o tratava com indulgência por conta de seu gosto por caratê, seus carros e sua gangue, e isso só motivou o cantor a bancar o caipira com Siegel ainda mais. Todas as manhãs, quando ele e os caras chegavam ao set, praticavam exercícios de caratê como ginástica diária. Generosamente, emprestou a Siegel seu Rolls-Royce novinho em folha, mas isso deu ao diretor a oportunidade de pensar que era sua maneira “infantil” de suborná-lo para adiar uma cena difícil. E a toda hora, nos intervalos, ele e os caras jogavam partidas ininterruptas de futebol americano de contato leve sob o calor de 38 °C do Conejo Movie Ranch, em Thousand Oaks, deixando o cineasta num misto de espanto e consternação. “Ele não tinha ideia de como fazíamos aquilo”, lembrou Sonny. “Era por causa das anfetaminas.”

Pena que essa mesma ambivalência aflorou em sua performance. Apesar de toda a sua sinceridade e o seu comprometimento, apesar de todas as homenagens que recebeu de colegas atores e contrarregras por seu empenho e cooperação, na tela ele nunca parece à vontade em seu papel: está tenso e inseguro, sempre engolindo as palavras, e esse ator em grande parte instintivo (“Aulas de interpretação provavelmente estragariam o maior trunfo dele: sua naturalidade”, diagnosticou Weisbart quando Elvis chegou a Hollywood) parece não ter instinto ao qual recorrer. Em vez disso, tropeça em busca de algum gesto teatral típico. A verdade é que o filme em si não merecia ganhar nenhum prêmio, com ou sem Elvis; há uma boa dose de ação indistinguível, a mensagem é confusa, oscilando entre a tragédia de ser um membro “invisível” da sociedade, desprovido de história e raízes, e um apelo insosso à tolerância racial. Talvez o mais surpreendente seja não dar a Elvis a chance de superar um estilo de atuação em equipe, com vários papéis de igual importância, veículo ao qual claramente ele não se adapta. Apesar de seu cachê, ele inquestionavelmente desempenha um papel coadjuvante, com poucas falas ou situações que lhe permitam ir além de uma resposta um tanto passivo-reativa. No fim, Pacer, tragicamente ferido e tendo avistado “a estrela de fogo da morte”, cavalga rumo ao deserto para morrer sozinho. “Algum dia, em algum lugar”, diz ele, “talvez as pessoas venham a entender gente como nós.”

No meio das filmagens, Elvis teve de procurar um novo hotel. Após tolerar uma série de incidentes, a gota d'água para a gerência do Beverly Wilshire foi o piti de Tuesday Weld, em pleno saguão do hotel, barrada pela segurança ao tentar subir à suíte de Elvis. Joe visitou quatro casas e encontrou uma em Perugia Way, no sofisticado bairro de Bel Air, com vista para o Bel Air Country Club. De propriedade do xá do Irã, disponível em um contrato de aluguel por seis meses prorrogáveis, a residência era ideal para as necessidades deles: oferecia privacidade, espaço e a oportunidade de organizar festas em maior número e com melhor qualidade. Na sala de estar, sobre a lareira, Elvis pendurou um retrato pintado com ele, a mãe e o pai. Estava em casa.

AS FILMAGENS TERMINARAM em 7 de outubro e, após um fim de semana em Las Vegas, iniciaram a viagem de 2.750 quilômetros para casa. Em menos de um mês, Elvis começaria a trabalhar no próximo filme, mas ele sentia falta de Memphis, e sem dúvida queria gravar seu álbum gospel em Nashville, não em Hollywood. Em Graceland, rapidamente se acomodou à antiga rotina, mas fez pouco segredo sobre o quanto discordava do novo casamento de seu pai e da presença de Dee e seus filhos em sua casa. "Quando cheguei da Alemanha", contou ele a Bob Johnson, do *Press-Scimitar*, numa entrevista feita em Hollywood no mês anterior, "tudo estava estranho. Agora, estou solitário, e a saudade de casa é tanta que chega a doer. De certa forma, o que eu tenho é bom, e de certa forma não é. Gostaria de retornar para casa de novo. Mas nem mesmo isso voltará a ser como antes."

Não muito tempo após essa estadia de três semanas e meia, recebeu um convite da fraternidade Tau Kappa Epsilon, do Arkansas State College: queriam empossá-lo como membro. A carta veio do presidente da filial, Rick Husky, que havia sonhado com essa ideia como um golpe publicitário, seguindo o rastro de bonança midiática que a casa obteve quando o ator Ronald Reagan, passando pela cidade em seu papel de porta-voz corporativo da General Electric, posou cordialmente para fotos com os líderes da filial local de sua fraternidade universitária. Em meio a uma campanha de recrutamento, Husky enxergava em Elvis Presley uma maneira de fazer da TKE a fraternidade mais bem-sucedida no campus. Por isso redigiu "um memorando sincero sobre como gostaríamos de iniciá-lo na fraternidade e dar-lhe o prêmio de 'Homem do ano'. Dois dias depois, lá estava o telegrama enfiado embaixo de minha porta. A secretária de Elvis, Pat Boyd, avisava que Elvis estaria em Graceland às oito horas da noite de terça-feira. 'Vai adorar receber vocês e aceitar o prêmio'".

Não havia prêmio algum. Ninguém pensou em fazer nada além de publicar o anúncio publicitário como notícia – mas isso não seria um obstáculo para Husky, engenhoso estudante de jornalismo. Concebeu palavras apropriadas, esboçou um design, foi à loja de artigos esportivos local e mandou fazer o troféu. A resposta: ia levar no mínimo duas semanas. Explicou seu dilema, e deram um jeito de providenciar uma placa, bem a tempo do encontro na terça-feira.

"Eu e mais dois caras chegamos, acompanhados do conselheiro adulto da fraternidade. O acesso foi autorizado no portão e subimos; era como um cartão-postal... No fim da estrada, você se depara com um prédio lindo, ao estilo da Casa Branca, e um Rolls-Royce preto na frente. Joe Esposito abriu a porta e disse: 'Elvis já vai descer'; entramos na sala de música e perscrutamos o entorno. A essa altura, eu já estava uma pilha de nervos, mas, quando Elvis desceu, tudo foi absolutamente fantástico. Ele foi tão genuíno e sincero! Em seguida, nós o iniciamos na fraternidade, em um momento de muita franqueza. Ele pôs a mão sobre o crânio e fez o juramento; demos a ele a palavra secreta, e prendi o emblema em sua lapela. Realmente incrível."

De certa forma, a própria maneira inocente como Elvis respondeu os deixou sem jeito. Contou a eles como sempre quis ir à faculdade, mas não tinha como pagar; perguntou sobre o time de futebol americano da Arkansas State e disse que gostaria de poder assistir a alguns jogos.

"Futebol americano é a minha grande paixão", explicou Elvis a eles. "Sempre quis jogar, mas eu não podia, porque eu tinha que trabalhar." Relembrou os bailinhos em que havia tocado em Jonesboro e outras cidadezinhas do Arkansas, anos atrás. A riqueza está nos olhos de quem a vê, declarou, exibindo orgulhosamente seu Rolls-Royce. E contou o seguinte: "Sabe, quando trouxe o carro para casa, eu estava muito orgulhoso dele. Estacionei ali fora, ao lado da minha limusine Cadillac. A empregada entrou e a primeira coisa que disse foi: 'Sr. Elvis, ouvi dizer que o senhor comprou um carro novo. Eu gostaria muito de ver'. Eu disse a ela que estava estacionado lá fora e ela respondeu: 'Bem, acabei de entrar e tudo o que eu vi lá fora foi um Cadillac branco grande e comprido e um velho carro preto'". Quando se preparavam para ir embora, Elvis disse a eles: "Esta é uma das premiações mais bonitas que já recebi. A placa é lindíssima, tenham certeza de que vai ocupar um lugar de honra em minha casa".

FREDDY BIENSTOCK FEZ UMA VISITA na tarde de 29 de outubro para repassar as canções da sessão gospel, marcada para começar às seis e meia da noite seguinte. Mais uma vez, a gravação seria confinada a uma sessão única, ao longo de uma noite inteira. O Coronel tinha lembrado a Elvis para deixar a tarde livre só para atender a Freddy. Porém, na prática, não havia muita coisa a tratar, pois Elvis sabia o que ele queria gravar, e Freddy já havia feito acordos de participação nos direitos de publicação da maioria das músicas. Freddy trouxe uma canção nova, não gospel, que ele havia encomendado a Doc Pomus e Mort Shuman, adaptação de outra balada napolitana ("Torna a Surriento") em domínio público. Elvis adorou "Surrender", o novo número de Pomus e Shuman. Oferecia a oportunidade de provar a seus críticos que a nova e ambiciosa guinada indicada por ele com "It's Now or Never" (que havia alcançado o topo das paradas no verão anterior, deixando "Stuck On You" para trás nas vendas) e "Are You Lonesome Tonight" (o novo single que seria lançado nas próximas semanas) não era obra do acaso. Elvis também estava animadíssimo com a sessão de música gospel. Mas chocou Freddy ao lhe contar um pesadelo recorrente que andava tendo. Sem fãs nos portões, sem Coronel Parker, ele sozinho, vulnerável e abandonado. O afável e jovial empresário vienense não soube como reagir nem o que dizer a Elvis, exceto sugerir que era natural duvidar da realidade do sucesso ao lidar com uma popularidade tão inimaginável em uma idade tão precoce. Mesmo assim, aquilo lhe soou uma confissão curiosa, uma parábola reveladora sobre até que ponto Elvis ligava seu próprio sucesso à presença contínua de seu mentor.

A sessão em si foi tão inspiradora quanto sua gênese, tanto uma promessa que Elvis estava cumprindo a si mesmo quanto um tributo à tradição dos quartetos que ele crescera vendo e ouvindo. Desde as primeiras e confiantes notas de "Milky White Way", o clássico suavemente vibrante dos Trumpeteers, não restaram dúvidas sobre seu fervor ou sua firmeza a respeito do que ele queria fazer, e isso se traduziu instantaneamente no coro e na banda de apoio. Charlie cantou junto nos três números seguintes – "His Hand in Mine", "I Believe in the Man in the Sky" e "He Knows Just What I Need", três antigos sucessos do quarteto Statesmen; nas versões originais, a voz principal era de Jake Hess, talvez a mais direta influência vocal de Elvis. Tudo transcorreu à perfeição ao longo das gravações. Às oito horas da manhã seguinte, a sessão foi encerrada, com a empolgante versão de "Working on the Building" e 14 faixas prontas. A essa altura, Chet Atkins já tinha ido para casa havia muito tempo, os músicos estavam todos exaustos e Bill Porter sentia fortes enjoos ("Naquela noite, eu tive uma intoxicação alimentar e não parava de vomitar; lá pelas cinco da manhã, avisei: 'Sr. Sholes, não aguento mais. Não tenho mais condições'. Ele respondeu: 'Mais uma canção, Bill, só mais uma. Segura firme aí'. Ouvi isso umas quatro vezes"). Para Gordon Stoker e os Jordanaires, o destaque veio no final da noite, com "Known Only to Him", outra das performances virtuosas de Jake Hess que serviam de inspiração a *todos* os cantores, a ponto de se tornar quase um culto.

Uma semana depois, Elvis voou para Los Angeles, onde, na segunda-feira, 7 de novembro, gravaria a trilha sonora do próximo filme, *Coração rebelde* (*Wild in the Country*). Notícias sobre a estreia de *Saudades de um pracinha* nos cinemas, prevista para o Dia de Ação de Graças, na última quinta-feira do mês, começaram a aparecer, só ecoando o abraço entusiástico com que o “novo” Elvis foi recebido, transformando “It’s Now or Never” num grande sucesso. Além disso, tudo indicava que o LP da trilha sonora, recém-lançado, superaria em muito as vendas do álbum *Elvis Is Back* (que, apesar de eclético e verdadeiramente adulto, para a surpresa de todos vendeu menos de meio milhão de cópias). O Coronel, por sua vez, tocava a todo vapor sua holística campanha para promover o filme, distribuindo mais de 100 mil quepes de papel, financiados pela RCA (a Paramount não aprovou a ideia). O Coronel mandou um desafiador recado a Hal Wallis: “Estamos sempre fazendo publicidade”.

Nesse meio-tempo, na RCA, não restavam dúvidas de que o Coronel havia vencido a guerra. Para começo de conversa, conseguiu minar a autoridade de Steve Sholes ao persuadir o novo presidente da RCA, Bob Yorke, a transferir o processo de tomada de decisão para o marketing, onde Bill Bullock, o superior nominal de Sholes e um dos responsáveis pela contratação de Elvis Presley para a gravadora, não estava inclinado a desafiar sua autoridade. Disso resultou que nada acontecia sem a autorização do Coronel: ele ditava o texto, aprovava a arte, já havia até mesmo se apoderado dos arquivos que a diretora de publicidade Anne Fulchino havia reunido meticulosamente e estava cobrando da RCA uma taxa de licenciamento pelas próprias fotografias que, na maioria dos casos, tinham sido pagas originalmente pela gravadora. Além disso, ele tinha convencido a RCA a ceder a Elvis a autoridade para dirigir suas sessões, escolher os singles, selecionar as faixas dos álbuns e aprovar a mixagem do som. Embora esses itens só fossem formalizados com a renegociação da opção de contrato, no início do ano seguinte, na prática entraram em vigor quando Elvis completou seu álbum gospel, a ser intitulado *His Hand in Mine* e lançado às pressas para o Natal. A essa altura, os executivos da RCA pareciam estar tão bem treinados que até se ofereceram para construir um estúdio na casa de Elvis, para que ele pudesse gravar sempre que se sentisse inspirado – mas o Coronel sabiamente o incentivou a recusar a oferta da empresa, vendo por trás dessa generosidade a tentativa desesperada de gerar mais produtos e, assim, minar a inatacável posição de barganha do Coronel.

As filmagens de *Coração rebelde* começaram em Napa, Califórnia, em 9 de novembro. O enredo se baseava no bem-sucedido romance de estreia de J. R. Salamanca, publicado em 1958, *The Lost Country*, com roteiro do premiado dramaturgo Clifford Odets (autor das peças teatrais *Waiting for Lefty* e *Awake and Sing!*). O diretor, Philip Dunne, era o autor de roteiros extraordinários, por exemplo, *Como era verde o meu vale* (*How Green Was My Valley*) e *O fantasma apaixonado* (*The Ghost and Mrs. Muir*). A mulher madura, um dos três principais interesses amorosos da história, seria interpretada pela renomada atriz francesa Simone Signoret. Infelizmente, Signoret abandonou o barco e Odets foi demitido pouco antes do início das filmagens. Como se isso não bastasse, em comum acordo com o Coronel, o chefe do estúdio, Spyros Skouras, insistiu que o número de canções tinha que ser expandido para torná-lo um filme mais ao "estilo Elvis Presley". Apesar da habitual confusão na política do estúdio e da nem tão habitual confusão no roteiro – que parecia ter sido remendado pouco antes de o elenco dizer as falas –, no geral, o resultado foi um esforço digno de crédito, com intenções plenamente honrosas. Um dos pontos fortes é o elenco: um trio de mulheres que se apaixona por Elvis e vice-versa (Tuesday Weld era a garota impetuosa; Millie Perkins, a ingênua, e aos 26 anos, Hope Lange substituiu Simone Signoret de forma competente, embora improvável).

De todas as atrizes principais, a única que parece ter ficado com uma visão negativa das gravações foi Millie Perkins, e suas críticas se centraram mais na pretensão do que na falta de aspiração. Aos 22 anos, em seu segundo trabalho, Perkins tinha sido revelada e, em geral, aclamada por sua estreia no papel-título de *O diário de Anne Frank*. Encarava o empreendimento como um todo, talvez com algum discernimento, como intelectualmente desonesto. Não tinha reservas quanto a Elvis Presley como pessoa e, levando em conta como havia sido pinçada de sua carreira de modelo e premiada com o papel de protagonista em um filme de peso, não poderia ser contra a tentativa de se fazer o mesmo com um cantor popular. Mas considerava Dunne o tipo de intelectual pretensioso, que se orgulhava de tocar o Concerto de Brandenburgo nº 5 como trilha de algumas cenas de amor ("Acho que ganhei um lugar inédito no panteão dos diretores, por ser o único a fazer Elvis Presley ouvir Bach. E a verdade é que ele amou", escreveu Dunne em suas memórias). Talvez pela insatisfação com uma carreira cinematográfica na qual tinha acabado de embarcar ("Nunca pensei em ser atriz. Não conhecia a indústria do cinema. Eu era muito tímida, muito teimosa... queria estar em Paris"), talvez pela clarividência que só os forasteiros têm, ela encarou, desde o início, a iniciativa toda como irremediavelmente destinada a soçobrar, uma tentativa falsa de embelezar as coisas por interesses próprios, de ficar realçando a nobre missão da arte.

"Acho que todo mundo que trabalhava no filme pensava: 'Temos mais classe que todos os outros filmes de Elvis Presley. Somos muito melhores'. Todo mundo circulava dando tapinhas nas próprias costas por serem artistas; iam fazer com Elvis algo que outras pessoas não tinham feito ou não queriam fazer – e acho que, no final das contas, não conseguiram.

> Acabei gostando de Elvis um montão. Senti que ali existia um homem com coração e alma, que realmente se importava com as pessoas. Certamente me tratou como se ele se importasse comigo; houve um respeito mútuo entre nós. Mas a vida dele estava num patamar que a minha não estava. Na época, eu era casada com Dean Stockwell, e ele

estava... tive a sensação de que estava à deriva. Todos os dias, os amigos dele estavam no set, sabe, se digladiando no chão. Eu nem sabia com que moças ele saía na época, isso não me interessava, a vida pessoal dele parecia tão boba. Mas eu sabia que ele era vítima disso. Senti que Philip Dunne ficou adulando Elvis. A atitude de Elvis foi... eu via Elvis olhando ao redor daquele set e avaliando as pessoas mais rápido do que qualquer outra pessoa poderia ter feito, e senti que, após um curto período de tempo, ele ficou decepcionado com Philip Dunne, mas era muito educado e bem-comportado para se manifestar.

Ele se esforçou bastante para tornar esse filme melhor do que os seus outros trabalhos no cinema, e a gente o via experimentando e fazendo perguntas. E acredito que o mais triste é que [o diretor] não teve a capacidade de ajudar Elvis a passar por isso. Lembro-me de fazer uma cena na boleia do furgão, voltando para casa de um baile ou indo a um baile, e no roteiro ele começa a cantar, liga o rádio e começa a cantar. E para mim foi, tipo, "Eca", eu era muito jovem e pensei: "Minhas irmãs vão tirar sarro de mim, isso é tão constrangedor e sem graça". Sabe, eu também era esnobe. Mas (e o mais legal foi isso) enquanto ensaiávamos, enfim o diretor se afastou. Elvis olhou para mim e disse: "Meu Deus, isso é tão constrangedor. Na vida real, ninguém jamais faria uma coisa dessas. Por que estão me obrigando a fazer isso?". Então lá estávamos nós dois, tendo que fazer uma coisa, mas queríamos mesmo é vomitar.

Ele nunca fez valer seu poder de estrela... Nunca. Talvez devesse. Talvez tenha feito isso em outro nível, mas com certeza não fez isso no set. Tive a impressão de que ele

> era mais novo do que eu, essa pessoa super-humilde que fazia declarações sobre em que acreditava. E eu pensava: "Está falando isso para me mostrar que é um bom ser humano". Tudo que sei é que ali havia uma pessoa com coração e alma requintados, e digo requintado em todos os sentidos que você quiser avaliar. Quando você conhece uma pessoa assim, sabe que ela está ali, mesmo que esteja sentada, comendo 15 pirulitos – isso não vem ao caso. Isso é apenas o que ela está fazendo naquele momento, mas essa não é a essência da pessoa. Em essência, Elvis era uma pessoa excelente; nunca fui tratada tão bem nessa indústria.

A explicação dela sobre o fracasso do filme pode estar correta, e certamente suas percepções sobre os impulsos ambivalentes da natureza de Elvis são prescientes, embora não expliquem o que vemos na tela. A única coisa que parece um peixe fora d'água em *Coração rebelde*, deixando de lado o roteiro forrado de todos os clichês de "moço sensível" da época, é Elvis Presley. Aparenta estar totalmente perdido no papel, tateando às escuras, alternando ataques de melancolia que começam e terminam em declamações bombásticas, com poses igualmente presunçosas de sensibilidade trêmula.

Observamos o ator na tela e percebemos que ele simplesmente não está envolvido. A exceção é uma cena no começo do filme em que o personagem se lembra da finada mãe, fazendo aflorar sentimentos autênticos de tristeza e decepção. Claramente, Elvis está visualizando sua própria experiência, usando emoções que ele mesmo sentiu para mobilizar uma fonte de sentimentos conflitantes. Mas, fora isso, nada. Uma atuação insípida, com falas mecânicas, ausência quase total de *timing*, convicção, comprometimento, tom. Por via das dúvidas, compare o desempenho aqui com o de *Balada sangrenta*, cheio de desenvoltura,

A ÚNICA COISA QUE PARECE UM PEIXE FORA D'ÁGUA EM *CORAÇÃO REBELDE*, DEIXANDO DE LADO O ROTEIRO FORRADO DE TODOS OS CLICHÊS DE "MOÇO SENSÍVEL" DA ÉPOCA, É ELVIS PRESLEY.

segurança, facilidade e harmonia, numa abordagem de suaves gradações. Aqui, apenas dois anos e meio depois, falta cadência, falta ritmo entre as falas, e o que resta é a mera sensação de um jovem passando, em muitos casos correndo, por suas falas.

É impossível afirmar o papel que as anfetaminas desempenharam nessa drástica deterioração em termos de sentimentos e atitudes. Para Millie Perkins, os momentos de espera sempre eram os mais importantes no set, um instante no qual deveria aflorar "seu treinamento como ser humano para se autodisciplinar e fazer aquilo em que você realmente acredita ou aquilo em que você *afirma* acreditar" – só que esses momentos representavam o fracasso mais evidente de Elvis. Ela atribuiu isso a coisas externas, aos caras em seu entorno que o impediam de crescer, à falta de educação formal que só fazia crescer sua insegurança natural. Enquanto isso, os próprios rapazes observavam, com alarme e perplexidade crescentes, as oscilações de humor de Elvis, cada vez mais violentas. Muitas vezes nem reconheciam o empregador deles em meio àqueles súbitos rompantes de fúria imprevisível.

Certa vez, numa excursão de fim de semana para São Francisco, ele sacou uma pistola derringer e a brandiu na direção de um grupo que estava a bordo de um carro e lhe mostrara o dedo médio. Outra vez, em Hollywood, ele se irritou com Christina Crawford, que fazia uma pequena participação no filme e namorava Joe na época. Joe foi acender o charuto de Elvis, quando ela verbalizou sua objeção. Em resposta, Elvis a arrastou pelos cabelos e a xingou. Eles até podiam entender o motivo da raiva. Christina não precisava ter arrancado o charuto da boca do chefe, o cantor tinha o direito de se irritar com ela, e, seja como for, ele sempre teve um gênio muito explosivo. Mas também notaram diferenças, não só na perda de controle, mas na ausência de remorsos. Afinal de contas, na visão de cada um deles, Elvis sempre teve uma natureza afável, um bom coração, para o bem ou para o mal. Para aguentar o ritmo, todos estavam tomando pílulas, todos andavam sob estresse, sobretudo Elvis. No final, simplesmente aceitaram o comportamento dele como reflexo de seu papel no filme. Era como exercer o direito de ser o primeiro a escolher as garotas, prerrogativa inquestionável e já tacitamente aceita.

Afora isso, era o mesmo Elvis de sempre, o mesmo tipo de travessuras e bons momentos que sempre tiveram no set. Durante esse filme, Alan Fortas enfim se juntou ao grupo, atraído pela promessa de conhecer Tuesday Weld, e ele e Tuesday realmente se tornaram bons amigos. Os outros caras em peso zombaram da devoção de cachorrinho que Alan mostrava pela loirinha atriz de 17 anos. Hope Lange gostava de beber vodca, e Elvis estranhamente bebeu com ela durante as filmagens. Além disso, pela primeira vez, permitiu que a turma ingerisse bebidas alcoólicas em casa.

Quando voltaram a Hollywood, foi mais do mesmo, exceto que Anita fez uma breve visita, começou a bisbilhotar e encontrou uma carta recente de Priscilla, direto da Alemanha. "A carta insinuava algo como 'Você precisa ligar para o meu pai e convencê-lo a me deixar aparecer aí. Quero muito ir'. Quando Elvis voltou do estúdio, mostrei a carta e o confrontei numa discussão horrível. Ele disse: 'Ela não passa de uma criança de 14 anos [na verdade, havia completado 15], e só tem uma queda por mim. Ela quer vir me visitar. Nossas famílias são amigas, camaradas do exército, o pai dela é um bom amigo'. Elvis tentou apaziguar as coisas assim. Bem, não entendi, porque eu tinha visto fotos de Priscilla acenando e se despedindo. Ela acenou e se despediu como eu havia feito quando ele deixou Memphis. Elvis não parava de dizer: 'Ela é muito jovem. Não significa nada'. Mas, ainda transtornada, voltei a Memphis."

Tão logo ela viajou, Elvis voltou a namorar Nancy Sharp, moça responsável pelos figurinos no filme, e a se encontrar com Sandy Ferra, por quem permanecia fascinado. "A gente ficava horas só dançando na sala de estar e, às vezes, ele se sentava ao piano e cantava músicas gospel, e era simplesmente lindo. Nessa época, o Cliff não desgrudava de nós. Ele tinha lançado 'Long Black Hearse' – seu 'grande disco!' – e, muitas vezes, se levantava para cantar. Eu morava no Valley, e cada vez um dos caras me buscava no Rolls ou numa limusine, e íamos até a casa. Sempre tinha uma fila de garotas do lado de fora, os portões se abriam e rodávamos pela estrada de acesso. Em geral, os caras tinham companhia, e nos sentávamos na sala, ou a empregada preparava algo para o jantar; nos sentávamos para assistir à TV e comer.

"Uma vez, eu estava de calça, e Lamar foi me buscar e não disse nada, fomos até a casa, entrei e Elvis estava todo arrumado, porque ele sempre se arrumava para nossos encontros. Então ele me disse: 'Oi, baby', e me deu um beijinho no rosto, e nos sentamos no sofá, e ele não me dirigiu a palavra pelas próximas três ou quatro horas. Pareceu uma eternidade. Então me deu um beijo de boa-noite e disse: 'Nunca mais use calça'. Eu disse: 'Ai, ai, tá bem'. Ele disse que havia se arrumado para mim e esperava que eu me arrumasse também. A partir daí, sempre usei meus vestidos de festa mais bonitos. Calças, nunca mais."

O filme sofreu uma ligeira ameaça da nova política do estúdio que limitava o tempo de filmagem a 37 dias em vez de 50, até mesmo para os projetos em andamento. Philip Dunne ameaçou cair fora várias vezes, até que o problema se resolveu, mas o filme continuava atrasado. Elenco e equipe tiveram só uma semaninha de folga no Natal e logo as filmagens foram retomadas. Elvis ficou contente por voltar à Califórnia após descobrir as mudanças que a esposa de seu pai tinha feito em sua casa, e ele e seu pai discretamente combinaram que nenhuma outra mudança seria feita sem a sua aprovação explícita.

Nesse meio-tempo, o Coronel também marcou presença em Memphis onde, ao lado do prefeito da cidade, fez o anúncio do grande show das Instituições de Caridade de Memphis, que já vinha sendo comentado ao longo do ano. O evento aconteceria em 25 de fevereiro, tendo Elvis como atração principal no Ellis Auditorium. A apresentação beneficiaria mais de 20 instituições de caridade de Memphis, inclusive o havia tempos adormecido Elvis Presley Youth Center, em Tupelo. De acordo com sua política de longa data com relação a eventos beneficentes, até o Coronel compraria sua própria entrada. "Não haverá passe livre", vaticinou. "Isso vai ser 100% destinado à caridade."

A estreia de *Estrela de fogo* em todos os EUA ocorreu em 21 de dezembro, com ótima bilheteria. Mas o desempenho de *Saudades de um pracinha* tinha sido ainda melhor: chegou ao segundo lugar na lista semanal de filmes de maior bilheteria da *Variety*, alcançando o décimo quarto lugar no geral em 1960 e arrecadando 4,3 milhões de dólares desde a estreia, na primeira quinzena de novembro. O aniversário de 26 anos de Elvis, em 8 de janeiro, foi comemorado com uma festinha no set. Elenco e equipe o presentearam com uma placa retratando um cartum de Elvis trajando um quimono de caratê e rachando tábuas de madeira. "Feliz aniversário, 'Rei do Caratê'", constava na legenda. Em 20 de janeiro, enfim o estúdio o liberou para ir para casa. Duas semanas depois, porém, foi reconvocado por uns dias para refilmar o final. Os executivos do estúdio não gostaram do primeiro final, pois, segundo eles, era "amargo demais": a personagem de Hope Lange se suicidava após a malfadada tentativa de romance com o personagem de Elvis. A essa altura, porém, o cantor já estava ocupado ensaiando para o retorno às apresentações ao vivo, com não apenas um, mas dois grandes shows beneficentes que o Coronel estava promovendo, com todo o seu talento e zelo costumeiros.

Thomas A. Parker, Havaí, por volta de 1930
(Cortesia do Espólio de Elvis Presley)

O SEGREDO DO CORONEL

Janeiro de 1961 a janeiro de 1962

O SEGUNDO CONCERTO DE CARIDADE surgiu quando o Coronel leu um artigo no *Los Angeles Herald-Examiner*, em 4 de dezembro de 1960, motivado pelo décimo nono aniversário do bombardeio de Pearl Harbor pelos japoneses. O texto comentava os planos sustados para erguer um memorial às vítimas desse bombardeio no local em que foi a pique o U.S.S. *Arizona*, cuja tripulação de 1.102 homens permanecia sepultada debaixo d'água. Trezentos mil dólares haviam sido arrecadados nos 15 anos anteriores, mas a Comissão do Memorial ainda precisava de 200 mil dólares para construir o monumento a tempo de estar pronto no ano seguinte, o vigésimo aniversário do ataque.

A reportagem foi motivada por uma carta, enviada a mais de 1.600 jornais da parte continental do país, por George Chaplin, editor do *Honolulu Advertiser*, pedindo que considerassem publicar um editorial no dia 7 de dezembro ou em uma data próxima, como forma de apelo para arrecadar fundos. O apelo rendeu cerca de 20 mil dólares arrecadados país afora e resultou também num telefonema do Coronel a Chaplin. "Parker informou que Elvis estaria no Havaí para rodar o filme *Feitiço havaiano*. Se conseguíssemos um local adequado, e a mão de obra, a iluminação etc. fossem de graça, então Elvis não cobraria cachê." Chaplin aceitou a oferta do Coronel, obteve aprovação da Marinha, explicou que se o show levantasse 50 mil dólares, já seria o suficiente para completar o "essencial" para construir o monumento dedicado ao Memorial Day (Dia do Soldado Morto em Combate) e enviou um convite oficial para o Coronel ir ao Havaí.

Em 7 de janeiro, o Coronel chegou para concretizar os acordos com H. Tucker Gratz, presidente da Comissão do Memorial, e fizeram uma entrevista coletiva no Hawaiian Village Hotel, em 11 de janeiro. Cada centavo arrecadado iria para o fundo, anunciou Parker, enquanto estipulava que ele e Elvis pagariam os músicos de apoio de seus próprios bolsos. "Pessoal, isso é para valer. Não é truque. (...) Sabe, Elvis está com 26 anos (fez aniversário no domingo passado), em média, a idade dos garotos sepultados no *Arizona*. Acho apropriado que ele faça isso." E então, mais uma vez, lembrou a todos os dignitários presentes, juntamente com todos os participantes em potencial, que "todo mundo precisa comprar ingresso – o governador, o almirante Solomons, o almirante Sides, os comissários – todos, inclusive eu. Todos naquele auditório vão contribuir para o fundo do *Arizona*".

O Coronel mirava alto. O evento beneficente em Memphis, dia 25 de fevereiro, anunciado pelo Coronel como "a maior bilheteria de um show beneficente de um dia só da história do país", já havia atraído uma avalanche de publicidade. Esse retorno do Coronel ao Havaí sob o pretexto de espírito público só foi possível porque Hal Wallis tinha abraçado a "história havaiana" (embora sem os ciganos) proposta por ele a primeira vez havia mais de dois anos. Tudo isso, inevitavelmente, deixou o Coronel um pouco convencido. Sempre acreditou que cada um faz o seu próprio destino. Continuava desdenhando quase todas as formas de convenção social, mas sentia orgulho de seu patriotismo e generoso espírito público. Tinha a convicção de que isso valia a pena sob vários prismas, inclusive provar o bom caráter de seu garoto – e se, de quebra, ajudasse a promover o novo filme... bem, tanto melhor.

Nesse meio-tempo, tinha negócios inacabados para resolver. Em 6 de janeiro, concluiu a renegociação com Hal Wallis, ampliando a extensão do contrato e aumentando outra vez o preço por filme: para 175 mil dólares nos próximos três lançamentos da Paramount e para 200 mil dólares em outros dois. Ao mesmo tempo, buscava ativamente o acordo que, segundo ele, garantiria o futuro de Elvis: um acordo de vários filmes com a MGM por uma grana bem mais alta do que ele jamais esperaria arrancar de Wallis e, mais importante, um acordo que anunciaria a Hollywood que Elvis Presley era um grande astro do cinema. Em 12 de janeiro, um dia após a coletiva de imprensa no Havaí, o Coronel retornou ao continente e mergulhou nas negociações com a MGM, emergindo em 20 de janeiro com um acordo garantido de quatro filmes, a 500 mil dólares por filme e 50% dos lucros. Isso significava, anunciou com júbilo ao vice-presidente da RCA, Bill Bullock, uma "agenda de filmes lotada até 1965, o que, é claro, também aumenta o valor desse grande artista para a sua empresa. A confiança nele depositada pela indústria cinematográfica será, sem dúvida, benéfica para todos nós". E numa rara visita, naquele mesmo dia, resolveu transmitir a notícia pessoalmente a Elvis e dar uma passadinha na casa da Perugia Way, onde recebeu os parabéns de todos os caras enquanto Elvis explicava a eles como ia funcionar o negócio. "Garotos, lembrem-se", pronunciou o Coronel, sem dúvida brandindo vigorosamente o charuto para dar ênfase, "se não fosse pelo Elvis, eu não teria como fazer esses acordos, e não estaríamos jantando nesta bela casa."

A essa altura, ele já havia bolado uma nova reviravolta para o evento havaiano, mantendo em essência o princípio de sem fins lucrativos, mas propondo um especial de televisão da NBC em torno do show (a transmissão gravada mesclaria elementos de documentário com a apresentação ao vivo). Pelo pacote, Elvis receberia 50 mil dólares para recuperar os custos, o memorial do *Arizona* receberia outros 100 mil dólares, e os direitos do programa reverteriam para Elvis após uma única exibição. Como a maioria dos projetos do Coronel, filantrópicos ou não, esse era brilhante em sua simplicidade, simultaneamente lustrando a imagem de Elvis e beneficiando o fundo, e embora no final tenha soçobrado, levou o venerável chefe da Agência William Morris,

Abe Lastfogel, a reconhecer o patamar a que o Coronel havia alçado seu cliente exclusivo. Ao mesmo tempo, Abel Lastfogel – de pequena estatura, mas grande importância no ramo de agenciamento de talentos – destacou ao grupinho de representantes da agência e da NBC, enquanto estudavam a viabilidade dessa nova proposta, Elvis Presley era encarado pela maioria das pessoas como uma "bizarrice", com pouco poder de permanência e apelo de amplitude reduzida. E agora, declarou Lastfogel, com a convicção de quem recentemente havia mudado de ideia, aquela fase estava terminada. Após a experiência do exército, com esse magnífico concerto beneficente que o Coronel ia promover, o mundo conheceria a verdadeira face de Elvis Presley.

O trabalho continuou em várias frentes, com o Coronel entre idas e vindas em seus vários projetos e Elvis tirando uns dias de férias em Memphis. Continuava a se sentir um estranho na própria casa – nada mais havia sido alterado fisicamente, e a nova família de seu pai agora morava no apartamento construído atrás da cozinha, junto à garagem, mas a situação continuava inquietante, para ele e para Vernon. O pai dele às vezes dormia em seu antigo quarto de casal, os armários ainda forrados com as roupas de Gladys. Elvis visitava o cemitério quase todos os dias, arrumando as flores entregues semanalmente por conta de um pedido permanente e limpando o entorno do túmulo da mãe. No dia 2 de fevereiro, dirigiu até Tupelo em companhia de Anita, Joe e Gene, revisitando os cenários de sua infância. Encontrou-se na Lawhon School com a professora do quinto ano, a sra. Grimes. Joe não conhecia Tupelo, e Elvis mostrou a ele todos os diferentes lugares onde morou, a comunidade negra de Shake Rag e o parque Fairgrounds, onde cantou em público pela primeira vez – o tempo todo, falando sobre o mundo que havia deixado para trás. Chegando ao local onde nasceu, na Old Saltillo Road, encontraram caída a placa que indicava o local do Elvis Presley Youth Center. Tentaram reerguê-la e firmá-la de novo, mas sem sucesso. Elvis ficou visivelmente irritado: a casa, que deveria ser a peça central do parque, ainda estava ocupada, o terreno de 5,5 hectares mal tinha sido limpo, a piscina em forma de violão que Elvis havia idealizado para os jovens de East Tupelo não estava nem na prancheta de desenho. Não pôde evitar a sensação de que, se o parque estivesse numa parte mais chique de Tupelo, o projeto já estaria bem mais avançado. Ele e o Coronel nunca foram capazes de determinar satisfatoriamente o destino dos 14 mil dólares doados por ele em sua apresentação, na feira de 1957. Mas desistir não era uma opção: estava *determinado* a levar a cabo esse projeto – era tão importante quanto o evento do Coronel no Havaí. Um dia, ali haveria campos de futebol americano, instalações recreativas e um centro para adolescentes.

No sábado, Junior, o irmão de Gene, morreu aos 28 anos. Ainda muito jovem, mas não chegou a ser uma surpresa. Desde 1953, quando retornara da Coreia para casa em estado de choque, havia entrado numa espiral descendente. Sempre tinha sido um rapaz imprevisível e temperamental, mas se tornou mais errático desde a dispensa de Elvis do exército e já não conseguia acompanhá-los nas viagens. Tudo indicava que, após passar a noite bebendo com o tio Travis (tio dele e de Elvis), desmaiou no quarto do primo Billy e morreu engasgado no próprio vômito.

Elvis foi à casa de Travis praticamente fora de si, sentindo muita raiva e tristeza por uma vida jogada fora de modo tão insensato. Mas compreendia as fraquezas de Junior e entendia como era fácil perder o controle. "Ainda o vejo ali parado", contou Eddie Fadal, amigo de Elvis. Oriundo de Waco, estava visitando Graceland e foi com Elvis até a casa. "Ele não parava de dizer: 'Está tudo acabado, Junior, está tudo acabado'." Mais tarde naquela noite, ele e o primo de 17 anos, Billy, visitaram a funerária, a mesma responsável pelo enterro de sua mãe, e ele falou com alguém para deixá-los entrar e ver o corpo. A pedido de Elvis, fizeram um tour pelas instalações e encontraram dois agentes funerários, um trabalhando e o outro roncando num caixão. Elvis se apresentou, falou a respeito de seu primo e interpelou o agente funerário que estava acordado sobre a mecânica do ofício deles, sobre o que acontecia com o corpo após a morte. Foi um pouco mórbido, Billy pensou – ele mesmo não se sentia muito à vontade, cercado por todos aqueles cadáveres estendidos em suas macas –, mas por um lado entendeu o que Elvis estava fazendo. “Ele tinha um medo... e queria enfrentar aquele medo. E acho que ele só estava tentando superar esse obstáculo e aguentar as pontas um pouco mais.”

EM MEIO AO FRENESI DE PREPARATIVOS, o Coronel lançava desafios promocionais para os dois shows beneficentes, vendendo ingressos de 100 dólares às celebridades, quando recebeu a mais recente de uma série de cartas de seu irmão Ad, enviada da Holanda. Na primavera anterior, Ad e uma irmã mais velha tinham visto uma fotografia na revista holandesa *Rosita*, mostrando Elvis Presley, recém-saído do exército, parado no vão da porta de um trem. Atrás dele, de chapéu e sobretudo, um senhor identificado como seu empresário, o Coronel Thomas A. Parker. Para Ad e sua irmã, o homem na fotografia era parecidíssimo com o irmão deles, Andreas (“Dries”), de quem não recebiam notícias desde 1937, quando chegara a última de suas cartas dos EUA. As semelhanças eram impressionantes, mas aquele homenzarrão de meia-idade realmente seria o irmão deles? Tinham-no visto pela última vez em 1929. Um detalhe, porém, afastava qualquer dúvida: a surpreendente semelhança com a aparência atual de outro irmão deles, o policial Jan.

Ad procurou os editores da *Rosita*, e no início foi recebido com ceticismo. Sem desistir, Ad escreveu primeiro ao fã-clube holandês de Elvis Presley, depois ao fã-clube em Memphis, enviando fotos da família e notícias da mãe deles, que havia morrido em 1958, com o coração partido, explicou Dries, por nunca mais ter revisto seu filho Dries. Por fim, recebeu uma estranha resposta: uma carta desconcertante que começava na terceira pessoa, mas no meio do caminho recaía num relato em primeira pessoa. Ad mostrou a carta ao editor da *Rosita*, Leo Derksen, que concluiu: “Não há dúvidas de que Parker tinha escrito a resposta pessoalmente, negando tudo e alegando que era tudo um equívoco”.

Com isso, Ad convenceu a revista *Rosita* a financiar uma viagem dele aos EUA para um reencontro com seu famoso irmão e, nesse ponto, começou a bombardear Dries com uma carta atrás da outra. Por fim, o Coronel, com o pragmatismo de que sempre se orgulhou, respondeu que sim, gostaria de receber a visita de Ad. Porém, andava ocupadíssimo e prestes a embarcar para o Havaí em data indefinida. Quando retornasse, era só Ad entrar em contato de novo e ele ficaria feliz em recebê-lo. Para o cunhado dele, Bitsy Mott, que atuava na segurança de Elvis, resmungou que tinha recebido notícias de um irmão que havia anos não encontrava, e agora, de repente, esse irmão estava falando em lhe fazer uma visita. "Alguma coisa ele quer de mim", reclamou o Coronel. "O que estará tramando?" Mas nunca mencionou que o irmão dele era holandês.

> Potentado-Chefe da Liga dos Bonecos de Neve dos EUA, ao telefone de sua suíte no Hotel Claridge [de Memphis], o Coronel Parker gracejava e esbanjava bom humor.
>
> "Aquele seu prefeito está aprendendo. Trabalhou duro e um dia desses vai chegar lá", comentou o Coronel alegremente, "mas eu já cumpri a minha parte do trato".
>
> Na véspera, o Coronel desafiou o mandatário de Memphis, Henry Loeb: se o prefeito Loeb vendesse em 20 minutos dez ingressos de 100 dólares para o almoço em homenagem a Elvis Presley no Hotel Claridge, às 12h30 do dia seguinte, o Coronel venderia outros dez. Por telefone, o prefeito Loeb informou que, embora a posição de prefeito exigisse cuidados sobre a quem fazer apelos, tinha conseguido dez promessas para aquisição de ingressos dourados para o almoço, sendo duas "quase certas". Isso em 27 minutos.
>
> "Acabei de vender mais 14 ingressos", disse o Coronel, "em apenas sete minutos ao telefone. Em quantas

> ligações? Duas. Oito numa e seis na outra. Bem, um pouco mais de sete minutos... talvez oito. O operador de longa distância demorou para completar uma das ligações. O fato é que agora tenho 96 ingressos vendidos."
>
> **– da coluna "TV News and Views", de Robert Johnson, *Memphis Press-Scimitar*, 24 de fevereiro de 1961**

Quando enfim chegou o grande dia, restava pouco a ser feito. Sábado, 25 de fevereiro, foi declarado o Dia de Elvis Presley em todo o estado do Tennessee. O evento contaria com a presença não só do prefeito, mas também do governador, e o comediante George Jessel embarcou num voo direto de Hollywood para ser o mestre de cerimônias. Todos os principais executivos da RCA, desde o presidente Bob Yorke, Bill Bullock e Steve Sholes, estariam lá. Também marcariam presença o chefe da Agência William Morris, Abe Lastfogel; os irmãos Aberbach (Jean voou de Roma, onde conduzia negócios para a Hill and Range); Gene Austin, o primeiro cliente do Coronel no show business, famoso por "My Blue Heaven"; e praticamente todos os líderes cívicos de Memphis. Os ingressos para o show se esgotaram em menos de 24 horas, por isso uma apresentação de matinê havia sido adicionada, e o Coronel estava cobrando 3 dólares por lugares não reservados. Em suma, o Coronel exercia, em todos os quadrantes, a sua lábia, "engambelando" desde o mais alto figurão até o cidadão mais humilde, com sua singular aplicação do credo do vendedor: "Não posso dar a você nada que você ainda não tenha. Mas há muita coisa que, embora eu não possa dar, você pode obter".

Elvis promoveu um ensaio em Graceland na sexta-feira, 24 de fevereiro. Direto de Nashville vieram o pianista Floyd Cramer e o saxofonista Boots Randolph, juntando-se a Scotty e D. J., além de três músicos de estúdio de Memphis (dois baixistas e um segundo baterista) e os Jordanaires. Elvis parecia despreocupado com o show enquanto ensaiavam um setlist que mesclava seus grandes sucessos iniciais ("That's All Right", "Heartbreak Hotel", "All Shook Up" e, é claro, "Hound Dog") com uma criteriosa seleção de gravações recentes ("Such a Night", "Fever", "It's Now or Never", "Swing Down, Sweet Chariot", "Are You Lonesome Tonight?"). Na maior parte do ensaio, que durou em torno de uma hora, improvisaram num descontraído intercâmbio musical e social.

A apresentação da matinê, que começou às 16h23, de acordo com o jornal *Commercial Appeal*, evocou elementos de "harmonia do blues dos campos de algodão, fervor dos encontros campais, exibicionismo de Hollywood e indiferença *beatnik*, com pitadas manipulativas da psicologia das multidões". No show noturno, a massa ficou inquieta durante o habitual show concebido pelo Coronel, com sapateadores, acrobatas, malabaristas e comediantes, embora tenha se agitado um pouco com Boots Randolph e seu "yakety sax"* e com o Brother Dave Gardner e sua sátira mordaz. Após um breve intervalo, Elvis subiu ao palco, e George Jessel, o mestre de cerimônias, se atirou aos pés do cantor, com as palmas das mãos para baixo, em meio a ondas e mais ondas crescentes de gritos e aplausos que duraram três minutos inteiros.

"Pegou o microfone como se quisesse devorá-lo", relatou o *Press-Scimitar*, destacando o nervosismo e a evidente falta de treino após mais de três anos longe dos palcos. O repórter *do Press-Scimitar* também percebeu outro detalhe, característica antes inexistente nas performances de Elvis: uma ponta de ironia. Em alguns aspectos, parecia mais confiante, revelando um divertimento "com a paixão frenética que algumas fãs mostram por ele. Mexia o quadril e fazia um daqueles gestos súbitos que provocavam excitação histérica, deixando claro que se divertia com a resposta. Em várias oportunidades, se esforçou para

* No ano seguinte (1963), Boots Randolph gravaria o tema que se tornou sua marca registrada: "Yakety Sax", inspirado no solo de sax tenor de King Curtis na versão do The Coasters para a canção "Yakety Yak", de Leiber e Stoller. "*Yakety*" significa "falante" ou "loquaz". (N. de T.)

deixar os fotógrafos tirarem uma boa foto. Atravessava o palco e fazia uma pose para agradar um fotógrafo que ele conhecia." Ao mesmo tempo, não pairavam dúvidas sobre sua integral seriedade e completa imersão no momento. "Fez um lindo mix de canções. (...) Pelo sorriso em seu rosto era fácil de notar: sabia que a plateia estava em suas mãos."

Jamais poderia ter previsto essa transformação, analisou Ray Walker, o mais recente Jordanaire, que nunca havia cantado no palco com Elvis antes. "Em Elvis pulsava uma espécie de efervescência. Fazia coisas inesperadas e as fazia tão bem que nos esquecíamos de entrar na hora certa. Então se virava para nós com um sorrisão e nos xingava carinhosamente." Quando Scotty, atuando como *bandleader*, se esquecia de uma canção que deveria estar no setlist, ou o próprio Elvis se atrapalhava em alguma letra, ele simplesmente continuava: no comando, ele era magistral, *estava onde deveria estar*. Por 49 minutos, comandou o palco, tão à vontade nesse papel quanto o Coronel no dele, por um instante afastado de toda aquela tensão do fingimento, de toda aquela incerteza de fabricar uma imagem, simplesmente executando o que ele havia sido feito para fazer. No outro dia, o anúncio: ele havia arrecadado 51.612 dólares para 26 instituições de caridade de Memphis, além do Elvis Presley Youth Center em Tupelo, que receberia a maior contribuição, 3.789,80 dólares.

Em 8 de março, marcou presença em outro evento, dessa vez no Congresso Estadual do Tennessee.* Elvis foi um convidado especial para uma sessão conjunta de ambas as casas, convocada para homenageá-lo por "trazer fama a Memphis e Tennessee nação afora". Chegou a bordo do Rolls, em companhia de Joe, Sonny e Alan. Em seu breve discurso, conquistou os políticos e uma galeria repleta de "adolescentes vadios" ao chamar esse reconhecimento de "uma das coisas mais legais que já me aconteceram". Proclamou que jamais moraria em Hollywood

* Congresso bicameral, com Senado e Câmara dos Deputados. (N. de T.)

e, de quebra, obteve um "tour de US$ 0,10" pelo palácio residencial do governador, ciceroneado por ninguém menos que Ann Ellington, a atraente filha do governador, com quem mais tarde foi passear, só trazendo-a de volta à tardinha. No caminho de volta a Memphis, ele e os rapazes fizeram uma visita de 45 minutos à Penitenciária Estadual do Tennessee, onde Johnny Bragg, vocalista dos Prisonaires, o grupo que Sam Phillips havia trazido à fama nacional pelo selo Sun em 1953, estava preso, dessa vez por violação de liberdade condicional. Elvis visitou as várias oficinas, o refeitório da penitenciária e a câmara de execução; falou rapidamente com Bragg, perguntando se precisava de um advogado ou se ele podia fazer algo a seu favor. Voltando a Memphis, no fim de semana foram a Nashville para uma breve sessão de gravação, a pedido da RCA, e mais tempo livre.

Em 18 de março, voou à costa a fim de participar dos preparativos para o evento beneficente no *Arizona*, no dia 25, e para o início das filmagens de *Feitiço havaiano*, dois dias depois. O Coronel já estava em Honolulu havia dez dias, articulando a propaganda para o evento beneficente, comprando meia hora em todas as 13 estações de rádio de Oahu para anunciar o show com trechos do álbum religioso de Elvis, impulsionando a venda dos ingressos de 100 dólares (vendeu 74 ingressos antes mesmo de deixar o continente), divertindo-se com as opções de entretenimento e com a rara oportunidade de ter generais e almirantes a seu comando. O cronograma de Elvis incluía a gravação da trilha sonora de *Feitiço havaiano* em Hollywood. A banda inteira voou de Nashville para a sessão e o show. Relaxaram e ensaiaram na casa da Perugia Way, então foram ao estúdio Radio Recorders, em 21 de março. Em três dias, sob o olhar atento de Hal Wallis, gravaram um álbum de trilha sonora completo, com 14 faixas.

O repertório de canções foi eclético, desde um número originalmente gravado por Bing Crosby em 1937 para outro filme da Paramount (a faixa-título, "Blue Hawaii"), um punhado de clássicos havaianos e a gama costumeira de adaptações contemporâneas do catálogo da Hill and Range ("Rock-a-Hula Baby", "Beach Boy Blues"). Entre as contribuições de Hill and Range estava "Can't Help Falling in Love", uma linda balada inspirada numa canção francesa do século XVIII.* O folclore espanhol também marcou presença com "No More", número cantado por Elvis em seu novo e recém-acrescido estilo mediterrâneo – coadaptado do clássico ibérico "La Paloma" pelo compositor Don Robertson, de quem Elvis tinha acabado de gravar duas canções contemporâneas em Nashville na semana anterior.

A sessão de Nashville havia sido marcada estritamente para cumprir um compromisso contratual com a RCA: eram necessárias 12 canções para compor um novo álbum de estúdio e, por instruções do Coronel, foram gravadas apenas 12 faixas. O álbum, lançado quatro meses depois, recebeu o sugestivo nome de *Something for Everybody*, refletindo um pouco das concessões envolvidas em sua gênese. As duas canções de Robertson, "There's Always Me" e "Starting Today", porém, deram um toque de frescor ao álbum, chegando o mais próximo do tipo de balada melancólica que se poderia esperar de Frank Sinatra (se Frank Sinatra adotasse acordes country) e oferecendo a Elvis uma rara oportunidade de introspecção e interpretação séria. Depois da sessão, Elvis comentou com Freddy que gostaria, se tivesse oportunidade, de conhecer Don Robertson. Assim, Freddy Bienstock e Julian Aberbach convidaram Robertson, filho de um psiquiatra de Chicago, cujas composições country & western refletiam consistentemente uma profundidade nascida de uma simplicidade determinada, para comparecer à primeira noite da sessão da trilha sonora de *Blue Hawaii*, ocasião em que sua nova canção seria gravada.

* "Plaisir d'Amour", composta em 1784 por Jean-Paul-Egide Martini, adapta versos do romance *Célestine*, de Jean-Pierre Claris de Florian. Berlioz fez um arranjo para a canção em 1859. (N. de T.)

"Eu me sentei na sala de controle, e ele entrou no intervalo e se apresentou, com seu quepezinho de capitão. Em nossa breve conversa, ele me contou seus primórdios no mundo da música. Exalava charme, humildade, doçura, uma pessoa atraente em todos os sentidos. Naquela noite, antes de eu ir embora, me fez um convite. Depois da sessão, alguns músicos e os Jordanaires iriam à casa dele. Eu gostaria de ir? Enquanto eu estava lá, ele tocou para mim sua versão de 'There's Always Me'... Foi a primeira vez que a ouvi, e escutamos com fones de ouvido, porque ele não queria necessariamente que as demais pessoas na sala ouvissem. Eu me lembro, no final ele soa quase operístico, assim como em 'It's Now or Never', e ele frisou: 'Escuta só este final'. Elvis sentia muito orgulho do resultado. Conversou comigo sobre a letra, mostrou muito interesse nas letras. Era quase como se ele quisesse que eu soubesse: ele entendia tudo o que estava acontecendo, tudo o que a letra pretendia. Não chegou a me impressionar, mas me deixou completamente desarmado. Tinha um talento para fazer as pessoas se sentirem à vontade e saber que ele realmente gostava de você e que o respeitava. E, sabe, ele disse a todos naquela noite que eu tinha sido o primeiro a começar o estilo de piano *slip-note* que Floyd Cramer popularizou na música country & western [abordagem muito em voga em Nashville na época, que consiste em inserir uma rápida nota de ornamentação no arpejo (não acorde) antes de entrar com a nota que é parte funcional do acorde, fazendo o piano soar como instrumentos de corda típicos da música country]. Acho que ele sentia orgulho de mim por conta disso."

De volta ao estúdio, a sessão prosseguiu em linhas admiravelmente profissionais. Joseph Lilley, o supervisor da trilha, era um veterano de múltiplos musicais da Paramount, incluindo cinco filmes de Bing Crosby, e também defensor da autêntica sonoridade havaiana, empregando excelentes músicos de estúdio de Los Angeles e o famoso Alvino Rey, especialista em *steel guitar*. Quando terminaram, Hal Wallis estava convencido de que enfim tinha em mãos o que havia tempos buscava: a trilha sonora de um filme de Bing Crosby, estrelado por Elvis Presley.

INSANA RECEPÇÃO A ELVIS NO AEROPORTO

"Aloha, E-L-V-I-S...!"
Ao meio-dia de ontem, essa saudação estrondosa ecoou como um trovão no Aeroporto Internacional de Honolulu. Três mil fãs adolescentes (e jovens) deram as boas-vindas ao ídolo, Elvis (O Cara) Presley. Os fãs começaram a chegar com três horas e meia de antecedência.
Pouco antes das 12h15, o grande jato da Pan American Airways pousou. Os demais passageiros desceram – e então, às 12h27, Elvis apareceu na porta traseira.

O ator Jimmy Stewart chegou ontem, com a esposa e quatro filhos, no mesmo avião que trouxe Elvis Presley. Mas o ator passou despercebido.*

De traje preto e calças justas, camisa branca de babados e gravata de estampa escura, casaco de ombros largos e sapatos pretos com fivelas laterais.
Um alvoroço preencheu o ar...
Por dez minutos, o lindo rapaz de olhos azul-bebê passou em revista – assim como fazem no exército – a multidão de fãs enfileirada atrás da tela de arame e do cordão da polícia militar de Honolulu. (...)
Presley e seu séquito não se aventuraram a ficar no meio da multidão. Um tanto pálido, Elvis só parou duas vezes no percurso ao longo da cerca.
Numa delas, deixou uma garotinha colocar em seu pescoço um colar de flores e a recompensou com um

* James Stewart (1908-1997), vencedor do Oscar de Melhor Ator em *Núpcias de escândalo*, estrelou clássicos como *A felicidade não se compra* e *Janela indiscreta*. (N. de T.)

amável sorriso. Na outra, disse ao disc jockey Ron Jacobs, da estação de rádio K-POI, que estava "feliz por estar de volta, muito obrigado a todos".
Nós que agradecemos, Elvis Presley, por estar aqui em prol do Arizona Memorial Fund.
– *Honolulu Sunday Advertiser*, 26 de março de 1961

Minnie Pearl, veterana comediante country que participaria do show e outrora havia sido representada brevemente pelo Coronel e cujo marido, o piloto de avião Henry Cannon, tinha transportado Elvis muitas vezes no início de sua carreira, ficou praticamente em choque na recepção. O Coronel Parker os encontrara no avião e pedira a ela para ficar ao lado de Elvis e aparecer com o cantor em todas as fotos. "Eu não tinha ideia do que envolvia acompanhar Elvis. Se eu tivesse, não [o] teria [acompanhado]. Um pandemônio indescritível. Nunca vi tanta mulher em minha vida. Gritavam. Urravam. Fiquei simplesmente horrorizada. Pensei: 'Vão matá-lo'. E receio que teriam mesmo, se pudessem ultrapassar a cerca.

"Bem, [enfim] entramos nas limusines (estacionadas ao lado do avião) e chegamos ao hotel, o Hawaiian Village. O lugar tinha uma espécie de pátio coberto no segundo piso, e ao chegarmos lá, 500 mulheres gritavam, sem uma barreira como no aeroporto. Situação periclitante. Elvis e eu saímos da limusine... Nunca vou me esquecer, a polícia fez um cordão de isolamento para conter a multidão, mas a mulherada, aos gritos, rompeu o cordão e começou a agarrar Elvis. Claro, isso deixou Tom Parker apavorado. Enfim escapamos e entramos no hotel, e eu perguntei para Elvis: 'Como você aguenta isso?'. E ele respondeu: 'Já me acostumei'. Comentei: 'Sabe, esse mulherio pode acabar com você'. E ele afirmou: 'Elas não vão me machucar'."

A coletiva de imprensa, marcada para as três e meia daquela tarde, contou, como seria de se esperar, com a presença do Coronel. A imprensa foi representada, claro, pelos diários *Advertiser* e *Star-Bulletin*, mas também por quase uma centena de estudantes repórteres, de todas as 27 escolas de Ensino Médio e de Ensino Fundamental II de Oahu. Com muitos colares de flores – e uma garota – pendurados no pescoço (a jovem só o largou depois que o Coronel, com firmeza, desenroscou as mãos dela), Elvis respondeu educadamente a todas as perguntas de costume, sobre filmes, turnês, namoradas e caratê. E qual era a situação atual dele no exército? "Sou reservista. Posso ser chamado em caso de emergência." Mas só depois do espetáculo, complementou o Coronel. Planos de excursionar? "Penso em fazer uma excursão à África do Sul para caçar búfalos selvagens", respondeu, como se tentasse superar o Coronel nas piadas. Mas essa competição ele não conseguiria vencer. "Elvis balbuciou respostas pragmáticas", concluiu o *Sunday Advertiser*. "Os gracejos do Coronel Tom Parker, seu empresário, provocaram risos e aplausos dos alunos."

Já no show daquela noite, foram outros quinhentos. Mesmo com o som precário, que lembrava um gravador doméstico, basta ouvir a fita da performance que restou para sentir a energia que fluía do palco e ter uma ideia da ferocidade dos sentimentos desencadeados pela música. Com certeza, havia toques da mesma ironia sobre a qual o repórter do *Press-Scimitar*, Bill Burk, comentara em seu relato a respeito do show de Memphis, o mesmo espírito brincalhão com o público, mas, além disso, havia algo mais: uma alegria pura, uma expressão de exuberância gutural que se recusava a ser refutada. A essa altura, a banda já tocava junta havia mais de quatro semanas, e Elvis a estimulava com entusiasmo, não só pelo que ela era capaz de fazer, mas pelo que ela permitia que *ele* fizesse. Repetidamente, ele incita Hank Garland a fazer solos de guitarra, indicando sua apreciação com grunhidos e exclamações que nada têm a ver com o público. A música se encorpa e ganha um impulso próprio, e Elvis chama Hank para um novo solo, depois *exige* outro solo de sax de Boots, esquece a letra, se perde na estrutura da música, mas abraça o momento com sentimentos puros e desinibidos. Boots afirma que o show foi "um dos pontos altos" de sua vida. E para Gordon

Stoker, o tenor dos Jordanaires que trabalhava com Elvis desde 1956, essa performance teve uma aura de espontaneidade que lembrava a de um detento recém-liberto da prisão.

Entretanto, uma pergunta vem à mente de quem escuta a gravação: por que essa qualidade toda não se cristalizou nos filmes de Elvis? Com certeza ela está presente em *Balada sangrenta*; e até a sentimos no hesitante e descontroladamente errático tatear em busca de emoção que caracteriza sua performance em *Ama-me com ternura*. Por sinal, essa sua primeira tentativa de atuar, mesmo na ausência de conhecimentos ou experiência, perpassa uma segurança autossuficiente que lhe permite contornar eficazmente a técnica, apesar de a plateia estar ciente de suas limitações técnicas. Na época, demonstrava confiança em si mesmo e em sua missão. E agora, como muita gente passou a notar, ele expressava essa confiança em múltiplas situações públicas, mas ela não parecia estar presente de verdade.

Não esteve, com certeza, presente nas filmagens de *Feitiço havaiano*. O filme pretendia ser uma comédia musical animada, de ritmo veloz, dentro dos estereótipos hollywoodianos. O bom elenco coadjuvante retratava os personagens habituais, incluindo Angela Lansbury, de 35 anos, como a mãe sulista de Elvis. O próprio Elvis encarnou Chad Gates, rapaz que nasce em berço de ouro e quer abrir mão dos privilégios para abraçar a cultura da ilha. O enredo tem o já costumeiro triângulo (ou quadrângulo) amoroso: a mulher mais madura; o amor verdadeiro, mais jovem (Joan Blackman interpreta Maile Duval, meio-sangue havaiana, mas, talvez para mitigar qualquer vestígio de miscigenação, com a outra metade francesa); e uma bem mais jovem, a pirralha incompreendida. O diretor e artífice, Norman Taurog,* que fez grande sucesso com Elvis e os caras pelo modo descontraído como tolerou as traquinagens da Máfia de Memphis nas filmagens de *Saudades de um pracinha*, foi chamado

* Vale notar que Taurog (1899-1981) recebeu em 1931 o Oscar de Melhor Diretor, pelo filme *Skippy*. *Feitiço havaiano* é o segundo dos nove filmes em que dirigiu Elvis Presley. (N. de T.)

de novo para comandar as ações. Claramente Elvis se soltou o suficiente para arriscar, instigado por Taurog, trechos de comédia convencional – há divertidas demonstrações de surpresa, uma série de situações dinâmicas e enérgicas, e até mesmo algumas amáveis autoironias para acompanhar as espetaculares paisagens e melodias havaianas e, é claro, os "valores de produção", marca registrada de todo e qualquer filme produzido por Hal Wallis.

Em quase todos os sentidos, o filme é uma resposta direta aos dois anteriores, feitos pela Fox, que Wallis odiou e que, apesar das sérias aspirações, obviamente não tinham sido bem-sucedidos em suas propostas. Em *Feitiço havaiano* restam poucas dúvidas de que as intenções de Wallis e do Coronel são plenamente realizadas. O filme já seria um sucesso se Elvis fosse considerado mera presença agradável na tela, uma inócua adição ao cenário. Ele transita fácil de cena em cena, interpreta com charme e estilo todas as 14 músicas (até mesmo a pior delas é belamente cantada) e, na maior parte do tempo, dá a impressão de estar se divertindo. E no entanto, subliminarmente, é possível notar a confusão e o medo – falas truncadas ou pronunciadas sem intensidade, como se a mera elocução causasse embaraço; os movimentos familiares que Elvis sempre afirmou serem *naturais* em sua música surgem em meio a canções bobinhas, como se fossem uma piada –, o espectador sente isso e se envergonha também, ao ver Elvis ser solicitado a aceitar a banalização de sua música, ser forçado a repudiar publicamente seu compromisso com o rock'n'roll.

Fora do set, a confusão se materializou em mais travessuras, mais conquistas e, aparentemente, maior necessidade de afirmar, em alto e bom som, quem ele era e quem ele não era. Andava constantemente rodeado por garotas, e ele e os caras promoviam festinhas todas as noites. Chegou ao ponto em que Hal Wallis teve que transferir o elenco feminino para outra ala do hotel, estabelecendo um toque de recolher às dez da noite para as garotas. Wallis não curtia os caras, mas o Coronel o alfinetou: está ficando velho, não se lembra do que é ser jovem? Em várias ocasiões, Elvis se encontrou com Patti Page, esposa de Charlie O'Curran, e os dois entoavam canções country em harmonia, noite adentro. Coreógrafo de números musicais de longa data para Wallis, O'Curran já havia trabalhado no primeiro filme da Paramount com Elvis, *A mulher que eu amo*, e, mais recentemente, em *Saudades de um pracinha*.

O bom humor do Coronel permaneceu imperturbável. Era como se no Havaí a sua peraltice viesse à tona com força, e ele entrevistava turistas, usando como microfone o tubo de alumínio do charuto e se identificando como representante da Rádio Abacaxi; hipnotizava os rapazes, provocando o riso de Hal Wallis; e um dia interrompeu as filmagens ao se postar diante das câmeras e exigir uma conversa com Wallis. Assustado, Wallis a princípio achou que havia algo errado de verdade e indagou qual era o problema. "Leia o contrato, leia o contrato!", exclamou o Coronel com raiva, embora a essa altura a ficha já tivesse começado a cair para Wallis. "Sabe, se Elvis tiver de fornecer as próprias roupas, ele precisa ganhar 10 mil dólares a mais." Wallis escrutinou a cena e arqueou as sobrancelhas: Elvis de sunga mínima e uma prancha de surfe. "Aquele relógio de pulso é dele", afirmou o Coronel sem pestanejar. Resultado: a cena só foi retomada após Elvis tirar o relógio.

Uma noite, pouco antes da data marcada para irem embora, Elvis e amigos estavam jantando no restaurante do hotel, em Kauai. Já meio embriagado no bar, Sonny avistou um casal em pé no passadiço defronte ao restaurante. Os dois entoavam "Hawaiian Wedding Song" ("Canção de casamento havaiana"). Contagiado por bons sentimentos, Sonny foi cantar com eles, sem notar que eram artistas fazendo um *floor show*. Elvis e os caras se divertiram muito com isso, mas, a partir de então, Elvis começou a ignorar Sonny, "e [ele] contou à equipe inteira o que eu tinha feito, como se fosse um grande crime... Comecei a pensar que o desgraçado era um falso".

Na volta ao continente, em vez de se dissipar, o mal-estar só se intensificou. Elvis continuava a se encontrar com Tuesday Weld de vez em quando. Uma noite, a atriz trouxe junto uma amiga, e Sonny se engraçou com a moça. “Todo mundo tinha bebido um pouco, inclusive Elvis. Tuesday e Elvis estão no sofá, e eu no maior xaveco com a outra moça. Do nada, Elvis se inclina, dá um beijo nela e diz: ‘Você é linda’. Foi a pá de cal em minha tentativa de conquistar a garota. Afinal, em se tratando de mulheres, é impossível competir com Elvis... Ele já está com Tuesday, mas também quer a outra gata. Mais tarde, ele vem e lasca um beijo de verdade nela.” Sonny escolheu este como um bom momento estratégico para tirar o time de campo, e ele e Gene começaram um diálogo privado e sussurrado sobre qual garota prefeririam ter se ambas estivessem disponíveis, e Tuesday ganhou a votação. Elvis, por alguma razão, assumiu que estavam falando dele e exigiu saber o que Sonny havia dito, enquanto Sonny, por sua vez, recusou-se a revelar o verdadeiro tema da conversa até que Elvis pegou uma garrafa de Coca-Cola e disse: “Fala ou vou abrir seu crânio com uma garrafada”. Sonny relanceou o olhar para o cantor e falou que Elvis não ia bater nele. E, além do mais, ele ia pedir demissão. Ele não podia pedir demissão, declarou Elvis: já estava demitido. “Então recuou e me desferiu um soco no rosto. Nem me mexi. Não senti o golpe, mas senti as lágrimas de emoção brotando de meus olhos e falei baixinho: ‘Não achei que você teria coragem de fazer isso comigo’.” Elvis deu a ele 200 dólares antes de sair e, duas semanas depois, o colocou no Sindicato dos Atores de Hollywood, mas não pediu desculpas.

Para Hal Kanter, diretor e roteirista de *A mulher que eu amo* e o principal roteirista de *Feitiço havaiano*, o Elvis Presley desse novo filme era muito diferente daquele da produção de Hal Wallis de 1957, e essa diferença não podia ser creditada somente à idade. Para Anne Fulchino, a jovem diretora de publicidade da RCA que havia auxiliado Elvis a traçar um plano de sucesso de longo prazo ao entrar na gravadora, o contraste foi ainda mais impressionante. Recém-transferida para Los Angeles, foi trazida ao set por Tom Diskin. “Demorou um tempo até ele vir falar conosco, e quando veio... sabe, lá no começo eu o chamava de ‘Chefia’, e eu disse: ‘Oi, Chefia’, e ele se limitou a me olhar como se preferisse que eu não tivesse aparecido. Conversamos um pouquinho, e então ele comentou algo como: 'Não é bem isso que tínhamos em mente no Klube's [restaurante alemão em frente à RCA, onde elaboraram o plano], era?'. Falei com meus botões: 'Se eu estivesse fazendo esses filmes toscos, também não gostaria de ver ninguém do meu passado'. Por esse motivo, achei melhor não ficar ali. Tom disse: 'A gente pode ficar o dia todo', e respondi: 'Não, que tal irmos embora?'. Ficou claro o desconforto de Elvis com o que estava fazendo, estava frustrado e enojado... Estava na cara. Senti o maior respeito por essa emoção dele, a de estar com vergonha daquilo, pois mostrava que ele entendia o que estava acontecendo. Mas a gente percebia que ele estava preso numa armadilha. Era como ver o próprio filho dar um passo errado... A gente percebe isso, e eu percebi."

Anita passou para vê-lo durante as filmagens, e ela e Elvis fizeram o feitiço virar contra o feiticeiro: aprontaram uma pegadinha com os caras, do tipo que Elvis e eles costumavam aplicar em estranhos. Em um passeio na limusine Cadillac lotada, Elvis decidiu se fingir de morto, e ela embarcou na farsa, gritando: "Elvis parou de respirar! Ele parou de respirar!". Estacionaram na frente da casa na Perugia Way, e o pessoal estava em pânico. Lamar correu casa adentro, aos gritos, para alguém chamar uma ambulância. Nesse instante, Elvis se aprumou no assento e confessou: "Só queria ver o que vocês iam fazer".

Nem tudo transcorria às mil maravilhas. Patti Parry, cabeleireira de 18 anos que conheceu Elvis no Sunset Boulevard no mês de outubro anterior e, desde então, vinha desempenhando o papel de irmã mais nova de todo mundo, cometeu um deslize involuntário quando Anita perguntou com indiferença: "Quem ele anda namorando ultimamente?". Respondeu com inocência: "Apenas Sandy Ferra". Anita se retirou, mas Elvis foi atrás dela e a acalmou, tentando convencê-la de que Patti era só uma garotinha pateta que não fazia ideia do que estava acontecendo.

Já com Patti ele explodiu de verdade. Explicou a ela: se quisesse continuar saindo com eles, a primeira, última e única regra de que precisava se lembrar era *negar tudo*. O que acontecia nos limites da casa dele, *qualquer coisa* que visse, a qualquer momento, eram informações privilegiadas. Não deveriam ser compartilhadas com ninguém do mundo externo, por mais conhecedores que parecessem. Patti entendeu o recado: e escolha era dela, mas se quisesse continuar fazendo parte das coisas, teria que se manter leal exclusivamente a ele. Coisa que ela aceitou, então permaneceu como um membro da família.

Com Anita, essa não foi a única fonte de atrito. Novamente ela encontrou evidências de que Elvis mantinha contato com aquela menina que morava na Alemanha; achou cartas recentes dela, mais indicações de que a garota ainda tentava convencer o cantor a trazê-la para os EUA. Com negativas peremptórias, ele insistiu: aquilo eram meras fantasias de uma adolescente apaixonada. Rogou a Anita para que lhe desse um pouco mais de crédito e também lhe implorou para que não contasse nada a ninguém. Por ora, fizeram as pazes. Nisso ela voltou a Memphis, onde fez companhia à vovó em Graceland, enquanto aguardava o lançamento do single gravado por ela, no Natal anterior, para a Sun Records. O lado A chamava-se "I'll Wait Forever", e o lado B, "I Can't Show How I Feel".

> Nunca vi Bob Hope tão fascinado com alguém quanto com o Coronel Tom Parker na festa da MGM em homenagem a Bob e Lana Turner. Na porta dos fundos, o Coronel distribuía fotos de Elvis Presley, em cujo verso se lia: "Não perca o novo filme de Elvis, *Feitiço havaiano*, produzido por Hal Wallis". Já pensou? Um filme da Paramount em plena festa da MGM.
>
> Bob pretende fazer um filme com base na vida do Coronel, que admite ser o maior enrolador desde Barnum. O Coronel deu a Bob um folheto com a lista de todos os filmes de Elvis em outros estúdios.

> A sra. Parker, tão discreta quanto o Coronel é espalhafatoso, acompanhou o marido e apreciou conhecer Bob, Lana e Janis Paige.
>
> Bob deseja que Elvis interprete a si mesmo na vida do Cel. Parker, mas o Coronel garante: "Sem grana, sem acordo".
>
> **– coluna de fofocas de Hollywood, 1º de maio de 1961**

O Coronel parecia não ter preocupação alguma no mundo. Tudo dava certo: no mês de março, "Surrender (Torna a Surriento)" sucedeu "Are You Lonesome Tonight?" no topo das paradas de singles. A trilha sonora de *Saudades de um pracinha*, lançada em novembro do ano anterior, continuava a oscilar entre o primeiro e o segundo lugar nas paradas de álbuns. E em julho um novo filme começaria a ser rodado – dessa vez, com a United Artists. O Coronel aproveitou os consecutivos shows de caridade para manter um fluxo quase ininterrupto de publicidade. Recentemente, o Coronel havia enviado uma carta ao vice-presidente Lyndon Johnson, colocando-se à disposição para outras causas nobres no futuro. E aproveitou para informar ao vice--presidente: arrecadaram mais de 62 mil dólares para o memorial do U.S.S. *Arizona*. Declarou que naquele momento, mais do que nunca, "achamos adequado informar que estamos dispostos, capazes e às ordens, para servirmos, de todas as maneiras possíveis, a nosso país e ao nosso presidente, em tudo o que estiver ao nosso alcance, seja mostrando nossos talentos ou ajudando a carregar os caminhões".

Tinha criado um mundo próprio, que incluía até seu próprio clube, a Liga dos Bonecos de Neve, uma agremiação de celebridades digna de W. C. Fields,* sem reuniões nem realidade fora da imaginação sardônica do Coronel, na qual não era preciso pagar nada para entrar,

* Pseudônimo do irreverente humorista William Claude Dukenfield (1880-1946). (N. de T.)

mas custava 10 mil dólares para sair ("Nunca perdemos um membro", vangloriava-se o Coronel). Em suma, não era nada mais do que uma celebração do antigo conceito de "exercer a lábia", algo entre vender o peixe e ludibriar, tarefa à qual o Coronel havia dedicado sua vida. O nome era uma paródia da Liga dos Artistas, composta de donos de circos e empresários do ramo de parques de diversões itinerantes, na qual o Coronel tinha se inspirado. O livreto de membros mapeava os métodos da Liga para fazer negócios. O sumário dava uma ideia sobre a metodologia, com referências à técnica de "derretimento" e ao conceito de lábia "bidirecional" (que envolvia a capacidade de fazer a aproximação já pensando na retirada), bem como as consequências de exercer a lábia ("com treinamento suficiente, você obtém resultados devastadores sem mover uma palha") – mas o verdadeiro cerne do documento eram as 32 páginas em branco e a "Lista Completa de Membros em Dia, em Ordem Alfabética" (também em branco), em seu miolo. Ao longo dos anos, entrar na Liga dos Bonecos de Neve passou a ser considerado uma grande honra em Hollywood, e seus membros perplexos incluíam desde Hal Wallis e Joe Hazen até executivos da RCA, agentes da William Morris e colunistas de jornais, além de personalidades proeminentes do show business, como Frank Sinatra, Milton Berle, Bing Crosby e Bob Hope. Nessa única concessão do Coronel à ascensão social, inevitavelmente era ele quem ditava todas as regras.

Enquanto isso, seu irmão, Ad, estava para chegar a qualquer momento. Nessa época, um telefonema da revista *Time* deixou o Coronel muito contrariado. Pode nos explicar que história é essa desse sujeito que afirma ser seu irmão da Holanda? E por acaso ele tinha um estoque secreto de tamancos de madeira? O Coronel bufou, tartamudeou e, na prática, espantou o repórter, mas ficou com muita raiva do irmão: por que cargas-d'água queria que todo mundo ficasse sabendo de sua vida? Não sabia que não é com vinagre que se apanham moscas, e sim com mel? Quando o encontrou no aeroporto, disse exatamente o que achava desse tipo de comportamento – mas em inglês, não em holandês. Alegou ter se esquecido da língua materna. No trajeto rumo a seu apê em Beverly Hills, abriu o jogo com Ad e estabeleceu algumas regrinhas: deveria ser chamado de Coronel o tempo todo; com a mãe deles morta, ele *não* tinha interesse algum nos outros irmãos e irmãs; não era mais o homem que Ad conhecera: o Coronel havia criado não só uma nova vida, mas uma nova identidade.

O VULGO CORONEL Thomas A. (de Andrew) Parker nasceu Andreas ("Dries") Cornelis van Kuijk, em Breda, Holanda, em 26 de junho de 1909, filho de pai cavalariço e mãe cujos pais eram "mascates fluviais", percorrendo as vias navegáveis da Holanda e montando uma tenda para vender seus produtos em feiras e mercados locais, país adentro. Quinto filho de uma família de nove irmãos, cresceu mostrando amor pelos cavalos e animais em geral. O fascínio pelo circo era tanto que, seus irmãos recordam, ele treinava os cavalos do pai dele para conseguir um para si. Quando o circo da família Van Bever chegou a Breda como parte dos festivais de outubro, Dries ficou apaixonado por aquele mundo e se ofereceu para fazer biscates, só para poder ficar por perto. Ensinou seu corvo de estimação a pousar em seus ombros e uma cabra a subir escadas.

Aos 13 ou 14 anos, abandonou a escola, ajudando no estábulo até a morte do pai, em julho de 1925. Depois a família se dispersou, e ele ficou sob a guarda de um tio em Roterdã, indo trabalhar nas docas. Um tempo depois, obteve um emprego na linha Holanda-EUA. A próxima vez que os seus familiares receberam notícias dele foi por meio de uma carta enviada por uma família holandesa, direto de Nova Jersey. A carta explicava que Dries morava com eles e estava tudo bem com ele. Um rapaz excelente, mas relutava em escrever, por isso tomaram a iniciativa para que os tios dele não se preocupassem.

Em 2 de setembro de 1927, aniversário de sua mãe, ele reapareceu em Breda, permanecendo um tempo na cidade e conseguindo uma vaga na linha de navegação entre Breda e Roterdã, até sumir de novo, em maio de 1929. Por um bom tempo, a família não recebeu mais notícias dele e nunca descobriu por onde Dries andava. Tudo indicava que ele tinha, mais uma vez, rumado aos EUA a bordo de um cargueiro. Em Atlanta, acabou se alistando exército sob o nome de Andre van Kuijk, como parte de um amplo mutirão para recrutar voluntários para fazer o serviço militar no Havaí.

Inicialmente, ficou arranchado no Fort de Russy, perto de Waikiki, depois se transferiu ao Fort Shafter, próximo a Honolulu, como membro do Sexagésimo Quarto Regimento, unidade antiaérea da Artilharia Costeira. Em Fort Shafter, ficou sob o comando do capitão Thomas R. Parker, e foi do Fort Shafter que sua família na Holanda voltou a receber notícias dele. Um bilhete quase sem informações, escrito em inglês e assinado, inexplicavelmente, *Thomas Parker*. Logo depois, a mãe dele começou a receber remessas bancárias no valor de cinco dólares cada. Entre janeiro de 1930 e fevereiro de 1932, 17 remessas foram efetivadas, todas originárias de Washington, D.C., diretamente para o Frank Laurijssen Bank, em Breda, sem o nome do remetente anexado. De vez em quando, ele escrevia, e chegou a mandar uma ou duas fotos, sem explicar onde estava ou o que estava fazendo. ("Fotos engraçadas", lembrou um membro da família, "mas sem endereço. Numa delas, tirada em Honolulu, o Dries estava em pé, ao lado de um carrão americano, talvez um Buick. Em outra, Dries aparecia sentado à beira de uma piscina. Deduzimos que devia ser chofer de algum ricaço.") Em fevereiro de 1932, os depósitos bancários pararam e veio uma última carta para sua mãe. Nunca mais a família recebeu notícias dele.

O mais provável é que, por volta dessa época, ele tenha se desligado das forças armadas. Após ser transferido de volta ao continente, para Fort Barrancas, em Pensacola, Flórida, acabou sofrendo uma lesão no joelho e, como consequência disso, teve uma dispensa médica honrosa. De alguma forma, nessa altura, talvez não por coincidência, foi parar em Tampa, onde todo o pessoal dos circos e parques de diversões itinerantes passava o inverno. Em 1932, ingressou numa das companhias, a Johnny J. Jones Exposition, e, um ou dois anos depois, passou a integrar o quadro da Royal American Shows, grande empresa desse ramo de entretenimento. Ali acabou por conhecer sua esposa, Marie – quatro anos mais velha e já com dois casamentos no currículo, além de um filho do primeiro casamento –, que trabalhava no estande de charutos Hav-a--Tampa, no parque da Feira Estadual do Sul da Flórida. Pouco depois de conhecer Marie e se estabelecer em Tampa, parece ter abandonado o mundo dos circos para se tornar o engenhoso chefe da carrocinha da cidade. Ao natural, gravitou em torno do show business, atuando no agenciamento de artistas como Gene Austin e Roy Acuff. Aos poucos, foi ampliando suas atividades no mundo do show business até se tornar, em 1944, empresário de Eddy Arnold. Com Arnold como cliente, mudou-se para Nashville no fim do ano seguinte.

Por que ele não tinha escrito ao longo de todos aqueles anos? Isso intrigava Ad. O Coronel respondeu, sem pestanejar: porque ele e a mulher estiveram muito tempo na miséria. "Às vezes, sobrevivíamos com um só dólar por semana. Dormíamos em estábulos, atrás dos cavalos. Na época, fiz tudo o que é tipo de coisa. Fui ao território indígena e fingi ser um homem de grande sabedoria. E, às vezes, eu realmente acertava minhas previsões sobre o futuro. Eu também tinha um canário e alguns pardais que eu pintava com spray amarelo e depois vendia. Duas semanas depois, as pessoas me procuravam dizendo: 'Este passarinho só diz: Piu!'. 'Isso mesmo', esclareci. 'Demora seis semanas. Ele precisa se sentir em casa.' Fui chefe da carrocinha que capturava cães vira-latas, vendi cachorros-quentes. Mas eu não queria que vocês soubessem de todas as coisas que eu fazia. Além disso, na maioria das vezes, eu nem tinha dinheiro para o papel de carta e as despesas postais. Logo estourou a guerra. Organizei festas para o exército e assim acabei entrando no mundo do show business. No finzinho da guerra, conheci um cara de Tilburg que serviu na Brigada Princesa Irene.* Ele me contou que mamãe havia morrido. Na verdade, ela era minha única ligação verdadeira com a Holanda. Quando ela morreu, a Holanda morreu para mim."

O irmão do Coronel não teve alternativa a não ser aceitar o relato no espírito em que foi oferecido, informando Dries que a mãe deles, na realidade, só tinha morrido em 1958, sem obter qualquer reação perceptível. No modesto apartamento do Coronel, dormiu no quartinho-almoxarifado, cercado de bichos de pelúcia, itens promocionais e mercadorias de Elvis Presley. Não conseguiu penetrar na elaborada teia de invenções fantasiosas do irmão. Ao ver a maneira como Dries dava ordens ao telefone, sentia-se alternadamente intimidado e – sendo ele próprio também uma espécie de empresário – perplexo com a pura audácia de seu irmão. Dries se gabava: de todo o dinheiro ganho por Elvis Presley, 25% iam para os bolsos do "velho Coronel". "Estou fazendo um pé-de-meia", acrescentou Parker, ecoando um antigo ditado holandês.

A visita de Ad se estendeu por 17 dias. Nesse período, conheceu vários amigos e assessores de seu irmão, incluindo Bitsy Mott, irmão da esposa do Coronel. Um dia, Dries levou Ad à casa de Elvis, em Bel Air, onde ele apresentou Ad apenas como "meu irmão". De volta à Holanda, transmitiu poucas informações de natureza pessoal ao resto da família, despertando a suspeita entre os outros irmãos e irmãs de que Ad havia entrado em acordo com seu astuto irmão "estadunidense". A história de Ad foi veiculada em três números da *Rosita*, nos dias 1º, 8 e 15 de julho de 1961, mas nenhum jornal dos EUA a publicou. De tempos em tempos, a família tentou entrar em contato com o Coronel, mas o único reconhecimento que conseguiram foi um calendário de Elvis, flâmulas e outros brindes igualmente impessoais.

* Brigada de Infantaria Motorizada Real da Holanda, que lutou na Segunda Guerra Mundial. (N. de T.)

No comecinho de junho, Elvis voltou para casa. Uma nova sessão da gravadora se aproximava, precipitada outra vez pela pressão de Steve Sholes e Bill Bullock em nome da RCA. Meses antes, a ideia de um estúdio caseiro havia sido novamente abordada. Agora Elvis realmente indicou seu interesse em construir instalações de gravação em Graceland, e os planos iniciais foram elaborados, mas no fim das contas Bullock foi forçado a pedir desculpas pelo desinteresse da RCA em financiá-los. Em maio, Bullock escreveu ao Coronel apontando a necessidade de uma nova sessão e afirmando que ficariam felizes em disponibilizar a Elvis os estúdios da RCA em Nashville ou Los Angeles, a qualquer momento. O Coronel respondeu com frieza. Era melhor Bullock se acostumar com a ideia: não entregariam mais produtos além do que rezava o contrato, com ou sem um estúdio caseiro.

A sessão acabou acontecendo em Nashville, no dia 25 de junho. Limitou-se à gravação de cinco faixas, mas quase todas de altíssima categoria. Três canções compostas por Doc Pomus e Mort Shuman, inclusive a que deu início aos trabalhos: "Kiss Me Quick", acelerado número de r&b com toques italianos, um pouco à moda de "Save the Last Dance For Me" (originalmente destinada a The Flamingos). De longe a mais descartável entre as faixas da sessão, mas Elvis a conduziu com talento e realmente se deixou levar pelas duas outras parcerias de Pomus-Shuman: "Little Sister", um blues de letra bem-humorada, mas picante, e "(Marie's the Name) His Latest Flame", demonstração absolutamente encantadora de seu domínio do pop puro, com seu ritmo à Bo Diddley e pitadas latinas. Por outro lado, o single de Don Robertson, "I'm Yours", tinha um final aberto que incentivou Elvis a expressar toda a sua gama de emoções e mostrar sua técnica vocal. Esse trabalho quase irrepreensível inclui uma parte recitada, além da rara oportunidade de ouvirmos Elvis harmonizar consigo mesmo. Não fosse pelo infeliz acompanhamento de órgão, típico dos rinques de patinação, essa faixa poderia entrar na lista de suas mais requintadas gravações. Igualmente extraordinária, no entanto, foi a única música da sessão cuja autoria não era de um compositor profissional, a melancólica "That's Someone You'll Never Forget". Foi o segundo número a ser gravado na fita, e seus autores foram listados como Red West e Elvis Presley.*

Havia um bom tempo, Red já compunha canções, conseguindo até que algumas fossem gravadas (por gente como Pat Boone e Johnny Burnette), além de lançar alguns singles discretos com ele mesmo no vocal. Mas nunca antes havia convencido Elvis Presley a gravar uma de suas canções, nem despertado o interesse da Hill and Range por elas (e uma coisa está atrelada à outra). Talvez só tenha conseguido agora porque tinha sido o próprio Elvis, no início daquela primavera, quem bolou a frase que se tornou o título da música. Ele brincou com ela por um tempo, trabalhando primeiro a melodia, depois elaborando a letra. A música que acabou surgindo evocava sentimentos que, em circunstâncias normais, seriam sobre uma ex-namorada, mas nesse caso não era muito difícil imaginar Elvis pensando na mãe enquanto cantava, ambiguidade que Red encorajou pela falta de especificidade nos versos. Enfim, o tema da canção era a saudade, e Elvis se derramou nela de um jeito que não tinha nada a ver com maestria técnica, nada a ver com profissionalismo e nada a ver com as batalhas territoriais que o Coronel e a RCA continuavam travando.

Red se casou em 1º de julho, com Pat Boyd, a bonita e loira secretária de 19 anos de Elvis. Uma noite antes, houve a costumeira reunião informal em Graceland, com os amigos começando a chegar às dez e meia e vários convidados sendo jogados na piscina. A festa só terminou por volta das quatro da madrugada. Elvis e Anita chegaram atrasados ao casamento no dia seguinte; o lugar de Elvis como padrinho teve de ser ocupado por Joe Esposito. O cantor chegou resplandecente como o noivo: smoking branco, calça escura, camisa de babados branca

* A sessão começou no dia 25 e terminou no dia 26, e a exata sequência dos *takes* foi, segundo a página http://www.elvisrecordings.com/s610625.htm: "Kiss Me Quick", "That's Someone You Never Forget", "I'm Yours", "His Latest Flame" e "Little Sister". (N. de T.)

e gravata-borboleta de cashmere estampado. Após uma recepção no salão paroquial, os convidados em peso rumaram ao parque de diversões Fairgrounds, que Elvis havia alugado especialmente para a ocasião, da meia-noite até as seis e meia da manhã. No dia seguinte, Elvis teve de ir a Nashville para gravar o álbum da trilha sonora de seu novo filme, e após uma desenfreada batalha de fogos de artifício para comemorar o 4 de julho, ele e todos os caras debandaram para Crystal River, Flórida, onde as filmagens de *Em cada sonho um amor* (*Follow That Dream*) estavam programadas para começar, levando a reboque a linda lancha Coronado de seis metros, a mais nova aquisição de Elvis.

Produção da Mirisch Brothers/United Artist, *Em cada sonho um amor* renderia a Elvis 600 mil dólares, mais 50% dos lucros. Hal Wallis tinha o direito de preferência, caso cobrisse esses valores, coisa que não aconteceu. Pela primeira vez, Billy Smith, primo de 19 anos de Elvis, acompanhou o grupo. No último domingo do mês, em Weeki Wachee Spring, o Coronel organizou um evento especial para homenagear as conquistas de Elvis no show business. Mais de 3 mil respeitáveis cidadãos compareceram. Convocado às pressas, o Fã-Clube Subaquático de Elvis Presley fez um show num enorme tanque, enquanto Elvis e os caras, com trajes continentais idênticos, escuros e sofisticados, admiravam com apreço. Elvis compareceu com a coestrela Annie Helm e visitantes inesperados: o pai dele e a madrasta, acompanhados das crianças. Por sua vez, o Coronel orquestrava bizarros procedimentos paranormais. Flórida, antigo reduto do Coronel! Ele fez questão de renovar enfaticamente as amizades, à medida que, dia após dia, os velhos amigos dos tempos em que era chefe da carrocinha e trabalhava nos circos e parques itinerantes apareciam para dar as boas-vindas e desejar boa sorte em sua estada na Flórida. A certa altura, visitou até um elefante da Royal American Shows, agora velho demais para viajar com o circo. O Coronel o alimentou, fez palhaçadas com o animal e incentivou o elefante a se lembrar dele.

Elvis adorou ver seu novo barco na água; praticava esqui aquático com frequência e entregou uma boa atuação cômica como o simplório, mas habilidoso (e árbitro moral instintivo) Toby Kwimper. O elenco de apoio era bom e o roteiro, para variar, decente. Os caras provocaram os atritos de sempre: Joe foi demitido por uns dias ao conspirar com o Coronel para se livrar da mais recente contratação, Ray Sitton, conhecido como "Chefe". Na verdade, ninguém tinha ido com a cara dele, mas, após Joe ser reintegrado, Ray passou a ser aceito pelo grupo. Uma noite, o diretor Gordon Douglas convidou Elvis para jantar, deixando o cantor em polvorosa, até o Coronel sugerir que ele levasse a turma inteira junto. Mais tarde, explicou a Douglas que Elvis só se sentia confortável dentro de seu próprio círculo.

Annie Helm, que fazia o papel da moça ingênua, observava tudo com os olhos arregalados. Aos 22 anos, veterana com sete anos de televisão, modelagem e balé, já havia feito um filme antes, mas essa era sua grande chance. "Eu não era uma autêntica fã de Elvis... Andava tão envolvida com minha própria carreira que eu era quase uma velhinha, na minha opinião... Mas adorei o papel! Eu o conheci nas locações. Ele veio à minha cabine no dia em que cheguei e me trouxe uma flor. Teria colhido a flor no caminho da cabine? Sabe-se lá... O fato é que fomos dar uma volta e ligamos o rádio... E era ele cantando no rádio. Foi um encontro muito esquisito. Quer dizer, eu me senti como se estivesse numa cidadezinha, com saia rodada e tênis, uma garotinha saindo para tomar milk-shake com o namorado. Mas rolou uma química logo de cara. Ele era superdivertido e realmente não havia nada para fazer lá, além de jogar cartas à noite e passear de barco... Tínhamos que inventar algo para nos livrar do tédio."

Rapidamente se envolveram num romance que lhe pareceu bizarramente impessoal de certa forma. "O que ele mais adorava era sair com os caras. O pedido dele era uma ordem. Ninguém questionava o que Elvis queria. Não que suas exigências fossem descabidas... Ele só não estava disposto a aturar abobrinhas. Tinha muita paciência, sempre me tratou com muita educação, mas queria as coisas de uma certa maneira. Depois de um tempinho, os encontros foram perdendo um pouco a graça. Eram só os caras e eu. É um jeito estranho de passar as noites com alguém de quem você gosta.

"O Coronel me fazia dar muita risada. Contava piadas e brincava. É esse o tipo de relacionamento que presenciei entre Elvis e o Coronel. Acho que Elvis realmente gostava do Coronel. Nunca me esqueço das diferenças entre a relação de Elvis com o Coronel e a relação de Elvis com o pai dele. Parecia que tratava o pai com mais reservas. Vernon era muito educado, mas fiquei chocada ao descobrir que ele era o pai de Elvis.

"Quando estávamos nas locações, todo mundo ingeria Dexedrina. Quer dizer, naquela época não era considerada uma droga. Médicos me receitavam pílulas dietéticas de Dexedrina desde os 14 anos, porque as agências só queriam modelos magras. Sabe, ficávamos acordados até tarde da noite, jogando cartas e brincando até a uma da madrugada. No outro dia, tínhamos que acordar cedo, então se eu quisesse um Valium para dormir, lá estava, e depois havia anfetaminas para nos manter acesos durante o dia. Realmente fiquei impressionada com o talento dele... Eu sempre comentava isso com Elvis. Não me lembro de ele falar [muito] sobre seus sentimentos, mas compartilhou comigo a oferta de um papel em *Vidas em fuga* (*The Fugitive Kind*), com roteiro adaptado da peça homônima de Tennessee Williams e direção de Elia Kazan. Um filme maravilhoso, quer dizer, praticamente escrito para Elvis. Ele não disse que se arrependia, mas tive a sensação de que sim.

"Para mim, nunca foi muito confortável... Quer dizer, não chega a ser normal ter um relacionamento com sete ou oito caras. Naturalmente, eles sumiam nos momentos românticos, mas depois reapareciam. Naquela época, os jovens eram muito promíscuos, e claro [que eu sabia] que Elvis estava tendo muitos casos, mas nos amávamos para valer, ou melhor, eu o amava para valer. Só fiquei com a sensação de que a vida dele era muito compartimentalizada."

As cenas internas foram filmadas em Hollywood. Por um tempinho, Elvis e Annie continuaram a sair juntos, mas instintivamente ela soube que estava tudo acabado. Boa parte de setembro foi passada em Las Vegas, com Elvis enfurnado no Sahara, hotel-cassino de propriedade de Milton Prell, amigo do Coronel Parker. Todas as noites, Elvis e sua turma iam aos shows, vestidos de forma idêntica: óculos escuros e ternos escuros de mohair. O Coronel brincou dizendo que pareciam um bando de velhos, mas a Máfia de Memphis havia se tornado quase tão conhecida na cidade quanto o "Rat Pack", o grupo de superartistas de Frank Sinatra.* Viviam à base de anfetaminas e tranquilizantes; para Joe, que gostava de se autointitular para Elvis como o sofisticado "Broadway Joe", "éramos um grupo incrível. Íamos a um show diferente todas as noites, depois pegávamos um montão de mulheres, e na noite seguinte tudo de novo. Ir aos *lounges*, ver Fats Domino, Della Reese, Jackie Wilson, os Four Aces, os Dominoes... todos os artistas consolidados. Ficávamos lá e nunca dormíamos. *Todo mundo* tomava pílulas para conseguir acompanhar o ritmo da galera".

Um breve retorno a Memphis, e, no dia 15 de outubro, Elvis foi a Nashville, para uma sessão na qual gravaria quatro faixas. O filme seguinte começaria a ser rodado no fim de outubro. *Talhado para campeão* (*Kid Galahad*), o segundo no contrato de dois filmes com Mirisch, acabou sendo uma experiência bem diferente da que ele teve em *Em cada sonho um amor*. De novo, ele ia interpretar um simplório habilidoso – dessa vez, um boxeador instintivamente galante –, mas sem o humor e o bom roteiro do filme prévio. Descontente com sua aparência (o peso dele bateu o recorde, ultrapassando os 90 quilos) e desmotivado com o filme, em geral se sentia vítima de abuso. Mas teve um consolo: aulas de boxe com ninguém menos que Mushy Callahan, o ex-campeão mundial dos meio-médios, que tratou Elvis com grande respeito, e a

* O Rat Pack era formado por Frank Sinatra, Dean Martin, Sammy Davis Jr., Peter Lawford e Joey Bishop. Consta que foi a atriz Lauren Bacall quem deu esse nome ao grupo. (N. de T.)

O CORONEL BRINCOU DIZENDO QUE PARECIAM UM BANDO DE VELHOS, MAS A MÁFIA DE MEMPHIS HAVIA SE TORNADO QUASE TÃO CONHECIDA NA CIDADE QUANTO O "RAT PACK", O GRUPO DE SUPERARTISTAS DE FRANK SINATRA.

recíproca foi verdadeira. Por outro lado, sentiu-se atingido pela indiferença de Charles Bronson, no papel de seu treinador durão, mas gentil. Bronson, veterano da Segunda Guerra Mundial, natural da Lituânia e um dos 15 filhos de um mineiro de carvão, não se impressionou muito com as exibições de caratê de Elvis e deixou isso bem claro. Elvis, por sua vez, indicou a Red, e também a Sonny (de volta do exílio, sem ressentimentos aparentes de ambos os lados), que também desdenhava Bronson, a quem chegou a rotular, de um modo que destoava de seu estilo, de "símio musculoso".

Depois de três semanas de trabalho nas locações externas, eles se mudaram para uma casa nova, na Bellagio Road, na esquina da Perugia Way. Era uma *villa* mediterrânea com mais espaço para os rapazes, e Elvis trouxe com eles da Perugia a equipe de marido e mulher que atuava como mordomo e cozinheira. Como de hábito, espocavam aqui e ali briguinhas familiares: Joe e Chief mal se toleravam; a namorada de Sonny entrou no radar de Elvis, com resultados previsíveis; um cara novo, Marty Lacker, amigo de George Klein, que tinha saído com eles pela primeira vez, dava a entender que se achava assessor de Joe e irritava todo mundo, inclusive Joe; Elvis sempre encorajava Lamar a falar de assuntos sobre os quais ele não sabia nada, só para depois puxar o tapete e se divertir às custas dele; e Gene, cada vez mais, se sentia excluído.

A maior diversão era um chimpanzé chamado Scatter, adquirido por Elvis em outubro, de uma personalidade da TV de Memphis, o capitão Bill Killebrew. Scatter era o mais novo macaco de uma longa tradição familiar que remontava a Jayhew, o macaco-aranha que vivia engaiolado na varanda envidraçada da Audubon Drive, em 1956. Killebrew tinha ensinado Scatter a "dirigir carros" (Killebrew sentava-se atrás dele numa adaptação mecânica que lhe permitia dirigir, acelerar e frear do banco traseiro). Alan deu a Scatter um chapéu de motorista e dirigia o Rolls com o chimpanzé sentado em seu colo. Sempre que via alguém que pudesse ficar impressionado ao se deparar com um macaco ao volante, Alan se abaixava sob o painel. Scatter introduziu um elemento imprevisível em suas vidas: logo após ser comprado em Memphis, mordeu a esposa de Vernon, Dee; destruiu um quarto de hotel em Flagstaff, pouco antes do check-out; e o melhor de tudo: adorava erguer vestidos femininos e era um exibicionista, à maneira de todos os chimpanzés. Os caras também o ensinaram a beber, e as peripécias de Scatter não tinham limites: desde arrancar todas as linhas telefônicas da casa até simular sexo com uma ex-stripper chamada Brandy, passando por várias escapadelas de arrepiar os cabelos (e levantar as saias) de quase todas as outras moças que faziam uma visitinha. Quando se esgotavam os assuntos, ainda tinham Scatter.

Elvis concluiu as filmagens em 19 de dezembro, o que lhes daria tempo mais do que suficiente para chegar em casa no Natal – mas por que, afinal? Vernon e Dee ainda moravam na casa, embora tivessem acabado de comprar uma residência estilo rancho em dois níveis, com três quartos, virando a esquina – mas mesmo se completassem a mudança antes das festas, não havia motivo real para voltar a Graceland. O plano original, promovido pelo Coronel, incluía uma temporada em Vegas para d & d (descanso e descontração). Billy e Marty voltaram a Memphis para ver suas famílias e os outros caras se dispersaram por períodos variados. Nesse meio-tempo, Joe começou a namorar Joanie Roberts, dançarina de 20 anos da boate Sands, e logo todos os outros aparentemente encontraram diversões mais do que suficientes para si próprios. Elvis pagou a passagem de avião para Bonnie Bunkley, sua "outra" namorada de Memphis, e, por alguns dias, ele e Bonnie, Joe e Joanie fizeram passeios a quatro, a bordo do Rolls, com um dos caras dirigindo e o restante acompanhando.

Para Joan, que veio a Vegas após completar seu reinado como Miss Missouri no verão anterior, tão admirável por seu bom humor quanto por sua beleza loira, "Elvis era tão maravilhoso e afável... sempre foi educadíssimo. Eu me lembro de que ralhava com os caras se algum deles começasse a chamar alguém pelo primeiro nome: 'Eu o chamo de senhor, então é melhor vocês também o chamarem de senhor'. Sei lá, aceitei tudo como sendo normal. Era empolgante entrar e ver todo mundo se virando para nos olhar... Havia uma aura mística ao redor dele. Você entrava em todos os shows e recebia tratamento de primeira classe: 'Venham cá para a primeira fila'. Tudo era nosso. Qualquer coisa que desejássemos. Tudo muito emocionante".

Na visão de Joe, as coisas não eram tão saudáveis assim. Cada vez mais, a própria visão dele sobre Elvis se tornava conflitante, colorida por sua visão de si mesmo como pessoa com mais classe e sofisticação. "Elvis era a insegurança em pessoa. Não entendia nada sobre as ruas. Tudo o que sabia era o que ele tinha lido nos livros." E a insegurança dele, na opinião de Joe, suscitava a fraqueza, o medo do confronto, a incapacidade de assumir responsabilidades e a necessidade de se cercar de potenciais bodes expiatórios, entre os quais, Joe admitiu, ele sempre necessariamente se incluía.

No dia de Ano-Novo, toparam com o compositor Don Robertson, que estava na cidade para se casar, também hospedado no Sahara. "Elvis já conhecia minha noiva, Irene, de outra ocasião, quando ela foi comigo a Graceland. Ele gostou muito dela. De qualquer forma, estávamos lá sentados no restaurante do Sahara, Irene e eu, Elvis e Joe ou Lamar, só nós quatro, e o assunto recaiu no peso. Sempre tive problemas com meu peso, e Elvis também... e Lamar nem se fala. Daí o Elvis disse: 'Tenho um negócio para você. Estou tomando umas pílulas que funcionam que é uma maravilha'. Depois de nos separarmos, um de seus amigos veio até onde eu estava no saguão e disse: 'Elvis me pediu para entregar isso ao senhor'. Um frasco enorme com mil comprimidos de Dexedrina, e comecei a usá-los imediatamente." Mais tarde, Robertson avistou o Coronel na roleta, aparentemente perdendo milhares de dólares. "Depois nos sentamos para bater um papo. Ele falou: 'Teve muita sorte com Elvis, não foi?'. Foi só o que ele disse, mas entendi que ele insinuava que de minha parte não havia talento envolvido. Apenas sorte."

Os dias viraram semanas, e as semanas, um mês e assim por diante. Em meio ao vaivém de gente, Elvis comemorou o aniversário no dia 8 de janeiro com um bolo enorme ofertado por Milton Prell, o amigo do Coronel Parker – às vezes, tinha impressão de que forças ocultas o seguravam ali. Três vezes partiram e três vezes foram obrigados a voltar por conta de rodovias cobertas de neve. Acima de tudo, amava Las Vegas por uma razão: o conceito de tempo ali não fazia sentido, não havia relógio, não havia obrigações. Nesse lugar, era possível se deixar levar e satisfazer todas as fantasias. Para Elvis, aquilo representava um interlúdio, uma trégua momentânea de todas as dúvidas, de todas as perguntas à espreita, sorrateiras, prestes a saltar em cima dele na penumbra.

Priscilla com Honey, 1963
(Arquivos de Michael Ochs)

SONHOS NEGLIGENCIADOS

Janeiro de 1962 a abril de 1964

SÓ LEVANTARAM ACAMPAMENTO e voltaram para Memphis no finzinho de janeiro. A essa altura, Vernon e Dee tinham concluído a mudança, bem instalados em sua nova residência na rua Hermitage, logo atrás de Graceland. A vida logo voltou ao ritmo normal, com idas ao cinema e outras atividades recreativas. Uma nova sessão ocorreu em Nashville, nos dias 18 e 19 de março, na qual Elvis gravou dez faixas inéditas. Com as cinco faixas da sessão anterior ainda guardadas e as sobras da trilha de *Feitiço havaiano*, esse material constituía exatamente metade do compromisso contratual de 1962 com a RCA. Sem dúvida, o restante seria obtido pelas gravações de trilhas sonoras. Elvis deu tudo de si em várias faixas de Doc Pomus e Mort Shuman, incluindo "Suspicion", a mais recente de uma série crescente de adaptações italianas. Uma balada especialmente comovente, na tradição de Don Robertson, "She's Not You" marcou a colaboração de Pomus com Jerry Leiber e Mike Stoller. O elemento mais cativante da sessão, porém, foi uma canção trazida pelo próprio Elvis, quase ao término da primeira, e longa, noite de gravação.

Ele e Red vinham compondo "You'll Be Gone", escrevendo e reescrevendo em *jams* informais, havia mais de um ano. Originalmente, eles a tinham elaborado com a melodia de "Begin the Beguine", de Cole Porter, mas então a editora de Porter não autorizou a alteração da composição dele, sob qualquer forma. Então Charlie Hodge sugeriu uma melodia "espanhola" básica de dois acordes, à qual eles adicionaram nova letra. No final, a canção composta mesclava música melodramática e narrativa obscura, um conto de paixões sombrias e despedidas na madrugada. (A obscuridade impede algo mais específico: o cantor abandona a amante ou foi abandonado por ela? A meu ver, a dúvida permanece.) O fato é que, na hora de cantar, Elvis derramou nela todas as suas emoções, culminando em um arrebatador crescendo musical que praticamente domina a canção.

Bem que isso poderia ter servido de lição. Nos últimos dois anos, se alguém se dedicasse a analisar as sessões para gravar discos que não eram trilhas sonoras, certamente teria notado rumos novos sendo explorados. Parecia que Elvis tentava forjar uma nova identidade artística, composta de doses iguais de bravata (suas canções mais ambiciosas traziam elementos de árias de ópera) e vulnerabilidade (algumas baladas de Don Robertson e Doc Pomus revelavam uma fragilidade dolorosamente ferida e integralmente desnuda). Até mesmo a sua vontade de – pela primeira vez desde 1956 – colocar seu nome em duas canções, reivindicando assim a genuína autoria (e agora, não por razões comerciais), pode ter soado a um observador externo a evidência de um mal disfarçado desejo de se revelar. Mas ninguém se deu ao trabalho de fazer isso. Cada vez mais, o Coronel considerava perda de tempo essas sessões para gravar discos que não eram trilhas sonoras, um desvio de seu negócio principal de fazer filmes. Steve Sholes e Bill Bullock, longe de influenciar o material das sessões, ocupavam-se quase exclusivamente em driblar as maquinações do Coronel e colocar Elvis no estúdio. Nesse período, Freddy Bienstock era praticamente um mero pastor com a missão de arrebanhar músicas com as devidas credenciais no entra e sai das sessões. E a turminha, com as notáveis exceções de Red e Charlie, envolvidos ativamente na música, e Lamar, ainda o maior fã de Elvis, queria só acabar a sessão e voltar para Graceland.

Às vezes, os músicos de estúdio sentiam da parte de Elvis algo que soava quase como um cansaço da alma, uma resignação em aceitar as coisas como elas eram. Embora isso nunca tenha comprometido seu profissionalismo, evocava uma sensação entorpecente de derrota. Na visão de Gordon Stoker, um dos componentes do grupo vocal Jordanaires: "Elvis sempre tentava extrair o melhor proveito de qualquer situação. Às vezes, ele chegava pertinho de nós [nas sessões de trilhas sonoras] e dizia: 'Cara, o que é que a gente vai fazer com essa porcaria?'. Noutras, se afastava tanto do microfone que os técnicos avisavam: 'Aproxime-se do microfone, Elvis'; colocaram placas de ressonância ao redor dele só para conseguir captá-lo. Mas, na maior parte das vezes, encontrava consolo na ideia: 'Bem, não importa o que eu diga, [eles] vão exigir que eu grave essa canção, então vou dar o meu melhor'".

Regressaram à Califórnia logo após gravarem a trilha sonora para o novo filme da Paramount. Por sua vez, Hal Wallis não tinha dúvidas sobre qual imagem de Elvis *ele* pretendia transmitir. Daria ao público o que o público queria: Elvis, o cantor-animador, em detrimento de Elvis, o ator – diretriz ainda mais reforçada em sua mente com os relativos fracassos comerciais de *Estrela de fogo* e *Coração rebelde*, da Twentieth Century Fox. Em contraste, o filme produzido por ele, *Feitiço havaiano*, lançado no Dia de Ação de Graças, foi direto ao segundo lugar na lista semanal de filmes de maior bilheteria da *Variety*, mantendo boa arrecadação até o Ano-Novo (tornou-se a décima quarta bilheteria de 1962, com renda total de 4,7 milhões de dólares somando os dois anos). Nesse meio-tempo, o álbum com a trilha de *Feitiço havaiano*, como o de *Saudades de um pracinha* antes dele, chegou ao primeiro lugar na parada de LPs, superando de longe qualquer álbum de estúdio já lançado por Elvis (vendeu mais de 1,5 milhão de cópias, cerca de cinco vezes mais que *Elvis Is Back*, por exemplo). Tudo isso só confirmava ainda mais a sabedoria não só da estratégia de Hal Wallis, mas dos grandiosos planos do Coronel.

Para o Coronel, os filmes eram apenas a cereja do bolo, a ferramenta promocional que vendia a música e que a música vendia por retroalimentação. Nada mais simples ou mais lógico: o álbum da trilha sonora promovia o lançamento do filme, o lançamento do filme garantia certo nível de vendas e publicidade ao álbum. E à medida que o Coronel aperfeiçoava sua própria marca de possibilidades sinérgicas (balões, calendários, anúncios de rádio, oportunidades fotográficas,* uma enxurrada de comunicados à imprensa para acompanhar cada campanha de vendas, aspectos supervisionados integral e pessoalmente pelo Coronel), uma coisa começou a ficou clara: não havia necessidade real de nada além de trilhas sonoras. Por que gravar singles e álbuns separados se o material do filme vendia melhor, era mais facilmente controlado e, de quebra, servia para cumprir todos os seus compromissos com a RCA? Todas as canções restringiam-se ao catálogo de Hill and Range e sob a chancela da Elvis Presley Music e da Gladys Music. Já vinham completas, com todas as concessões financeiras resolvidas, sem os pontos de discórdia que sempre envolviam compositores externos. Sob quase todos os prismas, era uma configuração perfeita. Havia muito tempo, a cláusula que dava à RCA controle nominal sobre a seleção de faixas havia sido excluída do contrato. Além disso, a partir do início de 1962, os royalties e as garantias tinham sido substancialmente melhorados. Agora, Elvis e o Coronel receberiam 200 mil dólares, divididos na base de 75% e 25%, respectivamente, como adiantamento anual pelos royalties, até 1966. Nesse cenário, a única coisa capaz de estragar a sensação geral de bem-estar do Coronel era um pensamento que sempre rondava a sua mente: não há posição boa que não possa ser melhorada.

PARA O FILME *GAROTAS, GAROTAS E MAIS GAROTAS* (*Girls! Girls! Girls!*), Hal Wallis outra vez levou a trupe ao Havaí, em busca de belas paisagens, belos crepúsculos e, desnecessário dizer, belas garotas. Produção esquecível do ponto de vista artístico, um passo atrás em relação

* No original, "*photo opportunities*", termo cunhado pelo presidente Richard Nixon para denotar uma chance arranjada de aparecer numa fotografia em eventos ou com celebridades. (N. de T.)

aos dois filmes da United Artists que o precederam, mas também em relação a *Feitiço havaiano*. O diretor Norman Taurog voltou ao leme, com muitos rostos familiares na equipe, mas até a trilha sonora parecia uma colcha de retalhos. A exceção é "Return to Sender", de Otis Blackwell, que se destaca em meio a faixas tenebrosamente medíocres.

No finzinho de abril, voltaram do Havaí, e terminaram as filmagens principais nos estúdios da Paramount em 8 de junho. Tudo em meio a muita festa e, *sempre*, muitas garotas. Entretanto, para Sandy Ferra, aos 16 anos e prestes a se formar na Hollywood Professional School, no âmago disso havia uma espécie de inocência. Mesmo sabendo que estava longe de ser a única moça na vida de Elvis, ela não namorava mais ninguém além dele. Às vezes, quando o futuro entrava na pauta, o cantor comentava que ela era o tipo de moça com quem gostaria de se casar, se e quando chegasse a hora de se casar. Permaneceu supercarinhoso e protetor com ela, nunca a pressionou, mas era ciumento. Quando Sandy foi ao baile de formatura com um acompanhante, ele ficou muito chateado, "então pedi para minha mãe me buscar no Beverly Hills Hotel, e ela me levou até a casa de Elvis, e depois ele me levou para minha casa".

Ela sabia que, às vezes, o temperamento explosivo dele aflorava, e o melhor a fazer era sair do caminho. Todo mundo comentava sobre a moça que Sonny havia trazido para casa certa vez. Elvis e Sonny jogavam sinuca quando ela decidiu ir embora. A garota perguntou a Sonny se ele podia manobrar o carro dele, porque estava bloqueando o dela. Elvis se irritou e disse a ela para chamar outra pessoa para manobrar o carro. Por acaso não tinha visto que estavam no meio de um maldito jogo? A moça não conhecia mais ninguém e, sem captar os sinais familiares, pediu de novo a Sonny. "Mas que droga!", explodiu Elvis. "Não ouviu o que eu disse? Peça para outra pessoa manobrar." A moça, envergonhada e enfurecida, xingou Elvis de filho da puta. Ato contínuo, Elvis jogou o taco de sinuca na direção dela, acertando-a na região do peito. Mais tarde, o pessoal teorizou que o provável gatilho foi ter chamado Elvis de filho da puta – ninguém podia xingá-lo dessa maneira, ele tomava a expressão como um insulto à sua mãe. Mas como a amiga de Sonny e *qualquer* pessoa externa poderia saber disso? Foi uma sorte danada ela não ter se machucado de forma mais séria; e uma sorte ainda maior, todos concordaram ao discutir o assunto, ela não ter processado o cantor.

Em certos aspectos sociais básicos, Elvis demonstrava uma inépcia curiosa. "Era tão atrasadinho", comentou uma das meninas, presença constante na casa, com "minha linda saia de tweed, minha blusa branca, bolero preto, meias e saltos... a gente não aparecia só de calça jeans e camiseta. Todas as meninas se produziam. Os caras eram mais agressivos; conseguiam seu intento porque as garotas sempre tinham a ideia de que acabariam tendo acesso a Elvis [por intermédio de um deles]. O próprio Elvis não tinha nada a falar; se o Scatter não estivesse lá, provavelmente a galera ia ficar sentada a noite toda se entreolhando. O chimpanzé tornou-se o foco das atenções, toda a conversa girava em torno das estripulias do chimpanzé... Era uma válvula de escape.

"Certa vez, Elvis saiu da sala com uma amiga minha para dar uns amassos nela no sofá do andar de cima. A troca de carícias esquentou, ele se excitou tanto que súbito ejaculou nas calças. Ficou sem graça e disse: 'Puxa, olha só quantos bebezinhos nós matamos'. O tipo de frase que ninguém esquece. Quando ele se envolvia [com uma garota] casualmente e acabava indo para cama com ela, tendo relações sexuais com ela, creio que preferia não vê-la de novo. Afinal, isso significava que ela era uma garota levada. Que eu saiba, nenhuma das minhas amigas fez [sexo] com ele. Muitas ficaram com Elvis, mas não foram para a cama com ele, e uma, que era a moça mais certinha (quer dizer, vinha de uma família católica da Costa Leste e era uma das poucas virgens na cidade), passou a noite inteira com ele, mas permaneceu imaculada, porque Elvis realmente a respeitou".

Poucas das garotas sabiam do espelho falso que ele havia instalado na cabana da piscina, que servia de vestiário feminino. Originalmente Sonny tinha conseguido uma versão menor para a casa na Perugia e o instalaram na salinha, para exibições organizadas pelos caras com suas desavisadas acompanhantes. O único jeito de ter acesso à outra face era rastejando por baixo da casa, mas Elvis e os caras simplesmente aceitavam isso como parte da brincadeira.

Nas tardes dominicais, todas as garotas vinham vê-los jogar futebol americano no parquinho em Beverly Glen, perto da Sunset, a cinco minutos da casa. Jogavam meia dúzia de partidas, vencia a partida o time que fazia dois ou três touchdowns, sempre o time de Elvis. Desafiavam equipes compostas de outros jovens atores e cantores, como Pat Boone, Jan e Dean, Ty Hardin, Bob Conrad, Ricky Nelson e Gary Crosby (filho de Bing Crosby). Já o time de Elvis incluía Red e Sonny e o resto dos caras, além de presenças como Max Baer Jr., famoso protagonista de *A família Buscapé* (*The Beverly Hillbillies*), cujo pai havia sido campeão dos pesos pesados. Elvis sempre atuava como *quarterback*, competindo com genuína renúncia, levando o jogo muito a sério, diagramando jogadas táticas para seu time, seguindo religiosamente as novas regras da Liga Nacional de Futebol Americano e considerando o esporte "um presente dos deuses".

Ultimamente andava empolgado com seu novo *motor home*, da marca Dodge, que estava sendo adaptado pela Kustom Automotive Products, de George Barris, em North Hollywood. Volta e meia Elvis passava lá para acompanhar se os trabalhos estavam de acordo com suas especificações. Aos 37 anos, Barris, o "Rei dos Customizadores" e designer de carros para as estrelas, já havia turbinado a limusine Cadillac preta do cantor, ano 1960, com dois telefones, console de entretenimento, bar de refrescos e maquininha de lustrar sapatos elétrica, tudo banhado a ouro com uma insígnia de guitarra dourada, enquanto o carro em si foi pintado de ouro branco Murano perolado, com detalhes banhados a ouro e o nome de Elvis em dourado. Seguidas vezes ele e Barris conversavam sobre o *motor home*, buscando um quê da sensação de "iate de luxo" para um veículo que Barris pessoalmente considerava uma bosta. "Ele se envolvia muito. Gostava de escolher os materiais e de ver os esboços. Não era um cara que dava as cartas e depois dizia: 'Não, não, desse jeito, não'. Estava sempre empolgado com as novidades e nunca tentava se colocar em um nível diferente de todos os outros." Ansiosamente mostrava aos amigos todas as pequenas comodidades e inovações (que Barris chamava de "brinquedinhos"), não importava quantas vezes já as tivesse exibido antes. Sempre conferia quando é que o *motor home* ia ficar pronto – mas um dia praticamente fez Barris cair para trás. Do nada, Elvis perguntou se ele e a sra. Barris estariam dispostos a fazer um favor especial: acolher uma hóspede por uns dias – a namorada dele estava vindo da Alemanha para visitá-lo.

JÁ VINHA PLANEJANDO AQUILO havia um bom tempo. Introduziu o assunto a Priscilla em março, dois anos depois de terem se visto pela última vez e vários meses após a última conversa telefônica. Priscilla continuava a escrever quase todos os dias, esperançosa de que seus pais lhe permitissem visitar o cantor e que um dia se reencontrassem. O tempo foi passando, e ela já estava quase desistindo de receber notícias dele novamente. Foi quando Elvis ligou e disse estar tomando providências para que ela viesse a Los Angeles.

Naturalmente, os pais dela ficaram um pouco apreensivos com a perspectiva, e Paul Beaulieu a princípio se recusou a discutir isso, mas depois estabeleceu uma série de condições. Primeiro, a garota deveria terminar o ano letivo, afirmou ele. Queria um itinerário completo, queria saber onde ela ficaria hospedada e quem a acompanharia (e não, a filha não se hospedaria na casa de Elvis, nem pensar). E ela ia precisar de uma passagem de ida e volta na primeira classe.

Priscilla estava certa de que Elvis se ofenderia e diria a ela para esquecer a coisa toda. Ficou brava com os pais e não saiu do quarto por vários dias, emburrada – mas Elvis encarou cada requisito como um desafio a ser transposto. Uma por uma, ao longo de várias conversas telefônicas e negociações, contornou todas as objeções, até que, por fim, uma data foi marcada. Tudo teve que ser realizado com a precisão e o sigilo de uma operação militar, e talvez esse tenha sido o fator que mais o atraiu. Além de apaziguar o capitão Beaulieu e manter a segurança (o Coronel nem precisava lhe dizer as consequências se isso vazasse na imprensa), restava ainda administrar as mordazes suspeitas de Anita. Com a cooperação de Joe, bolou um plano para despistá-la: enviou Joanie, a nova esposa de Joe, a Memphis – convencendo Anita de que, assim que as filmagens fossem concluídas, logo estariam em casa. Elvis até recorreu a Vernon e Dee para desviarem a atenção dela, levando as meninas para dar uma olhada num acampamento de pesca que ele estaria planejando comprar.

O *motor home* estava prontinho; a família Barris arrumou um quarto para Priscilla no duplex deles, em Griffith Park; as condições do capitão Beaulieu foram cumpridas – tudo de acordo. Uma noite, Elvis sentou-se com todas as garotas na residência da Bellagio Road e anunciou: por um tempo, não haveria mais festas e não seriam permitidas visitas na casa. Contou que ia receber uma pessoa muito especial; conversavam por telefone todos aqueles meses, e agora ela ia decolar da Alemanha para vê-lo.

Joe foi buscar Priscilla no aeroporto, mostrando alguns dos pontos turísticos para ela no caminho de casa. Foram recebidos na porta por Jimmy, o mordomo, que a informou que "O sr. P. está na sala", e ela seguiu Joe escadaria abaixo até o ambiente de onde vinha a música e as risadas que ela escutou ao entrar na casa. Logo de cara, em vez de avistar Elvis, viu um monte de gente ao redor de uma *jukebox*. Mas então lá estava ele: calça escura, camisa branca e quepe escuro de capitão, inclinado sobre a mesa de sinuca, alinhando sua tacada. Ficou ali por um minuto, até que finalmente ele a viu também. "Aí está ela!", bradou ele, jogando o taco de sinuca no chão. "Priscilla!"

Não fora esse o encontro que ela havia fantasiado – à luz de velas, hesitante, intimista, a sós. Ele a beijou na frente de todos, murmurou o quanto sentia a falta dela e desfilou com a garota ao redor da sala para apresentá-la a todos os rapazes e respectivas namoradas. Priscilla tentou ser digna da atenção dele e de todos os outros; Elvis comentou que ela estava linda, e ela ficou se perguntando: será que realmente estava? Pela primeira vez, se questionou se não havia cometido um grande erro. Ela ficou se perguntando: quem seria aquele confiante moreno de 27 anos? Cadê o rapaz loiro, inseguro e medroso que ela conhecia? E como é que agora ele ainda poderia estar interessado nela?

O restante da noite passou como um borrão. Elvis continuou jogando sinuca, voltando de vez em quando para dar um beijo nela, como se quisesse ter certeza de que ela realmente estava ali. Continuou interpretando o papel de estrela e a tratá-la como um estimado tesouro, destinado a ser casualmente exibido. Priscilla notou que ele não estava mais à vontade do que ela mesma, mas não estava disposto a admitir isso e cobriu seu medo com uma altivez que a garota não conseguiu reconhecer a princípio. "Para mim foi um choque, ele não era alguém com quem eu pudesse desabafar: 'Nossa, estou me sentindo insegura agora, porque não conheço ninguém, todo mundo é mais velho e sou a única garota de 16 anos'. Não senti que podia confiar nele; ele se escondeu atrás de uma muralha, não de mim, mas Elvis tinha sua comitiva por perto. Acho que ele sentiu que tinha que passar a imagem de outra pessoa, alguém confiante, como se precisasse mostrar à turma que estava no comando e não estava disposto a ser controlado por uma mulher e deixá-la tomar decisões por ele."

Somente a sós, entre quatro paredes, o garoto doce, assustado e vulnerável que ela havia conhecido veio à tona. Então as barreiras caíram e, como na Alemanha, Elvis se revelou a Priscilla de um modo que, aos poucos, permitiu a ela atenuar seus próprios medos. No quarto dele, madrugada adentro, trocaram beijos e mais beijos, até que ela deixou bem claro a ele que gostaria de ir além dos beijos. "Peraí, baby", Elvis protestou. "A coisa pode sair do controle."

> "Tem algo errado?" Fiquei com receio de não estar agradando a ele. Balançou a cabeça, me beijou de novo, então gentilmente pôs a minha mão sobre a dele. Pude sentir por mim mesma o quanto ele me desejava...
>
> "Elvis, eu quero você."
>
> Pôs os dedos em meus lábios e sussurrou: "Ainda não, agora não. Temos muitas coisas para esperar ansiosamente. Não vou macular você. Vamos ter uma hora e um lugar certos, e quando chegar, vou saber".
>
> Embora confusa, eu não estava em condições de discutir. Ele deixou claro que era assim que ele queria. Fez soar tão romântico e, de maneira estranha, *era* algo a se esperar ansiosamente...

Ao amanhecer, Joe a levou à casa dos Barris. A promessa feita ao pai dela seria cumprida.

No dia seguinte, ele parecia um garoto, apontando tudo para ela: as mansões das estrelas, os cinemas, lugares que conhecia e que tinha visitado. "Ficamos rodando horas a fio, ele ficou tão contente em me ver... e isso me deixou surpresa também. Porque eu não conseguia entender: ali estava ele, fazendo o que amava... Elvis poderia estar com quem ele quisesse... mas estava ali comigo, mostrando todo aquele entusiasmo, toda aquela infantilidade, tentando me mostrar Hollywood." À tardinha, Elvis teve a ideia de ir a Las Vegas. Tinham o *motor home*, a distância não era muita, seja como for, e Alan poderia levá-la para comprar roupas – bastava ela escrever uma série de cartões-postais antes de partirem, e Jimmy poderia ir enviando um por dia aos pais dela, com o adequado carimbo postal de Los Angeles. Os caras passaram o resto da tarde e da noite nos preparativos. Por volta da meia-noite, todos se espremeram no veículo e partiram, com Elvis ao volante, Priscilla ao lado dele, e Gene na ponta, balbuciando numa língua que só o primo entendia. De vez em quando, Gene pulava em cima de Elvis num ataque furtivo e logo se esgueirava para o fundão do trailer, onde o resto dos caras o protegiam de represálias em meio às gargalhadas que faziam Priscilla sentir-se uma eterna forasteira.

Às sete da manhã, chegaram ao Sahara. Elvis pediu o quarto customizado, e, com o sistema estéreo RCA, as luzes diminuídas e todos os televisores em volume mínimo para dar a ilusão de alguém sempre falando baixinho, foram dormir. Por um tempo, Elvis a fitou, até que as pílulas para dormir fizeram efeito. "Acredita nisso, querida?", indagou ele. "Após todo esse tempo, aqui está você. Quem poderia imaginar que íamos conseguir isso?" As palavras do cantor começaram a se arrastar quando ele falou: "Não vamos nem pensar em você voltar. Quando chegar a hora, vamos pensar em outra solução".

NAS DUAS SEMANAS SEGUINTES, ELVIS se dedicou a mostrar a cidade a Priscilla. No começo, ela teve tanta dificuldade para se acostumar a trocar o dia pela noite quanto para se adaptar à vida de celebridade, mas aos poucos ela se habituou às duas. Com os outros, tomava anfetaminas para despertar no fim da tarde, e ao amanhecer tomava soníferos para conseguir dormir. Ela estava, em suas próprias palavras, "se adaptando"; sentia que as anfetaminas lhe permitiam ser mais assertiva, repaginou o guarda-roupa e criou uma imagem totalmente nova, sofisticada, carregada na maquiagem, com penteados colmeia – mas o maior problema mesmo era se acostumar com *Elvis* e sua variação de humores, e tentar apenas descobrir onde ela se encaixava.

"Era como se [ele] tivesse decidido que ia me levar a Vegas, me dar um banho de loja e me exibir para todo mundo, me apresentar, porque já falava em mim para todo mundo havia um tempão. Entender isso foi muito difícil para mim, jovem como eu era. Comecei a me avaliar: 'Qual é a dele comigo?'. Sabe, eu não entendia muito bem: '*Que lance é esse*?'. Ele fez de tudo para me entreter, me levou para fazer compras, escolheu tudo para mim, comprou tudo para mim... eu não podia ter a aparência de uma garotinha de 17 anos, isso era uma das coisas que ele tentava fazer. E, à noite, sempre tínhamos tempo para namorar, ele sempre me cortejando, sempre tentando me impressionar. De certa forma, isso era normal; era justamente o que um rapaz de 17 ou 18 anos ia fazer no Ensino Médio... Ele não precisava fazer nada disso, mas flertava, como se ainda houvesse dúvidas, tipo: 'Será que ela ainda gosta de mim?', sabe? Ou: 'Estou conseguindo impressioná-la o suficiente? Passava a sensação de achar que ainda não tinha realmente me conquistado."

Uma vez, no início da visita, com um monte de caras ao redor, ele tocou para Priscilla uns acetatos de sua mais recente sessão de gravação. Ela cometeu o erro de demonstrar a ele sua reação honesta. Falou que gostava das músicas, eram muito bonitas, mas gostaria que ele fizesse algo mais em seu velho estilo rock'n'roll, algo como "Jailhouse Rock" – era isso que a garotada realmente queria. "Mas que droga", explodiu ele. "Não pedi sua opinião sobre qual estilo eu deveria cantar. Perguntei se você gosta das canções, nada mais... Sim ou não? Já recebo opiniões amadoras suficientes no dia a dia. Não preciso de outra."

Entrou no quarto e bateu com força a porta atrás de si, deixando Priscilla mortificada e confusa: como ela pôde ser tão estúpida? Era só mais um exemplo de por que ela se sentia uma forasteira. Todo mundo se dispersou e, por fim, a porta do quarto se abriu, e lá estava Elvis parado. Fez um sinal para ela entrar, fechou a porta e a fez sentar-se na beira da cama. Para a surpresa de Priscilla, não só pediu desculpas, como passou o resto do dia tentando compensá-la por isso. Mas, a partir de então, ela aprendeu a ficar de boca fechada sempre que alguém estava por perto; notou que todo o pessoal estava sujeito aos mesmos caprichos e rompantes de temperamento. Aprendeu que "havia regras bem definidas. Você tinha que respeitar as regras do jogo. Quanto mais você as respeitava, mais tempo durava".

Em sua última noite juntos, ela implorou mais uma vez para que Elvis consumasse o amor deles. Ele continuou se recusando a deflorá-la, mas "satisfez todos os meus desejos. 'Quero que você volte do jeito que é agora'", o cantor disse a ela, "'E lembre-se, eu sempre vou saber'".

Uma nova Priscilla voltou à sua família. Quando ela avistou os pais pela primeira vez, "minha mãe derramou lágrimas de alegria... e meu pai estampava no rosto um largo sorriso de boas-vindas. Mas, quando me aproximei, os semblantes deles se transfiguraram. O contentamento se transformou em horror absoluto. Meu pai me deu as costas, enfurecido. Por um instante, minha mãe só ficou lá, me encarando. Depois, enfiou a mão na bolsa, puxou um espelhinho e o estendeu diante de mim. 'Olha só para você. Como é que você saiu do avião desse jeito?'". A ficha caiu na mesma hora. A maquiagem borrada, o penteado colmeia amassado... não era mais a garotinha deles. Ela se sentiu insolente e envergonhada. Mas Priscilla só conseguia pensar numa coisa: em como ia fazer para voltar para o seu amor.

Elvis e os caras voltaram a Memphis logo após a partida de Priscilla, no comecinho de julho. Depois que você conhecia Las Vegas, Memphis não oferecia lá muita diversão. Alugavam o Memphian sempre que Elvis queria ir ao cinema; alugavam o parque de diversões Fairgrounds, três ou quatro noites por semana; e Elvis orgulhosamente mostrava o *motor home* para todos que manifestassem interesse. Muita pílula e muita festa foi a tônica desse verão em que ele e Anita enfim terminaram.

Mesmo se ela quisesse se iludir, era impossível não perceber o quanto ele tinha mudado. Não foi necessário alguém contar a ela, Elvis era a última pessoa capaz de manter um segredo. Apesar de toda aquela conversa, todo aquele auê e todo aquele zunzunzum – cada vez mais se tornava óbvio que Elvis nunca se casaria com ela, seja lá como fosse. "Eu queria um marido, um lar e uma família... Sabe, tem gente que talvez não queira isso, mas era isso que eu queria, e vi que as moças estavam lá continuamente e isso não mudaria. Ele me levou a acreditar, e *eu* acreditei, que elas não eram importantes para ele, mas [que], por serem suas fãs, ele sempre as trataria bem e sempre voltaria para mim. Sabe, após cada episódio, Elvis sempre amenizava as coisas, e lá estava eu.

"Nessa época [porém] eu já tinha 20 e poucos anos, pronta para me casar e formar uma família. E para culminar, a tal menininha [vem] da Alemanha... quer dizer, eu não podia acreditar. Então simplesmente tomei a decisão. Uma decisão *dificílima*, porque eu o amava, Elvis foi meu primeiro amor e eu odiava abrir mão de estar com ele, de curtir a diversão e as coisas superlegais que fazíamos, porque eu sabia que nunca mais haveria alguém assim ou um modo de vida como aquele novamente... Mas eu estava pronta para dar esse passo. Então, uma tarde, ele estava tomando café, Elvis e o sr. Presley estavam na mesa de jantar, e só compartilhei com ele que eu estava indo embora, que eu não via futuro ali, e nós dois choramos, e o sr. Presley se emocionou e disse: 'Na televisão, a gente vê coisas assim, sabe. Talvez um dia vocês fiquem juntos de novo'. E eu [disse]: 'Não, acho que isso não vai acontecer'. E Elvis falou: 'Ah, Little, eu rezo a Deus para estar fazendo a coisa certa deixando você ir'. Completei: 'É assim que tem de ser'. Liguei para o meu irmão, porque eu tinha muitas coisas em Graceland. Ele veio e pegou todas as minhas coisas do quarto da vovó, carregamos o carro, e fui passar um tempo em casa, lá em Jackson."

Em 6 de agosto, ela divulgou um comunicado de imprensa, anunciando estar pronta "para juntar os cacos de minha carreira". Elvis não estava pronto para constituir família, disse ela ao repórter do *Press-Scimitar*, e ela precisava começar a pensar no que ela mesma ia fazer. Primeiro, teria uma sessão em Nashville, contou ela, para gravar a canção "Love's Not Worth It". O lançamento anterior, destacou o jornal com certa aspereza, intitulava-se "I'll Wait Forever".*

* O jornal aproveitou o paralelo entre os títulos das canções de Anita Wood e a sua vida particular. Antes, era "Vou esperar eternamente"; agora, "O amor não vale a pena". (N. de T.)

Elvis, por sua vez, sentiu um misto de culpa e alívio. Sabia que uma parte dos caras achava Anita focada demais na própria carreira. Até mesmo o Coronel achava que ela, às vezes, apreciava muito ver o nome dela impresso – mas o problema não era esse. O que Anita almejava, e tinha todo o direito de almejar, ele simplesmente não podia oferecer. Anita era o último elo com a mãe dele – analisando honestamente, a mãe de Elvis a amava. E provavelmente era isso que mais doía nessa separação. Elvis sempre disse à mãe que um dia ia se casar e ter filhos, e não gostava da sensação de que o sonho dela ainda pairasse no ar, como uma promessa quebrada. Mas, afora isso, não se arrependeu. No fundo, não. Sabia que sempre havia tratado Anita como uma dama. E, além disso, não conseguia tirar da cabeça aquela menina que morava na Alemanha.

O PRÓXIMO FILME, provisoriamente intitulado *Take Me to the Fair,*[*] os levou a Seattle, Washington. A MGM, seguindo a cartilha de Hal Wallis, decidiu: filmar em cenários exóticos era a chave para um filme de sucesso de Elvis Presley. Assim, para o primeiro filme sob seu novo contrato de 1961, passaram três semanas filmando na Feira Mundial de Seattle, sob a batuta de Norman Taurog, em seu quarto filme com Elvis. Por um tempo, foi aventada a possibilidade de um show ao vivo na Feira, mas isso não se confirmou. A vida no set era bastante monótona, à exceção das guerrinhas com torta de creme e pistolas d'água para quebrar a rotina e as sofisticadas pegadinhas que divertiam Elvis e a turma, que agora contava com nove componentes. (Uma das favoritas de Elvis nessa viagem era chamar o serviço de quarto do hotel não sem antes remover todos os móveis do quarto, e depois recolocar tudo no lugar enquanto o atônito mensageiro retornava com o gerente.)

* Literalmente, "Leve-me à Feira". Mais tarde, o filme ganhou seu título definitivo, *It Happened at the World Fair* (cuja tradução literal seria "Aconteceu na Feira Mundial"). No Brasil, o filme receberia o título *Loiras, morenas e ruivas*. (N. de T.)

O Coronel via toda e qualquer filmagem em locação como uma boa oportunidade para propaganda. Permitiu a presença de vários fotógrafos no set, plantou uma história sobre o novo figurino europeu que o cantor usaria no filme (Elvis agora era um homem-feito, disse o estilista hollywoodiano Sy Devore, informando que o guarda-roupa inteiro havia custado 9.300 dólares, com tudo incluso, exceto cuecas, porque Elvis, explicou Devore, não usava roupa íntima). Quando voltaram aos estúdios em Hollywood, marcaram entrevistas com dois repórteres de renome nacional, Lloyd Shearer e Vernon Scott, o que rendeu artigos nas revistas *Parade* e *McCall's*.

Shearer conheceu Elvis Presley em Memphis, no verão de 1956, quando o cantor tinha 21 anos e estava prestes a rodar seu primeiro filme. Naquela entrevista, Elvis explicou sua teoria para manter duradouro o apelo nas telas de cinema, ele não ia sorrir muito, disse o cantor, porque quem sorri perde a credibilidade: "Sei que, para ser sexy, não se deve sorrir. Não existe rebelde risonho". Agora, pela segunda vez, Shearer encontrou a mesma e desarmante postura de honestidade. Embora Elvis Presley fosse agora um astro do cinema que, Shearer observou um tanto crédulo na introdução de seu artigo, "ganhou [no ano-exercício prévio] a impressionante soma de 2,8 milhões de dólares, pela qual pagou alegremente, após todas as deduções, um imposto de renda federal de 1,7 milhão de dólares", ele continuava sendo "um dos jovens cavalheiros mais atenciosos e bem-educados do meio cinematográfico". O Coronel Parker também continuava o mesmo, "um negociante rotundo, afiado como uma navalha", confidenciando alegremente todos os detalhes financeiros do sucesso de seu cliente.

Uma curiosa mudança aconteceu: o *efeito* da sinceridade do jovem. Outrora isso o protegia e, nas palavras da chefe do escritório da Sun Records, Marion Keisker, o impedia de "dar um passo errado". Agora essa sinceridade o desmascarava, revelando incertezas, sentimentos quase fatalistas de insatisfação que, embora não tenham aparecido no artigo publicado, às vezes beiravam uma espécie de truculência ferida.

Desde o início, Elvis afirmou, tinha sido motivado pelo respeito a seus fãs. “Não adoto a atitude de ‘Tire essas pessoas daqui’, como já ouvi dizer que outros fazem. Não dou autógrafos, fotos etc. só para ajudar a minha popularidade ou para fazê-los gostarem de mim. Faço isso porque são sinceros, e se você não fizer isso, fere os sentimentos deles. Tão logo você se envolve nesse ramo, na verdade a sua vida não é mais sua. As pessoas vão querer saber o que você está fazendo, onde está, o que está vestindo, como se alimenta... E você precisa considerar que essas pessoas estão sendo sinceras.”

No que tange à própria carreira, ainda restava muito a fazer, “mas sinto que leva tempo para realizar certas coisas, você não pode ultrapassar seus limites”. Na mesma linha, ele não gostaria de ficar estagnado. “Quero progredir. Mas percebo que você não pode dar um passo maior que a perna, é preciso conhecer suas limitações. O pessoal me diz o tempo todo: ‘Por que não faz um filme artístico? Por que você não faz esse ou aquele filme?’. Bom, tudo bem... eu gostaria. Algum dia eu gostaria de fazer algo em que eu sentisse que realmente fiz um bom trabalho. Com o tempo, acho que vou chegar lá... Sabe, o meu objetivo é esse. Mas, nesse meio-tempo, se eu puder entreter as pessoas com as coisas que estou fazendo... bem, eu seria um tolo se quisesse mexer nisso, ou tentar mudar isso. É ridículo achar que basta decidir e dizer: ‘Certo, vou mudar e tentar atrair um público diferente’. Porque talvez você não consiga. Talvez não. E se o filme for um fracasso de bilheteria, e isso se repetir, suas chances nesse ramo diminuem. Essa é a parte triste da história. Então é melhor perseverar... Se você estiver obtendo sucesso no que está fazendo, é melhor ficar com isso, até que o próprio tempo mude as coisas. Quer dizer, eu realmente acredito que o caminho é esse.”

Elvis falou sobre a mãe dele, que Shearer conheceu (“É engraçado, ela nunca quis nada... nada sofisticado. Continuou sendo a mesma pessoa”), falou de como se sentia solitário, mencionou sua filosofia de vida e onde buscava motivação. “O que eu mais gosto é de entreter as pessoas. O dinheiro, ou o resultado financeiro, não é o aspecto mais relevante para mim. Nem poderia ser. Porque se fosse, isso ficaria estampado, e eu não estaria me importando com as outras pessoas, não estaria me importando com o meu desempenho. É por isso que eu mesmo seleciono todas as canções que eu gravo e tento escolher as melhores canções possíveis. Nos filmes, tentei fazer o melhor que posso, sabe, com a experiência que obtive. Eu me encaro apenas como um ser humano que teve muita sorte, mas alguém com sangue correndo nas veias, cuja vida pode se apagar num piscar de olhos, nada de sobrenatural, nem um pouco melhor do que qualquer outro ser humano..."

Nesse momento, Shearer o interrompeu e indagou à queima-roupa: "Mas você gosta de si mesmo?". Elvis hesitou antes de responder: "Às vezes", disse ele, dando risada. "Não é isso, quando o assunto é gostar de mim mesmo, eu quero dizer que tenho orgulho de como fui criado para acreditar nas pessoas, tratar bem as pessoas e respeitar as pessoas. Tenho pavio curto e posso ser genioso a ponto de colocar os pés pelas mãos." O repórter quis saber: ele estourava com frequência? "Não muitas vezes. Na realidade, posso contar nos dedos. Mas, quando isso acontece, é uma situação desagradável... Não é com muita frequência e, claro, acontece com todo mundo... Mas quando eu perco as estribeiras, mais tarde não me sinto bem e não gosto de mim."

Gostaria de ter feito algo diferente? Sim, ir à faculdade, principalmente para jogar futebol americano. "Minha ambição de jogar futebol era grande, e ainda é, acredite ou não." Em sua cidade natal, praticava o *touch football* e gostava de esportes de contato, em que é preciso enfrentar o adversário "como um homem, sabe". Não era uma crítica às pessoas que apreciam golfe ou tênis ou outras coisas, mas gostava de esportes mais rústicos, como boxe, futebol americano e caratê. Sabia a numeração de todos os jogadores da NFL, assistia ao máximo de partidas que conseguia, obteve até filmes de alguns times da NFL para estudar mais detidamente as táticas.

E por que sempre tinha aqueles oito ou nove caras ao redor dele o tempo inteiro? Eles tinham alguma função?

Bem, disse Elvis, definindo exatamente quem era e quem não era membro do grupo, não eram oito ou nove. Na verdade, eram só cinco, os outros iam e vinham. E todos desempenhavam *tarefas*: um era contador, o primo Gene cuidava dos carros, e ele sentia pena de seu priminho, Billy, que teve problemas para arranjar emprego por causa de seu tamanho... Então Shearer fez nova provocação, batendo na tecla. E quanto ao crescimento intelectual? Não achava alguns desses caras com quem ele tinha crescido um tanto simplórios?

Não achava, não, respondeu Elvis sem esconder o aborrecimento. Já havia pensado nessa questão antes, ele tinha uma abordagem de aprendizado própria e não dependia necessariamente deles. Mas eram todos diferentes, cada qual com seus próprios tiques, de modo algum eram fantoches. "Não os tenho por perto porque são idiotas. Claro que você pode se cercar de intelectuais ou pessoas assim chamadas de seus pares, e pode haver discórdia, ciúme, e isso não é legal. Você só aprende uma coisa: a se tornar amargo. Tenho um jeito próprio de aprender. Aprendo com meus colegas de trabalho. Aprendo com a própria vida cotidiana. Quer dizer, não estou tentando impressionar ninguém tendo um grupo de intelectuais por perto... Nada contra [os intelectuais], mas você pode se iludir no meio de um grupo de pessoas, você acha que está aprendendo algo, mas não está aprendendo nada. Uma garota me disse uma noite: 'Elvis, não se deixe cercar de pessoas com as quais você não tem nada a aprender, isso é um erro'. Ela não entendeu, mas eu me levantei e me afastei dela. Nunca dei explicações, mas no fundo eu quis dizer: 'Não tenho nada a aprender com você'.

"Você não pode tapar o sol com a peneira. Penso de um jeito meu, e ninguém mais, seja qual for sua crença, pode me mudar ou me fazer pensar diferente se eu não sentir que é certo. Nenhum metido a intelectual na face da Terra vai conseguir me convencer a acreditar em algo, se eu não pensar de verdade [que está certo]. O mais importante é tentar se cercar de pessoas que nos dão um pouco de felicidade, porque a gente só passa por esta vida uma vez, meu chapa, você não volta para um bis."

Com os amigos dissimulando o riso ao fundo, Elvis contou a Shearer que queria se casar ("quer dizer, quem quer envelhecer e ficar sozinho?"). Teria cursado Medicina se tivesse grana para fazer a faculdade ("acompanho a medicina moderna, as descobertas médicas, as doenças, recebo os manuais dos médicos, o *PDR*, que é o *Physicians' Desk Reference* [Guia de Referência para Médicos], esse tipo de coisa"). Lia filosofia e poesia, em especial um livro chamado *Leaves of Gold* (Folhas de ouro), que trazia "a filosofia de vida e morte de diferentes homens e tudo mais".

Ao cabo da entrevista, Shearer perguntou: se ele estivesse entrando no mundo do entretenimento hoje, faria algo diferente? Elvis disse: "Não, eu ia fazer exatamente o que senti. Não ia fazer questão de mudar algo específico. Tenho que fazer como sempre fiz, seguindo meus impulsos e o afã do momento. Esse é o único jeito que eu consigo agir". E qual lição gostaria de dar a um filho? Pareceu surpreso, não tinha filhos, era uma pergunta difícil de responder teoricamente. Mas se ele tivesse? "Acho que meu maior exemplo seria a consideração pelos sentimentos dos outros", salientou, cultivar uma atitude que o impedisse "de se tornar insensível" e o transformasse em "um ser humano melhor".

Não havia mais filmes agendados para o último bimestre do ano. Não havia novas sessões de gravação; com as trilhas sonoras dos filmes, todas as suas obrigações com a RCA tinham sido cumpridas. E a turnê da qual o Coronel vinha falando no ano anterior não vingou; ele não tinha bem certeza por quê. A ideia original era que a RCA a financiasse; Elvis faria shows em 43 cidades sob patrocínio dos 43 distribuidores da RCA, com uma coletiva de imprensa em cada cidade e garantia de mais de 1 milhão de dólares. O Coronel tinha até recusado um segundo filme da MGM naquele ano para viabilizar a turnê. Mas claramente o entusiasmo da RCA havia arrefecido, e o Coronel não estava inclinado a aceitar a proposta de encolher a turnê para 11 cidades por 500 mil dólares. Só valeria a pena fazer se fosse bem-feito, vaticinou o Coronel, e se a RCA não tinha coragem de apoiar o que sem dúvida teria sido uma das maiores turnês da história do show business, era melhor esperar outras oportunidades.

Nesse ínterim, estavam bem posicionados. Tinham mais três filmes da MGM à vista, com o cachê de 500 mil dólares por filme *mais* 50% dos lucros, após deduzir o salário de Elvis (na época, os artistas que mais faturavam nas bilheterias, como Elizabeth Taylor, recebiam no máximo 750 mil dólares por filme – longas-metragens com o dobro do orçamento e que levavam o dobro de tempo para serem filmados). Tinham seu velho e confiável contrato com Hal Wallis, que voltaria a pagar 175 mil dólares pelo próximo filme, com locações previstas para o México. E em agosto, o Coronel tinha induzido a RCA a atualizar o contrato, que já havia sido renegociado em janeiro, com extensão de três anos (e opção de dois anos adicionais, até 1971); dois pontos percentuais extras em royalties não recuperáveis (a serem divididos igualmente entre Elvis e o Coronel); garantia de 320 mil dólares por ano em royalties, sendo 240 mil dólares para Elvis e 80 mil dólares para o Coronel; e um bônus de contratação não recuperável, no valor de 50 mil dólares para cada um, a ser repetido em dois anos seguidos, então reduzido a 37.500 dólares cada nos próximos quatro anos do contrato, somados a pagamentos não recuperáveis de 600 mil dólares, divididos 50-50 entre gerente e cliente.

O Coronel explicou tudo pacientemente a Elvis e Vernon, traçando uma cuidadosa distinção entre a taxa de administração de 25% que ele continuaria recebendo em todas as garantias contratuais formais (pagamentos de royalties e adiantamentos por conta de royalties) e o acordo especial de parceria que se aplicava aos pagamentos de bônus, frutos tanto da habilidade de vendas do Coronel quanto do talento de Elvis, que o Coronel (e somente o Coronel) poderia ter arrancado da RCA. Elvis não discutia com o empresário, compreendia completamente o conceito do que o Coronel às vezes chamava de "joint venture" e não escondia a satisfação ao ouvir todos os detalhes de como o Coronel o havia colocado na RCA, satisfação essa menor apenas que a mostrada pelo Coronel ao contar a história. Mas não tinha com quem compartilhar a história. Vernon nunca gostou de se enfronhar sobre esses assuntos. E os caras, bem, Elvis até fez alusões veladas, mas eles realmente não mostravam lá muito interesse. Na ausência de algo melhor a fazer, todos foram para Las Vegas novamente quando as filmagens terminaram, no início de novembro.

Dessa vez só ficaram duas semanas, com uma sensação cansativa de fragmentação e *déjà vu*. Apesar de todas as suas palavras corajosas a Lloyd Shearer, Elvis andava frustrado e aborrecido, entediado com as mesmas situações, as mesmas conversas, os pequeninos dramas de ciúmes mesquinhos, que se repetiam interminavelmente e pareciam constituir o seu dia a dia. Lamar tinha ido embora em junho; tivera uma grande explosão de fúria logo após o término das filmagens de *Garotas, garotas e mais garotas* e agora atuava como *road manager* para Brenda Lee, amiga de Sandy Ferra e colega dela na Hollywood Professional School. Red e Sonny tentavam uma carreira em Hollywood e, por isso, também não estavam sempre por perto; Charlie ficava metade do tempo excursionando com Jimmy Wakely, o veterano cantor country; e seu primo Gene, cada vez mais trapalhão, causava-lhe cada vez mais preocupações: quase teve uma overdose na viagem deles à Califórnia, em agosto. Dirigindo por dois dias seguidos, Gene estava completamente aceso, à base de rebites, um tipo de anfetamina. Então Elvis receitou 500 miligramas de Demerol para acalmá-lo. Não funcionou, e Elvis lhe deu mais 500 miligramas, mas Gene misturou isso com pílulas para dormir. Billy o encontrou desmaiado e com dificuldades para respirar, no fundo do trailer. Conseguiram reanimá-lo – mas ficou bem claro que Gene já não se encaixava mais.

Na opinião de Billy, Elvis promovia conflitos só para se divertir. Condenava um deles ao ostracismo durante semanas, por conta de um desrespeito imaginário, fantasiava que "havia um Judas entre nós… e ficava jogando uns de nós contra os outros. Isso sempre acontecia quando ouvia que um dos caras tinha falado dele pelas costas. E todo mundo pagava o pato". Os ânimos se acirravam um pouquinho sempre que aparecia uma cara nova no grupo – foi o que aconteceu quando Richard Davis e Jimmy Kingsley, que andavam com eles em Memphis, vieram passar as férias na Califórnia, e Elvis os convidou para ficar, a princípio, só para as filmagens de *Loiras, morenas e ruivas* (*It Happened at the World's Fair*), mas foram ficando por um tempo indeterminado. Ele não pensava necessariamente em quem se encaixaria na estrutura do grupo; às vezes, parecia que buscava só uma lufada de ar fresco.

Seja lá como for, a única coisa em que conseguia se concentrar agora era na visita de Priscilla, prestes a acontecer. Quando ela partiu, no mês de julho, ele realmente não tinha pensado muito sobre o que iria acontecer. E desde a morte da mãe, cinco anos antes, evitava ficar em casa por muito tempo na época de Natal. Quando sugeriu que Priscilla viesse visitá-lo em Graceland, não tinha bolado um plano ainda – mas parecia que quanto mais os pais dela resistiam, mais determinado ele se tornava. Por fim, os Beaulieu concordaram, *desde que* ela sempre estivesse acompanhada, como ela havia feito quando ficou na casa dos Barris, na Califórnia. Na mesma hora, Elvis disse que ela poderia ficar com o pai dele e sua madrasta, na casa nova deles, na Hermitage, e que até ia dar um jeito para que alguém a esperasse em Nova York e a acompanhasse na viagem a Memphis.

O dia foi se aproximando, e ele foi ficando cada vez mais empolgado. Solicitou que Vernon ligasse no momento em que chegassem à casa da Hermitage, para que ele pudesse buscar Priscilla e a conduzir pessoalmente portões de Graceland adentro. A decoração natalina estava pronta, a casa totalmente iluminada, fãs no portão tirando fotos do presépio em tamanho real no gramado... Mas ela só pensava numa coisa: enfim estava ali com ele, após todos aqueles anos, realmente prestes a conhecer a casa dele. Quando Priscilla chegou, a turma toda estava à espera – reconheceu alguns, outros ela conheceu pela primeira vez –, mas Elvis logo a conduziu até o quarto da avó dele. Priscilla e a vovó tiveram um breve, mas feliz reencontro. Quando Elvis as deixou a sós, a moça de 17 anos quis saber: como a vovó tinha passado nesse tempo que ela estivera na Alemanha? A vovó balançou a cabeça. Contou que andava preocupada com Elvis. Achava que ele continuava aborrecido pelo fato de o pai dele ter se casado. "Já não passa muito tempo em Graceland, e o pai dele anda preocupado. (...) Não sei se um dia ele vai aceitar [o casamento de Vernon com Dee]."

Mais tarde naquela noite, ela estava tão pilhada que Elvis lhe deu duas grandes pílulas vermelhas para relaxar. Ela só foi acordar 48 horas depois. Todo mundo já estava morrendo de medo; Elvis contou que Vernon e vovó queriam chamar um médico imediatamente, mas ele não autorizou. Por sua vez, Priscilla pareceu mais preocupada com os dois dias perdidos.

Toda a visita foi frustrante não só por sua brevidade, mas também por sugerir uma felicidade doméstica incapaz de ser concretizada. É claro que ela não ficava mais tempo na Hermitage do que tinha ficado na casa dos Barris, e tentaram condensar tudo nas duas semanas que tiveram. Ele a apresentou, aparentemente, a todo mundo que ele conhecia. Levou-a para patinar no Rainbow, assistir a filmes noite adentro no cine Memphian em sessões privativas e orgulhosamente mostrou a ela sua cidade natal. Presenteou-a com uma cadelinha *poodle toy* que ela prontamente batizou de Honey, fizeram uma festa de Natal para a galera toda e depois comemoraram a véspera de Ano-Novo numa festa privada, no Manhattan Club, no Bellevue Boulevard, com amigos, parentes e presidentes de fã-clubes. Porém, constrangedoramente bêbada, ela precisou ser levada de volta a Graceland mais cedo. Depois, quando Elvis retornou para casa, também embriagado, chegaram mais perto do que nunca de ir até o fim, até que na hora H ele reafirmou aquele autocontrole enlouquecedor e recuou, dizendo: "Não. Assim não".

Acabou-se o que era doce, aproximava-se a data marcada para ela ir embora. Elvis tentou convencê-la a ficar. Delirantemente ficou falando que não poderia viver sem ela. Convenceu-a inclusive a ligar para o pai, contra o bom senso dela, e súbito pegou a extensão e ele próprio implorou ao capitão Beaulieu para deixar Priscilla ficar mais uns dias. O pai dela se mostrou inflexível, como ela já imaginava, o que deixou Elvis furioso. Chamou Vernon ao escritório e xingou o capitão Beaulieu na frente de Priscilla. Quem é que esse capitãozinho pensava que era com aquela "atitude arrogante e conversinha sobre fazer acordos"?

Segundo os relatos de Priscilla, Vernon tentou apaziguar a situação: "É melhor se acalmar, filho. Não é tão ruim. Vai ver que ele só está preocupado com a volta das aulas".

> "Escola, e quem se importa com a escola?", retrucou Elvis, ignorando os esforços de Vernon para acalmá-lo. "Se a matricularmos aqui, tudo se resolve. Ela nem precisa de escola. Que inferno, hoje em dia nem ensinam nada, de qualquer maneira."
>
> "Bem, meu filho, ela vai ter que voltar. Não temos alternativa."

Aos poucos, ele foi se resignando, e Priscilla retornou para os pais no dia marcado, mas deixou claro para eles que estava voltando diferente: uma pessoa crescida, que não ia mais tolerar ser tratada como criança. Já não era mais como quando ela costumava ficar se perguntando se Elvis ia lembrar de ligar para ela, às vezes por semanas a fio; agora, ela e Elvis passavam horas no telefone praticamente todas as noites, e ele só tinha uma coisa em mente: como trazê-la de volta. O elemento-chave de seu plano, contou a ela, era a surpresa: Priscilla precisava adoçar tudo, ser uma boa menina, tirar boas notas na escola, e *daí* iriam dizer aos pais que ela queria voltar para ele e terminar o último ano do Ensino Médio em Memphis.

Ela nem conseguiu executar a primeira fase do plano. "Desde a hora em que desci do avião, a minha atitude foi de desafio" e, contra os conselhos de Elvis, ela continuou mantendo a postura de filha rebelde. No fim, deu aos pais dela uma escolha impossível: poderiam deixá-la ir ou assistir a seus três irmãos mais novos, e os gêmeos de um aninho, serem tragados pelo redemoinho também. Por meio da relutante mediação da mãe dela, Elvis enfim recebeu permissão para tocar no assunto com o pai de Priscilla. Ele lançou mão de todo o seu charme e garantiu ao capitão Beaulieu que, se ele permitisse a volta da filha a Memphis, ela se hospedaria no bom lar de Vernon Presley, teria uma boa educação católica *e* concluiria o curso, ele garantia. “Ele prometeu que eu sempre estaria acompanhada e que cuidaria de mim em todos os sentidos. Com as mais honrosas intenções, jurou que me amava e me respeitava, jurou que precisava de mim. Na verdade, ele disse que não conseguiria viver sem mim, insinuando que um dia nos casaríamos.”

No fim, os pais dela capitularam. Ficou decidido: no início de março, ela e o pai voariam a Los Angeles, onde Elvis já estava trabalhando em seu novo filme. Lá, Elvis e o capitão Beaulieu teriam a chance de conversar de homem para homem, e o pai dela ia esclarecer algumas coisas; então ela e o pai iriam a Memphis, onde Priscilla, sob os olhares do capitão Beaulieu, se instalaria com Vernon e Dee Presley e seria devidamente matriculada em sua nova escola. Só então o capitão Beaulieu retornaria à Alemanha.

Elvis estava na metade das filmagens de *O seresteiro de Acapulco* (*Fun in Acapulco*) quando ela chegou. Empolgou-se com o cenário estrangeiro ao receber o roteiro e começou a praticar seu espanhol para a trilha sonora, passando a usar uma capa em casa, nos preparativos para um número de tourada. No início, circularam boatos sobre filmagens em locações no México, mas o Coronel pôs um ponto final nisso, citando preocupações de segurança e o sentimento de haver “muita agitação por lá”.

Elvis aproveitou o intervalo das filmagens para mostrar o estúdio a Priscilla e ao capitão Beaulieu. Todos os dias, ele os pegava no Rolls ou em seu Cadillac dourado personalizado e ia mostrar os pontos turísticos, com muito entusiasmo. Então ela partiu, e ele ficou com a sensação inquietante de que, de alguma forma, havia traçado um curso de resultados imprevisíveis e incontroláveis. Às vezes, sentia-se ressentido com o que ele imaginava que Priscilla e o capitão Beaulieu tinham-no obrigado a fazer. Com apenas 28 anos, por que se prender a uma só garota se poderia ter qualquer mulher do mundo num estalar de dedos? Mas então pensava em quem ela era e no que ela havia feito – e no que ela ainda estava pronta a fazer – e sabia que tinha feito a coisa certa. Por ele, Priscilla havia desistido de tudo, e agora estava pronta para ser tudo o que ele queria que ela fosse. Ela era jovem demais para ter todos os seus valores estragados ou para nutrir quaisquer falsas expectativas em relação a ele – Elvis a ensinaria a ser o tipo de mulher de que ele precisava e, assim, ela seria a primeira a entender completamente suas necessidades. Ela era a escolhida – se é que algum dia existiria uma "escolhida".

Em Memphis, Priscilla alimentava suas próprias dúvidas. Sem Elvis, e arrefecida a empolgação de tanto insistir até conseguir fazer as coisas a seu modo, sentia-se sozinha e mais infantil do que nunca. Vernon a conduzia à escola todos os dias, impondo a ela as mesmas regras rígidas que impunha aos três meninos de Dee, e ele controlava *muito* as finanças, o que a obrigava a ficar pedindo dinheiro a ele para as mínimas despesas. Sentia que ele ainda suspeitava dela; reconheceu que "demorava um pouco para Vernon confiar em você, não era só entrar e se tornar o melhor amigo dele", mas mesmo assim isso a magoava. Ela odiava a escola, não podia levar amigas para casa e socialmente estava regredindo ao nível dos filhos de Dee Stanley, entrando em brigas estúpidas com eles *sem motivo algum*. Ficou com ciúmes ao ler sobre Elvis e sua coestrela Ursula Andress nas revistas de cinema, não acreditou no cantor quando ele gracejou que nunca se apaixonaria por uma garota de ombros mais largos que os dele. Sua vida era ficar esperando as ligações de Elvis.

Aos poucos, ela começou a passar mais tempo com a vovó e fez amizade com uma das secretárias, Becky Yancey, e com a prima de Elvis, Patsy Presley, que também trabalhava no escritório de Vernon, no terreno nos fundos da casa. Logo ela começou a passar tanto tempo ali que Vernon colocou um aviso: ACESSO AO ESCRITÓRIO NÃO É PERMITIDO – EXCETO PARA QUEM TRABALHA NELE OU TENHA HORÁRIO MARCADO. Pouco depois, ela se mudou para Graceland, passando horas no quarto da vovó, enquanto a vovó relembrava Elvis e Gladys, cheirava rapé e tocava hinos no pequeno órgão que Elvis tinha dado de presente para ela.

Priscilla teve a impressão de que cada uma das pessoas na casa vivia em função dos telefonemas dele. "Sempre que Elvis ficava dois dias sem ligar para casa, logo se preocupavam. Teria acontecido algo terrível com ele na Califórnia? Apesar do sucesso e da riqueza colossais de Elvis, eles estavam convencidos: algum infortúnio iria arrebatar tudo isso deles." Até mesmo a vovó se mostrava propensa às sombrias sensações de mau agouro que aparentemente pairavam sobre a vida de todos os Presley. Se Priscilla saísse com Becky ou Patsy, "a vovó reclamava que estava sendo ignorada. Ela fazia questão de me lembrar: as antigas namoradas de Elvis sempre faziam companhia a ela, todas as noites, quando ele estava fora". Não era natural, então, que ela se sentisse tristonha e abandonada? Mal podia esperar pelo retorno dele.

TUDO MUDAVA NO MOMENTO em que ele chegava em casa. No fim de março, quando as filmagens terminaram, apressou-se para voltar da Califórnia. Dias depois, comprou para ela um pequeno e reluzente Corvair vermelho. Assim, ela não precisaria mais depender de Vernon ou Dee para ir à escola. No dia seguinte, em pleno estacionamento do restaurante Chenault's, um repórter do *Commercial Appeal* o avistou com Priscilla na carona da motocicleta. O jornalista aproveitou que a "lépida caroneira" se afastou para comprar milk-shakes e fez uma entrevista de improviso. Teve sorte, porque Elvis revelou um humor extraordinariamente expansivo: informou o nome e a idade de Priscilla, explicando, numa variação da história que ela mesma havia contado ao repórter do *Press-Scimitar* no dia anterior, que ela era filha de um oficial do exército que ele conheceu na Alemanha, cuja família voltaria aos Estados Unidos em breve.

"Eles a enviaram antes porque ela queria se formar logo. E agora ela cursava a Immaculate Conception High School." O pessoal insistia em estabelecer um vínculo romântico entre os dois, explicou ele, mas eram só amigos. "Não tenho como me casar agora. Não seria justo com a moça. Desde que saí do exército, só tenho tempo para fazer filmes." Reconheceu que fazer filmes não era um trabalho tão árduo assim, "mas sempre tento obter papéis cada vez melhores. Sempre examino os roteiros com antecedência e seleciono todas as minhas próprias músicas... Repassei umas 100 canções para escolher exatamente a que eu achava ideal".

E o que ele andava fazendo desde que retornou a Memphis? Conferindo os últimos lançamentos no cinema, explicou ele: "Desde que voltei já assisti a *Lawrence da Arábia* e *O sol é para todos*".

Algum palpite sobre qual deles vai ganhar o Oscar? "Aposto minhas fichas no *Lawrence*, porque é um filme de maior orçamento, mas acho *O sol é para todos* muito melhor... É um filme maravilhoso."*

Falou sobre seu *motor home* e de seu filme recém-lançado, *Loiras, morenas e ruivas*, o mais caro que havia feito até então e um dos melhores. "Comentou sobre a carreira dele de modo ponderado, avaliando suas declarações. Em seguida recolocou o [familiar] quepe [de iatismo] e abriu um sorriso descontraído: 'É ótimo estar de volta a Memphis'."

Era *mesmo* ótimo estar de volta a Memphis. Ele e Priscilla andavam de moto juntos, iam ao cinema ou visitavam com a turma o parque de diversões Fairgrounds. Ele a levava para fazer compras nas lojas de rou-

* O cinéfilo Elvis tinha um bom faro: em 8 de abril de 1963, na cerimônia do Oscar que premiou os melhores de 1962, *Lawrence da Arábia* levou sete Oscars, incluindo os de Melhor Filme, Melhor Diretor (David Lean) e Melhor Trilha Sonora (Maurice Jarre). Não foi Peter O'Toole, porém, quem levou o de Melhor Ator, e sim Gregory Peck, justamente o astro de *O sol é para todos*. (N. de T.)

pas da Union Avenue. Os lojistas abriam após o horário de fechamento e davam dicas para ela melhorar o visual. Elvis a levou ao dentista para colocar jaquetas de porcelana nos dentes, ela mandou tingir o cabelo para combinar com o dele, ele deu a ela instruções minuciosas sobre o que gostava e não gostava em sua "mulher ideal".

Às vezes, eles iam à casa de Vernon no início da noite e só assistiam à TV, e ela ficava lá sentada, vendo "pai e filho numa boa, fumando charutos, discutindo a situação mundial" ou algo mais leve, como o último carro que Vernon estava restaurando. Às vezes, passavam na Casa Funerária de Memphis, onde Elvis exibia seus conhecimentos sobre embalsamamento e fazia perguntas, instigado por seu fascínio por textos médicos. Quase todas as noites, varavam a madrugada em claro, e então ela se arrastava para fora da cama e ia à escola, cochilando nas aulas em meio turno, até enfim se arrastar para casa de novo e dormir um pouquinho até ele acordar, com ela ainda ao lado dele, à noitinha.

No início, ela se opôs ao bizarro coquetel de anfetaminas e calmantes que Elvis prescrevia a ambos, mas ele superou as objeções de Priscilla mostrando o *Physicians' Desk Reference* e declarando que nada havia naquele livro que ele não soubesse, ou não pudesse descobrir, sobre os remédios. Sua total familiaridade não só com seus efeitos, mas com seus complicados nomes e ingredientes médicos, logo superou as inibições dela. Afinal, Elvis realçava com orgulho: não *precisava* delas, as pílulas não eram viciantes como heroína. Ele jamais se tornaria dependente delas. Além do mais, se Priscilla não as tomasse, como ia acompanhar o ritmo dele? E se não o acompanhasse, seria deixada para trás.

Era mais ou menos como brincar de casinha – só que, em vez de uma casa, era uma mansão, e em vez de uma família, era um vaivém de caras, ao bel-prazer dos próprios rapazes. A parte mais difícil foi essa. "Nenhum deles se sentia à vontade comigo. Elvis não queria que eu dirigisse o olhar a mais ninguém, nem mesmo para os rapazes que trabalhavam para ele. Se um deles estivesse sozinho num quarto ou sala, eu não deveria entrar ali; eu tinha receio de dirigir a palavra a qualquer um deles porque Elvis poderia me ouvir e me repreender depois: em primeiro lugar, o que é que eu estava fazendo ali? Conversaram sobre qual assunto? No que estavam falando? Eu estava *com ele*.

"Uma montanha-russa emocional, o que fazer e não fazer, o que estava e não estava certo. Tenho certeza de que eu aparentava frieza, mas não estava acostumada a lidar com tudo isso. Sem mulheres por perto, um mundo totalmente novo aflorava, com um elemento hierárquico que eu desconhecia. Quer dizer, cresci numa família bem tradicional, muito unida... E súbito lá estava eu numa situação em que prevaleciam a suspeita e a desconfiança. Quem está pensando o quê? O que está sendo dito, como está meu visual? Para quem posso olhar? 'Ela é muito reservada', tenho certeza de que eles ficaram com essa impressão. *Petrificada*, é como eu estava. Eu não queria fazer algo errado, porque ele... se ele ficava chateado, não era uma pessoa fácil de se conviver."

Joanie Esposito, a sua melhor amiga entre as esposas e namoradas, sentia pena dela. "Não é que ela fosse imatura. Era quietinha, e isso lhe deu uma vantagem. Mas ninguém a ensinava a fazer [muitas coisas], e foi complicado, porque ela não tinha a quem recorrer." Bem que Joanie tentava ajudá-la e protegê-la da melhor maneira possível. Mas, aos 22 anos, casada, mãe de um bebê de 6 meses, Joanie não andava sempre por perto. Vovó se mudou para o térreo a fim de dar lugar a Priscilla, e Joanie foi morar em uma casa própria. Além do mais, Priscilla só se sentia à vontade com uma pessoa: Elvis.

Ninguém mais compreendia a dinâmica deles; a vida que os dois levavam era uma vida secreta. Os outros até pensavam conhecer Elvis, mas era ela quem o via sem defesas, era ela quem precisava lidar com os sentimentos dele, os sentimentos verdadeiros, nus e crus, era só para ela que ele confessava todos os seus medos e desejos secretos. Com mais veemência, ela o pressionou para consumar o relacionamento deles, mas Elvis recusou; disse a ela que se tratava de uma coisa muito sagrada para ele. "Quero que seja algo pelo qual esperamos ansiosamente. Isso mantém vivo o desejo."

> Eu me sentei na cama e esbravejei, com raiva: "E quanto à Anita? Vai querer me convencer de que não fez amor com ela durante os quatro anos que passou com ela?"
>
> "Só até certo ponto. Então parei. Foi difícil para ela também, mas é assim que eu me sinto."

Explicou a ela que havia mais de uma maneira de um satisfazer ao outro. "Em vez de consumarmos o nosso amor da maneira habitual, me ensinou outros meios de lhe dar prazer." Um desses modos era tirar fotos. Ela se vestia de colegial; às vezes, ela era a professora seduzindo o aluno, "estávamos sempre inventando novas histórias e acabei aprendendo o que mais excitava Elvis". Documentavam essas histórias com uma câmera Polaroid; no início, Priscilla ficava mortificada por ter que voltar à farmácia e comprar mais filmes. Será que os outros não suspeitavam? Por que motivo usavam tantos filmes? Mas Elvis só dava risada. "Talvez sirva para criar alguma emoção por aqui", disse ele. "Memphis é uma cidade morta. Uma fofoquinha até que vem bem!"

Aos poucos, ela se acostumou a isso, tornou-se o mundo *dela* também. Divertiam-se à beça, davam muita risada e curtiam muitos bons momentos. Quanto aos amigos de Elvis, ela se ressentia da falta de consideração deles. Às vezes, como eram desatenciosos! Mas, após um tempo, chegou à conclusão de que basicamente tinham bom coração e não se sentiu mais tão ameaçada. O melhor de tudo era Elvis estar por perto quase o tempo todo. A única vez que ele se ausentou foi na ida a Nashville, por duas noites, no fim de maio, para gravar o que deveria ser seu único álbum de estúdio no ano. Pelo menos ela foi capaz de compensar o sono atrasado.

Ela prestava atenção em tudo o que ele dizia e fazia, ria quando ele ria e saía da frente quando ele estava pensativo; esse modo de vida simplesmente exigia *vigilância* o tempo todo. Em sua rotina, a única coisa realmente ruim era a escola – uma total perda de tempo, uma distração sem sentido, e ela não suportava que um dos caras a visse em seu uniforme de colegial católica. O que ela mais queria era se formar e cair fora. Garantiu isso convencendo a garota que sentava ao seu lado na aula de álgebra a "dar cola" para ela no exame, em troca de um convite para visitar Graceland.

Para a surpresa dela, no dia da formatura, 29 de maio, Elvis de repente começou a agir como "um pai orgulhoso". Enquanto ela experimentava a beca e o capelo, ele ficou se perguntando o que deveria vestir na cerimônia. Por fim, decidiu-se por um terno azul. Priscilla o encarou nervosamente. Se ele comparecesse à cerimônia, ela sabia, seria um circo, todos os olhares se concentrariam nele, e tudo se tornaria uma *piada*. "Até que tomei coragem e pedi a ele que me esperasse do lado de fora e expliquei o motivo. Com aquele sorrisinho engraçado que aflorava em seus lábios quando estava magoado ou chateado, concordou sem hesitar: 'Não tinha pensado nisso. Não vou entrar. Vou ficar lá fora no carro à sua espera. Assim eu meio que marco presença'."

Na sequência, Elvis ofereceu a ela uma festa, e Priscilla descartou a beca e o capelo com a vivacidade de alguém mais do que pronto a abraçar sua liberdade. Nas fotos tiradas nessa época, ela aparece elegante e sestrosa, o cabelo preso em uma enorme colmeia preta que obscurece quase totalmente seus traços delicados e sugere até uma certa indiferença taciturna não fosse o esforço envolvido na pose. Na maior parte das três semanas seguintes, os dois se fecharam no quarto de Elvis sem nunca descer. Com as janelas cobertas com papel-alumínio e cortinas blecaute, não fazia diferença se era noite ou dia. Pediam as refeições lá de cima, ouviam música gospel, faziam questão de não perder nenhum episódio de *The Untouchables* ou *The Tonight Show* na TV e assistiam a alguns dos filmes prediletos de Elvis, clássicos como *O morro dos ventos uivantes*, *A felicidade não se compra*, *Os miseráveis* e o melodramático *Seu único pecado* (1940), *remake* do filme mudo de Emil Jannings, *Tentação da carne* (*The Way of All Flesh*), no qual um bom homem vai à bancarrota e, envergonhado demais para admitir seu fracasso perante esposa e filhos, embarca numa vida de peregrinação sem rumo. Anos depois, volta à cidade natal, aproxima-se de sua antiga casa e ali de fora assiste à família dele abrindo os presentes de Natal. Sem reconhecer o marido, a mulher convida o velho solitário para compartilhar da boa sorte da família, mas o ancião se recusa e caminha, sozinho, rumo à neve. Priscilla e Elvis choraram no fim do filme. Elvis contou a ela que sonhava em fazer um novo *remake*, até brincou com a ideia de colocar o pai dele, Vernon, no papel principal.

Viviam em seu próprio mundinho privado, e nesse mundo "Elvis voltava a ser um menino, fugindo das responsabilidades da família, amigos, fãs, imprensa e do mundo. Ali, comigo, ele se mostrava vulnerável e infantil, um garoto brincalhão, que ficava de pijama por dias a fio". Faziam lutinhas de travesseiro, brincavam de esconde-esconde, refugiavam-se num universo de fantasias infantis. O 4 de julho se aproximava, e Elvis preparou a grande batalha anual de fogos de artifício na casa. Priscilla tentava afastar da cabeça a ideia de que, logo após as festividades, ele a deixaria de novo.

***Amor a toda velocidade* (*Viva Las Vegas*),** o filme que Elvis ia gravar no retorno a Hollywood, seria o primeiro de duas produções consecutivas para a MGM naquele ano. Desde janeiro, o Coronel vinha trabalhando para obter essa segunda produção da MGM, não só pelo acréscimo substancial que faria à receita combinada, mas para acelerar a renegociação de um contrato que, mesmo já nos patamares de 500 mil dólares e 50% dos lucros, ele achava que cabia alguma melhora. Em 1962, três filmes de Elvis foram sucessos de bilheteria, com *Feitiço havaiano* liderando a lista. No ranking dos astros mais populares, na pesquisa anual de expositores do *Motion Picture Almanac*, ele ficou em quinto lugar. A MGM declarou que estava muito empolgada com esse novo filme; achavam que a química entre Elvis e sua coestrela criaria um mercado totalmente novo para os filmes de Elvis Presley. O cantor não sabia disso, mas sabia que estava realmente ansioso para conhecer sua coestrela.

Aos 22 anos, Ann-Margret ainda desfrutava o explosivo sucesso de *Adeus, amor* (*Bye Bye Birdie*), versão cinematográfica do musical da Broadway de 1960, que contava a história de um cantor de rock'n'roll ao estilo Elvis Presley que é convocado para o serviço militar. Bonita, vivaz, somava a seus múltiplos talentos de cantora e dançarina um magnetismo pessoal e uma energia contagiantes. Descoberta três anos antes em Las Vegas por George Burns, participou de dois filmes antes de entrar no mapa com *Adeus, amor*. George Sidney, o diretor de *Adeus, amor*, ia dirigir também *Amor a toda velocidade*. Seu currículo incluía musicais extravagantes da MGM como *Bonita e valente* (*Annie Get Your Gun*), *O barco das ilusões* (*Show Boat*) e *Dá-me um beijo* (*Kiss Me Kate*). E foi o próprio diretor George Sidney quem apresentou os dois protagonistas em pleno set da MGM. Num polido bate-papo, Elvis, em traje formal (terno escuro e gravata), disse o quanto gostou dela em *Adeus, amor*. Em seguida, os dois se despediram, com a estranha sensação, de acordo com o relato posterior de Ann-Margret, de terem conhecido uma autêntica alma gêmea.

Passou a maior parte dos três primeiros dias no estúdio de gravação. Dessa vez, a trilha sonora impunha certos desafios: a sofisticada faixa-título composta por Doc Pomus e Mort Shuman; "I Need Somebody to Lean On", balada introspectiva, profundamente romântica, do mesmo duo de compositores – na qual Elvis esbanjou 20 *takes*; a primeira faixa de Red numa trilha sonora, "If You Think I Don't Need You"; e três duetos com Ann-Margret, gravados ao vivo no estúdio, no terceiro dia das sessões. No fim de semana, a trupe inteira se mudou para Las Vegas para o início das filmagens, marcado para 15 de julho.

Como de praxe, todo mundo – Elvis e sua turma, o Coronel e sua equipe – se hospedou no Sahara. No primeiro dia de filmagens, um re-

Elvis ensaiando com Ann-Margret
(Cortesia do Espólio de Elvis Presley)

pórter da revista *McCall's* assistiu a um ensaio e observou: "Elvis faz uma careta e balança a cabeça. A expressão sedutora e fofa não está no roteiro, mas encanta Ann-Margret. Ela dá uma risadinha e flerta de volta. Sempre que o diálogo reúne Ann-Margret e Presley, repentinamente seus papéis se tornam mais do que encenação. A eletricidade entre os dois deixa a equipe em alerta".

Duas semanas depois, quando voltaram a Hollywood, a imprensa já os considerava um casal. "Uma notícia que vai atrair o público mais jovem", relatou o colunista Bob Thomas em uma nota da Associated Press, em 6 de agosto. "Existe um romance entre Elvis Presley e Ann-Margret. Pelo menos é o que parece", escreveu Thomas, reconhecendo que nem sempre é possível ter certeza com romances hollywoodianos, mas descrevendo o comportamento deles no set. "Ficam de mãos dadas. Somem no camarim entre uma tomada e outra. Almoçam juntos e a sós." Em suma, parecia que algo mais estava rolando.

E estava mesmo. A química revelada desde a primeira cena nas telonas foi emprestada da vida real. Na visão de Ann-Margret, o elemento catalisador foi musical. "A música acendeu a flamejante paixão represada dentro de Elvis e dentro de mim. Uma sensação esquisita, incômoda, mas divertida, inspiradora e maravilhosa. Olhamos um para o outro e virtualmente enxergamos imagens espelhadas." Ela era, Joe Esposito disse ao amigo, "um Elvis feminino", e logo, logo, ela começou a aparecer na casa quase todas as noites, ou ele visitava o apartamento que ela dividia com os pais. Passeavam por aí ouvindo fitas em sua nova limusine Rolls-Royce, andavam juntos de moto (como Elvis, ela era apaixonada por Harleys), os caras sabiam a hora certa de os deixarem a sós – caso contrário, Joe dava um toque neles. Todo mundo curtia Ann – todos a chamavam de Rusty, o nome da personagem dela no filme, à exceção de Elvis, que a chamava de Rusty Ammo. Engraçada, sexy, com muito espírito esportivo... praticamente um dos caras. Uma noite, ela e Elvis assistiam à TV com a turma, "uma noite comum e preguiçosa em casa", e resolveram improvisar um show.

> Saímos sorrateiramente da sala de estar. Então, para a surpresa de todos, ele empurrou as grandes portas duplas de vidro. Todo mundo se virou com os olhos vidrados. Os dois no chão, estirados como felinos, e ele emitiu um harmônico rosnado: "You got me runnin'". Respondi com voz semelhante: "You got me hidin'". [Versos iniciais do blues de Jimmy Reed, "Baby What You Want Me to Do?".] Seguimos cantando em dueto, rastejando na sala acarpetada no ritmo da música, enquanto todos batiam palmas e riam.

Para Joanie Esposito, "Ann era maravilhosa. Ela pedia a Elvis que a buscasse, e a gente ia ao cinema os quatro juntos, mais ninguém. Ele não precisava ter todo mundo em volta dele para fazer as coisas. Era uma situação bem mais normal". Aos olhos da turma, ela era pura diversão. Sandy Ferra trabalhou no filme como dançarina, mas não sentiu nem um tiquinho de ciúmes, porque as personalidades de Ann e Elvis combinavam muito bem. "Ela era o *alter ego* dele, Elvis gostava dela pra valer." George Klein, agora um dos DJs mais populares de Memphis, tirando suas férias anuais de duas semanas em Hollywood para fazer uma "pontinha" em mais um filme de Elvis, percebeu que rolava um clima. Acompanhou de perto muitos namoros do cantor – de fato, o apresentou a muitas garotas –, mas nunca tinha visto Elvis tão feliz. A cabeleireira Patti Parry, que vinha quase todas as noites, após sair do trabalho no salão de Neil Sloane, observou: "Ela era espirituosa e não tinha medo dele. Eles se divertiam à beça".

Aquilo destoava de tudo o que ele sempre defendeu – era sempre o primeiro a criticar os casamentos no show business, dizendo a Priscilla ou Sandy Ferra que não deveriam nem pensar numa carreira no mundo do entretenimento, não havia espaço suficiente numa casa para dois artistas. Mas, talvez, para gente como ele e Ann houvesse regras diferentes; talvez ela, com toda aquela transbordante energia, conseguisse desempenhar todas as funções sem vacilar; talvez, começou a perceber, ele tivesse cometido um terrível equívoco. Contou a ela sobre sua mãe. "Ele a descrevia da maneira mais sincera e infantil, falava sobre como [ela] era uma mulher simples e direta. Explicou que ela nunca se interessou pelo luxo que o dinheiro dele era capaz de comprar. Ela não se importava. Só queria amá-lo e vê-lo feliz de verdade." Às vezes, os dois falavam em casamento, mesmo sabendo que seria impossível: "Elvis e eu sabíamos que ele estava comprometido, tinha promessas a cumprir e uma palavra a manter".

A certa altura, ele ficou tão envolvido com seus sentimentos em relação a Ann-Margret, e tão culpado por sua incapacidade de administrar isso, que chegou a recorrer ao Coronel. Um dos rapazes ligou para dizer que Elvis estava a caminho do apartamento do Coronel, no condomínio Wilshire-Comstock. Na mesma hora, o Coronel soube que havia algo errado, porque Elvis nunca lhe fazia visitas lá. Elvis chegou obviamente agitado, mas mesmo se o Coronel tivesse verdadeiros poderes extrassensoriais, jamais poderia ter adivinhado o que se passava na cabeça do cliente. Tinha um grande favor a pedir, confessou hesitante ao seu empresário. Ann-Margret o esperava ali fora, no carro; ele queria que o Coronel administrasse a carreira dela.

A primeira reação de Parker foi um bloqueio. O que o mundo exterior não entendia era que não se diz simplesmente "não" a Elvis Presley, mesmo sendo o Coronel Parker; o garoto era muito persuasivo, muito determinado e muito acostumado a conseguir o que queria. Acima de tudo, Parker estava ciente de que ninguém podia fazer Elvis passar vergonha na frente dos outros. E se ele prometeu a sua coestrela que o Coronel concordaria em ser empresário dela, não havia como Parker simplesmente rejeitar a ideia do cantor. Em vez disso, concordou na mesma hora. Seria um prazer se tornar empresário dela, afirmou. Um talento maravilhoso! Sim, ele acreditava que poderia fazer algo para impulsionar a carreira de Ann-Margret. A única coisa que Elvis precisava entender era que isso demandaria tempo e esforço; Ann-Margret ainda estava longe de ser uma estrela da magnitude de Elvis. Conseguir para ela o tipo de acordo que o Coronel costumava obter, bem, ele não iria enganar Elvis, isso levaria tempo... Como empresário, sempre seria leal primeiro a Elvis, esperava que não pairassem dúvidas quanto a isso. Mas Elvis teria que entender: dedicaria 50% de seu tempo à nova cliente, ao menos no início. A conversa perdurou um pouco, mas, voltando ao carro, Elvis já não estava tão convicto. Nunca mais tocou no assunto.

Por sua vez, o Coronel vislumbrou problemas maiores no horizonte. Para começo de conversa, o diretor dava muitos closes na garota; alguns dos rapazes chegaram a dizer que era porque ele estava caído por ela, mas, se fosse assim, todos os outros no filme também estavam caídos por ela. Coronel estava envolvido em controvérsias com o estúdio sobre orçamento, publicidade e até mesmo a trilha sonora. Tinham uma cláusula em todos os seus contratos que proibia qualquer outra pessoa do elenco de cantar sem a permissão explícita do astro. Claro, com a história engraçadinha que o roteirista inventou, colocando os protagonistas em disputa no concurso de talentos, e com toda a publicidade que a garota obteve em seu último filme, não havia dúvida de que ela deveria ter um ou dois números. Mas então, contra seu melhor julgamento, o Coronel se deixou persuadir e permitiu que ela fizesse nada menos que três duetos com Elvis – e do jeito que as coisas estavam indo, tudo indicava que ela poderia roubar o filme. Precisava interceder e pôr um ponto final naquilo. Parecia que ninguém no estúdio se lembrava de que *se tratava de um filme de Elvis Presley* – era por isso que estavam pagando, e era isso que seria entregue. O imbróglio com o departamento de publicidade envolvia essa mesma questão – não entendiam quem era o astro principal; só falavam sobre a qualidade especial que a garota trouxe ao filme e em como iriam expandir o público de Elvis direcionando os holofotes para ela. Pensavam que o Coronel tinha nascido ontem? Será que todo mundo tinha esquecido que *filmes de Elvis Presley sempre dão lucro*?

O Coronel Parker reagiu com todos os recursos à sua disposição, eliminando completamente um dos duetos e reformulando outro como uma canção solo para Elvis. Protestou com veemência contra a forma como o diretor favorecia Ann-Margret e fez questão de mostrar que Elvis sabia disso. Deixou a MGM ciente de que ele ficaria em casa com a maior alegria, abrindo mão de seus próprios e já comprovados métodos para promover um filme (o que, como a MGM sabia, sempre valeu a pena no passado, e algo que ele fornecia por mera fração do custo) caso o estúdio estivesse realmente convencido de que havia descoberto uma nova maneira de fazer dinheiro. Em suma, em todos os momentos, defendeu ferozmente os interesses de seu cliente.

O que o deixava mais fulo da vida era o descaso que todo mundo parecia mostrar com os lucros. Nenhum filme anterior de Elvis Presley teve orçamento superior a 2,5 milhões de dólares em custos de produção, e a participação dele e a de Elvis nos lucros só começava depois que todos os custos de pós-produção (aproximadamente o dobro do orçamento de produção) também fossem recuperados. Mas, nesse caso, pela primeira vez, o orçamento estava estourando, e Parker percebeu que não tinha proteção contra os custos crescentes. Seja qual fosse o sucesso do filme, a participação deles necessariamente seria diminuída por todos os itens supérfluos e números extravagantes que não acrescentariam um centavo às bilheterias, mas que Hal Wallis saberia controlar rigorosamente. Percebeu que agora só lhe restavam ações de retaguarda, não havia nada a seu alcance para colocar esse filme nos trilhos. Em 15 de agosto, finalizou os arranjos para o próximo filme, a ser produzido por Sam Katzman, veterano produtor de filmes B atualmente trabalhando na MGM. Katzman garantiu ao Coronel: em seu set, os custos seriam cuidadosamente controlados, o tempo de filmagem seria reduzido pela metade, sem sacrificar a qualidade – e faria tudo isso constar no contrato.

Nesse meio-tempo, Priscilla aguardava em casa, com toda a paciência do mundo. A princípio, Elvis lhe disse que achava que ela poderia aparecer em algum momento durante as filmagens, mas depois continuou adiando. Ao ver as fotos e as reportagens nos jornais, Priscilla começou a ficar preocupada e confusa. Em Memphis, não havia nada para fazer: ela estava morrendo de tédio. Fez umas aulas na Patricia Stevens School para atuar como modelo, e até posou para uma série de fotos na hora do almoço, na Piccadilly Cafeteria. Mas alguém contou a Elvis, e ele a mandou parar. Passou então a se dedicar arduamente às aulas de dança moderna, mas não sabia como Elvis se sentia a respeito disso. Tentou reintroduzir a ideia de fazer uma visita a Elvis, mas toda vez que tocava no assunto, ele vinha com outra história de "problemas no set". Ela se arriscou a indagar timidamente: que tipo de problemas? Ah, sabe, o de sempre, explicou ele, como se ela já soubesse de tudo sobre esse tipo de coisa. O diretor tinha se apaixonado pela atriz, ela estava recebendo todos os close-ups, e o Coronel o avisou que, se não tomassem cuidado, ela roubaria o filme. Bem, e quanto a Ann-Margret... ficou amigo dela? Foi a pergunta que Priscilla fez docemente. Ah, ela era legal, contou ele, apenas "uma típica estrela de Hollywood", do tipo que Elvis costumava descrever quando tentava tranquilizá-la, como "centradas em suas carreiras, com a vida pessoal em segundo plano. Não quero ser o segundo da lista em algo ou para alguém. Por isso você não precisa se preocupar com a possibilidade de eu me apaixonar pelas minhas coestrelas".

Mas ela se preocupava, *sim*. E continuou a importuná-lo. E continuou lendo as notícias. E ficou sem saber o que fazer.

Terminaram de filmar em 16 de setembro. Para amenizar sua própria culpa e aplacar as suspeitas de Priscilla, Elvis voltou direto para casa. Apesar de todas as preocupações do Coronel, o filme acabou se tornando provavelmente o melhor de Elvis desde *Em cada sonho um amor*, e o primeiro, desde o término do serviço militar, a explorar seu autêntico *sex appeal* – mesmo funcionando em conjunto com o de Ann-Margret. Alguns dos números musicais talvez fossem um pouco exagerados, mas não corriam o risco de perder fãs por "excesso de arte". Na verdade, esse foi talvez o primeiro musical legítimo de Elvis em Hollywood, em que as canções realmente faziam o enredo andar e ajudavam na caracterização das personagens, apesar das carências no desenvolvimento desses quesitos no filme. Inclusive, nos últimos dias das filmagens, foi acrescentado um número extra, em que Elvis e Ann-Margret assistem a um show em Las Vegas, dançam embalados pelas vozes de um quarteto negro entoando "The Climb", canção de Leiber e Stoller, e súbito Elvis sobe ao palco e se lança em uma versão incendiária, embora um tanto incoerente, de "What'd I Say", de Ray Charles. Difícil de imaginar o que teria motivado essa adição de última hora, além das faíscas que Elvis e Ann-Margret emitiam na tela e da propensão de George Sidney para aproveitar a inspiração musical de improviso. Seja como for, a canção ainda não tinha sido gravada até 30 de agosto, cinco dias antes de a cena ser filmada. Concluída em quatro velozes *takes*, talvez tivesse se beneficiado de uma abordagem mais moderada. O fato é que, apesar da presença do Jubilee Four, grupo gospel negro com dois membros do Golden Gate Quartet original, a faixa soa uma bagunça irrecuperavelmente frenética, mas saudável. Pelo menos dá uma sensação de um Elvis sem amarras, enquanto geme – e na tela Ann-Margret imita com um beicinho – os suspiros orgíacos de Ray Charles, e a câmera dá uma panorâmica do palco sonoro, repleto com todo o frenesi de um balé aquático de Busby Berkeley.

O momento mais revelador do filme, no entanto, talvez tenha sido o mais atípico. O personagem de Elvis, preocupado com o fracasso de seu relacionamento com Rusty, vagueia numa espécie de sequência onírica em que a doce balada de Doc Pomus e Mort Shuman, "I Need Somebody to Lean On", torna-se sua voz interior. É a parte do filme em que sua atuação é a mais pura. Ele aparece em uma tomada do alto, iluminado pelo holofote, cantando agora com uma sinceridade calma e sincera que vai além do charme superficial do restante do filme. Sequência que bem poderia fazer parte de um musical de Gene Kelly. O espectador sente a tranquila satisfação de Elvis ao ver letra, música e imagem se juntando pela primeira vez.

Ele tinha um mês de folga em Memphis antes de começar o próximo filme, *Com caipira não se brinca* (*Kissin' Cousins*). Priscilla continuou batendo na tecla do que havia lido, mas ele se manteve firme em suas negativas, descartando qualquer fundamento naquilo. Ao mesmo tempo, porém, ligava para Ann-Margret quase todas as noites. O Coronel disse aos executivos cinematográficos que Elvis não teria tempo de ir a Hollywood para gravar a trilha sonora do novo filme, então Gene Nelson e Freddy Karger, o diretor do filme e o diretor musical, respectivamente, voaram a Nashville no fim de setembro e garantiram dez faixas em duas noites, com Nelson contribuindo com a percussão em alguns dos números que ele e Karger haviam pré-selecionado e enviado a Presley para aprovação, dez dias antes. Pela primeira vez, Elvis não gravou seus vocais com a banda e, de fato, só os gravou após chegar à Califórnia, embora estivesse em Nashville e tenha passado no estúdio para dar um oi. Na opinião de Boots Randolph, que tocou jarra (*jug*, espécie de garrafão assoprado no gargalo) e saxofone na sessão, enquanto outros contribuíram com banjo e violino para salientar o sabor "*hillbilly*" do filme, isso era parte integral da visão predominante em Hollywood, de que Elvis Presley era um "produto". O guitarrista Jerry Kennedy, que trabalhava nas sessões havia dois anos, sentiu pena de Elvis naquela arapuca, cuja atmosfera mais parecia uma zorra. Duas semanas depois, o filme começou a ser produzido em locações em Big Bear, nas Montanhas de San Bernardino, a 160 quilômetros dos estúdios da MGM em Hollywood.

O Coronel tinha procurado Sam Katzman para produzir esse filme por uma razão muito simples: admirava seu trabalho. Katzman, de 62 anos, havia produzido em 1956 o primeiro filme de rock'n'roll, *Ao Balanço das Horas (Rock Around the Clock),* por 300 mil dólares (Katzman se gabava da bilheteria de 4 milhões de dólares que lhe garantiu uma das maiores margens de lucro na história da Columbia Pictures), e era conhecido como o "Rei da Rapidez". O Coronel se encontrou com ele na MGM enquanto o produtor fazia *Hootenanny Hoot,* filmado em oito dias e meio com nada menos que 14 números musicais. "Parece que estavam gastando muita grana nos filmes de Presley e, como sou um produtor frugal, o Coronel achou que poderíamos economizar uma boa quantia. Os mais recentes filmes dele, antes de eu assumir, não tinham mostrado um ótimo desempenho comercial. As bilheterias estavam caindo." Por isso o Coronel e Katzman trataram de negócios.

Pela primeira vez, o Coronel teve a impressão de encontrar uma alma gêmea. O orgulho de Katzman era entregar o filme dentro do orçamento; usava a tática de "estabelecer um limite para os custos técnicos da produção e nunca ultrapassar essa linha". O produtor Katzman considerava Nelson – que havia despontado com *Hootenanny Hoot* – a pessoa certa para dirigir um filme de Elvis Presley. Por sua vez, Gene Nelson admirava a habilidade de Katzman como produtor. "O homem sabia fazer filmes", disse Nelson, que se embrenhou na direção de filmes após uma carreira como patinador no gelo, dançarino, ator coadjuvante e protagonista ocasional. "O fato de ele ter um gosto ruim não tem nada a ver com isso. Conhecia todos os ângulos, todas as maneiras possíveis de 'trapacear'; poderia fazer bons filmes também e seria um herói ainda melhor. Mas tinha um péssimo gosto para roteiristas e não sabia identificar uma boa história, mesmo se ela caísse em seu colo."

Quanto mais o Coronel e Katzman interagiam, mais se davam bem, e o Coronel inclusive tentou despertar o interesse de Katzman em um de seus projetos favoritos, uma cinebiografia de Hank Williams, que tentava vender à MGM havia anos, com Elvis no papel principal. Uma proposta adequada. A história trazia elementos dramáticos, a MGM Records era dona do catálogo do cantor, criando um vínculo natural – e, além disso, o Coronel tinha um plano para promover o filme, por meio de shows conjuntos Sul afora. Ofereceu a Katzman seus serviços promocionais, mesmo sem o envolvimento de Elvis. Dito e feito: o produtor aceitou a oferta. Após *Com caipira não se brinca*, ficou combinado que realizaria *Coração enganador* (*Your Cheatin' Heart*) pela MGM, com George Hamilton no papel de Hank Williams. A cartada praticamente conquistou o Coronel e solidificou o negócio.

Katzman, Nelson e o Coronel foram explorar as locações externas para o filme *Com caipira não se brinca*, antes de Elvis ir à Califórnia. Entre idas e vindas, o Coronel presenteou seus companheiros com causos dos tempos em que trabalhou no mundo circense e dos parques de diversões. Também descreveu a eles como sua operação funcionava, e Katzman observou com admiração como ele administrava "todos os expositores, toda a publicidade, todas as vendas, todos os discos – tudo acontecia sob sua supervisão. Não sei de nenhuma campanha que [ele] não tenha aprimorado e tornado mais eficiente". Não revelava qualquer interesse no roteiro, a não ser se haveria ou não taxas de roteirista a pagar, e como a história se baseava vagamente num conto de Bret Harte, morto havia mais de 60 anos, nesse ponto ele ficou mais do que satisfeito.

O diretor Gene Nelson não escondia a ansiedade para começar. Mas teve que se preparar antes. "Tive mesmo que me convencer a gostar daquele tipo de música. Eu não a suportava e ainda não suporto. Mas se eu ia dirigir aquela droga, ou você se apaixona ou é melhor nem fazer... e mergulhei nesse envolvimento com Elvis. Quer dizer, comecei a ouvi-lo; assisti a todos os filmes dele e realmente tentei descobrir suas origens, de onde é que vinha aquela atração popular. Ele era o filho da mãe mais bem-apessoado que já apareceu nas telas, sabe. Quer dizer, como dançarino, um zero à esquerda, não conseguia mesmo, mas inventava aqueles bizarros requebrados, o que era... OK, isso fazia parte da criatividade dele." Nelson reescreveu o roteiro ("precisava aparar as arestas"), e "pouco antes de Elvis chegar, enfiei no envelope e remeti ao Coronel. Não era a primeira vez que eu escrevia um roteiro (era a segunda), mas eu estava preocupado. Enviei um bilhete singelo: 'Prezado Coronel, o roteiro está pronto. Espero que o senhor aprove. Se tiver alguma sugestão, fique à vontade para me ligar'. No dia seguinte, meu telefone tocou. O Coronel. 'Recebi seu roteiro. Se você acha que está bom, para mim também está. Tenho umas sugestões, mas vou cobrar 25 mil dólares.' Fiquei em choque. Quer dizer, ele era um grande tirador de sarro. Tentou me enrolar direitinho!".

Em 14 de outubro, as filmagens começaram em Big Bear. À exceção das condições climáticas e da compreensível preocupação de Nelson em cumprir o cronograma (15 dias reservados às filmagens), tudo transcorreu bem. Para seu grande alívio, Nelson só teve elogios a Elvis, astro para lá de cooperativo. “Eu estava bem nervoso [quanto a trabalhar com ele]. Ele e Red, no intervalo das filmagens, sempre praticavam caratê, e todo mundo se reunia para assistir. Um dia, fazíamos os ajustes da iluminação para o grande número de dança. Eu folheava o roteiro, sentado em minha cadeira, de frente para a área iluminada. De repente, ouço uma voz inconfundível: ‘Ei, sr. Nelson, posso falar com o senhor por um segundo?’. Respondo, ‘Claro’, então ele se senta e diz: ‘Só quero dizer uma coisa, sou um grande fã seu há muito tempo’. ‘É mesmo?’ ‘Sim, a primeira vez que vi o senhor pessoalmente, eu tinha uns 15, 16 anos. Eu trabalhava como lanterninha de um cinema em Memphis, e o senhor estava na cidade com Virginia Mayo, e eu ouvi o som de música ribombando na rua, abandonei meu posto e saí correndo do cinema. Sentei-me no meio-fio junto com todo mundo, e então passa um Lincoln conversível branco, o senhor e Virginia Mayo no banco de trás, acenando para a galera’. Ele está falando do filme em que trabalhei como ator em 1952, *O professor e a corista* (*She’s Working Her Way Through College*). Fiz um número de dança inédito, um número de ginástica que nunca tinha sido feito antes, no qual aproveitei tudo [que é equipamento] da academia de ginástica; era 1952, e Virginia e eu fazíamos uma espécie de turnê pelo Sul. Uma grande faixa na lateral do carro trazia o nome do filme. Ele disse: ‘Sabe, eu realmente amo as coisas que o senhor faz’. Ele não precisava dizer isso, mas queria que eu soubesse que ele conhecia minha trajetória.”

O Coronel circulava em todo o set, fazendo palhaçadas, entretendo, vestindo a peruca loira de Elvis (Elvis fazia sósias no filme, um moreno e um loiro, e *odiava* a peruca). Em geral, sob o prisma de Nelson, o Coronel ajudava a dissipar quaisquer tensões no set – e tensão era o que não faltava. “A tensão entre mim e Sam Katzman era pesada. Ali estou eu, me esforçando para terminar o negócio em 15 dias, mas Sam não largava do meu pé. Uma vez, o Coronel, trajando um antiquado sobretudo branco que descia até os tornozelos, com os nomes de todos os filmes de Elvis costurados nele, e um chapéu engraçado, entrou no set e indagou: 'Bem, pessoal, o que acham disto?'. Sabe, só tentando nos fazer relaxar e esquecer todo e qualquer motivo para estar com raiva."

Até Elvis se deixou infectar pela tensão. "Ele nunca havia trabalhado assim antes. Mas o Coronel explicou como ele ganharia mais dinheiro [assim], e expliquei que era mais como filmar um programa de TV do que um filme, e ele fez o seu melhor." Na maioria das vezes, Elvis e os caras pareciam estar se divertindo, havia muitas pegadinhas e batalhas com bexigas d'água, mas Nelson não se incomodava – "minha mente só tinha uma preocupação: cumprir o cronograma". E seja lá o que os caras estivessem aprontando durante os preparativos de uma cena, o próprio Elvis sempre foi nada menos do que cooperativo, sempre pontual, ansioso para agradar e fácil de dirigir.

No entanto, Nelson nunca teve a sensação de o conhecer realmente. "Uma pessoa tão enigmática. Quer dizer, você se sentia compelido a tentar descobrir o que realmente o fazia funcionar, porque o que ele apresentava não era realmente Elvis, pelo menos não tudo. Quer dizer, por que ele se isolava com aquele bando de idiotas? O que havia por trás disso? Bem, por fim, cheguei à conclusão de que Elvis não tinha [insegurança] sobre o que circulava na mídia, absolutamente nenhuma. Sabia que era ótimo. Sabia que podia fazer o que quisesse. Sabia o valor de seu *status*, e nunca mostrou qualquer timidez ou constrangimento em sua *persona* no palco. No entanto, eu achava que ele sofria de uma intensa falta de autoestima como ser humano. Descobri, não uma, mas várias vezes, que ele se sentia ignorante e incapaz de contribuir em uma conversa. Como *performer*, não se aventurava, não queria aprender de verdade, porque tinha vergonha e, além do mais, se o que ele estava fazendo funcionava, por que mudar? Não creio que jamais tenha explorado todo o seu potencial como ator, mas eu via momentos em que ele mergulhava na cena. Acho que ele poderia ter sido um ator excelente, mas na maioria das vezes só precisava ser ele mesmo, com seu encanto natural, e se safava... porque ele era Elvis Presley."

Em quatro semanas, a produção estava totalmente concluída. Pelos registros de Nelson, tudo se resolveu em 17 dias de filmagens. Mesmo assim, Katzman ficou zangado com ele por estar dois dias atrasado. A lógica daquilo era inquestionável. Quando voltaram ao estúdio, começaram no imenso *Stage* 25 ou 26 da MGM, filmando exteriores para combinar com as tomadas da locação, com pinheiros gigantescos, colinas e a fachada de uma casa de fazenda. Então, aos poucos, foram desativando o set, colocando uma parede sanfonada, pois era necessário menos espaço, liberando os eletricistas, "já que precisávamos de menos luzes, de modo que em uma semana tínhamos talvez só três caras na função". Perto do fim, a agenda estava tão alucinada que Elvis se ofereceu para ficar doente. "Eu ainda não tinha aprendido a ter a paciência e o autocontrole que tenho hoje, e eu ficava com os nervos à flor da pele... Elvis percebeu isso e teve uma ideia. Veio me procurar na última semana e disse que não gostava de trabalhar assim, não valia a pena. Disse que sabia da pressão que eu estava sofrendo e se ofereceu para ficar doente ou chegar atrasado, se isso ajudasse. Agradeci e pedi para aguentar firme, que o problema era *meu*."

Terminaram de filmar em 8 de novembro. Apesar de toda a atitude positiva de Elvis em relação ao filme, e apesar de toda a energia alegre e inventiva de Nelson, provavelmente acabou se tornando o filme que mais deixou Elvis constrangido em sua carreira até então. Sabia que o enredo soava patético, odiava a sua aparência (certas manhãs, conforme sua coestrela Yvonne Craig, não queria nem sair do camarim de tanta vergonha), o "efeito especial" que permitiu ao público ver dois Elvis na tela ao mesmo tempo era ridiculamente amador e, no *grand finale* musical, o espectador percebe que é Lance LeGault, o dublê de Elvis, quem caminha em direção à câmera. Claro que ele não deveria ser visto de frente, mas, conforme o testemunho de Yvonne Craig: "Sam disse que era muito caro filmar por cima".

Na percepção de LeGault, que já havia feito três filmes como dublê de Elvis e assistente de coreógrafo especial designado ao astro, *Com caipira não se brinca* marcou um ponto de virada nos filmes de Elvis Presley. "Até então alguns padrões eram mantidos, mas me parece que, a partir de *Com caipira não se brinca*, sempre estávamos com o cronograma apertado. Era algo como: 'Já é bom o suficiente porque é Elvis, e é a cores, e o filme vai render cinco vezes os custos diretos de produção'. Às vezes, [Elvis] tecia comentários sobre isso e aquilo... mas ele ia em frente e fazia. Era raro ele falar algo com o diretor, muito raro: ele meio que aceitava e se adaptava. Não me lembro de quanto tempo fiquei no set de *Amor a toda velocidade*, mas parece que foram dez ou 11 semanas, um bom tempo. E poucas semanas depois, *bum*: saltamos em *Com caipira não se brinca*, filmado em 17 dias. Quando perceberam que poderiam pegar esse cara e fazer um filme tão rápido com ele, a partir daí começamos a fazer filmes com períodos mais curtos de filmagem."

Enquanto isso, Priscilla começou a ficar cansada de esperar. Não tinha nada a fazer além de ler as fofocas sobre Elvis e Ann-Margret passeando de motocicleta em Bel Air. E o mais perturbador: continuava descobrindo indícios de que algo estava acontecendo. Ninguém dizia nada a ela abertamente, mas todas as negativas – até mesmo as de Elvis – eram cada vez menos convincentes. Por fim, ela insistiu em marcar presença. Elvis repetia que não ia ter tempo para Priscilla, por que ela não entendia? Estava completamente focado em fazer um filme, e esse filme em particular tomava *todo* o seu tempo com o cronograma que tinham. Priscilla disse a ele que não se importava, não precisava se divertir, só queria estar perto dele. Além disso, não visitava a Califórnia desde que ela e o capitão Beaulieu haviam passado lá a caminho de Memphis, e ela ainda nem conhecia a casa em Perugia, para a qual Elvis tinha se mudado no início do ano; Priscilla só queria uma chance de fazer uma visita.

Por fim, ela apareceu enquanto ainda estavam rodando o filme. No set, foi apresentada brevemente ao sr. Nelson e ao sr. Katzman, o Coronel sorriu para ela com benevolência, sem revelar nada, e Priscilla percebeu que os caras, mais do que nunca, ficavam constrangidos perto dela. Então, em 8 de novembro, o dia exato em que a produção terminou e Elvis assinou um novo contrato para fazer um filme com a Allied Artists por 750 mil dólares em 1964, a agência de notícias UPI (United Press International) veiculou um artigo com a manchete “Elvis conquista o amor de Ann-Margret”. A história circulou direto de Londres, onde Ann-Margret compareceu à estreia de gala do filme *Adeus, amor*. De acordo com a reportagem, “Ann-Margret afirma que está namorando Elvis Presley, e ‘Acho que estou apaixonada’... A bela ruiva de 22 anos diz que ainda não sabe se vão se casar. ‘Não tem nada marcado’, garantiu ela. Ann-Margret conta que ela e Elvis se divertem muito juntos andando de moto... ‘Mas não posso dizer quando, ou se, vamos nos casar’. E Ann-Margret acrescentou: ‘Ele é um homem de verdade’”.

Elvis voltou do estúdio para casa com um jornal que estampava a história. “Não acredito que ela foi capaz de fazer isso”, declarou ele sem preâmbulos. “Maldição, ela teve a coragem de anunciar que estamos noivos.” Para Priscilla, foi como se o seu mundo de repente tivesse desmoronado. Todas as suas suspeitas, todos os boatos e insinuações que ele negava com tanta veemência eram verdade. Toda a grande imprensa tinha publicado a história, lamentou Elvis para ela, num misto de raiva, constrangimento e culpa. Priscilla ia ter que voltar para casa. A imprensa ficaria em cima dele, o Coronel achava que seria melhor se ela não estivesse por perto para complicar ainda mais o assunto.

> Eu não acreditava no que eu estava ouvindo. Subitamente, todos aqueles meses de insuportável silêncio explodiram num grito: “O que está acontecendo aqui? Estou cansada desses segredos. Ligações telefônicas. Bilhetinhos. Jornais”. E joguei longe um vaso de flores que se

> espatifou no chão do quarto... Prossegui com o meu desabafo: "Eu a detesto! Por que ela não deixa o traseiro dela na Suécia, de onde ela veio?".
>
> Elvis agarrou meu braço e me jogou na cama. "Presta atenção! Droga, eu não sabia que isso ia sair do controle. Quero uma mulher que entenda que essas coisas acontecem." Ele me deu um olhar severo e penetrante. "Você vai ser essa mulher... ou não?"

Por fim, os dois se acalmaram. "Elvis foi muito sincero e muito direto comigo: me contou em detalhes como tinha sido o relacionamento deles. Basicamente, revelou que ela havia lhe feito o maior elogio que uma mulher pode fazer a um homem: como se ela o estivesse imitando, e ele ficou fascinado com aquilo. Ele *gostava* dela como pessoa; me disse explicitamente e em detalhes como era o relacionamento. Mas, no que diz respeito a ir a algum lugar, jamais teria ido a lugar algum. A carreira dela significava muito para ela, e a carreira de Elvis era muito importante para ele, e ele queria ter uma família e um lar comigo. Algo *dificílimo* de engolir. Fiquei muito magoada com isso, porque na época não entendi, mas tudo que ele me relatou me pareceu muito verdadeiro e honesto; [talvez tenha sido] só o fato de ele ter me contado..."

Prometeu que nunca mais veria Ann-Margret, mas por enquanto ele e Priscilla tinham que ficar separados. A firmeza dele durou o tempo suficiente para Priscilla ir embora. Incentivada pelos pais, Ann-Margret ligou para Elvis de Londres. Nunca disse aquelas coisas para a imprensa britânica, jurou. Jamais teria dito. Elvis disse que acreditava nela e não estava surpreso ou chateado, os repórteres eram assim mesmo – mas *ela* estava magoada? Ela respondeu ao cantor que estava "profundamente magoada com as mentiras".

Pouco após o retorno de Ann da Inglaterra, o presidente Kennedy foi assassinado. Ela escutou a notícia no rádio do carro, apaticamente acompanhando o relatório minuto a minuto. "Fui guiando até a casa de Elvis e o encontrei com os olhos grudados na TV. Sentei-me a seu lado. Ficamos assim o fim de semana inteiro, pelo que pareceu uma eternidade... assistindo, esperando e chorando pela morte do presidente... Abraçados, tentamos inutilmente entender o que havia acontecido e oramos pelo futuro."

Duas semanas antes do Natal, ele voltou a Memphis e, embora continuassem a se ver e a trocar mensagens secretas até o ano seguinte, logo ela começou a pensar nele em tempos verbais pretéritos. Quanto a Elvis, ele nunca deixou bem claro o que passava por sua cabeça. Alguns dos caras achavam que ele era apenas covarde demais para fazer o que realmente queria fazer, mas nunca se abriu com nenhum deles. Em Memphis, continuou a fazer exatamente o que sempre tinha feito: alugar o cine Memphian, ouvir seus discos gospel, assistir com Priscilla a filme após filme no sistema de projeção doméstica de Graceland. No Natal, fez sua contribuição habitual de caridade – este ano, 55 mil dólares para 58 instituições, a maioria locais. Numa cerimônia modesta, foi agraciado com uma placa no gabinete do prefeito; enviou 1 mil dólares a seu primo Gene, que havia deixado o emprego na primavera anterior sob circunstâncias um tanto nebulosas e estava com dificuldades para se recolocar no mercado. Comprou até uma aliança de casamento, o que deixou o afável joalheiro, Harry Levitch, de quem Elvis era amigo desde que tinha concluído o Ensino Médio, todo empolgado – até descobrir que era só para substituir a aliança que a avó de Elvis tinha perdido. Em 8 de janeiro, comemorou seu vigésimo nono aniversário tranquilamente em casa e, no dia 12, viajou a Nashville, onde tinha uma sessão marcada. Pela primeira vez, desde maio anterior, gravaria um disco que não era trilha sonora.

A sessão de maio tinha originalmente a intenção de render um álbum e um single, mas à medida que o plano do Coronel de se concentrar exclusivamente nas gravações de trilhas sonoras foi ganhando mais força, o álbum foi deixado de lado e as 14 faixas se dispersaram em meio ao lançamento de singles ("Witchcraft", por exemplo, clássico do r&b

de Nova Orleans, tornou-se o lado B de "Bossa Nova Baby", do filme *O seresteiro de Acapulco*, em outubro de 1963) e "faixas bônus" nos álbuns de trilhas sonoras. Elvis entendeu que essa era uma questão meramente comercial; o Coronel tinha explicado tudo para ele antes, assim como havia explicado sobre a publicação: tinham os principais compositores da Hill and Range disputando lugar em seus filmes, numa concorrência que proibia qualquer um de tirar vantagem do sistema. Houve momentos em que compositores como Don Robertson ou Doc Pomus e Mort Shuman foram favorecidos, claro, mas estavam bem cientes de que poderiam ser facilmente substituídos (e muitas vezes, foram) caso deixassem o sucesso subir à cabeça. Até pode soar ríspido, admitiu o Coronel, mas nesse mundo grassava a concorrência selvagem. Melhor puxar o tapete dos outros antes que puxassem o deles.

Ainda assim, Elvis não deixou de notar uma queda substancial nas vendas: "Return to Sender" foi o último single a vender um milhão de cópias, em 1962, e se ele tivesse se debruçado mais sobre o assunto, teria descoberto que os três novos singles lançados ao longo de 1963 tinham vendido, no total, menos que dois terços do total de 1962, enquanto as vendas de álbuns estagnaram na faixa de 300 mil. Também percebeu o declínio na qualidade das canções das trilhas sonoras e no padrão do material novo que Freddy Bienstock trazia às sessões. Até podiam ter alguns dos melhores compositores do ramo, mas parecia que esse pessoal andava sem inspiração para canções melhores.

O motivo para a volta de Elvis ao estúdio em janeiro de 1964, no entanto, não tinha nada a ver com Freddy, nem com o Coronel, tampouco com a publicação de músicas. Tinha a ver, sim, com uma canção na qual ele realmente acreditava: "Memphis, Tennessee", de Chuck Berry, que ele havia gravado na última sessão, mas sabia que poderia fazer melhor – na verdade, sentiu o potencial para fazer dela um de seus singles mais fortes em anos.

"Memphis" foi lançada pela primeira vez em 1959, na versão de seu compositor, sem muito sucesso nas paradas. Então, na primavera de 1963, pouco antes da última sessão de Nashville, Lonnie Mack lançou sua interpretação instrumental da música, que acabou alcançando o número 5 nas paradas de música pop. A versão de Elvis era diferente de uma e de outra. Com a pesada introdução da bateria dupla de Buddy Harman e D. J. Fontana, o ouvinte pensava estar se embrenhando em algo semelhante aos "ritmos selváticos" e ao implacável ataque vocal que Elvis trouxe a "Long Tall Sally", de Little Richard, anos antes. Em vez disso, porém, a entrada vocal dele traz uma súplica doce, delicada, quase comovente, que nos conta a história de Berry. O cantor quer estabelecer contato com uma esposa ou namorada em Memphis. Súbito, numa reviravolta inteligente e tocante, vem a revelação: ele está tentando falar com a filhinha de 6 anos ("*We were pulled apart because her mom did not agree/ And tore apart our happy home in Memphis, Tennessee*").*

Na última sessão, a ideia era alcançar um som pop verdadeiro, e embora nem todas as canções valessem o esforço e nem todos os arranjos fizessem jus a todas as canções, Elvis havia elaborado uma abordagem consistente de contrapor vocais leves, arejados, quase etéreos, a guitarras distorcidas e uma forte ênfase na parte rítmica, alcançando um efeito curioso e deliberadamente incongruente. Essa foi a abordagem adotada com a canção de Berry em maio, e em essência a repetiu agora, gravando uma versão bem mais sutil que a de Berry. Em seis *takes* de irrepreensível concentração, Elvis dá ao ritmo pulsante um tom de tristeza inerente e profunda melancolia.

Claramente, o primeiro e o último *takes* foram as performances excelentes (como em qualquer sessão de gravação de Elvis, as diferenças eram sutis, com o objetivo de *penetrar* na canção em vez de criar variantes radicalmente diferentes). No final, era difícil dizer se ele havia superado a versão feita em maio, mas ao menos ficou satisfeito por ter

* "Nos separamos porque a mãe dela discordou/ E em Memphis, Tennessee, nosso lar despedaçou." (N. de T.)

explorado ao máximo a canção. Com isso, passou à única outra missão agendada para o dia: "Ask Me", adaptação para o inglês de outra música italiana, que ele também já havia arriscado na última sessão. Nessa faixa, a abordagem instrumental ainda era um pouco incerta, com o órgão de Floyd Cramer, ao estilo pista de patinação, de novo conduzindo a canção. Dessa vez, porém, Elvis contribuiu com um vocal impressionante, que oscilava entre o ápice de seu alcance tenor e um delicado falsete, quase de partir o coração, acrescentando mais 11 *takes* aos seis que havia tentado na sessão anterior.

Uma certa frustração permeava, a sensação contínua de que o arranjo não fazia jus ao amplo alcance romântico da balada italiana, mas à medida que a sessão se desenvolve, você percebe um músico sério que permanece imperturbável e totalmente focado em sua visão, uma visão que só ele compreende, mas da qual não desistirá enquanto não a tiver realizado. À exceção de sua indefectível polidez e a deferência atenciosa que ele mostra o tempo todo com seus colegas músicos, é difícil conciliar este Elvis com o Elvis que é usado como se fosse pouco mais do que um display de silhueta feito de papelão ou um pedaço de cenário em movimento em filmes como *Garotas, garotas e mais garotas* ou *Com caipira não se brinca* – mas a questão talvez seja justamente essa. Nesse momento fugaz, ele, e nós, estamos cientes do objetivo; nesse único instante, Elvis é capaz de se livrar das armadilhas da fama e reconhecer, brevemente, o que ele estava buscando em primeiro lugar.

E então se esvai. Embora aparentemente não houvesse planos formais para gravar qualquer material extra, Elvis gravou mais uma canção, "It Hurts Me", balada silenciosamente apaixonada e lindamente articulada, sugerida por Freddy com o apoio de Lamar Fike, que havia se reconciliado com Elvis na sessão de gravação em maio anterior e agora atuava na Hill and Range, em Nashville. Antes da meia-noite, a sessão se encerrou, e na manhã seguinte ele já estava de volta a Memphis. Talvez tenha passado em sua mente: quanto mais poderia ter sido realizado, mas qual seria a finalidade? O planejamento estratégico do Coronel já estava comprovado, e Elvis havia muito tempo se conformara com sua própria necessidade de segui-lo.

POR SUA VEZ, O CORONEL mostrava-se razoavelmente satisfeito. O público jovem ainda amava Elvis e, se não o amava tanto quanto antes, com a renda da RCA garantida pelos próximos sete anos, e uma agenda de filmes cada vez mais lucrativa para mantê-los ocupados ao menos até 1964, não havia quaisquer motivos para preocupação imediata. As promoções dele continuaram a render dinheiro aos dois; por meio de entrevistas controladas no set e oportunidades fotográficas, ele conseguia manter o nome de Elvis em constante evidência. "Nossos estratagemas funcionam", alardeava o Coronel sempre que era desafiado por qualquer um dos executivos almofadinhas, tanto da gravadora quanto do estúdio de cinema, com seus trajes sofisticados e diplomas universitários. "Olha só, se você tem um produto, tem que vendê-lo", explicou ele à *Variety* com um orgulho não desmentido pela dissimulação com que foi apresentado. Não havia ninguém capaz de vencê-lo em seu próprio jogo, não havia ninguém com maior conhecimento sobre a ciência de explorar comercialmente um produto. Novos gostos e tendências apontavam no horizonte? Não importava. Tinha a convicção de que poderia manter Elvis, e a si mesmo, na faixa de cidadãos que pagavam imposto de renda na faixa de alíquota de 90%, ainda por muitos anos a fio. Não duvidava de suas próprias habilidades nem por um momento; mas estava meio preocupado com o garoto. Será que ele manteria sua parte no trato?

No fim do ano, Wallis havia escrito a ele para expressar suas próprias dúvidas quanto à aparência de Elvis. Fez uma exibição doméstica de *Amor a toda velocidade*, e Elvis lhe pareceu "gordo", "flácido", "de bochechas murchas". O cabelo? "Atroz." A tintura preta parecia uma peruca desajeitada. O filme da MGM não era da conta dele, admitiu Wallis – mas a carreira de Elvis sim, e isso estava deixando Wallis muito apreensivo. Para o novo filme deles, *Carrossel de emoções*

(*Roustabout*), pelo qual o Coronel mostrava um interesse especial, Elvis tinha que entender: encarnaria um trabalhador avulso de um parque de diversões, um "cara durão, marrento, osso duro de roer". Se não mudasse a aparência, o personagem não passaria credibilidade. Por isso Wallis pediu ao Coronel que convencesse Elvis a deixar o cabeleireiro do estúdio cortar, colorir e pentear o cabelo conforme as necessidades do personagem, em vez de aparecer com seu próprio corte e tintura, feitos por seu cabeleireiro pessoal.

Reiterou suas preocupações no finzinho de janeiro e, sem dúvida, para sua surpresa, o Coronel concordou com ele. O Coronel transmitiria sua mensagem ao sr. Presley exatamente como havia sido expressa, com total apoio, mas, além disso, o Coronel sugeriu a Wallis que ele deveria "orientar enfaticamente" seus funcionários de produção para transmitirem os desejos deles a Elvis de modo simples e claro, porque se Elvis estivesse em dúvida do que se esperava dele, naturalmente gravitaria de volta a seus próprios gostos e inclinações. Todos deveriam adotar essa abordagem, escreveu o Coronel; o sucesso dependeria de uma coordenação adequada.

O tema do novo filme em si era, como Wallis sugeriu, muito próximo e caro ao coração do Coronel. Primeiro, convenceu Wallis a concordar com um cronograma de produção que cortava quase duas semanas do cronograma normal de filmagens de oito semanas. Em seguida, garantiu 45 mil dólares em pagamentos de bônus (divididos igualmente entre Elvis e ele, com 25 mil dólares extras indo só para ele, como "consultor técnico"). Após tudo isso, o Coronel se dedicou exclusivamente às suas funções de consultor, que pela primeira vez tinham uma vertente não só de marketing, mas também criativa.

A ideia de um filme sobre o universo dos parques de diversões itinerantes remonta ao início de 1961 e foi sugerida – não surpreendentemente – pelo Coronel, ao menos em parte. Quando o estúdio passou a desenvolver o roteiro, o Coronel apresentou toda sorte de sugestões, desde atenuar algumas das linguagens mais pomposas até injetar inúmeros toques reais do "ramo" na história. Em suas comunicações com Wallis, teve muito cuidado em enfatizar que não faria parte de um filme que vulgarizasse a vida dos parques de diversões e circos. O pessoal desse meio tinha um orgulho legítimo daquele modo de vida saudável – e o Coronel também, é claro. Quando a *New Musical Express* publicou uma reportagem em 9 de setembro de 1963, indicando que *Carrossel de emoções* seria inspirado na história de vida do próprio Coronel, o empresário reagiu com o tipo de indignação justa sempre adequada aos negócios (se o mundo entendia que aquela era a história de sua vida, então ele deveria ser pago por isso). Mas nessa ocasião, pela primeira vez, sua resposta pareceu refletir uma insegurança subjacente, o receio não assumido de aceitar a responsabilidade por algo pelo qual ele realmente poderia ser considerado responsável. Era como se, pela primeira vez, o Coronel mostrasse uma ansiedade criativa própria.

Elvis voltou a Las Vegas no fim de janeiro. O calendário de filmagens só começava em março, mas Memphis estava um tédio – cansou de bancar o bom menino, irritou-se com a sensação de estar num beco sem saída.

De volta ao grupo após retornar da Califórnia, Marty Lacker ainda não conhecia Vegas. Com Gene fora, e o outro primo de Elvis, Billy, pai aos 20 anos e temporariamente às turras com Vernon pelo custo das ligações de longa distância para casa, surgiu espaço na gangue. Marty, por sua vez, não teve lá muita sorte com os empregos de rádio que havia tentado desde a saída dele, no início de 1962. Elvis sentiu pena do moço, um rapazinho organizado – os demais não gostavam muito dele, mas ele era *diferenciado.* O fato é que Marty voltou a subir a bordo, deixando a esposa e o filho de 1 ano em Memphis em troca de uma vida de aventuras que prometia ser descontraída e sem compromissos.

E foi isso que encontrou sem demora. Vegas era diferente de tudo o que ele já havia experimentado. Elvis criou expectativas para ele en-

ELVIS VOLTOU A LAS
VEGAS NO FIM DE
JANEIRO. O CALENDÁRIO
DE FILMAGENS SÓ
COMEÇAVA EM MARÇO,
MAS MEMPHIS ESTAVA
UM TÉDIO – CANSOU
DE BANCAR O BOM
MENINO, IRRITOU-SE
COM A SENSAÇÃO DE
ESTAR NUM BECO
SEM SAÍDA.

quanto viajavam no *motor home*, com uma caravana de carros atrás. “Elvis batia na tecla do quanto eu ia adorar Vegas e do quanto era emocionante ver pela primeira vez a cidade toda iluminada à noite.”

> A cerca de 50 quilômetros de Boulder City, Nevada, o trailer quebrou. Ainda era dia, e Elvis insistiu que esperássemos no trailer até escurecer porque ele não queria que eu visse Vegas pela primeira vez à luz do dia. Vinte minutos depois, ele disse: “Vamos entrar no maldito carro e ir ao hotel de beira de estrada mais próximo. Esperamos anoitecer e depois vamos a Las Vegas...”.
>
> Tínhamos acabado de fazer o check-in no hotel quando descobrimos que não havia televisão nos quartos. Isso estragou tudo, e Elvis disse: “Moon [Marty foi apelidado de “Lua” por Elvis em alusão à sua careca], sinto muito, mas vamos sair daqui e buscar os confortos de Vegas”. Não fez a menor diferença para mim, mas ele não escondeu a decepção porque o plano dele não tinha funcionado.

Ficavam acordados a noite inteira e dormiam durante o dia. Foram a todos os shows, assistiram a Fats Domino e Della Reese, ao cáustico comediante Don Rickles (que só não pegou no pé de Elvis porque, segundo Rickles, os dois eram dedicados às respectivas mães), e a Tony Martin, cuja canção “There’s No Tomorrow” Elvis havia adaptado como “It’s Now or Never”. Elvis namorou Phyllis McGuire das McGuire Sisters, não intimidado pelo singelo fato de ela já ter um namorado, o mafioso Sam Giancana. Uma noite, foram ao Stardust e, pouco antes de sair da suíte, Elvis entregou a Marty uma caixa. Marty indagou o que havia dentro, e Elvis o mandou abrir. “A maldita caixa estava tão cheia de pílulas que derramei umas no chão ao levantar a tampa. Era como dar uma caixa de bombons a uma criancinha. Eu nunca tinha visto tanta pílula junta."

O show de abertura era um artista de prestidigitação, anunciado como "o maior batedor de carteiras do mundo". Como de costume, se acomodaram na lateral, para sair à francesa, com Marty sentado junto ao corredor. O artista em questão perambulou na boate, conversando com membros individuais da plateia. Em meio à conversa, furtava uma gravata, uma carteira, uma joia, de que o membro da plateia não sentia falta, até ele erguer o item no ar sob aplauso geral.

> Eu nunca tinha visto antes aquele sujeito e já me imaginei caindo como um patinho. Eis que me lembro da caixa de comprimidos no bolso do casaco e começo a me preocupar. O que diabos vou fazer se ele vier para o meu lado e conseguir pegar a caixa?
>
> Fiquei bem grilado quando o cara se aproximou de nossa mesa. Tirei a caixa de pílulas do bolso e a deslizei para debaixo da mesa. Tentei chutar a canela de Joe para alertá-lo, mas ele estava prestando atenção no show e não deu bola para mim nem para a caixa. Enfim me inclinei para ele e disse: "Joe, pegue essa caixa infernal, cara, aquele desgraçado ainda vai roubá-la de meu bolso maldito".

Chegando a Las Vegas, em 30 de janeiro, foi anunciado que Elvis tinha comprado o U.S.S. *Potomac* pela bagatela de 55 mil dólares. O *Potomac,* conhecido como "Casa Branca flutuante" do presidente Roosevelt durante a Segunda Guerra Mundial, esteve em plena operação até o ano anterior e, recentemente, vinha sendo usado como atração turística em Long Beach. Os atuais proprietários, porém, decidiram leiloá-lo no 82º aniversário do nascimento de Roosevelt. No afã do momento, o Coronel persuadiu Elvis de que poderiam conseguir o mesmo tipo de impacto criado pelo show beneficente do *Arizona*, em 1961, se comprassem o barco e o doassem à organização March of Dimes.

Os problemas afloraram quase de imediato. A March of Dimes não quis o barco (um presente sem utilidade e muito caro para manter); em 11 de fevereiro, o Coronel tentou repassá-lo a uma unidade da Guarda Costeira em Miami, mas a Guarda Costeira recusou por razões semelhantes. Os jornais pegaram a história e começaram a ridicularizar a compra, referindo-se ao iate como um "elefante branco" que ninguém queria e ao qual o cantor e seu empresário não sabiam dar um destino.

Em 14 de fevereiro, finalmente, o Coronel teve sucesso em convencer o Hospital St. Jude, em Memphis, a receber o barco como doação. O St. Jude tinha um centro de pesquisa "dedicado a encontrar curas para graves doenças infantis", fundado e patrocinado pelo comediante Danny Thomas. O barco foi rebocado a um novo ancoradouro e, às pressas, a pintura de um de seus lados foi renovada, para causar boa impressão na imprensa. No dia seguinte, Elvis e os caras vieram de Vegas para a cerimônia dedicatória, que aconteceu em Long Beach, todos os caras parecendo soturnos em seus trajes escuros, Elvis elegante em seu terno claro de corte continental, gravata estampada estreita e alguns fios do topete caindo descuidadamente em sua testa. Danny Thomas aceitou o presente para o St. Jude, citando Elvis como um verdadeiro benfeitor humanitário, e Elvis mencionou pertinentemente que o St. Jude ficava pertinho da Alabama Street, onde ele havia morado.

No final, o evento gerou muita publicidade, mas mesmo assim Elvis ficou furioso. O que é que o velhote estava pensando, comprar esse presente de grego, que ninguém desejava, e transformá-lo em motivo de chacota aos olhos do mundo? É verdade, ele tinha concordado com isso; como estudante de história e admirador de Roosevelt, Churchill e do general MacArthur, sentiu orgulho de comprar o barco onde foram discutidos os grandes assuntos da Segunda Guerra Mundial. Mas do jeito que a coisa havia se desenrolado, começou a se perguntar se talvez o Coronel não havia cometido um escorregão. E, além disso, o que o velhote queria ao interromper suas férias em Las Vegas?

O NOVO SINGLE CHEGOU ÀS LOJAS em 15 de fevereiro, três semanas antes da estreia de *Com caipira não se brinca*, que foi apressada para antecipar a de *Amor a toda velocidade*, com agendamentos duplos em 500 cinemas em todo o país. Após muito estudo, Elvis enfim decidiu que "It Hurts Me" seria o lado B de "Kissin' Cousins", a música-título do filme – preferiu esperar melhor oportunidade para "Memphis", que continuava acreditando que seria seu melhor single em anos. A pré-produção de *Carrossel de emoções* só estava programada para começar a partir de 2 de março, então demoraram para voltar de Vegas, passando a maior parte do mês lá, só emergindo – meio grogues – uns dias antes da data agendada para Elvis gravar a trilha sonora nos estúdios Radio Recorders.

As filmagens começaram na semana seguinte. Wallis reuniu um bom elenco, com o veterano ator Leif Erickson interpretando o personagem sentimental (o ébrio com um fardo opressivo de culpa e uma filha bonita que luta contra Elvis a cada momento, mas no fim dá o braço a torcer) e a lendária Barbara Stanwyck, em uma rara aparição nas telas hollywoodianas na década de 1960, interpretando com talento a empresária, dona do parque, ameaçada pela bancarrota, papel originalmente oferecido a Mae West. O diretor, John Rich, um pioneiro da televisão, começou em séries de comédia (*Our Miss Brooks*) e se firmou em seriados de faroeste, como *Gunsmoke* e *Bonanza*. Havia recém-acabado as três primeiras temporadas do *Dick Van Dyke Show*, que alcançaram estrondoso sucesso, quando assinou com Wallis, no ano anterior, para realizar longas-metragens. "Eu não entendia muito sobre musicais de cinema, não entendia nada sobre Elvis. Quis saber: por que eu? Eu sonhava em realizar filmes grandiosos, como *Becket*, mas eu ia fazer o melhor que eu pudesse e [tentar] corresponder o mais rápido possível."

Os amigos de Elvis olharam para Rich com desconfiança; não era o tipo de diretor afável e descontraído, ao estilo de Norman Taurog. Desde o início, a atmosfera no set foi bem diferente. No terceiro dia de filmagens, contra a recomendação de Rich, Elvis dispensou o dublê numa cena de luta e acabou se machucando.

"Ele se aproximou e pediu, por favor, não poderia fazer a cena ele mesmo? Respondi: 'Claro que não, meu Deus. E o que acontece se você se machucar?'. Ele disse: 'Não vou me machucar. Realmente sei fazer essas coisas. Sabe, sou faixa preta em caratê'. Eu disse: 'Bem, meus parabéns, acho isso maravilhoso, é bom para a vida, mas isso é um filme. Que Deus nos livre e guarde você ser atingido de alguma forma'. Ele disse: 'Não vou. Conheço esse pessoal e eles me conhecem. Realmente quero fazer isso'. Ele me implorou. De verdade. E, por fim, declarou: 'Se algo acontecer, eu assumo toda a responsabilidade'. Bem, o que fazer numa situação dessas? Enfim joguei a toalha e concordei. Mas foi um erro, porque Elvis levou uma bordoada feia na cabeça. Não pude evitar o pensamento: 'Ai, meu Deus, lá se vai por água abaixo minha carreira no cinema'. Teria que contar a Hal Wallis que eu autorizara o astro a lutar. Pensei: 'Isso não vai acabar bem'.

Claro que tivemos que interromper as filmagens, e eu o mandei ao hospital, onde lhe aplicaram quatro ou cinco pontos na testa. Felizmente, porém, encontrei uma saída. O roteiro tinha uma cena em que Elvis derrapava e saía da estrada em sua motocicleta [por Leif Erickson, em uma cena inicial], e pensei: 'Não há razão para não colocarmos um band-aid no supercílio de Elvis'. A solução deixou Wallis muito satisfeito. Achou a ideia ótima... contanto que eu pudesse continuar filmando. E Elvis voltou se sentindo bem. Ficou um pouco acanhado, por ter causado todo esse problema... mostrou-se *muito* arrependido. Mas quando contei a ele sobre a ideia do band-aid, ele exclamou: 'Ah, beleza, assim podemos continuar filmando'. Ele só estava com medo de que tivéssemos que interromper as filmagens."

O resto das filmagens transcorreu sem incidentes. Sob a direção de Rich, o filme teve um visual melhor do que a maioria dos filmes da

Paramount. Rich ficou especialmente orgulhoso da autêntica recriação do mundo dos parques de diversões, que ele montou numa enorme fazenda de gado no Vale, com mais de mil extras, e de várias tomadas ininterruptas de câmera sobre trilhos, uma delas com Elvis cantando enquanto pilotava a moto, e outra em que cantava para a garota dele na roda-gigante. Rich realizou essas tomadas com a câmera sobre trilhos, sem custo adicional e com considerável engenhosidade, substituindo a técnica de *matte painting* (usada para combinar uma imagem de primeiro plano com uma imagem de fundo, no caso, Elvis parado contra um fundo em movimento) que constava no roteiro. Também deu instruções sobre as falas de Elvis, que fez um trabalho decente em resgatar parte de sua antiga imagem rebelde. Porém, a trilha sonora era quase constrangedora, e a rusticidade que Elvis exibiu era, como a qualidade musical, claramente mais artificial do que autêntica. Havia também um contínuo atrito entre Rich e os amigos de Elvis, que se ressentiam ferozmente de serem excluídos da ação, enquanto Rich, por sua vez, também não curtia a presença deles.

"Não sou de confraternizar muito com o grupo que está ao redor dos artistas, mas eles marcavam presença de modo constante e não podíamos ignorá-los. Agora me lembro de algo que realmente me incomodou: em certo ponto no meio do filme, eu estava na sala de edição, escolhendo os cortes das cenas, quando Elvis apareceu e começou a olhar por cima do meu ombro. Eu estava trabalhando na Moviola com meu editor, e Elvis ficou tão fascinado com o que eu estava fazendo que mostrei a ele como fazíamos para cortar de um plano geral para um close-up, ou o que estava por trás de cada corte. Ele indagou: 'Posso observar isso com mais frequência?'. Nisso os caras disseram: 'Ah, vamos lá, isso é besteira'. Não usaram a palavra 'besteira'. E eles o levaram embora e depois disso ele nunca mais apareceu na mesa de edição."

No final, provavelmente, o maior problema foi o roteiro, escrito, como os três últimos filmes da Paramount, por Allan Weiss, conforme as especificações de Hal Wallis ("Wallis mantinha os roteiros superficiais. Fui incumbido de criar uma estrutura verossímil para 12 canções e muitas garotas") e mais uma vez apresentou um Elvis que parecia só um pouquinho menos entediado e apático do que em qualquer de seus outros papéis recentes. Em 20 de abril, o último dia das filmagens principais, saiu no *Las Vegas Desert News and Telegram* a manchete "Elvis ajuda o sucesso do filme Burton-O'Toole". O artigo explicava:

> Quem poderia imaginar que Richard Burton e Peter O'Toole devem parte de seu sucesso atual a Elvis Presley? Esses dois atores brilhantes treinados em Shakespeare, e aclamados mundialmente por suas performances em *Becket*, talvez não tivessem a oportunidade de estrelar o filme não fosse por *Sir* Quadris Giratórios. Não ria, não! Elvis não recusou o papel de Henrique II ou Becket, não é isso. O fato é que Elvis ajudou a financiar *Becket* indiretamente. O produtor Hal Wallis, que realizou os filmes mais bem-sucedidos de Presley, também assinou a produção de *Becket*. E a receita dos filmes de Elvis proporcionou os meios para filmar *Becket*. De acordo com Wallis: "Para fazer filmes artísticos, é necessário realizar os filmes comercialmente bem-sucedidos de Presley. Mas isso não significa que um filme de Presley não possa ter qualidade também". Atualmente, Wallis está filmando *Carrossel de emoções*, estrelado por Elvis. Talvez essa história não seja a melhor, mas O'Toole e Burton também não cantam como Elvis.

Isso só confirmou o que Elvis temia. A partir do momento em que tomou conhecimento da reportagem, publicada de uma forma ou de outra em todo o país, ele deixou fluir livremente sua raiva e mágoa. Nunca seria levado a sério como ator; Wallis era um duas-caras fiadaputa, e o Coronel era farinha do mesmo saco – ele *nunca* teria a oportunidade de mostrar quem ele era. Todos os caras assentiram com a cabeça, em enfática concordância. Mas se tivessem analisado melhor, teriam reconhecido que acima de tudo ele estava expressando sua decepção consigo mesmo. Infeliz, desiludido, profundamente insatisfeito com o rumo de sua vida, estava pronto para uma revelação.

Coronel Parker, Elvis e Larry Geller no set de *Minhas três noivas*
(Cortesia do Espólio de Elvis Presley e Larry Geller)

DESPERTAR ESPIRITUAL

Abril de 1964 a abril de 1966

E A REVELAÇÃO SE MATERIALIZOU na forma de Larry Geller, cabeleireiro de 24 anos, que chegou à soleira da porta de Elvis, às quatro da tarde, em 30 de abril. Sal Orifice, o cabeleireiro usual de Elvis, tinha acabado de se demitir do badalado salão de Jay Sebring, mas informou a seu cliente que Geller, colega ao longo de cinco anos, seria um substituto à altura. Alan Fortas ligou, Larry terminou de atender o cantor Johnny Rivers, amigo em comum, e aproveitou a chance. Jimmy Kingsley o apanhou no bairro Bel Air e o conduziu à casa da Perugia Way. Lá foi levado à salinha. Elvis, que usava um *biker cap** ajeitado na cabeça em ângulo garboso, estendeu a mão e se apresentou, como se Larry não tivesse ideia de quem ele era. Por que não iam ao banheiro, sugeriu Elvis, onde Larry poderia fazer o seu trabalho sem ser incomodado? Os dois também poderiam conversar um pouquinho.

Nesse primeiro contato, cerca de uma hora, mais ou menos, o tom da conversa foi de polidez. Elvis disse a Larry que tinha boas referências sobre seu trabalho. As gravações para o novo filme dele tinham sido recém-concluídas, explicou. No dia seguinte, voltaria ao estúdio para uma sessão de fotos publicitárias. Por isso não tinham muito a fazer

* "Boné de motociclista"; no site da Sterkowski há um modelo chamado "Elvis". (N. de T.)

exceto manter a aparência atual. Precisava de corte e tingimento suaves, para combinar com o visual do filme. Larry ficou impressionado com a cortesia e a atenção de Elvis, seu "jeito de se comunicar" – mas não decifrou o que estaria por trás daquela postura reticente. Assim que Larry passou o spray modelador, Elvis de repente se virou e disse: "Larry, não me leve a mal… Quais são os seus interesses na vida?".

Larry havia se dedicado seriamente aos estudos espirituais nos últimos quatro anos. Havia algo fora do comum naquela pergunta, ele não teve dúvidas. Por isso não hesitou em sua resposta. "Respondi: 'Claro, eu gosto de atuar no meu ramo, mas o que realmente me interessa, mais do que outra coisa, é tentar descobrir coisas como de onde viemos, por que estamos aqui e para onde vamos'. Ao falar isso, fiquei com receio de ele pensar que eu era um bicho-grilo, mas enquanto eu falava, notei um brilho iluminando o olhar de Elvis… Ele disse: 'Cara, continue falando, continue falando'."

> Contei que havia cinco anos eu tinha começado a me questionar sobre a vida. Por que estamos aqui? Existe uma finalidade para tudo isso, ou os materialistas e ateus estão certos?... E qual seria a *minha* finalidade?
>
> Enfronhado no assunto, Elvis prestou atenção em cada palavra. "E qual é a *sua* finalidade?", disparou ele, fitando meus olhos.
>
> "Se é que existe uma finalidade... então a minha finalidade é descobrir qual é ela. Não importa para mim se vou levar alguns anos ou a vida toda. É por isso que nascemos."
>
> Para Elvis, foi como levar uma bofetada. Balançou a cabeça para lá e para cá e disse: "Peraí, cara. Larry, eu não acredito. Você falou justo aquilo que eu penso secretamente *o tempo inteiro*... Sempre soube que havia uma finalidade em minha vida. Sempre senti atrás de mim

> essa mão invisível, guiando minha vida. Sabe, *tem* que haver uma finalidade... tem que haver um propósito... para que eu tenha sido escolhido para ser Elvis Presley.

Nas quatro horas seguintes, ele mais pareceu um sedento no deserto: desnudou a sua alma. Contou a Larry sobre a mãe dele, sobre o vazio de sua vida em Hollywood, sobre todas as coisas em que pensava secretamente e não podia compartilhar com ninguém ao seu redor. "Puxa, Larry", disse ele, "juro por Deus que ninguém sabe o quanto me sinto solitário. E como eu me sinto vazio de verdade". E irrompeu em lágrimas.

Primeiro, Larry ficou surpreso e se perguntou... Seria uma brincadeira? Será que Elvis fazia aquilo com todo mundo que conhecia? Mas Elvis continuou a falar, e essas suspeitas se dissiparam. Expôs seus sentimentos mais íntimos num condoído jorro de palavras e emoções. Então foi a vez *de Larry* se perguntar: "Por que eu?". Duas horas depois, bateram à porta. Era um dos parças, preocupado se estava tudo bem – o que estava acontecendo ali dentro? "Está tudo *bem*", gritou Elvis a portas fechadas. "Deixa a gente em paz! Vou sair daqui a pouco." Antes de partir, Larry havia prometido largar o emprego no salão de Jay Sebring e levar, no dia seguinte, nos estúdios da Paramount, os livros de que tinha falado.

Dito e feito. No dia seguinte, às oito da manhã em ponto, chegou à Paramount com exemplares de *A vida impessoal, Autobiografia de um iogue, A iniciação do mundo* e *Beyond the Himalayas.** Naquela noite, quando Larry apareceu na casa com uma versão da Bíblia na tradução do Rei Jaime, Elvis já tinha devorado na íntegra *A vida impessoal.* Se o vínculo ainda não estivesse consumado, agora se tornou lapidado em

* *Beyond the Himalayas,* de Murdo MacDonald-Bayne, é a única das obras citadas ainda não traduzida para o português brasileiro. (N. de T.)

pedra. Elvis garantiu a Larry que a vida toda procurou um livro assim. Era a confirmação pela qual ansiava.

Publicada a primeira vez em 1917, *A vida impessoal* (*The Impersonal Life*) tinha como autor Joseph Benner, que afirmava não ser o verdadeiro escritor, só o veículo para sua transmissão. A obra teria fluído de um eu superior e divino. Em essência, o texto passava a mensagem de que a verdade está em nosso âmago. O "eu divino" é, de fato, Deus. Logo nas primeiras páginas, o livrinho propunha ao leitor a seguinte questão: "Você está pronto? Deseja *mesmo* embarcar? (...) Para que você consiga aprender a Me conhecer e ter a certeza de que sou *Eu*, seu próprio e Verdadeiro Self, Quem fala estas palavras, primeiro você precisa aprender a *Ficar Sereno*".

O livro calava fundo na alma de alguém que nunca havia conseguido verbalizar essas perguntas ou nem mesmo ter certeza de que outras pessoas também as faziam. Colocava em evidência a fraqueza e a insensatez humanas, encarando-as como parcelas iguais do plano divino. Oferecia esperança, método, uma vereda para o autoaperfeiçoamento e a redenção. Encantou uma mente faminta de conhecimento e sem um foco nítido, nem mesmo um verdadeiro confidente, desde a morte de sua mãe. "Sou Eu realmente Quem faz sua personalidade se rebelar assim. A sua personalidade, com seu orgulhoso senso de individualidade, ainda é necessária para que Eu desenvolva um intelecto e um corpo fortes o suficiente para conseguir Me expressar perfeitamente... Essa [individualidade] não é nada além de sua personalidade, ainda em busca de manter uma existência separada." Todos os eventos e condições terrestres "foram apenas um Sonho, do qual você despertará completamente apenas quando Você (a Humanidade) voltar a se tornar plenamente consciente de Mim em seu íntimo".

Por fim, como se algo mais fosse necessário para cimentar o elo, Benner afirmava: "Por intermédio de você, posso expressar belas sinfonias de som, cor ou linguagem que se manifestam como música, arte ou poesia... e que hão de afetar os outros de tal maneira que você será aclamado por eles como um dos grandes da época... [e] saudado como um maravilhoso pregador ou professor". O livro, cujos direitos autorais pertenciam à Sun Publishing Company, trazia muitos exemplos das verdadeiras conexões entre as coisas que nessa vida passavam por coincidências.

"Esse livro é inacreditável", declarou Elvis a Larry, sem esconder seu assombro. "Pode me trazer outros livros assim. Todos que você achar que eu preciso."

Passaram a maior parte da noite esmiuçando as ideias contidas em *A vida impessoal*, comentando sobre seu significado, falando especificamente no que se referia a Elvis. Essa voz interior, contou ele a Larry, ele ouvia desde os 4 ou 5 anos de idade, primeiro em forma de invocação: ninguém menos que o seu falecido irmão Jesse o exortou a "cuidar das outras pessoas, me colocar no lugar delas, ver seu ponto de vista, amá-las. Como se fosse a voz da consciência". Em especial, um trecho do livro acertou em cheio: "Por MEU intermédio, mesmo você, que busca servir a MIM, fará obras maravilhosas que vão reavivar e despertar seus irmãos e irmãs (...). Por MEU intermédio, você influenciará e afetará as vidas de muitas pessoas que tiverem contato com você, inspirando-as e alçando-as a ideais mais elevados". De novo se refugiaram durante horas no banheiro, onde Larry lavou e penteou o cabelo de Elvis; mais uma vez, os caras ficaram impacientes e ranzinzas com esse desvio bizarro e inexplicável por onde o chefe deles tinha resolvido se enveredar.

Ao longo do mês seguinte, Larry chegaria em seu detonado Volkswagen quase todas as noites, e a noite se esvairia em longas discussões filosóficas que excluíam todos os outros, intelectual e fisicamente. O ritmo geral da vida na casa em Perugia mudou rápido, e uma mentalidade rabugenta foi dominando a maioria dos caras. Reclamações espocavam. Por que não iam passar uns dias em Memphis? Entre um filme e outro, eles teriam um mês. Se era pouco tempo para visitar a terra natal, por que não iam se divertir em Las Vegas? Quando alguém sugeria convidar umas garotas ou jogar futebol americano, Elvis mostrava-se completamente indiferente. Num primeiro momento, Joe Esposito, cuja principal preocupação era garantir que tudo funcionasse de acordo, estava disposto a lhe conceder o benefício da dúvida. “No começo, até gostei de Larry. Um cara legal, bem-apessoado, cortês, mas *esquisito*. A impressão que eu tinha era quase como se ele estivesse fazendo uma lavagem cerebral em Elvis. Ele o levava ao banheiro para cortar e tingir o cabelo dele, e conversavam por horas a fio e se embrenhavam em todas essas coisas. Antes, era a maior diversão, e agora, de repente, Elvis fica lá fora, olhando as estrelas a noite toda, ou lendo aqueles livros... A gente acordava de manhã e lá estava ele, sentado, lendo um livro e tecendo perguntas sobre religião. Ei, e o jogo de futebol americano do último fim de semana? Gostávamos de sentar e assistir a jogos de futebol americano. Tudo isso ficou para trás.”

Do ponto de vista de Joe, Elvis era uma vítima fácil para um autoproclamado guru como Larry; a personalidade passiva do cantor ficou à mercê das mãos de Larry. “Sempre foi crédulo em se tratando desse tipo de coisa. Sempre tentou descobrir por que recebeu o dom de cantar, por que foi o escolhido... mergulhava em todas essas coisas que você não tem como resolver. Gostava de mostrar sua inteligência tentando encontrar respostas que ninguém mais sabia.”

Entre o restante dos caras, a opinião era quase unânime. Alguns deles começaram a chamar Larry de “Swami”, “Rasputin”* ou Embaralha-Cérebros, fazendo piadinhas pelas costas e até na frente dele. Outros o chamavam de “o Judeu Errante”, mas o que sentiam basicamente era uma fervilhante e indistinguível dor de cotovelo. Elvis fez algumas tentativas superficiais para que Larry explicasse aos caras o que andavam estudando, até mesmo para os incitar a ler alguns dos livros. A iniciativa em grande parte foi recebida com taciturna indiferença, à exceção de seu primo Billy e Charlie Hodge, que nesse momento era uma presença apenas intermitente no grupo e que havia recém-descoberto *Autobiografia*

* Respectivamente, um monge hindu e um místico russo. (N. de T.)

de um iogue por conta própria. Para Sandy Ferra, por outro lado, Larry foi como uma lufada de ar fresco num ambiente basicamente sufocante. Na opinião de Sandy: "A espiritualidade sempre esteve ali, mas Larry a trouxe à tona ao mostrar os livros para ele. Acho que isso deu um pouco de paz a Elvis. Aos 18 anos, eu já tinha lido Gibran e a Bíblia budista, pois eu curtia outras filosofias. Elvis me deu uma cópia de *A vida impessoal* e falou: 'Você tem que ler isso'. As partes de que ele mais gostara estavam sublinhadas".

Por sua vez, Larry foi conhecendo melhor um homem espirituoso, perspicaz, mas pouco prático, angustiado por contradições. O Elvis que Larry via era tímido, não confiava em si, receava que as pessoas rissem dele, mas também cultivava uma espécie de calma interior que lhe permitia estudar a si mesmo minuciosamente, sem autoconsciência ou vaidade. "Quando Elvis sentia apreço por algo, apreço pela beleza, ele só a apreciava; isso era algo atemporal para ele. Como uma flor... A flor só existe agora, não existe ontem. Apenas é. Se Elvis amava alguma coisa, apenas era. Diferente [esse tipo de apreço], talvez 'anormal'. Mas tem algo de bonito e interessante nisso." Para Larry, Elvis também possuía uma capacidade incrível de "ler" as pessoas. "A intuição dele era extremamente aguçada e quase nada passava despercebido para ele." Entretanto, sentia Larry, ele andava rodeado de gente que não compartilhava de suas necessidades ou aspirações espirituais.

Larry ficou maravilhado não só com a ânsia de Elvis por conhecimento, mas com sua aptidão para isso. Para alguém que antes nunca havia sido exposto a qualquer tipo de estudo formal, agarrou-se às leituras orientadas por Larry com sede insaciável. Ao longo das semanas e meses seguintes, além de *A vida impessoal*, livro ao qual sempre voltava, ele devorou a *Autobiografia de um iogue*, de Paramahansa Yogananda; *A primeira e última liberdade*, de Krishnamurti; *A voz do silêncio*, de Madame Blavatsky; *Folhas do jardim de Morya* e dezenas de outros livros sobre numerologia, cosmologia e metafísica. "Quase todos os dias [ele] solicitava um novo livro. (...) Para ele, não bastava ler a obra; tinha que absorvê-la, analisá-la, questioná-la, vincular os pensamentos e ideias nela contidos a tudo o que havia lido antes e a coisas que tinha ouvido o pessoal dizer. Elvis fazia dobras na ponta das páginas, realçava trechos, rabiscava anotações e perguntas nas guardas e nas margens do livro. Para Elvis, ler não era uma atividade passiva; cada livro prometia uma nova aventura, uma nova maneira de enxergar as coisas."

O NOVO FILME DA MGM, *Louco por garotas* (*Girl Happy*), o último pelo seu contrato de 1961, começou com a sessão de gravação no Radio Recorders, em 10 de junho. Freddy Bienstock reuniu uma mixórdia de canções tipicamente aleatória, e Elvis ficou suficientemente envergonhado, ao gravar a canção-título no primeiro dia, a ponto de implorar ao produtor de cinema, Joe Pasternak, para não enfatizar seu vocal na mixagem. No segundo dia, saiu no meio da sessão após 36 *takes* de um número chamado, aparentemente sem tentativa de ironia, "Do Not Disturb".

O filme em si não foi melhor. Joe Pasternak, húngaro nativo de 63 anos, iniciou a carreira cinematográfica na Europa, nos idos de 1929. Atuava em Hollywood havia décadas, tendo primeiro salvado a Universal com a série de musicais com a atriz Deanna Durbin, até ingressar na MGM, em 1942. Sua ideia original, em sua breve passagem pela Columbia Pictures, em 1957, era escalar Elvis Presley em *Maldosamente ingênua* (*Gidget*), o primeiro "filme de praia". O estúdio recusou, e ele voltou à MGM, onde fez sucesso em 1960 com um divertido filme sobre universitárias em férias na Flórida, em plena primavera. Essa foi a inspiração para *Louco por garotas*. "A Metro contratou Elvis para quatro filmes, e eu estava na Metro como produtor independente. Procurei os executivos e falei que tinha uma ideia para um filme com Elvis Presley. Eu sabia que ele era um cara jovem e que cantava muito bem, e eu tinha produzido [outro filme chamado] *Bastam dois para amar* (*Where the Boys Are*), com a mesma ambientação, Fort Lauderdale. E eu adorava esse local. Disseram [então]: 'Vá em frente e faça isso'."

Como em *Com caipira não se brinca*, as filmagens de *Louco por garotas* seguiram um cronograma de produção abreviado. Elvis receberia seus 500 mil dólares de praxe, por seis semanas de trabalho, além de 50% dos lucros assim que o estúdio tivesse recuperado os custos e garantido os primeiros 500 mil dólares de lucros. O restante do orçamento alcançou menos que o dobro do custo do astro principal, e o produto acabado tinha uma aparência de barganha, com toscas tomadas *matte* substituindo as filmagens em locações. No set, Elvis parecia estranhamente calado, quase sem ânimo. Como de costume, o set foi muito frequentado por celebridades; Ann-Margret aparecia de vez em quando para dar um oi, e a turma gostava do ator coadjuvante Gary Crosby, filho de Bing, que jogava futebol americano com eles no De Neve Park. Um dia, Lynda Bird Johnson, filha do presidente dos EUA, deu o ar de sua graça, acompanhada por um destacamento do Serviço Secreto. A Máfia de Memphis se divertiu com aquilo, frente a frente aos guarda-costas, os dois grupos protegidos por óculos escuros e expressões impenetráveis, esperando que o outro piscasse.

O ator de cinema Nick Adams, velho amigo de Elvis, apareceu para o aniversário de 55 anos do Coronel, em 26 de junho, com direito a bolo e à comemoração de sempre, mas o Coronel, com dores na lombar, não compareceu ao longo da maior parte do filme. Numa das poucas vezes em que marcou presença, concedeu uma entrevista ao colunista de fofocas Earl Wilson, disparando suas pérolas usuais com barulho e espalhafato. "Você se lembra de quando chegamos aqui?", perguntou retoricamente. "Ninguém nos dava seis semanas." E quanto a casamento? Wilson quis saber. "Correu um boato, Coronel, que se Elvis se casar, você vai fazer o casório no Hollywood Bowl e vender ingressos." "Mentira!", respondeu o Coronel com animação. "Sempre imaginei uma cerimônia discreta, no lombo de um elefante."

"Se o empresário dele parecia um pregoeiro no parque de diversões", Elvis, observou Wilson, mostrou-se "quieto e avesso ao circo quando o encontrei em seu trailer-camarim". Teve pouco a dizer sobre casamento ou qualquer outra coisa. Acabrunhado e fitando o chão, admitiu que um dia provavelmente ia se casar.

NESSE PERÍODO, ELVIS se sentia estranhamente distanciado de sua antiga vida. Entre as leituras e suas obrigações diárias no estúdio, sobrava pouco tempo. Elvis contava os dias para o término das filmagens; impaciente com o progresso que estava fazendo, queria mais tempo para se dedicar aos estudos espirituais. Larry explicou a ele que não havia atalhos, era preciso assimilar as lições. Quando chegasse a Memphis, porém, Elvis tinha certeza de que progrediria mais rápido. Todas as noites, ao telefone, contava animadamente a Priscilla suas novas descobertas. Mal posso esperar que você conheça Larry, dizia ele; sabia que os dois iam se dar bem de verdade.

No início do verão, a versão de "Memphis", de Johnny Rivers, atingiu as paradas. Isso pegou todo mundo de surpresa, porque Johnny tinha sido um visitante frequente da casa nos últimos três anos. Jogava futebol americano com eles, virou membro da gangue e até improvisou com Elvis um dueto com a canção de Chuck Berry, quando Elvis executou para ele uma prensagem teste com sua própria gravação da música. Entre os caras não havia dúvida alguma: Johnny sabia que Elvis planejava lançar a canção como seu próximo single. Agora Elvis deveria lançar a versão dele e arrasar aquele usurpador de meia-tigela, murmuraram todos entre si, sem esconder a raiva. Mas Elvis não; só balançou a cabeça tristemente e disse que não queria mais ver Johnny. E em julho, a RCA lançou discretamente "Such a Night", de sua primeira sessão pós-exército, em março de 1960 (originalmente lançada no álbum *Elvis Is Back*), após a canção chegar às paradas na voz de Conway Twitty, em uma versão produzida por Felton Jarvis, um novato em Nashville, para a ABC Records.

Com vendas pouco acima das 300 mil cópias, o single de "Such a Night" mal superou o lançamento anterior de Elvis, "Suspicion", outra antiga faixa de álbum, relançada às pressas quando Terry Stafford alcançou o terceiro lugar nas paradas com sua cover da música, mais cedo naquele ano. Na realidade, à exceção de "Kissin' Cousins", nenhum dos quatro singles lançados até então em 1964 havia vendido meio milhão de cópias, nem mesmo a faixa-título de *Amor a toda velocidade*. O momento seria mais sombrio se o filme em si não tivesse estreado na décima quarta posição do ranking de bilheterias da *Variety*, em 1º de julho, com relatórios favoráveis oriundos de Nova York, Atlanta, Omaha, Cedar Rapids e de todo o país. Mas até mesmo se o filme não tivesse sido um sucesso comercial, isso provavelmente não teria feito diferença para Elvis. A cabeça dele andava claramente em outro lugar.

O Coronel marcou um encontro com o cantor, pouco antes de Elvis partir para Memphis, em meados de agosto. Larry e alguns dos caras o acompanharam até o estacionamento e aguardaram no carro, enquanto Elvis conversava com o empresário. Meia hora depois, Elvis emergiu "com o rosto afogueado", Larry escreveu mais tarde, "e a mandíbula trincando de raiva. Entrou rápido no carro, um dos caras fechou a porta do carro atrás dele. Então Elvis soltou o verbo, aos gritos: 'Que ousadia daquele fdp! Não sabe nada sobre a minha vida. Não sabe nada sobre mim. Disse que eu estou em transe, um transe religioso. Não é um transe, é a minha vida. E minha vida não é um transe. É real'". Fitou um por um dos caras, exceto Larry, e declarou, de modo significativo: "Fico me perguntando quem será que deu a ele essa ideia. O que acontece em minha casa é assunto meu. Não é da conta do Coronel nem de ninguém mais".

Apesar de todas as palavras corajosas de Elvis, Larry ficou sabendo que o Coronel tinha reclamado de Elvis e que o velho não ia deixar por isso. Nas poucas ocasiões em que se encontraram, o Coronel sempre havia mostrado uma polidez quase excessiva, como se estivesse avaliando o recém-chegado e o julgando com frieza. Mas agora ficara claro que havia tomado partido e que, para o bem ou para o mal, uma batalha logo seria travada.

A VIAGEM PARA CASA FOI tão curiosa quanto todos os outros aspectos do relacionamento deles, que já durava dois meses e meio. Larry sentou no banco da frente do *motor home*, ao lado de Elvis. “Elvis ao volante, os caras na parte de trás, e todo mundo conversando, e eu dando meus pitacos sobre a vida, a metafísica e Deus. Mas então, de hora em hora, mais ou menos, ele estacionava para ler um trecho de *A vida impessoal* ou outro livro. Os caras começaram a ficar com raiva de mim, porque sabiam que eu tinha começado isso. Nos arredores de Oklahoma City, súbito Elvis parou em um grande estacionamento. Eu ali sentado, ele se vira para mim e diz: ‘Pode ir lá fora comigo?’. E só fico pensando: ‘Que diabos está acontecendo?’. Do nada, ele dispara: ‘OK, me diga a verdade, quem mandou você aqui para me dar esse material? De onde você vem?’. Estou prestes a abrir a boca, quando um carro encosta e dois caras saltam. Repórteres. Já chegam perguntando: ‘Podemos tirar uma foto?’. Ele responde: ‘Claro. Mas só se vocês tirarem uma foto minha com meu amigo’. Colocou o braço em volta do meu ombro, e fico imaginando: ‘Não acredito nisso. O que realmente há por trás dessa foto?’. Seja como for, eles apertam a mão de Elvis e entram no carro. Elvis se vira para mim e diz: ‘Tá bem, me responda agora, quem o enviou?’. Respondi: ‘Elvis, *você* mandou me chamar. Você sabe disso’. Abriu um sorrisão e disse: ‘Você está certo’.”

As surpresas de Larry não pararam por aí. Usuário eventual de drogas de forma recreativa, Larry nunca tinha tomado pílulas de qualquer tipo. E até então também não tinha visto evidência alguma de que Elvis era viciado em pílulas. Perto de San Bernardino, no entanto, o cantor lhe ofereceu uns comprimidos de Dexedrina, com a explicação de que iriam dirigir durante a noite e que precisavam estar alertas o tempo todo. Com certo receio, Larry tomou as pílulas, imaginando que a viagem *seria longa* e tinham muito o que conversar.

> E põe viagem nisso. Elvis escutava com atenção enquanto
> eu não parava de falar e falar. Eu literalmente não

> conseguia calar a boca, e Elvis me dava corda, pois ele gostava de escutar minhas divagações sobre cada livro espiritual que eu já tinha lido, cada ideia que eu tinha investigado. Resultado: no dia seguinte, meu maxilar estava me matando. Só mais tarde soube que Elvis queria me "ver relaxado", como se expressou tão delicadamente, não só para o seu benefício, mas para o dos caras. Desde o instante em que Elvis embarcou em seus estudos espirituais, nunca abandonou totalmente a ideia de que poderia ensinar os outros pelo [seu] exemplo. (...) Era óbvio que ele tinha certa noção sobre como os caras iam reagir. Mesmo assim, Elvis me colocou como uma espécie de porta-voz para dizer aos caras coisas que ele mesmo queria dizer. A resposta da maioria deles foi fazer de mim uma espécie de efígie ambulante do Elvis espiritual, o cara de quem não gostavam. Piadinhas e insultos que não se atreviam a lançar contra o chefe deles eram direcionados a mim.

O carma ruim atingiu o ápice em Amarillo, onde, como era comum, uma multidão se reuniu na frente do hotel de beira de estrada em que tinham parado para dormir algumas horas durante o dia. Todos os caras sabiam que o vazamento do itinerário era obra do Coronel, só para criar certa comoção, mas dessa vez Elvis acusou Joe. "Eram umas quatro da tarde quando ouvimos um alarido de jovens lá fora. Centenas de fãs no pátio do hotel gritando: 'Elvis! Elvis!'. Tinha saído na rádio local a notícia de que Elvis estava descansando nesse hotel, perto da cidade. Logo percebi o que tinha acontecido. Toda vez que a gente parava, eu ligava para tranquilizar o Coronel: 'Tudo certo, estamos em tal lugar'. E o Coronel avisou a estação de rádio. Mas Elvis ficou indignado comigo, tivemos uma discussão feia, e pedi demissão na mesma hora, junto com Jimmy Kingsley. Não abandonei o grupo, mas não fui junto com Elvis pelo resto da viagem, fiquei na perua Pontiac que rebocava um trailer."

Todos ficaram um pouco surpresos, mas esse tipo de coisa acontecia o tempo todo. No restante da viagem a Memphis, o clima ficou pesado; andavam mais do que fartos daquele constante e incompreensível diálogo entre Elvis e Larry. Em uma situação normal, Joe provavelmente teria sido recontratado antes mesmo de chegarem em casa, ou Elvis simplesmente teria agido como se nada tivesse acontecido, mas quando passaram pelos portões de Graceland, Marty Lacker já estava na função de novo responsável pela equipe. Joe, por sua vez, retornou a Hollywood dias depois, ainda irritado, um pouco receoso, mas confiante de que poderia encontrar trabalho com base em todas as conexões feitas nos últimos quatro anos.

Em Memphis, Elvis mostrou tudo a Larry. Foram pela Bellevue até o Forest Hill Cemetery, visitar o túmulo de Gladys Presley. Por 15 minutos, Elvis ficou em silêncio, entrando em comunhão com o espírito da mãe. Um dia, Elvis deu um carro a Larry e disse para ele ir a Tupelo e ver com os próprios olhos as coisas que tinha contado. Rodaram por toda Memphis, e Elvis apontou a Humes High School, o conjunto habitacional onde crescera, os vários lugares onde ele e seus pais moraram, os lugares de suas mais ternas lembranças. O pai de Elvis, Vernon, pareceu reservado e sestroso, mas isso não surpreendeu Larry pela forma como Elvis o havia descrito. "Tenho certeza de que Vernon me enxergava não como empregado ou amigo de seu filho, e sim como outra despesa semanal." A surpresa veio com Priscilla. Longe de ser a presença afável e acolhedora que esperava, ela aparentou desinteresse, desdém, quase com ciúmes da função dele. Ela leu *A iniciação do mundo*, de Vera Stanley Alder, com pouco interesse ou prazer; seus olhos fitaram o vazio quando Larry começou a falar sobre a Unidade do Ser; parecia exibir em relação a ele uma espécie de animosidade irracional que beirava o medo.

"Larry era uma grande ameaça a todos nós. Passava horas a fio com Elvis, só conversando com ele. Não havia *nada* nele que representasse Elvis; ele não representava nada daquilo em que Elvis acreditava antes dessa época. Todo mundo ficava imaginando... Quem era ele? O que estava fazendo ali? Sobre o que conversavam? Quando fui apresentada a ele, pensei: 'Bem, ele não é assim tão mau, é mesmo inofensivo'. Mas daí Elvis deu uma guinada e se tornou inofensivo, não ameaçador, sem energia... ficou passivo. Diametralmente oposto ao que ele sempre tinha sido. Estudava os livros por horas e mais horas. Os bate-papos com Larry se estendiam por horas e mais horas... Elvis buscava respostas a perguntas como: por que estamos aqui? Quem somos? Qual é o propósito da vida? E contava com a ajuda de Larry para tentar encontrá-las. Sabe, Larry não parava de trazer livros e mais livros, pilhas de livros. À noite, Elvis se deitava na cama e os lia para mim. Este era um fator para lidar com Elvis: se ele mostrava paixão por alguma coisa, você tinha que embarcar com ele e mostrar o mesmo amor por aquilo. Ou pelo menos fingir."

Para que Larry se sentisse em casa, Elvis mandou buscar sua família, a esposa Stevie e os dois filhos do casal, Jova e Kabrel, e os hospedou com Larry no Hotel Howard Johnson, na mesma rua. Continuou a alugar o parque de diversões Fairgrounds, onde uma vez Red ficou no encalço de Larry nos carrinhos de bate-bate. "Ficou me perseguindo como se quisesse proteger Elvis de mim. Talvez na cabeça dele estivesse fazendo isso. 'Vou te matar, seu desgraçado!', esbravejou. 'Vou te pegar!' E não largou do meu pé." No cine Memphian, assistiram três vezes seguidas ao filme *Dr. Fantástico.** Depois, assistiram à parte final mais três vezes, até Elvis enfim ficar satisfeito. Peter Sellers era um ator tão sutil, trabalhava tantas nuances diferentes em uma única cena, Elvis explicou a Larry, "que nem sempre você capta tudo na primeira vez, nem na segunda ou terceira sessão". Também assistiram à produção de Hal Wallis, *Becket, o favorito do rei*. Novamente, Elvis ficou se perguntando

* *Dr. Strangelove*, filme satírico de 1964, filmado em preto e branco, dirigido por Stanley Kubrick e estrelado por Peter Sellers, um dos atores preferidos de Elvis. (N. de T.)

se algum dia conseguiria encarnar um papel dramático substancial em sua própria carreira cinematográfica.

COM MARTY NA LIDERANÇA, o grupo se comportava bem diferente. Por um tempo, houve uma séria divisão entre o pessoal. Uma parte deles ainda alimentava ressentimentos contra Joe, em particular pelo modo como ele agia – como se pensasse que era melhor do que todos os outros. Red nunca gostou dele, e o primo de Elvis, Billy Smith, o desdenhava como "um figurão universitário" que criava divisões de classe no grupo, embora Joe nunca tivesse concluído o Ensino Médio. Acima de tudo, porém, Marty, rapaz taciturno, naturalmente colérico, que alimentava sua raiva com anfetaminas, simplesmente não tolerava receber ordens de Joe e incentivava todos os outros a sentirem o mesmo. Sempre teve a certeza de que poderia atuar melhor no cargo. O curioso é que, embora crítico de Joe e de sua organização "militar", Marty acabou revelando uma excentricidade espalhafatosa toda própria, ao criar rapidamente uma nova ordem no mundo de Elvis. Com a concordância de Elvis, fez listas de obrigações para todos: cabia a Marty "ligar para a sra. Pepper [a fim de reservar] horários de cinema (com o máximo de antecedência possível); fazer as transações comerciais e a correspondência em nome de Elvis com o escritório do Coronel" e manter um sistema de ordens de contratação para todas as cobranças em nome de Elvis. Alan Fortas recebeu a missão de, "junto com Marty, ser responsável pela Organização, em situações boas e ruins", abastecer o álbum de recortes de Elvis e "ficar na sala com Elvis o máximo possível". Marty e a família dele (a esposa grávida, Patsy, e duas crianças pequenas) se mudaram para o apartamento na garagem, atrás da casa que Vernon e Dee outrora haviam ocupado. De todas as maneiras possíveis, tentou se tornar indispensável para Elvis.

Elvis foi nomeado assistente do xerife dois dias antes de partir para a Califórnia. O evento ocorreu na noite de 21 de setembro, quando o cantor foi promovido de "agente honorário" a "assistente do xerife" do condado de Shelby, por iniciativa do recém-eleito xerife Bill Morris. Foi fotografado e teve suas impressões digitais coletadas para obter seu distintivo oficial. Ele e Morris, que era natural do norte do Mississippi e cuja esposa, Ann, tinha sido colega de Elvis na Humes High, relembraram "os bons tempos que não voltam mais" e celebraram quão longe ambos tinham chegado. Contou a Morris que "sempre teve um interesse pelas forças policiais". De acordo com um relato sobre a reunião publicado no *Press-Scimitar*, "certa vez, havia se candidatado a um emprego de policial em Memphis, mas foi recusado porque era muito jovem, tinha apenas 19". Após a agradável visita, durante a qual Elvis reiterou que continuava "louco por Memphis" e que Ann-Margret era "sensacional", ele se juntou aos caras, que o esperavam lá fora, e foi com eles ao cinema.

Naquela noite de sexta-feira, após adiar por mais dois dias a partida programada para o meio da semana, foi ao cinema mais uma vez, para uma nova sessão de *Dr. Fantástico*, a quinta vez nessa estadia, junto com outros dois filmes. Restava ainda uma vaga a preencher na equipe após Elvis contratar Mike Keaton, que costumava orbitar, como Chief, Richard Davis e Jimmy Kingsley fizeram anos antes. Quieto, introspectivo, Keaton pertencia à Igreja da Primeira Assembleia de Deus. Sua esposa chamava-se Gladys. Pareceu se encaixar bem, mas ninguém sabia quais eram suas referências. Foi quando, na noite do dia 25, Elvis bateu o martelo. A escolha? Bem mais familiar, só que ao mesmo tempo mais imprevisível.

Aos 22 anos, Jerry Schilling cursava o primeiro semestre do último ano na Memphis State, prestes a se graduar como professor. Ex-jogador de futebol americano, corpulento, queixo anguloso, abandonou o Arkansas State College ao perder a bolsa de futebol americano devido a uma lesão nas costas. Por um tempo acompanhou a namorada em Nova York e voltou a Memphis no ano anterior para concluir seus estudos. Perdeu a mãe quando tinha 1 ano de idade e foi criado pelos avós. Tímido e inseguro, mal conheceu o pai, e só despertou – como muitos dos caras – com seu talento e amor ao esporte. Jerry tinha um irmão mais velho, Billy Ray, que mais tarde fez carreira na polícia de Memphis. Red e Billy Ray eram amigos de infância, e foi Red quem apresentou Jerry a Elvis, em 1954. Estavam jogando futebol americano no Guthrie Park, no antigo bairro de Elvis, onde Jerry também cresceu, quando faltou um jogador, e Elvis chamou o tímido garoto de 12 anos para entrar na partida.

Desde então, Jerry orbitava o grupo e ia ao Fairgrounds com eles. Enquanto cursava a faculdade em Jonesboro, Arkansas, nos dois primeiros anos, voltava a Memphis aos fins de semana sempre que podia, só para ver o que estava acontecendo. Elvis teve uma conversa em particular com Jerry como ninguém mais tinha conversado: "Ele falava de um jeito que fazia a gente se sentir a pessoa mais importante do mundo. Sabia o quanto eu era tímido e que eu realmente o admirava, mas as pessoas simplesmente não tiravam um tempo para falar sobre a vida com você assim. Você tinha a sensação de que ele sabia que você o entendia. Por isso falava com você daquele jeito."

Mas parece que, apesar de todas as suas credenciais, Jerry não se encaixou com o restante do grupo. Era encarado como "liberal" num mundo onde as visões predominantes, em questões raciais e de valores sulistas, eram conservadoras. Em especial, era considerado como cabeça quente por Marty, que se ressentia de sua presunção juvenil e pretensões intelectuais. Além disso, era tido como católico (pecado igual entre judeus e protestantes no grupo) porque frequentara a escola paroquial, embora sua origem familiar fosse batista do Sul, como a maioria deles. A essa altura, ele já estava por perto havia tanto tempo que ninguém mais se importava com sua presença, e todos sabiam que Jerry realmente queria aquilo, mas ninguém achava que ele era a pessoa certa para o trabalho. Mas, sem prévio aviso, do nada, Elvis o efetivou no cargo.

Jerry estava na distribuidora de filmes com Richard Davis, devolvendo os filmes da noite, quando recebeu um telefonema de Elvis.* "Eram quase quatro da madrugada quando fui até a casa, e ele me disse que precisava que eu fosse trabalhar para ele. Indaguei: 'Quando?'. Ele respondeu: 'Agora'. Falei: 'Posso ir em casa pegar minhas roupas?'. E ele: 'Só vamos partir à tarde'. Então fui pra casa, peguei minhas coisas, voltei e só fiquei sentado na varanda dos fundos, pensando, até que todos estivessem prontos. Saímos no fim da tarde."

A viagem serviu de iniciação. Larry já tinha voltado à Califórnia com sua família, então mesmo com os dois novos contratados, só havia cinco ou seis caras. Na maior parte do tempo, Elvis ficou ao volante. Toda vez que estacionavam num paradouro de caminhões, jogavam futebol americano sob as luzes, com todos mergulhando atrás da bola e correndo, até Jerry, ainda em forma na prática do futebol universitário, ficar exausto. "Nunca entendi como Elvis conseguia jogar por tanto tempo, sete ou oito horas seguidas, mas então descobri naquela noite, literalmente. Ele mesmo não me deu nada, mas deu a outro cara que me repassou. Eu nunca tinha tomado uma pílula na minha vida, sabe, mas logo eu estava jogando como ele, e quando chegamos ao hotel para descansar umas horinhas, nem consegui me deitar, de tão acordado que eu estava. Perdi a fome pelo restante da viagem. Joguei como nunca atrás da bola. Pensei apenas: 'Que legal', porque imaginei que tudo o que ele fazia só podia ser legal, não tinha como ter algo errado nisso. No fim da viagem, acho que eu tinha perdido uns 10 quilos, e é bem provável que ele estivesse se perguntando: 'Cadê o grandalhão que contratei?'."

Após essa revelação, uma introdução ainda mais gráfica ao mundo de Elvis o esperava na chegada à Califórnia. Na casa da Perugia Way, Jerry foi designado como colega de quarto de Billy Smith, mas estava

* Em seu livro *Me and a Guy Named Elvis* (2006), Jerry Schilling conta que se encontrou com Richard Davis, que na época trabalhava para Elvis, na saída do cine Memphian, e Richard o convidou para ir junto à distribuidora devolver os filmes recém-assistidos. (N. de T.)

agitado demais para dormir. "Todo mundo estava exausto e foi dormir, mas eu nunca tinha estado em um lugar como aquele! Com uma piscina no quintal e todas aquelas luzes coloridas, e eu sentado ali na sala, praticamente no escuro, só olhando ao redor. De repente, ouço um clique na porta da frente, como se alguém tivesse uma chave. Mas como, se todos estavam em seus quartos dormindo? Seja como for, lá estou eu sentado, e uma mulher de cabelos compridos atravessa a sala rumo ao quarto de Elvis. Ela dá uma batidinha na porta e eu digo, 'Senhorita?', e ela se vira e dá um grito, e a porta se abre, e Elvis está ali, morrendo de rir. Ele diz: 'Tudo bem, Jerry, é Ann[-Margret]' e ela entra no quarto, e na noite seguinte ele conta a história para todo mundo!"

Dez dias depois, em 6 de outubro, começaram as filmagens de *Cavaleiro romântico* (*Tickle Me*), produção da Allied Artists. Sob o prisma de Jerry, tudo naquela vida nova tinha um quê de encantador. Era um sonho além da imaginação rodar até o estúdio todas as manhãs, com Elvis revisando rapidamente o texto do dia, e depois assisti-lo pronunciando tudinho à perfeição no set. Jerry se alternou entre o fascínio e a perplexidade com Larry Geller. Antes de vir à Califórnia, teve contato apenas superficial com ele, mas passou a ler com aguçado interesse alguns dos livros recomendados por Larry. Até mesmo ir ao supermercado com Marty se tornou uma aventura quase surreal. Depois de avaliar que as empregadas estavam gastando muita grana com comida, Marty escalou Jerry para acompanhá-lo nos corredores do supermercado, comparando preços em listas intermináveis compiladas por ele.

Porém, o que Jerry ansiava era, antes de tudo, a aprovação de Elvis. "Basicamente não abri a boca nas primeiras semanas. Ele sabia que eu era perceptivo, e às vezes Elvis ficava chateado com os outros caras só por estarem por perto há tanto tempo, mas então piscava para mim, tipo, 'Não se preocupe com isso'. Um tempinho depois, me dei conta de que ele era quase tão tímido quanto eu; certos dias, ele ficava meditativo, porque estava muito infeliz com a realidade de suas conquistas. Noutros dias, transparecia apenas raiva. E nunca vi alguém com uma raiva tão intensa. Se ele fosse só um cara bonzinho, não sei se eu o teria amado tanto, mas o fato é que ele tinha todo aquele poder; tinha um poder tão extremo que poderia se safar com qualquer coisa nessa época. *E mesmo assim escolheu ser sensível*, na maior parte do tempo. E nas ocasiões em que ele agia diferente, você sabia que eram coisas importantíssimas para entendê-lo de verdade."

As filmagens de *Cavaleiro romântico* não foram melhores nem piores do que as de outros filmes mais recentes. O cachê de 750 mil dólares recebido por Elvis representava mais da metade do orçamento de 1,48 milhão de dólares. Além do cachê fixo, Elvis ganharia 50% dos lucros, num verdadeiro empreendimento em sociedade com o estúdio. Esse filme foi a estreia do cantor na Allied Artists, e o Coronel tinha plena consciência das dificuldades financeiras que o estúdio enfrentava. Numa atitude magnânima, mais cedo naquele ano, ele havia oferecido ao diretor da Allied, Steve Broidy, a possibilidade de desmanchar o acordo. Mas Broidy recusou, depositando as esperanças de sobrevivência do estúdio no sucesso do novo filme de Elvis Presley; o Coronel encorajou Norman Taurog, de volta ao leme pela quinta vez e sempre um trabalhador eficiente, a fazer o seu melhor, sem estourar o orçamento.

Em agosto, um mês antes da data prevista para o início das filmagens, o Coronel tirou da cartola seu mais engenhoso estratagema. Em uma densa carta de duas páginas, ditada em 21 de agosto "da cama do hospital" (o Coronel ainda estava internado com problemas dorsais), relatou a Elvis uma reunião de três horas que ele e Abe Lastfogel haviam acabado de ter com Broidy e Ben Schwalb, o produtor do filme. O Coronel propusera a eles o que já havia discutido com Elvis: que renunciassem a qualquer gravação da trilha sonora original para esse filme e a substituíssem por uma dúzia de músicas já gravadas por Elvis e aprovadas para lançamento em LP. Cada canção pertenceria à Elvis Presley Music ou à Gladys Music sem nunca antes ter sido lançada em single ou EP. Assim, evitariam todos os problemas e despesas associados à gravação da trilha sonora (encontrar as canções certas, pagar pelos músicos e tempo de estúdio, fixar uma data para Elvis) sem perder a maioria dos benefícios (ter um single, ou mesmo um EP, para promover o filme).

O sr. Broidy e o sr. Schwalb imediatamente compreenderam as vantagens dessa configuração, escreveu o Coronel a Elvis; agora só restava Elvis endossá-la. E, para esse objetivo, ele incluía uma lista de 22 canções com potencial de se encaixar no projeto. A decisão cabia apenas a Elvis, é claro, e se ele topasse a ideia, poderia selecionar dez ou 12 outras canções de que ele gostasse – mas precisava dar a resposta aos produtores até 25 de agosto, caso contrário, Elvis teria que voltar à Califórnia uma ou duas semanas antes para gravar uma trilha sonora novinha em folha.

Elvis não se opôs, mas só foi responder bem depois do prazo estabelecido pelo Coronel. "Tudo certo sobre o disco", foi seu sucinto telegrama. Assim, pela primeira vez, Elvis não gravou sequer uma canção nova para um de seus filmes e, talvez de forma igualmente significativa, o Coronel não entregou sequer uma única fita à RCA.

Como sempre, o Coronel pensava adiante. Sob o contrato repaginado em 1961 com Hal Wallis, só restava um filme com cachê de 200 mil dólares, mas o Coronel tinha certeza de que esse valor, como todos os outros aspectos do acordo desde 1956, seria atualizado. Para isso, bombardeou Wallis com uma enxurrada de queixas e correspondências ao longo do outono de 1964, pronto, como sempre, para dar a Wallis e ao sócio dele, Joe Hazen, a oportunidade de mostrarem seu apreço por Elvis e o Coronel, que, apesar do minguado cachê, sempre se mantinham leais a seus primeiros benfeitores. *Carrossel de emoções* estreou em 11 de novembro com recepção morna da imprensa especializada. Três meses antes, *Os reis do iê-iê-iê* (*A Hard Day's Night*) dos Beatles estreou com críticas elogiosas (foi chamado de "*Cidadão Kane* dos filmes de jukebox" na *Village Voice*) e bons resultados na bilheteria. Esse detalhe foi ignorado pelo Coronel em sua intensa correspondência com Wallis naquele outono, aparentemente destinada a atormentar Wallis e Hazen e a melhorar as condições de trabalho para seu cliente.

Nesse meio-tempo, o Coronel negociava com a MGM e, com o passar do ano, garantiu o inédito cachê de 1 milhão de dólares que buscava o tempo todo como referência. Isso envolveu um novo acordo de três filmes em que só o primeiro filme pagaria realmente 1 milhão de dólares, enquanto os dois últimos pagariam 750 mil dólares cada, mas todos com 40% de participação nos lucros a partir do primeiro dólar. Um lance financeiro inquestionável e, talvez de modo tão significativo, explicitava o princípio estabelecido pelo filme *Com caipira não se brinca*: menos dias de filmagens prometiam maiores lucros potenciais para todos.

Fechou contrato com a MGM pouco antes do Natal, quando concluiu paralelamente outro acordo com a United Artists, agora envolvendo dois filmes a 650 mil dólares cada. Assim, no final de 1964, Elvis era efetivamente o astro mais bem remunerado de Hollywood, não com base em cachê por filme (embora, levando em conta os lucros, até pudesse concorrer nesse quesito), mas com base em sua capacidade de realizar um mínimo de três filmes por ano a 500 mil dólares ou mais, *com lucros praticamente garantidos*. Ao cabo das negociações, o Coronel tinha oito filmes agendados nos próximos três anos (com cachês fixos que somavam 5,35 milhões de dólares), e novas possibilidades se abrindo todos os dias. Não à toa, o Coronel mostrou otimismo em novembro, ao ser entrevistado no set de *Cavaleiro romântico* por Peter Bart, jornalista do *New York Times*. Acendeu o charuto com seu grande isqueiro de prata e disse em sua voz arrastada: "Estamos indo bem, obrigado. A cada ano entra mais grana".

VOLTARAM PARA CASA no finzinho de novembro, para o habitual interlúdio de três meses. Que presente de Natal dariam a Elvis? O assunto foi motivo de um breve contratempo: Marty saiu e comprou uma Bíblia de luxo, encadernada em couro branco, e então mandou imprimir na capa um desenho que ele havia feito da "Árvore da Vida", com o nome de Elvis no tronco e os nomes de cada um dos caras em galhos separados. Ao pé da árvore, uma das citações prediletas de Elvis: "Conhecereis a verdade, e a verdade vos libertará" (João 8:32), em inglês, latim e hebraico, "representando as religiões de todos os seus amigos". Só que Marty, por algum motivo, deixou de informar Larry sobre o presente, omissão que Elvis imediatamente notou, pois o nome de Larry não constava no desenho. Recusou-se a aceitar o presente até Larry assinar um dos galhos ainda disponíveis na base da árvore.

Esse não foi o único desprezo que Larry foi obrigado a suportar. Continuou a ser ridicularizado por sua falta de interesse em esportes de contato (preferia tai chi), seus gostos musicais (Bach) e sua predileção por drogas recreativas – e poucas lágrimas foram derramadas quando foi detido por porte de maconha pela polícia de Memphis, confusão da qual Larry só se desvencilhou com a intervenção direta de Elvis e seu amigo, o xerife Bill Morris. Até mesmo o fato de Larry ser judeu dava pano para manga, pois os caras se referiam a ele como "Lawrence de Israel", mas aqui também pulsava uma clara sensação de rivalidade, sobretudo com Marty, igualmente orgulhoso de suas raízes judaicas.

Desde o início, Larry havia apresentado a Elvis novas maneiras de pensar sobre o judaísmo, estabelecendo uma conexão entre judaísmo e numerologia (Larry afirmou que os "rabinos mudam o nome das pessoas com base em princípios numerológicos"). Elvis passou a usar no pescoço um *chai*, o pingente símbolo do judaísmo, feito de ouro, após Larry lhe contar que *chai*, em hebraico, significa "vida". Naquele Natal, Elvis mandou trocar a lápide do túmulo de Gladys. A nova pedra trazia uma estrela judaica de um lado e uma cruz do outro. Larry e Marty reivindicaram o crédito por incentivar a decisão. George Klein e Alan Fortas, outros judeus do grupo, aprovaram com todo o coração, mas não restava dúvida de que alguns dos outros caras permaneceram céticos em relação à iniciativa. De acordo com Marty, foi nessa época que ele e Elvis tiveram a ideia de um relógio que alternasse a cruz e a estrela de davi no mostrador, como símbolo da fraternidade universal. Levou o esboço ao joalheiro Harry Levitch, que criou um protótipo a partir do qual mais tarde fabricou centenas de relógios para Elvis dar de presente aos amigos.

Vernon claramente torceu o nariz para tudo isso. Marty e Larry sabiam, por meio das conversas com Elvis, que Vernon não entendia nem queria entender a necessidade desse ecumenismo, de buscar a união, apesar das diferenças. Marty ficou convicto de que Vernon e todos os outros familiares eram antissemitas – e que o restante da família era louco, também. No breve período que os Lacker moraram em Graceland, o tio de Elvis, Johnny Smith (irmão de Gladys Presley), ameaçou a esposa de Marty e até investiu contra o próprio Marty brandindo uma faca, enquanto Clettes Presley (esposa de Vester, irmã de Johnny e Gladys), tão beberrona quanto o irmão dela, deixou bem claro que o achava uma pessoa sem serventia. Por sua vez, Marty desprezava o tio Tracy e o considerava um sujeito sem instrução, que volta e meia dizia "isso me dá nos nervos" e fazia barulhos "como quem está prestes a explodir". No geral, a visão dele sobre o clã Presley era bastante sombria.

A perspectiva de Larry era um pouco mais benigna; encarava os familiares como vítimas da falta de estudo e de uma ignorância geral, sujeitos ao mesmo tempo do oportunismo que corroía os caras e condenava essa rede de relacionamentos: o medo de que recém-chegados indignos lhes tirassem o que era deles por direito. Mas, no geral, as tensões andavam atenuadas. Elvis e Vernon enfim se acomodaram em um relacionamento mais confortável, no qual a vida de Vernon com Dee e seus filhos era simplesmente um fato aceito. Vernon caminhava de sua nova casa na Dolan até seu escritório em Graceland através da pastagem acessada pelo portão dos fundos, socializava no desjejum na cozinha de Graceland ou fazia visitas a qualquer hora do dia ou da noite.

Na realidade, só uma fonte de tensão pulsava entre pai e filho: o dinheiro. Elvis não fazia ideia do custo de vida e pouco se importava, observou Larry; Vernon, por outro lado, "vivia com medo constante de que algo recaísse sobre eles, e que um dia ele e Elvis fossem obrigados a regressar a Tupelo... [perspectiva que] infundia pavor no coração de Vernon".

Mais perturbador que isso, só a hostilidade feroz, inalterada e virtualmente indisfarçável de Priscilla em relação a Larry. Atribuiu isso à falta de consciência espiritual por parte de Priscilla, mas para a garota essa preocupação era mais visceral, praticamente uma questão de vida ou morte em se tratando do relacionamento dela com Elvis. Na visão de Priscilla, sob a influência de Larry, Elvis perdera o interesse nela. À noite, na cama, ele lia para ela, mas simplesmente se recusava a se permitir qualquer um dos passatempos sexuais que usavam para substituir o "fazer amor" propriamente dito. Nas palavras de Elvis, ele "passava por um período de limpeza física e espiritual. Precisava combater toda e qualquer tentação carnal".

> Uma noite, antes de irmos pra cama, ele me disse: "Cilla, nas próximas semanas, ou o tempo que for preciso, você vai ter que ser muito compreensiva. Sinto que preciso me afastar das tentações do sexo".
>
> "Mas por quê? E justo comigo?"
>
> A resposta dele soou solene. "Só controlando nossos desejos impedimos que eles nos controlem. E controlar o sexo é dominar todos os outros desejos."
>
> Na cama ele tomava a dose habitual de pílulas para dormir, me dava a minha e então, já meio sonolento pela ação das pílulas, debruçava-se sobre seus livros metafísicos.
>
> Sendo a alma gêmea dele, eu supostamente deveria procurar respostas com o mesmo fervor que ele, mas não suportava ler aqueles calhamaços espalhados na cama todas as noites. Eu abria o livro e cinco minutinhos depois eu já caía no sono. Meu desinteresse o incomodava e, às vezes, ele me acordava para compartilhar um trecho interessante. Ao menor protesto meu, ele dizia: "As coisas nunca vão dar certo entre nós, Cilla, porque você não

> mostra interesse algum em mim ou em minhas filosofias". E mais incisivamente: "Muitas mulheres por aí gostariam de compartilhar essas coisas comigo".
>
> Aquilo [chegou a um ponto em que] se tornou insuportável. Comecei a gritar, descontrolada: "Não aguento mais! Não quero mais ouvir isso! Estou farta e cansada de sua voz falando *sem parar!* Está me deixando louca!". Histérica, eu arrancava meus cabelos como uma mulher insana.
>
> "O que está vendo?", perguntei. "*Diz pra mim*, o que está vendo?"
>
> Ele me encarou com os olhos semicerrados. "Uma louca, uma maldita louca delirante", respondeu arrastando as palavras por causa das pílulas para dormir.
>
> Caí de joelhos ao lado dele, em prantos... Quando me acalmei, só ouvi uma coisa: o suave som de música religiosa tocando no rádio. Olhei para ele. Ferrado no sono.

Elvis comemorou seus 30 anos de vida no dia 8 de janeiro. Ganhou dos caras um medalhão com a árvore da vida e passou o dia em casa, lendo seus livros, suavemente contemplando o passado que o trouxera até ali e o futuro que o aguardava. No comecinho de março, antes de partir para Hollywood, refletiu um pouco sobre o significado de tudo aquilo, em entrevista a James Kingsley, repórter do *Commercial Appeal*. "De Tupelo até aqui percorremos um longo caminho", afirmou ele a Kingsley, que, ao lado de Bob Johnson, era um dos repórteres de Memphis que mais conhecia Elvis. "Sei bem o que é se esforçar e lutar pelo que a gente quer." Jamais esqueceria o desejo de ser alguém, disse Elvis enquanto permitia ao jornalista um raro vislumbre de Graceland. Kingsley descreveu: "Atrás do enorme sofá branco, cortinas vermelhas desciam do teto ao chão. Hastes transversais de acionamento elétrico as recolhem a um toque de botão. A parede oposta é dominada por uma lareira de vidro fumê moldado. Poltronas brancas e almofadas multicoloridas se espalham sobre o espesso carpete branco. À esquerda, fica a sala de jantar, onde o lustre em forma de estrela pende sobre a imponente mesa de nogueira. Revestidos em veludo escarlate, os assentos das cadeiras repetem o tema de cores.

"O outro ambiente se abre para a sala de música, com um piano de cauda cor de marfim e um televisor da mesma cor... 'Acha que a nossa casa em Tupelo caberia nesta sala?'", ponderou ele, mostrando orgulhosamente a Kingsley o restante da casa (embora continuasse inacessível ao fotógrafo do *Commercial Appeal*), os sete ou oito carros, o *motor home* e as três motocicletas – e um modo de vida tão deliberadamente despretensioso quanto caprichoso. "Para ele, uma refeição sofisticada é um bifinho com batatas. Em geral, ao acordar come ovos mexidos com bacon tostado, pão torrado e café. (...) De lanche, aprecia sanduíches com geleia, ou banana amassada com pasta de amendoim." E o que achava de sua reputação de recluso? Estava ciente disso, relatou Kingsley, mas fez questão de frisar: "Com certeza, não perdi o meu respeito por meus fãs... Eu me refugiei não de meus fãs, mas de mim mesmo". Esperava ter filhos, disse ele, se um dia encontrasse a garota certa. Se encontrasse, revelou: "Minha primogênita vai se chamar Gladys, em homenagem à minha mãe".

Então olhou para o relógio e se virou para o repórter com um sorriso. "Olha só, fim de papo. Passou das oito, e a noite está magnífica lá fora. Afinal, sou uma pessoa noturna. O sol caiu, e a lua está linda. É hora de perambular."

Quando o artigo foi publicado, em 7 de março, ele já estava de volta ao batente em Hollywood. E apesar de todo o contentamento mostrado ao repórter ("Elvis é tão gracioso quanto a caricatura do cavalheiro sulista... [seu linguajar] uma mescla de coloquialismos estranhamente justapostos com as palavras de um homem inteligente que não se contenta em deixar sua educação terminar com a formatura na Humes High School"), ele não era mais o mesmo homem de antes. Enfim teve seu momento de conversão, sua epifania, como São Paulo na estrada para Damasco.

Esperava havia tanto tempo por isso que pensou que esse dia nunca chegaria. Larry sempre dizia a Elvis que era preciso ter paciência, que essas coisas vêm de forma natural, mas ele andava inquieto. Estava se dedicando aos estudos havia quase um ano, já tinha lido mais de 100 livros, e se algo fosse acontecer, *já deveria ter acontecido.*

Abriu-se com Larry pouco antes de chegarem a Amarillo. Com uma manobra brusca, estacionou no pátio de um hotel à beira da estrada, sob os protestos de Marty. Não tinham tempo a perder, deveriam estar em Los Angeles no fim de semana, pois a pré-produção começava na segunda-feira. Larry encontrou Elvis no quarto, "esgotado e deprimido. Sem falar, ele se levantou, ficou andando de um lado para o outro, balançando a cabeça, com ar de desânimo. Por fim, declarou com firmeza: 'Certo, Larry. Só me diga a maldita verdade, cara. O que é que eu estou fazendo de errado, hein? O que tem de errado comigo? Talvez Deus não me ame ou algo assim... Tudo o que eu mais quero é conhecer a verdade, conhecer e experimentar Deus. Sou um investigador, é isso que eu sou. Você despertou isso em mim. Mas, desde que comecei, não tive uma experiência sequer... Nada. Acredito de verdade em todos os ensinamentos espirituais. Acredito mesmo, só que nada acontece, e eu quero que aconteça. Ah, cara, eu quero tanto. O que diabos está errado?'".

A dor e a confusão na voz de Elvis deixaram Larry surpreso, "mas tentei manter a calma e explicar como cada ideia debatida nos últimos meses se conectava com as outras, como cada uma catapultava a outra para juntas formarem um bonito mosaico. As leituras espirituais, a meditação, nossas conversas... Tudo isso contribuía para nosso desenvolvimento, mas eram apenas fases, estágios de um processo contínuo, pelo resto de nossas vidas. Ninguém sabe quando vai chegar esse momento de revelação; não é um 'prêmio' que alguém 'ganha'. Para alguns, nunca chega. Um motivo extra para seguir trabalhando rumo a Deus".

O bate-papo continuou, com Larry tentando mostrar a Elvis que essa era a única área da vida dele em que não fazia diferença ser Elvis Presley. Perante Deus, todos eram iguais e, para experimentar Deus, era necessário se esvaziar de todos os preconceitos e expectativas. "Abra mão de seu ego, Elvis", disse Larry a ele, "e conceda espaço a Deus". Ele precisava "se esquecer dos livros, deixar de lado os seus conhecimentos, tornar-se vazio para que Deus tivesse lugar para entrar". Por fim, Elvis se acalmou. "Olhou para o chão, depois para mim e abriu um sorriso. Assentiu com a cabeça e balbuciou docemente: 'Sim, você tem razão'. Riu baixinho de si para si. 'Acho que eu precisava disso. Vamos colocar o pé na estrada'."

Partiram através do Novo México e Arizona, deserto adentro; "um céu azul iridescente cobria as montanhas sagradas dos índios Hopi e coloria tudo com uma sombra pacífica e celestial". Elvis, ao volante, calado; Larry ao lado dele e alguns caras atrás. Súbito, nas imediações de Flagstaff, aconteceu.

> De repente Elvis arquejou e deixou escapar um grito: "Puxa vida!".
>
> Eu me virei. Recostado no assento, boquiaberto, Elvis fitava o horizonte. Segui o olhar dele e avistei uma nuvem branca, única massa a flutuar no céu. Daquela nuvem emergiu uma imagem clara, definida e reconhecível. "Está vendo o que estou vendo?", sussurrou Elvis. Olhei de novo. "É o rosto de Joseph Stalin lá em cima!"
>
> Por mais que eu tentasse ver algo diferente, o rosto de Stalin na nuvem era inegável.
>
> "Por que Stalin? Por que Stalin?", questionou Elvis com a voz trôpega. "O que justamente ele, entre todas as pessoas, está fazendo lá em cima?"

Antes que eu tentasse responder, a nuvem vagarosamente se dobrou sobre si mesma, mudando de forma e dimensão. A imagem se desvaneceu e aos poucos sumiu. Eu sabia que tínhamos testemunhado algo extraordinário e me virei para dizer isso, mas parei, impressionado. Elvis encarava a nuvem com o olhar arregalado, a admiração estampada no rosto. É quase impossível descrever as feições dele... Mas o semblante de Elvis era o daquelas pessoas sobre as quais lemos na Bíblia ou em outras obras religiosas: a expressão de alguém recém-batizado ou convertido. Um semblante tão pacífico, tão receptivo, tão aberto e tão feliz. Algo que eu nunca tinha visto antes e nunca mais veria. (...)

Elvis deu uma guinada para o acostamento, brecou o veículo de supetão e exclamou: "Vem comigo, Larry!". Saiu porta afora e começou a correr pela areia. Enfim o alcancei. No frescor da brisa do deserto, o rosto de Elvis reluzia de prazer.

"É Deus!", bradou ele. "É Deus!"... Lágrimas escorriam em seu rosto. Ele me deu um abraço forte e disse: "Agradeço a você, do fundo do meu coração. Foi você que me trouxe até aqui. Nunca vou me esquecer, cara, nunca mesmo. Aconteceu de verdade. Vi o rosto de Stalin e pensei comigo mesmo: Por que Stalin? É a projeção de algo que está em meu interior? Deus quer me mostrar o que pensa de mim?... Mas então aconteceu! O rosto de Stalin se converteu no rosto de Jesus, e Jesus sorriu para mim, e cada fibra do meu ser sentiu isso. Pela primeira vez em minha vida, Deus e Cristo são uma realidade viva. Ai, meu Deus. Ai, meu Deus", Elvis não parava de falar isso. Então fez uma pausa e acrescentou um aparte peculiar. "Imagina o que os fãs iam pensar se me vissem assim?"

"Amariam você ainda mais", falei.

"É", disse ele, "bem, eu espero que isso seja verdade".

O restante da viagem teve lá seus momentos de estranheza. Elvis mergulhou no deleite de seu recém-encontrado êxtase, enquanto todos os caras pareciam enfurecidos com mais essa demonstração de esquisitice do chefe, com essa dedicação quase perversa ao bizarro. Se antes eles já tinham motivos suficientes para desconfiar de Larry, agora estavam praticamente prontos para matá-lo. Para completar a esquisitice da jornada, o *motor home*, que havia se separado da caravana, se incendiou em pleno deserto de Mojave, nos arredores de Needles, Califórnia. De alguma forma, Elvis e os caras do *motor home* conseguiram dois táxis para terminar a viagem até Los Angeles. Naturalmente, todo mundo quis saber o que havia acontecido com eles quando enfim chegaram em casa. Mas Elvis só queria mesmo era falar com Larry a sós. Fechou as portas com persianas da salinha. Os outros ficaram lá fora, tentando ouvir a conversa, mas Elvis nem se importou – não dormia havia 36 horas seguidas e ainda estava sob o efeito de sua revelação. Só queria abandonar o show business, contou a Larry com uma segurança que jamais havia demonstrado antes. Queria virar monge.

Joe voltou à equipe na Califórnia. Trabalhar por conta própria não era tão fácil quanto ele tinha imaginado. Suas conexões na indústria cinematográfica – conexões aparentemente sólidas como rocha enquanto ele trabalhava para Elvis Presley – se esvaíram quando Joe foi procurar emprego. Telefonemas que antes seriam encaminhados não eram retornados. Perto do Natal, já estava praticamente sem grana. Foi quando Elvis lhe enviou um cheque de fim de ano, e Joe ligou para agradecer, e uma coisa levou a outra, e enfim Joe engoliu o orgulho e perguntou se podia voltar. Por fim, ficou combinado que Joe e Marty seriam corresponsáveis pelo comando da equipe, situação não muito confortável para ambos, mas que por enquanto os dois tiveram que aceitar.

Em 15 de março, começou a produção do primeiro longa-metragem sob o novo contrato de três filmes com a MGM, um descontraído épico do deserto chamado *Feriado no harém* (*Harum Scarum*), com Sam Katzman assinando a produção novamente. Por enquanto, Elvis havia desistido de seus planos de entrar num mosteiro, convencido por uma mescla de bom senso, noites bem-dormidas e o argumento de Larry de que ele tinha a responsabilidade de compartilhar seus dons com o mundo. Após gravar em Nashville a embaraçosamente medíocre trilha sonora, Elvis deixou de lado a frustração de, mais uma vez, Katzman ter reservado só 15 dias para as filmagens, por dois motivos: estava ansioso para retomar sua colaboração com o diretor Gene Nelson e também empolgado com os figurinos que Nelson havia desenhado para ele, que evocavam, não por acaso, Rudolph Valentino.

Todo e qualquer entusiasmo que ele sentia praticamente se evaporou no primeiro dia de filmagem. Instantaneamente ficou claro que o enredo era uma piada; os cenários, de má qualidade; e o próprio Nelson se desculpou pela pressa e o descuido na qualidade da produção. O Coronel mandou instalar um pequeno letreiro com luzes piscantes na frente de seu gabinete nos estúdios da MGM. O ato, porém, mais pareceu uma bravata vazia, afinal, o titular de 56 anos, ainda de cama com lordose, raramente aparecia no set. Diariamente obtinha relatórios de seu braço direito, Tom Diskin, sobre os progressos do filme. Ao cabo das filmagens, Elvis presenteou o elenco e a equipe com os relógios estrela de davi criados por Harry Levitch, e deu a Gene Nelson uma foto autografada em que se lia: "Algum dia vamos fazer isso direito".

Talvez tivesse entrado mais no clima caso não estivesse tão imerso em sua nova vida. Durante as filmagens de *Feriado no harém*, começou a frequentar o retiro do Santuário do Lago, da Irmandade da Autorrealização, em Pacific Palisades, a poucas quadras do oceano. Lá, descobriu uma paz interior e uma nova missão em sua busca pela iluminação espiritual.

Criada em 1920, a Irmandade da Autorrealização (*Self-Realization Fellowship*) era obra do guru indiano Paramahansa Yogananda, que veio aos EUA naquele ano, a convite do Congresso Internacional de Liberais Religiosos em Boston, e logo se tornou uma sensação no circuito de Chautauqua. Em 1931, Yogananda proferiu uma série de palestras em Salt Lake City, já amplamente reconhecido como um fenômeno único, "um hindu que invadiu os EUA para trazer Deus ao seio de uma comunidade cristã, pregando a essência da doutrina cristã". Em Salt Lake City, Faye Wright, livre-pensadora de 17 anos, assistiu a uma palestra de Yogananda pela primeira vez. Logo informou os pais que havia encontrado a sua vocação e estava indo a Los Angeles para trabalhar com Yogananda na sede internacional da Irmandade, no Monte Washington. Com a morte de Yogananda em 1952, Wright, três anos depois, se tornou presidente da Irmandade da Autorrealização, adotando o nome de Sri Daya Mata. A obra-prima de Yogananda, *Autobiografia de um iogue*, registro de sua busca espiritual e encontros com homens e mulheres notáveis, como Luther Burbank, Rabindranath Tagore, Gandhi, Therese Neumann (a "Estigmatizada Católica") e Giri Bala ("a mulher iogue que nunca come"), havia muito estava estabelecida como um clássico espiritual. Outro exemplo de seus poderes notáveis veio por ocasião de sua morte. Inexplicavelmente, o corpo do mestre não se decompôs durante as três semanas em que foi exibido em um caixão aberto. O fenômeno foi registrado pelo diretor do necrotério de Forest Lawn, que declarou: "A total ausência de sinais visíveis de decomposição no cadáver de Paramahansa Yogananda oferece o caso mais extraordinário em nossa experiência".

Não obstante as armadilhas vagamente "espiritualistas" do movimento, os ensinamentos de Yogananda tinham um elemento notável de bom senso. Adotavam uma abordagem singularmente ecumênica, distante da pureza ideológica dos movimentos fundamentalistas ou do culto à personalidade, celebrado por muitas ordens carismáticas. Os ensinamentos de Yogananda ofereciam um guarda-chuva sob o qual o candidato de qualquer credo (cristão, judeu, budista, hindu) poderia buscar consolo espiritual – bem como um programa passo a passo da técnica de meditação chamada *Kriya Yoga*, que exigia dedicação, disciplina e um comprometimento com o processo que não necessariamente excluía a crença religiosa, mas também não a exigia. Desde o instante em que leu as primeiras páginas de *Autobiografia de um iogue*, no início de seus estudos, Elvis não escondeu seu fascínio. E quando soube por meio de Larry sobre o corpo "intacto" de Yogananda, elemento que parecia estar diretamente ligado com sua própria obsessão pela mortalidade, ficou ainda mais fascinado.

No parque em Pacific Palisades, conheceu o monge Irmão Adolph, já octogenário, com quem Elvis frequentemente conversava e entabulava longos debates filosóficos. O Irmão Adolph lhe indicou novas leituras e citava com frequência Sri Daya Mata, que havia retornado da Índia no verão anterior, após quase um ano de peregrinação. Será que Sri Daya Mata consentiria em falar com ele? O que o Irmão Adolph achava? Elvis perguntou ansioso. Não passava de um humilde fiel que ia valorizar muito a oportunidade de conversar com ela. O Irmão Adolph levou o pedido a Daya Mata, e ela concordou em vê-lo; ficaria feliz, disse ela, em se encontrar com o famoso artista, conforme as possibilidades da agenda dela.

Na primavera daquele ano, Elvis viajou à sede da Irmandade, subindo as serpenteantes estradinhas do Monte Washington, elevação acentuada pontilhada de bangalôs modestos, nos arredores de Los Angeles, com vista para Pasadena. Lá conheceu uma propriedade ampla e desconexa, com jardins bem cuidados e arborizados. Outrora o prédio aberto e cheio de luz já havia abrigado um hotel e spa de luxo para a florescente indústria cinematográfica local. Foi ali que conheceu Daya Mata, senhora de 50 anos, cuja atitude calma e fala mansa causaram nele um impacto profundo e imediato, até mais do que havia imaginado. Ele não tinha previsto uma coisa. A presença serena e reconfortante dela o fez lembrar de sua mãe, Gladys Presley.

Daya Mata, carinhosamente chamada pelos seguidores de "Ma", ficou impressionada. O artista mostrava uma evidente humildade e uma autêntica ânsia por conhecimento. "Enxerguei nele alguém repleto de inocência, entende? Um moço ingênuo, até mesmo um pouco infantil, que foi envolvido pela adulação do mundo e a apreciava. Porém, acima disso, ele sentia um profundo enlevo pelo seu público; formou um vínculo com eles e nunca queria decepcioná-los. Essas coisas que eu notei. Então começamos a tratar de assuntos que lhe causavam grande preocupação. Tinha feito algumas leituras. Estava afundando. Ali estava alguém que havia conquistado tudo o que o mundo tinha a oferecer, [mas] isso não o satisfazia. Ainda havia um vazio a preencher, e a única maneira era voltar-se a seu âmago."

Falou com ela como não falava com ninguém havia anos. "Quando ele entrou, logo vi que era tímido. Falei: 'Ora, Elvis, pode relaxar. Você veio me ver; sente-se e converse. Pense em mim como um sapato velho, se quiser'." Depois de quebrar o gelo, ele desabafou cada vez mais, confessou medos, reconheceu dúvidas que teria relutado em expressar explicitamente até mesmo com Larry. Contou a ela que os caras que o cercavam não o entendiam. "Não compartilhavam os mesmos interesses dele, achavam que ele estava se envolvendo demais nisso, que essa busca era uma ameaça a eles e criou uma cisão no grupo. Não conseguiam realmente se colocar no lugar dele, não entendiam suas necessidades e, claro, ele não podia confidenciar isso aos outros." Mas, quando mencionou o Coronel, reafirmou sua grande e característica cautela. "Tudo o que se relacionava ao empresário dele era abordado com extrema precaução. Acho que Elvis sentia que Parker era uma parte importantíssima da vida dele e, enquanto ele continuasse sendo artista, precisava seguir [os conselhos de Parker], porque o empresário o havia orientado tão bem por tanto tempo. Tinha só uma preocupação: o Coronel parecia não entender sua necessidade de nutrir a alma. Estava bem nutrido em quase tudo, *mas onde estava o alimento para sua alma?*

"Meu objetivo foi incentivá-lo a tirar um tempinho para si. Eu não queria criar problemas entre Elvis e o empresário dele, mas o cantor estava se dedicando tanto que já não tinha mais tempo para si mesmo. Meu argumento sempre foi: se a pessoa tem 24 horas num dia, ela é muito tola se não conseguir dedicar a Deus nem uma meia horinha dessas 24. Eu o estimulei a arranjar tempo para si mesmo e seu bem-estar espiritual, mas ele se sentia muito atraído por seus fãs, queria agradá-los, eles lhe davam amor."

Daya Mata viu em Elvis a mesma impaciência por "resultados" que Larry já havia observado, mas também viu isso em outros. O cantor falou com ela sobre receber um "atalho" para atingir a iluminação da Kriya Yoga, mas ela só deu de ombros. "Pois é, não dei esse gostinho a ele. Eu não ia fazer uma coisa dessas. Muita gente tentava isso, mas me limitei a dizer: 'Bem... tenha um pouco de paciência. Só porque alguém tem nome, isso não me impressiona. Não estou interessada nesse aspecto de sua natureza. Estou interessada em sua alma'. A certa altura, ele quis de todo o coração [entrar no movimento], ele queria transmitir os ensinamentos, se envolver mais, mas avisei a ele que isso não ia dar certo, porque eu enxergava sua natureza. Ele se empolgava por um tempo, mas depois o entusiasmo arrefeceria e ele voltaria a se inclinar a suas outras atividades, [afinal] essa era a vida dele, a missão de Elvis era outra. Uma vez, saindo pela porta, ele voltou como uma criancinha, tão doce, e disse: 'Ah, Daya Mata, quero que a senhora saiba que eu a amo'. Falou sério, como se estivesse falando com a própria mãe, e completou: 'Se ao menos a senhora tivesse conhecido a minha mãe'. Respondi: 'Ah, Elvis, eu gostaria de tê-la conhecido'."

Uma nova serenidade repousou em sua vida. Para os caras, aquilo mais parecia loucura e, cada vez mais, eles se sentiam alienados, ressentidos, confusos e zangados ao mesmo tempo. Elvis parecia estar se afastando deles, com aquelas visões quase diárias; histórias de abdução por uma nave espacial; delírios de conseguir acionar e desativar, com seus pensamentos, o sistema de irrigação do campo de golfe do Bel Air Country Club, atrás da casa; a convicção de que podia curá-los de tudo, desde resfriados até dores mais sérias, apenas com seus poderes terapêuticos. A Marty, anunciou que o canto de um pássaro havia se transformado na voz de Cristo e, em outras circunstâncias, poderiam ter sido tentados a entregá-lo aos cuidados de um médico, mas a razão lhes dizia que ele sairia dessa obsessão, também, assim como havia saído de todos os seus outros impulsos e paixões momentâneas.

Para Joe, era principalmente uma questão das pílulas que ele estava tomando e seu desejo intenso e irreal de algo mais – no entanto as noites deles não se tornaram mais palatáveis. Em vez das festas noturnas de sempre, noites de argumentações filosóficas, livres de álcool, e o livro de Timothy Leary, *A experiência psicodélica*, tornou-se leitura obrigatória para todos. De vez em quando ainda jogavam um futebolzinho americano, e em raros momentos visitavam o Red Velvet, o novo clube do pai de Sandy Ferra, no Sunset Boulevard. Mas não era a mesma coisa, parecia que toda a diversão tinha se perdido. Até os caras alternavam altos e baixos; em especial, Marty e Alan começaram a desenvolver seus próprios problemas de abuso de substâncias. Quando precisava fazer os relatórios de despesas, não raramente Marty ficava acordado dois ou três dias a fio. "E uma noite, após uns três dias sem dormir, eu estava sentado no meio da cama, tomando notas. Todos os livros-razão e recibos à minha volta. E eu estava tão aceso por efeito das pílulas que a última coisa de que me lembro é que olhei para o relógio e eram duas e meia ou três horas. Na manhã seguinte, acordei e ainda estava na mesma posição, no meio da cama… Mas era impossível deixar de fazer coisas assim para quem tomava tanta anfetamina quanto eu."

Era principalmente Marty, também, quem fazia relatórios ao Coronel, informando-o de todos os mais recentes exemplos de bizarrice no comportamento de Elvis. Marty transmitia as notícias com o mesmo zelo com que compilava todas as suas outras listas e relatórios, mas não lhe passou despercebido o fato de que o Coronel, pela primeira vez, pareceu aturdido sobre como exatamente proceder. Ainda praticamente acamado por conta de seu persistente problema lombar, passava um tempo cada vez maior na casa de Palm Springs, fornecida gratuitamente pela agência William Morris, onde tomava banhos de vapor diários no Spa Hotel, reorganizava o freezer da esposa ou simplesmente pegava sol à beira da piscina e fazia um churrasquinho para alegrar o coração. Socializando em seu estilo excêntrico com a mais exclusiva elite de Hollywood, ele projetava uma fachada de satisfação para o mundo, mas, pela primeira vez, sua combinação patenteada de espetáculo circense e convicção inatacável estava começando a naufragar, e sua familiar jactância começava a soar, cada vez mais, mera bravata.

Por volta dessa época, C. Robert Jennings, em um artigo para o *Saturday Evening Post*, declarou que a própria aparência desleixada do Coronel, bem como todos os enfeites de seus escritórios (exibição espalhafatosa de bichos de pelúcia e flâmulas, pôsteres, discos e mercadorias de Elvis) tinham como objetivo desencorajar todos os almofadinhas e impostores de estúdios de procurá-lo. "Os figurões têm medo de serem vistos comigo", disse ele. "Isso me poupa um tempão." Boatos de casamento? Inverídicos, mas acrescentou: "Elvis prometeu me avisar com três semanas de antecedência se ele decidir se casar, então eu teria tempo para fechar bons acordos promocionais". Seu credo pessoal, observou Jennings, era: "Nem tente explicar, apenas venda", embora o repórter musical inglês Chris Hutchins, que o entrevistou poucos meses depois, tenha detectado, à espreita sob a fanfarronice, uma postura consideravelmente mais humilde.

O mundo não deveria se surpreender caso se aposentasse em breve, declarou o Coronel, realçando a diferença de idade entre ele e seu cliente. "Mais cedo ou mais tarde, outra pessoa vai ter que assumir as rédeas." Na mesma ocasião, o repórter presenciou uma reunião sobre *merchandising* com dois "magnatas" de Nova York que ofereciam 80 mil dólares em taxas de licenciamento. Antes de receber os empresários, o Coronel atendeu a um velho amigo, dos tempos em que ambos trabalhavam nos parques de diversões.

> O amigo, que enfrentava um aperto financeiro, trouxe uma caixa com várias centenas de balões para vender ao Coronel. O preço? Quarenta dólares. Durante meia hora, o Coronel negociou um desconto, para melhorar a autoestima do amigo, e acabou adquirindo os balões por 38 dólares.
>
> Concluída a compra, o Coronel convidou os figurões que aguardavam na sala de espera. Quando o homem se foi, um deles reclamou do Coronel: "Você nos deixou esperando 20 minutos para comprar balões no valor de 38 dólares quando temos um acordo no valor de 80 mil para discutir?". A resposta do Coronel: "Acontece que fechar o negócio era mais crucial para ele do que seria para vocês. Eu falei 'seria', cavalheiros, porque acabo de desistir de fazer negócio com vocês. Passem bem".

Sem dúvida, ela era uma figura peculiar. Após quase uma década de ausência, Gabe Tucker havia recém-retornado a trabalhar para o Coronel. O colaborador de longa data observou que, apesar do incansável desejo do Coronel de comandar tudo e sua necessidade quase perversa de sempre manter os colegas fora da zona de conforto, Parker também era capaz de atos de generosidade igualmente impulsivos. "Entre as peculiaridades de seu caráter estava o hábito de disfarçar seus atos de bondade", ponderou Tucker, mas seus únicos critérios eram a lealdade e relacionamentos de longo prazo – nada a ver com religião, crença no futuro e fé na natureza humana. E agora andava encucado com a lealdade.

Não que suspeitasse exatamente de deslealdade de Elvis; apenas não conseguia, pela primeira vez em seu longo relacionamento, dizer realmente onde estavam as lealdades de Elvis. Todo aquele "disse me disse" que chegava aos ouvidos dele, sobre o menino abandonar a indústria do cinema – nunca tinha vindo diretamente a ele, e achava que nunca viria. Ele e Elvis tinham um combinado – e ele acreditava que o cantor tentaria sempre corresponder a esse combinado – de que Elvis não tentaria de maneira alguma constrangê-lo deliberadamente. Ao mesmo tempo, porém, as lembranças de seu rompimento devastador com Eddy Arnold no verão de 1953 certamente pairavam sobre o empresário. Profissional de grande preparo, o Coronel se orgulhava de sua capacidade de superar a concorrência por *conhecer o território*. Por isso sempre estava um passo à frente. No complicado e sempre imprevisível mundo do show business, o segredo do sucesso era esse. Preparação. Antecipação. Sempre estar duas jogadas à frente do oponente. Mas a rescisão com Eddy Arnold o pegou de surpresa. Após nove anos de lealdade inabalável, a decisão unilateral de Eddy de rescindir com ele, sob o pretexto singelo de diferenças de "estilo", o fulminou como um raio. A recuperação do Coronel foi quase instantânea. Partiu para outra, sem mostrar fraqueza ou admitir os erros. No finzinho de 1954, iniciou uma nova parceria com Hank Snow e, logo em sequência, com o filho dele. Porém, o modo repentino com que tudo havia ocorrido, e o fato de ter sido pego de surpresa, agora inevitavelmente afetavam seu comportamento.

Para onde Elvis estava indo? Não conseguia vislumbrar. Os dois eram um time, mas *ele não sabia o que passava pela cabeça do garoto*. E, na ausência de informações, fez uma retirada estratégica para um terreno familiar. Não queria confronto com Geller; tinha certeza de que Geller acabaria colocando os pés pelas mãos, ou que Elvis simplesmente se cansaria e passaria para outra coisa. Nesse meio-tempo, ele ia mostrar que ainda era capaz de mostrar desempenho, como sempre.

Para esse fim, ao longo de toda a primavera, dedicou-se intensamente a promover *Cavaleiro romântico* – numa campanha publicitária que era, alardeou ele aos quatro ventos, a maior e mais eficaz até então. Em 19 de maio, enviou Gabe Tucker a Atlanta para a estreia do filme com o Cadillac dourado, que ele recentemente havia persuadido a RCA a comprar para fazer uma turnê. Se Elvis não poderia estar lá pessoalmente para promover o filme, ao menos seu carro de luxo personalizado estaria. Distribuiu 50 mil pacotes de publicidade em pontos de venda da RCA, comprou 100 mil balões e aprovou os dois lançamentos de singles a serem selecionados da trilha sonora de canções antigas do filme (a favorita do Coronel, "I'm Yours", entrou no lado B do segundo single) enquanto dirigia uma ampla campanha para vender o longa-metragem como "salutar para toda a família – sem ênfase na sensualidade". Ao fim e ao cabo, o filme acabou salvando a Allied Artists, alcançando o terceiro maior faturamento na história da empresa (atrás de *55 dias em Pequim* e *El Cid*) e garantindo lucros substanciais a Elvis e o Coronel.

Ao mesmo tempo, percebeu que havia algo muito errado com *Feriado no harém*. Depois de assistir ao primeiro corte em 17 de junho, enviou uma carta à MGM afirmando que nem "um primo de P. T. Barnum em 55° grau" conseguiria vender aquele filme, considerando o desastre artístico perpetrado. Talvez a melhor coisa a fazer fosse apenas "lançar rapidinho, coletar o dinheiro e tentar novamente". E ainda acrescentou, em uma espécie de reconhecimento tardio, fruto de uma introspecção incomum: talvez no próximo filme devêssemos ter mais tempo para as filmagens, a fim de garantir um resultado melhor. A tentativa de condensar a produção inteira em 15 ou 18 dias, com o astro participando de praticamente todas as cenas, era, concluiu o Coronel, nada menos que uma receita para o desastre.

Um mês depois, ainda procurando salvar uma situação que considerava essencialmente irrecuperável, sugeriu: por que não colocavam como narrador um camelo falante? Assim, ao menos, o ridículo do cenário poderia soar intencional, e as crianças achariam o camelo fofinho. Foi um raro exemplo do Coronel insinuando que poderia ter cometido um erro, embora continuasse a manter uma farsa animada, mas não particularmente feliz. E não desanimou: o filme ainda poderia dar lucros. Apesar de todas as suas falhas, poderia render tão bem quanto *Com cai-*

pira não se brinca, talvez até um pouco melhor. A essa altura, porém, já estava de olho na meta seguinte, que era – como sempre – fazer o maior e melhor negócio até então.

Uma motocicleta Triumph de 650 cc foi comprada por Jerry Schilling em abril. Elvis, adepto das Harley, demorou uns dias para notar, mas então pediu para dar uma volta. Sentiu-se tão à vontade pilotando a Triumph que decidiu que todos deveriam ter uma. George Barris começou a ligar para os revendedores e, antes das três da manhã, havia uma frota de nove Triumphs no pátio. Marty não apreciava motos, então Elvis comprou um carro para Marty. No fim das contas, acabou comprando um carro para todos os outros também. Nas semanas seguintes, passearam de moto por toda a cidade, entrando e saindo dos portões de Bel Air* a altas horas, levando os vizinhos a fazer uma petição para reclamar do barulho. Esse cerceamento de suas liberdades civis deixou Jerry indignado, mas Elvis apenas deu risada e providenciou um trailer para transportar as motocicletas portões afora e adentro.

Além dessa preocupação com as liberdades civis, Jerry de modo algum se enquadrava como um membro convencional dessa família estendida. Não parou de estudar e cursava História na UCLA; mostrava uma vasta curiosidade sobre o mundo, desde os estudos espirituais até os acontecimentos atuais; e, em geral, mostrava uma idiossincrática mescla de ingenuidade saudável, lealdade autêntica e independência obstinada que não passava despercebida a ninguém do grupo. Joe e Joanie Esposito o apelidaram de "sr. Leite", porque raramente tomava bebidas alcóolicas, e Joanie o achava muito diferente dos outros. "Um cara engraçadíssimo. Comia rosquinhas com garfo e faca. Não deixava que um tipo de comida tocasse outro tipo de comida no prato. Mas era aberto.

* Imponentes portões se erguem nas duas entradas principais do exclusivo bairro Bel Air: o East Gate (Portão do Leste) e o West Gate (Portão do Oeste). (N. de T.)

Bom ouvinte. E muito sensível. Por isso acho que teve um bom relacionamento com Priscilla. E acho que é por isso que Elvis sentia ciúmes."

Nesse lance do ciúme, Jerry já tinha se ligado. Pouco antes de partirem à Califórnia, ele estava na cozinha, quando Priscilla desceu do quarto, com o semblante alterado. "Não me toquei que os dois tinham brigado feio... Acho que ele jogou um abajur e o quarto ficou todo bagunçado... Só pensei que ela estava doente e perguntei se estava se sentindo bem. Antes disso, não tínhamos falado muito, porque eu era muito tímido, mas tivemos uma conversa breve, e logo ela voltou para cima. Acho que os dois voltaram a discutir, e ela disse: 'Bem, ao menos o Jerry Schilling se importa como estou me sentindo'. Pronto. Ele desceu e me disse: 'Não preciso de nenhum cara maldito perguntando a Priscilla como ela está se sentindo', e blá-blá-blá... Fiquei arrasado. Foi a primeira vez que ele me falou algo que me deixou chateado, e fiquei sem resposta. Mas, no dia seguinte, ele disse apenas: 'Vamos dar uma volta', e nunca mais tocou no assunto comigo. Foi como se dissesse: 'Legal. Não estou zangado com você'. E ficou tudo bem. Mas deixou um gostinho amargo."

Para os outros, Jerry era uma espécie de curinga que tinha o irritante e sincero hábito de sempre deixar Elvis saber exatamente o que ele estava pensando. "Joe me dizia: 'Caramba, Jerry, por que diabos você falou isso? Ele estava de bom humor'." Mas Jerry se adaptava aos humores de Elvis mais devido à sua própria receptividade e por sua admiração sem limites, não só por suas conquistas, mas pelo *caráter* de Elvis. "Trabalhei para esse cara que eu admirava muito, e ele me tratou melhor do que jamais serei tratado em minha vida. Mas quando não tinha nada rolando, a gente ficava lá nesse vácuo, sentindo-se mal-humorado, inseguro... Nunca vou me esquecer do que Elvis me disse aquela vez... simplesmente captou meus pensamentos. Assistíamos à TV, sentados no sofá, e ele disparou: 'Sabe, uma das coisas mais importantes a aprender na vida é sermos capazes de lidar com o fato de não termos nada pra fazer'."

COMEÇARAM A FILMAR *Entre a loira e a morena* (*Frankie and Johnny*), o novo produto da United Artists, no Sam Goldwyn Studio, em meados de maio. Mais um empreendimento desolador, que oferecia poucas esperanças de satisfação, além dos itens contratuais de lucros e perdas para todas as partes envolvidas. Um sistema inovador foi adotado para gravar a trilha sonora, no intuito de minimizar o desperdício de tempo e superar o crescente desgosto de Elvis pelo material. A parte instrumental foi gravada à noite, e os vocais de Elvis no dia seguinte. Pela lógica oficial, esse método operacional era mais eficiente e moderno, mas, de acordo com Alan Fortas, o motivo real foi o ataque de birra de Elvis na primeira noite em pleno estúdio.

O filme em si, *remake* de um lançamento de 1936 com Helen Morgan, foi conduzido de maneira bastante agradável por Fred De Cordova, que havia dirigido Ronald Reagan no filme *Hora de dormir, Bonzo*, e tinha no currículo trabalhos na televisão, como o seriado *Leave It to Beaver* e o show de variedades *The Jack Benny Program*. Tempos depois, ele se tornaria o produtor de longa data do *The Tonight Show*. Liderando o competente elenco, visivelmente acima do peso, Elvis – talvez no aspecto mais notável das filmagens – estabeleceu uma conexão espiritual com a coestrela Donna Douglas. Em vez de namorá-la, de acordo com Sonny West, sentiu um autêntico interesse intelectual por ela. Trocaram livros e ideias, falaram de Daya Mata e da Irmandade da Autorrealização, à qual ela também pertencia, e meditaram juntos. Mostrou a ela muitos de seus livros, observou Larry com orgulho, "e juntos os dois analisavam os trechos sublinhados por ele".

Ao término das filmagens, mais uma vez ele presenteou o pessoal com dezenas de relógios de pulso da marca "Irmandade". Ainda no set, doou 50 mil dólares para o Motion Picture Relief Fund em uma cerimônia especial organizada pelo Coronel, com Frank Sinatra e Barbara Stanwyck aparecendo para aceitar o cheque. Alguns dos caras encaravam com cinismo até a generosidade do chefe, como se fosse mais uma prova de sua hipocrisia. Com igual cinismo, se aproveitavam dessa mesma qualidade e competiam por benefícios financeiros pessoais, seja na forma de carros, dinheiro ou joias.

Por sua vez, Joe via sinceridade no impulso caridoso de Elvis: a emoção de ver a alegria no rosto do beneficiário era o que mais motivava o cantor. "Elvis era louco por um programa de TV, *O milionário*. A cada semana, alguém batia à porta de uma pessoa comum. A pessoa abria e se deparava com um mensageiro de terno que anunciava: trazia um presente de um doador anônimo, no valor de 1 milhão de dólares". Na visão de Joe, Elvis queria fazer a diferença na vida das pessoas, fosse um amigo próximo ou um completo estranho, e descobriu que esse era o modo mais simples e direto de fazer isso. Para Lamar, contudo, era também "um band-aid para os abusos que cometia conosco o tempo inteiro. A bênção e a maldição de Elvis".

O único e verdadeiro ponto brilhante no horizonte musical: "Crying in the Chapel" alcançou o Top Ten na parada, façanha inédita nos últimos dois anos, e vendeu 1 milhão de cópias, algo que não acontecia desde o single "Return to Sender", em 1962. Era bem verdade que a canção tinha sido gravada quase cinco anos antes, para o álbum gospel de Elvis (foi retida todo esse tempo porque o cantor não achava a sua interpretação à altura do r&b original, de Sonny Til and the Orioles), mas era gratificante voltar ao topo. Para se ter uma ideia, "Crying in the Chapel" vendeu 300 mil cópias a mais do que seu último single a alcançar a terceira posição nas paradas, "Devil in Disguise", de 1963.

Ainda mais gratificante foi saber que o single alcançou o primeiro lugar nas paradas britânicas, de acordo com os relatórios da agência de notícias, "pela primeira vez, desde que os Beatles tinham chegado à fama, havia quase três anos" – e, ainda por cima, com um *spiritual*. Afinal, por mais sinceros que fossem seus pronunciamentos públicos de que nesse ramo havia espaço para todos, por mais cuidadosamente formulados seus votos de sucesso para os Beatles, nenhum dos caras deixou de notar que ele encarava os Beatles e toda aquela invasão britânica como ameaças e que se irritava sempre que lhe diziam estar ultrapassado. Claramente ele próprio não estava interessado nem satisfeito com a música lançada em seu nome e, apesar de todo o empolgante palavreado do Coronel sobre cifras, números e acordos, um fato era impossível de ignorar: os discos já não vendiam como antes, nem eram tão *relevantes* quanto antes. Admirava os Beatles, mas se sentia ameaçado por eles. E, às vezes, até se irritava com o desrespeito com que os Beatles, Bob Dylan e os Rolling Stones tratavam o público, desdenhando dos próprios fãs. Acima de tudo, porém, tinha inveja da liberdade que eles evidentemente pareciam sentir e desfrutar. Ele também já havia desfrutado dessa liberdade, também já estivera na vanguarda da revolução, mas agora sentia vergonha de ouvir suas próprias músicas, de assistir a seus próprios filmes.

Rick Richards, o piloto que Elvis encarnaria em *No paraíso do Havaí* (*Paradise, Hawaiian Style*), operando um serviço de fretamento de helicópteros, pretendia resgatar algumas qualidades rústicas de seu papel em *Carrossel de emoções*. Mickey Moore, o ex-assistente de Norman Taurog, que havia trabalhado com esse diretor em *Saudades de um pracinha*, *Feitiço havaiano* e *Garotas, garotas e mais garotas*, além de servir como assistente de direção em *Carrossel de emoções* e *Balada sangrenta*, foi um rosto familiar na cadeira de diretor. Com Allan Weiss como roteirista e a terceira filmagem no Havaí em cinco anos, a sensação era mais de um extremo *déjà vu* do que simples revisita a um terreno familiar.

Após muita insistência, enfim o Coronel conseguiu que Wallis oferecesse um bônus de 90 mil dólares além do cachê de 200 mil dólares de Elvis, com o bônus dividido meio a meio entre o cantor e o Coronel. Continuou, porém, a mostrar certo grau de decepção que só o dinheiro não seria capaz de aplacar. De imediato se lançou em sua nova campanha, que era o contrato para o *próximo* filme.

Elvis ficou doente na semana em que gravou a trilha sonora. Wallis talvez tenha deduzido: terá sido esse o motivo pelo qual ele se recusou a imitar latidos de cachorro durante uma das canções? O correspondente da *Movie News*, Derek Hunter, relatou que o astro estava "muito doente para fazer o teste de figurino" e que chegou ao Havaí "sem o sorriso habitual no rosto. (...) Quando Elvis enfim foi trabalhar diante das câmeras, também não mostrou a paciência e a polidez de costume. Reclamava seguidamente sobre o modo como sua privacidade estava sempre sendo perturbada. Falou a respeito do circo que sempre o cerca e como esperava se livrar disso tudo no Havaí".

Os dez caras que foram a reboque, com o pai e a madrasta, podem muito bem ter contestado esse relato, mas o próprio fato de Elvis estar sendo caracterizado pela primeira vez nesses termos indica até que ponto ele estava se permitindo mostrar seus sentimentos. Com a equipe de filmagem e os atores, foi tão polido quanto de costume. Ele, Vernon e o Coronel depuseram uma guirlanda de flores no monumento ao U.S.S. *Arizona,* construído com a ajuda de seus esforços, e ficou encantado com as aulas sobre vestuário, música e cultura havaianas no Centro de Cultura Polinésia (Polynesian Cultural Center), faculdade e retiro fundado pelos mórmons em Oahu, que serviu como locação e, de quebra, consultoria cultural ao filme.

O fato mais notável que aconteceu nas locações foi provavelmente a paixão de Jerry Schilling. Sandy Kawelo, aluna do centro cultural, atuou como dançarina no filme. Jerry quase não falou com ela na semana que passaram no local, mas na última noite houve uma festa bonita, com sofisticados arranjos florais, para se despedir da equipe de filmagem, junto com uma apresentação especial de dança. Foi a primeira vez que Jerry realmente passou um tempo com Sandy, e os dois descobriram de modo quase instantâneo o quanto tinham em comum.

"Uma experiência muito emocionante em todos os sentidos... O recital como um todo. Lágrimas escorreram pelo rosto de Elvis. No dia seguinte, pouco antes de embarcarmos no avião, Sandy me trouxe um colar de flores que ela mesma havia confeccionado para mim. A bordo da aeronave, escrevi uma carta a ela dizendo o quanto a amava. Elvis achou isso ótimo e me incentivou a manter contato com Sandy, coisa que fiz, mas acho que fiquei deprimido o resto do tempo em que continuamos fazendo o filme."

O ânimo geral nos estúdios da Paramount não era muito diferente do de Jerry. Para Jan Shepard, que interpretou a irmã mais velha de Elvis em *Balada sangrenta* e ganhou uma ponta no filme novo, a diferença na pessoa que encontrou agora após uma ausência de sete anos foi quase de partir o coração. "Não era hostil, só muito retraído e reservado entre as tomadas... Na verdade, mal o víamos. Claro que havia um grupo completamente diferente de caras (agora ele andava cercado por uma comitiva). Mas [ele] parecia muito ensimesmado, bem menos extrovertido e divertido que antes. Andava às voltas com livros de teologia e parecia estar questionando o papel dele no esquema das coisas. Certa vez, perguntou sobre Dolores Hart [sua coestrela em *A mulher que eu amo* e *Balada sangrenta*, boa amiga de Shepard, que havia abandonado a carreira no cinema para se tornar freira], e batemos um papo. Nesses momentos de calma, ele continuava sendo um doce. Quando nos lembramos de *Balada sangrenta*, ele afirmou: 'Meu bem, esse foi o meu filme predileto'."

May Mann, colunista de fofocas de Hollywood que tinha uma boa relação com Elvis desde sua chegada a Hollywood, indagou sobre o boato que andava correndo por aí, de que Elvis havia abandonado suas crenças "para ingressar numa igreja oculta". Esse boato tinha algum fundamento? Ela quis saber. Elvis, então, teve que explicar. Devia ser um reflexo de todos os livros que andava comprando numa livraria de ocultismo, no outro lado da rua, defronte aos estúdios da Paramount (na verdade, Pickwick Books, no Hollywood Boulevard). Mann escreveu em sua coluna a resposta de Elvis: "Alguns rapazes compraram alguns livros. Comecei a ler e me despertou o interesse de ler sobre religiões. Meu foco está na autorrealização... Quero encontrar o verdadeiro eu. E quem não quer? Mas [eu] nunca deixei minha própria igreja".

A essa altura, não surpreende que o Coronel enfim tenha chamado para si a responsabilidade de confrontar Larry, mesmo que fosse apenas para informá-lo: o Coronel *sabia* o que estava acontecendo, escolhesse ou não fazer algo a respeito. Um dia, em pleno set, os caras estavam todos ali sentados quando o Coronel apareceu e avisou que iria "hipnotizá-los". Esse era um de seus truques de salão favoritos, embora nunca ficasse claro quem estava enganando a quem. Seja lá como for, logo Billy dava guinchos como um macaco, Charlie emitia latidos de cachorro e um terceiro cara incorporava outro membro do reino animal. Larry observou aquilo e se perguntou: "Qual gatilho acionou a resposta dos caras? Sugestão hipnótica? Medo das consequências de não embarcarem na brincadeira? O fato é que sob a influência de Parker as pessoas faziam coisas que não necessariamente queriam fazer. Sem dúvida, uma habilidade muito poderosa, seja lá qual fosse a sua fonte.

> "Olha só", disse ele abrindo um sorriso e me perfurando com o olhar, "eles estão todos hipnotizados. Mas não", acrescentou, como quem responde a uma pergunta que ninguém mais escutou ou fala consigo mesmo, "não vamos fazer isso com Larry, porque Larry conhece hipnotismo".
>
> Com isso, ele me deu um sorrisinho de cumplicidade e indagou para ninguém em particular: "Cadê uma cadeira para o Coronel?".
>
> Na mesma hora, vários caras foram buscar uma cadeira para o Coronel.

"E tragam outra pro Larry", acrescentou Parker, sabendo que talvez os caras não tivessem a mínima vontade de fazer isso.

Dias depois, anunciou perante os demais: "Larry, você não seguiu a sua vocação verdadeira. Você deveria atuar nos palcos. Estou falando sério. Disso eu entendo. Você deveria atuar nos palcos". Um tempinho depois, empossou Larry na Liga dos Bonecos de Neve dos EUA, honra cobiçadíssima no círculo de amizades do Coronel ("Quem tem lábia não fica elogiando sua capacidade de usar a lábia",* dizia o Coronel para o novo, mas pouco empolgado membro). Larry, no entanto, não considerou o convite como um elogio. Na realidade, se estivesse interpretando corretamente, ele deveria encarar aquilo como um nítido insulto. "Os atos de Parker sempre falavam mais alto que suas palavras, e esse gesto resumiu tudo. Aos olhos de Parker, ele e eu estávamos na mesma liga, por assim dizer, e eu era um *snowman*, um engambelador, bom o suficiente para ganhar seu respeito. É como se agora eu estivesse trabalhando para Parker." Um dia, quando Larry visitou o Spa Hotel em Palm Springs, a mulher que me cobrou a taxa da sauna reconheceu o nome dele na hora. "'Ah, então *você* é o Larry Geller!', exclamou ela, como se andasse procurando por mim. 'Sim', respondi, confuso. 'Ouvi falar de você', disse ela. 'Me disseram que você é um mágico. Foi o Coronel Parker quem me contou'."

Os Beatles visitaram Elvis em 27 de agosto de 1965, uma semana após ele retornar do Havaí. O Coronel estava bem ciente do impacto do grupo no cenário da música pop, desde a primeira apresentação da banda inglesa no *The Ed Sullivan Show*, no ano anterior, quando enviou um telegrama em seu nome e no de Elvis, desejando-lhes sucesso e uma agradável estada no país. Mais tarde, ele se encontrou com Brian Epstein, o empresário dos Beatles, e levou presentes para os meninos de Epstein (luminárias de cabeceira que imitavam carroças cobertas e cinturões cartucheiras, tudo escolhido pessoalmente pela sra. Parker), em nome de Elvis e dele. Inclusive foi aventada a hipótese de a banda britânica cantar com Elvis a última canção do filme *No paraíso do Havaí*, mas Wallis descobriu que o contrato com a United

* No original, "*A good Snower does not praise his own Snow ability*". (N. de T.)

Artists impedia isso. O encontro foi algo que o Coronel havia muito tempo enxergava como um valioso golpe publicitário – *caso* pudesse ter sido organizado nos moldes dele e de Elvis. Ele e Brian Epstein vinham detalhando isso havia algum tempo, mas no final Epstein se rendeu, e o Coronel apresentou a Elvis a oportunidade de surpreender o mundo sem investir muito esforço e tempo. Porém, aquela perspectiva não chegou a empolgar Elvis, de promover um tipo de encontro formal com pessoas que ele não conhecia.

Às dez da noite, os Beatles chegaram, após um festival de carros trocados, escoltas policiais e intricados esquemas de segurança bolados pelo Coronel – mas com centenas de fãs ainda reunidos nos portões do bairro Bel Air. A gangue em peso (Joe, Marty, Alan, Red, Sonny, Larry, Jerry, Billy, Richard, Mike e Chief, junto com Priscilla, Joanie e outras esposas e namoradas) aguardava, ansiosa, na casa. Ao que parecia, todo mundo estava empolgado para conhecer os Beatles, exceto Elvis. Quando os convidados chegaram, ele estava acomodado em seu comprido sofá branco em formato de L, na salinha de vídeo, assistindo à TV sem som. Ergueu-se para cumprimentá-los, apresentou-os a Priscilla e alguns dos caras, e então, quando a conversa diminuiu, pegou o baixo elétrico que estava conectado a um amplificador instalado na frente da TV. "Mohair Sam", de Charlie Rich, tinha acabado de entrar nas paradas; Elvis a executava na jukebox e tocava junto com ela, sem parar, dedilhando as cordas do baixo distraidamente, como se nada mais passasse em sua cabeça além de simplesmente aprimorar seu talento.

No final, todo mundo parece ter sossegado um pouco, e os eventos seguiram seu próprio curso. Ringo foi jogar sinuca com Richard Davis e Billy Smith; George, que para a maioria dos caras parecia estar chapado quando chegou, foi fumar um baseado com Larry Geller à beira da piscina e discutir o hinduísmo. John e Paul, após uma conversa descontraída, acabaram pegando umas guitarras e improvisaram um pouco com Elvis, enquanto o Coronel e Brian Epstein apostavam na mesa de centro que se transformava em roleta.

No geral, a reação dos Beatles foi de desapontamento, e a resposta deles a Elvis, uma espinhosa mescla de raiva e desilusão ("Para ser honesto", diria mais tarde Tony Barrow, o assessor de imprensa dos Beatles, "eu descreveria Elvis naquele encontro como um velho chato... Mas sei que o Ringo curtiu sua mesa de sinuca"). Porém, retribuíram o convite: por que Elvis e os caras não apareciam para uma visita no fim de semana? Quase de imediato, Elvis declinou o convite; não sabia qual seria a sua agenda, explicou, mas ia ver se dava um jeito. No dia seguinte, Joe ligou para Malcolm Evans, o *road manager* dos Beatles, formalizando a recusa, mas vários caras se animaram com o convite. No sábado, Jerry foi sozinho à casa alugada em Benedict Canyon, retornando com Marty e Richard, no dia seguinte. John Lennon fez questão de dizer a Jerry o quanto aquela noite tinha significado para ele e que ele ia gostar muito se Jerry dissesse a Elvis que "se não fosse por ele, eu não seria nada". Jerry transmitiu a mensagem. "Claro, fiquei emocionado, e contei a Elvis, mas ele não falou nada, só esboçou um sorriso. E nada mais."

Perto da conclusão das filmagens, Tom Jones, o galês que havia acabado de alcançar o topo das paradas com a canção-título do filme *O que é que há, gatinha* (*What's New, Pussycat?*) – dos discos e filmes recentes, um dos prediletos de Elvis, apreciador de quase todos os filmes com Peter Sellers – passou no set e ficou praticamente mudo de tanta emoção. "Lá estava [Elvis] sentado num helicóptero. Meio que acenou na minha direção, e pensei: 'Está acenando pra mim?'. Por via das dúvidas, acenei de volta… Em seguida, veio me dar um oi e falou que conhecia todas as faixas do meu álbum. Conversamos um pouquinho e perguntei: 'Alguma chance de eu tirar uma foto com você para os jornais britânicos?'... Então, enquanto posávamos para as fotos, ele começou a cantar as músicas do meu álbum! Aquilo me deixou estupefato."

O restante das filmagens transcorreu sem novidades, e Elvis foi liberado enfim pela Paramount em 1º de outubro, chegando a Memphis seis dias depois. Em sete meses, tinha feito três filmes, praticamente sem interrupção. Apesar de seus esforços, havia pouquíssimos resultados a mostrar, à exceção da parte comercial e da grana, coisas de que o Coronel se gabava tão incessantemente. Andava farto do modo de pensar do Coronel, reclamou dele para Priscilla. Com certa amargura, desabafou: queria fazer papéis sérios, e o Coronel só falava na necessidade de cumprir suas obrigações contratuais. "Continuava nutrindo a esperança de conseguir bons roteiros. Elvis era a lealdade em pessoa. Romper com o Coronel estava fora de cogitação, mas em algumas ocasiões os dois discutiam ao telefone e ficavam uma ou duas semanas sem se falar. Basicamente, coisas relacionadas à carreira."

NESSE MEIO-TEMPO, O CORONEL nutria suas próprias preocupações sobre a carreira de Elvis. Andava preocupado com as vendas de discos, mas não abria mão da política de usar toda e qualquer gravação que restava na lata. Nesse cenário, somente as trilhas sonoras de filmes ofereciam novos produtos (e no caso de *Cavaleiro romântico*, nem isso). Assim, o Coronel estava na mesma posição de quando Elvis saiu do exército: se a RCA queria esse artista – e não restava dúvida de que queriam –, então teriam que pagar seu verdadeiro valor, em dólares de 1965.

Ao longo de todo o verão, o Coronel negociou pacientemente com Harry Jenkins, substituto de Bill Bullock como executivo da RCA encarregado de Elvis Presley, e finalmente, em 21 de setembro, o acordo foi concluído, com Elvis comprometido até 1972, um ano além de suas obrigações atuais, e a gravadora mantendo uma opção adicional de dois anos por seus serviços. Em troca da extensão de um ano, a RCA aumentaria seus pagamentos anuais garantidos a Elvis, de 200 mil dólares por ano para 300 mil dólares (atualmente, a RCA devia pouco mais de 1 milhão de dólares em royalties atrasados, então o total chegaria a 2,1 milhões de dólares em pagamentos garantidos nos próximos sete anos, restando 1,1 milhão de dólares a ser recuperado), com todos esses pagamentos divididos na base de 75-25 entre artista e empresário. Além disso, a RCA pagaria um bônus não recuperável de 300 mil dólares, a ser dividido em 50-50 entre Elvis e a All Star Shows (a empresa do Coronel), juntamente com um bônus adicional de 25 mil dólares para cada uma das partes, em 1º de janeiro de 1966. O acordo básico de royalties de 5%, estabelecido no contrato original de 1956, permanecia em vigor; esses royalties seriam rebatidos daquele 1,1 milhão de dólares a ser recuperado. Por outro lado, os royalties "bônus" (2% nacionais, 1% estrangeiros) que o Coronel havia negociado pela primeira vez em 1960, com taxas mais baixas, e que foram divididos em 50-50 por causa de sua definição como pagamentos especiais, fora do escopo do contrato normal, estavam livres de quaisquer ônus e deveriam ser pagos, mesmo em caso de mora dos valores recuperáveis de Elvis. Por fim, o pagamento anual de 27 mil dólares que a RCA havia feito ao Coronel desde 1º de março de 1960, por consultoria, promoção, licenciamento de fotografias, aconselhamento geral e assessoria, foi reajustado para 30 mil dólares, com todos os acordos explicitamente reconhecidos e assinados por Elvis.

Ou seja, uma extraordinária atualização contratual para um artista que já não vendia tantos discos – *e também* para seu empresário. Segundo Alan Fortas, o Coronel não escondeu o júbilo. Não surpreendentemente, a RCA dourou a pílula, declarando que 1965 foi o maior ano de Elvis de todos os tempos, e realçando o fato de que "suas vendas atingiram um recorde histórico em 1965", o que não era de forma alguma verdade, seja qual fosse o critério, singles, álbuns, combinação ponderada de singles e álbuns, ou só as vendas de Elvis desde o término do serviço militar (para fins de comparação, ele vendeu aproximadamente 40% mais discos em 1960). Quando o álbum *Elvis for Everyone*, coletânea de sobras e *takes* rejeitados ainda na manga, foi lançado em agosto, o comunicado de imprensa alardeou: "Primeiro álbum de Elvis Presley desde 1962 que não é trilha sonora de filme".

Retórica à parte, parece óbvio que esse novo contrato vinha carregado de expectativas. Em que pesem as diferentes interpretações entre as partes, em essência estavam de pleno acordo: claramente, algo precisava ser feito. Em suas negociações, o Coronel apostou que a RCA faria tudo a seu alcance para manter seu mais brilhante astro; agora, com um novo contrato repleto de incentivos em mãos, ele apostava que Elvis estava pronto para corresponder em desempenho. Pois embora fosse contra a natureza do Coronel ceder até mesmo em um ponto, após a experiência dos últimos dois anos, ele enfim se deu conta de que Elvis precisava voltar ao estúdio para fazer o que sabia fazer melhor: discos. Ninguém discordava quanto a isso.

Também estava ocupado em outras frentes. A partir de setembro, entabulou várias rodadas de negociações com Hal Wallis por um novo filme. O negócio só foi fechado em novembro. Elvis receberia o cachê inédito (em se tratando desse produtor) de 500 mil dólares, mais 20% dos lucros (pechincha não oferecida a outro estúdio, lembrou o Coronel com rapidez). Exaurido pelas negociações, Wallis confidenciou a seu sócio, Joe Hazen, que jamais voltaria a fazer negócios com o Coronel. Ato contínuo, o Coronel iniciou tratativas com a MGM para um novo contrato de quatro filmes, a 850 mil dólares por filme e 50% dos lucros – aumento de 100 mil dólares no cachê e de 10% nos lucros em relação ao contrato de três filmes que havia negociado ainda no ano anterior.

Com a promessa de novos contratos por quantias comparáveis, parecia que Elvis estaria com a agenda lotada até 1968, com uma renda garantida de quase 7 milhões de dólares nos próximos três anos *apenas em filmes*. E isso num momento de resultados claramente decrescentes, quando as empresas cinematográficas, como a RCA, poderiam muito bem questionar os motivos para a continuidade dos compromissos. O Coronel estava convencido: Elvis simplesmente não compreendia as forças contra as quais seu empresário tinha que lutar. Seja como for, isso não lhe dava um intervalo para meditação. Com seu ânimo implacável, sua necessidade quase obsessiva de ver um desafio em cada sinal de advertência, e um jogo em cada relacionamento (faltava ao Coronel, comentou Eddy Arnold havia muito tempo, um interruptor), o Coronel tinha poucas dúvidas de que Elvis um dia cairia em si e reconheceria seus esforços. Em janeiro, o acordo com a MGM enfim foi fechado. Com orgulho característico, e dissimulação não menos característica, o Coronel anunciou a Elvis: a cereja do bolo já estava garantida, e tão logo o contrato formal fosse redigido, o Coronel entregaria a Elvis o resto do bolo.

Retornando a Memphis, Elvis teve um dia movimentado: passeou de moto, alugou o cine Memphian e visitou o túmulo da mãe. Dias depois, o jornal registrou Elvis "zunindo pelas estradas internas de Graceland num kart rebaixado" após a meia-noite. Comprou um cupê Toronado vermelho 1966 da Oldsmobile, novinho em folha, e também uma Harley nova. Mandou trazer a pequenina Honda branca de Priscilla do litoral para que ela pudesse andar com ele. Em 22 de outubro, o baixista do trio original, Bill Black, morreu aos 39 anos, com um tumor no cérebro. Elvis declarou ao *Commercial Appeal* que Black era "uma excelente pessoa que todos amavam. (...) Nem consigo explicar o quanto eu amava Bill". Entretanto, não compareceu ao funeral.

O Jardim da Meditação também foi concluído naquele outono. No ano anterior, o cunhado de Marty Lacker, Bernie Grenadier, que tinha um negócio de decoração de interiores com a esposa Anne, irmã de Marty, havia reconstruído a cachoeira na salinha, e Elvis ficou tão satisfeito com o trabalho que, antes de partirem à Califórnia, empreitou com Bernie a remodelação dos jardins, na mesma linha do Parque da Autorrealização, em Pacific Heights. Seria ótimo, disse ele, apenas ter um refúgio onde pudesse meditar, "um lugar bonito e pacífico, onde eu possa pensar e ficar sozinho".

Bernie começou o projeto de imediato, mas as obras só iniciaram na primavera. Marty detalhou que Bernie se dedicava ao trabalho diuturnamente. Foi à Itália buscar estátuas de mármore de antigos soldados romanos; comprou vitrais da Espanha para o mosaico do mural. Mandou trazer tijolos do México. Encomendou arcos e plantas ornamentais. Construiu uma fonte com 14 tipos de jatos e iluminação subaquática. Uma obra de arte, enfim.

Mesmo após voltarem, Bernie fez Elvis prometer que só olharia depois de pronto. Por fim, Bernie disse a Elvis que podia dar uma espiada, e Elvis e Priscilla foram sozinhos ao jardim para acompanhar o trabalho. De acordo com o relato de Marty, na volta, "lágrimas de alegria brotavam nos olhos dele, [mas] como era de seu feitio, evitou falar com Bernie pelo resto da noite. Para Elvis, nunca foi fácil expressar sua gratidão". Agradecimentos à parte, a empreitada se tornou também fonte de considerável discórdia. Pelo relato de Marty, Vernon se recusou a fazer o pagamento final de 21 mil dólares na conta de Bernie. Assim que as coisas eram feitas na casa dos Presley, desdenhou Marty, tomando isso como outro exemplo do antissemitismo subliminar de Vernon, embora essa visão não tornasse Vernon mais benquisto pelo filho.

Como presente de Natal, os caras deram a Elvis uma estátua de Jesus para o jardim. Marty contratou John McIntire, instrutor da Academia de Artes de Memphis, que havia dado aulas a Jerry, para esculpir a estátua. É McIntire quem conta: "Um carrão preto estacionou e desceram Jerry Schilling, Larry Geller e Marty Lacker. Anunciaram: 'A gente quer dar a Elvis um presente de Natal. Pode fazer uma estátua?'. Baixote e rechonchudo, Marty estendeu os braços, fez uma pose e disse: 'Algo assim. Com 1,20 metro. Que tal? Só dispomos de 500 dólares'. Respondi: 'Nem pensar'. Queriam em mármore. Vieram em 6 de dezembro de 1965, e eu tinha poucas semanas. Entalhei no living da frente; é o maior Jesus de plástico do mundo ([ainda] acham que é mármore). Na placa, ao pé da escultura, os guarda-costas criaram um poeminha; o texto alça [Elvis] ao mesmo nível de Deus".

Presente ainda melhor Jerry ganhou para o Natal: Sandy Kawelo veio do Havaí para ficar com ele. Jerry tinha passado a maior parte de outubro deprimido. Um dia, enfim, Elvis o chamou e disse: "Você já não me serve mais". O espanto se estampou no rosto de Jerry. "Fiquei simplesmente arrasado. Perguntei: 'Como assim?'. Então ele abriu um sorriso e me deu uma passagem de ida e volta ao Havaí. E avisou: 'Vai lá, pegue-a e traga-a de volta'." Jerry seguiu as instruções à risca. Ficou no Havaí várias semanas, convenceu a família de Sandy de que suas intenções eram honradas e, por fim, a recebeu no aeroporto de Memphis numa tarde fria, logo após o Natal. Havia semanas Jerry vinha contando à vovó Presley tudo sobre sua linda namorada havaiana. "Eu realmente amava vovó, senhora sapientíssima e excelente, mas ela questionou: 'Meu filho, por que não arranja uma garota americana?'. Então Sandy veio a Memphis, e nos mudamos para o complexo de apartamentos logo ali, do outro lado da rua... E a vovó simplesmente se apaixonou por ela."

Na visão de Larry, Elvis andava cada vez mais inquieto, o que não causava surpresa, levando em conta o quanto o mundo dele permanecia constrito, quase calcificado. "Na vida de Elvis, o mundo exterior era um local distante. Até se aventurava nele, mas nunca o habitava. Para os visitantes, as observações de Elvis sobre filosofia e religião eram interessantes; para quem convivia com ele, eram irritantes. (...) Rotinas [eram] imutáveis. O vaivém de funcionários avulsos; a ocasional mudança de endereço de Elvis em Los Angeles; as mudanças em seus interesses recreativos... Ondas imperceptíveis de uma existência em grande parte estática. Sempre tinha algo acontecendo, é claro, mas até mesmo o evento mais dramático assumia a textura de um episódio de um seriado de televisão." Para Jerry, era como se todos estivessem sendo atraídos para um mundo virtual em que cortesãos, aos poucos, se tornavam tão isolados quanto o rei. "Andávamos muito tempo juntos; todos nós éramos muito influenciados por Elvis, porque, convenhamos, ele era o centro de tudo o que acontecia. Era algo normal levantarmos no fim da tarde e dormir ao nascer do sol. Por causa disso, ficamos isolados de nossas famílias, de nossos amigos. Chegou ao ponto em que a gente se relacionava entre nós e com mais ninguém. Era como se o cara estivesse no ambiente de outra pessoa. Às vezes, aconteciam atritos salariais ou sobre a divisão das tarefas, mas Elvis sempre mantinha o controle. Éramos uma família; todos nós tínhamos nossos relacionamentos individuais com Elvis e todos achavam que esse relacionamento era *especial*. Elvis tinha um carisma espiritual que nos envolvia e nos fazia se sentir que ele era o nosso melhor amigo, que a gente sempre podia contar com ele."

Mais uma vez, celebraram a véspera do Ano-Novo no Manhattan Club, com o líder da banda, Willie Mitchell, tocando seus sucessos instrumentais, e diversos vocalistas cantando sucessos atuais de r&b. A certa altura, Elvis fez George Klein limpar a pista de dança para que pudesse enxergar melhor Vaneese Starks cantando "Hound Dog". Depois, ele e Priscilla dançaram algumas músicas lentas e uma rápida, quando então se despediram dos convidados – mais de 100 amigos, familiares e fãs.

Durante as festas de fim de ano, não assistiu a tantos filmes como de costume. Passou a maior parte do tempo brincando com a pista de autorama, presente de Priscilla no Natal. Ele e os caras tinham descoberto na Califórnia as corridas de automobilismo de fenda e começaram a alugar o Robert E. Lee Raceway quase com a mesma frequência com que costumavam alugar o Rainbow Rollerdrome. Priscilla recebeu a pista de corridas para uso doméstico direto do proprietário da Robert E. Lee. O sucesso foi tão grande que Elvis quase imediatamente começou a falar em adicionar mais um cômodo à casa para instalar um circuito expandido. Essa empreitada, Marty assegurou, o cunhado dele poderia facilmente levar a cabo.

Foi durante esse mesmo feriadão de Natal que Elvis enfim experimentou LSD. No mês de agosto anterior, todos tinham provado *brownies* de maconha. Em especial, o interesse de Elvis por drogas de expansão da consciência havia sido estimulado pela leitura do ensaio de Aldous Huxley, *As portas da percepção*, e o manual psicodélico de Timothy Leary, de 1964. Por insistência de Elvis e sob sua supervisão, alguns dos rapazes realmente já haviam tomado ácido, mas o fato de ele ter permanecido mero observador provocou muitos comentários céticos. Na opinião de Alan Fortas, "ele tinha muito medo de tomar, e fomos estúpidos o suficiente para servirmos de cobaias". Red especulava que ele queria ver qual efeito a droga teria em sua criatividade. Seja como for, a observação não diminuiu seu interesse pelos efeitos psicotrópicos. Quando um fã lhe deu LSD em cápsulas de gelatina, ele e Larry planejaram empreender a jornada, sob condições cuidadosamente controladas.

Enfim chegou o dia, vários meses após seu retorno a Graceland. Com Sonny (que tinha participado do experimento original) como monitor, Elvis, Priscilla, Larry e Jerry embarcaram na experiência. Sentados à mesa de conferências na sala contígua ao quarto de Elvis, começaram a falar sobriamente a respeito do livro de Leary e a experiência psicodélica como um todo. Larry, o único com algum conhecimento direto da droga, observou com interesse como ela, aos poucos, começou a fazer efeito.

> Uma hora e meia depois, saímos para caminhar. Súbito notei que havíamos perdido Jerry. Ninguém sabia onde ele estava, mas eu não sabia se Jerry tinha sumido mesmo ou se era imaginação minha. Mesmo assim, juntei-me à busca e o encontramos deitado num closet, embaixo de uma pilha de roupas de Elvis. Ao longo disso tudo, Elvis obviamente lutava de verdade contra os efeitos da droga, se esforçando ao máximo para disfarçar que estava ficando chapado.
>
> De repente, a viagem agradável e tranquila foi transformada quando Priscilla começou a soluçar. Caiu de joelhos na frente de Elvis e gritou: "Você não me ama de verdade, apenas diz que ama". (...) E no minuto seguinte ela olhou para nós e disparou: "Vocês não gostam de mim". Daí começou a dizer que era "feia", e fiquei preocupado. Talvez ela estivesse em meio a uma *bad trip*. Mas felizmente [ela] saiu logo disso. (...)
>
> Como qualquer outra coisa que ele fazia, Elvis viajou ao estilo dele, sem cortinas de miçangas, incenso ou cítara indiana. Horas depois do início, ligamos a televisão,

> assistimos a um filme de ficção científica, *A máquina do tempo*, e encomendamos pizza. Quando o efeito começou a passar, saímos perambulando nos fundos de Graceland e nos maravilhamos com a beleza da natureza, conversamos sobre o quanto éramos sortudos por ter amigos tão bons e o quanto nos importávamos uns com os outros. Até onde eu sei, foi a única vez que Elvis tomou ácido.

Quando voltaram à Califórnia, mudaram-se para a residência nova, em Rocca Place. A cerca de um quilômetro e meio da casa em Perugia Way, tinha sido comprada e depois alugada a eles novamente pela sra. Reginald Owen, viúva do ator britânico, com quem Joe fazia negócios desde que Elvis tinha morado na Bellagio Road, em 1961. A casa nova, no estilo rancho,* oferecia muito mais espaço e privacidade do que a casa em Perugia Way, e Joe e Marty a deixaram pronta para a chegada de Elvis, no início de fevereiro. Marty se instalou no quarto contíguo ao de Elvis e o repaginou com papel de parede vermelho e cortinas de seda preta; o restante da decoração dos interiores seguiu as preferências de Marty, em cores escuras e sólidas, com predominância para o azul, a cor favorita de Elvis.

Bem a tempo para ajudar na mudança, Charlie Hodge voltou. Todos esses anos, entre idas e vindas, continuou trabalhando para Jimmy Wakely, o veterano artista country. Mas agora havia decidido voltar de uma vez por todas. Marcou presença na gravação da trilha sonora do novo filme, inclusive tocando piano na sessão, e a presença dele restituiu não só muitas risadas, mas a musicalidade do lar. Charlie não era um sujeito de fazer panelinhas. Cultivava uma só lealdade e mantinha essa devoção inabalável. Para a irritação de algumas pessoas, ele se dava tão bem com Larry, por quem sentia uma genuína admiração,

* No original, "*ranch-style home*". Não se trata necessariamente de "casa de campo" ou "de fazenda", e sim de um estilo arquitetônico típico dos EUA e em voga nos anos 1950. (N. de T.)

quanto com Red, que não curtia Larry, mas que compartilhava com Charlie o amor pela música. Emocionalmente tenso, Charlie bebia demais e era descartado em certos quadrantes como pouco mais do que um bajulador – mas esses quadrantes dificilmente estavam livres da mesma acusação. No geral, a presença renovada de Charlie fez a diferença na atmosfera cotidiana da casa.

Além disso, Rocca Place deveria enfim servir de casa para Priscilla na Califórnia. Alguns dos caras enxergaram isso como o primeiro sinal de capitulação naquele "embate de determinações" em que "Priscilla queria muito se casar, mas [Elvis] não estava pronto para sacrificar seu invejável *status* de solteiro". Sempre tinha sido excluída de suas viagens a Hollywood, sob o pretexto ostensivo de que ela seria uma distração para Elvis em seu trabalho. Mas agora ali estava ela, pegando um voo para se juntar a eles, fazendo o possível para assumir o controle, estabelecer regras e padrões de comportamento doméstico que jamais poderiam ter sido contemplados, muito menos colocados em vigor, enquanto a casa no bairro Bel Air continuasse sendo um clube exclusivo para meninos. O tipo de fraqueza mostrado quando Larry entrou em cena pela primeira vez voltava a se manifestar, foi a percepção natural dos caras, não sem um certo ressentimento. Também se ressentiam por motivos pessoais, que, mesmo não tendo origem em Priscilla, caíram no colo dela. Sob o prisma de Billy Smith: "Em essência, Elvis delegou a ela mais controle tanto sobre as esposas *quanto* sobre os caras. Disse para ela: 'Os caras trabalham para mim, então se você mandar um dos caras fazer algo, é melhor ele fazer'. Ela achou que seria fácil. Ela daria ordens, e se a pessoa não cumprisse, ela avisaria Elvis, e o cantor explodiria. A maioria concordou, mas o pessoal ficou com aquilo entalado na garganta".

Assim, era natural que a rapaziada visse com regozijo Priscilla receber algo que soasse uma punição. Por exemplo, uma vez ela sugeriu que gostaria de visitar o set para ser apresentada à coestrela de Elvis, Shelley Fabares, de quem tanto ouvia falar. Não é uma boa ideia, disse Elvis, mas ela insistiu. Os caras escutaram cada palavra da discussão; ouviram gritos exaltados e móveis sendo virados. Fora de si, Priscilla disparou: havia algo acontecendo no set que ele não queria que ela visse? Elvis anunciou: "Não tenho porra nenhuma a esconder. Você está ficando um pouquinho agressiva e exigente demais. Seria uma boa ideia você passar uma temporada visitando seus pais".

> Chocada, esbravejei: "Nem pensar!".
>
> "Acho que deveria ir. Na verdade, vou te ajudar." Entrou no meu closet e começou a jogar no chão todas as minhas peças de roupa, cabides inclusos. Por fim, atirou a minha mala por cima das roupas.
>
> "Tudo bem, mulher. Pode fazer as malas!" (...)
>
> Soluçando, comecei a arrumar a mala. Ele girou sobre os calcanhares e saiu do quarto chispando. Logo depois, eu o ouvi gritando para Joe comprar uma passagem. "Embarque-a no próximo voo. Vai voltar para os pais dela." Havia uma determinação na voz dele que eu nunca tinha ouvido antes.
>
> Histérica, fui dobrando as roupas enquanto ele continuava a gritar na sala anexa. Fiz as malas devagarinho, atordoada pela explosão.
>
> Quando ele voltou ao quarto, eu estava me sentindo humilhada. Continuei a dobrar as roupas em meio a um choro incontrolável... Eu me ergui e lentamente me encaminhei em direção à porta. Encostei na maçaneta e senti a mão dele em meu ombro. Ele me fez virar, e quando me dou conta, como em um milagre, ele me puxou para junto dele num abraço envolvente.
>
> "Entende agora?... Percebe que precisa disso? Que alguém a leve até esse ponto para colocá-la em seu lugar."

> Soltei um suspiro de alívio, feliz por estar de volta aos braços dele. Naquele instante, qualquer coisa que ele dissesse teria feito sentido para mim... Era essa a técnica de Elvis para me manter sob controle.

Porém, ele era igualmente capaz de defendê-la e direcionar essa mesma fúria controladora aos outros. Um dia, uma das esposas dos caras disse a Priscilla que Elvis não queria a presença dela porque desejava estar livre para curtir com outras mulheres. Quando Elvis ficou sabendo, demitiu todo mundo que estava na sala, menos Larry e Charlie, que presenciaram a cena, atônitos. "Acabou, acabou", anunciou ele para a sala como um todo. "Enchi o saco de vocês e de todas essas fofoquinhas, invenções e conversa fiada. Agora se arranquem daqui, todos vocês. Não quero mais ver suas caras. Liguem para meu pai, repitam a ele cada palavra que eu disse. Ele vai ficar muito feliz."

Na maioria das vezes, para a surpresa dele, Elvis não achou a presença de Priscilla tão incômoda quanto imaginava. Talvez simplesmente gostasse de conviver com uma situação diferente, sejam lá quais fossem as dificuldades que a acompanhavam. Levou Priscilla ao Parque da Autorrealização e inclusive a apresentou a Daya Mata. Priscilla concordou: a semelhança com Gladys Presley era notável. Paralelamente, em seu novo filme da MGM, *Minhas três noivas* (*Spinout*), dirigido mais uma vez por Norman Taurog, Elvis encarnou um piloto de corrida, em vez do piloto de helicóptero de *No paraíso do Havaí*. Mas se a vida de Elvis carecia de um núcleo claro, ao menos tinha seus prazeres periféricos. Andava animadíssimo com o ônibus que George Barris estava personalizando para ele, com a promessa de estar pronto para a viagem de volta a Memphis, em abril. Era um ônibus Greyhound D'Elegance fora de linha, mas totalmente equipado, com o motor traseiro em compartimento de chumbo para minimizar o ruído; assento hidráulico para o motorista, moldado ao corpo de Elvis; som estéreo sofisticado; cozinha completa; dormitório e escotilhas, também para simular a sensação de "iate de luxo". Várias vezes por semana, ele ia à oficina de Barris em North Hollywood para conferir os progressos. Tão impaciente estava para experimentá-lo que, em 17 de fevereiro, na noite em que terminaram a gravação da trilha sonora, induziu Barris a arrombar a própria loja (o "Rei da Customização" tinha se esquecido da chave) para que ele, Elvis e Joe pudessem pegar o veículo e fazer um passeio experimental em Las Vegas.

Também adquiriu uma novíssima câmera de vídeo com gravador de rolo Sony, recém-introduzida nos Estados Unidos para uso doméstico. Logo descobriu as possibilidades e começou a encenar suas próprias peças de teatro privadas, como tinha feito com a câmera Polaroid um ou dois anos antes. Às vezes, usava só Priscilla; noutras, na ausência de Priscilla, contratava garotas para lutar em trajes sumários (sutiã e calcinha) brancos; ocasionalmente também incluía Priscilla, em um cenário expandido. E esse lance de a roupa íntima ser toda branca, qual era o motivo? Isso não ficou bem claro para ninguém, mas todo mundo sabia que era assim que Elvis curtia – uma idiossincrasia dele. Além disso, as fitas eram para uso estrito do cantor; às vezes, os caras as viam por ali, mas Elvis só dizia que eram programas de TV que ele tinha gravado. "OK", Joe o desafiou uma vez. "Mostre pra gente o que você gravou." Com certo embaraço, Elvis recusou.

Um dia, o cantor levou a volumosa câmera de vídeo ao set para mostrá-la a Norman Taurog. O diretor polidamente respondeu à empolgada conversa de vendedor de Elvis, que realçou as vantagens da máquina (seria útil, concordou Norman, ter algo assim para reproduzir, de modo instantâneo, as cenas que acabaram de fazer). Elvis, num impulso de generosidade, deu a máquina a Taurog – mesmo sabendo que o consumidor normal entrava numa longa fila de espera para obter o equipamento. Contudo, Elvis não tinha intenção de esperar, e deixou isso bem claro para Marty; ele que providenciasse reposição imediata.

Seguindo a recém-descoberta aceitação dos valores de produção pelo Coronel, o filme foi realizado em sete palcos sonoros e cinco locações externas, entre elas, o Dodger Stadium. A certa altura, os ânimos se exaltaram quando Red, que nunca fez segredo sobre seu desprezo por Larry, só não chegou às vias de fato porque foi contido pelos outros caras. Por sua vez, Elvis mantinha diálogos filosóficos espiritualizados com várias de suas coestrelas. Sentia uma admiração genuína por Shelley Fabares, com quem havia trabalhado em *Louco por garotas*; deu a Diane McBain um exemplar de *A vida impessoal*, com os melhores trechos sublinhados, e comentou com ela sobre os preceitos espirituais de Yogananda; e agora se dedicava a salvar Deborah Walley, que despontou no cinema como protagonista de *Férias no Havaí* (*Gidget Goes Hawaiian*) e andava perdida num mar de dúvidas e confusão espirituais. Disse a ela: "Escute, temos só este momento juntos, então que ele seja completo. Sem amarras. Sem perder tempo com ninharias. Tenho a palavra; quero transmiti-la a você. Não sou homem, nem mulher... Sou uma alma, um espírito, uma força. Nada neste mundo me interessa. Quero viver integralmente em outra dimensão". De acordo com Walley, foi o ponto de virada na vida dela.

À colunista de cinema May Mann, Elvis dissertou longamente sobre a mãe dele, sua infância e criação, o último Natal que passou com Gladys. Em Memphis, sempre ia ao cemitério no mínimo uma vez por semana para visitar o túmulo da mãe, contou a Mann, e mandava flores semanalmente. Sonhava com Gladys em momentos felizes: "É como ver e estar com ela de novo". Sempre manteria Graceland como seu lar, porque a casa evocava lembranças dela. Para Elvis, era mais do que uma casa, representava "o lar do meu coração. Bem mais do que um local de necessidades físicas… Para mim, o meu lar está impregnado com todos os atos de bondade e gentileza que, com amor, a minha mãe, a minha avó e o meu pai me proporcionaram… Esse amor todo está entranhado em suas paredes. Para mim, é um modo de vida duradouro". Contou que gostaria de voltar a frequentar a igreja. "A igreja era nosso modo de vida desde que me conheço por gente. A última vez que fui, houve tanta confusão e pedidos de autógrafos, então me afastei, por questão de respeito... Tenho trabalhado em canções religiosas para um álbum. Sinto Deus e sua bondade, e acredito que por meio da música posso expressar seu amor por nós."

Era exatamente isso, de fato, que ele ia fazer: mergulhar na música outra vez. A RCA estipulou que precisava de um novo álbum, dois novos singles e um single de Natal, a serem gravados na sessão marcada para maio. Talvez com a ideia de capitalizar o sucesso de "Crying in the Chapel", o álbum foi especificamente designado como religioso. Desde sua chegada à Califórnia, Elvis, Charlie e Red começaram a burilar informalmente o material. Por coincidência ou não, Red havia recém-adicionado um segundo gravador ao que já possuía havia tempos, a fim de investir em suas ambições como compositor. Queria ser capaz de produzir as próprias demos brutas sem precisar entrar no estúdio e, com dois gravadores de rolo, sentiu que poderia aprender a fazer overdub com o vocal e as partes instrumentais. Cantores como Glen Campbell, que ele conhecia do clube Red Velvet e do cenário musical de Hollywood, emprestavam a voz às demos de algumas de suas composições, por apenas alguns dólares por sessão. Paralelamente, ele e Charlie começaram a gravar canções pelas quais achavam que Elvis podia se interessar – não só religiosas.

Quase como para atestar a sabedoria da estratégia do Coronel, houve uma renovação crescente do interesse de toda a casa pela música em geral; todas as manhãs, antes de irem ao estúdio, ouviam *Peter, Paul & Mary in Concert* ou o álbum mais recente do trio, *See What Tomorrow Brings*, enquanto *Odetta Sings Dylan* nunca esteve longe do toca-discos. Elvis mostrava também um grande interesse no duo folk Ian & Sylvia, junto com seus artistas prediletos de gospel, blues e rhythm & blues. Quando todos se reuniam para cantar, ele poderia ecleticamente sugerir tanto "Blowin' in the Wind", de Bob Dylan, quanto um número do quarteto vocal Statesmen, por mais que odiasse o vocal abrasivo de Dylan e a não menos abrasiva política cultural de suas letras (Elvis costumava dizer "Tenho a sensação de que o Bob Dylan andou dormindo em minha boca", e a canção "Rainy Day Women #12 e 35", de Dylan, que tocava no rádio na época, deixou Elvis enfurecido, por conter o que ele encarava como apologia casual da cultura das drogas).

Essas sessões informais aconteciam em qualquer lugar, estimuladas facilmente, seja por uma frase casual ou uma nota relembrada, seja por uma lógica musical sustentada. Repetidamente voltavam às bem afiadas harmonias com as quais Elvis havia crescido, nas quais Charlie ou Red costumavam assumir a voz principal, Elvis muitas vezes se encarregava do vocal baixo profundo de músicas gospel, números havaianos e clássicos do country, como "Tumbling Tumbleweeds" ou "Cool Water" da banda Sons of the Pioneers. Às vezes, a turma inteira participava, inclusive com Sonny ou Priscilla liderando um vocal improvisado e tateante. Ocasionalmente, Red e Charlie traziam suas próprias ideias de músicas e, lá de vez em quando, Elvis arriscava uma demo que Freddy havia lhe enviado, cantando junto com o número gravado, depois elaborando no piano sua abordagem própria para a canção, com Red documentando fielmente o processo.

Reavivando a alma e redescobrindo a alegria de cantar, Elvis expandiu ainda mais seus gostos musicais e, de quebra, resolveu enfrentar desafios vocais maiores. Escutava Caruso e Mario Lanza, além de Hank Williams, Judy Garland, Aretha Franklin e os Rolling Stones. Ficou tão fissurado por Jimmy Jones, o baixo profundo que comandava o grupo gospel negro The Harmonizing Four, que encasquetou com a ideia de convidar Jones para sua próxima sessão. Solicitou ao Coronel e Freddy Bienstock que fizessem uma busca.

O Coronel sentiu-se vingado. Nesse momento, a RCA fazia uma forte pressão para que ele entregasse um produto; na verdade, vinha recebendo insistentes cartas e telefonemas do vice-presidente da RCA, Harry Jenkins, lembretes um tanto nervosos. Todos esperavam o conteúdo da sessão com as altas expectativas criadas pelo novo contrato.

Era esse o tipo de carta que, no passado, o Coronel teria escrito à empresa fonográfica. Um lembrete para que o Coronel cumprisse a sua parte no contrato. Sob circunstâncias normais, certamente ele teria reagido de maneira explosiva perante essa inusitada presunção da RCA.

Mas suportou os lembretes de Jenkins com notável compostura. Estava decidido a aceitar esse jogo, ao menos até Elvis gravar novo material.

Confiante de que já haviam passado pelo pior, tolerou inclusive os recorrentes boatos de que estava prestes a vender o contrato de Elvis e se aposentar. Em fevereiro, logo após o cantor chegar a Hollywood, o Coronel deu a seu amigo Jim Kingsley, do *Memphis Commercial Appeal*, uma entrevista com o intuito de tranquilizar Kingsley e o mundo: os relatos sobre sua morte não eram confiáveis. “Mas que droga, claro que eu me aposentaria, assim como meu garoto, Elvis... se tivéssemos dinheiro suficiente”, declarou. “Mas se nos aposentássemos, quem diabos iria nos querer?”. Centenas de pessoas dependiam de Elvis para seu sustento, frisou ele, como se estivesse falando com um ouvinte secreto. “Quanto maior a fama do artista, mais responsabilidades ele enfrenta.... Elvis é grande o suficiente para suportar [essas] responsabilidades... e também adora trabalhar. Acredito sinceramente que no futuro ele se tornará um dos grandes atores do cinema.”

Atuação magistral, exemplo perfeito do bom e último recurso do “Boneco de Neve”, a capacidade de hipnotizar até a si mesmo. E agora, com o fim das filmagens, talvez devesse declarar mais honestamente sua crença. Sempre soube que Elvis se cansaria das abobrinhas de Geller, pelo menos como dieta exclusiva; talvez nunca o abandonasse por completo, mas a mente do menino era muito dinâmica para se fixar numa coisa apenas. Era esse o erro de cálculo de todos aqueles novatos retardatários: todos contavam com o entusiasmo espontâneo, o coração transbordante de amor, o dia temporariamente ensolarado. Mas não vislumbravam as nuvens cinzentas no horizonte, não entendiam as regras do jogo, não previam um futuro incerto – e era isso que o Coronel estava decidido a fazer, para o bem dele e do seu jovem cliente.

Elvis e os parças partiram rumo a Memphis no fim de semana de 16 de abril, chegando em casa às nove da noite do sábado seguinte. Em todo o percurso, Elvis dirigiu praticamente sozinho o ônibus repaginado, usando seu boné de motorista e luvas de pilotagem, feitas em couro fino. Entoaram canções na maior parte do caminho, rindo, cantando e ouvindo as fitas gravadas por Charlie e Red. Sempre que paravam no hotelzinho de beira de estrada onde iam passar a noite, alguém tinha que carregar o pesado gravador de vídeo até o quarto de Elvis para ele assistir a suas fitas particulares. A viagem levou mais tempo do que o normal. Em Albuquerque, Elvis de repente quis chamar uma das moças que havia participado de uma encenação para ele em algumas das fitas, para que ela viesse e replicasse a performance. Os carinhas todos protestaram, primeiro, enquanto esperavam ela chegar, e depois, enquanto Elvis terminava de fazer com ela – seja lá o que estivesse fazendo. Todo mundo estava impaciente para chegar em casa e rever esposas, filhos e namoradas. Tinham plena consciência de que não havia como contradizer o chefe; cada capricho dele tinha que ser satisfeito. Mas ao menos agora esses caprichos pareciam estar, finalmente, voltando a ser algo que todos conseguiam entender.

Com motocicletas, em 1966: Larry Geller, Marty Lacker, Alan Fortas, Joe Esposito, Elvis, a atriz Deborah Walley e Jerry Schilling
(Cortesia do Espólio de Elvis Presley)

CÍRCULO FAMILIAR

Abril de 1966 a maio de 1967

A NOVA ONDA de entusiasmo musical que engolfou Elvis na Califórnia continuou em seu retorno a Memphis, em 23 de abril. Uma semana após a chegada do cantor a Memphis, uma sessão de três dias foi agendada no Estúdio B da RCA, começando numa quarta-feira, 25 de maio. Havia dois anos e meio, Elvis não ia ao estúdio para gravar um disco que não fosse uma trilha sonora. Qualquer dúvida sobre a seriedade com que a sessão estava sendo encarada seria desfeita ao analisar os minuciosos preparativos que a precederam. Primeiro, a enxurrada de correspondências entre a gravadora e o Coronel, entre o Coronel e seu assistente Tom Diskin, e entre Diskin e Freddy Bienstock. Por sua vez, Freddy entrou em contato com Red West, que com Charlie Hodge agora fazia uma triagem de todas as demos de Freddy para Elvis e informava o título de cada canção não pertencente ao catálogo da Hill and Range pela qual Elvis mostrava algum entusiasmo; assim, Freddy podia fazer um acordo antes de Elvis ir ao estúdio. Além disso, Red e Charlie continuaram a fornecer ao cantor fitas de composições com potencial de despertar seu interesse (Charlie, por exemplo, mostrou a Elvis a cover do popular hino "How Great Thou Art", do Sons of the Pioneers), com Red ocasionalmente trazendo canções de sua própria autoria. Sessões de canto improvisadas, sem foco algum além de se deixar levar pelo sentimento, continuavam acontecendo, em meio a animadas conversas sobre o álbum gospel, principal meta da próxima sessão.

Elvis não escondeu a decepção quando, apesar de todos os esforços de Freddy e do sr. Diskin, ninguém conseguiu localizar Jimmy Jones, o grande cantor negro, baixo profundo do Harmonizing Four. Queria tanto gravar com ele! Mas, ao ouvir uma ideia, os olhos de Elvis brilharam. Para substituir Jimmy Jones, Diskin sugeriu: por que não convidar The Imperials, o novo quarteto formado só por estrelas, entre elas, Jake Hess, ex-vocalista dos Statesmen e ídolo de infância de Elvis? Além dos Imperials, Elvis fez questão de que a soprano Millie Kirkham e outras duas cantoras de apoio, e mais os Jordanaires, fossem contratados para a sessão. Com isso, o número total de *backing vocals* subiu para 11, tornando possível alcançar o efeito de coral em massa que ele imaginava para o álbum. Apesar de toda a atenção dedicada a esses preparativos, e todas as expectativas de todas as partes, um elemento-chave surgiu estritamente por força do acaso: Chet Atkins, produtor titular de Elvis em Nashville, convidou um recém-chegado na equipe da RCA para ficar em seu lugar na sala de controle. Chet não curtia sessões noturnas, e achava que Elvis e esse jovem pirotécnico se dariam bem. Assim, Felton Jarvis se tornou o produtor de Elvis.

Jarvis, produtor de 30 anos que Atkins havia trazido da ABC Records no ano anterior, agarrou a chance com unhas e dentes. Com raízes na produção de bandas de r&b como The Tams em sua terra natal, Atlanta, sua inspiração inicial para entrar no ramo tinha sido Elvis Presley. Tipógrafo de profissão, teve de fazer o serviço militar. Em 1955, Elvis fez um show na base da Marinha onde ele servia, em Norfolk, Virgínia, e isso mudou sua vida. Ao se licenciar dos fuzileiros navais por término do tempo de serviço, Jarvis gravou como cantor um single “tributo” a Elvis (“Don’t Knock Elvis”) e em seguida foi trabalhar na tipografia de álbuns de partituras na NRC (National Recording Corporation), complexo de estúdio/gravadora/editora musical fundado por Bill Lowery. Na época, a NRC estava gravando artistas como Joe South, Ray Stevens, Mac Davis, Freddy Weller e Jerry Reed, nomes que se tornariam astros genuínos na década seguinte. Felton tanto perambulava pelo estúdio que foi contratado para substituir o engenheiro, quando este pediu demissão. Em 1961, gravou uma canção r&b de um grupo então desconhecido, chamado Gladys Knight and the Pips. O single fez um sucesso inesperado e chegou ao primeiro lugar das paradas. Isso abriu as portas a um emprego no setor de promoção para a ABC, que então o alavancou a um cargo de A&R. Em 1962, produziu uma sessão dupla com Vince Everett, imitador de Elvis (descoberto pelo próprio Jarvis, atuando com seu nome real, Marvin Benefield, em um concurso de talentos; depois rebatizado com o nome do personagem principal de *O prisioneiro do rock*), e Tommy Roe, outro egresso da NRC, que andava à margem da indústria musical nos últimos três ou quatro anos. A versão de Everett de "Such a Night", gravada por Elvis em 1960, e lançada apenas como faixa de álbum, fez sucesso regional. Mas foi "Sheila", de Tommy Roe, que fez a carreira de Felton decolar. Chegando ao primeiro lugar nas paradas pop, Felton renovou seu pedido para entrar no departamento de A&R da ABC. Quando a gravadora indicou que estaria disposta a estudar a ideia caso ele renunciasse aos royalties de produtor em seu hit número um, ele não pensou duas vezes e aproveitou a oportunidade. Os amigos não tinham certeza se Felton sequer estava ciente do que estava assinando, mas ele sabia o que queria: quando a ABC abriu um escritório em Nashville no ano seguinte, ele se moveu como um raio.

Era por seu entusiasmo, não por sua perícia técnica, que todos que entravam em contato pela primeira vez com Felton depois recordavam dele. Bill Lowery sempre repetia: "Todo homem, um tigre", mas Felton levou o ditado ao pé da letra. Em Atlanta, Felton teve um tigre, ou pelo menos uma jaguatirica, de estimação; em Nashville, logo adquiriu uma anaconda, com a qual nadava na piscina de seu complexo de apartamentos até que um casal de idosos, saindo para uma caminhada matinal, o flagrou em companhia do hóspede incomum, e tanto ele quanto a anaconda foram obrigados a buscar um novo endereço. Em Nashville, também, logo se entrosou com um grupo de jovens que frequentava o Pancake Pantry. Compartilhou suas aventuras no mundo da música, seus sonhos de alcançar o sucesso nesse ramo. Todos adoravam ouvir as impagáveis histórias de Felton, contadas com uma animação espontânea, sobretudo de seus encontros com Lloyd Price e Fats Domino, estrelas do r&b que na época a ABC estava gravando em Nashville. "Fel-tone, meu cara", a invariável saudação de Fats para ele, tornou-se proverbial em certos círculos em Nashville, e Felton logo granjeou uma reputação de excentricidade, afabilidade e imaginação em toda a indústria fonográfica.

Em 1965, veio trabalhar na RCA a convite de Chet, coproduzindo Willie Nelson com Atkins, depois gravando artistas como Mickey Newbury, Jim Ed Brown, Floyd Cramer e Cortelia Clark, cantora de blues, idosa e cega, a qual foi gravada por ele ao vivo, com o som do trânsito e ruídos de fundo, em plenas ruas do centro de Nashville. A sala dele ficava bem em frente à de Chet, na qual construiu uma cabaninha tropical com telhado de grama para alojar sua sucuri, e não perdia a oportunidade de testar a paciência do chefe. Mas Chet, ele próprio de natureza mais seca e fleumática, se divertia a valer com Felton e, menos de um ano após sua chegada à RCA, teve a ideia de conectá-lo a outro espírito não menos excêntrico. Dias antes da sessão de Presley, ele entrou no escritório de Felton. "Limitou-se a dizer: 'Vou passar a bola para você, e talvez vocês dois se deem bem'. E não deu outra."

Desde o momento em que Elvis chegou ao estúdio, por volta das oito da noite, logo se impressionou com o entusiasmo quase hiperativo desse produtor jovem e magricela – um grande alívio comparado à maldita indiferença de Chet. A princípio, a conversa foi meio tensa. Conversaram um pouco sobre o material, comentaram sobre alguns dos discos que Felton havia produzido – Elvis não se cansava de ouvir sobre as experiências de Felton com Fats Domino. Lamar, que saía com Felton e seus amigos com alguma frequência, instigou Felton a revelar mais de si mesmo.

Também conversaram a respeito da sonoridade dos discos que Elvis vinha lançando ultimamente. Como fã de Elvis Presley (Felton poderia ter dito, o *maior* fã de Elvis Presley), Felton estava bem ciente de que "por um tempo antes de começar a trabalhar com ele, a praxe era diminuir a banda e enfatizar a voz de Elvis, e o resultado simplesmente... soava mal. Não empolgava. Os discos não transmitiam emoção. Era isso que eu ia tentar corrigir, [porque] Elvis não tinha contato algum na RCA... Um cara lá em Nova York, que não sabia de nada, seria o responsável pela mixagem e não fazia o trabalho certo".

Elvis explicou a Felton o que queria, o tipo de som que os Beatles e outras bandas inglesas estavam conseguindo: um som mais quente, que envolvia o ouvinte, e você tinha a sensação de que algo realmente estava acontecendo. Felton concordou enfaticamente. Era uma questão de atmosfera, disse ele a Elvis. "A gente obtém a emoção da bateria e da levada *funky* do baixo... Temos que captar tudo isso e depois fazer a mixagem certa." Num piscar de olhos, ficou claro que se tornariam não só amigos, mas aliados musicais. Felton era, Elvis logo percebeu, um deles. Com igual rapidez, Chet reconheceu a *empatia* entre os dois e foi para casa antes que um só acorde fosse tocado. Elvis sentou ao piano, e todos os vocalistas o cercaram, numa troca espontânea de informações – pulsava no ar uma expectativa, e o novo produtor não tinha pressa de começar a gravar, divertindo-se bastante só por fazer parte disso tudo.

Só bem depois das dez que enfim resolveram colocar a mão na massa. Iniciaram os trabalhos com "Run On", clássico da tradição espiritual negra. Elvis o entoou à maneira do Golden Gate Quartet, com um suave balanço, uma elegância sofisticada – e desde as primeiras notas claramente assumiu o comando. Por sua vez, Felton era o segundo em comando, reconfortante, encorajador, escolhendo cuidadosamente as palavras para não ferir suscetibilidades. Assim, sem gerar desconforto algum, solicitava outro *take*, mostrando-se um pouquinho contido no início, mas sempre fornecendo incentivo e afirmação.

Para Jake Hess, cantor virtuoso e inovador da música gospel, era impossível dar errado com toda aquela energia positiva na sala. "Elvis realmente amou aquele som, teve um pico de adrenalina ao escutar.

Ele queria um som grandioso, e cantamos como Elvis queria que cantássemos. Tínhamos nossos trechos escritos, os acordes, e todo mundo permanecia no mesmo acorde, apesar de nossa harmonia ser diferente da dos Jordanaires. Acho que [ele] nem se importou com a mistura, só queria aquele som encorpado."

Após sete *takes* conseguiram o *master take* ("*Swing!*", incitou Felton, antes de começar o *take* final). Em seguida emendaram "How Great Thou Art", hino sueco do século XIX adaptado para o inglês, popularizado na voz de George Beverly Shea, durante a cruzada evangelista do pastor Billy Graham em 1957, no Madison Square Garden. Elvis, Charlie e Red trabalharam nela durante toda a primavera, nos moldes formais de Shea – uma performance de brilhantismo e bravura. Elvis encarou a canção, como fazia com todo número pelo qual criava um vínculo musical apaixonado, como a chance para derramar todo o seu coração e alma, sem represar nada, e foi isso que ele fez aqui. Para Jerry Schilling, foi como se ele tivesse sido tomado por outro espírito enquanto construía o crescendo vocal que o deixou visivelmente emocionado.

"Não fez muitos *takes*, mas nessa canção algo quase assustador ocorreu; foi como se tivesse *se exaurido*... Ficou pálido e quase desmaiou após terminar. Eu queria conseguir verbalizar melhor, e não sei se aconteceu em três minutos ou três segundos, mas sei que foi algo além da experiência normal. Não é meu estilo pensar assim, e olha que nem é minha música favorita! Mas sem dúvida algo realmente aconteceu com Elvis."

O restante da noite manteve o mesmo alto astral, sem mencionar o aspecto transcendental, daquele momento. Tiveram uns probleminhas com "Stand By Me", item tradicional do gospel negro. Com o incentivo e a ajuda de Felton, que aos poucos foi soltando a língua, Elvis superou pequenas dificuldades com a atmosfera e a letra para entregar uma performance belamente articulada, de um ardor quase desnudo, no décimo primeiro *take*. Cantar com sutileza e a convicção de um sentimento profundo, com calor na voz, controlando a técnica do vibrato e a extensão natural de falsete – todos esses recursos claramente pertenciam a seu talento. Mas, com igual clareza, essas qualidades só eram alcançadas por meio de esforço e dedicação contínuos. Talvez ainda mais instrutiva tenha sido sua abordagem para a canção seguinte, "Where No One Stands Alone", uma das peças mais desafiadoras de Jake Hess. Na realidade, a música estava além da extensão vocal de Elvis, exigia um tipo de projeção que ele ainda não dominava. Na ponte da canção, tentou uma sonoridade que Jake Hess tirou de letra, mas Elvis só emitiu uma espécie de balido deselegante. Realçando seu comprometimento, persistiu, repetindo o trecho até conseguir um resultado suado, mas satisfatório. Para isso, teve de contar com as orientações de Charlie e o incentivo de Felton, e também com o refrão, no qual as dificuldades se diluíam. Um esforço genuinamente heroico. O mero fato de perseverar era, por si só, tocante, e essa atmosfera foi captada ao longo da sessão – coisa que não passou despercebida entre a maioria dos participantes.

Sob o prisma de Jake Hess, foi mais uma prova da excelência de Elvis como cantor. "Elvis era um desses indivíduos, que, ao interpretar uma canção, parecia viver cada palavra dela. Outras pessoas talvez tenham uma voz tão ou mais poderosa que a de Presley, sei lá, mas ele tinha esse diferencial que todo mundo passa a vida procurando. Sabe, ele cantava muito de olhos fechados, porque acho que ele gostava de manter uma imagem mental o tempo todo. Se algo o distraía a ponto de não conseguir colocar seu coração no que estava fazendo, ele fechava os olhos, a fim de recuperar a imagem da qual estava falando. Por esse motivo, ele se comunicava tão bem com o público."

Às quatro da manhã, os Imperials encerraram sua participação, mas Elvis, Felton e o restante dos cantores e músicos da sessão não perderam o embalo. Trabalhar com Elvis serviu para Felton comprovar toda a inspiração que a música do cantor lhe proporcionou em primeiro lugar. Em essência, Felton tinha como filosofia de gravação recriar no estúdio uma sensação de entusiasmo e espontaneidade. E agora, ali estava o seu ídolo de longa data, tão focado quanto ele em suas crenças, igualmente comprometido em trabalhar a noite toda, se necessário, *até brotar o sentimento certo*. Sem dúvida, parecia que o encontro deles estava predestinado. Também nativo de Atlanta, o guitarrista Chip Young (responsável por gravar Tommy Roe antes de trazê-lo a Felton) nunca tinha trabalhado com Presley antes. Na opinião dele, Felton e Elvis eram como imagens espelhadas. O efeito que um exercia no outro era evidente. "Tudo simplesmente se eletrificava quando os dois entravam na sala." O músico que trabalhava com eles estava pronto para dar tudo de si, e mais um pouco.

Sem hesitar, e sem mostrar pudores de mesclar o sagrado e o profano, lançaram-se em "Down in the Alley", estrondoso sucesso de r&b dos Clovers, uma das canções prediletas de Elvis, desde seu lançamento original em 1957. "'Funksville', *take* um", anunciou Felton, enquanto Elvis distribuía as letras aos cantores de apoio, e a agradável atmosfera do estúdio era quase tangível. Nessa canção, Bobby Moore, que tocou baixo acústico a noite inteira, mudou para o elétrico; Boots Randolph fez um sonoro solo de saxofone. A canção ficou pronta em nove *takes* rápidos, só interrompidos pelo riso incontrolável de Elvis em resposta às já conhecidas piadinhas e palhaçadas de Charlie. Ao longo dos nove *takes*, o alto astral se manteve, e o resultado até pode não ter sido "arte", ou mesmo à altura dos Clovers, mas, pela primeira vez desde 1960, temos uma noção sem entraves da faceta r&b de Elvis.

Em uma reviravolta ainda mais improvável na programação, Elvis anunciou a saideira: para fechar a noite, "Tomorrow Is a Long Time", composição de Bob Dylan ainda não gravada por Dylan, pinçada por Elvis de um de seus álbuns atuais favoritos, *Odetta Sings Dylan*. Deram apenas três passadas, incluindo uma falsa largada, com um trecho em violão dobro (um tipo de violão cujo tampo tem discos de ressonância metálicos) no centro de um arranjo adorável e cadenciado – a antítese do ataque retumbante e pouco sutil da faixa anterior. Elvis focalizou o vocal exclusivamente na letra, deixando de lado floreios estilísticos e interpolação emocional. O resultado é um tom de uma delicadeza e pureza só rivalizadas por algumas de suas melhores gravações do início dos anos 1960.

No fim da noite, Elvis e Felton sentaram-se, exaustos, mas com uma sensação boa. Falaram sobre as cantorias gospel que varavam a madrugada na infância de ambos, e Elvis confessou que sua ambição de criança era entrar num desses grandes quartetos. "Ficamos lá", lembrou Felton, "até as secretárias começarem a entrar. Todos os outros tinham ido embora, menos eu e ele. Comentei: 'Elvis, é melhor a gente ir; o pessoal está começando a chegar para o trabalho'. Ele disse: 'Meu Deus, é tão tarde assim?', e eu o conduzi até o hotel dele".

Na noite seguinte, o pianista Floyd Cramer tinha outra sessão marcada das seis e meia às nove e meia, então a secretária de Chet, Mary Lynch, convocou David Briggs, um pianista de 23 anos que havia chegado à cidade no ano anterior, para ficar à disposição nesse intervalo e não desperdiçar um tempo precioso. Briggs, como Chip Young, conhecia Felton desde os primórdios, quando Felton levava muitos de seus artistas de Atlanta ao estúdio em Muscle Shoals, para gravar com uma seção rítmica que incluía David. Na realidade, Felton encorajou toda a seção rítmica a se transferir para Nashville atrás de melhores condições de trabalho e melhores salários, mas foi Mary Lynch, a responsável por agendar os músicos de estúdio para Chet, quem escalou David e a quem ele agora era grato pela chance de ao menos conhecer um de seus ídolos.

Ninguém apostava que os serviços de Briggs seriam mesmo postos à prova, já que Elvis raramente aparecia nas primeiras horas. Por algum motivo, porém, dessa vez ele não só apareceu, mas veio querendo logo trabalhar. "Eu estava ali só como substituto e me disseram: 'Sabe, Elvis, Floyd vai chegar depois, este é o David, e ele vai tocar o que for preciso'. E ele disse: 'Certo, tudo bem', e se sentou ao meu lado no piano. Eis que, do nada, ele resolve fazer 'Love Letters' [grande sucesso de r&b na voz de Ketty Lester, em 1962, e um hit pop de Dick Haymes, duas décadas antes], que é essencialmente piano. Tipo, a gente ia supostamente fazer um álbum gospel, e ali estava Elvis sentado ao meu lado, querendo fazer 'Love Letters'... Uma canção nada fácil de tocar!

"Fiquei apavorado. Sabe, eu tinha feito uma turnê com Tommy Roe, abrindo para os Beatles, mas Elvis eram outros quinhentos. E então ele mandou aproximar o piano bem à frente dele. Fez que apagassem todas as luzes, colocou um candelabro no piano para ler a letra, e dispensou todos, menos o baixista, D. J. na bateria e Buddy Harman nos tímpanos, eu acho. Quis o piano bem pertinho, para ficar praticamente em cima dele... Só havia aquele piano meia cauda entre nós; o negócio foi tenso, meu amigo."

No momento em que estavam realmente prontos para gravar, Floyd apareceu. Salvo pelo gongo! "Exclamei: 'Beleza! Chega mais, Floyd, é tudo contigo'. E chispei para o órgão. Floyd repassou a música uma vez, e Elvis disse: 'Ué, cadê aquele cara?'. E eu disse: 'Puta merda'. Ele estava procurando por mim... Nem sabia quem eu era, e Floyd poderia ter tocado melhor, mas se acostumou com o jeito que eu estava tocando. O estilo de Elvis era esse. Se ele se acostumava com algo, e se gostava de você, então você já era melhor que o outro, mesmo se não fosse nem um décimo tão bom. Imagine só, a pressão foi absurda. Não só Elvis, mas Floyd, provavelmente o tecladista número um da cidade, sentado atrás de mim no órgão e rindo, porque não dava a mínima; tinha trabalhado o dia todo e estava cansado. Esse foi o meu primeiro encontro com Elvis. A tensão foi tanta que fiquei com rigidez na nuca."

Elvis entoou a canção com delicadeza e sentimento, e conseguiram o *master take* na nona tentativa, mesmo que Briggs não tenha ficado satisfeito com sua parte; achou muito açucarada. O resto da sessão talvez não tenha oferecido tanta dramaticidade nos bastidores, mas certamente foi tão bem-sucedido quanto, com um número gospel negro descontraído e acelerado ("So High"), tristonha versão de "Farther Along", clássico para quartetos vocais, que poderia muito bem servir como homenagem à mãe de Elvis, e uma interpretação de "In the Garden", peça gospel clássica, ponto alto da sessão para Jake Hess. Elvis, Charlie e Red arremataram a noite com um trio de vozes em "Beyond the Reef", com Red na voz principal, Charlie fazendo o alto tenor e Elvis no segundo tenor e tocando piano. Essa era uma das canções que haviam ensaiado juntos ao longo da primavera, uma balada havaiana, doce e sentimental, popularizada por Bing Crosby em 1950 (lado B de "Harbor Lights" de Crosby, uma das primeiras faixas que Elvis arriscou na Sun). O trio conferiu à música uma qualidade de liberdade nostálgica, quase espiritual, em apenas dois *takes*.

A noite seguinte era a última conforme o cronograma, e a última na qual os Imperials estariam disponíveis. Na manhã seguinte, eles partiriam para uma turnê pelo Canadá. Mais uma vez, Elvis parecia apenas dar vazão a seus instintos, escolhendo as músicas sem se preocupar muito com questões de pré-arranjo ou publicação, sem dúvida provocando no "poderoso Freddy", como o Coronel se referia ironicamente ao divulgador musical, paroxismos de ansiedade. A música não fluiu com facilidade; na verdade, conseguiram apenas duas faixas nas primeiras seis horas. Mas ela continuou refletindo alguns dos trabalhos mais plenos de ternura e sentimento já feitos por Elvis. Perto do fim da noite, procurando um número rápido para compensar as diversas baladas, quase melancólicas, concluídas na sessão, Elvis pediu a partitura de "If the Lord Wasn't Walking By My Side", recente lançamento dos Imperials, e então gravou como simples dueto com seu mentor, Jake Hess. Aqui, pela primeira vez, escutamos a voz de Jake realmente solta, à medida que os dois cantores se digladiam entre um verso e outro, e a típica linhagem da música de Elvis emerge, de modo inconfundível. Escutando a primeira reprodução, Jake ficou um pouco surpreso. "Falei: 'Cara, a minha voz está se sobressaindo, tenho que me conter'. Elvis disse: 'Não faça isso. Pelo contrário, se quiser, cante mais alto. A canção é sua. Estou gravando com você e quero me divertir e cantar como você a canta'. Do jeito que acabou ficando, a minha voz não soou tão forte quanto na sessão de gravação. Mas continua sendo ridículo."

A quarta noite serviu apenas de arremate um tanto decepcionante. Apesar do pleno sucesso nas faixas gospel e de todas as boas sensações geradas pela sessão, já estava óbvio que os dois novos singles e o disco de Natal que o Coronel havia prometido à RCA dificilmente se materializariam. À exceção de "Love Letters", não havia nada nem remotamente parecido com um single (a canção de Dylan dificilmente poderia se qualificar, já que Freddy não teve nem chance de tentar um contrato de publicação, enquanto "Down in the Alley" e "Beyond the Reef" mais pareciam um capricho pessoal do que produtos comerciais). Assim, na esperança de cumprir a cota da RCA, uma noite adicional foi marcada. Com pouca preparação e material menos adequado, Felton teve que se esforçar muito para fazer a sessão decolar. Boa parte do sentimento das primeiras três noites parecia ter se dissipado, e o nervosismo na voz de Elvis no bate-papo entre os *takes* parece refletir uma mudança geral de comportamento. Às dez da noite, encerraram os trabalhos sem fanfarras nem lamentos, mas Elvis autografou uma foto para Felton com os dizeres: "Mal posso esperar pela próxima vez".

E a próxima vez veio bem mais cedo do que qualquer um deles esperava. Duas semanas depois, em 10 de junho, Felton reuniu todo o grupo outra vez, para tentar obter as faixas exigidas pelo contrato. Praticamente todos os participantes da sessão anterior marcaram presença, com uma única exceção: Elvis não deu as caras. Terá apenas se sentido pressionado? Ou será que, como Red West acredita, simplesmente não estava "com humor para gravar" – devido a uma rouquidão, um excesso de pílulas ou até mesmo um conselho sub-reptício do Coronel? Seja lá qual fosse o caso, Elvis estava de mau humor e se recusou a sair do quarto do hotel. Enviou Red, munido apenas com anfetaminas para aumentar a confiança, a fim de entrar no estúdio e gravar os *scratch vocals*, ou seja, os vocais de referência ou provisórios. "Lá estava eu, uma pilha de nervos, cantando 'Indescribably Blue', 'I'll Remember You' e 'If Every Day Was Like Christmas' (esta, de minha autoria). A cada uma hora e meia ou duas horas, ele me liga: 'Como está indo?

Como está indo?'. E depois que terminamos a terceira faixa, ele disse: 'Já fez o seu melhor, pode encerrar'. Nós íamos fazer muito mais, mas fizemos esses três e paramos."

Das três, duas já vieram com obrigações vinculadas, e a terceira, "I'll Remember You", de Don Ho, era outra das canções havaianas doloridamente românticas que Elvis tanto amava e continuaria a cantar pelo resto da vida, mas que recaía na mesma categoria não comercial de outras escolhas igualmente excêntricas. Por outro lado, "Indescribably Blue" era uma balada meio insípida, mas bonitinha, que Lamar havia trazido à primeira sessão. Acreditava muito no potencial da música e, em seus três anos de trabalho na Hill and Range, nunca havia conseguido indicar uma faixa a Elvis Presley por iniciativa própria, por isso vinha pressionando para que Elvis a gravasse. A bem da verdade, nesses dois anos e meio Elvis só tinha gravado trilhas sonoras de filmes. O fato é que Lamar não gostava de ficar em segundo plano, e deve ter se irritado ao ver os Imperials conseguirem uma faixa deles na sessão anterior, além de saber que Red e Charlie, de repente, ganharam a preferência. Lamar *sabia* que "Indescribably Blue" poderia dar a Elvis seu primeiro número um nas paradas em anos e, de quebra, carimbar seu próprio passaporte rumo à respeitabilidade na indústria fonográfica. Por sua vez, Red vinha pressionando Elvis a gravar sua música de Natal havia quase um ano, enfim produzindo-a em seu próprio selo Brent, no outono de 1965, somente após se tornar óbvio que o próprio Elvis não a gravaria a tempo para o Natal daquele ano.

Ouvir os vocais provisórios de Red nessas músicas é uma revelação. "Indescribably Blue" é cantada na tonalidade de Elvis, mas com um sussurro ofegante que evoca uma sensibilidade profunda, uma grata surpresa para alguns dos músicos de estúdio que consideravam Red apenas um enorme e ameaçador "guarda-costas". A semelhança com a voz de Elvis chega a ser sinistra, quase assustadora em sua precisão, mas ainda mais notável é a qualidade terna da performance não só nessa canção, mas nas outras duas que se seguem. Terminando a terceira, uma composição própria, Red pediu uma cópia da fita a Felton e, seguindo as instruções de Elvis, a levou ao chefe, no hotel Albert Pick. Ouviram a gravação repetidas vezes, e Elvis expressou a sua satisfação com o resultado, mas também não compareceu ao estúdio na noite seguinte, e a sessão foi cancelada. Na terceira noite, enfim apareceu, só para gravar em overdub sua própria voz nas três faixas. Felton queria gravar material extra, mas suas esperanças deram com os burros n'água: Elvis voltou para Memphis naquela mesma noite.

Aquele primeiro encontro – ocorrido de forma tão promissora apenas duas semanas antes – ganhou um final enigmático. Quais seriam as consequências? Ninguém sabia direito, muito menos Felton. Mas se Felton estava perplexo, Harry Jenkins, da RCA, deveria estar ainda mais perturbado. Após todas as tratativas, depois de todo o cuidado na redação das cláusulas, após todas as tranquilizadoras reafirmações do Coronel, no fim das contas, a gravadora ainda ficou com um resultado insatisfatório. Tinham o álbum gospel, com certeza, e talvez dois singles a escolher – mas parecia improvável que algum material daquelas sessões fizesse sucesso. Além disso, tinham apenas um dos lados do single de Natal e, talvez não surpreendentemente, mais nada em condições de ser lançado. Parecia claro, também, que Freddy, após anos no deserto de Hollywood, já não conseguia canções do gosto ou estilo de Elvis. Quais seriam as implicações disso no longo prazo? Difícil dizer. E, é claro, a maneira como tudo terminou deixou em todos uma sensação ruim. Como interpretar plenamente os eventos, sem se perguntar se aquele não era o jeito de Elvis (e talvez do Coronel também) dizer que não ia aceitar ser pressionado?

Elvis, por sua vez, deve ter pensado melhor sobre sua atitude. Chegando a Memphis, escreveu a Felton uma afetuosa carta de agradecimento: "Expresse, por favor, quão profundamente eu aprecio a cooperação e a consideração dedicadas a mim e a meus colaboradores nas duas últimas viagens a Nashville. Gostaria de agradecer a você, aos engenheiros, músicos, cantores e todo o pessoal envolvido nas sessões.

Por gentileza, transmita a todos a minha gratidão. E como já disse o general MacArthur: 'Eu voltarei'".

A TRILHA DE *CANÇÕES E CONFUSÕES* (*Double Trouble*), o mais novo filme de Elvis, começou a ser gravada duas semanas depois, em 28 de junho, em Hollywood. *Canções e confusões*, produção da MGM, contaria outra vez com Norman Taurog no comando. Em certo ponto durante as oito semanas de filmagens, Elvis presenteou sua coestrela, Annette Day, com um Mustang azul e branco. Mas, sem dúvida, os dois eventos mais memoráveis desse período não tiveram a ver com o filme, e sim com as visitas de George Klein e Cliff Gleaves.

George apareceu logo no início das filmagens, planejando sua quinzena de férias no verão, como de costume, em torno do cronograma de filmagem de Elvis (seria o sexto filme do cantor em que ele faria uma ponta). Por coincidência, Jackie Wilson, um dos artistas prediletos de Elvis, cantor de rhythm & blues, ia fazer uma temporada no The Trip, clube no Sunset Boulevard, de 30 de junho a 10 de julho. George conhecia pessoalmente Jackie, famoso tanto por sua quase acrobática performance ao vivo quanto por sua voz quase operística, das participações que o cantor tinha feito no *Talent Party*, programa de televisão que George apresentava em Memphis, versão local do *American Bandstand*, de Dick Clark. Uma década antes, em Las Vegas, Elvis já tinha visto Jackie ao vivo, na época em que ele era o cantor principal de Billy Ward and the Dominoes. Assim, com a anuência de Elvis, George providenciou que todos fossem ao show de Wilson.

Todo mundo ficou numa grande empolgação. À exceção de suas escapadas ocasionais ao Red Velvet, era quase inédito a turma sair toda junta em Los Angeles, desencadeando uma onda de preparativos e precauções de segurança. Como batedores em um destacamento de vanguarda, George e Richard Davis foram ao clube, enquanto George ligou para James Brown, outro convidado frequente em seu programa de TV, que estava na cidade para fazer um show próprio. Por meio de George, Brown ficou sabendo o quanto Elvis admirava sua espetacular performance no *The T.A.M.I. Show*, apresentação filmada ao vivo e lançada nos cinemas, no finzinho de 1964. Em várias ocasiões, Brown pediu a George para ser apresentado a Elvis, inclusive em sua última visita a Memphis, dois meses antes. Toda vez que ligava, porém, recebia a notícia de que Elvis estava dormindo – tornou-se uma piada interna entre ele e George, e uma fonte de constrangimento para o DJ, conhecido como um dos melhores e mais velhos amigos de Elvis. Aproveitando o ensejo, George fez a Brown um convite especial para assistir ao show de Jackie e, de quebra, ser apresentado a Elvis.

E, diga-se de passagem, um show eletrizante. Wilson, a quem Elvis havia reconhecido como artista de primeiro escalão ao vê-lo pela primeira vez em Las Vegas, em 1956 ("Eu estava debaixo da mesa quando ele terminou de cantar..."), não era menos fascinante agora. Havia vários músicos de rock contemporâneos proeminentes na plateia, incluindo membros do recém-formado Buffalo Springfield, e o expatriado imitador de Elvis, P. F. Sloan, mas foi James Brown que Elvis imediatamente procurou quando George lhe disse que Brown estava presente e gostaria de dar um oi. George achou que Elvis poderia fazer cerimônia, "mas ele se levantou e foi até a mesa [de Brown]. Eu e Richard os apresentamos, os dois conversaram um pouco (isso foi antes de o show começar) e súbito James Brown dispara: 'Elvis, meu amigão, com certeza você dorme pra caramba'. Elvis quase caiu no chão de tanto rir. Respondeu: 'Ah, James, sabe como é, sou uma pessoa noturna...'. E James completou: 'Entendo, meu irmão' e trocou um tapinha de mãos com Elvis".

No intervalo do show, enfim, ele teve a oportunidade de conhecer também o próprio Jackie Wilson e expressar sua admiração sem reservas por seu talento. Com tantas credenciais a seu favor, Jackie tinha tudo para se tornar o cantor número um do mundo hoje, disse Elvis, aproveitando para convidar Jackie para visitar o set de filmagens na semana seguinte. Larry Geller se lembra de um detalhe do encontro. Elvis teria perguntado a Jackie "sobre sua transpiração profusa. [Wilson respondeu:] 'Cara, nem te conto. As gatinhas adoram isso'. Elvis quis saber: 'Qual é o segredo?'. Wilson abriu um sorrisinho e explicou: 'Não tem mistério'. Mostrou um enorme frasco com tabletes de sal. Todas as noites, antes do show, ele ingeria um punhado daqueles tabletes, regados a muita água. Só então subia ao palco. Começava a se movimentar, e o suor o encharcava como uma chuva. Em seguida, Elvis começou a incorporar esse truque em seu regime para perder peso. Tática perigosa, pois esgotava o potássio e sobrecarregava o coração, mas produzia uma das coisas favoritas de Elvis: resultado instantâneo com mínimo de esforço".

Sob todos os aspectos, uma noite memorável. Prova disso é que as pessoas envolvidas têm sobre ela recordações grandiosas, de perspectivas nitidamente divergentes, mas com um ponto em comum: noites como aquelas são raras. Esse mesmo sentimento de empolgação – ou talvez fosse apenas alívio por algo capaz de quebrar a rotina – se repetiu quando Cliff Gleaves deu as caras, no finzinho do verão, com bagagem minimalista (sacola a tiracolo e irrigador oral *Water Pik*), vindo da Flórida e passando pelo Arizona. Componentes mais novos do grupo, carecas de saber sua reputação, pela primeira vez o conheceram pessoalmente e ficaram encantados. Cliff, o sucessor de Red na Alemanha, onde havia seguido carreira de cantor e comediante, já havia praticamente desistido de qualquer ambição real no show business. Morava com os pais em Fort Lauderdale, Flórida, ocasionalmente se apresentava em *piano bars* para entreter as ricas senhorinhas que passavam o inverno na região. Continuava sendo o tipo de espírito livre que provocava boas risadas em todos, mas as risadas tendiam a desaparecer após os primeiros dois ou três dias de visita. Enfrentava uns probleminhas pessoais, e ficou surpreso ao reconhecer, pela primeira vez, que o amigo que sempre encarou como "inocente" também tinha seus problemas.

"Fiquei ciente das prescrições que Elvis estava tomando... Não sei direito o nome das drágeas, mas começavam a afetar sua personalidade. Percebi a mudança, mesmo que sutil. Ligeiros comentários negativos sobre o Coronel. Sensação de perigo antes inexistente. Súbito, a cobra já estava em sua perna. *Sem ele ter notado*. Se ele tivesse notado, teria mandado alguém tirar aquela maldita cobra dele.

"Nessa época, eu também estava viciado em pílulas, principalmente Dexedrina. Quando eu me sentia cansado, dizia apenas: 'Tem mais alguma das vermelhinhas?'. Ou então: 'Ainda tem daquelas cor-de-rosa?'. Às vezes, ele se limitava a sorrir e me entregava: 'Aqui está o frasco'. Vou te contar uma coisa: Elvis não se importava se mais alguém as tomava ou não. Ele se excitava com elas. Adorava sentar lá chapado e se remexer na poltrona, apenas remexer as pernas com um grande jarro de água gelada na frente dele... Bebia toneladas de água porque você podia ver que ele estava se desidratando. Só ficava ali sentado, curtindo a TV. Não dava a mínima se você fazia alguma coisa. Ele ia fazer o que ele quisesse de qualquer maneira."

A PRÉ-PRODUÇÃO DE *MEU TESOURO É VOCÊ* (*Easy Come, Easy Go*), o derradeiro filme estrelado por Elvis com Hal Wallis como produtor, estava programada para começar em 27 de setembro, apenas três semanas após a conclusão de *Canções e confusões*. O Coronel já havia atormentado Wallis, causando toda sorte de problemas, exigindo inclusive uma cadeira igual à do escritório de Wallis como parte de suas negociações finais. Wallis acabou se resignando com o término de uma década de relacionamento, dez anos muito lucrativos, mas igualmente estressantes. Desabafou isso com o diretor, John Rich, o qual, como Elvis, também andava desiludido com Wallis. Originalmente, Rich havia relutado em aceitar a proposta de trabalhar com Elvis em *Carrossel de emoções*, mas fez o seu melhor e até passou a respeitar Presley por seu profissionalismo e talento musical. Dois anos e meio decepcionantes em Hollywood depois, a história era diferente.

"Wallis andava com os nervos à flor da pele. Queria tudo feito a toque de caixa, [essa foi a atitude] desde o início. Eu me lembro de ter dito a ele: 'Hal, eu me orgulho de ter feito *Carrossel de emoções*. O filme teve boa receptividade. Mas agora prefiro não fazer este filme'. Ele respondeu: 'Ah, apenas os coloque no ritmo'. Não foi o meu melhor momento, mas na avaliação dele, era assim que o filme deveria ser feito."

Por motivos similares, tudo o que Elvis parecia oferecer em cena era ressentimento acumulado. Quanto à trilha sonora, simplesmente transferiu o trabalho de seleção das músicas a Red. Nos dois primeiros dias de filmagens, chegou atrasado, algo que não era do seu feitio – e com o cabelo cortado por Larry em casa, contrariando as instruções expressas de Wallis. O produtor tinha reclamado ao Coronel do sobrepeso de Elvis e de seu cabelo "preto breu", cuja tintura dava a impressão de o cantor estar usando uma peruca. O Coronel não rebateu os comentários, mas nada fez para aliviar as angústias de Wallis.

O filme se arrastou quase interminavelmente, numa batalha de egos que pouco tinha a ver com resultados reais. Com o novo e enxuto cronograma, as filmagens foram concluídas em seis semanas, mas Elvis só foi liberado no prazo contratual, duas semanas depois. Ficou a maior parte do tempo em Palm Springs, onde, aconselhado pelo Coronel, alugou uma casa uma semana antes de o filme começar. Vai precisar de um "refúgio", vaticinou o Coronel, um lugar onde ele, Priscilla e alguns dos rapazes pudessem relaxar e ficar longe de tudo.

A casa escolhida, em 1350 Ladera Circle, ficava logo dobrando a esquina da residência que a William Morris mobiliou para o Coronel. Novinha em folha e com design ultramoderno ("mosaicos em técnica de cantaria formavam quatro círculos perfeitos em três patamares", gabava-se um breve artigo de 1962 na revista *Look*), tinha sido originalmente construída pelo desenvolvedor de Palm Springs, Robert Alexander, como residência de sua família. Com quadra de tênis, cascata e lareira, a mansão oferecia ainda a cereja do bolo: uma ala independente, que poderia ser usada por Elvis como apartamento privado, com entrada única pelo lado externo da piscina circular. Com vizinhos como Frank Sinatra, Dean Martin, Bob Hope e Bing Crosby, sem mencionar os chefes de estúdio e figuras poderosas dos bastidores, como o fundador da William Morris, Abe Lastfogel, e o próprio Hal Wallis, poderia até dar a impressão de que Elvis agora, enfim, fazia parte do *establishment* de Hollywood. Com exceção de banhos de loja e viagens ocasionais ao Spa Hotel, onde o Coronel fazia religiosamente sua sauna diária, no entanto, ele se resguardava tanto em Palm Springs quanto em Bel Air. De fato, ele se sentia mais à vontade interagindo com os policiais que trabalhavam na equipe de segurança em sua casa ou com os funcionários do ar-condicionado (que instalaram uma poderosa unidade de dimensões hoteleiras para manter a temperatura de frigorífico de que Elvis gostava) do que com a alta sociedade da "cidade do cinema" a seu redor.

Na verdade, ele se sentia mais distante de Hollywood do que nunca, suportando estoicamente um filme que ninguém parecia querer fazer e enfrentando a inevitável conclusão de que, após todos esses anos, ele não passava de uma piada para esse pessoal. Na maioria das vezes, apenas seguia instruções; ele tinha aprendido havia muito tempo que o importante é cumprir o papel e basicamente se divertir ao longo do caminho. Mas até a diversão estava se esvaindo. Cansado de toda a turbulência a seu redor, ainda fazia visitas frequentes ao Centro de Autorrealização no Monte Washington, onde desabafava com Daya Mata. Cada vez mais, embates internos dominavam sua vida, e aquilo o incomodava. Em 30 de agosto, a RCA lhe enviou um telegrama antecipando uma renovação cuja opção só estava programada para um ano e meio depois ("Para mostrarmos a nossa confiança em você, decidimos não esperar até 1968. Nossos sinceros agradecimentos por sua cooperação e compreensão irrestritas nos últimos 11 anos"). Supôs que isso era bom – como o Coronel salientou, uma forma de seguro –, mas sabia, como todo mundo, que seus discos ainda não vendiam como deveriam ("Love Letters", da sessão de maio, alcançou apenas o número 19 nas paradas e não vendeu nem meio milhão de cópias); a bilheteria de seus filmes estava em queda e, embora o velho continuasse mantendo a fachada, até ele estava começando a se questionar.

Tudo isso só exacerbava ainda mais as tensões dentro do grupo. Ciúmes grassavam de todos os lados, e o crescente papel de Priscilla em Rocca e na nova casa de Palm Springs só inflamou essas tensões. Nos planos de fins de semana em Palm Springs, só Joe e Joanie eram incluídos. Os dois casais pareciam socializar cada vez mais, confraternizando até mesmo com o Coronel e a sra. Parker em alguns jantares dominicais. Isso deixou o restante do pessoal enfurecido, principalmente Marty. A essa altura, Marty e Joe mal se falavam, Red e Sonny tinham tomado rumos distintos, Alan tinha voltado para casa a fim de ficar com seu pai, gravemente adoentado, e Marty e Priscilla brigavam o tempo todo.

Nesse meio-tempo, o Coronel intensificou sua investida contra Larry, enfim de modo escancarado. Antes, Elvis teria acorrido em defesa de Larry, mas agora parecia estar sem energia ou convicção para a batalha. Certa vez, em Palm Springs, o Coronel fez Elvis dizer a Larry: aquela barba crescida era motivo de vergonha para o Coronel e Hal Wallis. Eles tinham visto Larry na piscina do Spa Hotel, e Elvis, obedientemente, relatou: "O Coronel falou que você se ergueu da piscina parecendo João Batista".

Outra vez, Larry ficou convicto de que o Coronel armou uma cilada para ele. Um conhecido em comum, que era homossexual, convidou Larry para jantar e depois deu em cima dele. A inclusão do número musical "Yoga Is As Yoga Does", que Elvis executou em dueto na trilha de *Meu tesouro é você*, não foi acidental, sentiu Larry, mas uma indireta em tom de insulto às crenças de Elvis (e Larry) – mas o cantor foi em frente e gravou a canção, mesmo assim. Somente após a cena com a canção ter sido filmada é que Elvis enfim reagiu. Então, no relato de Larry, Elvis "entrou intempestivamente em seu trailer, aos gritos: 'Aquele filho da puta! Ele sabe, e mandou fazer isso! Deu essa ordem a esses malditos compositores e roteiristas, e está me obrigando a fazer isso'".

O cúmulo da indignação, segundo Larry, veio quando o Coronel convidou Larry e sua família para visitar sua casa em Palm Springs pela primeira vez. Lá, ele distraiu Larry e sua esposa, Stevie, deu sorvete às crianças e ofereceu o que Larry considerou uma boa, embora um tanto enigmática, demonstração de hospitalidade. Ao retornarem a Los Angeles, no entanto, "me deparei com a porta dos fundos aberta... Dois latões de lixo caídos, detritos espalhados por toda a casa, junto com urina e fezes humanas. A impressão inicial foi de arrombamento para furtar. Corri o olhar em volta: a maioria de nossos objetos de valor portáteis ainda estava lá. Só notei a falta de um gravador de rolo, com umas fitas que a Irmã Daya Mata tinha gravado para mim, além de meus arquivos contendo impressões de palmas da mão, mapas de numerologia e astrologia de Elvis e outros amigos". Também todas as roupas de Larry foram levadas, exceto as roupas de baixo. Certamente havia outras explicações, mas a conclusão dele foi inevitável. Quando contou a Elvis, "nossos olhares se encontraram, e ele desviou o olhar. (...) Balançou a cabeça e repetiu: 'Mas que droga! Mas que droga!'. Então me olhou nos olhos, seu jeito de comunicar coisas que não conseguia articular. E me disse logo depois: 'Lawrence, este mundo é maldito e perigoso...'".

É improvável que Elvis tenha literalmente acreditado que o Coronel seria capaz de orquestrar um ataque tão descarado, afinal de contas, o empresário sempre mostrou consideração pela legalidade e uma necessidade quase compulsiva, em todos os seus negócios, de colocar os pingos nos ii. Seja como for, ele tinha razões próprias para desconfiar de seu empresário. Cansado de cair nas mesquinhas tramas políticas daquele ramo e zangado com o Coronel por não o proteger melhor – não havia nada nos arranjos contratuais que impedisse os estúdios nem as gravadoras de fazer dele "gato-sapato". Os dias se arrastaram, e Elvis, cada vez mais mal-humorado, percebeu que Wallis não o liberaria tão cedo. Aceitou o convite de seu velho empresário para passar o Dia de Ação de Graças com ele e a sra. Parker no deserto, mas borbulhava por dentro. Não era esse o tipo de vida que se propunha a levar.

Por sua vez, o Coronel guardava a maior parte de seus pensamentos para si, exceto nos raros momentos em que baixava um pouco a guarda com um assessor próximo, alguém que, na visão dele, nunca quebraria a sua confiança. Problemas à vista, confessou ele a Roger Davis, advogado de 43 anos da William Morris, à quem o Coronel delegava um volume cada vez maior de assuntos burocráticos de Elvis Presley, já que alguns dos agentes mais antigos se demitiram ou se concentraram em lidar com as contas de uns poucos veteranos. "O Coronel me dizia: 'O menino está me dando uns problemas'. Sabe, ele não conseguia [mais] controlá-lo. Indaguei: 'Qual é o problema?'. E ele falou: 'Bem, ele está mudando, sabe. Já não é mais o mesmo'."

Enfim chegaram em casa no dia 29 de novembro, pouco depois da estreia de *Minhas três noivas* nos cinemas dos EUA. Não chegou a ser um sucesso estrondoso de bilheteria, e "Spinout", a faixa-título, não passou do número 40 nas paradas. Mesmo assim, Elvis estava de bom humor à medida que se aproximavam de Memphis. Nas imediações de Little Rock, sintonizaram George Klein na frequência de rádio 560, da estação WHBQ. Nosso amigo DJ estava tocando a sentimental "Green, Green Grass of Home", de Tom Jones, de quem todos gostavam, e Elvis parou o ônibus e fez um dos caras ligar para George e pedir para ele tocar a canção de novo. Um pouco adiante, Elvis fez outra ligação, e isso continuou o restante do caminho até Memphis, com George dedicando cada execução a Elvis e todos os rapazes, com o cantor ficando visivelmente mais afetado pela imagem retratada na letra, o reencontro de um condenado prisional com seus entes queridos e a vida idealizada do interior, que ele abandonara para sempre. Todo mundo achou muita graça naquilo, menos Red. Um ano antes, ele trouxera a música a Elvis, que a considerou country demais e nem aventou a possibilidade de gravá-la.

Enfim a caravana chegou a Graceland e se deparou com o presépio todo iluminado, a casa enfeitada de luzes e – exatamente como na canção – o pessoal todo esperando no pátio para recebê-los, enquanto eles desfilavam buzinando pela rotatória. Elvis subiu correndo para conferir a reforma de seus aposentos, mais uma vez supervisionada por Bernie, o cunhado de Marty. Desceu com um sorriso no rosto. Ficou lindo, anunciou. Adorou os motivos espanhóis das paredes, em tons rubro-negros, e Bernie tinha forrado o teto em couro sintético verde, com dois aparelhos de televisão embutidos em ângulo no tecido, para Elvis se deitar e assistir à TV olhando para cima. Pena que a reforma gerou novas divergências financeiras entre Bernie e Vernon, que fiscalizou as obras entre acusações e xingamentos. Quando Marty voltou no dia seguinte, pensava que receberia novos elogios, mas em vez disso, "na frente de outros caras, Elvis começou a gritar e a destratar a minha família... No começo eu até ia engolir em seco. Mas então ele começou a ficar realmente maldoso. E isso abriu um buraco em meu peito. Eu me levantei e disse: 'Vai se foder! Foda-se seu pai e toda a sua maldita família! Não pode falar assim de minha família. Só fizemos coisas boas nesta casa. Vai tomar no cu'. (...) Aquilo me deixou tão chateado que tomei três soníferos e fiquei três dias de cama".

Foi um fim de ano um tanto melancólico em Graceland. Elvis fez as habituais contribuições natalinas para praticamente todas as instituições de caridade de Memphis, de todas as cores e religiões, alcançando um total de 105 mil dólares doados ao longo do ano. Em 15 de dezembro, presenteou George Klein com um novo Cadillac conversível amarelo-canário. Em seguida, providenciou para que George transferisse seu carro velho, um Impala, a Sterling Pepper (pai de Gary, o presidente do Tankers Fan Club), que agora trabalhava como segurança em Graceland. O pai de Alan Fortas, desenganado com câncer, recebeu a visita de Elvis várias vezes no hospital. Quase todas as noites, o cantor ia ao cinema com a turma, mas afora isso passava um bom tempo sozinho em casa, no andar de cima. Esse seu humor geralmente soturno se refletiu na entrevista a Jim Kingsley, do *Commercial Appeal*, por volta dessa época.

Gostava de ler, declarou a Kingsley, principalmente obras religiosas e livros de medicina, e escutava muita música gospel. E recordou uma história de 1954. Scotty, Bill e ele tinham tocado num clube perto de Shreveport, pouco antes do Natal. A caminho de casa, uma viatura policial ordenou que eles encostassem o carro. Excesso de velocidade. “Fazia um frio danado e eu tinha caído no sono. Acordei com o guarda me indagando: ‘Quem é você?’. ‘Elvis Presley, cantor.’ O policial ficou intrigado. Claro que nunca tinha ouvido falar de mim. Quase ninguém tinha. Pensei: ‘Lá se vai meu dinheirinho de Natal para pagar a multa de trânsito’. Mas o policial nos liberou só com uma advertência... Soltei um grande suspiro de alívio. O policial foi embora, nós três saímos do carro e contamos nossa grana no facho dos faróis do carro.

“O pagamento era basicamente em notas de um dólar. Cara, eu nunca tinha visto tanto dinheiro no bolso! No dia seguinte, torrei o maço em presentes de Natal. (...) Tem uma baita diferença entre os Natais de hoje e os de quando crescíamos em East Tupelo. Para ser honesto não sei dizer se os de hoje são melhores. Só estamos em condição melhor para gastar. Mas o importante não é isso. O que vale mesmo são as amizades e a devoção. Quando somos jovens é tudo um sonho. A gente cresce, e as coisas se tornam... *simplesmente reais*.”

Os cavalos acabaram se tornando a distração de Elvis. Primeiro decidiu comprar um para Priscilla, depois chamou Jerry Schilling e perguntou: Jerry se importaria se Elvis comprasse um cavalo para Sandy? Ela e Priscilla seriam colegas de montaria. Mais tarde, adquiriu também um para si próprio. Em seguida, resolveu que todo mundo deveria ter um cavalo. Uma azáfama de atividades tomou conta dos arredores de Graceland. O antigo celeiro foi remodelado. Elvis mandou demolir a casinha nos fundos, onde Billy e sua família moravam, para dar espaço a uma pista de equitação, e começou a comprar equipamentos agrícolas na Sears, bem como selas sofisticadas e roupas de caubói na Ben Howell and Son Saddlery, em Whitehaven. “Elvis visitava o celeiro todos os dias e todas as noites”, Marty observou, em tom de aprovação. “Esse celeiro, que ele chamava de Casa do Sol Nascente, trocadilho com o nome do cavalo dele,* não era usado havia anos. Organizou uma salinha para si mesmo e mandou escrever o nome de cada cavalo nas baias, com um grande pincel atômico vermelho. Tomava notas do tipo 'O que vou comprar amanhã' ou 'O que vou fazer amanhã'. E limpava o celeiro e comprava novos apetrechos de selaria. Simplesmente amava aquilo."

Deu guarida à tia Delta (irmã de Vernon) depois que Pat Biggs, o marido dela, morreu de ataque cardíaco. Nem todos gostavam dela; até mesmo o primo de Elvis, Billy Smith, reconhecia o "gênio terrível e o exagero na bebida" da tia Delta. Mas Pat, ex-dono de boate e grande adepto da jogatina, sempre foi um dos parentes favoritos de Elvis, alguém que o incentivava a ter fé em si mesmo. Por isso, de acordo com Billy, "ele sentiu que precisava acolher Delta". Acomodou-a no antigo quartinho de empregada, perto da cozinha, encarregou-a de cuidar da vovó e fez questão de que os horários do funeral permitissem que todos na casa, incluindo cozinheiras e empregadas, participassem.

Súbito parecia que Elvis retomava as rédeas; os cavalos, as melhorias da casa, a convicção que ele mostrou em providenciar o funeral de Pat Biggs e encontrar um lugar para sua tia: tudo isso levou o pessoal a sentir que o velho Elvis voltava a aflorar, ocasião propícia para abrir a temporada de caça contra Larry. A exemplo do Coronel, que parecia ter percebido sua nova vulnerabilidade, os caras pegavam no pé de Larry mais do que nunca, primeiro por ele não compartilhar o entusiasmo deles pela vida de caubói, segundo com novas piadinhas sobre o "Lawrence de Israel" e o "Judeu Errante". Priscilla mal se preocupava em esconder seu desprezo. Se, por um lado, Elvis tentava contemporizar as coisas com Larry e explicar as atitudes de Priscilla (assim como havia tentado, em particular, mostrar sua desaprovação com as do Coronel), por outro, nada fazia para impedi-las. Toda aquela pose de valentão da turma fez Larry se sentir cada vez mais excluído. E agora Elvis andava falando em se casar.

* O nome do celeiro faz um intertexto com a canção folk "House of Rising Sun", gravada por Joan Baez (1960), Bob Dylan (1961) e The Animals (1964). (N. de T.)

Uma ambivalência profunda, quase física, claramente continuava a dominá-lo quando pensava no assunto. Meses antes, solicitou ao ourives Harry Levitch a confecção de um par de alianças, mas pediu que ficassem guardadas na loja. "Coloquei no cofre, [em torno de] seis meses se passaram e nada aconteceu. Daí perguntei a Elvis: 'Mudou de ideia?'. E ele disse: 'Não é bem isso, é que eu simplesmente não consigo me decidir. É um grande passo, sr. Levitch, só isso". Também confidenciou suas dúvidas a Larry. "Elvis comentou mais de uma vez: 'Veja o exemplo de Jesus. Ele nunca se casou'. Isso não indicava necessariamente um complexo de Cristo, embora com certeza, em certo grau, Elvis padecesse disso. (...) Mas, aos 32 anos, Elvis sentia que um casamento de verdade envolvia compromissos que ele não tinha certeza se poderia cumprir."

Porém, havia meses corriam boatos, e Elvis vinha recebendo sinais claros de Priscilla, para não mencionar do pai dela, sobre as promessas que ele havia feito. Outro que o instava a cumprir suas obrigações era o Coronel – e mesmo que ninguém tivesse lhe dito nada, ele sabia muito bem o que lhe cabia fazer. Assim, pouco antes do Natal, pediu Priscilla em casamento. Foi até o quarto dela com seu "velho sorrisinho de menino, as mãos atrás das costas. 'Sente-se, Satnin', e feche os olhos.' Obedeci. Quando abri os olhos, me deparei com Elvis ajoelhado à minha frente, segurando uma caixinha preta de veludo... Abri a caixa. Nunca tinha visto um anel de diamante tão bonito! Três quilates e meio, rodeado por diamantes menores, que eram destacáveis... Eu poderia usá-los separadamente. 'Vamos nos casar', disse Elvis... 'Falei que saberia a hora certa'". Mostraram o anel a Vernon e vovó, mas Elvis disse que deveriam esperar para informar os pais dela. Desejava contar ao capitão Beaulieu pessoalmente.

Todos os dias e todas as noites, cavalgavam em grupo, e depois todos se aglomeravam no celeiro, em rodinhas menores ou maiores, trocando ideias sobre os cavalos, as melhorias e os reparos necessários, só desfrutando da companhia uns dos outros. Pela primeira vez em muito tempo, fluía uma sensação de futuro a ser compartilhado, um sentimento, por parte de quase todos, de embarcarem num empreendimento comum. Não era como a pista de autorama, havia muito abandonada, após Marty e Red começarem a discutir sobre o desempenho de seus respectivos carros. Uma sensação diferente, que remetia aos bons tempos, antes de Larry Geller aparecer. Para Jerry Schilling, que entrou no grupo após a chegada de Larry e durante o breve período de exílio de Joe, "era divertido à beça. A gente ficava lá no celeiro, sentados, conversando até o sol nascer. Era como uma grande família".

O NOVO CONTRATO DE ELVIS com o Coronel entrou em vigor no primeiro dia útil do novo ano. Semanas antes, já tinham tocado no assunto pelo telefone. O Coronel explicou que tudo ia continuar como sempre: o Coronel tomando conta dos negócios, e Elvis como seu único cliente. A única diferença era que esse novo contrato reconheceria, pela primeira vez, de maneira comercial, que Elvis *era* o seu único cliente. Os dois tinham formado, sem nunca reconhecer explicitamente, uma espécie de parceria. Agora era necessário um *contrato para sacramentar essa parceria*. O Coronel continuaria recebendo sua comissão de 25% sobre todos os contratos existentes e também em todas as garantias de contratos futuros – mas essa divisão financeira se aplicava apenas aos "pagamentos fixos" derivados desses contratos.

Por exemplo, se a MGM contratasse Elvis para estrelar um filme por um cachê de 750 mil dólares, mais 50% dos lucros, o Coronel receberia sua comissão normal de 25% na parte do negócio que representava o cachê em si. Nos lucros, porém, a divisão seria de 50-50, pois, em essência, com todo o trabalho que Coronel colocou em publicidade e promoção do filme, o sucesso do produto representava, na verdade, uma *joint venture*. No que tange ao acordo atual com a RCA, do pagamento anual de 300 mil dólares, o Coronel teria direito à usual comissão de 25%, mas todo e qualquer pagamento ou lucro extras além desse valor garantido seria dividido em 50-50.

Outras pequenas modificações foram estabelecidas em cartas assinadas por Elvis e remetidas à RCA e à William Morris. Os lucros futuros sobre produtos fílmicos anteriores seriam divididos nessa nova base de 50-50; nos itens de *merchandising*, é claro, valia como sempre o acordo de 50-50; os proventos referentes à publicação permaneceram inalterados. Entretanto, o princípio básico era simples: a adoção de um conceito de parceria que, como o Coronel Parker explicou, evoluiu ao longo dos anos a ponto de existir em todos os fatos contratuais plenamente reconhecidos.

A parceria abrangia bem mais do que fatos contratuais. Desde tempos imemoriais, os empresários buscam vantagens financeiras por meio de parcerias, *joint ventures* e acordos paralelos nos quais o Coronel provavelmente era um *expert*. Ted Collins, o empresário da popular soprano Kate Smith, por exemplo, criou uma parceria com sua cliente em 1930 e a manteve por mais de 33 anos. Por sua vez, Patti Page e o empresário dela, Jack Rael, fixaram um acordo de 50-50 desde os primeiros dias de sucesso dela como cantora. Até mesmo Bob Dylan, que em 1967 talvez soasse a antítese de Elvis Presley em termos de experiência no mercado musical e sofisticação cultural, parece ter permitido oportunidades semelhantes de autoenriquecimento a seu empresário Albert Grossman, que, como o Coronel, embolsava 25% de comissão como empresário, mas, provavelmente sem o conhecimento de seu cliente, ganhava uma participação de 50% na publicação das canções da empresa à qual ele trouxe o catálogo de músicas de Dylan.

Claro, só porque a prática já tem precedentes não a justifica, mas nesse momento o Coronel tinha razões próprias para buscar uma alteração no teor do contrato. A mais premente tinha a ver com a notória imprevisibilidade do negócio, agravada pela crescente imprevisibilidade de seu cliente único. Se fosse para ele amarrar seu futuro e destinar todas as suas energias consideráveis a um artista, poucas dúvidas restavam em sua mente de que também deveria obter algum patrimônio. Não escondia esse pensamento de seu cliente nem de qualquer outro indivíduo com quem fez negócios.

Algumas pessoas preferiam não dar ouvidos a ele, realçando a sua reputação de fazer negócios tortuosos. Mas, em certos aspectos, o Coronel poderia ser o mais honesto dos homens, e o que buscava agora, com perfeita honestidade, era algum tipo de seguro. Perto de completar 60 anos, não sabia quanto tempo de vida lhe restava. Nem ele tampouco a esposa Mary andavam lá muito bem de saúde. Se o sr. Presley quisesse enveredar em direções novas, não comprovadas, era uma decisão do artista, é claro, mas o Coronel, apesar de viver na relativa simplicidade, nunca fingiu ser adepto de uma vida frugal. Curtia Palm Springs, curtia o conforto da sauna do Spa Hotel, curtia a companhia dos ricos e famosos e sentia que tinha conquistado um lugar entre eles. Talvez o elemento mais convincente de seu pensamento tenha se originado da filosofia incorporada no título do livro que sempre ameaçava escrever: *Quanto custa um cafezinho grátis?* As coisas não valiam nada a menos que você lhes atribuísse um valor. Sem pudor algum, ele sentia que seus préstimos valiam 50%.

Elvis concordou plenamente com a proposta e não demonstrou qualquer objeção em assinar o contrato. Se isso fizesse o velho feliz, então ele estaria feliz. Marty e os outros até podiam reclamar e agir como se soubessem o que estava acontecendo, mas só ele e Vernon sabiam *de verdade* o que era necessário para sustentar esse tipo de empreendimento, quanta fé o Coronel tinha demonstrado não só no início de sua carreira, quando todo mundo apostava que Elvis era fogo de palha, mas durante os dias sombrios em que ele serviu ao exército. Só mesmo os esquemas engenhosos do Coronel puderam sustentar não só os negócios, mas a própria fé de Elvis em si mesmo. O Coronel superava em esperteza os mais argutos executivos de Hollywood e *nunca tinha se tornado um deles*. Não adotava falsas afetações hollywoodianas nem hipocrisias sociais, não se desculpava por quem ele era nem por suas origens – só reconhecia uma única obrigação: *aparecer e fazer o trabalho*, e nisso ele era tão exigente consigo mesmo quanto com seu astro.

Na esteira desse novo acordo, o Coronel deu mais uma cartada: renovou o acordo com a RCA até 1980! E isso com pagamentos garantidos de 300 mil dólares por ano até 1970, valor então reduzido a 200 mil dólares por ano até 1975 (um ano além do prazo da opção aceita em agosto) e zero nos últimos cinco anos. Elvis nunca questionou as bases dessa revisão. Em vez disso, enviou telegramas à RCA. Nessas mensagens, expressava gratidão e celebrava "que pelo menos até 1980 não haverá um divórcio". E declarava sua fé de que até lá "teremos um catálogo tão grande e vasto que vai ser mais barato permanecermos juntos". O Coronel recebeu também um telegrama de Elvis. Simplesmente o chamava de "*the greatest Snowman on Earth*",* aparentemente se divertindo tanto com a lábia de seu mentor quanto o próprio Coronel se divertia. Quem tivesse acesso aos detalhes do contrato poderia ter comentado que o novo acordo, na verdade, baixou substancialmente o cronograma de pagamentos garantidos. Isso permitiu que a participação nos lucros do Coronel entrasse em ação bem mais cedo. Mas ninguém teve acesso ao contrato, e Elvis intencionalmente escolheu deixá-lo fora de cena. Essa era sua vida secreta, se é que ele tinha uma vida secreta. Ele não precisava examinar cada detalhe de um contrato para saber se estava sendo tratado com justiça. Dois dias após a transação com a RCA estar concluída, o Coronel entregou a minuta do contrato para outro filme da Allied Artists, a ser realizado em 1968, pelo cachê de 900 mil dólares. Elvis nunca duvidou de que o Coronel ia ganhar com isso. Mas ele também ganharia bastante.

ALÉM DO MAIS, AS PREOCUPAÇÕES DELE eram outras. Rapidinho o número de cavalos ultrapassou o número de baias disponíveis, e no dia que Red atropelou Elvis no campo durante uma encenação do Velho Oeste, uma coisa ficou bem clara: os 5,5 hectares de Graceland tinham

---

* Literalmente, "maior Boneco de Neve da Terra". Novamente surge o duplo sentido de *snow*, que pode ser "nevar" e gíria para "engambelar, usar a lábia". O Coronel tinha tanto orgulho dessa habilidade que criou a bem-humorada Liga dos Bonecos de Neve dos EUA. (N. de T.)

se tornado exíguos demais. Estava na cara, também, que nada desencorajaria a volúpia de gastos de Elvis, que adquiria cada vez mais cavalos e mais equipamentos. Até que um dia, voltando de uma jornada para comprar cavalos no Mississippi, ele e Priscilla avistaram Twinkletown Farm, um rancho de gado bovino de 65 hectares, perfeitamente bem cuidado onde, à beira de um laguinho, erguia-se uma cruz branca de 20 metros de altura, toda iluminada. A fazenda situava-se nas imediações de Walls, Mississippi, pertinho da divisa com o Tennessee.

Pouco tempo depois, passeavam com Alan Fortas e alguns caras, quando Fortas avistou uma placa de "Vende-se" na propriedade. Deram meia-volta para ler a placa e então rumaram ao Aeroporto Twinkletown, onde Jack Adams, proprietário da fazenda e um dos maiores vendedores de aviões usados do mundo, mantinha seu quartel-general. Astuto negociador como sempre, Elvis enviou Alan para indagar o preço da propriedade (se o proprietário soubesse que o interessado era Elvis Presley, o preço automaticamente inflacionaria), mas Alan mal teve tempo de se apresentar quando "Elvis se precipitou porta adentro. Que droga. Bem, Adams era um mestre das vendas e disse em tom suave: 'Olha, nem me pergunte o quanto eu quero por isso, vou te dar as chaves. Por que não passam a noite por lá?'.

"Elvis disse: 'Mas nós temos cavalos'. Ele disse: 'Tragam os cavalos, chamem todo mundo, aproveitem o lugar o tempo que quiserem. Então, se gostarem, a gente conversa'. Então levamos os cavalos para lá, sentamos e festejamos a noite toda, como típicos vaqueiros! Ao despertar no dia seguinte, Elvis disse: 'Alan, nunca dormi tão bem na minha vida. Vamos comprar esta maravilha de rancho'. Falei: 'Elvis...'. Ele mandou: 'Trate de fazer a compra'. Então liguei para o sr. Adams, e ele disse: 'Vou pedir tanto por isso, tanto por aquilo, e isso inclui *porteira fechada*: o gado, a casa, os móveis e tudo, exceto itens pessoais e umas roupas'. Respondi: 'Tá bem, eu dou retorno'. Fui lá e contei ao Elvis. A essa altura, eu já tinha uma certa experiência no setor imobiliário. Eu sabia que poderíamos barganhar. Mas Elvis disse apenas: 'Fala logo, caramba, quanto ele quer?'. Repassei o valor a ele. Elvis disse: 'Pergunte a ele quanto tempo vai levar para tirar as coisas dele de lá'. Liguei de volta ao sr. Adams e ele falou: 'Uns 15 minutos'. E eu: 'Elvis quer fechar negócio'. E foi assim, sem negociação, nem nada."

Em 8 de fevereiro, depositou um sinal de 5 mil dólares a ser rebatido mais tarde do preço de venda, 437 mil dólares. No período de uma semana, ele tinha comprado ao menos cinco caminhonetes e um Cadillac 63. Até o dia de lavrar a escritura, em 22 de fevereiro, havia adquirido mais de 20 veículos, meia dúzia de trailers rebocáveis e seis vans para transporte de cavalos, sem falar em diversos tratores, implementos agrícolas, fossas sépticas e tubulações de água, além de 400 metros de cercas temporárias feitas de compensado para "quebrar o galho" até ficar pronta a cerca de madeira de 2,4 metros de altura, a um custo de 12 mil dólares, que ele havia empreitado. Ao todo, gastou bem mais de 100 mil dólares em 15 dias, uma orgia de gastos que pareceu apaziguar momentaneamente Elvis, mas deixou Vernon horrorizado, com a certeza absoluta de que todos acabariam no lar dos pobres. Priscilla não estava mais otimista sobre os modos perdulários de Elvis, mas achou mais fácil levar na esportiva: "Vernon literalmente implorou para que Elvis parasse, mas a resposta foi: 'Pai, há muito tempo não me divirto tanto. Tenho um hobby, uma coisa que me faz acordar animado de manhã'".

Ele *realmente* se divertia. "Gostava de ver a turma junta", observou Priscilla, "e ficava chateado quando falavam em ir embora." Batizou uma das novas potrancas de Égua Ingram em homenagem a William Ingram, o prefeito de Memphis que a toda hora tentava denominar um prédio ou uma rodovia de "Elvis". A proposta mais recente – chamar o Mid-South Coliseum de Elvis Presley Coliseum – foi reprovada por unanimidade pela Câmara de Vereadores da cidade. (Esse esforço cívico só daria frutos em 1972, quando o trecho da Highway 51 South que passava por Graceland foi oficialmente denominado Elvis Presley Boulevard.) Elvis deu ao rancho o nome de Flying Circle G, marcou a ferro cada cavalo com a marca da propriedade (letra G alada), bem como o gado bovino, e mandou pintar o símbolo em todas as caminhonetes. "Não raro", observou Priscilla, "a gente o via circulando pela propriedade, batendo à porta de um e de outro, acordando todo mundo, conferindo os cavalos ao amanhecer. Estava empolgadíssimo, e em alguns dias não tirava tempo nem para comer... Andava com um pedaço de pão embaixo do braço no caso de bater a fome. (...) Todo domingo, a gente fazia piqueniques, e todas as garotas traziam algo para ser compartilhado... Andávamos a cavalo, fazíamos competições de tiro ao alvo e esquadrinhávamos o lago em busca de tartarugas e cobras. Tudo com diversão, risadas e camaradagem."

Nesse espírito de camaradagem, Elvis teve a ideia de doar meio hectare a cada um dos caras. Afinal de contas, se era uma comuna em espírito, por que não ser uma comuna de fato? Chegou a traçar planos com Marty, mas Vernon rapidamente pôs um fim a essa ideia. Vernon sempre se imaginou um rancheiro urbano e, se pudesse conter os excessos de seu filho, talvez tivesse apreciado o papel. Mas andava tão impotente para controlá-lo quanto qualquer outra pessoa. Entrou em contato com o Coronel para se aconselhar, e o empresário ofereceu apenas o familiar clichê: Elvis logo se cansaria de seu novo brinquedinho. Em desespero, Vernon apelou até para Joe. "Vernon se aproxima de mim e dispara: 'Joe, ele está gastando muita grana. Tentei avisá-lo e ele me respondeu: *Olha só, eu ganho mais se for preciso*. Você tem que abrir os olhos dele'. Então fui falar com Elvis. Questionei: 'O que você pretende fazer com todas essas coisas?'. E assim por diante. E ele falou: 'Está tudo bem, eu quero isso agora'. Às vezes escutava, às vezes não. Às vezes, só ficava bravo. Dizia: 'Não está gostando? A porta é serventia da casa'."

Segundo Alan Fortas, cada dia era como se fosse o último. Para Mike McGregor, fabricante de selas e peão de rodeio que Elvis havia conhecido no mês anterior enquanto comprava vestuário e equipamentos de montaria na loja especializada, em Millbranch, depois contratado para cuidar dos cavalos, foi uma experiência como nunca outra. De imediato, Mike avisou Elvis que não trabalhava aos domingos porque ia à igreja, mas Elvis disse, tudo bem, desde que Mike alimentasse os cavalos no domingo de manhã. “Foi muito atencioso e muito cavalheiro. Nunca me disse: ‘Vá buscar o cavalo tal’; sempre me perguntava se eu tinha tempo para pegá-lo. Não consigo me lembrar do homem me dando uma ordem direta. Quando caía neve era a maior diversão. A turma pegava os tratores e os trenós, e ficavam dando voltas até despedaçá-los. Teve uma noite em que uma das vacas pariu, e o pessoal ficou tão empolgado que todos quiseram ir ver o bezerrinho.” Quando uma das éguas dava à luz um potrilho, “você pensava que [ele] era da realeza”.

Para Jerry Schilling, por outro lado, era um sonho mais profundo, mais sombrio, um sonho de inocência e perda quase paradisíacas. “No começo foi muito bonito. Sandy e eu nos instalamos num pequeno trailer na frente do lago... Foi o primeiro lugar de verdade que tivemos. A gente acordava de manhã, os cavalos estavam tomando água no lago; Elvis e Priscilla desciam até lá, e nós íamos fazer um passeio a cavalo, e só depois tomávamos café da manhã.

“Mas então Elvis ficou muito ocupado, e aquela sensação boa se perdeu. A coisa se tornou muito competitiva, com todos aqueles trailers e caminhonetes: quem tinha isso, quem tinha aquilo. Chegou ao ponto em que a gente começou a sentir: Elvis só estava envolvido naquela ânsia de comprar e doar, mas sem qualquer significado real por trás disso. Em retrospectiva, é inevitável pensar que o uso de substâncias teve um componente nisso. O auge foi quando Elvis apareceu em nosso trailer de madrugada. Chovia, eram duas da manhã, ele parado na porta, a aparência de um velho caubói, a chuva escorrendo pelo chapéu, e um pedaço de pão nas mãos! Falou que precisava ir a um lugar. ‘Preciso que você venha comigo.’ Acabamos indo até a casa desse farmacêutico em Whitehaven que a gente conhecia. Elvis só queria comprar os remédios de uma receita... Não tenho ideia se era Darvon, Tuinal, Dexamyl ou Placidyl. O farmacêutico realmente não se importou; acho que deveria se importar, mas, afinal de contas, o freguês era Elvis Presley. E Elvis nem inventou uma desculpa. E, até então, comigo por perto, ele sempre tinha sido muito reservado com essas coisas um tanto barra-pesada... Como se não quisesse que eu soubesse. Foi quando pensei que isso começou a mudar."

Mais uma vez, as coisas começaram a sair do controle. Súbito, Elvis ficou incomunicável com o Coronel. A sessão para gravar a trilha sonora do próximo filme, *O barco do amor* (*Clambake*), foi transferida para Nashville por conveniência do astro, mas quando aconteceu, em 21 de fevereiro, o astro retornou ao rancho após a primeira noite e nem se deu ao trabalho de aparecer na segunda. Red novamente tinha escolhido todas as canções e novamente o substituiu, gravando os vocais temporários, alegando ao diretor musical que Elvis estava resfriado. Só na terceira noite Elvis apareceu, em traje completo de caubói, e fez os overdubs.

Com a ida à Califórnia programada para dali a poucos dias, o Coronel não escondia sua crescente preocupação. Frustrado com Marty, que se afundou num miasma de pílulas, mau humor e falta de comunicação, enfim disparou uma carta dispensando efetivamente o sr. Lacker do cargo de corresponsável da equipe. Informado por Joe, o Coronel já sabia tudo sobre o ganho de peso de Elvis e ficou possesso quando o cantor enfim reuniu coragem para dizer algo de que o Coronel já suspeitava. Ele precisava de um tempo, não andava se sentindo bem, não seria capaz de se apresentar em 3 de março, data prevista para iniciar a pré-produção. A resposta estrondosa do Coronel foi que essa ideia não poderia ir adiante. As empresas cinematográficas investiam muita grana nos produtos delas e tinham pouca paciência com astros que pegavam esse dinheiro e descumpriam suas promessas. Adiar as filmagens, só com atestado médico.

Entra em cena o dr. George Nichopoulos. Domingo, 26 de fevereiro, Elvis tentou entrar em contato com seu médico de sempre, mas ele não estava disponível. Assim, a namorada de George Klein, Barbara Little, que passava o fim de semana no rancho com George, sugeriu o dr. Nick, um dos médicos da clínica onde ela trabalhava. Nichopoulos,

39 anos, filho de imigrantes gregos que administravam um restaurante em Anniston, Alabama, graduou-se na Vanderbilt Medical School após completar todas as cadeiras da pós-graduação em fisiologia clínica, na Universidade do Tennessee, em Memphis. Em 1963, radicou-se em definitivo em Memphis, onde assumiu um cargo no Medical Group, consórcio de médicos que oferecia aos pacientes uma gama completa de especialidades interligadas. De fala mansa, atlético (com 68 quilos, atuou na posição de *running back* no time de futebol americano, na Sewanee), modesto, discreto e bem-apessoado, seu cabelo riscado de prata dava um toque de charme à sua aparência jovial.

"Eu não sabia o que esperar, não sabia qual era a doença ou o problema. Chegando lá, ele se queixou de assaduras pela fricção da cavalgada. Tinha cavalgado nos últimos dias, mas deveria se apresentar em Los Angeles para as filmagens. Após examiná-lo, constatei que as assaduras não eram assim tão graves, acho que ele só queria ficar uns dias em casa. Então passamos mais tempo batendo papo do que tratando das assaduras causadas pela equitação.

"[A primeira impressão que tive foi que] Ele era muito educado, muito humilde. Muito respeitoso. Na verdade, durante todo o nosso relacionamento, nunca me chamou pelo meu primeiro nome, sempre foi dr. Nick ou dr. Nichopoulos. E sempre protestava ao interpretar que alguém tinha sido desrespeitoso comigo [no pronome de tratamento]. Naquela noite, ele pareceu meio deprimido e solitário, só queria desabafar. Mesmo cercado de tanta gente, para mim ele meio que continuava uma pessoa solitária. Parecia que não tinham assuntos novos para falar, só coisas batidas.

"Claro, ele gostava de falar sobre medicamentos e o *Physicians' Desk Reference*, o livro de referência dos médicos; sobre o tipo de sintomas dessa ou daquela doença. Fiquei surpreso com o quanto ele sabia. Seja como for, receitei uma pomada para aliviar as assaduras, e então ele me perguntou se no caminho de volta eu poderia dar uma passada em Graceland e conferir a saúde da avó dele. Andava resfriada e sofria de problemas cardíacos, então falei que tudo bem, eu ia passar lá e a examinaria. Bem, enquanto eu estava em Graceland, um dos caras ligou em nome de Elvis e disse que ele havia se esquecido de me pedir algo; será que eu poderia voltar ao rancho? Falei: 'Não podemos falar por telefone?'. A pessoa com quem eu estava falando voltou e me disse: 'Ele prefere que o senhor venha, se possível'. Então voltei lá [um trajeto de 15 minutos], e não falamos sobre nada em específico. Na verdade, ele só queria continuar nossa conversa. E Elvis me pediu para fazer outra coisa na casa dele no caminho de volta à cidade, então parei na casa e recebi outro telefonema dele. Repeti essa brincadeira umas três vezes e não fiquei muito feliz com isso, mas liguei para o Coronel e recebi uma carta. O Coronel fez uma série de perguntas [incisivas]. 'Tem certeza de que ele não pode gravar? Sabe, quando está em Memphis, ele gosta de ficar sem fazer nada. Está tudo pronto, montamos as equipes e tudo mais, ele precisa estar aqui'. Respondi que realmente não me parecia que Elvis tinha condições de filmar, havia muita ação no filme, e eu sentia que ele poderia ter algumas dificuldades."

Enfurecido, o Coronel nada pôde fazer. Conseguiu que o estúdio reprogramasse o cronograma, adiando o início da pré-produção para a outra segunda-feira, 6 de março, mas continuou apreensivo. Parecia que as coisas estavam desmoronando. Pensou que Elvis ia cair em si com Larry escanteado, e as coisas enfim dando certo com Priscilla. Sem dúvida, a organização andava problemática. Alguns dos rapazes já não conseguiam fazer valer sua força. Alan, por quem o Coronel sentia autêntica afeição, em breve seria deixado para trás no Mississippi por causa de seus problemas com drogas, e a eficiência do sr. Lacker claramente parecia ter se esgotado. Além disso, esse pepino do rancho teria de ser abordado caso não fosse deslindado rapidamente. Acima de tudo, o Coronel precisava de uma desculpinha para, de uma vez por todas, botar as coisas em pratos limpos – e garantir a atenção do garoto. Daquele jeito é que as coisas não podiam continuar por muito tempo.

Elvis chegou à Califórnia no domingo, 5 de março. No dia 6, conforme planejado, apresentou-se ao estúdio para ajustar o figurino e, à noite, completou a maior parte dos overdubs vocais no Annex, o estúdio de Thorne Nogar. Tudo parecia normal, exceto seu peso, e isso exigiria alterações em suas roupas. Na quinta-feira, Joe veio buscá-lo para ir ao estúdio, mas logo percebeu que algo estava errado. Os caras estavam sentados ali, mas nem sinal de Elvis. Minutos antes, ele entrara cambaleante, relataram a Joe, e disseram que ele tinha levado um tombo de madrugada. Bateu a cabeça na banheira e achou que talvez precisasse de um médico, mas simplesmente o colocaram de volta na cama, à espera de que Joe assumisse o comando.

Na mesma hora, Joe ligou para o Coronel. Ninguém tinha dúvidas de que eram as pílulas. O Coronel chegou e ficou um tempo a portas fechadas com Elvis no quarto. Saiu de cara feia e mandou chamar o médico habitual de Elvis, dr. M. E. Gorsin, e um radiologista, dr. George Elerding, com um equipamento portátil de raios X. E deu um puxão de orelha nos caras. Qual era o problema deles? E o seu trabalho, qual eles achavam que era? Como é que deixaram Elvis ficar daquele jeito? O cantor precisava ser monitorado 24 horas por dia... Mesmo que tivessem de ir ao banheiro junto com ele. Avisou: de agora em diante, as coisas seriam diferentes.

O diagnóstico dos médicos não foi assim tão preocupante: Elvis sofreu uma leve concussão, sem sinal de fratura. Novas radiografias da coluna cervical também não revelaram fratura, apesar da considerável limitação de movimento devido a espasmos musculares. Em outras palavras, estava machucado e dolorido, mas nada que um bom repouso não resolvesse. Olhares raivosos fitaram Larry quando o Coronel anunciou: todos os livros de Elvis deveriam ser imediatamente removidos. "E não se atrevam a trazer outros."

Dois dias mais tarde, o Coronel convocou uma série de reuniões com a presença de Elvis. Primeiro, encontrou-se com Joe, depois com Marty, a quem informou oficialmente que não era mais corresponsável, não teria mais autorização para emitir cheques e que no futuro estaria encarregado de "projetos especiais". E logo explicou que o primeiro desses projetos especiais seria o casamento próximo, mas para Marty isso não foi um consolo. "Uma piada aquilo, pois o Coronel e Joe já tinham planejado o casamento." Olhou para Elvis, mas o cantor não devolveu o olhar. "Fiquei nauseado de ver Elvis agindo daquela maneira, de ouvir aquele maldito velhote gorducho vomitando decretos como se mandasse em Elvis. Na verdade, o meu desejo de fazer parte do grupo se esfacelou."

Para os demais, o Coronel simplesmente estabelecia a lei. Com Elvis ouvindo tudo, anunciou grandes mudanças. De agora em diante, não trariam problemas nem preocupações pessoais ao sr. Presley. Caso tivessem alguma questão a resolver, se reportariam ao sr. Esposito, que agora era o único encarregado responsável, e ele ia providenciar tudo. Com os olhos cravados em Larry, disse: "Alguns de vocês acham que talvez ele seja Jesus Cristo, que deveria sair pelas ruas de túnica e ajudar o povo. Mas ele não é assim".

Também teriam de apertar o cinto. Salários e despesas teriam que ser cortados. O sr. Presley não podia se dar ao luxo de simplesmente jogar dinheiro fora, e todos teriam que trabalhar para ganhar seu próprio sustento. Por enquanto, todos permaneceriam na folha de pagamento, mas na volta a Memphis, provavelmente alguns seriam demitidos. "Nada pessoal", declarou o Coronel. "Apenas negócios." Relanceou outro olhar significativo a Larry e asseverou que não haveria mais discussões sobre religião, não haveria mais livros, e os insatisfeitos que se retirassem. Larry sentiu náuseas. "Durante o esporro de Parker, Elvis não me olhou uma vez sequer." Por outro lado, um aspecto daquilo não o surpreendeu. "Eu sabia que Elvis não era assim. Tipo, claro que ele era o Elvis, mas agia de maneira muito estranha, como se estivesse sob a influência de alguma coisa, e não tenho dúvidas de que estava chapado... Olhar vidrado, assustado. Não acho que seja coincidência que o mergulho de Elvis para experimentar o próximo nível de medicação psicoativa, analgésicos muito pesados e narcóticos sintéticos, tenha seguido sua ‘recuperação’.”

Encerrada a bronca, todos ficaram em estado de choque. Jerry Schilling, certo de que o Coronel estava olhando diretamente para ele ao falar sobre cortes, começou a fazer as malas, então Elvis entrou em seu quarto e lhe assegurou: “Não era de você que ele estava falando”. Billy também levou esse lance para o lado pessoal. “Achei que eu ia ser um dos demitidos. Ou, se não fosse demitido, sabia que teria de pedir demissão. Porque eu e [minha esposa] Jo estávamos alugando um apartamento na Califórnia… e com a redução de despesas não teríamos como pagar o aluguel.” Avisou Elvis que ia embora, e de novo o cantor reagiu com surpresa. “Ele disse: ‘Por quê?’. Expliquei: ‘Porque não tenho condições financeiras de manter uma casa em Memphis e um apartamento aqui’. Elvis disse: ‘Isso não se aplica a você. Providencie o apartamento aqui, o aluguel será pago’.”

AS FILMAGENS DE *O BARCO DO AMOR* começaram duas semanas depois, sob auspícios bem familiares, mas, em obediência às instruções do Coronel, Larry não tinha mais permissão para passar qualquer tempo a sós com Elvis. Sessões para cortar o cabelo, outrora momentos de grandes debates filosóficos, agora se limitavam a períodos de meia hora, sempre na companhia de uma terceira pessoa. A hostilidade dos caras atingiu níveis novos e indisfarçáveis, e Elvis nem se deu ao trabalho de mostrar solidariedade secreta. Um dia, do nada, ele disparou para Larry: “Sabe, esses seus gurus têm motivos ocultos. Tentam controlar a mente das pessoas e usá-las para seus próprios e malditos propósitos”.

A atmosfera no set perpassava uma alegria quase forçada. Pegadinhas, rojões, batalhas com creme de barbear e bexigas d’água, e até o diretor, Arthur Nadel, entrou na brincadeira. Era como encenar recordações do passado – mas um quê de melancolia não passou despercebido a uma parte do elenco. Talvez não por coincidência, durante as filmagens, Elvis ouvia um único álbum sem parar: uma coletânea de canções recitadas em inglês com forte sotaque pelo ator francês Charles Boyer. Intitulado *Where Does Love Go?*, o álbum tinha arranjos orquestrados, tão exuberantemente românticos quanto as recitações de Boyer, em versões melancólicas de "What Now My Love"; "La Vie en Rose", de Edith Piaf; "Venice Blue", de Charles Aznavour, e "When the World Was Young". Disparado, a preferida de Elvis era "Softly As I Leave You", declaração de amor de um moribundo a sua esposa. Ele deu o álbum a vários atores e atrizes do elenco e também a membros da equipe, e o tocava repetidamente para os caras, que não entendiam o que ele via na mórbida atmosfera do LP.

Elvis e o Coronel também pareciam ter retomado o velho ritmo. Bill Bixby, ator coadjuvante do filme, conheceu os dois pela primeira vez: "Eram uma dupla inseparável e muito parecidos quando estavam juntos... De verdade. Eram grandes artistas da dissimulação. O Coronel encenou comigo um número de leitura mental, e combinamos sinais, Elvis, o Coronel e eu. Um dos caras me dizia uma palavra que estava pensando, e eu nunca chegava perto do Coronel, mas ele captava [com essas dicas]. Excelente maneira de nos entretermos".

Sérios obstáculos ainda desafiavam o Coronel. Uma coisa que o empresário odiava era ficar na defensiva, mas com todas essas recentes reviravoltas nos negócios, além desse último constrangimento, sobre o qual, mais cedo ou mais tarde, todos os chefes de estúdio ficariam sabendo, já não era mais possível apenas encobrir alguns dos problemas com os quais se deparavam. Os contratos de filmes já assinados garantiam agenda lotada até 1968, talvez até 1969, mas e depois disso? Ele não sabia o que poderia esperar.

Tinha experimentado o novo clima em que estariam operando quando a Paramount se recusou a liberar qualquer verba para ele fazer a costumeira propaganda do último filme produzido por Hal Wallis, *Meu tesouro é você*, com lançamento programado para a Páscoa. Wallis ficou envergonhado, mas não conseguiu a liberação de verba alguma. Em 20 de fevereiro, o Coronel se irritou e avisou Paul Nathan, o leal assistente de Wallis, de que não ia fazer nada pelo filme. Três dias depois, teve ocasião para repensar sua postura, e informou o "Coronel Wallis" sobre isso numa de suas magistrais missivas diplomáticas. Nessas circunstâncias, disse ele, o sujeito comum simplesmente desistiria. Mas ele não era um sujeito comum. Sabia que Wallis sempre honrava suas promessas e não promessas, e tinha a convicção de que Wallis provavelmente acabaria sendo dominado por "um caloroso sentimento de generosidade em relação ao bom e velho Coronel". Qualquer evidência dessa generosidade seria aceita, ele poderia ter certeza, com muita gratidão pelo Coronel. Resultado: Wallis e o sócio, Joe Hazen, repassaram 3.500 dólares de seus próprios bolsos. Mesmo assim, o Coronel andava incomodado, e quando Nathan escreveu a Wallis na Espanha após a estreia do filme, só endossou o quanto as preocupações do Coronel eram legítimas: "Obviamente, o astro já não é uma atração tão grande quanto antes".

Em casa, as coisas não andavam mais alegres. Em um acesso de remorso, Elvis convidou Marty para ser seu padrinho de casamento, mas Priscilla mostrou desacordo. A noiva não entendia por que cargas-d'água um sujeito que vivia em constante conflito com ela deveria desempenhar um papel tão importante no casamento deles. Então, como que para compensar seu próprio lapso de julgamento, Elvis pediu a Joe para serem padrinhos em conjunto, deixando que Joe e Marty acertassem os detalhes. Para Billy Smith, o comportamento de Elvis parecia cada vez mais errático, embora Billy não soubesse determinar a causa subjacente. Cada vez mais, ele enxergava seu próprio papel e o dos outros caras como o de apenas servir de escudo aos incômodos do cantor, "mas era um trabalho árduo. Mais árduo do que a maioria de nós era capaz de suportar".

Em 15 de março, quando as filmagens tiveram um intervalo forçado, Jerry e Sandy se casaram numa escapada a Las Vegas. Havia um bom tempo Jerry queria se casar, e definitivamente se considerava noivo, mas ao mesmo tempo estava muito ciente da pressão pouco sutil que estava recebendo do Coronel, e começou a se perguntar se isso não teria algo a ver com a evidente relutância do próprio Elvis em casar. Sabia que o Coronel acreditava no casamento e no decoro, e, até certo ponto, Jerry aceitava as declarações do empresário sobre a preocupação com o bem-estar dele e o de Sandy, mas ainda assim ficou com a inevitável sensação de que seu próprio casamento foi projetado em alguns aspectos como uma "operação experimental".

Foi só depois do casamento de Jerry que Elvis enfim marcou uma data – assim que as filmagens terminassem. Quase de imediato, o Coronel começou a ir a Las Vegas aos fins de semana, para amarrar todas as pontas soltas. Na maior parte do tempo, teve como chofer Charlie Hodge, a quem, na estrada, o Coronel expôs seus pensamentos sobre o matrimônio. "'Veja bem, Charlie', disse o Coronel, balançando seu grande charuto, 'quando enfim você decidir se casar, deixe que eu cuido disso.' Relanceou um olhar de divertimento para mim. 'Quando é que você vai se casar?'"

> "Ainda não, Coronel", respondi. "Estou treinando ainda."
>
> Ele caiu na risada e disse:
>
> "Quando decidir, me avise. Charlie, podemos ganhar uma grana com isso."
>
> "Uma grana?", estranhei. "Em meu próprio casamento?"
>
> Ele fez que sim com a cabeça.
>
> "Exato. Escute só o velho Coronel."
>
> Aceleramos na estrada enquanto o Coronel esboçava seu plano...
>
> "Alugo um estádio de futebol americano, você e sua noiva sobem ao altar, montado na linha de 50 jardas, sobre um par de grandes elefantes." Abriu um sorriso e acendeu outro charuto. "As pessoas vão pagar entrada para ver."

Foi a minha vez de dar uma boa risada.

"Isso é insano, Coronel."

Balançou o charuto para mim como se fosse uma varinha mágica.

"Que insano, que nada. Podemos ganhar uma grana com isso. Escute só o velho Coronel."

Quando ele queria apostar, me levava aos cassinos com ele. Eu não gastava um centavo do meu dinheiro. O Coronel sabia que eu adorava apostar quase como ele. Sentava-se à mesa da roleta, distribuía fichas para nós dois e dizia: "Vamos apostar uma ficha de 25 dólares neste número para você, Charlie. E uma aqui, outra ali, e outra lá."

Cada vez que eu ganhava, eram 200 dólares.

"Agora é melhor mandar flores à sra. Parker", dizia o Coronel com uma piscadela. "Escute o Coronel. Mande flores à sra. Parker quando você ganhar."

Sob um véu de segredo, convites foram enviados: Lamar e Alan foram deixados de fora pelo simples fato de que não faziam parte do grupo que estava na Califórnia. Além do pessoal do filme, só a família, o Coronel e a sra. Parker, George Klein e, surpreendentemente, o ourives de Elvis, Harry Levitch.

Em 27 de abril, Rona Barrett farejou a notícia, correndo atrás de Joe e Joanie no mercado local, bem na hora que todos convergiam ao aeroporto de Palm Springs. Por volta das duas da manhã de segunda-feira, 1º de maio, decolaram de Palm Springs em dois aviões fretados, com Elvis e Priscilla no jatinho particular de Frank Sinatra. Às três da manhã, o casal de noivos pagou 15 dólares para obter a licença de casamento no tribunal do condado de Clark, depois rodaram para o Aladdin Hotel, recriação de 400 quartos ao estilo britânico Tudor, defronte ao Caesar's Palace, recém-adquirido por Milton Prell, amigo do Coronel Parker e antigo dono do Sahara, onde sempre se hospedavam. Aguardaram nervosos na suíte, até o Coronel enfim avisar que estava na hora. Conduzida pelo juiz da Suprema Corte de Nevada, David Zenoff, a cerimônia teve início às 11h41; oito minutos depois, os dois estavam casados.

Pouco antes de começar a cerimônia, Red foi ao quarto de Joe para saber quando ele e a esposa, Pat, e o restante dos caras e suas esposas deveriam se arrumar. Constrangido, Joe contou o que tinha acabado de saber: à exceção dos dois padrinhos e do primo de Elvis, Billy, nenhum dos caras nem suas respectivas mulheres poderiam comparecer à cerimônia propriamente dita. O casamento aconteceria no espaço relativamente exíguo dos aposentos particulares do sr. Prell. Como não havia espaço para todos, o Coronel decidiu: para evitar acusações de favoritismo, o único jeito era excluir todos... mas poderiam ir à recepção depois.

Para Red, foi a gota d'água. Nunca fez segredo algum de seus sentimentos em relação a Joe, mas agora o xingou de puxa-saco de merda e se conteve para não o esmurrar. Quis saber: Elvis sabia sobre isso tudo? O filho da puta não tinha coragem, nunca teve. Claro que Red não ia comparecer à recepção se não fosse bem-vindo na cerimônia em si. Era esse o suposto amigo que Red tinha convidado para ser o padrinho de seu próprio casamento. Não pedira para estar ali – tinha vindo a convite de Elvis. E não trouxera a esposa junto para serem humilhados por um idiota que não teve coragem de lhe dizer, cara a cara, o que precisava ser dito. Era melhor o Coronel sair de sua frente. Se encontrasse aquele filho da puta ia acabar dando uma surra nele. Foda-se o Coronel. Foda-se Joe. Foda-se Elvis. Que todos se fodam. Estava farto daquela merda toda.

Os demais encararam aquilo com um pouco mais de diplomacia. Sem esconder o ressentimento e a decepção, colocaram isso na conta do Coronel, engolindo em seco, em respeito a Elvis – afinal de contas, era um dia especial para ele. Aquilo não era culpa dele, além do mais, ele nunca teve coragem de enfrentar o Coronel. Essa negação para Jerry

1º de maio de 1967: Richard Davis, Jerry Schilling, George Klein, Freddy Bienstock (ao fundo), Joe Esposito, Priscilla e Elvis Presley, Charlie Hodge e Marty Lacker (Cortesia de Jerry Schilling)

Schilling era quase uma questão de autopreservação. *Como amigo*, Elvis lhe dera tanto, e ele admirava tanto o cantor que simplesmente não estava pronto para lidar com suas próprias emoções conflitantes naquele momento. "Acho que só anos depois consegui reconhecer como realmente me senti."

E apesar de toda a sua turbulência interior, de toda a raiva e mal-estar que rondavam logo além de seu campo de visão, Elvis não tinha perdido em nada a sua capacidade de encantar. Antes da cerimônia, o juiz Zenoff quis um encontro em separado com a noiva e o noivo. "O Coronel Parker puxou Elvis a um canto da sala e me apresentou a ele. Conversei com o noivo por uns momentos. Esse meu encontro pré-cerimônia com Elvis foi talvez a parte mais impressionante de toda a experiência. A modéstia dele me deixou espantado. Discreto, bonito como um retrato, muito respeitoso e muito intenso... e quase em lágrimas de tão nervoso. Então me levaram para conhecer Priscilla. Absolutamente petrificada, ela nem abriu a boca, só ficou lá me encarando e balançando a cabeça de leve enquanto eu explicava as coisas para ela."

Por sua vez, Priscilla não teria discordado dessa descrição. "Elvis e eu estávamos tão nervosos, acho que nenhum de nós prestou atenção em quem estava e não estava lá. Passamos a noite em claro e fomos escoltados à sala com o juiz e todo mundo já estava lá. O Red é alguém que deveria estar lá. [Mais tarde] Elvis concordou que isso não estava certo. E entendeu como Red se sentiu. Mas jamais pensou que não seria perdoado. Foi uma desatenção. E também algo manipulativo, eu não me surpreenderia se fosse obra do Coronel. Também acho que, sob o prisma de Red, esse foi um momento em que Elvis deveria ter se manifestado. Em tantas vezes ele não se posicionava no que dizia respeito aos negócios. Mas isso era pessoal, e Elvis deveria ter dito: 'Pode entrar aqui. Cabe a mim escolher quem eu quero no meu casamento'. Basicamente era essa a visão de Red. Elvis não se posicionou."

Concluída a breve cerimônia, eles se esgueiraram pela área da piscina rumo ao salão do hotel. O Coronel Parker tinha agendado uma entrevista coletiva. Por sua vez, o outro coronel, Beaulieu, pai de Priscilla, declarou aos repórteres que "desde o início" soubera que Elvis e a filha dele um dia se casariam. "Nossa filhinha será uma boa esposa." Quando indagado sobre o motivo do enlace, Elvis disse: "Bem, acho que já era hora", então se virou para Vernon e fez um desconcertante pedido de socorro. "Ei, pai, me ajuda aqui." "Não tem como, filho", brincou Vernon com um sorriso orgulhoso. "Você acabou de escorregar pelos meus dedos." "Lembre-se", atalhou o Coronel, fazendo o seu proverbial aparte, "o jeito mais fácil de deixar a solteirice é se casando".

Uma centena de pessoas compareceu à recepção, informou o *Commercial Appeal*. "O banquete de 10 mil dólares tinha no bufê: presunto e ovos, frango frito à moda sulista, leitão assado, amêijoas cassino, salmão fresco escalfado e defumado, ovos Minette, ostras Rockefeller e champanhe. (...) Um trio de cordas dedilhava baladas românticas, incluindo 'Love Me Tender'. E um acordeonista perambulava em meio aos convidados."

Red cumpriu sua promessa: ficou no quarto de hotel com a esposa, assistindo às notícias sobre o casamento na televisão, enquanto a recepção acontecia. Queria apenas embarcar no primeiro voo de volta a Los Angeles, e não ia aceitar mais nenhuma maldita caridade, mas quando chegou a hora de comprar as passagens de avião, teve que pedir dinheiro emprestado a Harry Levitch, o joalheiro de Memphis cuja filantropia cívica originalmente ajudara Red a cursar o Ensino Médio. Então, no voo a Los Angeles, Red viajou com metade dos convidados da festa, incluindo Vernon e Dee. Não trocou uma palavra com ninguém nem sequer olhou para Vernon. Até onde lhe dizia respeito, era o fim; nunca mais voltaria a trabalhar para Presley, aquele fodido.

De modo irônico, praticamente no mesmo instante, o principal inimigo de Red, Larry Geller, ficou sabendo do casamento por meio de uma manchete de jornal. Larry sentiu as frias lufadas do vento da rejeição desde que o Coronel baixara seu decreto, dois meses antes. Como Larry observou em suas memórias, *If I Can Dream*, estava oficialmente "aberta a temporada de caça ao Swami". No finzinho de abril, jogou a toalha: ligou para a casa de Elvis a fim de "contar a ele que eu não voltaria. Jerry atendeu e disse: 'Larry, é melhor você vir até a casa agora. Vamos todos a Vegas'. Não respondi. Bem, todos estavam indo a Vegas. Grande novidade. 'Todos vamos a Vegas', repetiu ele, como se eu fosse entender o que ele queria dizer. 'Não, Jerry', respondi. 'Não posso ir.' (...) No dia seguinte, fui ao mercadinho comprar mantimentos e o jornal. A manchete estampava: 'Elvis Presley está casado', com uma grande fotografia de Elvis e Priscilla, sorrindo felizes em seus trajes de casamento."

Após a recepção, a maioria dos convidados decolou de volta a Los Angeles, enquanto Elvis e Priscilla retornaram à casa em Palm Springs. Três dias depois, em 4 de maio, voaram para Memphis, partindo ao rancho no dia seguinte bem cedinho. Estavam planejando uma festa para todos os amigos de sua cidade natal, mas isso seria apenas no fim do mês. Por enquanto, tinham no mínimo três semanas livres e sem compromissos. A maioria dos caras os acompanhou. Mesmo assim, para Priscilla, foi uma chance rara de ficar "a sós" com o marido. "Eu adorava ser dona de casa. Eu mesma lavava todas as roupas dele, as toalhas e os lençóis, e me orgulhava de passar suas camisas e de enrolar as meias do jeitinho que a minha mãe me ensinou. Ali estava a oportunidade de cuidar dele, eu mesma. Sem empregadas nem governantas para nos mimar. Sem salas espaçosas para receber a comitiva de sempre. (...) O restante do grupo viajou, mas respeitou a nossa privacidade de recém-casados e, na maioria das vezes, nos deixavam sozinhos."

Uma parte do grupo adotou uma visão mais cética. Lamar, que só ouviu falar do casamento após o fato, veio de Nashville e se juntou aos recém-casados no trailer que tinham requisitado de Alan, que se mudou para a casa do rancho. "Acho que alguém poderia dizer que embarquei com eles na lua de mel. (...) Desde o início fiquei ao lado dele, então

MESMO ASSIM, PARA PRISCILLA, FOI UMA CHANCE RARA DE FICAR "A SÓS" COM O MARIDO. "EU ADORAVA SER DONA DE CASA. EU MESMA LAVAVA TODAS AS ROUPAS DELE, AS TOALHAS E OS LENÇÓIS, E ME ORGULHAVA DE PASSAR SUAS CAMISAS E DE ENROLAR AS MEIAS DO JEITINHO QUE A MINHA MÃE ME ENSINOU."

nada mudou, na verdade." Por sua vez, Alan, instigado pelas pílulas, nem dissimulou seu ressentimento em relação a Priscilla. Ele a culpava pelo exílio no rancho e sentia que ela "conspirava com Vernon para encontrar uma maneira de se livrar de nós [os caras] ou pelo menos reduzir nosso número. Não é que ela não gostasse de nós como indivíduos. Apenas se sentia ameaçada pela nossa presença. Ela fantasiava ter uma vida doméstica normal [com Elvis], na qual ele ia trabalhar como os outros maridos, voltava para casa à noite, os dois preparavam o jantar e se sentavam para comer... 'Nunca temos privacidade!', ela me disse uma vez. Pura verdade. Por um lado, ela não acreditava que Elvis levaria todos nós e respectivas esposas ao rancho. Por outro, eu achava estranho que muitas vezes Elvis driblava os planos dela de ficar sozinha com ele, convidando uma tropa de gente para vir junto."

Mesmo assim, foram tempos idílicos. Elvis mandou construir uma varanda e uma escada para o seu trailer e até uma cerquinha branca em volta. Andavam a cavalo e relaxavam. Na visão de Jerry Schilling, "era como se todos nós fôssemos apenas bons amigos. Os dois passavam muito tempo sozinhos e, quando vinham, mais parecia a visita de um vizinho. Saíamos para cavalgar ou fazíamos um piquenique... Era como se as coisas tivessem se acalmado por um tempo". Nas palavras de Priscilla, "quase um efeito comunitário".

No fim do mês, em 29 de maio, fizeram a recepção para os amigos de Memphis no ex-salão do autorama. Elvis e Priscilla vestiram os mesmos trajes formais que usaram no casamento, mas foi um evento informal, com o médico, dentista, pintor predial, treinador de cavalos e eletricista de Elvis, todos os tios, tias e primos dele, além da maioria dos caras, junto com toda a equipe de Graceland, compondo a maior parte da listinha de convidados. Uma sensação nova de segurança dominou Priscilla, não só como jovem noiva, mas como alguém que enfim conseguiu virar a página. Uma noite, em Graceland, pouco antes da recepção, ela convenceu Elvis a queimar os livros proibidos pelo Coronel. Às três da manhã, o casal despejou uma grande caixa cheia de livros e revistas num poço abandonado, derramaram gasolina na pilha e "o passado virou cinzas".

Todo mundo comentou quão serenos estavam os semblantes dos recém-casados. O dentista de Elvis, dr. Lester Hofman, e a esposa, Sterling, lembram-se do momento com um sabor especial. "Um bufê lindo e farto. Já que fomos convidados, calculamos: o mundo inteiro estaria lá. Mas acho que havia umas 40, no máximo 45 pessoas. Tony Barrasso [conhecido líder de banda, então namorado e futuro marido de Bonnie Bunkley, ex-namorada de Elvis] tocou acordeão. Falei: 'Estou tão feliz que você se casou. Estava começando a achar que você era um caso perdido'. Elvis respondeu: 'Sra. Hofman, eu queria ter certeza. Nem posso imaginar a pessoa amar alguém o bastante para se casar e depois perder o amor por ela. Isso me mataria'." O mais orgulhoso de todos? Vernon. Radiante, admirou a cena festiva, a mesa principal decorada em alviverde com cravos brancos, o jardim todo enfeitado, o filho com aparência ótima ao lado da bela noiva. Fugindo de seu estilo, Vernon não economizou no champanhe, muito bêbado e muito feliz.

Elvis e Felton Jarvis: sessão para gravar "Guitar Man", setembro de 1967
(Cortesia de Mary Jarvis e Joseph A. Tunzi, J.A.T. Publishing)

O ÚLTIMO RODEIO*

Junho de 1967 a maio de 1968

No dia 10 de junho, deixaram Memphis no grande ônibus Greyhound cuja luxuosa customização Elvis tinha encomendado na oficina de George Barris. Pela primeira vez, em homenagem ao seu próprio casamento, as esposas foram incluídas na viagem, embora, é claro, sem a criançada, e um amplo percurso turístico foi elaborado. O itinerário lembrava férias familiares muito aguardadas, com direito a visita ao Grand Canyon, e todos puderam agir como turistas normais, com a câmera de Joe gravando eventos aleatoriamente, como se fosse um evento doméstico qualquer. Primordialmente, desfrutaram da companhia uns dos outros, numa atmosfera que parecia mesclar um recém-descoberto abraço à maturidade com a determinação quase desesperada de se agarrar à juventude. Os filmes amadores de Joe mostram homens posando conscientemente para a câmera, fingindo e se esquivando e aplicando ocasionais golpes de caratê uns nos outros, sob os olhares de aprovação das mulheres, que colhem flores silvestres e desempenham o papel familiar de esposa, amante, amiga. Elvis, no centro de tudo, aparenta

* No original, "The Last Round-up", termo de grande riqueza referencial, como o filme *The Last Round-up* (1947), com Gene Autry – que entoa no velório da cena final a canção-título –, e a expressão idiomática "*the last round-up*" – que significa a morte de alguém. (N. de T.)

estar sóbrio e brincalhão ao mesmo tempo, usando um chapéu *pork pie*. Num instante, parece suspender a ação enquanto contempla com curiosidade o que poderia ter causado aquilo, para então mais uma vez se atirar na bagunça.

No filme da MGM que iriam fazer, *O bacana do volante* (*Speedway*), pela terceira vez Elvis encarnaria um piloto de corrida e pela oitava vez seria dirigido por Norman Taurog. Nancy Sinatra interpretava o interesse amoroso e os amigos de Elvis desempenharam vários papéis, até a neta de um ano e meio de Taurog fez uma pontinha. Para cumprir o acordo renovado, Elvis chegou a trabalhar até as quatro da manhã numa das duas noites dedicadas à gravação da trilha sonora, finalizando duas versões de "Suppose", a balada romântica que vinha experimentando em casa havia mais de um ano, mas usando a maior parte do tempo para gravar materiais desanimadores, como "He's Your Uncle, Not Your Dad", exemplo notório, mas de modo algum o único, do nível ao qual Freddy Bienstock e a Hill and Range tinham baixado.

A carreira refletia um pouco as tensões e contradições da vida em Rocca Place. Séquito mais enxuto: Red, Sonny e Alan eram cartas fora do baralho. Para compensar, uma cara nova: Gee Gee Gambill, que se casou com Patsy, a prima de Elvis, tentou preencher as lacunas o melhor que pôde, mudando-se para a casa com Patsy, secretária em Graceland havia anos. As diferenças na atmosfera eram palpáveis. O casamento e o decreto do Coronel de três meses antes acarretaram mudanças inevitáveis, que todos reconheceram e às quais se ajustaram. Ao término do filme, Jerry planejava ficar em Los Angeles. Ambicionava ganhar a vida como ator extra até descobrir exatamente o que queria fazer com sua vida. Billy não escondia a ansiedade de voltar para casa e passar mais tempo com a família, cada vez mais ressentido das exigências arbitrárias de seu primo em relação a ele. Por sua vez, Joe pretendia estabelecer um lar mais fixo para si mesmo na Costa, com a esposa e as filhas; Marty continuava muito desprestigiado; Charlie tendia a irritar todo mundo com sua tagarelice incessante, sua fragilidade emocional e seus modos bajuladores.

Para Joan Esposito, nesse mundo intimamente inter-relacionado, Elvis poderia ser "tão maravilhoso e afável... de um modo ou de outro, sempre respeitei quem ele era. Por mais amigos que fôssemos, ainda era ele que pagava nossos salários". Tampouco havia dúvidas sobre quem dava as ordens ou até que ponto "você vivia a sua vida em torno da vida deles". É provável que Priscilla não discordasse – embora talvez pudesse colocar o possessivo no singular. "Era o capricho da veneta. Era quem estivesse por perto no momento. Por isso todos queriam estar por perto. Era como se alguns dos caras dissessem: 'Temos que estar por perto para obter vantagens'. Elvis era engraçado... Contava um detalhe a alguém, depois contava outra coisa para uma segunda pessoa. E [todos] achavam que o conheciam muito bem. Tenho certeza de que conheciam aspectos dele que eu não conhecia, assim como eu, sendo mulher, conhecia aspectos dele que eles nunca conheceriam, mas muitas vezes eles simplesmente não conseguiam enxergá-lo como homem."

O ressentimento de Priscilla tinha suas próprias razões. Pouco antes de partirem na viagem transestadual, descobriu que estava grávida. A primeira reação foi de raiva. Antes do casamento, perguntou a Elvis se deveria começar a tomar pílulas anticoncepcionais, mas ele se opôs com veemência, dizendo a ela que ainda não estava provado que eram clinicamente seguras. A gravidez parecia o fim de todos os sonhos dela. "Se eu estivesse grávida, nossos planos de viajar teriam que ser adiados... No primeiro ano, eu realmente queria ficar sozinha com Elvis, sem quaisquer responsabilidades ou obrigações." Abordou Elvis com um grau considerável de apreensão. "Eu esperava uma reação ambígua como a minha, mas ele ficou em êxtase... e na mesma hora quis contar a todos." No instante em que foi confirmado, ele informou a Vernon que ele seria avô. "Vai ser um vovô cabeça branca", brincou com ele na sala de espera do médico, pai e filho compartilhando um momento de pura alegria.

Determinada a não deixar a gravidez interferir em sua vida normal, Priscilla decidiu: "No que me diz respeito, quanto menos as pessoas falarem sobre minha aparência de grávida, melhor", e entrou num programa para perder, em vez de ganhar peso. Mesmo assim, experimentou períodos de desânimo e não tentou esconder seus sentimentos mais profundos de Joanie Esposito, para quem aquilo "simplesmente tirou todo o brilho". Apesar de toda a profunda ambivalência de Priscilla, os sentimentos do próprio Elvis pareciam ser extraordinariamente verdadeiros. Quando Priscilla, num momento de desespero, confessou que estava pensando em abortar, Elvis disse que a apoiaria em qualquer coisa que ela escolhesse fazer. Confrontada com a necessidade de realmente tomar uma decisão, Priscilla percebeu que não poderia seguir em frente com essa ideia. "'É o nosso bebê', murmurei chorando. 'Eu nunca poderia viver comigo mesma, nem você.' Em silêncio, ele só abriu um sorriso de aprovação e me abraçou forte em seu peito enquanto eu soluçava." No set de filmagem, anunciou a gravidez da esposa e distribuiu charutos ao elenco e à equipe, com uma mescla de orgulho paternal e a compreensível perplexidade dos pais de primeira viagem. "É a melhor coisa que já aconteceu comigo", confessou aos repórteres. "Realmente não planejávamos ter um bebê tão cedo. [Quando] Priscilla me contou a boa notícia... [no começo] fiquei atônito, quase paralisado. Daí me dei conta de que isso faz parte do casamento." Também pego de surpresa, o Coronel não perdeu tempo: "Já tenho um contrato prontinho para o novo cantor Presley que vem por aí".

ANTES DA CONCLUSÃO DAS FILMAGENS, Marty foi dispensado e enviado ao Mississippi para ficar no rancho com Alan. Lá, sob a influência crescente de pílulas e depressão, "tudo o que eu fazia mesmo era dormir", trabalhando como zelador e guarda reserva até setembro, quando foi definitivamente cortado da folha de pagamento. Na visão de Marty, tudo não passava de uma conveniente aliança entre Vernon e Priscilla, habilmente incentivada pelo Coronel, para cortar gastos e empoderar os amigos de Priscilla. Já não restavam mais dúvidas sobre quem era a dona da casa. Elvis e Priscilla passaram o restante do verão terminando o filme e recebendo Vernon e Dee para uma longa estadia. Nos fins de semana, escapuliam para Palm Springs com Joanie e Joe, onde relaxavam e se divertiam sob os olhares atentos do Coronel.

O Coronel continuava violando sua antiga regra de jamais misturar negócios e prazer. Seja por conta da preocupação com a fuga por um triz de Elvis das garras do messianismo místico, ou por conta da aprovação do novíssimo estado civil de Elvis, o Coronel e a esposa dele continuaram socializando abertamente com os jovens, muitas vezes convidando Joe e Joanie para o jantar dominical. Após a refeição, à moda antiga, os homens conversavam e fumavam charutos, enquanto as mulheres jogavam general* com a sra. Parker, que criava suas próprias regras para o jogo e reclamava de ter sido abandonada pelo marido a semana inteira, visitando um estúdio de cinema em Hollywood.

Joan Esposito gostava do senso de humor e da afeição do Coronel pelos filhos dela. A origem dos bichos de pelúcia que lotavam o quarto das crianças era o escritório do Coronel. "Uma noite, em Los Angeles, Joe me ligou e disse: 'O Coronel quer jantar em nossa casa'. Respondi: 'Vou preparar *sloppy joes*'. Ele avisou o Coronel, que declarou estar farto de comida de restaurante. Pão com carne moída, um lanche tipicamente americano, seria perfeito. Então ele veio e fizemos uma refeição caseira, e sentimos que ele gostou de verdade." Outra vez, voltando de Palm Springs com Joe, o Coronel sugeriu fazer um pit stop para dividir uma cerveja. "Foi quando me dei conta de que nunca o tinha visto beber antes, nem uma só vez. Então não me contive: 'O senhor costuma beber, Coronel Parker?'. Ele disse: 'Não posso consumir bebida alcoólica. Quando eu bebo, fico completamente alterado, minha personalidade muda, fico malvado demais. Por isso eu não bebo'."

Joe e mesmo Elvis não estavam acostumados a ver o Coronel sob esse prisma. Uma visão bem diferente, observá-lo assim, banido pela

* *Yahtzee*, jogo de dados criado por Milton Bradley e depois comprado pela Hasbro. (N. de T.)

sra. Parker da detalhista e asséptica organização do lar, perambulando interminavelmente em volta da piscina, mostrando um item novo na churrasqueira ao ar livre que lhe proporcionava tanto orgulho e alegria. Um moinho de vento holandês em miniatura enfeitava a cascata de pedras no jardim. Os equipamentos incluíam um fogão e uma geladeira plenamente abastecida, no ambiente pintado de azul e branco, com outro moinho de vento sobre uma treliça branca. Para ele, nunca estava quente demais; adorava relaxar em sua espreguiçadeira, tostando como uma lagosta sob o sol quente e seco do deserto, contando a eles sobre seus dias como apanhador de cães na carrocinha em Tampa ou a vida no mágico mundo dos parques de diversões itinerantes. O truque de fazer o cachorro-quente desaparecer (o favorito de Elvis) ou como você surrupiava 25 centavos em cada bilhete, fingindo dar o troco com uma moedinha soldada na parte interna do anel do dedo mindinho.

Entretanto, por mais afeição que às vezes o velho lhe inspirasse, e por mais que apreciasse suas travessuras, Elvis não tinha ilusões quanto ao motivo pelo qual o Coronel o queria em Palm Springs, e ninguém tinha dúvidas do quanto ele se ressentia disso. Todos compartilhavam a sensação de estar sob escrutínio, em especial Elvis, o principal alvo de observação. Nessa época, Jerry atuava como principal chofer do Coronel, conduzindo o empresário em suas idas e vindas. Às vezes, o próprio Jerry passava o fim de semana em Palm Springs. Caso contrário, partia de Los Angeles na manhã de segunda-feira, e, duas horas depois, conduzia o Coronel para sua semana de trabalho de quatro ou cinco dias. "Eu chegava lá e muitas vezes tomava café da manhã com o Coronel ou batia um papo com a sra. Parker... Ela sempre dizia: 'Eu só queria que o Coronel ficasse aqui'. Então eu colocava a bagagem no porta-malas e pegávamos a autoestrada rumo a Los Angeles, os vidros fechados, o Coronel fumando um charuto após o outro. E foi nesses percursos que ele começou a me sondar sobre o que estava acontecendo. No começo me pareceu a coisa mais assustadora do mundo. Quer dizer, ele sempre afirmava que não tinha nada a ver com a vida pessoal de Elvis. Mas tinha *tudo* a ver com a vida pessoal de Elvis, desde a nossa ida a Palm Springs em primeiro lugar, onde poderia nos visitar para conferir as coisas... Tudo." Jerry fingiu não entender bem, mas sabia que se o Coronel verbalizasse o que pensava, é bem provável que Elvis tivesse explodido. E se Elvis expressasse algum ressentimento, talvez o Coronel falasse palavras que jamais poderia retirar. Então ambos continuavam a sondar um ao outro cautelosamente, tipo um casal junto há muito tempo, preso a um relacionamento do qual nenhum dos dois conseguia escapar.

A retomada dos negócios não mostrava uma reação significativa. *Meu tesouro é você*, o filme realizado na Paramount no outono anterior, confirmou os maiores medos de Hal Wallis: não cobriu os custos de produção (arrecadou menos de 2 milhões de dólares ao ser lançado em março), e o EP da trilha sonora vendeu apenas 36 mil exemplares. *Canções e confusões*, lançado em abril, teve um desempenho um pouco melhor, com o álbum da trilha sonora vendendo em torno de 185 mil cópias e chegando ao número 40 nas paradas. Para se ter uma ideia, a trilha de *Carrossel de emoções*, em 1964-65, vendeu quase meio milhão e alcançou o primeiro lugar nas paradas. Para compensar, o álbum gospel *How Great Thou Art* teve um bom desempenho comercial e nos próximos anos alcançaria quase 750 mil unidades vendidas. Outro consolo: o primeiro single do ano, "Indescribably Blue", canção trazida originalmente por Lamar à primeira sessão de Felton Jarvis, desfrutava de um sucesso moderado, com 400 mil cópias vendidas. Além disso, restando apenas três filmes no contrato da MGM, e só com a National General mostrando interesse real em projetos futuros, a despensa de filmes estava quase vazia. Talvez outros tivessem buscado conforto ou encontrado falsas esperanças no sucesso ocasional, no pontinho ilegível no horizonte, mas não era do feitio do Coronel se deixar hipnotizar por sonhos impossíveis. Claro que mudanças precisavam ser feitas, tanto pelo sr. Presley quanto por ele mesmo. Os números não mentem, como bem sabia o Coronel.

Talvez não por coincidência, no finzinho do verão, Elvis praticamente desativou o rancho Circle G. Afora o descontrole das despesas, outro e principal fator pesou em sua decisão: após seis meses, Elvis simplesmente se cansou da vida de caubói. A maioria das picapes Ranchero já havia desaparecido; um por um, os trailers que serviam como base da comunidade de Elvis foram sendo vendidos; o gado da raça Santa Gertrudis, que nos sonhos de Vernon fariam dele um fazendeiro urbano, estava a perigo; até mesmo Alan tinha sido avisado: os seus dias como capataz do rancho estavam contados. À boca pequena, corria o boato, entre os caras e vários parentes das famílias Presley e Smith que dependiam de Elvis para viver: o Coronel tinha avisado que o cantor estava à beira da bancarrota. O irmão de Gladys, Travis, guarda no portão como Vester Presley, relatou ter ouvido que Elvis gastava 500 mil dólares por mês só para manter as coisas funcionando. E embora ninguém realmente acreditasse que Elvis ficaria sem dinheiro, muito menos o próprio cantor, ele começou a seguir conselhos, a bem da prudência financeira.

As decisões envolvendo a sua carreira fonográfica teriam consequências de mais longo prazo. Em junho ficou resolvido que as gravações não aconteceriam em Nashville, mas sim em Los Angeles. Conveniência geográfica à parte, abandonar os músicos de Nashville com os quais Elvis se sentia tão à vontade, bem como o ambiente familiar do Estúdio B da RCA, fazia parte da mesma tentativa de "modernizar" seu som, iniciada com a chegada de Felton Jarvis no ano anterior. Na sessão programada para agosto, Felton continuou escalado como produtor, tendo na mesa de som Jim Malloy, o principal engenheiro da RCA em Nashville. Mas um novo arranjador-supervisor usurpou boa parte da função que um produtor normalmente desempenha: contratou músicos, ajudou na escolha do material e interferiu em áreas nas quais antes só Elvis e a RCA costumavam se envolver.

Aos 37 anos, Billy Strange, além de exuberante guitarrista de estúdio, atuava como empresário musical, ramo em que cresceu (o pai dele era um conhecido radialista da Califórnia, especializado em música country). Strange já vinha chamando a atenção de Elvis e do Coronel, tanto pelo trabalho na última trilha sonora quanto por sua conexão com a mais recente coestrela de Elvis, Nancy Sinatra. Fanfarrão que proclamava suas qualificações sem timidez, tinha um vínculo com a nova geração de roteiristas, produtores e executivos de estúdio de Hollywood que, em 1966, ajudaram a criar a breve, mas explosiva carreira de sucesso de Nancy Sinatra. Como Elvis, Billy adorava andar de moto e, de quebra, era amigo da turma. Acima de tudo, parecia o perfil certo de pessoa para uma situação que exigia uma abordagem diferente – mas não radicalmente diferente.

A sessão tinha um objetivo bem simples: dois singles, quatro ou cinco faixas "bônus" para o álbum de *O barco do amor*, a ser lançado em breve, com apenas sete canções realmente incluídas no filme, além de um single de Páscoa, se possível. A concepção sonora de Billy envolvia um country contemporâneo, tocado por músicos craques de Los Angeles, com naipe de metais e arranjos bem trabalhados. Porém, a abordagem eclética de Elvis o deixou tão confuso quanto seus antecessores. Em várias ocasiões, pensou estar com o repertório escolhido e começou a esboçar os arranjos, mas então a lista de canções mudava radicalmente; e os entusiasmos de Elvis (agora transmitidos via Charlie Hodge) faziam-no correr atrás de títulos de que nunca tinha ouvido falar antes.

Para se ter uma ideia, nessa sessão Elvis ressuscitou canções como "After Loving You", de Della Reese (originalmente um número de Eddy Arnold), e "The Wonder of You", de Ray Peterson. As duas tinham sido fortes candidatas em maio anterior, e acrescentou a elas antigas favoritas, como "The Fool", o clássico rockabilly de Sanford Clark, de 1956; "Pledging My Love", sucesso póstumo de Johnny Ace, em 1955; e "Born Ten Thousand Years Ago", do Golden Gate Quartet, canção que conheceu por meio de Charlie na Alemanha. Naquele verão, ouviu no rádio uma música nova, chamada "Guitar Man", de Jerry Reed, cantor da RCA. Freddy foi instruído a licenciar a publicação dessa também, bem como a do antigo blues de Jimmy Reed, "Baby What You Want to Do?", além de uma das canções country prediletas de todos os tempos de Vernon, "From a Jack to a King". Pena que a cabeça de Freddy não estava realmente focada na missão. A Hill and Range recentemente tinha sido obrigada a se desfazer de sua publicação estrangeira, e Freddy foi escolhido para gerenciar as *holdings* de seus primos na Grã-Bretanha, com a presunção de que os interesses dele seriam os interesses dos primos. Ao que parece, ele aproveitou essa oportunidade para estabelecer uma identidade independente e, por isso, foi ainda menos receptivo do que o habitual às constantes provocações do Coronel e de Tom Diskin. Não obstante, a sessão tomou forma, e Billy Strange se sentia pronto para toda e qualquer eventualidade, durante os preparativos para entrar no estúdio, na noite de terça-feira, 22 de agosto. Mas, de última hora, Elvis cancelou a sessão. Felton e Jim Malloy chegaram e foram recebidos com a história absurda de que um jardineiro japonês tinha sido atropelado e morto por alguém a serviço de Elvis e, por sugestão do Coronel e para evitar complicações jurídicas, o cantor havia deixado a cidade. Nunca mais ouviram falar nisso, mas o fato é que Elvis, Joe, Priscilla, Charlie, Billy e Gee Gee já tinham partido rumo a Las Vegas, onde ficaram uns dias antes de retornar a Memphis, sem que a sessão se concretizasse.

A sessão foi remarcada para Nashville, em 10 de setembro, com a participação de Billy Strange claramente posta de lado. Agora o foco era outro: gravar a canção de Jerry Reed, cujo envolvente som acústico Elvis não conseguia tirar da cabeça. Nesse momento, Felton se sentia cada vez mais paralisado em seu papel de "ministro sem ministério", um produtor de fachada, incapaz de sugerir material nem dar as diretivas. Por mais que amasse Elvis e ainda estivesse empolgado por estar em posição de contribuir de alguma forma com a música, Felton concluiu que estava de mãos atadas. Não podia convocar uma sessão de ensaio, não podia providenciar para que Elvis aprendesse o material com antecedência, não podia sequer ter certeza de que o cantor apareceria. Em uma coisa apenas ele ainda se sentia confiante: em sua capacidade de estabelecer uma atmosfera que permitia a Elvis soar como ele soava, "quando ele estava lá, cantando consigo mesmo". E, pela política da situação, muitas vezes até mesmo nisso sentia-se frustrado. Na opinião do engenheiro auxiliar Al Pachucki, parecia um jogo de bolinhas de gude, cada um competindo, em um nível ou outro, pela atenção de Elvis, em detrimento do tópico em questão. "Uma cena imperdível. Freddy trazia sua pilha de discos, e Lamar entrava e deslizava um disco dele em cima. Depois Freddy fazia o mesmo. E eu dizia: 'Cara, não dá para acreditar nisso. Olha só esses dois, cada um tentando garantir a gravação de uma faixa trazida por eles'."

Dessa vez, ao menos, havia um claro senso de direção, já que a sessão começou focada em ensaiar "Guitar Man" – mas logo ficou claro que não havia como obterem o som de Jerry Reed sem o próprio Jerry Reed. Alguém falou que achava que Reed tinha ido pescar, mas ninguém tinha ideia de como encontrá-lo. Enfim Mary Lynch, a assistente de Chet, conseguiu localizá-lo pelo telefone, e Reed concordou em aparecer. Nas palavras de Felton, Reed chegou com a aparência de "um rústico ermitão do Alabama. Barba de uma semana por fazer, tamancos velhos... Era o jeitão dele de se vestir. Reed entrou e ao se deparar com ele, Elvis exclamou: 'Misericórdia, meu Deus, o que é isto?!'"

Até mesmo falando em termos de Nashville, Reed era um autêntico individualista. Aos 30 anos e, como Felton, natural de Atlanta e formado pela Bill Lowery School of Music, compunha letra e música e gravava canções havia mais de dez anos. Em 1962, mudou-se para Nashville, onde se tornou músico de estúdio por meio de Chet Atkins, que admirava o seu trabalho. Mas suas composições só começaram a ter algum sucesso após assinar com a RCA, em 1965. "Guitar Man", que alcançou o 53º lugar na parada country apenas uns meses antes, foi seu primeiro single a despontar nas paradas. Reed, porém, um turbilhão de energia com uma dose imediata de charme contagiante e entusiasmo irreprimível, nunca foi tímido em relação a seu talento. Desde o início, mostrou opiniões próprias e nunca vacilou em sua convicção de que, se fosse para fazer, faria do jeito *dele*. "Nunca pensei em mim como um músico de estúdio em Nashville. Afinal, eu era compositor. Eu [só] tocava minhas coisas. E eu não era bom tocando todas aquelas outras coisas.

"Sabe, eu tinha minha própria afinação, e os caras estavam tentando gravar 'Guitar Man', e não conseguiam soar como o meu disco. E não me lembro bem se foi o Pete Drake, ou o Charlie McCoy, ou o Chip Young, sei que um desses músicos falou: 'Bem, esses guitarristas aqui estão tocando com palhetas, e o Reed toca com os dedos, sabe'. Daí me chamaram, e eu vim, liguei aquele cabo, afinei a segunda corda um tom acima, afinei a sexta corda um tom abaixo, para conseguir fazer um acorde com pestana, e logo na introdução, o olhar de Elvis se iluminou... Ele soube que íamos conseguir."

De imediato, Reed assumiu a sessão. Desde as primeiras notas do primeiro *take*, é possível ouvir – Reed está orientando os músicos, encorajando-os, incentivando-os, com Felton apenas feliz por estar presidindo algo que está realmente *acontecendo*. Na superfície, a canção é cintilante e animada, diferente em muitos aspectos de qualquer coisa que Elvis já havia gravado antes, mas, ao mesmo tempo, evoca o tipo de ritmo agitado e envolvente que, desde o início, caracterizou a música de Elvis. Não há a menor dúvida sobre o comprometimento do cantor. Não há autodepreciação, não há piadinhas, toda a sua atenção está voltada ao desempenho. No quinto *take*, começou a brincar com a música, introduzindo uma pitada de "What'd I Say" de Ray Charles no final, que no décimo *take* evoluiu para uma citação escancarada, tão contagiante que todos simplesmente caíram na gargalhada.

E o próprio Reed sentiu nada além de puro deleite. "Foi apenas uma *jam session*, espontânea e descontraída. Achei que nem ia conseguir tocar por conta do nervosismo, mas foi exatamente o contrário. Fiquei empolgado, e então Elvis se empolgou, e quanto mais aumentava a empolgação dele, o mesmo acontecia comigo... Um efeito bumerangue. Para ser sincero, eu me senti nas nuvens. E assim que Elvis captou o espírito, as coisas realmente começaram a funcionar. Quando as guitarras e o ritmo soaram certo, acho que o *lick* da guitarra meio que evocou 'What'd I

Say', e no finzinho ele deixou isso bem claro. Foi assim que aconteceu... Um desses raros momentos na vida que a gente nunca esquece."

Praticamente sem tempo para respirar, emendaram o clássico de blues de Jimmy Reed, "Big Boss Man", e outra vez você pode ouvir o "rústico ermitão do Alabama" animando, provocando, incentivando, contribuindo em cada nota com sua personalidade e musicalidade exuberantes. Agora a sala inteira está reverberando, e fica bem claro que Elvis está plenamente à vontade. No sétimo *take*, ele grita: "Que doideira!", e fica óbvia a descontração de uma banda se divertindo. "Maravilha, pessoal", intervém Felton a certa altura. Elvis fez uma voz rouca para o blues, tática obviamente aprovada por Felton. Ele pede que Elvis soe "como se fosse louco, como se fosse malvado". A canção fica pronta em 11 *takes* despreocupados, mas parece que todos estão prontos para continuar a noite toda.

Novamente, porém, a política entra em cena. Freddy deveria ter acertado a publicação de "Guitar Man" já para a sessão de Billy Strange, mas seja devido às exigências de sua nova situação de negócios ou porque havia simplesmente esquecido do assunto ao sair de férias no mês anterior, de alguma forma não havia abordado Jerry Reed, e agora se dera conta disso, com certo constrangimento. Pediu a Lamar que sondasse o compositor (que detinha seus direitos de publicação em editora própria), mas Reed não se mostrou disposto a ser intimidado ou se vender. "Eu me lembro de ter questionado: 'Por que não me falaram isso antes de eu vir para cá? Eu teria poupado muito esforço a todos vocês'. E então comecei a ficar emotivo: 'Vocês desperdiçaram o tempo de Elvis. Desperdiçaram o tempo de todos esses músicos e o tempo da RCA: não vou vender minha alma'." Nesse ponto, Freddy interveio. O líder da sessão, Scotty Moore, que havia testemunhado sua cota de confrontos ao longo dos anos, e inclusive se envolveu em um ou dois, assistia à cena, admirado. "Pressionaram Jerry, mas ele se negou a vender."

Claro que a posição dele estava fortalecida, sabendo que a faixa já tinha sido gravada e que Elvis era apaixonado por ela. Até mesmo para um espírito tão independente quanto Jerry Reed, o fato de saber disso só poderia ter o efeito de aumentar ainda mais sua ousadia. "Declarei: 'Sei o quanto é importante para um compositor ter uma faixa gravada por Elvis Presley. Puxa vida, isso me deixa emocionadíssimo. E podemos estudar uma divisão nesta gravação em específico... afinal, eu valorizo muito a importância disso e o que isso significa. Mas podem esquecer, nunca vão ter qualquer participação nos direitos autorais dessa canção maldita'. Freddy explicou: 'Sabe, será um direito autoral importante'. E rebati: 'Entendo, sr. Bienstock'. Mas na realidade eu não estava dando ouvidos, porque, seja lá como fosse, eu já tinha minha decisão sedimentada. Eu me lembro de que ele chegou a dizer: 'Sabe que o disco não vai ser lançado se não chegarmos a algum tipo de acordo aqui'. E respondi: 'Sr. Bienstock, o negócio é o seguinte. Vocês não precisam da grana, Elvis não precisa da grana, e no momento estou ganhando mais dinheiro do que eu posso gastar... Que tal só esquecermos que gravamos essa droga de música?'."

Os músicos presenciavam tudo, boquiabertos. Era algo inédito a parte financeira se intrometer tão abertamente numa sessão de Elvis Presley; todos conheciam a arbitrariedade das regras, mas nunca antes elas tinham sido desafiadas com tanta petulância. Resultado: Reed saiu dali muito contrariado, e a sessão seguiu aos trancos e barrancos, mas a alma já tinha se esvaído havia muito tempo quando enfim interromperam os trabalhos, às cinco e meia da manhã. Na noite seguinte, voltaram à mesma rotina, em busca de faixas, se contentando com o melhor de um pacote mediano, tentando, de alguma forma, que Elvis apenas fizesse a tarefa. Com profissionalismo impecável, o próprio Elvis não reclamou, fazendo tudo a seu alcance para gerar algum tipo de entusiasmo, até mesmo nos materiais teimosamente mais recalcitrantes. Longe de ser ruim, a sessão prosseguiu com o cantor assumindo o piano para gravar "You'll Never Walk Alone", balada de Rodgers e Hammerstein, uma de suas favoritas desde a inspiradora versão r&b de Roy Hamilton, em 1954. Cantou com todo o fervor de Hamilton ou Jake Hess, e embora sua destreza ao piano necessariamente continuasse limitada, tanto no ritmo quanto na melodia, sentar-se ao teclado para tocar sempre servia como um termômetro de seu envolvimento. Em certa altura, os guitarristas Chip Young e Harold Bradley tentaram contribuir, tocando compassos de "Hi-Heel Sneakers", sucesso de Tommy Tucker de 1964, com o mesmo apelo blues de "Big Boss Man". Elvis mordeu a isca, e fizeram uma bela versão da música, mas depois Harold foi avisado por Felton para nunca mais fazer isso. "Indaguei: 'Fazer isso o quê?'. Ele respondeu: 'Indicar uma canção'. Disse que Freddy Bienstock tinha se enfurecido. Respondi: 'OK, eu não sabia, achei que estávamos fazendo discos. Se eu soubesse que era um jogo, não teria indicado'. E me assegurei de não fazer isso de novo."

A sessão foi encerrada às três e meia da manhã, e ninguém escondia um certo desânimo. No frigir dos ovos, cumpriram a meta: em duas noites, gravaram nove faixas distintas, incluindo singles, lados B e faixas para álbuns. Mas não chegaram nem perto de recapturar a sensação vislumbrada nas poucas horas da noite prévia com Jerry Reed no estúdio; essa sensação havia escorrido por entre seus dedos e ninguém sabia como recuperá-la.

As filmagens para a nova produção só começariam um mês depois. Na maior parte desse tempo, Elvis aproveitou para assistir a dois ou três filmes por noite no cine Memphian, fazer um bate-volta até o rancho em vários dias, mais praticando tiro ao alvo do que cavalgando. O governador do Tennessee, Buford Ellington, instituiu o Elvis Presley Day em 29 de setembro, uma sexta-feira, e o cantor passou o dia festejando com fogos de artifício em Graceland (Billy acabou se queimando e Elvis também). Naquela noite, no Memphian, se embriagou e, inclusive durante a experiência, mostrou-se envergonhado pela demonstração pública de descontrole. Priscilla supervisionava a redecoração do andar de cima de Graceland, nos preparativos para a chegada do bebê. Continuava determinada a não permitir que sua condição a restringisse de qualquer forma. Talentosa (e altamente competitiva) na equitação, ela insistiu em continuar montando no pelo, sem a sela. Até que um dia, sob os olhares de Mike McGregor, o gerente do estábulo, Diamond, o cavalo de Priscilla saiu em disparada, deu uma guinada de chofre e a arremessou no ar. Mike saiu correndo e, ao se aproximar, "lá estava Priscilla, escarrapachada numa poça, o rosto manchado de lama... dando risada". Priscilla contou a aventura a todos, e todo mundo ficou maravilhado com sua coragem e determinação em continuar, embora alguns questionassem seu bom senso. Elvis a fez prometer ser mais cuidadosa no futuro, mas na cabeça de Priscilla isso fazia parte de um pacto dela consigo mesma: mostrar o mesmo tipo de abandono imprudente que Elvis mostrava, a fim de manter um alto grau de autorrespeito.

De volta a Nashville, Elvis iniciou, em 1º de outubro, a gravação da trilha sonora de seu novo filme da MGM, *Joe é muito vivo* (*Stay Away, Joe*). Entraria em produção na semana seguinte e, à primeira vista, parecia uma mudança completa de ritmo, uma sátira social que contrabalançava a inventividade indígena com a burocracia do governo, a ser filmada inteiramente em Sedona, Arizona. O personagem de Elvis, peão de rodeio de etnia nativo-americana, chamava-se Joe Whitecloud, "um trambiqueiro que está sempre querendo promover alguma coisa", do ponto de vista do cantor. Elvis nutria grandes esperanças de que esse filme lhe proporcionasse "um personagem mais adulto", um papel talhado para uma atuação mais requintada, algo entre Paul Newman em *O indomado* (*Hud*, 1963) e Michael Caine em *Como conquistar as mulheres* (*Alfie*, 1966). O fato de estarem gravando só três canções para o filme poderia ter aumentado seu otimismo geral – embora uma das faixas, "Dominick", tenha sido escrita do ponto de vista de um touro.

Num raro momento de franqueza, Elvis disse a Harry Jenkins, vice-presidente da RCA responsável pelo discos de Elvis Presley, que marcou presença na sessão: "Meu Deus, Harry, eu não quero gravar isso". Implorou a Felton, meio brincando: se ele morresse, "me prometa que não vão lançar isso". Até o Coronel tinha consciência de que Freddy havia atingido o fundo do poço em termos de fornecer material para trilhas sonoras. No dia seguinte, falou com o vice-presidente de marketing da MGM, Clark Ramsay, de modo um tanto evasivo, ao telefone. Elvis simplesmente se deparou com um "obstáculo intransponível" no estúdio, o Coronel informou ao executivo da MGM. Elvis fez tudo o que lhe pediram, e fez sem reclamar, mas o Coronel só queria registrar a situação criativa real. Foi o mais próximo de uma crítica direta em assuntos não comerciais que o Coronel jamais poderia chegar a fazer, mas foi direcionado à pessoa errada. O Coronel bem poderia ter dirigido a crítica a si mesmo.

As filmagens tiveram início uma semana depois, em Sedona, não antes de Elvis dar uma escapadela com alguns dos caras por uns dias em Las Vegas. O diretor, Peter Tewksbury, tinha um currículo extenso e bem-sucedido na comédia, mas principalmente em *sitcoms* televisivas, seriados cômicos duradouros, da estirpe de *Papai sabe tudo* (*Father Knows Best*) e *Meus filhos e eu* (*My Three Sons*). O elenco era um pouco melhor que o de costume, com atores veteranos como Burgess Meredith, Thomas Gomez e Katy Jurado conferindo um toque de profissionalismo aos trabalhos. Até certo ponto, Elvis se mostrou à altura do desafio, oferecendo sua performance mais emotiva e descontraída desde *Em cada sonho um amor*, uma de suas últimas tentativas de realizar um filme real em vez de um filme de Elvis Presley, e talvez sua única comédia legítima. Pena que *Joe é muito vivo* não tinha a coerência, o enredo e o ponto de vista do filme citado. Um desastre, todo mundo sabia que era um desastre, uma pirotecnia sem recompensa.

Mesmo assim, se divertiram nas filmagens em locação. O Coronel fazia mil e uma palhaçadas: tirou uma foto à beira da piscina com a barba por fazer e um sorriso cruel, mandou imprimir a foto no mesmo formato do calendário de bolso de Elvis que a RCA distribuía como brinde e material promocional e orgulhosamente a presenteou a fãs, amigos e conhecidos do ramo. Além disso, o Coronel comprou uns pôneis para Elvis; coube a Alan Fortas e Mike McGregor buscá-los e transportá-los a Memphis. O mais significativo: Elvis fez uma reaproximação eficaz com Sonny, conseguindo para ele um papel pequeno no filme, com algumas falas, o que certamente amainou o ressentimento pelo desprezo no casamento – mas Red continuava mantendo distância.

Renovou seus votos de esperança em relação ao filme, por meio do mantra já um tanto desgastado proferido a um dos repórteres escolhidos pelo Coronel, Joseph Lewis, no set fazendo um artigo para a *Cosmopolitan*. "Meu desejo é provar que sou um bom ator, mas para isso tenho que me arriscar mais. A gente aprende muito só de conviver com ótimos profissionais, e não há um dia em que eu não absorva algo dos outros atores. Por ora, ainda estou dando pequenos passos, pois não tenho tanta certeza da minha capacidade. Ainda há muita coisa a fazer para que eu possa me chamar de ator." Apesar de todo esse discurso corajoso, o solidário repórter rotulou Elvis de "apático e perplexo", paradoxal mescla de um "sorriso de plástico" com uma "fúria orgástica de movimentos". Só insufla vida no personagem, concluiu Lewis, nas cenas de luta, com "todos os tendões e cartilagens numa explosão de energia cinética... No fim do dia, ele precisa tratar o rosto machucado e um ombro dolorido, mas está contente".

UM LEILÃO PÚBLICO no rancho Circle G foi anunciado nos jornais de Memphis durante a primeira semana de filmagem. O leilão aconteceria em 4 de novembro. Tratores, *motor homes*, televisores e diversos implementos agrícolas seriam vendidos. No total, 108 mil dólares foram arrecadados, com 2 mil fãs e compradores em potencial presentes no leilão. Nesse ínterim, o Coronel andava às voltas com um frenesi de atividades, acertando detalhes para o próximo especial de Natal a ser veiculado nas rádios (comprou meia hora de tempo de antena em 2.400 estações país afora e elaborou uma seleção de músicas natalinas e religiosas de Elvis, “nossa singela maneira de desejar Feliz Natal”), concluindo o acordo para o filme do próximo verão com a National General e iniciando as tratativas com a NBC sobre um novo produto que parecia estar se transformando em algo diferente de tudo o que já haviam feito antes.

O especial de rádio era algo bastante simples, apenas uma variação dos especiais de Dia das Mães que tinham realizado nos dois anos anteriores, dedicados aos fãs. O contrato com a National General foi fechado praticamente do jeito que ele imaginava: 850 mil dólares, mais 50% dos lucros a partir do primeiro dólar. Porém, conforme o relato de Roger Davis, o advogado da William Morris que representou formalmente o negócio, quando o Coronel tentou divulgar a história como se fosse um marco na indústria, não conseguiu encontrar nenhum interessado. Tampouco encontrou outro estúdio disposto a pagar o cachê pedido. “A meta era sempre a mesma: dinheiro”, observou Davis. “Os filmes já não estavam dando lucro, e ninguém [mais] estava disposto a desembolsar o tipo de dinheiro que o Coronel achava que merecia. Era uma questão de orgulho.”

Então bateu à porta da NBC. Em outubro, entrou em contato com o vice-presidente da Costa Oeste, Tom Sarnoff, com a ideia de um especial para o Natal de 1968. Desde 1965, ele mantinha contatos esporádicos com Sarnoff. Naquela ocasião, havia proposto um filme que estrearia no mercado interno com transmissão pela NBC, depois seria lançado nos cinemas mundo afora. Dessa vez, tinha bolado um esquema no qual a NBC teria Elvis, após oito anos sem aparecer nas telinhas, num programa exclusivo. Em troca, a rede financiaria um filme que ela mesma poderia produzir ou transferir a um estúdio escolhido em acordo mútuo. O pacotão sairia pela bagatela de 1,25 milhão de dólares (850 mil dólares pelo filme, mais 25 mil dólares adicionais pela música; meros 250 mil dólares pelo especial, com 125 mil dólares reservados para uma segunda exibição). Em suma, explicou o Coronel a Sarnoff, ele receberia 1 milhão de dólares para seu cliente, um valor que significava uma simples marca de respeito, mas a NBC levaria Elvis Presley por uma barganha.

Priscilla havia, enquanto isso, encontrado um novo lar. Descontente com a falta de privacidade e de segurança visíveis em Rocca Place, encontrou uma casa no alto de uma colina, no exclusivo empreendimento Trousdale Estates. Oferecia uma vista panorâmica de Los Angeles, local de acesso menos encorajador aos fãs e, o melhor de tudo, apenas quatro dormitórios, garantindo certa privacidade para Elvis, Priscilla e a criança prestes a nascer. Seria a primeira casa deles de verdade, a primeira residência em Los Angeles que não seria alugada. Na visão de Priscilla, isso marcaria um novo começo.

O valor da compra superou 400 mil dólares, e Priscilla logo começou a remodelar a casa com a ideia de se mudar na primavera seguinte, após o nascimento do bebê. Elvis mostrou um genuíno entusiasmo, e, cada vez mais, os dois comentavam sobre morar na Califórnia na maior parte do ano. Em meados de dezembro, de volta a Memphis, porém, Elvis chocou Priscilla com um anúncio. Achava que talvez devessem considerar uma separação experimental. Precisava de espaço, disse ele, precisava de um tempo para pensar, e sentiu que ambos poderiam se beneficiar de um período separados. Ela foi pega completamente de surpresa. Ficou transtornada, arrasada – e com o amor-próprio em xeque. Mas o assunto não veio mais à tona. Ela creditou o fato a algum sentimento de culpa da parte de Elvis, um pensamento ou uma ação – com o marido dela, era sempre difícil dizer.

“Elvis fazia essas coisas quando não se sentia digno, ou sentia que havia agido mal, mas não queria me magoar. Parece que se sentiu melhor após aquele desabafo. Ele passava por muitos altos e baixos; a vida basicamente mexia com suas emoções, [às vezes] dia após dia. Se ele brigasse com o pai, ou com um dos caras, às vezes subia e só descia dois ou três dias depois. Ele se encaramujava, ficava em seu cantinho e não descia, mostrava muita dificuldade em confrontar suas emoções e lidar com conflitos. Mas, por fim, se desvencilhava.

“Você entrava no ritmo. Basicamente, só aceitava. Notei uma coisa, ele adorava a busca. E assim que a busca terminava, eu sabia que não precisava me preocupar com nada... Podia ser uma nova brincadeira, uma garota ou alguém novo no grupo. Ele sempre voltava pra casa. E assim que você percebia isso na personalidade dele, sabia que era só questão de tempo; só dependia de quanto tempo ele queria ficar naquele jogo e se você queria esperar."

Passaram a maior parte da temporada natalina se despedindo do rancho Circle G. Os cavalos que Elvis decidiu manter seriam enviados de volta a Graceland, mas por enquanto todos continuaram a cavalgar no rancho, em meio a passeios de carroça e batalhas com bolas de neve organizados como parte de uma despedida prolongada. Na véspera de Ano-Novo, Elvis alugou o Thunderbird Lounge para uma festa que novamente incluiu presidentes de fã-clubes, parentes e amigos. Nesse ano um clima estranho dominou a festa, que contou com shows de artistas como Flash and the Board of Directors, Vaneese Starks e Billy Lee Riley, em um *setlist* que incluiu rock e rhythm and blues de Memphis. Logo no início da noite, Elvis começou a tomar Bloody Marys e a pegar no pé de Lamar. No final da noite, os três, Elvis, Vernon e Lamar, estavam todos bêbados, e o cantor continuou zombando do cabisbaixo Lamar. Tentando provar seu ponto de vista, Elvis pegou um balde de gelo, enterrou a cabeça de Lamar no recipiente e gritou: "Ei, Lamar". Deu mais risada ainda quando Lamar tirou a cabeça do balde e encarou Elvis com um sorriso tímido.

UMA NOVA SESSÃO EM NASHVILLE estava marcada para 15 e 16 de janeiro, com o objetivo de gravar a faixa-título e um número extra para *Joe é muito vivo* (em troca, a MGM concordou em pagar 10 mil dólares para subsidiar a sessão), junto com algum material novo para a RCA. Além do trabalho como músico de estúdio, Scotty Moore tinha seu estúdio próprio em Nashville nos últimos anos, onde realizava principalmente sessões de engenharia de som, e Elvis indagou a Scotty se ele poderia transferir alguns de seus antigos discos de 78 rpm de r&b e hillbilly para fitas. Scotty respondeu que nada poderia ser mais fácil. Então ele os levou à sessão na maleta fabricada especialmente para acondicionar e preservar os multicoloridos discos de sua juventude. A ocasião deve ter suscitado reminiscências pungentes para os dois amigos, momentaneamente revisitando a época em que só estavam começando e não havia como prever como tudo terminaria. Big Joe Turner, Ray Charles, Fats Domino, Hank Snow e a clássica "I'm Gonna Bid My Blues Goodbye", The Dominoes, Ivory Joe Hunter, The Four Lads. Raras gravações originais: "Lawdy, Miss Clawdy" (Lloyd Price), "Reconsider Baby" (Lowell Fulson), "Hound Dog" (Big Mama Thornton) e "Baby, Let's Play House" (Arthur Gunter). Os dois últimos, arranhados. Uma vida inteira de experiências, uma vida inteira de memórias – outra vida.

A sessão contou com a presença de Jerry Reed, desta vez apenas como guitarrista – todo mundo havia curtido bastante o seu estilo de dedilhado, e Felton, por sua vez, silenciosamente, tinha admirado a postura dele na questão dos direitos autorais, como contou a Jerry semanas depois da sessão de setembro. Freddy enfim conseguiu se acertar com Reed, fechando um acordo de participação em que a Elvis Presley Music ganhava uma cota apenas nos discos em que "Guitar Man" tinha sido gravada por Elvis, por sinal, o novo single do cantor a ser lançado naquela mesma semana. Novas composições de Reed, porém, não tinham sido solicitadas, e ele não tinha ilusões de que seriam.

No começo, encontraram dificuldade para escolher alguma faixa. Por si só, isso não era incomum, mas Elvis estava com um humor estranho – ora preocupado, ora beligerante, mostrando uma faceta que poucos daqueles músicos conheciam. Apesar de todo o escrutínio que recebia constantemente, em geral Elvis revelava muito pouco de seu "eu" oculto, seja para esses homens, seja para ocasionais pessoas de fora. Assim como no set de filmagem, invariavelmente tratava a todos com polidez, respeito, fala mansa – para olhares mais críticos, talvez um tanto passivo, definitivamente imaturo. Nesse dia, ao contrário, se mostrou arrogante, exibido, profano, de um jeito que muitos deles não

ASSIM COMO NO
SET DE FILMAGEM,
INVARIAVELMENTE
TRATAVA A TODOS
COM POLIDEZ,
RESPEITO, FALA MANSA
- PARA OLHARES MAIS
CRÍTICOS, TALVEZ
UM TANTO PASSIVO,
DEFINITIVAMENTE
IMATURO.

reconheciam. Para Ray Walker, que acompanhava as sessões com os Jordanaires desde 1958, foi uma reviravolta desconcertante. "Presley era inigualável em se tornar o que você precisava que ele fosse no momento. Nesse sentido realmente nos surpreendeu. Desde muito jovem se enfurecia com dois termos: 'bastardo' e 'filho da puta'. Simplesmente não os tolerava. E nunca pronunciava o nome do Senhor em vão. Na verdade, ao nosso redor, a primeira vez que usou 'gírias' foi nessa sessão, [mas aqui] o pessoal começou a fazer piadas de humor ácido, e o linguajar meio que fugiu do controle."

Pouca coisa se aproveitava do material à disposição – mais uma vez, Freddy fracassou em fazer seu trabalho, e Elvis se divertiu arremessando contra a parede, um após o outro, os acetatos trazidos por Freddy e Lamar. Após horas a fio, escolheram um clássico das antigas, "Too Much Monkey Business", de Chuck Berry, claramente sem chances de um acordo de publicação. Elvis se atirou na música de corpo e alma, aguilhoado pelos acordes da guitarra de Jerry Reed. Assim como fez em "Guitar Man", Reed adotou uma abordagem nova, fundamentalmente acústica, com ênfase no tipo de ritmo leve e dançante que se inspirava tanto no *bluegrass* e nas faixas de Elvis na época da Sun, quanto no country ou no rock'n'roll contemporâneos. Claramente embalados pelo acerto, ato contínuo emendaram "Goin' Home", trazida por Lamar para o filme, com a qual se debateram em 30 *takes* torturantes. Várias vezes, é possível escutar Elvis parando de cantar em meio a risadas estridentes e à hilaridade forçada dos caras. Várias vezes, ele não passa nem do primeiro verso, declarando a certa altura: "Simplesmente não sei o que fazer para melhorar isso, além de *ir pra casa*". Às cinco da matina, enfim, terminaram. Pouca coisa além de um *master take* aceitável, com certeza nada que evocasse bons sentimentos ou um senso de realização.

As coisas começaram ainda piores na noite seguinte. "Stay Away", nova faixa-título, composta com a melodia de "Greensleeves", não foi uma melhoria em relação a "Goin' Home", e Elvis continuou a se irritar, soltando palavrões inadequados e fazendo inexplicáveis demonstrações de gênio ruim durante as quatro horas da sessão. Continuou a ridicularizar e rejeitar com desdém as ofertas de Freddy e Lamar, até que, por fim, com o caos instaurado e os participantes entrando em níveis variados de desespero, Jerry Reed foi induzido a submeter uma canção que Felton achava propícia para Elvis, um blues mais falado do que cantado, chamado "U.S. Male", lançado em álbum naquela primavera. Naturalmente, Reed relutava em repetir sua experiência anterior, mas a essa altura Freddy estava tão ansioso para obter qualquer produto dessa sessão que provavelmente teria oferecido a Reed uma participação nos direitos das canções *dele*. Jerry mostrou a música para Elvis no corredor, e o cantor curtiu, então decidiram gravá-la em fita.

Não restam dúvidas sobre a dose imediata de energia que a canção injetou na sessão, e a pitada de fanfarronice da letra acabou combinando bem com o humor de Elvis. Mas as vibrações estranhas persistiram: após um *take* apenas, Elvis mergulhou numa "tristonha" versão alternativa da tradicional "The Prisoner's Song", que começava assim: "*If I had the wings of an angel/ And the balls of a big hairy coon/ I'd fly to the highest mountain/ And cornhole the man in the moon*".* No *take* seguinte, ele dispara: "Sou um Macho Americano (U. S. Male) fodido", coisa que, a essa altura, ele bem poderia ser. Mais duas canções dessas, avisou Felton, sem esconder sua exasperação, e estaria pronto um "álbum festivo". E assim foi, até obterem um *take* bem-sucedido, um que certamente unia "Guitar Man" e "Big Boss Man" em termos de brilho, diferencial e senso geral de envolvimento, mas que veio de um lugar muito diferente.

O que estaria deixando Elvis tão incomodado? Talvez fosse o mesmo que Priscilla tinha notado, as constantes mudanças de humor do marido, que só pioravam com a ingestão constante de "remédios". Mas, de alguma forma, parece haver algo além disso. Sem dúvida, o Coronel es-

* A letra certa é: "*Now if I had wings like an angel/ Over these prison walls I would fly/ And I'd fly to the arms of my poor darlin'/ And there I'd be willin' to die*" ("Se eu tivesse asas de um anjo/ Sobre os muros desta prisão eu voaria/ Até os braços de minha pobre amada/ E lá de bom grado eu morreria"). (N. de T.)

tava cuidando dos negócios – Elvis *enxergava* isso, mesmo que apenas no alvoroço de atividades promocionais que cercavam os lançamentos de cada novo filme, cada novo single. O problema era que essa abordagem "exploratória" obstinada já não estava mais funcionando. Com a pendenga sobre a publicação, "Guitar Man" não havia sido lançada inicialmente como single, e quando "Big Boss Man" tomou seu lugar em outubro, não vendeu mais do que a maioria dos singles: decepcionantes 350 mil cópias. Também não soava igual para Elvis, não soava nada com o acetato que a RCA lhe enviara: menos potência no contrabaixo, ênfase no vocal. Elvis estava convencido de que o Coronel continuava a interferir em sua música, e alardeava isso a quem quisesse ouvir. Andava obcecado com o assunto; comparou cuidadosamente o acetato que a gravadora lhe enviou com sua recordação de como a música tinha soado no estúdio e depois com o disco que foi lançado. Não aceitou os argumentos do vice-presidente da RCA, Harry Jenkins, de que nada havia sido alterado, gravações apenas soavam diferentes conforme a hora, o lugar, até mesmo o humor e, claro, o equipamento.

Tornou-se uma discussão quase simbólica que não exigia resposta, já que Elvis se concentrava cada vez mais nas diferenças de visão entre seu empresário e ele mesmo. O que por tantos anos sempre pareceu um incentivo benigno agora soava, cada vez mais, uma lamentável ignorância do mundo por parte do Coronel. O modo como o Coronel encarava a sua música, desprovido de senso crítico, afirmando que os fãs só queriam ouvir a voz de Elvis, não toda essa instrumentação e arranjos extravagantes, era só mais uma prova exasperadora de que o velho não sabia do que estava falando. Em um momento ou outro, todo artista já teve essa mesma discussão consigo mesmo, e no fundo Elvis talvez soubesse que o que mais lhe deixava frustrado era a sua própria incapacidade de romper com o sistema, sua própria incapacidade de se comprometer com um processo de trabalho sustentável. Mas o Coronel permanecia um alvo fácil, e uma sensação de pânico deve ter acometido Elvis, afinal, a única coisa que o Coronel sempre defendeu, o instinto inabalável para os negócios e a recompensa em dinheiro vivo, já não se mostrava eficaz.

Não chegou a ser um consolo, então, quando o Coronel lhe informou, por volta da mesma época da sessão, que o acordo com a NBC havia sido efetivado. Sob o prisma de Elvis, não passava de mais um dos esquemas do Coronel. Conhecia a mente do empresário: tudo o que Coronel queria tirar disso era a porra de um novo álbum de Natal, e por que diabos ele ia querer cantar um punhado de músicas natalinas em rede nacional? Num misto de raiva e frustração, teve a sensação de que o Coronel o estava transformando numa piada. A única pessoa com quem podia desabafar angústias e dúvidas, Sri Daya Mata, foi declarada proibida, e ele foi induzido a se envergonhar de sua ligação com ela. Poderia expressar algo de seus sentimentos ao seu empresário? Como, se o Coronel não queria nem ouvir falar de como Elvis se sentia, porque assim o empresário teria que revelar seus próprios sentimentos? Até mesmo Vernon, por mais íntimos que pai e filho fossem, não o entendia plenamente. Elvis estava só.

Priscilla deu à luz uma menina às 17h01, em 1º de fevereiro, após nove horas em trabalho de parto. Como qualquer outro pai ansioso, Elvis ficou andando para lá e para cá na sala de espera. Mas a sala de espera não era uma sala qualquer. Era um ambiente para médicos, especialmente reservado para Elvis e sua comitiva, que consistia em mais de uma dúzia de amigos, familiares e seguranças. A chegada do grupo mais pareceu uma comédia de erros. O plano cuidadosamente elaborado incluiu um carro chamariz para desviar os repórteres, mas na hora de colocar o plano em ação, alguém esqueceu de dizer ao motorista, Jerry Schilling, que tinham trocado de hospital, e Charlie teve que convencê-lo de que Priscilla ia ter o bebê no Batista Geral, e não no Metodista. O estado de nervos de Elvis também não ajudou. A bolsa estourou, e Priscilla insistiu em tomar banho e se maquiar cuidadosamente. Elvis ficou quase fora de si ao ouvir isso, mas ele próprio não estava pronto quando ela chegou à porta. A avó dele lembrou o neto que era Priscilla, não ele, que ia ter o bebê. Quando o médico saiu e revelou a Elvis que ele era pai de uma menina, o cantor distribuiu charutos e se declarou o homem mais feliz do mundo.

A bebê ganhou o nome de Lisa Marie. Se fosse menino, disseram os pais orgulhosos, seria chamado de John Barron, e embora Priscilla negasse qualquer significado particular para esses nomes – e é bem possível que ela estivesse certa –, não passou despercebido a Elvis o fato de o Coronel tomar o segundo nome da bebê como referência à sua esposa. Seja como for, o cantor deixou de lado a ideia de batizar a filha de "Gladys", em homenagem à mãe, como havia comentado com amigos e também na entrevista ao repórter Jim Kingsley, publicada em 1965 no *Commercial Appeal*.

Quatro dias depois, deixaram o hospital. Elvis, de terno azul-claro com suéter de gola rulê azul-celeste; Priscilla, de vestidinho cor-de-rosa, cabelo arrumado num grande penteado bufante elaborado por um profissional do ramo que chegou um tempinho antes da saída. Uma centena de fãs e estudantes de enfermagem esperavam do lado de fora da entrada do hospital, com pacientes e outras enfermeiras se debruçando nas janelas para ver o casal de celebridades saindo na caravana de Cadillacs e Lincolns, Elvis e Charlie, Jerry e Joe e todo o resto. "Ela é um milagre pequenino", contou ele a seu dentista, Les Hofman, quando, dias depois, Hofman fez uma visitinha a Graceland, em companhia da esposa, Sterling. Os Hofman observaram que, durante o dia, a bebê ficava num bercinho no andar de baixo, entre a cozinha e a sala dos fundos, e Elvis mal conseguia deixá-la sozinha – ele a pegava tanto no colo que Priscilla enfim o mandou devolvê-la ao berço. Mais tarde durante a visita, Elvis falou em voltar ao trabalho, talvez até mesmo sair em turnê. "Priscilla disse: 'Vou com você, aonde quer que você vá'. E ele disse: 'Você não vai sair arrastando a bebê por aí'. Lisa Marie tinha 11 dias", observou Sterling Hofman, "e percebi um olhar dela naquela hora".

Em 14 de fevereiro, ele e Priscilla depuseram uma coroa de rosas vermelhas e outra de cravos brancos no túmulo de Gladys, com um cartão assinado "Elvis, Priscilla e Lisa Marie". Deixou ordens expressas no escritório para que o cartão fosse incinerado com as coroas, assim que as flores murchassem. A casa recebia um fluxo constante de visitas, e Elvis ia cavalgar quase todos os dias, passando mais tempo com os fãs no portão do que nos meses anteriores. Os familiares de Priscilla vieram e ficaram três semanas. Donnie, o irmão de Priscilla, completou 18 anos e, antes de a família partir, ganhou de Elvis um presente de aniversário: um Mustang novinho em folha.

Elvis passou a maior parte do mês em casa até voar para a Califórnia a fim de começar o próximo filme, *Viva um pouquinho, ame um pouquinho* (*Live a Little, Love a Little*) com roteiro inspirado no elogiado romance humorístico *Kiss My Firm But Pliant Lips,** de Dan Greenburg. Assim como *Joe é muito vivo,* foi uma tentativa de colocar Elvis em um papel diferente (interpretou um fotógrafo de sucesso) e mostrar seu talento cômico, mas o cantor pareceu tão cansado e sem energia quanto em qualquer outro filme recente. Na direção, Norman Taurog mais uma vez, com roteiro de Michael Hoey, que também havia escrito o texto de *Joe é muito vivo,* e o filme não foi mais engraçado. Só quatro canções compunham a trilha sonora, com gravação supervisionada por Billy Strange, o arranjador-supervisor da sessão cancelada em agosto. Nenhum músico de Nashville foi usado; na verdade, Strange convocou praticamente a mesma formação de músicos de estúdio de Los Angeles que havia contratado em agosto. Sem surpresas, o som ficou bem diferente das sessões de Felton – com orquestrações elaboradas e uma seleção de músicas que incluiu desde material sofisticado de Sinatra até canções infantis de Danny Kaye, passando pelo funk-folk influenciado por Jimmy Webb. Os resultados não foram mais bem-sucedidos (quase

* Em tradução livre, *Beije meus lábios firmes, mas dóceis,* livro inédito no Brasil. (N. de T.)

todas as canções eram muito estranhas e verborrágicas), mas representavam um rumo diferente, e Billy Strange trouxe um jovem e talentoso compositor, Mac Davis, cujo trabalho tinha futuro promissor. Talvez no único outro aspecto notável do filme, Red, agora trabalhando rotineiramente como dublê e ator, na TV e no cinema, fez uma pequena participação, encenando uma de suas famosas lutas com Elvis. Mantiveram distância – Red ainda estava magoado com a situação do casamento –, mas a presença dele no set representou uma espécie de reconhecimento silencioso da parte de Elvis, o mais próximo de um pedido de desculpas que ele poderia oferecer.

Enquanto isso, Elvis e Priscilla desfrutavam a recém-descoberta vida doméstica na casa nova, em Trousdale Estates, no alto de uma colina. Agora só Charlie, Gee Gee e Patsy moravam com eles, numa configuração, nas palavras de Charlie, idílica. "Joe e Joanie moravam em outra casa. Apareciam com frequência. Assim como o Coronel e seu assessor, Tom Diskin. Um dos lugares preferidos do Coronel era a mesa da sala de jantar. Adorava sentar lá, fumar um grande charuto e contar histórias sobre Elvis e de suas façanhas passadas... Um momento feliz para todos nós".

Para Priscilla, talvez nem tanto, embora já não restassem dúvidas sobre quem estava no comando. A maioria dos caras tinha sido dispensada ou ido embora; até Billy Smith partiu naquela primavera para começar vida nova com a família em Memphis, e os fãs que costumavam aparecer diante das casas em Perugia e Rocca Place ficaram um tanto desorganizados sob a gestão de Priscilla. Num fim de semana de abril, todos viajaram a Las Vegas para assistir ao show de Tom Jones, que do palco agradeceu a presença de Elvis na plateia, o qual, por sua vez, estudou minuciosamente a apresentação. No fim de semana seguinte, foram passar a Páscoa na casa nova, e mais "segura", que alugaram em Palm Springs, com direito a uma caça aos ovos de Páscoa no gramado frontal (Elvis trapaceou) e, claro, uma visitinha ao Coronel e à sra. Parker. Tudo soava perfeito. Mas esse vislumbre de alegria doméstica era bem diferente do cotidiano de Priscilla.

Desde o nascimento da filhinha deles, Elvis se recusava a fazer amor com ela. Como se isso não bastasse, deixava cada vez mais claro que não sentia mais qualquer atração física por ela. "Continua distante", escreveu Priscilla em seu diário. "Dois meses se passaram, e ainda não tocou em mim. Estou preocupada." Em 20 de abril, ela escreveu: "Ontem à noite fiquei constrangida. Vesti uma camisola preta transparente e me deitei o mais próximo possível de Elvis enquanto ele lia. Eu sabia o que eu queria e estava deixando isso óbvio. Beijei a mão dele, cada um de seus dedos, o pescoço, o rosto. Mas esperei tempo demais. As pílulas para dormir fizeram efeito. Nova noite solitária".

Antes de se casarem, Elvis tinha revelado a Priscilla que nunca tinha sido capaz de fazer amor com mulheres que já haviam sido mães – mas nunca pensou que essa restrição se aplicaria a ela. Agora, Priscilla começava a questionar "minha própria sexualidade como mulher", escreveu ela. Suas necessidades físicas e emocionais não estavam sendo satisfeitas. Não muito tempo depois, em meio a dúvidas e ao desespero, embarcou num caso com seu professor de dança. Foi o último ato de desafio ao mundo de Elvis, em que os homens tinham permissão para fazer tudo o que desejassem, mas as mulheres sempre deveriam conhecer seu lugar. Alguns dos caras suscitaram questões com Elvis sobre o tempo que Priscilla passava no estúdio de dança, mas ele nem quis ouvir falar nisso. Era impossível, explodiu o cantor. Por que os caras simplesmente não a deixavam em paz? Ela tentou manter isso em segredo até mesmo de sua melhor amiga, mas Joanie Esposito sabia que algo estava rolando, definitivamente. "Ela frequentava muitas aulas, e teve aquele incidente na tarde dominical. Toquei a campainha, mas ninguém na casa veio atender. Mas, sabe, isso que aconteceu, eu penso que foi quase uma coisa inocente, se é que eu posso dizer assim. É que ela não tinha mais ninguém. A família dela não estava ali. Todo mundo dizendo a Priscilla como ela era sortuda, sabe, mas isso não significava nada. Sentia-se muito solitária." Priscilla se deu conta: a vida dela estava em um ponto de inflexão; não era o que ela queria, mas o que ela precisava. Precisava se lembrar de que ainda *estava viva*.

Elvis cantando "If I Can Dream", 30 de junho de 1968
(Cortesia de Joseph A. Tunzi, J.A.T. Publishing)

O PÁSSARO AZUL DA FELICIDADE*

Maio a junho de 1968

ELVIS PARTIU PARA O HAVAÍ em 17 de maio. Antes, nesse mesmo dia, foi apresentado pela primeira vez ao diretor e ao gerente musical de seu próximo especial de televisão. Na semana anterior, Elvis trocou ideias com o produtor executivo Bob Finkel, o sujeito que elaborara o pacote para a NBC. Aos poucos, seus sentimentos em relação ao programa começaram a mudar. Finkel, após uma série de reuniões com o Coronel, por fim persuadiu o patrocinador (a Singer, fabricante de máquinas de costura), a rede de televisão e, o mais importante, o próprio Coronel, a abandonar o plano original de só apresentar uma hora de Elvis entoando canções de Natal num palco vazio. O último a ceder? O Coronel, é claro. Às vezes, Finkel achava que o Coronel sentia prazer em ver os outros fazer das tripas coração ou "saltar através de aros". No final, acabou cedendo com relativa serenidade: desde que a produção continuasse sendo o show de um homem só, com a gravadora obtendo um álbum de trilha sonora e um single de Natal, daria um voto de confiança a Finkel e o deixaria tomar as decisões criativas.

* O título original deste capítulo, "*The Bluebird of Happiness*", é o mesmo da canção composta por Harmati e Heyman em 1934 e gravada pelo tenor Jan Peerce em 1936, 1945 e 1958. A mensagem é otimista: "*Life is no abyss/ Somewhere there's a bluebird of happiness*" ("A vida não é abismo/ Em algum lugar existe um pássaro azul da felicidade"). (N. de T.)

As conversações entre Finkel e Elvis começaram logo após o lançamento do filme *Viva um pouquinho, ame um pouquinho*, em 8 de maio, por coincidência, no mesmo dia em que o produtor executivo conseguiu, enfim, a concordância de todas as partes em relação ao novo formato do programa. A primeira impressão dele sobre Elvis "foi a mesma que a da maioria das pessoas que costumava lidar profissionalmente com ele: muito cortês, gentil e respeitoso, enquanto eu contava a ele nossos planos". Nesse encontro inicial, Elvis não deu qualquer indicação sobre seus verdadeiros sentimentos em relação ao especial. À medida, porém, que continuaram a se encontrar, Finkel informou à rede de televisão e à Singer, foi notando uma mudança real na postura de Elvis, a ponto de o artista fazer uma "declaração bastante reveladora... Elvis queria que o programa se afastasse completamente do padrão de seus filmes no cinema e de tudo o mais que ele já tinha feito". Inclusive deu a entender a Finkel que "não se interessava pelas opiniões do Coronel Parker em relação ao programa; ele 'deseja que todos saibam o que ele realmente é capaz de fazer...'". Coube a Finkel responder à pergunta: "Quem eu escalaria para realizar a tarefa?".

Havia um tempinho, monitorava Steve Binder, um jovem diretor. Graduado na USC, trabalhava havia uma década em produção televisiva quando, com pouco mais de 30 anos, praticamente um veterano do ramo, foi trabalhar com Steve Allen. Logo dirigiu *Hullabaloo* (resposta da NBC a *Shindig*, inédito e bem-sucedido programa semanal de rock'n'roll). Em 1966, realizou o especial de Leslie Uggams e, um pouco antes, em 1964, dirigiu *The T.A.M.I. Show*, lançado nos cinemas, um dos primeiros shows filmados ao vivo com equipamento portátil leve, com James Brown e Rolling Stones, entre outros.*

Desde então, com seu novo parceiro, o engenheiro de áudio Bones Howe, Binder gravou um brilhante e vistoso especial "mod", com a can-

* The Beach Boys, Chuck Berry, Gerry and the Pacemakers, The Supremes e Marvin Gaye também tocaram nos shows de 28 e 29 de outubro de 1964, cujas melhores partes foram reunidas no filme. T.A.M.I. é um acrônimo para *Teenage Awards Music International* ou *Teen Age Music International*. O longa estreou nos cinemas em dezembro de 1964. (N. de T.)

tora Petula Clark, que atraiu muita controvérsia quando sua bela e loira estrela britânica abraçou o principal convidado, o cantor negro e ativista dos direitos civis Harry Belafonte. Para Finkel, Steve Binder estava na crista da onda. “Analisei que ele conhecia e entendia de novidades musicais, então decidi: é o cara certo para o trabalho.”

No começo, Binder relutou – para ele, Elvis não significava muita coisa. Era fã de música contemporânea: Beatles, Beach Boys, Jimmy Webb. Mas quando mencionou isso a seu parceiro, descobriu que Bones, que havia trabalhado com Elvis no estúdio Radio Recorders em 1956 e 1957, ficou empolgadíssimo com a ideia: achava que Steve e Elvis iam se dar muito bem. A abordagem de Elvis ao gravar discos era muito parecida com a de Steve ao realizar um programa de TV, contou ele ao seu parceiro – ambos confiavam quase totalmente na sensação. Assim, uma reunião foi marcada com o Coronel.

Esse primeiro encontro na MGM pareceu aos dois algo como entrar na caverna de Ali Babá. Cartazes, letreiros luminosos e itens promocionais forravam todas as paredes das antessalas que conduziam ao escritório do Coronel. Atônito, Bones percebeu: para onde quer que você olhasse, lia-se Elvis “ou se via o rosto dele estampado, um catálogo ou um disco de ouro”. Você se embrenhava naquele labirinto de corredores e chegava ao escritório particular do Coronel, que consistia numa mesa imensa, coberta de papelada e lembrancinhas, cercada por fotos gigantescas de Elvis sozinho, Elvis e o Coronel, o Coronel em fantasia de boneco de neve, o Coronel e Lyndon Johnson, o Coronel e Bob Hope. A escrivaninha de Tom Diskin, bem mais organizada e com metade do tamanho da do Coronel, ficava a um canto, com acesso a uma enorme sala de remessa com sinais de intensa atividade.

A reunião de negócios, como outras convocadas pelo Coronel, foi um café da manhã em sua “cozinha/cantina”, às sete da matina, em torno do grande fogão, com o freezer e a geladeira totalmente abastecidos. No centro do ambiente, na ponta da mesa comprida, o homenzarrão se acomodou na cadeira alta de espaldar reto, observando todo mundo, Bones pensou, como se fosse o Mágico de Oz. "Ele nos mostrou as lembrancinhas. E também os *scrapbooks* de quando era chefe da carrocinha em Tampa, na Flórida." Discorreu também a respeito de outras épocas, contando os inevitáveis "causos" sobre o mundo dos parques de diversões e circos itinerantes, além de suas aventuras em Hollywood, onde – esse parecia ser o ponto da história – astutos espertalhões urbanos continuamente subestimavam o pobre e velho Coronel. Então chegou ao xis da questão. Declarou: "Não vamos dizer a vocês o que fazer criativamente, porque é para isso que os contratamos, mas se você saírem da linha, vamos deixar que vocês saibam disso". O Coronel prosseguiu: "Este será o melhor especial no ar, porque não vamos deixar que seja ruim". E, para surpresa deles, afirmou: "Não nos importamos com o material que vão escolher para o programa. Se o sr. Presley gostar, o sr. Presley vai fazer. Porém, o sr. Presley deve ter os direitos de publicação do material, ou devemos nos comunicar com o detentor dos direitos e entabular as tratativas". No fim da reunião, deu bichos de pelúcia e um calendário de bolso para cada um. Tinha certeza de que as coisas iam funcionar bem, disse em sua voz rouca, de sotaque indeterminado, barba grisalha por fazer, mas com um sugestivo brilho no olhar. "Gente, vocês vão ter uma experiência de 1 milhão de dólares", concluiu convicto, mas plenamente ciente de que a experiência de 1 milhão de dólares deles se limitaria a um cachê de 32.050 dólares dividido entre os dois.

Saíram da reunião ofuscados e um pouco confusos. Não tinham feito nada e, no entanto, tinham conseguido tudo – tudo, exceto a recompensa financeira. Mesmo assim, não titubearam. Agora Steve estava totalmente imerso no projeto, ainda mais do que Bones. Em sua cabeça, não havia dúvidas de que esse programa seria culturalmente significativo, e ele tinha um único objetivo, que tinha a ver tanto com Steve Binder quanto com Elvis Presley: "fazer algo genuinamente relevante".

Naquela sexta-feira, Elvis reuniu-se com Binder e Howe no quartel-general deles, no Sunset Boulevard. Joe e alguns dos caras esperaram na sala de recepção, batendo papo, e a princípio Steve não achou que ele e Bones estivessem criando uma conexão. Porém, agora estava tão envolvido que nada conseguiria parar sua euforia evangélica. Aquela era a chance de realmente dizer algo ao mundo, declarou a Elvis; uma daquelas raras oportunidades de criar algo de consequências autênticas; aquela era a chance de Elvis proclamar, por meio de sua música, *quem ele realmente era*. Bones, mais calado, um pouco mais velho e mais reflexivo do que seu parceiro, lembrou Elvis dos velhos tempos em que os dois trabalharam juntos no Radio Recorders. Comentaram sobre o método que o cantor adotava para fazer discos naquela época – o que mais o deixou impressionado nas sessões de Elvis, Bones disse, foi que não eram governadas pelo relógio, mas pelo próprio comprometimento emocional do artista. Essa seria a tônica do especial, emendou Steve – esqueçam a rede de televisão, esqueçam os adornos extravagantes, queriam fazer um programa que ninguém mais no mundo poderia fazer além de Elvis Presley. Tudo brotaria da vida, da música e das experiências *dele*, frisou Steve. Como ele se sentia em relação a isso?

"Assustado até o tutano dos ossos", foi a resposta de Elvis, conscientemente aliviando a tensão. Binder caiu na risada e disse que teriam o esboço do programa pronto quando ele retornasse do Havaí. Então, haveria tempo para ele tomar as decisões necessárias. Até onde qualquer um deles sabia, o programa poderia decretar o fim da carreira de Elvis – mas também poderia ser a injeção de ânimo de que ele claramente precisava naquele momento. Então foi a vez de Elvis dar uma risada, e se despediram com apertos de mão. O cantor saiu dali inseguro sobre onde é que estava se metendo, mas convencido de que ao menos seria *diferente*.

Com a partida de Elvis, Binder e Howe trabalharam intensamente para formar uma equipe e elaborar um roteiro. Já tinham a bordo os roteiristas Chris Bearde e Allan Blye; e logo foram preenchendo as funções. Figurinista: Bill Belew. Orquestrador e arranjador: Billy Goldenberg. Cenógrafo: Gene McEvoy. Coreógrafos: Claude Thompson e Jaime Rogers. À exceção de Bearde, os demais eram todos veteranos de

Hullabaloo ou do especial com Petula Clark. Com Bearde e Blye, Steve esboçou um enredo semelhante em abordagem ao que havia delineado para Elvis, buscando, nas letras das canções que o artista cantava, um subtexto que contasse a história de sua vida musical. Por sua vez, o Coronel continuava duelando com Finkel e a NBC, entrando em erupção quando alguém da rede sugeriu que Elvis fizesse uma participação durante um dos programas normais da NBC, a fim de promover o especial. O sr. Presley ficaria contente em fazer uma participação, escreveu o Coronel a Tom Sarnoff, em 28 de maio, pela bagatela de 250 mil dólares. Sabia que Sarnoff entenderia: o preço estabelecido não seria baixado, escreveu o Coronel. Afinal de contas, tinha certeza de que a NBC não iria querer, de forma alguma, diminuir o valor de seu investimento. Em outras palavras, tudo transcorria normalmente.

Nesse meio-tempo, Elvis mostrava o Havaí a Priscilla pela primeira vez: levou-a ao memorial do U.S.S. *Arizona* e mostrou orgulhosamente a placa em homenagem ao Coronel Parker e a si mesmo. Sete acompanhantes (Joe e Joanie, Lamar e Nora Fike, Patsy Presley Gambill e o marido dela, Gee Gee, além de Charlie) participaram dessas "férias em família" e assistiram ao campeonato de caratê promovido por Ed Parker no Honolulu International Center. Desde 1961, era a primeira vez que Elvis revia Ed, e a primeira vez que assistia à competição, inaugurada por Ed Parker em Long Beach em 1964. Feitas todas as apresentações, Elvis passou a maior parte do dia conversando sobre caratê com Ed e instruindo Priscilla a respeito das particularidades do esporte e os pontos fortes de cada competidor, incluindo Mike Stone, de 25 anos, havaiano nativo como Ed e um ex-campeão do torneio, que, após três anos afastado, voltava a competir no torneio que lhe dera fama.

Elvis voltou das férias mais magro do que estava ao se desligar do exército, as costeletas mais compridas e, o mais significativo, com as expectativas em relação ao programa autenticamente elevadas.

A pré-produção começou na segunda-feira, 3 de junho, um dia após Elvis retornar. Apresentou-se no gabinete de Binder-Howe, um pouco depois da uma da tarde; com os redatores presentes, Steve repassou a abordagem enfim adotada. O núcleo do enredo centrava-se em "Guitar Man", a canção de Jerry Reed. Ela seria usada como uma espécie de elo para contar uma história que ecoava diretamente *The Blue Bird*, o clássico teatral de 1909, do dramaturgo belga Maurice Maeterlinck.* Na peça, um garotinho pobre viaja pelo mundo em busca de fama e fortuna, só para no fim descobrir: a felicidade, simbolizada na peça como o pássaro azul do título, está em seu próprio quintal. Bones encarava com certo desdém toda essa concepção ("Nada de original naquilo... os roteiristas de televisão só procuram uma conexão"). O próprio Steve não estava plenamente convencido de que tinham encontrado a chave mestra, mas, para espanto de Steve, ao apresentarem o esboço, Elvis reagiu comprando a ideia sem concessões. "Dissemos a ele: 'Não precisa curtir 100%. Queremos receber seu feedback. O que você curtiu, o que não curtiu'. Ele respondeu: 'Gostei de tudo, sem tirar nem pôr'. E a essência do programa nunca mudou."

Nas próximas duas semanas, a pré-produção continuou nos escritórios de Binder-Howe, até que o cronograma os levou a ensaios em grande escala na NBC. Todos os dias, Elvis aparecia com pelo menos um ou dois dos caras, encontrando-se com Steve, Bones e os redatores, fumando charutos e tomando Pepsi. Em 5 de junho, o dia em que Bobby Kennedy foi morto, mostrou total indignação com o atentado e só falava nisso. Havia uma conspiração contra os Kennedy e tudo estava ligado com o assassinato de Martin Luther King, dois meses antes. Mais horrendo ainda era o fato de o dr. King ter sido morto em Memphis, acrescentou ele, só confirmando os piores sentimentos de todos em relação ao Sul. Para Steve, foram mais do

---

* A peça teatral de Maurice Maeterlinck (1862-1949), escrita em francês com o título *L'Oiseau Bleu*, foi encenada primeiro em Paris, em setembro de 1908, e vertida ao inglês em 1910 por Alexander Teixeira de Mattos, como *The Blue Bird: A Fairy Play in Six Acts*. (N. de T.)

que meras palavras vãs. "Ele havia lido muitos livros sobre o assassinato de Kennedy, e senti nele uma autêntica solidariedade." Binder logo quis inserir isso no especial. "Eu queria que o mundo soubesse que ali estava um cara que não era preconceituoso, criado no coração do preconceito, mas que realmente estava acima disso tudo. Parte da força que eu queria injetar no programa era essa [sensação de] solidariedade, de que ali estava alguém para se espelhar e admirar."

Também trocaram ideias sobre música. Elvis cantaria uma faixa nova se ela simplesmente dissesse algo a ele, indagou Binder, independentemente de questões políticas ou de publicação? Sem dúvida, respondeu Elvis. Gostaria de cantar "MacArthur Park", de Jimmy Webb (faixa de obscuridade lírica, um tanto psicodélica e, sem dúvida, pretensiosa), recém-chegada ao topo das paradas, gravada pelo ator Richard Harris? Uma banda chamada The Association, produzida por Bones, tinha se recusado, por questões de publicação. Claro que sim, respondeu Elvis, como se nada parecido pudesse acontecer com ele. Contou que *apreciava* "MacArthur Park" e compartilhava do entusiasmo de Binder. Definitivamente queria dizer algo mais com sua música do que canções como "Hound Dog" poderiam expressar. Um dia, saíram no Sunset e ficaram ali olhando os hippies, chapados demais para notar que estavam passando por Elvis Presley, ou simplesmente nem dando bola. Na percepção de Steve, a experiência realmente deixou Elvis mais humilde, espécie de "passo gigantesco em sua psique". Já Bones teve a impressão de que Elvis apenas se divertiu com a experiência. "Só quatro caras ali de boa, na frente do prédio. Um tempinho depois, nos entediamos e voltamos para cima."

O roteiro evoluiu com rapidez. Em 11 de junho estava muito bem delineado. "Guitar Man" forneceria a narrativa básica, e um segmento em forma de show apresentaria alguns dos maiores sucessos de Elvis. Havia também um "segmento informal", que incluía conversas roteirizadas com Charlie e um ou dois dos outros caras, trazendo breves trechos de algumas das canções mais risíveis das trilhas sonoras de seus filmes no cinema, com Elvis tirando sarro de si mesmo e dos filmes. Mas na página impressa o tom soa artificial e insincero. Em referência à sua "marca registrada" – o sorrisinho de escárnio –, ele menciona: "Fiz a produção inteira de *O prisioneiro do rock* só com aquele visual, baby". E a sequência toda claramente tenciona afirmar: *agora você enfim está enxergando o verdadeiro eu, o verdadeiro Elvis Presley*. Claro, o show termina com a canção de Natal exigida pelo Coronel desde o início, seguida de diálogos ainda a serem escritos. Com esse diálogo, Binder esperava que Elvis fizesse sua "declaração", mas sabia que a oposição do Coronel continuava implacável.

Reuniões com vários membros da equipe de produção aconteceram. Elvis confabulou com Earl Brown, o arranjador do coro, e elogiou os desenhos preliminares que Bill Belew, o figurinista, submeteu para sua aprovação. Adorou o traje em couro preto que Belew havia projetado para ele, em tecido macio e flexível. "A coisa toda", disse Belew, "era como o especial de Petula Clark: Steve não queria nada que cheirasse a 'TV Hollywood'. Queria tudo com um visual novo. Falei a Elvis: 'Muitas de minhas temáticas vêm de gente que admiro', e quando me deparei com Elvis, a primeira palavra que me veio à mente foi 'napoleônico'. Expliquei que o colarinho erguido emolduraria seu rosto. Acrescentei: 'Não quero você com gravatas, só camisas de seda macia e um lenço no pescoço'." Elvis ouviu, balançou a cabeça afirmativamente e concordou com quase todas as sugestões de Belew. O estilista ficou pasmo. Nunca havia encontrado tamanha falta de ego num astro tão famoso. O único tópico em desacordo foi o terno dourado que Belew desenhou para simbolizar o sucesso, em homenagem ao traje encomendado pelo Coronel para Elvis em 1957. Elvis nunca explicou seus motivos, mas isso o deixou obviamente constrangido. Por fim, chegaram a um meio-termo, igual à solução encontrada nos anos 1950: usaria a jaqueta dourada com uma calça preta de smoking.

Somente na parte musical os probleminhas continuavam a espocar. Aqui Steve sentiu-se bloqueado por dois desdobramentos praticamente não relacionados. Desde o início, Bones meteu os pés pelas mãos, insistindo em fazer perguntas sobre o álbum da trilha sonora. Havia um bom tempo, ele e Steve tinham abandonado qualquer esperança de ganhar dinheiro com o especial – sabiam que não haveria bônus de revenda, e seus mirrados cachês mal cobriam as despesas. Mas a questão de um álbum de trilha sonora nunca havia sido abordada contratualmente; na verdade, contra toda a lógica e bom senso, nunca foi sequer *admitida* a existência de um, e Bones sentia que deveriam obter algum tipo de compensação, por exemplo, *royalties* dos produtores sobre o disco, quando ele fosse inevitavelmente lançado. "Abordei Diskin, e então a coisa toda foi pelos ares. A NBC nos ligou: 'O que é que vocês estão tentando fazer? Sabotar o programa? Elvis Presley não tem um produtor musical'. E assim por diante. Nesse ponto, Diskin me deu uma bronca. Disparou: 'A NBC contratou vocês para fazer um especial, não um disco'. Rebati: '[O Coronel] deve estar louco se não lançar um álbum de trilha sonora'. Ele respondeu: 'Isso não está em discussão'. E disseram: 'Tira o Bones. É um encrenqueiro', e nesse momento fui convidado a me retirar."

Por enquanto, Steve foi obrigado a aceitar a situação e a manter Bones temporariamente fora dos holofotes. Ao mesmo tempo, não estava tendo sorte em obter liberações das canções por meio de Billy Strange. Desde o início, o Coronel havia estipulado que Strange seria o diretor musical pessoal de Elvis no programa. Sem as tratativas de Strange, o arranjador musical oficial do show, Billy Goldenberg, não tinha como trabalhar nas orquestrações, e sem as orquestrações, nenhum progresso musical acontecia. Steve não estava gostando nem um pouco dessa situação. Por todos os métodos possíveis, tentou persuadir o homem de Elvis, mas parecia que toda vez que entrava em contato com Strange, ele vinha com uma desculpa diferente. Billy Strange, na visão de Binder, personificava "A ausência em pessoa". E ali estavam eles, a menos de duas semanas de gravar, mas ele e Strange mal se conheciam.

Isso deixou Billy Goldenberg numa sinuca. Formado em 1957 pela Universidade Columbia, aprendiz do grande compositor da Broadway,

Frank Loesser (dos musicais *Guys and Dolls* e *How to Succeed in Business Without Really Trying*),* Goldenberg tinha subido a bordo com grande relutância, por lealdade a Steve. Não se interessava por Elvis Presley – seus gostos pessoais não pendiam para esse tipo de música –, mas foi persuadido pelo entusiasmo de Binder e sua óbvia convicção no projeto. Desde o momento em que chegou, porém, ficou se perguntando: qual deveria ser seu papel?

Parecia não ter função naqueles supostos "ensaios". "Todos os dias, Elvis aparecia, sentava com o grupinho dele e dedilhava o violão. Em parte, isso era bem emocionante. Elvis adorava improvisar, falar sobre os velhos tempos e tocar as canções, repetidamente... só a repetição já bastava para empolgá-lo. Assim, a intensidade da canção parecia crescer à medida que ele a tocava, quase chegando ao clímax. Se fosse preciso, ele cantava 95 estribilhos de 'Jingle Bells' sem realmente se cansar daquilo. Em seguida se aventurava em outra faixa com seu violão, e daí resolvia que não tinha apreciado tanto o novo número e voltava a 'Jingle Bells', entoava mais 95 refrãos, e todo o pessoal se divertia muito, na maior alegria e agitação."

Goldenberg percebia o valor catártico disso, mas toda vez que falava em colocar a mão na massa, um dos caras da banda dizia: "Billy vai fazer isso por nós, e um pensamento lampeja em meu cérebro: 'Afinal, por que é que estou aqui?'". Até que um dia, Billy Strange realmente apareceu, com chapéu de caubói e botas, e Billy Goldenberg se sentiu ainda mais alijado do processo. Ficou óbvio para ele que Billy Strange tinha um bom relacionamento com Elvis, mas se tornou igualmente óbvio que ele era incapaz de fornecer qualquer forma de direção musical. "Só ficavam brincando, tocando as coisas que sabiam tocar. Eu sabia que o programa teria um quadro no qual fariam uma pequena sessão de improviso entre Elvis e a banda, para mostrar o antigo entrosamento deles. Até aí tudo beleza,

* Essas peças viraram filmes com os títulos *Garotos e garotas* (1956) e *Como vencer na vida sem fazer força* (1967). (N. de T.)

mas era só uma parte do programa. Analisei o roteiro: 'Bem, tudo bem, e os restantes 80% do programa? Como é que vai ser?'."

Steve também não escondia a preocupação. Mais do que ninguém, ele sabia que o tempo estava se esgotando. Em poucos dias iam se transferir aos estúdios da NBC. Segundo o cronograma, a pré-gravação começaria no dia 20, e a gravação em vídeo, uma semana depois. Freddy havia liberado todas as canções, Finkel mexia os pauzinhos com o Coronel, e Steve continuava pondo fé em seus próprios instintos de improvisação. Precisava abordar a música e temia que, quando enfim o fizesse, a coisa toda explodisse em sua cara.

Mas quem levantou a lebre e precipitou a crise? Billy Goldenberg. No meio da segunda e última semana de pré-ensaios, procurou Steve com sua decisão tomada. "Abri o jogo com o Steve: 'Não dá mais. É melhor eu cair fora. Billy [Strange] é um cara muito legal, e provavelmente um arranjador maravilhoso, mas só fica sentado ali e não vejo nada acontecendo. Não há nenhuma concepção por trás. Quem vai prestar atenção ao roteiro?'. Foi quando Steve me surpreendeu: 'Bem, suponha que eu demita Billy Strange?'."

Não se toma uma decisão assim levianamente. Steve tinha visto o que havia ocorrido quando o seu parceiro desafiou a autoridade do Coronel, e essa parecia uma questão bem mais fulcral. Mas, faltando apenas uma semana para entrarem no estúdio de gravação, não viu alternativa. Caso não tomasse uma providência imediata, simplesmente não teriam um programa. Foi conversar com Strange, que aproveitou a chance para dizer a Binder que andava mesmo sem tempo para dedicar ao especial. Às voltas com a trilha sonora de *Viva um pouquinho, ame um pouquinho* e com o novo álbum de Nancy Sinatra, andava assoberbado no momento. E, sem ter certeza de como exatamente isso aconteceu (e com pelo menos duas músicas de Billy ainda no programa), Steve reconheceu que deveriam realizar uma separação consensual.

Restava ainda a questão de contar ao Coronel. Tinha observado a maneira como Finkel tratava o Coronel, com esforço constante para mantê-lo de bom humor, evitando prudentemente indicar sequer uma ameaça de conflito entre empresário e cliente. Consciente do frágil equilíbrio de poder que prevalecia, Binder cuidava para "nunca, jamais, desrespeitar o Coronel na frente de Elvis. Para o empresário, era importantíssimo estar sempre no controle". Dessa vez, porém, o modo de falar não teve importância. A reação prática do Coronel à notícia da saída de Billy Strange foi simplesmente que isso era o fim de tudo, que Elvis certamente abandonaria o barco. Não afirmou que *aconselharia* o cantor a desistir, parecia estar fazendo uma mera previsão. Caberia a "Bindel", como passou a chamar Binder, levar pessoalmente o assunto a Elvis, embora o Coronel não apostasse suas fichas em uma solução favorável.

"Quando Elvis entrou, eu o chamei de lado e expliquei a situação. Ele se limitou a dizer: 'Tudo bem. Faça o que você tiver que fazer'. E nunca olhou para trás." O Coronel também nunca mais tocou no assunto. Com isso, Binder confirmou duas coisas: (1) Elvis e o Coronel não eram a mesma coisa, e (2) o Coronel, embora talvez incapaz de formalmente dar o braço a torcer em um ponto, no fim sempre cumpria suas promessas. No caso, a promessa de que o programa era deles – a menos que realmente colocassem tudo a perder.

Foi nessa altura, a menos de uma semana do início das gravações, que Bones voltou à cena. Ele e Steve conheciam as limitações de Billy Goldenberg – as mesmas qualidades que tinham levado Billy a relutar no começo. Ele era um compositor da Broadway, um orquestrador e arranjador com ambições teatrais "legítimas" – mas, ao fim e ao cabo, esse programa tinha a ver com rock'n'roll. Billy seria perfeito para as sequências oníricas de "Guitar Man" e peças orquestradas, mas quando se tratava de trabalhar com a seção rítmica, ou até mesmo de convencer Elvis sobre a continuidade entre seu trabalho passado e o empreendimento atual, não restavam dúvidas de que agora Bones era o elo necessário. Atuaria como gerente de A&R e produtor musical encarregado de todo o projeto, explicaram a Billy, que ficou mais do que contente por enfim contar com um aliado nesse novo e escorregadio terreno.

Billy trabalhou freneticamente nos arranjos musicais durante o fim de semana. Os trabalhos diários com Elvis iniciaram em 17 de junho, o dia em que se transferiram para a NBC. Já tinha encontrado resistência dos caras, que nomearam Joe como seu porta-voz. “Ele me telefonou e disse: ‘Bem, o que é que você vai fazer? O que podemos esperar aqui?’. Respondi: ‘Sabe, bem, vou trabalhar com Elvis’. Ele disse: ‘Que tipo de banda vai ser?’. E falei: ‘Quero uma orquestra’. Daí ele comentou: ‘Não gostamos de orquestras. Elvis se dá bem com guitarras. Elas fazem tudo’. Respondi: ‘Não fazem, não. Preciso trabalhar com um monte de coisas conceituais aqui’. Ele disse: ‘Não sei se isso vai funcionar, meu chapa. Vá em frente e contrate a orquestra, mas se não gostarmos, vamos mandar todos os músicos para casa’.”

Até então, essa resistência não passava de um pequeno aborrecimento – creditado por Billy a tendências pessoais e conceitos musicais. A essa altura, porém, não havia tempo para se distrair com telefonemas “semiameaçadores”; precisavam recolocar o programa nos trilhos imediatamente. Ligou para Finkel e disse que precisava uma linha direta com Elvis; não curtia “receber ligações e ter que se preocupar se eu seria morto por escrever um acorde de sétima da dominante”. Finkel disse a Billy para não se preocupar, que ele ia cuidar do problema. A partir daquele momento, Billy trabalhou direto com Elvis. Encontrou um homem muito diferente do Elvis Presley que esperava, porém.

> Quando entrei no estúdio, Elvis tocava “Sonata ao luar” de Beethoven ao piano. Então penso: “O que é que está acontecendo aqui? Isso é mesmo interessante”. E ele me diz: “Ah, você conhece essa?”. Respondi: “Conheço, sim”. Ele pediu: “O que vem depois desse trecho?” e tocou a introdução de novo. Então sentei ao lado dele e toquei um pouquinho da parte seguinte. Ele comentou: “Isso é maravilhoso”, e logo aprendeu, e passamos a maior parte de nosso primeiro ensaio estudando o movimento inicial da “Sonata ao luar”!

Fiquei boquiaberto. Com certeza isso quebrou o gelo, e foi uma espécie de prenúncio do que estava por vir. Mas ele aprendia incrivelmente rápido. Passamos por "Guitar Man", e ele deu poucas sugestões. Sempre com a maior polidez. Sempre com o maior respeito. Tão incrivelmente diferente de todas as pessoas em seu entorno. Classudo. Ou seja, sob todas essas coisas, de repente encontrei essa pessoa com quem eu conseguia me relacionar. Era divertido trabalhar com ele, porque se empolgava com aquilo, despertava uma faísca criativa – quer dizer, se eu fizesse uma mudança de acorde específica, ele cantava um fraseado melódico ou tinha uma ideia e perguntava: "Acha que pode funcionar?". E eu respondia: "Vamos brincar um pouco com isso e descobrir". Eu captava o que ele fazia, e ele captava o que eu fazia – rapidamente formamos um vínculo forte e, como eu disse, muito divertido.

Noite após noite, fomos progredindo, e todas as noites tocávamos um pouco da "Sonata ao luar". Uma noite ele estava ao piano, e a porta se abriu, e entraram dois ou três amigos dele. Na mesma hora ele tirou as mãos do teclado, como se uma sombra estranha e escura tivesse invadido o lugar. Entraram e logo disseram: "Que droga é esta?". Elvis disse: "Ah, só uma coisinha que estávamos fazendo". Comentaram: "Ah, é horrível", e ele não respondeu nada, só pegou a guitarra e começou a tocar de novo aqueles velhos acordes em Mi maior, era isso que eles queriam ouvir, e assim terminou o nosso período de ensaio diário. Tive que ligar para Bob Finkel outra vez e dar um ultimato: "Pode, por favor, tirá-los daqui? Caso contrário, não consigo fazer meu trabalho!". Foi isso que ele fez. Elvis, porém, mal podia esperar para continuar.

Não causou surpresa que, entre os caras, Charlie Hodge tenha sido o único a revelar algum interesse musical no trabalho de Goldenberg e Elvis, mas o fato de o Coronel mostrar um grau considerável de bondade pessoal para com ele deixou Billy bastante surpreso. “Sempre foi gentil comigo. Dizia: ‘Me conte sobre você. Como é a sua vida? O que você quer fazer?’. Simplesmente adorava histórias, queria ouvir tudo a respeito do meu passado e indagava: ‘Tem algo que você quer que eu faça, para tornar as coisas mais fáceis para você?’. Ou seja, em relação a Elvis. E continuava: ‘Meu garoto gosta muito de você’.” Goldenberg não sabia como processar isso tudo, mas mostrava gratidão. Com alívio, Binder, Bones e Bob Finkel também notaram uma aparente e significativa mudança na atmosfera: por alguma razão, o Coronel e Elvis, cada qual, sem dúvida, em prol de suas intenções pessoais e cada qual a seu modo, pareciam enfim determinados a transformar esse programa numa obra especial.

A partir desse ponto, na maior parte do tempo, as coisas transcorreram bem – ou, pelo menos, mais suavemente. Com o coreógrafo Lance LeGault, Elvis trabalhou arduamente em seus passos de dança, até conseguir ao menos acertar as marcas nas sequências de produção de intricada coreografia. As provas do figurino com Bill Belew também correram bem, e a crise do terno de lamê dourado era página virada. Todo mundo no programa esperava que Elvis mostrasse rompantes de temperamento, mas isso nunca aconteceu. Dedicou-se ao trabalho com o mesmo tipo de atitude alegremente democrática que sempre tinha mostrado no set de filmagem. Entretanto, Finkel continuou às voltas com o Coronel, que, como sempre, trabalhava em tempo integral. Logo no início, Parker conseguiu que os agentes da William Morris designados a ele para o programa ficassem do lado de fora de seu escritório, vestidos como guardas do Palácio de Buckingham. Finkel não podia ficar atrás: retaliou reinventando-se como Almirante Finkel, requisitando ao setor de figurino um traje de Lord Nelson e aparecendo de calça pirata e chapéu tricorne. Por insistência do Coronel, brincaram de um jogo chamado

"Honestidade". O Coronel pensava em um número, Finkel apostava 20 dólares, tentava adivinhar o número e – previsivelmente – quase sempre errava. Uma ou duas vezes, justamente quando Finkel achava que nunca venceria, o Coronel anunciava que ele enfim tinha acertado. Entregava os 20 dólares com um muxoxo de decepção. Mas, ao longo de duas semanas de ensaios, o produtor executivo encarregado do Coronel Parker calculou ter perdido em torno de 600 dólares. Em circunstâncias normais, Finkel se comportava com uma sobriedade convencional. Às vezes, se admirava consigo mesmo e com o estranho domínio que o Coronel parecia exercer sobre ele, simplesmente em virtude de seu charme pouco ortodoxo. "Eu fazia coisas engraçadas... Ele brincava comigo, e eu brincava com ele. Um dia fui até ele e avisei: 'Coronel, vou superá-lo nessas coisas. Se eu vencer o senhor, e o senhor admitir, vou querer a sua bengala. Quero pendurá-la na parede'. E ele topou."

O Coronel só continuou batendo na tecla da única questão primordial, o próprio tema do espetáculo: Elvis precisava concluir com uma canção de Natal. Nesse ponto, ele permanecia irredutível, por mais que Binder tentasse convencê-lo do contrário. Steve continuou trazendo à tona a ideia de Elvis tecer considerações finais frouxamente roteirizadas *após* cantar a música de Natal – mas sempre recebeu a oposição prática, implacável e quase irracional do Coronel a qualquer declaração de Elvis.

Esse era o único empecilho, porém, na atmosfera cada vez mais bem calibrada de uma operação que enfim tomava forma. Binder *acreditava* em sua equipe, sabia do que ela era capaz. Acreditava em si mesmo. E, agora, começava a acreditar em Elvis. A essa altura, não restavam mais dúvidas de que o cantor dedicava todo o seu foco no programa – não estava simplesmente presente, estava *lá*, assim como o restante da equipe, 12, 14, 16 horas por dia. Todas as noites, após o ensaio, ele relaxava no camarim, rindo e brincando com os caras, cantando e tocando violão com Charlie. Certa noite, Steve entrou no que agora tinha se tornado um cenário familiar e de repente experimentou uma revelação. Era *esse* o caminho a seguir. A declaração de Elvis poderia ser *esta:* uma sessão totalmente improvisada em vez do rígido e um tanto arrogante segmento "informal" especificado no roteiro. Súbito, numa explosão de entusiasmo, pensou: poderiam filmar no camarim, ao estilo *cinéma vérité*; por um momento, quis descartar todos os segmentos produzidos – isso poderia se tornar não só o ponto central, mas o programa inteiro.

No fim, a realidade se reafirmou. Após conversar com Elvis, as ideias se cristalizaram. Primeiro, trazer o guitarrista original Scotty Moore e o baterista D. J. Fontana, para Elvis se sentir mais à vontade. Segundo, recriar, da melhor maneira possível, a atmosfera informal do camarim no "palquinho com tamanho de ringue de boxe", projetado para o show ao vivo "mais formal" no coração do programa. Em vez de roteirizar, o diretor resumiu alguns dos tópicos que gostaria que Elvis discutisse – a parte sobre ser filmado da cintura para cima no *The Ed Sullivan Show*, o juiz em Jacksonville em 1956 que não o deixou fazer sua ginga no palco, levando Elvis a retaliar, balançando o dedo mindinho para sugerir os movimentos proibidos. Coisas essenciais, disse Steve, para restabelecer a imagem rebelde. E quando Elvis expressou preocupação de que ele talvez não conseguisse contar as histórias direito sem frases para decorar, Steve foi rápido em tranquilizá-lo: tudo o que tinha a fazer era improvisar; os músicos lhe dariam as deixas e ele podia ter um pedaço de papel por perto com a frase principal de cada historieta. Daria tudo certo, disse Steve com calma: bastava seguir a inspiração do momento. E caso ficasse sem coisas para dizer, como último recurso, sempre poderia voltar àquela canção de Jimmy Reed com a qual ele e Charlie sempre brincavam. A letra da música – com seu refrão constante "*Going up, going down, up down, down up, any way you want me*" – forneceria um comentário por si só.

No fim de semana, Scotty e D. J. desembarcaram no aeroporto, cinco dias antes do início das filmagens. Ninguém havia lhes dito nada, além de que tinham vindo para tocar de improviso. Mas as coisas logo se encaixaram e, num piscar de olhos, era quase como se estivessem de volta aos velhos tempos, com boa parte do fácil intercâmbio dos primeiros dias. D. J. contribuiu com algumas das reminiscências mais desinibidas, estimulado por Charlie. Por sua vez, Scotty contribuiu com seus próprios e caracteristicamente sardônicos comentários, gentilmente desinflando certas afirmações mais exageradas e acrescentando, depois, com uma piscadela, outras de sua autoria. Uma noite, foram à casa de Elvis para um jantar pós-ensaio e um bate-papo sobre o futuro. Queria fazer uma turnê pela Europa, contou Elvis. Queria gravar no estúdio de Scotty, só "ensaiando" como estavam fazendo agora. "Ele me perguntou o que eu achava. Seria possível, só ficarmos lá por cerca de uma semana e ver o que inventaríamos, como nos velhos tempos? Falei: 'Sem problemas... se você deixar metade de sua galera em casa'. Ele disse: 'É disso que estou falando'. Mas, claro, nunca aconteceu." Tanto Scotty quanto D. J. ficaram impressionados com Binder, empolgados com seu entusiasmo e com sua dedicação integral à tarefa. Ficaram apreensivos, porém, com uma coisa. Estariam contribuindo o suficiente? Toda hora, D. J. ficava perguntando ao diretor o que exatamente ele queria que eles fizessem. "Mas ele só dizia: 'Não faça nada, só faça o que você está fazendo. Isso é tudo o que eu quero'."

Nesse meio-tempo, conforme programado, as gravações começaram na noite do dia 20. Os trabalhos aconteciam no estúdio Western Recorders, em 6000 Sunset e, pela primeira vez, todas as atenções se direcionaram à música. O Coronel havia instruído Freddy explicitamente: uma vez que a gravação real começasse, ele deveria ficar de fora. Essa proibição se aplicava também a si próprio, declarou ele. "Se o Coronel não pode meter o bedelho, as outras pessoas são autoexplicativas", declarou, enquanto estipulava que cabia a Lamar manter o bom humor, missão da qual Freddy foi enfaticamente excluído.

Bones montou uma banda composta de muitos dos mesmos músicos de primeira linha de Los Angeles que Billy Strange havia reunido para as sessões abortadas de agosto e para a trilha sonora de *Viva um pouquinho, ame um pouquinho*. "Tivemos que enfrentar o pessoal da NBC – queriam manter os custos baixos e tentaram fazer tudo apenas com a orquestra própria. Participamos de algumas reuniões incríveis com eles, Steve e eu – sabe, o que Elvis Presley vai dizer se entrar e topar com um bando de velhos que não entende nada sobre rock'n'roll? Usamos alguns instrumentistas de cordas da NBC e membros do naipe de metais. Mas escolhemos a dedo a parte principal, a seção rítmica."

A ideia era pré-gravar tudo, exceto as duas apresentações ao vivo (o show e o segmento informal/acústico com Scotty e D. J.) que permaneciam no cerne do programa. Dessa forma, sempre que possível, seriam capazes de usar uma faixa instrumental pré-gravada como fundo para um vocal ao vivo. Mas se Elvis aparecesse em um segmento coreografado ou participasse de uma tomada longa, em que a presença de um microfone se tornasse visualmente intrusiva, simplesmente poderiam sincronizar a faixa vocal nesse ponto. Bones já conhecia a habilidade de Steve em alternar sequências ao vivo e pré-gravadas. E Bones também sabia exatamente como queria gravar Elvis: os vocais ao vivo no estúdio (mesmo que se tornassem vocais de "referência") seriam a alma do programa. "Dei a ele um microfone de mão. Senti que Elvis não ia funcionar no mesmo âmbito estrutural de artistas contemporâneos, que gravam o instrumental e depois fazem overdubs e tudo mais. A minha responsabilidade envolvia extrair dele o melhor desempenho possível. No tempo [todo] que produzi discos, uma das coisas que eu tentava fazer é, em primeiro lugar, sempre levar em conta o artista. Você não quer expor o artista a uma situação em que ele se sinta desconfortável só para você conseguir fazer bem o seu trabalho. Se o microfone vocal estiver captando um pouco da bateria, isso não é legal, a gravação não é perfeita... Mas [assim] o resultado pode ser uma excelente performance."

Billy Goldenberg andava agoniado com as orquestrações. Primeiro, sofreu muito com elas, trabalhando ao máximo para fazê-las expressar algo não imediatamente óbvio. E agora, de repente, a dúvida sobre a reação de Elvis se tornou quase opressiva. "Nessa época, Quincy Jones tinha acabado de compor a trilha do filme *A sangue frio* – muito sombria e gutural, uma trilha cruel. Eu a achei incrível e pensei num jeito de trabalhar esse conceito num programa de TV. Assim surgiu a ideia de 'Guitar Man' [como medley central].

Eu queria sintonizar isso com o íntimo de Elvis. Para ser sincero, eu queria sintonizar isso com a perversidade no âmago dele, mas ele só a projetaria em um lugar: o palco. Tipo, Elvis cantava e fazia todas as coisas visuais que ele fazia, e depois, no fim, achava graça daquilo. Mas, sem dúvida, ele criava uma sintonia com a escuridão, com as coisas selvagens, indomáveis e animalescas. Essa era uma parte [tão] grande de Elvis, ele não fez a diferença sendo doce. Pulsava nele algo descaradamente sexual, e era isso que eu queria na música. Eu sentia que, se conseguisse captar isso, eu me aproximaria do Elvis em estado bruto. Não o Elvis que entrava na sala para falar com você, porque ele era a pessoa mais doce do mundo, sabe, [o] bom filho... e grande parte do problema de Elvis residia nisso."

Billy não precisava temer a reação de Elvis. Começaram com o extenso e complicado medley de "Guitar Man", que seria intercalado ao longo do programa e representava a declaração mais direta de Billy sobre a temática por ele escolhida. "Primeiro, ensaiei a orquestra em separado, e todos estavam na cabine de controle... Elvis, o Coronel, Finkel, os caras, todo mundo. Uma noite muito apavorante para mim. Seja como for, ensaiamos o número do começo ao fim, e fiquei muito feliz com o resultado, mas quando terminei, lancei o olhar à sala de controle. Silêncio total. Pensei: puxa vida, devem ter odiado. Então Elvis entra no estúdio, dá oi para os músicos. Tínhamos uma orquestra bem grande, com violinos, violoncelos, trompas, acho que havia cerca de 40 ou 50 peças. Ele indaga: 'E estas aqui, como se chamam?'. Falei: 'São as trompas'. Ele disse: 'Ah, isso é realmente interessante... Acha que posso cantar com esse acompanhamento?'. Respondi: 'Sim'. E ele: 'Bem, posso tentar? Posso cantar com a orquestra agora?'. E os caras saíram, meio que confabulando, fazendo pequenos comentários negativos, sobre como aquilo nunca ia dar certo. Mas Elvis não lhes dá ouvidos. Entra em sua pequena cabine de isolamento, e faço a orquestra começar, e ele faz a coisa toda. E foi mesmo dinamite. Simplesmente... emocionante! Começou bem suave, e foi crescendo, crescendo, até soar um estrondo total. Terminou esse primeiro ensaio empapado de suor.

Daí os caras, percebendo que ele gostou, claro que disseram: 'Ah, isso é espetacular'. Steve soltou um suspiro de alívio, enquanto Bones tratava alguns detalhes musicais com Elvis. Mas o cantor continuou ensaiando essa sequência de 'Guitar Man', e quando terminou a noite, foi como se tivesse acabado de transar. Tipo, estava tão eufórico, tão envolvido e animado, com uma alta carga emotiva... Sinceramente, não me lembro de nada parecido em minha vida. Foi um ápice".

A ficha então caiu para Steve. Essa mesma intensidade, todo esse envolvimento emocional de Elvis no ato de gravar, só confirmou o quanto precisavam de um grande final. Extrair dele esse tipo de comprometimento apaixonado para depois encerrar com "I'll Be Home for Christmas" seria mais do que um equívoco, seria um crime estético. Jogaria por terra a visão democrática que na opinião de Steve se constituiu a essência do programa. "Súbito me dei conta de que tenho Elvis Presley, Coronel Parker, bandeiras confederadas, um coreógrafo negro, um coreógrafo porto-riquenho e um diretor judeu! No programa, tudo se integrava. Nos bastidores. Na frente das câmeras. Elvis cantando com as Blossoms [grupo vocal negro, feminino, embebido em gospel exigido por Elvis], as seções de dança em preto e branco e – sabe – púrpura. Tipo, aquele programa tinha um astral, você odiava ter que ir dormir, porque ficava muito ansioso para retomar [o trabalho] no dia seguinte. Éramos todos uma grande família."

Era isso o que mais irritava Steve em relação à falta de uma conclusão real. Foi isso que o incitou a continuar procurando. Sabia as coisas que Elvis sentia, mas como expressá-las de modo diferente e completo? Elvis nunca teve permissão nem inclinação para isso. O arremate deveria ser uma espécie de resumo, Steve sentiu, uma declaração de idealismo compartilhado. Para isso, abordou Earl Brown, o arranjador vocal, para compor uma canção. "Puxei Earl de lado e disse: 'Earl, tenho que te explicar uma coisa. Chegou a hora da verdade. Não preciso mais de um monólogo no final, preciso de uma canção para incorporar a mensagem do monólogo'. Essa foi a minha contribuição: passar as diretrizes de como eu gostaria que a música soasse. Então Earl foi para casa. No outro dia, às sete da manhã, acordo com o telefone tocando. É o Earl. 'Consegui, Steve. Acho que acertei em cheio na canção.' Mais tarde, entro no estúdio, e Earl toca a canção para mim... O título era 'If I Can Dream'. Exclamei: 'É isto! Você acaba de compor a canção que vai encerrar o show'.

Então vou ao Bob Finkel e digo: 'Bob, já tenho o fim do show'. E ele: 'Percebe o que está fazendo? O Coronel vai puxar seu tapete. Tem que ser uma canção natalina'. Retorqui: 'Não *pode* ser uma música de Natal. Esta é a canção com a qual Elvis vai fechar o programa'. Chamei Elvis, Billy e Bones ao camarim, e Earl sentou-se ao piano e tocou. Elvis meio que ficou ali sentado, só ouvindo. Não comentou nada. Limitou-se a dizer: 'Toca de novo'. Então Earl se sentou lá e tocou outra vez... e outra vez. Daí Elvis começou a fazer perguntas, e me arrisco a dizer que Earl tocou a canção talvez seis ou sete vezes seguidas. Então Elvis me encarou e disse: 'Vamos fazê-la'."

Em outra sala, enquanto isso, Bob Finkel tentava acalmar o Coronel, Freddy e todo o contingente da rede NBC. Todos se declararam firmemente contrários à introdução de um novo elemento agora, em especial uma canção ainda não testada, não experimentada e não natalina. Mas quando Binder saiu do camarim com o comprometimento sincero de Elvis em abraçar a ideia, o Coronel não hesitou em se bandear para o lado em superioridade tática. Steve fez Earl interpretar a canção para todos mais uma vez, mas "antes de terminar, a partitura foi arrancada de sua mão e levada à editora musical para garantir que tivessem 100% dos direitos autorais".

Billy varou a noite compondo o arranjo. No domingo, 23 de junho, último dia formal de gravação, Elvis gravou a canção em cinco *takes*. Mesmo apoiado por uma orquestra inteira, é a voz que predomina, como se estivesse sem acompanhamento, como o Coronel, sem dúvida, teria preferido. A canção é uma declaração liberal e bem-intencionada em prol da paz, da fraternidade e da compreensão universal, mas, ao longo dos anos, não é a letra que chama a nossa atenção. Em vez disso, é a dor, a convicção e a emoção crua na voz de Elvis ao cantar sobre um mundo "onde todos os meus irmãos andam de mãos dadas" ("*where all my brothers walk hand in hand*") e quase gritar o derradeiro verso: "Por favor, deixe meu sonho se tornar realidade agora" ("*Please let my dream come true right now*").

Não há como resumir com clareza o significado do momento; é um daqueles raros casos em que Elvis não presta atenção aos limites formais, enquanto sua voz, rouca de modo deliberado ao longo da canção, oscila perigosamente na mesma e dúbia nota, ao fim de cada *take*. Sob quaisquer outras circunstâncias, a canção talvez soasse nada além do que um apelo banal e generalizado pela compreensão universal, involucrado numa melodia um pouco estranha e hiperdramática. De alguma forma, porém, pela convicção de Elvis ou pelo conhecimento do ouvinte sobre seu custo, as palavras assumem mundos de significados, a melodia se eleva, uma emoção pulsa – junto com o frêmito naquela derradeira nota – em cada nova audição. Steve Binder lembrou de um detalhe: na tomada final, Elvis pediu que as luzes fossem reduzidas no estúdio e na sala de controle. "Acho que ele estava enlevado, absorto a tudo o mais no universo. Quando espiei pelo vidro, lá estava ele, quase em posição fetal, se estorcendo no piso de concreto, interpretando aquela canção. Ao terminar, Elvis entrou na sala de controle, e nós a reproduzimos talvez umas 15 vezes, ele simplesmente adorou o resultado."

Com o grosso das gravações prontas, Elvis se enfurnou em seu camarim na NBC pelo restante da semana. Sentia-se totalmente animado agora, no auge de uma forma em que raramente esteve desde que abandonou as apresentações ao vivo, dez anos antes. Seu profissionalismo continuou a ser notado por toda a equipe, continuou a impressionar a todos com sua cortesia, polidez e maleabilidade indefectíveis – mas agora também havia algo mais. Pela primeira vez em muito tempo, ele não se dava ao trabalho de esconder o fato de que realmente se importava.

Na terça à noite, Elvis participou de uma coletiva de imprensa, da qual se desincumbiu com sua habitual desenvoltura. Estava fazendo o programa de TV, disse ele, porque "achamos que já era hora. Além disso, achei melhor fazer isso antes de ficar velho demais". "Também fizemos um excelente negócio", atalhou o Coronel. "Além do especial, vamos realizar um filme, produzido pela NBC. É o que eu chamaria de um excelente negócio." Elvis comentou, apenas da boca para fora, sobre sua carreira atual em Hollywood. Meio no piloto automático, falou sobre seu compromisso inabalável de um dia se tornar um ator sério e sua constante busca por roteiros melhores. Com habilidade, se esquivou de questões mais profundas sobre vida, arte ou carreira. "Adorei a postura dele", disse Binder, e ele próprio teve uma ou duas coisas a dizer sobre o programa; na opinião dele, era "uma questão de importância para a história do vídeo". "Sempre que faziam uma pergunta, ele me dava um cutucão na perna, de um jeito engraçado, como quem diz: 'Vou tirar de letra essa pergunta'. Só de ver a imprensa lá sentada já foi divertido. Acho que ele ficou satisfeito só por ser o motivo disso. Nesse quesito, ele nunca, jamais precisou ser protegido."

Entretanto, ele não disfarçou seu nervosismo quando, no dia seguinte, fizeram um ensaio geral do programa e, no dia 27, gravaram a sequência intermediária e depois encetaram os preparativos para o show "informal" daquela noite. "Cara, sei que você está nervoso", disse ele a Alan Fortas, que, com o rancho fechado, tinha vindo à Costa no início da primavera e agora havia sido convocado para *aparecer* diante das câmeras na sequência informal. "Sei que você está assustado", repetiu. Mas Alan teve a nítida sensação de que Elvis na realidade falava de si mesmo.

A certa altura, os produtores também entraram em pânico. Bob Finkel deixou a cargo do Coronel a distribuição de ingressos para o show. "O Coronel me disse: 'Deixa comigo. A procura será inacreditável'. Falei:

'Por mim, tudo bem'. Começaríamos, digamos, às seis horas naquela noite. Às quatro, eu corro o olhar em volta, e não tem ninguém na plateia. *Ninguém*. Fui até o Coronel e disse: 'Cadê a galera que ia ficar o dia inteiro na fila?'. Ele disse: 'Sei lá'. Indaguei: 'O que o senhor fez com os ingressos?'. E ele me deu outra resposta boba. Ninguém entendeu a lógica do Coronel. Claramente ele havia distribuído os lotes de ingressos a seguranças e garçonetes, bem como a presidentes de fã-clubes, e apenas presumiu que uma multidão apareceria. Finkel atribuiu aquilo a expectativas grandiosas – ou seria talvez a última peça que ele pregava, uma peça que jamais conseguiria superar? Binder encarou aquilo mais como intencional, algo que vinha do singelo desejo do Coronel de provar que todos estavam errados. Seja lá qual fosse o motivo, o Coronel nunca deixou transparecer. Apenas seguiu em frente e agiu como se tudo estivesse normal. No final, ele e Finkel reuniram uma plateia, e o Coronel começou a escolher as fãs mais ardorosas para ficarem na frente, esperando o público replicar o tipo de resposta que havia oferecido em 1956 e 1957.

No último minuto, Elvis desabafou com Steve Binder: achava que não ia conseguir ir em frente. Mudou de ideia, ele me disse, decidiu que aquilo não ia dar certo. Como assim, mudou de ideia? Chocado, o diretor o interpelou, e até mesmo Joe ficou momentaneamente aturdido. Nunca tinha visto Elvis assim antes. Claro, já havia testemunhado o medo de palco, algo normal, mas sempre havia creditado isso ao ego do artista: Elvis simplesmente gostava de ser tranquilizado e ouvir que tudo ia dar certo. Agora, Joe não tinha tanta certeza disso. Porém, em um esforço conjunto, ele e Binder conseguiram acalmar o cantor. Tem uma *plateia* lá fora, lembrou Steve, Elvis não podia decepcionar seus fãs. Não fazia muita diferença se ele não acertasse de primeira, afinal, gravariam o mesmo show duas vezes. Caso não curtissem nada de nenhum dos shows, poderiam simplesmente descartar tudo. Mas Elvis insistiu: e se desse um branco nele? E se ficasse paralisado e não conseguisse pensar em nada para dizer? "Daí você sai, se senta, olha todo mundo, levanta e vai embora", disse Binder com firmeza. "Mas *vai ter* que subir ao palco."

NO ÚLTIMO
MINUTO, ELVIS
DESABAFOU COM
STEVE BINDER:
ACHAVA QUE NÃO
IA CONSEGUIR IR
EM FRENTE.

No show em si, essa sensação de pânico é imperceptível, transparecendo apenas sob a forma da estranha autodepreciação (as primeiras palavras de Elvis para o público são praticamente: "E agora, pessoal, o que é que eu faço?"), a qual, desde o início, tem sido uma parte intrínseca de seu charme. Parece tranquilo, mas tímido; modesto, mas seguro da própria beleza. Soterrado por aplausos, inesperadamente se vê, de alguma forma, no centro. O palco em si é uma versão hollywoodiana de um ringue de boxe (tabladinho branco com bordas vermelhas no lugar das cordas). Quase não há espaço para os músicos, que dirá para seus instrumentos. Sentado, D. J. segura, com expectativa, o par de baquetas – não sobre o kit de bateria, mas sobre a parte inferior de um estojo de guitarra. No espírito da ocasião, Steve teve essa ideia, no mais sincero e incondicional espírito de "improvisação". No círculo de cinco cadeiras, Elvis senta na ponta, com os outros quatro focados nele. Esguio, ágil e um tanto desconfortável em seu terno de couro preto aveludado; mesmo em repouso, parece pronto para saltar num pulo, as pernas compridas casualmente esticadas à sua frente. Quase como que para compensar o sinuoso charme de Elvis, os três músicos – Scotty, D. J. e Charlie – todos vestem um traje bordô de *velour* felpudo, sem falar em Alan Fortas, que mais parece um elemento decorativo cuja presença no palco serve apenas para reforçar a sensação geral de *cinéma vérité* ambicionada pelo diretor. Alan nunca tocou um instrumento, mas desde o início Binder encarou a interação de Elvis com os caras como parte da atmosfera informal do camarim. Por isso Alan aparece sentado, pouco à vontade, as mãos apoiadas nas costas dum violão, mais um elemento nessa "banda rítmica" caseira. Lance LeGault, único outro participante no palco, agachado logo atrás de Elvis, tocando pandeiro, enquanto Joe, Lamar e Gee Gee, de terno e gravata, pairam vigilantes a poucos metros de Elvis, nos degraus que levam ao palco.

A plateia *pocket*, não mais de duas centenas, está estranhamente calada – mais surpresa por ser *Elvis* e não por algo que ele seja capaz de fazer. Eis que o objeto da atenção deles parece experimentar uma sensação de perplexidade semelhante. Procura algo a dizer e dá uma espiadela na folha com sugestões de tópicos sobre a mesa de vidro à sua frente. "Esta deveria ser uma seção informal do show", brinca ele, "na qual podemos desmaiar ou fazer o que quisermos, especialmente eu". Então faz uma tentativa de voltar ao roteiro, mas não vai além de umas poucas palavras sobre o seu primeiro disco e como "comecei... em 1912", até que finge perder o fio da meada, baixa os olhos e emenda, enfim: "E se eu cair no sono aqui…". Os outros caem na gargalhada, como quem diz: também não levamos nada disso muito a sério.

Súbito, então, todo mundo se agita: Elvis se lança numa versão animada, embora não especialmente melodiosa, daquele primeiríssimo single, "That's All Right". Mas a tensão se quebra de uma vez por todas com "Heartbreak Hotel", não fruto de uma grande interpretação, mas por esquecer a letra da música. O espectador fica se perguntando se não é uma tática. Será que ele realmente não se lembra da letra? O fato é que de cara ele conquista a simpatia do público, declara a própria vulnerabilidade (enquanto também se alça acima dela) e dá o tom para o resto da noite, um quê de inspiração acidental e descontraída. Também tenta se erguer da cadeira pela primeira vez, algo quase impossível, levando em conta a proximidade com a borda do palco e a ausência de uma correia da guitarra ou de um microfone direcional. Mas isso também define o tom, pois, para o público, ficar em pé equivale ao tipo de liberdade que Elvis luta o resto da noite para conquistar. Por sua vez, isso empresta mais drama aos movimentos limitados que ele é capaz de fazer sentado, arrancando gritos da plateia ao levantar as pernas da cadeira, numa variação do gingado pelo qual sempre foi conhecido. No instante em que começa a próxima canção, "Love Me", balada de Leiber e Stoller, é claro que Elvis está no comando, cantando belamente a maior parte do tempo, franzindo a testa, fingindo arrotar sem fazer isso, interagindo com o público, como sempre fez, zombando de suas próprias pretensões.

A essa altura, ele deve ter ficado sem coisas para dizer, porque, após trocar de guitarra com Scotty, segue o conselho de Steve e, pela primeira das três vezes ao longo desse breve set de uma hora, lança-se no blues de Jimmy Reed, "Baby What You Want Me To Do". Um pouco à toa, ele brinca: "Estamos na televisão?". "Não", gargalha Charlie. "Estamos num trem com destino a Tulsa." E daí em diante, tudo se torna um pouco surreal – ou, talvez, apenas cria sua própria realidade. No restante do show, Scotty nunca pega de volta sua guitarra; é Elvis, que nunca tocou guitarra elétrica em seus próprios discos, que dedilha agora a guitarra solo, com uma limitação cativante, elétrica, bluesística. A essa altura, o roteiro pode muito bem ter ido para a cucuia, mas ainda assim o espírito é preservado, em referências zombeteiramente sardônicas às sugestões de tópicos. "Diz aqui: 'agora o Elvis vai falar sobre seu primeiro disco e de como as coisas começaram a acontecer depois disso'", recita ele friamente, compartilhando a piada com o público, enquanto a risada estridente dos caras oferece consentimento antes mesmo de a piada estar plenamente entregue.

Difícil imaginar o que está passando na cabeça do produtor e do diretor – talvez estivessem tão fascinados pelo momento que não tinham nem tempo para pensar. Se tivessem sugerido esses ingredientes desde o início como a fórmula para um especial em âmbito nacional, qual teria sido a resposta do Coronel, da rede de televisão, da indústria? E, mesmo assim, aquilo funciona, de alguma forma. Muitos fatores se revelam de uma estranha eficácia aqui: a incapacidade de Elvis de se apresentar como outra coisa que *não* ele mesmo, e o próprio amadorismo dessa apresentação; o comportamento insanamente inadequado de Charlie, fonte de tantos ressentimentos no seio do grupo; a reação de Elvis com uma réplica ao estilo "noitada dos garotos" e, por fim, até mesmo a qualidade imprevisível e intimista da música em si. Cada elemento desenfreadamente incalculável parece apenas incentivar Elvis a se perder, e, paradoxalmente, também a se *encontrar*. Estamos de volta a 1955 e 1956. Sem regras, Elvis explora um território desconhecido: fora de todas as normas do show business, das educadas relações socioprofissionais, com nada além de um instinto desnorteado por seu próprio charme, de uma crença inata em sua capacidade de detectar exatamente o que a plateia está buscando e de uma crença nessa plateia em si, cria o Elvis que ele gostaria de ser.

Súbito, por um momento, ele some. A pedido de Scotty, por uma deixa do roteiro, canta "Lawdy, Miss Clawdy", repetindo os versos tantas vezes até estar, verdadeiramente, perdido na música. Entoa versões fascinantemente melódicas, quase sentimentais, de "When My Blue Moon Turns to Gold Again" e "Blue Christmas". Em seguida se lança em "Trying to Get to You", número que gravou no fim de seu período na Sun e uma canção que sempre parece tocar as mais profundas fontes de suas emoções. A câmera fecha em Elvis enquanto, mais uma vez, ele brinca com a ideia de ficar em pé. Está cantando com mais potência do que jamais cantou, ou jamais precisou, no início da carreira, ao mesmo tempo que brinca com a plateia, provocando-a, mimetizando em tempo real a emoção que flui da massa. Os trabalhos seguem com "One Night", de Smiley Lewis, na qual enfim consegue se levantar, com um puxão no cabo que conecta a guitarra ao amplificador. "Tenho que fazer isso de novo, cara", confessa ele, e o faz – suspenso entre jogo e realidade, talvez incapaz, nesse momento, de perceber a diferença.

A princípio, parecia que não ia sobrar muito para a segunda apresentação, marcada para as oito horas da noite. O segundo show seguiu na mesma linha, com uma diferença quase impossível: foi ainda mais solto, mais estrondoso e mais informal. Talvez tenha contribuído para isso a conjunção de dois fatores: a familiaridade do público com o que estava por vir e a própria consciência de Elvis sobre o que havia realizado. Dessa vez, as piadas são contadas sem a necessidade de frases decoradas, as letras são esquecidas mesmo sem o artifício da condenação, e as falas do roteiro são lidas de um modo ainda mais sarcástico. "*It's been a long time, jack*", Elvis anuncia, enquanto os caras repetem sonoramente as falas *deles* – "*Aw, take it on home*", "*Tell it like it is*", "*Play it dirty*" – como mantras que se tornaram piadas internas.

Mas então, justamente quando você começa a pensar que não há como recuperar o feitiço, Elvis mais uma vez encontra o que procurava.

E isso acontece quase exatamente no mesmo ponto em que no show anterior. Começando com "One Night", o segundo show segue com uma versão encorpada de "Love Me". Mais uma vez, o clímax é alcançado com "Trying to Get to You". Por um momento, no finzinho da música, os olhos de Elvis reviram para trás e ele se transporta a outro lugar. Encadeiam uma perfeita execução de "Lawdy, Miss Clawdy" e uma versão explosiva de "Tiger Man" (o blues de Joe Hill Louis que ele tentou gravar, sem sucesso, na época da Sun). Para fechar, "Memories", a balada melosa de Mac Davis e Billy Strange que também concluiu o primeiro show. É, em suma, um triunfo assombroso, apesar do pânico inicial. Mas realmente o fator preponderante é aquele exato momento em que não só a autoconsciência, mas a própria consciência é perdida. Não é de se admirar que certas pessoas intimamente ligadas à produção especulem que "no fim do show, ele estava literalmente exaurido". Afinal de contas, isso não está tão longe de sua própria descrição em 1956 de como Elvis se sentia nos palcos. "É como uma explosão elétrica passando por você", disse ele na época. "É quase como fazer amor, mas é ainda mais forte do que isso... Às vezes acho que meu coração vai rebentar."

O SHOW "STAND-UP", dois dias depois, foi um triunfo absoluto. Novamente foi gravado em dois sets mais ou menos idênticos, diante de uma plateia ao vivo, mas dessa vez a ideia era apresentar os hits atualizados para o "público atual", como Steve achava que deveriam ser, por meio dos arranjos de Billy Goldenberg. Orquestrações contemporâneas ou não, mais uma vez Elvis usou o traje de couro, e de novo deixou trair seu nervosismo no início, pegando o microfone com a mão trêmula antes de se jogar em "Heartbreak Hotel". Nesse show, a guitarra é mero adereço, e só aparece no primeiro número do set de abertura. No próximo número, "Hound Dog", Elvis desliza sobre os joelhos. E durante o resto do show, talvez inspirado por seu recente reencontro com Ed Parker, faz poses de caratê. Em uma performance absolutamente magistral, Elvis anda de um lado para o outro, arqueja, brinca com as afeições da plateia (entrega lencinhos encharcados com seu suor), rodopia, fica estático e faz poses animais. Uma eletricidade permeia o ambiente, e o próprio Elvis é como um jato prestes a decolar – aqui não há espaço para ironias sofisticadas, mesmo que algumas canções sejam datadas, e as orquestrações, fundamentalmente tolas. Quando chega a "If I Can Dream", que vai apenas dublar neste e no segundo show (no dia seguinte, voltará para gravar um vocal ao vivo, com roupas diferentes, sobre a faixa instrumental), tão apaixonado é seu comprometimento que até a dublagem é convincente, não só pela sincronização perfeita, algo com que nunca pareceu se importar muito nos filmes, mas pela total sinceridade de seus gestos e expressões faciais. É como se enfim se tornasse um ator, deixando de lado tudo o que aprendera sobre atuar e simplesmente revelasse o fogo que sentia arder por dentro.

O dia seguinte, um domingo, foi o último dia de gravação. A última chance de Steve conseguir tudo o que precisava antes de iniciar a delicada tarefa de montar os vários elementos e entretecê-los juntos num corte bruto para apresentar ao patrocinador, ao Coronel e à chefia da rede de televisão, perto do fim daquele verão no Hemisfério Norte. Steve ia conseguir, Bones não tinha dúvidas. Apesar das crescentes divisões pessoais com seu parceiro, não conhecia ninguém mais adequado para montar um programa em tempo real, posicionar a câmera nos ângulos certos em plena ação e depois combiná-las de forma a transmitir toda a emoção, como se você estivesse realmente ali. Sabia que o som seria um problema, o antiquado sistema de mesa dos estúdios de TV – mas o *sentimento* estava ali. Bob Finkel afirmou ter levado a cabo um projeto muito complexo e difícil. "Foi uma das experiências mais completas que já tive no ramo. Não houve rompantes, nada de 'não gostou, vá se foder e caia fora'... A realização e o sucesso do projeto foram muito emocionantes."

Por outro lado, para Steve Binder, foi como um sonho tornado realidade: a visão buscada por ele, contra toda a sabedoria e o bom senso empresariais, tinha funcionado na prática. "Eu tinha uma chave. E por fim encontrei o buraco da fechadura. Não fiquei controlando suor, nem maquiagem, ou coisas assim. Apenas dei liberdade a ele para sair e fazer um show ao vivo. Eu dizia: 'Tudo bem suar, tudo bem ficar com o cabelo despenteado'. Sinto em meu íntimo que se Elvis tivesse feito um especial de Elvis clichê hollywoodiano, todo mundo no ramo ia dizer: mas que cenários magníficos! No entanto Elvis teria sido motivo de chacota. Só que o cantor acertou um direto no queixo deles. E tudo aquilo a que todos se opuseram – o suor, o cabelo caindo no rosto – acabou se tornando o sangue e as entranhas do programa. Foi disso que as pessoas gostaram. E se teve algo de que não gostaram, foram os números coreografados."

E quanto ao desempenho de Elvis? Na percepção de Steve e Bones, era difícil imaginar o cantor deixando facilmente de lado a transformação que haviam testemunhado. Para Steve, após estudar os monitores de vídeo com extrema atenção para fazer a montagem da ação ao vivo que iria ao ar, não restou dúvida. "Subitamente a metamorfose se cristalizou. De repente, a confiança começou a aumentar. Um verdadeiro *cinéma vérité*." Isso se tornou ainda mais evidente para Bones quando Elvis voltou ao camarim após o segundo show de *stand-up*. "O suor fez o traje grudar na pele, e a solução de Bill Belew foi cortar à tesoura. Eis que Elvis avisa para quem está na sala: 'Diga ao Coronel que preciso falar com ele'. O empresário entrou, e Elvis, ainda eufórico com a experiência, declarou: 'Quero voltar a fazer turnês. Quero viajar e trabalhar com plateias ao vivo'." O Coronel, de modo previsível, não estava disposto a discutir o assunto em pleno camarim, diante de pessoas desconhecidas. Na mente de Bones, restou pouca dúvida de que Elvis ia se agarrar àquela nova resolução.

Scotty e D. J. já tinham ido para casa havia muito tempo. Foi a última vez que tocaram com Elvis, e a última vez que ele e Scotty se viram. Não houve mais conversas sobre gravações de improviso, nenhum telefonema aconteceu. Steve e Bones também não tiveram mais negócios com ele, assim que o programa ganhou seu formato acabado, no finzinho do verão; na verdade, inclusive a parceria deles como dupla terminou, pouco depois. Por sua vez, Bob Finkel acabou desfrutando de seu próprio e silencioso triunfo. Quando o Coronel voltou para casa em Palm Springs, ao término das filmagens, ficou atônito ao descobrir, no gramado frontal de sua casa, o letreiro do programa, soletrando E-L-V-I-S, exposto num gigantesco display. "Enviei as letras com um gerador. Quando o Coronel chegou, as luzes piscavam." O Coronel admitiu a derrota. "Deu-me sua bengala, que até hoje está exposta na parede de minha sala." Reconheceu a derrota, mas nem por um momento desistiu da luta. Novas batalhas, novas disputas e novas metas aguardavam logo adiante.

Elvis com Roy Hamilton, Estúdio American, Memphis, janeiro de 1969
(Cortesia de Joe Esposito)

UM DIA NAS CORRIDAS

Julho de 1968 a agosto de 1969

AS FILMAGENS EM LOCAÇÃO de *Charro!*, o contundente faroeste em que Elvis depositava grandes esperanças, começaram em 22 de julho, em Apache Junction, Arizona, após duas semanas de pré-produção. A decepção foi quase imediata. Barbudo e desalinhado conforme mandava o roteiro, Elvis chegou ao set e fez uma descoberta. O roteiro inicial, se não chegava a ser uma obra-prima literária, ao menos tinha sido escrito da maneira inovadora e ousada, ao estilo de um "*spaghetti western*" de Clint Eastwood. O problema é que o roteiro original sofreu um processo de censura e manipulação a ponto de ficar irreconhecível. Por exemplo, a cena de abertura incluía originalmente três damas da noite, que mostravam os seios e erguiam os vestidos "acima dos quadris, mostrando a genitália, depois se virando e mostrando as nádegas nuas, e isso é rotina, e ninguém ao redor se ofende com isso". Na versão nova, a cena se transformou no clássico confronto de bar, e o roteirista-diretor, Charles Marquis Warren, veterano de Hollywood e criador de faroestes de televisão como *Gunsmoke*, *Rawhide* e *The Virginian*, acabou adotando uma abordagem tosca e excêntrica, afastando toda e qualquer esperança de realizar algo substancial.

Quatro semanas depois, de volta a Hollywood, Steve Binder havia editado o corte preliminar do especial. A duração ultrapassava consideravelmente o estipulado, mas Steve estava muito orgulhoso e pediu para Elvis dar uma olhada. Alguns dos caras o acompanharam à sala de Binder na NBC, e assistiram à primeira versão do especial no pequeno monitor de televisão em preto e branco. Para Jerry Schilling, Elvis não escondia o nervosismo. Ficou calado até os demais expressarem entusiástica aprovação. Continuou estranhamente contido, observou Jerry. Quase como se preferisse não arriscar uma opinião antes de ver a reação do público.

Em 20 de agosto, o Coronel participou de uma exibição mais formal, em companhia de executivos da NBC e da RCA. E não fez questão nenhuma de se conter. Cadê a canção de Natal? Foi a pergunta dirigida por escrito a Tom Sarnoff no dia seguinte, junto com uma minuciosa análise crítica sobre o programa. O memorando de duas páginas apontava excesso de números de produção, seção gospel muito longa, seleção malfeita dos trechos ao vivo. Além disso, "Little Egypt", o número de dança do ventre que acontecia em pleno parque de diversões, não passava de uma indulgente fantasia. Mas estava, antes de tudo, incrédulo. Tanta conversa, tanta negociação, para quê? Ele e o sr. Presley tinham sido muito flexíveis. Deixaram que o *especial de Natal* fosse reduzido primeiro a um programa com apenas 50% de conteúdo natalino, depois a uma única canção de Natal. E o corte que ele tinha visto não tinha nem isso. Esse número teria que ser recolocado no programa "ou todos nós perderemos tremendas oportunidades promocionais, não só com minha empresa, a All Star Shows, mas em múltiplas mídias e, claro, junto aos fãs de Presley". Nessa forma atual, asseverou o Coronel, o especial não poderia ser transmitido. Esse era o xis da questão. Em vez de apresentá-lo assim, seria melhor colocar o programa "na geladeira" até o meio do ano que vem e, para dezembro, "realizarem um programa integralmente natalino, conforme nosso contrato". Ninguém imaginava que fosse um blefe do Coronel. Assim, "Blue Christmas", que havia sido descartada do show acústico, imediatamente substituiu a espetacular "Tiger Man".

Dali um mês e meio Elvis começaria a trabalhar no próximo filme, provisoriamente intitulado *Chautauqua*, que prometia representar uma nova guinada: uma comédia de época, passada nos anos 1920. A maior parte de setembro Elvis passou em Palm Springs, com Priscilla e a bebê. Só no finzinho do mês retornaram a Memphis. No momento, ele parecia curiosamente em suspenso. Afora o filme a ser produzido pela NBC, ainda não especificado, o futuro não acenava com novos contratos fílmicos. Com o especial de televisão prestes a ir ao ar, ele, cada vez mais, trazia à baila o assunto de voltar a fazer turnês e apresentações ao vivo. No mês anterior, numa entrevista, repetiu o discurso sobre voltar à estrada e fazer shows ao vivo. “É provável que eu faça primeiro uma excursão em nosso país e depois shows no exterior, começando pela Europa. Quero conhecer lugares que nunca vi antes. Sinto falta do contato pessoal com a plateia.” De modo significativo, o Coronel não ofereceu objeções, exceto para lembrar ao repórter, “numa voz digna de Micawber”, o personagem dickensiano, de que “Elvis é um menino muito generoso”.

Três dias após retornarem a Memphis, em 28 de setembro, o radialista Dewey Phillips morreu, com apenas 42 anos. Fazia anos que Elvis havia perdido o contato com ele. Na verdade, Dewey tinha se tornado uma fonte de constrangimento, adotando o hábito de chamar todo mundo de “Elvis” e insistindo que Elvis (o *verdadeiro* Elvis) chegaria a qualquer momento para buscá-lo, seja lá em qual fosse a esquina pela qual estivesse passando – ou, de modo mais pertinente, para pagar a conta. Às vezes, aparecia bêbado ou chapado no cine Memphian, fazendo comentários em voz alta no meio dos filmes, para grande desgosto do cantor; de vez em quando, pulava o muro em Graceland e no caminho rumo à casa acabava sendo interceptado por um guarda. A vida profissional dele estava caótica; sua última atuação em programas de rádio ao vivo, em Millington, Tennessee, três anos antes, havia terminado em desastre, com sua dicção superacelerada se tornando cada vez mais incompreensível aos atônitos ouvintes. Mas os amigos ainda o amavam e faziam o possível para apoiá-lo (Elvis e Sam Phillips ajudavam a sustentar financeiramente a esposa de Dewey, Dot, e seus filhos). E continuava sendo o adorável *Dewey, o primeiro a tocar Elvis Presley nas* rádios.

"Fiquei muito sentido e triste com a morte de Dewey", revelou Elvis ao repórter James Kingsley. "Éramos bons amigos. Sempre valorizei tudo o que ele fez para me ajudar no começo de minha carreira." Revelou como ficou apavorado naquela noite em que Dewey tocou seu primeiro single na rádio, mas Dewey o acalmou. "Ele só me dizia para 'ficar frio', aquilo estava acontecendo de verdade."

Realizado em 1º de outubro, o funeral teve lugar na mesma casa funerária de Memphis onde Elvis se despediu de sua mãe. Ele e Priscilla e alguns dos caras chegaram, mas só ele e Priscilla acessaram a parte de trás da cortina, área reservada para os familiares e amigos mais próximos. A sra. Phillips não contava com a presença dele; por meio de um amigo, Elvis tinha avisado a sra. Phillips de que "não ia comparecer, caso a nossa família achasse que isso ia causar confusão. Eu não sabia se ele ia vir ou não, quando fecharam as cortinas, [mas] Elvis veio prestar sua homenagem... Ele se aproximou e abraçou meu pescoço. Eu o apresentei à mãe de Dewey e falei que eu estava feliz por ele ter vindo e que Dewey teria apreciado a presença dele. Ele disse: 'Sra. Dorothy, Dewey era meu amigo'".

O dono da Sun Records, Sam Phillips, ajudou a carregar a caixão, junto com seus dois filhos, Knox e Jerry, George Klein e o cantor Dickey Lee. O féretro entoou em coro "The Old Rugged Cross", uma das canções prediletas de Dewey, que ele cantava todas as manhãs, a plenos pulmões, enquanto fazia a barba. Após a cerimônia, Elvis e a turma recordaram algumas das estrepolias mais ultrajantes de Dewey. Parece tão natural no esquife, comentou alguém com a polidez de praxe, quase como se o defunto estivesse vivo. "O desgraçado parece mortinho da silva para mim", comentou Elvis em meio a gargalhadas que Dewey provavelmente teria apreciado.

A morte pairava no ar nesse período. Com apenas 27 anos, o primo de Elvis, Bobby, irmão mais velho de Billy Smith, que havia um bom tempo já não andava bem, ingeriu veneno de rato e faleceu em 13 de setembro, enquanto Elvis ainda repousava em Palm Springs. Para completar, Travis, o pai de Bobby, em razão de uma grave cirrose, teve que parar de trabalhar no portão de Graceland, função na qual atuava havia anos, motivando Billy a se desligar de Elvis no ano anterior. E apenas dois meses antes, Johnny, o tio maluquinho do cantor, irmão de Gladys, alcoólatra inveterado de quem ninguém gostava muito, mas que, com Vester Presley, ensinou Elvis a tocar violão quando criança, morreu aos 46 anos de idade. Passou os últimos meses internado, definhando com a doença de Bright, mal que acomete os rins. Esse tipo grave de nefrite o matou quase tão rapidamente quanto a doença hepática levou sua irmã – e com a mesma idade. Elvis não escondeu seu pavor. Era quase como se houvesse uma maldição na família. O filme novo, batizado de *Lindas encrencas, as garotas* (*The Trouble with Girls*) não parecia menos amaldiçoado. Os produtores não seguiram nenhuma das sugestões do Coronel para lucrar com a febre de *Bonnie e Clyde: uma rajada de balas* ou para utilizar alguns dos grandes talentos dos velhos tempos que ele queria indicar. Em vez disso, simplesmente erraram por conta própria, não criando uma história verossímil nem um cenário plausível para seu astro. Menos mal que Elvis está muito bonito de costeletas compridas e negras que contrastam com o traje branco que caía nele à perfeição – embora destoasse um pouco do ponto de vista histórico.

Restavam poucas esperanças de acontecer um fato novo antes de o especial ir ao ar em dezembro. *O bacana do volante*, lançado em maio, mal havia ressarcido seus custos; enquanto *Joe é muito vivo*, o lançamento de março, e *Viva um pouquinho, ame um pouquinho*, que chegou às telonas em outubro, tiveram um desempenho comercial ainda mais pífio. O álbum da trilha sonora de *O bacana do volante* foi um desastre, o lançamento do single do filme *Viva um pouquinho, ame um pouquinho* ficou longe de alcançar a marca de 200 mil cópias vendidas, e a canção-título de *Joe é muito vivo* sequer mereceu ser lançada como lado A. Além disso, a MGM não mostrou qualquer interesse em assinar um novo contrato com o astro com quem negociava havia mais de 11 anos. Por sua vez, o

Coronel também não gostaria de aceitar ofertas com seu poder de barganha enfraquecido.

Ao observador desapaixonado, sob vários prismas, a carreira de Elvis aparentava uma permanente estagnação. Como todo grande artista no ciclo do sucesso pop, ele parecia estar destinado ao tipo de vida pós-morte profissional, ao estilo que o cliente original do Coronel, Gene Austin, ou Al Jolson, desfrutaram por décadas a fio, após verem passar sua época de influência. Mas eis que "If I Can Dream", o culminante número que Earl Brown tinha composto para o especial, foi lançado como single em 5 de novembro, enquanto o álbum recebia os retoques finais, com Elvis aprovando cada detalhe. Nesse meio-tempo, o Coronel fazia seu costumeiro trabalho de criar uma grande expectativa em torno do dia 3 de dezembro, a data em que o especial teria sua exibição de gala. Como um maestro da publicidade, orquestrou chamadas de rádio, outdoors e propaganda direcionada para alcançar o público-alvo. Programou inclusive uma campanha nas rádios, transmitida em rede por 1.500 estações a partir de 1º de dezembro, atingindo o seu pico em torno do horário do especial na TV.

De modo lento e gradual, o single chegou ao Top 40 no finzinho de novembro e ali permaneceu por 13 semanas, alcançando o ápice em meados de janeiro (12º lugar). Desde 1965, Elvis não atingia uma posição tão alta nas paradas. De longe, o single mais bem-sucedido comercialmente (com 750 mil cópias vendidas) desde o arrebatador sucesso de "Crying in the Chapel", também de 1965. Por sua vez, o álbum da trilha sonora foi lançado uma semana antes de o programa ir ao ar, com uma foto de Elvis em seu terno branco eduardiano, segurando o microfone, olhos fechados, cantando apaixonadamente, tendo como pano de fundo o gigantesco letreiro "Elvis", em luzes vermelhas, que acabou no gramado do Coronel.

Se não me engano, comprei o álbum no mesmo dia em que foi lançado, e me lembro de me sentar com ele na mão, o olhar incrédulo, tentando assimilar toda e qualquer informação que eu pudesse deduzir.

Primeiro, com base na parte gráfica: no verso da capa, Elvis aparecia no traje de couro preto e também com a jaqueta dourada. Segundo, com base nos créditos: quase nem acreditei na lista de canções. Uma forte ênfase em material com raízes fincadas no blues: "Lawdy, Miss Clawdy", "Baby What You Want Me to Do?" e "One Night". Sem falar na gospel "Up Above My Head". Por que fiquei esmiuçando o visual do álbum com tanto detalhe? Simples: eu estava determinado a não o colocar no prato dos toca-discos antes que o programa realmente fosse ao ar. Primeiro, porque eu não queria estragar o suspense, e segundo, porque eu tinha recebido a tarefa de resenhar o especial para o *Boston Phoenix*, semanário no qual, nos últimos dois anos, eu escrevia sobre o tipo de música que eu amava. No início daquele ano, eu já havia publicado um artigo salientando que Elvis estava em fase de renovação do comprometimento musical. Baseei meu raciocínio na série de três singles voltados ao blues lançados por ele em sequência (minha prova irrefutável era "Guitar Man"). Nem vou me dar ao trabalho de me desculpar pela minha ingenuidade. Basta dizer que eu estava empolgado para assistir ao programa.

Iniciei minha resenha citando Elvis: "*It's been a long time, baby*".* Em seguida, passei a descrever como, "nos primeiros cinco minutos, ele conseguiu se livrar de toda a brandura letárgica que caracterizou sua postura pública desde sua liberação do exército; em vez disso, voltou à familiar mina de desafio e alienação ferida, o rosto derramando suor, a voz recuperando sua antiga selvageria...". Eu não tinha visto nada parecido na televisão antes, à exceção talvez da presença do Howlin' Wolf em *Shindig*. A comparação envolvia tanto revelação quanto justificativa. Definitivamente, em 1968, curtir Elvis não era algo descolado... E o renascimento dele soava tão improvável quanto a própria apresentação de Wolf em rede nacional. Não sei bem se consigo transmitir a emoção

* Esta é a fala declamada com exuberância por Elvis Presley no começo do show "*sit-down*" do especial: "Faz um bom tempo, baby". (N. de T.)

que senti naquele instante. E, por mais que a performance não tenha perdido a força ao longo dos anos, não tenho bem certeza se ela pode ser outra vez tão emocionante. Sob vários aspectos, eu e outros como eu podemos muito bem termos sido os telespectadores ideais de Steve Binder. Em cada gesto, percebíamos muitas informações, no esforço de captar cada nuance e enfim encontrar justificativas para a fé desalentada que depositávamos na música.

Não pude deixar de tecer críticas fortes (os medleys orquestrados, escrevi, soavam uma reprise de musicais bregas da Broadway; e era inegável o “sensabor” dos números de produção), mas na conclusão não tive como esconder meus verdadeiros sentimentos – e nem gostaria de tê-los escondido. “Sua inocência pública em relação à idade adulta nos permite suspender o julgamento, assim como nós mesmos estamos suspensos. Ficamos ressentidos com ele por sua retirada, e agora que Elvis está voltando, será submetido ao escrutínio de uma nova geração e talvez a julgamentos ainda mais severos. É inevitável. Talvez nunca recupere seu antigo sucesso. Uma coisa não deve ser esquecida: há dez anos, Elvis realizou atos existenciais que ajudaram a libertar uma geração inteira. Nesses termos, é natural que o sucesso seja um mero detalhe.”

Nem todas as resenhas foram tão favoráveis. Analisando com desaprovação os segmentos informais, o *Hollywood Reporter* declarou que às vezes “parecia que alguém tinha gravado o ensaio por acidente... Por algum motivo insondável, Elvis foi colocado num palco que não parecia muito maior do que um cubículo, e ainda por cima abarrotado com uma banda de quatro músicos, rodeado por jovens gritando. Como se isso não bastasse, Elvis vestia couro do pescoço aos pés, inundado por luzes quentes, combinação suficiente para fazer a transpiração fluir como lágrimas…”.

A postura da *Variety* também foi decididamente ambígua. “Continua sem saber cantar. Continua articulando as letras de modo ininteligível. Se bem que isso nunca foi lá muito importante”, alfinetou o crítico *da Variety*. “É a insinuação sexual de Presley, simples, irrefletida e iletrada, a indicação de que não vai nos incomodar com grilos porque nem sabe que os tem é a fonte de atração para os inexperientes". "Não creio que muitos espectadores gostem de ver cantores suando na TV", caçoou o resenhista do *Los Angeles Times*. Mas Robert Shelton, do *New York Times*, elaborou uma resenha ponderada com o título "Blues explosivos do astro do rock têm uma qualidade *vintage*". E os índices de audiência contaram uma história ainda melhor. Talvez não fosse mais possível conquistar os 80% de audiência obtidos por Elvis quando participou do *The Ed Sullivan Show* pela primeira vez, mas o fato é que *Singer Presents ELVIS* foi o programa número um da temporada. Com 32 pontos na escala Nielsen e 42% de participação, deu à NBC sua maior vitória na audiência geral do ano. Além disso, a "campanha de exploração publicitária" funcionou quase exatamente como o Coronel esperava. Uma reportagem da *TV Guide* colocou Elvis de volta ao centro das atenções. Várias reportagens oportunas (incluindo um artigo especial que acompanhou a resenha no *New York Times*) focalizaram seu projeto de retornar às turnês.

Nesse meio-tempo, o Coronel trabalhava em frenesi para garantir que isso realmente acontecesse. Com o mesmo instinto certeiro de *timing* que sempre serviu tão bem a si mesmo e a seu cliente, havia recentemente entrado em contato com Alex Shoofey, recém-empossado vice-presidente executivo do ainda em construção International Hotel, empreendimento de Kirk Kerkorian. Com 30 andares, 1.512 quartos, um salão de espetáculos para 2 mil pessoas e inauguração prevista para julho, o International prometia ser o maior e mais esplêndido hotel--cassino de Las Vegas. Por si só, esse fator já bastaria ao Coronel. De quebra, cultivava um ótimo relacionamento com Shoofey, gerente de outro cassino, o Sahara, durante vários anos. Também se sentia atraído pelo espírito independente de Kerkorian, na época com 51 anos. Nascido em Fresno, abandonou a escola no oitavo ano do Ensino Fundamental. Na Segunda Guerra Mundial, atuou como piloto de caça. Finda a guerra, abriu uma empresa de fretamento, tornando-se mais tarde proprietário de uma companhia aérea (Transamerica) e de um cassino (Flamingo, cuja equipe tinha ex-funcionários de Milton Prell, o amigo do Coronel Parker). Kerkorian gostava de apostar alto, conhecido como "um cidadão modesto num ambiente opulento", descrição que facilmente se encaixava ao próprio Coronel, para quem a ideia de fazer shows no maior, mais sofisticado e mais novo hotel-cassino era o tipo da manobra ousada que sempre o atraiu. Em 10 de dezembro, delineou seus termos para estabelecer uma parceria, utilizando como intermediário Abe Lastfogel, da William Morris, que conduzia as negociações formais.

Queria 500 mil dólares por quatro semanas, um show por noite, dois aos fins de semana, com folga nas noites de segunda-feira; se Shoofey preferisse duas semanas, o preço baixaria para 300 mil dólares. Além disso, é claro, queria a opção de gravar um álbum de trilha sonora e um especial de televisão, com todas as instalações a serem fornecidas pelo hotel.

Nove dias depois, a oferta foi aceita com pequenas modificações que a deixaram mais alinhada com as práticas corriqueiras de Vegas. Sem dúvida, o International queria uma temporada de quatro semanas ao cachê solicitado de 500 mil dólares, desde que Elvis inaugurasse o hotel; caso contrário, o cachê seria de 400 mil dólares – valor que assim mesmo só era ofertado a atrações principais, como Frank Sinatra e Dean Martin. Caberia a Elvis fazer dois shows por noite, como qualquer outro artista de Las Vegas. Mas se, no período de um ano, outro astro assinasse um contrato com exigência menor, o hotel pagaria ao sr. Presley um bônus de 50 mil dólares. Suítes especiais seriam reservadas a Elvis e ao Coronel; a gravação de um álbum e/ou especial de televisão seria facilitada pelo hotel; e o International manteria a opção de uma segunda temporada, a ser exercida por ocasião do término da primeira. Em outras palavras, se a opção fosse escolhida, Elvis ganharia, em oito semanas de shows ao vivo, valor semelhante ao de oito semanas de filmagens. Claro que o Coronel teria despesas significativas, entre elas, o custo de contratar uma banda, providenciar figurinos, fazer a promoção e outros extras.

Sem hesitar, o Coronel não duvidou nem por um momento: tão logo Vegas assistisse ao show de Elvis, *o negócio sempre poderia ser melhorado*. Com prudência gerencial um tanto atípica, optou por não fazer o seu cliente inaugurar o salão de espetáculos (na percepção dele, seria irresponsável submeter seu cliente estelar a servir de cobaia a uma sala cujos contratempos ainda não tinham sido plenamente solucionados). Afora isso, abraçou o desafio por completo. Lotar uma sala com capacidade para 2 mil pessoas em Las Vegas enquanto Frank Sinatra e Dean Martin tocavam para 1.200; trazer Elvis de volta, e em triunfo, à cena de seu único fracasso, 13 anos antes; ensaiar seu retorno ao vivo de uma maneira que garantiria a máxima exposição pública em cenário nacional, eram riscos que ele estava disposto a correr. Na verdade, pelos padrões do Coronel, era quase um desafio indispensável, até mesmo porque *ninguém jamais tinha feito aquilo antes*.

Foi a vez de Elvis dar um passo ousado, com pouca interferência do Coronel e, ao que parece, sem premeditação. No começo de janeiro, estava agendada uma sessão de gravação para a RCA. A ideia inicial era gravar um álbum e dois singles como início das obrigações contratuais do novo ano. Um tempinho após o Natal, Felton veio de Nashville para debater a sessão, e alguns dos caras estavam em casa. Marty Lacker tinha recém-começado a trabalhar no American, pequeno estúdio instalado num bairro decadente em North Memphis. Nos últimos 18 meses, o American tinha produzido algo sem precedentes: uma série de 64 discos para um leque de gravadoras de fora da cidade. George Klein também tinha conexões com o American (o principal proprietário, Chips Moman, havia produzido algumas faixas para um obscuro selo que George recentemente iniciara com um sócio). Red West, em Memphis para uma visita de Natal, também tinha conexões de longa data com Chips, como compositor e artista de gravação ocasional. Por sinal, Red vinha trabalhando constantemente na Costa

Oeste, no elenco de apoio do seriado televisivo *The Wild, Wild West,** estrelado por Robert Conrad.

Por acaso, Elvis não tinha pensado em gravar no American? George fez essa pergunta em tom de provocação, ao detectar a falta de entusiasmo de Elvis em retornar a Nashville e a falta de um compromisso real de Felton com isso. O estúdio de Memphis tinha um som *funky* e descolado, e Chips era um comprovado *hit-maker*. Sem mencionar o fato de que contava com alguns dos melhores músicos do mundo a seu dispor. E o melhor de tudo: era conveniente – Elvis praticamente nem teria que sair de casa. Marty enfatizou as possibilidades musicais –, Chips tinha grandes compositores trabalhando para ele, e agora estava óbvio que Freddy andava muito ocupado construindo sua própria editora musical ou simplesmente já não conseguia mais entregar discos de sucesso. Os argumentos de Marty eram convincentes: com um bom material e a participação mais ativa de Elvis no projeto, um estúdio acostumado a transformar canções em sucessos praticamente garantidos, talvez gravar um disco voltasse a ser divertido, rompendo com parte das babaquices inerentes à indústria fonográfica de Nashville.

A ideia recebeu apoio imediato e unânime, inclusive de Felton. No fim das contas, como descreveu, meses depois, uma fonte fidedigna à *Variety*: "os amigos de Presley, Marty Lacker e George Klein, convenceram o cantor (...) com tanta sutileza que finalmente 'ele próprio teve a ideia'". Nesse ponto, só faltava ligar para Chips, que nem por um átimo hesitou em adiar uma sessão já agendada com Neil Diamond e priorizar algo que, ele pressentia, teria possibilidades históricas – além de honorários de 25 mil dólares. E, assim, uma sessão de dez dias ficou agendada no American, com início em 13 de janeiro.

Exatamente o tipo de evento não planejado, descontrolado e incontrolável contra o qual o Coronel sempre procurou se proteger. Freddy e

* No Brasil, a série passou na Band com o nome *James West*, na década de 1970. (N. de T.)

ele não confiavam em Marty Lacker, na visão deles, um sujeito sempre buscando satisfazer os próprios interesses. Mas, a essa altura, o Coronel também não confiava muito em Freddy. E se esperava apoio de Felton, não conseguiu. Felton era leal a Elvis e ponto-final. Depois do desastre das duas últimas sessões em Nashville, não estava disposto a insistir em se apegar às velhas práticas. Até onde dizia respeito a Felton, Elvis bem que poderia aproveitar um pouco da magia de Chips para criar sucessos. Também estava tranquilo sobre sua própria capacidade de produzir em Memphis, contanto que trouxesse junto seu próprio engenheiro, Al Pachucki. Uma das coisas de que Felton se orgulhava era a sua capacidade de se dar bem com qualquer pessoa. Trabalhar no American não seria um problema, porque ele não ia deixar que isso fosse um problema. Mas não conhecia Chips Moman.

Lincoln "Chips" Moman nasceu em LaGrange, Georgia, em 1936. Aos 21 anos, gravitou em direção a Memphis, onde se envolveu na formação da Stax Records, a célebre gravadora de rhythm & blues. Homem de olhar gélido e inteligência aguçada, parecia carregar uma suspeita interminável contra o mundo, adepto da arte de gravar com um estilo que nunca havia ocorrido a Felton – nem a Steve Sholes ou a Chet Atkins, aliás. Para Chips, "fazer o disco em si" era tudo o que ele queria. "Desde o dia em que entrei no Gold Star Studio, na Califórnia [em 1956], para tocar numa sessão, nunca quis saber de mais nada." Chips, também compositor e guitarrista talentoso, curtia mesmo era captar o som no estúdio. Isso superava tudo – acertar o *take* e estar no controle da atmosfera de gravação. Do ponto de vista de Chips, ele havia sido descartado da Stax exatamente quando a gravadora começou a funcionar, e nunca mais deixaria isso acontecer com ele.

No American, reuniu um grupo de experientes músicos de estúdio de Memphis. A seção rítmica incluía o guitarrista Reggie Young, veterano do Bill Black Combo; o brilhante baixista e produtor Tommy Cogbill; Mike Leech, que tocava baixo quando Cogbill produzia e também compunha arranjos; os tecladistas Bobby Emmons e Bobby Wood; e o baterista Gene Chrisman. Mantinha com esses músicos um vínculo de inquestionável lealdade, com uma influência hipnotizante que lembrava a do próprio Coronel Parker. Foi assim que o American, que assumiu sua forma atual não como gravadora, mas como estúdio de aluguel em 1965 e vinha produzindo sucessos desde então, alcançou imenso prestígio. Gravar no American acabou sendo uma espécie de talismã de boa sorte para artistas de gêneros tão ecléticos quanto Wilson Pickett, Dusty Springfield, Dionne Warwick e The Box Tops. Todo mundo ao redor de Elvis que pressionou pela escolha do estúdio fez isso por um motivo: esperavam que isso funcionasse para ele.

Segunda-feira, 13 de janeiro: Elvis apareceu resfriado e com o nervosismo à flor da pele. A autoconfiança que muitas vezes ele exibia em situações públicas estava ausente. Em vez disso, parecia um pouquinho calado e solitário, apesar da presença de sua comitiva habitual. "Que estúdio descolado", comentou timidamente ao entrar pela porta dos fundos, e a galera que sempre o acompanhava riu com espalhafato, só reforçando o senso de ceticismo entre os músicos. Apesar de toda a curiosidade em relação a Elvis Presley, ainda se perguntavam o que será que ia acontecer. Glen Spreen, recém-contratado pelo American no cargo de compositor e arranjador, assistiu boquiaberto quando Elvis pegou um de seus charutinhos alemães e três ou quatro dos caras puxaram seus isqueiros. "Eu me lembro de ter pensado: 'Por que esse pessoal está fazendo isso?'. Foi a primeira coisa que me veio à mente. E a segunda coisa foi: 'Como é que ele aguenta isto?'."

Ninguém ficou assim tão impressionado ("Quer dizer, a gente estava empolgado por gravar com Elvis", disse o trompetista Wayne Jackson, "mas não era como fazer Neil Diamond"). Mas o dedo de prosa foi bem positivo. E as músicas reunidas perfaziam uma boa seleção: uma fita do artista revelado por Billy Strange, Mac Davis (que havia composto "Memories" para o especial de TV); diversas faixas promissoras de

Lamar, que divulgava a canção "Kentucky Rain", do compositor Eddie Rabbitt; além de oito ou dez números com os quais Elvis andava brincando em casa. Claro, a presença de Felton oferecia uma certa segurança, mas enfrentar uma sala repleta de músicos desconhecidos, provavelmente se esforçando para mostrar indiferença, colocou Elvis num tipo estranho de humor. Quando Chips deu por iniciada a sessão, na sala pairava uma nítida tensão nervosa.

Iniciaram os trabalhos com "Long Black Limousine". Entre os esforços árduos para acertar o som, Chips interagiu bem à vontade com os músicos, deixando claro o que ele queria ouvir. Em sua comunicação com Elvis, soa direto, paciente, quase intimidado pela reputação do cantor – mas desde o início não deixa dúvidas sobre quem está no comando. Chips tinha sido informado por membros do grupo de Elvis que só deveria se preocupar com a mesa de som; não caberia a ele constranger Elvis pedindo um novo *take* ou dizendo que ele estava monótono – os *ouvidos de Elvis* diriam isso a ele. E, além do mais, o cantor se guiava por sensações, não regras. Entretanto, desde o começo, tornou-se óbvio que Chips não levou a sério essas advertências. Nas palavras de Reggie Young: "Não éramos vaquinhas de presépio, e isso deixou Felton chateado. Porém, em nossa mente, cada canção em que trabalhávamos era um potencial número um". Ou na percepção de Chips: "Sou um cara teimoso. Creio muito no que faço, então se o cara está me contratando [para fazer um trabalho], é para isso que está me contratando".

Para uma sessão de Elvis, a atmosfera parecia extraordinariamente moderada. Até os caras soam intimidados numa espécie de silêncio relutante, e só quando ele começa realmente a primeira música, um conto melodramático de moralidade country com final arrepiante, que a confiança de Elvis começa a crescer. Por volta do nono *take*, está praticamente gritando sua indignação com o destino da garota do interior que, atraída pelo glamour da cidade grande, volta para casa num "carro chique para toda a cidade ver" ("*fancy car for all the town to see*"), só que o carro chique acaba sendo a limusine preta do título – o rabecão no cortejo fúnebre da heroína. Em estúdio raramente Elvis cantou com tanta paixão, raramente se desnudou tanto, e se a voz dele está rouca pelo resfriado, se falta ao seu canto um pouco da graça descontraída de suas melhores faixas do início dos anos 1960, raramente ficou tão satisfeito ao mesclar esforço e destreza de modo consistente.

Migraram logo para "This Is the Story", uma das importações europeias arrebatadoramente românticas de Freddy, e então se embrenharam em "Wearin' That Loved On Look", blues com uma pegada de resistência, trazido à sessão por Lamar. Ainda envergonhado por sua rouquidão e pelas dificuldades que sentia para controlar a voz, Elvis deu tudo de si em 15 árduos *takes*, mergulhando ainda mais fundo no puro sentimento da música. A essa altura, os músicos realmente começaram a se aprumar nos assentos e a prestar atenção. Glen Spreen descobriu que estava impressionado mesmo sem querer estar, não tanto com a técnica de Elvis, mas sim com sua alma, sua habilidade de entoar uma canção ao vivo – era quase como ir à igreja. "Nunca nos importamos em ter uma cabine vocal de verdade", contou Mike Leech, mais um observador do que um participante nas primeiras noites, "mas tínhamos um defletor. O vocalista ficava atrás dele e espiava pela janelinha. Elvis ficava lá atrás como se estivesse no palco, com aquela ginga dele e tudo mais... porque era assim que ele cantava. Cantava tudo assim, de olhos fechados, e no finzinho de cada faixa estava suando em bicas... simplesmente mergulhava de cabeça." Ninguém se impressionou muito com todo aquele arcabouço bajulador nem com a evidente necessidade que Elvis sentia por ele. Mas agora sabiam que a sessão pelo menos seria autêntica.

O resfriado de Elvis piorou na segunda noite, mas sua determinação estava, se possível, ainda mais forte. Na noite anterior, tinham encerrado às cinco da manhã. Dessa vez emendaram até as oito e meia, de novo gravando apenas quatro músicas, mas focando nelas de uma maneira que Elvis não sustentava no estúdio desde a sessão gospel de 1966. Infelizmente, na noite seguinte, ele não pôde comparecer, e Chips concentrou-se em gravar a parte instrumental de várias canções novas, incluindo "Don't Cry Daddy", de Mac Davis, e "Mama Liked the Roses", do compositor Johnny Christopher, "prata da casa" do estúdio American. Quando Elvis ouviu a demo teve uma reação emocional imediata. Com essas faixas prontas, a sessão foi adiada até a próxima segunda-feira, pois ficou claro que Elvis precisaria de um tempinho para colocar a voz em forma antes de continuar.

A essa altura, aparentemente pouca coisa havia sido feita: oito vocais ásperos em duas noites de gravação de canções que, para Chips, na maioria das vezes, não atingiram as expectativas. Mas duas coisas se cristalizaram. Primeiro, Chips estava no comando. E a mais importante: Elvis realmente se importava. Mesmo com todas as preocupações expressas em seu nome, ele obviamente aceitou as diretrizes de Chips sem discordâncias e com entusiasmo. Segundo o guitarrista Reggie Young, era como se Elvis fosse um membro da banda. E tão logo isso aconteceu pôde se dedicar, de modo sério e irrestrito, às gravações – "Sabe, ele trabalhou nisso de verdade".

Na segunda-feira seguinte, ele voltou. Continuaram do ponto onde tinham parado, recomeçando justamente com um número que Elvis estava meio com o pé atrás. "In the Ghetto" veio na fita de 17 canções de Mac Davis que Billy Strange havia enviado à sessão. A primeira vez que Elvis se atraiu pelas composições de Davis foi quando Billy trouxe "A Little Less Conversation" para a trilha sonora de *Viva um pouquinho, ame um pouquinho*, no ano anterior. A partir daí, Elvis já tinha escolhido cinco canções desse compositor nascido havia 27 anos em Atlanta (incluindo "Don't Cry Daddy", por enquanto apenas uma faixa instrumental). Até mesmo o Coronel pressentiu algo especial no protegido de Strange. Na sessão de *Charro!*, Mac Davis e o Coronel Parker foram apresentados pessoalmente: "Naquela primeira noite, o Coronel Parker me perguntou: 'Foi você o garoto que compôs essa tal de "Little Less Conversation"?'. Respondi que sim, e ele continuou:

'Você é um jovem muito bem-apessoado, vai ser um astro'. Falei: 'Ora, muito obrigado'. E então: 'Quer que o Coronel passe a mão em sua cabeça?'. Corro o olhar ao redor. Fico pensando... Realmente me deixou em maus lençóis, mas os caras com ele me encaram com a maior seriedade. Então me inclino, ele repousa a mão na minha cabeça, como o televangelista Oral Roberts, e diz: 'Você vai ser um astro. Diga a todos que o Coronel tocou sua cabeça'".

As reservas de Elvis sobre a canção, porém, nada tinham a ver com o estrelato ou o talento do compositor. Em vez disso, era a política, ou o mero sopro de política, que o preocupava. Trabalhava num ramo comumente guiado por uma regra fundamental: sejam quais forem os sentimentos pessoais ou o ponto de vista político de um artista, nunca vale a pena alienar qualquer parte substancial de seu público que talvez não concorde com você.

Era bem verdade que Elvis tinha contrariado sutilmente esse preceito com os sentimentos evocados em "*there must be a better world somewhere*" ("deve haver um mundo melhor em algum lugar"), verso de "If I Can Dream". Mas "In the Ghetto", por natureza, era mais explicitamente uma "canção de mensagem", detalhando as consequências inevitáveis da pobreza do gueto e da indiferença social (o título original da canção era "The Vicious Circle"), libelo que implorava compaixão pelos jovens negros. Hoje talvez esses sentimentos até podem soar amenos, e as perspectivas da canção foram um pouco suavizadas pela destreza de Davis e a forma abstrata, quase de conto de fadas, em que ele conta a história. Mas, na época, esse tema permanecia controverso, e até mesmo George Klein, defensor de longa data do rhythm & blues e sempre orgulhoso de suas visões liberais, primeiro aconselhou Elvis que não a gravasse. Chips respondeu apenas que se Elvis não a gravasse ofereceria a canção a Roosevelt Grier, ex-jogador de futebol americano recém-contratado pela AGP (American Group Productions, selo próprio do estúdio). Nisso caiu a ficha para George. Imediatamente viu o tamanho de seu erro de avaliação e mudou de ideia. Confessou a Elvis que acreditava que a canção chegaria ao ponto mais alto das paradas. Com o empurrãozinho extra de Joe, Elvis decidiu gravá-la, e assim ela se tornou a primeira faixa sobre a qual se debruçaram, e a única à qual se dedicaram a gravar, entre as nove horas da noite de segunda-feira e o início da manhã de terça-feira.

Se você nunca tivesse ouvido falar de Elvis Presley, mas fosse simplesmente brindado com os 23 meticulosos *takes* da canção que ele gravou naquela noite, seria praticamente impossível não ser conquistado. Canta com uma eloquência tão despretensiosa, quase translúcida, tão silenciosamente confiante em sua simplicidade, tão bem sustentada por um instrumental elegante e sem frescuras, o som de uma bandinha bem entrosada – marca registrada do estúdio American – e tudo soa como uma afirmação quase impossível de negar. Mais tarde, trompas e vozes seriam sobrepostas para acrescentar um floreio dramático, mas percebemos um quê de ternura nesses primeiros *takes* que nos remete muito àquele Elvis que entrou pela primeira vez no estúdio Sun de Sam Phillips, com parcelas iguais de anseio e compaixão social. Para os músicos, esse foi o argumento decisivo. "Apenas cantava maravilhosamente", disse o trompetista Wayne Jackson, figura carimbada no American, que assistia à sessão, pronto para fazer os overdubs. "A primeira vez que ouvi 'In the Ghetto', realmente senti um troço por dentro. Pensei: 'Ai meu Deus, que coisa mais incrível. É isto!'." À medida que a canção vai se desenvolvendo, ajustes sutis vão sendo feitos, com Elvis rapidamente reconhecendo as falhas e ansioso para continuar – e o ouvinte tem um vislumbre incontestável de como o processo poderia ter sido para Elvis, se ele tivesse sido capaz de abordar, consistentemente, a gravação como arte. Ao longo desse processo todo, Chips, normalmente considerado um sujeito ríspido, é a modéstia em pessoa, apenas gentilmente encorajador, tocando a sessão, os músicos e o cantor como se fossem um único e afinado instrumento.

Claramente uma ponte tinha sido atravessada. Na noite de terça-feira, Elvis se dedicou principalmente a fazer os overdubs vocais. Sob a direção de Chips, ele se aplicou com esmero, perseverança e rigor. Por iniciativa própria, se aventurou em versões desleixadas, mas benevolentes, de "Hey Jude", dos Beatles, e de "From a Jack to a King", sucesso country de 1963. Chips não parece ter se interessado muito e é como se ele nem estivesse presente. Esse era o momento de Elvis – o ouvinte percebe que ele está fazendo música por simples diversão, enquanto Chips espera pacientemente a próxima oportunidade de contribuir.

Naquela semana, por mera coincidência, Roy Hamilton esteve presente no estúdio American. Mas o modo como essa presença influenciou o humor de Elvis não teve nada de acidental. Aos 39 anos, Hamilton, natural da Geórgia, explodiu na cena do rhythm & blues 15 anos antes em Jersey City, Nova Jersey, e se tornou uma das principais inspirações vocais para Elvis desde o instante em que ele ouviu, em 1954, a versão operística de Hamilton para o clássico de Rodgers e Hammerstein, "You'll Never Walk Alone". Ao longo dos anos, volta e meia revisitava o material virtuosístico e inspirador de Hamilton, escutando os discos e entoando as músicas em casa. Canções como "I Believe" (que Elvis gravou em seu EP gospel de 1957), "Unchained Melody", "Ebb Tide", "Hurt" e "If I Loved You" havia muito tinham se incorporado a seu repertório particular. Hamilton, cantor de formação clássica que iniciou no ramo gospel, contraiu tuberculose em 1956, no auge de sua popularidade. Após um hiato de dois anos, voltou a gravar discos com certo sucesso, mas sem recuperar sua posição anterior. Recentemente, havia assinado com o modesto selo de Chips, gravando de dia enquanto Elvis gravava à noite, em busca do single que poderia recolocá-lo nas paradas.

George Klein (que tinha visto shows de Hamilton em clubes modestos de Memphis várias vezes nos últimos anos) avisou Elvis: Roy está cantando melhor do que nunca. Elvis mal conteve o entusiasmo. Será que George poderia ligar a Chips e ver se poderiam comparecer a uma sessão? "Eu disse: 'Não precisa, Elvis', mas ele explicou: 'Cara, o pessoal não gosta quando você aparece sem avisar'." Então Klein pediu a permissão formal de Chips, e os dois foram até o estúdio, com Elvis no mínimo tão animado quanto na vez em que foi conhecer Jackie Wilson.

No intervalo, tartamudeou sua admiração por Hamilton. Explicou o quanto a habilidade do cantor mais velho significava para ele – e então foi levado a fazer algo que surpreendeu totalmente os músicos que estavam assistindo: ofereceu a Hamilton uma de suas músicas. Tratava-se de "Angelica", colaboração de Barry Mann-Cynthia Weill que Chips trouxe à sessão de Elvis, um pop que representava os novos rumos que o cantor queria explorar. "Cara, ele realmente amava essa música", observou George Klein, admirado, mas nem hesitou em oferecê-la a Hamilton. É como se, de repente, ele tivesse se tornado alguém como Lamar ou Freddy, tentando incitar Hamilton a fazer um grande trabalho com a música. Com certeza, esse foi um indicador inquestionável dos sentimentos de Elvis. Os músicos, por sua vez, não esconderam sua perplexidade, pois não estavam acostumados a ver esse tipo de generosidade espontânea em um astro. Porém, observaram com realismo: talvez tenha sido uma fonte de diversão consideravelmente menor para os compositores e editoras que perderam uma faixa de Elvis Presley em virtude dessa generosidade.

Ouvir a versão gravada de Hamilton da música é instrutivo e indica não só que Elvis estava certo em seus instintos como "gerente de A&R" (artistas e repertório), mas o quanto ele estava em dívida com Hamilton por seu estilo mais "sério" e ambicioso. Hamilton interpretou a canção de modo impressionante e impecável, preenchendo-a do começo ao fim com os efeitos dramáticos que Elvis arriscava em canções como "It's Now or Never" e "How Great Thou Art", mas entregue com a facilidade e a falta de esforço que somente os autênticos virtuosos alcançam. Ainda mais instrutivo é o fato de Elvis não ter se intimidado com o talento puro de seus ídolos – cantores como Jackie Wilson, Jake Hess e o próprio Hamilton –, mas ter utilizado isso como um incentivo à conquista, a conquista de alguém que, embora sabedor de que jamais poderia igualar seus modelos em técnica, manteve sua aspiração de se unir a eles por meio do esforço, da dedicação e do incondicional comprometimento com a música.

A noite seguinte, a última no cronograma, foi o auge da sessão. Começando após a meia-noite, Elvis entregou uma versão fervorosa de "Without Love", sucesso de 1957 ao modo inspirador de Clyde McPhatter, outro de seus ídolos de r&b, mas com a voz mais leve e sinuosa do que a de Hamilton. No próximo número, sentou-se ao piano e se lançou numa versão apaixonada de "I'll Hold You in My Heart", de Eddy Arnold, antes mesmo de a fita de segurança de quatro canais começar a rodar. Foi um lance de total improviso, um *take* irregular em que a banda, a certa altura, indica sua intenção de concluir, mas Elvis segue com todo o fervor gospel de McPhatter ou Hamilton. Chips nada teve a fazer; não tinha interesse em contribuir com um esforço tão amador – mas há algo mágico no momento que só o canto mais inspirado pode evocar. Elvis se deixa levar pela canção enquanto a letra já não se presta mais à tradução literal. Quando a canção enfim termina, cantor e ouvinte sentem um aperto no coração. Um breve desvio para gravar "I'll Be There", de Bobby Darin, outro número que, como "From a Jack to a King", Elvis simplesmente queria fazer. Perto das quatro da madrugada começaram os trabalhos com a única canção da noite que Chips estaria disposto a apostar uma grana que se tornaria um sucesso. Não por acaso, uma canção sobre a qual ele detinha os direitos de publicação.

"Suspicious Minds" havia sido lançada no ano anterior pelo selo Scepter por seu autor, Mark James, o novo e mais promissor letrista-compositor da equipe de Chips. Conto adulto sobre amor e infidelidade, expressava emoções complexas na forma de uma balada soul sofisticada, estruturada em dois movimentos musicais distintos. Outra canção de James recentemente havia alcançado um retumbante sucesso, "Hooked on a Feeling", na voz de B. J. Thomas. Como cantor, James tinha feito um bom trabalho em "Suspicious Minds", mas mesmo com a produção típica de Chips, de bom gosto e despojada, o single não tinha sido um sucesso. Sob o prisma de Glen Spreen, que cresceu com James e B. J.

Thomas em Houston e veio ao estúdio American em razão de sua amizade com eles, o motivo foi o seguinte: a voz de Mark era muito bonita, muito sem arestas. Ele sentia que Elvis seria capaz de acrescentar o elemento que faltava: paixão. Assim como Chips, estava convicto de que "Suspicious Minds" tinha potencial de se tornar um sucesso monstruoso.

Pegando exatamente o mesmo arranjo, a ponto de você quase confundir a faixa de apoio de Elvis com a original, Chips mais uma vez trouxe colossais poderes de concentração à tarefa, pois ouvimos indicações de que Elvis agora está definitivamente se sentindo em casa. "Ora, ora, vai se foder, meu caro", declara ele num ponto em que comete um erro. Deixa escapar vários "Maldição!" e até mesmo um treino de caratê entremeado entre os diversos *takes*. Mesmo assim, sua concentração nunca vacila, e seu canto alcança a notável mescla de enternecimento e compostura alcançada em "In the Ghetto", mas com um extra significativo: uma qualidade expressiva a meio caminho do estoicismo (na suspeita de infidelidade) e da angústia (pela perda iminente). Todos no estúdio *sabiam* que a canção era aquela. Uma atmosfera de excitação e ansiedade permeia toda a sua gravação, e após obter um *master* em apenas quatro *takes* completos, todos se despediram às sete da manhã, confiantes da missão cumprida.

Mais tarde naquele mesmo dia, o jornal *Memphis Commercial Appeal* publicou uma entrevista. Depois de descrever quão diferente essa sessão realmente tinha sido, o repórter James Kingsley citou Chips, sujeito não acostumado a receber elogios públicos, como "um dos artistas mais trabalhadores que conheço. Passa uma energia e um entusiasmo enquanto trabalha". Elvis, bem mais acostumado aos holofotes, virou-se ao seu produtor e disse com uma vulnerabilidade desarmante e plangente: "Temos alguns hits, não temos, Chips?". "Talvez alguns dos seus maiores", respondeu Chips sem a menor hesitação.

Próxima parada: Aspen. Elvis e Priscilla partiram com a turma para um curto período de férias sobre esquis e motoneves. Só então as questões comerciais suscitadas pela gravação de "Suspicious Minds" vieram à tona. Desde o início, Freddy tentou obter uma fatia da publicação. Quando se tornou insistente no ponto, Chips sugeriu que ele pegasse seus 25 mil dólares (a quantia que a RCA tinha pago para alugar o estúdio) e enfiasse no rabo. Se a gravadora encarava a situação assim, por que não simplesmente se esqueciam da sessão e de terem gravado a faixa? A disputa se estendeu por algum tempo, com Tom Diskin apoiando Freddy, mas sem uma solução à vista. Até que Harry Jenkins, o representante da RCA, ficou do lado de Chips e enfim deram prosseguimento à gravação em si. A maior parte da discussão foi mantida longe de Elvis – ou, pode-se argumentar, o cantor manteve-se longe dela. Mas a amargura perdurou muito depois de Elvis ter saído do estúdio, com troca de ameaças, acusações e contra-acusações. Pairou no ar uma forte insinuação de que "Mama Liked the Roses", a canção de Johnny Christopher de que Elvis tanto gostava e outra com direitos autorais pertencentes a Chips, não apareceria no álbum se Chips não estivesse disposto a abrir mão de ao menos uma participação nos direitos.

Nesse meio-tempo, porém, uma sessão extra estava sendo planejada. Sejam lá quais fossem as reviravoltas burocráticas, impossível não reconhecer a extraordinária experiência musical das últimas duas semanas, nem quão significativo era o potencial comercial e artístico das 17 faixas que já tinham em mãos. O entusiasmo de Elvis não arrefeceu, e obviamente todos tinham interesse em continuar. Chips manteve os direitos de publicação, e a retomada das gravações no American ficou combinada para dali a três semanas e meia. A diferença é que agora todas as suspeitas recíprocas iniciais entre Chips e a equipe de Elvis (Freddy, RCA e o Coronel) tinham sido multiplicadas por mil, com Felton desconfortavelmente no meio.

Em 17 de fevereiro, Elvis compareceu ao estúdio para mais seis dias de gravação, o que renderia mais 13 faixas. Muitas das canções gravadas nessa semana representavam pontos altos comparáveis a tudo que ele havia alcançado na primeira sessão, desde "Stranger in My Own

Home Town", o blues de Percy Mayfield, uma de suas canções preferidas de longa data, até a cover de "After Loving You", de Eddy Arnold, gravada em r&b por Della Reese, com a qual Elvis brincava em casa havia anos. Habituado com o ambiente familiar e sem a ansiedade de ter que se afirmar, Elvis mostrou toda a serena confiança que costumava exibir em Nashville, e seus modos ora atrevidos contrastavam marcadamente com a insegurança de seus primeiros dias no estúdio. Contudo, o destaque da sessão foi um trio de baladas contemporâneas que transmitiu vulnerabilidade nua. Lamar colocava muita fé em "Kentucky Rain", de Eddie Rabbitt, mais do que em qualquer coisa que trouxera a Elvis até então; "Any Day Now", lírico sucesso de r&b em 1962 na voz de Chuck Jackson, era um hino aos medos masculinos ("*Any day now I'll be on my own*"/ "Qualquer dia desses vou estar só"); e a recém-lançada "Only the Strong Survive", de Jerry Butler, que, mesmo ainda sem pintar nas paradas, era um clássico instantâneo do soul, praticamente feito sob medida para Elvis, expresso em forma de conselho materno para seu filho. Já adulto, o narrador se lembra da mãe dizendo a ele: "Menino, eu te vejo ali fora, sozinho":

> Você está em prantos
> Porque a mulher que você ama foi embora
> Haverá, sim
> Um monte de problemas em sua vida
> Então me ouça, não fique mais de joelhos e se erga
> Porque só os fortes sobrevivem.*

A ressonância pessoal que Elvis encontra na música é inconfundível, e com "In the Ghetto" e "Suspicious Minds", ela representa talvez

* *"Cryin' your eyes out / 'Cause the woman that you love is gone / Oh, there's gonna be/ A whole lot of trouble in your life/ So listen to me, get up off of your knees/ 'Cause only the strong survive."* (N. de T.)

a realização mais bem trabalhada das sessões do American, anunciando o nascimento de um novo estilo, meio híbrido, cruza de "Old Shep" e soul contemporâneo, no qual Elvis acreditava de corpo e alma. Chips, sempre envolvido plenamente no processo de gravação, não deixa a concentração dele nem a de Elvis oscilar ao longo de 29 *takes* atentos. Até mesmo Freddy Bienstock, dificilmente animado com a crescente diminuição de seu papel (não eram canções trazidas à sessão por *ele*), não conteve o entusiasmo. Ao cabo da sessão, teve um encontro casual com Bob Dylan, no voo de volta a Nova York. Um tema único dominou a conversa com Dylan, que havia acabado de gravar seu próprio álbum country, *Nashville Skyline*: o trabalho magnífico que Elvis havia feito em "Only the Strong Survive".

Com a participação de Elvis encerrada em 22 de fevereiro, Mike Leech e Glen Spreen começaram a fazer os arranjos para os overdubs de cordas e trompas, a serem gravados dali a um mês. Qual canção seria o primeiro single, com data de lançamento marcada para abril? A escolha recaiu em "In the Ghetto", enquanto uma lista de faixas era mapeada para o álbum que viria logo na sequência. A abordagem em termos de arranjo foi tão inovadora quanto qualquer outro aspecto das sessões. "Eu queria imprimir uma nova imagem em Elvis", afirmou Glen Spreen, resumindo a filosofia que orientava tanto ele quanto Mike Leech. "As violas tocariam as mesmas linhas das trompas para que se misturassem como uma só cor e fossem complementadas pelas cordas extras. Usei síncopa nas cordas (vibradas com arco), além do som profundo e sombrio dos violoncelos, especialmente em 'In the Ghetto', porque eu queria trazer a escuridão, a paixão, em oposição à força. Eu queria dar [à condução de vozes] algum realismo, porque eu achava que Elvis tinha uma voz muito real e cheia de alma, e [eu queria] focar no *sentimento* dessa voz."

Nem todos os arranjos funcionaram como deveriam, como Spreen e Leech seriam os primeiros a admitir, e a guerra política entre Felton e Chips, agora quase escancarada, levou a várias concessões infelizes, com Felton tentando desesperadamente recuperar o controle e, talvez mais importante, o crédito, por um projeto que apoiou desde o início. Mesmo assim, Chips continuou dando contribuições importantes. Seja lá qual fosse a situação política, e por mais que nesse momento ele estivesse irritado com todo mundo, não havia como se afastar antes do fim desse projeto. Até mesmo o Coronel parecia reconhecer a extraordinária natureza da realização, nem que fosse por meio de sua contínua ausência nos procedimentos. Sentia orgulho de seu menino, orgulho de como Elvis se dedicava às sessões de gravação, com o mesmo afinco devotado ao especial de TV – se Elvis ao menos aplicasse igual abordagem a Las Vegas, nada poderia detê-los agora.

Nesse meio-tempo, Elvis estava cumprindo o último de seus compromissos cinematográficos, *Ele e as três noviças* (*Change of Habit*), excêntrica história em que ele interpretava um médico idealista salvando crianças do gueto com o auxílio de freiras disfarçadas de civis, comandadas por Mary Tyler Moore. Fez o seu melhor sob a batuta de Billy Graham. Aos 36 anos, o diretor tinha no currículo episódios do seriado *Omnibus*, o mais conhecido dos experimentos clássicos da televisão com a cultura, antes do advento da TV educacional. Formado no renomado Neighborhood Playhouse, de Sanford Meisner, workshop alternativo do Método para atores, Graham desenvolveu exercícios de improvisação na pré-produção. Trabalhou com Elvis diferentes abordagens para a motivação de personagens, descobrindo em seu astro um aluno interessado e apto. "Fazíamos cenas em que ele descobria que um de seus amigos tinha transado com a esposa ou namorada dele, com resultados incríveis de atuação. Pensávamos em temas ultrajantes para tornar a improvisação mais apimentada e animada... ele era bom nisso."

Graham enfatizou os ensinamentos de Sandy Meisner, de que atuar é reagir, e "Elvis curtiu isso. Eu dizia a ele: 'Não se trata de descobrir como você vai ler sua próxima fala enquanto o outro está falando... Mas ouça o que a outra pessoa vai dizer e deixe isso ditar a elocução da próxima fala'. Ele sabia fazer otimamente certas coisas. Imprimir um toque de humor. Cenas de luta. Mas as falas... muitas acabavam sendo bastante convencionais." Infelizmente, o cronograma das filmagens foi apertado, e a trilha sonora, sem inspiração, apesar da presença de Billy Goldenberg, que achou Elvis quase indiferente em sua abordagem, comparado ao envolvimento irrestrito mostrado no especial. Goldenberg atribuiu isso a um *affair* no set – sem explicar a diferença entre esse *affair* no set e o que Elvis teve durante o especial.

Enquanto isso, a temporada em Las Vegas se aproximava rapidamente. Em 26 de fevereiro, quatro dias após o término da segunda sessão de Memphis, Elvis foi de avião para "assinar" oficialmente o contrato (que ainda não estava plenamente elaborado), em pleno palco inacabado do International, ainda um canteiro de obras. Barbra Streisand inauguraria o salão em julho, anunciou o comunicado de publicidade do International. Elvis Presley seria o segundo a se apresentar na "considerada a maior sala de espetáculos do mundo" hoteleiro. Em 15 de abril, sem a presença de fotógrafos, assinou o contrato real, e 300 mil cópias de "In the Ghetto" foram distribuídas pela RCA, com a capa do single alardeando: EM BREVE! ÁLBUM *FROM ELVIS IN MEMPHIS* (por ordem do Coronel, nas próximas 300 mil, a mensagem foi modificada para "EM BREVE! PEÇA O ÁLBUM *FROM ELVIS IN MEMPHIS*", incitando os fãs a comprarem o LP). Duas semanas após o lançamento, o single entrou nas paradas e ali permaneceu por 13 semanas, alcançando a terceira posição em 14 de junho e dando a Elvis não só seu primeiro hit no Top 10, mas seu primeiro disco de ouro desde a primavera de 1965. Mais do que isso, foi claramente um hit de impacto, não um mero golpe de sorte, fazendo jus não só ao sucesso comercial de "If I Can Dream", mas aos novos rumos apontados pelo single anterior.

As revistas especializadas com certeza prestaram atenção. Por exemplo, a Variety estampou a manchete: "'In the Ghetto', primeira canção de protesto de Presley, agita os fãs mais jovens do cantor". Em um desdobramento menos feliz, o sucesso do single levou, pela primeira vez, a uma declaração oficial de hostilidades entre o time Felton Jarvis e o time Chips Moman, resolvida apenas com a intervenção do "time" Coronel Parker. Na primeira quinzena com o single nas paradas, a *Billboard* listou Felton como produtor; então, claramente por instigação de Marty Lacker, o crédito foi atribuído a Chips. Por fim, na quarta semana, o Coronel bateu o pé. Tradicionalmente, discos de Elvis Presley não creditavam produtor algum. O sr. Presley era seu próprio produtor. O compacto seria listado sem crédito ao produtor, como todos os outros discos de Elvis Presley, e ponto-final.

Mas nada poderia abalar o ânimo do cantor nesse momento. Depois de concluir o filme, voltou ao Havaí no início de maio, e até mesmo a venda do rancho Circle G* em 20 de maio, por 440.100 dólares, acabou sendo mais um alívio do que qualquer outra coisa. De volta para casa em Memphis, dava atenção aos fãs nos portões quase todas as noites, aparentemente motivado a reafirmar suas raízes às vésperas de seu retorno às performances ao vivo. Tanto o *Press-Scimitar* quanto o *Commercial Appeal* notaram essa mudança marcante na rotina e na atitude. Com frequência, vinha montado em seu cavalo Rising Sun,** dava autógrafos e posava para fotos no grande toco de árvore junto aos portões, às vezes até empolgando os fãs com um ou dois versos de alguma de suas músicas. Alguém indagou como se sentia em casa, e ele disse: "Excelente, cara, adoro mesmo, é excelente", confidenciando a seu tio Vester que precisava se acostumar de novo com as multidões.

Não escondia um misto de apreensão e entusiasmo com a estreia em Vegas. Expressou sua preocupação para os caras. Será que o público se lembraria dele e o aceitaria como nos velhos tempos? E trocava ideias interminavelmente com Charlie a respeito do ambicioso setlist que estava bolando, sobre como ele enxergava nisso a oportunidade de mostrar todas as diversas vertentes musicais que tanto significaram para ele em sua vida.

* Em 2021, a propriedade recebeu uma placa histórica, que pode ser avistada da rodovia, inaugurada por Donna Presley, prima de Elvis. Donna declarou: "Ele amava este lugar". (N. de T.)

** Da raça quarto de milha, Rising Sun tinha pelagem "palomino" e crinas douradas. (N. de T.)

Falou praticamente com todos os músicos que conhecia sobre acompanhá-lo nessa inédita temporada em Las Vegas. Entrou em contato com Scotty e D. J., os Jordanaires, os músicos de estúdio de Nashville, alguns dos músicos da Califórnia e a seção rítmica de Chips, entre outros. No fim, porém, se decidiu por um grupo com o qual nunca havia trabalhado antes, liderado por um músico que admirava havia muito tempo, mas que ainda não conhecia. No fim de junho, com o tempo se esgotando e os ensaios programados para começar em meados de julho, ligou para o guitarrista James Burton. Natural de Shreveport, Burton, em 1957, com apenas 18 anos, entrou na banda de apoio de Ricky Nelson, não sem antes deixar sua marca inconfundível na guitarra solo do clássico "Suzie Q", de seu conterrâneo Dale Hawkins. Desde o comecinho dos anos 1960 se tornou um confiável músico de estúdio de Los Angeles. Extraordinariamente versátil, trabalhava com todos, de Merle Haggard a Frank Sinatra, e inclusive havia feito overdubs em várias faixas nas trilhas sonoras dos filmes de Elvis Presley. Com sua apurada técnica e seu característico arpejo *chickenpickin'*, Burton liderou a banda residente de *Shindig*, a popular série televisiva. Mas não trabalhava em clubes havia anos quando um belo dia o telefone tocou em sua casa em Toluca Lake. "Eu estava me arrumando para sair, pois tinha gravação no estúdio. A minha esposa atendeu e veio me dizer: 'Tem um tal de Joe Esposito na linha'. Eu desconhecia esse nome, por isso falei: 'Anote o recado'. Mas ela comentou: 'Bem, parece importante', então fui atender. Joe disse: 'James, é muito bom falar com você, mas estou com alguém aqui que deseja falar contigo. Mais tarde eu volto a entrar em contato'. Nisso Elvis pegou o telefone e ficamos conversando por duas horas a fio."

Conversaram sobre os mais variados assuntos. Em pouco tempo, parecia quase irrelevante o fato de nunca terem se encontrado... Afinal, eram tantas experiências compartilhadas e tantos conhecidos em comum. Elvis expressou sua admiração duradoura pelo trabalho de Burton, e então perguntou ao guitarrista se ele poderia montar uma banda para ele. Procurava instrumentistas capazes de tocar "qualquer tipo de música", explicou Elvis. O tipo de músico que, como Burton, era bom no que fazia e sabia disso. Contou a James que era um grande fã dele e costumava assisti-lo toda semana no programa *Ozzie and Harriet*. Em geral, Burton não era de muita conversa, mas realmente se deram bem. No fim, James disse, um tanto para sua própria surpresa, que topava o desafio.

Marcou audições para quando Elvis retornasse à Califórnia, dali a poucas semanas. O pianista Glen D. Hardin, colega da banda The Shindogs, declinou o convite. Então Burton chamou Larry Muhoberac; natural de Memphis, morava em Los Angeles desde 1965 e tinha sido o líder da banda que abrira o show de Elvis em seu concerto de caridade, em 1961. Também recebeu um "não" do baterista Richie Frost, ex-aluno da banda de Ricky Nelson, que simplesmente não queria o incômodo de tocar em um show ao vivo. Jerry Scheff, baixista virtuoso com quem James havia trabalhado recentemente na gravação de um álbum, a princípio também não mostrou lá muito interesse, mas concordou em ir à audição no acanhado estúdio de ensaios, na esquina da Franklin Avenue com a Vine Street. "Falei pra minha esposa, meio dando risada: 'Vou descer lá e dar uma olhadinha, mas não vou fazer isso'. Sabe, eu realmente não curtia Elvis; na época eu tocava mesmo era rhythm & blues e jazz. Mas lá fui eu para o ensaio. Naquela noite, voltei pra casa e disse à minha esposa: 'Você tem que ir lá e dar uma olhada nesse cara!'. Ela disse: 'Ah, fala sério', e eu disse: 'Sim, é verdade, você tem que escutar esse cara', e não falei mais nada. Mas no dia seguinte ela foi comigo e ficou simplesmente fascinada. E eu também."

O que mais impressionou Jerry, "hippie" ruivo com ideias não convencionais e gosto pelo estilo de vida alternativo? A profundidade do comprometimento de Elvis com a música, a paixão que ele colocava no que deveria ser apenas uma audição de banda. Elvis, Scheff descobriu, longe de ficar lá sentado e julgar as habilidades dos músicos, na verdade veio fazer um show. "Era como se fosse apenas ele e a banda. Ele cantava o que você curtia tocar, só as músicas que ele sabia que você ia se divertir tocando. Ele queria entreter a gente; sabia o que os músicos gostavam de tocar. Eu meio que toquei o que achei oportuno e ele gostou... Mas juro que eu não tinha nem ideia do que estava fazendo. Nisso algumas damas entraram, e o pessoal estava sentado numa rodinha. Ele trocou de marcha e começou a entretê-las. O negócio era simples, seja lá quem estivesse ali, ele queria entreter. Adorava cantar para as pessoas, *adorava deixar o público impressionado*."

A sessão à qual Jerry levou a cética esposa no dia seguinte foi a última de uma série de audições e ensaios. Burton tinha recebido o "OK" de Elvis para o guitarrista rítmico, John Wilkinson, jovem cantor folk contratado pela RCA que James queria ajudar. Só faltava então o baterista. Burton supôs que um bom candidato seria Gene Pello, experiente músico de estúdio. Mas Larry Muhoberac tinha comentado com James sobre um jovem baterista com quem havia trabalhado em Dallas, um tal de Ronnie Tutt, recém-transferido com a esposa e família a Los Angeles. Tutt, pensou Muhoberac, seria o baterista ideal para a tarefa. Quando enfim teve sua chance, Ronnie provou que o amigo tinha razão. "Fui o último baterista que Elvis ouviu, e a disputa ficou entre mim e outro baterista, que fazia as sessões da Motown. Um baterista bom pra caramba, e notei que os outros da banda realmente curtiram o estilo dele. Mas subi ao palco e me concentrei em Elvis. Acho que realmente consegui o emprego porque Elvis e eu tivemos perfeita comunicação visual no palco. Ele me contou que não fiquei só tocando o que eu sabia durante o teste; eu não tirei os olhos de cima dele. E isso era realmente necessário, porque era como tocar para "um stripper aclamado. Com todos aqueles movimentos que ele fazia, você tinha que tocar de acordo com o que ele estava fazendo". Jerry Scheff resumiu: antes mesmo de fechar dez compassos da primeira canção, todo mundo já sabia. Banda completa.

Dois ou três dias depois, começaram os ensaios formais. Enquanto isso, a estrutura salarial foi estabelecida: Burton, como líder, receberia 2.500 dólares por semana; os demais músicos, de 1 mil a 1.200 dólares;

além de Wilkinson, que se contentou com 600 dólares. Dois grupos vocais já tinham sido contratados, sem necessidade de audições, estritamente com base no instinto de Elvis. The Imperials, com quem ele havia trabalhado em sua sessão gospel de 1966 e cujos discos continuou a admirar ao longo dos anos, foi uma escolha natural, embora Jake Hess não estivesse mais no grupo, e os demais componentes tivessem mudado um pouco. Por outro lado, The Sweet Inspirations ele não conhecia e nunca tinha visto tocar, mas adorava o som de "Sweet Inspiration", o hit soul de 1967, apropriadamente intitulado, e já estava familiarizado com o espetacular trabalho de apoio vocal delas para Aretha Franklin. E o mais importante: ele sentia que as harmonias delas, típicas do gospel negro, combinadas ao som dos Imperials, um quarteto branco, só aumentaria a gama musical – o *amplo espectro* da música estadunidense que ele pretendia apresentar no palco. Os Imperials receberiam 3.750 dólares por semana, e as Sweets, que foram contratadas para abrir o show e, por isso, teriam acomodação de cortesia, receberiam 3.500 dólares. Assim, computados os custos dos ensaios e os pagamentos a Bobby Morris – o líder da orquestra do International que providenciaria os arranjos para metade das músicas do show –, a folha de pagamento totalizou cerca de 80 mil dólares para a temporada de quatro semanas, extravagância que deve ter irritado o Coronel, mas à qual Elvis não toleraria oposição. Só uma coisa o interessava: o show em si.

Para essa finalidade, providenciou provas de figurino com Bill Belew, o estilista que criou o terno de couro preto e o visual "mod rebelde" para o especial de televisão. Para esse show, Belew apresentou variações de um tema de caratê, um traje "cossaco" de duas peças ao estilo ghi, o quimono do caratê, com cintos de macramê em cores vivas, além do look eduardiano de gola alta do especial. "Nós o ensinamos a amarrar os cinturões para que as cordas ficassem penduradas e girassem. Fizemos também sete ternos para ele, embora, até onde eu saiba, ele [quase] nunca usou um deles no palco. Mas dos trajes cossacos fizemos cinco ou seis, pretos, brancos e azul-escuros; eu levava os desenhos para mostrar a ele, ou confeccionávamos um para ver como ia ficar, e Elvis dizia sim ou não. Assim que ele passava a ter confiança [em você], pronto; nunca mais [o] questionaria outra vez." O único problema de Belew veio mais tarde, quando Vernon reclamou da conta (que ultrapassou os 11 mil dólares), mas Elvis cuidou disso também. Belew percebeu: ao contrário do pai, Elvis sabia o valor do show.

Começando no dia 18, os ensaios duraram cinco dias, nos estúdios da RCA, no Hollywood Boulevard. Assim como as audições, os ensaios abriram os olhos para os cinco músicos participantes, porque cada ensaio acabou se tornando uma performance à parte. Segundo James Burton – o protótipo do músico de estúdio bem organizado –, tudo era espontâneo. "Logo de cara ensaiamos provavelmente umas 150 músicas." Com John Wilkinson, o único da banda que não era músico de estúdio, Elvis foi paciente e instrutivo, mostrando-lhe o que queria, mas sempre tomando cuidado para não o constranger. Wilkinson não conseguia acertar a guitarra base de "It's Now or Never". "É algo relativamente simples, mas eu não conseguia fazer do jeito que ele queria. Eu estava me sentindo pressionado, me esforçando para entender o jeito que James me mostrou, tentando acertar. [Quando] Elvis veio, eu estava meio que cantarolando a melodia... e de repente ele está cantando comigo em harmonia. Chegamos ao fim, e eu disse: 'É assim que você quer?'. Ele disse: 'Não poderia ser melhor'."

Charlie marcou presença constante, incentivando Elvis, dando apoio aos entusiasmos dele, monitorando as canções e caindo na gargalhada quando o cantor soltava um gracejo. O setlist imaginado por Elvis abria com "Memphis", o grande single "perdido" do qual Johnny Rivers havia se apropriado. Na sequência, vinham "Green, Green Grass of Home" e "Reconsider Baby", o blues gravado por Elvis em sua sessão de retorno ao lar. Por volta do fim de semana, todas essas ficaram para trás, substituídas em alguns casos por material mais contemporâneo, em outros, por escolhas mais previsíveis. Falou-se muito sobre imprimir ritmo ao show, e Charlie se baseou em sua própria experiência no show business para dar sugestões ao que seria o primeiro setlist de uma hora na carreira de Elvis. Ele tinha tudo para acertar em cheio, sentiu Charlie. Elvis tinha uma combinação inusitada de mente analítica, talento natural para o drama e ambição grandiosa, itens que só aumentavam as apostas. Tudo o que sempre admirou na música, Elvis disse a Charlie, "agora teria no palco com ele. Todo tipo de música de que ele gostava, agora estava em seu show. Os caras da banda tocavam country ou rock'n'roll; o quarteto trazia o som gospel; as Sweet Inspirations, o soul, e a soma de tudo isso resultava num lindo coral. Além disso, o som de *big band* [da orquestra residente] se mesclava com ritmos que davam o balanço e elementos dramáticos com sonoridade sinfônica". Para Charlie, não havia limites para o que Elvis era capaz de realizar.

No dia 24, continuaram os ensaios em Vegas. Felton aterrissou para ajudar na supervisão, apenas quatro dias após ter se casado com Mary Lynch, a secretária de Chet Atkins. A temporada de inauguração com Barbra Streisand ainda estava em cartaz. Por isso praticaram em salas de ensaio ou salões de baile. Pela primeira vez, participaram os dois grupos vocais, que até então não se conheciam.

As moças do Sweet Inspirations embarcaram apreensivas na experiência. Para começo de conversa, nem eram particularmente fãs de Elvis Presley. "Eu não conhecia muita coisa da carreira de Elvis", revelou a vivaz Myrna Smith. Aos 28 anos, atuava como empresária e porta-voz do grupo. "Não era o tipo de música que tocava em meu bairro." Estavam lá sentadas quando Elvis entrou. "Num traje cor de chocolate, rosto bronzeado, lindo de morrer, veio em nossa direção e se apresentou... Como se não soubéssemos quem ele era! Daí começou a cantar nosso disco, entramos para acompanhar e num estalar de dedos estávamos caídas por ele.

"Os ensaios sempre foram mágicos. Repassava tudo, como se estivesse no palco, só parando de vez em quando para mencionar algo de que não gostava, ou algo que achava que precisava acrescentar. Apenas nos deixava experimentar. Às vezes, partindo da base que fazíamos, que era uma espécie de soul-gospel, acrescentávamos pitadas que entravam em conflito com a música dele, e Elvis se limitava a dizer: 'Acho que eu não quero que vocês cantem isso'. Sempre fez isso de maneira muito diplomática, mas sabia exatamente o que queria ouvir. Acrescentou o nosso grupo porque queria o tempero do soul, mas não queria que fosse o elemento dominante."

Provavelmente a coisa mais difícil para elas era que suas vozes nem sempre combinavam à perfeição com as dos Imperiais. O quarteto branco, Myrna sentiu, "cantava em tom muito reto, ou 'liso', e mostrávamos a eles umas coisinhas, mas na maioria das vezes com nosso vibrato e o [tom] liso deles, isso incomodava um pouco... Eu percebia isso nas gravações". Myrna rapidamente notou, porém, que a questão crucial não era essa. "O que tornava tudo tão diferente era a presença de Elvis... Ele se dedicava tanto, mesmo no ensaio, bastava só cravar os olhos nele. Era muito empolgante. Trabalhei com Tom Jones, Aretha, gente de peso no ramo, mas o show dele foi o mais emocionante em que já trabalhei, [porque] Elvis adorava cantar e se apresentar. Quer dizer, o poder vocal de Aretha superava o de Elvis em termos de habilidade, mas quanto a querer estar naquele palco, puxa vida, você simplesmente acabava se envolvendo naquilo."

Os Imperials tiveram seus próprios problemas, mas também foram arrebatados pela empolgação. Em primeiro lugar, tinham sérias reservas sobre ir a Las Vegas – sendo um grupo gospel, não era onde gostariam de estar. Ficaram preocupados com o efeito disso nos fãs de longa data, mas no fim decidiram que a oportunidade era boa demais para não ser aproveitada. Também não tinham ideia do quanto cobrar e acabaram sentindo que haviam se valorizado pouco. Mas os mesmos elementos que impressionaram as Sweets e a seção rítmica também acabaram conquistando-os – o sentimento puro e irreprimível que Elvis derramava em cada música.

Nos últimos dois dias, houve ensaios completos com a orquestra, que até então vinha montando as partituras por conta própria, sob a direção de Bobby Morris. De Memphis, Glen Spreen havia enviado arranjos para algumas das novas músicas, mas principalmente trabalharam de modo informal, incluindo o tipo de floreios e fanfarras minimalistas que as *big bands*, como The Dorsey Brothers e New Frontier, tinham introduzido em 1956. Elvis estava tão empolgado para a estreia quanto para o especial de televisão, alternando picos de excitação maníaca e medo absoluto e deplorável. Durante a semana, assistiu a vários shows na Strip, a famosa avenida de Vegas, estudando de perto os artistas e a reação do público. Três noites antes da sua estreia, foi com alguns caras assistir ao show de Barbra Streisand, a convite da cantora. O show de Streisand, ao estilo cabaré de uma mulher só, com plateias inconstantes, teve recepção apenas moderada e não o deixou lá muito impressionado. Comentou com Charlie: era um palco danado de grande a ser preenchido, e ela pareceu muito solitária em cima dele. Com ele, seria bem diferente. Estaria cercado por sua banda e teria todas aquelas vozes; não ia estar lá por conta própria.

Nesse meio-tempo, os preparativos do Coronel estavam de vento em popa. Depósitos repletos de pôsteres, faixas, balões, 100 mil fotos 20 × 25 cm, 15 mil retratos coloridos, calendários, catálogos e livretos de suvenires, tudo enviado da Flórida à custa da RCA. Outdoors espalhados pela cidade. Até os táxis exibiam pequenas marquises que anunciavam a estreia de Elvis. Apesar da maciça venda antecipada, uma das maiores na história de Las Vegas (o salão estava 80% esgotado no início de julho), ele mandou veicular diariamente mais de 100 anúncios de rádio e TV, explicando que “eu não gosto de dar chance pro azar”. Suas salas no quarto andar mais pareciam um espalhafatoso santuário, coberto de pôsteres de Elvis, a exemplo do modelo de sua sede na MGM. Ou seja: uma blitz promocional inigualável, superando até mesmo os mais espetaculares esforços prévios do Coronel. Porém, anunciou a todos, com aquela peculiar mistura de orgulho e fanfarronice que era sua marca registrada, não fazia mais do que a obrigação em avisar a todos que Elvis estava chegando – o resto era tudo com seu astro. "Se o público não vier", avisou ele a Elvis, "não será culpa minha. Porque até os esquilos-do-deserto estão sabendo que você está aqui! Acredite em mim, todos na cidade vão saber que Elvis Presley está chegando, mas a única pessoa capaz de atrair o público é você." Na noite de encerramento de Barbra Streisand, enquanto os ajudantes de palco desmontavam o espetáculo, o Coronel e sua equipe, munidos de martelos, escadas e grampeadores, fixavam cartazes e fotos. Montaram inclusive uma barraca de suvenires no saguão. No outro dia pela manhã, ninguém sequer imaginaria que outro artista jamais estivera presente.

Usando a mesma técnica empregada para promover os filmes de Elvis na última década, o Coronel providenciou entrevistas, reportagens e itens publicitários para, em ocasiões oportunas, aumentarem a expectativa para a noite de estreia. Para ajudar, o novo álbum lançado em junho, *From Elvis in Memphis*, obteve boas resenhas e vendas (no fim de julho, alcançou a posição número 13 na parada da *Billboard* e mereceu a resenha principal da *Rolling Stone* um mês depois), só para coincidir com toda a empolgação. Além disso, a reprise do especial de televisão da NBC também estava marcada para 17 de agosto. A cereja do bolo? Nos bastidores, o Coronel já organizava a primeira apresentação de Elvis na frente de seu verdadeiro público – um público sem celebridades –, no Houston Livestock Show and Rodeo, evento com exposição de gado e rodeio, em fevereiro do ano seguinte. Sem dúvida, os esquilos teriam que se aprumar e prestar bem atenção.

A noite de estreia, em 31 de julho, foi só para convidados, em show único. A lista de megacelebridades foi escolhida a dedo pelo Coronel nos últimos dois meses. O proprietário do International, Kirk Kerkorian, entregou um convite a seu amigo Cary Grant, assim como fez para a abertura de Barbra Streisand, enquanto o Coronel se certificou de que todos os seus próprios parceiros e associados do show business estivessem presentes. Havia um panteão de celebridades da indústria fonográfica: Fats Domino, Pat Boone, Paul Anka, Phil Ochs, Carol Channing, Shirley Bassey e Dick Clark – com a presença da maioria das atrações principais dos espetáculos da avenida Strip. O Coronel conseguiu inclusive trazer de Nova York um avião lotado de resenhistas, no caso, o jatinho particular de Kirk Kerkorian. Por sua vez, Elvis fez questão de enviar um convite especial ao seu primeiro mentor, Sam Phillips, para comparecer à estreia.

À tarde houve um ensaio geral, mas quando, às 8h15 da noite, o pano subiu para o show de abertura das Sweet Inspirations, Joe teve lá suas dúvidas se Elvis conseguiria ou não ir em frente, tamanho era o frenesi em que se encontrava. "Tudo parecia tranquilo até aquela noite. Mas ele simplesmente não tinha ideia de como seria recebido. Andava para lá e para cá, sem parar; o suor já escorria em sua testa antes mesmo de subir ao palco. Sempre ficava nervoso antes de cada show, mas nunca nervoso daquele jeito."

Para abrir os trabalhos, The Sweet Inspirations apresentaram um repertório consistente, com destaque para as versões bem-arranjadas de "Born Free", "The Impossible Dream" e "How High the Moon". Sammy Shore, humorista de 41 anos que o Coronel tinha visto abrindo o show de Tom Jones, fez um breve show de *stand-up* para descontrair a multidão, centrado nas exortações de seu *alter ego*, o pastor negro chamado Irmão Sam, e incluiu piadas como: "A juventude é um desperdício para os jovens. A juventude deles, em gente como nós, aí sim! O que teríamos? Um montão de velhinhos com acnes". Nisso, sem aviso prévio, Elvis apareceu. Praticamente se esgueirou palco adentro para um ostinato de, imagine só, "Blue Suede Shoes", de Carl Perkins. No especial da NBC, Elvis tinha quase massacrado a canção num entrechoque de vocais exagerados e pretensiosos floreios orquestrais. Dessa vez a pretensão foi deixada de lado. Tendo atrás de si uma banda própria, escolhida a dedo, fez simplesmente *rock na veia*. E quase na mesma hora, o salão inteiro veio abaixo.

As primeiras noites não foram gravadas, mas com base na evidência de gravações posteriores e da resposta que ele obteve, não parece difícil imaginar quão explosivo o momento realmente foi. Após o estrondoso número de Carl Perkins, se atirou em "I Got a Woman", de Ray Charles, e emendou logo com "All Shook Up", em uma toada rápida, mas com a potência de um aríete. Em seguida desferiu "Love Me Tender": com uma sinceridade surpreendente, a singela melodia folk se amplificou ao coro crescente atrás dele. Ato contínuo Elvis encadeou um medley libertário de "Jailhouse Rock" com "Don't Be Cruel". Com o astral em alta, Elvis transformou o "*knocked-out jailbird*" (presidiário nocauteado) em "*knocked-out sonofabitch*" (fdp nocauteado). E então falou numa voz doce e humana que tranquilizou a plateia quase deslumbrada com seu show e, ao mesmo tempo, elevou ainda mais o nível de energia nervosa: "Boa noite, senhoras e senhores. Bem-vindos ao grande e bizarro International Hotel, com suas estranhas bonecas nas paredes e seus anjinhos sinistros no teto [referindo-se às esculturas semiclássicas ornamentadas espalhadas pela sala]. Vou te contar, cara, você ainda não viu nada se não viu um anjinho sinistro. Antes que a noite termine, tenho certeza de que vou ter feito um completo e absoluto papel de bobo, mas espero que se divirtam assistindo".

Este era o Elvis em sobrecarga de atividade. O pânico que Joe tinha vislumbrado ao longo do dia agora explodia numa espécie de libertação frenética, mas uma libertação tão instintivamente controlada e responsiva ao seu próprio senso das necessidades do público quanto na primeira vez em que pôs os pés num palco. Cary Grant ficou em pé; a comediante Totie Fields subiu na mesa, agitando uma garrafa; até mesmo as garçonetes que "recentemente aguentaram a enfadonha estreia da Divina Barbra", relatou o *Los Angeles Herald-Examiner*, "estavam visivelmente enlevadas". Uma cena de raro abandono em qualquer cenário, mas em Las Vegas, definitivo repositório dos valores *blasé* do show business, esse tipo de exibição desinibida era especialmente notável, evocando, por parte do artista, um abraço implícito de espontaneidade autêntica.

A sensação não passou despercebida a todos os presentes no salão, seja qual for o nome escolhido para a rotular. Ellen Willis, do *New Yorker*, uma cética autodeclarada, elogiou "o contínuo amor de Presley por rhythm & blues". O artigo "A White Boy with Black Hips" ("Menino branco de cintura negra") descreve as sensações do autor que presenciou a estreia. Richard Goldstein foi invadido por uma onda de nostalgia geracional, "os mesmos e trêmulos sentimentos que nossos pais sentem ao assistir Sinatra na TV, sentimentos dos quais costumamos zombar". Até mesmo os críticos que não souberam direito como processar aquilo (o crítico do *Hollywood Reporter* "teve a deliciosa sensação de estar diante de, realmente, uma das maiores pegadinhas da vida") não conseguiram negar a qualidade estranhamente hipnotizante do show. Por sua vez, observadores menos frios, como o repórter britânico do *Record Mirror*, descreveram: "Presley, como uma fera selvagem, bramiu ao longo de uma ampla lista de canções que o tornaram famoso (...) enquanto as damas, de volta à adolescência, se lançavam aos pés de seu ídolo, em glória frenética".

Quanto mais seguro foi se sentindo, mais aquela atmosfera de divertimento foi se infiltrando em sua performance, algo que pode ter escapado a muitos críticos e fãs da noite de abertura. Isso se tornou mais perceptível nas noites seguintes, à medida que a conversa fiada entre uma canção e outra foi evoluindo e se tornando cada vez mais reveladora, quando ele deixou correr solto seu gosto por trocadilhos e jogos de palavras. Invariavelmente entregava "Mystery Train" e "Tiger Man" com entusiasmo, mas então, desenterrando elementos do monólogo que Steve Binder havia lhe incitado a fazer no especial de TV, também brindava o público com uma aulinha de história. Variava todas as noites, mas em essência sempre batia na tecla: começou no show business quase por acaso, estudando para ser eletricista.

"Mas meus fios estavam invertidos. Um dia, na minha pausa para o almoço, gravei um pequeno disco de demonstração... Quer dizer, eu realmente não estava tentando entrar no negócio, mas, cerca de um ano e meio depois, o cara lançou o disco. Ninguém tinha ouvido falar de mim, mas da noite para o dia o pessoal começou a me apontar na rua: 'É ele? É ele?'. E eu só na minha: 'Sou eu? Sou eu?'. Eu me tornei muito conhecido em minha cidade natal e em algumas partes do país, comecei a fazer shows em boates e campos de futebol, salinhas estranhas onde as pessoas comentavam: 'Humm, humm', sabe, e me expulsaram do Opry, e Arthur Godfrey me deu uma olhadela e disse: 'Nah, nah...'. Então fiz isso por um ano e meio, até conhecer o Coronel Sanders... ou melhor, *Parker*." Parker, explicou ele, o colocou na televisão.

> Então fui a Nova *York*, e as pessoas me diziam: "Peguem-no, peguem-no, caramba. Ele acabou de sair da selva". (...) Ou seja, teve muita controvérsia, e fui ao *The Ed Sullivan Show*, e as câmeras me focavam só da cintura para cima, sabe, e Ed Sullivan, de pé nos bastidores, ficou me dizendo: "Desgraçado, desgraçado", e eu respondo, "Obrigado, Ed, muito obrigado". Na época, eu não sabia como ele estava me chamando. Depois fiz *The Steve Allen Show*, e quiseram me domesticar, então me fizeram vestir um smoking e cantar para um bassê em cima de um banquinho. O cachorro está fazendo xixi, mas não percebo, e estou cantando: "*You ain't nothing but a hound dog*" e o cachorro me responde: "Ump, ump". E eu: "Para trás, para trás, seu tolo", e o bassê sai correndo da sala.
>
> Então fiz esse programa e depois fui a Hollywood. Hollywood é o próximo passo, sabe. É isso que acontece: você grava um disco, daí aparece na televisão e daí acaba em Hollywood. Então fiz *Ama-me com ternura*, depois fiz *A mulher que eu amo*, "Amando *ela*", amando seja lá quem eu pudesse amar na época. Depois foi a vez de *O prisioneiro do rock* e *Balada sangrenta*, quatro filmes, cara, eu estava realmente me acostumando com

> o lance de Hollywood. Comprei uma limusine Cadillac, sentei no banco traseiro, de óculos escuros, e disse: "Sou uma estrela de cinema, puxa vida, sou legal". Comendo hambúrgueres e bebendo Pepsi-Colas, sabe. "Melhor tomar cuidado com aquele esquilo, cara, quando ele sair do mato!" Então, a minha vida ia muito bem, obrigado, quando me alistei, fui convocado, arregimentado e tudo mais. De um dia pro outro acabou tudo, sabe. Eu vivia num outro mundo e quando acordei, ele tinha desaparecido.
>
> No começo, ficaram me observando só para ver o que eu ia fazer. E quando viram que eu era como eles, tudo acabou bem. Mas os soldados devem se sentir solitários para caramba, porque ficam se chamando uns aos outros de "filhos da mãe". (...) Seja como for, eu saí do serviço militar em 1960, e fiz alguns filmes como *Saudades de um pracinha* e *Feitiço havaiano*, um montão de filmes que fizeram sucesso. Com o passar dos anos, porém, foi ficando cada vez mais difícil cantar para uma câmera de cinema. Eu realmente sentia falta do público, realmente sentia falta do contato com a plateia ao vivo. E eu só quero dizer a vocês o quanto é bom estar de volta.

E então ele voltava ao show. *Ele nunca perdia o controle da plateia, sempre a conduzia na palma da mão.* O mais raro tipo de triunfo, um triunfo de classe: enfim, ele conseguia a validação que sempre desejou, sem nunca a buscar de modo explícito – e, ainda por cima, em seus próprios termos.

Para os mais íntimos de Elvis, o show daquela primeira noite foi quase tão revelador quanto para o público em geral. De vestidinho branco com franjas, barriga desnuda, botas *go-go* brancas com tiras no tornozelo, traje aprovado pessoalmente por Elvis, Priscilla se impressionou com "a energia, aquela energia que cercava o palco e o carisma que ele [transmitia]... acho que nunca senti isso em nenhum artista desde então. Sim, claro, outros artistas têm carisma, mas Elvis exalava uma masculinidade, um orgulho que só vemos num animal. No palco, ele tinha esse olhar, sabe, andava de um lado para o outro, gingando como um tigre, e você olha e diz: 'Meu Deus, é com esta pessoa que estou...?'. Era difícil ligar quem ele era com essa pessoa no palco. Foi incrível". Joanie Esposito, que, como Priscilla, até então tinha visto Elvis se apresentar apenas nas gravações do especial de TV, ficou igualmente encantada. "Ele estava tão elétrico. Tão animado... Ficou tão extasiado com a plateia que deu até cambalhotas."

Mais de uma pessoa notou que era como se Elvis estivesse num mundo paralelo; em certos momentos, os olhos dele ficavam vidrados e você não tinha *nem ideia* do que ele ia fazer a seguir. "Parecia outro Elvis", resumiu Patti Parry, cabeleireira que fazia parte da gangue havia quase nove anos. "Era como uma luz entrando naquele palco... A eletricidade da plateia e a eletricidade dele, que coisa inacreditável. Você se esquecia que ele era seu amigo." O pai dele, sentado com orgulho no camarote da família, na primeira fila, com Dee e as crianças, silenciosamente abriu um sorriso radiante. Mais do que qualquer outro, o ainda fã número um de Elvis, Felton Jarvis, mal se conteve. "Ele mais parecia um bárbaro", disse o produtor, tentando descrever o show, anos depois, a um amigo. "Dominou o palco todinho. Tipo, ele quase se lesionou... Ficou dando saltos e cambalhotas, essa coisa toda. Em 'Suspicious Minds' ele se ajoelhou, deu uma cambalhota e simplesmente rolou em cima do palco. Ele estava meio insano até que todo mundo o convenceu a não fazer mais aquilo, não estou brincando com você."

Quando ele saiu do palco naquela primeira noite, a sensação de alívio foi quase palpável. O Coronel, que se protegia ferozmente para não demonstrar emoções, chegou aos bastidores com lágrimas nos olhos – Joe, Priscilla e Charlie nunca tinham visto algo assim. Foi como se por apenas um instante véus e disfarces caíssem – os dois simplesmente se

Elvis numa coletiva de imprensa, Las Vegas, 1º de agosto de 1969
(Fotos de arquivo/Frank Edwards Fotos Internacional)

aproximaram e se abraçaram em silêncio. O corpo do Coronel tremia de emoção. Logo o abraço terminou. Era, Joe sentiu, o mais próximo que já estiveram.

Nas fotografias da coletiva de imprensa, Elvis aparece orgulhoso, radiante, cheio de confiança, após trocar a roupa de palco por um dos trajes *mod* feitos por Bill Belew, lenço de seda multicolorido em volta do pescoço e gola alta eduardiana. Joe e Vernon o escoltam até a longa mesa de banquete, com Lamar, Sonny e Charlie compartilhando os holofotes. O Coronel presidiu, com desenvoltura digna do humorista W. C. Fields, aprumado numa bata branca de açougueiro coberta em múltiplos locais com a mensagem *ELVIS INTERNATIONAL IN PERSON* (ELVIS EM PESSOA NO INTERNATIONAL). Em pé o tempo inteiro, Elvis respondeu às perguntas previsíveis. Estava animado com seu retorno aos shows ao vivo? Cansou de fazer filmes? Achava um erro ter lançado tantos álbuns de trilhas sonoras? Respondeu a cada uma delas de modo afirmativo e diplomático ("Eu já andava meio farto de cantar para tartarugas", disse ele em resposta à última).

Fotos extras foram tiradas. O tópico de shows no exterior veio à baila e, a certa altura, Screaming Lord Sutch, o extravagante roqueiro britânico que concorreu ao Parlamento, alardeou uma oferta de "1 milhão de libras esterlinas por dois shows no Wembley Empire Stadium, na Inglaterra". O cachê incluiria a filmagem documental dos shows e não exigiria mais do que 24 horas do tempo do sr. Presley. "Vai ter que perguntar a ele", disse Elvis um tanto confuso, passando a bola ao Coronel. O empresário pediu que a oferta fosse repetida e depois disse: "Basta fazer o depósito". "Pode deixar que eu cuido disso", afirmou Lord Sutch. "Gostaria de fazer shows na Inglaterra?" *Sem dúvida* gostaria de me apresentar lá, respondeu Elvis sem pestanejar, "e isso vai acontecer em breve". Com o fim da coletiva, tirou uma foto ao lado de um radiante Fats Domino, que, Elvis insistiu para os cínicos jornalistas, tinha sido uma tremenda influência para ele e deveria ser considerado o verdadeiro rei do rock'n'roll. Em seguida, o grupo inteiro se dirigiu à suíte de sete cômodos, no vigésimo nono andar (a ainda mais luxuosa suíte estelar, no trigésimo andar, à qual tinha direito por contrato, ainda não havia sido concluída), onde a noite foi revivida de novo, e de novo.

Ao longo da temporada, o humor de Elvis foi se tornando mais descontraído, o mesmo acontecendo com seu comportamento no palco. O monólogo foi ficando cada vez mais alucinado, a ponto de às vezes parecer quase surreal. À medida que as mulheres da plateia foram se tornando cada vez mais espalhafatosas (começaram a jogar sutiãs, meias-calças e até calcinhas, praticamente desde o primeiro show), ele passou a distribuir beijos, no início de forma aleatória, depois como parte normal da performance. Rasgou a calça a primeira vez duas semanas após a estreia. Logo isso também se tornou uma espécie de ritual, em que ele entoava "Memories" por trás da cortina enquanto trocava as calças. Uma noite se desmanchou em gargalhadas histéricas ao ouvir o soprano *obbligato* de Cissy Houston, uma das vocalistas das Sweet Inspirations, durante a execução de "Are You Lonesome Tonight?". Depois disso, não conseguiu mais cantar a música de novo. Outras noites, ele e Charlie começavam a brincar, e o público era brindado com o tipo de espetáculo que namoradas e diretores de cinema aprenderam a tolerar. E, no entanto, o show nunca perdeu seu charme. Elvis sempre se mostrou totalmente engajado com a música, que, na maior parte do tempo, permaneceu firme e translúcida. A atmosfera que se tornou mais cordial, algo natural para um artista que, cada vez mais, começava a se sentir em casa.

O Coronel também se sentia plenamente à vontade, contando antigos causos da época em que trabalhava no mundo dos parques de diversões e companhias circenses. Recrutou membros para a Liga dos Bonecos de Neve, surfando em sua nova onda de sucesso, mas sempre fazendo questão de evitar a respeitabilidade. Mais de um repórter o observou na mesa da roleta, apostando várias centenas de dólares por vez, velho personagem grisalho e onipresente, merecedor de ao menos um aparte condescendente em cada novo relato sobre a notável ressurreição da carreira de Elvis Presley.

O International tomou conhecimento mais formal da presença do Coronel, exercendo sua opção na noite da estreia com um acordo rabiscado pelo empresário numa toalha de mesa rosada na *coffee shop* do hotel. Quatro dias depois, um documento mais convencional foi redigido, com direito a aumento retroativo no cachê, para 125 mil dólares por semana. Essa cláusula foi anexada a uma extensão pela qual Elvis faria duas temporadas anuais no International, ao longo dos próximos cinco anos, garantindo assim ao Coronel, até 1974, seu parâmetro de 1 milhão de dólares por oito semanas de trabalho. Em relação aos possíveis temores do Coronel de que outro artista ultrapassasse o padrão estabelecido, havia inúmeras ressalvas e garantias verbais de que, ao longo do contrato, seu cliente manteria o *status* de "nações mais favorecidas" – em outras palavras, o cassino se comprometia em equiparar cachê e condições de trabalho sempre com base na melhor condição que outra atração principal pudesse alcançar em Vegas.

Seja como for, esse medo o Coronel não tinha. Confiava nas habilidades de Elvis, mas não confiava menos em seu próprio taco. Só uma coisa o deixava apreensivo: as coisas pareciam estar ficando boas *demais*. Percebeu que o garoto começava a se sentir muito à vontade no palco, deixando fluir uma linguagem dispersiva, beirando ao mau gosto, e comentários que o Coronel achava inadequados, principalmente no show do jantar, em que muitas crianças costumavam estar presentes. Elvis deveria cuidar com o que fala, escreveu ele no bilhete contundente, após o show de 22 de agosto. Sabia que Elvis não gostaria de colocar em risco todo o sucesso daquela temporada, mas também estava ciente de que bastava relatar isso ao cantor, pois Elvis era o único capaz de fazer algo a respeito. Insinuou que era, como sempre tinha sido, eles dois contra o mundo.

Velhos e novos amigos compareceram, convidados e não convidados. Cliff Gleaves aproveitou a passagem aérea que Elvis lhe enviou e partiu de Memphis com Sam Phillips. A pedido de Elvis, George Klein e Marty Lacker adiaram a chegada deles até o primeiro fim de semana, para que só assistissem ao show após a solução de alguns contratempos. "Elvis está tendo uma recepção incrível aqui", relataram ao *Memphis Press-Scimitar*. "Só vendo para crer." Chips e o empresário musical de Memphis Herbie O'Melle se juntaram a eles no meio da estadia, e o médico de Elvis em Memphis, dr. Nichopoulos, que dera ao cantor o atestado que lhe permitira postergar o início das filmagens de *O barco do amor*, conheceu o Coronel Parker pessoalmente após sua abrupta apresentação ao telefone, dois anos antes. Jerry Lee Lewis quase foi às vias de fato com o Coronel quando Parker tentou mandar embora todos os visitantes do camarim, inclusive Jerry Lee. "Não vou deixar nenhum velhinho tagarela me dar ordens sobre com quem posso ou não tomar um drinque", anunciou o desabusado Jerry Lee, em alto e bom som, para que Elvis e todos na sala escutassem. Mas o Coronel fingiu que não ouviu.

Ed Parker, o instrutor e ex-campeão de caratê que, no ano anterior, havia reatado o vínculo com Elvis durante a visita do astro ao Havaí, apareceu, sem aviso prévio, com um grupo de quatro pessoas. Logo ao chegar, entrou em contato com Joe e disse que queria ver o show do jantar e depois se encontrar com Elvis para falar sobre uma "ideia de treinamento". Da plateia, Ed Parker observou com aprovação até que ponto o caratê – tanto nos movimentos quanto no figurino – desempenhava um papel no show. Em seguida, no fim da apresentação, "Elvis reservou um momento para homenagear os familiares na plateia. Apresentou a esposa, o pai, e então, para minha grande surpresa, se virou em minha direção. 'Tenho um amigo próximo e querido na plateia', anunciou ele. 'É meu professor de caratê, da mais alta graduação, muito renomado em seu ramo. Se alguém de vocês mora na região de Los Angeles e estiver interessado em caratê, deveria visitar as escolas dele'. Então me chamou pelo nome e me fez ficar em pé. Os holofotes me focalizaram enquanto eu encarava a plateia".

Mais tarde nessa mesma noite, na suíte, Ed Parker explicitou sua ideia de negócio, que tinha a ver com o aumento da popularidade do caratê em geral e o marketing do sistema "*kenpo*", criação especial de Parker. "Meus convidados se beliscavam, nem acreditavam estar nos aposentos privados de Elvis, mas [ele] os deixou imediatamente à vontade. Conversou com eles como se fossem amigos de longa data... Quando [eles] faziam uma pergunta ou dirigiam a palavra a Elvis, ele os fitava nos olhos e ouvia com toda a atenção." Em paralelo à conversa, Elvis pediu a Ed que realizasse uma aula de caratê, "executando movimentos e depois explicando-os, para que todos os presentes entendessem a teoria que eu tentava transmitir. Elvis se concentrou, fez comentários e contribuiu com esporádicos movimentos ou gestos, sem nunca mostrar qualquer desrespeito." Aquilo, refletiu Ed Parker mais tarde, marcou o verdadeiro início de sua amizade. Centro das atenções, Elvis recebia visitas na suíte todas as noites. Uma noite era Tom Jones que dava uma passadinha, e os dois cantavam juntos até o sol nascer. Outra noite, poderia ser apenas The Imperials, com quem Elvis adorava harmonizar antigas canções gospel. "Era como se todas as noites tivéssemos que fazer uma performance especial, a pedido da realeza", comentou Joe Moscheo,* empresário e tecladista do Imperials – a ponto de em algumas noites você preferir escapulir após algumas felicitações superficiais, para não ficar preso na suíte a noite inteira. "Na maioria das vezes, ele realmente queria cantar, e se sentava ao piano para entreter quem estivesse lá. Às vezes, havia gente famosa; noutras vezes, só um monte de parasitas; mas em geral apenas o pessoal dele." O ambiente sempre cheio, e Elvis sempre cantando. Alguns dos caras chegaram a dizer que era como nos velhos tempos – mas ainda melhor.

Elvis transbordava otimismo quando falou com Ray Connolly, repórter musical do *London Evening Standard*, em uma rara entrevista parti-

* No original, "*Every night was like a command performance*". *Command performance* é um termo que designa uma performance especial a pedido de alguém da realeza. (N. de T.)

cular, avalizada e presenciada pelo Coronel. "Não decidimos voltar aqui pelo dinheiro, pode ter certeza", Elvis disse a Connolly. "Ao longo dos últimos nove anos, sempre quis voltar a me apresentar nos palcos, e essa vontade só cresceu em mim desde 1965, até a inquietação se tornar intolerável. (...) Não creio que eu pudesse adiar isso por muito mais tempo." Quanto à grana, realmente não importava, e ele nem queria saber.

> Dá risada e joga a cabeça para trás, mostrando os dentes perfeitamente cuidados. Olhos pequenos, mas que cílios compridos! "Posso dizer só uma coisa?", atalha o Coronel com seu humor rústico e folclórico. "O Coronel não tem nada a ver com as finanças do sr. Presley. Quem cuida disso tudo é o pai dele, sr. Vernon Presley, junto com o contador."
>
> O sr. Presley, versão mais gorda e grisalha do filho, se algum dia veremos algo parecido, assente com a cabeça, concordando com esse modo formal de falar em terceira pessoa e pegando outra cerveja do bar. "Se ele quiser, pode jogar fora todo o dinheiro dele. Não dou a mínima", acrescenta o Coronel. O humor é fácil e bem-humorado – estilo country, se preferir.

Outro tipo de julgamento foi oferecido por Sam Phillips quando Elvis o procurou para uma análise do setlist. Phillips tinha dado um conselho ao cantor quando Elvis ligou para convidá-lo, durante os ensaios. "Falei: 'A porra do ritmo está te empolgando para valer? *Cadê a força da seção rítmica?*'. E acrescentei: 'Só leve esse ritmo ao palco, baby, só traga isso para fora. É a sua *i-den-ti-da-de*'. Bem, quando vi o show, preciso contar a vocês: nunca ouvi seção rítmica melhor em minha vida. Mas tinha algumas merdas obscenas. Fui sincero com ele: 'Elvis, cara, foi um show fabuloso, mas, sabe, aquela canção 'Memories' tem que bailar!'. E continuei: 'Caramba, essa droga não atrapalhou a porra do show?'. E ele respondeu: 'Sr. Phillips, eu adoro essa música'. E, claro, não parou de cantá-la depois disso."

Chips não cedeu um milímetro na questão dos direitos de publicação, mas "Suspicious Minds" foi lançada no fim de agosto. Os overdubs tinham sido gravados em Las Vegas, uma semana após o começo da temporada, a fim de incorporar o estilo como Elvis a tocava no palco – com uma espécie de final falso em que o volume ia diminuindo, e depois voltava, com os mesmos três versos repetidos várias vezes numa *coda* de quatro minutos e meio que muito bem pode ter sido uma alusão a "Hey Jude" dos Beatles, ao som das trompas do International. Gravaram o novo final no United Recording, estúdio de oito canais que Bill Porter – engenheiro da RCA que, entre 1960 e 1963, trabalhou na mesa em todas as sessões de Elvis em Nashville – havia comprado três anos antes. Isso criou um probleminha técnico para Porter, afinal, todos os oito canais já estavam preenchidos. Mas resolveu isso gravando as trompas ao vivo, primeiro no estéreo, depois na mixagem mono, em seguida abaixando o volume e aumentando novamente, conforme as especificações de Felton. Glen Spreen, que havia composto o arranjo da penúltima versão, nem acreditou em seus ouvidos quando ouviu o produto final. "Tipo, a gente riu daquilo (vamos colocar assim) quando ouvimos o *fade*. Sabe, fazer esse tipo de coisa ao vivo, porque o público está ali, e está participando, junto com ele, é uma coisa [mas em disco são outros quinhentos]. Quem melhor verbalizou o que sentia foi talvez Gene Chrisman... e usou palavras muito contundentes para isso. Bobby Emmons ficou lá, com o olhar perplexo. E todos nós meio que dissemos: 'Meu Deus, como é que tiveram coragem de fazer isso?', vendo que a música ficava naquele vaivém. Mas não havia nada que pudéssemos fazer."

O desgosto de Glen se espelhou na reação de Chips. Para Chips, isso só confirmava todas as suas piores suspeitas sobre aquele grupo – a mesma turminha que tentou usurpar seus direitos de publicação e cortou seu crédito, agora tentava roubar seu som. Na opinião dele, não passavam de *amadores*, transformando uma produção intricadamente elaborada numa espécie de piada de áudio, e o sucesso do disco pode ter se tornado a derradeira pedra no caminho de novas parcerias profissionais, embora continuasse a manter boas relações pessoais com Elvis ao longo do ano. O single – com *fade-out*, *coda* e tudo mais – acabou sendo o disco mais importante de Elvis em sete anos, seu primeiro hit número um desde 1962, comprovando talvez que, à sua maneira, o julgamento de Elvis estava tão certo quanto o de Chips.

Toda essa turbulência escapou à atenção de Elvis na esteira desse monumental renascimento do interesse popular por ele e pelo seu trabalho. Os números da temporada em Las Vegas falam muito sobre seu sucesso: 101.500 clientes pagantes, 1,5 milhão de dólares em receitas brutas, o show de maior sucesso na história de Las Vegas (em comparação, no início daquele ano, Dean Martin atraiu 50 mil pessoas em três semanas no Riviera, que tinha uma sala de espetáculos menor). Elvis marcou presença, com o Coronel, a equipe do empresário, todos os caras e respectivas esposas e namoradas, à estreia de Nancy Sinatra no International, na noite seguinte após o encerramento de sua temporada. Ao estilo expansivo que revelava como se sentia, o Coronel mandou circular anúncios de jornal e rádio, em seu nome e de Elvis, estimulando o público a prestigiar a temporada de Sinatra. Após o show, no camarim, o Coronel avistou Mac Davis, que tinha aberto o show para Nancy. "Ele se lembrou de mim e disse: 'Não falei que você se tornaria um astro?'. Respondi: 'Sim, o senhor tocou minha cabeça'. Ele disse: 'Verdade?'. Assenti: 'Sim'. Ele completou: 'Bem, se é assim, não há dúvida alguma. Vai ser um astro'." Todos rumaram à festa organizada pelo pai de Nancy, e Elvis tirou uma foto ao lado de Frank Sinatra, não mais um aspirante, um colega enfim.

De volta às turnês: o Coronel se encontra com Elvis
e Vernon Presley, Phoenix, 9 de setembro de 1970
(Cortesia do Espólio de Elvis Presley)

UMA NOITE NA ÓPERA

Setembro de 1969 a setembro de 1970

PELA PRIMEIRA VEZ EM quase dez anos, Elvis não ansiava por nada. Não havia filmagens à vista, nenhuma sessão de gravação, nenhum especial de TV – na real, não havia nada programado até seu retorno a Las Vegas, no fim de janeiro. Sentiu uma vasta sensação de alívio após concluir a temporada em agosto, mas não encontrou um modo de expressar isso. De repente, sem ao menos notar, parecia que havia deixado Memphis para trás. Por um mês perambulou inquieto entre Las Vegas e Los Angeles, Los Angeles e Palm Springs, onde a nova casa comprada em abril agora estava praticamente reservada para fins de semana com a turma de amigos. No finzinho de setembro, voltou a Memphis, mas estava na cara para todos, incluindo Priscilla, que ele tinha pouco interesse em ficar em casa com a esposa.

No início de outubro, foram passar férias no Havaí com todas as despesas pagas para dez pessoas, um brinde do International em agradecimento por sua temporada de tantos recordes quebrados. Mas até o Havaí já não tinha o mesmo encanto de outrora. Elvis e Priscilla, com Joe e Joanie, bolaram um plano de ir à Europa, em companhia de Jerry e Sandy Schilling e Patsy (prima de Elvis) e Gee Gee, o marido dela. Menos de uma semana depois, voltaram a Los Angeles a fim de tirar os passaportes. Por uns dias, esse foi o assunto principal: só falavam na tal viagem à Europa, fazendo planos, se debruçando sobre mapas, escolhendo os pontos turísticos que iam visitar. Eis que a realidade se cristalizou na insistência do Coronel: Elvis ofenderia seriamente seus fãs europeus se visitasse a Inglaterra e a França como turista antes de fazer uma turnê por lá.

Inicialmente, todo mundo se revoltou. Elvis disse que ia mandar o Coronel às favas – afinal, de quem era a culpa de nunca terem ido à Europa? Por um momento, todos acreditaram nele. Mas logo mudou de ideia, aceitou docilmente o decreto do Coronel e foram às Bahamas, onde o Coronel tinha contatos e achava que se divertiriam. Na prática, porém, no segundo dia, as ilhas foram atingidas por um furacão. Restringidos a restaurantes e cassinos, ficaram só uma semana e voltaram para casa em 29 de outubro. Elvis ficou o tempo suficiente para trocar de roupa. Na outra noite, reapareceu em Las Vegas, supostamente avistado pela colunista de fofocas Rona Barrett jogando vinte e um (*blackjack*) no International, "perdendo e assinando promissórias, ladeado por duas beldades com quem alternava beijos de língua a cada carta virada". A colunista revisitou o cenário em sua coluna de 6 de novembro, frisando que "todo mundo anda comentando como Elvis Presley anda bonito nos últimos dias, se divertindo à beça no International. (...) A resposta de Elvis a esses elogios: 'É isso que um mau casamento faz por você!'."

Para Priscilla, que ocupava seu tempo com aulas de dança, teatro, culinária e caligrafia enquanto Elvis saía, sem dar satisfação, para fazer seus passeios em Dallas, Las Vegas e Palm Springs, o comportamento dele era consistente com a visão que ela, cada vez mais, tinha sobre ele, ao longo do último ano e meio: Elvis só se sentia à vontade quando estava se apresentando; não conseguia se acalmar, exceto quando plenamente ocupado. Com paciência, escutou suas evasivas e testemunhou traições grandes e pequenas, além de combater uma conspiração de silêncio indo morar numa casa destinada só aos dois – e não aos membros da pequena fraternidade autoprotetora que, ao longo dos anos, tinha servido para acobertar e estimular os atos dele. Nada disso havia funcionado, e o casamento deles já não mantinha sequer uma aparência de intimidade. E o mais perturbador: nem a si mesmo Elvis conseguia mais enganar. "Durante os interlúdios, ele não sabia o que fazer consigo mesmo. Parecia uma criança. Tomava pílulas, lia ou descontava na comida... o tédio o dominava. Sabe, ele simplesmente precisava ocupar o tempo com algo para fazer."

O ponto de vista de Elvis era um pouco mais ambíguo. Embora nunca tenha reconhecido isso completamente, tinha plena consciência de que não havia sido fiel aos seus ideais e que, sob certos aspectos, as coisas não estavam funcionando da maneira como ele havia planejado. Podia racionalizar que o casamento dele com Priscilla não era um casamento de mentes verdadeiras. Ela fracassou na tentativa de se envolver nas metas espirituais dele. E isso, de fato, consistia em um obstáculo fatal para qualquer união verdadeira. Vinculado a isso e com uma lógica própria, pulsava nele a sensação de ainda não ter descoberto seu papel no mundo, de ainda não saber seu verdadeiro propósito na Terra. Mas o retorno aos palcos o fez se sentir mais próximo de responder a essa pergunta do que em anos anteriores.

Voltou a visitar Daya Mata amiúde. Ela contou ao cantor sobre a peregrinação que havia feito na Índia, no ano anterior. Ele, por sua vez, expressou alguns dos sentimentos que o impeliram a voltar a se apresentar ao vivo. "Ele sentia uma forte ligação com os fãs e desejava agradá-los. Queria ser uma grande influência espiritual para todos aqueles jovens... Essa era a base de seu desejo. 'Quero sentir o amor de Deus. Quero retribuir. Quero despertar em todos esses jovens uma relação mais próxima com Deus.' Se algo o bloqueava, era a falta de... não sei se paciência é bem a palavra certa, talvez a autodisciplina de conseguir manter o foco em algo por tempo suficiente para obter sucesso."

O sucesso de seus discos, porém, e o recém-descoberto resgate sua popularidade trouxeram-lhe uma sensação maior de que poderia estar no caminho certo. E paralelamente a esse retorno aos estudos espirituais, também retomou o caratê – em uma rotina mais formal do que em qualquer outro momento desde que começara os estudos na Alemanha. Ed Parker, apesar de todas as suas conquistas legítimas no ramo, dedicava igual energia a promover o caratê e a se autopromover. Aproveitou o reencontro em Las Vegas para fazer uma oferta de treinar Elvis, com dois objetivos: incorporar o caratê mais prazerosamente ao show dele e, ao mesmo tempo, aprimorar técnicas de defesa pessoal, agora que estaria exposto ao público outra vez. Elvis fez aulas particulares no estúdio de Ed Parker, no oeste de Los Angeles, e o mestre achou Elvis um aluno apto, embora um tanto errático.

"Quando estava com ânimo, estudava por dias a fio. A determinação fazia parte de seu caráter. Tinha curiosidade e questionava. Não só se interessava em como fazer, mas também no porquê. (...) Tenho vívidas lembranças de seu sorriso juvenil ao se convencer de que as técnicas realmente funcionavam." O professor Ed Parker o recompensou com certificados de progresso do Kenpo Institute, reconhecendo a dedicação de Elvis à filosofia da disciplina e também sua evolução na parte prática. Do ponto de vista de Ed Parker, dar esse reconhecimento não dependia tanto de o cantor atingir ou não as metas. Afinal de contas, o apoio de Elvis Presley indubitavelmente seria benéfico ao movimento como um todo e, em especial, à popularidade da escola de caratê kenpo de Ed Parker.

E como Elvis se sentia? Agora não havia necessidade de resolver essas dicotomias; tudo ficaria claro quando o seu propósito se tornasse claro, sua missão revelada. Tudo o mais era apenas passageiro; um dia, as contradições entre o que ele desejava e o que aceitava desapareceriam; e a sua dedicação em fazer algo significativo acabaria por superar suas fraquezas. Não passava de um menino pobre que nunca se esqueceu de onde veio e nunca ia parar antes de cumprir seu destino. Nas palavras do sucesso de 1966, tema de *Man of La Mancha*, o musical da Broadway – uma de suas canções prediletas desde que ouviu a versão de Roy Hamilton –, ele havia ousado "sonhar o sonho impossível" e o viu se tornar realidade.* E fez isso exatamente como outros profetas

* Elvis gravaria "The Impossible Dream" em 1971. O verso que abre a canção é justamente "*To dream the impossible dream*". (N. de T.)

desconhecidos fizeram, com o mesmo espírito de pertinácia entoado por Frank Sinatra em seu grande sucesso lançado poucos meses antes: com erros e tudo mais, Elvis fez do jeito dele.*

No dia 10 de janeiro, quase três semanas antes da estreia em Vegas, os ensaios começaram em Los Angeles. Com um novo repertório para ensaiar e dois músicos novos na banda, Elvis mal podia esperar para ver a coisa andar. Ter que encontrar outro baterista foi uma surpresa muito indesejável, mas Ronnie Tutt, o último membro contratado e o cachê mais baixo da banda (à exceção do guitarrista rítmico John Wilkinson), não chegou a um acordo financeiro com Tom Diskin e saiu para buscar uma remuneração melhor.** Seu substituto, Bob Lanning, competente músico de estúdio de Los Angeles, altamente recomendado, não possuía o fogo nem o talento que Elvis procurava em um baterista, e desde o início dos ensaios o cantor estava decidido a trazer Ronnie de volta, seja lá qual fosse o custo. Por outro lado, o pianista Glen D. Hardin logo de cara se encaixou como uma luva. Aos 29 anos, natural de Lubbock, Texas, cresceu tocando com o antigo grupo de apoio de Buddy Holly, The Crickets, até se alistar na Marinha. Terminando o serviço militar, acabou conhecendo James Burton em Los Angeles. Enquanto trabalhava com James e Jerry Scheff no set do seriado musical *Shindig*, aprendeu sozinho os rudimentos da arte de fazer arranjos. Por ocasião do show original em Las Vegas, James havia entrado em contato, mas ele recusou, alegando estar muito ocupado com o estúdio e a composição de arranjos. Agora, Larry Muhoberac decidiu voltar a ser apenas músico de estúdio, então James voltou a ligar para Glen. Dessa vez, ele estava disponível.

"Fui conferir, e lá estavam apenas James, Jerry e meus amigos... Na real, não se tratava de um ensaio rígido ou algo assim. Sentamos lá e

---

* Referência a "*I did it my way*", verso de "My Way", canção assinatura de Sinatra. (N. de T.)

** Em entrevista ao site "Elvis Australia", Ronnie Tutt explica que não tocou na banda em fevereiro de 1970 porque o Coronel não teria avisado sobre a segunda temporada, e, por isso, ele já havia assumido outro compromisso profissional. (N. de T.)

tocamos duas ou três músicas. Uma hora, Elvis não se lembrou da letra de uma canção, mas eu sabia... Acho que ele se sentiu bem à vontade comigo. Então rimos e conversamos, depois saímos para nos divertir. E depois de um tempo ele disse: 'Olha, está vendo aquele cara ali? Quero que você faça um acordo com ele'. Eu disse: 'Se você não se importa, prefiro firmar o acordo com você'. Então ele disse: 'OK, vamos fazer isso'. Saímos direto para o corredor, e meu acordo consistiu em apenas duas ou três frases. Nada de mais, só um aperto de mão, mas foi um ótimo acordo."

Hardin achava a abordagem informal de Elvis em relação à música igualmente refrescante. "Elvis não ensaiava como a maioria dos músicos fazem. Apenas seguíamos a onda e, às vezes, trabalhávamos a noite toda, tocando tudo que é tipo de música. Era assim que ele gostava de fazer. Escolhia as canções do setlist, mas não queria ficar preso a uma escolha inflexível. Queria que a gente estivesse pronto para tocar qualquer coisa."

Nove dias depois, rumaram a Las Vegas, onde os ensaios prosseguiram. Na estimativa de Hardin, tinham repassado várias centenas de músicas. Como na última vez, trabalharam mais dez dias no hotel, primeiro com os *backing vocals*, depois com a orquestra. A certa altura, Elvis quis experimentar a melosa baladinha dos Everly Brothers, "Let It Be Me", mas não havia um arranjo para ela. Então Glen se comprometeu a compor um e, no dia seguinte, quando Elvis entrou na sala, a banda tocou o arranjo. Depois disso, novos trabalhos de arranjo lhe foram solicitados. "As duas primeiras coisas que fizemos, a gente se reunia, ele tocava ao piano e dizia: 'Olha só, quero as vozes aqui', e me dizia em qual parte o coro devia entrar... Fazer arranjos para ele era facílimo."

O novo show que Elvis montou ficou consideravelmente diferente de sua apresentação no mês de agosto anterior. Até certo ponto, a mudança no repertório foi influenciada pelo fato de que planejavam gravar outro álbum ao vivo. Na primeira temporada, um já havia sido lançado. Claramente, isso fazia parte da atual filosofia sinérgica do Coronel. Para quem não tinha condições de viajar a Las Vegas, um álbum ao vivo era ideal, raciocinou o Coronel, e até mesmo para os 200 mil que se deram ao luxo de comparecer, por acaso haveria recordação melhor? Nada de produtor e tempo de estúdio. Os músicos já estavam sob contrato. Um círculo virtuoso, como no cinema. Os shows ao vivo serviam para promover os discos, enquanto os discos, por sua vez, promoviam não só os shows ao vivo, mas o astro.

Para Elvis, por outro lado, foi dada a oportunidade de fazer um show que refletisse seus gostos mais contemporâneos. Os ensaios se concentraram em números recém-gravados, como "In the Ghetto", "Don't Cry Daddy", "Sweet Caroline", de Neil Diamond, e o single recém-saído do forno, "Kentucky Rain". Além disso, Elvis introduziu covers de hits recentes, entre elas, a mítica evocação das raízes sulistas do Creedence Clearwater Revival, "Proud Mary"; o mais "pé no chão" *swamp funk** de Tony Joe White, "Polk Salad Annie"; e a novíssima "Walk a Mile in My Shoes", síntese de sentimento hippie, atmosfera gospel e filosofia cristã com a qual Elvis se identificava plenamente. Todas eram escolhas ambiciosas e apropriadas, todas exigiram certa humildade por parte do cantor, tanto artística (pois não havia originado a música) quanto financeira (não detinha os direitos de publicação – embora em muitos casos participações tenham sido solicitadas e concedidas). Outra coisa que muitas das canções novas tinham em comum (junto com outras, como a emotivamente carregada "Suspicious Minds", que logo se tornou um dos sucessos da temporada de 1969) era uma tendência à grandiosidade musical ou filosófica, bem como a insistência implícita da parte de Elvis Presley: não se deixaria limitar em suas escolhas. E seja lá qual fosse a nossa visão estética sobre essas escolhas, era difícil não se deixar levar pela paixão do momento, algo que os membros da banda em peso poderiam atestar.

---

* Subgênero do funk, acelerado e descontraído, oriundo de Nova Orléans, assim chamado porque a cidade está situada em um pântano (*swamp*). Outros especialistas classificam o gênero de "Polk Salad Annie" como *swamp pop* ou até mesmo *swamp rock*. (N. de T.)

A noite de estreia foi repleta da pompa e da formalidade habituais, com gente famosa desde Fats Domino até Zsa Zsa Gabor, marcando presença em alto estilo. O Coronel já trabalhava no local bem antes de Elvis chegar e, mais uma vez, mandou enfeitar o International com decoração *à la* Elvis. Por sua vez, Bill Belew sofisticou o traje simples em duas peças em estilo caratê da temporada de agosto para um macacão bem semelhante, mas com tecido mais elástico (permitindo maior liberdade de movimentos). O som em si era a única área sobre a qual Elvis havia demonstrado sérias insatisfações na primeira temporada. Por isso, dessa vez contratou Bill Porter, o ex-engenheiro da RCA que havia feito overdub dos metais em "Suspicious Minds" em seu estúdio em Las Vegas, para ajudar Felton a controlar a mesa. Embora tivesse pouca experiência em shows ao vivo, Porter aceitou o desafio e, na ausência de monitores de áudio eficazes no palco, acrescentou alto-falantes Shure para que Elvis enfim tivesse um retorno e se ouvisse no palco.

"Aparentemente, Elvis Presley é imparável", afirmou James Kingsley, o repórter do *Commercial Appeal*, em sua resenha na *Billboard* sobre a noite de estreia. Nela, realçou a inovadora versatilidade que o astro começava a mostrar, pois cantava seus próprios sucessos e os de outros, esbanjava cordialidade e bom humor, distribuía beijos, deitava-se de costas, convidava a plateia a assisti-lo tomar um grande copo d'água e fazia seus habituais monólogos autodepreciativos, porém encantadoramente excêntricos. Ao ver Dean Martin na plateia, Elvis começou uma versão espontânea do hit número um de Martin em 1964, "Everybody Loves Somebody"; ele se esqueceu da letra de quatro canções diferentes no decorrer da noite, mas em todas as vezes mandou parar a orquestra e recomeçou a canção ("Eu estava nervoso", disse ele à plateia indulgente). Encerrou o show com "Suspicious Minds", voltando com o bis obrigatório (a essa altura, a finaleira de verdade): "Can't Help Falling in Love". No fim, foi aplaudido de pé.

Os comentários em geral foram elogiosos (Robert Hilburn do *Los Angeles Times* classificou a performance de Elvis de "impecável demonstração de [...] habilidade vocal e carisma"; Frank Lieberman do *Herald-Examiner* declarou que "a nova década pertencerá a ele"). Mas nem todos os críticos tiveram uma visão tão otimista. O futuro biógrafo de Elvis, Albert Goldman, cobrindo o evento para a *Life*, abriu sua resenha com um único adjetivo em itálico: "*Deslumbrante!* – ou alguma palavra afeminada igualmente efusiva – é o único jeito de descrever a mais recente epifania de Elvis Presley em Las Vegas". A resenha mantinha esse irônico desprezo ao questionar várias características de Elvis: a sexualidade ("Desde que Marlene Dietrich surpreendeu os incautos com a visão daquelas pernas"), sinceridade ("Tão convincente é seu narcisismo imaculado") e musicalidade ("Dedilha o instrumento acústico branco pendurado em seu pescoço com o descuido de um experiente falsário"), sem frisar um único ponto positivo. Goldman, identificado como professor de Literatura Clássica na Universidade Columbia, mostrou igual desprezo ao público, ao artista e ao local. Parecia mais interessado no espetáculo do "*cheesecake* masculino perfeito para os dentes caninos das centenas de mulheres que o cobiçavam através de binóculos". Talvez o único ponto fundamental em que Goldman pisa em terreno firme é a medida em que o show de Elvis parecia ter assumido a aparência de uma série de naturezas-mortas e poses estudadas. Certamente Elvis continuou falando e fazendo o que bem lhe aprouvesse. Nesse sentido, o show continuou sendo espontâneo, imprevisível, quase maluco, alguém poderia dizer. Em um aspecto mais relevante, porém, perdeu seu senso de frescor. Elvis mostrava a tendência de concluir cada número com, na descrição de Goldman, "o perfil de uma estátua clássica – Elvis como *Discóbolo*, Elvis como *Sagitário*, Elvis como *Gladiador moribundo*". O professor de Columbia talvez não tenha captado o bom humor de algumas imitações, mas *entendeu* que eram imitações, bem longe das reações desinibidas e aparentemente fora de controle do artista que saiu dos anos 1950 para fazer cambalhotas de alto astral no palco do International apenas seis meses antes.

O resto da temporada foi previsivelmente bem-sucedido, estabelecendo novos recordes de público, criando novas expectativas, gerando o tipo de negócio que movimentava toda a cidade. Embora Elvis ocasionalmente ainda fosse capaz de inserir uma canção nova por mero capricho, o show em si já estava praticamente definido, uma variação do tipo de performance a que Elvis havia sido exposto em suas visitas a Vegas, onde Frank, Dean e Sammy subiam ao palco como se fosse a sua própria sala de estar, zombando de si mesmos, mas principalmente das pessoas "quadradas" que pagavam para ver suas zombarias. Elvis sempre cultivou o mais profundo respeito por seus fãs. O amor dele pelos fãs era *genuíno* de uma forma que é difícil imaginar Martin ou Sinatra sequer contemplar, mas não havia dúvida de que sentia estar lhes proporcionando um deleite garantido se permitisse ao público vê-lo como ele realmente era, nu e cru, sem rodeios. Elvis confessou a Frank Lieberman, crítico do *Los Angeles Herald-Examiner*, na época com 28 anos, que Vegas havia lhe dado "um novo sopro de vida. Voltei a ser humano. Com esperança no futuro. (...) Fui capaz de transmitir algum sentimento, colocar alguma expressão em meu trabalho". Até ressuscitou seu interesse em fazer filmes, disse ele a Lieberman, que foi recompensado com uma entrevista de 20 minutos por sua elogiosa crítica da noite de estreia. "Quero um bom roteiro para descobrir, de uma vez por todas, se sou capaz de atuar. Aqueles outros não eram nada, mas encontrar algo bom é difícil. (...) Preciso de algo bom. Não posso voltar a garotas, soldados e coisas assim."

Agora os membros da banda e os vocais de apoio eram como uma família estendida, à medida que ele foi se sentindo cada vez mais à vontade em seus novos domínios. "Tão logo o show acabava, ele já estava em nosso camarim", recordou Myrna Smith, cantora das Sweet Inspirations. "Os amigos de Elvis ficavam no camarim dele, e ele simplesmente entrava, sentava com a gente e falava sobre *tudo*, sua vida amorosa, tudo. Tínhamos nossos arranca-rabos, mas ele não conseguia ficar bravo por muito tempo, e se você o procurasse em particular, o convencia a fazer praticamente qualquer coisa. Só não tente constrangê-lo... Acho que é apenas [a natureza dele] o fato de ser assim, tão inseguro."

Faziam guerrinhas com travesseiros e pistolas d'água, trocavam material de leitura (para Estelle, a mais religiosa, ele lia trechos de *A vida impessoal* e comentava sobre a constante influência materna em sua vida) e flertavam com uma intimidade que nunca ultrapassou os limites. A única coisa que não curtiam era quando ele as convidava para subir à suíte após o show. "Quando você subia lá", Myrna sabia, "era hora de festa. Não precisávamos subir à suíte, porque nossas conversas eram no camarim. Quando ele entrava em nosso camarim, éramos amigos." De acordo com Joe Moscheo, dos Imperials, Elvis continuava a se aborrecer pelo fato de o quarteto gospel não visitar a suíte com mais frequência, mas agora não era tão fácil assim ter acesso, mesmo se quisessem. "Simplesmente parecia sempre haver muita gente tomando as decisões. Joe Esposito dizia: 'Hoje à noite ele está cansado, não queremos visitas no camarim'. No corredor, Lamar e Charlie se achavam os tais, barrando a passagem: 'Nem pense em entrar'. Por duas ou três vezes, tive a sensação de ser convidado a me retirar. No pouco tempo que a gente ficava lá, Elvis sempre nos tratava muito bem. Mas sempre havia um nervosismo subjacente: nunca sabíamos quando era bom falar com ele e quando não era; sempre havia alguém lhe dizendo o que podia e não podia fazer. [E às vezes temos a sensação de que] Elvis nem se dava conta disso."

Mesmo entre aqueles que recebiam permissão, pairava uma sensação de inquietação só por conta da atmosfera predatória. Era uma atmosfera de travessuras e expectativa sexual que remetia ao Ensino Médio, uma extensão do ambiente competitivo que dominou Elvis desde que ele tinha 21 anos. A diferença é que esses caras agora estavam na casa dos 30. Cada qual à espera de Elvis fazer sua escolha para a noite de modo que pudessem atacar as mulheres restantes. Na descrição de Glen D. Hardin, parecia uma espécie de "clube de garotos bobos. (...) Festas e mais festas". As quais, propositalmente, excluíam esposas e namoradas. Representava, sob vários prismas, uma reconstituição da família que havia sido dilacerada, primeiro, pela chegada de Larry Geller, e depois, pelo casamento de Elvis. Cada vez mais, Priscilla percebeu, havia uma competição entre "a adoração da plateia" e a vida real, sem chances de ser vencida pela vida real.

Pulsava também uma excitação diferente daquela dos "anos de Hollywood", expressão cunhada por Joe, e seu típico expediente das "nove às cinco". Naquela época, sempre havia um tempo para um casinho no set – quase todo mundo tinha um –, mas ao cabo das filmagens todos voltavam para casa, sua esposa ou namorada. Palm Springs proporcionou o mesmo tipo de oportunidade limitada de fuga que Las Vegas havia oferecido nos anos 1960, um mundo onde regras e restrições eram provisoriamente suspensas. Agora realmente *viviam* naquele mundo, não só o visitavam, e, aos poucos, esse sentimento tomou conta não só de Elvis, mas também dos caras, de que suas esposas eram casadas com eles, mas não vice-versa.

FELTON GRAVOU O SHOW na terceira semana, limitando-se a seleções individuais, a fim de obter só o material necessário, sem desperdiçar muita fita. Apesar do número de canções ensaiadas, ainda não tinham uma lista satisfatória o bastante para compor um álbum. Assim, no penúltimo dia de gravação, Charlie organizou um rápido ensaio de três canções que Glen D. havia arranjado na noite anterior, com a gravação ocorrendo no show daquela mesma noite. "The Wonder of You", típica balada de amor sentimental, com direito a um grande final melodramático e tudo mais, pela qual Elvis sentia uma atração irresistível. O tom choroso se manteve em "Release Me", de Ray Price, um clássico country. Por fim, "See See Rider", um blues não menos clássico que Elvis experimentou nos shows ao longo da temporada. Mesmo com esses acréscimos, ainda faltava metragem. No fim das contas, a RCA foi obrigada a enxertar dois números gravados em agosto anterior ao álbum lançado como *On Stage: February 1970*, sem a continuidade nem a emoção do show ao vivo.

A última noite foi como a hora de levantar acampamento. O show da meia-noite se prolongou até as três, terminando com Elvis ao piano cantando "Lawdy, Miss Clawdy" e "Blueberry Hill", enquanto o comediante Sammy Shore corria no palco soprando seu trompete, e Priscilla esperando na fila, num vestido *culotte* com generoso decote nas costas, para receber um demorado beijo durante a execução de "Love Me Tender". ("Acho que conheço esta moça", comentou Elvis.) O som do salão voltou a apresentar problemas na última semana, e o Coronel ameaçou o hotel. Se isso não fosse resolvido, Elvis não continuaria. Aparentemente foi, e o cantor fez o que todos consideraram uma de suas melhores performances. Confidenciou à plateia: às vezes, queria apenas subir ao palco e fazer um show bem descontraído como Dean Martin, mas sabia, caso não "'ficasse aceso', o pessoal simplesmente diria: 'Ora, ele não consegue mais se mexer'". Então ficava aceso. No fim do show, apresentou o Coronel ao público e disse: "Além de ser meu empresário, eu o amo muito". Quando a cortina foi baixando, conta Sue Wiegert, cronista e fã devota de Elvis, "Sammy Shore disparou e começou a beijar os pés de Elvis, fazendo o cantor e a plateia caírem na gargalhada!".

No dia seguinte, o Coronel partiu para Houston, onde Elvis seria a atração principal do Houston Livestock Show e Rodeo, no Astrodome, no final da semana. O programa incluía seis apresentações, três shows noturnos e três matinês, e o Coronel e sua equipe foram antes para conferir os detalhes de hospedagem e segurança. Ao chegar, soube dos boatos que corriam: os lugares para todos os shows já estariam esgotados. Imediatamente investiu 10 mil dólares em chamadas de rádio para anunciar a disponibilidade de ingressos. "Nada era deixado ao acaso", relatou a repórter do *Houston Post*, Marge Crumbaker. "Quando Parker fez o check-in naquela terça-feira, sua primeira ação foi investigar cada desvão e fenda do Astroworld Hotel e mapear a configuração. (...) Elevadores foram perscrutados. Corredores, desenhados. Entradas e saídas, anotadas. Terraço, inspecionado. (...) Do ponto de vista empresarial, um profissionalismo absoluto e impressionante."

No dia seguinte, Elvis chegou a bordo do jatinho de Kirk Kerkorian, dono do International, com um grupo que incluía Joe, Red, Sonny, Charlie, Gee Gee, Jerry Schilling, Cliff Gleaves e seu pai, Vernon. O Coronel tentou limitar o tamanho do grupo, enfatizando numa carta a Joe que se tratava de uma configuração muito ajustada e que não precisavam de acompanhantes, mas obviamente Elvis não deu ouvidos ou não concordou. Quase todo mundo veio junto no passeio. No ensaio de quinta-feira, a situação desesperadora do som ficou clara. Mesmo com Felton e Bill Porter fazendo o seu melhor, a qualidade deixaria a desejar. Elvis consolou a banda e disse: "Simplesmente vão em frente e toquem", sem se incomodar em lutar contra aquilo.

Elvis fez dois shows no próximo dia, entre as corridas de carroças e a competição de laçar e manear bezerros. Surgiu dos bastidores num jipe aberto que circundou a arena com os fãs correndo ao lado. Robert Hilburn, do *Los Angeles Times*, descreveu o evento como o primeiro teste verdadeiro de sua popularidade nas suas raízes, bem como a primeira matinê de todos os tempos em pleno dia útil no rodeio de Houston. E, sob certos aspectos, um tanto decepcionante. Visivelmente nervoso, Elvis só confirmou que a acústica era tão precária quanto esperava. Pediu desculpas à plateia de 16.708 espectadores, incluindo 4 mil crianças portadoras de deficiência, convidadas especiais de Elvis e do Coronel. Após o show, todos ao redor do cantor perceberam quão contrariado ele ficou. De acordo com Gee Gee Gambill: "Voltou ao hotel (...), foi se deitar e disse: 'Bem, acabou. Acho que não tenho mais jeito para isso'". Até mesmo o geralmente imperturbável Coronel parecia chateado. Ao se levantar da soneca, Elvis balançou a cabeça e disse: "Bem, acho que não agrado mais como antigamente". Nisso, recorda Gee Gee, abriram a cortina do quarto e vislumbraram pela janela do hotel a quilométrica fila de carros estacionados ao longo da rodovia rumo ao Astrodome. "Caramba", disse Elvis. "Acho que ainda dou conta do recado, afinal."

"O cenário [para o segundo show] foi melhorado", relatou o *Los Angeles Times*, apenas por ser noturno. Além disso, "a voz de Presley soou mais forte, o palco mais estável e o ritmo mais afiado do que na matinê". O próprio Elvis, concluiu Hilburn, "foi magistral. Sua voz continua sendo a melhor do pop-rock, e seus movimentos de palco, menos autoconscientes do que no verão passado e em perfeita harmonia com a música". A eletricidade intensa e o glamour do showbiz que marcavam as apresentações de Elvis em Las Vegas também brilharam aqui. No final, o público de 36.299 (recorde de público para uma sexta à noite, superando o recorde anterior em 10 mil espectadores) aplaudiu em pé. Na matinê de sábado, a afluência do público superou a dos anos anteriores em 15 mil. Mas foi o show noturno daquele sábado que estabeleceu um recorde mundial para apresentações de rodeio *indoor*: 43.614 pagantes. Porém, Hilburn, um observador astuto, pontuou que a essa altura era óbvio "que o desafio do Astrodome parecia já estar se esgotando. Ele começou a fazer alguns dos gestos sarcásticos que marcaram os últimos dias das apresentações em Las Vegas, além de trocar versos de várias canções".

O Coronel assistiu a todos os shows da cabine do locutor, com um boné de golfe ou um enorme chapéu country Stetson empoleirado incongruentemente na cabeça, o charuto preso com firmeza entre os dentes. Sentia uma crescente satisfação ao presenciar o povaréu se entregando a Elvis com fervor crescente, enquanto o cantor, em seu traje branco, claramente sentia e aceitava toda aquela vibração, quase como se fosse um dever. Na noite de sábado, Priscilla veio de avião, talvez para dissipar os boatos que voltavam a espocar, agora nos jornais de Houston, sobre uma crescente ruptura no casamento deles. Ela assistiu à apresentação da tarde dominical trajando um conjuntinho preto transparente, comentado por diversos repórteres. Na coletiva de imprensa, também no domingo à tarde, Elvis admitiu que o sistema de som o tinha incomodado no primeiro dia, mas que, com a ajuda de seu próprio engenheiro, o problema tinha sido resolvido. Foi muito emocionante fazer esses shows, afirmou, e gostaria de fazer mais. Os organizadores do rodeio presentearam Elvis com um relógio Rolex "King Midas", edição limitada (número 343), e o xerife de Houston, Buster Kern, lhe concedeu o distintivo dourado de assistente do xerife. “Sei que você quer deixar a cidade na segunda-feira”, disse o xerife, “e isso vai ajudá-lo”. E o Coronel Parker protestou: “E como é que *eu* vou sair da cidade? Pegando uma carona?”. Então o xerife não teve alternativa senão também dar a ele um distintivo. Além disso, Elvis coletou um chapéu Stetson e cinco novos discos de ouro que o vice-presidente da RCA, Rocco Laginestra, trouxera de Nova York para lhe entregar. “Eu deveria receber um prêmio pela audácia”, comentou Elvis com bom humor.

Em suma, concluiu Robert Hilburn no que poderia ser considerada a sabedoria padrão da época, o evento foi a pedra angular de “uma das reviravoltas mais acachapantes da história da música pop, (...) urdida com brilhantismo pelo Coronel Tom Parker, empresário tarimbado antes de conhecer Presley”.

Na agenda do Coronel não havia descanso previsto. Elvis voou a Los Angeles para relaxar e retomar seus estudos de caratê, mas o Coronel arregaçou as mangas e pôs em prática outros planos de longa data. Para começo de conversa, não estava disposto a deixar o International achar que ele ou Elvis já estavam no papo. Benefícios à parte, aviões à parte, férias no Havaí à parte, ele havia informado ao recém-nomeado gerente do International, Alex Shoofey, no dia do último show: Elvis talvez não voltasse a Las Vegas no mês de agosto seguinte. Atualmente estudava uma longa turnê individual, avisou ele a Shoofey, a ser filmada durante um longo período. Além disso, estava em negociações para um filme importante, com filmagens provisoriamente marcadas para começar no fim do verão. Não queria pegar Shoofey de surpresa. Mas claro, não estava fechando nenhuma porta e tinha certeza de que o hotel entenderia sua posição. Sem dúvida que sim, porque as coisas logo se resolveram. De fato, menos de um mês depois, Shoofey entrou em contato. O objetivo: uma apresentação especial de Elvis no hotel, para abafar a greve “ilegítima” dos trabalhadores de cozinha que ameaçava paralisar Vegas (“O futuro dessa comunidade turística está em jogo!”, escreveu

Shoofey em seu dramático pedido). Iniciativa com a qual, é claro, o Coronel concordou instantaneamente, granjeando ainda mais gratidão de Shoofey e Kirk Kerkorian, embora Elvis não tenha sido realmente chamado para se apresentar.

Enquanto isso, continuou a perseguir outra ideia que acalentava havia mais de uma década: a transmissão de uma apresentação ao vivo, no sistema *pay-per-view*, em circuito fechado de televisão. Havia muito tempo, o sucesso e a lucratividade desse conceito já tinham sido sedimentados com eventos esportivos. O Coronel pensou: por que não no entretenimento? Em 1960, quando Elvis saiu do exército, tentou organizar uma transmissão nesses moldes, mas abandonou a ideia por obstáculos técnicos. Na década que se seguiu, ninguém mais no campo do entretenimento havia tentado isso, em qualquer tipo de escala. Portanto, com seu faro para inovações e avanços financeiros revolucionários, sempre quebrando recordes, a ideia voltou a martelar na mente do Coronel.

Dois jovens *promoters*, Steve Wolf e Jim Rissmiller, que com o nome de Concert Associates agendaram shows dos maiores artistas de rock da região de Los Angeles, andavam em seu encalço, já antes do especial de televisão, com a ideia de promover uma turnê de Elvis. Após dois anos enviando cartas, Wolf e Rissmiller, cujo negócio de shows havia se tornado uma divisão de um empreendimento maior, mais diversificado, chamado Filmways, enfim conseguiram uma reunião com o Coronel e revelaram suas projeções para uma turnê em 15 cidades. Na estimativa deles, essa turnê renderia a Elvis até 750 mil dólares. Na mesma hora, o Coronel tirou suas esperanças. Elvis não planejava fazer turnê alguma, explicou a eles, e caso fizesse uma, tinham obrigações a cumprir que remontavam a 1957. Após a reunião, Wolf e Rissmiller ficaram coçando a cabeça; não conseguiram sacar o propósito da reunião, a menos que fosse um teste – e se fosse, não tinham ideia se tinham sido aprovados ou reprovados. Seguidas vezes renovaram ofertas ao Coronel, sempre sem sucesso. Até que, para a surpresa deles, o Coronel convocou outra reunião logo após os shows no Astrodome.

Dessa vez trouxeram uma proposta para um show único, no estádio de Anaheim, que ele recusou peremptoriamente, mas não sem fazer um discurso bem cordial sobre a necessidade de coordenarem melhor os negócios deles, caso quisessem ser levados a sério. Então jogou a bomba no colo deles: queria fazer um show em TV paga de circuito fechado.

Para eles foi um choque, mas, pensando bem, perceberam que fazia sentido. Havia algum tempo falavam em fazer uma transmissão em circuito fechado com os Rolling Stones, e logo descobriram que o Coronel andava muitíssimo bem informado. Apesar de toda aquela aura de excêntrico distraído ("Chega à porta de camiseta e boné, com aquele miudinho par de óculos na ponta do nariz, e acho que a ideia toda é pegar [o cara] desprevenido"), desde o início mostrou sua perspicácia, e agora os bombardeava com fatos e números, questões de direitos complementares que precisavam ser explorados, uma série de perguntas difíceis. Por fim, indagou o que tinham em mente para um acordo que nem sabiam que seria discutido. Sem dar a eles a chance de responder, "o Coronel nos revelou o acordo que *ele* tinha em mente, e foi isso. Tipo, não foi uma oportunidade de alguém que diz: 'Qual a oferta de vocês?'. Em vez disso, *impôs* o que devíamos lhe dar e emendou: 'É pegar ou largar'. Sem meios-termos."

Resolveram pegar. O acordo ficou em 1 milhão de dólares mais despesas de 100 mil dólares, com 75% dos lucros indo para Elvis e o Coronel, assim que a Concert Associates arrecadasse os primeiros 500 mil dólares para si própria. Em seguida, Wolf e Rissmiller propuseram o acordo à Filmways, com quem contavam em termos não só de apoio financeiro, mas também de *expertise* tecnológica. O pessoal da Filmways quase "caiu da cadeira – quer dizer, a escala era tão grande que o Coronel falava em cerca de 275 cidades, em uma logística impressionante". Além disso, teria que ser filmado em Las Vegas, cidade que não se prestava ao projeto tão bem quanto outros locais, e teria que ser filmado dali a quatro meses, apenas um ou dois dias antes da estreia em agosto. Parecia não haver fim para os obstáculos que o Coronel estava preparado para colocar no caminho deles. Inclusive criticou sua técnica de negociação, orientando-os a expandir a transmissão para uma dimensão global, com um parceiro extra capaz de obter ofertas para eles em Londres e no Japão. Ainda assim, tudo progredia conforme o cronograma. Uma minuta lavrada em 15 de março resumia os termos do futuro contrato, e Robert Hilburn divulgou o furo de reportagem na edição de 19 de março do *Los Angeles Times*.

Desde o início, a dupla de *promoters* foi avisada: em caso de qualquer vazamento na imprensa, o acordo estaria automaticamente cancelado. "Ficamos com medo até de contar às nossas esposas. Mas então um dia abrimos o jornal com a história ali, estampada." Matéria que soou suspicazmente plantada pelo Coronel ou pelos promotores de eventos, ou ambos. "Elvis Presley fechou um acordo para um show em circuito fechado de TV em todo o país nesse verão. O cachê será o maior (...) já pago a um artista por uma única apresentação." Seria "a primeira transmissão ao vivo em circuito fechado de um evento musical nos EUA", com potencial de arrecadar até 5 milhões de dólares. Nas principais cidades, a transmissão seria a cores. Não era segredo algum, acrescentou Hilburn, que Parker e Presley desejavam expandir as temporadas de shows em Vegas. "Mas Parker enfrentou um problema em trazer Presley de volta aos shows. Para manter sua imagem de 'Rei', Presley precisa de 'megaeventos'. (...) Pacotes de circuito fechado são inéditos no campo do entretenimento. Em termos financeiros e de prestígio ao artista, a iniciativa equivale às apresentações em Las Vegas e Houston. Na verdade, se as vendas corresponderem às expectativas, vai superar as duas."

Os *promoters* nunca souberam ao certo a fonte da reportagem, mas, seja lá como for, o acordo foi cancelado. Menos de uma semana depois, o Coronel orientou a Agência William Morris a elaborar um novo contrato, dessa vez exclusivamente com a Filmways – e não mais para uma transmissão em circuito fechado, mas para a gravação de um filme de concerto. As filmagens aconteceriam ao longo da temporada, com Elvis recebendo 1 milhão de dólares, divisão de lucros de 60-40 e 50% de propriedade sobre os negativos. Mas esse acordo também deu com os burros n'água. Foi quando a MGM percebeu a oportunidade. Antes apenas uma possível distribuidora do filme-concerto, a MGM, recém-adquirida (seis meses antes) em um golpe acionário pelo proprietário do International, Kirk Kerkorian, reduziu drasticamente a oferta: 500 mil dólares, com 60% dos lucros líquidos. A MGM manteria a propriedade integral dos negativos e do filme, cujas filmagens mais uma vez coincidiriam com a temporada agendada no International. Talvez para salvar a pele, talvez porque continuava a se encaixar em sua meta de sinergia total, o Coronel topou, já pensando no álbum da trilha sonora que emergiria do filme e no fato de que, para uma única temporada de quatro semanas no International, Elvis agora arrecadaria 1 milhão de dólares. O hotel, é claro, absorveria a maior parte dos custos de produção, na prática garantindo que haveria lucros para compartilhar e uma promoção natural para futuras apresentações em Las Vegas e também a turnês mais abrangentes. Do ponto de vista do Coronel, uma questão de *realpolitik*: mera escolha entre o ideal inatingível e o vil metal.

Em junho, Elvis voltou a gravar em Nashville. Apesar do estrondoso sucesso comercial e artístico das sessões no estúdio American, ele não voltou ao estúdio de Memphis por várias questões, em sua maioria políticas. Os incessantes confrontos com Chips serviram apenas para reforçar a habitual ciumeira do time de Elvis, dando ainda mais credibilidade às acusações levantadas por várias pessoas contra o produtor de Memphis (ganância, desrespeito, falar mal de Elvis), com várias picuinhas a resolver. Também contribuiu com isso a situação do produtor oficial de Elvis, Felton Jarvis, o qual poderia ter motivos legítimos para se preocupar caso Chips tivesse mantido um papel contínuo, mas cuja posição derradeira se definia por termos contratuais ditados praticamente pelo próprio Elvis.

Todo mundo sabia o quanto ele gostava de Felton. O relacionamento deles se alicerçava em interesses compartilhados e respeito mútuo, e

Elvis sempre elogiava o seu produtor, único homem que ele conhecia que se dava bem com todo mundo. Queria Felton a seu lado não só durante as gravações, mas quando se apresentasse em Vegas. E caso decidisse voltar à estrada e fazer uma turnê, esperava o apoio de Felton – em outras palavras, queria Felton a seu dispor. Nesse meio-tempo, a RCA ficava cada vez mais descontente com essa combinação. Elvis não era o único artista a quem o produtor era designado – e, afinal de contas, quem é que pagava o salário dele durante todas as suas longas ausências do estúdio? Por sua vez, Felton nutria suas próprias preocupações. Sofria de problemas de saúde – com níveis perigosamente altos de pressão arterial – e começava a se sentir pressionado por todos os lados. Por fim, Elvis disse a ele: "Por que você não pede licença para produzir só meus discos e mais nada?".

Assim, em 1º de junho, três dias antes do início programado da sessão, Felton seguiu o conselho à risca. Fez um novo contrato com a RCA que lhe garantia 750 dólares para cada gravação *master* de Elvis que ele entregasse, com direito a participação de 2% nos royalties. Muita gente sentiu que isso era um capricho de Elvis, e mesmo contra as recomendações de seu próprio bom senso, Felton abriu mão da segurança de um cargo de produtor contratado por uma grande empresa para ficar às ordens de um patrão muito menos disciplinado e muito menos previsível. Nessa primeira sessão, assumiu o compromisso de entregar 15 a 35 faixas. Essa estimativa foi considerada por muitos de seus amigos algo temerário, com potencial de desfazer todo o combinado. A esposa de Felton, Mary, inclusive ficou desconfiada de que a RCA ou o Coronel só estavam tentando puxar o tapete de Felton e aprontar uma para ele. Mas a relação entre Felton e Elvis se baseava na confiança mútua. Felton sabia que estava se arriscando, mas acreditou na palavra de Elvis. Confidenciou à esposa: Elvis não era o problema. Era o material que o preocupava realmente. Mas tinha certeza de que de alguma forma poderiam contornar isso.

Outro problema significativo era a parte técnica. O estúdio havia sido convertido de mesa simples de quatro canais para mesa de 16 canais (com transição em 1969 a uma configuração de oito canais) desde a última vez que Elvis tinha gravado lá. Em suma, as possibilidades de *overdub* se multiplicavam com todos aqueles canais abertos. Isso trouxe junto a "dor de cabeça boa" trazida por um leque de opções exponencialmente maior. De fato, para ser utilizada adequadamente, a mesa de 16 canais exigia grandes mudanças de sensibilidade estética. Com essa nova configuração, a maior parte da sensação ambiental de gravação ao vivo se perdia. O senso de amplidão e espaço de áudio que Felton e seu engenheiro, Al Pachucki, tinham cultivado, agora era sacrificado em prol de uma separação de som mais distinta, com uma gama bem maior de escolhas e – aos adeptos da tecnologia – possibilidades sonoras. Pena que Felton e Pachucki não eram muito mais técnicos que seus clientes, então o foco de Felton era a banda.

Viu nisso a oportunidade de enfim pôr em prática o plano que tinha em mente desde 1966, quando começou a trabalhar com Elvis. Quando Felton entrou em cena, o cantor tinha sua própria banda de estúdio. A maioria deles remontava a 1958, com Scotty e D. J. ainda mais antigos. Ao longo dos últimos quatro anos, em certas ocasiões, Felton havia trazido músicos externos, mas na maior parte do tempo preferiu não interferir na formação. Agora, após uma pausa de dois anos de Nashville e todas aquelas mudanças – o especial de televisão, as gravações no estúdio American, os shows em Vegas –, pela primeira vez teve a coragem de indicar seus próprios músicos. Da formação anterior, só manteve o multi-instrumentista Charlie McCoy e o velho amigo de Atlanta, Chip Young. Afora isso, a nova banda era a seção rítmica original do estúdio Muscle Shoals, com quem Felton havia trabalhado pela primeira vez ao gravar com Tommy Roe, em 1962. Incentivados por Felton, os músicos romperam com o estúdio de Rick Hall, onde constituíam a base para o som soul do Muscle Shoals, e vieram trabalhar em Nashville, onde Felton lhes ofereceu oportunidades na RCA. Com James Burton assumindo a guitarra solo, era uma banda capaz de acompanhar e gravar qualquer faixa que desse na telha de Elvis. A exemplo da seção rítmica do American, esses músicos refletiam as sensibilidades contemporâneas do cantor. Sem falar noutro fato significativo: a banda devia seus empregos – e lealdade – diretamente a Felton.

Todos na banda estavam empolgados para trabalhar com Elvis. David Briggs, tecladista na sessão gospel de 1966 que marcou a estreia de Felton, era ridicularizado pelos amigos por carregar uma foto de Elvis na carteira. Por sua vez, Jerry Carrigan, jovem e impetuoso baterista cujo obstinado corte à escovinha parecia anunciar que jamais recuaria diante de alguém, ficou emocionado apenas por ter sido incluído. Porém, foi o baixista, Norbert Putnam, que começava a se aventurar como produtor (alcançaria grande sucesso no ano seguinte com "The Night They Drove Old Dixie Down", de Joan Baez), que mais tarde resumiu o sentimento coletivo da banda com mais propriedade: "Fiquei apavorado. Lembro-me de ficar no banheiro me encarando no espelho e dizendo: 'Meu Deus, não permita que eu pise na bola. Não permita que eu seja o primeiro cara a estragar esta sessão!'".

Felton pediu para que já estivessem tocando no momento em que Elvis entrasse na sala; queria que a banda criasse um alto astral, disse ele. Todos acharam isso um pouco estranho, mas não mais estranho que o séquito de puxa-sacos que adentrou no estúdio com Elvis. Sendo forasteiros por definição (afinal, eram egressos de Muscle Shoals, a cidade e o estúdio), cada membro da banda se orgulhava de sua independência quase tanto quanto Chips, e estranhavam ao ver Charlie buscando água e enxugando o suor do rosto de Elvis, ao ter que esperar Richard Davis trazer uma arara da qual o cantor selecionava uma roupa nova três vezes só na primeira noite, ao testemunhar Lamar dando um pulo no ar ao fim de cada *take* e exclamando: "É um sucesso!". Até mesmo para James Burton, que de modo algum se enquadrava como "forasteiro", mas ainda um recém-chegado em se tratando de trabalhos em estúdio com Elvis, foi uma espécie de aprendizado assistir a Lamar e Freddy competindo para que suas demos fossem ouvidas, diante da mescla de desdém e divertimento nos olhares do cantor.

E, apesar de todas essas extravagantes demonstrações, ficou bem claro para os músicos que Elvis se sentia à vontade na companhia deles, e a recíproca era verdadeira. No começo, adiou indefinidamente o trabalho de gravar, só fez uma rodinha para contar histórias e entoar velhas canções gospel. Mas quando enfim colocou a mão na massa, ficaram surpresos. Na opinião de quase todos, as canções trazidas por Freddy e Lamar eram abomináveis. Jerry Carrigan, em especial, se arrepiou quando disseram à banda: "Se ele sorrir pra ti, sorria de volta, senão ele vai pensar que você não gosta dele". Mas, na parte musical, Carrigan observou: "Era como fazer um show. Ele indicava os acentos musicais, você acompanhava as mãos dele, os giros de corpo... Mostrou-se inspirado com a banda nova, sempre com um brilho no olhar... E você percebia: *Este cara é um astro*".

Musicalmente, era mais exigente com alguns do que com outros. Elvis era duro com os bateristas, Carrigan descobriu rapidamente, assim como Briggs sabia que ele também era rígido com os pianistas, porque exigia muita intensidade e um preparo físico implacável. Logo perceberam que tudo se resumia à atmosfera. Apesar da mesa de 16 canais – cuja principal vantagem, se você fizesse bom uso dela, era garantir divisão máxima –, Elvis insistiu que todos se aglutinassem pertinho dele e observassem cada movimento seu, a fim de estarem prontos para engrenar outra marcha à menor inclinação de sua cabeça. Às vezes, a única maneira de Al Pachucki conseguir nivelar o som era interromper o *take* alegando uma falha técnica.

Afora isso, as considerações técnicas mal importavam, pois, muitas vezes, estavam apenas começando a aprender a canção quando Elvis declarava que tinham o *master take*. Não era bem exatamente preguiça, apenas outra filosofia de gravação, cujo resultado final nem sempre os deixava satisfeitos (na verdade, com mais frequência, lhes deixava *constrangidos*). Mas sejam lá quais forem seus sentimentos em retrospectiva, Norbert reconheceu: de uma coisa não precisavam se envergonhar. "Como produtor musical, passei a entender em que consiste fazer um disco. Como baixista, eu só queria uma seção rítmica impecável com ótima atmosfera. Mas assim que me tornei produtor, aprendi: o grande artista é o que busca expressar, por meio de sua voz, a emoção de sua mensagem. E nesse quesito, disparado, o melhor de todos os artistas que eu conheci foi Presley."

A primeira noite deu o tom para a sessão inteira. Começaram com duas novas baladas trazidas por Freddy, ao estilo "euro", faixas de arranjo pesado e os exageros típicos da Carlin, editora de publicação musical britânica cujo catálogo Freddy havia açambarcado de Jean e Julian Aberbach quatro anos antes, com o entendimento de que continuaria protegendo a antiga empresa de seus primos "em confiança". A dimensão em que essa confiança foi quebrada tornou-se evidente com uma cáustica erupção, em outubro de 1969, em torno da convicção de Freddy, apoiada por uma ação judicial, de que a Carlin era uma empresa exclusiva dele. Resultado: agora os primos mal se falavam. Na sequência, os Aberbach mexeram os pauzinhos, fazendo de tudo a seu alcance para desligar Freddy das conexões com a Elvis Presley Music e a Gladys Music. O Coronel, porém, apesar de todas as suas reservas sobre "Herr Beanstalk", não caiu na conversa. Assim, Freddy permaneceu vinculado às duas editoras de Elvis Presley, passando a indicar quase exclusivamente canções de seu próprio catálogo britânico. (Lamar cuidava do catálogo da Hill and Range propriamente dito.) As canções sugeridas por Freddy e gravadas por Elvis se enquadravam na fórmula de participação nos direitos autorais, já consagrada pela Hill and Range. As não gravadas ficavam livres, servindo ao benefício exclusivo do novo império de Freddy em rápida evolução.

Para Elvis, isso pouco importava; apenas buscava um bom material. Embarcou na grandiloquência wagneriana de "I've Lost You", a segunda canção oferecida por Freddy, justamente o tipo de retrato melodramático de um casamento em desintegração que parecia realmente acertar em cheio. Após sete *takes* respeitáveis, migrou ao leve divertimento de "Born Ten Thousand Years Ago", do Golden Gate Quartet, com a qual vinha brincando nos últimos anos. Mas então Freddy o colocou de volta nos trilhos com "The Sound of Your Cry", outra extravagância sentimental, na qual ele investiu 11 *takes* excruciantes. A noite continuou esquizofrênica, com duas visitinhas rápidas a "The Fool", hit rockabilly de Sanford Clark, de 1956, que veio à tona enquanto Elvis esperava Lamar lhe trazer a letra de "Faded Love", clássico do *western-swing* de Bob Wills pelo qual estava temporariamente apaixonado. Após umas faixas de bluegrass de qualidade discutível, porém maravilhosamente bem-humoradas, quase sem paralelos no cânone de Elvis, afora "Blue Moon of Kentucky", fecharam a noite às quatro e meia com a adaptação de Ben Weisman para "Run Along Home, Cindy", canção folk de ritmo acelerado que Elvis aceitou prontamente, totalizando quatro faixas para Freddy contra nenhuma de Lamar.

Felton deve ter soltado um suspiro de alívio. Abiscoitaram sete *masters* numa só noite de trabalho, e não havia motivos para pensar que o ritmo diminuiria. Ao longo das noites seguintes, gravaram mais 12 *masters* e uma *jam* de estúdio. Algumas canções foram mais bem executadas do que outras, algumas mais adequadas ao estilo de Elvis. Freddy manteve a liderança sobre Lamar, obtendo a maioria das faixas principais – mas só um par delas deu a Elvis a oportunidade de mergulhar fundo, não necessariamente em canções fornecidas por Freddy ou Lamar. Por exemplo, o cantor sentia um magnetismo por "You Don't Have to Say You Love Me", desde que Dusty Springfield a lançara, em 1966; melodia italiana com letra agridoce em inglês, a canção trazia algo que claramente tocava Elvis. Com detalhismo se esforçou para conseguir um bom arranjo, então gravou a música rapidinho, em apenas três *takes*. Flertando com o gospel, "Bridge Over Troubled Water" foi outra canção forte ao qual ele se entregou integralmente. Seu próprio comprometimento com a canção, no entanto, o induziu a sobrecarregá-la, sem o pulso firme de Chips para controlá-lo. Ao cabo da terceira noite, tinham

20 faixas prontas, e o júbilo se estampou no semblante de Felton. Exceto que praticamente esgotaram o material.

Poderiam muito bem ter dado a empreitada por concluída. Iniciaram os trabalhos da quarta noite com uma canção oferecida por Lamar, mais uma das irritantes e insossas composições de Shirl Milete (opinião expressa com certa aspereza pelo próprio cantor). De repente, Elvis deu uma guinada e se lançou numa versão comovente do sucesso de Eddy Arnold, "I Really Don't Want to Know", sucesso de 1954 escrito por Don Robertson, um dos compositores favoritos de Elvis. Foi o bastante para que a sessão enveredasse por um caminho totalmente novo, enquanto Elvis e a banda executavam um clássico country após o outro, quase como se todos estivessem à espera desse momento. Primeiro deram polimento a "Faded Love", aquela cuja letra Lamar esteve à cata na primeira noite; logo emendaram "Tomorrow Never Comes", de Ernest Tubb; "Make the World Go Away", de Ray Price; "Funny How Time Slips Away", de Willie Nelson, e uma abordagem eclesiástica de "I Washed My Hands in Muddy Water", de Stonewall Jackson, bebendo na fonte, a gravação de Charlie Rich em 1965.

O ecletismo de cada uma dessas canções se distingue no modo como elas se abrem à interpretação. Todas se revelam igualmente válidas em contextos de rhythm & blues, country e gospel, letras à parte. Elvis se atira nelas com tamanho entusiasmo que praticamente todas ficam prontas no primeiro *take*. E todas elas, talvez não por casualidade, são cantadas em ritmo um pouco acelerado. Fica evidente, porém, que Elvis encontrou seu ritmo, e quando, no fim da noite, David Briggs o incitou a gravar "Love Letters", única e exclusivamente porque Briggs sentia que sua interpretação ao piano na versão original de 1966 poderia ser melhorada, Elvis não titubeou: imergiu com vontade na velha balada de rhythm & blues de Ketty Lester. É discutível se conseguiu aprimorar a original – que, apesar das reservas de Briggs, tem sua beleza delicada e própria –, mas serviu para endossar a eterna crença de Elvis ao longo da vida: cada momento traz um novo olhar sobre o tema.

Na última noite, todos já estavam meio cansados. Elvis aderiu estritamente ao programa de Freddy e Lamar, completando mais cinco faixas e encerrando os cinco dias de gravação com surpreendentes 34 *masters*. Praticamente em transe, os músicos alimentavam sentimentos conflitantes. Por um lado, a experiência tinha sido altamente frustrante. Nada foi concluído como achavam que deveria ter sido – nada foi revisto, erros não foram corrigidos; era só cumprir o protocolo e passar ao próximo número, assim que encontravam o tom adequado. Entretanto, por outro e mais importante aspecto, constituiu uma experiência da qual não desistiriam por nada neste mundo: a sensação de rodopiarem no olho do furacão. Fenômeno assim nenhum deles jamais havia realmente testemunhado: as mudanças de figurino, a mescla inextricável de panóplia e intimidade, a imagem de Elvis vagueando no estúdio fazendo uma performance para eles, os caras e a bela atriz morena que tinha vindo de avião a convite do cantor. No fim das contas, percebeu Norbert, a atmosfera era o que realmente importava. "Fiquei espantado com essas canções tão guturais e primitivas [que ele gravou]... Eu as chamo de 'primitivas'. Mas acabei entendendo: ele expressava tantas coisas com sua voz... [para ele] o conteúdo lírico não tinha nada a ver com o que estava acontecendo. Foi o único artista com quem trabalhei capaz de nos dar uma injeção de vitalidade (com a 'energia de Elvis') sempre que desejasse. Do começo ao fim, ele se mostrou o maior comunicador de emoções que já conheci."

Elvis voltou a Memphis, onde ficou pelo restante de junho, enquanto o Coronel continuava os preparativos para o filme e a estreia em Vegas em agosto. Informou ao hotel que dessa vez planejava fazer um especial do tipo "ELVIS PRESLEY SUMMER FESTIVAL". Providenciaria 100 mil cardápios especiais, 50 mil fotos 20 × 25 cm, 100 mil cartões-postais especiais, 60 mil catálogos em quatro cores, 20 mil álbuns para recortes e 25 grosas de chapéus especiais que imitavam palha, para que os funcionários do hotel utilizassem ao longo da temporada, tudo sinalizado conforme os termos do contrato entre o Coronel e o International. Continuou a insistir com Freddy para não deixar ponto sem nó e colocar pingos nos ii. Precisavam ter certeza: todas as canções do filme deveriam estar com os direitos de publicação garantidos; não haveria margem para o tipo de mancada cometida no passado. "Barão Bienstock deve estar plenamente ciente de que isso não é brincadeira", escreveu ele a Julian Aberbach, sabendo da rusga dos Aberbach com o primo. "Se não houver 100% de seriedade da parte de vocês, seremos obrigados a analisar a possibilidade de realizar o projeto com uma nova empresa", declarou ele em sua carta de 26 de março, evocando assim o fantasma de uma ruptura não só com Freddy, mas também com os irmãos Aberbach, caso estivessem pensando que Freddy poderia afundar sozinho.

Em meados de julho, começaram os ensaios em Los Angeles. Ensaiaram mais de 60 músicas, entre elas, 16 da sessão de junho, incluindo algumas muito ambiciosas. "You Don't Have to Say You Love Me", "Bridge Over Troubled Water", "I've Lost You" e "Heart of Rome" – a última, desafiadora peça vocal da qual não tinham obtido um *master take* satisfatório – todas foram exaustivamente trabalhadas, junto com hard blues, baladinhas ternas e até mesmo "Froggy Went A-Courtin'" (correndo por fora). Deixaram Los Angeles em 1º de agosto com muita coisa já filmada. Ronnie Tutt foi um retorno bem-vindo à bateria, novos arranjos e orquestrações para o show estavam sendo compostos quase diariamente por Glen D. e David Briggs em Nashville – mas Elvis só foi conhecer pessoalmente seu novo líder de orquestra quando chegou a Las Vegas.

Semanas antes, Joe Guercio, um hipster da indústria fonográfica, viajado e conhecido, tinha sido contratado para substituir Bobby Morris como diretor musical do International. Aos 42 anos, natural de Buffalo, Nova York, havia trabalhado com Patti Page por vários anos (foi o pianista no hit dela de 1953, "How Much Is That Doggie in the Window?", a dócil canção muitas vezes citada como prenúncio das esmagadoras forças do rock'n'roll prestes a explodir); e depois com Julius La Rosa, o duo pop Steve Lawrence e Eydie Gormé, e Diahann Carroll, até enfim aterrissar em Vegas de modo definitivo. Chegou a seu novo emprego sem ser lá um grande fã da música de Elvis Presley, figura a qual tendia a desdenhar como pouco mais do que um empreendimento amador no deslumbrante mundo em que transitava, impressão reforçada pelo seu primeiro encontro com o staff de Elvis Presley.

"Entraram e não tinham nada organizado. Tinham só a linha de frente ensaiada e um montão de partituras. Simplesmente vieram e largaram tudo no palco, e lá estou eu sentado no meio de 25 músicos! Falei: 'O que é isto?'. E me disseram: 'Vamos informar a vocês o que vamos fazer'. Respondi: 'Nada disso. Primeiro, vão destrinchar isso. Não vou organizar todo esse material. Não sou o bibliotecário da orquestra'. Fiquei indignado desde o primeiro dia que nos conhecemos."

Glen D. se ofereceu para ajudar a peneirar o material, fato que serviu para solidificar a relação entre Guercio e o tecladista, mas a coisa não andou muito melhor nos ensaios. Como no passado, orquestra e seção rítmica primeiro ensaiavam separadamente e só no final se juntavam. "Então Elvis entra, e ninguém se dá ao trabalho de me apresentar a ele. Ao comando dele, a seção rítmica começou a tocar uma música. Então fiz a orquestra afinar os instrumentos e avisei: 'Quando atingir o décimo sétimo compasso'... Tínhamos que escolher um ponto para entrar, porque eu não ia dar instruções aos músicos de Elvis Presley, todos uns King Kongs. Dei a ordem: 'Vamos entrar no compasso 17'. Então fiz a orquestra entrar, e foi aí que recebi o primeiro sinal de reconhecimento: ele se virou e olhou para mim.

"No primeiro intervalo da banda, eles me trouxeram para as apresentações formais. Chegou a hora de conhecer o rei Henrique VIII. Descemos, e Joe Esposito anuncia: 'Este é Joe Guercio', e eu estava com a batuta... eu sempre costumava usar uma. Ele dá uma olhadela à batuta e fala: 'Bom trabalho, maestro'. Daquele dia em diante, nunca mais me chamou pelo meu nome. Após o intervalo, ele toca outra música; não me lembro o que era, mas ele empacou. Tenta encontrar um final uma, duas vezes. Até que eu intervenho: 'Esse final não vai dar certo'. Falei: 'Que tal se fizermos o seguinte. Metais, me deem um Ré'. E acertamos o final, e ele adorou. A partir daí, ele sempre se virava quando começávamos a entrar. Eu não precisava conversar com ele; uma troca de olhares já era suficiente. Num átimo, eu sabia: se eu estava certo, se eu estava errado, se ele estava gostando. Comunicação pura [ao estalar de dedos]."

Mais tarde, Joe Esposito perguntou ao maestro o que ele tinha achado. Era como "acompanhar uma bola de gude caindo em degraus de concreto", disparou Guercio com a franqueza típica. No dia seguinte, chegou ao camarim, mas a porta parecia emperrada. "Por fim, consigo abrir e me deparo com 3 mil bolitas no chão e um aviso no espelho: 'Siga a bola de gude... Eu'. Desse dia em diante, foi como se eu tivesse entrado para a gangue."

Os ensaios tiveram continuidade sem grandes incidentes. Tentar organizar um repertório tão vasto em um tempo tão exíguo era uma tarefa difícil, ambiciosa e um tanto assustadora. Guercio e Glen D., porém, se dedicaram de corpo e alma, compondo novos arranjos, aprimorando os antigos, tentando resolver os problemas de não ter uma biblioteca musical organizada nem uma abordagem prévia sistemática. Muitas orquestrações estavam compostas em um estilo ao qual Guercio se referiu com desdém como "arranjos de filme". "Outras foram escritas para uma banda daquele tamanho, outras não, e nada dessa droga de rock estava lá. Nenhum material de rock tinha partituras." No final, porém, conseguiram superar a maioria dos obstáculos e, para surpresa de Guercio, estavam prontos na noite de estreia.

"Foi na noite de estreia que Elvis Presley me deixou impressionado. Tipo, já estive no palco com um montão de estrelas... Não estou murchando a bola deles, mas esse pessoal não tem ideia do que é uma estrela. Jesus Cristo! Foi surreal. Era só uma seleção de músicas, com pouquíssima produção. Nem de longe tão bem organizado quanto a maioria dos shows em Las Vegas. Mas, cara, se o assunto é subir ao palco e magnetizar as pessoas, Elvis Presley era um acontecimento, algo jamais visto e jamais repetido. A vibe da plateia fluía de um jeito inacreditável. Não vou mentir a vocês que musicalmente foi a melhor coisa do mundo. Estou falando em carisma. Simplesmente adorava ter essas pessoas na mão e as controlar, e fazia isso à perfeição.

"Não creio que ele projetava uma imagem. Mas estabelecia sim um espírito livre com a plateia. Quer dizer, com outros artistas é assim, assado, gente disciplinada, mas ele era tão indisciplinado que chegava a ser cômico. Meio que flutuava para simplesmente atingir cada assento do local. Creio que nunca se sentiu mesmo à vontade no palco. Flutuava e sempre que batia certa insegurança, se virava e fazia um *rá-rá* para alguém, ia um tempinho até Charlie ou outra pessoa – mas sempre voltava à primeira base. Muita gente fala que a disciplina faz uma estrela. Conversa pra boi dormir! É o carisma que faz a estrela. Sinatra, Michael Jackson, Streisand... Ele subia ao palco e a sensação era totalmente diferente. Só de atravessar o palco, sem nem precisar abrir a boca."

Após o show, Cary Grant veio aos bastidores e o declarou "o maior artista desde Jolson".* Já para Robert Blair Kaiser, ex-correspondente político da *Time* encarregado de fazer um artigo pela *New York Times Magazine*, a coisa toda foi um tanto decepcionante. Elvis pareceu distraído em meio às cinco gigantescas câmeras Panavision da MGM, relatou Kaiser, e o cantor se mostrou frustrado com os persistentes problemas de som e talvez um pouco perturbado com tanta gente famosa na plateia. O nervosismo se escancarou ao precisar de uma folha com a letra de "I Just Can't Help Believing", uma das canções novas do setlist. Após a extenuante exibição de caratê que agora acompanhava "Polk Salad Annie", comentou: "Eu me sinto uma velha stripper". Seja lá qual for a dimensão da insegurança detectada por Kaiser, a reação de Guercio é um rico testemunho da natureza persuasiva do desempenho de Elvis.

* O cantor Al Jolson (1886-1950) fez sucesso a partir dos anos 1920 e estrelou filmes como *O cantor de jazz* (1927), *Venturoso vagabundo* (1933) e *Um lugar para cantar* (1934). (N. de T.)

Por sua vez, o Coronel passeava confiante pelos corredores, na mão o charuto, na cabeça a imitação de chapéu de palha do "Elvis Summer Festival", cumprimentando celebridades e fãs com igual desenvoltura. No dia seguinte, explicou seu conceito de marketing ao repórter do *New York Times*. Segundo Kaiser, "disse alguma coisa no sentido de dar às pessoas algo especial, algo que as animaria em meio à recessão do país". Deixou claro que não tinha tempo para extravagantes aplicações financeiras: "Não tem investimentos próprios e deixa outras pessoas [ou seja, o pai de Elvis, Vernon] cuidarem dos investimentos de Elvis. Se também fosse o gerente financeiro dele, não teria tempo, sabe, para distribuir todos os banners, flâmulas e outdoors. Ele só tem um cérebro!". Realçou que seu comprometimento era total e irrestrito.

"O Coronel", concluiu Kaiser, "sempre negocia em posição de barganha, sempre convicto de cada pequeno detalhe, sempre pensando meses e anos à frente". Trabalhou até uma hora da noite anterior e às oito da manhã já estava de volta à escrivaninha, acertando os últimos detalhes e preparativos para uma breve turnê. À tardinha, formalizaria o anúncio: Elvis faria shows em seis cidades, começando em Phoenix em 9 de setembro, dois dias após o fim da temporada em Las Vegas. A publicidade da primeira data seria por conta da RCA, mas em Tampa tudo seria por conta do Coronel. E os *promoters* responsáveis pelo resto da turnê seriam um grupo conhecido como Management III, que consistia num ex-agente de talentos da MCA, chamado Jerry Weintraub, que havia acabado de se tornar empresário de um cantor então desconhecido, John Denver; o *promoter* de eventos chamado Tom Hulett, que, com sua empresa sediada em Seattle, a Concerts West, ajudou a criar as turnês de rock modernas em grande escala, com artistas como Led Zeppelin e Jimi Hendrix; e Terry Bassett, empresário de Dallas que, junto com o empreendedor de Seattle, Lester Smith, e o artista Danny Kaye, forneceram o capital inicial e o capital de giro para a Concerts West.

Em cada cidade haveria uma centena de seguranças, anunciou o Coronel, Elvis seria transportado do hotel ao local do show em veículo blindado e os preços dos ingressos seriam mantidos acessíveis ao público geral. "Estamos muito contentes com o quanto vamos receber por esta turnê", declarou o Coronel, sem especificar exatamente os valores, "e sabemos que ela também vai recolocar Elvis diante de seus exigentes milhões de fãs". O próprio Elvis, relatou James Kingsley, do *Commercial Appeal*, ansiava por fazer uma turnê mundial em 1971 e se declarou "encantado por darmos um jeito de voltar à estrada após tantos anos de ausência. Mal posso esperar para pegar a estrada novamente".

Jerry Weintraub cortejava o Coronel havia quase dois anos. Exuberante e autoproclamada "figuraça" do show business, que aos 32 anos já começava a fazer voo solo e a deixar a sua marca, Weintraub literalmente atribuiu a gênese dessa aproximação a um sonho. "Despertei na calada da noite, acordei a minha esposa [a cantora Jane Morgan] e disse a ela: 'Acabei de sonhar que eu ia apresentar Elvis Presley no Madison Square Garden'. E ela me disse: 'Sensacional, isso é sensacional'. E eu disse a ela: 'Mas não conheço Presley. Nem conheço o empresário dele, o Coronel Parker'. Ela disse: 'Bem, você vai encontrá-lo' e voltou a dormir." Por meio de Harry Jenkins, ele conseguiu o número do Coronel e começou a ligar quase todos os dias. Rejeitado diversas vezes, enfim conseguiu um encontro com o Coronel na sauna a vapor do Spa Hotel, em Palm Springs, encontro esse que levou a outro encontro, até por fim sentir que havia uma chance de organizar uma turnê. Nesse ponto, entrou em contato com Tom Hulett, da Concerts West, por intermédio de um advogado corporativo musical, Steve Weiss.

Em se tratando de experiência em turnês, Hulett era o cara; nessa época, a Concerts West despontava como maior empresa de promoção de eventos do país (gabava-se de fazer 600 ou 700 shows por ano mundo afora). E ficou claro, pelas conversas de Weintraub com o Coronel, que ele precisaria se valer não só da experiência de Hulett, mas também de um bom capital da empresa dele. Os dois novos parceiros se encontraram no Beverly Hills Hotel, 48 horas antes da estreia em Las Vegas, simpatizaram um com o outro e combinaram que, se Weintraub conseguisse Elvis, trabalhariam juntos na turnê. Dois dias depois, compareceram à estreia como convidados do Coronel e no dia seguinte fizeram o acordo.

Desde o início, Hulett reconheceu que Weintraub seria o homem de frente, tanto por natureza quanto por necessidade. E, desde o momento em que viu Elvis Presley se apresentar, soube que gostaria de se envolver no projeto. "Foi quando me dei conta de que Elvis Presley era Elvis Presley. Puxa vida, meu Deus Todo-Poderoso, quando ele subiu ao palco, o lugar explodiu, e *ele* explodiu! Foi uma das melhores noites do show business que já vi em minha vida. No dia seguinte, fizemos nossa reunião com o Coronel, e ele já havia marcado o show em Phoenix, acho que só para experimentar, então ele disse: 'Olha, estamos fazendo esse show nós mesmos. Por que não marcam mais quatro datas? Vou dizer aonde quero ir'. Deu o nome das cidades: Detroit, St. Louis, Miami e Mobile... não fazia sentido. Mais tarde comentei com Jerry: 'Por que não Phoenix, Los Angeles e Oakland?... É uma rota'. Mas Jerry disse: 'Não discuta, apenas faça'. Então peguei o telefone. Jerry ficou meio assim... Sabíamos como o Coronel queria fazer as coisas, e mesmo eu sabendo que estava errado, Jerry teve medo de questionar o empresário. E tenho certeza de que foi a decisão certa. O Coronel disse: 'Quero que vocês peguem esse tipo de hotel, quero a segurança no mais alto nível, quero que consigam mais isto, mais aquilo... e depois me liguem'. Não era como o Creedence Clearwater Revival, por exemplo; com eles, se eu quisesse alugar qualquer recinto nos EUA, eu apenas o alugava e depois fazia os anúncios. O Coronel disse: 'Não mexam em propaganda alguma, não mexam em nenhuma promoção. Só obtenham o local'. Foi isso que fizemos."

No final, investiram 240 mil dólares nas quatro datas, com a RCA adiantando 50 mil dólares para o show em Phoenix e o Coronel encarando a bronca sozinho em sua "cidade natal" adotiva. Um sistema infalível para Elvis e o Coronel, espécie de versão glorificada do apoio da gravadora. Era improvável que as despesas externas somassem mais de 150 mil dólares. Portanto, um lucro de 140 mil a 150 mil dólares já estava garantido antes de o primeiro espectador entrar pelos portões. O *promoter* assumia todo o risco e, mesmo projetando uma lotação esgotada em todos os locais, seria praticamente impossível que o tomador do risco saísse com mais de 5 mil a 6 mil dólares por show, com base no tamanho dos auditórios. Nesse momento, o dinheiro não era a preocupação número um para ninguém. Do ponto de vista do Coronel, ele corria o maior risco de todos: colocar em jogo a reputação de Elvis. Por outro lado, Tom Hulett e Jerry Weintraub olhavam para o futuro, determinados a provar que mereciam a confiança do Coronel.

A temporada em Vegas seguia seu próprio e idiossincrático curso. Cada vez mais à vontade no palco, Elvis novamente começou a brincar tanto com o público quanto com a banda. Por fim, criou uma estrutura flexível para o show, a qual poderia ser alterada de acordo com a sua inclinação, mas que serviu como diretriz para o restante da temporada. As filmagens, restritas às primeiras quatro noites, capturaram o que agora se tornara sua rotina praticada em Las Vegas, com muitas risadas e piadinhas sobre "esquilos", do tipo: "No Ensino Médio, eu vinha pela rua, e o pessoal dizia: 'Caramba, vamos pegá-lo, ele é um esquilo, ele é um esquilo, acabou de descer das árvores'". E mancadas nas letras até nas canções mais conhecidas, com uma dose generosa de baladas para lá de românticas e abertamente melodramáticas. Num piscar de olhos, Elvis alternava uma cover apaixonada de "Bridge Over Troubled Water" com a apresentação de uma "caixa de riso", que uma noite ele apresentava como Coronel Parker, e em outra, como "meu produtor". Se, por um lado, os ornamentos da música podiam, em muitos aspectos, ser equiparados à teatralidade do figurino (nesse caso, na maioria das vezes, macacão branco com calça boca de sino e franjas na cintura), por outro, restavam poucas dúvidas sobre o contínuo impacto dramático do show.

No dia seguinte à conclusão das filmagens, em 14 de agosto, um processo de paternidade foi aberto no Tribunal Superior de Los Angeles, por Patricia Ann Parker, garçonete de 21 anos de North Hollywood, alegando que a gravidez dela era o resultado de um encontro sexual com Elvis, ocorrido na última temporada do astro em Las Vegas. Ele fez pouco-caso do processo uma noite ao apresentar Paul Anka na plateia, observando que a esposa de Anka estava grávida, mas "ela não colocou nada no jornal sobre mim na semana passada, não é?". Em outra ocasião, com Priscilla na plateia, declarou "também não engravidei aquela garota da semana passada... porque sou adepto de métodos anticoncepcionais". E, no entanto, apesar de todas as suas demonstrações externas, sem dúvida o fato o deixou profundamente perturbado. Na verdade, o pesadelo que ele mais temia era este: perder o amor que os fãs tinham por ele. À colunista de fofocas May Mann, expressou uma reação que em certo nível pode ser vista como dissimulada e, em outro, a forma mais pura e chocada de ceticismo. "Como é que alguém pode fazer isso comigo?", declarou, aparentemente em busca de uma exoneração muito além do escopo do caso. "Sou 100% inocente."

Sabia que não era. Mas o tédio o dominava. Como todo o resto, Vegas havia caído na rotina. Em muitos aspectos, a música mantinha o seu frescor: continuava apreciando os músicos que reunia à sua volta; se estivesse procurando alguém para culpar, tanto Jerry Scheff quanto Glen D. notaram, nunca era um membro da banda, sempre um dos caras. Mas as coisas tinham mudado de um modo incomensurável. Assim como, noite após noite, o Coronel buscava uma válvula de escape na mesa de roleta, Elvis buscava diversão na constante procissão de mulheres que vinha ao seu chamado, à medida que ficava cada vez mais claro, não só para o círculo interno, mas para o mundo em geral, que o casamento de Elvis e Priscilla era escancaradamente aberto, ao menos para ele. Os boatos chegaram inclusive aos ouvidos de Robert Blair Kaiser, o repórter do *New York Times*, que descreveu uma pessoa de Memphis abordando Vernon, "que inseria moedas de meio dólar na máquina caça-níquel de sua preferência, e indagando com audácia se Elvis e Prissy estavam se divorciando. Com uma leve pausa antes de baixar a alavanca, Vernon respondeu, tranquilo: 'Já resolvemos isso. Está tudo bem agora'".

O que Kaiser não captou em seu retrato desse "jovem vitalmente intenso", aparentemente sem quaisquer graves "inseguranças" nem "sementes de descontentamento", também escapou à percepção de basicamente todos os outros repórteres ou observadores externos que cobriram a história. Uma coisa que alguém de fora não perceberia, levando em conta quão radicalmente isso se afastava da percepção pública e da (auto)imagem pública: com o tédio se insinuando mais uma vez, Elvis nunca dependeu tanto de medicamentos prescritos desde que tinha voltado a se apresentar ao vivo. A natureza e a pressão de seu trabalho, a incapacidade de cair no sono após duas performances de alta intensidade por noite, sempre foram a desculpa. E obter o que desejava era tão fácil em Las Vegas quanto em Memphis, Los Angeles ou Palm Springs – na verdade, com um médico de plantão 24 horas por dia e a visão de "cidade empresarial" onde a primeira, última e, às vezes, única prioridade médica era dar continuidade ao show, era mais fácil ainda. Fazia um bom tempo, Elvis tinha aprendido que sempre havia um médico ou dentista mais do que disposto a se provar seu amigo, simplesmente em troca de ser capaz de afirmar que era íntimo de Elvis Presley, e com seu próprio conhecimento enciclopédico do *PDR** (sempre seu livro de cabeceira), conseguia fabricar os sintomas apropriados para praticamente qualquer tipo de medicamento que lhe interessasse. A essa altura, consistiam principalmente em pílulas para dormir, como o Placidyl, em combinação com injeções de "vitaminas", anfetaminas ou

* O *Physicians' Desk Reference* hoje tem uma versão on-line, gratuita, denominada *Prescribers' Digital Reference*, disponível em: https://pdr.net. A última versão impressa é a 71ª edição, publicada em 2017, com capa dura, 2 quilos e mais de mil medicamentos. (N. de T.)

uma dose extra para fazê-lo despertar no meio ou no fim da tarde. Joanie Esposito, cujas oportunidades de observação andavam cada vez mais limitadas pelas restrições impostas às visitas das esposas, analisava a todos, Elvis e os rapazes, com certo divertimento maternal. "O pessoal achava tão engraçado, sabe, ficar lá sentado, caçoando uns dos outros, lutando contra o sono para ver quem ficava mais tempo acordado, até, enfim, todos adormecerem."

Mais do que um fator isolado, porém, uma mudança no clima parecia estar acontecendo. Jerry Schilling agora trabalhava na Paramount, em busca da carteira sindical como técnico de montagem e edição de filmes. Religiosamente, todos os fins de semana, ele se juntava à gangue: "Nas primeiras vezes em Vegas, Elvis estava só preocupado com o show. No começo, a única coisa que ele fazia era passar a noite acordado com os músicos e chamar amigos e fãs para conversar sobre o show. No segundo ano, começou a ficar entediado. Ainda adorava... Você nem notava, mas ele diminuiu um pouco o ritmo e ficou um pouco mais inchado. Foi aí que começou a ter muito tempo livre para começar a se envolver em outras coisas".

Foi essa atmosfera que Kathy Westmoreland, de 25 anos, encontrou no show de 16 de agosto, um domingo. Kathy concordou em tirar três semanas de sua agenda lotada de sessões em Los Angeles para substituir Millie Kirkham, a alta soprano de Nashville que tinha vindo fazer o vocal de apoio a pedido de Elvis, estritamente para as filmagens. Após chegar, Kathy recebeu as boas-vindas de Felton Jarvis, que lhe entregou uma enorme pilha de discos para ela se familiarizar com o repertório. Por meio de Jarvis foi apresentada ao Coronel Parker, que logo foi dando a ela um chapéu de palha. Assistiu ao show daquela noite, com Millie ainda nele, e ficou chocada com o comportamento dos fãs. Musicista de formação clássica cujo pai cantou no disco *The Student Prince e The Great Caruso*, de Mario Lanza, ela declarou: "Nunca tinha visto nada parecido em minha vida, e duvido que veja algum dia. Aquelas mulheres, vestidas a rigor, com glamourosos vestidos de gala, literalmente correndo em cima das mesas de saltos altos, derrubando garrafas de champanhe, pisando nos bifes de outras pessoas". Também ficou fascinada com a música e "a transformação do homem que eu tinha acabado de conhecer lá embaixo nessa pessoa maravilhosamente linda e carismática".

Na noite seguinte, Kathy estava apavorada na hora de subir ao palco, mas Elvis foi ao camarim dela para acalmá-la. "Ele me disse: 'Não se preocupe, só relaxe e divirta-se. Lembre-se, estamos aqui só para fazer as pessoas felizes'. Mas deu uma piscadinha e disse: 'Mas quando eu apontar para você é melhor cantar alguma coisa, menina'. Então... beleza!".

Apesar do nervosismo, Kathy se entrosou à perfeição. Parecendo um tanto empertigada em seu conjuntinho de blusa e calça marrom-escuro ao lado das relativamente desenfreadas Sweets, ela se mostrou mais do que aberta a aprender com as improvisações rítmicas e intricadas harmonias vocais delas. "Eu tinha um camarim separado, mas sempre ia até o delas e sentava com elas antes do show. Realmente criamos uma amizade bem forte; elas me deixaram bem à vontade, apesar das formações muito diferentes. Elaboramos as mais incríveis harmonias e sonoridades, sílabas que eu nem conseguiria imitar hoje, mesmo se tentasse lembrá-las. Eram avançadíssimas em seus ritmos e harmonias, não só cantavam como pensavam em uníssono." Também achou The Imperiais bem profissionais, "muito polidos, firmes e com uma projeção vocal aguçadíssima", e mesmo que o efeito geral do coro fosse, às vezes, um tanto irregular, com a mistura de nove vozes de origens musicais díspares ocasionalmente destoando, havia um intercâmbio e harmonia suficientes para evocar uma atmosfera – "aquilo criava mesmo uma impressão musical que realmente tocava as pessoas. Tinha algo para todos".

Acima de tudo, porém, era Elvis que a fascinava: as ambições, as aspirações, a personalidade dele. No começo, Kathy o conheceu porque ele ficava num entra e sai do camarim das Sweets, rindo e brincando e só matando tempo. Um tempinho depois, começou a conversar com ela sobre a música. Perguntou se o chá que ela tomava fazia bem à voz, ficou curioso a respeito da formação musical dela e do seu pai, e pediu a opinião de Kathy sobre alguns dos grandes tenores da história, como Caruso e Bjoerling. Com surpresa, ela descobriu que a própria habilidade de Elvis como cantor poderia levá-la às lágrimas, mesmo se ela não gostasse muito da canção. Quando Kathy comentou a respeito do poder que ele exercia sobre uma plateia, ele contou que sabia que era capaz de influenciar o pensamento das pessoas, mas não era sua intenção. "Acho que o importante para mim é apenas entreter... fazer as pessoas felizes, por um tempo, ajudá-las a se esquecer de todos os seus problemas. Acho que foi para isso que eu vim ao mundo."

Na quarta-feira, 26 de agosto, a rotina normal foi bruscamente interrompida quando uma ligação anônima chegou ao departamento de segurança do International, com supostas informações sobre um plano para sequestrar Elvis. No dia seguinte, o Coronel recebeu telefonema semelhante e, em 28 de agosto, Joanie Esposito foi acordada em sua casa em Los Angeles. Do outro lado da linha, uma voz indagou pelo marido dela. Contou que tinha informações sobre uma ameaça à vida de Elvis que seria perpetrada na noite de sábado, durante o show. Quarenta e cinco minutos depois, o mesmo sujeito voltou a ligar. Dessa vez, deu informações extras e prometeu: por 50 mil dólares em cédulas de pequeno valor, revelaria o nome do facínora. Nesse ponto, o FBI foi chamado e uma rede de pessoas foi avisada, entre elas, o advogado de Elvis, Ed Hookstratten, para quem as ameaças estavam relacionadas ao processo de paternidade. O próprio Elvis ligou para Ed Parker, Jerry Schilling e Red West. "Preciso de você", foi sua lacônica conversa telefônica com Jerry. "Só posso falar quando você chegar aqui. O avião já está a caminho." Quando Red chegou de Memphis, Elvis estava tão nervoso que "simplesmente cambaleou em minha direção e me deu um abraço".

Ao longo do dia, a recém-criada equipe de segurança revisou os planos e, no camarim antes do show, Elvis chorou, se despediu do pai e de todos os seus amigos. Não sabia o que ia acontecer, disse a eles, mas não os decepcionaria – e sabia que também não o decepcionariam. "Se algum desgraçado tentar me matar", continuou, "quero que o peguem, quero que arranquem os olhos malditos dele. Não quero ver ele sentado depois, como Charlie Manson, um sorrisinho no rosto, dizendo: 'Eu matei Elvis Presley'."

Todos ocuparam seus postos durante o show, Sonny e Jerry com a orquestra, Red e Ed Parker em cada lateral do palco, todos armados, incluindo Elvis, que tinha uma pistola em cada bota. Um grupo de policiais à paisana se misturou à plateia. Nos bastidores, o dr. Newman (o médico do hotel) fez plantão com oxigênio e bolsas de sangue. Lá fora, uma ambulância de prontidão. Mas nada aconteceu. No meio do show, um sujeito se ergueu no mezanino e gritou "Elvis!". Todo mundo se encolheu. Havia chegado a hora. Mas o homem só queria pedir que Elvis cantasse sua música favorita. No final da noite, todo mundo estava com os nervos em frangalhos, emocionalmente exaustos. Nunca mais se ouviu falar no suposto sequestrador-homicida, mas o hotel permaneceu em alerta máximo até o fim da temporada. Em retrospectiva, o cantor e empresário do Imperials, Joe Moscheo, avaliou com certo espanto que Elvis aparentava estar quase triste quando a aventura acabou. "Uma loucura. Era como se estivesse decepcionado por não ter levado um tiro!"

Na noite seguinte à ameaça criminosa, Jim Aubrey, o cinquentão de fala mansa que dirigia a MGM, conhecido na indústria do show business como "a serpente risonha", veio aos bastidores após o show parabenizar Elvis por sua performance. Responsável por dar o sinal verde ao recém-concluído filme sobre o concerto, do alto de seus 51 anos, Aubrey expressou entusiasmo em relação ao empreendimento e apresentou Elvis à sua acompanhante, uma moreninha de 23 anos, a estrela em ascensão Barbara Leigh. Como sempre, Elvis se mostrou o anfitrião perfeito, voltando sua atenção a Ricky Nelson e sua esposa, Kris, e a Joyce Bova, funcionária de 25 anos do Comitê de Serviços Armados da Câmara, que conheceu em Las Vegas, em agosto, e veio ao show como sua convidada. A atenção dele nunca se desviou muito de Barbara, porém. Enquanto Aubrey estava distraído com outra coisa, ele aproveitou e pediu o número do telefone dela. Em seguida voltou a mirar Bova, outra mulher incrivelmente linda, a quem convidou para subir à suíte depois do show.

Bova tinha se impressionado muito na primeira vez que se encontraram, quando um recepcionista do International a chamou na fila da bilheteria e a levou aos bastidores para conhecer o astro. Depois jantaram juntos na suíte dele. Pareceu a ela um moço sensível, inteligente, estranhamente intuitivo, um verdadeiro cavalheiro. Mas não o viu desde então. Imaginou que ele talvez tivesse se irritado com a recusa dela a uma série de convites impulsivos que ele fez para acompanhá-lo até a Califórnia (ela explicou que não podia – recentemente, o comitê dela havia começado a investigar o massacre de My Lai). E ficou ainda mais irritado com a insistência de Joyce em trazer à tona o casamento dele, apesar da insistência enfática da parte dele que se tratava apenas de um casamento de fachada. Ela resolveu fazer essa viagem para descobrir "de uma vez por todas, se Elvis e eu éramos ilusão ou realidade", e pela maneira como ele a cumprimentou e o carinho com que convidou ela e a amiga para subir à suíte, Joyce começou a pensar que sim, aquilo poderia se tornar realidade. Desde o início, porém, notou pequenas diferenças em relação ao último encontro. Mostrava ares exibidos, postura da qual ela não se lembrava; falava sem parar sobre a ameaça de homicídio com uma fanfarronice quase cruel; tratava Sonny e Red com um ar condescendente que ela achou desagradável. (Perguntou a eles: "Ficaram assustados pra caramba, não é?", como se ele não tivesse ficado.) Mais tarde, na suíte, revelou ciúmes irracionais (e os dois só tinham trocado uns beijinhos!). Parecia, mais do que nunca, estar se exibindo, tanto para ela quanto para os demais. Também notou que a perna dele não parava quieta, dominada por um tremor incontrolável. Mas quando ele a convidou para passar a noite, ela concordou sem hesitar.

Todo mundo foi embora, e outra transformação, ainda mais perturbadora, aconteceu. Esperava ternura e se deparou com provocação, uma espécie de rude desrespeito pelos sentimentos dela. “Não pode ficar sempre me questionando, Joyce”, disse ele. “Estou cansado de gente me dizendo como é que eu sou ou deixo de ser. Que me acham diferente e que eu mudo de uma hora para outra. Sou sempre igual. Você precisa acreditar nas coisas que... que visualizo para nós adiante.” A indiferença dele a instigou a fazer justamente a pergunta que, já sabia, o deixaria fulo da vida: como existiria um “nós” se ele já tinha uma esposa? “Isso é ridículo!”, explodiu ele. Já havia explicado tudo isso para ela. “Se vai ficar, então fique.” E, com raiva, atirou uma blusa de pijama de seda preta na direção dela. Joyce bateu a porta atrás de si achando que nunca mais o veria.

No dia seguinte, ele ligou para a casa de Barbara Leigh. “Quando cheguei, o telefone estava tocando, então saí correndo, deixei até minha mala no carro, e era Elvis, o que foi um verdadeiro choque. Ele queria que eu fosse visitá-lo naquela quarta-feira, mas era pouco antes do Dia do Trabalho, e eu planejava embarcar com Jim Aubrey em um cruzeiro. Elvis disse: ‘Venha na quarta-feira e fique comigo [à noite]’. Então... esta é uma história engraçada... um dos caras me buscou no aeroporto, me conduziu ao hotel e me disse: ‘Você não pode ir ao primeiro show’, e falei que tudo bem. ‘Mas pode assistir ao segundo.’ Então fiquei esperando. Elvis chega após o primeiro show e diz: ‘Querida’, pega a minha mão e continua: ‘Você não pôde ir ao primeiro show porque Jim Aubrey apareceu com outra mulher’. O que para mim foi um choque. Então olhou para o meu vestido e disse: ‘Temos que arranjar outra coisa para você vestir’. Então me mandou sair e me comprou quatro ou cinco vestidos longos, e depois me convenceu a ficar. Brincou com o fato de Jim não ter me contado sobre essa outra garota. De qualquer forma, acabei ficando e me divertindo muito, mas ele me criou muitos problemas, porque Jim ficou lá sentado à minha espera... nem sonhava onde eu podia estar!”

Nesse meio-tempo, ele também precisava fazer malabarismos para lidar com Priscilla – ela desembarcou no aeroporto na segunda-feira com Lisa Marie, já com 2 anos e meio, após todo o alvoroço com a ameaça de morte – e ele continuava a se aproximar de Kathy, também. Cada vez mais, os dois trocavam ideias, não só sobre música, mas a respeito das origens pessoais de cada um. Certa noite, ela ia ter um encontro romântico com o guitarrista John Wilkinson, mas John não apareceu. Prontamente Sonny perguntou se ela queria ir a uma festinha que Elvis ia promover na suíte dele. Ela subiu à suíte sem medo; Millie Kirkham, respeitável e feliz mãe de dois filhos, recomendou a Kathy que fosse conferir o lugar se tivesse a chance – parecia um set de filmagem; e foi nisso que ela pensou, ao entrar no ambiente repleto de mulheres lindas e vestidas com elegância.

> De repente, Elvis entrou, lindérrimo naquele terno preto aveludado de gola alta, com o peito à mostra, e pensei que ele ia enveredar em direção aos caras, mas simplesmente veio direto para mim e me enlaçou com o braço, e fiquei em choque. Chegou a dizer: “Com licença”, pedindo para alguém dar espaço e começou a falar comigo.
>
> Então perambulou para dar boas-vindas às outras pessoas, mas não arredei pé, e não sei quanto tempo levou, talvez uma hora, uma hora e meia, é um mero chute, mas então ele pegou minha mão e disse: “Kathy, vem comigo? Quero te mostrar uma coisa”. Então me levou ao quarto e minha reação foi meio que “Ai, meu Senhor, e agora...”. Mas ele me sossegou, aquele era o único lugar onde realmente ficaríamos longe de todo mundo, não era só um quarto, era uma suíte com sala de estar, mesinha de centro e sofá... e, de fato, não fomos ao quarto, ficamos na antessala.

> Então ele se sentou ao meu lado no sofá, o braço em volta de mim, e me disse o quanto se importava comigo, sabe, que estava interessado e gostava de mim, e quando me beijou, não acreditei. Tipo: "Fala sério." Quer dizer, com todo aquele mulherio glamouroso, e eu nem fazia o tipo dele... Sabe, como assim? Por que cargas-d'água? Para mim, não fazia sentido.
>
> Ele disse: "Essa tarde falei com John [Wilkinson] sobre você. Liguei ao John e perguntei se o relacionamento de vocês era sério e se estaria tudo bem se eu visse você..." E o John disse: "Tudo bem". Bem, claro que sim. Mas o que é que o John ia dizer a ele... não faça isso? Mas teve a cortesia de pedir! Na mesa de centro, havia um exemplar de *O caminho infinito*, de Joel S. Goldsmith, justamente o livro que eu estava lendo e cujo exemplar tinha trazido na bagagem. Acho que foi isso que deu o clique e nos atraiu de imediato.

A noite passou voando em meio à animada conversa, principalmente sobre assuntos espirituais ("a busca de respostas e entendimento"). No último ano, Kathy explorava isso seriamente. Kathy contou a Elvis que era virgem, e Elvis disse a ela que a admirava por isso. Nada sexual aconteceria entre eles, a menos que ela quisesse. Mais tarde naquela noite, o cantor a acompanhou ao quarto dela, e a deixou sozinha. Antes disso, explicou que ela não deveria se preocupar com Priscilla. O casamento deles era aberto, mas tinham decidido manter certas coisas para evitar constrangimentos e pelo bem da filhinha. Antes de a temporada acabar, Kathy começou a dormir com ele, mas ainda sem se tornarem íntimos. Com medo de ficar sozinho, confessou a ela que tinha pesadelos recorrentes com a ameaça de homicídio. Ela sabia que havia outras mulheres, mas quando não havia mais ninguém por perto, sentia-se feliz por ser a escolhida.

O Coronel não parava de mexer os pauzinhos. O repórter do *New York Times* já havia descrito essa característica dele: era mesmo um trabalhador incansável. Com as filmagens concluídas, dedicou a maior parte de suas energias à turnê que se aproximava. Voou pessoalmente para cada uma das seis cidades a fim de checar a segurança e o espaço das instalações. Reuniu uma equipe de turnê que incluía desde seu braço direito, Tom Diskin, até homens de campo da RCA, como Jim O'Brien, além de confiáveis tenentes como Al Dvorin, que lidava com as concessões e supervisionava os shows desde 1956 – em outras palavras, preparando-se de novo para ir à guerra. Permanecia um enigma até mesmo para o círculo mais próximo. Dono de intenso decoro familiar, ligava à esposa, Marie, que estava em Palm Springs, três vezes por dia. Muitas vezes, pedia a seus colaboradores para ficarem na linha só para mantê-la entretida. Por outro lado, noite após noite, quando topava com os membros da banda no corredor, não dizia uma só palavra. Ao verem esse homem de vontade férrea frequentar a roleta todas as noites, jogando milhares de dólares – dezenas de milhares –, assessores próximos se preocupavam cada vez mais.

O dinheiro era dele e podia gastar, poderia ter argumentado o Coronel. Os negócios iam de vento em popa. Ingressos esgotados para a maioria das datas da turnê. E com o single lançado em 14 de julho, "I've Lost You", Elvis chegou ao Top 40 pela terceira vez naquele ano (quarta, se contarmos "Don't Cry Daddy", que atingiu seu pico nas paradas em janeiro). Desde 1956 não tinham tantos produtos ao mesmo tempo. Muitos lançamentos ainda aconteceriam ao longo de 1970: dois novos singles; dois álbuns principalmente ao vivo (o segundo, a trilha sonora do filme, ao ser lançado em dezembro traria um bônus de oito faixas de estúdio da recente sessão de Nashville); três álbuns especiais da Camden, a linha mais acessível da RCA; e um box de quatro LPs intitulado *Elvis: Worldwide 50 Gold Award Hits, Vol. 1,* também lançados por meio de tratativas especiais. Mas, entre 1956 e 1970, as circunstâncias tinham mudado sensivelmente. Com a revisão do contrato feita em

1967, Elvis e o Coronel dividiam todos os lucros fonográficos (além de adiantamentos garantidos por força de contrato) na base de 50-50, bem como todas as verbas a partir do primeiro dólar decorrentes de todo e qualquer acordo fora da configuração normal de royalties. Em julho, o Coronel efetuou uma reestruturação desse acordo, pela qual os adiantamentos na prática foram reduzidos, mas já tornando o Coronel um parceiro com plenos poderes, justamente no momento com as vendas em alta. Assim, ele abiscoitava 50% dos lucros em praticamente todos os novos discos adicionados ao cronograma de lançamento, enquanto cada acordo especial, por definição, consistia numa parceria. Os álbuns da Camden, por exemplo, renderam 300 mil dólares extras, o *Worldwide 50 Gold Award Hits*, outros 200 mil dólares, montantes divididos meio a meio entre Elvis e o Coronel. Uma série de outras permutações e bônus em dinheiro vinculados ao negócio, tudo rachado na base de 50-50. A divisão original de 75% para o cliente e 25% para o empresário continuava valendo nos seguintes casos: a renda líquida proveniente de shows ao vivo (duas temporadas em Las Vegas, o Astrodome e a próxima turnê), que no total poderia alcançar mais de 1,5 milhão de dólares; o filme, que representava um lucro líquido de 500 mil dólares; a substancial receita proveniente dos direitos de publicação e, claro, a possibilidade de uma segunda turnê. Ao todo, Elvis e o Coronel juntos estimavam embolsar no mínimo de 4 a 5 milhões de dólares de receita total. Computados todos os acordos especiais, a divisão poderia chegar a 55-45, isso sem considerar os ganchos e as vendas casadas promocionais do Coronel com a RCA, o International e a MGM.

O suficiente para uma vida confortável para os dois, mas conforto não era o bastante. Pelo excesso de agitação do momento ou apenas por uma arraigada inquietação de caráter, tanto um quanto o outro mais pareciam alcoólatras que se dedicam ao trabalho com afinco até o fim do expediente, mas após o primeiro gole perdem todo o controle. A justificativa era sempre a mesma: ninguém podia dizer que os negócios não estavam sendo bem cuidados. O efeito deles sobre os que os cercavam era tão avassalador que quase obliterava as críticas. E embora cada um tivesse seus próprios defensores, cada um seu próprio campo partidário, os dois eram felizes contanto que fizessem o que bem entendessem. Por enquanto, um ainda complementava o outro de maneira curiosa.

A TEMPORADA ENCERROU em meio a um turbilhão de bom humor. Uma noite, na hora das apresentações, Elvis pediu que os holofotes focassem Abraham Lincoln e Joseph Stalin, só para ver se Lamar estava prestando atenção. Continuou sua interminável sequência de trocadilhos ("Paciência curta? Então curta conosco"), recomeçava as músicas ou repetia o final até acertar, e constantemente tirava sarro de Charlie no palco, jogando água nele e em outros membros da banda, escapando agilmente da retaliação. Na última noite, um show extra às três e meia foi realizado (ao cachê adicional de 12.500 dólares, negociado pelo Coronel). A certa altura, Elvis fez a introdução vocal de "Hound Dog", mas a banda estranhamente não entrou com a deixa. Furioso, Elvis se virou, prestes a soltar os cachorros neles. Nisso um rechonchudo bassê entrou gingando no palco. Elvis caiu ao chão, chorando de rir.

Elvis com o presidente Nixon, 21 de dezembro de 1970
(Serviço Nacional de Arquivos e Registros)

Com distintivos, 28 de dezembro de 1970:
Billy Smith, ex-xerife Bill Morris, Lamar Fike, Jerry Schilling, xerife Roy Nixon, Vernon Presley, Charlie Hodge, Sonny West, George Klein, Marty Lacker (em pé); dr. Nick, Elvis, Red West (na frente)
(Cortesia do Espólio de Elvis Presley)

UM HERÓI DOS GIBIS

Setembro de 1970 a janeiro de 1971

A TURNÊ COMEÇOU dois dias depois. Partiram de Las Vegas, e Elvis insistiu que Kathy viajasse no avião dele e não com a banda, deixando claro a todos na trupe sobre o relacionamento entre os dois. Apesar do sucesso insano em Phoenix, Robert Blair Kaiser, que continuava fazendo a cobertura sobre Elvis, suscitou questões sobre o futuro. "A multidão de jovens que lotou a casa", escreveu o repórter do *New York Times*, "gritava e batia os pés sempre que ele fazia pose, apontava, dava golpes de caratê no ar e se esparramava no palco". Não queriam saber das músicas novas, observou Kaiser, só das antigas. "Fiquei imaginando: como Elvis ia avançar se a maioria de seu público queria retroceder? Será que o Coronel deixaria Elvis ao menos tentar?"

No momento, outros problemas preocupavam Elvis. Os Imperials tinham caído fora da turnê, alegando que o Coronel não os tinha avisado com antecedência suficiente. Se isso era uma manobra de negociação, não funcionou, pois o empresário de imediato os trocou por um grupo formado especificamente para a turnê, com o ex-Jordanaire Hugh Jarrett como líder. O novo grupo era bom, mas Elvis logo notou a diferença: sentiu falta das harmonias bem azeitadas dos Imperials. Também sentiu falta da grande orquestra de Joe Guercio. Por razões de economia, levaram apenas Guercio e um único trompetista, contratando o restante da orquestra (mais 14 músicos) em Phoenix e em cada cidade adicional que tocassem. Desde o início, Elvis ficou preocupado: será que fariam um show à altura das expectativas e do valor do ingresso? Embora os músicos contratados em Phoenix fossem bons, não era o mesmo que a afiada orquestra do International. Para complicar, o sistema de som não era lá muito melhor do que em Houston, com os membros da banda mal conseguindo se ouvir em meio ao barulho da plateia – sem falar na ameaça de bomba, da qual Elvis só ficou sabendo na manhã seguinte. E ao saber, explodiu com Kathy e todos os outros por não lhe contarem logo, mas no fundo ficou transtornado. Mais uma vez, alguém desejava machucá-lo. "Primeiro aquele filho da mãe em Vegas queria me matar", resmungou ao folhear os jornais. "Agora esse imbecil quer me explodir pelos ares… *Por quê?*"

Em Phoenix, a organização coube à RCA. Já em St. Louis, pela primeira vez, os novos *promoters* puderam mostrar serviço. E Tom Hulett estava focado em que tudo fosse de primeira classe. "Fui lá e contratei a Clair Brothers* para cuidar do som de nossos quatro shows. Eu sabia que o show precisava de uma configuração, é o tipo de coisa com a qual eu me preocupava. Eu me lembro de que Tom Diskin veio ao local do evento** por volta do meio-dia... Ele me deu diagramas de palco, para que Elvis se sentisse em Las Vegas. Quando Diskin chegou lá, as coisas estavam quase 95% configuradas como ele queria e só fez uns ajustes. De repente, caixas enormes são trazidas ao palco. Ele grita: 'Parem aí! Que diabos é isso?'. Respondi: 'Tom, esse é o sistema de som'. E ele: 'Não usamos sistemas de som'. Falei: 'Peraí um pouquinho...'. Mas ele foi taxativo: 'O auditório já tem um'. Tentei argumentar: 'Ei, você não pode... Droga, a plateia não vai escutar nada e depois vai me matar se eu não reembolsar os ingressos'. Daí eu me dei conta: eles não faziam shows desde 1956. Na época, nem havia sistemas de som. Para Tom, ali

* Criada em 1966 por Roy e Gene Clair, a empresa hoje chama-se Clair Global. (N. de T.)

** O show em St. Louis, Missouri, em 10 de setembro de 1970, foi no Kiel Auditorium. (N. de T.)

estava um objeto estranho, com o qual Elvis poderia ficar bravo, e podia sobrar para ele. Perguntei: 'O que diabos vocês usam em Vegas?', e ele disse: 'Só estes dois alto-falantes'. Nunca vou me esquecer daqueles dois Shures não maiores que o meu sofá. E mais nada. Esse era todo o sistema sonoro de Elvis, além do sistema disponível em cada local."

Por fim, chegamos a um acordo: Elvis seria o único a tomar a decisão. Se ele não gostasse, desconectaríamos o sistema. Hulett e Weintraub, que ainda não conheciam o cantor pessoalmente, aguardaram ansiosos pela resposta. Elvis não fez a passagem de som à tarde, e quando ele veio à noite, a dúvida tomou conta de Hulett. "Ele entra no auditório cercado de seguranças, de todos os parças, todo mundo de óculos escuros. Então Tom Diskin me leva com Weintraub ao camarim e diz: 'Elvis, eu queria que você conhecesse os promotores do evento...'. E de repente avistei George Klein, que eu conhecia por ser o maior DJ de Memphis e também das turnês do Creedence e do Three Dog Night. Só que eu não sabia que ele ia estar ali com Elvis. Eis que George exclama apenas: 'Tom!' e Elvis parece atônito. George continua: 'Puxa vida, Elvis, conseguimos! Esses são os melhores profissionais dos EUA. Esses caras fazem os shows mais importantes. E aí, Tom, como vai? Não sabia que você estava por trás dessa turnê'. Em suma, e repentinamente – credibilidade instantânea. Então Diskin introduz o assunto: 'Conte a Elvis sobre o sistema de alto-falantes, Tom'. Daí expliquei a Elvis: 'Contratei um sistema de som para o show desta noite. Acho que você nunca trabalhou com um antes, mas é assim que se faz em grandes arenas. É o mais moderno, consegui o melhor para você, com técnicos a seu dispor'. E ele ficou meio: 'Tá bem, tá bem', e simplesmente aceitou.

"Bem, o show começou, e eu lá, uma pilha de nervos. Estou em pé, ao lado do palco, com Roy Clair, de prontidão. A um sinal, posso apertar a porra do botão [e desligar o sistema]. Mas Elvis começa o show, e antes das primeiras três notas, talvez pela primeira vez em sua vida, ele escutou a si mesmo. Parou, olhou à esquerda, sorriu e disse: 'Senhoras e senhores, vamos ter um baita show esta noite'."

Que maravilha voltar à estrada. Esse sentimento de liberdade ele não tinha em Vegas, a sensação de se reconectar com seus verdadeiros fãs, os fiéis e autênticos fãs que o elevaram ao estrelato pela primeira vez e agora o manteriam lá. Foi bom para superar o gostinho amargo das ameaças de sequestro, assassinato e bomba. Os velhos tempos pareciam estar de volta, todos os caras ao seu redor mais uma vez: Joe, Charlie e Richard; Lamar trabalhando na iluminação; Sonny na segurança – conseguiu que Red, Jerry e George Klein tirassem uma folga de seus empregos e até convenceu seu amigo, o dr. Nichopoulos, a viajar com eles durante a turnê, para qualquer eventualidade que surgisse. "Não acha divertido viajar assim?" – indagou ele a Kathy, os dois espiando pela janela do hotel em Detroit. E continuou: "Tem um lugar a que você queira ir, meu bem? É só falar que eu levo a gente até lá".

De sol a sol, o Coronel trabalhava para acertar os detalhes, cuidando de tudo antes de Elvis chegar a cada cidade. Na manhã seguinte, voava até a próxima cidade, conferindo novamente todos os preparativos. Para as datas da região Sul, Elvis convidou Barbara Leigh, dizendo a Kathy que muitos parentes o visitariam e achava melhor que ela ficasse em outro quarto. Claro que ela entendia, disse a ele. Mas, no fundo, "me senti abandonada e deixada de lado... e eu compreendia a visita da família e da esposa, mas era um esforço intelectual. Emocionalmente, não entendia bulhufas".

Barbara se mostrava mais pragmática em relação a tudo isso, mas tinha suas próprias frustrações com a estrada. Realmente não se dava bem com os caras: "Não gostavam muito de mim porque eles meio que pegavam as sobras. Mas, sempre que eu estava por perto, eu impedia todas as garotas de aparecer. Para mim, aquela competição com as outras garotas era para lá de cansativa. Eu tinha que gastar uma energia enorme só para manter a atenção de Elvis. Acompanhar a turnê foi interessante, mas não era uma vida normal, sempre com os caras ao redor, muito cansativo. E com os horários que seguíamos, acho que levei uma semana para superar isso".

No último dia da turnê, em Mobile, Alabama, o Coronel reservou acomodações no Admiral Semmes Hotel. Desde 1955, Elvis não se hospedava ali. Insatisfeito com a precariedade (o Admiral Semmes claramente estava em decadência e se tornou, na opinião de Elvis, "a pocilga das pocilgas"), pediu a Joe que encontrasse um hotel melhor, mas não havia quartos disponíveis. Onde quer que procurasse, Joe relatou a Elvis, a resposta era a mesma. "Por acaso, não sabe que Elvis Presley está na cidade?". No final da turnê, Elvis distribuiu bônus generosos e novas pulseiras de ouro que havia originalmente feito para alguns dos caras no fim da temporada em Las Vegas, com seus apelidos secretos gravados na parte interna. Pairava no ar uma tristeza verdadeira por parte de todos... A festa não poderia continuar.

Não sem uma certa irritação, Elvis teve de voltar a Nashville duas semanas depois para gravar. Precisavam de mais duas ou três faixas para completar o álbum country que havia surgido de repente na sessão de junho; por isso voou em 22 de setembro com a intenção de terminar a toque de caixa.

Foi a mesma seção rítmica, à exceção do guitarrista James Burton, que tinha outro show e foi substituído nessa ocasião por outro ex-egresso do estúdio Muscle Shoals, um nervosíssimo Eddie Hinton. Começaram com "Snowbird", de Anne Murray, hit do Top 10 do verão anterior, depois capricharam em "Where Did They Go, Lord?", balada country contemporânea de Dallas Frazier e "Doodle" Owens, feita ao novo estilo *over-the-top* de Elvis. Como na última vez, rolaram muitas risadas e brincadeiras, mas dessa vez o cantor adotou uma postura que nenhum dos músicos tinha visto antes, misto peculiar de nervosismo e raiva que beirava a pura maldade. Elvis deu ordens aos seus rapazes com ar peremptório, sem qualquer chance de suavizar. Contrariado, pediu um copo d'água e anunciou a Felton que era melhor se apressarem, não queria perder o avião. Difícil de mensurar exatamente, mas você pode ter uma ideia ouvindo a descontrolada e mirabolante versão de "Whole Lotta Shakin'", de Jerry Lee Lewis. Após dois *takes*, Elvis a deu por pronta. Antes mesmo de começarem, declarou: "Já estamos fazendo isso há muito tempo". Outro exemplo é a estranhamente bela, porém inconclusiva releitura de "Rags to Riches", o clássico de Tony Bennett de 1953, que transmite um pouco da elétrica intensidade da sessão. Então ele sai às pressas, presumivelmente para não perder o voo, deixando Felton para trás para limpar a bagunça.

VOLTOU A MEMPHIS duas semanas depois a fim de receber seu distintivo oficial de assistente do xerife numa cerimônia privada, no escritório de Roy Nixon, o novo xerife do condado de Shelby. Por vários anos, tinha sido assistente honorário. A atual promoção lhe permitia portar uma pistola. Com orgulho, mostrava a todos o seu kit de policial: distintivo, arma, algemas e lanterna.

Ficou em casa o tempo suficiente para assistir ao show gospel anual da Convenção Nacional de Quartetos, no Ellis Auditorium, nas noites de quinta-feira e sábado seguintes, 15 e 17 de outubro. Na ocasião, foi apresentado à multidão pelo fundador da convenção, James Blackwood, e tantos flashes dispararam que mais parecia o 4 de julho. No sábado à noite, antes de ir embora, Blackwood chamou J. D. Sumner (ex-baixo profundo dos Blackwood Brothers e então líder de seu próprio grupo, The Stamps) e Hovie Lister, fundador dos Statesmen, para "[todos nós] tirarmos uma foto ao lado de Elvis. Enquanto o fotógrafo se preparava, alguém disse: 'Cantem!', e Elvis começou a cantar 'How Great Thou Art'. Assim formamos um quarteto enquanto esperávamos pela nossa foto!". Blackwood, artista profundamente religioso, ficou muito satisfeito ao ver que Elvis parecia ter voltado aos seus velhos hábitos. Houve um tempo, pouco antes de Elvis se casar, em que Blackwood andava preocupado com o cantor. "Achei que ele talvez estivesse se afastando de suas raízes, do modo como foi criado, e tudo isso começou a afetá-lo.

Fiquei com isso na cabeça por várias semanas. Não me lembro de me preocupar com alguém por tanto tempo. Isso mexeu comigo, achei que ele poderia estar enfrentando problemas e precisando de orações. Eu não estava próximo dele o bastante para saber, na verdade. Fiquei com a impressão de que, se ele tinha mudado, [agora] voltara a ser o velho Elvis, autêntico e pé no chão. Senti que ele realmente gostaria de se aproximar mais das pessoas. Entendi por que ele não conseguia. Era impossível. Mas acho que ele sentia falta de conviver com os amigos."

Elvis é assim (*Elvis: That's the Way It Is*), como o documentário do show passaria a ser chamado, estrearia nos cinemas de todo o país em novembro. No finzinho de setembro, o Coronel deu sua primeira olhada na edição bruta e não escondeu sua profunda decepção. Assistido hoje, continua sendo, em muitos aspectos, um reflexo de sua época, com truques de tela dividida, confusão de imagens de ação e a abordagem desordenada do rock'n'roll que se poderia esperar de um cineasta sério com a sorte em baixa (com o irmão Terry, o diretor Denis Sanders, de 39 anos, tinha no currículo tanto um curta-metragem vencedor do Oscar de 1954 quanto o aclamado libelo antibélico de 1962, *Obsessão de matar*). Mas não foram esses detalhes que perturbaram o Coronel. Nem mesmo a aparência de Elvis, às vezes um pouquinho inchada, longe de parecer não saudável, mas longe também da vibrante imagem de juventude projetada no especial de 1968, deixou o Coronel particularmente irritado. Os fãs ainda o amariam seja qual fosse aparência do cantor. O que mais aborreceu o Coronel tinha a ver com aquilo que sempre havia sido sua principal preocupação, seja qual fosse a mídia, presença na televisão ou indústria do cinema: as câmeras não focavam apenas Elvis. Desconsiderar essa crítica seria moleza, mas o Coronel é o Coronel. A rudeza de seu linguajar e a falta de tato de suas preocupações revelavam, em certa medida, sua falta de sofisticação. Mas o memorando de três páginas, enviado a Jim Aubrey em 24 de setembro, resumiu, em sucintas pinceladas, o que havia de errado com o filme. De algum modo, faltava na tela a emoção que todos absorviam de uma apresentação ao vivo. O

Coronel listou os elementos que, na percepção dele, contribuíam para essa falsa impressão: o final anticlímax inventado pelo diretor para substituir o ápice do show de Elvis; os cortes incessantes na performance do cantor, "o que atrapalha muito o espectador e o impede de ver Elvis como ele realmente está se apresentando no palco"; as referências ao menor sucesso de outras grandes estrelas de Las Vegas ("Todo artista tem o direito de ser grande à sua maneira, sem comparações verbais ou escritas para ajudar a vender uma imagem. Cada um deve se sustentar sobre as próprias pernas"); os insultos aos filmes de Elvis ("Acredito [...] que os insultos a *Feitiço havaiano* e *Saudades de um pracinha* devem ser completamente removidos, pois esses foram dois dos filmes de maior sucesso já feitos por Elvis [...] e não merecem ser citados como lixo dessa forma"); o uso excessivo de entrevistas com os fãs (todas as partes com entrevistas, salientou o Coronel, devem ser "verificadas minuciosamente para não se tornarem monótonas e tirarem o foco da performance"); e o untuoso desprezo da própria Las Vegas pelo tipo de consumo e de "ostentação" que só poderia afastar os verdadeiros fãs de Elvis ("Não há razão para mostrar nesse filme aquela abundância de carne bovina no caminhão-baú. Talvez em Dalton, Geórgia, onde o filme esteja passando, uma família precise economizar grana para assistir ao filme, deixando de comer hambúrgueres aquela noite para ver Elvis. Não tem valor nem significado em termos de promover o filme. Quanto mais simples deixarmos o filme, melhor").

Acima de tudo, sem nunca realmente explicitar isso, aquilo a que ele realmente parece estar se opondo é o desprezo implícito do diretor por seu tema. Mas conclui sua carta a Aubrey com uma nota exortativa, declarando que "o sr. Denis Sanders fez um trabalho incrível, com grande entusiasmo e dedicação. Devemos nos esforçar para ajudar a melhorar a montagem com base em princípios comerciais e profissionais". Todas as filmagens da performance ainda não utilizadas deveriam ser revisadas, para garantir que nada ficasse de fora. E conclui: "Sabe, Jim... Elvis, você e eu acreditamos nessa ideia desde o início. Tentei vender a ideia nos últimos dez anos, mas ninguém se interessou. Todos estamos gratos por você ter apostado nisso".

Até 1º de outubro, a maioria das alterações sugeridas foi feita e todas as canções tiveram sua publicação liberada. Nessa mesma data, o Coronel já estava com a turnê de novembro encaminhada. Dessa vez, terceirizou com a Management III a turnê inteira de oito dias, mas decidiu realmente os colocar à prova. Exigiu um depósito de 1 milhão de dólares (em comparação, havia exigido apenas 240 mil dólares deles para as quatro datas em setembro). Para compensar, porém, ofereceu uma parcela das concessões. Jerry Weintraub encarou isso como um desafio e, de fato, a entrega desse 1 milhão de dólares tornou-se um de seus principais tópicos de conversa no quarto de século seguinte. O sócio dele, Tom Hulett, de cuja empresa, a Concerts West, veio a maior parte do dinheiro, encarou isso de um modo mais empresarial: essa turnê, centrada na Costa Oeste, obteria maior bilheteria e maior exposição, lançando os alicerces para um relacionamento futuro mais fortalecido. No início, houve até uma conversa sobre uma transmissão em circuito fechado, a partir de Los Angeles, mas a ideia soçobrou, e o Coronel, mais uma vez, foi obrigado a adiar esse sonho.

Essas três semanas antes da turnê na Califórnia, Elvis passou principalmente descansando em Palm Springs. No dia em que voltou, 19 de outubro, foi direto pegar os 12 pingentes encomendados na Schwartz-Ableser Jewelers, em Beverly Hills. Um para cada um dos caras, conforme o protótipo esboçado por ele e Priscilla, na conclusão da turnê. Coube a Lee Ableser, sócio de Sol Schwartz, concretizar o design. O próprio Elvis usou o pingente nas últimas semanas – fabricado em ouro de 14 quilates, o colar descia em V e terminava num relâmpago em zigue-zague, emoldurado com as letras "TCB". O que chamava mais atenção era o relâmpago, imagem que Elvis trazia dos gibis que devorava na infância, o símbolo da transformação do cidadão Billy Batson no Capitão Marvel, o super-herói favorito do cantor.

Renovou seu interesse pelo personagem durante a turnê de setembro, quando o policial de Los Angeles com rosto de *baby Johnson*, que reforçava a segurança, contou a Elvis e aos caras sobre suas aventuras infiltrado como estudante numa missão secreta na Hollywood High. Namorou uma aluna e, claramente empolgado com seu papel, a levou para cama. Só então descobriu: o pingente em forma de raio no colar da moça era a prova cabal de que o pai dela era o chefe da Máfia da Costa Oeste, cujo símbolo era um raio. Elvis adorou o relato e pediu ao policial que a contasse de novo, e de novo. Mas deu outras explicações para o design da peça, lembrando-se da vez em que um raio atorou ao meio uma das estátuas no Jardim de Meditação, lembrancinha do quão frágil a vida poderia ser e do quão tênue era seu próprio controle sobre o sucesso. O significado do relâmpago até poderia ser ambíguo, mas não a sigla de três letras que o cercava. TCB entrou na gíria com o hit de 1967 de Aretha Franklin, "Respect", mas por um bom tempo antes disso já era uma expressão comum no dia a dia dos negros. Basicamente, significava "*Take Care of Business*" ("cuidar dos negócios"). No mundo de Elvis, junto com o relâmpago: "cuidar dos negócios *rápido como um raio*". Ou seja, as coisas como elas deviam ser.

Ligou para Kathy assim que voltou de Memphis e, dias depois, enviou um avião para trazê-la a Palm Springs. Quando Kathy surgiu porta adentro, Elvis estava com Priscilla no outro lado da linha, explicando por que não podia voltar para casa imediatamente. Após desligar, expôs a Kathy mais uma vez suas opiniões sobre o casamento – uma coisa que simplesmente não funcionava para a maioria das pessoas. Provavelmente deveria ser abolido, opinou ele.

O fascínio dela com o charme, a consideração e a gentileza de Elvis só aumentava. Juntos, recitavam poemas, liam em voz alta livros espirituais e compartilhavam alguns de seus pensamentos mais íntimos. Elvis lhe contou sobre a morte de Scatter, seu chimpanzé de estimação, anos antes ("Scatter era um de meus melhores amigos na época"), e lágrimas brotaram nos olhos dela. Sentiu outro tipo de emoção quando, em seu primeiro dia em Palm Springs, os dois entraram na sala de jantar para o desjejum habitual de Elvis, à tardinha, e o cantor anunciou a todos reunidos à mesa: "Ei, pessoal, sabem duma coisa? A nossa Kathy continua virgem". Na mesma hora, ela saiu correndo da sala. Estava prestes a arrumar a mala e exigir ser levada de volta a Los Angeles quando Elvis foi atrás dela no quarto com aquele seu olhar maroto. "Pensei ter visto o começo de um sorriso em seu rosto, mas quando me encarou fundo nos olhos… me puxou para junto dele, me abraçou e disse: 'Querida, eu não queria constranger você. Tenho orgulho da sua virgindade. Poucas moças aguentariam tanto tempo... Entenda, por nada neste mundo eu ia querer ferir seus sentimentos'."

Naquela mesma noite, ela se entregou a ele. Na noite seguinte, o cantor lhe sugeriu que tomasse a pílula. Ela precisava voltar a Los Angeles imediatamente. Uma pena, explicou Kathy, mas tinha compromissos de gravar discos e aparecer na televisão. Ele aconselhou: "Cancele tudo. Não precisa mais trabalhar, Minnie Mouse, sempre vou tomar conta de você". Mas no fim aceitou que ela levasse a sério as responsabilidades profissionais, desde que prometesse voltar no fim de semana.

Nesse período, Barbara Leigh também era uma assídua visitante em Palm Springs. Embora fosse muito mais mundana do que Kathy ("Naquela época, eu tinha um montão de namorados e caras me perseguindo... Acho que eu ignorava os conceitos de certo e errado"), o relacionamento de Elvis com ela era praticamente igual. "Acho que toda mulher que entrava na vida dele, ele queria ensiná-la. Uma de suas frases favoritas era: 'Quando o aluno está pronto, o professor está disposto'. E me deu uma cópia de *A vida impessoal*. Para ele, isso tinha muita importância. Contou-me toda a história de sua vida, desde a vez que se engalfinhou com uma menina no quintal e no meio da luta vislumbrou a calcinha dela, da cor branca. Contou sobre como era tratado na escola. Sofria *bullying* por ser diferente, e só conquistou a turma no dia em que foi lá na frente e cantou. Costumava ir à igreja e cantar junto com todos os negros... Ele realmente os admirava. Conviver com Elvis era divertido. Sempre estávamos cantando."

Também era difícil estar com ele. Era severo com os caras e dava ordens a Barbara toda hora. “Eu estava sempre para cima e para baixo, trazendo garrafas de água mineral Mountain Valley. ‘Pegue isto. Pegue aquilo’.” Ele sabia que ela já tinha sido mãe, mas não queria ouvir falar no assunto. A vida sexual deles não era bem o que ela esperava, mas o cantor sempre a tratou com doçura. No início, até fizeram amor com frequência, e os beijos dele sempre foram maravilhosos. Mas, após um tempo, Elvis começou a ter tantas pílulas em seu sistema “que era dificílimo para ele manter a naturalidade. Quase impossível”. Como em todos os relacionamentos, Elvis podia ser ao mesmo tempo cruel e gentil, e Barbara logo se acostumou, embora nunca tenha se moldado, aos inconstantes caprichos da natureza dele.

No fim de semana seguinte, Kathy voltou. A princípio, tudo continuou exatamente como sempre, com muitas risadas e Elvis também mostrando a ela sua vulnerabilidade. Porém, “naquela noite, na quietude dos braços um do outro, após uma onda de paixão, as coisas começaram a ficar de pernas para o ar. Penso nas palavras que trocamos e até hoje me arrependo”. Kathy falou que não podia mais continuar assim, sentia-se culpada, pecaminosa e indigna. “Eu não encontrava uma desculpa válida para cometer adultério, com amor ou sem amor. (...) Do nada, eu disse: ‘Temos que parar com tudo isso porque não consigo mais me olhar no espelho’.”

Primeiro, Elvis não acreditou em Kathy e até fez uma graça, mas enfim percebeu que ela estava falando sério. “Isso significa que vou ter que conseguir outra pessoa e treiná-la exatamente como eu quero?”, rosnou para ela. Kathy mal pôde acreditar em seus ouvidos. “E por acaso sou algum tipo de filhote ou cachorrinho que você treina para ser um bom animal de estimação?”, disparou. “Sou um ser humano, uma mulher... Vai ter que encontrar outra Gladys para você.” Mais tarde, não soube dizer por que usou essa expressão. Quando criança, ouviu algo parecido. Ele havia contado a ela sobre sua mãe, mas Kathy nem se lembrava se Elvis já tinha mencionado o nome dela.

No fim das contas, acabaram fazendo as pazes – ele aceitou o pedido de desculpas dela e chegou o mais próximo possível de pedir desculpas. "Mas, querendo ou não, cruzamos um limite invisível e proibido, entramos em território estranho para mim. Na superfície, tudo parecia igual. Elvis cantava, eu cantava, conversávamos, dávamos risada... Mas pulsava uma tensão antes inexistente... Como se nós dois estivéssemos de luto, mas sem saber quem havia morrido."

A TURNÊ COMEÇOU duas semanas depois, em Oakland, no dia 10 de novembro. Cada vez mais numerosas e espontâneas, as plateias garantiam indiscutíveis lucros para a Management III. Em São Francisco, na quarta noite da turnê, Elvis mandou Kathy dormir em outro quarto. Dessa vez, ela presumiu que o motivo era outra mulher. O coração dela se partiu irremediavelmente. Foi nessa noite que "meus sonhos se transformaram em pesadelos horrendos, [e eu] conheci outro lado de Elvis, um lado que eu jamais seria capaz de aceitar".

No dia seguinte, os dois shows no Inglewood Forum em Los Angeles foram o ponto alto da turnê, um triunfante retorno ao lar, frenesi comparável à famosa presença de Elvis no Pan Pacific Auditorium, nos idos de 1957. Arrecadaram mais de 300 mil dólares com as duas apresentações (matinê e noturna), números melhores que os Rolling Stones haviam alcançado em 1969. O único incômodo do dia foi o novo capítulo do processo de paternidade, quando um oficial de justiça disfarçado de fã apresentou documentos a Elvis no hotel, entre um show e outro. Isso o deixou de mau humor pelo resto do dia, e o assunto ainda martelava em sua mente quando, no meio do show noturno, declarou, emocionado, o quanto devia aos fãs. "Já ganhei 56 discos de ouro com os meus singles e 14 discos de ouro com os álbuns", anunciou ele com arrogância incomum. "Se alguém por aí duvidar, é só passar em Memphis, entrar e questionar, porque tenho todos eles pendurados na parede. Tenho muito orgulho disso. Vendi mais discos que os Beatles, os Stones, o Tom Jones... todos juntos."

No dia seguinte, em San Diego, Richard Davis foi demitido e mandado para casa. Foi Vernon, não Elvis, quem se encarregou pessoalmente disso, mas não era difícil extrapolar que, na cabeça de Elvis, havia uma crescente preocupação com a lealdade. Para Kathy, parecia claro que ele nunca tinha se livrado por completo daquele sentimento de exclusão que o acompanhava desde a infância. "Esse povo viaja quilômetros e quilômetros só para ver uma aberração", comentou ele no início da turnê enquanto presenciavam a multidão chegar. O comentário "fez todo mundo rir, [e] Elvis gargalhou mais alto do que qualquer um", observou Kathy, mas parecia haver um fundo de verdade naquilo.

A turnê terminou em Denver. Fora do palco, Elvis passou quase todo o tempo com os policiais designados para dar segurança ao show. Fez muitas perguntas sobre o trabalho deles, mostrou-lhes os distintivos que tinha recebido em Memphis, Beverly Hills, Houston e Oklahoma City, e ficou decepcionado quando lhe ofertaram apenas um distintivo honorário, e não o oficial. Para não desapontar Elvis, os detetives Ron Pietrafeso e Jerry Kennedy prometeram conseguir um distintivo de verdade para ele, mas isso levaria um tempinho. Elvis afirmou que voltaria para pegá-lo e talvez fazer uma ronda com eles na viatura. Soou muito sincero, mas só acreditaram na promessa quando, semanas depois, Elvis realmente voltou para buscar seu distintivo oficial.

De volta a Los Angeles, continuou a perseguir seu novo hobby. Comprou um arsenal de armas em lojas especializadas em Los Angeles e Palm Springs, contribuiu com 7 mil dólares para o programa de relações comunitárias da polícia de Los Angeles (maior doação individual na história do programa, talvez decisiva para o cantor obter o distintivo dourado de comissário, ofertado pelo chefe Davis). Além disso, ele e os caras começaram a frequentar rotineiramente os estandes de tiro da polícia, em Palm Springs e Beverly Hills. Desde a estreia de *Patton* em janeiro, tinha assistido ao filme meia dúzia de vezes, decorando o patriótico discurso do lobo solitário na abertura, da mesma forma que outrora havia memorizado o discurso de despedida do general MacArthur. Ao descobrir que o colega de Patton na Segunda Guerra Mundial, general Omar Bradley, era vizinho dele em Beverly Hills, só havia uma coisa a fazer. Em diversas ocasiões, visitou o general aposentado de 77 anos e trocou presentes com ele. Também procurou o vice-presidente Agnew, visitante habitual de Palm Springs. Levou de presente uma arma comemorativa, explicando o quanto admirava seu patriotismo, mas Agnew hesitou. Alegou que não poderia aceitar o presente enquanto ainda estivesse no cargo, mas, como o general Bradley, ficou impressionado com a sinceridade e o ardor de propósito do jovem.

Também voltou a falar com John O'Grady, o ex-chefe de narcóticos de Los Angeles e detetive particular que o advogado de Elvis, Ed Hookstratten, contratara para lidar com o caso de paternidade. O'Grady, pitoresco personagem com pretensas 2.500 apreensões de drogas no currículo, defendia um forte posicionamento patriótico e tinha opinião sobre tudo o que era assunto. Fascinava Elvis com suas histórias na polícia e seu conhecimento a respeito dos pecadilhos de várias celebridades de Hollywood, que não tinha pudores em compartilhar. Com espalhafato, rotulava o Coronel como um "desgraçado rude e grosseiro", achava todos os caras uns inúteis, à exceção de Joe, e inclusive tentou convencer Elvis de que Jerry Schilling era comunista, por conta de suas ideias liberais.

Uma noite, a turma toda saiu para jantar com O'Grady no Chasen's, e O'Grady apresentou Elvis a Paul Frees, "o homem das mil vozes", famoso por seus comerciais, desenhos animados e locuções. Frees também era um agente secreto da divisão antinarcóticos e, a pedido de O'Grady, mostrou a Elvis o distintivo federal recém-obtido do Bureau of Narcotics and Dangerous Drugs (BNDD, Departamento de Narcóticos e Drogas Perigosas) em reconhecimento ao seu extenso trabalho à paisana. Daquele ponto em diante, Elvis só falava em conseguir seu próprio distintivo do BNDD.

Em 3 de dezembro, numa febre de compras que durou três noites, adquiriu armas no valor de 20 mil dólares, na Kerr's Sporting Goods, onde foi atendido por quatro vendedores enquanto comprava presentes de Natal para conhecidos e até para os transeuntes que entravam na loja desavisados. Mais ou menos nessa época, obteve a licença para reformar a casa de 339 mil dólares que havia comprado no mês anterior, em Monovale Drive, Holmby Hills, parte de Beverly Hills ainda mais exclusiva. A casa em Hillcrest tinha ficado pequena demais para a vida que levava agora – com todos os caras voltando, ele desejava mais espaço, e queria pátios internos com mais privacidade, agora que Lisa Marie estava maiorzinha. E numa reflexão quase tardia, decidiu que, recém-chegados das férias na Europa no fim de outubro por conta dele, Joe e Joanie também precisavam de uma casa. Com dois filhos, e depois de todos aqueles anos, chegara a hora de saírem do aluguel. Assim, em 8 de dezembro, após uma busca arbitrária de casas que só resultou em locais impraticáveis até Joanie enfim bater o martelo, Elvis pagou um sinal de 10 mil dólares por uma casa para eles na zona oeste de Los Angeles. Estava prestes a surpreender Jerry e Sandy com uma demonstração semelhante de generosidade, mas Joe avisou: Jerry seria incapaz de manter os pagamentos da casa com o salário de editor de filmes. Então, quando decidiu comprar uma Mercedes para Barbara e outra para si próprio às três da manhã da semana seguinte, também comprou uma para Jerry, como uma espécie de compensação por um presente que acabou não recebendo e sobre o qual jamais soube. Já tinha financiado o casamento de seu velho amigo George Klein em Las Vegas, no dia 5 de dezembro, levando uma dúzia de amigos e os hospedando no International para a cerimônia realizada em sua suíte. Providenciou arranjos financeiros semelhantes para o casamento do patrulheiro de Palm Springs, Dick Grob, em 11 de dezembro, além de presentear Grob, especialista em treinamento de armas, com um Cadillac novinho em folha. E havia acabado de entregar a Marty Lacker os planos para o casório de Sonny West em Memphis, no fim do mês, também com os gastos por conta dele.

Fez todas as suas compras habituais de fim de ano na joalheria Schwartz-Ableser, onde gastava de 20 mil a 30 mil dólares de uma só vez ("Era um mão aberta", contou afetuosamente o coproprietário, Sol Schwartz, "parecia uma criança numa loja de doces"), além de enviar uma doação de 2 mil dólares para a Irmandade de Autorrealização. Também comprou uma dúzia de pares do novo lançamento de óculos de lentes coloridas, estilo aviador, encomendados na Optique Boutique no comecinho de agosto, mesma época que ganhou uma prescrição para óculos de leitura. As compras mais recentes traziam suas iniciais gravadas na armação dourada, com o relâmpago e a inscrição "TCB". Quando enfim chegou a Graceland em 17 de dezembro, as contas já se acumulavam, deixando Vernon quase doente de preocupação. Elvis tentou acalmar seu pai no dia seguinte, comprando-lhe um novo Mercedes, mas Vernon pressentiu o pior. Tinha a sensação de que o seu filho perdia o controle outra vez, assim como acontecera com aquele maldito rancho. Então falou com Priscilla, e os dois conversaram com o Coronel, e os três concordaram: talvez fosse a hora de alguém confrontar Elvis.

No dia 19, um sábado, foi o que fizeram. Vernon e Priscilla ficaram a sós com Elvis e, de uma vez por todas, tiveram com ele uma conversa franca. Avisaram que tinham falado com o Coronel, e o empresário concordara: Elvis poderia ir à bancarrota e levar junto as pessoas a seu redor se as coisas continuassem assim. Ninguém queria lhe dizer como gastar seu dinheiro, mas algumas precauções deveriam ser consideradas. Amizade não se compra, disse Vernon, e Priscilla concordou enfaticamente. Todos aqueles caras ao redor dele, com as mãos estendidas (junto com Vernon, Charlie tinha recebido de presente uma Mercedes no dia anterior e, na cabeça de Vernon, os outros caras só estavam esperando na fila) – Elvis realmente achava que eram todos amigos dele? Só estava pensando nos interesses de Elvis, explicou Vernon ao filho. Ninguém queria insinuar que ele não poderia se divertir.

Incrédulo, ele os encarou. Do que é que estavam falando? O dinheiro não era dele, por acaso? Trabalhou para ganhá-lo. O Coronel concordava com eles, é mesmo? Que se foda o Coronel. Por fim, se mostrou tão indignado que Priscilla se retirou da sala. Então Elvis declarou: "Vou-me embora daqui", girou nos calcanhares e precipitou-se porta afora.

No começo, não foi levado a sério. Priscilla já tinha visto esse tipo de rompante muitas vezes. O cantor saía ao volante do carro, dirigia um tempinho, percebia que não tinha aonde ir, então voltava, uma ou duas horas depois, como se nada tivesse acontecido. Elvis ia voltar, Vernon tinha certeza. Apostaria nisso. Dali a pouco, Marty ia aparecer para tratarem dos detalhes do casamento de Sonny West, e Elvis não ia perder isso. Marty chegou, mas Elvis continuava ausente. Horas depois, e ainda nenhuma notícia dele. Foi aí que começaram a se preocupar. Ligaram para algumas pessoas, inclusive na casa da Califórnia, mas sabiam que as empregadas não contariam nada – ao menos se quisessem manter seus empregos. Então só se sentaram e esperaram.

Jerry foi o primeiro a receber um sinal de vida. Naquela noite, o telefone tocou em seu pequeno apartamento em Culver City. "Sou eu", disse uma voz misteriosa do outro lado, como se o telefone pudesse estar grampeado. Pediu a Jerry que não contasse a ninguém que havia entrado em contato; estava ligando de Dallas, no caminho de volta a Los Angeles, partindo de Washington, DC. Queria que Jerry fosse buscá-lo em seu voo da American Airlines, em companhia de Gerald Peters, o novo motorista de limusine, para quem já havia ligado de Washington, em condições de sigilo semelhantes.

Com o rosto assustadoramente inchado, saiu do avião portando apenas uma incongruente caixinha de papelão com todos os seus pertences: creme dental, escova de dentes, sabonete, toalha de rosto e pente. Peters, famosa e impressionante figura que havia dirigido para Winston Churchill e a quem Elvis tinha apelidado de "Sir Gerald" por seu sotaque e postura quando começou a dirigir para eles no mês anterior, havia combinado de apanhá-lo em plena pista, após o avião aterrissar e taxiar, às 2h17 da madrugada. Jerry quis levar Elvis de volta para casa imediatamente. Ficou preocupado com o inchaço do rosto do cantor, mas Elvis garantiu que não passava de uma reação alérgica a um medicamento para infecção ocular, agravada por comer chocolate no avião. E, além disso, primeiro tiveram que deixar em casa as duas aeromoças a quem Elvis havia prometido uma carona. Quando enfim voltaram a Hillcrest, Jerry chamou um médico e ficou com Elvis enquanto o médico o examinava, porque não era um profissional conhecido – e ninguém pode colocar a mão no fogo sobre o que um médico desconhecido seria capaz de fazer para tentar cair nas graças do cantor nem sobre o que ele poderia ser induzido a fazer.

O médico foi embora deixando um tímido alerta para Elvis ficar longe de chocolate. Por um tempo, ficaram acordados conversando e, aos poucos, Jerry começou a ter uma noção do que realmente havia acontecido. Elvis tinha voado a Washington porque era o primeiro voo que partia de Memphis, explicou ele. Porém, Jerry ficou se perguntando se não teria algo a ver com a garota que ele conheceu em Las Vegas, membro do Comitê de Serviços Armados da Câmara. Obviamente, ele não tinha entrado em contato com ela, caso contrário não teria saído do Hotel Washington tão rápido, mas ele parecia satisfeito consigo mesmo. Assistiram ao nascer do sol e, enfim, Elvis foi dormir.

Levantou-se naquela tarde com um plano na cabeça. Iam voltar a Washington, disse ele. Precisavam fazer reservas de avião com o nome de John Carpenter (pseudônimo favorito desde que encarnara um médico com esse nome em *Ele e as três noviças*, no ano anterior) e reservas de hotel para a mesma suíte ocupada na véspera, sob o nome do Coronel Jon Burrows, outro de seus pseudônimos favoritos. Queria que o mesmo motorista de limusine que o conduzira em Washington fosse buscá-los no aeroporto, e precisava que Sir Gerald descontasse um cheque de 500 dólares no Beverly Hills Hotel para terem dinheiro vivo em mãos. Não se preocupou em explicar a Jerry por que iam fazer essas coisas, e não deu ouvidos às reclamações de Jerry de que precisava estar no emprego na manhã seguinte. A única concessão que fez às preocupações de Jerry foi permitir que ele ligasse para Sonny West em Memphis, sob a condição do mais estrito sigilo. Sonny poderia encontrá-los em Washington, e Elvis concordou que avisassem Vernon e Priscilla que estava tudo bem com ele – não mais do que isso. Sabia que podia contar com Sonny para manter a segurança, e assim teria Sonny com ele se o assunto deles os mantivesse em Washington além das 24 horas que Jerry lhe prometera.

No avião rumo a Washington, Elvis comeu chocolate de novo, e o rosto dele inchou mais um pouquinho. De veneta, deu toda a grana que Sir Gerald havia descontado a alguns soldados que voltavam para casa, recém-chegados do Vietnã. Ao ficar sabendo por uma das aeromoças que o senador republicano George Murphy, da Califórnia, estava a bordo, impulsivamente foi até a classe econômica confabular com ele. Logo após retornar, sem contar nada a Jerry, começou a escrever freneticamente à mão no papel de carta da American Airlines. Ao terminar, mostrou o bilhete a Jerry para ver o que ele achava. A primeira impressão de Jerry foi a de que Elvis tinha perdido o juízo. Lia-se:

> Prezado sr. Presidente,
>
> Primeiro, eu gostaria de me apresentar. Meu nome é Elvis Presley e eu admiro o senhor e tenho grande respeito pelo seu cargo. Há três semanas, em Palm Springs, falei com o vice-presidente e expressei minha preocupação com nosso país. A Cultura das Drogas, os Elementos Hippies, o grupo Estudantes por uma Sociedade Democrática (SDS), os Panteras Negras etc. *não* me consideram inimigo deles ou, como eles chamam, The Establishment. *Eu chamo isso de EUA* e eu adoro isso. Senhor, eu posso e estou pronto para prestar qualquer serviço a meu alcance para ajudar o país. (...) Não é meu desejo receber um título ou um cargo designado. Posso fazer e vou fazer um trabalho melhor se

> for nomeado um agente federal, e vou ajudar a meu modo, por meio de minhas interações com pessoas de todas as idades. Em primeiro lugar, sou um artista, mas tudo de que preciso são as credenciais federais.

Continuou explicando que tinha conhecido o senador Murphy no avião, e os dois discutiram "os problemas que nosso país enfrenta". Deu ao presidente todas as informações necessárias para entrar em contato nos próximos dias, incluindo o nome com o qual estaria registrado no Washington Hotel e os nomes das duas pessoas que estariam lá com ele, frisando: "Vou ficar aqui o tempo que for necessário para obter as credenciais de agente federal". Havia realizado "um estudo aprofundado sobre abuso de drogas e técnicas comunistas de lavagem cerebral" e ficaria feliz em ajudar da melhor maneira possível, "desde que o assunto permaneça confidencial". Caso fossem necessárias provas extras de suas credenciais, ele fez questão de informar o presidente, em primeira mão, de que recentemente tinha sido indicado pela organização nacional dos Jaycees (membros da *Junior Chamber of Commerce*, ou Câmara Júnior de Comércio) como um dos "dez jovens mais destacados dos EUA", prêmio que ele achava que o próprio presidente Nixon também já havia recebido. "Uma pequena autobiografia minha acompanha esta", concluiu, "para que o senhor consiga entender melhor essa abordagem. Eu adoraria conhecê-lo para apenas dar um olá, se V. Sa. não estiver muito ocupado." E acrescentou em um P.S.: "Também gostaria de oferecer ao senhor um presente pessoal. O senhor pode aceitá-lo, ou posso guardar e entregar quando o senhor puder aceitar". E numa última folha, classificada como "Privado e confidencial", incluiu uma tabela com todos os números de telefone dele e do Coronel, as informações do Hotel Washington e uma conclusão na esperançosa forma de um endereçamento:

```
A/C Presidente Nixon
via Sen. George Murphy
Remetente:
Elvis Presley
```

Largaram o bilhete no portão da Casa Branca às seis e meia daquela manhã. A princípio, Elvis ficou decepcionado porque o guarda não o reconheceu, mas depois se animou quando a ficha foi caindo vagarosamente e o semblante do jovem se iluminou. Garantiu que entregaria a mensagem às sete e meia, quando o pessoal começasse a chegar para o trabalho. Da Casa Branca foram ao hotel, onde o médico do estabelecimento examinou Elvis e chegou à mesma conclusão que o médico de Los Angeles: ficaria bem se parasse de comer tanto chocolate.

Um tempo depois, Elvis anunciou que ia visitar a divisão antinarcóticos – Bureau of Narcotics and Dangerous Drugs. O senador Murphy havia lhe prometido que entraria em contato com o diretor do Bureau, John Ingersoll – foi Ingersoll, lembrou ele a Jerry, que assinou o distintivo do BNDD de Paul Frees, e o senador Murphy também prometeu marcar uma audiência de Elvis com J. Edgar Hoover, no quartel-general do FBI. Elvis apareceu em seus novos e avantajados óculos de armação incrustada com pedras preciosas; a jaqueta eduardiana, escura com botões de latão, pendurada como se fosse uma capa em volta dos ombros; túnica de veludo roxo com decote em V e calça de igual tecido e cor, enfeitada com o enorme cinturão dourado que o Hotel International lhe dera em gratidão por seu desempenho recorde. Por cima da camisa branca de gola alta e aberta, usava o pingente dourado de cabeça de leão recém-comprado de Sol Schwartz, além do colar da Árvore da Vida com os nomes de todos os caras gravados nas raízes e nos galhos. Se o presidente Nixon telefonasse nesse meio-tempo, avisou a Jerry, estaria no Bureau.

Menos de uma hora após ele sair, o telefone tocou. A pessoa se identificou para Jerry como Egil “Bud” Krogh, assessor jurídico do presidente. Em posse da carta do sr. Presley ao presidente, queria saber se Elvis poderia passar em sua sala, no Old Executive Office Building, na Casa Branca, em cerca de 45 minutos. Jerry, que até aquele momento sentia como se estivesse apenas satisfazendo uma onda de caprichos do amigo e, ao mesmo tempo, zelando por sua segurança, ficou pasmo. Chegando a Washington, sabia que iriam fazer *algo*, e a magnitude da ambição de Elvis e a ousadia de sua carta lhe deixaram boquiaberto, mas receber um telefonema da Casa Branca! Imediatamente telefonou a Elvis no Bureau of Narcotics, onde a ligação foi transferida ao escritório do vice-diretor John Finlator. "Não estou fazendo nada de bom aqui", Elvis anunciou desanimado, sem dar chance a Jerry de contar sobre a ligação da Casa Branca. No instante em que ficou sabendo, seu humor mudou por completo. Em 15 minutos passaria com a limusine para pegar Jerry. Pediu a Jerry que esperasse na frente do hotel.

Nesse ínterim, Krogh tinha sérias dúvidas sobre como ele ia administrar os desdobramentos disso tudo. Aos 31 anos, o funcionário júnior do governo era um dos responsáveis pelo desenvolvimento de uma nova e abrangente política de controle de drogas. Por volta das nove da manhã, Dwight Chapin, outro jovem assistente presidencial, que trabalhava sob as ordens diretas do chefe de gabinete Bob Haldeman, havia trazido a carta a ele. Krogh leu o bilhete e trocou ideias com Chapin. Os dois perceberam a simplicidade e a inocência da linguagem e da apresentação, mas ambos vislumbraram o valor potencial dessa conexão para o governo. Até então, essa guerra do governo contra as drogas só tinha conseguido recrutar o apoio de celebridades não exatamente voltadas à juventude, como Art Linkletter, o apresentador de programas de televisão; Jack Webb, o ex-astro do seriado *Dragnet*; e Billy Graham, o pastor evangelista. Chapin então escreveu a Haldeman um memorando que recomendava uma reunião com o presidente após Bud sabatinar Presley. "O senhor sabe que várias pessoas mencionaram, ao longo dos últimos meses, que Presley é um grande apoiador do presidente", escreveu ele ao chefe de gabinete da presidência, concluindo que "tomará pouquíssimo tempo do presidente e pode ser extremamente benéfico ao presidente construir algum relacionamento com Presley. Além disso, se o presidente quiser se encontrar com alguns jovens brilhantes não ligados ao governo, Presley pode ser o começo ideal." Ao lado dessa última observação, Haldeman escreveu: "Está brincando comigo", mas deu o OK ao pedido. Assim, passou a bola para Krogh, a quem coube redigir um memorando a Nixon, explicando o objetivo do encontro, fornecendo pontos de discussão e sugestões para um envolvimento futuro que não provocassem gargalhadas no próprio presidente.

Sonny chegou num táxi do aeroporto bem na hora que Elvis parou em frente ao hotel. A caminho da Casa Branca, Elvis não escondeu o nervosismo, brincando com a Colt .45 cromada da Segunda Guerra Mundial com a qual desejava presentear o presidente Nixon e explicando o que havia acontecido no *Bureau*. Ingersoll tinha saído quando ele chegou, e Finlator não lhe deu muita conversa. Nenhum argumento de Elvis adiantou. Ofereceu uma doação para o programa antidrogas, mas Finlator disse que o Bureau não podia aceitar doações particulares. Concordou em ajudar o programa de prevenção de drogas do *Bureau*, anunciando em cada um de seus shows que ele e seus caras não precisavam de drogas para explodir suas mentes, ficavam chapados com a música – mas Finlator não mexeu uma palha no assunto do distintivo. Não existia qualquer tipo de distintivo honorário do BNDD, explicou Finlator; os distintivos eram destinados apenas "aos funcionários diretamente ligados à agência". Provavelmente isso era verdade, opinou Jerry. Ao ouvir isso, Elvis explodiu. Finlator que se foda, disse ele a Jerry e Sonny. Conseguiria o distintivo diretamente com o presidente.

Chegando à Casa Branca, Bud Krogh teve mais duas surpresas inesperadas. Primeiro, recebeu uma ligação de Bill Duncan, chefe do Serviço Secreto do presidente, dizendo que havia um probleminha: o sr. Presley foi barrado no saguão da Ala Oeste portando uma pistola com a qual pretendia obsequiar o presidente. A voz de Duncan soou a Krogh "um pouco nervosa: 'Bud, sabe que não podemos deixá-lo entrar no

Salão Oval com uma pistola'". Krogh resolveu o problema sugerindo que o agente do Serviço Secreto simplesmente aceitasse o mimo em nome do presidente. Na sequência, veio o segundo choque: a roupa que Elvis vestia. Agora começou realmente a se perguntar se ele não tinha ido longe demais nessa história – ou talvez até mesmo se ele não estava sendo pressionado.

Mas a entrevista inicial correu bem. Tudo o que Elvis tinha sugerido na carta foi confirmado em seu discurso: o patriotismo, a desaprovação à cultura das drogas, o desejo sincero de retribuir à sociedade tudo o que havia recebido. Mostrou a Krogh as duas fotos autografadas que havia trazido ao presidente – uma com Priscilla, a outra de Lisa Marie com touca de bebê –, além de todos os distintivos recebidos por seu trabalho policial em todo o país. Krogh notou que ele não parava de coçar o pescoço e indagou sobre isso, mas Elvis lhe assegurou que não era um problema, apenas uma erupção cutânea.

No horário marcado – ao meio-dia e meia em ponto –, Elvis e Krogh rumaram juntos ao Salão Oval, deixando Jerry e Sonny para trás. Pena que não teriam a chance de conhecer o presidente também, disse o assessor júnior designado a eles – mas Jerry apostava numa reviravolta. "Dissemos: 'Sabe, Elvis provavelmente vai nos convidar'. E o cara retruca: 'Bem, isso não depende só do presidente. Um reforço de segurança é necessário se mais de uma pessoa entrar lá'. E Sonny ponderou: 'Bem, se eu conheço Elvis, ele vai pedir'."

Krogh escrutinou Elvis cuidadosamente enquanto entravam no Salão Oval. Pela primeira vez, ele pareceu se tornar humilde diante do entorno. "Fitou a grande águia estampada no gesso do teto. Fitou o carpete azul no chão, com outra águia centralizada no brasão presidencial. Águias adornavam o topo das bandeiras das Forças Armadas, à direita da escrivaninha do presidente. (...) Notei Elvis observar tudo e então caminhar hesitante para cumprimentar o presidente. Quando trocavam um aperto de mãos, falei: 'Sr. presidente, este é o sr. Elvis Presley'." Ainda de óculos escuros, Elvis segurava distintivos e fotos com a mão esquerda.

Superado o embaraço, o cantor mostrou ao presidente suas fotografias e colocou seus distintivos na mesa presidencial. A seguir, tirou os óculos escuros e os repousou ao lado dos distintivos. Mostrou também a Nixon suas abotoaduras, enquanto o fotógrafo da Casa Branca, Ollie Atkins, tirava fotos. Depois exibiu seu cinturão e contou que havia tocado em Las Vegas recentemente, e o presidente respondeu, meio sem jeito, que também sabia o quanto era difícil tocar em Las Vegas. Então, de acordo com o memorando de Krogh, escrito em dezembro de 1970, "o presidente disse que, na opinião dele, Presley exercia grande influência sobre os jovens e que era importante Presley manter sua credibilidade. Presley respondeu que fazia sua parte 'apenas cantando'. Comunicava-se com os jovens sem fazer discursos no palco, tinha que alcançá-los à sua maneira. O presidente assentiu com a cabeça".

Nesse ponto, a conversa enveredou por um assunto inesperado. Os Beatles, disse Elvis, como se estivesse arriscando uma nova abordagem, tinham sido um ponto focal para o antiamericanismo. Vieram a nosso país, embolsaram nossa grana e voltaram à Inglaterra, onde fomentaram o sentimento antiamericano. "O presidente", continuou o memorando de Krogh, "assentiu com a cabeça em concordância, expressando certa surpresa". Enquanto isso, Krogh ficou se perguntando sobre o rumo daquela conversa: Elvis não tinha falado sobre os Beatles, nem em sua carta, nem em sua pré-entrevista. "O presidente então pontuou que os usuários de drogas também estão na vanguarda do protesto antiamericano. Violência, uso de drogas, dissidência, protesto, tudo parecia se fundir de um modo geral no mesmo grupo de jovens."

> Presley indicou ao presidente de modo muito emotivo que estava "ao lado dele". Presley repetiu que gostaria de ser útil, que desejava restaurar o respeito pela bandeira, algo que estava se perdendo. Mencionou que era apenas um menino pobre do Tennessee que já tinha recebido muito de seu país e desejava retribuir de alguma forma. Também

> mencionou que havia mais de dez anos estudava a lavagem cerebral comunista e a cultura das drogas. Citou que sabia muito sobre o assunto e que era aceito pelos hippies. Afirmou que poderia se dirigir a um grupo de jovens ou hippies e ser aceito; achava que isso poderia ser útil ao governo em seu combate às drogas. O presidente indicou novamente sua preocupação sobre Presley manter sua credibilidade.

Foi nesse momento que Elvis tocou na questão do distintivo. Quão mais útil ele seria caso tivesse algum tipo de chancela oficial do governo!, como fazia em todas as cidades onde recebera os distintivos de xerife que trouxera para mostrar ao presidente. Descreveu sua reunião com John Finlator no Bureau of Narcotics, mais cedo naquele dia, e sua decepção com o resultado. O distintivo do BNDD era a insígnia de um verdadeiro agente disfarçado, disse ele, exatamente como ele e o presidente imaginavam o seu papel: sem publicidade e sem sacrificar sua credibilidade. Será que o presidente poderia lhe agraciar com o distintivo?

"O presidente", relataria Krogh futuramente, "se mostrou um pouco inseguro em relação a esse pedido. Virou-se para mim e disse: 'Bud, podemos conseguir um distintivo para ele?'. Não consegui captar o que o presidente queria realmente que eu dissesse. 'Bem, presidente', respondi, 'se o senhor quiser conceder a ele um distintivo, acho que podemos providenciar um para ele.' O presidente fez que sim com a cabeça. 'Quero fazer isso. Consiga um para ele.' (...) Elvis abriu um sorriso triunfante. 'Muito obrigado, senhor. Isso significa muito para mim.' (...) Nisso Elvis se aproximou do presidente e, em um gesto espontâneo, estendeu o braço esquerdo em volta dele e o abraçou. Dar um abraço no presidente não era, pelo menos em minha limitada experiência, um fato corriqueiro no Salão Oval. Fomos pegos (o presidente e eu) desprevenidos. O presidente logo se recuperou da surpresa e deu um tapinha no ombro de Elvis. 'Bem, eu agradeço a sua disposição em ajudar, sr. Presley'." Elvis então ofertou as fotos de presente e comentou sobre a edição comemorativa da pistola Colt .45 que havia deixado com o pessoal do Serviço Secreto, também como lembrança para o presidente. "É muita gentileza sua", disse Nixon. Então Elvis recolheu seus distintivos e se virou para sair, com a expressão, escreveu Krogh, de "um garotinho que acabou de ganhar todos os presentes de Natal que pediu". Súbito, lembrou de mais uma coisa "e se voltou para o presidente: 'Sr. Presidente, o senhor teria um tempinho só para dar um oi a meus dois amigos, Sonny West e Jerry Schilling? Significaria muito para eles e para mim'."

A essa altura, nada teria surpreendido Sonny e Jerry. Quando os dois chegaram ao Salão Oval, era Elvis quem parecia estar no comando. "No maior assombro, Sonny e eu estacamos na porta, e Elvis, com naturalidade e bom humor, nos empurrou por trás e disse: 'Vamos, rapazes, entrem'. Era como se estivesse nos dizendo: 'Já estive ali e estou muito à vontade. Não se comovam'. Mas o fato é que ele sentia muito orgulho por ter conseguido que Sonny e eu conhecêssemos o presidente. Tinha no rosto o olhar de quando dava um presente a alguém." O pingente TCB se destaca proeminentemente para fora da camisa branca engomada de Sonny na foto tirada pelo fotógrafo oficial. O presidente, naquela pose familiar curvada, séria e um tanto apreensiva, Sonny e Jerry com os olhares fixos em Elvis enquanto ele faz um comentário respeitoso, mas com a certeza inquestionável de que é o centro de todas as atenções. "Você tem uns armários aqui", disse o presidente, tentando puxar conversa, ainda um pouco sem jeito. "Parece que Elvis está em boas mãos com vocês dois." "São bons amigos", ponderou Elvis solícito. "E também interessados em ajudar." O presidente então mimoseou todos com os mesmos presentes que já havia dado a Elvis: prendedores de gravata e abotoaduras com o brasão presidencial. "Sabe, eles têm esposas também", lembrou Elvis ao presidente. Juntos, ele e Richard Nixon vasculharam a gaveta da escrivaninha do presidente em busca de presentes adequados para as esposas.

Mais tarde participariam de um tour especial pela Casa Branca, mas primeiro foram convidados para almoçar no refeitório da Casa Branca, onde, como Bud observou, os funcionários, mesmo "acostumados com a visita de chefes de Estado, campeões esportivos e astros do cinema, ficaram todos boquiabertos". Na sequência, Krogh os ciceroneou no tour, mas a essa altura o interesse de Elvis em ver os ambientes havia diminuído, concentrando seu foco nas secretárias que saíam de suas salas para pedir um autógrafo – coisa que ele gentilmente concedia. Às duas horas, enfim, voltaram à sala de Bud. Pouco depois, John Finlator apareceu com o distintivo de Elvis. Se o vice-diretor se sentiu humilhado, não deixou transparecer. Prometeu enviar o restante das credenciais de Elvis assim que estivessem prontas. Sonny e Jerry, ao saírem da Casa Branca, nunca se detiveram para refletir sobre os vários acontecimentos bizarros daquele dia. Até onde lhes dizia respeito, uma coisa, só uma coisa, era responsável pelo que tinha acontecido com eles, para o bem ou para o mal: estavam com Elvis Presley.

Elvis e Sonny deixaram Jerry no aeroporto. No dia seguinte, ele precisava estar em Los Angeles a tempo de trabalhar. A caminho do aeroporto, Elvis renovou seu pedido de longa data para que Jerry voltasse a trabalhar para ele em tempo integral. Na época em que seus discos não estavam vendendo, George Klein teve a ideia de contratar um divulgador para fazer um trabalho de promoção independente para ele, alguém cujo foco principal fosse Elvis Presley, não a RCA. Agora que os discos *voltaram* a ter boas vendas, a ideia parecia melhor do que nunca, e Elvis e George concordaram que Jerry seria perfeito para o cargo. "Ele me perguntou quanto eu ganhava e disse que ia pagar o dobro. Eu disse: 'Olha, Elvis, sei que você quer que eu faça isso, mas e se o Coronel não curtir a ideia?'. Ele respondeu: 'Não é o Coronel que está contratando você. Sou eu quem estou. É assunto meu, e é isso que eu quero que você faça'. Então me deixaram no terminal. Duas semanas mais tarde, recebo uns cartões de visita, impressos em vermelho e preto: 'Elvis Presley, Relações-Públicas Pessoais, Assessor Especial Jerry Schilling' – com uma estrela de davi e um crucifixo dourado em relevo." O plano nunca entrou em vigor, porque o Coronel impediu, como Jerry havia previsto. Mas, pouco tempo depois, Jerry voltou à folha de pagamento numa função ainda mais amorfa, reconhecendo que a amizade nem sempre garantia resultados, mas grato por "Elvis ter realmente tentado".

Jerry supôs que Elvis e Sonny fossem pegar o próximo voo para Memphis, mas na verdade Elvis tinha uma última missão a cumprir. Não conseguira marcar uma audiência com J. Edgar Hoover, apesar da intervenção do senador Murphy. Porém, estava decidido a não deixar a cidade sem uma nova tentativa de rever Joyce Bova. Ligou para o órgão onde ela trabalhava, o Comitê de Serviços Armados da Câmara. A princípio, ela sentiu-se inclinada a bater o telefone na cara dele, mas Elvis a deixou estupefata ao se desculpar por seu comportamento, meses antes, em agosto. Agora, ela precisava vê-lo, afinal, o cantor viera a Washington só para encontrá-la. Onde e quando a limusine poderia buscá-la?

Ela chegou com Janice, sua gêmea idêntica, e Elvis assombrou todo mundo ao diferenciá-las imediatamente. "Ainda bem que acertei, cara", disse ele. "Se o cara escolhe a mulher errada por essas bandas pode levar uma bofetada!" Contou como foi difícil obter o número do trabalho dela e depois revelou – quase como uma lembrança tardia – os agitados eventos dos últimos dias. Primeiro Joyce e Janice acharam que ele estava brincando, mas o cantor então mostrou seu distintivo do BNDD. "Aquele filho da puta do Finlator não quis me dar", contou sem esboçar um sorriso, mas Nixon o obrigou a fazer isso. Cara inteligente, o Nixon, disse Elvis. "Eu sabia que ele ia ficar feliz com a minha ajuda."

Convenceu Joyce a passar a noite. Antes de irem para a cama, disse a Joyce que ela era uma linda mulher, mas "também uma mocinha pura, não é? (...) Joyce, sei que isso é novo para você", disse Elvis, "mas está certo, acredite em mim". Depois, "apesar de não ter acontecido comigo, eu sabia que ele poderia fazer acontecer. (...) O sexo tórrido que o tornou famoso tinha, na realidade, sido mais suave: uma ternura doce e apaixonada". Na manhã seguinte, ela ligou para o trabalho alegando estar doente, e os dois tomaram o café da manhã juntos. No caminho para o aeroporto, Elvis pediu a ela que instalasse uma linha de telefone particular, só para os dois. Queria que Joyce soubesse o quanto confiava nela e em troca esperava nada menos que lealdade total.

Voltar para casa em Graceland foi como um Natal antecipado em três dias. Trouxe lembrancinhas do presidente para Priscilla e Lisa Marie e histórias para todos os outros. Animado, contou detalhes da viagem a Priscilla. "Ele parecia uma criança; era como se nada tivesse acontecido [para precipitar a viagem]. Falou que conheceu Nixon e conversou com o presidente sobre tirar as drogas das ruas e como queria fazer a diferença. Eu imagino que ele sentiu que assim cairia nas graças do presidente. Foi um novo desafio, e Elvis conseguiu. Sem dúvida, estava surpreso e emocionado por estar à altura do desafio. Uma conquista e tanto!"

Duas noites depois, na véspera de Natal, distribuiu mais quatro Mercedes, incluindo uma para Sonny por seu trabalho como chefe de segurança, uma para o dr. Nick por sua amizade e presença fiel nas turnês, e outra a Bill Morris, que foi importante tanto para ajudar Elvis a obter seu distintivo de assistente do xerife quanto pela indicação ao prêmio Jaycee. Mais tarde, à noite, todos foram ao cine Memphian, onde assistiram ao novo filme de Robert Redford, *As máquinas quentes* (*Little Fauss and Big Halsy*). E então, no começo da madrugada, Elvis parou na delegacia, "de terno branco e cabelo na altura dos ombros, para cumprimentar homens e mulheres que trabalham no Natal", relatou o *Commercial Appeal*, embora Vernon Presley depois tenha contestado: o cabelo de Elvis não chegava aos ombros, garantiu o pai do cantor num texto anexo.

Três dias depois, em um evento de gala, aconteceu o casamento de Sonny. Elvis foi o padrinho e Priscilla, a dama de honra. Elvis chegou com o ex-xerife Bill Morris, o atual xerife Roy Nixon e as respectivas esposas no 280-SL de 9 mil dólares que havia dado a Morris, agora equipado com um giroflex azul oficial da polícia. Feito de pele sintética, seu traje preto com calça boca de sino era um presente de Natal de Priscilla. Como acessórios, escolheu uma gravata branca, o cinto com águias douradas e correntes, um segundo cinturão adornado com fivela dourada, uma grande estrela de xerife e seu próprio número oficial de assistente do xerife (seis), com o qual o xerife Nixon e amigos anônimos do departamento tinham acabado de presenteá-lo. Armado com duas pistolas no coldre de ombro, mais duas pistolas de cabo de madrepérola na cintura, além de uma *derringer* na bota, teve de ser persuadido no último minuto a desistir da lanterna policial de 40 centímetros com a qual havia entrado no prédio.

Após a cerimônia, houve uma breve recepção na igreja, e então Elvis convidou todos para voltarem a Graceland, onde os homens exibiram numa foto os distintivos de assistentes do xerife, recém-distribuídos em massa pelo xerife Nixon. No meio do grupo, sentado com as pernas ligeiramente afastadas, Elvis parece um orgulhoso patriarca, a própria imagem da confiança e da autoridade, entre Red e o dr. Nick ajoelhados. Billy Smith, Lamar, Jerry, Vernon, Charlie, Marty, Sonny e George, além dos dois xerifes, aparecem em pé, atrás de Elvis, erguendo as credenciais policiais com expressões variadas nos semblantes, procurando transmitir a típica imagem de celuloide de "homens da lei, foras da lei": apesar de todas as nossas diferenças, somos uma família, declara esse retrato quimérico; somos os mocinhos – mas não brinque conosco.

No dia seguinte, visitaram Tupelo, onde Elvis abiscoitou mais um distintivo encaminhado por Bill Morris, amizade renovada. Segundo o xerife de Tupelo, Bill Mitchell, Elvis não escondeu a ansiedade. Violinista das antigas, Mitchell já conhecia Elvis Presley do show de talentos WELO, no salão do tribunal. Aos 11 anos, um franzino Elvis foi acompanhado pela banda de Mississippi Slim, que apoiava os participantes do concurso, na qual Mitchell tocava violino. Ficou impressionado com a diferença de aspecto entre o menino tímido e carente de antigamente e o jovem da atualidade, que, cercado por sua comitiva, transparecia um misto de altivez e insegurança. "Ficou o tempo inteiro andando pra lá e pra cá. Mais parecia um tigre na jaula. Pouco à vontade. Claro que falamos sobre o WELO... A visita durou um par de horas, e todo mundo queria tirar uma foto com Elvis. Eu tinha sido colega de Bill Morris na escola, então também o nomeei assistente do xerife." Também marcaram presença alguns amigos de infância, entre eles, os McComb e os Farrar, que enalteceram Elvis por ser um "bom vizinho" e o agraciaram com uma placa em que se lia "Sonho Impossível", a qual descrevia como "um 'menino da comunidade' se torna um artista conhecido nacionalmente". Elvis considerou aquilo uma coincidência, pois, segundo ele, "The Impossible Dream" era o título do próximo disco que planejava lançar. Em seguida, fez um passeio na cidade com os caras, apontando a desoladora área de renovação urbana onde outrora ficava o Shake Rag, o animado gueto negro. Também visitou o Elvis Presley Youth Center, finalmente construído nos fundos da casa em que ele nasceu.

No dia seguinte, 30 de dezembro, viajou a Washington novamente, dessa vez com um grupo de oito pessoas, inclusive Bill Morris, que imaginava ser capaz de agenciar um encontro de Elvis com J. Edgar Hoover. Na manhã seguinte, Bill Morris os levou à National Sheriffs' Association (Associação Nacional dos Xerifes), onde Elvis pagou a taxa de adesão para todos (o valor da adesão incluía uma apólice de seguro de vida, e Elvis queria que todos os rapazes tivessem uma). Mais tarde, visitaram a sede do FBI, onde Morris organizou um tour após ser informado que o sr. Hoover continuava fora da cidade. O agente do FBI que conduziu o tour ficou impressionado com a empolgação e a sinceridade de Elvis, "apesar do visual deveras esquisito". Em memorando sobre a visita, o agente salientou que

> Presley indicou ser admirador do sr. Hoover e ter lido obras de nosso diretor, como *Masters of Deceit, A Study of Communism* e *J. Edgar Hoover on Communism*. Presley

observou que, na opinião dele, ninguém jamais fez tanto por seu país quanto o sr. Hoover, e que ele, Presley, considera o diretor "o maior estadunidense vivo".

Em comentários privados feitos após o tour, Presley indicou ser "a prova viva de que os EUA são a terra das oportunidades", já que passou de motorista de caminhão a artista famoso, praticamente da noite para o dia. Afirmou que, sempre que sua agenda permite, conversa informalmente com os jovens sobre os problemas que a juventude diz enfrentar. Presley explicou que o cabelo comprido e as roupas incomuns eram meras ferramentas de seu ofício e lhe davam acesso e relacionamento com muitas pessoas, em especial nos *campi* universitários, que se consideravam "anti-establishment". (...)

Após o tour, Presley confidenciou ter oferecido seus préstimos ao presidente na questão dos narcóticos e que o sr. Nixon respondeu lhe conferindo um distintivo de agente do Bureau of Narcotics and Dangerous Drugs. Presley portava o distintivo no bolso e o exibiu. Presley alertou: gostaria que o diretor ficasse ciente de que ele, Presley, volta e meia é abordado por indivíduos e grupos, dentro e fora do ramo de entretenimento, cujas intenções e metas, ele tem certeza, contrariam os interesses deste país, mas ele não empresta o nome dele a essas atividades questionáveis. A esse respeito, se colocou à disposição para transmitir essas informações ao Bureau em caráter sigiloso, sempre que algo dessa natureza chegar a seu conhecimento.

(...) Presley opinou que os Beatles, com sua aparência suja e descuidada, sua música provocativa, apresentada em shows país afora, no início e em meados dos anos

> 1960, tinham lançado as bases para muitos dos problemas atuais de nossa juventude. Sugeriu que os Smothers Brothers, Jane Fonda e gente dessa laia na indústria do entretenimento nos devem muitas respostas no futuro, pela maneira como envenenaram as mentes juvenis, depreciando os Estados Unidos com suas declarações públicas e atividades insalubres.

Na conclusão do memorando, em vista do supramencionado, sem falar em "seus comentários favoráveis ao diretor e ao Bureau... bem como ter sido reconhecido pela Câmara de Comércio Júnior e pelo presidente, somos da opinião de que seria de bom alvitre uma carta do diretor". Assim, em 4 de janeiro, essa carta foi enviada, indicando que "valorizamos seus comentários generosos sobre o Bureau e sobre mim. Tenha certeza de que levaremos em consideração sua oferta de auxílio". Nesse meio-tempo, Elvis tinha voltado a Memphis para a tradicional celebração de Ano-Novo na boate T.J.'s e um merecido descanso.

Em 9 de janeiro, jornais divulgaram o que Elvis havia mencionado em sua carta original ao presidente Nixon: sua nomeação pelos Jaycees da Câmara Júnior como um dos dez destaques jovens do ano no país. Elvis já estava na Califórnia se preparando para sua próxima estreia em Las Vegas, mas confirmou presença na cerimônia, marcada para acontecer em Memphis, no dia 16 de janeiro. Era por esse reconhecimento público que vinha lutando todos aqueles anos; para ele, em muitos aspectos, essa era a prova mais conspícua de todas sobre o sonho americano.

Desde 1939, os prêmios Jaycee eram concedidos a pessoas ilustres em todos os campos, com um denominador comum: todos deviam ter 35 anos ou menos. Leonard Bernstein, Nelson Rockefeller, Orson Welles (duas vezes), Howard Hughes, o reverendo Jesse Jackson, Teddy Kennedy e Ralph Nader foram agraciados com o prêmio. Bill Morris assegurou a Elvis a natureza incondicionalmente patriótica da organização (tendo o ex-presidente Lyndon Johnson como juiz, e o vice-presidente Agnew, como orador principal) antes de obter o aval do cantor para submeter seu nome para consideração. Nesse ano, os demais homenageados incluíam um professor de bioquímica em Harvard, um pesquisador na área do câncer, o vice-governador de Minnesota e um ativista dos direitos civis de Boston – além de Ron Ziegler, de 31 anos, então secretário de imprensa do presidente Nixon.

Voou para Memphis com Priscilla pouco antes da meia-noite da noite anterior à cerimônia de premiação. Com isso, acabou perdendo o jantar que deu início às festividades do fim de semana, que contou com a presença de todos os outros nove homenageados. Ficou acordado nas primeiras horas da madrugada, trabalhando em seu discurso, mostrando uma obstinação que Priscilla raramente tinha visto nele fora dos palcos. "Permaneceu acordado em seu gabinete, ao lado de nosso quarto, escrevendo no bloquinho de rascunhos. Ele ia mostrando o que ia escrevendo e me perguntando o que eu achava. Fazer esse discurso o deixou muito nervoso. Estaria na frente de outros milionários e queria soar articulado e inteligente para eles. Então ele ia lendo para mim, e eu ficava maravilhada. Nem acreditei que o texto era dele... A eloquência de seu discurso me surpreendeu. Eu até poderia pensar que ele o copiou de algum lugar... Se bem que eu jamais duvidei de sua capacidade; eu sabia o quanto ele era inteligente. Mas fui testemunha da autoria. O discurso ficou primoroso."

Na manhã seguinte, os dois chegaram bem cedinho para o café da manhã de oração, no Holiday Inn Rivermont, vestidos nos trinques. Elvis trajava seu "terno de pele sintética", com um par de óculos de aviador personalizados, o pesado cinturão dourado e o medalhão com cabeça de leão; Priscilla, recatada, cabelo repartido caindo em ambos os lados da gola U de seu vestidinho branco, com um arranjo floral branco junto ao seio esquerdo. À direita de Elvis, sentou-se Bill Morris. Por sua vez, os caras faziam o possível para afastar fotógrafos e caçadores de autógrafos no momento da cerimônia.

Na ausência do governador do Arkansas, Dale Bumpers, o discurso coube ao proeminente executivo de publicidade e consultor político de Memphis Deloss Walker. Às dez da manhã, seguiu-se um período informal de perguntas e respostas do qual a imprensa foi excluída, mas, segundo vários participantes, Elvis tirou de letra. Ao lado de Ron Ziegler, o secretário de imprensa presidencial, Elvis, ostentando seus anéis, foi indagado se a música de hoje exercia um efeito adverso sobre os jovens. "Presley pensou por um momento", relatou o *Press-Scimitar* com base em suas fontes internas do prédio, "e respondeu: 'Sim, eu discordo dessa música que defende as drogas e a profanação da bandeira. Acho que um artista deve entreter as pessoas e deixá-las felizes'." Um tom muito diferente da coletiva de imprensa formal, no dia anterior, na qual Tom Atkins, o vereador negro da Câmara de Boston, tinha desafiado os ideais da nação e o compromisso do presidente com os direitos civis, deixando Ziegler na posição nada invejável de defender o *status quo*. Para concluir o café da manhã de oração, uma pergunta sobre crenças religiosas. "Seis ou sete dos homens disseram que não pertenciam a uma igreja", segundo o *Commercial Appeal*, "e sentiam uma certa hipocrisia na religião organizada. Mas Elvis parecia sentir que a religião era muito importante em sua vida, não no sentido organizado, mas de que, muitas vezes, havia clamado a Deus que lhe desse forças... [e no sentido de] que 'Deus é uma presença viva em todos nós'." No almoço, escutou com atenção enquanto George Bush, embaixador das Nações Unidas, substituía o vice-presidente Agnew, fazendo um discurso que exaltava as virtudes do comprometimento e do trabalho dentro do sistema ("Para garantir que este país nunca aceite a resposta violenta, os nossos grandes realizadores precisam contribuir de alguma forma com o nosso sistema governamental"). Depois, Elvis parou de dar autógrafos e posar para fotos ao avistar na multidão Marion Keisker, a ex-gerente do escritório de Sam Phillips (a quem tinha visto pela última vez em seu último dia na Alemanha). Empolgado, correu para abraçá-la e a levou para a mesa, onde a apresentou a Priscilla como "a dama de quem tanto falei", depois se virou aos caras e anunciou: "Sabe, foi ela quem tornou tudo isso possível. Sem ela, eu nem estaria aqui".

Orgulhoso por receber tamanha honraria em sua cidade natal, convidou todos os vencedores do prêmio, funcionários do Jaycee e esposas, para um coquetel em Graceland, seguido de um jantar leve, no Four Flames, restaurante chique no centro da cidade, no início da noite. Pontualmente às cinco horas, os convidados chegaram em peso. A casa ainda fervilhava em meio aos preparativos: nunca algo assim havia acontecido em Graceland, e todos se reportavam a Marty, que se encarregou de todos os detalhes e parecia conhecer o caminho das pedras. Mais uma vez, Priscilla ficou surpresa ao ver uma faceta do marido que ela desconhecia. Ele mostrou a casa com orgulho escancarado, não só por sua mobília e seus equipamentos, mas pelo que isso contava em termos de sua conquista, como símbolo da jornada que ele tinha feito. No restaurante, também encarnou o papel de anfitrião cordial, vendo se todos estavam sendo bem atendidos, presidindo graciosamente uma mesa organizada de modo a cada lugar trazer um cartão assinado pelo anfitrião, exibindo o logotipo TCB em letras douradas.

A cerimônia no Ellis Auditorium, às oito da noite, apenas deu continuação à sensação de que, por um momento, havia saído de sua própria vida. A citação que acompanha seu prêmio menciona as conquistas de Elvis no campo do entretenimento, mas também seus diversos atos de filantropia, que "ele escondeu intencionalmente. (...) Elvis é famoso por sua força de caráter. Sua lealdade aos amigos é conhecida por todos. O duradouro contrato com seu empresário foi selado por um simples aperto de mão". Levantou-se para receber o prêmio nitidamente nervoso. Aos poucos, o olhar assustado e a voz trêmula foram ganhando confiança, à medida que se revelou ao mundo. Revelou a visão que o impulsionou desde a infância, coroada pelas palavras de uma música que ele conhecia desde pequeno, e que se tornou popular na interpretação sincera de Roy Hamilton em 1955.

"Quando eu era garoto, senhoras e senhores, eu era um sonhador. Eu lia gibis, e no gibi, eu era o herói. Eu assistia a filmes, e no filme, eu era o herói. Assim, cada sonho que sonhei se tornou realidade uma centena de vezes. Estes cavalheiros aqui são do tipo que se importam e se dedicam. Você percebe que podem estar construindo o reino divino e que isso não está assim tão longe da realidade. Eu quero dizer que, muito cedo na vida, aprendi o seguinte: 'Sem uma canção, não se finda a jornada/ Sem uma canção não temos um camarada/ Sem uma canção, não há curva na estrada/ Sem uma canção...'.* Por isso eu continuo entoando uma canção. Boa noite. Obrigado."

* No original, "*Without a song the day would never end/ Without a song a man ain't got a friend/ Without a song the road would never bend/ Without a song...*". Com letra de Billy Rose e Edward Eliscu e música de Vincent Youmans, "Without a Song" foi gravada a primeira vez em 1929. (N. de T.)

Retrato de família, 10 de dezembro de 1970
(Cortesia do Espólio de Elvis Presley)

UM FORASTEIRO EM MINHA PRÓPRIA CIDADE NATAL

Janeiro de 1971 a fevereiro de 1972

ELE ABRIU A TEMPORADA EM VEGAS, no dia 26 de janeiro, em meio a novas ameaças de morte. O novo guarda-roupa era nada menos que extravagante (o traje mais espetacular talvez fosse o conjunto escuro de duas peças, ao estilo "Cisco Kid", com tachas prateadas, camisa alaranjada e punhos com babados). E o novo setlist, mais uma vez, dava ênfase a baladas, como "How Great Thou Art" (introduzida na turnê de novembro), e a canções inspiradoras, como "The Impossible Dream", com a qual encerrava a maioria dos shows. Uma gripe o acometeu ao longo da maior parte da temporada. Até mesmo os fãs teceram críticas em algumas de suas noites "*off*". Mas, na noite derradeira, ele não deixou dúvidas sobre seu alto astral, entoando um medley selvagem com "Tiger Man" e emendando a agridoce "Help Me Make It Through the Night", de Kris Kristofferson, a qual refletia o clima predominante. Também jogou um copo d'água em Joe Guercio, agradeceu ao Coronel, ao pai e "a todo mundo que me ajudou". No final, as mãos na cintura, sorriu para os fãs enquanto a cortina caía.

Joyce Bova veio fazer uma visitinha e o achou entediado e distraído. Com ar presunçoso e egocêntrico, exibiu sua coleção de armas e distintivos. Uma hora, querendo atrair a atenção de todos, simplesmente apontou o lustre com a pistola carregada e apertou o gatilho. Câmara vazia. Um silêncio atônito dominou o ambiente – interrompido pelas gargalhadas do próprio Elvis. "Um segundo depois, os caras riram junto", observou Bova, "tão estrepitosamente quanto Elvis... 'Querida', explicou ele quando enfim se controlou. 'Por aqui, só fazendo umas maluquices para manter a sanidade'."

Às vezes, parecia que Elvis quase precisava convencer a si próprio de que ele era essa pessoa que ele dizia ser. Os pingentes com o dístico "TCB" (*Taking Care of Business*), antes reservados exclusivamente ao círculo íntimo, agora eram distribuídos de modo quase indiscriminado, inclusive para virtuais estranhos. As mulheres também recebiam seus pingentes, mas com a sigla "TLC", de "*Tender Loving Care*" (cuidado terno e carinhoso). Jerry Schilling protestou com veemência quando Elvis lhe pediu para entregar o pingente dele ao gerente do International, Alex Shoofey. Até mesmo o comediante Sammy Shore, não exatamente uma pessoa íntima, conseguiu o seu. No mundinho fechado em que viviam, as mesmas histórias eram contadas e recontadas até se tornarem propriedade comum, assumindo o *status* de mito, cujas origens literais já não eram mais relevantes. No fim do mês, vieram seus amigos da polícia de Denver; Elvis lhes mostrou seu distintivo da Divisão Antinarcóticos e os encantou com seu relato sobre o encontro com o presidente – embora secretamente os agentes da lei se mantivessem céticos quanto a alguns detalhes exagerados.

Ele e Priscilla voltaram a Memphis no início de março, uma semana após o término da temporada. No dia 15, Elvis tinha uma sessão agendada no estúdio em Nashville. Nos primeiros dias, ficou em seu quarto, relaxando. Emergiu para assistir à transmissão em circuito fechado da luta de boxe entre Ali e Frazier, valendo o campeonato de pesos pesados, no Ellis Auditorium, no dia 8. O auditório em Memphis lotou para assistir à luta que acontecia em tempo real em Nova York. "Uma das poucas vezes em sua vida adulta", salientou o *Press-Scimitar*, "em que [Elvis Presley] foi praticamente ignorado" – apesar de seu cinturão de ouro de 10 mil dólares, bem como seus anéis e correntes. Veio acompanhado por Bill Morris e uns nove ou dez caras. O público se dividiu em linhas raciais: a maioria dos brancos torcia para o atual campeão, Joe Frazier, com os negros torcendo para o extravagante Ali. Elvis indicou aos caras que torcia para o ex-campeão, que admirava por seu talento e estilo durão.

Havia três metas a cumprir na sessão de Nashville. Primeira: gravar um novo álbum de Natal, ao estilo do lançado em 1957, item de catálogo muito procurado ao longo dos anos. O Coronel, sempre generoso em se tratando das festas de fim de ano, vinha pressionando para que isso acontecesse havia pelo menos cinco anos, e agora, com Felton mexendo os pauzinhos, enfim tinha conseguido a concordância de Elvis. A segunda prioridade da RCA, talvez como incentivo às próprias inclinações do artista, seria um novo álbum de canções gospel. E a meta final envolvia um álbum pop e, de quebra, alguns singles promissores.

Ao que parece, Elvis não deu muita bola às prioridades: começou a sessão com "The First Time Ever I Saw Your Face", do cantor folk escocês Ewan McColl, música que havia tempos ele admirava na versão folk de 1965, do trio Peter, Paul and Mary, e que Joyce havia implorado que ele gravasse. Essa canção se alinhava com sua crescente inclinação por sentimentos poéticos exaltados, ternos e um tanto vagos. Emendou com uma apoteótica releitura de "Amazing Grace", o hino do século XVIII que recentemente tinha virado um hit do Top 20 na voz da cantora folk Judy Collins. Em seguida, vieram mais duas canções de Peter, Paul e Mary: "Early Morning Rain" e "For Lovin' Me", ambas compostas por Gordon Lightfoot, cantor folk canadense. Ele havia pedido a Freddy para liberar "Sunday Morning Coming Down", outra canção folk contemporânea, intenso conto de cunho moral, envolvendo pecado e redenção, de Kris Kristofferson. Com isso, a sessão estava prestes a assumir uma identidade completamente distinta de qualquer coisa que a RCA ou o Coronel tinham imaginado – mas então se descobriu que Freddy não tinha conseguido a liberação autoral da música. Nesse meio-tempo,

Elvis mostrou um crescente desconforto físico, se queixando de que um dos olhos parecia estar queimando. À uma e meia da madrugada, a sessão teve de ser abruptamente cancelada, e Elvis voltou ao hotel. O olho não melhorou, por isso o dr. Nick decolou de Memphis cedinho naquela manhã, em companhia do dr. David Meyer, especialista em retina, e após um rápido exame, o dr. Meyer administrou uma injeção de 100 mg de Demerol, além de uma injeção de cortisona aplicada diretamente no globo ocular, com o objetivo de aliviar um pouco a pressão perigosa que havia se acumulado. Mediante protestos, Elvis foi internado no Hospital Batista de Nashville.

Priscilla já havia voltado à Califórnia para supervisionar a decoração da nova casa, então Elvis trouxe Barbara Leigh para acompanhá-lo e até a induziu a ficar junto à cama dele no hospital. O diagnóstico inicial do dr. Meyer foi confirmado pelos exames: Elvis sofria de irite e uma forma de glaucoma secundário, condição agravada, de acordo com o dr. Nick, pela tintura de suas sobrancelhas, que se misturava com o suor e atingia seus olhos. A essa altura, com dores diminuídas e receios aplacados, Elvis começou a gostar da experiência. Contava a história de ter recebido a injeção diretamente no globo ocular, sem anestesia, a todos que o visitaram ao longo dos próximos dias, incluindo o governador do Tennessee, Winfield Dunn.

Na sexta-feira, ele recebeu alta. Barbara havia retornado à Califórnia, e ele pediu a Joyce Bova que viesse de avião para acompanhá-lo de volta a Memphis. Ela ficou chocada com a aparência do cantor; exausto e abatido, pouco teve a dizer no voo além de segurar a mão dela com gratidão. Vernon foi buscá-los no aeroporto e agradeceu a Joyce em silêncio, mas ficou obviamente preocupado. Em Graceland, ela viu o sr. Presley ajudar o filho a subir as escadas. Por um momento, ficou paralisada diante desse espetáculo inesperadamente tocante. Mas "congelei ao ver Priscilla. Ao pé da escada, um retrato dela em semiperfil, com Elvis a seu lado, os dois quase parecendo irmãos, tanto na estrutura facial quanto no semblante. O dr. Meyer tinha montado uma espécie de unidade hospitalar móvel no andar de cima e passou a Joyce os horários da medicação, explicando a ela como usar o tanque de oxigênio, caso fosse necessário. "Eu sabia que podia contar com você, Joyce", disse Elvis, pouco antes de cair no sono. "Sabia que você não ia me decepcionar."

Nos próximos dias, ela cuidou dele; sob muitos aspectos, o período mais longo de intimidade que teve com o cantor. Ficaram no quarto de Elvis, com as "cortinas de veludo em estilo harém tapando as janelas, móveis de madeira escura volumosos e masculinos (...) e um esquema de cores vermelho e preto que, na penumbra, me dava uma sensação claustrofóbica". Livros sobre filosofia e religião se espalhavam no ambiente, e Joyce leu *A vida impessoal* para Elvis. Ela sentiu que o momento era muito especial para os dois; a atmosfera surreal se agravou ainda mais pelo Placidyl, que ambos continuaram a tomar. Quando foi embora, Joyce perguntou timidamente se poderia levar um suprimento de pílulas para ajudá-la quando voltasse a Washington; dormia melhor com elas.

Elvis a convocou para voltar duas semanas e meia depois. Ele a apresentou à sua avó, e a deixou sozinha com a idosa, que perguntou se Joyce já era mãe e a aconselhou a "não esperar muito. Uma mulher deve ter uma porção de filhos. Daí, com sorte, talvez um deles dê boa coisa". Até onde Joyce deduziu, Vernon era o único dos filhos que a vovó considerava ser boa coisa, "porque", disse ela, "ele fez Elvis". O cantor se tornou o tema natural da conversa, porque ele era "o homem que nós duas adorávamos".

Naquele fim de semana, ele continuou a mostrar a ela um novo lado de si mesmo. Na maior parte do tempo, foi um interlúdio idílico, só atrapalhado pela preocupação dela com as pílulas, que pareciam influenciar quase tudo o que os dois faziam. Joyce bem que tentou falar com Elvis sobre isso, mas ele se irritava ou apenas dizia a ela, de modo condescendente, que sabia o que estava fazendo. E ela acreditou que sim, apesar de todas as provas. Uma noite, do nada, ele a surpreendeu com uma pergunta: por que você não se muda para Graceland? Os dois estavam deitados na cama, assistindo ao noticiário. Soou a ela uma pergunta sonhadora, desconcertante e irrespondível. "'Pense no assunto', disse ele, no tom mais pragmático e desprovido de emoção, como se estivesse com medo de ouvir a minha resposta. Ufa, pensei comigo no voo de volta a Washington. Porque eu não saberia responder."

De volta à Califórnia, Elvis chegou a tempo da caça aos ovos de Páscoa que Priscilla e Joanie Esposito organizaram para as crianças. Passou uns dias em casa, e ele e Priscilla foram a Las Vegas comemorar seu quarto aniversário de casamento. Na maior parte do tempo, contudo, ele e os caras continuaram se divertindo em Palm Springs, fazendo passeios de buggy na areia com as namoradas... um mundo bem longe de todas as restrições convencionais. Às vezes, ele se levantava e fazia pregações a seu estilo próprio. Subia na mesa de centro e bradava: "Ouçam, seu bando de fariseus e filhos da puta". Ou então declarava que a chance de um rico entrar no céu era "a mesma que a bunda de um camelo passar pelo buraco de uma agulha". Ninguém entendia muito bem aquilo, muito menos as garotas, que tinham vindo só para se divertir e, de lambuja, recebiam aulas bíblicas singularmente idiossincráticas.

Não é que Priscilla não tivesse conhecimento. Apenas optou por deixar quieto. "Senti que já não conseguia mais me reconectar com ele. Elvis tinha comprado a própria imagem, e a gente não conseguia mais ter uma conversa [de verdade] com ele; só ficava desmerecendo a gente e tudo mais. Não me importo com o que dizem... Acho que no fundo ele queria ser um pai de família. Mas tinha muitos senhores a servir e andava bastante dispersivo. Tinha uma energia tremenda e não sabia o que fazer com ela. Começava uma coisa e interrompia; dava uma nova guinada e voltava a entrar em conflito. Afinal, ele tinha tudo à disposição. O mesmo acontecia em relação às mulheres. Ele queria ter o melhor dos dois mundos... Como todo homem, eu acho!"

Enquanto ele estava viajando, Priscilla se concentrou em sua nova paixão: o caratê. Elvis a apresentou a Ed Parker, com quem vinha estudando meticulosamente nos últimos meses, e ela começou a fazer aulas particulares, três vezes por semana, no estúdio dele em Santa Mônica. Isso deu a ela um assunto em comum para conversar com o cantor, e Ed incentivou Elvis a entrar em contato com Kang Rhee, instrutor nascido na Coreia que atuava em Memphis. Assim, quando estivessem em casa, poderiam continuar seus estudos. Rhee ensinava uma nova modalidade de caratê chamada tae kwon do, com ênfase na agilidade de mãos e pernas. Ed o recomendou sem reservas, acreditando que o inglês de Rhee era tão macarrônico e sua personalidade, tão excêntrica, que tinha pouco a temer do coreano como rival.

A volta de Elvis ao estúdio em Nashville, em maio, teve requintes de dramaticidade. Chegou à "sessão compensatória" de capa preta e bengala com castão de cabeça de leão incrustada de diamantes e rubis. Dessa vez, não restavam dúvidas sobre quais eram as prioridades. Felton transformou o estúdio em um cenário de Natal. Caixas embrulhadas em cores vivas (todas vazias) cercavam uma árvore de Natal alegremente decorada. Lamar até se vestiu de Papai Noel, e o Coronel enviou a Elvis um cartão de Natal com uma foto de si mesmo como Papai Noel ao lado de Frosty, o Boneco de Neve, e uma mensagem desejando sorte ao cantor com "um álbum especial de Natal gravado em maio de 1971, contendo os hinos sagrados especiais cantados por Elvis, como só ele era capaz". Assinado: "De seu amigo e camarada, O Coronel", com a irônica ressalva: "Esta foto especial é para inspiração, a venda não é permitida".

Apesar de toda a festiva decoração e da atmosfera de celebração constrangida, Elvis não se sentiu mais à vontade agora do que na estranha sessão de setembro do ano anterior. Para o arranjador Glen Spreen, recém-chegado a Nashville, que trabalhara com o cantor pela última vez nas sessões de Memphis, dois anos antes, a diferença saltou aos olhos. "Em vez de entrar na sala de controle, ouvir uma música e Chips dizer:

'Vamos gravar essa' e Elvis, é claro, dar sua resposta, aqui não havia planejamento: Lamar só trazia a faixa para ele e decidíamos fazer ou não. Não foi um lance prazeroso: gravamos as canções a toque de caixa. Algo como 'Vamos acabar logo com isso'. Fiquei com pena de Elvis. Ou pena *por* ele... Não sei qual é a expressão certa. Talvez eu conseguisse enxergá-lo com mais clareza; talvez agora eu enxergasse mais do verdadeiro Elvis do que em Memphis. Mas eu não esperava isso, e a primeira coisa que me veio à cabeça foi: é melhor eu descobrir outra coisa para fazer."

Surpreso, Norbert Putnam também não escondeu a decepção. Em vez de melhorar, a coisa parecia ir de mal a pior. Ao longo de uma semana de gravação, o que deveria ser uma colaboração musical mais pareceu um evento teatral. Em meio à atmosfera cada vez menos criativa, Elvis parecia mais interessado em contar histórias e exibir suas armas do que em cantar, com a Máfia de Memphis sempre a todo vapor. Isso tudo foi deixando Norbert insatisfeito.

É difícil pontuar o que exatamente estava diferente; com certeza, todos esses elementos poderiam ter sido detectados de uma forma ou de outra na primeira sessão de Nashville, em junho anterior, e já estavam presentes em abundância em setembro. Naquelas oportunidades, tudo pareceu mera aberração, mas agora imprimiu um tom que logo se traduziu para os músicos em um misto de tédio e decepção. Tédio, por aquele papo autocongratulatório. Decepção, porque Felton parecia ter abdicado quase totalmente de suas responsabilidades. Resultado: começaram a divagar nos intervalos cada vez mais longos entre as músicas, buscando refúgio no *motorhome* Winnebago do guitarrista Jerry Shook (apenas um espectador interessado; não estava atuando na sessão), estacionado nos fundos do estúdio e equipado com todos os confortos domésticos: garotas, drogas e bebida. "De repente", disse o baterista Jerry Carrigan, "ninguém mais se importava. A sensação era de 'o que podemos fazer para acabar logo com isso?'. Ele se contentava com qualquer coisa."

Nesse espírito de apatia geral, Carrigan nem apareceu no segundo dia. Encarregado de arranjar um encontro amoroso para Elvis à noite, evidentemente levou seus deveres muito a sério: passou a maior parte do dia rastreando pistas, regulou o despertador para o fim de tarde, mas não acordou. Quando chegou ao estúdio, Felton havia convocado um novo baterista, Kenny Buttrey, e terminaram o álbum de Natal naquela noite sem Carrigan.

Ele deu um jeito de voltar à sessão na noite seguinte. Ele e Buttrey formaram uma equipe rítmica eficaz para lidar com materiais mais desafiadores, mas nada parecia engrenar. A pedido de Felton, Norbert inseriu "Until It's Time for You to Go", linda balada da qual Felton achava que Elvis realmente ia gostar. A canção tinha sido gravada por Buffy Sainte-Marie, da etnia indígena cree, cantora folk então produzida por Norbert. Elvis entregou uma interpretação tateante, e mesmo em "Help Me Make It Through the Night", de Kris Kristofferson, destaque do show em Las Vegas, cantou de modo insípido, quase uma imitação de sensibilidade em vez da coisa real. Finalmente, com "Lead Me, Guide Me", a primeira faixa gospel da noite, com os Imperials nos vocais de apoio, Elvis pareceu voltar à boa forma. Porém, o clima predominante o desconcentrou de novo. E a sessão teve uma pausa abrupta por conta de uma demonstração improvisada de caratê. Elvis desarmou Charlie com um pontapé. A pistola voou e se chocou contra o violão espanhol clássico de Chip Young, um legítimo Conde Hermanos personalizado. Chip procurou esconder seu desagrado, mas, como Joe Moscheo observou, ficou óbvio que não achou o incidente nada divertido.

Alguns números gospel em que se arriscaram nas noites seguintes indicaram novos e emocionantes rumos, abordagens contemporâneas à harmonia gospel que renderam aos Imperials uma boa dose de críticas no âmbito da comunidade dos quartetos. É que flertaram com a vertente conhecida como "cristão contemporâneo" (que incorporava influências do rock) em vez do tradicional e puro canto religioso. Entretanto, o foco de Elvis não se tornou menos inconstante e dispersivo. E os músicos, também, continuaram a vaguear, especialmente agora que não havia mais cadeiras suficientes para ocuparem, com tantos vocalistas de apoio e a turma inteira de Elvis se acotovelando na sala de controle entre um *take* e outro. De fato, o cenário todo assumiu um ar meio surreal quando, num interlúdio dos músicos para fumar maconha na van de Shook, foram abordados pelos policiais que estavam lá para fornecer segurança: "Ei, pessoal, por que é que estão fumando isto? Esse troço dá sono. Experimentem algo que vai mantê-los acordados". Ato contínuo, entregaram-lhes anfetaminas e disseram aos músicos que "tinham acabado de deter uns caras, apreenderam os comprimidos deles e trouxeram para nós. E vou te contar, eram mesmo pílulas incríveis. Depois, sempre que topávamos com esse grandalhão como porteiro numa festa ou algo assim, ele nos olhava e dizia: 'Bem, como vão as coisas no maravilhoso mundo da maconha?'"

Todo mundo sabia que Elvis era contra esse tipo de atividade: mostrava a todos seu distintivo federal antinarcóticos e falava em tom de desaprovação sobre grupos de rock conhecidos por terem problemas com drogas. Havia uma certa ironia no fato de que essas opiniões partiam de alguém que parecia estar chapado a maior parte do tempo. Com certeza, isso não passava despercebido às pessoas ao redor dele, mas nunca duvidaram de sua sinceridade. "A gente brincava: 'Já imaginou sermos presos por Elvis?'. Mas escondíamos isso dele, porque sentíamos que ele seria totalmente contra". De vez em quando, um dos assessores de Elvis saía para avisar: "Ei, vocês têm que voltar. Deveriam estar trabalhando". Enfim, Carrigan disse: "'Quer que a gente volte? Primeiro, mandem embora aquele pessoal. Depois, tragam umas cadeiras para a gente se sentar. Não vamos tocar em pé'. Então trouxeram umas cadeiras e tivemos que escutar as histórias de Elvis".

A sessão se estendeu por mais dois dias, com cada faixa saindo com mais dificuldade que a anterior. Na verdade, à exceção de "I'm Leavin'", outra das extravagantes baladas de Elvis, na qual todos se empenharam muito, o único e verdadeiro destaque da sessão foi um trio de canções que o cantor gravou na penúltima noite, sozinho ao piano, às quatro ou cinco da manhã, depois que todo mundo tinha ido para casa. Duas lindíssimas baladas de um de seus primeiros ídolos do r&b, Ivory Joe Hunter, e a terceira, uma lembrança de infância, "I'll Take You Home Again, Kathleen", clássico entre os tenores irlandeses desde que foi composta, quase um século antes. Melancolia, anseio, solidão, necessidade – tudo expresso com uma desnuda falta de adorno que Elvis, cada vez mais, tinha dificuldades para mostrar no processo formal de gravação.

No último dia da sessão, convidou Joyce para se encontrar com ele em Nashville, quando estaria trabalhando nos overdubs vocais. Mostrou o estúdio para ela, explicou a função da mesa – "deu a ela um tutorial de como gravar um álbum de Elvis Presley", na visão um tanto cínica e indiferente dos músicos que ainda circulavam pelo estúdio. Sem qualquer apresentação formal, imaginaram que Joyce era Priscilla. "Mostrou a ela como instalar o microfone no piano e pedir um som mais grave na mixagem; só queria trazê-la a um ambiente plenamente controlado." Para Joyce, foi uma experiência diferente de tudo o que conhecia. Quando cantava, ele cantava *para ela*. Um Elvis diferente, arrebatado pela música e "um perfeccionista em seu trabalho. (...) A RCA cercava Elvis de técnicos talentosos e de alto valor, mas quem comandava a festa era ele".

No meio da noite, acordou com dores. Joyce quis chamar um médico ao hotel, mas Elvis fez Sonny alugar um jato para eles. Uma hora depois, chegando a Memphis, foram direto à casa do dr. Nick. Seja lá qual tenha sido o problema, o dr. Nick deu um jeito. Eis então que Joyce, um pouco envergonhada, mas encorajada pelo sigilo da consulta médica, indagou a Elvis: será que o dr. Nick não poderia prescrever uma receitinha de Placidyl para ela também? Assim, ela não precisaria mais "pegar emprestado" do suprimento de Elvis. Naquela noite, assistiram ao noticiário sobre a inauguração da biblioteca presidencial Lyndon Johnson no Texas, onde 2 mil manifestantes antiguerra vaiaram a presença do ex-presidente Johnson e do presidente Nixon, desencadeando um discurso de Elvis sobre a falta de respeito à bandeira entre a juventude de hoje. Quando Joyce objetou, ele recuou um pouco, o que ela interpretou como sinal de confiança. Elvis ainda a questionava sem cessar sobre a lealdade dela para com ele. Mas e a lealdade dele para com ela? E as garotas que se atiravam nele? E os livros nos quais o cantor se enterrava em vez de prestar atenção nela? Desafiado, ele simplesmente a enrolava – como fazia com as pílulas, assunto sobre o qual Joyce sabia que ela não estava em posição de criticar.

EM JUNHO, VOLTOU AO ESTÚDIO para dar os retoques finais no álbum gospel, mas as coisas não foram diferentes das sessões anteriores. Cada vez mais, os músicos falavam abertamente entre si sobre as estranhas flutuações de humor de Elvis. Quando entrava no banheiro, mandava os guarda-costas isolarem a área, e ninguém mais podia entrar, nem para tirar a água do joelho. As vocalistas de apoio eram uma fonte contínua de aborrecimento, tagarelando sem parar, aparentemente alheias à crescente irritação de Elvis com elas. E, é claro, os próprios músicos continuaram a ingerir pílulas, mesmo quando a sessão focalizava Jesus. Mesmo assim, terminaram o trabalho, completando mais nove *masters* em três dias, elevando o total das três sessões para 44 faixas, incluindo uma inesperada "My Way", na qual Elvis parece enfrentar todas as adversidades com um senso pessoal de triunfo que destoa um pouco do tom da canção, meio cansado do mundo. Trabalhava em alguns overdubs vocais quando sua frustração com as vocalistas femininas enfim transbordou: "Cantei umas 50 vezes essa maldita faixa, e vocês ainda não aprenderam a parte de vocês!". Largou o microfone e se retirou do estúdio para não mais voltar.

PRISCILLA COMEÇOU SUAS AULAS DE CARATÊ com Kang Rhee enquanto Elvis estava em Nashville. Elvis tinha conhecido o Mestre Rhee em março, em uma visita ao pequeno estúdio de frente para a Poplar, acompanhado de sua comitiva de 10 ou 12 caras. O pequenino Rhee, aos 30 e poucos anos, estudioso, mas com parco domínio da língua inglesa, foi pego desprevenido por aquela descarada demonstração de petulância. "Sem ar-condicionado, sem carpete, só cerâmica. E ele entra no estúdio com aquela tropa de guarda-costas. Macacão preto, bengala, óculos escuros e uma grande jarra de água. Chega colocando os pesos nos pulsos e nos tornozelos e dizendo: 'Ouvi falar muito de você por aí, é um prazer conhecê-lo pessoalmente e conferir sua aula'. Mas eu não tinha aula agendada. Então eu convido uma turma da pesada. Com Elvis na área, todo mundo se anima para vir. E todo mundo quer se exibir para ele... Quebram blocos de concreto, simulam combates, *sparring*, mas sob meus comandos, minhas regras. E Elvis realmente se impressiona com minha disciplina de treinamento, e talvez por isso tenha se interessado em continuar."

Elvis também deixou Kang Rhee impressionado: por sua evidente sinceridade, seu conhecimento e comprometimento com o esporte, e também por suas qualidades espirituais. "Já domina muitos movimentos diferentes. E uma porção de técnicas de autodefesa. Além do mais, conhece bastante filosofia, sempre lê muitos livros de ioga, de artes marciais, está o tempo todo lendo. Tem um padrão mental e físico bem elevado como praticante de artes marciais: a força [dele] é muito espiritual e mental. Não conheço ninguém com a mente mais forte que a dele."

Elvis se matriculou na hora e também todos os caras que estavam com ele, e cada um deles acabou recebendo um apelido do mestre Rhee. Red tornou-se o sr. Dragão; Sonny, o sr. Águia; Jerry, o Puma; Charlie, o Cobra. Por sua vez, George, aluno não particularmente disposto e diligente, brincou dizendo que deveria ser chamado de sr. Rato. Elvis tinha o maior orgulho de seu título, mestre Tigre, e a convite de mestre Rhee, em reconhecimento às suas qualidades espirituais, encabeçava a prece do grupo no início de cada sessão.

Em 9 de junho, Priscilla compareceu à primeira aula, o segundo dia da sessão de gravação de Elvis, e ela deixou mestre Rhee igualmente impressionado. Mostrava a mesma seriedade que Elvis, mas tinha uma graça física que faltava a ele, e se dedicava aos treinos com uma concentração feroz. "O chute dela tem um estilo elegante, ela treina pesado [o tempo todo], sem ar-condicionado, só muito suor e trabalho duro, com o máximo de esforço." Três dias depois, quando Elvis voltou de Nashville, ela mal podia esperar para mostrar a ele os progressos que tinha feito. "Acho que ele ficou muito orgulhoso de mim; na época, raríssimas mulheres praticavam caratê. É engraçado, em Vegas ele me deixava encabulada, eu de vestido lindo, e ele me dizia: 'Querida, faça a postura do gato [para todos]' sem pensar no quanto isso era difícil com o vestido. Mas descobri que isso me divertia muito, era algo que me fazia sentir bem comigo mesma, algo que ele amava e comecei a me interessar, e realmente adorei." À medida que Priscilla foi aprimorando seus estudos, Elvis também foi se envolvendo mais profundamente e pedia para ela mostrar todos os novos movimentos aprendidos com o mestre Rhee. Mas, na semana seguinte, Priscilla voltou à Califórnia para supervisionar a redecoração, e quase na mesma hora ele convidou Joyce para se juntar a ele em Graceland.

A rede Hilton assumiu o International no fim de junho (o Hilton tinha adquirido 50% da propriedade em agosto anterior). Garantir a continuidade da principal atração da casa – ou melhor, a principal atração de *Vegas* – era uma prioridade. O Coronel tinha elaborado uma cláusula que permitia a Elvis sair, caso ocorresse qualquer mudança de dono. Assim, o vice-presidente do Hilton, Henri Lewin, entrou em contato antes mesmo de a transferência formal ser efetivada. Horas após essa conversa inicial, o Coronel já havia decolado de Palm Springs rumo a Las Vegas.

Alguém poderia imaginar que essa era a deixa que o Coronel esperava. Ao longo de toda a primavera, assediara o International, claramente em busca do mesmo tipo de acordo de consultoria que conseguira em Hollywood. De modo sombrio, citou negócios de filmes no horizonte que poderiam impedir Elvis de fazer sua temporada no hotel em agosto – mas agora tentou amaciar com palavras melosas. "Gostei de negociar com Kerkorian", contou ele a Lewin, sofisticado veterano do ramo hoteleiro europeu. Nascido em Potsdam, na Alemanha, trabalhou no Extremo Oriente, onde foi detido pelos japoneses durante a Segunda Guerra Mundial e chegou aos Estados Unidos em 1946.* "Mas não tenho motivos para desconfiar de que o Hilton não seja igualmente bom ou até melhor." Aos 48 anos, Lewin teve a impressão de estar lidando com um homem mais do que honrado: o Coronel deixou claro que ia cumprir o contrato em vigor, sem queixas, picuinhas ou renegociações. Em 26 de junho, Lewin promoveu uma festa surpresa para comemorar o aniversário de 62 anos de seu novo amigo, à qual o presidente do Hilton, Barron Hilton, empossado como membro da Liga dos Bonecos de Neve apenas três dias antes, não pôde comparecer, mas enviou suas mais profundas desculpas.

Não foi por um senso de passividade recém-descoberto que o Coronel se absteve de manobras táticas nesse momento. Podemos supor que, em vez disso, ele obedeceu a uma regra de longa data: primeiro, você deixa o inimigo pensar que você está cercado; depois, quando ele menos esperar, você contra-ataca. Isso é bem melhor do que se envolver numa guerra total justo no momento que o inimigo tem todos os motivos para esperar isso. Seja como for, o Coronel não abandonou outros fronts de batalha. Em março, lavrou um novo e especial acordo com a RCA, envolvendo mais três álbuns no selo Camden, além de um segundo volume de "golden hits". Os lançamentos no selo Camden garantiam 180 mil dólares e uma taxa de royalties reduzida, por se tratar de um selo de discos de uma qualidade mais simples. Por sua vez, as coletâneas de sucessos renderiam 525 mil dólares no início do ano seguinte. Ambos os adiantamentos, é claro, seriam divididos em 50-50 entre Elvis e o

* A família de Henri Lewin, de origem judaica, escapou da perseguição nazista – os irmãos Henri e Werner sobreviveram graças à ajuda do boxeador alemão Max Scheling. (N. de T.)

Coronel. Além disso, para o box, a All Star Shows forneceria 150 mil brindes a 1 dólar cada e 25 mil cartões de Natal a um pacote proposto de cinco LPs no selo Camden, mais uma vez, a 1 dólar cada. Esses e outros acordos foram aperfeiçoados, mas esse princípio – de que as habilidades comerciais do Coronel eram no mínimo tão valiosas do ponto de vista pecuniário quanto as habilidades musicais de seu cliente – já estava firmemente estabelecido na RCA a essa altura. Isso não impedia o Coronel, porém, de reclamar com veemência a cada suposta violação de entendimentos escritos, orais ou ainda a serem articulados.

Sem o filme com o qual ameaçou Alex Shoofey na primavera, o Coronel providenciou uma temporada de Elvis no Sahara Tahoe, o hotel-cassino em Stateline, Nevada, pouco antes da estreia em Las Vegas, com uma semana entre os dois compromissos. Receberiam 150 mil dólares por semana em duas semanas, 25 mil dólares a mais do que em Vegas, com poucos gastos extras. Todos apreciaram a mudança de ritmo – as coisas eram mais flexíveis em Tahoe, menos pressão, menos escrutínio da mídia e, de fato, menos escrutínio em geral, já que muitos caras levaram suas namoradas ou fizeram novas namoradas, arranjo que funcionou bem até Joanie Esposito fazer uma visitinha surpresa a Joe e estranhar a fria recepção dos velhos amigos. O palco era melhor, o salão, mais intimista, e Elvis pareceu se divertir muito – embora, às vezes, o ar mais rarefeito pela altitude deixasse ele e a banda sem fôlego.

O show em si foi praticamente o mesmo – "The Impossible Dream" (que Elvis ainda não havia gravado) continuava sendo o destaque do setlist –, mas houve duas grandes mudanças. O comediante Sammy Shore foi substituído, o que não chegou a ser uma grande surpresa para ninguém, devido ao comportamento cada vez mais errático de Sammy nos bastidores. Em um significativo aperfeiçoamento, Joe Guercio burilou a nova abertura já experimentada em Vegas, adaptação de *Also Sprach Zarathustra*, de Richard Strauss, que se tornou popular como o apocalíptico tema musical de *2001: uma odisseia no espaço*, o filme de Stanley Kubrick. Corky, a esposa de Guercio, sugeriu a ele, de brincadeira, que a música a fazia lembrar de Elvis e, para surpresa dela, o líder da orquestra concordou. Quando se descobriu que Elvis também teve a mesma ideia, começaram a brincar com o arranjo durante a temporada de inverno. Às vezes, usavam-na como uma espécie de abertura para trazer o cantor ao palco, noutras para interromper o show por instigação de Elvis, só para que a seção rítmica a experimentasse diante da plateia. Agora, com o incentivo de Elvis, Guercio desenvolveu a ideia em grandiosa escala orquestral. "Fizemos o arranjo até o último acorde; o timpanista tocava a sequência final de oito notas, e o frenesi subia num crescendo até Ronnie Tutt [baterista de Elvis] assumir... era um derradeiro orgasmo." Essa também foi a reação de Elvis: "Ele não queria ser um carinha qualquer entrando no palco, queria ser um deus". E com o tema de *2001*, ele se tornava um.

Quebraram todos os recordes de público no Tahoe, quase compensando os custos ao hotel quando o cachê de Elvis desencadeou cláusulas de "nações mais favorecidas" nos contratos de Johnny Carson e Buddy Hackett (o cachê deles teve que ser aumentado retroativamente para atingir o nível dele). O show também recebeu ótimas resenhas (ele se esforçou tanto, comentou a *Billboard* sobre a noite de estreia, "que deu a impressão de que estava precisando da grana"). Em linhas gerais, o comediante negro Nipsey Russell foi considerado uma grande melhoria, e a abertura com o tema do filme *2001* foi muito comentada. Vários outros pontos altos mereceram elogios, incluindo a dramática abordagem de "You've Lost That Loving Feeling" que Elvis havia elaborado no ano anterior, na qual um único holofote o iluminava; ele começava cantando de costas para a plateia, e, súbito, se virava na hora do refrão. Isso funcionou muito bem, exceto na noite em que se virou e, para surpresa de todos, vestia uma máscara de macaco, presente de uma fã na última temporada em Las Vegas. O sistema de som também foi aprovado, embora pela primeira vez Felton não estivesse lá para supervisioná-lo. Após dois anos, o que os médicos temiam aconteceu: os rins enfim entraram em colapso, resultado inevitável de sua pressão arterial nas alturas. Agora precisava fazer hemodiálise três vezes por semana, mas com seu espírito animado, avisou que logo estaria de volta ao trabalho, e ninguém teve coragem de duvidar.

Emendaram a temporada em Las Vegas com uma breve pausa e, na maioria das vezes, as resenhas continuaram favoráveis, realçando a audaciosa abertura e os floreios promocionais do Coronel ("o Coronel Tom Parker conseguiu se superar", comentou a *Variety* no parágrafo inicial da matéria). Porém, o crítico do *Hollywood Reporter*, geralmente um tanto cético, classificou a performance como "desleixada, ensaiada às pressas, precariamente iluminada, mal amplificada, às vezes, monótona, muitas vezes boba e aleatoriamente coordenada". Elvis parecia, continuou ele, "exausto, cansado e visivelmente mais gordo". Admitiu, porém, que os fãs "não deram a mínima bola para isso. (...) Amaram o show incondicionalmente, honrando e obedecendo a todos os seus caprichos". Bill Belew, que tinha criado um novo "look casual" para a temporada (segundo o *Hollywood Reporter*, não era o figurino mais sexy ou atraente de Elvis), como sempre estava lá, na noite de estreia, e achou tudo "fabuloso", do começo ao fim. "Foi incrível, a banda estava tocando o tema de *2001: uma odisseia no espaço*, a bateria no auge, e então Elvis apareceu. Kathy McEvoy, que costumava ir como minha acompanhante, se inclinou e disse: 'Dá para sentir a sensualidade e o sexo escorrendo daquele homem'." Alguns músicos resmungavam que não havia algo consistente para seguir a abertura. Mais tempo e esforço tinham sido dedicados aos efeitos do que à substância. E, cada vez mais, circulavam boatos sobre os dois ou três médicos que atendiam Elvis diariamente, com constantes "injeções de vitaminas" e "tratamentos de garganta" ao longo da estadia.

À medida que a temporada foi progredindo, o tédio e as excentricidades no humor de Elvis tornaram-se visíveis até para o mundo exterior. Ao cabo da temporada, a coluna de Rona Barrett procurou explicar isso em termos que seus leitores entendessem, e embora o relato seja irremediavelmente distorcido e, no que diz respeito ao movimento de Autorrealização e à Daya Mata, uma confusão factual, transmite nas entrelinhas uma mensagem um tanto sinistra, e apenas tenuemente velada, ao próprio Elvis.

> O mais recente show de Elvis no International Hotel talvez não tivesse correspondido às expectativas. Mas por quê? Relatos confiáveis citam que ele andou bastante doente nesse período e, além disso, envolveu-se com um programa de autorrealização, composto de meditação profunda e ioga. Parece que o chefe da Irmandade da Autorrealização, em seu leito de morte, disse à esposa dele, Daya Mata, que Elvis era o próximo salvador. Daya Mata transmitiu essa inspiradora mensagem a Elvis e, desde então, Presley está profundamente envolvido com a Irmandade de Autorrealização, na residência de Daya Mata, em Los Angeles. Entre os resultados do programa, Elvis tentou combater, por meio da meditação, suas dores físicas durante os shows no International… E muitas vezes subia ao palco em meio a uma espécie de transe de meditação… e tudo isso ajudava a explicar o comportamento de Elvis.

John J. Miller, outro colunista em vários jornais, relatou sobre o distanciamento quase igualmente óbvio entre Elvis e Priscilla. Desde o início do ano, a decoração da casa nova tinha sido a desculpa de Priscilla. Agora, porém, com tudo quase pronto, ela mergulhou no mundo do caratê, se concentrando em seus próprios estudos, participando de torneios de caratê por toda parte, às vezes com Joanie Esposito, outras vezes só com jovens alunos do estúdio. Começou a levar junto uma câmera, "e eu tirava fotos ótimas dos caras lutando, mostrava a Elvis e dizia: 'Olha só isto'. Estive neste torneio, e os caras têm equipes incríveis e grandes lutadores como os irmãos Urquidez. Daí ele começou a me fazer perguntas sobre eles, e quando me dou conta ele havia me pedido pra levar uma câmera sempre que eu fosse. Essa foi a época áurea do caratê, quase como a era Muhammad Ali no boxe, e listei todos esses grandes nomes para Elvis: Bill Wallace, Chuck Norris e Jim Hawkins. Nunca me diverti tanto".

Também começou a se aproximar de um dos competidores, Mike Stone, ex-campeão internacional de contato leve,* que ela e Elvis tinham conhecido originalmente em 1968, durante os campeonatos internacionais de caratê de Ed Parker no Havaí. Recentemente, ela o havia reencontrado também em aulas no estúdio de Chuck Norris, o futuro astro de cinema. Ao longo do verão, ela se aproximou de Stone, nativo de Oahu, de pai caucasiano, que aos olhos de Ed Parker era "um grande faixa preta, tinha aquele magnetismo de quem é bom de cama". No início, os encontros dele com Priscilla eram acidentais – topavam um com o outro em torneios ou no estúdio de Chuck Norris, em Sherman Oaks –, mas logo Stone começou a ligar para a casa nova, usando o codinome "Mickey", e a pequena Lisa Marie, de 3 aninhos, foi convencida a não comentar sobre ele com as empregadas. Verdadeira confidente de Priscilla, Joanie tomava conta de Lisa, "e se Joe ligasse atrás de Priscilla, eu dizia: 'Ah, ela está no banheiro. Daqui a pouco retorna a ligação'. Então eu ligava para ela na casa de Mike e ela telefonava de volta. Outros suspeitavam, mas, tendo ou não certeza sobre algo, parecia claro a todos, menos a Elvis, que Priscilla havia tomado uma espécie de decisão. Aos 26 anos e cada vez mais autoconfiante, ficou claro que estava cansada de ser humilhada publicamente. Conhecia as regras, mas "já não estava mais disposta a jogar de acordo com elas".

Joyce Bova bem que poderia ter dito a mesma coisa. Tinha engravidado no último encontro e chegou a Las Vegas em 16 de agosto decidida a contar para Elvis. Católica praticante, desde o início estava genuinamente transtornada com o caso. Não via o aborto como opção, mas pa-

* No caratê de contato leve, os atletas visam tocar o maior número de vezes o adversário, com a máxima velocidade e o mínimo de potência, sem nocaute. (N. de T.)

recia que nunca teria a oportunidade de contar a Elvis, pois ele estava sempre cercado de bajuladores, ou eram as pílulas, ou a falta de clima adequado. Então, num momento em que se sentia completamente só, isolada de seus próprios sentimentos e de todos os outros, ele colocou um disco no estéreo. Então ela ouviu a voz dele cantando "The First Time Ever I Saw Your Face", a canção que ela o havia incentivado a gravar. Era só uma demo, Elvis explicou, enquanto Joyce expressava uma grande alegria por ele ter gravado a "canção deles". Elvis escreveu "Para Joyce, com amor" na capa de papelão branco e a fez prometer que não ouviria as outras faixas inacabadas do álbum. Quando se livrou de todos os outros na sala, ela pensou que daria a notícia a Elvis naquela noite com certeza, mas antes indagou sobre a filha dele. Com aquele estranho sexto sentido, Elvis, quase como se tivesse uma ideia de onde Joyce queria chegar, começou a falar sobre o quanto a maternidade era algo sagrado, "a maneira de Deus dizer à mulher que [ela] não é mais criança", que a maternidade é um período de "respeito, [mas] não acho que mães devam tentar parecer sexy e atrair os homens". Joyce protestou. A sexualidade fazia parte da vida humana e "nem todas as mulheres perdem sua atração só porque tiveram um bebê", mas ele desprezou as objeções dela com um aceno. "Confie em mim, Joyce, sei que estou certo."

Ela foi embora de Las Vegas sem nunca contar a ele. Três semanas depois, sozinha numa clínica, realizou o aborto.

A situação doméstica de Elvis e seu comportamento cada vez mais errático, dentro e fora do palco, não foram os únicos segredos comentados abertamente em Las Vegas nesse período. Amigos e sócios do Coronel também andavam cada vez mais preocupados com o comportamento do empresário: sua crescente predileção pelo jogo, que começou com uma distração inofensiva, estava se tornando um vício sobre o qual ele não tinha mais controle. Algo que ninguém jamais imaginaria, mas, um por um, todos os sinais se encaixavam. Na mesa da roleta, jogava quantias cada vez maiores, com uma determinação sombria que parecia apagar tudo ao seu redor.

Continuava, é claro, negociando, obtendo todos os benefícios que o mercado poderia trazer e até mesmo dando a um sofisticado observador como Henri Lewin uma lição sobre o verdadeiro significado da livre iniciativa. Lewin considerava o Coronel tão astuto que, "quando ele está por perto, a gente pode ganhar uma grana só captando suas dicas". E se ele, às vezes, parecia ser frio e isolado, Lewin achava isso intencional, característica de um empresário que, na opinião de Lewin, "se preocupava [com Elvis] 24 horas por dia" e, muito apropriadamente, nunca permitia que a intimidade atrapalhasse seu poder de barganha preservado com tanta cautela.

Mas a jogatina se intrometeu nisso. De acordo com Alex Shoofey, que continuava trabalhando como gerente do hotel, o Coronel era "um de nossos melhores clientes", gastando pelo menos 1 milhão de dólares por ano. Julian Aberbach, que trabalhava com Parker havia 25 anos, desde a primeira associação de Eddy Arnold com a Hill and Range, ficou chocado com a mudança que testemunhou. "Estamos falando de um homem que antes nunca gastava o seu dinheiro e chegou a ter mais de 5 milhões de dólares em economias. Isso até começar a agendar shows de Elvis em Las Vegas. Depois disso, a situação degringolou." O primo de Julian, Freddy Bienstock, membro do círculo íntimo desde 1956, encarava isso praticamente da mesma forma: o Coronel se abastecia com mantimentos grátis do hotel para consumo doméstico, desde bifes até amendoins salgados, solicitava contribuições de todo mundo para suas despesas, a fim de não pagar praticamente nada em mão de obra ou espaço de escritório, morava em sua casa em Palm Springs às custas da Agência William Morris – e, ainda assim, torrava cada centavo na mesa da roleta, o tipo de aposta impossível de sair ganhando. Uma vez, Freddy tentou tocar no assunto com ele, mas só uma vez. "Ficou ofendidíssimo: 'O dinheiro é meu. Faço o que eu quiser. Não fale mais comigo sobre isso'. E nunca mais falei." O que estava acontecendo não passava despercebido a ninguém. "Aquilo me dava náuseas", declarou Al Dvorin, agente que atuava na concessão de licenciamentos de marketing. Assim como Freddy, tentou alertar o Coronel – mas também não sabia o que dizer. Até mesmo Tom Diskin, o assessor mais próximo do Coronel, ficou de mãos atadas. Tentou expressar sua preocupação, mas foi bruscamente repelido. "Vim para este mundo de mãos abanando", declarou Parker com uma raiva que mal disfarçava sua defesa e medo, "e posso sair dele de mãos abanando. Não tenho filhos. A quem mesmo estou prejudicando?"

O mais surpreendente de tudo isso, talvez, seja o fato de o Coronel ter realmente alertado os caras sobre esse perigo quando pisaram em Vegas, dois anos antes. "Não vá pirar", disse ele a Joe, "e ficar viciado em jogos de azar, porque o hotel e os cassinos serão donos de vocês". Agora todos comentavam: será que o cassino não era *dono do Coronel*? Mas ninguém sabia ao certo. O tópico entrou na pauta de conversa entre os caras. A pergunta "O que está acontecendo com o Coronel?" se tornou tão debatida quanto "O que está acontecendo com Elvis?". Especulações surgiram de que seu vício no jogo acabaria por enfraquecer seu poder de barganha com o hotel. Porém, suas relações com o International/Hilton mostravam uma postura igualmente feroz e intratável, com motivações mais difíceis de prever ou ler do que nunca. Ao mesmo tempo, estar viciado em algo tão fora de seu próprio controle inevitavelmente corroía a visão de aço que o Coronel tinha sobre si mesmo; a dependência, tão exposta a velhos amigos como Jean e Julian Aberbach e Tommy Diskin, não era algo que o Coronel se sentia confortável em revelar.

Sem dúvida isso influenciou seu relacionamento com Elvis. Claro que o cantor também não podia falar nada. Como Joe ponderou: "O Coronel sempre disse a Elvis: 'Não fico dizendo o que você deve fazer com o seu dinheiro... Faça o que quiser. O dinheiro é seu'. Era como se Elvis fosse torrar 1 milhão de dólares no rancho ou algo parecido, o que era um desatino, enquanto o Coronel torrava tudo na roleta. Então o que ele poderia dizer?". Presos num relacionamento de negação mútua, os dois sempre estiveram interligados por semelhanças de caráter e temperamento, nem sempre evidentes à primeira vista para gente de fora. “Por mais diferentes que parecessem, os dois tinham o mesmo tipo de ego”, analisou Jerry Schilling. Mostrar vulnerabilidade – um ao outro ou a qualquer outra pessoa – era algo que nenhum deles jamais desejou.

Mas Elvis claramente mostrava sinais de inquietação. Aos 36 anos, em todos os outros relacionamentos a palavra dele predominava – só o Coronel ainda o mantinha sob controle. Algumas pessoas encaravam isso, quase literalmente, como um poder hipnótico, uma forma de chantagem emocional que o mais experiente sempre exercia sobre o mais novo – mas o fato é que tudo continuava igual. Elvis Presley, aos 19 anos, quando assinou pela primeira vez com o Coronel, acreditou estar adquirindo um talismã. O Coronel lhe trouxe sorte, o Coronel prometeu sucesso e cumpriu. E uma faceta de Elvis, a que se debruçava sobre mapas astrológicos e numerológicos e depositava sua fé no papel do destino, acreditava que se um dia ele se desligasse do Coronel, sua sorte poderia acabar. Cada vez mais frustrado com seu empresário, às vezes, pelas costas, o chamava de “popozudo”. O tempo inteiro, conversava com os caras sobre o que *ele* queria fazer, mas era impedido pelo Coronel, com seus métodos antiquados do mundo circense – mas não conseguia se desvencilhar.

Sonhava com uma turnê na Europa, mas nem todos acreditavam que Elvis realmente queria ir. As propostas não paravam de chegar, e o Coronel sempre arranjava uma desculpa para recusá-las. Mas Priscilla, por exemplo, não estava convencida de que Elvis, criatura de hábitos arraigados, teria algum motivo para abrir mão do conforto do lar. Mesmo assim, por que o Coronel ficava tão nervoso sempre que o assunto vinha à tona? Isso despertava certa estranheza. Afinal, a segurança da turnê, principal bicho-papão do Coronel, era uma questão bem evoluída na Europa e no Japão. Circulavam boatos misteriosos sobre os quais Elvis, com seu atilado instinto para farejar armações, começava a se perguntar. Segundo um desses rumores, o Coronel entabulava negociações com o folclórico empresário de Tom Jones, Gordon Mills, e especulava-se que

SONHAVA COM UMA
TURNÊ NA EUROPA,
MAS NEM TODOS
ACREDITAVAM QUE
ELVIS REALMENTE
QUERIA IR. AS
PROPOSTAS
NÃO PARAVAM
DE CHEGAR, E O
CORONEL SEMPRE
ARRANJAVA UMA
DESCULPA PARA
RECUSÁ-LAS.

Mills estaria encampando o contrato com Elvis. Outro boato, que corria solto entre alguns dos fãs e até apareceu impresso numa das revistas do fã-clube, conjecturava que o Coronel seria, na verdade, um holandês de nome “Andre Van Kuyk (Coronel Parker para a maioria das pessoas)”, conforme sugeria a edição de janeiro da revista *El News*. Numa típica manchete de tabloides, o *Los Angeles Citizen News* publicou um artigo em 23 de setembro suscitando a questão: “ELVIS PRESLEY VAI DESCARTAR PARKER?”. Foram capazes de citar apenas um único motivo importante: Elvis buscava a “aventura das turnês, [enquanto] o Coronel, com sua mentalidade centrada em $$$, prefere maneiras mais diretas de ir ao caixa, [como] o método de Las Vegas e estúdios de cinema”.

OBVIAMENTE, UM FATO era desconhecido pelo jornal *Citizen News*: o Coronel já havia marcado a nova turnê, também organizada pela Management III, embora expressasse crescente exasperação com a autoproclamada extravagância de estilo de Jerry Weintraub. Além disso, a falta de atenção de Weintraub aos detalhes contribuía para deixar o Coronel irritado. As bases financeiras seguiram iguais – adiantamento de 1 milhão de dólares, mais 65% da bilheteria. Porém, em 1º de setembro, dois meses antes da primeira data, o Coronel entregou uma minuciosa lista de detalhes, elaborada “devido a certas experiências desagradáveis na turnê anterior”. O desempenho da Management III seria “meticulosamente fiscalizado”, concluiu, “para quaisquer negócios futuros em 1972”.

Outras mudanças pairavam no ar. Os Imperials, que não tinham participado da primeira turnê, em setembro anterior, em razão de um conflito de agendas, novamente não acompanhariam Elvis nesta, ou, a depender do Coronel, em nenhuma outra turnê. Estava farto da atitude deles, e os Imperials, por sua vez, estavam fartos da dele. Citando outro conflito (fizeram *backing vocals* para Jimmy Dean quando não estavam trabalhando para Elvis e receberam um cachê melhor), pediram um reajuste nas bases do contrato, mas o Coronel se recusou sequer a reconhecer a presença deles, fingindo não ouvir enquanto Tom Diskin traduzia as exigências do grupo a ele, em plena mesa de jogo.

Poderiam ter optado por voltar, mas o destino dos Imperials foi selado quando Elvis decidiu contratar J. D. Sumner and the Stamps para o lugar deles nos shows de novembro. Sumner era o dono da agência que representava não só o seu próprio grupo, mas também os Imperials e, de fato, tinha o poder contratual para dar o voto decisivo em qualquer impasse nos negócios dos Imperials. Joe Moscheo, componente dos Imperials, suspeita que Sumner havia tempos cobiçava o lugar deles. Elvis admirava Sumner desde a época em que o baixo-profundo cantava nos Blackwood Brothers e viera morar em Memphis, em 1954. Elvis e a namorada Dixie Locke acompanhavam os festivais de canto no Ellis Auditorium, que varavam a madrugada. No início de setembro, foi assinado o contrato com os Stamps, com a condição de que o próprio J. D., que nem sempre acompanhava o quarteto, contribuísse com seus talentos vocais.

Um novo comediante também foi contratado. Nipsey Russell atuou em data única em Tahoe, e seu substituto em Vegas, Bob Melvin, sempre foi considerado um mero quebra-galho. Por isso o Coronel procurou Jackie Kahane, judeu canadense de 45 anos, nascido na Polônia, que abria os shows de Wayne Newton nos últimos sete anos, agenciado, muito convenientemente, pela William Morris. Kahane, que planejava tirar férias após deixar Newton, foi contratado um mês depois dos Stamps, por 2.500 dólares, para a turnê de novembro, juntando-se à Management III e aos Stamps na lista de "em aprovação" do Coronel.

Claramente, e sob vários prismas, o Coronel encarava essa turnê como um cruzeiro experimental. E para o Hilton também foi um período de testes. Por mais afetuosa que fosse a relação entre Henri Lewin e o Coronel Parker, na opinião de ambos tudo se baseava claramente em negócios. E agora o Coronel havia percebido que estava na hora de melhorar sua posição no hotel. Para esse fim, na conclusão da temporada, exigiu um bônus de 25 mil dólares para Elvis e para si mesmo, bem como o uso do avião de Barron Hilton para a próxima turnê "a um custo mais favorável". Que suas ambições não paravam por aí ficou claro quando se recusou terminantemente a confirmar que cumpririam a temporada de fevereiro. Essa confirmação só veio a acontecer em meados de novembro, mediante a promessa do hotel de que as bases do contrato seriam renegociadas para cima. Até compilou um gráfico mostrando Elvis como o campeão de bilheteria de todos os tempos de Las Vegas, com média de 3.840 espectadores na mais recente temporada, comparados aos 3 mil de Tom Jones, 2.600 de Barbra Streisand e 1.800 de Glen Campbell – mas só usaria esses dados convincentes caso fosse necessário.

Enfim Elvis e Priscilla se acomodaram na casa em Monovale após a temporada em Las Vegas, colocando Hillcrest à venda no início de agosto. Havia oito meses Priscilla se dedicava às reformas. Remodelada, a casa nova tinha espaço amplo para hóspedes, caso Sonny e Judy West, Charlie Hodge e quaisquer dos caras quisessem fazer uma visita. Elvis mostrou-se satisfeito com os interiores (Priscilla descreveu a decoração como "muito máscula", com estar íntimo e salão de jogos para Elvis, além de uma confortável cozinha campestre). Porém, estava na cara, até mesmo para um observador casual, que esse lar não era feliz. Cada vez mais, Elvis e Priscilla se preocupavam com assuntos fora de casa. Certa vez, durante o verão, Priscilla e Joanie foram a Palm Springs e encontraram um bilhete de uma das namoradinhas de Elvis, agradecendo o cantor pelo fim de semana juntos. Um segundo bilhete, endereçado a Sonny, trazia a sugestiva assinatura "Língua de Lagartixa". Pelo telefone, Priscilla confrontou Elvis, e todos os caras caíram na risada pelo modo como se desvencilhou. Como é que ele ia adivinhar *quem* poderia aparecer, explicou Elvis, que dirá controlar as ideias fantasiosas de algumas dessas garotas? Sem acreditar na explicação dele, Priscilla tentou controlar seus próprios e conflitantes sentimentos. A essa altura, o casal mal e mal convivia. O orgulho ferido que Priscilla sentiu parecia ter mais a ver com manter as aparências do que com a realidade; a postura de Elvis só endossava a dela.

A TURNÊ ESTREOU EM MINEÁPOLIS, e tudo passou a correr bem após Al Dvorin ser promovido a mestre de cerimônias. Ele nunca pensou em assumir essa função, mas, após o primeiro show, o Coronel demitiu o sujeito trazido de Las Vegas. "Falei: 'Coronel, temos duas semanas de turnê. Quem será o MC?'. Ele disse: 'Já tenho um substituto, Al'. Respondi: 'Ótimo. Quem?'. 'Você.' Eu protestei: 'Já lidei com tudo o que o senhor me pediu: concessões, líder de banda, segurança, iluminação, som, propaganda, emissão de cheques. Não tenho talento nenhum para atuar como locutor. Minha voz parece um esgoto entupido. Vou pagar mico'. Ele disse: 'Al, quem é o chefe?'. 'O senhor', respondi. 'E você é o mestre de cerimônias'."

Joyce voou para Cleveland e depois acompanhou os rapazes até Louisville, onde Jessie, o avô de Elvis, então com 74 anos, ergueu-se na plateia ao ser apresentado calorosamente lá do palco. Após o show, o idoso visitou os camarins. Bova ficou impressionada com as diferenças que percebeu, não só em Elvis, mas nas massas que vieram saudá-lo. Nenhum apostador inveterado à vista, apenas fãs de verdade. Por isso Elvis pareceu levar seu papel messiânico ainda mais a sério, revelando um nervosismo que ela jamais tinha visto no cantor antes. Constantemente ele confidenciava a ela sobre a sua missão na vida, sobre como lhe fora dado o dom de realizar os sonhos das pessoas. Elvis enchia a suíte do hotel com livros e armas e fechava as cortinas para manter o ambiente escuro, fresco e privado. Além disso, não ia a lugar algum sem o seu prêmio da Câmara Júnior de Comércio e seu distintivo da divisão antinarcóticos. Era como se estivesse portando consigo todos os principais marcos de sua vida. Tudo o que o tornava quem ele era.

UM SHOW DE CARA NOVA comparado ao de apenas um ano atrás: com a abertura de *2001*, assumiu uma grandiosidade ostensiva ainda mais acentuada pelas releituras hiperbólicas de Elvis de "How Great Thou Art", "Bridge Over Troubled Water" e "The Impossible Dream".

Seus figurinos e suas joias e as poses que fazia só aumentavam o senso de iconografia cada vez mais presente em sua performance. Tudo isso contribuía de modo consciente para ele transmitir a impressão de ser, de alguma forma, maior que a vida. No fim do espetáculo, abria a capa forrada de seda e ficava lá, de braços estendidos e olhos cerrados, numa espécie de oferenda ao mundo. Na visão de alguns resenhistas, parecia um misto de semideus e morcego gigante.

A turnê foi evoluindo até o auge dos shows finais, em Kansas City e Salt Lake City. A essa altura, o empreendimento funcionava como uma engrenagem bem azeitada, uma trupe que fazia jus à fama. As novas contratações se adaptaram à perfeição. Elvis adorava a voz de baixo profundo de Sumner e seu efeito de "graves ajustáveis", embora outros membros da banda tivessem reservas sobre a musicalidade e a personalidade dele, ambas competindo descaradamente pela atenção do astro. Jackie Kahane foi a escolha certa, ideal para o público familiar de base ampla da região central dos EUA, imaginada tanto por Elvis quanto pelo Coronel, tudo muito inofensivo para a época, mas, claro, com as usuais piadinhas étnicas e de gays, o suficiente para todos se sentirem em casa. Ao concluírem a turnê, ganharam um bônus de 128 mil dólares, além do adiantamento de 1 milhão de dólares da Management III. Depois que os *promoters* foram reembolsados, e todas as demais despesas foram calculadas, sobraram 804 mil dólares a serem divididos entre Elvis e o Coronel, nas bases novas de dois terços/um terço. Em acordo informal, decidiram que isso refletia melhor a divisão do trabalho em apresentações ao vivo. Em se tratando de um cruzeiro experimental, foi um sucesso em todos os sentidos. Mas Jerry Weintraub cada vez mais desiludia o Coronel e o incentivava a buscar novos caminhos no futuro. Nem que fosse só para dar ao jovem uma lição de humildade.

Novamente, havia pouco a fazer até a abertura da próxima temporada em Las Vegas, dali a dois meses. O processo de paternidade estava prestes a ser arquivado. Os resultados de uma série de exames de sangue indicaram uma probabilidade irrisória de Elvis ser o pai. O cantor já não estava mais namorando Kathy, e tinha praticamente rompido com Barbara, que tinha ido morar com Steve McQueen, o astro do mais recente filme dela, *Dez segundos de perigo* (*Junior Bonner*), durante as filmagens, no verão anterior. Com Joyce, ele comentava cada vez mais a probabilidade de deixar Priscilla, com a ideia que Joyce largasse o emprego e fosse morar com ele em Graceland. Antes, ela nem acreditava na seriedade dessa oferta; agora, estava com medo de que talvez fosse real. Ela via o relacionamento deles como uma espécie de *folie à deux*, uma loucura compartilhada em que os dois cambaleavam em meio à névoa de pílulas e autoengano. Ela já não conseguia mais acompanhar a rapidez com que o humor dele mudava. E já não acreditava que poderia salvá-lo. Nem tinha certeza se poderia salvar a si mesma.

O Natal em Graceland foi um evento tristonho. Antigamente, era Elvis quem permanecia na Califórnia até o último momento possível, deixando os caras loucos enquanto Priscilla e as esposas esperavam em casa. Agora, foi Priscilla quem retardou sua partida para Memphis, chegando enfim com Lisa Marie em cima da hora das festas natalinas. Elvis aparentava bom humor. Inclusive pregou uma peça nos caras, todos reunidos na véspera de Natal, à espera de seus bônus anuais. "Todo mundo recordava", escreveu James Kingsley no *Commercial Appeal*, "que no ano anterior os presentes incluíram valiosos automóveis Mercedes-Benz (...)."

> Este ano, Elvis começou a brincar de Papai Noel com um humor despreocupado, com todos reunidos na sala, aguardando os presentes habituais e "talvez algo especial".
>
> Com um sorrisinho travesso no rosto, o cantor se virou para o pai, Vernon Presley, e perguntou: "Cadê os envelopes, por favor?".

> Vernon enfiou a mão nos bolsos do casaco e mostrou envelopes. "Bem, foi um ano magrinho", disse Elvis, cuja renda provavelmente ultrapassou 4 milhões de dólares em 1971. (...) Os envelopes começaram a ser abertos em meio ao silêncio. O presente especial dele em 1971 era um vale-presente do McDonald's no valor de 50 centavos.
>
> Depois da pegadinha, Elvis distribuiu a seus funcionários os presentes reais, que incluíam envelopes recheados de grana.

Em retrospectiva, alguns dos convidados detectaram um retraimento um tanto anormal, uma distância entre Elvis e Priscilla – mas nada tão diferente assim. Com certeza, nos dias seguintes, as coisas pareceram se normalizar. Segunda-feira à noite, como de praxe, assistiram a uma partida de futebol americano. Nos outros dias, alugaram as salas dos cines Memphian e Crosstown, onde Elvis recentemente havia curtido *007 – Os diamantes são eternos* (*Diamonds Are Forever*) e *Perseguidor implacável* (*Dirty Harry*) e agora queria conferir o lançamento de *Shaft*. Foi só depois que Priscilla partiu, na véspera de Ano-Novo, que transpareceram indícios de que algo estava mesmo errado – mas isso porque o próprio Elvis anunciou. Priscilla o havia deixado, contou a todos com aquele talento para a autodramatização que sempre capturava a atenção das pessoas. Ela não lhe contou o motivo, simplesmente disse que não o amava mais. Foi o que ele declarou em telefonemas e conversas, com um amigo após o outro. Mas Joyce não percebeu grandes mudanças quando compareceu ao aniversário dele, em 8 de janeiro. Ele a presenteou com uma imagem de Jesus e um anel de ouro. Com ar enigmático, anunciou que uma fase de sua vida estava terminando e outra começando. "Já ultrapassei a idade de Cristo crucificado", contou a ela. "Não tenho muito o que esperar, é hora de planejar o restante de minha obra na vida."

A CAPA E AS BALADAS foram os itens mais comentados na estreia em Vegas. O show trouxe como novidades "You Gave Me a Mountain", de Marty Robbins, "The First Time Ever I Saw Your Face", de Ewan McColl, e "An American Trilogy", de Mickey Newbury. A balada de Robbins, sobre um homem cuja esposa não só o deixou, mas também arrebatou sua única "razão de viver" – seu "garotinho" –, construída para chegar ao clímax emocionante em que o marido clama: "*This time, Lord, you gave me a mountain*" ("Desta vez, o Senhor me deu uma montanha" – muito grande para escalar), sentimento com o qual Elvis claramente se identificava, sempre cantando o verso com ardorosa paixão. Por outro lado, "An American Trilogy" parecia significar um hino de reconciliação nacional, mesclando "Dixie", "The Battle Hymn of the Republic" e um antigo *spiritual* negro, "All My Trials", e o arranjo orquestral inflado sempre comovia a plateia. A maioria das resenhas salientou: havia menos conversa do que de costume. As travessuras no palco praticamente tinham sumido. O crítico Robert Hilburn pôs o dedo na ferida ao escrever no *Los Angeles Times:* "Longe de incorporar mudanças importantes no show, praticamente tudo o que ele acrescentou só aumentou a minha decepção". Elvis em si "continua uma figura incrivelmente carismática", e a decepção vinha de sua "falta de cuidado e foco (a) no material e (b) na forma de lidar com ele". Outrora, escreveu Hilburn, "ninguém ousava tocar numa canção gravada por Presley, tamanho o talento com que ele a interpretava". Agora, Elvis era um seguidor, trazendo material já batido em versões anteriores, sem melhorias visíveis. Hilburn concluiu: Elvis "apenas seguia as tendências", e talvez a culpa fosse o cansaço de alma – um cansaço típico de Las Vegas.

Felton, mesmo precisando alugar uma máquina de hemodiálise residencial (a unidade de diálise do Sunrise Hospital de Las Vegas havia fechado), estava pronto para gravar o que se imaginava ser um novo álbum ao vivo. Ao longo da temporada de um mês, as brincadeiras voltaram tanto dentro quanto fora do palco. A melhor foi a peça que os caras pregaram em J. D. and the Stamps, vestindo-se como vilões e encenando uma tentativa de homicídio, só para ver a reação dos recém-chegados. Foi a última vez que Joyce veio a Vegas. Já não tinha mais ilusões a desfazer, mas ficou chocada ao se encontrar no banheiro feminino com duas "operárias", que, pensando que Bova era uma delas, se vangloriaram da transa que as duas tinham feito diante de Elvis. Ao ser questionado por Joyce sobre o assunto, o cantor achou graça e nem acreditou na reação dela. "Querida", riu-se ele. "Nunca toquei naquelas garotas… As duas fizeram amor, e só fiquei assistindo... Só um pouco de diversão inocente." Novamente, antes de partir, ela tentou falar com ele sobre as drogas, sem conseguir penetrar sua concha de convicção messiânica. As pessoas me ouvem, Elvis disse a Joyce, "porque sei o que elas querem e do que precisam. Você também. Deveria me ouvir mais... Sei o que é bom para você, querida. Um dia todo mundo vai me ouvir". A mensagem dele, informou, era de compreensão.

Baixando o livro, emendou: "Todos nós trazemos a divindade em nosso âmago, Joyce. Só que alguns a entendem mais".

> Aproveitei a deixa. "Elvis, se somos deuses ou pelo menos temos essa 'divindade', por que precisamos de drogas?"
>
> "O silêncio é o lugar em que a alma repousa. Algo sagrado e necessário. Só assim novos pensamentos nascem. Minhas pílulas servem para isso: para chegar o mais perto possível desse silêncio."

Na manhã seguinte, ela foi embora antes de ele acordar, pensando: "Que maneira chinfrim, tosca e desprezível de acabar tudo isso".

Por sua vez, Priscilla só compareceu na estreia. A ausência dela ao longo da temporada continuou gerando boatos. No entanto, o público ainda não tinha conhecimento sobre a separação do casal, nem Elvis sabia os verdadeiros motivos dela. No fim da temporada, Priscilla veio decidida a contar para ele, embora Joanie tenha implorado a ela que não contasse. A fúria do cantor, conforme as memórias de Priscilla e o que ela mais tarde contou a Joanie e outras esposas, se materializou de modo desenfreado e intenso, algo nunca visto antes em todo o casamento. "Ele me agarrou", escreveu Priscilla, "e fez amor comigo à força. Foi desconfortável e diferente de todas as outras vezes que já tinha feito amor comigo antes. E ele explicou: 'É assim que um homem de verdade faz amor com sua mulher'."

Ela e Joanie partiram na manhã seguinte sem dizer adeus a ninguém. Ao se encontrarem no corredor, Joanie não sabia se Priscilla havia contado a ele ou não. "Perguntei: 'Contou?'. E ela disse: 'Contei'. Falei: 'Não contou, não'. Não sei de onde ela tirou coragem. Quando voltamos a Los Angeles, em torno das seis da tarde, Joe me ligou *indignado* e me interpelou: 'Que história é essa sobre Mike Stone? É verdade?'. Ele não sabia disso. Apostou 100 dólares com Red West, que disse: 'Eu sabia que aquele pisa-mansinho [do Mike Stone] ia pôr as manguinhas de fora. Eu sabia que não podíamos confiar nele'. E Joe retrucou: 'Capaz, Elvis só está inventando. Não estava sendo um bom marido e, para ela ir embora, teve que inventar uma desculpa, [algo] além de não ser um bom marido'. Daí o Joe me ligou todo enfurecido. Mas eu só disse a ele: 'Se você estivesse por perto, teria ficado sabendo'."

Aloha from Hawaii, 14 de janeiro de 1973: Charlie Hodge, Jerry Scheff, Ronnie Tutt, Elvis, James Burton, John Wilkinson, Kathy Westmoreland, The Sweet Inspirations, J. D. Sumner and the Stamps (J. D. em pé, à direita) (Cortesia do Espólio de Elvis Presley)

TRIUNFAL

Março de 1972 a janeiro de 1973

Um mês após o fim da temporada em Las Vegas, ele voltou ao estúdio, mas dessa vez não em Nashville. Em vez disso, Felton, atormentado pela dor e definhando pela doença renal que o mataria a menos que recebesse um transplante em breve, foi a Los Angeles, onde Elvis planejava filmar os ensaios para a próxima turnê em 30 de março. De acordo com a agenda, a sessão de gravação estaria concluída um dia antes. A turnê em si começaria seis dias depois, ocasião para outro documentário da MGM combinado de última hora, modificando o conceito original para o de um álbum ao vivo em Las Vegas com trilha sonora ao vivo (a ser chamado, como o filme, *Standing Room Only*) e que geraria 250 mil dólares extras além do 1 milhão de dólares já garantido pelos *promoters* do show. Era só mais um dos primorosos pacotes do Coronel, mas com duas diferenças: o entendimento informal entre Elvis e o Coronel para uma divisão na base de dois terços/um terço da renda sobre apresentações pessoais tinha sido formalizado na renovação contratual, em 4 de fevereiro, em reconhecimento à "inigualável contribuição" do Coronel para justificar essa participação de um terço; além disso, a Management III não era mais a única promotora da turnê. Utilizando uma série de manobras cuidadosamente executadas, o Coronel persuadiu a RCA a entrar no negócio de concertos por meio da RCA Record Tours, investindo metade dos custos e correndo metade dos riscos envolvidos no show de Elvis, minando, assim, a influência de Jerry Weintraub. Agora, tudo ocorria sob a supervisão direta do Coronel.

Elvis não dava a mínima para esses detalhes. Andava, todos concordavam, com um humor esquisito, até mesmo em se tratando de Elvis – reprimido, taciturno, quase incerto sobre o que enfim poderia ter levado Priscilla a abandoná-lo, mesmo depois de tudo o que ele havia feito para induzi-la a isso. Alguns dos caras achavam que era apenas a humilhação de ela ter se envolvido com outra pessoa, em especial, alguém que Elvis conhecia e admirava, mas também parecia um clima de lástima quase outonal. Ouvia sem parar aquele maldito álbum de Charles Boyer, *Where Does Love Go?*, deixando todo mundo quase maluco – ouvindo atento aquelas recitações melancólicas, como se elas fornecessem respostas à pergunta evocada no título do álbum – *Para onde vai o amor?* –, a pergunta que, parecia, martelava eternamente em seu cérebro.

O objetivo da sessão era, antes de tudo, criar um single de sucesso, algo de que Elvis sentiu muito a falta no ano anterior. O último single, "Until It's Time for You to Go", canção de Buffy Sainte-Marie, foi o quinto consecutivo a não entrar no Top 30. Nos últimos dois anos, a queda nas vendas tinha sido vertiginosa: da expectativa sensata de 750 mil para o nível atual, de 250 mil. Felton chegou à Califórnia muito esperançoso em relação à sessão. Apostava suas fichas numa canção específica, fornecida por seu amigo Bob Beckham, de Nashville. Com o sucesso repentino e explosivo de Kris Kristofferson, o principal compositor da Combine Music, essa editora musical havia se tornado uma das mais badaladas do país. "Burning Love", de autoria do jovem Dennis Linde, o qual nunca antes havia composto uma faixa de sucesso, era uma verdadeira raridade, uma versão contemporânea e convincente do rock'n'roll.

Felton logo descobriu, porém, que o ânimo de Elvis não estava para rock'n'roll. Começaram a sessão com uma música composta e trazida ao cantor por Red, porque ele sabia que Elvis responderia a ela. Chamava-se "Separate Ways" e resultava de uma experiência pessoal dolorosa;

tudo o que Red teve que fazer foi mudar o garotinho da música, vítima do fim do casamento de seus pais, por uma garotinha, e a canção caiu como uma luva para Elvis. Trabalhou na canção ao longo de 21 *takes* emocionalmente exaustivos, e então todos ficaram sentados ouvindo a reprodução por um longo tempo. "Meu Deus, vocês querem me matar", disse Elvis a Red e alguns dos outros, que passavam por experiências semelhantes. Mas adorou a música.

A próxima escolha dele foi "For the Good Times", de Kris Kristofferson; como o título sugeria, igualmente inundada de nostalgia agridoce. Fecharam a noite com a lacrimosa "Where Do I Go From Here?", de Paul Williams. Apesar (ou talvez por causa) da presença da própria banda de Elvis no estúdio pela primeira vez, rock'n'roll dificilmente ia rolar, nem mesmo as piadinhas entre os *takes* só para impressionar algum novato. Para o baixista Emory Gordy, substituto de Jerry Scheff, a sessão foi completamente distinta do que ele esperava, com base nas informações de seus colegas de estúdio de Nashville. "Elvis realmente se concentrou em seu desempenho. Foi intenso... Ouvia a reprodução, fazia a parte dele como queria e realmente se concentrava."

Entretanto, sob o prisma de Felton, onde Gordy enxergava profissionalismo, ele enxergava torpor, depressão e uma alarmante falta de vontade – ou talvez apenas outro tipo de *teimosia*. Pela primeira vez, sentiu-se incapaz de se comunicar com Elvis, embora acreditasse que o cantor poderia gravar um disco de sucesso a qualquer momento, bastava querer. Mas ele não estava interessado em gravar um disco de sucesso. "Tentava drenar algo de seu sistema." Não era uma questão de vontade para trabalhar; Felton bem que gostaria que ele estivesse assim tão disposto nas sessões do ano anterior. Só precisavam de algo diferente do que estavam recebendo, mas Felton não conseguia mudar o ânimo soturno de Elvis.

Na segunda noite, enfim, Felton obteve o que almejava. Não se iludiu, contudo, de que Elvis havia concordado em gravá-la por outro motivo além de satisfazer seu produtor. Com o incentivo de Joe Esposito e Jerry Schilling, e com Charlie tocando violão, conseguiram uma versão boa e vibrante de "Burning Love". A canção trazida por Felton ficou pronta em seis *takes* rápidos, em um estilo quase descartável, e todo mundo notou que o coração de Elvis estava em outro lugar. Os trabalhos prosseguiram até as quatro da manhã, mas só conseguiram uma nova faixa naquela noite e mais duas na próxima, incluindo "Always On My Mind", outro número carregado de culpa que Red trouxe à sessão, parceria do autor de "Mama Liked the Roses", Johnny Christopher, com Mark James, o cara que tinha composto "Suspicious Minds" – canção que havia se tornado praticamente a marca registrada de Elvis em questões de relacionamento.

Os "ensaios" de estúdio, filmados nos dias seguintes, foram uma espécie de retomada. Repassou as canções novas para fins de performance e ensaiou uma vasta seleção das antigas, fornecendo o tipo de instruções de palco autoconscientes para indicar quem estava no comando, inclusive terminando com uma *jam* gospel que fez os cineastas se sentirem testemunhas privilegiadas de um momento íntimo. A música gospel, Elvis respondeu, em resposta ao ávido questionamento dos diretores, era algo com que havia crescido desde os dois anos de idade, só uma das facetas de uma paisagem musical que incluía Mario Lanza e também a Metropolitan Opera – cenário musical que ultrapassava as fronteiras de tempo e espaço e sempre foi capaz de acalmar sua mente. Muitas vezes, após um show, ele e os Stamps se reuniam e relaxavam com o tipo de música que estavam cantando agora. Ele conhecia J. D., contou aos rapazes, desde que "ele veio pela primeira vez a Memphis para cantar num grupo chamado Blackwood Brothers, e eu era um grande fã de música gospel". Um sentimento especial parecia fluir entre todos os membros da banda, constataram os cineastas com seriedade. "Bem, acho que é porque curtimos constantemente essa música", respondeu Elvis. "Sabe, fazemos dois shows por noite ao longo de [quatro] semanas, mas nunca perde a graça. Toda vez é como fazer pela primeira vez... Esse é um dos segredos."

A DUPLA DE CINEASTAS Bob Abel e Pierre Adidge a essa altura mal conhecia Elvis. Animados pelo recente e inebriante sucesso de *Joe Cocker e o grupo da pesada* (*Mad Dogs and Englishmen*), derradeira crônica da geração Woodstock, quase tão exaustiva quanto a turnê de Joe Cocker de 1970 que o filme documenta, já estavam contratados para realizar um filme de "nostalgia rock'n'roll" para a Columbia (*Let the Good Times Roll*, que mostraria um show com Chuck Berry, Little Richard, Fats Domino, Bill Haley e Bo Diddley), quando Jack Haley, o vice-presidente da MGM, os abordou em fevereiro. Abel preferia não embarcar de imediato em novos projetos nem assumir novos compromissos. Tinha a sensação de ter tido a sorte de escapar ileso da aventura com Joe Cocker. Mas Pierre Adidge insistiu: antes de abrirem mão da ótima oportunidade, ao menos deveriam conferir o show de Elvis em Vegas.

Com origens muito distintas na indústria do cinema, Bob Abel e Pierre Adidge, ambos na casa dos 30 e poucos anos, formavam uma parceria inusitada. Abel cursou a UCLA, teve aulas com Colin Young e colegas como Francis Ford Coppola e Carroll Ballard. Em seu estágio, realizou documentários de televisão para David Wolper (*J.F.K: A Nation of Immigrants*; *Sophia: A Documentary Study of Sophia Loren*; *The Making of the President '68*), sempre mantendo um forte interesse em música, técnicas de *cinéma vérité* e o tipo de efeitos especiais com tela dividida, em voga na época. O corpulento Adidge, tão discreto e contido quanto Abel era tagarela, foi um pioneiro na gravação sonora cujo parceiro de áudio, Jim Webb, granjeou fama por seu trabalho em *M*A*S*H*, de Robert Altman. Em 1969, a dupla formou a Cinema Associates com o objetivo específico de fazer documentários musicais, iniciativa que, para Abel, uniu as duas grandes manifestações artísticas do seu tempo.

Nenhum deles apreciou muito o show que viram em Las Vegas. Ao serem apresentados a Elvis Presley nos bastidores, ficaram um pouco chocados com a aparência inchada – mas, ao mesmo tempo, foram totalmente cativados por seu carisma. A princípio, Elvis achou que já estavam comprometidos com o projeto, mas ao descobrir que não estavam, fez questão de os atrair. Como de costume, agiu como se fosse o alvo da sedução e se mostrou tão alegre com visitantes de outra esfera que se empenhou para estender a visita. Explicaram que não tinham interesse em repetir o ponto de vista "sabichão" de *Elvis é assim* (*That's the Way It Is*, 1970). Na perspectiva de Abel, o filme dirigido por Denis Sander contribuiu para degradar aspectos culturais que eles pretendiam registrar e celebrar, mas não obtiveram resposta de Elvis sobre esse tópico. "Queremos filmar o Elvis real", disse Abel sem ironia, "mas a desvantagem é que você tem que se abrir comigo. Se eu sentir que você está posando ou forçando a barra, eu vou lá e desligo a câmera. E daí a MGM vai perder muito dinheiro." "Gostei da sua honestidade", disse Elvis. "Quando é que começamos?"

Uma semana depois, a dupla de cineastas se encontrou com o Coronel Parker, por mera formalidade. Pierre então acompanhou o Coronel na viagem pré-turnê, a fim de explorar os locais. Por sua vez, Abel tratou de montar a equipe e deixar tudo pronto para as filmagens. Quando se reencontraram nas sessões de ensaio, sabiam que, apesar de toda a sua fidelidade aos ideais do *cinéma vérité*, e pelo próprio fato de estarem filmando com equipamentos leves e discretos, para depois ampliarem o filme para 70 mm, teriam que iluminar Elvis com cuidado a fim de tentar minimizar sua aparência sinistramente pálida e bizarramente inchada. Não que ele estivesse gordo – isso teria sido menos perturbador para Abel, que reconheceu em Elvis alguns dos mesmos traços que detectava na personalidade de seu parceiro, cada vez mais viciado em Demerol. Nunca duvidou de que o cantor faria de tudo para ajudá-los. Mas, como outros tantos forasteiros no mundo de Elvis, chegou a ter pena dele.

"Tinha uma incrível inteligência nata, uma capacidade de ler o ser humano, observar os olhos das pessoas e perscrutar dentro de suas almas. Sempre me tratou com bondade. Acho que estava me escrutinando. E ele sabia que era capaz de ir mudando de um aspecto para outro [de si mesmo]. Para mim, não fazia diferença, desde que esse aspecto fosse parte dele. Desde que fosse verdadeiro. Mas acho que uma parte dele se sentia oca, que ele não era ninguém, como se houvesse aspectos dele ainda inexplorados. Fui aos ensaios sem expectativas, tentando conhecê-lo, e a parte da música gospel foi uma autêntica reviravolta. Daí [após um tempo] me caiu a ficha: todos aqueles músicos, guarda-costas e bajuladores, toda essa turma estava ao redor havia uns 17 anos, contando as mesmas histórias e piadas... Que tipo de vida é essa? Será que devo filmar isso? E se eu filmar, devo mostrar mais de uma vez para deixar claro?"

Primeira parada da turnê: Buffalo, que acabava de sair de um longo e tenebroso inverno e foi logo dando a Elvis seu cartão de visitas, na forma de uma noite fria e chuvosa. A ideia de Abel era filmar essa apresentação com uma pequena câmera de videotape da Sony, voar para a Califórnia, estudar o filme por um ou dois dias, para então se incorporar à turnê em Hampton Roads, Virgínia, agora com uma equipe de filmagem completa. Desavisado, Abel achava ter visto de tudo na turnê do filme *Joe Cocker e o grupo da pesada*. Ledo engano. O fervor da multidão, o próprio nível de comprometimento de Elvis e o apetite do público por ele, a *troca* que pulsava entre plateia e intérprete, criaram uma sensação de energia e espontaneidade que ele jamais havia experimentado antes. De volta a Hollywood, transferiu o material para uma fita de três quartos de polegada e estudou quadro a quadro a estrutura e a coreografia do show. Criou uma planilha-mestre que esmiuçava todo o show e decupava a música para os cinegrafistas.

Voltou à turnê quatro dias depois, em Hampton Roads, só para descobrir que um pouco da magia tinha desaparecido. O que soou experimental e vigoroso na fase de elaboração, agora já estava treinado e bem ensaiado. Tudo transcorreu mais tranquilo, o que não chegava a tornar o show menos emocionante. Abel, porém, lamentou um pouco não ter conseguido captar aquela sensação de arestas ainda não cortadas. Dispostas em um arranjo complexo, 11 câmeras captavam a imagem e davam a deixa para o som. Em seguida, todas as fontes sonoras se fundiam em um *deck*, a partir do qual uma trilha provisória seria criada. As câmeras operavam numa programação escalonada para que, com rolos de filme de 11 minutos, sempre houvesse continuidade, sem cortes abruptos. Também utilizaram equipamentos leves, de última geração: câmeras francesas Éclair, fones de ouvido da NASA, gravadores suíços sobre os quais Abel e Adidge detinham os direitos nos EUA, além da unidade de gravação móvel de Wally Heider. Com todos esses recursos, conseguiram se mover e filmar de maneiras que Denis Sanders nem sequer sonhou em *Elvis é assim*. Entretanto, a maior diferença entre os dois documentários, como Abel e Adidge seriam os primeiros a admitir, era que a dupla acreditava no "romance dos heróis". Ou seja, para eles, Elvis era um herói popular, cuja jornada mítica era o subtexto de seu show.

Na noite seguinte, filmaram em Richmond, e então Abel voltou à Califórnia, deixando Pierre para trás a fim de obter filmagens de bastidores. Após analisar as filmagens dos shows de que já dispunham, Abel delineou o que faltava em termos narrativos e musicais. Voltou à turnê em Greensboro, Carolina do Norte, onde, por ordem da MGM, mostrou ao Coronel algumas das imagens brutas num cinema local. Até então, a impressão dele era a de que o Coronel os estava observando com um pé atrás, receoso de que a dupla, com toda aquela juventude e aparência desleixada, não soubesse o que estava fazendo. Agora "praticamente nos deu carta branca e sua bênção. Falei que precisávamos de mais acesso, e ele disse que, se mostrássemos serviço, ele também mostraria. Embrenhou-se num longo discurso sobre quanta gente já havia puxado o tapete de Elvis no passado. Ele era o único que se preocupava com a imagem do cantor e precisava ter muito cuidado. Parecia a estimulante resenha de um treinador no intervalo da partida. Contou a história de clientes que pagavam para entrar no circo de variedades e depois pagavam para sair [a chuva enlameava o campo em que a lona do circo estava armada, e ele oferecia um burrico para os clientes montarem e não afundarem os pés na lama e no esterco]. Avisou: 'Tentem aprontar comigo e vão atolar até as orelhas no estrume de elefante'. Concluiu: 'Vão lá e façam o melhor filme de Elvis de todos os tempos'. E bateu com a bengala no chão".

Nenhum show funcionou tão bem quanto o primeiro, mas continuaram esperando uma repetição de Buffalo, ou, no mínimo, de Hampton Roads. Terminaram em San Antonio, Texas, a penúltima noite da turnê. Agora tinham quatro shows perfazendo duas semanas inteiras de filmagem, com um leque de imagens de perfeita qualidade, para escolher à vontade. No ponto de vista de Abel, porém, foi a equipe de documentários de Pierre que capturou o momento decisivo do filme. Sentado na limusine, após o show em Jacksonville, Flórida, Elvis está com uma toalha enrolada na cabeça. Exausto, solta frases aleatórias sobre o show e o que dá na telha. "Calorzinho na Flórida", comenta, cantarolando baixinho o verso "*Rainy night in Georgia*". Súbito, ele, Charlie e Red improvisam uma breve harmonia vocal com "For the Good Times". Em outra parte, realçada no filme acabado, Elvis relanceia o olhar pelo vidro do carro, a mente a milhões de quilômetros de distância, e sua expressão sonhadora nos remete à fotografia de 1956 com a qual os diretores ilustram seu isolamento essencial e imutável. É uma "pequena e íntima" revelação, como descreveu Abel, mas o que ficou de fora do filme é a revelação que a precede, um momento talvez igualmente decisivo: no carro, a caminho do show, Elvis confidencia aos caras, com deleite travesso, que na noite anterior estava com o rosto "enterrado numa peluda".

Para arrematar o filme concebido por eles (que logo seria rebatizado *Elvis on Tour – Elvis triunfal*) Abel e Adidge sabiam que precisavam de algo especial. Nos meses seguintes, lutaram por uma entrevista sincera, apenas em áudio, para servir como uma espécie de cola para manter as imagens unidas. Nesse quesito, o Coronel não mexeu uma palha. Justamente o tipo de exposição não supervisionada à qual sempre se opôs em toda a sua trajetória empresarial; se Elvis aprovasse a ideia, ele não criaria obstáculos, mas agora estavam por conta própria. E deu de ombros, uma forte insinuação de que sem o apoio dele não havia como Elvis concordar.

Mas o Coronel não levou em conta um detalhe: Jerry Schilling. Jerry foi trabalhar para Abel e Adidge como assistente de montagem do filme tão logo voltaram a Hollywood e tiveram a chance de avaliar o material filmado. A princípio, Elvis não curtiu a ideia de Jerry trabalhar para eles; na verdade, os cineastas também hesitaram, cada parte suspeitando dos motivos da outra. Por sua vez, Jerry viu nisso a oportunidade havia tempos esperada para avançar em seu campo escolhido após um longo aprendizado na Paramount. Assim, persuadiu a Cinema Associates de sua sinceridade voluntariando-se para trabalhar exclusivamente em *Let the Good Times Roll* (o outro filme de rock'n'roll da produtora). Nesse ponto, ambas as partes enfim viram a luz, abraçando a ideia de que Jerry poderia lhes fornecer o melhor de dois mundos. Elvis confiava na lealdade de Jerry, e o envolvimento dele no processo de montagem ajudaria a manter o filme nos trilhos. Enquanto Abel e Adidge, agora igualmente convencidos da integridade e sinceridade de Jerry, enxergaram no envolvimento dele a chance de influenciar Elvis.

E foi mais ou menos assim que funcionou. Primeiro, Jerry convenceu Elvis a permitir que os cineastas usassem fotos clássicas do período de seu primeiro sucesso (o Coronel se opôs a isso, alegando que você sempre vende seu presente, não seu passado). Para compensar, persuadiu os cineastas a incluir tomadas apropriadamente "brandoescas". A entrevista representava um desafio maior, mas Jerry também teve sucesso na empreitada, convicto de que esse filme era importante, que o filme era um registro humano, que os segmentos de entrevistas intercalados forneceriam contexto e enredo. Tinha certeza de que, acima de tudo, Elvis se sairia bem.

Elvis entrou nos estúdios da MGM ainda mais pálido e mais inchado do que durante a turnê. Pediu desculpas aos cineastas por não ter conseguido encaixar o compromisso antes. Contou que esteve às voltas com outra turnê e ocupado com diversos problemas relativos ao rompimento de seu casamento. Além disso, uma garota com quem recentemente andava saindo tinha acabado de morrer em um acidente de carro. Sentou--se na cadeira no já familiar camarim de tantos de seus filmes. À frente, os seus dois entrevistadores. Entre ele e os dois, a mesinha de centro. Apesar das objeções de Abel, vários caras entraram com ele, analisando os procedimentos de maneira um tanto sinistra, mas Elvis parece ter excluído a todos, à exceção de Jerry, empoleirado numa cadeira de diretor, acima do ombro direito de Abel.

Começaram registrando as reações dele a algumas fotos antigas. Voz cálida, hesitante, genuinamente discreta, a mesma sensação que passava ao público, desde o início: que está se comunicando diretamente sem o benefício de qualquer tipo de filtro. A reação inicial da plateia o surpreendeu, conta ele, falando sobre o show no Overton Park Shell. “A primeira vez que aconteceu, a primeira vez que subi ao palco... Aquilo me deixou apavorado, cara. Não tinha ideia do que eu tinha feito.” E explicou que, na verdade, isso nunca mudou. “O foco do meu trabalho é essencialmente o público, seis ou seis mil, isso realmente não importa; evocam isso em mim – a inspiração, a pompa.” Mas e se não funcionasse? Se não fosse bem recebido?, quis saber Pierre. “Eu troco as canções. Volto e fico acordado a noite toda e me lanço ao trabalho... Fico trabalhando nisso, sabe, me preocupando com isso. Descubro por que o show não decolou nos primeiros quatro, cinco números. Isso é importantíssimo.”

Ele ainda ficava assustado antes de cada apresentação. Pilhado, evitava chegar muito cedo para um show e exigia de seus músicos o mesmo tipo de intensidade. Uma vez, no palco em Las Vegas, escutou uns dos caras da orquestra conversando: “Aquele pessoal lia revistas como *Better Homes and Gardens*. Tocam tão bem que conseguem fazer a parte deles e depois falar: ‘Que tal se eu fizesse este pátio em minha casa?’ (...) Então troquei a ordem das músicas para tirá-los da zona de conforto. A orquestra fazia a introdução e eu dizia: ‘Ei, ei, não quero fazer essa música, vamos fazer outra coisa’. Nisso conferiam as partituras bem rápido, e nesse processo eu os capturava; *tinham* que prestar atenção em mim".

Comentou que o show incorporava todos os elementos com os quais sonhava desde criança, quando ia ao Overton Park nas tardes dominicais para ouvir a Memphis Symphony. Mencionou que descobriu o talento precocemente: "Aos 2 anos de idade, percebi que eu sabia cantar". Mais tarde, "no conjunto habitacional onde eu morava, o pessoal fazia uma rodinha pra me ouvir". Só que na escola, até o 2º ano do Ensino Médio, "ninguém sabia que eu cantava. Eu não era lá muito popular na escola. Eu não namorava ninguém naquela escola. Tirava notas baixas em música... a única matéria em que eu ia mal. E [um dia] me colocaram num show de calouros. (...) Parece incrível, mas depois disso me tornei popular na escola". O que o pai dele pensava sobre ganhar a vida tocando violão? Com essa pergunta, Jerry incitou Elvis a contar uma das velhas histórias de família que o mundo exterior ia gostar de ouvir. "Meu pai viu muita gente que tocava violão e outros instrumentos não dar certo na vida, então me aconselhou: 'É melhor se decidir entre ser eletricista ou tocar violão. Nunca vi um tocador de violão que valesse a pena'." Todos caem na risada e Elvis complementa: "É engraçado, às vezes digo isso a meu pai, e ele só dá uma risadinha, e fica com vergonha se eu contar essa história na frente de alguém. Lá estava eu numa espécie de ataque epiléptico [em suas primeiras performances], e alguém filmou tudo!".

Comentaram sobre vários outros assuntos, Elvis fez algumas de suas tiradas costumeiras sobre o exército e os primeiros anos, mas só se envolveu mesmo quando começou a falar a respeito dos filmes. Primeiro, em tom suave: "Era trabalho. Um emprego. Eu precisava estar lá em determinado horário da manhã e trabalhar certo número de horas, e foi exatamente assim que encarei".

Mas, com o passar do tempo e um filme após o outro: "Eu me importava a ponto de ficar doente fisicamente. Eu adoecia e ficava mal. Tinha febre, algo acontecia comigo... A certa altura eu não tinha voz ativa no processo. A aprovação final do roteiro não dependia de mim. Ou seja, eu não poderia chegar e dizer: 'Isso não é bom para mim'. (...) Não acho que alguém estivesse tentando me prejudicar conscientemente. A imagem que Hollywood tinha de mim é que estava errada, só isso. E eu sabia, mas não podia dizer nada a respeito, não podia fazer nada em relação àquilo... Nunca encarei com indiferença, eu ficava tão preocupado com isso que era só no que eu falava. Isso me deixava mal, então precisei mudar. E foi o que eu fiz".

Bob Abel tentou desviar o assunto e fazê-lo falar sobre suas *conquistas* nos filmes, a célebre sequência de dança em *O prisioneiro do rock*, inspirada pelos seus próprios e espontâneos movimentos, mas Jerry o trouxe de volta ao desabafo que ele realmente queria fazer. "Pensei que me dariam uma chance de mostrar algum tipo de habilidade de atuação ou fazer uma história muito interessante, mas isso não mudava, não mudava, e foi batendo um desânimo. *Nenhum cachê no mundo me faria ter autossatisfação por dentro*."

"Mesmo assim continuou fazendo filmes, deve ter sido um esforço e tanto...", disse Pierre.

"Eu precisava. Eu precisava."

Momento curioso. Não mencionou o nome de ninguém – reconheceu explicitamente que não havia ninguém a culpar –, mas era como se ele, por um momento, estivesse refletindo a respeito de toda a sua carreira, encarando aquilo como uma série de erros sobre os quais ele nunca tinha realmente assumido o controle, com uma amargura até então inédita em seu discurso público (e que, no final, acabaria cortada do filme). "Realmente levei isso o mais longe que pude", disse Elvis. "Fisicamente, emocionalmente e tudo mais." Ao perceber o que disse, tenta remendar: "Nem todos os filmes eram tão ruins. E, de quebra, eu fazia algo divertido para as pessoas, puro entretenimento… na televisão eles funcionavam bem". Mas então, incapaz de se conter mais uma vez, atacou Steve Allen por humilhá-lo na televisão, 16 anos antes, quando foi obrigado a usar cartola e fraque e cantar para um cachorro: "Aquele era o humor de Steve Allen. Coisa mais sem graça. De novo, eu tive que fazer...".

Um desempenho singular, em mais de 40 minutos. Ao chegar à porta, voltou a conter a onda de emoção descontrolada. Difícil dizer qual seria a avaliação do Coronel sobre essa atuação. Na consagrada tradição dos circos de variedades e dos parques de diversões itinerantes, as coisas nunca eram realmente reveladas, as cortinas jamais se abriam, as máscaras jamais caíam – e Abel e Adidge nunca conheceram de verdade o homem que estava falando com eles: uma máscara meramente substituía a outra. Ao mesmo tempo, entretanto, uma verdade mais profunda *foi* revelada, a mesma que Marion Keisker tinha intuído quando Elvis Presley, aos 18 anos, entrou pela primeira vez no estúdio Sun. "Ele parecia um espelho", observou a assistente de Sam Phillips. "Tudo o que você buscava encontraria nele. Elvis não mentia nem falava coisas maldosas. Tinha toda a complexidade do que é muito singelo."

A TURNÊ DE 12 DIAS em junho tinha provado duas coisas. Em primeiro lugar, a competência da equipe. A trupe agora abrangia 70 ou 75 membros, incluindo equipe técnica, operadores de equipamentos, membros da orquestra e licenciadores de concessões. Viajavam em três aviões fretados, com duas montagens completas de palco, não mais uma viagem anual e paralela, mas uma operação bem calibrada, com o Coronel liderando a comitiva. Conquistaram até Nova York: a turnê abriu com quatro shows no Madison Square Garden. A recepção foi além das expectativas do Coronel, da RCA ou de qualquer outra pessoa.

Elvis nunca havia se apresentado em Nova York antes. No início da carreira, enfrentou a arrogância, a zombaria e o desdém nova-iorquinos. Por isso ele e o Coronel, de um modo até compreensível, encaravam aquilo com desconfiança e receio de se expor a novas humilhações – além disso, a locação do ginásio, os custos promocionais e todas as outras despesas de fazer negócios na cidade de Nova York envolviam cifras bem mais altas do que as usualmente pagas em outros lugares. Uma empreitada dessas não parecia ser vantajosa. Mas isso tinha mudado. Com o escopo de sua nova operação e o grau de aceitação alcançado por Elvis, agora valia a pena empreender esse desafio – e o Coronel acrescentou outra reviravolta: um álbum ao vivo (aquele iniciado em Las Vegas acabaria descartado), com lançamento marcado para a semana seguinte ao último show no Garden, para frustração dos piratas, disse o Coronel.

A aposta foi um sucesso quase absoluto: ingressos esgotados nos quatro shows, 80 mil ingressos ao preço máximo de 10 dólares, com renda bruta de 730 mil dólares em três dias. Elvis e sua trupe cativaram também a imprensa de Nova York, e o Coronel fez seu costumeiro papel de "diretor circense", apresentando Elvis numa entrevista coletiva, sexta-feira à tarde. O Coronel, com seu chapéu de palha barato, uma alusão a um festival de verão; Elvis, com seu típico traje estelar, deslumbrando os repórteres calejados com sua habitual mescla de autodepreciação, fanfarronice e despreocupação casual. Por que motivo ele sobreviveu a todos os outros artistas de sua geração? "Eu tomo vitamina E", respondeu de bate-pronto. A sala explodiu em gargalhadas, e Elvis continuou: "Brincadeira... Você quer me constranger, cara... Esse ramo é uma curtição. Eu gosto do que eu faço". E sua imagem de menino do interior, tímido e humilde? Por um instante, Elvis parece atônito. "Não sei por que falam isso", responde com certa perplexidade. Levanta-se, abre a jaqueta estilo eduardiano azul-claro com ousado forro xadrez e revela o cinto dourado do International. "Elvis", perguntou um repórter, "está satisfeito com a imagem que você criou?". "Bem, a imagem é uma coisa, o ser humano é outra", disse ele, e então, em resposta a uma pergunta na sequência, disse voluntariamente: "É muito difícil satisfazer as expectativas de uma imagem". O pai dele à esquerda, o Coronel à direita. Vernon foi questionado sobre o sucesso meteórico do filho. Quando percebeu que Elvis tinha se tornado uma celebridade? "Bem, é meio difícil definir", analisou Vernon. "Aconteceu tão rápido, é difícil de acompanhar, sabe. Apenas, *bum!* E da noite pro dia, lá estava ele." Como pai, tinha algum arrependimento? "Não tenho, não. Na verdade, gostei muito." "Brincadeiras à parte", disse Elvis, retomando a palavra suavemente, "aconteceu muito rápido. Minha mãe, meu pai, todos nós... tudo aconteceu da noite para o dia. Tivemos que nos adaptar a muita coisa com bastante rapidez. Muita coisa boa, é bom acrescentar."

O único incidente desagradável ocorreu quando Jackie Kahane, inclinado a testar os limites da paciência de um público mais sofisticado, teve que abandonar o palco sob vaias na primeira noite. Mas a produção ficou ao lado de Jackie. Dali em diante, pelo resto da temporada, Al Dvorin começou a anunciar o arrasado comediante como "amigo pessoal" de Elvis e insistiu que ele recebesse todo o respeito porque "trabalhamos como uma família". Por outro lado, a imprensa se esmerou para dar a Elvis o merecido reconhecimento: o *New York Times* sozinho publicou três reportagens sobre o show. O artigo de Chris Chase estampou a manchete "Um príncipe de outro planeta", resumindo a reação geral. "De tempos em tempos", concluiu Chase no texto em que a surpresa abafava o ceticismo, "surge um campeão especial, um Joe Louis, um José Capablanca, um Joe DiMaggio, alguém cujo estilo de fazer é mais importante do que o feito em si. DiMaggio rebatia a bola de beisebol com tanta leveza que o movimento parecia fácil e inevitável. (...) Sexta-feira à noite, no Madison Square Garden, Elvis foi assim. No fim, ele ficou lá, de braços abertos, o grande manto dourado lhe dando asas, um campeão, o único em sua categoria."

De volta a Memphis, no fim da turnê, Elvis passou um mês em casa. Pouco pensou em inspiração* – parecia mais interessado em descolar uma namorada. Em Los Angeles, estava saindo com Sandra Zancan, bailarina de clubes noturnos a quem havia dado um carro esporte branco e um anel de rubi. Em Memphis, por um tempo namorou uma dançari-

* No original, "*Elvis had little thought of duende*". "*Tener duende*" é um termo espanhol que designa um estado acentuado de expressão e autenticidade. (N. de T.)

na do T.J.'s, a quem presenteou com um Lincoln Continental Mark IV branco. Outras garotas foram surgindo, mas era óbvio para todos: Elvis não era mais o mesmo. Já não escondia sua contínua preocupação com o adeus de Priscilla.

Foi então que, em 6 de julho, conheceu Linda Thompson numa sessão no cine Memphian. Aos 22 anos, a atual Miss Tennessee (ex-Miss Memphis State e Miss Liberty Bowl) foi convidada para comparecer ao Memphian pelo agente local da RCA, Bill Browder, que viu nela potencial para despertar o interesse de Elvis; além de muito bonita, era inteligente e vivaz. Sentindo que a situação era arriscada, trouxe junto uma amiga, Jeannie LeMay (Miss Rhode Island), para se resguardar. Além disso, estacionou o carro em zona proibida, caso fosse necessária uma fuga rápida. No escurinho do cinema, porém, as coisas transcorreram bem, pois George Klein, de cujo programa de TV Linda havia participado várias vezes, fez de tudo para que ela se sentisse à vontade, e Elvis não poderia ter sido mais cavalheiro. Ela achou graça quando ele tentou a velha estratégia de bocejar e se espreguiçar para colocar o braço em volta dela, mas se apressou em garantir: já não era mais casado. Na verdade, estava separado desde janeiro. E caiu na gargalhada ao ouvir a resposta dela: "É uma pena, mas eu poderia ter dito algo a você há muito tempo: você deveria ter se casado com uma garota de Memphis".

Só voltou para casa após as quatro da manhã, e a tia dela, com quem ela estava passando o verão, exigiu detalhes. "Grande fã de Elvis, minha tia Betty tinha mais ou menos a idade dele. Ela me intimou: 'E então?'. Respondi: 'A gente se conheceu...'. E Jeannie atalhou: 'Ele gosta dela. Ficaram lá sentados se beijando. Colocou o braço nos ombros dela. Quer namorar com ela'. E minha tia quase pirou! 'Elvis! Ai, meu Deus! Está falando sério?' Então, de repente, o telefone toca e ela diz: 'Quem poderá ser?'. E era Elvis. Ele disse: 'Posso falar com Linda?'. E ela respondeu: 'Claro, só um momento, por favor'. Daí grita: 'Ai, meu Deus', e me passa o telefone. Eu atendo, e a fala dele está um pouco arrastada, e penso: 'Nossa, ele não estava bebendo quando nos vimos no cinema.

Será que foi para casa e tomou uma bebida ou coisa parecida?'. Eu era meio inocente sob muitos aspectos. Eu não entendia nada de drogas. Falei: 'Você está sonolento? Está com muito sono?'. Ele disse: 'Sim, cansadaço'. Mas eu não conseguia entender a fala. Começou a balbuciar coisas como: 'Estou tão feliz por ter conhecido você esta noite. Onde é que você esteve por toda a minha vida? Preciso estar com você. Nem acredito que não a conheci antes'. Palavras fortes para dizer a alguém que você acabou de conhecer. E coloco a mão para tapar o telefone e comento com minha tia Betty: 'Puxa vida, acho que ele andou bebendo!'"

Na noite seguinte, ela foi ao cinema de novo. Depois da sessão, visitou Graceland. Pela manhã, ela partiria de férias rumo a Gulf Shores, no Alabama, com a tia Betty, o tio Steve e a criançada. Mesmo assim, andou de carrinhos de golfe com toda a turma e inclusive aceitou o convite de Elvis para conhecer o quarto dele. "Jeannie me avisou: 'Não vá, tenha cuidado!'. Ela achava que o plano dele era me levar para cama, mas subi com ele e apenas lemos. Trocamos beijos e amassos, o que foi maravilhoso, e depois lemos a Bíblia. Tivemos a sensação de que já nos conhecíamos havia tempos. E meio que sabíamos [por experiência] como a outra pessoa tinha sido criada. Quando voltei à casa da minha tia, ela me cercou: 'Meu bem, onde você esteve? Vamos partir daqui uma hora'. E em todo o trajeto rumo ao Alabama tocamos fitas de Elvis. Perguntei: 'Acham que ele vai me procurar de novo?'"

Ela se ausentou por três semanas, sem sequer deixar um número de telefone para ele entrar em contato. Nesse meio-tempo, Elvis conheceu e namorou a atriz Cybill Shepherd.* A beldade de Memphis havia recém-terminado o filme *O rapaz que partia corações* (*The Heartbreak Kid*, 1972). Estava de férias do cinema e de seu namorado fixo, o cineasta Peter Bogdanovich. Elvis também manteve o contato com Sandra Zan-

* Em suas memórias, *Cybill Disobedience: How I Survived Beauty Pagents, Elvis, Sex, Bruce Willis, Lies, Marriage, Motherhood, Hollywood, and The Irrepressible Urge to Say What I Think*, Cybil revela os encontros com Elvis no capítulo intitulado "White Boys Don't Eat...". (N. de T.)

can, mas não conseguia tirar Linda da cabeça. Assim que ela chegou do Alabama, não demorou muito para o telefone dela tocar. Era Joe ligando de Los Angeles; contou que, dia após dia, tentaram descobrir o paradeiro dela, desde que o momento em que ela havia partido.

"Daí o Elvis pegou o telefone e disparou: 'Quem é que você pensa que eu sou? Achei que era o início de algo maravilhoso, e daí você, num estalar de dedos, simplesmente desaparece por três semanas'. Então acho que eu devo ter conseguido atrair a atenção dele!" Convidou-a para se encontrar com ele em Las Vegas, onde estrearia a temporada em menos de uma semana. Ela não hesitou nem por um instante. Embora ainda fosse virgem e cultivasse fortes convicções religiosas, não havia escolha. "Havia quatro anos, eu cursava a Memphis State e me faltavam 12 créditos em Teatro e Inglês, minhas duas áreas de especialização. Na realidade, eu não queria [mesmo] voltar, eu não queria dar aulas. Eu pensava em ir a Los Angeles e começar minha carreira de atriz, ou me tornar aeromoça por um tempo, ou ir a Nova York para tentar ser modelo... Eu estava pronta para viajar pelo mundo e me divertir. Então conheci o Príncipe Encantado e ele tomou a decisão por mim."

No dia seguinte, voou para Los Angeles e depois para Las Vegas, onde se encontrou com Elvis, que começava os ensaios para estrear no final da semana. Em seu traje de faculdade, ela teve a impressão de estar entrando numa grande festa de fraternidade – sem o barril de cerveja. Todo mundo a tratou maravilhosamente, e ela nem acreditou no luxo da mobília – embora ainda estivessem no vigésimo nono andar durante os ensaios. Só mais tarde seriam transferidos para a suíte estelar. Logo na primeira noite, porém, notou que havia algo errado. Aquela qualidade estranhamente "bêbada" que tinha aflorado ao telefone reapareceu na voz dele. À noitinha, na mesa de cabeceira de Elvis, ela observou muitos frascos de pílulas. Indagou se ele estava doente, e o cantor respondeu que não, só um pouco resfriado. Então jantaram, e foi tudo muito romântico, "ele era tão amoroso e carinhoso, [mas depois] estávamos lá fora conversando, e ele gaguejou um pouco e arrastou a fala. 'Está bem?', perguntei. E ele disse: 'Ah, estou bem, querida, só acabei de tomar uma pílula para dormir'. Eu quis investigar mais: 'Você toma pílulas para dormir?'. 'Sim, eu tenho problemas para dormir desde criança.' Achei estranho, mas a experiência inteira foi estranha para mim. Quem me dera eu ter sido mais mundana, mais experiente. Mas aceitei e só fui perceber a magnitude [do problema] semanas mais tarde, à medida que o relacionamento foi evoluindo."

Todo mundo gostou de Linda. Naquele verão, ela não foi a única moça a visitar Las Vegas (Cybill Shepherd e Sandra Zancan vieram quando ela esteve ausente), mas no fim da temporada Elvis fez sua escolha. Ela ria fácil, exibia uma naturalidade revigorante, era pé no chão e se adaptava ao estilo de vida dele. Mais tarde, ela se descreveu como alguém "muito jovem e resiliente, ainda imatura e sem ideias predeterminadas sobre a vida e seus rigores. Estar com ele, compartilhar a vida com ele, me deixava muito contente". Ela modificou os hábitos de sono, trocou o dia pela noite; conversava com ele e o fazia rir com suas travessuras – tornou-se alguém "para a vida toda", termo com que os caras costumavam se descrever. Tudo indicava que ela ficaria por perto um tempo.

Em 26 de julho, a separação foi oficializada. Na semana anterior, Priscilla havia passado em Graceland para pegar suas coisas e dar um adeus emocionado à vovó, jurando a ela que manteria contato. No finzinho de julho, em sua coluna, Rona Barrett relatou: "Neste momento, Priscilla está muito ansiosa para recuperar sua liberdade. A suposta razão é o carateca Mike Stone, com quem Priscilla jantou várias vezes (...) em locais públicos". O *Sunday Tribune* de 30 de julho estampou a manchete: "Faixa preta de caratê é o pivô da separação dos Presley". Relatos chegavam a Elvis de que Priscilla participara de vários torneios ao lado de Stone, alegre e animada, às vezes até distribuindo folhetos com a programação, em uma aparente crítica a seu antigo estilo de vida. Em 18 de agosto, foi anunciada a formalização do pedido de divórcio no Tribunal Superior de Santa Mônica. As bases do acordo – pagamento único de 100 mil dólares em duas parcelas (50 mil dólares adiantados), além da pensão de 1 mil dólares por mês para a esposa e 500 dólares de pensão alimentícia – não foram divulgados, mas tinham sido elaborados numa conferência conjunta com o advogado de Elvis, Ed Hookstratten. Priscilla se negou a receber mais do que isso, conforme Hookstratten, apesar de seus próprios conselhos em contrário. Era como uma rejeição implícita de tudo o que Elvis viesse a oferecer a ela.

Em termos emocionais, Elvis estava claramente dividido. Isso ficou demonstrado pelo brusco aumento nas consultas médicas durante a temporada em Las Vegas. Primeiro, ele se contentava em tomar medicamentos antes de cada show, entre um show e outro, antes de se recolher à noite. Então passara a receber atendimento médico até cinco vezes por dia, com os resultados observados por Linda. Essa foi a primeira temporada sob o novo acordo do Coronel com o Hilton, que não só reajustava o salário de Elvis para 130 mil dólares por semana (com aumento para 150 mil dólares a partir de 1974 e todos os compromissos verbais anteriores ainda em vigor), mas designava ao Coronel a remuneração de 50 mil dólares por seus amplos esforços em promover a rede Hilton país afora. Conseguiu isso com insinuações sobre abandonar o Hilton e migrar para o MGM Grand, de Kirk Kerkorian, atualmente em construção (insinuações que transmitiu, bem a seu estilo, negando as notícias nesse sentido) e com a ameaça direta, no mês de março anterior, de abandonar sua sala com todos os seus pertences, porque nem ele nem seu cliente eram suficientemente valorizados. Nesse meio-tempo, Elvis realizou bons shows, embora muitos críticos comentassem a aparência um tanto sombria do astro: havia pouco caratê, bem menos interação com o público do que o normal e, aparentemente, atenção maior às músicas com ênfase em perdas e mágoas. A *Variety* aplaudiu essa prova de disciplina renovada, essa "bem-vinda ausência de brincadeiras e piadas internas". Uma parcela dos fãs nutria sentimentos ambíguos a respeito disso – preocupavam-se com Elvis –, enquanto Robert Hilburn relatou no *Los Angeles Times* que Elvis Presley tinha mostrado "apenas cerca de 60% de seu potencial musical" no show, mesmo reconhecendo uma considerável melhoria em comparação a janeiro anterior.

No dia 4 de setembro, último dia da temporada, o Coronel marcou uma entrevista coletiva entre os shows, a fim de confirmar oficialmente a data e o local de um evento comentado pela primeira vez em julho: a transmissão via satélite pela rede NBC, de um show no Havaí (o programa seria chamado de *Aloha from Hawaii*), com audiência estimada de 1,5 bilhão de telespectadores em todo o mundo. Ao lado de Rocco Laginestra, o novo presidente da RCA, Elvis respondeu às perguntas de repórteres já amplamente informados sobre todos os marcos históricos que essa transmissão estabeleceria: primeiro especial de entretenimento de longa duração a ser transmitido mundialmente via satélite; maior audiência a assistir a um programa de televisão, "mais de 1 bilhão de espectadores", que o assistiria "em noites sucessivas, a partir de 15 de janeiro de 1973"; "primeira vez na história da indústria fonográfica" que um álbum (a trilha sonora de acompanhamento) seria lançado simultaneamente em base global. O cenário era um mural concebido pelo Coronel, com seis fileiras de chapéus do Elvis Summer Festival; cada chapéu de palha trazia o nome de um país em que se esperava a transmissão do espetáculo. O presidente da RCA parabenizou artista e empresário pelo ousado salto para o futuro. Radiante, o Coronel abriu um sorriso e repetiu o que já havia declarado aos repórteres em um comunicado de imprensa: "A intenção de Elvis é agradar a todos os seus fãs mundo afora". E se era "impossível tocar em todas as cidades" do mundo, talvez, implicitamente, isso serviria ao menos como prova de sua boa-fé.

A presença de Rocco Laginestra não foi acidental, tampouco a formalidade de um executivo apoiando a maior estrela da gravadora. Na verdade, o comunicado de imprensa da RCA deixava bem claro: a RCA não só era a orgulhosa progenitora, mas a *produtora* do show, por meio da RCA Record Tours, criada a pedido do Coronel para fazer a promoção conjunta das turnês. Agora, numa só cajadada, o Coronel se libertava de Jerry Weintraub e da Management III, com a RCA Record Tours não só "patrocinando" o especial de televisão (ou seja, receberiam 1 milhão de dólares da NBC, dos quais a RCA ficaria com 100 mil dólares, enquanto o astro e seu empresário dividiriam os 900 mil dólares restantes), mas embarcando em um novo acordo com Elvis e o Coronel, pelo qual se tornaram os promotores exclusivos de 50 shows de Elvis Presley, a um cachê garantido de 4 milhões de dólares, mais bônus de 250 mil dólares, nos próximos 15 meses.

Sob a pressão do Coronel em todas as frentes, a RCA talvez tenha sido uma parceira a contragosto nessa empreitada, mas mesmo assim eram parceiros. Desde o começo de abril, o Coronel colocava a boca no trombone, principalmente na questão dos álbuns de baixo custo, do selo Camden, cujas vendas caíam de modo alarmante. E à medida que a diminuição nas vendas dos discos de Elvis se tornou uma constante, o empresário dele levantava acusações de incompetência. Como se isso não bastasse, trouxe à tona o tópico dos "muitos acordos verbais" que existiam e que não haviam sido registrados por escrito, para não prejudicar a RCA em suas obrigações com outros artistas, cujos contratos traziam cláusulas de "nações mais favorecidas". Talvez "essa gente nova" da RCA não tencionasse honrar esses acordos. Nesse caso, Elvis e o Coronel só cumpririam suas obrigações contratuais, dispensando todo e qualquer produto adicional e se concentrando nas turnês, as quais eram bem mais lucrativas, afinal de contas. Em agosto, o Coronel subiu o tom de sua retórica e suas exigências. Tudo por conta das paradas de sucesso. "Burning Love", o single que Elvis não queria gravar, chegou à segunda posição nas paradas e se tornou o primeiro single de Elvis a vender 1 milhão de cópias desde 1970. Por sua vez, o álbum *Elvis As Recorded at Madison Square Garden* ganhou disco de ouro no início da temporada de Las Vegas. Numa reunião em 11 de agosto, o Coronel declarou que *sabia* onde a contabilidade da RCA tinha enfiado os 600 mil dólares devidos a eles. Era ele, e só ele, que impedia Vernon de fazer exigências ainda mais duras. Insinuou que escolhia o que Vernon deveria ou não saber; em suma, esperava um mínimo de 500 mil a 600 mil dólares no próximo pagamento de royalties.

Foi nesse clima que ele se tornou sócio da RCA com plenos direitos. Como os chefes dos estúdios de Hollywood antes deles, os executivos da gravadora ficavam mais estupefatos com o Coronel do que intimidados; simplesmente não sabiam como lidar com ele. Em memorandos internos, discutiram o problema, assim como Hal Wallis e Joe Hazen discutiram o mesmo problema ao longo dos anos: como aquela figura de palhaço, sem polidez e sem modos, a quem estavam prontos a tratar com indulgência, sempre agia como se tivesse todas as cartas, mesmo quando eles tinham quatro ases na mão? O diretor financeiro da RCA, Mel Ilberman, o mais intransigente negociante que você poderia encontrar, dificilmente cedia às pressões, mas o Coronel tinha tantas armas em seu arsenal, e era tão difícil afirmar que alvo ele mirava, que em outubro, num memorando interno, Ilberman levantou a possibilidade da aquisição do catálogo completo de Elvis até o momento, só para se livrar do Coronel de uma vez por todas.

Enquanto isso, Elvis respondia a perguntas na coletiva de imprensa, escarrapachado na poltrona estofada, em seu traje branco de gola alta, relaxado ao ponto do tédio e incapaz de dizer algo mais do que: "É dificílimo de entender. Em 15 anos, é dificílimo entender tudo isso acontecendo… É complicado de entender, mas é a minha parte favorita do negócio, fazer shows ao vivo". Por outro lado, o Coronel praticamente transbordava de entusiasmo. Enfim o seu sonho de longa data estava prestes a se concretizar. Teve a ideia da transmissão via satélite ao assistir às imagens ao vivo da histórica viagem do presidente Nixon à China, em fevereiro. Precisou superar a oposição inicial de Elvis, vender a ideia para a RCA e convencer Tom Sarnoff da NBC. Então, a data de 18 de novembro foi anunciada para coincidir com a conclusão da turnê de novembro. Porém, Jim Aubrey implorou ao Coronel para que adiasse a data da transmissão, porque a MGM planejava lançar *Elvis triunfal* nos cinemas naquela época. Com seu instinto habitual de se adaptar ao terreno, o Coronel fez uma retirada estratégica, graciosamente dando o braço a torcer a Aubrey, adquirindo uma ficha que mais cedo ou mais tarde seria útil. Porém, manteve os shows de novembro em Honolulu. E remodelou o plano em escala maior, com um show avulso em janeiro, com o único propósito de abraçar o mundo e seus cidadãos.

O PROJETO CRESCIA em escala e ambição, à medida que o Coronel delineava mais detalhes. Duas semanas após a coletiva de imprensa em Las Vegas, o Coronel recebeu uma carta de Eddie Sherman, colunista do *Honolulu Advertiser*. Ele havia lido nos noticiários que não haveria cobrança de ingressos para o show, apenas contribuições voluntárias, destinadas à caridade. Na mesma hora, Elvis e o Coronel fizeram a primeira contribuição: um cheque de 1 mil dólares. Por que não transformar essa ação de caridade no Kui Lee Cancer Fund? Foi a sugestão de Sherman em sua carta. Afinal de contas, Elvis e o Coronel fizeram tanto pelo Havaí com as gentis doações em prol do memorial do U.S.S. *Arizona*, 11 anos antes. Ali estava a chance de continuar seu bom trabalho, arrecadando dinheiro para a pesquisa do câncer, em nome de um amado músico havaiano, cujo clássico, "I'll Remember You", foi gravado por Elvis em 1966, o ano da morte de Lee, e ainda era tocado ao vivo muitas vezes.

Com a mesma presteza mostrada no desafio anterior, o Coronel aproveitou a oportunidade e, após as três datas de novembro no Havaí, na conclusão de sua primeira turnê pela RCA Records, organizou mais uma entrevista coletiva, agora para divulgar o especial de janeiro em prol do Kui Lee Cancer Fund. Novamente com Rocco Laginestra ao seu lado, estabeleceu a meta de angariar 25 mil dólares, mas em particular se comprometeu a, no mínimo, dobrar essa quantia.

Enquanto isso, Elvis também não continha a empolgação. Enfim a ideia capturou sua imaginação, e quando se encontrou com Bill Belew para trocar ideias sobre o figurino, durante o *brainstorming*, fez um pedido inusitado para passar ao mundo a mensagem "Estados Unidos da América". "Ele trouxe a ideia da águia-americana [para decorar o macacão que usaria]. Foi uma das raras vezes em que estivemos juntos e ele fez algum pedido. Uma das três vezes, para ser mais exato. Fizemos para ele um cinturão com a águia-americana, um cinturão em couro branco, com 10 centímetros de largura e quatro ou cinco emblemas ovais, cada qual com uma águia-americana. Sem esquecer, é claro, da capa."

Também teve um encontro com Marty Pasetta, experiente produtor/diretor de 41 anos que a NBC tinha escolhido por sua familiaridade com o Havaí (realizou cinco especiais com o músico local Don Ho), música (especiais de Bing Crosby, Glen Campbell e Perry Como) e grandes eventos (produziu e dirigiu programas do Grammy, Emmy e Oscar, bem como Ice Capades, os shows de patinação no gelo). Pasetta assistiu ao show em Long Beach, na turnê de novembro, sem se impressionar. Um show monótono, repleto de poses e cenas, algo que não empolgaria na televisão. Após a turnê, foi a Las Vegas para falar com Elvis, mas se encontrou primeiro com o Coronel. Veio munido com esboços para uma configuração de palco que, na visão dele, injetaria mais glamour. Nessa concepção, a banda aparecia sobre uma plataforma, atrás de Elvis; o palco rebaixado permitia maior acessibilidade do público, com uma passarela que descia ao chão. "O Coronel bateu os olhos naquilo e tomou a decisão antes de piscar. 'Nem pensar. Não é o estilo de Elvis.' 'Peraí um minuto. Eu odiaria ter que descartar a ideia sem ao menos apresentá-la a Elvis e ver o que ele vai dizer.' 'Não, ele não vai fazer isso, de jeito nenhum. Se quiser tentar (...). Mas sou contra e vou falar com ele também'."

Pasetta não tinha como saber disso na época, mas era o velho jogo da moeda com duas caras. Subiu para se encontrar com Elvis e ficou esperando enquanto o pessoal o encarava por trás dos óculos escuros. "E com meus pequenos diagramas pensei: 'Minha nossa, vou ser comido vivo'. Daí Elvis entrou, sacaram as armas e as colocaram na mesa. Com os nervos à flor da pele, eu não conseguia ver os olhos de Elvis por trás das lentes, mas pensei: *que diabos tenho a perder?* E falei: 'Assisti ao seu show em Long Beach, e você não se mexeu muito, foi um tédio... Mas tenho um plano para mudar isso'."

Seguiu nessa linha e mostrou os esboços, explicando sua ideia de luzes soletrando “Elvis” em diferentes alfabetos, em “todas as línguas do mundo”, provocando mínima reação do cantor ou de seus guarda-costas impassíveis. Então, enfim, disparou: “E você está muito gordo. Vai ter que perder peso”. A essa altura, descreve Pasetta, “Elvis tirou os óculos escuros, recostou-se e começou a rir descontroladamente. E não conseguia parar de rir. Então se levantou, se aproximou de mim, me deu um abraço e disse: ‘Vou fazer o que você quiser. Adorei a ideia’. Eu disse: ‘Vamos fazer uma supermágica para as telinhas, e vamos fazer isso juntos’”.

De imediato, Pasetta começou a construir o set no continente, a ser enviado ao Havaí, onde um cenário extra seria erguido. Restava pouco mais de um mês de dianteira, com muita coisa a ser feita. O Coronel deu várias ideias a Pasetta, incluindo uma chegada de helicóptero, que acabou se tornando a cena de abertura do especial, e um show inteiro, com bandas, dançarinos de hula e robozinhos, para a multidão curtir enquanto estivesse fora da arena, esperando para entrar. “Ele queria uma atmosfera circense, algo muito apropriado. Uma coisa única, inédita, uma vibe simplesmente incomensurável”.

Acima de tudo, a clara empolgação de Elvis contagiou a todos: já não parecia passivo e retraído como na maior parte do ano. Ele, Charlie e Red se debruçaram sobre o material, chegando a uma lista de cerca de uma dúzia de músicas (incluindo os clássicos “You Gave Me a Mountain” e “My Way”, e as favoritas de sempre, “What Now My Love” e “The Twelfth of Never”) que nunca tinham sido lançadas em disco por ele antes, buscando maneiras de imprimir variedade e ritmo ao show. Elvis fez até uma dieta relâmpago que começou em Las Vegas. Com Sonny e alguns outros caras, tomou uma injeção diária que, na percepção de Sonny, continha urina de mulher grávida. Ingeriam por dia não mais do que 500 calorias de comida seca. Todos os caras comentavam como Elvis se mostrava plenamente comprometido com o projeto; parecia estar preparado para o desafio, em todos os sentidos. Por sua vez, o Coronel, sem abrir mão de suas proezas de prestidigitação nunca antes vistas ou sonhadas, parecia disposto a acreditar: era justamente disso que Elvis precisava o tempo todo. Ninguém imaginou que talvez tudo não passasse de um truque de Elvis, fazendo agora a sua melhor atuação.

Ele e Linda passavam praticamente todos os dias juntos, minuto a minuto. Desde o momento em que ele encerrou a temporada em Vegas, ela não saía de seu lado. "Eu ficava com ele 24 horas por dia... Tipo, ele literalmente nem ia ao banheiro se eu não fosse com ele. Agora percebo que não era saudável, mas ele foi meu primeiro grande amor, grande mesmo, a minha introdução ao amor adulto. Achei natural estar com alguém o tempo todo.

"Comigo ele se mostrava muito seguro e vulnerável... Éramos parte um do outro. Em alguns momentos, ele era o pai, e eu, a filha; noutros, eu era a mãe, e ele, a criança. Às vezes, ele dizia: 'Preciso ser um garotinho, você precisa ser adulta agora'. Meio que nos adaptávamos, entendíamos os humores um do outro e nos tornávamos o que o outro precisava no momento. Sinceramente, a minha vida girava em torno dele."

Ficou surpresa ao descobrir quão insular era aquela vida; ficou surpresa ao descobrir o quanto ele necessitava dela. Desde cedo, percebeu que precisava estar em constante vigilância, uma atenção maternal. Ele até oferecia pílulas, mas ela nunca se sentiu tentada, porque várias vezes ele adormeceu mastigando a comida, inclusive teria morrido engasgado se ela não estivesse acordada. Um grande romance, mas também um grande fardo. Longe de se ampliar, o mundo dela na verdade se estreitou. Outras pessoas já tinham descoberto isso antes dela. Compartilhavam as paixões um do outro, se divertiam com as piadas um do outro, liam os livros de Elvis juntos e usavam apelidos carinhosos. Muitas vezes, Elvis a chamava de "mamãe" ou "Ariadne", a loirinha de 3 anos de *Em cada sonho um amor*. No Natal, ele a presenteou com um casaco de pele e um anel de diamante. Para se exibir diante dos caras, pediu a ela que subisse para colocar a coroa e a faixa de Miss Tennessee. "Protestei: 'Caraaamba, isso é muito brega', [mas] subi, coloquei um vestido longo, a faixa e a coroa. Desci as escadas, como se realmente estivesse curtindo o papel de miss. Cheguei ao pé da escada e abri um sorrisão com os dentes da frente pintados de preto. 'É isso que você tem em mente, querido?' E ele morreu de rir."

Chegaram ao Havaí em 9 de janeiro, apenas cinco dias antes da data programada para o show ir ao ar. Elvis veio acompanhado pelo séquito habitual de parças, esposas, namoradas, familiares e amigos de Memphis, somando ao todo mais de 20 pessoas. Ele e Sonny emagreceram uns 12 quilos cada um. Mas, para isso, tiveram que seguir de cabo a rabo a dieta de Las Vegas e depois repetir tudo de novo. Sonny ficou com o pé atrás, pois advertências de saúde recomendavam um intervalo de no mínimo três meses antes de repetir o regime. Elvis não se importou com isso, é claro, e parecia melhor e mais feliz na companhia constante e alegre de Linda. Com a nítida retomada dos resultados comerciais, parecia que os tempos felizes enfim tinham voltado.

Mais uma vez, a grana chegava de todas as fontes: cinema, televisão, vendas de discos e shows. *Elvis triunfal* estreou com excelente bilheteria em novembro, com uma onda incomum de publicidade e críticas favoráveis (a reportagem principal da *Rolling Stone* trazia a manchete: "Até que enfim – o primeiro filme de Elvis Presley"); recebeu inclusive uma indicação ao Globo de Ouro, na categoria Melhor Documentário de Longa-Metragem. As vendas do último single, "Separate Ways", composto por Red, cujo lado B, por insistência de Elvis, trazia outra canção de partir o coração, "Always On My Mind", gravada naquela mesma sessão, inicialmente não bombaram conforme esperado. Seja como for, acabaria vendendo meio milhão de cópias, bem mais do que qualquer single desde 1970, exceto "Burning Love". Além disso, numa manobra inusitada inventada pelo Coronel para tentar resgatar o módico selo Camden (e sua parcela automática de 50% dos lucros), a faixa "Burning Love" foi empregada como carro-chefe para uma miscelânea de sobras intitulada *Burning Love and Hits from His Movies*. O golpe de marketing parecia desafiar toda e qualquer lógica da estética e do bom gosto, mas o álbum vendeu quase 1 milhão de cópias. Usando a linguagem familiar do Coronel, a RCA classificou a façanha como "um caso inédito na indústria fonográfica". Algo revolucionário, um sucesso inesperado, a "primeira vez que um single de sucesso atual foi incluído no álbum de um selo mais barato pelo próprio artista original", mas levando em conta os "pedidos do público para que o single fosse incluído em um álbum".

Felton compareceu aos ensaios do *Aloha*, embora não fosse o responsável pelo projeto. Em razão da doença de Felton, a responsabilidade havia sido assumida inteiramente pelo escritório central em Nova York, com Joan Deary coordenando todos os detalhes. A única contribuição de Felton seria na mixagem quadrifônica, programada para ser realizada em Los Angeles, imediatamente após o show. Felton desconhecia esse novo processo de gravação (estéreo duplo) e tinha lá suas dúvidas sobre seu papel futuro na gravadora, levando em conta as evidentes ambições de Deary. Após um bem-sucedido transplante de rim, no início de outubro, Felton estava com aparência boa e se sentia bem, como havia tempos não se sentia. Era reconfortante pensar que Elvis sempre ficou ao seu lado, nos bons e maus momentos, insistindo para que seu velho amigo fosse remunerado pela gravação no Madison Square Garden, mesmo com Felton doente demais para viajar a Nova York. Inclusive encontrou um rim para o produtor quando, após dois anos de espera, os médicos de Felton no Vanderbilt University Medical Center, em Nashville, se mostravam incapazes de localizar um por conta própria. Felton estava com 58 quilos e a caminho da morte quando Elvis tomou as rédeas do assunto. Entrou em contato com um especialista em rins da Clínica Mayo, ligando animado para Felton quando o médico organizou a operação em poucos dias. Felton estava prestes a viajar a Minnesota quando, de repente, seis dias depois, o Vanderbilt acenou com um doador, descoberta que Felton e a esposa, Mary, sempre acharam ser menos uma coincidência e mais o reconhecimento, por parte do hospital, de ver uma grande doação saindo pela porta. "Seu marido é uma joia", Elvis ficou repetindo essa frase a Mary Jarvis durante os três dias de ensaios. Felton não se iludia sobre a lealdade do Coronel ou da RCA, mas estava alegre por estar ali e renovar a amizade que sustentara seu relacionamento com Elvis ao longo dos anos.

Os ensaios aconteceram no Hilton Hawaiian Village enquanto o cenário estava sendo construído. Como se não bastassem os vários problemas técnicos a enfrentar, um novo surgiu. No continente, Bill Belew teve um susto: Elvis deu de presente o seu cinturão incrustado de rubis à esposa do ator Jack Lord. Entretanto, Belew enfim localizou rubis adicionais suficientes para fazer outro cinturão, que foi enviado bem a tempo para o show. Enquanto isso, Pasetta havia feito suas tomadas panorâmicas das ilhas (para a versão estendida que iria ao ar nos EUA, em abril) quando entraram na arena HIC para o ensaio na quinta-feira. Tudo estava como ele havia mostrado a Elvis nos desenhos originais: faixas de mylar até o teto, imitando um gigantesco espelho e ampliando o espaço, à direita do palco; a tela escura em toda a largura nos fundos do palco, com o letreiro colorido piscando "ELVIS" em várias configurações; e uma figura de desenho animado empunhando uma guitarra que piscava. A passarela se estendia até a plateia, e Elvis se familiarizava com a configuração do palco enquanto a equipe técnica passava os cabos no ambiente vazio e cavernoso.

Continuaram ensaiando até pouco antes da filmagem com público presente, na véspera do show em si. Um a um, os problemas técnicos foram sendo resolvidos (o mais desafiador, talvez, foi se livrar do persistente chiado no sistema de som, blindando todos os cabos com capas de chumbo), até no final tudo correr praticamente sem contratempos. Na sexta-feira, o show de ensaio começou duas horas após a entrada dos fãs que literalmente "invadiram o interior da arena assim que os portões se abriram, às sete da noite". De acordo com o *Honolulu Advertiser*, "o público foi à loucura e praticamente não parou de vibrar ao longo do ininterrupto repertório". Elvis não teve problemas para sustentar a histeria da plateia, mostram os registros filmados, embora ele próprio não tenha surfado na onda. Não temos a louca energia do especial de 1968 nem a dos primeiros shows de Las Vegas. Mas na conclusão com "An American Trilogy", quando o refrão se avoluma e a percussão cresce, prestes a entrarmos no coro de "*Glory, glory, hallelujah*", Elvis entrepara, meditativo, sobrancelhas erguidas, o destino por um momento se descortina, e a música, mais uma vez, o leva para muito, muito longe. O fugaz momento se foi; é hora de "A Big Hunk O' Love", sucesso de 1959. "Vocês são uma plateia fantástica", afirma antes de começar "Can't Help Falling in Love", que ele termina sobre um dos joelhos, de costas ao público, capa estendida na pose familiar, mescla de veneração humilde e autoadoração, que em todos os idiomas do mundo passou a ser aceita como Elvis.

Não existe tensão alguma, mas, afinal, isso é um mero ensaio – há muito tempo para drama no desempenho real. Mas o Elvis que sobe ao palco na noite seguinte – a transmissão ao vivo foi assistida por espectadores do Extremo Oriente a partir do meio-dia e meia – parece ainda mais distante. Com certeza, há destaques musicais, mas a atmosfera geral é ainda mais empolada e, apesar de toda a sua drástica perda de peso, Elvis aparenta estar estranhamente inchado, o olhar vidrado e desfocado. É como se, em seu traje de Capitão Marvel, suas joias, seu corte de cabelo em capacete, Elvis enfim aceitasse a necessidade de ser Elvis, apenas – sem surpresas, só com efeitos.

"Foi uma hora de muitas emoções – profunda na música, estridente nos gritos", relatou o *Honolulu Advertiser* com admiração, citando a "aura do Big Time: uma superestrela fazendo um supershow, perante os olhos do mundo". Graças ao "gosto filantrópico pelo Havaí" de Elvis e do Coronel, a meta original de 25 mil dólares para o Kui Lee Cancer Fund foi mais do que triplicada, eclipsando nesse processo a soma arrecadada para o U.S.S. *Arizona*. Para Joe Guercio, no entanto, que não se deixava levar pelo puro carisma do artista, não foi um show "de vento em popa". Elvis esteve mais lento e menos concentrado. "Era possível sentir isso." Talvez o momento mais espontâneo tenha sido quando arremessou a capa de 10 mil dólares para a multidão, caindo nas mãos de um jornalista esportivo da *Advertiser*. De acordo com o artigo do *Los Angeles Times* no dia seguinte, esse foi "o ponto alto da noite".

A sensação de alívio experimentada por quase todos os envolvidos no espetáculo era quase palpável – embora restasse muita coisa a fazer. Com o auditório vazio, gravaram cinco músicas adicionais para a transmissão americana expandida, e então Marty Pasetta teve que cortar dez minutos do show para a transmissão europeia, a ser transmitida a 28 países da rede EuroVision, mais tarde naquela noite. Joan Deary também fez a edição para o álbum que pretendia lançar simultaneamente em todo o mundo, dali a três semanas. Mas para Elvis e a banda, o processo havia quase terminado. O Coronel chegou enquanto gravavam "Early Morning Rain", o último número, e anunciou com orgulho que tinham obtido a maior audiência já registrada no Japão, com 37,8% dos espectadores num mercado altamente competitivo de seis redes. Uma sensação de júbilo autêntico pairava no ar.

Um tempinho depois, o Coronel redigiu uma carta a Elvis. Datada às três da madrugada de domingo, 14 de janeiro de 1973, talvez tenha expressado mais sentimentos do que nunca antes o Coronel já havia colocado no papel. Declarou em tom desafiador que não precisavam se abraçar para mostrar seus sentimentos, porque um mero olhar entre o palco e a pista já era suficiente para um saber como o outro se sentia. "Sei que sempre que faço a minha parte, você sempre faz a sua, a seu modo e como você sente que é melhor. É por isso que você e eu nunca ficamos um contra o outro e sempre fazemos o nosso trabalho da melhor maneira possível, o tempo todo." A vida era curta, muitos se apressam a receber o crédito, mas Elvis sabia quem era o verdadeiro responsável pela ideia: "Essa ideia… brotou de você e de mim". Os demais – exceto o sr. Parkhill, da RCA Record Tours, a trupe do sr. Diskin e "todos os seus seletos colaboradores" – eram meros neófitos. Mas Elvis não precisava ser lembrado disso, afinal. "Acima de tudo, você faz tudo funcionar, com sua liderança e talento. Sem a sua dedicação aos fãs, essa proeza não poderia ter sido feita."

Elvis e Priscilla, tribunal de Santa Mônica, 9 de outubro de 1973
(Arquivos de Michael Ochs)

EM QUEDA LIVRE

Fevereiro a outubro de 1973

Ele não queria deixar Vegas ao cabo da temporada, em fevereiro. Todos os caras andavam impacientes e mal-humorados; tinham que voltar às esposas e namoradas em casa, vidas para retomar. O Coronel partiu em busca de seus múltiplos esquemas. Além de Linda, Elvis tinha a companhia de Kang Rhee, trazido de Memphis na última semana de shows, à disposição para fins de entretenimento e instrução de caratê, 24 horas por dia. Os relatos sobre atritos contínuos não chegam a surpreender. As queixas mais francas partiram de Red. Tentando levar em conta essas preocupações e dissipar a nuvem que parecia pairar sobre todos eles, Elvis, com a ajuda de Linda, escreveu uma carta a Red. Nela, expressava um pouco de sua filosofia de vida.

Mas tinha sido um mês impossível. Concluídas as filmagens para o especial via satélite, Elvis simplesmente chutou o balde: logo voltou a ganhar peso e, na maior parte do tempo, se desconectou da realidade com um coquetel de analgésicos, Demerol líquido e sedativos pesados, ao longo desses 12 dias antes da estreia em Vegas. A *Variety* deu ao show seu típico apoio institucional, embora o parágrafo de abertura indicasse certa ambivalência subjacente. "O Coronel Tom Parker", dizia a resenha, "retornou ao Hilton vendendo seu elixir de sexo e satisfação, um elixir sem frasco chamado Elvis Presley". Talvez surpresa por sua própria audácia, a "bíblia do show business" continuou garantindo a seus leitores que "o produto à venda (...) tem musicalidade demais para se tornar o boneco mecanizado do Coronel – ao menos no palco".

Praticamente desde sua chegada, Elvis consultou uma procissão de médicos. Ao longo da primeira semana da temporada, o seu desconforto físico se tornou cada vez mais evidente (diagnósticos na imprensa variaram de gripe a pneumonia). A interação da mistura de remédios que ele vinha tomando levou à congestão na garganta e nos pulmões. Novos medicamentos foram receitados, e o show da meia-noite teve de ser cancelado em cinco noites, entre a segunda e a terceira semanas. O Coronel se viu obrigado a dar explicações. Para isso, escreveu à direção do hotel um memorando inusitadamente conciliador, prometendo compensar as apresentações perdidas e assegurando a Henri Lewin e a Barron Hilton: ele e Elvis sempre cumpriam seus compromissos. Por sua vez, o cantor nem parecia se importar. Na noite em que perdeu a voz no palco, porém, entrou em pânico. No dia seguinte, consultou o dr. Sidney Boyer, otorrinolaringologista que o atendera na última temporada. O doutor prescreveu um elixir para a garganta que lhe restaurou a voz. Depois disso, ele fez consultas com o dr. Boyer quase todos os dias de sua estada e, como sinal de gratidão, agraciou o médico com um Lincoln Continental branco. Consultou no mínimo outros seis médicos, incluindo os rotineiros de Las Vegas, Thomas "Flash" Newman e Elias Ghanem, e reclamou diante de uma plateia perplexa que nenhum dos médicos fora capaz de descobrir a causa do problema.

Para o *Hollywood Reporter*, a aparente "falta de energia e interesse" de Elvis decorria dos efeitos de sua enfermidade. Alguns viram nisso a desilusão inevitável que segue um grande triunfo, no caso, o show *Aloha* – no entanto, para as pessoas mais próximas, ficou evidente que era bem mais do que isso. Aparentemente uma indisposição profunda acometia Elvis. Quando se sentiam solidários, os caras atribuíam isso às contínuas reflexões sobre a perda de Priscilla, mas em instantes menos caridosos, apenas ao efeito das pílulas. De qualquer forma, a temporada pareceu uma espécie de divisor de águas. Frank Lieberman, crítico do *Los Angeles*

Herald-Examiner e amigo jornalístico próximo de Elvis desde sua elogiosa resenha sobre a temporada de fevereiro de 1970, logo notou a diferença. A tristeza no âmago de Elvis não passou despercebida nem mesmo para Muhammad Ali. Seis meses antes, Elvis o havia conhecido em Las Vegas, e recentemente havia presenteado o boxeador com um robe especialmente confeccionado para homenagear o "Campeão do Povo",* que Ali vestiu antes de sua luta de 14 de fevereiro, confronto que não valia disputa de título. "Senti pena dele, porque não curtia a vida como deveria. Ficava enfurnado em casa o tempo todo. Eu o aconselhei a sair e ver gente. Respondeu que não podia, porque em todos os lugares o pessoal o cercava. Ele não entendia", disse Ali, fã de longa data, que, talvez mais do que ninguém, estava numa posição de demonstrar empatia e entender. "Ninguém queria machucá-lo. O povo só queria ser cordial e dizer a ele o quanto o amava."

Em 18 de fevereiro, no show da meia-noite, enfim aconteceu exatamente o que todos temiam e se preparavam para enfrentar desde a ameaça de homicídio, em 1970: quatro sujeitos subiram ao palco, aparentemente mal-intencionados, e a equipe de segurança entrou em ação. Red imobilizou o primeiro "meliante", enquanto o baixista Jerry Scheff, Jerry Schilling e o resto dos caras rapidamente interceptaram os outros. Ao lado de J. D., numa das extremidades do palco, Elvis assumiu uma posição de caratê. Com um golpe certeiro, arremessou de volta à plateia o segundo dos quatro homens. Após uma confusão generalizada, Elvis, superagitado, não conseguiu mais se acalmar. "Podem vir, seus desgraçados", gritava ele, enquanto Vernon o envolvia num abraço de urso, mas Elvis amoleceu o corpo para se desvencilhar dos braços do pai. Por fim, Tom Diskin, um dos primeiros a sair correndo para ajudar o cantor, insistiu para que ele levasse o público em consideração. "Pense no show, Elvis, volte ao show", murmurou o velho braço direito do Coronel, mas mesmo assim Elvis inseriu um quê de truculência em seu pedido de desculpas aos fãs. "Sinto

* George Klein conta que o robe deveria trazer nas costas o dístico "The People's Champ" ("O campeão do povo"), mas veio com a frase "The People's Choice" ("A escolha do povo"). (N. de T.)

muito, senhoras e senhores. Sinto muito por não ter quebrado o pescoço dele, é por isso que eu sinto muito." E só então continuou com o show.

Mais tarde, ele não conseguia parar de falar no assunto. Era quase como se estivesse esperando por isso ao longo de toda a temporada. Uma investigação mais aprofundada provou que os homens eram simplesmente fãs que tinham perdido o controle; Elvis não acreditou nisso. Poderia ter sido uma represália dos traficantes de drogas, sugeriu ele, algo a ver com seu distintivo da divisão antinarcóticos – mas tinham visto o golpe que ele deu naquele cara? Se o golpe tivesse sido fatal, ele não teria se importado. Talvez, especulou Elvis, *esses caras fossem agentes de Mike Stone*. Tanto pensou nessa hipótese que se convenceu disso. Fazia todo sentido. Coisa típica de um covarde filho da puta. Primeiro se esconde atrás de Priscilla. Agora envia assassinos contratados para fazer o trabalho sujo para ele. Roubou minha esposa, disse Elvis. Roubou minha filhinha. A essa altura, os caras começaram a se preocupar. Nunca tinham visto Elvis assim antes. Uma coisa era o rápido lampejo de raiva; todo mundo havia experimentado isso. Mas agora era como se uma ressaca emocional o arrastasse para o fundo, cada vez mais longe da praia. Só havia uma solução, o sujeito precisava morrer. E gritou:

"Você sabe muito bem, Sonny. Sabe que estou sofrendo muito, e ele causou isso. Está me ouvindo? Estou certo. Sabe que estou certo. Mike Stone tem que morrer. Faça isso por mim. Mate o filho da puta, Sonny, conto contigo. Sei que posso contar." Mike Stone tinha que morrer, não parava de repetir a Red e Sonny. "Ele não tem o direito de viver."

Livros espalhados no chão, Linda em prantos. Inutilmente, Red tentou argumentar: fora o próprio Elvis, e não Mike Stone, quem afastara Priscilla. Afinal, não era isso que ele sempre quis? Agora, enfim tinha conquistado a sua liberdade! Elvis não lhes dizia sempre que ele mesmo era o mestre de seu próprio destino? A resposta de Elvis veio quase na forma de um grito. O culpado era Mike Stone. Mike Stone foi o começo de todos os seus problemas, e agora Mike tentava tirar dele também sua filhinha. Mike persuadira Priscilla a limitar as visitas de Lisa ao pai;

não foi isso que ela dissera em 1º de fevereiro, quando Lisa foi passar o aniversário de 5 aninhos com Elvis, em Las Vegas? Priscilla havia dito que *ela e Mike* achavam que Las Vegas não era um ambiente adequado para uma criança. Bem, talvez ela tenha razão, disse Red. Elvis se virou e confrontou o amigo. *Por acaso, Red sabia que a garotinha dormia no mesmo quarto que ela e Stone?* Tirou do armário seu recém-adquirido fuzil M-16. "Será que ninguém entende? Meu Deus, por que ninguém entende? Ele me magoou tanto. Vocês todos sabem. Arruinou minha família. Destruiu tudo, e ninguém dá bola. Foi ele quem causou tudo isso."

Destilou sua raiva a noite inteira. Ninguém foi capaz de fazê-lo cair em si. Por fim, Linda chamou o dr. Newman, que aplicou uma injeção em Elvis às seis da manhã. Ao longo do dia, o médico voltou meia dúzia de vezes, pois dose alguma parecia capaz de acalmá-lo e fazê-lo dormir por mais que duas horinhas. Manteve-se naquele delírio obsessivo um segundo dia, e um terceiro, até que Red enfim entrou em contato com o amigo de um amigo. Por 10 mil dólares, disse o homem, ele faria o serviço e "queimaria" Stone. Red levou a proposta a Elvis um pouco antes do show do jantar. E se Elvis o mandasse ir em frente e dar o dinheiro ao cara? Nesse caso, Red não tinha nem ideia do que ia fazer. No fundo, achava que Elvis não teria coragem de levar adiante o plano, mas também não conseguia tirar aquilo da cabeça. Elvis exercia controle sobre ele, Elvis exercia controle sobre todos eles; não importava o quanto ele irritasse alguém, ninguém conseguia dizer não ao desgraçado. Passou o valor a Elvis e perscrutou fundo os olhos dele. Elvis ficou em silêncio por um momento, até responder enfim: "Ah, que inferno. É melhor deixarmos isso de lado por enquanto. Talvez seja meio barra-pesada. Melhor deixar de lado por enquanto".

O DERRADEIRO SHOW da temporada foi a típica celebração, um tanto ritualística e um tanto excêntrica, de que Elvis e o público sempre pareciam gostar. Durante o show, Elvis inventou tudo que é tipo de versos malucos para as músicas. Arrematou com uma recitação dramática de "What Now My Love" que a plateia aplaudiu de pé. Correu alucinado por todo o palco juntando lencinhos até praticamente desabar. Mandou os holofotes focalizarem Ann-Margret, que ia estrear no Hilton na noite seguinte, e solenemente declarou: "Deixe o facho de luz nela, cara. Só quero ficar olhando para ela". A noite encerrou com ele ajoelhado sobre uma das pernas, os braços estendidos, a massa em pé.

Mas não foi embora de Vegas. Simplesmente não arredou pé. Ele e Linda compareceram à estreia de Ann-Margret. E foram a outros shows. Prosseguiu os estudos de caratê com Kang Rhee. Por um tempo, todo mundo se divertiu com seu inglês macarrônico e reação maravilhada a Las Vegas. Mas até o mestre Rhee, geralmente respeitado no grupo por sua integridade e a pureza de seu compromisso com o esporte, se deixou arrastar por essa atmosfera, pulando no sofá e aplaudindo enquanto Elvis quebrava os móveis da suíte para demonstrar sua habilidade no caratê. Entre idas e vindas, Ed Parker começou a sentir que Kang Rhee poderia se tornar um verdadeiro rival. Assim, fez tudo a seu alcance para plantar a semente da suspeita entre os outros caras. Isso não foi muito difícil após Elvis dar 10 mil dólares ao mestre Rhee, primeira de cinco parcelas anuais, com a promessa de promover seu sistema de instrução e construir escolas de caratê em Memphis. Desse ponto em diante, as fofocas só aumentaram. Quando enfim levantaram acampamento e partiram para a Califórnia em 9 de março, Kang Rhee também estava confinado à mesma atmosfera de estufa da qual nenhum deles conseguia escapar.

Um espírito de concorrência permeava o ar. Se um cara ganhasse algo, todos os outros também queriam. Inveja pura e simples em ambiente hermético, em que os atores nunca mudavam, o clima era sempre o mesmo, e o mundo exterior era visto com desprezo – se é que era visto. No topo do monte e, portanto, naturalmente sujeito à inveja alheia (mas não livre de sentir inveja dos outros), Joe descreve as sensações envolvidas. "Tudo o que a gente fazia, depois jogava por terra. Outros precisavam de dez anos [para se cansar], e para nós, bastavam seis meses. Às vezes, ele nos deixava tão frustrados... Acho que gostava de fazer isso. A gente se irritava, não sei se era um teste para ver quem ainda ficaria ao lado dele. Mas então vinha se sentar e conversar com você, e tinha algo nele... Quando abria um sorriso, ele nos convencia de qualquer coisa. Às vezes, eu até pensava em ir embora, mas gostava muito dele e imaginava que as coisas iam mudar. Todo mundo só estava esperando esse dia chegar."

Nesse meio-tempo, o Coronel bateu o martelo com o vice-presidente da RCA, Mel Ilberman; com o pleno consentimento e o efusivo apoio de Elvis, fechou o acordo alinhavado no outono anterior e vendeu todos os direitos do catálogo prévio de seu cliente.

A RCA, é claro, como qualquer gravadora, já tinha as gravações *master* e o direito de comercializá-las em perpetuidade. Isso nunca foi questionado, nem mesmo pelo Coronel. Mas intermináveis e exasperantes escaramuças, nunca resolvidas por completo, questionavam, sim, o pagamento de royalties, o uso efetivo do catálogo (sobre o qual o Coronel, por hábito ou contrato, mantinha controle absoluto) e outros elementos contratuais nunca colocados no papel. Esse tipo de situação, o Coronel insinuava, causaria constrangimentos à gravadora se viesse a público. Agora, Ilberman estava propondo acabar, de uma vez por todas, com essa fonte de conflito, comprando Elvis e o Coronel. Em troca de um único pagamento fixo, o artista abriria mão de todas as reivindicações de royalties futuros, e seu empresário abriria mão de qualquer possível motivo para disputas incômodas. De uma vez por todas, a RCA estabeleceria o direito de fazer o que bem lhe aprouvesse com toda a música gravada até aquele momento. A ideia era construir o RCA Record Club (grande sonho de Ilberman), explorar o catálogo prévio de um modo que o Coronel jamais havia permitido, acabar com todas as disputas envolvendo royalties estrangeiros, as deduções para revendedores e os conteúdos de álbuns europeus – com as quais o Coronel os atormentava, ano após ano.

Uma aposta praticamente sem precedentes no mercado fonográfico, o qual lidava – como o Coronel e seu cliente – quase inteiramente com o "dinheiro atual", sem depositar muita fé no futuro. ("Catálogo" era um conceito muito depreciado; com a *edição* ou *publicação*, você construía uma reserva, porque a canção sempre pode ganhar vida nova, ao contrário de um artista.) Ilberman não pensou que a empresa aceitaria. Porém, tempos desesperados exigiam medidas desesperadas. Para seu espanto, o presidente da RCA, Rocco Laginestra, autorizou-o a marcar uma reunião com o Coronel. Nenhum dos executivos da gravadora tinha ideia do que exatamente oferecer pelo catálogo, e o pessoal do setor financeiro, talvez para tirar o corpo fora, em grande parte se opôs. De todo modo, Ilberman tinha em mãos um cronograma de pagamentos de royalties dos últimos sete anos. A planilha mostrava que Elvis tinha recebido, em média, anualmente, algo em torno de 400 mil e 500 mil dólares em royalties domésticos, com um acréscimo estimado de 33% nos pagamentos estrangeiros. Em outras palavras, em um ano bom, 600 mil dólares em média. Com isso em mente, Laginestra apresentou a cifra de 3 milhões de dólares, investimento prudente, sobre o qual a RCA teria retorno direto, em cinco ou seis anos. Mas Ilberman, desconfiado de que o Coronel estivesse armando para ele, achou esse valor muito baixo. Poderia colocar tudo a perder antes mesmo de as negociações começarem.

A reunião inicial aconteceu em Palm Springs, logo após o fim da temporada em Las Vegas. Os executivos da RCA fizeram sua proposta, e o Coronel, como se previa, disse que ia estudar e dar um retorno a eles. Mas achava que não seria dinheiro suficiente, nem para Elvis nem para seu pai. No dia seguinte, trouxe uma contraproposta de 5 milhões de dólares, que Laginestra imediatamente aceitou, apesar dos instintos de Ilberman de que poderiam ter pechinchado com o velho Coronel. Rocco só queria fechar o negócio, mas o negócio, Ilberman se deu conta, estava longe de terminar. "O Coronel continuou falando em restrições ao catálogo, e Laginestra realmente não sabia aonde o Coronel queria chegar, mas isso me deixou muito chateado. Fomos jantar naquela noite no Spa Hotel. Após a refeição, levantei a questão com o Coronel: precisávamos do catálogo livre e desimpedido, sem quaisquer restrições. Então ele me pediu um envolvimento futuro na questão das embalagens, para [sua empresa de eventos] a All Star Shows, e concordei. E prometi que, na medida do possível, eu usaria o máximo de material novo junto com o material antigo em pacotes futuros – assim, ele e Elvis manteriam uma renda no futuro. Falei que trabalharia com ele nisso, e sempre o fiz. Nós o pagávamos pelas embalagens e pela arte (o Coronel tinha todas as fotos). Agora poderíamos fazer nossas próprias fotos e fazer o design, mas nesse caso ele receberia royalties. E foi assim que fechamos o acordo."

Um contrato que chegou a 5,4 milhões de dólares foi formalizado ao longo dos próximos dois meses, mas com data de 1º de março, justamente quando entrou em vigor o novo acordo de gestão pessoal de 50-50 entre o Coronel e Elvis. O novo acordo eliminava o termo "*joint venture*", expressão um tanto misteriosa que constava no contrato de 1967 entre Elvis e o Coronel, segundo o qual somente a renda contratual estava sujeita à comissão de 25%, com todos os outros rendimentos derivados das gravações de discos (em outras palavras, tudo além da garantia anual da RCA, bem como todo e qualquer acordo paralelo, algo cada vez mais comum) sujeitos à divisão de 50-50. Assim, o princípio básico da parceria sob a qual Elvis e o Coronel vinham operando nos últimos seis anos foi, enfim, explicitamente reconhecido. De agora em diante, toda receita proveniente dos discos seria dividida meio a meio, com as turnês permanecendo com a divisão de dois terços e um terço. Como seria feita a divisão dos 5,4 milhões de dólares entre o Coronel e Elvis? Para não haver dúvida, o pagamento foi estruturado como se o antigo contrato ainda estivesse em vigor. Com um detalhe: os 400 mil dólares de entrada seriam divididos na base de 75% para Elvis e 25% para o Coronel, como se fosse o "acordo principal". Já os 5 milhões de dólares da compra em si representariam o "acordo paralelo", sendo então divididos 50% para Elvis e 50% para o Coronel.

Mas as coisas não terminavam por aí. Além disso, foi lavrado com a RCA um novo contrato de sete anos, garantindo 500 mil dólares por ano em royalties sobre os dois novos álbuns e quatro singles que Elvis estaria contratualmente obrigado a gravar cada ano. Além disso, na conclusão desse período de sete anos, Elvis e o Coronel receberiam um bônus de 100 mil dólares, que não seria contabilizado nos royalties. Sem contrariar a determinação de Ilberman de manter o catálogo desimpedido, o Coronel criou várias garantias contratuais próprias. Deveria receber uma taxa de consultoria de 50 mil dólares por ano, enquanto vigorasse o contrato, para "auxiliar" a RCA a "desenvolver conceitos de merchandising e promoção" e para fornecer à RCA "material promocional e de merchandising", além de 10 mil dólares por ano para explorar os direitos de merchandising sobre o contrato expirado. Finalmente, por sua assistência em ajudar a RCA Record Tours em questões de "planejamento, promoção e merchandising ligados à operação do Contrato de Turnê [e] discos feitos"; em essência, pela duração de sete anos do novo contrato, ele deveria receber um total geral de 1,35 milhão de dólares (150 mil dólares no primeiro ano e 200 mil dólares a cada ano depois), mais 10% dos lucros da RCA Record Tours. Ao todo, o Coronel garantiu proventos de 1,75 milhão de dólares, além de sua parte de 2,6 milhões de dólares pela venda do catálogo e 1,75 milhão de dólares que receberia como parte do novo contrato de gravação. Ou seja, em todos os negócios combinados, o Coronel receberia cerca de 6 milhões de dólares, comparados aos 4,5 milhões de dólares de Elvis. (Na cotação de 1998, esse montante equivale a 75 milhões de dólares. É como se um atleta profissional fizesse um contrato de sete anos nesse valor, com seu empresário recebendo quatro sétimos da grana.) Levando em conta o dinheiro das turnês (pelo menos 15 milhões de dólares, com Elvis recebendo 10 milhões, mas só depois que o Coronel recebesse seus 10% dos lucros da turnê além da garantia do promotor), o pacote geral *poderia* ser visto como uma verdadeira *joint venture* de 50%-50%. Sem dúvida, o Coronel a encarava assim. Adotava abordagens contábeis alternativas em qualquer assunto e nesse não foi diferente, levando em conta todos os perrengues que ele precisava aturar e toda a grana que deixava de ganhar ao manter Elvis como seu único cliente.

Nem todo mundo encarou assim. Para o consultor jurídico da William Morris, Roger Davis, o Coronel Parker era um homem de instintos brilhantes. Ele próprio um astuto homem de negócios, Davis não hesitava em admitir que o Coronel lhe havia ensinado lições sobre direito contratual. Mas não entendia por que o Coronel insistia em operar por conta própria em assuntos que não dominava, como era o caso aqui, em termos de vantagens fiscais e ganhos de longo prazo, tanto para ele quanto para seu cliente. Jean e Julian Aberbach, que construíram um império de editoria fonográfica com base na premissa de que a propriedade era tudo, tinham a mesma visão. Embora estivessem em vias de dissolver esse império por uma série de razões financeiras e pessoais (no ano anterior, decidiram vender a Hill and Range, mantendo a propriedade dos catálogos da Elvis Presley Music e da Gladys Music, juntamente com os direitos de renovação de Hank Williams, devido a seu recorde ininterrupto de lucratividade), faziam isso com um olho no futuro. Na visão deles, era como se o Coronel estivesse vendendo Elvis por um prato de lentilhas – e o que é pior, para quitar suas próprias dívidas de jogo. Continuaram a ter uma verdadeira afeição por seu antigo sócio, mas, como homens de negócios sofisticados, também não podiam ficar cegos às deficiências do Coronel – na opinião de Julian, um sujeito rude, espalhafatoso, sem instrução. "Sempre tinha que ser o figurão, tinha que dominar. Para ele, pedir conselhos era humilhante. Afinal, ele sabia de tudo. E não tinha pensamento de longo prazo."

E, no entanto, ninguém poderia dizer que Elvis era um participante inconsciente, ou até mesmo sem entusiasmo, sempre que apunha sua elegante e fluida assinatura na linha marcada "Aprovado", no final de cada um dos acordos paralelos do Coronel. Nesse ponto, a visão de Elvis era igual à do Coronel: dinheiro era para gastar, e o modo como você o gastava não era da conta de mais ninguém, só da sua. Nunca teriam problema com dinheiro, desde que cada um deles fosse racional. Como Elvis explicou a Ed Parker, era quase cármica a maneira como o dinheiro entrava por uma porta e saía pela outra. Ele se gabou para os caras como o velho tinha usado a sua lábia mais uma vez. E se nesse processo o Coronel havia embolsado uma grana – bem, isso era de se esperar, havia grana para todos, e só ele conseguiria um acordo assim. O Coronel merecia sua parcela.

Por sua vez, o Coronel ainda encaixava a peça final do quebra-cabeça. Desde março anterior, quando os Aberbach tinham anunciado a decisão de dissolver a Hill and Range, ele vinha tentando descobrir uma solução para o problema editorial que seria criado. Havia a tendência de continuar usando as editoras Elvis Presley Music e Gladys Music como *holdings* para publicar as novas composições, mas teria sido repugnante para o Coronel manter uma parceria cujos parceiros já não se dedicavam com afinco. Seja como for, a situação entre Jean e Julian e o primo deles havia muito tempo tinha se tornado intolerável – e sem Freddy não existia mais a presença do editor musical.

A primeira ideia do Coronel foi tentar comprar a parte dos Aberbach, mas a ideia morreu na casca, fadada ao fracasso mesmo se Freddy não estivesse envolvido na oferta de compra. Em seguida, o Coronel bolou um esquema em que a RCA compraria a metade das publicações de Elvis. Mas, depois de entrar no ramo de turnês em nome do Coronel e ainda em vias de tentar acertar os termos para a aquisição das *masters*, a companhia fonográfica, compreensivelmente, recusou. Parker permaneceu com esperanças de que a RCA ainda injetasse apoio financeiro. Chegou inclusive a informar Elvis, no meio da temporada em Las Vegas, que a RCA estudava criar uma empresa de publicação própria, por meio de Freddy, com Elvis, Vernon e Lisa Marie possuindo 80%, e Freddy e o sr. Diskin ficando com 10% cada um. No entanto, enfatizou a Elvis que os planos ainda estavam incertos. Por isso era *importantíssimo* o cantor não se comprometer a gravar quaisquer canções trazidas pelos amigos até que essa situação estivesse plenamente resolvida. E, é claro, essas informações deveriam ser mantidas no mais estrito sigilo. Todo esse drama não tinha outro motivo senão capturar a atenção de Elvis. No fim das contas, tudo se resumiu a Freddy, de qualquer maneira. Fato nada surpreendente para quem conhecia a quase desesperada propensão do Coronel de não parecer desleal. Essa relutância do empresário era no mínimo tão grande quanto a relutância de seu cliente em se aventurar fora de seu círculo imediato de amigos.

Mesmo em vias de fechar esses negócios com Elvis e a RCA, ainda restava muita coisa a fazer. A criação de uma nova editora musical provou ser uma tarefa mais assustadora do que o Coronel jamais tinha imaginado. Os detalhes técnicos se arrastaram pelos próximos seis meses, mas apesar de todos os contratempos, e apesar de sua forte consciência sobre as limitações de Freddy, o Coronel permanecia convencido: esse poderia ser o novo começo de que precisavam. Navegavam rumo a um admirável mundo novo – *desde que* ele conseguisse manter a mente do menino nos negócios.

O ESPECIAL *Aloha* foi ao ar em rede nacional em 4 de abril, com recepção positiva de espectadores e críticos. O principal senão do programa em sua versão nacional era a metragem extensa, com elementos de *travelogue* e trechos bombásticos, espelhando os shows de Elvis na época, mas os números atestam o seu indiscutível sucesso. Os índices (33,8% da Nielsen, equivalendo a 57% de toda a audiência) só confirmaram o rebuliço geral. No início de março, o álbum entrou nas paradas e atingiu o número um no fim do mês, primeiro lançamento quadrifônico, segundo a RCA, a alcançar essa honra. Elvis conferiu o show em casa, com certa apreensão, mas sem o nervosismo que sentiu ao ver o especial de 1968. Não tinha mais nada a provar e parecia aceitar a própria grandiosidade.

Queria se autoafirmar em outra área: o caratê. Talvez estimulado pela fama de Mike Stone no ramo (Mike era "um homão", declarou Priscilla a repórteres e amigos, e a tratava "como mulher"), Elvis se envolveu cada vez mais no esporte, com o entusiasmo que mostrou em outras esferas ao longo dos anos. Com o caratê era diferente, Elvis teria protestado. Na visão dele, dedicou-se ao esporte ao longo de 15 anos. Agora, porém, virou quase obsessão. Em 2 de abril, Ed Parker concedeu a Elvis a faixa preta em sexto grau no caratê *kenpo* (iniciativa amplamente percebida como uma "jogada comercial" nos círculos do caratê, algo normal em se tratando de um esporte desesperado por aceitação em massa). Por sua vez, essa conquista serviu de incentivo para Elvis colocar ainda mais pressão sobre Kang Rhee. A convite de Elvis e com despesas pagas, o mestre Rhee acompanhou o cantor no Campeonato de Caratê da Califórnia, promovido por Ed Parker, em São Francisco. Agora almejava a faixa preta em sétimo grau, a ser obtida justamente na escola *pasaryu* do mestre Rhee. O número sete, explicou ao seu instrutor de Memphis, tinha grande significado espiritual para ele, mas o mestre Rhee hesitou. Era muito grato a Elvis por tudo, mas a sua lealdade ao esporte era maior que a sua lealdade pessoal ao cantor.

Pulsava uma atmosfera de entusiasmo durante a viagem para as competições em São Francisco. A essa altura, quase todos os parças de Elvis praticavam caratê. Hematomas e lesões nos pulsos, nas costas e nos tornozelos, provocados em treinos diários, se tornaram distintivos de honra. Nem todos amavam os métodos de instrução de Ed, e o novo cargo de Kang Rhee causou uma ciumeira crescente, mas participar desse campeonato deixou todo mundo empolgado para sair de casa e curtir um evento. Pousando no aeroporto, a trupe embarcou a bordo de uma limusine e passou no Civic Auditorium, o local do torneio. Lá, para sua grande surpresa, Elvis viu seu nome estampado na marquise. No hotel, descobriu que os jornais também tinham veiculado notícias sobre sua participação, incluindo uma exibição rachando tijolos. Poucos minutos depois estava ao telefone com o Coronel. Claro que ele não poderia fazer nenhuma apresentação pública, estrondeou o Coronel. Em menos de um mês aconteceria a temporada no Sahara Tahoe, o que a gerência do hotel-cassino ia pensar? E dali a duas semanas começava a turnê na Costa Oeste, o que a RCA Record Tours ia pensar? Ele ia dar de graça o que esse pessoal estava disposto a conseguir em troca de um bom dinheiro? Por que se sujeitava em andar com gente assim, que se aproveitava dele e só queria lucrar em cima do seu nome?

Elvis nem tentou argumentar. Despachou uns dos caras para tirar seu nome da marquise e avisar os promotores do evento que estava indo embora. Foi para casa, amargamente decepcionado com Ed e consigo mesmo. Obteve seu sétimo grau no dia seguinte, quando Kang Rhee aproveitou a ocasião para fazer o que vários caras, incluindo Red e Sonny, Charlie, Jerry e Lamar, vinham incitando-o a fazer havia um bom tempo: conversar com Elvis sobre as pílulas.

"Na época, eu não entendia nada sobre pílulas, eu não tomava nem aspirina, mas os guarda-costas me explicaram: 'Vai lá e diga a Elvis para parar de tomar pílulas, ele não escuta ninguém, mas ouve o que você diz'. Respondo: 'Sem problemas'." Primeiro, Elvis nem desceu quando o mestre Rhee chegou à casa em Monovale, receoso de que seu pedido de promoção tivesse sido recusado. "Por fim, ele desceu as escadas, e eu falei para ele: 'Sabe, você é o mestre Tigre, o rei das selvas, e quando o tigre se fere, lambe as feridas. Lamba direito, mas sem tomar pílulas'. E ele disse: 'Compreendo'. Resposta imediata. E então me convidou para ir a seu quarto no andar de cima e me mostrou o distintivo da polícia, fotos com Nixon, eu não sabia, mas ele era um agente da divisão antinarcóticos. Ele disse: 'Sou contra as drogas, não acredito em nenhum tipo de droga, mesmo quando estou cantando ou me apresentando'. E me explicou o quanto ele mesmo se mantinha limpo e longe das drogas." Foi quando Kang Rhee promoveu Elvis a faixa preta em sétimo grau. Levou em conta o bem que Elvis fazia para aumentar a popularidade do caratê e o valor que o cantor dava à conquista. "Muitas vezes, ele me disse: 'Essa faixa preta vale bem mais do que meu cinturão dourado'. Treinar artes marciais é algo que realmente lhe dá satisfação. Basicamente, não se importa com mais nada, está tentando se descobrir e superar tudo, deixar para trás o que é ruim e abraçar o que é bom. Essa foi a minha impressão na época, sabe? Mas só lamento não ter dado mais orientações, ele me escolheu como instrutor, e eu deveria tê-lo guiado para caminhos melhores e mais fortes. Em vez disso, eu o coloquei num pedestal enquanto ele tentava me colocar num pedestal... [embora] ele gostasse de mim por causa da minha honestidade."

Duas semanas depois, voltaram à estrada, para a excursão de nove dias pela Costa Oeste, aludida pelo Coronel. Nessa turnê, o baixista Emory Gordy tocou na vaga de Jerry Scheff. O contato prévio com Elvis, em março de 1972, quando substituiu Scheff nas gravações, lhe trazia ótimas lembranças (Elvis gravou "Separate Ways", "Always On My Mind" e "Burning Love"). Ansioso para voltar a trabalhar com o cantor após aquela produtiva experiência no estúdio de gravação, Gordy considerou que as condições de trabalho – pagamento, acomodações, eficiência e conforto – não poderiam ter sido melhores. Mas com a breve turnê veio também uma pequena revelação: a música em si acabou sendo decepcionante. "A coisa toda me deixou muito decepcionado. Todos estavam lá fazia um tempão e já tinham seus hábitos arraigados. Acho que me enviaram umas 500 músicas para que eu as praticasse durante duas semanas, mas acabamos fazendo o mesmo show que costumavam fazer em Las Vegas nos últimos [quatro] anos. De vez em quando, Elvis subia ao palco de bom humor, muito espontâneo, [mas em geral] todas as canções eram tocadas tão rápido que literalmente as atropelávamos, sem envolver sentimento."

Em maio, foram a Tahoe numa temporada peculiarmente estendida de 17 dias, pela qual Elvis recebeu um cachê de 300 mil dólares limpos, mas o Coronel ganhou 100 mil dólares extras pela "promoção". Desde o início, uma coisa ficou clara: Elvis "não estava com uma aparência boa nem com uma sonoridade boa", avaliou a *Variety* em sua resenha. "Rechonchudo, com 14 quilos de sobrepeso, pálido e piscando contra a luz. A voz soa fraca, a elocução é frouxa, (...) o hit medley é entregue de forma apática, (...) as tentativas de perpetuar sua mística de sexo e poder culminam numa fraca autoparódia."

O relato da *Variety* acabou sendo presciente, pois Elvis cancelou os últimos quatro dias da temporada, um dia antes de fechar duas semanas. Nesse processo, o Coronel perdeu o bônus de 100 mil dólares. Foi aí que todos começaram a ficar preocupados. Em resposta sem dúvida a um alerta do Coronel, o advogado de Elvis, Ed Hookstratten, entrou em contato com John O'Grady. Aposentado no departamento de polícia de Los Angeles, onde havia trabalhado na divisão antinarcóticos, O'Grady, a convite de Hookstratten, em 1970 ajudou a defender Elvis no processo de paternidade. Mais tarde, deu ao cantor a ideia de obter seu distintivo do BNDD em Washington. O'Grady e seu sócio, Jack Kelly (ex-chefe do escritório de Los Angeles da Agência Federal de Combate às Drogas), receberam a tarefa de investigar as fontes das drogas prescritas que obviamente afetavam cada vez mais o comportamento de Elvis. Sem demora, listaram quatro fornecedores principais: um médico de Los Angeles especializado em sessões de "acupuntura" para as frequentes lesões nas costas e no pescoço que Elvis alegava estar sofrendo nos treinos de caratê; um dentista de Los Angeles especializado em atendimento domiciliar e tratamento indolor; e dois médicos de Las Vegas que pareciam estar sempre a seu dispor. O dr. Nick foi especificamente excluído do círculo de investigação, porque Vernon, que pela primeira vez havia sido consultado sobre essas preocupações, atestou o comprometimento geral do médico de Memphis com o bem-estar de Elvis.

A "investigação" continuou ao longo dos meses seguintes. No geral, a conversa toda deu margem a um certo nível de negação e, talvez mais importante, incentivou uma espécie de autoengano não reconhecido. Assim, por um tempo, todos embarcaram na ilusão de que o "problema" era menos grave do que temiam. Quando, porém, em meio à sua turnê de junho, Elvis quase sofreu uma overdose em St. Louis, a ficha caiu: a situação tinha se agravado muito. Um tempinho depois, o cantor desmaiou em pleno escritório de Hookstratten, durante um depoimento assistido por advogados, secretárias e um escrivão do tribunal, o que só aumentou ainda mais a preocupação de seu advogado. Os jornais relataram incidentes envolvendo "populares" (em Palm Springs, uma garota quase morreu por excesso de Hycodan). Cada vez mais, ficava claro uma coisa: a menos que providências urgentes fossem tomadas, o mundo estava prestes a ficar sabendo sobre o comportamento autodestrutivo de Elvis, fossem quais fossem os métodos empregados para abafar essas informações.

Na ausência de instruções claras vindas de cima, Hookstratten e O'Grady adotaram uma estratégia que, em retrospecto, parece um tanto questionável: O'Grady entraria em contato com todos os principais fornecedores e tentaria assustá-los para que parassem de receitar as pílulas; então O'Grady e Hookstratten usariam seus contatos entre agentes de narcóticos estaduais e federais para pressionar ainda mais os médicos e, por extensão, o próprio Elvis, para que entrassem nos eixos. Difícil de imaginar esse plano funcionando sem respingar no cliente deles (Hookstratten confiava em seu contato estadual, porque "eu tinha cursado a faculdade de direito com ele e éramos bons amigos"), mas será que o plano foi mesmo implementado? Algo para lá de duvidoso. Hookstratten e O'Grady constataram que Vernon parecia dividido entre a lealdade a seu patrão e a lealdade a seu filho; os caras também estavam de mãos irremediavelmente atadas pelas relações conflitantes de amizade e emprego; de fato, todos em posição de intervir dependiam financeiramente de Elvis de um jeito ou de outro. Até mesmo o Coronel parecia meio perdido, expressando de vez em quando uma consternação desnorteada, mas, em linhas gerais, repetindo a crença que sustentava a todos: Elvis ia tirar de letra como tantas vezes no passado; superou outras coisas e superaria essa também.

Cada vez mais, Hookstratten e os dois detetives sentiam-se rastejando num galho prestes a ser cortado. Nas vezes em que se arriscaram a confrontar Elvis, não receberam em troca lampejos de raiva, apenas a mais leve objeção, expressa sem qualquer ressentimento. Explicou que sabia o que estava fazendo, não havia problema. Só desmaiou na sala de Hookstratten porque tinha acabado de ir ao dentista e ainda estava meio tonto por causa da anestesia. "Perguntei: 'Quer falar no assunto, Elvis? Não quer, por favor, nos deixar ajudá-lo?'. Achei que ia ser demitido, mas em vez disso me deu um presente, uma máquina caça-níquel que sempre admirei."

A RCA NÃO QUERIA SE CONTENTAR em lançar apenas um novo álbum de faixas avulsas (a coletânea *Elvis*, a essa altura um título quase genérico escolhido pelo Coronel) nos meses do verão de 1973 no Hemisfério Norte, justamente após o enorme sucesso da trilha sonora do *Aloha*. Porém, sem sessões de estúdio desde 1972 e praticamente sem material inédito guardado, a RCA teve poucas alternativas. O único consolo da gravadora era o novo contrato e o novo relacionamento em que tinham embarcado (segundo o Coronel, a RCA podia ficar tranquila, pois o contrato recém-assinado praticamente garantia esse novo relacionamento). Com isso em mente, George Parkhill, o contato do Coronel na RCA, escreveu a Elvis em 29 de junho, informando o cantor, em termos surpreendentemente peremptórios, que "para obtermos a mercadoria disponível (…) *estamos planejando* [itálico nosso] uma sessão de gravação em meados de julho". Deu a Elvis a escolha de onde preferia gravar, mas enfatizou que, sob os termos do acordo de 1º de março, a RCA precisava que da sessão resultassem, no mínimo: um novo álbum pop, dois novos singles e um álbum religioso – um total de 24 faixas.

A essa altura, Parkhill muito bem poderia estar trabalhando para o Coronel (sendo chefe da RCA Record Tours, para todos os efeitos, estava mesmo). Por isso é plausível supor que essa carta foi enviada não só com a aprovação do Coronel, mas a seu comando. Elvis teria que levar a sério suas obrigações, fosse por métodos de comunicação mais diretos, fosse usando a RCA como intermediária, alternativa que soava perfeitamente aceitável.

E funcionou – ao menos inicialmente. Ninguém imaginava que Elvis deixaria Memphis no meio de suas quatro semanas de férias de verão, principalmente recebendo visita de sua filhinha. Então Marty Lacker, que havia pouco tempo começara a promover a Stax Records, montou a sessão no estúdio da Stax, na McLemore Avenue, no antigo cinema Capitol, praticamente ao lado da Igreja da Primeira Assembleia de Deus, que antigamente Elvis costumava frequentar com sua namorada Dixie Locke, na época uma adolescente. Sob todos os prismas, aquilo fazia sentido: Stax era um estúdio legítimo, no auge de seu sucesso como selo de soul, Marty exercia influência nele, assim como já fizera no American – e ficava a cinco minutos de casa.

Na primeira noite, Elvis não compareceu. Na segunda, chegou cinco horas atrasado, com uma arrebatadora capa preta, traje branco e um desleixado chapéu Borsalino *superfly*. A banda incluía James Burton e Ronnie Tutt; a mesma seção rítmica do American com a qual Elvis tinha trabalhado em 1969, menos o baterista Gene Chrisman; no lugar de Chrisman, para auxiliar Tutt na percussão, o baterista Jerry Carrigan, das sessões de 1970-71 em Nashville. Carrigan, que não via Elvis fazia alguns anos, ficou chocado com a experiência toda. “Foi a primeira vez que vi Elvis gordo. E com a fala arrastada. Uma aparência desoladora.” Bobby Wood, tecladista do estúdio American, ecoou a observação de Carrigan: “Era como se ele não desse mais bola, só isso. Não era mais o mesmo”.

Desde o início, tudo parecia dar errado. Felton Jarvis e seu engenheiro Al Pachucki, já pisando em ovos após um confronto desastroso com uma executiva da RCA, Joan Deary, sobre a mixagem quadrifônica do álbum *Aloha* (Deary, que não respeitava as habilidades técnicas nem a ética de trabalho de Felton e Pachucki, providenciou uma completa remixagem), ficaram com uma visão sombria de toda aquela configuração do Stax. O ambiente do estúdio, observou Pachucki, era muito tosco; não havia como dar aos músicos mixagens diferentes nos fones de ouvido (em outras palavras, o baterista recebia a mesma mixagem que o cantor); e o console estava irremediavelmente fora de moda – mesa de oito canais, tipo de equipamento descartado pela RCA em 1970. Isso tudo, somado aos nove vocalistas de apoio que Elvis insistiu em trazer ao estúdio, tornava praticamente impossível obter algum tipo de separação limpa.

A vibe do estúdio não estava legal; as canções também eram um tanto constrangedoras – "fracas" na opinião de Carrigan e dos outros músicos. Tanto isso é verdade que Elvis as recusava na mesma hora em que as apresentavam a ele. Se o Coronel estivesse lá, sem dúvida teria concordado com os músicos, e deve ter estremecido ao ouvir o relatório de Tom Diskin. Mais uma vez, Freddy tinha fracassado em trazer bom material – apesar de agora estar trabalhando para si mesmo. O Coronel balançou a cabeça, sem entender nada. Freddy tinha toda a motivação do mundo para buscar material com potencial de sucesso – ele deveria ser o maior interessado em aumentar os lucros!

Mas a questão principal era Elvis, como todos sabiam. Em outro momento, em outro humor, ele teria dado de ombros, encontrado algo nas músicas banais que despertasse seu interesse ou simplesmente enveredado por outro rumo. Em vez disso, a única coisa com a qual se deixou envolver foi a demonstração de caratê que realizou com Kang Rhee em pleno estúdio. Coisa que não melhorou em nada o estado de espírito dos músicos. Alguns tinham sido testemunhas, como Carrigan, e outros já tinham ouvido falar do dia em que Elvis deu um chute de caratê numa pistola e a arremessou contra o violão de Chip Young.

Na noite seguinte, apareceu com as mesmas roupas, mas com Linda e Lisa Marie a tiracolo – e, de novo, com várias horas de atraso. Dessa vez, parecia com um humor um pouco melhor, e o material também estava um pouco melhor (com a inserção da música de Tony Joe White, recebida por Felton de seu amigo Bob Beckham), mas Elvis só gravou três canções e foi embora com aquele mesmo humor insatisfeito. Na noite seguinte, finalizaram mais duas músicas. Eis que na quarta noite de gravação, com uma banda substituta (todos os outros, antecipando que Elvis trabalharia em seu estilo rápido de sempre, tinham assumido outros compromissos), Al Pachucki constatou que os microfones pessoais de Elvis tinham sido roubados, e tão logo Pachucki confirmou ao cantor ser esse o motivo para a má qualidade vocal que estavam recebendo, Elvis simplesmente se retirou e não voltou mais. Felton continuou gravando faixas instrumentais naquela noite e também na noite seguinte, na vã esperança de que ele retornasse, coisa que não aconteceu. Felton teve de encerrar a sessão às cinco da manhã de 26 de julho.

Dos 30 números *master* designados à sessão, apenas oito tinham sido concluídos, com faixas de apoio para quatro canções adicionais, nas quais Elvis poderia optar ou não por gravar seus vocais em overdub. Um resultado desastroso sob todos os aspectos, e o sentimento da RCA foi um só: decepção. O Coronel também se indignou não só com o fiasco editorial, para o qual ele estava convencido de que Felton havia contribuído, ao apresentar as canções de seu amigo Beckham, mas também com a crescente recusa – ou incapacidade – de Elvis em cumprir seus compromissos. Acima de tudo, porém, a sessão foi uma catástrofe profissional para Felton, cuja única habilidade para o Coronel e a empresa era fazer Elvis entregar, e que agora, mais do que nunca, se via em meio a um fogo cruzado, sem aliado visível à vista. E, no entanto, Felton parecia ser o único que ainda nutria fé no futuro, convencido de uma coisa: se pudessem criar uma boa vibe na próxima sessão, Elvis ia se recompor. Tudo de que precisavam era de uma boa atmosfera do tipo *jam*, expôs Felton a um entrevistador nessa época. “O que eu busco capturar é o momento em que ele fica lá, cantando para si mesmo. [É por isso que] Muitas faixas começam do nada, sem introdução... porque são feitas uma só vez, e pronto. Elvis tem que sentir o que está cantando”, explicou Felton, sem detalhar o quanto estava se tornando difícil evocar esse sentimento.

Elvis voltou à Califórnia menos de uma semana depois, a fim de começar os ensaios para a nova temporada em Vegas, com estreia em 6 de agosto. As críticas na imprensa foram ainda mais devastadoras do que as resenhas em Tahoe. Realçavam claramente que havia algo de muito errado.

"Com um excesso de peso nunca antes exibido em Las Vegas, Elvis está em seu momento mais indiferente, desinteressado e sem atrativos", declarou o *Hollywood Reporter*. "Não se trata apenas de estar um pouco fora de forma, não se trata apenas de estar um pouco mais rechonchudo que de costume. Elvis, a Lenda Viva, está gorducho e imitando ridiculamente seu antigo eu. (...) A voz dele, na noite de estreia, soou frágil, incerta e tensa. (…) A personalidade dele foi desperdiçada numa das performances mais despreparadas, instáveis e desanimadoras de sua carreira em Las Vegas. (...) É uma tragédia desanimadora e absolutamente deprimente ver a estatura de Elvis em tamanho declínio."

Pouca diferença fez para o seu público. Relatos de fãs sugeriram que Elvis estava "bem mais feliz", "divertidíssimo na maior parte do tempo" e parecia estar "curtindo bem mais os shows". Mas os boatos sobre abuso de medicamentos se tornaram difíceis de abafar, e as constantes festinhas na suíte confirmavam esses boatos. Duas semanas após o começo da temporada, numa dessas festas, em uma demonstração de caratê, Elvis fraturou o tornozelo de Beverly Albrecq, uma das convidadas. O caso acabou nos tribunais, por conta de uma ação judicial por indenização, quando o marido de Albrecq descobriu como e onde ela havia sofrido a lesão corporal.

Os shows em si foram assumindo toques de um surrealismo crescente, mas sem perder a afabilidade. O auge aconteceu na noite final, em que Elvis entrou no palco a cavalo nas costas de Lamar e com um macaco de brinquedo preso ao pescoço. "Boa noite, senhoras e senhores e amantes dos animais", anunciou. "Trouxe um dos meus parentes comigo. Se ele precisar ir ao banheiro, estou em apuros!"

Foi tudo, pode-se argumentar, uma grande diversão, e os fãs acharam hilário quando ele cantou "Love Me Tender" com letras "proibidas para menores", mas houve movimentos desconfortáveis não só da plateia, mas no palco quando ele interpolou um verso que declarava: "*Adiós, you motherfucker, bye bye, Papa, too/ To hell with the whole Hilton Hotel, and screw the showroom, too*" ("*Adiós*, seu filho da puta, tchauzinho, papai também/ Pro inferno com todo o Hotel Hilton, e que se foda a sala de espetáculos, também"). Cantou "What Now My Love" fazendo movimentos pélvicos numa cama que Sonny empurrou palco adentro, cantou a letra de "Suspicious Minds" com a melodia de "Bridge Over Troubled Water" e vice-versa (e, por fim, acabou interpretando as duas canções seriamente), e voltou a abordar o Hilton mais uma vez, prestes a entrar no medley "Mystery Train/Tiger Man". "Tem um cara aqui que trabalha no restaurante italiano", disse calmamente, referindo-se ao seu garçom favorito, que às vezes trazia as refeições para ele na suíte. "O nome dele é Mario, e essa turma está se preparando para demiti-lo assim que eu for embora, e eu não quero que isso aconteça. Ele precisa desse emprego. E acho que a família Hilton é mais nobre do que isso. Sem querer desrespeitar ninguém, só quero abrir os olhos de Conrad [Hilton] e contar a ele sobre Mario e seu trabalho, isso é tudo." Em seguida entrou no medley, mas parou no meio para anunciar: "Esta canção é dedicada à equipe e à gerência do Hilton Hotel", então rasgou os versos de abertura de "Tiger Man", que, de alguma forma, adquiriu um significado extra, quando ele cantou: "*I'm the king of the jungle/ They call me the Tiger Man*" ("Sou o rei das selvas/ Eles me chamam de Homem Tigre").

Em linhas gerais, o restante do show manteve o tênue equilíbrio entre o usualmente ridículo e o ocasionalmente sublime. Para os fãs, foi uma espécie de convite à sala de estar de Elvis, como o próprio cantor reconheceu explicitamente quando disse ao fim do show: "Sei que brincamos muito e nos divertimos e tudo mais... Mas realmente amamos cantar, tocar música e entreter as pessoas. Enquanto eu fizer isso, vou ser um velhinho, mas danado de contente".

Por sua vez, o Coronel não estava nem um pouco contente. Desde a primeira menção ao Hilton, o Coronel, nos bastidores, ficou fulo da vida e, quando Elvis saiu do palco, o empresário estava prestes a sofrer uma síncope. Ouviu tudo sobre esse tal de Mario, entendia os sentimentos de Elvis sobre o assunto – mas isso não deveria ser compartilhado com o mundo. O que os Hilton faziam era problema deles e de mais ninguém, assim como o que ele e Elvis faziam era assunto dos dois. Estava farto. Tinha negociado com Barron Hilton na maior boa-fé, tinha se dedicado ao menino sempre arrumando uma desculpa para suas mancadas, tinha construído uma carreira para ele, exatamente nos moldes exigidos por Elvis: e agora o que ele estava tentando fazer? Nos bastidores, tentou falar com o cantor, mas já não conseguiam mais se comunicar. Vozes enraivecidas soaram do camarim, e o Coronel saiu pisando forte. Pouco depois, Elvis emergiu, silenciosamente, como se tudo estivesse resolvido.

Naquela noite, na suíte, como de hábito, houve a festinha de encerramento. Tom Jones e a cantora Bobbie Gentry ("Ode to Billy Joe") marcaram presença, e Elvis fez uma surpresa para Jones. Estava ciente de que Tom enfrentava dificuldades com seu grupo vocal, The Blossoms, então pagou as passagens de avião para um jovem e promissor quarteto gospel de Nashville. A formação incluía o sobrinho de J. D., Donnie Sumner (que, havia até pouco tempo, participava do show, como membro do grupo de seu tio) e Sherrill Nielsen, a quem Elvis considerava um dos melhores tenores jovens da atualidade e que havia feito backing vocals, com o cantor e os Imperials, na sessão de gravação de "How Great Thou Art", em 1966. A intenção dele era presentear Jones com o quarteto. Para isso, Elvis os fez cantar para seus convidados, o que sem dúvida precipitou o fim da festa.

A noite acabava, e a discussão com o Coronel ainda martelava em sua mente. O jeito como o empresário havia falado com ele... Velho careca e cretino... Quem é que ele estava pensando que era? E por que falava com ares tão arrogantes e poderosos quando todo mundo sabia que ele estava devendo até o rabo para o Hilton? E era por isso que provavelmente tocariam ali pelo resto de suas malditas vidas. O pessoal comentava sobre a Europa também – havia algo engraçado acontecendo, e Elvis escutou mais de uma vez que o Coronel não podia deixar o país porque era uma espécie de estrangeiro ilegal ou tinha um problema na certidão de nascimento ou coisa que o valha. Até onde dizia respeito a Elvis, porém, o Coronel poderia até ser um marciano – o fato é que não passava de um velho, com ideias velhas, e seus dias estavam contados. *Quem diabos ele pensa que é para falar assim com Elvis?* Pediu para Joe ligar para o Coronel. Mande aquele velhote desgraçado vir aqui.

O ambiente emitia faíscas quando o Coronel chegou à suíte. Ficou evidente que o velho continuava furioso com a discussão anterior, e os nervos de Elvis estavam à flor da pele. Agora não houve qualquer tentativa da parte de nenhum deles para esconder seus ressentimentos. E os caras que permaneceram no quarto testemunharam uma cena tão chocante quanto qualquer outro ato íntimo de um casamento. Em um fato inédito, os dois realmente se xingaram, aos gritos, na presença dos outros, um lançando acusações feias na cara do outro. Por fim, Elvis disparou: “Você está demitido”. E o Coronel retrucou: “Não pode me despedir, eu me demito”. Cada um ameaçou convocar uma entrevista coletiva no dia seguinte, mas o Coronel emendou: “Tudo bem, mas se você quiser que eu vá embora, primeiro vai ter que pagar o que me deve”, e irrompeu porta afora.

Um silêncio quase ensurdecedor dominou o ambiente. Todos já tinham conversado sobre esse dia e a necessidade de Elvis ter a seu lado um empresário de ideias modernas, ao estilo de Jerry Weintraub, que poderia expandir o papel de cada um deles na organização, mas a sombria realidade da conversa pairou na sala como uma brisa congelante. Elvis se refugiou no quarto com Linda, e todos ficaram se entreolhando, uma sensação paralisante de incerteza, sem nada mais a comentar.

Já o Coronel não teve esse problema. Aliás, ele tinha na verdade muito a comentar. Em seu labirinto de salas e escritórios do quarto andar, começou a escrever, em meio a todos aqueles objetos que serviam de lembretes de tudo que ele tinha feito pelo menino. Foi exatamente isso que ele tinha feito, 20 anos atrás, quase exatos. Eddy Arnold dissolveu o seu relacionamento de longa data com uma carta de uma página, declarando sentimentos contínuos de amizade, mas uma profunda insatisfação com a maneira brusca de fazer negócios de seu empresário. Naquela época, como agora, o Coronel foi pego de surpresa, mas precisou de uma semana inteira para se recuperar. Mesmo após esse período de adaptação, não foi capaz de se comunicar com Arnold sem trair sua mágoa. Mesmo declarando que emoções não tinham lugar nesse tipo de relacionamento, ele se defendeu amplamente numa carta discursiva e desconexa, alternando justificativas zangadas de seus atos e uma prestação de contas rigorosamente fundamentada. Em resumo, terminou liberando Arnold por um pagamento único de 60 mil dólares, a bem de preservar um limitado relacionamento social e comercial. Mas não tinha, na mente dele, sequer começado a pagar seu investimento, sequer começado a compensar a mágoa. Dessa vez, se concentrou apenas em colocar os números no papel: o menino devia a ele, e ele não seria enganado.

O Coronel chamou Jerry Schilling quando estava quase terminando sua contabilidade. Jerry chegou e encontrou o Coronel de pijama e chinelos, óculos na ponta do nariz, datilografando enfurecida e gelidamente. Ao longo dos anos, adiantou dinheiro a Elvis, agendou shows e eventos pelos quais acabou sem receber sua comissão total, fez acordos que se estenderam por um futuro distante, deixou de receber valores residuais em todos os filmes, sem mencionar a propriedade compartilhada nos dois especiais de televisão. Não tinha problema algum Elvis seguir por conta própria, se era isso o que ele realmente queria, mas teria que pagar pelo privilégio. Já estava amanhecendo quando arrancou a última folha da máquina de escrever, e Jerry levou os papéis para a silente suíte estelar.

No dia seguinte, a reação ficou entre o pânico e o colapso total. Após a corajosa bravata da noite anterior, Elvis agora se via tendo que confrontar os números do Coronel, enquanto ele e Vernon estudavam funestamente as contas somadas até o último centavo, tentando decidir a quem poderiam recorrer para ajudá-los em meio a essa situação sem precedentes. Aos trancos e barrancos, as negociações continuaram ao longo dos dias seguintes, com Jerry e Sonny sendo os principais emissários numa guerra em que nenhum dos oponentes se envolveu diretamente e em que partes neutras se encarregaram de disseminar informações (e desinformações). Por intermédio de funcionários do hotel, Elvis ficou sabendo que o Coronel estava doente. O Coronel soube que Elvis havia ligado a Tom Hulett e Ed Hookstratten sem nunca se manifestar e dizer o que queria. Era como se cada um tivesse dado o seu melhor sem, no entanto, conseguir o nocaute; agora os dois cambaleavam junto às cordas do ringue, grogues, sem saber como contra-atacar.

Toda essa história deixou Vernon adoentado; não sabia como conseguiriam o dinheiro nem mesmo como ir em frente sem o Coronel. Elvis passava as noites em claro, e Sonny, esgotado, já não aguentava mais lhe fazer companhia. O efeito sedativo de cada injeção que o médico aplicava em Elvis durava no máximo uma ou duas horas. Mal Sonny ia se deitar logo recebia um chamado para voltar à suíte. Jerry e Joe, recém-divorciados, estavam com tudo reservado para ir à Europa na semana seguinte, em férias por conta de Elvis. Quiseram adiar a viagem, mas o cantor não quis nem ouvir falar nisso. Ninguém duvidava de que uma reconciliação era quase *necessária* – mas ninguém conseguia descobrir como isso aconteceria. Nenhuma das partes se mostrava capaz de fazer um movimento.

Enquanto isso, Jerry tinha conflitos e confusões particulares. Na turnê de junho, ele tinha começado a sair com Kathy Westmoreland, após ver o romance que acabou com seu casamento naquela primavera simplesmente ficar à deriva, sem nenhum real motivo que ele pudesse discernir. Então o relacionamento com Kathy foi por água abaixo também, talvez devido às pressões da temporada, mas também em razão de um problema entre ele e Elvis. Jerry não tinha noção do que se tratava até que, num momento de remorso, o cantor revelou o que, obviamente, todos no grupo já sabiam: Elvis tinha sido a causa do rompimento de seu namoro anterior, Elvis tinha levado a namorada dele para a cama. No início, Jerry não quis acreditar, mesmo sabendo do lance entre Elvis e a bela e jovem esposa de Billy Stanley, o enteado de Vernon e, portanto, "irmão postiço" de Elvis, pouco antes de Linda entrar em cena, no verão anterior. Mas aquilo foi diferente. Ninguém levava Billy a sério de qualquer maneira – e quando Elvis começou a contar a todos com aquele sorrisinho de autossatisfação no rosto, como se de alguma forma tivesse se safado, Jerry simplesmente atribuiu esse comportamento às pílulas. Agora não tinha tanta certeza. "Não sei como isso aconteceu", Elvis tentou explicar. "Aconteceu só uma vez", explicou ele, como se quisesse tranquilizar Jerry e deixar claro que ele não ia descobrir mais nenhum incidente de traição, mesmo que investigasse. "Não fiz isso com mais ninguém." Estupefato, Jerry protestou: "Mas eu a amava. Estou feliz que foi você quem me contou e não outra pessoa". Às vezes, ele tinha a impressão de que não conhecia mais Elvis. Mas, mesmo lutando para abafar o sentimento de traição que o angustiava, permaneceu um fiel escudeiro, tentando se recordar do homem que amara e admirara todos aqueles anos.

Por sua vez, Linda também estava num ponto de inflexão. E de exaustão. Até onde sabia, Elvis tinha sido fiel na maior parte do primeiro ano de seu relacionamento, segundo o cantor disse a ela, um recorde de todos os tempos. E Linda, por sua vez, havia se dedicado inteiramente a ele, com uma seriedade de propósitos mais adequada a uma enfermeira ou mãe do que a uma namorada. Vernon lhe disse que ela era a pessoa mais bondosa que tinha conhecido. Ela o lembrava de sua tia favorita. A dedicação de Linda não estava passando despercebida, garantiu ele. Essas palavras significaram muito para a jovem, mas ela precisava de uma pausa, e Elvis também estava pronto para uma. Então, quando enfim resolveu partir de Vegas, Elvis sugeriu que planejava descer a Palm Springs sozinho por um tempo – quem sabe ela não aproveitava para ficar e fazer umas compras –, Linda aceitou, mesmo sabendo o que isso significava. Aos 23 anos, ela podia imaginar uma vida diferente. Continuava apaixonada por ele, mas havia muito tempo tinha descoberto: o amor sexual não era a essência da relação deles. E isso não se devia apenas à condição física de Elvis – "certamente ele sofria com o excesso de medicamentos, mas a verdade é que ele também transcendia a parte física. O que ele queria mesmo era chegar ao coração do outro indivíduo. E, sabe, isso realmente feriu meus sentimentos. Mas o meu amor por ele era tão pleno, tão maternal, que eu pude mesmo abrir mão dele".

No fim de semana, Jerry e Joe partiram rumo à Europa, cinco dias após o atrito entre Elvis e Parker, com o impasse ainda sem solução. Nesse meio-tempo, Kang Rhee tinha vindo de Memphis, por conta de Elvis, enquanto os pais de Linda e o dr. Nick permaneceram como seus convidados, e o motorista da limusine, "Sir Gerald" Peters, lhe trouxe a Mercedes azul de Los Angeles. Continuou a receber tratamentos de "acupuntura" de seu médico de Los Angeles, Leon Cole, que já havia atendido Elvis em Las Vegas. Contratou o quarteto trazido de Nashville (com quem cantava música gospel todos os dias) quando o grupo foi dispensado por Tom Jones. Tentando indicar que os conflitos diários não o abalavam, numa folha de rascunho, elaborou um contrato garantindo ao grupo de backing vocals 100 mil dólares por ano, essencialmente para ficar à disposição. Cantariam nos shows (um terceiro grupo vocal, totalizando 11 vozes de apoio no palco), teriam seu próprio segmento, estariam livres para buscar oportunidades próprias, mas ficariam sujeitos aos caprichos dele, de prontidão para serem convocados a Memphis, Los Angeles ou Palm Springs – e, como para provar sua perspicácia comercial aos céticos de plantão, ficaria com os direitos de publicação de todas as canções deles. Batizou o quarteto de Voice, em homenagem à revista espiritual *New Age Voice*, publicada em edição única por Larry Geller, com a qual tinha sido presenteado em Las Vegas, quando Geller e Johnny Rivers tinham vindo recentemente para assistir ao show.

Desolado com Elvis e essa última prova de esbanjamento, Vernon se perguntava: o que seria deles caso Elvis não fizesse as pazes com o

Coronel? Ao saber do caso, o Coronel comentou secamente que o grupo não valia nem 50 mil dólares para o show. Mas, para os três cantores, o empresário e o baixista que os acompanhava, que se esforçavam para ganhar a vida em Nashville, não foi só uma reviravolta implausível, foi o maná celestial – embora logo tivessem que negociar suas despesas, também, para estar à disposição de Elvis.

Todos viviam agora num estranho e novo limbo, e parecia que as coisas poderiam continuar assim para sempre. De certa forma, era como se nada tivesse mudado – o Coronel obteve com o International descontos nos quartos de todos, negócios continuaram a ser realizados de forma independente pelas duas partes, Elvis ainda agia como Elvis. O cantor e o Coronel não se falavam, a única diferença era essa.

Enfim, pouco antes de irem embora de Las Vegas, Elvis fez Sonny entrar em contato com o Coronel, anunciando: "Temos que ligar para aquele velhote desgraçado. Ele não vai nos ligar". Depois de colocar o Coronel na linha, Sonny saiu da sala. Não ouviu a conversa, mas ficou com a impressão indelével de que foi Elvis quem pediu desculpas. A essa altura, isso não importava. Aquela montanha-russa emocional deixou todo mundo exausto e ansioso por uma reconciliação.

Na semana seguinte, o Coronel já se sentia encorajado o bastante para garantir à RCA: antes do fim do mês, Elvis terminaria de gravar as faixas vocais para o novo álbum a ser lançado em novembro. As quatro faixas instrumentais gravadas em Memphis seriam transferidas ao publicitário da RCA, Grelun Landon, em Los Angeles, que seria o supervisor de uma sessão que teria lugar não no estúdio da RCA em Los Angeles, mas na casa de Elvis em Palm Springs – o que, do ponto de vista do Coronel, garantia mínima interrupção na agenda do cantor, e também que Felton, na prática, nada teria a ver com a gravação.

O fato de outra sessão ser necessária era culpa de Felton, o Coronel tinha convicção disso. O culpado pela situação em que se encontravam era Felton. Atendeu demais aos caprichos de Elvis e permitiu que o cantor se afogasse num mar de vozes e orquestração, quando tudo o que os fãs queriam ouvir era *a voz de Elvis* – o garoto podia gravar só com voz e xilofone e ia vender como água. A RCA só precisava recolocar a voz dele nos trilhos, incitou o Coronel. Deixem claro que não há tempo para overdubs, não há tempo para remixagem. Deem um jeito de que ele acerte de primeira. Saberiam o melhor jeito de transmitir ao sr. Presley, explicou ele à gravadora – e, claro, no final a decisão seria deles. Como bem sabiam, ele nunca ousaria ensinar o padre a rezar missa; só estava se envolvendo agora em razão das circunstâncias incomuns da sessão e da preocupação de todos para lançar o disco em tempo hábil.

As sessões de gravação, nos dias 22 e 23 de setembro, não saíram conforme planejado. Elvis acabou não se interessando em três das quatro canções que havia na fita. Na verdade, seu maior interesse parecia ser gravar uma fita demo com o Voice, que ele trouxera dias antes não para a sessão, mas só para cantar com ele enquanto estivesse em Palm Springs. O entusiasmo pelo grupo não se limitava à música. Observando que Sherrill Nielsen precisava de um transplante de cabelo, Elvis providenciou para que a operação fosse realizada em plena sala de estar, justo na manhã da gravação, enquanto ele próprio fazia um tratamento de acupuntura no dedo fraturado no treino de caratê, três dias antes.

Não era bem o cenário que Grelun Landon havia previsto. Elvis de pijama, comendo pipoca; a cabeça de Sherrill Nielsen sangrando sob as bandagens; a unidade móvel de gravação da RCA, estacionada lá fora; o cabo passando pela fresta da porta – a qual, soprada pelo vento quente e seco do deserto, não parava de bater. Só no finzinho da noite Elvis acabou gravando o seu vocal em overdub em "Sweet Angeline", única faixa da sessão do estúdio Stax que considerou digna de ser completada – mas não sem antes passar mais de quatro horas em duas músicas para a demo de seu novo grupo.

Na segunda noite, a história não foi lá muito diferente, exceto que Elvis começou gravando uma das canções do líder do Voice, Donnie Sumner, com uma formação improvisada que incluiu Charlie no violão, Sumner no piano, o baixista Tommy Henley e James Burton, que presumivelmente estava lá para fazer o overdub de sua guitarra nas faixas instrumentais pré-gravadas. Após supervisionar mais três demos do Voice, Elvis começou a brincar com o hit de 1958 de Andy Williams, “Are You Sincere?”. Jamais poderia ter funcionado – a música em si era uma baladinha *doo-wop* levemente sentimental, e a banda de apoio, a mesma da faixa anterior –, mas, de alguma forma, o arranjo enxuto, o instrumental incongruente e as vozes se avolumando num efeito quase paródico pareceram liberar algo nele, e Elvis transmitiu uma emoção espontânea ao indagar, a si mesmo e a todo mundo: “Está sendo sincero?”. Honestidade, simplicidade, a resposta puramente intuitiva – essa era a essência musical de Elvis, *sempre* teve a ver com isso. Pensando bem, ele até poderia concordar com o Coronel: todo o resto poderia ser descartado como excesso de bagagem.

O Coronel subiu nas tamancas ao saber do ocorrido. Mais uma vez, planos elaborados com muita cautela tinham ido por água abaixo por conta da irresponsabilidade impensada do garoto. E a RCA não foi capaz de exercer um controle maior sobre a sessão, despertando a fúria do Coronel. No dia seguinte, conversou com Elvis pelo telefone. Elvis insistiu para que as novas canções fossem incluídas no álbum, mas o Coronel insistiu ainda mais enfaticamente: só seriam incluídas com o entendimento explícito do cantor de que nada seria acrescentado a elas – nem voz, nem instrumental. Ele ia fazer o melhor a seu alcance para convencer a RCA a fazer do limão uma limonada, mas Elvis precisava reconhecer que havia colocado todos numa enrascada pela falta de tempo hábil. Em conversas seguintes com a RCA, o Coronel enfatizou essa mesma questão, usando um linguajar explícito que jamais utilizara para se referir ao seu cliente.

Isso não o impediu, entretanto, de colocar a boca no trombone, uma semana depois, na RCA. Os piores receios dele sobre a venda do catálogo estavam prestes a se concretizar, e Joan Deary, que ele considerava uma aliada em sua luta contra Felton, planejava lançar em novembro uma antologia chamada *Elvis – A Legendary Performer*. Com base no material publicitário, era óbvio que essa seria a primeira de uma série de reedições históricas em conflito direto com o lançamento de material inédito do artista. Como se isso não bastasse, Deary foi em frente e executou seus planos *sem sequer consultá-lo*. A coletânea trazia um livreto de luxo com "fotos, cifras de velhas gravações, apontamentos de sessão, fotos de antigas partituras, capas de revistas, informações de gravação e outras recordações", tirando a oportunidade até mesmo de participação no marketing. O Coronel ficou ainda mais ofendido porque o ofício de Deary, datado de 7 de setembro, demorou mais de três semanas para chegar. Sem perder tempo, disparou uma carta a seu bom amigo Rocco Laginestra, o homem por trás da compra do catálogo. Realçou que, ao fechar o acordo, ficou subentendido que a RCA evitaria esse tipo de ação precipitada e descoordenada e que, na ocasião, Rocco e Mel Ilberman tinham garantido que ele não tinha nada a temer da RCA. Agora, se a RCA levasse adiante um plano tão mal elaborado, isso lançaria sérias dúvidas sobre o espírito do acordo e um relacionamento que já durava quase 30 anos, alicerçado na confiança mútua. O lançamento da antologia foi rapidamente adiado para janeiro, e o Coronel não apenas foi incluído como consultor da série, mas também passou a ser remunerado por isso.

O DIVÓRCIO DE ELVIS foi sacramentado em 9 de outubro. Ficou claro para Sri Daya Mata, quando ele a visitou pouco antes da homologação do divórcio, o quanto o rompimento do casamento continuava a perturbá-lo. Recém-chegada de uma peregrinação de oito meses à Índia, ela manteve contato telefônico com Elvis, mas ficou surpresa com as mudanças. O que mais a impressionou foi o estado de infelicidade em que ele parecia estar. O jovem de olhos brilhantes, sincero, um tanto indisciplinado, a quem havia se acostumado, o espírito inquieto e engenhoso

O DIVÓRCIO DE ELVIS FOI SACRAMENTADO EM 9 DE OUTUBRO. FICOU CLARO PARA SRI DAYA MATA, QUANDO ELE A VISITOU POUCO ANTES DA HOMOLOGAÇÃO DO DIVÓRCIO, O QUANTO O ROMPIMENTO DO CASAMENTO CONTINUAVA A PERTURBÁ-LO.

capaz de locallizá-la na Índia só para se certificar de que ela não havia sido atingida por um terremoto que ele acompanhou no noticiário, parecia de alguma forma apequenado, despojado não só de sua esperança, mas de sua beleza, acabrunhado por ser visto por ela com essa aparência. "Acho que as coisas não estavam transcorrendo como ele esperava. Já não tinha mais a energia, o ânimo, o sentimento dos primeiros anos. Faltava-lhe paz interior."

Não era o acerto financeiro que o incomodava. O pai dele, Vernon, e também o advogado dele, Ed Hookstratten, estavam indignados com Priscilla. Na visão deles, ela primeiro deu a palavra e depois voltou atrás. Isso não tinha importância – era só dinheiro. Outras consequências mais relevantes o preocupavam, embora tivesse dificuldade para reconhecer exatamente. A *rejeição* o assombrava, a rejeição exposta aos olhos do mundo, da qual sempre teve medo. Mais do que isso, ela havia destruído seu sonho; em seu jeitinho suave, Sri Daya Mata poderia ter definido isso como a "fantasia" dele, e Priscilla talvez concordasse com ela. Elvis sempre imaginou um quadro de felicidade doméstica, uma união perfeita e duradoura. Prometeu à mãe que um dia isso ia acontecer. E, agora, chegava ao fim, não por escolha própria (embora soubesse que, no fundo, tinha escolhido aquilo), mas por homologação da vara de família.

Priscilla reabriu a ação em maio, pouco antes da temporada em Tahoe. À primeira vista, o acordo era claramente unilateral: um homem de tamanho patrimônio indenizar a ex-esposa com pouco mais de 100 mil dólares em um estado onde a comunhão de bens era a regra? E o fato de as duas partes serem representadas essencialmente pelo advogado do marido era uma injustiça escancarada. *Mas foi assim que ela quis.* Mais tarde, porém, Priscilla se envolveu na redecoração de seu novo apartamento em Pacific Palisades (que Elvis concordou em pagar de bom grado) e, com uma parcela dos 50 mil dólares recebidos por ela como pagamento inicial do acordo, abriu uma loja de roupas de grife em Beverly Hills, chamada Bis and Beau ("Bis" vinha da sócia, a amiga

Olivia Bis, e o “Beau” vinha de seu sobrenome de solteira). Claramente, a realidade dos negócios, além da maior experiência de sua decoradora de interiores e nova parceira nos caminhos do mundo, a levaram a encarar com outros olhos as realidades financeiras da vida. Pelo menos, essa foi a interpretação de Ed Hookstratten quando o advogado de Priscilla informou que ia apresentar uma moção para anular o acordo com base em “fraude extrínseca”.

Sendo Hookstratten o agente da suposta fraude, Elvis teve que contratar um novo advogado, um associado de Ed, e vários depoimentos foram realizados ao longo do verão e início do outono, até os advogados enfim chegarem a um novo acordo. Elvis pagaria 725 mil dólares em dinheiro, mais 6 mil dólares por mês durante dez anos, o que, junto com a metade de Priscilla da venda da casa em Hillcrest (enfim vendida em 31 de agosto por 450 mil dólares), os 4.200 dólares mensais de pensão extra à ex-cônjuge por um ano e os 5% das novas editoras musicais, somavam cerca de 2 milhões de dólares. Além disso, Elvis pagaria 4 mil dólares por mês de pensão alimentícia a Lisa Marie, cuja guarda seria compartilhada.

Na terça-feira, 9 de outubro, eles se encontraram no Tribunal Superior do Condado de Los Angeles, em Santa Mônica, em sessão presidida pelo juiz Laurence J. Rittenband. Vinte minutos depois, saíram do tribunal sorrindo à horda de fotógrafos e repórteres aglomerada na escadaria do tribunal. Priscilla, que não via Elvis havia algum tempo, ficou consternada com sua aparência inchada e perplexa com as drásticas mudanças físicas. Ao longo de todos os procedimentos no tribunal, ele segurou as mãos dela, e ela afagou aqueles pobres dedos inchados. Emergiram na luz do sol ainda de mãos dadas, piscando, Elvis um tanto atordoado no que parecia ser um macacão com uma bandeira na lapela. O novo e sofisticado visual de Priscilla – um casaco de retalhos acolchoado que descia até os joelhos (típico item vendido na Bis and Beau) – parece voltado firmemente ao futuro. Antes de embarcar no carro com a irmã Michelle, ela acenou em despedida e ficou aliviada ao vê-lo responder ao gesto.

Seis dias depois, Elvis foi internado no Baptist Memorial Hospital, em Memphis, em estado semicomatoso. Ainda na Califórnia, começou a sentir dificuldades para respirar, por isso fretou um avião e voltou para casa. No avião, Linda notou que a respiração dele havia piorado, apesar da constante administração de oxigênio. O dr. Nick o atendeu em casa e ficou alarmado com o estado de Elvis: inchado a ponto de estar praticamente irreconhecível, edematoso, mal conseguindo respirar. Nick fez todos os esforços para cuidar dele em casa, deixando sua enfermeira de confiança, Tish Henley, em serviço semipermanente em Graceland. Porém, três dias depois, a condição do cantor piorou sensivelmente, a respiração cada vez mais estertorosa. Preocupado, o médico não teve escolha a não ser interná-lo no hospital.

No hospital, a primeira preocupação foi estabilizá-lo, e para isso o dr. Nichopoulos o fez ser examinado por uma junta de médicos. Todos concordaram que a condição do cantor era grave. Depois de se certificarem de que Elvis não estava sofrendo de insuficiência cardíaca congestiva decorrente do óbvio acúmulo de fluidos, levantaram a hipótese de que estava tendo uma reação extrema a medicamentos, provavelmente esteroides. Quando Elvis melhorou o suficiente para falar, Nick o questionou sobre a medicação que ele havia ingerido, mas aparentemente não havia nada nas diversas prescrições que explicassem aquela aparência "cushingoide".* Um dos médicos o questionou sobre as marcas pretas e azuis espalhadas pelo corpo, e Elvis respondeu que eram das sessões de acupuntura que fazia nos últimos oito ou nove meses. Ninguém entendeu como agulhas de acupuntura poderiam ter causado aquele tipo severo de reação. Elvis então explicou que o tratamento era administrado não só com a costumeira gama de agulhas, mas também com uma seringa. O dr. Nick perguntou sobre o conteúdo da seringa, mas Elvis respondeu que não sabia. O médico comentou algo sobre o

* Faces redondas, em formato de lua cheia – o termo "cushingoide" deriva da síndrome de Cushing, distúrbio adrenal que causa acúmulo de gordura no rosto e no abdômen. (N. de T.)

uso de um anestésico local para diminuir a dor e talvez um pouco de cortisona para acelerar o processo de cicatrização, mas Elvis não tinha certeza da mistura exata. Nick chamou Joe Esposito para falar sobre o assunto. Numa conversa privada, Joe afirmou que Elvis vinha recebendo essas injeções com cada vez mais frequência ultimamente, e achava que havia outro medicamento envolvido. Indignado, Nick ligou ao tal médico da Califórnia. Informou que Elvis estava muito doente e, por fim, conseguiu arrancar dele o que qualquer pessoa ao redor de Elvis provavelmente já sabia: o cantor estava recebendo injeções quase diárias de Demerol e, longe de ignorar a natureza da medicação, ele muitas vezes elogiava os maravilhosos poderes de cura do Demerol e havia até chamado o médico em várias ocasiões para administrar o tratamento aos amigos. Foi aí que o dr. Nick percebeu: seu paciente teria que ser tratado como um viciado.

Na esteira dessa revelação, consultou os drs. David Knott e Robert Fink, especialistas em drogadição. Com base nas recomendações deles, imediatamente iniciaram um tratamento com fenobarbital para evitar uma crise de abstinência grave. No dia seguinte, Elvis começou a tomar drágeas de metadona, tratamento para combater o vício em heroína, e chamou o dr. Larry Wruble. O gastroenterologista solicitou radiografias que revelaram íleo paralítico e acúmulo de material fecal, resultantes sem dúvida do abuso duradouro de opiáceos (tranquilizantes), causa principal da distensão do abdômen de Elvis. O prolongado uso da cortisona agrava condições de glaucoma, por isso o dr. Nick também chamou o dr. Meyer, oftalmologista. Ele constatou que Elvis de fato continuava com um leve caso de glaucoma nos dois olhos, informação com potencial para deixar Elvis preocupado – se o cantor estivesse alerta o suficiente para se preocupar –, mas no momento Elvis estava muito doente para isso.

Ao longo dos dias seguintes, a junta médica monitorou de perto cada uma das respostas de seu famoso paciente, e, aos poucos, Elvis foi se recuperando. Registraram fortes indícios de hiperatividade natural (movimentos involuntários dos membros, insônia intratável) e relutância em se submeter à disciplina hospitalar (mandou buscar Krystalburgers quando deveria estar em dieta líquida e sub-repticiamente tomou um comprimido para dormir de seu próprio suprimento quando a enfermeira se recusou a lhe dar um). Uma biópsia do fígado revelou que o órgão estava infiltrado de células gordurosas, condição provavelmente causada pelo abuso de medicamentos.

Nick explicou suas suspeitas a Joe. Foram juntos a Graceland e vasculharam o quarto de Elvis em busca de evidências do que exatamente ele estava ingerindo. Lá encontraram três grandes frascos de pílulas (mil cápsulas de liberação retardada de Dexedrina, mil drágeas de Seconal e outra forma de medicamento para dormir). Mais tarde, todo esse material foi descartado pelo dr. Nick. À medida que Elvis melhorava, a dosagem de metadona foi diminuindo gradativamente, e os drs. Knott e Fink, que originalmente esperavam que o cantor se internasse no centro de reabilitação para dependentes químicos do dr. Knott, tiveram uma conversa séria com seu paciente sobre as consequências da "polifarmácia iatrogênica e volitiva". Notaram que o paciente indicou "consentimento intelectual", embora pairassem dúvidas consideráveis por parte dos médicos de que esse consentimento se traduziria em resolução.

Linda permaneceu com Elvis praticamente todos os minutos de sua internação de mais de duas semanas. "Eu tinha um catre ao lado da cama dele nas primeiras noites, e ele abaixava a cama todas as noites até a altura do catre. Se eu deslizasse, ele estendia a mão e me puxava para cima de novo. Queríamos ficar o mais próximo possível. Por fim, instalaram uma cama de hospital para mim. E começaram a me tratar como paciente. Eu ficava sempre de avental, e as enfermeiras entravam e diziam: 'E como estão nossos pacientes hoje?'. Uma vez, tentei descer e olhar o porta-revistas (eu estava ficando louca), então eu me vesti, mas Elvis protestou: 'O que você está fazendo? Ah, querida, se eu não posso vestir minhas roupas, você também não pode'. Ele me fez colocar o avental e voltar para a cama. Um menininho com o amiguinho dele. Tudo o que ele enfrentava, eu tinha de enfrentar junto. Algumas das minhas memórias mais preciosas [dele] são desse tempo no hospital. As pessoas cuidavam dele. Assistimos à televisão... Ficamos viciados em programas de jogos; adorávamos *The Match Game*. Depois, quando voltamos para casa, continuamos a assistir."

Jerry e Sonny se alternavam para ficar no quarto ao lado do de Elvis; seu irmão postiço, Ricky Stanley, começou a trazer comida de Graceland – principalmente, bolo de carne. Tarde da noite, depois que todas as estações de TV de Memphis tinham saído do ar, Elvis e Linda assistiam às imagens de circuito fechado que o hospital transmitia do berçário. "As enfermeiras colocavam 'Oi, Elvis' nas incubadoras e berços, vinham até a câmera e acenavam, porque sabiam que ele gostava de olhar os recém-nascidos. Teve um bebê que deu até um tchauzinho, e depois Elvis e eu começamos a acenar entre nós daquele jeito. Rastreei aquela fofurinha [mais tarde]. Localizei e enviei sapatinhos a ele."

Aos poucos, tudo foi voltando mais ou menos ao normal, embora o hospital ainda tivesse problemas para lidar com seu paciente famoso, pois até exames de rotina criavam um dilema. Eram obrigados a agendá-los no meio da noite, evitando alvoroços entre as enfermeiras e outros pacientes. No meio de sua estada no hospital, quando enfim começou a se sentir um pouco melhor, Elvis recebeu um telegrama do Coronel informando: havia feito um novo acordo com o Sahara Tahoe. Em troca, recebeu um telegrama dando parabéns e autorizando o Coronel a assinar o contrato em seu nome.

Elvis com Red West, 16 de setembro de 1974
(Cortesia do Espólio de Elvis Presley)

A VIDA IMPESSOAL

Outono de 1973 a dezembro de 1974

A IDEIA ERA, basicamente, se recuperar. Depois da alta do hospital, os dois meses e meio seguintes foram o período mais longo de inatividade contínua desde o retorno de Elvis aos shows em tempo integral, dois anos antes. Na prática, isso possibilitou uma volta às ideias abstratas de autodisciplina e moderação, por um tempo ausentes não só de sua vida, mas de todo o seu modo de pensar.

Todo mundo ficou assustado com a doença dele, inclusive o próprio Elvis, e ele encarnou o papel de bom paciente. Nas primeiras três semanas após receber alta do hospital, o dr. Nick o visitava quase todos os dias, em geral, ao sair do trabalho. Nesse horário, Elvis costumava se levantar, e os dois faziam uma refeição juntos no quarto dele ou no de Lisa Marie, onde Elvis tinha montado uma espécie de salinha de estar, no outro lado do corredor. Apesar de todos os esforços do dr. Nichopoulos para educar os funcionários sobre a importância da dieta para a saúde de Elvis, ele não conseguia evitar que as cozinheiras preparassem todas as comidas que normalmente preparavam, nem as empregadas de servi-las. Então, "muitas vezes, eu passava na hora das refeições só para comer parte da comida dele, impedindo assim que ele comesse demais". Convencido de que não havia como "desmamar" completamente o paciente das pílulas para dormir, ele o colocou em regime moderado à base de um coquetel de medicamentos – Valmid, Valium, Placidyl, Hycodan – que a princípio tentou controlar, distribuindo o suprimento semanalmente. Logo descobriu, porém, que no universo de Elvis uma semana poderia passar bem mais rápido. Ao tentar recrutar os caras para monitorar o consumo de Elvis, logo descobriu que não eram menos suscetíveis aos poderes de persuasão do cantor do que as empregadas domésticas. Nesse ponto, o dr. Nick mudou para diminutos pacotes de medicamentos, que ele ou a enfermeira dele entregavam e administravam diariamente.

Muitas vezes, à noite, Vernon dava uma passadinha por lá, e Nick presenciava uma conversa íntima entre pai e filho, econômica em palavras. Ninguém estava mais preocupado com Elvis do que Vernon; a sensação inicial de pânico e o seu medo instintivo de algum modo ser privado da companhia do filho vieram à tona quando o médico lhe avisou que Elvis teria que ser hospitalizado. Agora, a sensação de alívio e a gratidão por seu filho estar salvo eram igualmente transparentes. Para o dr. Nick, a experiência toda foi um aprendizado. Depois de passar tanto tempo com seu paciente em Las Vegas e em turnês, agora se surpreendia ao descobrir as limitações e as dimensões do mundo de Elvis. No início, Elvis e ele ficavam o tempo da consulta no quarto do cantor ou no de Lisa; só Linda fazia companhia a Elvis. Papel-alumínio tapava as janelas. No teto, dois televisores ligados. Na ponta da cama, com som baixo, outro televisor ligado, este com velas acesas no suporte da TV. Uma centena de livros preenchia o recinto, e os temas de suas conversas eram, em sua maioria, ideias que Elvis extraía desses livros, ideias abstratas sobre vida e amor, vida após a morte e reencarnação. “Em geral, ele ficava lendo em seu quarto. Escrevia muito nas margens dos livros. Acho que seria interessante alguém pesquisar e coligir algumas dessas notas. Outro assunto de que ele gostava muito de falar era medicina. Uma vez me pediu para trazer um livro sobre o cólon, para que ele pudesse entender... Uma curiosidade realmente sincera.”

Quando por acaso não fazia sua visita, achava que isso podia ferir os sentimentos de Elvis – e ele também sentia falta daquele momento diário. Na maioria das vezes, não cobrava por suas visitas, e certamente era uma relação médico-paciente inusitada, mas Nick passou a experimentar uma sensação de privilégio. Era o tipo de médico que se orgulha de ter uma boa relação com seus pacientes, independentemente do histórico. Toda a sua atuação como médico se baseava em uma atitude afável e descontraída que todos os seus pacientes reconheciam.

Continuou a abordar outros problemas de saúde crônicos: a hipertensão, o megacólon e problemas relacionados à digestão; tentou inclusive persuadir Elvis a visitar uma clínica do sono no Arkansas e, quando essa iniciativa fracassou, pediu a Sam Phillips, paciente e amigo em comum, para gravar uma fita com os sons das ondas do mar e da chuva. A ideia era abafar ruídos perturbadores que Elvis estava prestes a encontrar na volta à estrada. Em tudo isso, Linda era a melhor aliada do dr. Nick: monitorava os remédios, cuidava das remessas de medicamentos não monitorados prescritas por médicos em Las Vegas e na Califórnia, era uma força positiva em todos os sentidos, fazendo o seu melhor para animar Elvis quando ele precisava de incentivo, brincando com o cantor quando ele reclamava que não era criança – não entendia por que Nick não confiava nele para controlar seu próprio consumo de medicamentos. "Linda era uma ótima influência para ele. Tentou ajudá-lo de todas as maneiras possíveis. Ela trazia à tona um lado diferente de Elvis, seu humor, sua 'irreverência'."

Para Linda, isso oferecia uma espécie de alívio, um retorno aos sentimentos agradáveis e descontraídos do início do relacionamento. Era legal ver Elvis se divertindo, ouvir de novo sua risada contagiante, com a velha capacidade de encarar as coisas numa boa. Era como estar em férias, sem nenhum compromisso imediato à vista. Às vezes, apenas se reuniam com um grupo de amigos para cantar e se divertir; uma vez, na casa dos pais de Linda, alguém ligou um gravador enquanto Elvis cantava canções tristes de Hank Williams e blues de Jimmy Reed, com a voz cálida e relaxada. O repertório incluiu uma releitura de "That's All Right" e uma versão em falsete de "Spanish Eyes" entoadas com uma confiança fácil, muito longe da grandiloquência de uma parcela de suas recentes declamações públicas. Linda faz o backing vocal e harmoniza com Elvis o hino da fraternidade Alpha Delta Pi, com uma estrofe em tempo duplo e acelerado. "Quer ouvir o poeminha que eu fiz?", perguntou Elvis, inocentemente. Então recitou com seriedade: "Esta manhã ao despertar/ No doce fim da madrugada/ Um sabiá no peitoril/ Veio saudar a alvorada/ Fez seu suave canto/ Abri a janela devagar/ E vi, num instante de puro encanto/ Seu maldito crânio se esmagar". Linda e os demais caem na gargalhada. "Ai, meu Deus, que engraçado", comenta um. "Quando você declamou a primeira vez", diz Linda, ainda rindo, "pensei, que lindo, é tão bonito, esse passarinho..." Um grupo de amigos, num lugar qualquer, curtindo o momento, sem pensar em nada, exceto na hora do jantar. Linda pergunta: "Estão com fome?". Como se fosse uma deixa, todos oferecem a mesma versão de Shakespeare, ensinada por Elvis, com sotaque do oeste do Tennessee: "Ele está com aquele ar magro e faminto",* irrompem todos, em falas arrastadas e autoirônicas, degustando uma velha piada que desencadeava uma resposta quase automática.

VOLTOU AO ESTÚDIO em dezembro, após uma breve estada em Palm Springs, durante a qual Linda visitou Porto Rico. Mais uma vez, por conveniência, as gravações seriam feitas no Stax e, mais uma vez, apesar de toda a instabilidade de sua posição, Felton permaneceu no comando nominal, mas sem permissão para usar engenheiro próprio. Em vez disso, por ordem de Joan Deary, o gerente do estúdio de Nova York, Larry Schnapf, enviou seu engenheiro-chefe e três assistentes, com a mesma unidade de gravação móvel de 16 canais que viajou a Palm Springs naquele outono, permitindo-lhes contornar completamente a mesa do Stax.

* Ato I, cena 2 da peça *Júlio César*. (N. de T.)

A nova sessão do Stax transcorreu bem melhor do que a anterior, principalmente pela atitude de Elvis. Dois dos músicos favoritos do cantor em Nashville, o pianista David Briggs e o baixista Norbert Putnam, avolumaram o som de James Burton e Ronnie Tutt na seção rítmica básica, e a sala ficou lotada com 11 backing vocals, incluindo Stamps, Voice, Kathy Westmoreland e um trio de estúdio feminino. O material também melhorou muito, com Elvis realmente entregando um ótimo desempenho logo na primeira canção: "I Got a Feeling in My Body", número com sabor gospel e estilo revival, composição de Denis Linde, o autor de "Burning Love". Em seguida mergulhou de cabeça num repertório que abarcou desde baladas sentimentais favoritas, como "Spanish Eyes", até a animada "Talk About the Good Times", de Jerry Reed, com palmas para marcar o ritmo, passando por uma emotiva cover de "Good Time Charlie's Got the Blues". Mesmo nos rocks, porém, você sente um pouco de falta do clima alegre e descontraído que escutamos na fita caseira com Linda, característica presente até nas baladas mais sérias do início dos anos 1960, quando Elvis parecia se regozijar simplesmente com a liberdade de sua voz. Não confia mais naquela voz? Ou apenas a considera inadequada para ocasiões públicas? Difícil dizer. O fato é que a impressão geral é de mais peso, menos *diversão* pura. Mas a sessão foi bem-sucedida comparada às outras dos últimos três anos, introduzindo refrescantes mudanças de ritmo como "Promised Land", de Chuck Berry, e "If You Talk in Your Sleep (Don't Mention My Name)", parceria de Red West e Johnny Christopher, totalizando 18 faixas prontas em sete dias.

A questão comercial continuava problemática, com Freddy mais uma vez fracassando em trazer bom material, mesmo contra seus próprios interesses. O Coronel não conseguia entender isso, a menos que o sr. Bienstock andasse tão presunçoso a ponto de não dedicar seu tempo a uma sessão de Elvis Presley. O resultado, porém, foi um caos do ponto de vista editorial, uma teia de intrigas políticas que desagradou a todos. Red, Felton, Lamar, até mesmo Marty Lacker, estavam todos competindo por faixas, mas, exceto pela canção de Red e uma música de Nashville, os únicos direitos autorais cedidos à Elvis Music foram os do par de canções trazidas por membros do Voice e uma terceira que a banda trouxe. O próprio Elvis mostrou uma preferência em gravar as canções previamente trabalhadas com o Voice. Na sessão, inclusive, incorporou vários duetos com o tenor Sherrill Nielsen. Entretanto, o fato de Red sempre ganhar uma vantagem no single causava um desconforto entre os demais. Esses detalhes não contribuíam para fortalecer os laços de camaradagem. O ressentimento acabou direcionado principalmente (mas não só) ao Voice. Uma hora, Lamar explodiu: "Quem compôs essa porcaria?". Mas era justamente uma música que Elvis tinha escolhido, oferecida por Donnie Sumner, do Voice.

Para Norbert Putnam, o destaque foi um momento não musical. "Estávamos jantando, como de costume, por volta da meia-noite e, por acaso, todos sentados juntos no estrado que tinha sido empurrado a um canto. Eu me lembro de ter falado: 'Elvis, tenho uma coisa para te contar. Eu não estaria aqui se não fosse por você. Quer dizer, graças a Deus que "Blue Moon of Kentucky" só tinha três acordes!'. Bem, Elvis deu risada, e começou a falar sobre ir à Inglaterra e à Austrália: 'Quero muito ir, mas o Coronel não quer. Acha que se adiarmos essas turnês, isso só vai manter o interesse deles'. Eu o provoquei: 'E o que você vai fazer?'. Respondeu: 'Puxa vida, estou pensando em me afastar do Coronel'." Era como se, pensou Norbert, ele estivesse arriscando expor uma ideia que não conseguia expressar a nenhum dos outros, coberto por um manto de anonimato. E quando o breve interlúdio acabou, disse apenas: 'OK, acho que é hora de voltar a ser Elvis'.

A temporada de Natal continuou nesse clima, já que não socializava muito, passando tempo com Linda e a família dela e jogando raquetebol, versão americanizada do squash, modalidade à qual foi apresentado pelo dr. Nick. O Natal teve menos animação que os Natais anteriores, mas também não teve as descontroladas mudanças de humor que tinham se revelado tão perturbadoras ultimamente. À medida que a volta aos palcos se aproximava, confessou ele ao dr. Nick, a sua preocupação aumentava. Em várias ocasiões, o médico julgou que a insônia de Elvis havia piorado a ponto de ser obrigado a enviar uma enfermeira a Graceland para aplicar injeções de remédios para o cantor dormir. No meio do mês, começariam os ensaios, 11 dias antes da estreia no Hilton, em 26 de janeiro (por recomendação do dr. Nick, e com a aprovação do Coronel, a temporada foi abreviada para duas semanas), e Elvis se mostrava claramente ambivalente sobre retornar à ativa.

PELA PRIMEIRA VEZ EM TRÊS ANOS, dispensou a capa como parte do figurino e estava em boa forma, informou o *Las Vegas Sun*, "no auge de sua condição, de bom humor... extremamente generoso em relação ao tempo, e o público que lotou o salão de espetáculos principal do Hilton respondeu calorosamente". Claro que também mostrou a insolência e os lampejos de raiva que acompanharam outras apresentações recentes. "Sua filha da puta", rosnou ele para uma fã que puxou seu colar, e numa das noites chegou a dar um pontapé em outro fã. Em linhas gerais, porém, um show relativamente previsível, com repertório sólido e bem ensaiado. O baixista Duke Bardwell, de 30 anos, substituiu Emory Gordy. Bardwell, indicado pelo baterista Ronnie Tutt, foi chamado tão de última hora que acabou usando as roupas de palco de Emory, tarefa nada fácil até mesmo para quem estava de dieta havia algum tempo. Fã de longa data, nervoso desde o início, as coisas só pioraram quando um zumbido no amplificador de seu instrumento irritou Elvis na noite de abertura. Apesar de toda a sua idolatria, porém, decepcionou-se com a música em si, com pouca margem para o tipo de liberdade e sentimentos que originalmente o atraiu a Elvis Presley quando adolescente.

Por outro lado, o grupo Voice, que, como Duke, fez sua estreia em Las Vegas, encarou a situação sem esse tipo de reserva. Ficaram empolgados com quase todos os aspectos de seu trabalho, começando com o dueto de Sherrill com Elvis em "Spanish Eyes" e encerrando com a festinha diária na suíte do cantor, madrugada adentro. Tudo era novidade para eles, sentados com Elvis em seu quarto, debatendo sobre filosofia e religião e admirando a silhueta dos prédios de Las Vegas com suas luzes noturnas. Elvis colocava no toca-discos "Softly As I Leave You", do álbum de Charles Boyer, e contava a história que o cantor John Gary havia lhe contado: a letra não falava sobre um amor padrão; era sobre um moribundo se despedindo da esposa. Sherrill já conhecia a música. Uma noite, os dois se sentaram ao piano. Sherrill começou a cantar. Elvis, que havia tocado o número em sua temporada de agosto, se encarregou de fazer a recitação de Charles Boyer. "O pai dele, Vernon, estava lá e disse: 'Elvis, que coisa linda. Por que não fazem isso no palco?'. E Elvis respondeu: 'Bem, acho que vamos fazer'." Então pediu a Glen D. que fizesse um arranjo e, a partir de então, se tornou um dos pontos altos do show. Sherrill sabia que isso só alimentava ainda mais o ressentimento de todos, desde o Coronel até os membros da banda e os caras. "Ninguém gostava de nós porque tínhamos um acesso que eles não possuíam. Todos [ainda] estavam chateados com o fato de ele ter contratado a gente. Mas Elvis disse: 'Não se incomodem com isso. Se eu quiser comprar um avião, sobrevoar este hotel e fazê-lo entrar em rota de colisão, a porra da grana é minha, e farei com ela o que eu quiser', [porque] ele sabia sobre o ciúme."

Com ou sem o Voice, haveria atrito, até mesmo porque o próprio Elvis parecia encorajá-lo. Talvez, como alguns dos caras chegaram a especular, isso servisse para aliviar o tédio. O fato é que Elvis não hesitava em colocá-los uns contra os outros em busca de seu próprio benefício. E, com certeza, seu próprio comportamento não se prestava à vida tranquila. Apesar da melhora na conduta geral, Elvis se mostrava cada vez mais descuidado não só com sua própria segurança, mas também com a segurança das pessoas ao seu redor. Red e Sonny, em especial, respeitavam ainda menos o juízo de Elvis em relação a armas de fogo do que respeitavam suas habilidades de caratê, principalmente quando ele estava chapado. Uma noite, ele alvejou o lustre da sala de jantar só por estar "entediado". Descuidadamente, por puro capricho, também disparava contra televisores. Em mais de uma ocasião, apontou uma arma para Red, e Red o desafiou a apertar o gatilho. Como Joe explicou, todo mundo andava sempre "um pouco tenso, sem saber como Elvis ia estar no outro dia". A própria Linda também tinha bons motivos para se preocupar. O incidente do ano anterior ainda estava vívido em sua mente. Ela estava no banheiro quando Elvis disparou contra um interruptor de luz no quarto. O projétil atravessou a parede, raspou no porta papel higiênico e estilhaçou o espelho do armário. Ela emergiu do banheiro, compreensivelmente trêmula, e tudo o que Elvis ofereceu como desculpa ou explicação foi: "Ei, meu bem, não precisa ficar agitada".

Ninguém entendia como ela conseguia manter a compostura e ainda por cima o senso de humor – mas foi exatamente o que ela fez. E também aceitava seus outros caprichos. Se Elvis queria estar com outra garota, Linda saía pela tangente. Foi isso que ela fez quando Ann Pennington, modelo de 23 anos e mãe solteira (com uma filhinha de apenas 3 anos), que Elvis tinha conhecido no outono anterior, chegou a Vegas. Para Joe, encarregado de todos os preparativos da viagem, era como uma dança das cadeiras, mas para Ann, mesmo no início do relacionamento deles, parecia mais uma tentativa de Elvis para afastar o tédio, enquanto ele contava a ela todas as histórias conhecidas, a impressionava com seu conhecimento de caratê e mostrava um lado amoroso de si mesmo, ao qual ela respondeu com todo o frescor de quem ouvia e experimentava tudo isso pela primeira vez.

Ela curtia Elvis, mas não era um grande romance – percebeu logo que não tinha futuro e que para Elvis, também, a chama rapidamente se apagou. "Eu me lembro da primeira vez que fui a Palm Springs, e ele disse: 'Vem para o quarto? Só quero te dar uns beijinhos'. Respondi: 'Não sei'. Ele disse: 'Juro que não vou fazer nada. Só quero dar uns beijinhos'. Abraçar e beijar eram mesmo as coisas de que ele mais gostava; o resto simplesmente não tinha muita importância." Adorava passar o tempo no quarto cantando para ela, e "ele me deu um álbum de Charles Boyer, com

'Where Does Love Go (When It Leaves the Heart)'. Não parava de tocar essa canção e dizia: 'Escuta só como ele pronuncia esses versos. É tão romântico'". Às vezes, Elvis se exibia para ela, contando uma piada para os caras e controlando a reação deles. "Ele dizia: 'Ann, olha só', e todos riam, e então estalava os dedos e eles simplesmente paravam."

Liam juntos e debatiam a leitura, mas se ela desse uma opinião sobre o que ela encarava como prova de um comportamento cada vez mais autodestrutivo da parte dele, o cantor simplesmente dizia que ela não entendia. "Ele falava: 'Não sabe como é viver esta vida. Não sabe o quanto pode se tornar difícil'." Uma vez, fumaram maconha juntos e riram até não poder mais, mas ela acordou no meio da noite e descobriu que ele tinha feito xixi na cama. "Então me aninhei na beirinha da cama. De manhã, ele disse: 'Meu Deus, Annie, sinto muito, por que não me acordou? Você se encolheu naquele lugarzinho'. Então mandou as empregadas subirem e levarem o colchão para fora do quarto. Não pareceu envergonhado, só deu risada e disse aos caras: 'Ela ficou deitada naquela parte, o único ponto seco!'. Ele era um cara engraçado."

Ela sabia, mesmo no breve período que esteve com ele, sobre as outras garotas, porque Elvis contou a ela. Ann também saía com outros homens, mas achava difícil administrar alguém tão carente quando já tinha uma filha de quem cuidar. Era difícil para ele também, explicou Elvis. "Ele falava que não gostava nem de pensar que eu tinha estado com outra pessoa." Durante essa temporada, ele conheceu outra garota, Sheila Ryan, por quem obviamente sentia uma atração. Ann não a conheceu na época, mas é provável que nem tivesse se incomodado se tivesse. Nunca chegou a encarar esse romance a sério.

VOLTOU À ESTRADA três semanas após concluir a temporada em Vegas, uma turnê sulista que o levou de volta a lugares outrora familiares como Monroe, Louisiana; Charlotte, Carolina do Norte; Roanoke, Virgínia; e Knoxville, Tennessee. Tudo funcionava praticamente como sempre funcionou. Dessa vez, o dr. Nick acompanhou a equipe oficialmente – sob protestos financeiros de Vernon e do Coronel, e sob protestos da clínica onde trabalhava. Os colegas dele na clínica encaravam esse atendimento exclusivo não só como uma potencial perda de renda, mas uma ameaça à independência de julgamento do dr. Nick como médico. Porém, Nick fechou um acordo. No período em que estivesse ausente, repassaria à clínica o valor equivalente ao que costumava ganhar no dia a dia. Assim, levou três valises repletas de materiais e medicamentos que julgou necessários para atender às necessidades médicas de 75 pessoas.

Também elaborou um protocolo de medicação para seu principal paciente, da hora de despertar à hora de dormir. Englobava tudo, desde multivitaminas e inibidores de apetite até os analgésicos que ele sempre usava para dores nas costas e no pescoço ou descongestionantes para a garganta. Pré-show, tratamentos com 500 mg de Dexamyl, prescrição dos médicos de Elvis em Las Vegas. Pós-show, era a vez de um coquetel para dormir, com Amytal, Percodan e, às vezes, Dilaudid. Os constantes esforços do dr. Nick para resolver os problemas intestinais de Elvis, que costumavam causar prisão de ventre, incluíam a administração de vários laxantes e um leque de outros depressores, que às vezes causavam incontinência urinária. Em geral, porém, conseguia manter a rotina de Elvis com um bom equilíbrio de medicamentos, às vezes incluindo um placebo quando o cantor exigia algo de que realmente não precisava – embora Nick suspeitasse que, com seus conhecimentos sofisticados sobre o *PDR*, o paciente quase sempre tinha ciência da substituição.

A grande surpresa da turnê foi o ressurgimento de Jerry Weintraub e Tom Hulett, da Management III. Banidos por ordem do Coronel desde a turnê de novembro de 1972, foram resgatados como sócios promocionais pelo chefe da RCA Record Tours, Mel Ilberman, que, com a mudança administrativa na RCA e um novo presidente, Ken Gancy, tinha lá suas dúvidas sobre a adequação de uma gravadora se meter no negócio de turnês. Dessa vez, a Management III estava empenhada em fazer tudo direitinho, informou Ilberman ao Coronel no início do ano.

Falando entre perdigotos para obter toda e qualquer vantagem política das partes envolvidas, o Coronel admitiu: provavelmente Ilberman tinha razão – com Tom Hulett, ele sempre teve um aliado eficaz para negociar os ginásios e auditórios. Por sua vez, Jerry Weintraub já havia cumprido penitência suficiente; envolvido em outras atividades, deixou tudo nas mãos eficazes de Hulett. A participação da Management III serviu para agilizar ainda mais a equipe do Coronel, que agora incluía George Parkhill em tempo integral (após deixar a RCA no outono), Pat Kelleher, um sistema de apoio da RCA, e claro, o próprio estado-maior do Coronel, como sempre encabeçado por Tom Diskin e inflado com estagiários da William Morris – ao todo, um exército formidável, pronto para agir ao menor comando do Coronel.

Nessa turnê, pela primeira vez, Elvis se hospedou em hotel separado. Reclamações à parte, o moral era bom. O Voice continuava sendo o alvo de todos os ressentimentos. A propensão do grupo para pisar na bola – atrasos habituais, perder o ônibus do aeroporto, comportamento antiprofissional – não contribuía para aumentar sua popularidade. Para Sherrill Nielsen, o efeito de todas aquelas vozes em conjunto era impressionante: "Nunca tinha visto outro show ao vivo com tanta potência vocal. No grande final, era simplesmente incrível". Mas as reclamações internas o incomodaram, e houve rachaduras até mesmo dentro do grupo, quando Nielsen abandonou a turnê após a quarta etapa, substituído no vocal pelo pianista extra da banda, o sueco Per "Pete" Hallin.

Uma antiga namorada de Elvis chegou de avião para acompanhá-lo em Monroe, quando Sheila Ryan teve de ir embora. Ela ficou chocada ao descobrir a carência nua e crua que Elvis mostrava pela primeira vez. O dr. Nick veio aplicar uma injeção para dormir "e eu falei: 'Elvis, você não precisa disso. Pode dormir [sem injeção]; vamos nos deitar e esperar o sono vir'. Da janela de seu quarto no hotel, ele havia assistido ao público saindo da arena e disse: 'Você não está entendendo. Não consigo simplesmente apagar assim'. Então o dr. Nick entrou, largou a valise, mas teve de sair para pegar alguma coisa. Nesse meio-tempo, Elvis começou a examinar o conteúdo da valise. Falou para mim: 'Na outra noite, ele me deu pílulas parecidas, mas que são placebos [não viciantes]. Sei disso, mas ele não sabe que eu sei, mas sei mais sobre remédios do que ele'. Avisei: 'Sai daí. Não faça isso'. 'Não, não, eu preciso, eu preciso. Não conte nada. Não conte a ele.' E pegou as verdadeiras e colocou as falsas de volta no estojo. Na manhã seguinte, procurei Joe e disse: 'Por favor, não diga que fui eu quem avisou, mas ele trocou as pílulas'. E o dr. Nick entrou, agradeceu e colocou as falsas de volta. Uma hora depois, Elvis apareceu e disparou: 'OK, quem esteve lá? Quem trocou aquelas pílulas?'. Olhou para mim e disse: 'Foi você?'. Balbuciei: 'Não'. E ele continuou: 'Alguém entrou lá. Conheço as [pílulas] que estavam ali, elas foram trocadas'. Todo mundo disse: 'Não sei'. Reclamou incisivamente e depois deixou para lá".

O encerramento da turnê aconteceu em Memphis. O Coronel, sem dúvida reconhecendo a dificuldade para colocar Elvis no estúdio, vendeu à RCA mais uma gravação ao vivo, justamente o primeiro show do cantor na cidade natal em 13 anos. Como em todas as outras apresentações nessa turnê de três semanas, os ingressos para os cinco shows em Memphis se esgotaram. De fato, o quinto show foi uma data extra, motivado pela demanda do público e com um intervalo em relação aos quatro primeiros para fazer shows já agendados em Richmond, Virgínia, e Murfreesboro, Tennessee. Foi só nesse último que a RCA trouxe sua unidade de gravação móvel, capturando um desempenho sem qualquer requinte extra na elaboração ou no planejamento, uma performance como as outras feitas ao longo da turnê. O resultado transmitiu mais uma sensação de alívio pelo fim da turnê do que a exuberância que contribui para um ótimo álbum ao vivo. Os resenhistas presentes criticaram a roupa brega-chique de Elvis e o dramático desfraldar da bandeira americana durante a performance de "An American Trilogy". O *Memphis Press-Scimitar* comparou Elvis a Júlio César e insinuou que o ápice do show talvez tivesse sido a entrada com o tema de *2001*.

Depois de quase dois meses de folga, houve uma turnê de quatro dias na Califórnia, a qual serviu como aquecimento para os 11 dias em Tahoe. O *San Francisco Examiner* avaliou a estreia em Tahoe como "apática, sem inspiração e à beira do esgotamento". Elvis cancelou dois shows na temporada e mais uma vez o motivo alegado foi uma gripe. Sherrill Nielsen voltou, mas em seus próprios termos (agora cantava com o Voice, sem fazer parte do grupo), e a opinião geral sobre os backing vocals "pessoais" de Elvis não mudou muito. Ao longo da temporada no hotel-cassino, o evento mais notável foi quando Red, David Stanley e vários outros caras espancaram um empreendedor imobiliário de Grass Valley, Califórnia, que apareceu bêbado e descontente na porta da suíte após dar uma gorjeta a um segurança a fim de entrar junto com a namorada. Segundo o testemunho de vários fãs, Elvis simplesmente ficou lá, parado, assistindo, sem fazer nada para impedir, enquanto quatro caras seguravam o incorporador de terrenos, de acordo com sua queixa posterior, e os outros o espancavam até transformar o rosto dele numa polpa sangrenta.

Nos bastidores, o Coronel observava tudo funestamente. Pensou que o período no hospital assustaria Elvis, pensou que o menino poderia entrar nos eixos – mas as coisas nunca estiveram tão precárias, com tendência a piorar, considerando que Elvis, mesmo parecendo ter chegado ao fundo do poço, continuava a afundar. As vendas de discos estavam em baixa. A coletânea *Legendary Performer*, de Joan Deary, extraída exclusivamente de fitas anteriores a 1973, sobre as quais nem Elvis nem o Coronel recebiam sequer um centavo de renda, já tinha vendido mais que os três últimos álbuns recentes juntos. Boatos corriam sobre um segundo programa de televisão por satélite e ofertas ocasionais para filmes. Melhor que ninguém, o Coronel sabia o quanto era impossível promover um produto incapaz de ser entregue. Continuar na estrada era o único plano com o qual ainda concordavam – os dois já estavam acostumados, e a recompensa era imediata e garantida. Só nas duas últimas turnês, num período equivalente a uma temporada de quatro semanas em Las Vegas, a dupla recebera mais de 1,5 milhão de dólares (1 milhão de dólares para Elvis e 500 mil dólares para o Coronel) comparados aos cerca de 400 mil dólares que teriam de dividir depois de completar a curta temporada de duas semanas no Hilton em 1974.

Impossível continuar assim para sempre, o Coronel sabia. Mais cedo ou mais tarde, tudo ia acabar – em especial, se não parassem os boatos – e os efeitos – do abuso de medicamentos. Como já tinha feito no passado, o Coronel fez tentativas frouxas de abordar o assunto com Elvis, mas o cantor simplesmente explodia com ele e o mandava cuidar de sua própria vida, deixando o Coronel, o mestre da estratégia, sem ideia do que fazer para evitar a aparência de estar perdendo o controle. Tentou se explicar quando confidenciou a Joe que não podiam sequer contemplar uma turnê europeia com Elvis nessa condição. Quando Tom Hulett mencionou o contínuo interesse japonês (Hulett havia acabado de levar o Moody Blues ao Japão em janeiro), o Coronel esbravejou preocupações médicas e de segurança. Mesmo admitindo que as preocupações eram válidas, nem Joe nem Hulett acreditaram nele. Mas também não acreditavam que Elvis realmente desejasse ir à Europa; parecia algo que ele usava de vez em quando para jogar na cara do Coronel e deixar o velho irritado. Além disso, como todo mundo estava careca de saber, o único assunto que Elvis levava a sério naquele momento, a menos que você quisesse entrar em uma discussão de natureza espiritual, era o caratê – não só a prática, mas a filosofia e a mística. Ele e Ed Parker, que voltara à baila após Kang Rhee receber uma grana de Elvis para expandir suas escolas e desviar uma parte para comprar uma casa nova, estudavam inclusive fazer um filme.

Simultaneamente, Elvis treinava para ganhar a faixa preta em sétimo grau no caratê *kenpo* com Ed e em oitavo grau no sistema *pasaryu* com Kang Rhee. Nos últimos 18 meses, uma onda de séries e filmes havia chegado às telinhas e telonas, aumentando o interesse pelas artes marciais e pelo caratê. O seriado *Kung Fu*, com David Carradine, continuava com altos índices de audiência na televisão; a franquia *Billy Jack* obteve enorme sucesso mundial, e o longa-metragem *Operação Dragão* (*Enter the Dragon*), com Bruce Lee, lançado postumamente em agosto de 1973, enfim colocou as artes marciais no mainstream. Desde o início do ano, um fluxo constante de filmes de caratê chegou aos cinemas, muitas vezes conectados ao gênero "blaxploitation", começando com *Shaft*. Elvis foi ao cinema ver, e rever, e rever de novo, filmes como *Cleópatra Jones*, *As agulhas de ouro* e *Jones, o faixa preta* (*Cleopatra Jones*, *Golden Needles* e *Black Belt Jones*). Estudou os longas-metragens, apontando sutilezas que nenhum dos caras captou, mandando reproduzir os filmes de novo. Chegou ao ponto de que todos já torciam para Elvis embarcar em outra fase. Com a prima Bobbie Mann, casada com um rico empresário de Memphis, teve a ideia de iniciar sua própria escola de caratê e, contra os conselhos de seu pai, forneceu apoio financeiro ao Tennessee Karate Institute, no centro de Memphis, com Bobbie e Red West na gerência. Elvis convidou Bill Wallace, campeão americano de caratê de toque, estilo *kumite*, categoria peso-médio, para ser o instrutor principal, com experiência prévia como aluno de Kang Rhee e depois professor nas escolas do mestre Rhee. Foi nessa época, na primavera de 1974, que Elvis começou a pensar seriamente em gravar um filme de caratê.

"Meu personagem tem que o ser o vilão mais filho da puta das telas", disse ele imaginando seu papel no filme. Ainda estava em dúvida sobre a concepção. Seria o tipo de filme de ação com chance de mostrar que era bom ator? Ou a narrativa semidocumental que Ed parecia preferir? Ele e Parker falaram sobre filmar alguns torneios de Ed e enviar uma equipe de caratê ao redor do mundo quando encerrasse a temporada do Tahoe, no finzinho de maio. Faltava uma estrutura para realizar o filme. Por isso Elvis pediu a Jerry Schilling que entrasse em contato com Rick Husky. Produtor de TV, especializado em filmes e seriados de ação, Husky conhecia Elvis desde o outono de 1960. Na época um aluno da Arkansas State, foi ele quem convidou Elvis para entrar em sua fraternidade Tau Kappa Epsilon. Ganhou acesso ao mundo de Elvis por meio de Jerry Schilling, seu ex-irmão de fraternidade e, nos últimos dois anos e meio, tinha sido um visitante frequente em Las Vegas. Roteirista e produtor de séries como *The Mod Squad, Cade's County* e do então sucesso da ABC, *The Rookies,* Husky sempre ouvia de Elvis, em tom de brincadeira, a intimação de um dia talvez escrever um papel para ele. Assim, não chegou a ser uma surpresa ouvir de Jerry que Elvis gostaria de falar sobre a elaboração de um enredo para o filme.

Chegou à casa da Monovale, e todo mundo assistia à TV, inclusive Ed Parker. Elvis disse que gostaria de falar a sós com Rick e Ed na sala de estar íntima, mas, ao se sentarem no sofá de couro pesado e nas poltronas acolchoadas, o cantor mal conseguia falar. "Foi essa a primeira vez que eu o vi chapado. Eu me lembro de ter dito: 'Elvis, eu realmente ficaria animado em escrever um roteiro para você, mas vou falar como é que encaro isso. Não quero usar a palavra 'retorno', porque você nunca foi embora, mas você não faz filmes há um bom tempo. Encaro isso como a volta por cima de Frank Sinatra em *A um passo da eternidade* (*From Here to Eternity*, 1953). A volta de Sinatra foi muito comentada...'."

> Parker disse: "Não queremos falar sobre *A um passo da eternidade* e Frank Sinatra".
>
> E eu: "Olha só, Ed, posso apenas concluir meu ponto de vista...". O Parker tinha esse comportamento, sabe. Continuei: "Elvis, se você voltar no veículo certo, algo com um papel dramático para lhe dar alguma dimensão...". Elvis atalhou: "O Ed tem razão. Não estamos falando em ganhar um Oscar".
>
> Tentei explicar: "Estou falando sério. Vamos elaborar um papel que você possa realmente interpretar, que não seja um mero filme de caratê. O caratê vai estar na história e na ação...".

> Mas basicamente a reunião nunca chegou a lugar algum, porque Ed continuou interrompendo, e Elvis se levantou e fez algumas demonstrações com Ed, sabe, tropeçou um pouco, e foi uma tristeza. Tentei me desvencilhar da reunião pensando em talvez voltar quando Ed não estivesse ali ou quando [Elvis] não estivesse chapado. Porque eu não estava chegando a lugar nenhum.

Ele realmente deu mais uma chance à ideia. Reconhecendo o duradouro envolvimento de Ed Parker no projeto, sem falar em seu interesse financeiro, Rick o visitou em seu estúdio em Santa Mônica, mas Parker não lhe deu muita atenção. Irritado com a atitude de Parker, mas ainda motivado pela ideia de fazer algo interessante com Elvis, Husky sentou-se e esboçou, sem ter sido oficialmente contratado para isso, o argumento de um roteiro. Com 30 páginas, o enredo girava em torno de um ex-agente da CIA, agora gerente de uma escola de caratê, que se propõe a vingar a morte de um amigo, morto numa cilada por um traficante. A velha história do pistoleiro que abandona, relutante, a aposentadoria para ser testado uma última vez. O papel ideal para Elvis, pensou Husky. Levou o roteiro a Jerry, que o deixou no quarto do cantor. "Mas nunca mais tocaram no assunto. Só mais tarde ouvi falar que Elvis tinha tomado um outro rumo com Ed Parker."

Enveredou no rumo em que Ed Parker tanto havia insistido desde o início: um documentário puro e simples, enfocando a filosofia e a técnica do caratê, a técnica do *kenpo*, narrado por Elvis. Ed trouxe George Waite, ex-aluno e carateca, para produzir, e Waite, por sua vez, convidou o cineasta Bob Hammer para dirigir o filme. Juntos planejaram filmar meia dúzia de torneios de caratê que Parker organizaria por todo o estado. Ed montou uma equipe de estrelas, incluindo o campeão dos pesos leves, Benny Urquidez, e o especialista em chutes, John Natividad, que Elvis patrocinaria e enviaria à Europa para ser filmado em competição naquele outono. Ao mesmo tempo, Elvis chamou o estilista Bill Belew para desenhar uniformes e um logotipo, tudo com toques do mesmo brilho chamativo que marcava os figurinos de palco do cantor, elemento totalmente estranho (e, alguns disseram, inadequado) ao mundo do caratê.

Para surpresa de Ed Parker, apesar de todas as bravatas de Elvis e de todo o abismo que claramente havia crescido entre ele e seu empresário nos últimos anos, o cantor ainda buscava a aprovação do Coronel para o projeto. "Eu disse a ele: 'Descarte esse velho cretino'. Mas ele não o descartava. E eu o admirava por isso." Por sua vez, o Coronel não tinha qualquer admiração por Ed Parker e implorou a Elvis: não dê nenhum dinheiro antes de terem a chance de estudar melhor o assunto. Elvis concordou, mas acabou dando o dinheiro sem o conhecimento do Coronel.

Vernon até poderia ter sido um aliado mais eficaz para ajudar o Coronel nessa campanha, mas estava passando por um período turbulento na vida pessoal. Conheceu uma jovem enfermeira divorciada, Sandy Miller, numa etapa da turnê em Denver. Instalou-a em Memphis com seus dois filhos no início daquele ano. A vida na estrada o havia afetado como a todos os outros, e ele e Dee nunca tiveram um casamento fácil. "Ele me tratava como criança", contou Dee, mulher voluptuosa que agora vislumbrava uma carreira como compositora profissional. "Ele me deixava engaiolada." Enfim, no mês de junho, decidiram se separar, e Vernon comprou uma casa na Old Hickory Road, bem na esquina da casa na Dolan, onde tinha morado nos últimos dez anos. Não seria Elvis quem derramaria lágrimas pelo fim do casamento de seu pai, mas Vernon também não estava em posição de criticar.

Como para compensar o tempo perdido, em junho embarcaram numa nova turnê de 21 dias, a terceira vez que caíam na estrada naquele ano. Dessa vez, a bilheteria alcançou quase 2 milhões de dólares. Elvis e o Coronel ficariam com 65% disso, ou seja, mais de 1,5 milhão de dólares a ser dividido entre os dois após abater as despesas. Cada vez mais, porém, o comportamento errático de Elvis era citado nas resenhas de jornais e revistas, embora não fosse percebido pelos fãs. A ostentação do show, os aspectos exagerados e pomposos que remetiam a Vegas, os sentimentos exuberantes do *showbiz* e os arranjos orquestrados da maioria das músicas, a bizarrice de algumas das falas nos interlúdios, todos esses elementos levaram a crítica especializada a comparar Elvis com Liberace ou Zsa Zsa Gabor, nem sempre de um modo indelicado, muitas vezes com a nostalgia perplexa de uma infância dos anos 1950, recordada com carinho – mas sem o respeito que você daria a um artista contemporâneo inovador, ou mesmo a uma figura histórica de importância sólida. A trupe inteira cantou "Parabéns a você" ao Coronel na pista do aeroporto de Louisville, quando pousaram. O empresário estava prestes a embarcar para preparar o caminho para eles na próxima cidade da rota. O Coronel completava 65 anos, ocasião propícia a gestos sentimentais, mas o Coronel não mostrou sentimento algum e, com certeza, os demais também não demonstraram.

Em agosto, a temporada em Vegas representou a tentativa de uma grande mudança de ritmo. Aparentemente tão cansado quanto seus críticos com a previsibilidade de seu próprio show, Elvis ensaiou um repertório totalmente novo para a estreia em 19 de agosto. Pela primeira vez em dois anos, dispensou o tema de *2001*. Incluiu blues como "Big Boss Man", "My Baby Left Me" e "Down in the Alley" no lugar de baladas sentimentais. Omitiu o medley de sucessos do passado. Introduziu material recente e músicas inéditas para combinar com velhas canções prediletas como "Polk Salad Annie", "Bridge Over Troubled Water" e "Can't Help Falling in Love", a canção que sempre fechava o show. O grupo Voice ganhou mais espaço, abrindo o show e expandindo seu papel no coro, apesar de suas deficiências musicais e seu comportamento antiprofissional já terem se tornado óbvios para todos, incluindo Elvis.

Ouvir uma fita do ensaio de 16 de agosto, ou até mesmo a própria noite de estreia, deixa óbvio uma coisa: os mesmos problemas que antes atormentavam o show continuavam presentes, com ou sem o novo setlist. Em sua maioria, os blues soavam exagerados; as baladas não soavam menos piegas; dois pops que entusiasmavam Elvis, "If You Love Me (Let Me Know)" e "Let Me Be There", sucessos na voz de Olivia Newton-John, eram composições para lá de açucaradas (Elvis tentou explicar sua atração por elas com o vulnerável argumento de que eram "músicas muito alegres"); acima de tudo, ele se esforça para enfatizar seus vocais de uma maneira que agora parecia ter se tornado quase endêmica, reflexo talvez de sua condição física ou talvez mera escolha estilística. Seja como for, o problema é o mesmo que transparece no estúdio: antes, a voz dele parecia flutuar acima da música, sugerindo emoção com sutileza, mesmo nas canções mais exigentes. Agora, essa voz luta para reunir forças, estremece com um vibrato (que soa, ao mesmo tempo, descontrolado e polido) e, no lugar da modulação dramática que caracterizou os clássicos, de "It's Now or Never" a "Suspicious Minds", temos uma espécie de bramido sarcástico. Por enquanto, essas desvantagens eram compensadas por mérito do esforço. Mas basta comparar a gravação desse show com as temporadas em Vegas de 1969 e 1970 para reconhecer o declínio ocorrido. E não é preciso especular muito para imaginar que até o próprio Elvis deveria estar decepcionado e receoso a essa altura.

Mas, na época, a opinião da imprensa foi outra. A noite de estreia recebeu resenhas muito positivas. Aliás, desde 1971, Elvis não era tão elogiado. Até o *Hollywood Reporter* saudou "o melhor show... em pelo menos três anos. Presley está com uma aparência ótima. Cantou com maestria um repertório quase todo renovado e se mostrou muito à vontade em seu show. Prova disso é que, em vários momentos, o público – que lotou o salão do Hilton – o aplaudiu de pé".

No entanto, *2001* voltou na noite seguinte, com boa parte do show costumeiro, e em poucos dias era como se a revolução nunca tivesse ocorrido. Difícil imaginar o que – além da falta de coragem – poderia tê-lo levado a abandonar tão rapidamente um repertório percebido em quase todos os quadrantes como um lance ousado e criativo. Talvez Elvis não tenha sentido brotar da plateia aquela sensação de vínculo instantâneo de que tanto precisava agora. ("Parecia nervoso e não foi ajudado por um público muito frio que reagiu muito pouco", escreveu Christine Colclough, fã britânica leal e crítica perspicaz, num relato de fanzine sobre a estreia que estabelecia um forte contraste com a visão do *Hollywood Reporter*). Além disso, porém, vale a pena suscitar uma pergunta: será que ele também não sentiu que seu famoso "instinto", o único critério que sempre o norteou, de alguma forma não havia, repentina e inexplicavelmente, o abandonado?

Pela primeira vez, Linda foi banida publicamente durante essa temporada. Nas primeiras quatro noites, ela marcou presença em seu camarote juntinho ao palco. Então, desapareceu, flagrantemente substituída por Sheila Ryan, a quem Elvis chamou nos shows seguintes de "minha nova namorada".

Não era bem isso que Sheila havia planejado. Desde fevereiro, quando tinha conhecido Elvis, parecia estar fugindo dele. E, mesmo após acompanhá-lo na turnê, não podia afirmar que sentia alguma proximidade especial. O tom foi dado logo no primeiro encontro deles. "Entre um show e outro, subi à suíte, e, sabe como é, Elvis chegou do primeiro show suando em bicas. Sozinha no barzinho do hall, sabe, eu parecia ter uns 13 anos na época, eu tinha um rostinho angelical que realmente não combinava com a minha personalidade. Eu era muito jovem, muito ingênua, muito do Centro-Oeste, uma tela em branco. Seja lá como for, lá estava eu sentada, meio que me beliscando, pensando o quanto era estranho aquilo. Mas ele chegou e meio que me abraçou, algo meio infantil, fez um comentário sobre eu estar usando uma calça *slack*. Não me lembro sobre o que mais conversamos, mas fomos ao segundo show, e depois voltamos à suíte, para o quarto, onde ele jantou."

> Ele parecia uma criança, todo animado com as coisas, e alguém no show tinha lhe dado um chapéu de bombeiro,

outra pessoa lhe entregara um babador – o tempo inteiro jogavam coisas para ele –, e ele colocou na cabeça o chapéu de bombeiro e amarrou o babador no pescoço... Este foi o nosso primeiro encontro. Não chega a ser muito legal, não é?

De qualquer forma, ele só continuou sua rotina normal, e então em algum momento acho que ele me beijou. Na verdade, sabe como eu me sentia? Era como se eu estivesse fazendo aquilo, mas sem estar na situação. Era como se eu estivesse olhando para a situação. Fiquei observando meio que fora do meu corpo, pensando: isso é muito bizarro. Então me deu um crucifixo de ouro que um fã tinha dado a ele, no qual se lia "EP" e havia uma estrela nele – na verdade eu ainda tenho esse crucifixo, é a única coisa que tenho dele. E então acho que ele adormeceu. Não sei se ele me deu um pijama, mas certamente não chegamos nem perto de fazer sexo... Não era esse tipo de coisa, era só para conhecê-lo melhor. Mas ainda assim esperava-se que eu fosse passar a noite ali, coisa que eu não queria fazer.

Então eu o deixei cair no sono, me levantei, me vesti e fui pra casa. No dia seguinte, acordei e fui às compras. Quando cheguei em casa, o telefone toca. É Joe. "Puta merda, cadê você? O chefe está uma fera. Por que você foi embora?" E fiquei meio sem reação... Metade de mim sabia o que estava rolando, mas a outra metade queria ser independente. Tipo, eu sabia que era isso que ele esperava. Ele esperava acordar e me ver lá. Mas eu era a rebeldia em pessoa. Não estava nem aí. Joe emendou, furioso: "É melhor você voltar aqui logo...". Mal conheço o cara e ele já está furioso comigo. Mas voltei, e lá estava ele fazendo o desjejum. Ele estava irritado e eu, bem quietinha (sempre fui muito calada), meio que só absorvendo tudo.

Em seguida, ele tocou no assunto de minha roupa. Quer dizer, eu não me vestia de modo adequado, eu sempre vestia calças masculinas, longe de ser um primor de feminilidade. Então ligou para a Suzy Creamcheese [a loja *mais badalada* em se tratando de moda feminina em Las Vegas], pediu araras de vestidos e sapatos e patrocinou um desfile de moda. Eu experimentava algo e vinha mostrar para ele. Se ele gostasse, comprava, e se não gostasse, não comprava. Isso meio que me deu um guarda-roupa provisório. Então arrisquei protestar: "Qual é o problema com minhas roupas?", mas ele foi muito gentil ao dizer: "Nada, elas são ótimas, mas você é minha garota, tem que entrar nos ambientes, e as pessoas vão ficar olhando, e eu gostaria que você tivesse um visual diferente, certo?". E, sabe, acho que estava tudo bem, mais ou menos.

Então passei umas noites com ele e, sabe, esse lance de sexo nunca foi o mais importante para ele, você até poderia pensar que era, mas não era. Não tinha a mínima importância... Quer dizer, a gente transou, mas o que ele mais curtia eram as preliminares, as carícias e os beijos. Ele preferia... sabe quando você é um adolescente no Ensino Médio e fica no maior dos amassos? O que a gente mais fazia era isso, mais do que qualquer outra coisa. Era adolescente... Até que de repente você ganhava o diploma de Mãe. Ele esperava ser cuidado e basicamente esse era o meu papel... Rapidamente meu papel se tornou este: pegar coisas para ele no meio da noite. Ele precisava de alguém para buscar água, pílulas

> e gelatina, precisava de alguém para ler um livro em voz alta para ele. E eu cumpria esse papel. Uma parte do relacionamento continuava romântica para ele, imagino... Ele curtia o romance, sabe. Cantava para mim na sacada, mas nunca foi muito romântico para mim. Eu não tinha nem noção do que era o amor, ficava envergonhada com os presentes e não conseguia ser legal em relação a isso. Essa foi a ruína de nosso primeiro mês juntos.

Após a turnê em março, ficou um tempo sem receber notícias dele. Ela se mudou para Los Angeles e nem tentou manter contato. O tempo foi passando, e um dia Sheila ligou para a casa dele. Elvis atendeu o telefone e cantou: "*Well, hello there, my, it's been a long, long time*" ("Bem, alô você, puxa vida, faz um tempão"), o verso que abre a canção "Funny How Time Slips Away", e começaram a se encontrar de novo. Assim, em agosto, ela meio que se tornou a substituta oficial de Linda.

Dessa vez, foi orientada por Joe. "Afinal, o Joe gostava de me ver ao lado de Elvis. Acho que algumas moças não conseguiam acesso porque Joe e os meninos não gostavam delas. Mas Joe me deu a dica: 'É o seguinte, Sheila, uma parte de Elvis é dar, e ele adora dar, e se você não mostra algum tipo de reação, é difícil para ele'. Tentei aprender isso, sabe. Ele me deu um carro, e eu me lembro de exclamar: 'Ai, meu Deus, que lindo! Adorei!'. E me sentindo uma falsa. Tipo, o problema era eu, não ele. Aqui estou, aos 21 anos, e nunca tive nada em minha vida, e este homem está me dando um Corvette novinho em folha, e eu fico lá, 'Obrigada', sem emoção. Tem algo errado aí. O Joe me alertou: 'Cai na real, Sheila, OK?'. Realmente, era como se o Joe estivesse me dando conselhos paternos. E, aos poucos, parei de encarar o relacionamento de fora e a ficar mais descontraída com quem ele era... Tipo, ele era uma pessoa muito diferente, em circunstâncias incomuns, só tentava ficar à vontade, mas não realmente às custas de alguém. Você dava e recebia. Um tanto peculiar... Mas, sabe, li umas fofocas sobre seu comportamento sexual, o quanto era perverso e bizarro, mas na realidade não era. Era inocente. Preferia se excitar do que fazer sexo. O que há de perverso nisso? Nada de chicotes e correntes. Tudo a ver com inocência adolescente."

Porém, do palco em Las Vegas, a inocência adolescente passou longe. Com o avanço da temporada, o comportamento de Elvis se tornou cada vez mais excêntrico. Até mesmo para os fãs se tornou evidente que havia algo de errado. Pareceu "sonolento", escreveu Christine Colclough sobre o show do jantar, em 22 de agosto; em 23 e 24 de agosto, pareceu "meio cansado"; e em 26 de agosto, às dez da manhã, foi anunciado o cancelamento dos dois shows daquela noite. Ainda mais perturbadores eram os monólogos de fluxo de consciência, cada vez mais longos, que preocupavam inclusive os fãs mais desprovidos de senso crítico. Duas coisas o obcecavam: as colunas de fofocas e a decoração da sala de espetáculos. Tomou providências a respeito dessa última, na madrugada após o show da meia-noite de 24 a 25 de agosto. Uma variante de "Sabe, nunca gostei da aparência deste salão" começou a ser anunciada por ele aos atônitos clientes do Hilton, a partir da noite seguinte, até o fim da temporada. "É muito ampla para um artista. Mandei fazer essa rampa para ficar mais pertinho do público." Em especial, confidenciou que a decoração estilo Luís XIV das paredes do salão sempre o incomodou, anjos no teto, damas e cavalheiros nas paredes no gélido esplendor de mármore.

> Mirem um dos fachos de luz nas estátuas daquela parede. Certo. Legal. Não sei o que é, mas é legal. Outro dia, Tom Jones esteve aqui, ele é do País de Gales. Perguntei a Tom quem era [a estátua na parede] e ele me disse que era o rei Eduardo. Rei George, vai me desculpar, Sua Majestade. Agora mude o holofote para aqueles anjos [no teto]. Olha

> só essas figuras, meu amigo. Anjinhos rechonchudos! E agora aponte o facho nesta parede aqui. Dá para notar uma leve diferença. De raça caucasiana. Não é assim que se diz? Caucasiano? Constava isso em minha convocação militar. Eu achava que significava "circuncidado"! Deixa pra lá. Uma noite dessas desci aqui, eram vinte pras cinco da manhã, junto com dois amigos que trabalham para mim, Jerry Schilling e Red West. Red é faixa preta em segundo grau de caratê... ele é dono de uma escola em Memphis, e tenho muito orgulho dele. (...) Enfim, ele pulou a cerca onde [a manutenção do hotel] guarda os suprimentos, tintas e assim por diante, pulou a cerca, mais alta que essa cortina; desceu e pegou uma latinha de tinta preta. Amarrou no cinto, voltou, subiu lá e empilhamos duas mesas. Levantei-me com a tinta e o pincel, e me senti o próprio Michelangelo, o cara que pintou o teto do Vaticano, a Capela Sistina. Pintei aquela estátua. Levei 30 minutos naquilo. O hotel não deu um pio. Achei que seria legal compartilhar com vocês.

Quanto às colunas de fofocas e revistas de cinema, tranquilizou seu público em digressões de igual duração e intensidade. Se metade do que falavam sobre ele fosse verdade, provavelmente já estaria morto: as revistas inventavam tudo, e o que elas imprimiam era puro lixo.

Nesse meio-tempo, o Coronel, num desdobramento não menos bizarro, começou a vender cópias de um álbum lançado em seu próprio e recém-formado selo, Boxcar, para os clientes que saíam do show. Intitulado *Have Fun with Elvis On Stage*, consistia em nada menos que um compêndio de momentos como o citado acima, nem tão digressivos (derivavam de shows entre 1969 e 1972) e um pouco limpos. Na verdade, eram as sobras das gravações feitas no palco dos discos ao vivo que a RCA vinha lançando desde o retorno de Elvis às apresentações, cinco anos antes. Claro, o diferencial da coletânea do Coronel em relação aos lançamentos rotineiros da RCA era que *Have Fun with Elvis On Stage* era uma seleção desses momentos, um disco com as partes faladas do show. Foi exatamente isso que deu ao Coronel licença para lançá-lo, ao menos por sua própria interpretação do contrato de gravação – interpretação essa que a RCA, por algum motivo, não mostrou pressa em contestar.

Criada no início daquele ano como uma corporação do Tennessee, a Boxcar, explicou o Coronel, tinha como principal objetivo consolidar todos os interesses de merchandising relativos ao cantor. Em outras palavras, "explorar e comercializar o nome de Elvis, suas imagens, fotos e materiais semelhantes (...) para fins comerciais em cartazes, álbuns de fotos, estátuas, fotos, *buttons*, medalhões e outros". O Coronel sempre fez questão de frisar que não era o típico "empresário de fachada, desses que frequentam o [restaurante chique] Polo Lounge", mas um *empresário do show business* que sempre "procura aprimorar as performances de Elvis com as cores e a empolgação que os fãs esperavam, em qualquer atividade de Elvis". Talvez não tenha sido mera coincidência que o nome do empreendimento tenha sido derivado de *boxcars* ou "doble", o termo para um par de seis, um lance de sorte no jogo de dados. Por sua vez, o DJ e *promoter* havaiano Ron Jacobs, associado de longa data do Coronel, citou a cavalheiresca filosofia de Parker em relação a gravar discos como a inspiração para o nome do selo. Ao ser indagado sobre o quanto o "som de Memphis" havia contribuído para o sucesso de Elvis, o Coronel costumava responder: "Ele faria um disco de sucesso até num *boxcar* [vagão]". Daí o pessoal começou a falar no som de *boxcar* (som de vagão)'".*

Seja como for, parece ter sido uma tentativa de alçar o merchandising a uma base mais "profissional" e, no processo, talvez recompensar

* A frase original é "*He could make a hit record in a boxcar*". Lembrando que, na gíria do inglês americano, *boxcar* pode ser aplicado como adjetivo, com o significado de "imenso". Por exemplo, *boxcar profits* (lucros imensos). (N. de T.)

assessores antigos como Tom Diskin e George Parkhill, que com Elvis foram listados como acionistas minoritários (o Coronel manteve 56%) da nova corporação. Sem dúvida, também foi mais um dos esquemas do Coronel, cuja maquiavélica meta final – seja gerada por preocupações fiscais, conveniência contábil ou simplesmente a compulsão para sempre adicionar uma nova camada de ofuscação à mistura – provavelmente nem valha a pena mencionar aqui. O que *vale* a pena notar é que a Boxcar parece ter sido a primeira brecha no argumento cuidadosamente construído do Coronel sobre acordos de parceria e *joint venture* com seu único cliente. Afinal de contas, a Boxcar foi obviamente criada com a ideia de diversificar. Por exemplo, o Coronel já havia sugerido a Kathy Westmoreland o interesse dele em assinar um contrato para ser o empresário dela num projeto de gravar um disco só com a bela voz de Kathy e um órgão para acompanhar. Em poucas semanas, conversou com a RCA sobre esse plano e também mandou gravar demos com outro vocalista inédito no mercado, o promissor Charlie Smith. No momento, a RCA fabricaria *Have Fun with Elvis On Stage* em sua divisão da Custom Records, e a Boxcar pagaria a Elvis 50 centavos de royalties por álbum em todas as vendas feitas por ocasião dos shows ao vivo. Por sua vez, a RCA se comprometeria a distribuir o álbum em todo o mundo como lançamento normal, no futuro próximo, pagando um adiantamento de 100 mil dólares em royalties, a serem divididos em 50-50 entre empresário e artista. E conquanto o acordo com a RCA deixasse claro que esse novo álbum estava especificamente excluído dos termos do contrato básico com a RCA, não deve ter escapado à atenção do Coronel que o álbum poderia ser considerado o segundo contratualmente exigido de Elvis em 1974, caso fosse impossível atrair o cantor de volta ao estúdio de gravação naquele ano.

Mas preferiu ignorar qualquer reação que Elvis pudesse ter no sentido de se sentir alvo de chacota por receber uma taxa de royalties de 50 centavos por álbum de uma gravadora que, no fim das contas, lhe pertencia. Ainda mais surpreendente, levando em conta o orgulho do

Coronel por ter "memória de elefante" e dominar a psicologia humana, era o seu convicto desafio às lições do passado: foi justamente quando ele montou a Jamboree Attractions como uma agência de reservas para outros artistas em 1953 que Eddy Arnold, seu único cliente na época, decidiu abandoná-lo, criando a necessidade de Tom Parker se tornar "Coronel" e iniciar o doloroso processo de se reinventar uma segunda vez. Talvez só estivesse exasperado com seu cliente, talvez tenha apenas chegado à visão fatalista de que "o que não tem remédio, remediado está" – mas nunca parece ter se perguntado se, aos 65 anos, estava pronto para começar tudo de novo.

Enquanto isso, Elvis focava cada vez mais o caratê em seu show em Vegas. Por várias noites seguidas, vestiu um traje especial de caratê e mostrou suas habilidades tendo Charlie como seu adversário durante a interpretação de "If You Talk in Your Sleep". Dias depois, no show do jantar em 1º de setembro, com a presença de Ed Parker, fez com Red uma demonstração em grande escala, com a duração de 15 minutos, que provocou a ira do Coronel e praticamente selou o fim desse tipo de exibição. Mas isso não o impediu de continuar a tocar no assunto nem de entregar certificados no palco a todos da trupe que vinham treinando com ele na suíte todas as noites. "Sou instrutor... treinamos lá em cima", explicou ele à plateia. "Agora detenho o título de 'Mestre da Arte'... Cheguei ao oitavo grau e já posso começar minha própria organização de caratê. Queremos fundar nosso próprio estilo de caratê sob a liderança do American Karate Institute. A ideia é americanizar o esporte." Condecorou inclusive o líder da orquestra, Joe Guercio, dissidente inflexível, que chamava o caratê de "besteirol", com a batuta de faixa preta em décimo grau.

Os monólogos adotaram uma forma (ou falta de forma) própria, às vezes, quase superando a música. Na última noite, fez uma espécie de discurso vazio e retórico, em versão estendida, com Priscilla e Lisa

Marie sentadas com Sheila na cabine. Havia acabado de cantar "You Gave Me a Mountain" no início do show, quando decidiu prestar um esclarecimento sobre sua situação doméstica.

> Quero esclarecer uma coisa. Eu canto essa música há um bom tempo, e muita gente meio que a associa a mim porque acha que a letra tem uma natureza pessoal. Não tem. É uma linda canção composta por Marty Robbins, e eu a ouvi na voz de Frankie Laine, se não me engano. Simplesmente adorei a música, mas não tem nada a ver com minha vida pessoal ou a de minha ex-esposa, Priscilla. Ela está bem ali. Minha querida, levante-se. [Aplausos.] Dê um passo à frente, querida. Isso. Vire-se, deixe a plateia ver você. [Mais aplausos.] Cara, ela é... ela é uma moça linda, eu posso garantir, cara. Rapaz, eu tenho bom gosto. Sabe? Caramba.
>
> E a minha filhinha Lisa está com 6 anos. Olha só o pulinho que ela deu. Ajeite o vestido, Lisa. Abaixe o vestido antes de pular assim de novo, mocinha. E no mesmo camarote está minha namorada, Sheila. Levante-se, Sheila. [Aplausos.] E agora dê uma volta completa. Peraí, Sheila. Peraí. Levanta o anel. Mostre o anel. O anel. Na mão direita. Olhem só que lindo.
>
> O que estou tentando transmitir é que somos melhores amigos e sempre fomos. O divórcio aconteceu não por outro homem ou outra mulher, mas pelas circunstâncias que envolvem minha carreira. Eu viajava demais. Ficava muito tempo longe. E era... era só um combinado que eu achava injusto com ela, porque eu ficava muito tempo longe e tudo mais. É por isso que eu, da maneira mais decente possível com que se consegue fazer esse tipo de

coisa, cheguei a um acordo para sempre continuarmos amigos, ficarmos próximos e nos cuidarmos (porque temos uma filha para criar), e ela poderia ter o que ela quisesse no acerto.

Após o acerto... Saiu [em] cerca de 2 milhões de dólares.... Bem, depois ainda dei a ela um casaco de vison. Sei disso. É de um casaco de vison que estou falando. E tem mais. Depois do acerto, ainda dei um Jaguar modelo XK-E para ela. Mas escutem só – *esta noite* ela me deu um Rolls-Royce branco de 42 mil dólares. [Aplausos e mais aplausos.] É esse o tipo de relacionamento que temos. [Fala visivelmente arrastada.] Não chega a ser uma configuração ruim, não é, meus amigos? Quer dizer, eu recebo uma parte de volta de qualquer maneira. Nem sofri muito e recuperei uma parte disso, sabe. Ela comprou o carro por um gesto de amor, e ela gosta desse Stutz que eu tenho. Não é um carro, é um Stutz... Não, uau, graças a Deus, não se chama *stud*... É um Stutz. E ela gosta do *stud*. [Elvis dá risada.] Ela gosta do Stutz. Mike Stone não é um *stud*...* então deixa pra lá. Ela gostou do Stutz ... então vou dar o Stutz pra ela e ela pode me dar o Rolls, OK? [Aplausos perplexos.] Mas eu gostaria que ele [Mike Stone] fosse um *stud*, sabe. Ele é um *cara legal*.

Agora vou cantar uma música, senhoras e senhores, que é uma das canções de amor mais bonitas que já ouvi na minha vida, cara. Pode apostar. Verdade, é uma das músicas mais bonitas que já ouvi na vida, mas nunca

* Em mais um de seus trocadilhos, Elvis brinca com a sonoridade da palavra Stutz (o luxuoso cupê de duas portas Stutz Blackhawk) e *stud* ("garanhão"). (N. de T.)

> a cantei, nunca a gravei. Nunca gostei dessa porra até descobrir... (que droga, estou com uma dor de dente...) até descobrir a história por trás da composição, e então realmente não curti porque eu não gosto desse tipo de coisa. Então a próxima música... Não, esta é a história verdadeira de uma música. Não é uma canção nova. Charlie, tira esse meu cinto, vai me cortar, me castrar, faça *alguma coisa*, sabe. Realmente, não posso fazer isso... Tenho coisas para fazer, lugares para... 'cê sabe. Lugares para ir e outros passeios, coisas e cidades e garotas e todo aquele jazz, sabe. Olha só... tome cuidado, filho, com esse cordão aí embaixo. Vou morrer aqui. Eletrocutar minha bunda e... me desculpem, pessoal. Murmuro coisas... ah, que droga, está tão apertado que você atorou meus cabelos, cara, não consigo cantar. Sabe, de qualquer maneira, eu canto do fundo de minhas entranhas, das palmilhas de meus sapatos. Nunca vai subir até aqui. [E segue com a história de "Softly As I Leave You" e depois recita a letra, em tom baixo e reverente, ao coro do tenor Sherrill Nielsen.]

Mais tarde na noite, apresentou Ed Parker e John O'Grady, citando a ajuda de O'Grady no processo de paternidade, vários anos antes, sobre o qual O'Grady havia escrito um livro de memórias recém-publicado. "Acabou sendo uma completa conspiração e uma *farsa*, cara", anunciou para uma plateia surpresa, com referência ao processo. "*Não tem como.* Tirei uma foto com aquela garota, *e isso é tudo*. Vai ver que ela engravidou pela câmera." Um misto de risinhos nervosos e aplausos.

> Mas querem saber o que ela fez? *Ela disse a noite certa*. E a noite que ela citou, minha esposa estava comigo... Ou melhor, minha esposa estava comigo em Los Angeles...

E foi justo essa a noite que ela disse. De *jeito nenhum* vou pular a cerca, está brincando comigo? [Ri de modo insinuante.] Vou contar uma coisa. Se você gosta de coisas como a conexão francesa, a conexão chinesa, a conexão britânica, a conexão do osso do joelho com o maxilar, o maxilar está conectado com o osso do pernil… [A banda aproveita a deixa e toca o ritmo de "Dry Bones".] Quem curte essas conexões deve comprar este livro. O nome do autor é *O'Grady*. (...)

John acabou de voltar de Nova York, onde participou de uma reunião... sou membro dessa organização há cinco anos. Associação Internacional dos Agentes de Repressão aos Narcóticos. [Lê uma inscrição.] "Em reconhecimento à notável lealdade e contribuições em apoio à aplicação da lei antinarcóticos, este prêmio é uma honra especial concedida a Elvis Presley." E assim por diante. Membro vitalício da *International Narcotics Enforcement Officers Association*. Acabei de receber isto. [Aplausos.]

Ou seja, não dou bola aos boatos. Não dou bola às revistas de cinema. Não as leio. LIXO. [Muitos aplausos.] Não quero rebaixar o trabalho de ninguém. Eu me refiro ao fato de que... Esse pessoal tem um trabalho a fazer, tem que escrever algo. Quando não têm informações, apenas inventam. No meu caso, inventam. Correm boatos por aí... fiquei doente e baixei no hospital. Vivemos numa época em que você não pode nem ficar doente. Você está [pausa dramática] *abusando de químicos*. Por Deus, vou lhe dizer uma coisa, amigo, nunca abusei de nada – só da música. [Mais aplausos.] Quando fiquei doente aqui no hotel... fiquei doente naquela noite, eu estava com 39 °C de febre, e não me deixaram tocar, de três fontes diferentes

> ouvi que eu estava viciado em heroína, juro por Deus – funcionários do hotel, valetes,* mensageiros, malucos que carregam sua bagagem até o quarto, gente trabalhando por aí, sabe, falando, camareiras. E eu estava só doente. Eu estava ficando... Chamei o médico e tive uma gripe e superei isso num dia, mas por toda a cidade... *ABUSO DE QUÍMICOS!* Já falei com eles mais cedo, e não se ofendam, senhoras e senhores, estou falando com outras pessoas, se eu encontrar ou ouvir um indivíduo que disse isso sobre mim, *vou quebrar seu pescoço, seu FILHO DA PUTA.* [Gritos e aplausos.] Isso é *PERIGOSO. Vou arrancar sua maldita língua PELA RAIZ.* [Mais aplausos.] Muito obrigado de qualquer maneira. Todo mundo aí assistiu ao filme *Feitiço havaiano*? Provavelmente a canção de maior sucesso na trilha musical... Agora me deixem sair desse clima. [E começa a entoar "Hawaiian Wedding Song".]

Priscilla ficou indignada. "Fiquei em estado de choque. Porque [no passado] ele nunca, jamais, revelava as emoções à plateia. Sabe, cantar sempre foi sua maneira de desabafar suas emoções, de mostrar como se sentia em relação a alguma coisa... Subia ao palco e cantava com todo o seu coração. E qualquer canção, qualquer canção escolhida, sabe, ele cantava de modo apaixonado, com mais emoção e mais energia... Mas nunca fazia confidências em público. Isso era [tão] fora do personagem, para alguém que tinha tanto orgulho, sabe... Tudo o que ele costumava combater agora ele estava exibindo. Era como assistir a uma pessoa diferente."

* Em hotelaria, os valetes efetuam o transporte de roupas limpas e usadas dos quartos até a lavanderia e vice-versa. (N. de T.)

Elvis permaneceu em Vegas mais uns dias, indo a shows com Sheila. Uma noite, inclusive, deu um show de caratê no meio da apresentação de Tom Jones, no Caesar's Palace. Noutra, comparou anéis no palco com Vikki Carr, no Tropicana. Em seguida, após uma breve estada na Califórnia, voltou para casa com Linda, e contratou uma equipe local para filmá-lo no Tennessee Karate Institute, a escola que havia montado para Red e sua prima Bobbie, que se anunciava como o lugar onde Red e Elvis – "faixa preta em sétimo grau – treinam juntos quando Elvis está na cidade". Estava ali, explicou aos repórteres convidados, nos preparativos para o início de seu primeiro filme como produtor, e aproveitou a oportunidade não só para parabenizar o instrutor-chefe Bill Wallace por seu recente campeonato mundial, mas também para "promover" Wallace a faixa preta em quarto grau em sua própria escola.

Na filmagem que sobreviveu, Wallace traja o uniforme de estrelas e listras com o qual participou de torneios na Europa como membro do "Team America", no verão anterior. Elvis não deixou por menos: óculos escuros que já tinham se tornado marca registrada, *ghi* de caratê com a insígnia da bandeira no peito esquerdo e "EP" em caligrafia estilo japonês nas costas, calça boca de sino branca com prega invertida, além de botas Chelsea brancas de saltos empilhados. Até mesmo quando está realizando várias demonstrações e comentando outras, adota uma atitude indolentemente intimista, como se soubesse de algo que seu público-alvo – incluindo o assessor de Wallace e Ed Parker, Dave Hebler, que compôs a equipe de segurança no ano anterior – não sabe e *jamais* saberá. Parece o gato que engoliu o canário, ou talvez vários canários, pois "mostrou resistência ao levar quatro socos de Red West" sem se esquivar, informou o *Press-Scimitar*. Entretanto, ao mesmo tempo, parecia perturbadoramente fora de forma, desgrenhado e sem foco. Desde o fim da temporada em Las Vegas, duas semanas antes, claramente havia engordado de novo.

No dia seguinte, embarcou em uma farra de compras que durou dez dias, na qual comprou mais de uma dúzia de veículos para amigos, parentes e funcionários domésticos. Também contratou uma nova empregada, Maggie Smith, após comprar um carro que ela e a mãe pensavam em comprar na concessionária Sid Carroll Pontiac (vários dias depois, comprou outro veículo só para Maggie ir à escola). Comprou um carro para o irmão de seu cozinheiro, uma casa para o cozinheiro, um barco para Charlie Hodge e uma casa móvel de largura dupla para seu primo Billy Smith. Assim, Billy e a família poderiam morar em Graceland e ficar sempre por perto.

Entre uma compra de carro e outra, em 19 de setembro, visitou o Hospital Metodista em companhia de Linda, para ver o filhinho recém-nascido de Sam e Louise, o irmão e a cunhada de Linda. Elvis sempre gostou de Sam, que durante o dia trabalhava na polícia como assistente do xerife e à noite estudava Direito. Por meio dos esforços de Elvis, inclusive, e de suas conexões no departamento do xerife, Sam foi transferido de agente penitenciário para a divisão de crimes juvenis, logo depois de se conhecerem, e no verão anterior o cantor ajudara Sam e Louise a comprarem uma casa nova. O fato é que nem Linda estava totalmente preparada para a atitude de benevolência messiânica que ele direcionava não só ao recém-nascido, mas a todo o processo de dar à luz. Depois de verificar que mãe e filha estavam bem, Elvis disse a Linda que gostaria de entrar na sala de parto, onde a máscara cirúrgica que as enfermeiras lhe deram não disfarçou totalmente sua identidade. “Uma mulher estava em trabalho de parto, e Elvis se aproximou, colocou a mão na barriga dela e disse: ‘Como está se sentindo, querida?’. Ela falou: ‘Ai, meu Deus, você é parecido com Elvis Presley’. ‘Eu *sou* Elvis Presley’, foi a resposta que ela ouviu.” Linda, porém, nunca teve certeza se a mulher percebeu que não se tratava de uma alucinação.

Muitos se perguntaram como Linda voltou ao seu antigo papel com tanta complacência após ser vítima do que todos perceberam como uma forte rejeição. Com frequência, Linda fazia essa pergunta a si mesma, e não era algo fácil de responder. Ao contrário de Sheila, ela não tinha problemas em aceitar nem de mostrar seu apreço pela generosidade de

Elvis e, externamente, mantinha uma atitude alegre o tempo todo. Não tinha mais certeza de qual era exatamente seu papel, nem de qual ela queria que fosse. Sabia que o cantor precisava de alguém para cuidar dele quando todas as outras moças o abandonassem, e agora com Joe na Califórnia em tempo integral, e a velha gangue cada vez mais desunida, ela via a si mesma e a Vernon como a última linha de proteção quando todos se aproximavam com as mãos estendidas. Ela sabia que todos pensavam que seus episódios maníacos surgiam apenas porque Elvis estava sob efeito de químicos e sentia que metade dos caras estava por perto porque não queria "perder a boquinha" (eles, sem dúvida, diziam o mesmo sobre ela); no final, simplesmente não podia abandoná-lo no momento em que achava que o cantor mais precisava dela.

Em meio a tantos altos e baixos, Elvis continuou a elaborar suas ideias para o filme de caratê, tomando nota de seus pensamentos numa caligrafia infantil, escrita em letra palito, ou então ditando para Linda em meio a um frenesi de empolgação. Com o passar do tempo, o roteiro se tornou praticamente um resumo dos mesmos valores que Elvis gostaria de ter seguido, retrato de um mundo em que a nobreza e os ideais eram personificados e o verdadeiro significado do caratê se resumia a "ajudar a pessoa a se ajudar". Todos os "melhores homens e melhores mulheres do caratê" seriam apresentados, todos os professores e ídolos de Elvis, de Ed Parker a mestre Rhee, passando pelos melhores espadachins samurais, os melhores caratecas quebradores de tijolos, Bong Soo Hong de *Billy Jack*, David Chow da série *Kung Fu*, além de Jim Kelly, Joe Lewis, Bill Wallace, todos campeões nacionais e regionais. Todos os estilos de caratê seriam representados, transmitindo a ideia de que era um *sistema* filosófico ao qual todos os verdadeiros artistas marciais se dedicavam: "Nunca utilizar o que é aprendido, exceto em emergências extremas. Salvo para proteger a mim, a meus amigos e a meus entes queridos...".

> E se testemunhar um colega carateca usando sua
> habilidade para prejudicar, amedrontar, aleijar ou mutilar,

> fazer tudo o que estiver ao meu alcance para conter isso com a força necessária e denunciá-lo a um conselho de regentes composto de 36 faixas pretas do alto escalão, no qual estará sujeito a ser imediatamente banido do esporte, despojado de todas as suas honras, entregue às autoridades e nunca mais recuperar *status* nesta associação. Este é um dos propósitos do caratê: proteger os fracos, indefesos e oprimidos de todas as classes, independentemente de cor, credo ou religião. [pontuação adicionada]

Nesse mundo idealizado, o certo triunfava sobre o errado, os valores morais eram defendidos e Elvis era um verdadeiro instrutor, explicando e, às vezes, demonstrando a técnica e a filosofia por trás dela. Na sequência final do filme, "numa colina remota, a câmera dá um close em Elvis assumindo posição de combate. Enquanto ele dá um soco frontal médio e emite um *kiai*, o grito que focaliza a energia vital, a câmera vai recuando e revela o que mais parece ser todos os caratecas do mundo executando os movimentos com ele. Então Elvis faz o pai-nosso na *linguagem de sinais nativo-americana* com a brisa soprando suavemente ao seu redor. O filme termina com *The Beginning* (O começo) escrito na tela".

Quando saiu em turnê no fim do mês, todos os esforços realizados no começo do ano em termos de saúde e moderação já tinham sido abandonados havia tempos, e Tony Brown, o novo tecladista do Voice e admirador de longa data, que viajou com J. D. Sumner às suas próprias custas para a estreia de 1969 em Las Vegas, ficou horrorizado ao ver as mudanças ocorridas. "Meu primeiro show foi em College Park, Maryland. Lá estou eu, nos bastidores, apavorado, suor nas mãos, esperando Elvis chegar. A limusine estaciona, ele sai e leva um tombo. O pessoal salta para ajudar, e ele os empurra, dizendo: 'Não me ajudem'. Subiu ao palco e nos primeiros 30 minutos se apoiou no microfone como quem se apoia num poste. Todo mundo está se entreolhando: será que a turnê vai acontecer? Ele está doente? Vai ser cancelada?"

Até Sonny ficou pasmo. Não via Elvis fazia semanas, pois estava acompanhando o Coronel na estrada. Quem conta é Dave Hebler: "Ficou dilacerado... Lágrimas brotaram [nos olhos de Sonny]". Na outra noite, Elvis estava melhor. Mas a certa altura, teve um problema no retorno de som, e ele rosnou para Felton: "Acabe com esse maldito ruído, Felton, ou vou arrancar o seu rim". Então, em Detroit, a terceira etapa da turnê, Red e Ed Parker ficaram sabendo de uma remessa de cocaína para "o cantor de um dos grupos vocais que acompanhavam Elvis". De acordo com Red, que tinha usado a droga com ele, Elvis tinha sido apresentado à cocaína por meio desse vocalista e um "parente por casamento", meses antes. Agora, Parker, Dick Grob e Red desceram ao quarto desse tal cantor. "Chutei a porta do quarto, quebrei o pé dele e avisei: se trouxesse mais drogas, seria muito pior. Daí Elvis ficou sabendo disso e mandou nos chamar. Fomos ao quarto dele e ouvimos o seguinte: 'Não aprecio essas táticas de intimidação. Eu preciso [da coca]'. Falei: 'Cara, se você precisa, não se fala mais nisso. Fique com ela'." Seja como for, todo mundo sabia que não havia sentido em discordar. No passado, Elvis sempre deixou bem claro, se não estiver gostando, todos já tinham ouvido uma ou duas vezes: a porta é a serventia da casa.

Artigos de jornais tentavam decifrar o que mais exatamente havia de errado com Elvis. De acordo com os resenhistas, ele pareceu "muito entediado" em St. Paul; hostil e "decepcionante" em Indianápolis; e gripado em Dayton. Mas em Wichita foi pior: muitos fãs alegaram preferir que o show tivesse sido cancelado, de tão "doente" que Elvis pareceu estar. A turnê encerrou com quatro noites em Tahoe. Na última, de acordo com o baixista Duke Bardwell, "Elvis só ficou lá no palco, imóvel, sem saber realmente o que fazer. Já não tinha [mais] gás".

“CHUTEI A PORTA DO QUARTO, QUEBREI O PÉ DELE E AVISEI: SE TROUXESSE MAIS DROGAS, SERIA MUITO PIOR. DAÍ ELVIS FICOU SABENDO DISSO E MANDOU NOS CHAMAR.”

Elvis levou Sheila com ele a Las Vegas imediatamente após a minitemporada em Tahoe, colocando-se sob os cuidados do dr. Elias Ghanem, refugiado palestino de 34 anos, ferozmente ambicioso, que em Las Vegas havia se tornado sócio-proprietário do setor de emergência do Hospital Sunrise, dono de um serviço de jatos particulares e, não por coincidência, médico dos artistas. Atendeu Elvis pela primeira vez em 1972 e, com o dr. Newman e o especialista em garganta dr. Boyer, logo se tornou um dos principais médicos de Elvis em Las Vegas. Ghanem pediu uma batelada de exames para verificar as condições da bexiga, do cólon e dos intestinos como um todo. Foram detectadas uma "cratera ulcerosa não penetrante" e "pregas mucosas edematosas" pressionando as margens do estômago. Novos exames foram solicitados em três ou quatro semanas. Nesse meio-tempo, Elvis ficou com Sheila na suíte privativa construída por Ghanem anexa à sua casa, onde pacientes famosos se submetiam à nova "dieta do sono" recomendada por ele. O tratamento consistia basicamente em nutrição líquida e sedação para suprimir o apetite de forma radical.

Depois de duas semanas nessa estadia, Jerry Schilling veio conferenciar com Elvis sobre o progresso do filme de caratê. Jerry tinha sido nomeado produtor executivo do projeto, atuando como os olhos e ouvidos do cantor, da mesma forma que havia feito, não oficialmente, em *Elvis triunfal*. Porém, agora o próprio Elvis investia o dinheiro; assim, Jerry recebeu uma promoção proporcional, servindo efetivamente como supervisor "de estúdio" quando entraram nos estágios preliminares da pós-produção. A ideia de Jerry era montar um escritório em Hollywood, contratar uma equipe de editores para sincronizar as filmagens e fazer uma edição preliminar. Assim, poderiam avaliar o trabalho e quem sabe até atrair um distribuidor interessado em investir fundos para terminar o filme.

Jerry encontrou Elvis de bom humor na casa do dr. Ghanem, engajado e alerta. Rapidamente, o cantor autorizou a locação do imóvel que Jerry havia escolhido, na esquina do Hollywood Boulevard com a Vine Street, e a contratação da equipe selecionada por ele. Jerry ficou aliviado ao ver o projeto enfim decolar, após todas as brigas e os ciúmes mesquinhos que havia testemunhado no início das gravações, e a maneira quase aleatória na qual as filmagens, particularmente as de Memphis, tinham sido realizadas. Andava preocupado com Elvis e as coisas que tinha ouvido sobre a recente turnê, mas torcia para que essa nova "dieta do sono" representasse o primeiro passo para colocá-lo em forma, pois só assim Elvis conseguiria realmente se concentrar no projeto. Revisaram tudo o que havia sido feito até então. Cinquenta mil dólares haviam sido gastos, e as projeções indicavam, no mínimo, mais 75 mil dólares. Sem dúvida, para frisar sua desaprovação sem jamais declará-la, o Coronel divulgou entre certos membros do círculo íntimo que Elvis era tão atrasado que já havia designado parcelas que juntas somavam mais de 100% da propriedade do filme, somando-se as parcelas atribuídas a Ed, ao Coronel, a Vernon e à turma. Jerry se tranquilizou ainda mais enquanto repassavam os números. Elvis parecia saber exatamente onde estava gastando seu dinheiro e como os lucros seriam distribuídos – embora sua concepção sobre os lucros fosse um tanto exagerada. Na opinião de Jerry, a discussão boa e realista terminou com um ar de otimismo.

Quando a reunião acabou, já passava da meia-noite. Jerry declarou sua intenção de voltar ao hotel, mas Elvis perguntou se ele poderia ficar um pouco – tinha outro assunto para falar com Jerry. Havia dez meses, Jerry estava namorando Myrna Smith, do Sweet Inspirations. No início, ficou preocupado com a reação de Elvis – o cantor sempre admirou Myrna e era amigo de todas as Sweets, mas Jerry não sabia como ele poderia reagir ao aspecto inter-racial do namoro, levando em conta os fortes sentimentos políticos de alguns dos fãs, sem mencionar de alguns dos caras. Contudo, Elvis encarou o relacionamento deles com bons olhos. De fato, quando Jerry e Myrna decidiram morar juntos na primavera, "falei para Elvis que ia comprar um apartamento e ele disse: 'Qual é o problema em ficar no seu quarto [na casa da Monovale, onde Jerry morava desde o fim do casamento]?'. Expliquei: 'Não quero causar nenhum problema com os fãs'. Ele ponderou: 'Olha, você é meu amigo, Myrna é minha amiga. São bem-vindos em minha casa. Não estou nem aí para o que os outros pensam'". Então continuaram morando em Monovale Drive. Mas Jerry nunca escondeu o sonho de ter uma casa própria. Assim, quando Rick Husky decidiu, semanas antes, colocar à venda a casa dele em West Hollywood, Jerry conseguiu um adiantamento. Porém, ao tentar um financiamento bancário para o restante, deu com os burros n'água.

Agora Elvis propunha um plano. Ele ia comprar a casa para Jerry, arranjaria tudo com Rick Husky – e ia fazer isso imediatamente. Ligaram para Husky às três da manhã e Elvis rapidamente fechou o negócio. "Estou com meu talão aqui e vou preencher o cheque... Certo?" Husky tinha acabado de acordar "de um sono profundo. Respondi: 'Sim, claro, Elvis'. E ele disse: 'OK, negócio fechado, então?'. 'Sim, negócio fechado.' E ele disse: 'Em quanto tempo você pode se mudar? Vou mandar os caras aí para te ajudar!'".

Incapaz de mascarar suas emoções, Jerry recebeu o cheque das mãos de Elvis e o deixou cair. Mal conseguia encontrar palavras para expressar sua gratidão. As dúvidas sentidas nos últimos dois anos caíram por terra. Confirmou toda a fé que havia depositado em Elvis desde o começo, quando Jerry, então um menino de 12 anos, assustado e inseguro, entrou naquele jogo de futebol americano só para completar o time, no Guthrie Park, ao norte de Memphis, nos idos do verão de 1954. Na inauguração oficial, cerca de três semanas depois, Elvis indagou a Jerry: "Sabe por que comprei esta casa para você? Sei que enlouqueci todos os outros caras comprando esta casa para você. Mas sua mãe morreu quando você tinha 1 ano de idade. Era algo que você nunca teve, e eu queria ser a pessoa que lhe deu a casa própria".

Elvis passou o dia de Ação de Graças com Linda, em Palm Springs. No último minuto, convocou o Voice e pagou a passagem aérea para eles. Mas, como sempre, não havia muita coisa a fazer, e a maior parte do tempo os dois ficaram enfurnados no hotel. Mais uma vez, tentou obter a aprovação do Coronel para o projeto de caratê, e o Coronel elaborou um plano de negócios básico, com algumas variantes simples. Elvis retinha 50% dos lucros em cada uma das formulações, com 15% indo para Vernon, e fatias variadas para Ed Parker, a dupla de produtores e diretores (George Waite e Bob Hammer) e "os caras" (Red, Sonny, Joe, Jerry, Charlie, Lamar, Al Strada e Dave Hebler). Dez por cento deveriam ser retidos para despesas gerais, e ficaria bem claro que os "participantes com porcentagem" não receberiam salários. Os direitos autorais do filme seriam integralmente de Elvis. Além disso, o cachê do cantor e as despesas pessoais, no valor de 300 mil dólares, seriam arrecadados antes dos lucros, com o Coronel mantendo todos os direitos de merchandising. Porém, o Coronel colocou um adendo que deixava claro seu verdadeiro sentimento e transmitia ao seu cliente uma mensagem inconfundível. "Produzir um filme dessa natureza sob outras condições que não as supradescritas seria um fracasso completo, causando danos irreparáveis à reputação do artista e da All Star Shows", escreveu. Além disso, caso o projeto fosse adiante sem a participação ou as diretrizes do Coronel, "enquanto eu for o empresário exclusivo deste artista, para proteger o artista e a minha reputação, será necessário divulgar o fato de que não estou pessoalmente envolvido em nenhum desses projetos… [e] uma carta deve ser remetida a mim assinada pelo artista e seu advogado, me absolvendo de toda e qualquer responsabilidade".

Em 19 de novembro, o *National Enquirer*, antecipando em um mês e meio o aniversário de Elvis, publicou a manchete: "Elvis aos 40: barrigudo, deprimido e vivendo com medo", junto com uma representação artística do cantor que transmitia graficamente todas essas características. O artigo citava críticos de jornais, fãs, policiais, empregadas, gerentes de banquetes e outros funcionários de hotelaria que tiveram contato com ele durante a turnê em outubro e o acharam divagante, incoerente, paranoico e quase desesperadamente solitário. Típica reportagem de tabloide que só não foi ridicularizada por espelhar, até certo ponto, a vida real, pois veio à tona logo após o lançamento oficial da RCA de

Have Fun with Elvis On Stage, em meio a tantos e dramáticos episódios tumultuosos na vida pessoal. Parecia difícil avaliar onde havia mais exagero: no artigo de jornal ou na vida em que se baseava. Na visão de Sheila, ele se tornou uma espécie de "menino da bolha de plástico.* Quer dizer, quem se importa? Quem quer viver? Ele dizia: 'Quem diabos sou eu, afinal? Sou uma lenda viva!'. Às vezes, fazia jus à lenda, mas de vez em quando dizia: 'Ah, cara, o que diabos está acontecendo? Sou apenas quem eu sou. Sou apenas esta pessoinha'. Não é assim tão complicado como parece. Ele só era aquele cara de um carisma maravilhoso, mas as coisas se inflaram demais. Ele só era aquele carinha inocente".

Voltou a Las Vegas no início de dezembro para se colocar mais uma vez aos cuidados do dr. Ghanem. Dessa vez, Linda o acompanhou, e Jerry retornou mais uma vez para atualizar o andamento do projeto. Elvis lhe perguntou sobre a casa nova e como Myrna estava após torcer o tornozelo na festa de inauguração. Tudo parecia tranquilo. De repente, no meio da noite, o telefone tocou no quarto de Jerry no hotel. Mal reconheceu a voz do outro lado, de tão fraquinha: "'Jerry, pode me ajudar?'. Perguntei: 'O que houve?'. Elvis disse: 'Estou no chão e não consigo andar. Aqui não tem ninguém'". Quando ele chegou à casa, Linda estava com Elvis, mas nem sinal do dr. Ghanem, que obedecia praticamente aos mesmos horários que seu paciente. Quando o médico enfim chegou, Jerry o confrontou, expressando, com raiva, descrença ao Ghanem insistir: não entendia o que poderia ter acontecido, afinal, tratava Elvis apenas com placebos. "Falei: 'Maldição, vou dizer uma coisa para o senhor: este é um homem orgulhoso. Está hospedado na sua casa há semanas, e tenho que levantá-lo do chão... E o senhor quer me convencer de que ele só está tomando placebos?'. Não me contive e explodi com ele.

* Em 1976, John Travolta protagonizou *O menino da bolha de plástico*, filme cujo personagem principal vive numa bolha porque tem problemas no sistema imunológico. (N. de T.)

"Bem, no dia seguinte eu volto lá, e Elvis está fora da cama, na bicicleta ergométrica, irritado. Só eu e o Charlie lá, e ele sabe... sabe que eu tenho gênio forte, não que ele tivesse medo disso, mas continua olhando para Charlie e dizendo: 'Maldição, quando vocês se formarem em medicina, então podem dizer aos meus médicos o que fazer'. E ele... ah, cara, ele continuou e continuou. Fiquei sem saber o que dizer. Só estava feliz por ele estar fora da cama, na bicicleta, e não lá, estatelado no chão. Depois que se acalmasse, eu poderia falar com Elvis, eu sabia. Por isso agi como se ele realmente estivesse apenas conversando com Charlie. Horas depois, eu falei: 'Elvis, estou lhe dizendo uma coisa: um ano atrás, quando você estava com o dr. Nick...'. Mas ele atalhou: 'Ah, aquele desgraçado cobra muito'. Sabe como é, Elvis podia se importar com quase tudo, menos com dinheiro... Mas ainda está na defensiva. Continuei: 'Só sei de uma coisa, Elvis, é que você está de cama aqui há um mês [no total], sem fazer nada, nem se divertir. Quer dizer, foi muito triste ontem à noite...'. Tomei muito cuidado para não o constranger. 'Só sei que, em Memphis, no ano passado, quando você saiu do hospital, estava comendo direito, com boa aparência, se sentindo bem, e nos divertíamos a valer'."

Jerry não tinha certeza do quanto Elvis tinha captado, se é que havia captado algo. Ou se ele corria o risco de ser demitido ali mesmo. Elvis continuou pedalando furiosamente a bicicleta ergométrica, enquanto Charlie tentava decifrar o que se passava na cabeça do cantor em meio a tudo aquilo. Pouco depois, Elvis e Linda retornaram a Memphis para as festas de fim de ano.

O Natal foi melancólico. Sempre que era convocado, o grupo Voice comparecia. Mas Elvis raramente tinha vontade de cantar nesses dias. Em 3 de dezembro, Red O'Donnell relatou em sua coluna no *Nashville Banner* que Elvis sofria de úlcera estomacal e que sua próxima sessão de gravação da RCA, já adiada uma vez de novembro para dezembro, foi novamente postergada "até nova ordem, durante o mês de janeiro". O filme de caratê foi cancelado de forma inglória, em 24 de dezembro, um dia após Elvis voltar para casa, sem outra explicação além de "problemas de saúde". Apenas quatro dias antes, o influente empresário Elliot Roberts, que produzia filmes de rock em Hollywood, havia assistido a uma exibição prévia e gostado. Mas tudo foi cancelado tão repentinamente que ninguém foi pago pelas últimas duas semanas de trabalho, e muitas contas permaneceram abertas até o ano seguinte.

Começaram a chegar aos ouvidos do Coronel relatos de Memphis. Cada vez mais isolado de quase todos ao seu redor, Elvis estaria se afundando em uma depressão profunda. Assim, em 29 de dezembro, o Coronel fez um raro telefonema a Elvis e concluiu: os relatos eram verídicos. Desde Palm Springs, os dois mal se falavam, mas agora o Coronel se via obrigado a reconhecer: dificilmente Elvis estaria apto a fazer sua reestreia em Las Vegas, dali a menos de um mês. Instruiu Elvis a lhe enviar um telegrama no dia seguinte, uma mensagem para expressar seu apreço pelo "senhor ter assinado por mim todos os documentos necessários, enquanto estou me recuperando". Também entrou em contato com Henri Lewin, do Hilton, informando que, na avaliação de seu amigo em comum, o dr. Elias Ghanem, provavelmente Elvis não estaria pronto para a estreia de 26 de janeiro. Por isso, avaliou o Coronel, a melhor coisa a fazer seria adiar os shows imediatamente. Nas entrelinhas, podemos ler o desconforto do empresário, mas ele dourou a pílula e pediu a Lewin que consultasse o dr. Ghanem para fazer um texto adequado para o comunicado de imprensa, que seria oficialmente divulgado apenas 12 dias depois. Fez tudo o que devia ser feito, executou cada tarefa desagradável com seu habitual profissionalismo, mas o fato indisfarçável permanecia – pela primeira vez era forçado a admitir: ele e seu cliente seriam incapazes de cumprir suas obrigações.

Havia sido um ano difícil, mas com algumas compensações. Não houve nenhum *Aloha from Hawaii*, mas você não podia esperar anualmente um triunfo do tipo "uma vez na vida". A venda de discos caiu, é verdade, mas o público continuou a lotar o salão em Vegas, e a bilheteria das turnês estava melhor do que nunca. Só naquele ano, em sete semanas de turnê, embolsaram cerca de 4 milhões de dólares, após o pagamento de todas as despesas. Além disso, ganharam de 650 mil a 700 mil dólares nas temporadas em Las Vegas e Lake Tahoe juntas, num total de apenas seis semanas. A receita dos discos adicionou em torno de 750 mil dólares a serem divididos em 50-50, quantia talvez comparativamente insignificante, mas uma renda disponível e acessível para dois tão ávidos consumidores. Para o Coronel, não restavam dúvidas de que poderia manter o espetáculo em andamento se tivesse a oportunidade. Mas uma pergunta o incomodava e martelava sem cessar em seus pensamentos: Elvis teria disposição, ou até mesmo capacidade, para continuar?

Elvis e Linda
(Cortesia do Espólio de Elvis Presley)

UMA FOLHA NA TEMPESTADE

Janeiro de 1975 a janeiro de 1976

> Ontem, em uma reclusão voluntária, o cantor Elvis Presley comemorou seu aniversário de 40 anos de modo privado, em sua mansão Graceland, no Elvis Presley Boulevard.... Dormiu até por volta das três da tarde, quando o tio dele, Vester Presley, telefonou da guarita no portão para desejar feliz aniversário. Vester, que desde 1957 trabalha como segurança em Graceland e não vê o sobrinho desde o Natal, disse que Elvis "falou como se estivesse se sentindo muito bem. Disse que estava descansando e tentando entrar em forma para voltar à estrada. Não planeja sair de casa". (...) A referência a entrar em forma surge em meio a crescentes notícias da imprensa de que Elvis está "gordo e quarentão".
>
> ***Memphis Commercial Appeal*, 9 de janeiro de 1975**

Foi como se uma mortalha tivesse coberto a casa. A equipe da cozinha, no maior corre-corre, permaneceu de prontidão 24 horas por dia para atender a todos os caprichos de Elvis. Os caras todos se reuniram no térreo para prestar homenagem ao aniversariante (e talvez para compartilhar sua generosidade pelo aniversário). Mas Elvis não saiu do quarto. Só Linda e seu primo Billy tiveram acesso irrestrito ao seus aposentos no andar de cima, enquanto o mundo lá fora caçoava dele por não corresponder à promessa de juventude eterna. Até mesmo o apresentador de TV Johnny Carson, a quem o cantor admirava havia muito tempo, fez piadinhas sobre Elvis estar "gordo e quarentão". Depois disso, Elvis confessou a Billy que nem conseguia mais assistir ao programa.

Linda, numa viagem de compras a Nova York poucos dias antes do aniversário dele, protestou contra os "boatos perversos, impiedosos e cruéis" sobre Elvis estar usando drogas, realçando para a revista *People*: "Elvis é um oficial federal da divisão antinarcóticos!". Pela primeira vez, porém, ela expressou seus verdadeiros sentimentos a Elvis. Aos prantos, disse ao cantor que ele estava se matando. Não estava mais disposta a ser desencorajada por suas declarações confiantes de perícia médica ou garantias alegres de que viveria para ver seus netos crescerem e se casarem. O Elvis com quem ela convivia todos os dias era um homem que sofria de uma grave depressão, alguém que muitas vezes mal conseguia sair da cama. O que mais a assustava era que ele mais parecia um cúmplice em sua autoimolação, um conspirador secreto que sabia, mas simplesmente já não se importava. Pouco antes dessa época, uma vez ela perguntou a Elvis: qual era seu maior defeito de caráter? E a resposta dele a surpreendeu: "Sou autodestrutivo". "Reconhece isso?", quis saber ela. "Sim, reconheço, mas não há muita coisa que eu possa fazer quanto a isso", admitiu Elvis. E nunca mais tocaram no assunto.

Por sua vez, o Coronel não estava menos alarmado. E, como Linda, ele não tinha ninguém, na realidade, a quem confiar seus medos. Vernon não queria ouvir falar nisso, porque não conseguia controlar seu filho. E o Coronel sabia que se ele se recusasse a agendar Elvis, outra pessoa o faria. Mas, talvez a questão mais relevante: se ele cancelasse as turnês de Elvis, que outro recurso lhe restaria? O Coronel sempre se orgulhou de sua capacidade de sobreviver por meio de sua inteligência – mas agora se encontrava encaixotado por uma caixa que ele mesmo havia fabricado. Ao concentrar todos os seus esforços num só cliente, construiu uma intricada teia de relacionamentos, um labirinto de confiança e arranjos contratuais que na prática impediam a entrada de outra pessoa. E agora talvez estivesse se perguntando, por acaso, *ele* tinha como saltar fora?

Até que, em 9 de janeiro, uma quinta-feira, no dia seguinte ao aniversário de Elvis, um evento serviu para galvanizar o pensamento do Coronel. Foi bem parecido com outros pontos decisivos no passado – um item aleatório no jornal chamou sua atenção. Um tornado havia matado dez pessoas em McComb, Mississippi, com centenas de desabrigados e milhões de dólares em danos materiais. O Coronel ligou imediatamente para Tom Hulett e, junto com o ex-executivo da RCA, George Parkhill, voaram para Memphis no dia seguinte. Em sua primeira visita a Graceland, Hullet estava empolgado para conhecer a casa de Elvis, bem como para descobrir onde é que ele entrava no plano do Coronel.

"Nunca tive acesso interno antes, e de repente ali estava eu como membro de uma força-tarefa, indo visitar Elvis sobre uma possível volta ao trabalho. O cantor desceu as escadas de roupão, com aparente sobrepeso, e nos sentamos à grande mesa da sala de jantar, em cadeiras de espaldar alto. Um pouco de conversa fiada até que o Coronel disse: 'Elvis, você andou lendo sobre os problemas em McComb?'. A resposta: 'Sim, é mesmo terrível'. E o Coronel emendou: 'Sabe, acho que devemos ir lá e fazer um show beneficente para essas pessoas. O que acha?'. 'Não sei bem', disse Elvis. Parecia haver essa merda engraçada rolando entre eles, como se Elvis quisesse falar: 'Não vou trabalhar', e o Coronel estivesse dizendo: 'Não vou *deixar* você trabalhar'... Mas agora o Coronel enfim tinha encontrado um pretexto para quebrar o gelo. Ali estou eu sentado, e Elvis me encarando como quem pensa: 'O que é que você está fazendo aqui?'.

"Por fim, Elvis disse: 'Acho que pode ser', e o Coronel disse: 'Se formos lá e fizermos o show beneficente, podemos acrescentar outras datas'. *Aí* que entrava a minha conexão. Elvis comentou: 'Bem, acho que sim'. 'Bem, e se o sr. Parkhill, Tom e eu formos ao Mississippi e [falarmos] com o governador e ver de perto?'. Nesse meio-tempo, o Coronel obteve o apoio do governador. Tudo estava encaminhado. A reunião de uma hora terminou com Elvis dizendo: 'Excelente, me liguem amanhã e me mantenham informado'. Em outras palavras, ele acabava de concordar em voltar ao trabalho. Assim que entramos no carro, o Coronel diz a Parkhill: 'George, ligue para o governador. Quero uma reunião esta noite'. Às onze horas, estávamos no palácio residencial com o governador e todos os seus assessores. O Coronel diz: 'Quero que vocês garantam o Coliseum amanhã mesmo e quero a doação de todas as concessões. Todos os ajudantes de palco vão doar seu tempo, Elvis e a banda vão doar seu tempo, tudo, *tudo* será beneficente'. O governador pondera: 'Então como [alguém] vai ganhar dinheiro?'. E o Coronel diz: 'Não vamos ganhar dinheiro aqui'. Mas depois adicionamos [na próxima turnê] três shows não beneficentes no mesmo local!"

No dia seguinte, o anúncio saiu nos jornais. Na terça-feira seguinte, uma turnê completa de duas semanas foi agendada. Começaria três semanas após a temporada remarcada para março em Las Vegas. Quase ao mesmo tempo, Elvis depositou 75 mil dólares para adquirir o Boeing 707 apreendido do financista exilado Robert Vesco, estimulado sem dúvida pelas recentes aquisições de jatinhos particulares Lear pelos cantores de Memphis Charlie Rich e Jerry Lee Lewis, e pelo seu próprio sonho de longa data de ter um avião próprio. Porém, isso não passava de uma diversão momentânea. As pessoas ao redor dele estavam cada vez mais preocupadas com sua lassidão prolongada. Nove dias depois, na madrugada de 29 de janeiro, Linda acordou e se deparou com Elvis ofegante. Em pânico, ela telefonou para Vernon, e o dr. Nick internou o cantor imediatamente no hospital. "Fontes internas" informaram um "problema hepático não ligado a álcool", enquanto Vernon divulgou um comunicado dizendo que "Elvis planejava havia vários dias ir ao hospital", mas todos sabiam qual era o problema. O dr. Nick só tentava controlar os medicamentos de novo e se certificar de que não havia outros danos sistêmicos ao fígado ou ao intestino.

Sob cuidados hospitalares, Elvis logo perdeu cinco quilos, embora seu abdômen permanecesse distendido devido ao cólon obstruído, combinação de uma dobra ganglionar congenitamente torcida com a perda de tônus muscular, ao que tudo indica, pelo uso excessivo de laxantes. De novo, existiam motivos concretos para se preocupar com o fígado, embora nenhuma deterioração adicional tivesse sido detectada. Em quase todos os aspectos, essa internação foi como a anterior: janelas bloqueadas com papel alumínio; Linda novamente ficou com ele no quarto; observaram os bebês recém-nascidos no circuito interno de TV do hospital; e, todas as noites, pelo menos um dos caras fazia companhia a ele na suíte. Foi como tirar férias das responsabilidades, mas dois eventos perturbaram a tranquilidade da estadia.

O primeiro foi um contratempo cotidiano que poderia muito bem ter passado despercebido em circunstâncias normais. Delta, a tia de Elvis, recebeu em casa um pacote com um carimbo de Las Vegas e o entregou para Jerry e Sonny levarem para Elvis no hospital. Havia muito tempo já tinham desistido de tentar impedir o cantor de fazer qualquer coisa que ele decidisse fazer. Porém, a ideia de simplesmente entregar um pacote não identificado em seu leito de hospital deixou Jerry e Sonny intrigados. Resolveram abrir antes. Não foi uma grande surpresa descobrir um frasco de analgésicos "barras-pesadas". Não havia alternativa senão levar o frasco ao dr. Nick, e foi isso que Jerry fez. "Pensei: 'Posso perder a porra desse emprego, mas não me importo'. Mas Nick falou: 'Sabe duma coisa? Acho que Elvis está em uma condição ótima. Vá em frente e entregue. Vamos ver o que acontece'. Então levei o pacote para Elvis. Ele disse que tinha que falar comigo em particular e pediu a todos que saíssem da sala. Eis o que me falou: 'Sabe, meu pai tem um problema sério na próstata, e consegui um remédio para ele, mas não queria que ninguém soubesse disso. Vá ali e coloque no armário'. Obedeci, e ele nunca tocou no frasco. Cinco dias depois, Nick indagou: 'O que é isto?'. Elvis disse: 'Não sei. Pode descartar. Provavelmente é do paciente anterior'."

Vernon Presley também foi internado às pressas. Obviamente estava sob muita pressão, com aparência ruim, sentindo-se mal havia algum tempo. Na manhã de 5 de fevereiro, sofreu um ataque cardíaco. Assim que seu pai saiu da unidade de terapia intensiva, Elvis o instalou no quarto contíguo ao dele, mas ainda estava muito preocupado. Vernon nunca estivera internado num hospital antes, e os dois se entregaram a reminiscências dos velhos tempos e a memórias muitas vezes dolorosas. Uma vez, o primo de Elvis, Billy, estava no quarto, e testemunhou Vernon tentando colocar a culpa em Elvis por seu ataque cardíaco. "Falou: 'Posso agradecer a você por isso'. E depois [também] o culpou pela tia Gladys: 'Até no túmulo você deixa sua mãe preocupada'. Elvis perdeu o controle e chorou. Isso praticamente acabou com ele."

Por meio de testes, Nick continuou a monitorar abuso de medicamentos, embora percebesse uma sensível melhora no estado de espírito de Elvis. No dia 13 de fevereiro, Elvis receberia alta. E, até então, todos os testes tinham dado negativo. Súbito, os exames de urina detectaram vestígios de barbitúricos não prescritos. Mesmo sem coragem de confrontar o paciente, o dr. Nick começou a sentir que se tratava de uma grave depressão. Por isso, além de prescrever Elavil,* combinou que ele ou a enfermeira de sua confiança, Tish Henley, passariam em Graceland diariamente para administrar a medicação.

O CORONEL AGENDOU a sessão de gravação para 10 de março, oito dias antes da estreia em Las Vegas, mas Elvis pretendia ficar em Memphis para emagrecer e se fortalecer, ao menos enquanto Vernon estivesse no hospital. Conforme o dia, o dr. Nick era convocado várias vezes para comparecer em Graceland. Contra o conselho da família e de amigos, continuava a se deixar envolver pelo mundo de Elvis. Não ignorava seus

* Cloridrato de amitriptilina, sedativo para tratar a depressão e a enurese noturna. (N. de T.)

perigos, mas claramente também não ignorava suas atrações – nem o charme quase sedutor de seu paciente. Até Vieron, o padre da família, insistiu para ele não se envolver tanto com Elvis. "Ele achava que eu estava sendo injusto comigo mesmo, injusto com minha profissão, meus pacientes, minha família..." Mas Nick se manteve firme em seu propósito. Contra todas as evidências de seus próprios sentidos e suas próprias observações, acreditava que poderia endireitar Elvis. Fez o melhor que pôde para instituir uma dieta *low-carb* e induzi-lo a voltar a praticar o raquetebol, esporte do qual Nick era adepto, primeiro na Associação Cristã de Moços, depois na Memphis State, tarde da noite. Não era incomum ele acompanhar o paciente até três e meia ou quatro da manhã e voltar ao batente apenas três horas depois. Provavelmente não teria como explicar o motivo disso tudo, mas, como acontecia com qualquer pessoa próxima a Elvis, para ele era óbvio que havia um abismo emocional na vida do cantor. Embora fosse igualmente óbvio que esse abismo jamais poderia ser preenchido, havia um impulso quase universal para tentar.

Com Linda e Billy, Elvis adorava assistir a episódios antigos do seriado Monty Python. Sabiam na ponta da língua as falas da maioria dos episódios, e repetiam as tiradas até lágrimas escorrerem em suas faces. Outras vezes, Elvis mergulhava no passado ou procurava o dr. Nick para entabular discussões mais sérias sobre medicina e filosofia. Nesse período, teve bastante contato com Bill Browder, veterano *promoter* da RCA, recém-chegado ao topo da parada country com seu nome artístico, T. G. Sheppard. "Já éramos amigos, mas a partir de 1974 estreitamos os laços de nossa amizade. Se eu saísse numa turnê e surgisse um problema, ele se identificava com aquilo, porque já tinha passado por isso 20 anos antes. Às vezes, sentávamos juntos e ficávamos de boa, assistindo ao noticiário das dez da noite, e eu o pegava dizendo quase palavra por palavra o que o apresentador ia dizer, e eu indagava: 'Como é que você sabia...', e ele explicava: 'Já assisti às seis'. Ele gostava muito de falar sobre casamentos em geral, com minha esposa e comigo: 'Não quero que vocês dois se separem'. E com a voz embargada: 'Bill, você não sabe o que está reservado para você'. Disse que foi salvo uma vez quando morava em Tupelo, foi impregnado com o espírito mais maravilhoso e doou todos os seus gibis. Uma personalidade intensamente solitária, muito isolado em sua fama e seus pensamentos. Uma vez, me disse: 'Essa galera não me ama de um modo pessoal. Não sabe o que há dentro de mim'."

A SESSÃO DE 10 DE MARÇO, nos estúdios de gravação da RCA em Los Angeles, teve um peso estranho e desconhecido. Em 1974, Elvis fracassou e não entregou sequer uma única faixa de estúdio. Tecnicamente, alguém até poderia considerar que o cantor havia cumprido seus compromissos contratuais, com o aleatório álbum ao vivo e o curioso improviso do Coronel, *Have Fun with Elvis On Stage*. Mas, sem dúvida, a RCA estava ansiosa por novo material de sua estrela de longa data. A venda de discos estava em baixa e os últimos lançamentos não estavam sendo levados a sério. Robert Hilburn, do *Los Angeles Times*, resenhou o mais recente LP de Elvis, *Promised Land* (lançado em 8 de janeiro de 1975), sugerindo que talvez fosse hora de o cantor se aposentar (o álbum era "tão sem graça e sem rumo quanto todos os álbuns de trilha sonora que Presley tinha produzido nos anos 1960", declarou Hilburn), e nenhum de seus álbuns ou singles recentes chegou perto de vender meio milhão de cópias. Ainda assim, essa sessão não contou com quaisquer preparativos ou planejamentos especiais, e Freddy não entregou uma única faixa utilizável do novo catálogo.

Elvis trouxe Sheila e Lisa ao primeiro dia da sessão, e, com pouco ensaio, embarcou na apropriadamente intitulada "Fairy Tale", das Pointer Sisters, (sugestão de Linda) em uma tonalidade muito alta. A canção seguinte, "Green, Green Grass of Home", era a mesma música country triste que Red o havia aconselhado a gravar em meados dos anos 1960, antes de se tornar um sucesso na voz de Tom Jones. Elvis a interpretou com sentimento genuíno, para logo em seguida gravar, num só *take*, o hit número um de Billy Swan no outono anterior, "I Can Help". Esse material não chegava a ser inadequado para Elvis, e os resultados, embora irregulares, não podiam ser considerados uma desgraça, nem no primeiro, nem no último caso. Essas canções agradavam os caprichos de Elvis no momento e eram, na maioria das vezes, entoadas como se o cantor estivesse em sua sala de estar, sem grande concentração ou preocupação com o potencial comercial. Concluiu a noite com quatro *takes* de "And I Love You So", de Don McLean, hit do Top 30 na voz de Perry Como, dois anos antes, que nos shows ele dedicava a Sheila, com ele pedindo "dê um passinho à frente, meu bem, deixe-me cantar para você".

No segundo e no terceiro dias, a sessão não ficou melhor nem pior. Entre os destaques, uma bonita versão para quarteto de "Susan When She Tried", sucesso gravado meses antes pelo grupo Statler Brothers, ao estilo de harmonia vocal de barbearia;* "T-R-O-U-B-L-E", novo rock de Jerry Chesnut, trazido por Lamar; "Shake a Hand", fiel recriação do hit r&b de Faye Adams, número um nas paradas de 1953, fortemente influenciada pelo gospel; outro número do catálogo do Voice, no qual Elvis pareceu derramar não só orgulho pela descoberta como também ardor; sem falar em "Pieces of My Life", baladinha de Troy Seals pinçada por Red, na qual Elvis pode muito bem ter visto sua própria vida retratada.

Ao todo, gravou dez canções em três dias, suficiente apenas para um álbum pop bastante truncado da era dos anos 1970, sem tempo ou espaço para um dos três singles independentes que a RCA queria. Na atmosfera descontraída, faltava aquele senso de divertimento que outrora permeava as sessões de gravação de Elvis. No estúdio, Felton conseguiu obter uma rústica mescla de afinidade familiar e *funky* – com o Voice muitas vezes preenchendo o papel de quarteto completo que Elvis sempre imaginou para seus vocalistas de apoio –, mas sem a urgência, o clima de tensão,

* O termo original, "*barbershop-harmony hit*", é uma referência aos "quartetos de barbearia", grupos populares nos EUA, formados por dois tenores e dois baixos. (N. de T.)

a sensação de entrega prazerosa que Felton sempre esperava inspirar, e com poucas oportunidades para tentar isso. Sabia que os executivos em Nova York não ficariam felizes com essa sessão, reconheceu Felton com tristeza – embora, como já sabia por experiência própria, poderia ter sido bem pior. A certa altura, Elvis teve a ideia de gravar o hit country número um de Cal Smith, em 1974, "Country Bumpkin", e Felton pediu à esposa, Mary, para datilografar a letra. Não entendia o que Elvis enxergava na canção – como o título sugeria, contrariava tudo o que o cantor sempre representou na vida privada e na pública. Mas não adiantava reclamar, porque isso só parecia piorar as coisas. À noite, Elvis entrou no estúdio, e Felton entregou a letra. Com certa apreensão, indagou quando Elvis queria gravar a música. O cantor só o olhou de soslaio, como se Felton estivesse louco, e indagou: "'Country Bumpkin'? Jeca do interior? Não sou um maldito jeca do interior".

NO GERAL, AS RESENHAS SOBRE A ESTREIA de 18 de março em Vegas foram complacentes ("Parece saudável e com a voz boa", relatou *a Variety*). A reação dos fãs, por sua vez, foi de êxtase. Elvis brincava com seu peso ("Um mês atrás vocês nem iam querer ter me visto. Eu parecia a Mama Cass"*), mas para os fãs isso não fez diferença. Sue Wiegert, fiel seguidora desde 1965, quando, ainda adolescente, conheceu o ídolo no Havaí, observou com perspicácia: "Na realidade, os fãs queriam apenas compartilhar uma hora ou mais com ele". Com um sobrepeso inédito, não entrou em seus trajes antigos, e houve pouco da habitual panóplia dos shows de Las Vegas. No palco e fora dele aconteciam os momentos erráticos de costume, mas os fãs simplesmente não se importavam.

Na última noite, no trecho do show em que Elvis apresentava os integrantes da banda, eclodiu uma insana batalha d'água, em que Kathy

---

* Cass Elliott (1941-1974), vocalista que fez sucesso no The Mamas and the Papas e, posteriormente, seguiu carreira solo. Com 1,65 metro de altura, pesava 105 quilos. (N. de T.)

retaliou, e então Duke Bardwell, a quem Elvis estava pegando no pé ao longo da temporada, acertou Elvis em cheio com sua própria pistola d'água. Longe do microfone, Elvis exclamou: "Seu filho da puta!". Ficou óbvio até para uma parte da plateia que ele não estava brincando, mas aplaudiu mesmo assim quando o cantor pegou uma garrafa de Gatorade e disse: "Você tem um baixo elétrico, filho, o que você vai fazer agora? Vai beber muito Gatorade, é isso que você vai fazer". Depois, na hora de "Jingle Bells", ele disse: "Gostaria que vocês conhecessem meu empresário", e o Coronel Parker entrou no palco vestido de Papai Noel, seguido por Lamar, também de Papai Noel, trazendo na guia o pequenino Get-Lo, o cãozinho de estimação de Elvis, da raça chow-chow. Mais tarde, nessa mesma noite, uma fã presenteou Elvis com um par de orelhas de Mickey Mouse, em troca de um lenço. Apropriadamente, Elvis e a banda entoaram com o público o tema do Mickey Mouse Club, familiar para todas as crianças que cresceram assistindo à televisão nos anos 1950. Após vários pedidos e bis esdrúxulos, com Elvis, a banda e o público todos embarcando na brincadeira, o cantor declarou em tom sério: "Agora eu gostaria de dizer algo, senhoras e senhores. Quero agradecer de coração a todos que me acompanham no palco. Estou tirando sarro deles há algumas semanas, mas, ahh... vocês têm sido realmente fantásticos. Também gostaria de agradecer a todo o pessoal que visita Vegas, com a economia do país do jeito que está e tudo mais. É muito bom ver vocês quando subo aqui neste palco". No fim do show, a cortina começou a descer, ele se projetou à frente do palco e apertou o máximo de mãos que podia, enquanto o público o aplaudia em pé.

Digamos que o pedido de desculpas genérico, se podemos chamar assim, veio tarde demais para Duke Bardwell. Estava prestes a pedir demissão havia algum tempo. Cansado da natureza errática do show, não entendia por que Elvis estava sempre implicando com ele no palco. Terminada a última apresentação, ele devolveu seu TCB, se despediu de todos, "apertei as mãos e fui embora... Eu não curtia o que estava acontecendo com Elvis... Ele realmente pegava no meu pé, algumas vezes a ponto de obviamente estar só tirando sarro de mim, por pura maldade. Mas ainda assim tentei permanecer leal, porque eu sentia que ele estava doente. E não acredito que todo aquele pessoal ao redor dele pensasse nos melhores interesses de Elvis, mas sim nos interesses deles próprios. Além de serem os 'parças' de Elvis, não tinham mais nada na vida".

Elvis recebeu com serenidade a notícia da partida de Duke Bardwell. Nunca gostou muito da postura dele, contou aos caras, e, além do mais, Duke nunca se mostrou à altura da banda. Precisavam de um baixista melhor. Se Jerry Scheff ainda não estivesse pronto para voltar, havia muitos outros bons baixistas no mercado. Era só escolher antes de voltar à estrada novamente, em abril. De qualquer maneira, a sua cabeça estava focada em outras coisas; pensava em voltar ao cinema, mas agora em um papel dramático sério.

Barbra Streisand assistiu ao show dele na noite de 28 de março e depois o visitou no camarim. Na companhia de Jon Peters – até pouco tempo, o cabeleireiro dela –, Barbra contou que iria produzir e dirigir seu próximo filme, *Nasce uma estrela*, adaptação contemporânea da clássica fábula de Hollywood sobre o sucesso, com Streisand no papel que foi de Judy Garland.* A ideia deles era escalar Elvis como o protagonista masculino, interpretado no filme de 1954 por James Mason, que afoga suas mágoas na bebida enquanto assiste ao estrelato da esposa no cinema eclipsar o seu. Nessa versão, em vez do estrelato no cinema, o foco seria o estrelato no rock. A linguagem atualizada refletiria as mudanças na época e no ambiente, e o clímax dramático seria um show ao vivo e não a cerimônia do Oscar.

Elvis não conteve a empolgação com o encontro. Ficou entusiasmado com o assunto (conhecia a fundo o emotivo filme de 1954, dirigido por George Cukor) e satisfeito com a ideia de Streisand abordar a história

* A primeira versão cinematográfica de *A Star is Born* é de 1937, com Janet Gaynor. Em seguida, veio a de 1954, com Judy Garland; a de 1976, com Barbra Streisand; e, por fim, a de 2018, com Lady Gaga liderando o elenco e "Shallow" vencendo o Oscar de Melhor Canção. (N. de T.)

assim. Contou a Sheila, orgulhoso, que bajulou a estrela de Hollywood apenas o suficiente para provocar ainda mais o interesse dela, sempre mantendo um exemplar comportamento profissional. Durante vários dias, falou animadamente no assunto com os caras – mas por enquanto evitou contar ao Coronel. E quando o fez, o Coronel levantou objeções: o cinema não era o metiê de Peters; os interesses da equipe formada por Streisand e Peters não seriam necessariamente os de Elvis; uma conversa informal era bem diferente de um acordo escrito. Elvis escutou tudo isso furioso. O Coronel não entendia, vociferou Elvis para quem quisesse ouvir – enfim era sua chance de interpretar um papel sério. O Coronel já não estava mais em contato e não sabia da missa a metade.

Mas deixou o Coronel cuidar do assunto, como o tinha deixado cuidar de todos os seus negócios, praticamente desde o dia em que se conheceram. E, aos poucos, foi se convencendo da sabedoria de algumas das reservas do Coronel. Eles poderiam tentar levar vantagem sobre ele, por uma combinação de interesse próprio e ingenuidade cinematográfica; Streisand e Peters poderiam aproveitar a empolgação dele só para conseguir um negócio melhor para si mesmos, algo traiçoeiro – e ele poderia soar como um perdedor se interpretasse o papel de um perdedor.

Uma semana depois, em 4 de abril, a First Artists – produtora de Streisand – e a Warner Brothers fizeram uma oferta: 500 mil dólares mais 10% da receita bruta após as receitas empatarem com as despesas. Os direitos de música e gravação caberiam aos produtores do filme, mas Elvis e o Coronel estariam livres para produzir e lucrar com dois shows ao vivo, no âmago do filme. Dez dias depois, o Coronel resumiu seus termos a Roger Davis, na William Morris, que colocaria tudo em linguagem jurídica e levaria a cabo negociações formais. Queria o cachê de 1 milhão de dólares para Elvis, mais 100 mil dólares em despesas e 50% dos lucros, a partir do primeiro dólar de lucro. Além disso, o cantor teria o poder de aprovar ou não todas as canções que iria tocar. Quanto aos direitos sobre a trilha sonora, isso seria negociado em outro acordo, ainda não especificado. O sr. Presley havia indicado seu forte desejo de participar do filme, admitiu o Coronel em sua carta a Davis, que agora tinha experiência em ler nas entrelinhas, e Parker tinha ficado *surpreso* ao descobrir que a senhorita Streisand havia abordado Elvis pessoalmente sobre o assunto – mas deixou claro para o sr. Presley que "devemos respeitar nossos termos habituais" e que "ele deve obter o melhor negócio possível", sem permitir que seu entusiasmo pelo projeto influencie as bases do negócio ou permita que os produtores do filme consigam uma "pechincha". Também queria informar a Davis que alguém andava plantando notas na imprensa e que ele tinha "aconselhado Presley a estar disponível caso venhamos a precisar dele, pois sinto fortemente que, neste caso, devemos mantê-lo atualizado sobre quaisquer negociações".

Elvis não precisou estar disponível para negociações. Ao sair em turnê, no dia 24 de abril, o filme já era coisa do passado. As pessoas ao redor dele, em sua maioria, viram isso como mais um exemplo da interferência do velho, e Elvis nada fez para desencorajar esse pensamento. Mas, secretamente, parecia quase aliviado por não ter que lidar com um assunto que tinha evoluído tão rapidamente de um sonho de longa data a algo complexo, desconhecido e ambíguo, tudo ao mesmo tempo. No fim das contas, concluiu, era exatamente como o Coronel havia lhe dito. Lamentava, mas o Coronel tinha razão: Streisand e Peters pensaram que poderiam se aproveitar dele; quando enfim a realidade da situação os confrontou – o fato de Elvis ter acesso a uma força e uma visão empresarial que nunca imaginaram que ele tinha –, simplesmente foram embora.

Sheila, também, ele pressentia, estava em vias de abandoná-lo. Ela disse que não, mas estava – à medida que resistia cada vez mais a meramente sair em turnê com ele por uns dias e que aceitava sem objeções, sem ser ciumenta ou possessiva, todos os sinais de turbulência da vida dele. Do ponto de vista dela, "não havia muita coisa em jogo. Eu era amiga dele, a amiguinha dele, eu tomava conta dele. O lado físico nunca foi grande coisa, mas foi se tornando cada vez menos relevante. Nunca tive ciúmes... Sabe, Elvis me achava uma gata e tanto". Ela não fez objeção alguma quando a modelo Mindi Miller veio acompanhá-lo na primeira parte da turnê. Na verdade, ela deu as boas-vindas à novata e alegremente torceu para que Mindi curtisse aquela vida mais do que ela própria. Para Sheila, tentar explicar era quase impossível. Ela se tornou pouco mais do que uma caixa de ressonância – mas não sabia como se desvencilhar do relacionamento.

As resenhas da turnê, em geral, não foram elogiosas: segundo os críticos, Elvis, pálido e acima do peso, em muitos shows mostrou claros sinais de exaustão. Mas os fãs o adoravam e, em duas semanas de trabalho, ele e o Coronel dividiram um lucro de 700 mil dólares. Para a banda, a experiência foi um triste desânimo. Jerry Scheff, de volta após dois anos de ausência, sentiu que retornava a um mundo em que todos os pontos de referência eram familiares, mas com a atmosfera completamente nova. "Eu estava acostumado com essas coisas realmente incríveis; quer dizer, a música sempre me soou nervosa, porque o nível de energia era sempre muito alto, até mesmo as baladas. E se a banda não mantivesse a energia lá em cima, ele se virava, nos encarava e dizia: 'Ei, o que está acontecendo?'. Nessa volta, não participei dos ensaios, só me enviaram uma fita, e mergulhei no material com toda a intensidade. E na mesma hora Elvis se virou e me olhou como quem diz: 'O que você está fazendo?'. E eu meio que investiguei as coisas e percebi que o ritmo havia amainado um pouco." Glen D. também viu um retrocesso que começou no *Aloha* e, aos poucos, chegou ao ponto em que todos só seguiam no automático. "Naqueles primeiros três, três anos e meio, ele adorava cantar, mas agora ia lá e, às vezes, só fazia a apresentação. Um pensamento me veio à cabeça: ele não ia viver para se tornar um idoso." Até mesmo o show beneficente em prol da comunidade de Jackson, um grande sucesso sob qualquer prisma e o ímpeto original da turnê, nos bastidores foi marcado por uma atmosfera quase permeada de maus pressentimentos. Na entrega do cheque de 108.860 dólares em benefício das vítimas do tornado ao governador Bill Waller, os fotógrafos registraram um Elvis muito à vontade, que pareceu tão "modesto, tímido e gracioso quanto poderia ser", nas palavras da esposa do governador. Mas o governador, relatou uma reportagem da Associated Press, teve de "sair logo, [pois o Coronel] Parker, irritado com a multidão nos bastidores, não parava de gritar: 'Afaste-os daqui, faça-os recuarem'".

Três semanas depois, estavam de volta à estrada para mais uma turnê relâmpago, cujo término coincidiu com as datas pagas em Jackson, com as quais o Coronel tinha se comprometido na reunião original com os empresários de Jackson, além de um show de encerramento em Memphis. Mais uma vez, a ideia era chegar e sair o mais rápido possível, e dessa vez ganharam valores ainda mais altos – lucro de 811 mil dólares em 12 dias de trabalho. Destoando um pouco de sua prática habitual, Elvis promoveu ativamente o novo single: em todos os shows, cantava "T-R-O-U-B-L-E", sempre trajando um de seus macacões, pois havia perdido peso novamente. O single vendeu mal (pouco mais de 200 mil cópias), mas a performance de Elvis aparentemente trazia um nível maior de envolvimento, à medida que incluiu um repertório mais rock, resgatando números como "Burning Love", havia tempos fora do setlist. Os destaques continuaram sendo "An American Trilogy", o encerramento patriótico, e "How Great Thou Art", às vezes tão transcendental que o público clamava para Elvis repetir o final, após bramir o verso "*O my God, how great thou art*" ("Ó meu Deus, quão grande você é"), num arrebatamento emocional quase físico.

No show de volta ao lar, em Memphis, Elvis abriu os fundilhos do macacão ao se curvar para beijar uma fã ("Justo aqui e justo agora!", comentou), mas em geral pareceu em boa forma. Brincou com o público que poderiam ter economizado o ingresso e o assistido de graça na TV aberta, que exibiu o filme de 1970, *Elvis é assim*, na semana anterior. Começou a apresentar os membros da banda para o público, citando que J. D. Sumner e os Stamps não estavam com ele na época do filme, nem

Kathy Westmoreland, que "depois de hoje à noite [acho que] nunca mais vai querer cantar comigo". A inofensiva piada surtiu efeito na plateia, que riu, bem-humorada. Porém, Kathy ficou magoada com esse mais recente comentário entre vários ao longo da turnê, que ela entendeu como uma série de indiretas sexuais, algumas veladas, outras nem tanto. Kathy não tinha dúvidas sobre as causas desse comportamento: no começo da turnê, Elvis a assediou para voltarem a namorar, mas recebeu um "não" – e ele ficou contrariado ao descobrir que ela estava saindo com um dos membros da banda. Na etapa em Shreveport, declarou: "Ah, você não estava no filme, mas estava comigo", para então oferecer uma objeção que soou para ela visivelmente insincera: "Se bem que Kathy é uma boa moça cristã". Em vários outros momentos, ao se afastar do microfone, ele murmurava algo que ela entendia como: "Ah, ela é uma boa trepada". Alguém mais no palco teria ouvido? Ela não tinha certeza. Aliás, alguns membros na trupe achavam que ela gostava de fazer drama. O fato é que existiam motivos óbvios para Kathy estar chateada – não só pela crueldade de Elvis em relação a ela, mas pela mudança de caráter que permitiu a expressão dessa crueldade. Entretanto, ela nem sequer podia contar a ele o que estava pensando. Agora, o abismo entre o astro e os demais se estendia muito além da mera separação das instalações do hotel.

Seja como for, esses detalhes não afetaram o público, que, como sempre, adorou. Por sua vez, a imprensa descreveu Elvis como um herói de desenho animado, "um palhaço gordinho, mas sensual", nas palavras do *Memphis Commercial Appeal*, "[cujo] talento vocal é menos importante que suas piadas". O incidente de rasgar os fundilhos circulou mundo afora, e isso, somado a todo o resto, pode ter catalisado a internação de Elvis no Mid-South Hospital, na semana seguinte, para o que os jornais chamaram de "um minucioso exame oftalmológico". Na realidade, o motivo incluiu uma cirurgia estética para dar uma aparência mais jovem no entorno dos olhos.

Um dia, no afã do momento, Elvis ligou ao dr. Nick para informá-lo que tinha decidido fazer a operação. Nick tentou protestar, mas Elvis contra-atacou e disse que faria a operação na Califórnia caso Nick não providenciasse tudo imediatamente. Após examiná-lo e tentar convencê--lo a desistir do procedimento, o cirurgião plástico, dr. Koleyni, operou-o às 00h30 naquela noite, e Elvis permaneceu no hospital por mais um dia e meio, com Billy e Jo Smith o acompanhando o tempo todo. Billy também tentou convencê-lo de que ele não precisava da operação, "mas, claro, ele nem quis [me] ouvir". Mais tarde, indagou aos caras se notaram alguma diferença e lhes mostrou as dobras escondidas, mas Billy achou que o aspecto dele nunca mais foi o mesmo. "Para mim, isso estragou os olhos dele. Sempre teve aqueles olhinhos dorminhocos e sensuais. A cirurgia tirou a inclinação natural. Os olhos caídos faziam parte de sua mística."

Teve apenas três semanas para se recuperar antes do início da próxima turnê. Na maior parte do tempo, direcionava suas atenções ao jato, cuja compra foi anunciada em 11 de junho, mas efetivada em abril, quando fracassou o negócio com o 707 de Robert Vesco. O Convair 880 saiu por 250 mil dólares, com a remodelagem completa elevando o total para mais de 600 mil dólares. A aeronave para 96 passageiros tinha sido retirada de serviço pela companhia Delta. No interior predominaria o azul, com o exterior azul e branco. Batizou o novo avião de "Lisa Marie" e o nome foi pintado no nariz, com "TCB" na cauda. A customização ficou a cargo de George Barris, o especialista que havia personalizado vários carros, ônibus e *motor-homes* de Elvis ao longo dos anos. E, como sempre, o cantor se envolveu em todos os aspectos do design, que incluiu uma suíte com cama *queen-size*, sob medida, banheiro executivo com metais dourados e lavatório dourado, sistema de vídeo ligado a quatro televisores, sistema de som estéreo com 52 alto-falantes e sala de reunião com acabamento em teca. À medida que o trabalho evoluía, ele voava a Meacham Field, em Fort Worth, para conferir o andamento. Com os gastos, tinha outro motivo para voltar à estrada.

Até agora, as tentativas de Vernon para recuperar o depósito de 75 mil dólares pelo avião de Vesco tinham sido em vão. Para Elvis, aquilo eram águas passadas. A ideia de criar uma frota aérea virou uma obsessão tão grande quanto a de fazer um filme de caratê seis meses antes, e agora praticamente esquecida.

A turnê estreou em Oklahoma City, em 8 de julho, depois tocaram em Terra Haute, Indiana; Cleveland, Ohio; e Charleston, na Virgínia Ocidental. Elvis queria convidar Sheila para ir com ele, mas não conseguiu falar com ela pelo telefone. Por isso levou Diana Goodman, a atual Miss Georgia, que um dia ele avistou num grupo de excursão, fora dos portões de Graceland. Joe continuou tentando entrar em contato com Sheila. Quando enfim conseguiu, ela abriu o jogo com ele. Enquanto Elvis estava na estrada, durante a turnê anterior, ela conhecera alguém (o ator James Caan), e agora os dois já estavam praticamente morando juntos. "Joe disse: 'Que droga, mas Elvis quer você aqui... O que vamos fazer?'." Os dois chegaram à conclusão de que seria melhor para Elvis não ter que lidar com isso até o fim da turnê, então inventaram a história de que Sheila estava proibida de voar por ordens médicas, em razão de uma infecção no ouvido. Mas Elvis não aceitava um "não" como resposta. Reagiu exatamente como ela imaginava. Dias depois, ligou para dizer que tinha a solução para que ela pudesse viajar sem atrapalhar os ouvidos: ele ia alugar um avião de baixa altitude. Sheila ficou sem saber se deveria rir ou chorar. "Acho que na verdade ele sabia. Só queria a minha presença lá." Com a nova hesitação dela, enfim ele se conformou e disse que ligaria no fim da turnê, quando voltasse para casa.

Por sinal, a essa altura, a turnê já estava saindo do controle. Apesar de todos os esforços de Nick para manter seu paciente em equilíbrio, apesar de todas as tentativas de Joe para poupá-lo das preocupações com todo e qualquer problema, apesar de toda a adoração de seus fãs e do ambiente que Elvis criou para se isolar do mundo e de suas complicações, em sua vida aconteciam coisas que ele já não conseguia controlar, e emoções afloravam, incapazes de serem reprimidas ou escondidas. Cada vez mais, "How Great Thou Art" soava quase um grito de dor. Em alguns quadrantes menos pentecostais, essa emotividade bruta na interpretação era considerada imprópria. Em Springfield, Massachusetts, arremessou o violão na plateia, declarando: "Podem ficar com este maldito violão... não preciso dele mesmo"; em Uniondale, Nova York, no Nassau Coliseum, sozinho ao piano, executou uma impressionante versão de "You'll Never Walk Alone". Em casa, com os amigos, não se cansava de entoar a canção, lançada em 1954 como um r&b na voz de Roy Hamilton. Exaltava em sua mensagem a presença de Deus para enfrentar medos e perigos, mas, a exemplo do Salmo 23, a clássica composição de Rodgers e Hammerstein dependia muito do cantor para ser enfática – no caso de Elvis, a esperança transmitida na letra se equilibrava com o tom que refletia a luta para acreditar – uma luta desesperada, de partir o coração. O ponto alto do show foi essa canção, a qual, segundo anunciou Elvis, ele sempre quis fazer no palco. Com isso, os shows dele se tornaram cada vez mais marcados por esse tipo de verdade emocional sem rodeios, representada por "How Great Thou Art", por um lado, e pelas batalhas d'água e brincadeiras verbais, por outro.

Em Norfolk, Virgínia, na noite seguinte, as gozações verbais saíram do controle. Na maior parte da turnê, Elvis alfinetou Kathy, retomando praticamente de onde havia parado na última. Em Cleveland, Kathy ficou atordoada e mal acreditou ao escutar as seguintes palavras: "Ela aceita o carinho de qualquer pessoa, em qualquer lugar, a qualquer hora. Na verdade, ela recebe isso da banda inteira". E no Nassau Coliseum ela o ouviu repetir a mesma mensagem, com o acréscimo: "Eu falei *carinho*, seus bobos". Dessa vez, ela ficou não só atordoada, mas com raiva. Ele podia ter seus problemas e até não gostar do fato de ela estar namorando – mas tratá-la assim? "Após o show no Nassau, agarrei o braço do guarda-costas mais próximo e avisei: 'Fala com ele, diz pro Elvis parar de fazer isso comigo. Diga a ele que estou farta'."

Claramente, a mensagem entrou por um ouvido e saiu pelo outro, porque na matinê em Norfolk, Virgínia, ele repetiu a dose. Dessa vez, ela apontou o dedo para ele e disse: "É melhor parar com isso", e ele parou e lascou um beijo nela. Quando Elvis, prestes a subir ao palco na apresentação noturna, foi abordado por Tom Diskin para que ele maneirasse as palavras, mostrou no show uma reação contrária, de modo até previsível, mas inescrutável. No começo do show, de acordo com um relato da agência de notícias UPI, anunciou que "sentia um cheiro de pimentão verde com cebola. E insinuou: será que as vocalistas do Sweet Inspirations tinham comido bagre?".* Esse comentário incidental e deslocado, em circunstâncias normais, teria passado despercebido. Mas agora, com o lance de Kathy, e temerosa de que isso se tornasse um hábito, Estelle Brown baixou a cabeça, envergonhada. Nisso Elvis atacou verbalmente *todos* os vocalistas de apoio, declarando: "Estelle, Sweet Inspirations, Stamps, ergam as cabeças, senão vou dar um pontapé em seus traseiros".

Nesse momento, Estelle deixou o palco, e Kathy ocupou o lugar dela, mas quando Elvis chegou na parte das apresentações, ele olhou para Kathy e as Sweets restantes e disparou: "Peço desculpas se causei algum constrangimento a vocês, mas se não aguentam o rojão, podem cair fora". Foi a vez de Sylvia se retirar, seguida por Kathy, deixando Myrna sozinha no palco, "cantando, batendo palmas e sorrindo no restante da apresentação", de acordo com o relatório da agência de notícias.

Nem Kathy nem as Sweets sabiam exatamente o que ele queria dizer com a observação do "bagre", nenhuma delas achou que isso tinha conotação racial – sabiam apenas que era hostil, e havia um tom desagradável não só nesse comentário, mas em seu comportamento como um todo. Tentou dar um anel a Myrna no palco, mas ela a princípio recusou, depois enfim permitiu que ele colocasse o anel em seu dedo, ao menos até o show terminar. As três, Kathy, Sylvia e Estelle resolveram pedir demissão, e toda a trupe ficou consternada em relação a como isso seria tratado na imprensa nacional. Jerry Schilling, em posição crítica

* Bagre com pimentão e cebola (*Cajun catfish with bell peppers and onion*) é um prato sulista da culinária *cajun*, fusão da cozinha espanhola, francesa e *créole* da Louisiana. (N. de T.)

por seu relacionamento com Myrna, tentou apaziguar Elvis, indignado com a deslealdade mostrada pela debandada das cantoras do palco. “Ele avisou que não ia pedir desculpas. Queria que eu fosse o porta-voz dele, mas tirei o corpo fora: ‘Não, Elvis, acho que isso é coisa sua’. E ele: ‘Para o inferno com elas. Vamos continuar só com a Myrna. Quem precisa das Sweets no show, afinal?’.”

Cada parte manteve sua posição meio que congelada. Diante do impasse, Felton ligou para Millie Kirkham, soprano que cantara com Elvis nos anos 1960, cuja última participação nos *backing vocals* tinha sido cinco anos antes, nas filmagens de *Elvis é assim*, e combinou um encontro com ela em Asheville, duas noites depois, para ficar de prontidão. Paralelamente, Kathy e as Sweets foram persuadidas por Tom Diskin a viajar a Greensboro no dia seguinte, sem a promessa de continuar. E o dr. Nick não escondia o desânimo ao ver todas as suas tentativas de controlar o humor de Elvis darem com os burros n’água, apesar de tão cuidadosamente orquestradas. Jogou a toalha e assistiu ao cantor embarcar numa montanha-russa emocional que mais parecia uma farra de cocaína, um tipo de energia maníaca que deixava o médico cada vez mais perplexo, simplesmente sem saber como tratar aquilo.

Em Greensboro, na noite seguinte, após receber um pedido de desculpas de Elvis, as Sweets continuaram, mas Kathy não, e Red disse à cantora que Elvis queria conversar com ela depois do show. “Achei engraçado”, foi a explicação dele sobre seus comentários desagradáveis. Kathy respondeu que ele sabia que não era, Elvis se limitou a dar de ombros, cansado do assunto. “Sentado na cama, com o quimono de caratê, uma pistola na mão. Segurou um relógio de pulso embrulhado para presente em uma das mãos e a arma na outra. Apontou a arma para mim. ‘O que você prefere, isto ou isto?’”

> Tentei me recompor, mas meu coração disparou. A minha mente começou a girar com tudo o que é tipo de pensamento maluco... Abri um sorriso e disse:

> – Ora, eu fico com o presente, é claro, obrigada!
>
> Dei uma risada, também, mas por dentro eu estava um turbilhão. "Ai, meu Deus, o que há de errado com ele?! O que será que ele vai fazer?" Fiquei tão aterrorizada! Tive a sensação de que cada músculo de meu corpo ia entrar em colapso e eu ia desabar de fraqueza. Externamente mantive a calma. (...)
>
> – Tenho que sair do show, Elvis. Sigo até o fim dessa turnê, mas acho que seria melhor para nós dois mantermos distância um do outro.
>
> Com um sorrisinho nos lábios, Elvis deu de ombros:
>
> – Se acha que é melhor assim, então é o melhor. Não vou dizer nada para impedi-la se é assim que você se sente.

Todos na trupe acompanhavam aquilo com preocupação, imaginando o que aconteceria a seguir. Alguns ficaram zangados com Elvis, outros desiludidos ou decepcionados. Na opinião de J. D. Sumner, Kathy e as Sweets não deveriam ter abandonado o palco no meio do show. Aquela atitude "não tinha sido profissional". Estelle aceitou as desculpas de Elvis e viu sinceridade nelas; ele conversou com ela em voz baixinha, até que no final "estava só rezando", mas, ao mesmo tempo, ela reconheceu "uma grande mudança" na pessoa que ela tanto amava e admirava. Na tarde seguinte, ele alterou o horário de partida várias vezes e por fim deixou todos os demais passageiros que iam viajar em seu avião particular plantados na pista do aeroporto de Greensboro, só porque chegaram alguns minutos atrasados. Lowell Hays, o joalheiro, que, junto com o dr. Nick, foi um dos abandonados, não acreditou no que viu. "Após pousar em Asheville, o avião voltou para nos buscar, a mando de Elvis. Assim que chegamos, alguém veio até mim e disse: 'Elvis quer falar com você'. A essa altura, ele sabia que agira errado e queria comprar uma coisa para todo mundo. Comprou tudo o que eu tinha e [depois] ainda quis mais. Indagou: 'Conhece algum joalheiro aqui na cidade?'. Respondi: 'Não, senhor, mas posso trazer as joias para cá em uma hora'. Liguei para Memphis, dei instruções para reunirem as joias e fiz um bate-volta de avião. Elvis comprou praticamente uma joalheria inteira! Deu algo para todos no grupo. Deu a cada uma das Sweet Inspirations um anel de 5 mil dólares."

No dia seguinte, em Asheville, um incidente pôs em xeque toda essa generosidade. Desde a etapa em Greensboro, Elvis tratava de uma dor de dente. Na ocasião, foi ao dentista local duas vezes. Agora, uns dias depois, o dente voltou a incomodar, e Nick marcou outra consulta. O dentista de Asheville saiu um instante da sala, e o dr. Nick ficou observando Elvis vasculhar as gavetas do armário em busca de amostras farmacêuticas. Nick protestou. Tinha certeza de que Elvis seria pego em flagrante, mas não conseguiu fazê-lo parar enquanto o dentista não voltava. Retornando ao hotel, ele insistiu em recolher os medicamentos. "Acho que ele ficou com vergonha quando eu os recolhi [na frente de outras pessoas]. E eu o deixei ainda mais envergonhado ao me recusar a devolvê-los." Nick nunca tinha visto Elvis tão bravo. Invadiu a sala, xingando, fora de controle. Por fim, foi ao banheiro para vestir o pijama. Queria tirar uma soneca antes do show. Saiu do banheiro com uma pequena Beretta na mão. Nick e Vernon estavam juntos, e quando Elvis colocou o braço em volta de seu pai, por acidente ou não, a arma disparou. A bala ricocheteou numa cadeira e atingiu o dr. Nick no peito, causando mais revolta do que ferimentos ("O máximo que me causou foi uma leve queimadura no peito"). Vernon ficou apavorado, e os seguranças caíram fora. Elvis tentou achar graça naquilo, mas do ponto de vista de Nick era um milagre alguém não ter sido morto, e Vernon, ainda frágil por todos os seus recentes problemas de saúde, só balançou a cabeça e perguntou a Elvis o que ele pensava que estava fazendo.

E o público em Asheville talvez tenha percebido o que estava acontecendo. Embora as críticas tenham sido boas e as respostas do público, entusiasmadas, foi uma das poucas vezes na turnê em que Elvis não foi aplaudido de pé. Na última noite, ficou tão frustrado com a falta de reação que aceitou pedidos, outra vez jogou o violão no meio dos fãs e deu um anel de 6.500 dólares no palco só para tentar animar o público. Obviamente chateado, Vernon continuava impotente para controlar os gastos do filho. Até mesmo o joalheiro Lowell Hays ficou transtornado diante do esbanjamento mostrado por Elvis. Em dois dias, ele havia distribuído mais de 85 mil dólares em joias. O freguês tem sempre razão, Lowell sabia (e se ele tivesse se negado, outro joalheiro teria vendido, disso ele tinha certeza), mas não queria ficar com a sensação de estar se aproveitando de Elvis nem de seu pai. "Depois do show, eu estava lá, com ar meio preocupado. Ele se aproximou e disse: 'Observei a sua expressão. Sei que está chateado. Não se preocupe. Em 15 minutos de trabalho eu recupero esse valor.' Deu uma risada e entrou no carro."

A COMPRA DE JOIAS era quase irrelevante a essa altura, seja como for. Os caprichos de Elvis se tornaram ainda mais caros. Ao ficar sabendo que John Denver havia presenteado o empresário dele (Jerry Weintraub, copromotor das turnês) com um Rolls-Royce, Elvis decidiu presentear o Coronel com um avião particular – um Grumman Gulfstream G-1 –, que adquiriu por impulso e sem ver, no meio da turnê. Elvis o entregou ao Coronel em Las Vegas, no dia 26 de julho, dois dias após o último show em Asheville, mas o Coronel realmente não encarou aquilo do jeito que Elvis esperava. "Está brincando comigo", foi a primeira reação do empresário. E depois recusou o presente, alegando que não precisava de um avião e não tinha condições de arcar com os gastos decorrentes.

No domingo, 27 de julho, na Madison Cadillac, Elvis comprou 13 Cadillacs para dar de presente, incluindo um Eldorado azul a Myrna pelo seu apoio incondicional nos momentos conturbados. Acrescentou um décimo quarto ao notar que Mennie Person, uma bancária negra que passeava com a família olhando vitrines, admirou a limusine Cadillac de Elvis, estacionada na frente. Ele perguntou: "Gosta dela? Compro uma para você". E comprou para ela um Eldorado de 11.500 dólares, dizendo ao vendedor para adicioná-lo à lista, que totalizou 140 mil dólares com essa última compra. Ao saber que a sra. Person ia fazer aniversário em dois dias, pediu a um dos caras que desse um cheque a ela, a fim de "comprar roupas para combinar com o carro".

Alguns dos caras revelavam sinais de desprezo por essa generosidade, mesmo os participantes da corrida louca para embarcar nela. Tudo o que é explicação foi aventada. Necessidade de comprar amizades? Consumo de estimulantes e cocaína? Nenhuma tese foi capaz de destrinchar a pura irracionalidade contida nesses atos. E, em muitos aspectos, não era diferente do rancho, dos distintivos policiais, do Voice, do filme de caratê... Uma vez que as comportas se abriam, ele simplesmente não conseguia se conter. Parecia uma forma de acalmar uma profunda inquietação, de encobrir uma necessidade que não conseguia reconhecer, de expiar uma profunda culpa interior.

Em 3 de agosto, depositou 26 mil dólares como sinal para um segundo avião com o qual poderia ir ver seu primeiro (assinou um contrato de aluguel de 12 meses, a 13 mil dólares por mês). Em duas semanas, cancelou o contrato e comprou um Aero Jet Commander por 508 mil dólares, o qual por sua vez venderia 15 dias depois para comprar um Lockheed JetStar por 900 mil dólares. Por insistência do dr. Nick, ele tinha recém-embarcado em outro custoso empreendimento, a construção de sua própria quadra de raquetebol, atrás de Graceland, para se exercitar sempre que tivesse vontade. Deu a Marty Lacker 10 mil dólares para ajudar a salvar o casamento dele, e ao descobrir que o dr. Nick estava com dificuldades de levantar um empréstimo bancário para construir uma casa nova, Elvis emprestou-lhe 200 mil dólares, sem juros e sem plano de pagamento especificado – algo que o dr. Nick em seu melhor julgamento não teria aceitado (assim como qualquer amigo de Elvis poderia ter recusado cada um de seus gestos de generosidade), mas o impulso igualmente humano de melhorar a vida sem custo visível lhe permitiu aceitar.

Do ponto de vista de Billy e Jo Smith, que havia um ano moravam na casa móvel em Graceland, a raiz do problema era que Elvis já não sabia mais em quem confiar. A velha guarda havia se dispersado, e o cantor tinha pouca fé na lealdade dos novos caras. Cada vez mais, buscava refúgio na própria família e um retorno ao tipo de aconchego e segurança que só os familiares proporcionavam. Ninguém, a não ser sua avó, recordava com carinho dos velhos tempos e dizia a ele, sem papas na língua: "Meu filho, se você não parar de gastar [desse jeito], vai acabar indo à bancarrota". Ele mimava a filha descaradamente, esperava ansioso pelas visitas dela, sem assumir para valer as responsabilidades paternais, nem mesmo de babá. Ao mesmo tempo, idealizava um futuro – para ela, para ele, para os netos que ela lhe daria – notoriamente tranquilo e sem tumulto. Com Billy e Jo, ele costumava rezar por seus entes queridos. Às vezes, falava com Billy em simplesmente desaparecer e assumir outra identidade, mas quando Billy o lembrou de que nesse caso ele não seria mais Elvis, ele nunca mais tocou no assunto.

Deu uma nova chance a Sheila. "São quatro horas da manhã, e ele me liga: 'Quero que você volte para casa'. Falei: 'Casa? *Estou* em casa'. Ele disse: 'Sim, quero que venha a Memphis, que venha andar em seu cavalo'. 'E a Linda?', interpelei, mas ainda não sei bem por quê. Acho que eu queria criar outro motivo além de eu não querer estar lá, eu queria repassar a ele uma culpa que era minha. Não me lembro se me perguntou ou não se eu estava namorando outra pessoa. Se perguntou, menti. Falei que precisava de um tempo para avaliar as coisas, que eu estava confusa. Uma tristeza pulsava no tom de voz dele. Só disse: 'OK, baby', e foi a última vez que conversamos."

Ligou para Melissa Blackwood, moça que conheceu no início do mês, em um jogo da Liga Mundial de Futebol Americano.* Aos 19 anos,

* Apesar do nome, a World Football League só tinha equipes dos EUA, incluindo The Hawaiians, que jogou no Honolulu Stadium, em 1974, e no Aloha Stadium, em 1975. A World Football League foi extinta após duas temporadas. (N. de T.)

ela ia começar a faculdade no outono, após o fim de seu reinado de um ano como rainha do Southmen, o time de Memphis (recém-rebatizado de Grizzlies) – e foi nessa função que Elvis a viu pela primeira vez. Às três da manhã, ligou para a casa dos pais dela e pediu para falar com Melissa. Queria que ela fosse a Graceland imediatamente. Quando ela disse ao cantor que precisava de um tempinho para se arrumar, ele falou que mandaria alguém buscá-la às sete.

"A gente entrou pela porta da frente, e os caras disseram: 'A porta dourada, no alto da escadaria'. Eu disse: 'Quer dizer que posso simplesmente subir?'. E me disseram que sim. E, vou contar pra vocês, foi a escadaria mais longa que já subi. Avisaram: 'Há dois conjuntos de portas, é só passar'. Foi o que fiz, e nunca vou me esquecer do que eu vi. Sentado na cama, de pijama azul, Elvis com um ar muito cansado. Fiquei lá sem saber como agir, e ele disse: 'Venha cá e sente-se', e ele deu umas batidinhas com a palma da mão na cama, ao lado dele. Acho que percebeu que eu estava meio nervosa, porque olhou para mim e falou: 'Quero lhe dizer três coisas'. A primeira coisa: ele seria um perfeito cavalheiro. Ele disse: 'Não sou mulherengo. Nem tento ser. Peço desculpas por isso, mas é dessa maneira que eu vivo'. Então me senti melhor, porque meio que segurou minha mão, e só ficamos ali sentados, conversando. Ele me chamou de 'Brown Eyes' (Olhos Castanhos). Eu tinha um chumaço de cabelo em minha testa que parecia um topete, e ele brincou com ele e disse: 'Olha só este cabelo', como se eu fosse uma criança.

"Um tempinho depois, ele me pediu para tirar a roupa e pôr o tal pijama que ele havia colocado sobre a cadeira. Lancei um olhar para ele, como quem diz: 'Está louco?'. E ele disse: 'Melissa, não me leve a mal. Vou ficar mais à vontade se você estiver usando ele, vou sentir que você está mais em casa'. Então fui ao banheiro e vesti o pijama. Claro que ficou grande em mim, pendendo nos braços, e tive que ajustar a cintura... Quando apareci, ele caiu na risada... achou a maior graça naquilo. Mas afora isso nunca fez algo não cavalheiresco ou alguma investida ou assédio, nem qualquer coisa que me deixasse desconfortável.

Só conversamos e assistimos à TV, e ele tinha um circuito fechado de televisão. Ficamos observando a galera no portão para ver o que estava acontecendo lá fora."

Ele contou sobre a infância dele, sobre o pai, que andava muito adoentado. Conversou a respeito de numerologia, religião e o sentido da vida, sobre como ele se sentia preso na armadilha do próprio sucesso. "Acho que era como um sonho que o afastava do resto do mundo, e ele estava tentando encontrar algo que pudesse esperar ansiosamente." Os dois foram se sentar na varanda da frente. De repente, um carro novinho em folha estacionou diante da casa, deixando Melissa surpresa. E mais surpresa ainda quando soube que era um presente a ela. "Elvis não tinha me falado nada sobre isso, acho que queria ver minha reação quando o carro parasse. Perguntei: 'O que é isto?' E eu me lembro de ter dito: 'Por quê? O que é que eu fiz para merecer isso?'. E ele: 'Você veio'."

Em seguida, voltaram para cima, e Melissa o alimentou com iogurte e cereal quente, "mas de repente ele ficou tão mal que sequer conseguia manter a cabeça erguida. Ele tremia, só engolia com muito esforço, e fiquei bastante assustada ao ver aquilo. Então ele tomou um montão de remédios, segurei o copo d'água e dei aos poucos para ele, porque ele ficou muito doente. Elvis queria tomar mais remédios, mas tirei as pílulas dele. Falei: 'Você não precisa delas. Pode dormir sem elas. Vou cantar para você... qualquer coisa'. Enfim ele disse: 'Tá bem, mas pode ficar e segurar minha mão?'. E não me deixou sair. Foi estranhíssimo. Fiquei lá sentada, em silêncio. Quando eu achava que ele estava dormindo profundamente, eu me levantava para sair, mas ele me agarrava pelo braço e dizia: 'Não vá'. Só consegui sair com ele ferrado no sono. Então desci e falei com um dos caras: 'Que pílulas são aquelas? Ele está doente. Temos que chamar um médico'. E ele disse: 'Não se preocupe. Está sob cuidados médicos. Mais tarde ele vai ficar bem. Não interfira, você não entende'. E me disseram que achavam que não tinha problema se eu fosse para casa mostrar o carro para minha mãe, ele ia dormir por um tempo, então eu poderia sair e fazer isso."

Quando ela voltou, Elvis havia acordado, e Lisa Marie estava com ele no quarto. Ele deu risada quando Melissa entrou pela porta e comentou: "Bem, dou um carro a ela, e ela me deixa a ver navios" – mas a jovem percebeu que ele ficou mesmo chateado. Elvis colocou um disco de 45 rpm, "The Last Farewell", de Roger Whittaker, sucesso menor da primavera anterior, sobre um soldado britânico que vai à guerra e imagina a própria morte em termos piegas. "Fez Lisa tocar o disco várias vezes, talvez umas 20. Falou: 'Eu meio que gosto dessa música'." No fim da tarde, levaram Lisa ao aeroporto. Charlie a acompanharia a bordo de um voo comercial à Costa, "e Elvis a abraçou chorando, triste por não ser capaz de acompanhá-la até o interior do avião. Mas depois se animou de novo. Oscilava entre altos e baixos".

Naquela noite, voaram a Meacham Field para ver o avião dele. "Ele me explicou tudo, me mostrou os lugares onde estavam fabricando a mobília e disse: 'Isto vai ficar aqui, e isso vai ficar lá'. Estava muito orgulhoso." De volta a Graceland, a cabeça de Melissa estava explodindo, e ela avisou que precisava ir para casa e dormir um pouco, mas ele não queria que ela fosse embora. "Ele me disse: 'Nem vou ficar aqui. Vou ao cinema com os caras, e você pode dormir lá em cima. Com quarto próprio, banheiro próprio e tudo mais'. Falei: 'Vai me desculpar, mas não posso. É muita coisa para mim'. Ele ponderou: 'Dei um carro a você, dei tudo o que você pediu, por que você não quer ficar?'. Respondi: 'Bem, se foi por isso que você me deu o carro, não vou ficar com ele'. E devolvi a chave. Muito ofendido, ele me disse: 'O carro é seu. Fique com ele, é o meu desejo. Se você não ficar com ele, vou estacionar na rua e ninguém mais vai usar'. Em lágrimas, constrangida, tentei explicar que eu precisava ir embora. Ele simplesmente não entendia. Veio até mim, se ajoelhou na minha frente e pôs os braços em volta de meus ombros. Respondi: 'Elvis, sinto muito. Eu gosto de você, mas não posso vir morar aqui, assim de uma hora pra outra'. E ele disse: 'Eu também gosto de ti, meu bem. Esse é o problema'. E ele meio que me abraçou, quase chorando também. 'Vou te acompanhar até a porta, tome cuidado ao voltar para casa e me ligue pra avisar que chegou bem'. Então cheguei em casa e liguei, mas ele começou a me pedir para voltar. Respondi: 'Simplesmente não posso. Outra hora. Amanhã eu vou'. Fui à casa dele no dia seguinte, mas ele não estava lá. Levei um cartão agradecendo e tentando explicar, mas não sei se chegou a receber. Nunca mais entrou em contato comigo."

Conheceu Jo Cathy Brownlee, anfitriã do Memphis Grizzlies, quando assistiu a outro jogo de futebol de americano. George Klein intermediou o contato, mas Brownlee já tinha namorado Charlie Hodge, dois anos antes. Desde o início, Elvis gostou da companhia dela e a convidou para ir ao cinema, depois a Graceland. Assim como havia feito com Melissa, providenciou a entrega de um Grand Prix novinho em folha, ao amanhecer. Em 9 de agosto, Elvis reapareceu na cabine de imprensa do estádio e perguntou a ela se poderia assistir ao jogo ao lado dele. Cantou para ela, como fez no cinema, e no fim da noite a convidou para voar com ele a Fort Worth para ver seu avião. Provavelmente iriam a Las Vegas ou Palm Springs depois, explicou a ela, e quando Jo Cathy disse que não poderia ir porque tinha um encontro, ele conseguiu outra garota que estava no jogo para ir no lugar dela.

Não voltou por três ou quatro dias, mas depois veio ver Jo Cathy todas as noites até partir para Las Vegas no fim da semana. Tentou convencê-la a ir com ele, mas ela e a mãe já tinham marcado uma viagem dois dias após a estreia dele em 16 de agosto, e Jo Cathy não estava disposta a romper um compromisso de longa data. "A saúde dele não parecia andar muito boa. Bem acima do peso. Uma noite, ele estava mascando chiclete, e uma ponte dentária caiu. Ele ficou dizendo: 'Jo Cathy, o garoto está se despedaçando, está se despedaçando'."

Quase nem chegou a Vegas. Durante o voo, o avião foi obrigado a fazer um pouso de emergência em Dallas, porque Elvis estava com dificuldades para respirar. Red e Charlie ficaram realmente alarmados –

por mais que se esforçasse, não conseguia respirar direito. Horas depois, após repousar num hotel perto do aeroporto, "o efeito das pílulas", como Red observou secamente, "se esvaiu". A estreia foi um desastre.

"Com sobrepeso", escreveu o crítico da *Variety*, Elvis mostrou "falta de resistência e má projeção vocal." A mesma resenha afirmou que "é difícil para ele sustentar linhas vocais fidedignas ou compromissos líricos, e sua infrutífera busca por intenção e propósito... se torna muito perceptível". O show dava espaço para solos de quase todos os vocalistas da trupe (incluindo Kathy, incapaz de manter sua resolução de sair), e "além disso, ele parodia ágeis movimentos de caratê e – a sua marca registrada – os giros pélvicos. Presley admite que gastou 2.500 dólares em seu macacão, figurino precário que enfatiza sua barriga inchada".

Os fãs ardorosos discordariam. Na verdade, ele pareceu bem animado e repetiu a prática de receber pedidos, iniciada semanas antes, na Carolina do Norte. Dessa vez, enviou Charlie à plateia para recolher os pedidos num balde de champanhe, e balançou a cabeça, bem-humorado, por sua incapacidade de lembrar a letra até mesmo de canções mais recentes. Mas até os admiradores ficaram preocupados com sua aparência, por suas alusões cada vez mais comuns a seu estado de saúde e pela forma como essas breves explosões de energia se alternavam com sinais de extrema exaustão. Linda foi acompanhar a estreia e ficou alarmada com "quão confuso ele estava, embora as pessoas nem tenham percebido [direito]. Só fazia as coisas no modo automático, num misto de letargia e descoordenação [física]. Acho que até ele se deu conta de que estava com problemas".

Na segunda noite se deitou no palco logo após o número de abertura e chegou correndo ao show da meia-noite, explicando que estava no banheiro e repetindo uma história que Jo Cathy Brownlee lhe contara sobre a mulher que, em um jogo do Memphis Grizzlies, havia declarado: "Mas eu achava que ele não fazia essas coisas". Na terceira noite, quis cancelar a apresentação, mas o Coronel não deixou. Salão lotado, o Coronel disse apenas: "Não vou subir ao palco e dizer que você não vai aparecer. Se quiser fazer isso, peça ao seu pai para ir lá e contar a eles". Fez dois shows breves e superficiais, olhando para o relógio o tempo inteiro que estava no palco – até usou o mesmo traje nos dois. Na manhã seguinte, todos os vestígios de sua presença tinham sumido. Todos os pôsteres, suvenires, *banners* e fotografias tinham sido removidos. Em seu lugar, três cartazinhos no saguão avisavam: "Temporada de Elvis Presley cancelada por motivo de saúde". À boca pequena, correu o boato entre os fãs de que Elvis tinha saído pelo saguão às seis da manhã, escoltado pelo dr. Nick. Alguns alegaram tê-lo visto numa maca, mas na realidade saiu caminhando.

O Coronel logo tentou dourar a pílula. Assegurou a Henri Lewin que falaria pessoalmente com Elvis e Vernon, em Memphis, sobre uma compensação. Talvez uma data extra em dezembro além das que o hotel queria marcar para o início daquele mês. Lewin deixou o Coronel ainda mais sem jeito ao mencionar os prejuízos desastrosos do Hilton em agosto. O Coronel, constrangido pela situação desvantajosa, nunca deixou de bater na tecla: sempre levava suas obrigações muito a sério. Porém, quanto às datas, achava que a semana após o Natal seria mais adequada a seus propósitos, mas Lewin indicou que Ann-Margret, uma boa atração, já estava provisoriamente agendada para a temporada de festas. Mesmo assim, o Coronel insistiu que essa era a única janela com a qual Elvis estava apto a se comprometer. Deu a entender ainda que estaria disposto a incluir a véspera de Ano-Novo, a um preço especial de 200 mil a 300 mil dólares, além da habitual remuneração *pro rata*, já que essa era a quantia mínima que ele e Presley conseguiam obter em show único agendado numa grande área metropolitana naquela data. Ao mesmo tempo, assegurou a Elvis: por meio de seus extensos contatos e sagazes negociações com "o hotel, músicos e vocalistas, agência de publicidade, rádio, jornais e outros", ele havia limitado as perdas a 39 mil dólares, dos quais ele prontamente assumia sua parcela de 13 mil dólares.

Entretanto, por mais inabalável que fosse seu instinto de combate, em seu âmago, o Coronel permanecia doente. E apesar de seu comportamento reservado, fofoqueiros sussurravam que ele havia contraído uma dívida de 5 milhões de dólares no cassino, e os atritos entre ele e seu cliente continuaram a ser relatados na imprensa. Se fosse apenas um mero atrito, o Coronel teria vislumbrado uma saída – usar um intermediário ou atribuir ao sr. Diskin, homem de sua mais estrita confiança, deveres de embaixador ainda mais amplos. Mas a solução não era assim tão fácil. Sentindo-se como um pai enganado por um filho reincidente, o Coronel já não confiava mais nas garantias de Elvis. O problema existia, mais real do que nunca. Só que o problema parecia fora de sua alçada, além dos domínios de sua própria experiência. Embora tentasse monitorar a situação de Elvis por meio de Joe, Sonny, Lamar ou outro dos caras, ele convivia com o mesmo medo que os outros sentiam, mas não reconheciam: Elvis explodia com quem ultrapassava certos limites, e coisas eram ditas que jamais poderiam ser retiradas. Todos já tinham visto a reação de Elvis às tentativas ocasionais de interferência de seu pai, rosnando a um ou outro dos rapazes: "Só o mantenha fora do meu caminho".

ENQUANTO ISSO, O DR. NICK ENCONTROU um Elvis muito diferente daquele que havia encontrado na maior parte de julho e agosto: súbito ele entrou em desalento, sua frenética energia se esvaiu bruscamente, toda a confiança externa se extinguiu. Para fins de cobertura de seguro, Nick e o dr. Ghanem divulgaram uma declaração, assinada por ambos, de que o cancelamento foi "provocado por um estado de fadiga desenvolvido nas últimas semanas" e que não havia motivos para alarme: o famoso paciente deles só estava sendo hospitalizado "por precauções conservadoras". A realidade, porém, era outra. Alguns sinais clínicos alarmantes (fígado "gorduroso", problemas intestinais crônicos, altos níveis de colesterol) preocupavam o dr. Nick menos que as oscilações emocionais, provavelmente desencadeadas por abuso de químicos, talvez refletindo uma predisposição genética a perigosos ciclos de euforia e depressão. Mais uma vez, reuniu uma junta médica que fez o possível para tratar os vários problemas de saúde. Dessa vez, a equipe incluiu um especialista pulmonar, responsável por investigar a possível "doença pulmonar obstrutiva crônica precoce", além do cirurgião gástrico dr. John Nash. A ideia de Elvis era persuadir o dr. Nash a realizar uma novíssima operação experimental de *bypass* gastrintestinal sobre a qual o cantor havia lido recentemente, desenvolvida para reduzir a obesidade perigosa por meio de cirurgia quando todos os outros métodos não funcionavam. O dr. Nash não quis nem discutir com Nick ou Elvis esse tipo de cirurgia para fins meramente cosméticos – e tanto argumentou que no fim Elvis acabou se convencendo: o risco era muito alto. No prontuário médico, porém, consta a observação de que o paciente tinha enorme dificuldade em aceitar a aparência distendida de seu estômago.

Durante toda a internação, Linda permaneceu com ele. Elvis recebeu uma ligação do presidente Nixon no décimo dia da hospitalização, fato que o deixou um pouco mais animado. Frank Sinatra também ligou e disse-lhe para não deixar que os filhos da mãe o matassem – o que Elvis interpretou como referência não só a Vegas, mas ao sistema todo. Mas o principal consolo veio da reconfortante Marion Cocke, a maternal enfermeira que cuidou dele em sua internação em janeiro. Os dois passavam horas e horas conversando sobre os assuntos mais mundanos; ele deu a ela um Pontiac Grand Prix e, quando ela tentou protestar, ele falou: "Ver você feliz me deixa feliz". Recebeu alta em 5 de setembro, duas semanas após dar entrada no hospital, não sem antes indagar se ela o atenderia em domicílio. Ela concordou em fazer o turno da noite, após o horário normal do hospital, enquanto Kathy Seamon, outra enfermeira que Elvis conheceu no hospital, ficaria durante o dia.

No início, ele passou a maior parte do tempo no quarto. Aos olhos da sra. Cocke, ele não passava de um jovem bastante atencioso, meditativo e respeitador – porém muito calado. A enfermeira, por sua vez, não tinha ideias infladas sobre seu próprio papel ou posição: brincava que era simplesmente como um velho e confortável par de sapatos. Por sugestão do dr. Nick, ela montou uma espécie de recanto para refeições no quarto de Lisa, onde ela dormia, servindo de incentivo para tirá-lo da cama para fazer o desjejum. Ela fazia pudim de banana para ele e cerzia suas meias; sob a orientação do dr. Nick, com Kathy e Tish Henley, ela monitorava cuidadosamente seus remédios. Juntos, no quarto dela, assistiam à TV nas segundas à noite, jogos de futebol americano, e nos outros dias, os programas de Carol Burnett e de Mary Tyler Moore. "Ele contava sobre a família dele e eu sobre a minha. Adorávamos a companhia um do outro. Ele nunca, jamais, tentou me impressionar." Quase ninguém, exceto Linda e seu primo Billy, tinha acesso ao andar de cima.

Aos poucos, ele começou a sair de novo, liderando um grupo de amigos, portões de Graceland afora, nos triciclos que havia comprado em agosto, pouco antes de partir para Las Vegas. Uma vez, ele incentivou a sra. Cocke a participar da brincadeira. "Ele olhou para trás e disse: 'Segura firme, sra. Cocke'. E lá fomos nós! No dia seguinte, no trabalho, alguém me disse: 'Sabe, sra. Cocke, eu poderia jurar que ontem a vi chispando no Elvis Presley Boulevard na garupa de um triciclo pilotado por Elvis Presley'. Respondi apenas: 'Sabe que eu nunca faria algo assim'. E ficou por isso mesmo."

Linda voltou à Costa para continuar sua carreira de atriz. Ficar em Memphis se tornou simplesmente impossível. "Crises de ansiedade me acometeram. Expliquei a Elvis, e ele foi tão... afetuoso. Mas eu me lembro de ter pensado que nada valia esse esforço. De certa forma, eu me sentia muito protegida, com a sensação de que fosse lá o acontecesse, ele teria como resolver o assunto para mim. Por um lado, eu experimentava uma forte sensação de segurança com ele... Por outro, uma ansiedade genuína. Quer dizer, ele era assim e não ia mudar. Elvis me dizia: 'Querida, não tem como mudar um quarentão'. Mas também havia essa qualidade muito ingênua, quase infantil nele... Uma inocência e uma pureza comoventes. Sem dúvida, evocava uma qualidade protetora... Ele me chamava de 'mamãe', mas eu não era a mãe da filhinha dele. Eu era, sim, uma presença incrivelmente maternal na vida de Elvis."

LINDA VOLTOU À COSTA PARA CONTINUAR SUA CARREIRA DE ATRIZ. FICAR EM MEMPHIS SE TORNOU SIMPLESMENTE IMPOSSÍVEL. "CRISES DE ANSIEDADE ME ACOMETERAM. EXPLIQUEI A ELVIS, E ELE FOI TÃO... AFETUOSO".

Uma vez, ela chegou a pensar em ter filhos com ele. “Porém, nossos relógios não estavam em sincronia. Quando ele estava pronto para fazer isso, comecei a enxergar as coisas com mais clareza. Não havia como eu salvá-lo se ele mesmo não queria ser salvo. Ele se envolvia com outras mulheres quando eu não estava ali. Ninguém merece isso. Se tivéssemos um filho, eu seria mãe, e ele arranjaria outra moça. Se eu tivesse um filho, como conseguiria ficar com ele e ser mãe também?”

Ali estava o homem com quem ela havia compartilhado seus sonhos e de quem tinha cuidado “como um bebê recém-nascido”. Ela o conhecia de uma maneira como poucos conheciam; o cantor confessou a Linda coisas que ela estava convencida de que ele nunca compartilharia com mais ninguém – mas ela achava essa proximidade emocional quase assustadora. “Uma vez, em Las Vegas, ele tomava uma canja de galinha, e fui ao banheiro me aprontar para dormir. Quando voltei, o rosto dele estava mergulhado na sopa, e ele prestes a morrer sufocado. Liguei para o médico e ele deu uma injeção de Ritalina para reanimar Elvis. Quando ele enfim acordou o suficiente para falar, disse: ‘Mamãe?’. Respondi: ‘Sim, querido, estou aqui’. ‘Tive um sonho’, continuou ele, levando um tempão para dizer a frase. ‘Tive um sonho ontem à noite.’ ‘Com o que você sonhou?’ ‘Que você era minha irmã gêmea e me deixou sair primeiro, mas por ter me salvado e me deixado nascer primeiro, você morria sufocada.’ ‘Meu querido, você teve mesmo um problema. Você não conseguia respirar direito, e o médico veio aplicar uma injeção em você. Talvez seja por isso que você teve esse sonho.’ ‘Bem, sonhei mesmo. E no sonho você salvou a minha vida’.”

Era demais. Ela o amava, mas sem reconhecer plenamente nem para si mesma, precisava ir embora. A seu modo, Elvis pareceu aceitar. Na primavera, tinha comprado para Linda uma casa na esquina de Graceland, um espaço só dela. Agora, com a casa da Monovale enfim vendida, adquiriu um apartamento para ela, no oeste de Los Angeles. Seria para os dois, explicou a ela; passariam um tempo juntos lá, sempre que ele estivesse na Costa.

Voltou a sair com Jo Cathy Brownlee, a anfitriã dos Grizzlies, e nos meses seguintes ela embarcou num cronograma impossível: dava aulas até o meio da tarde e, após o expediente, visitava Graceland. No início da noite, Elvis acordava, e ela fazia companhia para ele madrugada adentro. No outro dia, mal tinha tempo para tomar um banho e sair para o trabalho de novo. Sujeitava toda a sua vida aos caprichos do cantor, mas não se importava, desde que ela conseguisse manter o seu próprio senso de humor. Uma vez, do nada, Elvis disse a ela: só gostaria de vê-la de novo se ela fizesse uma plástica no nariz. Jo Cathy respondeu na hora: só queria vê-lo "depois que ele recauchutasse todo o seu corpo, e ele deu risada". Ela tentou ajudá-lo a manter a dieta que o dr. Nick havia receitado – iogurte, saladas, tiras de bacon com baixo teor de colesterol; faziam as refeições lá em cima, liam o jornal, assistiam ao noticiário, depois saíam para jogar raquetebol – as moças jogavam uma partida, e os caras, outra. Em geral, depois havia um filme agendado. "Tudo era uma grande produção. Todo mundo se encarregava de algo; alguém era responsável por agendar o cinema, alguém tratava de aprontar o carro. Ele sempre portava uma *nécessaire* de couro, com todos os seus distintivos da polícia – não ia a lugar nenhum sem seus distintivos, seus bens mais valiosos." Não lhe perdoaria bocejos, Elvis disse a ela no cinema, sem levar em conta que ela não dormia havia 21 horas. Uma vez, voaram até Dallas a fim de conferir um centro de raquetebol indicado pelo dr. Nick, para dar a Elvis ideias para a quadra que estava construindo. Falavam sobre numerologia, e o cantor pediu a Jo Cathy que lesse *A vida impessoal* em voz alta para ele. Vida estranhamente solitária, apesar de muitas vezes andarem em grupo.

Logo Jo Cathy aprendeu que uma das responsabilidades de ser a namorada de Elvis era garantir que todos fossem bem cuidados. Muitas vezes, ela era procurada pelos caras, as esposas deles, até mesmo parentes e empregadas, quando Elvis estava em seus dias de fazer doações. Ela notou que ninguém queria ficar de fora, e a generosidade impetuosa do cantor, em muitas ocasiões, feria suscetibilidades. Às vezes, ela poderia ser uma força em prol do bem. Em 29 de setembro, Jackie Wilson, uma das maiores inspirações de r&b para Elvis, sofreu um derrame em pleno palco, em Cherry Hill, Nova Jersey. George Klein pediu a Jo Cathy que informasse Elvis sobre o fundo criado para ajudar a cobrir as despesas médicas de Jackie. George sabia do carinho de Elvis por Wilson, bem como a admiração dele por sua música, e Jo Cathy considerou essa iniciativa "um gesto muito bonito". Mas, claro, nem todos os gestos eram imbuídos de altruísmo.

Ela notou o fascínio de Elvis pela polícia e pelo trabalho policial. "Acho apenas que ele sempre teve o desejo secreto de se tornar algum tipo de policial. Ele admirava a polícia aqui em Memphis... Era como se adorasse colocar a si mesmo na pele deles. Poderia conviver com eles por horas a fio." Ao mesmo tempo, ela sentia que no fundo o cantor não trocaria de lugar com ninguém: "Ele gostava de ser Elvis". E não pôde deixar de notar que, apesar de todas as boas intenções dele em sustar o consumo, as pílulas continuavam a chegar direto de Las Vegas. Sem o conhecimento do dr. Nick, Elvis continuava recebendo prescrições de um médico ou outro da cidade.

Uma vez, Linda voltou, e Jo Cathy sumiu por um breve período. Então, num sábado, no finzinho de outubro, ela saiu do seu trabalho de meio período no Mid-South Coliseum e passou para visitar Elvis. "Ficou muito surpreso ao me ver. Não falou nada por um tempo e, por fim, disse: 'JC, tenho outro encontro hoje à noite. Se você pegar o que precisa e for para casa, eu te ligo de manhã'. Isso realmente me incomodou... Ali estava eu, morta de cansaço de trabalhar em três empregos e aparecendo para vê-lo. Fiquei indignada com o fato de ele ter esperado até as sete daquela noite para me avisar, se bem que eu acho que era para alguém ter me informado antes. Então eu saí catando tudo o que eu tinha na casa... Enfiei tudo em um cestinho de roupa suja, daí ele veio e me disse: 'Ora, você não precisava reagir assim. Eu só disse para você pegar o que você precisava para a noite e ir para casa. Você não precisava fazer isso'. Então ele meio que saiu da sala, e eu também. E foi a última vez que nos vimos."

O Coronel fazia o seu melhor desde o início de setembro para levar Elvis de volta ao estúdio de gravação, até mesmo inventando um esquema para gravar metade do álbum em estúdio, com o restante a ser gravado ao vivo, em Las Vegas, no início de dezembro, nas datas enfim confirmadas. Ciente das obrigações contratuais com a RCA, mesmo antes de Elvis receber alta do hospital, o Coronel tentou despertar o interesse da gravadora em várias "explorações", incluindo uma coletânea de canções-título dos filmes de Elvis, um pacote especial de TV composto de 24 faixas previamente lançadas, além de dois números bônus e um álbum de fotos que o Coronel providenciaria. Nada indicava que a RCA estivesse interessada em qualquer uma das sugestões do Coronel, e Elvis não voltou ao estúdio naquele outono, nem planos foram feitos para gravar o show em Las Vegas.

No dia 10 de novembro, à noitinha, o *Lisa Marie* enfim foi entregue. Os últimos retoques foram aplicados na Califórnia, e o Convair 880 estava estacionado no Memphis Aero, informou o *Press-Scimitar*, ao lado do orgulhoso JetStar. Para o voo inaugural, Elvis fez uma viagem breve a Nashville. Nas semanas seguintes, voou país afora, mostrando a familiares e amigos os recursos da aeronave. Havia dois computadores de bordo. Assim, se um falhasse, sempre tinha um reserva. Ostentava o luxo em todos os detalhes do avião: "Nem acredito que é meu", dizia ele a todos com quem falava. "É um sonho transformado em realidade."

A nova temporada em Vegas se aproximava e, na avaliação de Marion Cocke, isso estava deixando Elvis cada vez mais nervoso. Tocariam na época menos movimentada do ano. Por um lado, o Coronel apreciava um desafio – na verdade, achava que isso psicologicamente evocava o melhor de seu garoto. Por outro, a enfermeira, sra. Cocke, não tinha assim tanta certeza de que Elvis estava à altura de enfrentar desafios no momento. Não era só o fardo de se apresentar que pesava sobre seus ombros; ele sentia tudo recaindo sobre si de novo – o peso da responsabilidade, a pressão financeira, a situação de Linda, recém-chegada da Califórnia para acompanhá-lo a Las Vegas (no momento que talvez preferisse levar outra pessoa). O Coronel também marcou um show na véspera de Ano-Novo, num estádio de futebol americano em Pontiac, Michigan, onde pretendia estabelecer um novo recorde de público – mas e o som? E o clima? E se caísse uma nevasca? Nunca havia trabalhado na véspera de Ano-Novo e não sabia se queria começar agora – mas sabia que o dinheiro seria utilíssimo.

Seguindo ordens médicas, Elvis se limitou a um show por noite, exceto aos sábados – e, confirmando as previsões do Coronel, o salão de espetáculos e o hotel lotaram, justamente numa época do ano em que 50% de ocupação era o normal em Las Vegas. O grupo Voice não participou da temporada, desfeito no embalo de toda aquela animosidade e politicagem envolvidas no cancelamento de agosto. Mas Sherrill Nielsen permaneceu como uma espécie de tenor e segunda voz dramática. Por sua vez, o grupo J. D. Sumner and the Stamps assumiram o número de abertura, que J. D. cobiçava desde que o Voice entrara no show. As resenhas foram razoavelmente boas (Elvis estava "com boa aparência e soando alegre", anunciou o *Las Vegas Review-Journal*), mas as mesmas zombarias e ataques de ressentimento no palco dirigidos a Duke Bardwell na última temporada completa agora tiveram como alvo o pilar da banda, Glen D. Hardin, com resultados semelhantes. Embora sem declarar nada na época, Glen D. decidiu sair a partir de 1º de janeiro, e James Burton, colega de banda de Glen na Hot Band de Emmylou Harris (a fim de manter a Hot Band, Emmylou ajustava sua agenda de turnês para coincidir com os períodos de folga de Elvis), também planejava sair. O baterista Ronnie Tutt, cuja percussão era o elemento que amalgamava a banda, faltou duas noites em razão do nascimento de sua filha. Muitos percebiam que sua lealdade de longo prazo se explicava basicamente por sua remuneração, que rivalizava com a de James no topo da estrutura salarial.

Elvis voltou a Memphis logo após a temporada. Na véspera de Natal, acordou de um sonho que pareceu muito realista. Quando Marion

Cocke chegou no início da noite, ele estava "surtado. Tinha sonhado que todo mundo só trabalhava para ele pelo salário. Sonhou que tinha falido e, ao precisar deles, deram as costas a ele. Nesse turbilhão, eu apareci no meio do sonho e disse a ele: 'Querido, vai ficar tudo bem'. Nisso, ele riu e ficamos lá batendo papo".

O bate-papo durou até as três da manhã de Natal. "Elvis me perguntou o que eu achava dos meninos [que esperavam lá embaixo]... Como eu me sentia em relação a cada um deles. Dei a ele minha opinião honesta." No momento que Elvis enfim estava pronto para descer, quase todos já tinham ido embora. A amargura deles era flagrante, direcionada tanto a Elvis quanto a pessoas "menos merecedoras" do que eles. Marty Lacker descreveu "todos os parentes reunidos [ao longo do período natalino] esperando uma esmola", e viu na crescente reclusão de Elvis o desejo de fugir de sua própria família. Lamar Fike sentiu apenas frustração ao saber que o cantor "estava lá em cima apertando botões e assistindo [pelos monitores de televisão] ao que fazíamos. Fiquei indignado...".

Naquela noite (de Natal), Elvis levou todos para voar no *Lisa Marie*, e quando pousaram, distribuiu joias escolhidas pessoalmente para cada um, do estoque de Lowell Hays. Delta, a tia de Elvis, estava no avião, segundo Marty, "bêbada. (...) De repente, Delta olhou para mim e disparou: 'Você é um filho da puta. Não gosto de você... Você não é amigo dele coisa nenhuma. Estou pensando em sacar meu .38 da bolsa e dar um tiro em você'". Então ela olhou para T. G. Sheppard "e falou: 'E você também não vale nada, seu filho da puta de olhar esbugalhado'. E continuou nessa toada. 'Seus filhos da puta, estão todos aqui pela mesma coisa. Só querem o maldito dinheiro dele. E esse maldito joalheiro vem aqui, e Elvis acaba comprando essas porcarias'."

Nesse ponto, Elvis reagiu. "Tirem essa cadela bêbada do avião", ordenou, se desculpando com Marty e com Sheppard – o que parecia ter colocado um ponto-final na história. Naquela mesma noite, em torno das duas horas da madrugada, conta Billy Smith, irrompeu "o maior tumulto que já ouvi. Saltei num pulo, peguei minha arma e corri para a porta.

Adivinhe? Com a bengala, Elvis batendo na porta do meu trailer. Cabelo desgrenhado, olhos arregalados, rosto afogueado... Fora de si, com muita raiva. 'Maldição, vou matar aquela cadela. Vou costurar a boceta dela e jogá-la por cima da porra daquele muro!'... Não parava de gritar. 'Como ela ousa fazer algo assim? Puta merda, eu a acolhi com toda a bondade do meu coração, mas agora vou dar um chute naquele traseiro maldito... Ela me fez passar uma vergonha danada'".

Billy tentou argumentar. "'Elvis, vamos sentar e conversar sobre isso. Você está falando de uma idosa. Sabe como ela fica quando começa a beber.' 'Isso não é motivo para aquela vagabunda insultar meus amigos e estragar o meu Natal.' Conversamos mais alguns minutos, até ele se acalmar. 'Olha, Elvis, você só precisa ir lá e dizer a ela: 'Não faça mais isso'. Mas não vai querer expulsá-la. Ela não tem para onde ir.' 'Sim, acho que você tem razão.' Então desabou num choro convulsivo. 'Ela não tinha o direito de fazer isso. São meus amigos. Eu a amo também, mas ela não tem o direito de me fazer parecer assim'."

O SHOW EM PONTIAC NA VÉSPERA do Ano-Novo foi um triunfo em termos de público – 300 mil dólares por uma hora de trabalho e, como o Coronel apontou incansavelmente a todos os repórteres que ouviam, um recorde em renda bruta (mais de 800 mil dólares) para uma performance de uma noite realizada por um artista solo. Além disso, o Coronel conseguiu que a banda da gravadora Boxcar, Bodie Mountain Express, abrisse o show, talvez na esperança de enfim conseguirem assinar com a RCA.

Mas o show não foi um triunfo absoluto. Por um lado, seu *status* de "todos os ingressos vendidos", premissa de qualquer apresentação de Elvis Presley, foi questionável. O Coronel foi rápido em definir que os 27 mil assentos com vista obstruída não estavam à venda, assim que as vendas de ingressos se estabilizaram em 60 mil. A multidão no estádio abobadado estava em ritmo de celebração, apesar do clima frio lá fora, mas o próprio Elvis pareceu chocado quando subiu ao palco pela primeira vez e viu aquele arranjo em duas camadas, com banda e cantores posicionados um metro e meio abaixo dele, numa configuração que o cantor nunca teria aprovado porque impedia o contato visual que ele considerava essencial a uma boa apresentação. Na realidade, isso não fez falta. No palco, os músicos estavam congelando, o som era terrível, Elvis rasgou os fundilhos no início do show, e Joe Guercio comentou enojado com o comediante Jackie Kahane: “Ele está todo fodido”.

T. G. Sheppard e a esposa voaram com ele no *Lisa Marie* para o show. Convenceu Sheppard a desistir de um show próprio e a cantar nesse evento grandioso. “Ele disse: ‘Será uma das maiores plateias de minha vida, estou nervoso e quero levar meus amigos’. Após o show, simplesmente explodiu. Linda ficou lá sentada e deixou rolar. Muitas coisas o incomodaram naquele dia.” No fim, ele se acalmou e decidiu voar para casa naquela noite, e acabaram a noite no quarto de Elvis, assistindo a fitas de episódios antigos do Monty Python.

Quatro dias depois, Elvis chegou a Denver, com um grupo de 18 pessoas, para passar férias em uma estação de esqui. Ele imaginava que todos iriam gostar. Joe recebeu a tarefa de localizar condomínios em Vail,* no auge da temporada de esqui, enquanto provisoriamente todos ficaram no hotel Denver. Por fim, ele e o capitão da delegacia antinarcóticos, bem como Jerry Kennedy e Ron Pietrafeso, policiais de Denver, amigos de Elvis desde sua primeira apresentação na cidade, cinco anos antes, encontraram quatro unidades num condomínio e uma casa na encosta para Elvis e Linda. No fim do dia, voltaram triunfantes com as boas-novas. Mesmo com Joe exausto e os demais com outros planos, Elvis, contagiado pelo espírito de aventura, quis partir imediatamente. Para Joe, esse foi o ponto de ruptura. “Por fim, eu falei: ‘Tudo bem. Vá em frente. Mas não

* Vail, cidade turística do Colorado, fica a 2.484 metros de altitude e abriga resorts para esportes na neve, com esquis e motoneves. (N. de T.)

vou sair do meu quarto. Vou dormir por 24 horas. Encontro você lá'. Ele nem pensava em dormir, só queria saber de agitar, agitar, agitar, como se estivesse com o dedo na tomada. Todo mundo estava cansado de só viajar e ficar para lá e para cá. Isso não era nem um pouco divertido. Era como se ele estivesse afastando as pessoas."

Resultado: Elvis se viu praticamente só em seu quadragésimo primeiro aniversário. Todo mundo mostrou irritação ou apenas se enfurnou em seus apartamentos. Por fim, Linda ligou para Jerry e Myrna no apartamento deles. Disse que não havia ninguém por perto. Elvis estava muito deprimido, e ela estava prestes a servir o bolo. Quando chegaram, ele se animou um pouco e, mais tarde se sentaram para bater um papo. Elvis perguntou se Myrna tinha visto *A Máfia nunca perdoa* (*Across 110th Street*, 1972), filme niilista sobre gângsteres negros, um de seus filmes favoritos dos últimos anos. "Cometi o erro de dizer que não, e ele me contou toda a história, encenou todos os papéis, recitou praticamente todas as falas." Foi uma de suas maiores performances como ator, Jerry e Myrna concordaram, mas bem que eles poderiam tê-la dispensado, pois entrou madrugada adentro.

Na semana seguinte, os rapazes, suas esposas e namoradas tiveram aulas de esqui, enquanto Elvis saía à noite com máscara de esqui, roupa para neve e óculos de proteção para andar de motoneve nas encostas. "SERÁ QUE ELVIS É O *NIGHTSTALKER*?", alardeavam as manchetes dos tabloides várias semanas depois, acompanhadas de uma foto adequadamente embaçada, quase lunar. Aquelas "férias dos sonhos", comentou Sonny, se transformaram em "pesadelo". Aos 18 anos, Susan Ford, a filha do presidente, queria conhecer Elvis. Porém ela havia escrito uma carta ao jornal em protesto pelo tratamento especial que permitiu ao cantor andar de motoneve nas encostas à noite. Por isso ele se recusou a se encontrar com Susan – outro exemplo, Sonny e Red pensaram, de seu senso messiânico de autoimportância.

Dedicou muito tempo a seus amigos policiais de Denver e até consultou o cirurgião da polícia, dr. Gerald Starkey, na tentativa de obter um remédio para tratar a coceira causada pela máscara de esqui. Todos os policiais notaram mudanças em relação ao Elvis de cinco anos antes, mas na maioria das vezes ele mostrou seu melhor comportamento com eles, e Ron Pietrafeso continuou vendo as mesmas qualidades de modéstia que diferenciavam Elvis de qualquer outro artista que ele já tinha conhecido. Às vezes, conversavam até tarde da noite e "ele nos contava sobre o quanto ficava nervoso sempre que subia ao palco. Indaguei a ele: 'Por quê?'. E Elvis disse: 'A gente nunca sabe. Talvez não queiram aplaudir. Quer dizer, você só pensa no pior'". Falou sobre dormir o dia inteiro e varar a noite acordado. "Quando eu era criança, eu não conseguia dormir. Eu tinha muito medo do escuro, porque não sabia o que ia acontecer comigo, mas [hoje em dia] sei que durante o dia, quando vou dormir, meu quarto está escuro, e finjo que é noite, mas sei que é dia e não tenho medo de adormecer. Então passo a noite em claro, na companhia de meus amigos, e me sinto à vontade. De manhã, quando todo mundo está acordado e vai trabalhar, eu me sinto seguro porque já é dia... E então consigo dormir'."

Como agradecimento a seus amigos da polícia, Elvis entrou em contato com Bob Surber, vendedor da Kumpf Motors em Denver, e o convenceu a abrir seu *showroom* de Lincolns às oito da noite, duas horas após o fechamento da loja. Comprou modelos Mark IV para o dr. Starkey e Jerry Kennedy, depois foi rodando até a Jack Kent Cadillac, onde comprou para Ron Pietrafeso um Seville de 13 mil dólares, junto com um Seville e um Eldorado para Linda e a namorada de Joe, Shirley Dieu, depois que Joe recusou o Rolls de Elvis, alegando que todo mundo ia ficar louco com isso. Ao todo, a conta bateu na casa dos 70 mil dólares. Isso parecia ter encerrado as compras de Elvis. Porém, Don Kinney, apresentador do *Denver Today*, da KOA-TV, relatou a história em 20 de janeiro e concluiu a transmissão em tom de brincadeira: "Sr. Presley, não quero um Cadillac grandão, prefiro um pequeno esportivo". Em poucos minutos, Elvis o avisou por telefone que ele poderia apanhar seu Seville no mesmo revendedor. Ron Pietrafeso, que conhecia Kinney, mesmo achando aquilo um pouco de exagero, pegou o telefone e o tranquilizou: a ligação não era um trote. "Mas havia tanta coisa dentro de Elvis que ansiava por aceitação, e ele achava que esse era o único jeito".

A essa altura, Joe tinha ido embora, o período de aluguel acabara, e Elvis agitou todo mundo, como havia feito no começo das férias. Decidiu que ia ficar mais uns dias. Jerry encontrou novas acomodações para eles, mas Elvis ligou às três da manhã e disse que pretendia mudar de casas imediatamente. Não ofereceu qualquer explicação, e Jerry estava sem ânimo para joguinhos. "Falou que estava vindo, então me mudei para o quartinho e cedi a ele o quarto principal. Apareceu com Billy e Red, totalmente pilhado. Chegou dizendo: 'Achei que eu tinha lhe dito que seria bom você trocar de casa'. Falei: 'Minha nossa, há três dias estou fazendo de tudo para encontrar um lugar. Preciso dormir um pouco'. Ele disse: 'É mesmo?'. Agora eu já estava ficando muito irritado, ele agia como se fosse alguém que eu não conhecesse. Por fim, ele saiu dali num rompante, e foi até a sala de estar, onde Red o esperava. Red escreveu em seu livro que Elvis sacou uma arma naquele instante e disse: 'Vou matar o filho da puta', mas, quando voltou ao quarto, tudo o que me disse foi: 'Bem, você pode ficar, se quiser'. Falei: 'Sabe duma coisa, Elvis? Não quero mais ficar aqui. Na verdade, estou indo embora'. 'Ora, eu disse que você pode ficar', atalhou ele com a voz trêmula. Sabia que tinha me pressionado demais. 'Estou indo embora', repeti. 'Vou para casa'."

No dia seguinte, Elvis não se lembrava da conversa, mas Jerry manteve sua decisão. "Não havia motivos para ficar. Ele estava cansado, todo mundo estava cansado... Ele só não queria muita resistência. Se eu ficasse, acabaria sendo apenas um estraga-prazeres. Falei para ele: 'Sabe, eu sempre digo: "Para mim, a amizade é mais importante do que o trabalho". Ele ponderou: 'Do que é que você está falando?'. Juro por Deus, acho que ele estava sendo sincero. Respondi: 'Olha, Elvis, só estou precisando de novos ares. Sem ressentimentos'. Ele disse: 'Bem, acho que é melhor você fazer o que precisa fazer'. Eu não queria criar problemas. Ele fez mais por mim do que qualquer outra pessoa em minha vida. Apenas havia muitas pessoas esbarrando umas nas outras, gente que o chamava de 'chefe'. Tudo se transformou numa concha, e o resto do mundo era só essa diminuta bolha com a qual você não conseguia mais se relacionar. Ao sair daquele ambiente, você se sentia praticamente desnudo, porque tudo se baseava nele. Mas tinha chegado a hora."

Elvis de uniforme, com Art Dill, chefe da polícia de Denver (à direita),
e o capitão Jerry Kennedy
(Cortesia do Espólio de Elvis Presley)

Sonny West, Dave Hebler, Elvis, Red West, Atlanta, 6 de junho de 1976
(Lee Secrest)

FERIDO

Janeiro a dezembro de 1976

Desesperada para atrair Elvis de volta ao estúdio, a RCA reviveu o antigo sonho de gravá-lo em casa. Dessa vez, porém, tanto a natureza quanto as razões do plano estavam muito distantes de sua concepção original, havia 15 anos. Na época, a ideia era construir um estúdio de gravação em um prédio separado em Graceland, principalmente com o intuito de contornar obstáculos que o Coronel sempre colocava no caminho, para seu artista não gravar mais do que o necessário. Agora, o Coronel e a RCA estavam de pleno acordo: precisavam obter o produto de um artista que aparentemente havia desenvolvido uma aversão quase patológica a estúdios de gravação. E longe de construir para ele um brinquedinho de última geração, agora a proposta incluía apenas instalar equipamentos temporários na sala contígua à cozinha, passar cabos até a unidade móvel de gravação no furgão da RCA, estacionado atrás da casa, e depois tentar limpar o som da melhor maneira possível, caso surgissem eventuais deficiências sonoras.

Havia mais de dois anos não existia algo nem parecido com um plano elaborado; a sessão superficial realizada em março de 1975 em Los Angeles representava a única interrupção ao que equivalia ao mais longo período de inatividade de gravação de Elvis desde que tinha colocado os pés no estúdio da Sun. Felton estava confiante de que essa nova configuração ajudaria a resolver alguns de seus problemas; isso pelo menos permitiria aproveitar Elvis sempre que ele estivesse a fim de gravar. O cantor também se mostrou entusiasmado com a ideia. Na verdade, tão logo viu a salinha sem todos aqueles móveis de estilo polinésio, declarou que talvez fosse adotar a nova decoração de modo permanente.

Mas, poucos dias antes do início da sessão, ele fez uma viagem inesperada. Um de seus amigos na força policial de Denver, o detetive Eugene Kennedy, angustiado por problemas pessoais, cometeu suicídio. Elvis compareceu ao funeral, em respeito ao falecido e, relatou o *Denver Post*, "pela amizade com o irmão mais velho de Eugene, o capitão da polícia Jerry Kennedy, um dos quatro policiais de Denver agraciados com carros de luxo no início do mês, presentes de Elvis". Além disso, providenciou para que J. D. Sumner and the Stamps cantassem no culto, ao qual ele próprio compareceu vestindo o uniforme de capitão da polícia de Denver fornecido por seus amigos policiais. Na Igreja da Sagrada Família, permaneceu em pé, em postura impecável, uma presença impressionante em sua jaqueta feita sob medida, óculos escuros personalizados com a sigla TCB e quepe trançado, passando ao mundo inteiro a aparência que sua mãe queria que ele passasse. Na companhia desses homens que o aceitavam pelo valor nominal, sentia-se à vontade. Esses policiais confiavam nele e o deixavam acompanhar as batidas para apreensões de drogas (mas sem permitir que Elvis saísse da viatura). Mais tarde, quando sugeriram jantar no restaurante Colorado Mine Company, um de seus favoritos, Elvis concordou e entrou garbosamente no recinto em seu uniforme de capitão.

Ron Pietrafeso suspirou de alívio: os fregueses aparentemente não prestaram atenção, e o capitão Kennedy escolheu uma mesa especial, num recanto do salão, onde desfrutaram de um pouco de privacidade. Após a refeição, porém, Elvis anunciou que precisava ir ao banheiro, e quando Pietrafeso lhe aconselhou a usar o banheiro dos funcionários, perto da cozinha, Elvis insistiu em usar o banheiro masculino normal. Para espanto de Pietrafeso, a polícia conseguiu conduzi-lo no trajeto de ida e volta através do salão principal sem ninguém interferir. "Achei aquilo incrível. Estávamos cumprindo a nossa missão, e ninguém o incomodou. Mas, cinco minutos depois, Elvis falou: 'Tenho de ir ao banheiro de novo'." Dessa vez, observou Pietrafeso, Elvis passou por um grupo de pessoas que tomava drinques, à espera de uma mesa, no comprido hall de entrada, e hesitou por um instante. Duas mulheres interromperam a conversa. Ao sair do banheiro, Elvis estacou bem na frente delas, meio perdido. "Abriu um daqueles clássicos sorrisinhos de Elvis, e ouvi uma delas exclamar: 'Não, não pode ser ele!'. E ele se virou... foi demais, cara, ele se virou e disse: 'Não pode ser quem?'. E as duas simplesmente começaram a gritar." Então, e só então, ele se permitiu ser guiado de volta ao seu lugar.

Apareceu no primeiro dia da sessão de gravação ainda trajando uniforme de capitão da polícia. Pacientemente, todos aguardavam Elvis sair de seu quarto, evitando imaginar a hipótese de ele não querer gravar. A data de início tinha sido adiada por problemas técnicos e pela agenda do cantor. Agora só tinham cinco dias antes de James Burton e Glen D. Hardin partirem para acompanhar Emmylou Harris numa turnê europeia, marcada havia muito tempo. Felton não tinha certeza se conseguiriam trabalhar tão rápido. A RCA esperava 20 faixas novas. Por isso, originalmente, uma semana inteira estava reservada para a gravação. Por via das dúvidas, deixou apalavrado para que um guitarrista e um pianista substitutos viessem em 7 de fevereiro, junto com um baixista para substituir Jerry Scheff, que avisou que também teria de sair.

Na primeira noite, gravaram três faixas, apesar da clara falta de foco e energia de Elvis. Sua contínua preferência por canções melancólicas também não era algo especialmente animador. Até mesmo o ponto alto da sessão, o hit country de George Jones em 1962, "She Thinks I Still Care", não soava promissor comercialmente. Ele concluiu a noite com a sentimental "The Last Farewell", de Roger Whittaker, o disco que havia tocado várias vezes para Melissa Blackwood no verão anterior, mas a reação dos músicos foi parecida com a de Melissa: não conseguiam entender o fascínio de Elvis pela canção.

Na segunda noite, ele só conseguiu finalizar uma canção, "Solitaire", de Neil Sedaka, e isso à custa de muito esforço. Ao longo da noite, Elvis se refugiou em seu quarto periodicamente, levando um ou outro membro da banda ao andar de cima para ouvir música gospel, explicar numerologia e mostrar sua coleção de distintivos da polícia. A certa altura, sozinho em seu quarto com Red e Sonny, explicou um plano para desmantelar o tráfico de drogas de Memphis. A ideia era fazer uma batida surpresa. A sessão lhes daria o disfarce perfeito, disse ele, expondo todas as armas com que poderiam realizar a missão – ninguém sequer ia notar que tinham saído. Mostrou aos amigos os principais traficantes em fotos fornecidas pela polícia de Memphis, com informações detalhadas sobre o território de atuação de cada um. "Isso é barra-pesada", comentou Red apreensivo. Enfadado com as fantasias de Elvis, sabia o quanto esse cenário lembrava a trama de *Desejo de matar*, filme com Charles Bronson a que tinham assistido juntos tantas vezes.

A terceira noite não foi melhor; na maior parte do tempo, Elvis parecia se esforçar para ficar acordado, mesmo enquanto gravava "Moody Blue", canção de Mark James na qual Felton apostava as suas fichas que seria um sucesso. Na noite seguinte, enfim, houve um estalo. Abriram os trabalhos com "For the Heart", novo e brilhante número de Dennis Linde, autor de "Burning Love". A canção tinha um embalo que as anteriores não possuíam. Elvis pareceu responder a ela, ganhando confiança ao longo de vários ensaios e *takes* múltiplos, até que a faixa se tornou o tipo de rock'n'roll sedutor e cativante, outrora o cerne musical de Elvis Presley. Foi o número seguinte, porém, que marcou a reviravolta. Enfim o cantor relaxou e se libertou das inibições emocionais que o paralisavam. "Hurt", declamação altamente emotiva ao estilo mais melodramático, tinha sido um sucesso em várias interpretações ao longo dos anos, mas a roupagem que Elvis conhecia melhor era o r&b de Roy Hamilton, grande sucesso que alcançou o Top 10 em 1954. Hamilton interpretou a música, como fazia em todos os seus maiores números, com o brilhantismo vocal que era sua marca registrada, construindo uma atmosfera até chegar ao clímax minuciosamente controlado e belamente articulado. Nitidamente esse foi o modelo de Elvis, mas na ausência da orquestração exuberante que marcou o sucesso de Hamilton, e com a voz instável, precisou adotar uma abordagem diferente. Entrando com um grito que chega a nos lembrar um brado de Tarzan, Elvis entrega uma releitura que é menos uma interpretação e mais uma expressão do sentimento do título, "Hurt".* Um grito sentido, angustiado, um berro primitivo que transmite aflição enquanto o ouvinte se pergunta: o cantor sustentará as notas e o domínio de suas emoções? Comparada com o original de Hamilton, revela uma busca crua, quase desesperada, pelo primor técnico. E, ao mesmo tempo, há um quê de triunfo por parte de Elvis, um orgulho por simplesmente ser capaz de exprimir o que está tentando dizer. Afirma, quase em tom de bravata: esse sou eu. Mesmo com toda a dor, com todo o sofrimento, com toda a mágoa, vejam: *ainda estou aqui*.

A pedido de seu pai, Elvis arriscou "Danny Boy", a melodia irlandesa cadenciada em que ele, como em "Hurt", se inspirou em outra performance rasgada de r&b, no caso, de Jackie Wilson. Agora estava plenamente envolvido. Escolheu cantar a música em um tom, mas teve de mudar ao longo dos dez *takes*. O resultado foi ainda mais comovente, talvez precisamente por ter enfrentado suas próprias limitações e deixado aflorar um sentimento de partir o coração. Terminaram às duas horas da tarde. Os músicos estavam a postos desde as nove horas da noite anterior e, pela exaustão geral, o horário de início da sessão da noite seguinte foi adiado para meia-noite. Mas ao menos havia um sentimento por parte de todos de terem realizado *algo*.

* "Hurt" (ferido, sentido, magoado), canção composta em 1954 por Jimmie Crane e Al Jacobs, foi interpretada por Elvis nos palcos 159 vezes. Sobre a faixa registrada em disco, o crítico Dave Marsh falou: "Se ele se sentia do modo como soou, o mais incrível não é ele ter vivido só mais um ano, e sim o fato de ter conseguido viver mais um ano". (N. de T.)

Poderiam muito bem ter parado por ali mesmo. Na quinta noite, conseguiram duas faixas inexpressivas. E na sexta noite, Burton, Glen D. e Scheff tinham ido embora. Com a nova formação, só uma canção foi completada: "Blue Eyes Crying in the Rain", hit número um na parada country do ano anterior, na voz de Willie Nelson. A versão de Elvis não fez jus à original. Na noite seguinte, o cantor não apareceu. Após horas tentando criar estratégias alternativas, Felton enfim admitiu a derrota e mandou os músicos para casa.

Dez dias depois, Elvis voltou a Denver. Jornais informaram que ele procurava uma casa na região, enquanto o cantor aproveitava a companhia dos novos amigos. Mas a visita foi interrompida bruscamente quando os policiais tentaram intervir num assunto que, na opinião de Elvis, era de foro íntimo. A intervenção dos policiais refletia um incidente ocorrido após o funeral de Eugene Kennedy. Elvis tentou convencer o dr. Starkey a lhe prescrever Dilaudid para aliviar a dor de uma unha encravada. Surpreso, o médico da corporação explicou a Elvis que não poderia receitar um analgésico potente para uma lesão assim. E na surdina conversou com Sonny e Red para tentar descobrir o que estava acontecendo. Elvis estava sofrendo de alguma doença grave? Em geral, o Dilaudid era prescrito para pacientes com câncer e, não raro, deixava seus usuários viciados. Também expressou suas preocupações ao capitão Kennedy e ao detetive Pietrafeso. Agora, com Elvis de volta a Denver, os dois o confrontaram em seu quarto de hotel.

Sabiam que ele tinha um problema, disseram, era impossível não notar como isso às vezes o afetava. Receavam que outras pessoas também começassem a notar. Estavam falando com ele como amigos, não como policiais, enfatizaram – só queriam ajudar. Elvis precisava entender, esse tipo de coisa pode acontecer com qualquer um; seguidamente testemunhavam isso entre colegas de atividade. Tinham certeza de que ele poderia resolver o problema, mas primeiro era preciso reconhecer que havia um. Conheciam uma clínica particular, podiam levá-lo para dentro e para fora sem que ninguém soubesse – só queriam que ele estudasse o assunto com carinho.

Elvis os encarou, incrédulo. A princípio se calou, até que desabafou em um tom profundamente ferido: "Acham que não consigo lidar com isso, não é? Acham que não sou forte o suficiente. *Sei o que estou fazendo.* Posso me livrar disso a hora que eu quiser". Será que ele acreditava mesmo nisso? Difícil saber. Afinal, um par de horas depois, ele já tinha ido embora.

Precisava resolver outros problemas não menos urgentes. Por exemplo, o dinheiro estava acabando. À exceção da temporada compensatória em Las Vegas e do show no estádio, na virada do ano, ele não trabalhava desde agosto – mas as contas não paravam de se acumular. Contas que somavam centenas de milhares de dólares, entre carros, aviões, presentes, armas, joias e roupas, tudo em que ele batia o olho e gostava. Para conseguir pagar as despesas sem perspectivas de renda externa, hipotecou uma parte de Graceland em troca de um empréstimo de 350 mil dólares, em novembro. O empréstimo seria pago em duas vezes, uma neste ano e outra no próximo. Nesse meio-tempo, pipocavam vários processos judiciais por conta da truculência de Red e Sonny com o público; faltava pagar meio milhão de dólares do acordo do divórcio; os aviões (que já somavam três, com o terceiro, um Dessault Falcon, comprado a título de "investimento" em novembro) tinham alto custo de manutenção e de encargos financeiros; além disso, as despesas – para manter Graceland e sustentar todos os seus amigos e parentes no padrão de costume – subiam dia após dia.

Com todo esse peso nos ombros, enfim concordou em voltar à estrada numa turnê organizada às pressas em meados de março. Foi aí que descobriu que já não tinha mais uma banda. Glen D. deu o aviso-prévio a Tom Diskin logo após a sessão de Graceland, e James Burton e Ronnie Tutt também insinuaram que pretendiam sair, mas Diskin se recusou a aceitar. "Sabe o quanto ele confia em você", disse ele a Glen D. "Não posso contar a ele que você pediu demissão." Enfim Glen teve de deixar bem claro a Diskin que a decisão estava tomada. Mas, no primeiro show, Elvis teve uma grande surpresa ao ver a cadeira do piano vazia. Nesse ponto, o cantor agiu e, rapidamente, deu o aval para a contratação dos três músicos de Nashville que Felton escolhera como substitutos – embora o guitarrista Billy Sanford (que substituiu Burton no último dia da sessão, em fevereiro) nem tenha chegado a assumir um lugar na banda. É que, no último minuto, por questões financeiras, James mudou de ideia e não quis largar o osso.

Estrearam em Johnson City, Tennessee, três shows em três noites consecutivas. Ao escolher uma cidade do interior, talvez o Coronel estivesse tacitamente admitindo que, por enquanto, seria melhor manter distância dos holofotes. Isso não afetou em nada a bilheteria – a turnê de seis dias rendeu mais de meio milhão de dólares de lucro, que o Coronel, magnanimamente, concordou em dividir na antiga base de dois terços e um terço, embora um novo contrato, especificando uma parceria simples de 50-50, inclusive nas apresentações ao vivo, tivesse entrado em vigor em 22 de janeiro. Pela primeira vez, o novo acordo mencionava explicitamente o entendimento, por "ambas as partes, de que essas turnês são uma *joint venture*, em que Elvis Presley é o responsável pelo desempenho no palco e o Coronel Tom Parker e seus representantes, pela publicidade e promoção". Elvis não discordou da terminologia; com certeza o texto seguia a linguagem do contrato de 1973, que havia sacramentado um acordo de 50-50 em todas as áreas, exceto nas apresentações ao vivo. O Coronel explicou que os termos do novo acordo simplesmente reconheciam a realidade de que também nesse aspecto eram copromotores, ou sócios, como haviam sido desde o início. No que tange ao Coronel, o importante era o princípio, não o dinheiro, e com o novo contrato assinado, contentava-se em fazer valer o antigo acordo, pelo menos até Elvis se recuperar financeiramente. Coisa que em breve aconteceria, caso conseguissem colocar o pé na estrada e *levassem o show país afora*.

Quem o acompanhou nessa turnê foi Linda. E também Vernon e o dr. Nick. Os dois novos instrumentistas, Shane Keister no piano acústico e Larrie Londin na bateria, se entrosaram bem e até infundiram um novo espírito na música. Para Londin, enérgico baterista de 136 quilos, com vasta experiência em estúdio e turnês, trabalhar com Elvis foi uma revelação. Foram ao primeiro show sem ensaiar (a banda apareceu, mas o cantor não), e quando Larrie perdeu uma deixa visual, Elvis simplesmente os fez começar tudo de novo. "Ele disse para segui-lo... sem dar bola às partituras. Queria a atenção de todos no palco... Algo do tipo 'Fiquem comigo. Tenho uma hora, e vou me *divertir!*'."

Afora os fãs, que, noite após noite, sempre reagiam com ardor inabalável, Larrie, um entusiasta nato, talvez tenha sido o único a expressar essa opinião. Para o guitarrista rítmico John Wilkinson, era como se "todo o entusiasmo tivesse se esvaído. Não importa o quanto tentássemos estimulá-lo, Elvis ficava ali parado, o polegar enganchado no cinto, como se estivesse ali só para cantar umas músicas e distribuir uns lencinhos, sem qualquer emoção". "Hurt", "How Great Thou Art" e "America the Beautiful", seu tributo ao bicentenário da Independência dos EUA, eram os destaques em quase todos os shows, performances imponentes, atrapalhos à parte. Em Charlotte, se esqueceu das letras; em Cincinnati, soou "confuso"; e em St. Louis estava sob o efeito de tantas substâncias que o dr. Nick mal conseguiu fazê-lo subir ao palco. "Elvis parece frágil", escreveu Harper Barnes, colunista do *St. Louis Post-Dispatch*, sobre o show superficial de 50 minutos. Não é de se admirar, pois, conforme o dr. Nick, Elvis só foi acordar na parte final da apresentação.

Uma segunda e breve turnê foi agendada na sequência, programada para estrear em 21 de abril, com etapas em Kansas City, Omaha, Denver, San Diego, Long Beach, Seattle e Spokane, desembocando diretamente numa minitemporada de 11 dias em Tahoe, ao cachê de 315 mil dólares. Na maior parte da turnê, uma alarmante congestão das vias respiratórias acometeu Elvis. Continuou sofrendo lapsos de memória, inclusive nas músicas que cantava habitualmente desde seu retorno aos shows ao vivo. Ronnie Tutt, que voltou para essa turnê com um aumento considerável de salário, observou que "em algumas noites Elvis parecia tão cansado e deprimido que eu precisava tocar a bateria com bem mais potência que de costume". Para Myrna Smith e as Sweet Inspirations, a mudança tinha uma clara dimensão física. "Em geral, ele subia ao palco meio letárgico. (...) Os espectadores, às vezes, notavam quando ele nos dirigia aquele olhar suplicante. Fazíamos mais barulho para ele continuar, e de algum modo ele conseguia superar isso. Algumas vezes, eu vi que ele estava com os olhos vidrados e pensei, ele vai desabar."

As resenhas eram, às vezes, igualmente atentas e, em geral, empáticas. Em Long Beach, o jornal local relatou: "Um silêncio sinistro dominou o auditório quando ele cantou '*And now the end is near*' ('E agora o fim está próximo'), o verso que abre o clássico de Frank Sinatra, 'My Way'. Foi como testemunhar uma apavorante profecia". Até mesmo John O'Grady, o durão investigador particular, teve uma instintiva reação emocional ao visitar Elvis em Tahoe. "Fiquei tão sentido por ele que chorei. Estava gordo. Sofria de ataques locomotores em que não conseguia andar. Esquecia a letra das músicas. Fui vê-lo nos bastidores e achei mesmo que ele ia morrer."

À boca pequena, os músicos conversaram sobre isso, mas, como observou o ex-acompanhante do Voice, Tony Brown, o novo tecladista que substituíra Shane Keister: "Todos sabíamos que não havia esperança, porque Elvis estava cercado por aquele pequeno círculo de pessoas, sabe. (...) Quem ousasse perguntar: 'Posso ficar cinco minutos a sós com [ele]?', recebia como resposta: 'Impossível!'. E se por acaso [a pessoa] conseguisse falar com ele, Elvis vinha com aquele papo furado e contornava a situação". Aquilo deixou O'Grady tão chocado que resolveu tomar o assunto para si. Voltando a Los Angeles, entrou em contato com Ed Hookstratten, o advogado de Elvis. Juntos, os dois elaboraram um plano para o cantor ingressar no programa de reabilitação antidrogas na Clínica Scripps, em San Diego. Juntos, levaram o plano a Priscilla, que garantiu sigilo absoluto e, pelo que entenderam, ela encaminhou a ideia a Elvis, mas foi aí que o assunto parou.

Apenas duas semanas e meia após a conclusão da temporada em Tahoe, ele voltou à estrada de novo – dessa vez, em 11 dias, ganharam uma bolada superior a 800 mil dólares a ser dividida entre o Coronel e ele. Muitas vezes, os resenhistas mencionavam a fala arrastada de Elvis e a maneira como parecia cambalear no palco, mas as massas continuavam lotando os auditórios, quase sempre no maior entusiasmo. De vez em quando, um show lembrava os bons tempos, chegando até a animar a banda e os caras. Agora talvez Elvis conseguiria se recompor e mudar as coisas – mas a atitude era principalmente de cumprir as datas. Por outro lado, para o pianista Tony Brown, a postura de Elvis em si refletia desrespeito, um desrespeito por si mesmo e pelos fãs, coisa que ele nunca havia demonstrado antes, nem mesmo em seus momentos mais erráticos. "Em algumas noites, no palco, de repente só se virava e ficava nos encarando. Sempre escolhia alguém da banda, olhava para ela e agia como um bobo. Só ficava lá parado, quatro ou cinco minutos... sem fazer nada. A plateia gritava os títulos das canções, aplaudia, batia os pés. Elvis, de costas para o público, dizia: 'Escuta só que povo estúpido...' e nós ali, de prontidão, com nossos instrumentos, torcendo para ele escolher uma canção que sabíamos. Em vez disso... ele continuava sendo apenas o Elvis descontrolado. 'Essa galera nem se importa se estou cantando bem ou mal. Tudo o que eu fizer, vão adorar'."

Em junho, nas duas semanas e meia de folga, mal colocou o pé para fora do quarto. Lisa Marie o visitou por dez dias, mas quem cuidou dela foi Linda, colocando a menina na disciplina quando necessário. Uma vez, a garota saiu pilotando o seu carrinho de golfe e fez um passeio na rodovia. Na volta, parou no portão de Graceland e posou para fotos, e os fãs avidamente aproveitaram a oportunidade. Só que ela estava terminantemente proibida de fazer as duas coisas. Quando Linda reclamou que Lisa Marie tinha sido avisada "100 vezes" para não sair na rodovia, Lisa a mandou ir para o inferno, e nem se preocupou quando Linda avisou que ia contar ao pai dela sobre isso. Outros observavam a menininha sentada, horas a fio, só esperando o pai acordar e sair da penumbra de seu quarto. De vez em quando, Elvis desabafava, emocionado: a filha era tudo para ele. Mas parecia incapaz de fazer algo a respeito e se enfurnava no quarto, tendo apenas seus livros como companhia.

Não queria ver ninguém. Os caras novos eram pouco mais do que trabalhadores contratados, e a velha gangue se dispersou aos quatro ventos. Agora, todos tinham vida própria: Joe estava na Costa com a namorada Shirley Dieu; Lamar quase nunca vinha de Nashville, exceto em épocas de doação; não recebia notícias de Jerry desde a rusga em Vail; e Marty havia acabado de se demitir. Nesse meio-tempo, Charlie parecia ter desmoronado sob a pressão, e até mesmo Sonny e Red eram praticamente estranhos para ele agora em meio à venenosa atmosfera de acusações e suspeitas, em níveis muito diferentes do que acontecia nos velhos tempos. Sabia que Vernon contribuía para isso com o papo sobre cortar o orçamento e se livrar dos pesos mortos, inclusive na cara deles. Mas o problema não era esse. Brigas sempre ocorreram, e Vernon *nunca* gostou de Red e Sonny – mas isso nunca afetou a sensação de intimidade de Elvis com eles, nem mesmo quando Red se afastou por dois anos após o casamento. Agora o cantor brincava que os dois eram os únicos assalariados que ele pagava apenas para ficarem longe dele.

Também estava chateado com Joe e o dr. Nick. Meses antes, os dois o convenceram a embarcar num negócio, garantindo que se tratava de um investimento sem riscos e com potencial de bons retornos. Mas agora as coisas começavam a ir por água abaixo. O plano era promover o raquetebol da mesma maneira que ele havia procurado promover o caratê, nesse caso, construindo uma rede de quadras de raquetebol país afora, a Presley Center Courts. Teriam como sócio o desenvolvedor e *trader* de títulos Mike McMahon, de Memphis, e, pelo que tinha sido explicado, em troca do uso de seu nome, Elvis receberia 25% da empresa, sem quaisquer custos para ele. Em meados de abril, começaram os trabalhos de incorporação e construção de dois clubes, um em Memphis e o outro em Nashville. Em maio, tudo parecia estar indo bem, conforme relatou McMahon em uma visita a Tahoe. De repente, porém, as coisas começaram a dar errado. McMahon alegou que Elvis teria que injetar dinheiro nos contratos de *leasing* dos prédios em construção. Ele se recusou, mas o sócio informou: Elvis possuía 25% da corporação e também teria que arcar com 25% de suas dívidas.

Pediu conselhos ao Coronel, mas o empresário fez questão de lembrar que sempre foi contra esse negócio; havia dito a Elvis que ninguém recebe 25% só por fazer um favor. Era tarde demais para conselhos, agora que o cantor tinha assinado todos os contratos societários. Então um dos caras contou a Elvis que McMahon, o único sócio ativo no negócio, estava sacando um pequeno salário e alugando um veículo corporativo, apesar de todas as garantias de Nick de que ninguém sacaria um centavo até a operação começar a dar lucros. Aquilo tudo não cheirava bem. Desgostoso, Elvis teve ímpetos de querer saltar fora e não ter mais nada a ver com o negócio. No meio da noite, o telefone tocou na casa de McMahon. Ao atender, ficou chocado. Elvis sempre o tratara cordialmente até então, mas dessa vez soou "completamente incoerente e irracional. Começou a me acusar de um monte de coisas... e então falou que ia me matar". O dr. Nick tentou acalmar o incorporador imobiliário; esse tipo de raiva repentina era efeito colateral de um dos medicamentos que Elvis estava tomando. O efeito era ocasional e logo passaria. Mas a sensação de que seus amigos tinham se aproveitado dele não desapareceu. Dia após dia, o assunto continuava a incomodá-lo. Elvis se perguntava: por que cargas-d'água Joe e o dr. Nick o meteram nessa fria? Em que merda eles estavam pensando?

Uma nova turnê de 11 dias começou no dia 25 de junho. Jerry Schilling, agora trabalhando como *road manager* do cantor pop Billy Joel, falou com Elvis em Landover, Maryland, na terceira data da turnê.

Desde o afastamento, em janeiro, não se encontravam. A apreensão de Jerry foi por terra quando Elvis o recebeu com um abraço afetuoso e puxou assuntos dos velhos tempos, deixando Elton John à espera. Por sua vez, o show, como o da Filadélfia na noite seguinte, foi assim descrito pelos críticos: "Consiste principalmente em uma série de poses" de um artista que "parece tão cansado (ou entediado) que nem se importa mais". Já Elton John, acostumado a excessos, ficou com a impressão de uma solidão imensa. "Dezenas de pessoas o cercavam, supostamente para cuidar dele, mas ele parecia um cadáver ambulante." Após o show, Jerry e Myrna tomavam uns drinques com Joe Esposito e Joe Guercio; súbito, o líder da orquestra se virou para Jerry e disparou: "Sabe, tudo o que resta a Elvis é morrer".

No fim de semana, em Fort Worth, aconteceu um atrito sério com Sonny, na segunda visita à cidade em apenas um mês. O que começou como uma questiúncula financeira – Vernon cancelou as passagens de avião pré-pagas da esposa e do filho de Sonny para o Texas – rapidamente escalou para um desentendimento sobre temas mais voláteis, como virilidade e orgulho. Enfim Elvis solucionou o problema; disse a Sonny para ir em frente e confirmar a viagem áerea da família. Ele acertaria as pontas com Vernon, mas Sonny não se surpreendeu quando, dias mais tarde, escutou de uns caras que [Elvis] "me xingou de tudo o que é nome após eu sair". A saturação de Sonny e Red com a coisa toda era palpável. Os demais viam hostilidade na atitude de ambos; eles se enxergavam como pessoas que falavam a verdade. Se Elvis não curtia isso, podia encontrar outras pessoas para limpar a barra dele. Sonny tinha consciência de um fato: "Alguns dos caras diziam que estávamos intimidando Elvis em muitas coisas. Mas toda [essa] parte da intimidação era só para o bem dele".

Em Memphis, no dia 5 de julho, Elvis encerrou a turnê em seu traje do bicentenário, em vermelho, branco e azul, e a canção "America the Beautiful" foi o destaque do show. Todos notaram o seu mau humor, realçado quando evitou se encontrar com a galera reunida em

Graceland antes da apresentação. Retornou do show e foi direto a seu quarto. Os convidados que vieram assistir ao ritual da queima de fogos de artifício de 4 de julho voltaram para suas casas, confusos, sem esconder a decepção.

Na noite seguinte, partiu com Linda para Palm Springs. Sonny e Red foram demitidos seis dias depois. No dentista, Sonny recebeu uma mensagem de sua esposa. Vernon tinha "algo importante" para conversar com ele. Ligou na mesma hora. O sr. Presley disse que preferia conversar pessoalmente, mas Sonny afirmou que preferia saber logo do que se tratava. E não acreditou no que ouviu. As coisas não estavam indo muito bem ultimamente, disse Vernon, e teriam que fazer cortes na folha de pagamento. "Entendi. E, pelo jeito, vou ser um dos dispensados?", quis saber Sonny. "Receio que sim", balbuciou Vernon em voz baixa, informando a Sonny que receberia uma semana de indenização.

Em poucas horas, Sonny descobriu quem eram os outros. Da Califórnia, Red ligou: "Cara, estou no olho da rua". Outro a confirmar a demissão sumária foi o carateca Dave Hebler. Após tantos anos, Elvis nem teve coragem de dar a notícia a Sonny e Red. Esse detalhe os deixou ainda mais magoados.

A essa altura, Elvis e Linda tinham se refugiado em Las Vegas, onde o cantor voltou a procurar os préstimos do dr. Ghanem. Linda fez o possível para tranquilizá-lo de que ele não tinha culpa da demissão, mas ele batia nessa tecla sem parar. Sabia que os dois tinham boas intenções, mas Vernon tinha razão: todos aqueles processos judiciais por conta da truculência de Red e Sonny estavam lhe custando muito dinheiro. Essa situação podia ser resolvida de outras maneiras, mas os dois eram velhos demais para aprender. Ele queria criar uma nova operação de segurança, mais profissional, e os dois não tinham como se encaixar nisso. Eram como irmãos para Elvis e sabiam que, se precisassem de algo, sempre poderiam contar com ele. Linda ouviu tudo e fez que sim com a cabeça. Com certeza, Elvis acreditava no que dizia – mas ela também entendia como Sonny e Red deviam estar se sentindo. Serem dispensados assim, de um modo tão banal, após tantos anos, sem a mínima cortesia de uma conversa de homem para homem. Linda ponderou: "Mas esse era o jeito de Elvis. Nunca queria dar más notícias. Então simplesmente escapulimos. Mas isso deixou Red e Sonny ainda mais tristes... e com razão".

Revoltado, Hebler voou a Las Vegas para confrontar Elvis cara a cara. Esperou horas do lado externo do portão do dr. Ghanem até enfim receber a notícia de que o cantor não iria recebê-lo. Quanto a Vernon, também não se sentiu à vontade com aquela situação. Mas acreditava que a decisão tinha sido acertada e recebeu o apoio incondicional do Coronel. Estava apenas tentando proteger seu filho, não só dos outros, mas de si mesmo. Vernon refletiu: mesmo enfrentando tantos problemas, a natureza de Elvis sempre foi ter um coração generoso; desde pequeno, nunca deixou de levar em conta o ponto de vista do outro. Vernon, por isso, sentia vergonha de tomar atitudes cruéis, mas, por várias vezes, ao longo dos anos, tinha avisado Elvis, "ao notar que a equipe tinha inflado muito: 'Você não precisa de tanta gente, e alguns são oportunistas'. Elvis me interrompeu: 'O senhor enxerga o que eles desejam. Vou além dos desejos e enxergo o que eles precisam'". Em retrospecto, ele não ficaria surpreso se Elvis os recontratasse, pelo menos Red e Sonny, após um tempo de reflexão.

A QUINTA TURNÊ DO ANO começaria no dia 23 de julho, e Elvis voltou da Costa em cima da hora. Novamente tocaram em locais remotos, desde Syracuse, Nova York, até Charleston, na Virgínia Ocidental; e mais uma vez, a ideia toda era gerar renda (perto de 1 milhão de dólares em duas semanas); e, de novo, resenhas após resenhas comentaram sobre a natureza superficial da performance e do triste estado em que Elvis parecia estar imerso. Em Hartford, em 28 de julho, o Coronel criticou Elvis. Por que não se esforçava mais? Por que não dava às pessoas uma contrapartida pelo valor de seu dinheiro? Abalado, Elvis procurou Tom Hulett após o show e perguntou se os fãs ainda o amavam. Hulett garantiu que sim, e o público continuou a demonstrar seu carinho de várias maneiras. Porém, como bem observou a repórter do *Newport News Times-Herald*: agora, a adulação era mais "pelo que ele era, pelo que ele simbolizava, não pelo que ele é ou pelo modo como canta agora". A jornalista ecoou um comentário deprimentemente familiar em outros artigos e resenhas recentes, de que não havia "alma [em sua música] nem força motriz por trás de sua voz". Às vezes, no meio do show, cansado demais para continuar, ele dava a J. D. Sumner ou Kathy Westmoreland a oportunidade de fazer a voz principal.

No fim da turnê, o empreendimento no ramo do raquetebol foi para o brejo. Elvis mandou seu advogado escrever uma carta em 10 de agosto, no intuito de se desvincular da sociedade de uma vez por todas: ele retirava seu apoio, dizia a carta, e queria seu nome retirado do projeto. O próprio Elvis partiu a Palm Springs no mesmo dia, mas o assunto ainda estava em sua mente enquanto continuava a resmungar sobre demitir Joe e se livrar do dr. Nick por suas traições. Dias depois, ligou para Nick, no meio da noite, totalmente "fora de si, meio psicótico, e me xingou por me aproveitar dele. 'Você está demitido', disse ele. Respondi: 'Não pode me demitir. Não trabalho para você'. Mas falou que ia arranjar outra pessoa para ir com ele na próxima turnê".

O dr. Ghanem foi o escolhido para o acompanhar duas semanas depois, em 27 de agosto, junto com a enfermeira de Nick, Tish Henley, que, desde o início do ano, morava com o marido num dos trailers no terreno nos fundos de Graceland, a fim de administrar a medicação de Elvis com mais eficiência. O irmão de Linda, Sam Thompson, recém-saído do departamento do xerife de Memphis, onde havia trabalhado nos últimos quatro anos e meio, se tornou o novo colíder da segurança, com outro ex-policial, Dick Grob, egresso de Palm Springs. E Larry Geller, com quem Elvis passava cada vez mais tempo em suas recentes viagens à Califórnia, após o reencontro em Las Vegas anos antes, voltou oficialmente à comitiva pela primeira vez desde sua abrupta dispensa pelo Coronel, por tentativa de "controle mental", em 1967. A presença de Larry na turnê foi bem-vinda por Elvis. Naquele momento, Larry era exatamente a pessoa de quem ele precisava. Alguém para bater papos filosóficos, compartilhar ideias sobre livros e espiritualidade, um pouco de ar fresco num mundo estagnado. Larry, por sua vez, não hesitou nem por um momento; sabia que Elvis precisava dele, estava ciente, por meio de suas conversas, que o cantor sentia sua falta, e a recíproca era verdadeira. Sabia, também, que a atmosfera ao redor dele era bem diferente daquela de tempos atrás. Até mesmo o Coronel Parker, Larry percebeu, já não podia mais se dar ao luxo de suspeitar tanto dele – agora, o foco era apenas manter o show funcionando.

O primeiro show, em San Antonio, foi um "desempenho opaco", segundo uma resenha, mas um sucesso com base nos novos parâmetros em que estavam atuando. Após o show, todo mundo procurou se tranquilizar: quem sabe Elvis fosse responder positivamente ao novo regime estabelecido pelo novo médico. A segunda data, a matinê no Summit em Houston, dissipou essas ilusões. Elvis estava tão "dopado", conforme o testemunho de vários membros da trupe, que pairaram dúvidas sobre se ia conseguir. Subiu ao palco, mas mal conseguiu falar, muito menos andar. Uma performance vergonhosa. Todo mundo se perguntava: por mais quanto tempo ele vai conseguir continuar? O Coronel presenciou todo o espetáculo e não se conteve. Elvis não só testava até que ponto o público o amava e se mantinha leal a ele, como também testava a paciência das forças de segurança. Para o pânico do Coronel, os policiais de Houston que vieram reforçar a segurança começaram a falar abertamente entre eles sobre a condição de Elvis. Bastava só um caçador de glórias interessado em ser o responsável por derrubar Elvis Presley. Afinal de contas, *todo mundo sabia* – era impossível negar as evidências.

Sem demora, tirou Elvis da cidade e pediu ao velho amigo Bill Williams, diretor de entretenimento do Houston Livestock Show and Rodeo, que colocasse panos quentes com a polícia. Uma coisa não pôde evitar, porém: na manhã seguinte, uma resenha foi publicada no *Houston Post*. "Elvis Presley vem partindo corações há mais de 20 anos", começava o crítico Bob Claypool, fã de longa data, "e, sábado à tarde no Summit – de um modo totalmente novo e inesperado –, ele partiu o meu". Descreveu o show como "*horrível*, uma confusão deprimente, incoerente e amadora, protagonizada por um vulto cambaleante, balbuciante e inchado, que não agia como 'Rei' de nada, muito menos do rock'n'roll". Os fãs, observou Claypool, nem notaram; "fiéis como sempre, se aproximaram do palco com presentes (uma pintura de Elvis e bichos de pelúcia, desde ursinhos até um cachorro de 1,80 metro)". Aquilo suscitava uma pergunta: os fãs continuariam vindo sempre, "por mais sofrível, enfermo e *desatencioso* que ele estivesse? Para alguns de nós, porém, as coisas nunca mais seriam iguais. O homem que nos deu o mito original do rock'n'roll – o homem que o criou e o *vivenciou* – agora estava, por algum motivo, tomando tudo de volta".

Aquela noite, o Coronel mandou Joe ligar para o dr. Nick. Precisavam dele, disse Joe ao médico de Memphis, deixando claro que falava não só por si, mas também pelo Coronel. Nick considerou aquilo o mais próximo de um pedido de desculpas que ia conseguir – e era a primeira vez que o Coronel lhe pedia um favor. O doutor respondeu que voltaria a integrar a equipe da turnê com alegria, se essa fosse a vontade de Elvis. Pouco tempo depois, o cantor ligou e pediu que ele voltasse, e Nick os encontrou em Mobile no dia seguinte.

O doutor procurou descobrir a raiz do problema, e uma conversa com Tish, a enfermeira, facilitou a tarefa. Como sempre, a questão girava em torno de acesso e posologia, e Nick logo recolocou as coisas na proporção adequada. O novo protocolo de dispensação de remédios levou em conta o efeito potencialmente debilitante do Donnatal na fala e nas funções motoras. Além disso, introduziu uma série de placebos no coquetel de depressores que Elvis requeria para dormir todas as noites. Com a reinstituição dessas medidas pragmáticas, foi possível dar continuidade à turnê. De novo, quase todo mundo pôde voltar a fingir que não havia nada realmente errado. Não foi o caso de Bitsy Mott, cunhado do Coronel, ex-diretor de segurança de Elvis – saiu após desentender-se com o Coronel não muito tempo depois do retorno de Elvis às apresentações ao vivo. Ele e a esposa não viam Elvis havia algum tempo quando o show chegou a Tampa, em 2 de setembro. Antes da apresentação, o casal foi visitá-lo no camarim e ficou chocado com a aparência do cantor. O choque só aumentou quando Elvis subiu ao palco. Enquanto os dois assistiam, lágrimas correram em suas faces. Foram embora antes de o show terminar, sem ao menos se despedir do Coronel, que parecia tão abatido quanto eles.

No fim da turnê, boatos voltaram a chegar aos ouvidos de Elvis: Red, Sonny e Hebler planejavam escrever um livro, expondo os bastidores e revelando aos fãs um mundo que eles nunca imaginaram. Os rumores sobre esse livro começaram praticamente no dia em que Vernon os dispensou, mas Elvis insistiu que isso nunca aconteceria, que Red e Sonny nunca o trairiam dessa maneira. Agora já não tinha tanta certeza assim. O trio de ex-guarda-costas descontentes primeiro abordou Rick Husky, depois o ex-crítico do *Los Angeles Herald-Examiner*, Frank Lieberman, para atuar como colaborador deles, convidando inclusive Jerry Schilling para participar. Agora, Elvis ficou sabendo que tinham assinado um acordo com o repórter da *Star*, Steve Dunleavy, e brincou cinicamente com os caras que sobraram: quem seria o próximo a virar repórter de tabloide? Mas no fundo não disfarçou seus verdadeiros sentimentos com as pessoas mais próximas. Na visão de Linda, "ele andava sobressaltado, com raiva, ferido – um menino, mais frágil do que nunca. Nem percebia que também havia feito algo realmente doloroso para eles".

No início de outubro, voou até a Califórnia para ficar com Linda em seu novo apartamento e comprar uma Ferrari. John O'Grady e Ed Hookstratten insistiam para que ele desse um jeito de interromper o projeto do livro. O'Grady e Elvis confabularam sobre o assunto. O detetive particular acreditava que Red, Sonny e Hebler ainda podiam ser comprados. Também ligou para Jerry Schilling e o convidou para uma visita ao apartamento, ostensivamente para lhe agradecer por ter recusado a oferta de Red e Sonny. Jerry ainda estava lá quando O'Grady passou para relatar o fracasso de sua missão. Tinha oferecido a cada um deles 50 mil dólares, além de um "seguro-desemprego", destinado a cursos para um novo ramo de trabalho. O trio rejeitou a oferta. Estavam muito envolvidos para recuar agora. O'Grady tinha ido à reunião com um gravador escondido e se ofereceu para reproduzir uma fita da conversa, mas Elvis não se interessou. O investigador particular sugeriu uma série de outras alternativas que beiravam a intimidação direta, mas Elvis não mordeu a isca. Disse que tinha certeza de que resolveria as coisas, se tivesse a chance de falar com eles.

Menos de uma semana depois, em 12 de outubro, um dia depois de voltar a Graceland, teve a oportunidade. Red havia ligado na tarde anterior, e Charlie explicou que tinham acabado de chegar e Elvis já estava dormindo. Red não acreditou nele e deixou isso bem claro. Com raiva, acusou o cantor de estar chapado e ouvindo na linha do andar de cima. No dia seguinte, Elvis ligou de volta. Amanhecia na Califórnia. "Acho que devo uma explicação a você", começou ele, na voz frágil e arrastada com a qual Red tinha se acostumado ao longo do último ano em que trabalhou para Elvis. O que tinha ocorrido se devia a uma combinação de fatores: a doença de Vernon, "excesso de pressão" no assunto do raquetebol, todos os processos judiciais e, o pior de tudo, "não sei se você ouviu, mas estavam tentando provar que éramos loucos... Gente influente verificando prontuários psiquiátricos".

Red tentou recolocar a conversa nos trilhos. "Nem acreditei. Você deixou a cidade. Seu pai me ligou e falou em cortar as despesas e nos deu aviso-prévio de uma semana. Os cules do Oriente ganham duas semanas de aviso."

Elvis respondeu que não sabia nada a respeito desse lance de uma semana. Tentou se explicar: "Foi como um fusível queimado, uma série de coisas. Só isso. Se eu pudesse explicar tudo, tim-tim por tim-tim, você entenderia". As coisas que já havia mencionado, a maneira como partes não identificadas tentavam "estabelecer um padrão de insanidade e violência", o fato de "a diversão ter cessado".

"Acho que toda essa pressão levou à nossa dispensa", disse Red desanimado, buscando uma agenda própria. "Um choque e tanto. Estávamos falidos. Vendi minha casa. Odiei ter que fazer isso."

> ELVIS (surpreso): Vendeu sua casa?
>
> RED: Pois é... odiei ter que fazer isso. Situação crítica.
>
> ELVIS (filosoficamente): Bem, acho que esse tipo de situação nunca é bom. Também passei por maus bocados...
>
> RED: Entendo. Mas se eu tivesse ouvido diretamente de você, teria sido mais fácil de aceitar.
>
> ELVIS: Bem, não faço isso nos negócios e coisas dessa natureza.

Falaram numa gama de assuntos, sempre voltando à mesma coisa. Com Hebler, a exemplo do lance do raquetebol, ele tinha ficado muito decepcionado. "Acho que me tornei um cifrão… Nesse processo, ele perdeu Elvis de vista. É fácil de acontecer isso. E cara, foi isso que aconteceu. Eu me tornei um objeto, não uma pessoa. Não sou um cifrão, essa imagem, sou eu mesmo."

Então trouxe à tona uma questão ainda não mencionada. Sabia o que Red pensava, sabia o que Red havia dito a Charlie no dia anterior, "[mas] você está muito equivocado numa coisa... e não vá ficar paranoico. Estou falando com você como amigo. Não tem ninguém ouvindo na extensão e não tem mais ninguém aqui comigo. E minha vida não está ferrada, de jeito algum. Ao contrário, nunca estive em melhores condições na minha vida."

"Você *andou* se ferrando muito", ponderou Red. "É a isso que me refiro."

Elvis pareceu ler nisso uma referência ao seu divórcio de 1973, que por sua vez desencadeou um pedido de desculpas tardio pela exclusão de Red do casamento, nove anos antes. Mas "isso é página virada. Eu nem sabia quem estava ali naquele cubículo do tamanho de um banheiro, com o juiz da Suprema Corte. Aconteceu tão rápido que nem percebi que estava casado... Não foi culpa minha. Não tive nada a ver com..."

> RED: Vamos nos deter nos últimos dois, três anos. Vamos encarar a realidade, você não tem se divertido mais.
>
> ELVIS: Eu aprecio o meu trabalho…
>
> RED: Você nos deixou muito preocupados.
>
> ELVIS: Você se preocupou tanto comigo que se voltou contra mim e tentou me magoar. Sabe, sei como é isso.
>
> RED: Bem, isso foi depois que você me magoou. Você me magoou muito, magoou a minha família.
>
> ELVIS: Só sei que havia atritos no grupo, vibrações ruins, gente com medo de mudar... Sabe-se lá que diabos estavam ouvindo, que tipo de informações estavam recebendo? Só sei que deve ter sido muito tenso...
>
> RED: Você precisa cuidar da saúde, Elvis. Há um tempo você não tem sido saudável.
>
> ELVIS: Sou, sim. Fiz um *checkup* completo da cabeça aos pés... Fico ouvindo essa merda sobre estar gordo e na meia-idade.
>
> RED: Não, não, você comia muito, mas não estava gordo, a gente percebia que o problema era outro, algo errado por dentro. Se eu tocasse no assunto, você se irritava e não me dava ouvidos.

Elvis preferiu tomar isso como uma referência a seus antigos problemas intestinais e apressou-se a garantir a Red: haviam sido resolvidos. Além disso, era melhor Red parar de insinuar que havia algo errado, pois não havia nada de errado com ele; o cerne do problema era a falha geral de comunicação no grupo como um todo. "Vibrações negativas... Eu sentia os fluidos negativos, mas não conseguia identificar exatamente o que era. E cheguei ao ponto de ebulição. Foi uma coisa temporária... A sensação que eu tinha era de que não conseguia me comunicar com ninguém. Fiquei me sentindo terrivelmente só, sabe, como aquele número oito [da numerologia]. A [interpretação] que diz que eles têm o coração intensamente só." Ele se sentia assim, explicou, e sabia que Red também se sentia assim – porque Red também era um número oito. Os números oitos tinham "corações afetuosos com relação aos oprimidos. Mas escondem [seus] sentimentos e fazem o que bem entendem".

A essa altura, Red concluiu que a conversa não ia a lugar nenhum. Elvis continuou: "Fiquei chateado com aquilo que você disse ao Charlie, que estou todo ferrado. Não é verdade. Tenho uma filha, tenho uma vida. De que adianta ganhar o mundo inteiro e perder a sua alma?* Eu amo cantar... desde meus dois anos de idade". Na verdade, ele e Charlie havia poucos minutos estavam cantando, e sentiram a falta de Red, sentiam a falta dele no coro de "Love Is a Many Splendored Thing". Red respondeu: o que ele poderia dizer? Sentia falta de cantar. Elvis emendou: "Olha só, cuide-se e cuide de sua família, e se precisar de mim para alguma coisa, vou ficar mais do que feliz em ajudar. Estou falando sério. Não dou a mínima... E isso não tem nada a ver com artigos ou publicações, nada dessa merda que andam falando... Só ouvi boatos e fofocas. Nunca me sentei com ninguém que tenha me explicado isso. Só sei que conheço você como pessoa, e conheço a Pat [esposa de Red]... se tiver algo a meu alcance, um modo de conseguir um emprego, ou qualquer outra coisa, me avise". Red expressou sua gratidão em nome de si mesmo e de sua família, que, repetiu ele, também estava magoada.

* Elvis cita Marcos 8:36. "Pois, que adianta ao homem ganhar o mundo inteiro e perder a sua alma?". (N. de T.)

O que deu a Elvis a oportunidade de novamente enfatizar seus próprios sentimentos de rejeição.

> Todos nós estamos magoados. É como aquela canção, "Desiderata": "*Listen to the dull and ignorant, because they, too, have a story to tell*" ("Escute os estúpidos e ignorantes, porque eles também têm uma história a contar").* E o Hank Williams escreveu: "*You never walked in that man's shoes and saw things through his eyes*" ("Você nunca se colocou nos sapatos daquele homem nem enxergou as coisas através de seus olhos"). Analisando a situação toda, consigo ver, consigo ver com clareza. Por isso, estou falando, se algo estiver a meu alcance... Preocupado com o livro? Da minha parte, não. Faça o que precisar fazer. Só desejo que você e a Pat saibam que ainda estou aqui.

Dois dias depois, voltou à estrada para mais uma turnê de duas semanas, mais US$ 1 milhão para rachar com o Coronel. Se pairasse qualquer dúvida sobre o resultado de sua conversa com Red, ou o *status* do relacionamento deles, foi dissipada no artigo de Steve Dunleavy, na edição de 26 de outubro da *Star*, no meio da turnê. Com a manchete "Elvis faz apelo dramático a ex-guarda-costas: não escreva esse livro sobre mim", citava extensos trechos da conversa dele com Red, claramente gravada sem o conhecimento do cantor. Na conclusão, Red dizia ao repórter, identificado pela *Star* como autor do livro vindouro: "Você não convive com um homem desde a infância e não sente algo por ele… Só quero que ele fique bem".

* A letra da canção se inspira no poema de Max Ehrmann, "Desiderata of Happinness", cujo verso é: "*Listen to others, even to the dull and the ignorant; they too have their story*". (N. de T.)

Em 29 de outubro, dois dias após o fim da turnê, outra sessão de gravação estava marcada em Graceland, mas dessa vez Elvis quase nem teve entusiasmo para começar. A noite se arrastou, mas, de alguma forma, conseguiram três faixas. "Ele apenas parecia estar desinteressado", disse o pianista Tony Brown. "Não conseguia manter o ritmo, não conseguia manter o foco. Cada vez que gravávamos uma canção, subia a escada e ficava no quarto umas duas horas, e a gente lá, esperando." Como ele fez na sessão de gravação em domicílio anterior, convidou diferentes membros da banda para subir ao quarto dele, em vários momentos da comprida noite. Dessa vez, distribuiu peças de roupa como presentes, incluindo um conjunto completo "Superfly", de 1973, com o qual ele achava que J. D. Sumner and the Stamps poderiam melhorar sua imagem.

Na segunda noite, por um tempo, pareceu que Elvis nem ia descer. Enquanto isso, Felton orientou os músicos a tocarem faixas instrumentais, até que, por fim, ele surgiu, relutante. Começou a trabalhar em "He'll Have to Go", hit clássico de 1959 do cantor country Jim Reeves, mas assim que o fez, chegou um caminhão com algumas motocicletas que ele havia encomendado. Elvis insistiu para que todo mundo saísse para assistir à descarga. Depois, resolveu testá-las em curtos trajetos de ida e volta até o portão ou até a casa de Linda, na esquina. Por fim, toda e qualquer pretensão de continuar a sessão foi por água abaixo quando Elvis mais uma vez subiu ao quarto. Um tempinho depois emergiu com uma metralhadora Thompson com a qual ameaçou afavelmente arrebentar os alto-falantes. Estaria brincando ou não? Ninguém tinha certeza. E Felton se viu num dilema: valia a pena tentar convencer os músicos a esperar mais um ou dois dias para ver se Elvis ia parar com aquilo? O próprio Elvis pôs fim a qualquer especulação: pediu desculpas e declarou que andava muito distraído para continuar. Disse que estava chateado com o livro de Red e Sonny, não conseguia entrar no estado de espírito certo para gravar – mas em breve todos se reuniriam de novo em circunstâncias mais felizes, talvez em Nashville.

Com esse fardo a menos, dedicou-se ao problema de conduzir todos para suas respectivas casas com um foco e uma energia inéditos nos últimos dois dias. Os cantores e músicos da Costa Oeste seriam transportados a Los Angeles pelo *Lisa Marie* e recebidos no aeroporto por seu motorista Gerald Peters, enquanto providências semelhantes foram tomadas para David Briggs, Tony Brown e Chip Young voarem a Nashville, no JetStar. Por fim, apesar das objeções vociferantes de Joe, presenteou J. D. Sumner com sua limusine Lincoln branca. Assim, J. D. and the Stamps (a quem havia dado um ônibus de excursão em julho anterior) poderiam fazer a viagem de volta para casa em grande estilo.

Nas três semanas seguintes, parece que só ficou procurando um lugar para pousar. Por capricho, voou a Denver, Vegas ou Palm Springs, e a Dallas para comer um hambúrguer. Em casa, no quarto, ele se debruçava sobre os livros e, sempre que um plano sério vinha à tona, consultava *o Livro dos números*.* Parte do tempo, Linda estava por perto, mas ela parecia mais empenhada do que nunca em sua carreira como atriz, e mesmo quando estava em Memphis, passava mais tempo na casa dela do que em Graceland. De vez em quando, George Klein providenciava um encontro de Elvis com uma ou outra garota, e ele namorou um pouquinho, mas o coração do cantor não estava focado nisso. Precisava de algo mais – a vida dele era uma vastidão deserta. Foi quando, em 19 de novembro, conheceu Ginger Alden.

George trouxe as três irmãs Alden para visitar Graceland. Ele achava que Elvis ia se interessar por Terry, a irmã do meio, de 22 anos, atual Miss Tennessee. Mas trouxe também Rosemary, a irmã mais velha, e Ginger, a caçula. As três esperaram um tempão no andar de baixo. Foram avisadas de que Elvis estava treinando caratê. Quando enfim foram conduzidas aos aposentos privados do cantor, Elvis quase de imediato mostrou preferência por Ginger, de 19 anos, ex-Miss Segurança no

---

* *Cheiro's Book of Numbers*, do irlandês William John Warner (1866-1936). (N. de T.)

Trânsito e atual Miss Mid-South Fair, a quem ele disse: "Ginger, você abriu um buraco fumegante em mim". Nitidamente, Ginger não se sentiu à vontade com tanta atenção – na verdade, ela mal disse uma palavra depois que as irmãs saíram –, mas Elvis nem deu bola. Afinal, aparentemente, ela escutou e observou com atenção enquanto o cantor mostrava os livros para ela e explicava que o número oito era solitário. Estava quase raiando o dia quando ele mandou um dos caras levá-la para casa. O tempo todo se comportou como um perfeito cavalheiro, informou ela à mãe e às irmãs, que aguardavam ansiosas pelo relatório dela.

No dia seguinte, ele ligou, a princípio oferecendo a ela um passeio na Ferrari nova, "mas então decidiu que eu ainda não estava pronta para isso, porque o carro andava muito rápido". Em vez disso, ele a convidou para ir ao aeroporto com ele, a bordo do Stutz, para dar uma volta no JetStar e observar a silhueta dos prédios de Memphis à noite. Assegurou a ela que seria um passeio em ambiente familiar – a prima dele, Patsy, e o marido dela, Gee Gee, os acompanhariam. E usou o mesmo argumento quando teve a repentina ideia de esticar o passeio até Las Vegas. Ginger protestou dizendo que precisava ligar para a mãe primeiro, mas Elvis disse a ela que poderia fazer isso ao chegarem lá, e se a mãe dela não gostasse, simplesmente voltariam para casa na mesma hora. Ginger ligou pensando que a mãe ficaria chateada, mas a reação de Jo Alden a surpreendeu. Pareceu quase incentivar a filha mais nova em sua mais recente conquista. Limitou-se a aconselhar a filha a estar de volta no dia seguinte.

Ginger ficou um pouco decepcionada por não ter a chance de conhecer melhor Vegas: foram direto à suíte de Elvis, e tudo o que o cantor lhe pediu foi que vestisse um pijama bem folgado e viesse para a cama. Ela ficou um pouco apreensiva com o pijama, mas ele jurou solenemente para ela: a base da atração que ele sentia por ela era espiritual, não carnal. Ginger seria tratada como uma dama o tempo todo. Ela ficou em dúvida se devia ou não acreditar nele, mas começou a ler em voz alta para o cantor, até Elvis cair no sono. Os dois ficaram ali, lado a lado, inocentemente, até o dia seguinte.

Com certeza, foi “um tipo diferente de encontro”, e Ginger sabia que seu namorado não ia curtir aquilo, mas a mãe e as irmãs dela lhe disseram que seria muita tolice ignorar uma oportunidade dessas. Uma semana depois, quando Elvis ligou de São Francisco, no quinto dia da nova turnê, ela não pensou duas vezes. O cantor queria que Ginger viesse ficar com ele naquele mesmo dia, explicou, e ia mandar o JetStar para buscá-la – conseguiria se aprontar em algumas horas? Ela fez a mala e chegou a São Francisco na manhã seguinte, mas passou o dia sem vê-lo, nem foi convidada para assistir à sua apresentação naquela noite. Ele a encontraria logo após o show, os caras ficaram repetindo para ela; primeiro precisava resolver um probleminha. Por fim, foi dormir faminta e deprimida, sem sonhar que o problema de Elvis era que Linda ainda estava com ele na turnê.

Desde o início, Linda suspeitou muito que Elvis planejava mandar buscar outra pessoa de avião. As suspeitas dela só aumentaram quando ele sugeriu, com aquele olhar furtivo de garotinho, que ela parecia meio cansada. Talvez fosse melhor ela embarcar no JetStar de volta a Memphis. Disse que ia ficar bem e ia tirar um tempinho para si mesmo. Só para variar, ela resolveu não facilitar as coisas para Elvis. Ele não sabia que ela adorava fazer compras em São Francisco? E logo desafiou a história do cantor. “Falei: ‘Vai trazer outra moça pra cá, não é? Vai trazer outra’. ‘Claro que não, querida.’ E ele me pegou pela cintura e disse: ‘Só quero que você saiba, não importa o que disserem, não importa o que você ler, não importa o que você ouvir, eu só amo uma mulher: você’. Olhos nos olhos, voltei a perguntar: ‘Trouxe outra moça para cá?’. ‘Não, meu bem.’ E respondi: ‘Tá bem...’, num tom sarcástico. Em geral, se ele dissesse algo como ‘É só você que eu amo’, eu teria dito algo do tipo ‘Ah, você é tão doce’, mas dessa vez me afastei e disse apenas ‘OK...’, como quem diz: ‘Sim. Claro. Com certeza’.”

Talvez fosse porque ela própria também escondia um segredinho. Sem que Elvis soubesse de nada, Linda tinha começado um relacionamento com o pianista David Briggs. “A antítese completa de Elvis. Quer dizer, barbudo, calça jeans, discreto, sem ego, não 'bonito' pelos padrões tradicionais. Um cara que me fazia não dar tanta importância às coisas. Daí pensei, quer saber de uma coisa? Depois de Elvis existe vida." Gostavam de pensar que tinham sido reunidos não só pelo destino, mas pelo próprio Elvis, que insistia para que os dois saíssem para se divertir e fazer todas as coisas que ele não podia, como aproveitar os restaurantes e as lojas nas mais variadas cidades, durante as turnês. O gatilho que desencadeou tudo, porém, foram as noites em que Elvis estava completamente fora da casa ou em meio a um de seus intermináveis colóquios com Larry Geller, diálogos que não deixavam espaço para mais ninguém participar. Nessas noites, ela sentiu que simplesmente tinha que escapulir. Então, começou a jogar baralho com os caras, no início da turnê de fins de agosto. Logo, o relacionamento entre ela e David foi se tornando mais íntimo. A princípio, mantiveram a ficção de que a proximidade deles era só uma parte da camaradagem geral. Todos os outros observaram aquilo com uma curiosidade compulsiva. Algo parecia estar acontecendo, mas estaria mesmo acontecendo? Mesmo após se tornar óbvio, os dois amantes fingiram que ainda era um segredo só deles. O resto da trupe já especulava nervosamente: quanto tempo Elvis levaria para descobrir?

Foi com esse pano de fundo que Linda partiu, e talvez por esse motivo que ela tenha, pela primeira vez, se sentido forçada a adotar uma camada protetora de cinismo em seu relacionamento de quatro anos com Elvis. Antes tarde do que nunca, percebeu que precisava ir embora, mas não tinha coragem para se afastar; agora que a oportunidade surgiu, aproveitou, não sem antes primeiro ir às compras. Ao se despedirem, falaram em se reencontrar em Memphis. Para Linda, entretanto, isso foi um divisor de águas em sua vida. De uma vez por todas, reconheceu: não havia nada que ela pudesse fazer, "ele iria em frente, devagarinho, até se matar, não importa o que eu fizesse. Eu não conseguia fazê-lo feliz e sabia que ele não ia mudar. Então fui embora".

Na noite seguinte, Ginger foi ao show em Anaheim, a última data da turnê, e a melhora na performance de Elvis foi comentada até por seus críticos mais mordazes. Inspirou-se com a presença de Ginger, confessou mais tarde a Larry Geller – achava que com essa garota a coisa era séria. Após o show, ficaram acordados a noite toda, conversando, sem trocarem um beijo sequer. Começou a crer que havia descoberto o amor num plano superior. No fim da turnê, foram direto a Vegas. Ginger queria voltar para casa por uns dias – alegou que sentia falta da família –, mas Elvis disse que precisava dela, e ela ficou. Alguns dos caras resmungavam que essa moça não era para valer, era só uma pequena que não tinha nem ideia de como cuidar dele, mas Elvis não lhes deu ouvidos. Larry anotou em seu diário: "Por quanto tempo os remédios e os sentimentos dele por Ginger vão mantê-lo com as vibrações em alta?".

Pelo que se viu, não por muito tempo. A temporada em Vegas começou com um bom pique, mas tanto fãs quanto outros observadores logo notaram que Elvis foi perdendo o gás. Ao cabo da primeira semana, já parecia "muito cansado e muito triste", de acordo com o relato de uma fã. Na maior parte do tempo, falava pelos cotovelos, mas parecia estar preocupado e de mau humor. No dia 6 de dezembro, reclamou do sistema de som e interrompeu o show, alegando uma torção no tornozelo, algo muito dolorido, que o impediu de continuar. No dia 10 de dezembro, fez um aparte casual: "Odeio Las Vegas", e foi aplaudido pela multidão. No fim da música seguinte, relatou a leal fã Martha Collins no *Worldwide Elvis News Service Weekly*, com sede na Grã-Bretanha, ele "tirou o microfone do suporte e perguntou: 'Alguém quer esse filho da puta de lata?'". Em resposta, a plateia "aplaudiu loucamente". Elvis continuou: "Nem adianta subir aqui e tentar cantar, porque esses malditos microfones são [tão] baratos. Não vou fazer isso, sabe. Porque esse é meu ganha-pão, pessoal, a minha vida".

Ginger e o show dividiam sua atenção em igual medida. Mandou "Sir Gerald" buscar um mimo para ela na Costa: um Lincoln Mark V edição especial, todo branco. E quando Ginger avisou que estava com saudades de casa novamente, mandou trazer de avião toda a família dela para o fim da temporada. A mãe de Ginger, muito à vontade, deu entrevistas à imprensa. Por enquanto, declarou ela, boatos de casamento eram prematuros. O Lincoln Continental que Elvis tinha dado à filha dela não deveria ser interpretado como um presente de noivado – ao menos até o momento.

Outras preocupações mais prementes surgiram. Em 9 de dezembro, Vernon foi internado no Sunrise Hospital com sintomas de ataque cardíaco, mas acabou sendo só um susto. Boatos corriam sobre o Coronel ter perdido mais de 1 milhão de dólares na mesa de roleta, e seu comportamento estranhamente soturno parecia indicar a veracidade dos boatos. Mas sua maior preocupação ainda era Elvis. "Meu cliente", declarou ele em tom nocivo a alguns surpresos fãs europeus que pediram para ser apresentados a ele, "está fora de controle."

Tornou-se óbvio para todo mundo que convivia com Elvis que ele não andava bem. Larry ficou preocupado com aquela conversa sobre a natureza rejuvenescedora do amor de Elvis por Ginger. Talvez aquele "esforço pelo amor e a atenção dela o estivesse matando". O dia em que Vernon recebeu alta do hospital, Larry se deparou com um Elvis suando em bicas. "Ele me encarou com um olhar estranho e assombrado. Respirava com dificuldade, ofegante, de forma irregular. Tentou se levantar, mas perdeu o equilíbrio. Ao cair, agarrou-se às cortinas com as duas mãos para não desabar... Gemeu: 'É isso... vou apagar. Eu... ah... tomei demais... ou alguém me deu a coisa errada. Acabou... vou deixar meu corpo. Estou morrendo'." Larry deu um jeito de ajudá-lo e procurou o dr. Ghanem, que "disse para eu não me preocupar... checaria Elvis mais tarde".

A última noite da temporada não foi menos perturbadora, especialmente para gente acostumada à atmosfera descontraída e inspiradora em geral associada ao fim das temporadas em Las Vegas. Nessa noite específica, Elvis, dispersivo, claramente não conseguia se concentrar; às vezes, parecia que mal conseguia ficar acordado, escreveu uma fã transtornada, observando que na noite anterior "num aparte, fora do microfone, murmurou para os vocais de apoio: 'Só mais uma noite aqui', e fez uma careta de ânsia de vômito". Quando o televangelista Rex Humbard veio ao camarim visitá-lo, Elvis agarrou com unhas e dentes a oportunidade e perguntou: será que não deveria abandonar a carreira e se dedicar ao Senhor? Encontrou conforto momentâneo ao ouvir do clérigo que usar seu talento e proporcionar lazer a tanta gente é um modo de realizar a obra do Senhor. Nisso, Elvis começou a falar sobre o Armagedom e a Segunda Vinda de Cristo, e, conforme o relato de Humbard: "Peguei as duas mãos dele nas minhas e disse: 'Elvis, agora eu gostaria de rezar por você'. Ele respondeu: 'Reze, por favor', e começou a soluçar".

A reportagem que Bill Burk escreveu no *Memphis Press-Scimitar*, em 15 de dezembro, três dias após o fim da temporada em Las Vegas, apresentava o tipo de reação bondosa de alguém que se importava com Elvis Presley. "Quem assistiu ao show de encerramento de Elvis Presley no Las Vegas Hilton", escreveu Burk, apoiador de longa data, "foi embora imaginando: quanto tempo vai demorar até chegar o fim, talvez um fim repentino? E por que o Rei do Rock'n'Roll se submeteria a fazer um papel ridículo, subindo ao palco tão despreparado? Continuar por quê? Por causa da fama? É talvez o artista mais conhecido e amado de todos os tempos... Pela grana? [Burk descarta a ideia de que Elvis estivesse precisando de dinheiro.] Isso pode parecer a opinião de uma pessoa. Não é... E ainda continuam voltando, e vão lotar sua próxima turnê, que começa em 27 de dezembro em Wichita e termina na véspera de Ano-Novo em Pittsburgh. Uma vez rei, sempre rei. Talvez seja isso. E talvez ainda estejam vindo porque acham que pode ser a última vez."

Elvis com Terry e Ginger Alden, Havaí, março de 1977
(Cortesia de Joseph A. Tunzi, J.A.T. Publishing)

ELVIS, O QUE ACONTECEU?

Janeiro a junho de 1977

Conforme prometido, Elvis concordou com uma nova data de gravação em Nashville para compensar a desastrosa sessão de novembro em Graceland. Na esperança de criar uma atmosfera propícia em um ambiente completamente novo, Felton agendou uma semana no Creative Workshop, estúdio de Buzz Cason, confortável e moderno, com o qual todos os músicos de Nashville estavam familiarizados, e onde apostava que Elvis rapidamente se sentiria em casa. A sessão começaria em 20 de janeiro, e tudo corria de acordo com o planejado até Felton ouvir de Joe, poucas horas antes do início da sessão: surgiu um imprevisto e Elvis teve que atrasar sua partida de Memphis. Só chegaria no dia seguinte. No dia 21, com todos os músicos reunidos, Felton recebeu outra ligação de Joe. Elvis estava em Nashville, mas ia ficar no hotel mais um tempinho, pois não estava se sentindo muito bem. Felton indagou se deveria segurar os músicos, e Joe disse que achava que sim, ao menos por enquanto. Durante a noite, no entanto, a situação piorou. O problema na garganta de Elvis se agravou e um médico foi chamado para confirmar a existência do problema. Resultado: Felton teve que mandar todos para casa.

Joe, Charlie e o resto dos caras sabiam: o que incomodava Elvis não era dor de garganta, mas orgulho ferido e coração magoado. Na última hora, Ginger se recusou a acompanhá-lo a Nashville. Tiveram uma discussão feia sobre isso, e ele ameaçou nem ir, mas ela permaneceu inflexível, inventando uma desculpa atrás da outra, incluindo o fato de nunca ter gostado de Nashville. A garganta era só uma maneira de fazer Ginger sentir pena dele, concluiu Billy, o primo de Elvis. Afinal, antes mesmo de partirem de Memphis, o cantor já havia confidenciado a Billy que não planejava gravar: "Se for preciso, vou dizer que estou perdendo a voz". Era como se, de alguma forma, com essa recusa, tentasse se vingar de Ginger – e, por tabela, do Coronel e até da RCA.

Linda era mais motivadora e o teria incentivado. Teria brincado com ele e talvez até o tirado do baixo astral. Havia um consenso entre os caras: Ginger só piorava as coisas. Sob o prisma deles, ela só tinha sido fonte de problemas desde que entrou em cena. Billy e Jo Smith eram os únicos que conseguiam se comunicar com ela, e isso porque a tratavam como se ela fosse uma garotinha. Ela fazia gato-sapato de Elvis, que, por sua vez, não poupava esforços para impressionar Ginger e a família dela. Mas um fato não passou despercebido: a presença dela o animava, como aconteceu na véspera de Ano-Novo, em Pittsburgh, uma de suas melhores performances em muito tempo. Tampouco ninguém duvidava de que ele realmente gostasse dela, embora ninguém entendesse o porquê daquela atração. O mais próximo que chegou de explicar foi quando disse ao dr. Nick que algo nela o lembrava de sua mãe, mas nem Nick, nem ninguém, conseguia ver o que era – ela parecia uma garota do Ensino Médio, lisonjeada por receber toda aquela atenção, mas sem saber o que fazer com aquilo, influenciada mais pelas ambições de sua mãe do que por quaisquer sentimentos profundos próprios.

Esse assunto tinha vindo à tona com frequência em um mês e meio de envolvimento de Elvis com a moça. Quase todos ousaram manifestar suas opiniões de forma bem mais pública do que teriam feito com outras namoradas do cantor. Mas Elvis permanecia imune a argumentos e insinuações, mesmo sendo óbvio que os sentimentos que ele nutria por ela não eram assim tão recíprocos. Certa vez, Billy deu uma sugestão a Elvis: por que não procurava alguém de idade mais compatível, com quem compartilhasse interesses comuns e entabulasse conversas significativas? Elvis respondeu com uma pergunta sexualmente exibicionista: “O que diabos uma mulher de 42 anos seria capaz de fazer por mim?”. Mas para Billy e os demais estava claro que a vida sexual de Elvis andava praticamente adormecida.

Entretanto, para o bem ou para o mal, a sua vida inteira estava dominada por Ginger e seus familiares. Quando o avô de Ginger morreu, Elvis providenciou transporte aéreo para toda a família Alden até Harrison, Arkansas, em 3 de janeiro, para o funeral. Ele e Charlie cantarolaram num coro marcante quando o pastor entoou “Amazing Grace”. No dia seguinte, levou Ginger e a irmã dela, Rosemary, a Palm Springs, onde comemorou seu aniversário no fim de semana, em um ambiente doméstico e tranquilo. Quando o assunto era casamento, Elvis não mostrava timidez alguma em se manifestar. Foi o que descobriu seu dentista de Beverly Hills, Max Shapiro (especializado em atendimentos domiciliares e na odontologia do “bem-estar”). Shapiro, descrito pelos repórteres Charles Thompson e James Cole como “quase sessentão, franzino, óculos de fundo de garrafa, a peruca de tintura tosca (...) balançando para lá e para cá conforme a animação de Shapiro aumentava”, visitou Elvis para conseguir verbas para fabricar o protótipo de um coração artificial que pretendia desenvolver. A noiva dele o acompanhou, e os dois comentaram os planos de se casar em breve. Elvis, ao saber que o casal já estava habilitado, com proclamas e tudo, e citando seu próprio amor por Ginger como incentivo, insistiu que se casassem na mesma hora. Larry Geller tinha partido havia pouco tempo para Los Angeles, mas, a pedido de Elvis, voou de volta para realizar a cerimônia. Elvis deu as alianças, e Ginger foi a dama de honra. Após o enlace, comentou com Larry sobre um dia realizar uma cerimônia semelhante entre Ginger e ele. Só então o dr. Shapiro pôde voltar a trabalhar nos dentes de Elvis e de Ginger. Ele fazia das tripas coração para agradá-la, mas depois que voltaram da Califórnia, sentia-se cada vez mais frustrado com a necessidade contínua que ela mostrava de se distanciar dele, de ir dormir todas as noites na casa da mãe e irmãs (e, as más línguas diziam, do namorado); inclusive, às vezes, escapulia sorrateiramente após Elvis enfim cair no sono.

Em Nashville, Elvis aparentemente mostrou-se incapaz de se concentrar, abalado após a recente briga com Ginger. Quando Joe ligou para Felton no dia seguinte à chegada deles para dizer que estavam voltando a Memphis sem nem terem saído do hotel, o produtor não se surpreendeu. Até rolou um papo sobre Elvis voltar no início da semana seguinte, caso sua saúde melhorasse. Felton, porém, sabia que isso não aconteceria, e só aproveitou a presença dos músicos para gravar em overdub duas canções da última sessão de Graceland. Uma semana de trabalho perdida, pela qual os músicos receberam pagamento integral. Pela primeira vez, até mesmo os colaboradores mais fiéis e antigos começaram a expressar suas dúvidas. Elvis algum dia seria capaz de voltar ao estúdio de gravação? Por sua vez, Felton parecia sentir nos ombros o peso de suas próprias expectativas frustradas.

Em algumas pessoas, o cancelamento da sessão provocou sentimentos ambíguos, misto de decepção e alívio. Foi o caso do tecladista David Briggs. A princípio, havia se surpreendido com o convite de Elvis. Afinal, ele e Linda agora praticamente moravam juntos. Conhecendo em primeira mão tanto a volubilidade de Elvis quanto o seu descuido com armas de fogo, Linda não queria que ele comparecesse. Porém, David aceitou o convite de Elvis. Considerava-se leal em todos os aspectos, menos em um, e acreditava na capacidade de Elvis ser compreensivo. Seja como for, não ia se deixar dominar pelo medo, dele próprio ou de outra pessoa. Por isso compareceu à sessão sem ter ideia do quanto Elvis sabia, se é que sabia – mas soltaria um suspiro de alívio se ele não soubesse.

A inquietação geral ficou registrada em um artigo publicado no jornal *Nashville Banner*, na semana seguinte. Com surpreendente precisão e detalhes constrangedores, escancarou não só aspectos íntimos do estado emocional de Elvis, mas as profundas fissuras que existiam na equipe de Presley.

"Afirmam que Presley está paranoico e com medo de gravar", escreveu Bill Hance em sua coluna, *Wax Fax*.

> Presley, alegando estar resfriado, foi embora daqui no sábado à noite, prometendo voltar na segunda-feira para cumprir seu contrato de gravação com a RCA e fazer jus a seu próprio slogan, "*Taking Care of Business*". Mas não deu as caras no estúdio, o que, supostamente, deixou a equipe da RCA e o empresário de Elvis, o Coronel Tom Parker, "indignados". Durão, Parker, que comanda a carreira de Presley há quase 20 anos, teria dito ao cantor: "Mexa seu traseiro, entre naquele estúdio e cumpra seu contrato. Caso contrário, não haverá mais turnês". Por sua vez, vários assessores de Presley culpam a nova namorada do cantor, Ginger Alden, 20, de estar "deixando Elvis totalmente em frangalhos". Um dos amigos contou que "uma vez, Ginger resolveu abandonar Elvis... Ele só teve um jeito de obrigá-la a ficar: dando um tiro para o alto. [O artigo segue com declarações que Hance colheu do *staff* do hotel]: "Estão nos deixando loucos... Preocupação exagerada com a segurança. É um entra e sai, um corre-corre, um sobe e desce nos elevadores, tentando se esconder das pessoas. Estão se escondendo de quem? (...) Não apareceu nenhum fã por aqui. Só o pessoal da imprensa".

Quatro dias após voltar para casa, em 26 de janeiro, ele formalmente pediu Ginger em casamento. Explicou que não se tratava só de seu amor por ela, era a conjunção das estrelas. O dia 26 era uma data importante, pois dois mais seis somavam oito, e oito era seu número. Na madrugada, havia ligado a seu joalheiro, Lowell Hays, pedindo um anel de noivado com uma pedra do tamanho de seu diamante do anel TCB. Pela data, precisava do anel naquela mesma noite. Hays foi sincero: impossível localizar outro diamante como aquele em Memphis em tempo tão exíguo. Elvis colocou seu avião à disposição, para que o joalheiro fosse a Nova York. Porém, Lowell o convenceu de que até mesmo em Nova York seria inviável encontrar uma pedra assim e montá-la no prazo solicitado. Por fim, Hays teve a ideia de reutilizar a pedra principal do anel TCB, o diamante de 11 quilates e meio, e incrustá-la no anel de Ginger. Mais tarde, quando conseguissem encontrar um diamante à altura, fariam a reposição no anel de Elvis. Dedicou o dia inteiro para produzir o anel e fez a entrega bem a tempo de Elvis propor a Ginger naquela noite. No banheiro do cantor, Ginger estava sentada na poltrona especial de leitura quando Elvis se aproximou e se ajoelhou sobre um joelho só. Então Ginger ligou para a mãe e, juntos, o casal recebeu os parabéns de Charlie, Vernon e dos filhos de Dee Stanley.

Cinco noites depois, voaram para Las Vegas, com Billy e Jo Smith, depois seguiram até Los Angeles para celebrar o aniversário de 9 anos de Lisa Marie. Um dia depois, já estavam em casa de novo. Às vezes, Ginger se perguntava onde é que ela havia se metido. Ninguém tinha lhe avisado sobre o que esperar, ela não estava preparada para nada daquilo, para um Elvis que precisava dela, desesperadamente, o tempo todo. Uma parte dela começou a sentir que "talvez fosse essa minha razão de ser na Terra. Se eu conseguisse deixar Elvis feliz, eu teria cumprido o meu propósito". Outra parte se questionava por que sempre tinha que ser ela: não havia mais ninguém a quem ele pudesse ligar de vez em quando? Tinha tantos amigos por perto – o que havia de errado com eles? Tentou dizer isso ao cantor, mas ele simplesmente explodiu com ela. Disse que Ginger não entendia. A única razão pela qual os outros estavam por perto era o dinheiro.

Sem a companhia de Ginger, Elvis avisou que se recusaria a começar a próxima turnê. Seria apenas uma turnê curta, dez dias, de 12 a 21 de fevereiro, começando na Flórida e explorando o território do Sudeste, o qual tinha percorrido repetidamente logo que o Coronel se tornou seu empresário. Orlando, Flórida; Montgomery, Alabama; Savannah, Geórgia – pouca coisa parecia ter mudado, à exceção do meio de transporte, o escopo da operação e o cachê que ele recebia no show. Talvez tenha ocorrido a Elvis, a vida dele tinha se transformado em uma longa e infinita série de shows de uma noite só, situação da qual uma fuga se tornava cada vez menos provável.

Mas fazia toda a diferença levar Ginger com ele. Por exemplo, significava que a jovem não sairia correndo para a casa dela à noite. Muitas vezes, após o show, os dois ficavam lendo as obras preferidas de Elvis até que o efeito calmante das palavras e o impacto retardado das pílulas o faziam adormecer. Para Kathy Westmoreland, ele contou o quanto estava feliz, de um modo muito convincente. Ela não teve dúvidas de que a felicidade dele era genuína, mas divisava nuvens no horizonte: a mãe e as irmãs de Ginger. "Ele dizia: 'Ela ama a família dela. Maldição, vou trazer a família inteira'."

Foi o que ele fez quando voltaram a tocar em Johnson City, Tennessee, em 19 de fevereiro, a penúltima noite da turnê. Na noite seguinte, em Charlotte, Carolina do Norte, convidou Terry Alden para subir ao palco. Ao piano, a cunhada dele tocou o número que ela apresentava nos concursos de beleza, uma breve tocata russa. "Você me paga", Terry murmurou a Elvis, que abriu um sorrisinho divertido. A performance dele, em grande parte, refletiu esse bom humor. Porém, no finzinho da noite, sua frustração veio à tona. Em um misto de fúria impotente e bravata, rasgou a partitura com as letras de seu último lançamento, "Moody Blue", quando não conseguiu o tom certo da canção.

Não sem uma certa consternação, os demais músicos estranhavam o fato de David Briggs continuar como integrante da banda. O próprio Briggs sugeriu a Felton que contratasse Bobby Ogdin como seu substituto, mas Elvis deixou claro que não queria. David tomou uma decisão: continuaria aceitando os desejos de Elvis pelo valor nominal. Com orgulho, Elvis continuava a elogiar o talento de David como instrumentista. E, quase todas as noites, quando assumia o piano para tocar sozinho "Unchained Melody", de Roy Hamilton, trocava olhares com David durante a execução. Anteriormente, Elvis já tinha feito algo parecido ao se inspirar na interpretação de Roy Hamilton para outra música, "You'll Never Walk Alone", de Rodgers e Hammerstein. "Unchained Melody" era o tipo de peça de alta dramaticidade, vocalmente desafiadora, quase operística, que servia para inflamar não só o público, mas o próprio Elvis, não importa quão cansado ou letárgico pudesse estar o restante do setlist. Briggs se divertiu com o fato de se tornar uma parte do momento solo de Elvis, "porque havia um trecho de piano, durante a ponte, que Elvis não conseguia tocar. Sempre que ele chegava nessa parte, falava: 'É contigo, David', e eu tocava as notas. Aquilo acabou se tornando um momento cômico do show".

Menos engraçado foi o instante em que ele percebeu que Elvis havia tomado conhecimento sobre o relacionamente entre Briggs e Linda. "Ele havia acabado de subir ao palco, a plateia enlouquecida, e se virou na minha frente e me encarou... Do nada, começou a desplugar os cabos de meu teclado. Então voltou à frente do palco e começou o show. Nunca verbalizou nada, e nunca tive bem certeza do que ele quis dizer com esse gesto. Mas decidi que era hora de vazar."

AS EXPECTATIVAS DE ELVIS de que as coisas iam mudar quando a turnê terminasse deram com os burros n'água. Ginger manteve seus próprios amigos e continuou em íntimo contato com a família dela. Por mais que Elvis se enfurecesse, por mais que se queixasse com Billy e Jo Smith sobre a falta de interesse da noiva, não conseguia mantê-la ao seu lado. Como presente especial, decidiu levá-la ao Havaí. Para isso, planejou duas semanas de férias no início de março. O que a princípio seria uma escapadela a dois logo se transformou numa comitiva de 30 pessoas, com as duas irmãs de Ginger entre as primeiras a serem incluídas. Antes da viagem, na maior parte do tempo, ele não saía de seu quarto, conversando principalmente com Charlie, Billy e o dr. Nick. Também batia papos com Maggie Smith, a estudante universitária que havia contratado como empregada doméstica após comprar um Pontiac para ela durante uma de suas febres de compras compulsivas de veículos, em 1974. Com grande relutância, ela fez uma confidência a Elvis: estava grávida. Só confessou isso porque sabia o quanto ele era protetor e o quanto ele achava importante que ela concluísse a faculdade. "Ele me indagou: eu estava apaixonada? Respondi que não. E acrescentei: 'Na realidade, foi um grande equívoco'. Ele me questionou então: 'Bem, e você acha que vai ser feliz assim?'. E eu disse: 'Não sei'. No silêncio tristonho do segundo piso em Graceland, começamos a chorar juntos. Ele foi muito compreensivo e falou comigo sobre a Bíblia – adorava ler versículos para mim e explicar o significado. Acreditava em reencarnação. Ele me deu uma cópia de *O Profeta*,* pinçava trechos e perguntava o que eu pensava a respeito." Maggie sabia que outras pessoas negras supunham que Elvis era preconceituoso, mas, segundo ela, "não sabiam da verdade. Ele realmente me tratava mais como pai do que como patrão".

Marcaram o voo para a noite de 3 de março, mas primeiro Elvis precisava colocar seus negócios em ordem. Membro do grupo que acompanharia Elvis ao Havaí, o dr. Nick andava cada vez mais endividado com a construção da casa nova. Por isso Elvis lhe emprestou mais 55 mil dólares, além dos 200 mil dólares que já emprestara ao médico. Dessa vez, por insistência de Vernon, com 7% de juros e prazo máximo de 25 anos para quitar. Havia um bom tempo Elvis tinha superado quaisquer sentimentos ruins sobre o negócio das quadras de

* Obra de Khalil Gibran (1883-1931), publicada pela primeira vez em 1923. (N. de T.)

raquetebol, nem que fosse por questões pragmáticas: no momento, o dr. Nick era o único médico que o atendia rotineiramente. Elvis também assinou seu testamento – havia anos, seu pai tentava convencê-lo a fazer isso. Na presença de Vernon e de seu advogado de Memphis, Beecher Smith, e com Ginger, Charlie, e a esposa de Smith, Ann, como testemunhas, Elvis apôs sua assinatura no começo da madrugada. O singelo documento depositava total fé em Vernon como inventariante e administrador do espólio. "A saúde, a educação, a manutenção do conforto e do bem-estar" de Lisa Marie, da vovó e de Vernon foram todas especificamente mencionadas no testamento. Vernon foi autorizado a gastar fundos para "outros parentes meus que estiverem vivos por ocasião de minha morte, e que, a critério absoluto do meu Administrador, precisem de auxílio emergencial para qualquer um dos propósitos mencionados acima", desde que a capacidade do espólio para atender às necessidades dos beneficiários nomeados não fosse afetada. Com a morte de Vernon, todo esse auxílio extra cessaria, e com a de sua avó, todos os montantes seriam destinados a um fundo para sua filha e quaisquer outros filhos matrimoniais que pudesse ter, quando ela, ou eles, atingissem a idade de 25 anos. Ao não destinar outras heranças e tampouco fazer menção específica a qualquer outra pessoa, Elvis sabia que estava jogando por terra as esperanças de longa data de muitos parentes, e muitos de seus amigos também, de que seriam lembrados e financeiramente cuidados. Claro, o testamento não abordava os motivos dessas exclusões. Ao longo dos anos, Elvis mostrara uma grande generosidade num amplo círculo de familiares e amigos. Mas, no fim das contas, não chega a ser surpreendente o fato de ter se voltado ao mesmo grupinho íntimo e isolado que o havia nutrido pela primeira vez, a faixa solitária de segurança que ele, a mãe e o pai ocupavam naquele mundo hostil.

Com os negócios em dia, Elvis decolou rumo ao Havaí, chegando na manhã de 4 de março. A comitiva inteira passou dois dias no Hilton Rainbow Tower, depois Elvis, as irmãs Alden e alguns dos caras se transferiram para uma casa de praia em Kailua, no lado oriental da ilha,* enquanto o resto do grupo continuou no hotel. “Todo mundo aparenta ser mais velho do que é”, alfinetou Larry Geller em seu diário. O mesmo protocolo de costume foi seguido: Ed Parker organizou uma visita ao Centro Cultural Polinésio; Elvis planejou mostrar a Ginger o memorial do U.S.S. *Arizona*, mas cancelou a visita na última hora; e todos se divertiram na praia jogando partidas de futebol americano de contato leve. Todo mundo comentou o quanto Elvis parecia descontraído, às vezes, em companhia de Ginger ou da irmã dela, Rosemary Alden. Ele e Ginger até jogaram pingue-pongue, mas Elvis protestou: se sentia um bobo tentando rebater uma bolinha que não conseguia manter na mesa.

Segundo Larry, foi quase como nos velhos tempos, com todo mundo “relaxando e brincando uns com os outros, e pelas expressões nos rostos de todos, [era] como se tivéssemos morrido e ido para o céu”. Mas se o céu é o limite, as limitações de Elvis na Terra se tornavam cada vez mais visíveis, constatou Larry. Por exemplo, nos jogos de futebol americano, o triste estado físico de Elvis causava preocupação. Os demais buscavam desculpas para fazê-lo desistir do jogo. “Ele recebia o passe”, disse Kalani Simerson, ex-artista que agora operava um serviço de limusine, amigo de Elvis desde o início dos anos 1960, “e saía correndo com a bola, mas não conseguia parar. Simplesmente era incapaz de controlar o próprio corpo. Uma vez deu de cara com o alambrado.”

Não se orientava melhor nem mesmo em atividades menos extenuantes fisicamente. Ao chegarem ao Havaí, Charlie e Larry Geller entraram em contato com Bernard Benson, excêntrico milionário britânico que conheceram em Las Vegas em dezembro, que os incentivou a visitá-lo na próxima ida deles ao Havaí. Voltaram da casa de Benson na maior empolgação. Elvis precisava conhecer o monge tibetano hospedado na casa de Benson! Deram essa informação a Elvis convictos de que seria

* A capital Honolulu, o Hilton Rainbow Tower e a praia de Kailua ficam em Oahu, uma das sete ilhas mais visitadas do arquipélago, junto com Maui, Havaí, Kauai, Molokai, Lanai e Niihau. (N. de T.)

a deixa ideal para tirá-lo de seu estado de fuga dissociativa. Mas Elvis recusou com a estranha passividade de quem parece cansado do mundo. Não precisava conhecer nenhum mestre espiritual agora, respondeu ele – sentia que estava no caminho certo.

Dez dias depois, entrou areia no olho dele. Todo o grupo fez as malas e foi para casa. Preocupado, o dr. Nick quis evitar danos à córnea, seria melhor Elvis se recuperar em Graceland. Ninguém lamentou muito o fato de abreviarem a estada. Para Joe, não passou de um doloroso exercício nostálgico; já Larry vislumbrou poucas melhoras nas perspectivas ou na saúde de Elvis. Quanto ao cantor, era difícil avaliar exatamente como se sentia em relação a isso. Com generosidade característica, escolheu um presente para cada membro da comitiva a fim de servir como lembrança dos bons momentos que tiveram e prometeu a Ginger: da próxima vez, a experiência seria mais intimista. A viagem toda lhe custou algo em torno de 100 mil dólares, confidenciou ele a Larry, mas de que adianta ganhar o mundo inteiro se você não pode compartilhar sua boa fortuna com os amigos?

Billy Smith tinha lá suas dúvidas, dez dias depois: Elvis conseguiria embarcar no avião rumo a Phoenix, para o início da segunda turnê do ano? Após anos de obstinada recusa, Billy concordou em voltar à estrada, tudo por conta de sua preocupação com a saúde do primo. “A ideia era partir na madrugada. Tish [a enfermeira do dr. Nick] aconselhou: ‘Se ele fosse meu filho, eu o levaria ao hospital’. Vernon disse: ‘Bem, faça o que estiver ao seu alcance...’. Então o dr. Nick aplicou várias intravenosas nele... No trajeto rumo ao aeroporto, Elvis foi cabisbaixo, o chapéu tapando os olhos. Não disse uma palavra sequer. Entrou no avião grogue, a fala arrastada... [na noite seguinte], pouco antes de subir ao palco, falou: ‘Achou que eu não ia conseguir, não é?’. Mas foi lá e fez um baita show!”

O principal motivo do problema no dia da partida provavelmente tenha sido a recusa, no último minuto, de Ginger em acompanhá-lo.

Sem ela, Elvis não era ele mesmo, isso era óbvio. Porém, os primeiros shows foram bem recebidos, e os críticos foram obrigados a coçar a cabeça, como aquele crítico de Tempe, Arizona, que declarou: "Musicalmente, Elvis oscila da paródia à quase perfeição (...), mas a leal plateia ficou contente. Ela veio, viu e foi conquistada por Elvis". Ele usava os únicos dois trajes que ainda cabiam. Em Norman, Oklahoma, quase morreu sufocado. Larry e David Stanley o salvaram, percebendo que ele tinha dormido no meio de uma refeição. "Quando tempo ainda resta?", escreveu Larry em seu diário, depois de colocar Elvis na cama sem ele sequer ter notado o perigo que correu. Nesse meio-tempo, os chefes da segurança, Sam Thompson e Dick Grob, elaboraram um plano contingencial para fazer o traslado clandestino do corpo de Elvis a Graceland, caso fosse necessário tentar encobrir uma morte por overdose de substâncias na estrada.

Muitas vezes, tarde da noite, Elvis procurava Billy Smith só para desabafar as coisas que passavam por sua mente. Uma noite, Dick Grob o flagrou vagando pelo corredor e o levou ao quarto de Billy e Jo. Elvis contou ao primo: "Cara, algo incrível acabou de acontecer: enxerguei o rosto de Deus em meu sonho".

Deus tinha se manifestado na forma de "uma luz alva e ofuscante". Quase não pôde encarar o brilho e obviamente continuava abalado com a experiência. Surpreso, Billy assistiu ao primo se deitar com eles na cama, "conversou por uma hora e meia e de repente imergiu em sono profundo. Jo e eu nos entreolhamos, e falei: 'Acho melhor levá-lo de volta ao quarto dele'".

Em Alexandria, Louisiana, fez shows praticamente idênticos, em noites sucessivas, que refletiram muito bem o clima da turnê. "Ficou no palco menos de uma hora", relatou o *Alexandria Daily Town Talk*. "Estava ininteligível... Não se dirigiu ao público, não mencionou o quanto era bom estar em Alexandria, nem disse: 'Espero que apreciem o show'. Ele [apenas] subiu ao palco, fez uns números e chispou dali." Assim como em outras datas, esqueceu as letras, reclamou do som, parou e começou as músicas arbitrariamente; às vezes, transparecia um cansaço quase insuportável. Na segunda noite, adaptou a letra de "Can't Help Falling in Love", canção que sempre arrematava o show, para fazer uma declaração enigmática: "*Wise men know/ When it's time to go...*" ("Homens sábios sabem/ Quando é hora de partir...").*

Na última hora, o show da noite seguinte, em Baton Rouge, teve de ser cancelado. Com a banda no palco, o governador, vários deputados, o chefe de polícia de Baton Rouge e outras autoridades presentes, Tom Hulett recebeu uma ligação do hotel: venha imediatamente, há algo errado. No quarto deparou-se com uma multidão de espectadores preocupados. "Os rostos lívidos, todos sem saber o que fazer... Aquilo nunca tinha acontecido antes." Hulett, que já tinha passado por tudo isso com artistas como Jimi Hendrix, não hesitou nem por um minuto. "Falei: 'Que se foda, vou cancelar, vamos tocar em outra oportunidade'. E, meu Deus, Elvis me encarou como se... quer dizer, ele melhorou. 'E o Coronel?', quis saber ele. Respondi: 'Vou dizer a ele que você está doente'. E tive de apagar um incêndio após o outro."

A primeira providência, enfatizou Hulett, era tirar Elvis da cidade e levá-lo imediatamente ao hospital. Não podiam se dar ao luxo de todo mundo ficar pensando que isso era "só um bando de gente com drogadição vadiando no hotel". Também não queriam uma junta médica de Baton Rouge falando com a imprensa. O dr. Nick ligou ao gestor do Baptist Memorial Hospital, Maurice Elliott, mesmo duvidando de que havia algum problema sério com seu paciente, no sentido físico. Para Nick, Joe Esposito e os demais caras, Elvis só tentava provar algo a Ginger. Mas, ao fim e ao cabo, tudo se resumia no seguinte: ele claramente era incapaz de continuar.

Feito o anúncio, "gritos de protesto e um coro de 'Fomos enganados' encheram o ar". Aos poucos, no entanto, com o auxílio da polícia,

* A letra certa é: "*Wise men say/ Only fools rush in*" ("Homens sábios dizem/ Só os tolos se precipitam" [i.e., se apaixonam]). (N. de T.)

o auditório foi se esvaziando, e a maioria dos fãs se conformou com as promessas de uma nova data a ser marcada. Hulett ligou para o Coronel em Mobile, Alabama, onde ele fazia os preparativos para o show seguinte da turnê. Aceitou a notícia com resignação sombria, limitando-se a indagar: "Ele está mal mesmo?". E começou a cancelar o restante da turnê. A equipe se concentrou em retirar Elvis da cidade, algo mais fácil de falar do que fazer. Já passava da meia-noite quando enfim partiram. Chegando a Memphis, Elvis insistiu em passar em Graceland. Foi internado no hospital às 6h45 da manhã.

Marion Cocke, a enfermeira-chefe, amiga de longa data de Elvis, tinha recebido uma ligação de Graceland informando que ele chegaria em breve. Logo após a internação, ela apareceu e o encontrou totalmente exaurido. Permaneceu com o cantor quase até o meio-dia, conversando baixinho, até que por fim "ele disse: 'Bem, estou muito cansado, acho que vou dormir'. E quis saber: 'Vai estar aqui à noite após seu turno?'. Falei que sim, tinha vindo preparada para isso; eu ia ficar no meu quarto [no que ela sempre ficava, ao lado do dele], na porta ao lado. E, puxa vida, passei para monitorar a situação dele em minhas rondas. Acabou meu turno, fui para cama, e ele dormiu o dia todo, mais do que um dia, aliás, só foi despertar às seis da tarde do outro dia".

Enquanto isso, o Coronel fazia o controle de perdas e danos. Por telefone, explicava a situação e apresentava desculpas aos gestores dos locais de eventos, aproveitando para incorporar os quatro shows cancelados à próxima turnê, programada para começar no fim de maio. Os negócios continuariam como de costume, o Coronel se apressou a garantir a Mel Ilberman, da RCA, que certamente se preocupava não só como executivo da gravadora, mas como chefe da RCA Record Tours, ainda copromotora dos shows. Felizmente reagendou todas as datas, escreveu ele a Ilberman em 4 de abril. E não só isso: devido à sua engenhosa gestão e rigorosa contabilidade, até obteve um pequeno lucro da turnê. Era o primeiro cancelamento em quase sete anos na estrada, lembrou a seu velho parceiro, com inabalável autoconfiança, e uma pitada de humor, ao assinar a carta com o codinome "O Pobre Mágico".

Elvis ficou internado no hospital apenas quatro dias, pois Nick não viu sentido em prolongar a "sentença". Elvis fez Ginger trazer seu anel de noivado para mostrar à sra. Cocke, e Priscilla voou da Califórnia com Lisa Marie, tirando um tempo para combinar com Vernon um novo cronograma de pagamento para os valores do divórcio. Às quatro da manhã de 5 de abril, Elvis embarcou no pequeno e surrado Corvair de Billy, e ao longo de todo o percurso, reclamou, bem-humorado, sobre o fato de Billy não ter vindo de Lincoln.

A nova turnê seria dali a apenas duas semanas, e por um tempo Elvis fez quase nada além de passear em seus carrinhos de golfe e triciclos, às vezes dirigindo na rodovia tarde da noite, o vento batendo no estranho vulto de roupão, pijama e chinelos.

Teve outra discussão com Ginger, e dessa vez avisou: tudo estava acabado entre eles. Por meio de George, Elvis foi apresentado a Alicia Kerwin, bancária de 20 anos, que Jo Smith sabatinou antes de autorizar o acesso ao quarto do andar de cima. Quase instantaneamente ele abriu seu coração a ela, descrevendo sua insatisfação com Ginger e a família dela. Segundo ele, só estavam atrás de seu dinheiro. Com todas as suas excentricidades, pareceu sincero, vulnerável e muito cavalheiresco. Dias mais tarde, quando ele a convidou para passar uns dias em Las Vegas com os Smith, ela aceitou sem titubear. Nessa viagem, ele parecia diferente do outro dia; disperso, com a fala arrastada e comportamento lerdo. Ela ficou muito surpresa com a falta de contato físico por parte dele e não menos surpresa com tantos remédios na mesa de cabeceira e a presença constante do dr. Elias Ghanem na suíte de Elvis. Sem que Alicia soubesse, a presença do médico não era acidental. De acordo com Billy Smith, o motivo real da viagem era "obter mais prescrições de Ghanem". Após outra briga com o dr. Nick, Elvis estava claramente determinado a afirmar sua independência também nessa área, como no setor romântico de sua vida.

De Vegas rumaram a Palm Springs, onde Elvis comprou um carro novo para Alicia e teve outro episódio de falta de ar no meio da noite. Alicia ficou tão alarmada que acordou Billy e Jo. Depois de entrar em contato com um médico de Palm Springs, Billy ligou para o dr. Ghanem, também, a fim de tentar descobrir o que poderia ter causado a estranha combinação de distúrbio respiratório e desorientação total. Após ouvir a descrição de Billy, Ghanem assegurou-lhe que Elvis provavelmente havia tomado muitos comprimidos de Placidyl, mas logo voou até Palm Springs para se certificar de que seu paciente estava bem.

No dia seguinte, Elvis recebeu um telefonema de Vernon que o deixou deprimido e chateado. No fim da conversa, ligou para o Coronel. Mas a breve conversa com o empresário o deixou ainda mais incomodado. Alicia perguntou: qual era o problema? Elvis explicou que os dois estavam zangados com ele, por ter saído sem dizer para onde ia, e o pessoal ficou dois dias tentando localizá-lo. Balançou a cabeça como se aquilo não lhe dissesse respeito. De repente, o humor dele mudou; seja como for, estava na hora de ir para casa, afirmou – a nova turnê começaria em breve. Tomaria providências para que o carro de Alicia fosse enviado a Memphis, Elvis assegurou a ela. Alicia foi deixada com as lembranças de um "namoro relâmpago" de cinco dias, tão intrigante por sua falta de consumação física quanto pelos fatos peculiares que acabaram se consumando. Ela voltou ao trabalho, e Elvis prometeu que ia ligar quando voltasse à cidade. Nesse instante, porém, ela não tinha certeza de como se sentia sobre a continuidade do relacionamento.

Ginger o acompanhou na turnê, que começou em Greensboro, Carolina do Norte, em 21 de abril. Dessa vez, ele estava determinado a mantê-la com ele durante as duas semanas. Quando ela disse que estava com saudades de casa, ele mandou buscar a mãe dela e Rosemary, uma de suas irmãs, para a etapa em Duluth, em 29 de abril. As resenhas sobre sua performance no palco mencionavam desde preocupação com a sua saúde até perplexidade sobre o quanto ele se mostrava descuidado em relação a isso. Um colunista em Detroit simplesmente declarou que "o show foi sofrível". Até mesmo alguns dos fãs também começavam a se decepcionar e a se mostrar mais volúveis em relação a isso. Elvis, contudo, parecia alheio, isolado em seu mundo, confinado no quarto, em meio a seus livros. Recrutou Larry para iniciar a educação espiritual de Ginger. A pedido do cantor, Larry explicou a Ginger a natureza especial da missão de Elvis na Terra. Enquanto isso, Ginger se dedicava a assuntos mais mundanos, como redecorar o banheiro de Graceland em turquesa e branco. Para Larry, o cantor confessou suas preocupações mais inquietantes. Andava preocupado com sua saúde. Andava preocupado com sua aparência. Andava preocupado com o cabelo, que começava a rarear em cima. E, cada vez mais, falava sobre o livro escrito por Red e Sonny. Lisa seria afetada por tudo aquilo? O que o pai e a avó dele iam pensar?

Na etapa em Duluth, circulou a notícia de que o Coronel planejava vender seu contrato. A primeira página do *Nashville Banner* cravou que fontes confiáveis "em Nashville, Memphis e Los Angeles" confirmavam "a decisão de Parker de vender 'o menino', citando problemas de saúde e financeiros como o principal motivo". Segundo o relato, o Coronel perdeu uma grana alta "nas mesas de jogo do Las Vegas Hilton Hotel". E citava um informante: "O Coronel não está necessariamente falido, só precisa de uma bolada, algo em torno de 1 milhão de dólares, quantia que perdeu só em dezembro". No passado, resolveu perdas semelhantes, segundo a mesma fonte anônima (embora na prática não houvesse evidências para apoiar a acusação), "trocando" os serviços de Elvis em pagamento de suas dívidas. Agora que o cantor não ia mais se apresentar no Hilton (conclusão errônea, já que Elvis era o artista agendado para inaugurar o novo Hilton Pavilion em outubro, quando o auditório de 7 mil lugares estivesse concluído), o Coronel não tinha escapatória a não ser passar adiante o contrato. "Parker e Presley supostamente 'não se falam' há dois anos", e a reportagem concluía, com mais verdade do que precisão factual: "embora Parker supervisione todos os compromissos envolvendo as turnês do 'Rei'."

De St. Paul, onde fazia os preparativos para as etapas seguintes do show, a reação do Coronel foi instantânea. A notícia do *Banner* era "totalmente falsa", declarou o empresário ao rival *Nashville Tennessean*. "Estou aqui, estou trabalhando com Elvis, estou bem de saúde e não tenho dívidas... Ao menos nenhuma que eu não possa pagar." Joe falou de Duluth em apoio ao Coronel, rotulando a história como "um monte de mentiras... Para começo de conversa, como alguém pode vender um aperto de mão? Pura estupidez. Elvis e o Coronel têm um contrato em vigor e não possuem planos de rompê-lo". Passou a descrever o relacionamento cordial entre os dois associados de longa data e apontou outras imprecisões factuais. Entretanto, para qualquer pessoa que soubesse algo sobre a história recente do relacionamento complicado entre eles, ficou evidente que a história era, em essência, verdadeira. Muita gente tinha ouvido o Coronel reclamar que Elvis dava mais problemas do que vantagens, que andava intratável e já não podia mais ser gerenciado de forma eficaz. E muita gente sabia, como o advogado de Elvis em Los Angeles, Ed Hookstratten, estava propenso a dizer, que o Coronel estava "resolvendo um probleminha particular". Por sua vez, Elvis não teve dúvidas: sentiu, até o tutano dos ossos, que o teor do artigo era verdadeiro. E embora o consórcio de "empresários da Costa Oeste" interessado em comprar seu contrato nunca tenha vindo à tona, presumivelmente afastados por receio da publicidade, Elvis se sentiu mais atraiçoado e sozinho do que nunca.

Três dias depois, enquanto estavam em Chicago, Mike McMahon entrou com uma ação contra ele na vara distrital de Memphis por renegar suas obrigações contratuais com a Presley Center Courts, a rede de quadras de raquetebol. Era mais um processo, mais uma fonte de incômodo, mais assunto para os tabloides o ridicularizarem. No mês anterior, a revista *Star*, no que parecia ser um aperitivo velado do que estava por vir, havia publicado uma matéria de primeira página de Steve Dunleavy, o *ghost writer* de Red e Sonny, cuja manchete estampava: "Elvis, 42, receia estar perdendo seu sex appeal". A reportagem trazia o cantor em uma fotografia retocada, com ar assombrado e uma aparência bizarra que certamente justificava esse medo. O artigo abrangia desde a sessão abortada de Nashville até os problemas de Elvis com Ginger, passando por dieta, depressão e o tipo de infantilismo sexual "não raro em pessoas dessa idade", apontou um psicólogo comportamental, que levava Elvis "a se esforçar para manter seu relacionamento com mulheres mais jovens". Então, em 26 de abril, a *National Enquirer* repetiu várias dessas acusações com a manchete "Elvis: bizarrices de comportamento e *lifting* facial secreto", seguida de uma foto mais grotesca que a da *Star*. Até Mike McMahon recebeu espaço para ridicularizar seu antigo sócio. Uma suposta declaração de Priscilla dizia que "a presença da mãe de Elvis ainda é muito sentida", reforçando a tese levantada pela *Enquirer* de que Elvis acreditava que Graceland era assombrada. "Coisa mais triste", concluía o artigo, citando um "amigo".

Em 6 de maio, três dias após a conclusão da turnê, ele disparou tiros pela janela do quarto e teve que ser sedado. Para Jo Smith, o comportamento dele tornava-se cada vez mais o de alguém incapaz de tomar decisões próprias. Ao mesmo tempo, no entanto, ela sentia por ele uma onda de proteção, uma espécie de proximidade que nunca experimentara antes, ao longo de todos os anos em que havia considerado a influência de Elvis sobre Billy uma ameaça ao casamento dela. "Tínhamos que tomar conta dele e atendê-lo como a uma criança pequena. Nunca pensei que eu ia fazer certas coisas. Por exemplo, quando chegava a hora de dormir, ele gostava de ser colocado na cama e de receber um boa-noite, durma bem, essas coisas... Também precisei falar com ele em linguajar infantil."

> Uma vez eu tinha ido para a cozinha, e Elvis me chamou e disse: "Venha cá sentar-se conosco". (...) Daí fui ao quarto dele, e ele estava na cama com uma moça, sentado, as costas apoiadas na cabeceira. Conversamos um pouquinho e me preparei para sair. Mas ele pediu: "Conte

> a ela tudo sobre as lâmpadas". Então comecei a contar a ela sobre essas luminárias que ele tinha comprado para a nossa casa móvel. Ele estava prestes a cair no sono, até que dormiu. Quando comecei a me levantar, despertou e disse: "E conte a ela sobre..." e escolheu outro tema. Antes de eu sair de lá, ele disse: "Diga a ela que tenho que tomar essa medicação porque estou me preparando para a turnê". E emendou: "Preciso descansar". Mostrou um arranhão na mão: "Isso tem que cicatrizar, e preciso de todos os meus fluidos corporais para que isso melhore". Respondi: "Tem toda a razão", porque pensei que ia poder me retirar. Mas sempre que ele fechava os olhos e eu me levantava para sair, ele me pegava pelo braço e dizia: "Espere, conte a ela sobre...". E tive que contar histórias e mais históras. Por fim, adormeceu.

A TURNÊ SEGUINTE COMEÇOU em Knoxville, em 20 de maio, 16 dias após o fim da anterior. Sem pretensão de manter as aparências, a ideia era simplesmente colocar Elvis no palco e mantê-lo em pé durante uma hora de apresentação. "Pálido, inchado... sem resistência", constatou um médico de Knoxville, chocado ao vislumbrar nos bastidores um homem que mal parecia capaz de funcionar. Em Louisville, conforme o relato de Larry Geller, o dr. Nick foi obrigado a reanimá-lo mais uma vez, e em Landover, Maryland, Elvis deixou o palco para "ir ao toalete", jogou dois microfones no chão e, de acordo com o resenhista do *Washington Star*, "simplesmente se recusa a lampejar", e o crítico se pergunta: será que ele é capaz de brilhar como antes? Ginger deixou a turnê em Binghamton, Nova York, em resposta ao ultimato de Elvis: de uma vez por todas, ela teria que escolher entre ele e a família dela. O cantor não se conteve, vociferando a plenos pulmões para que todo mundo naquele andar do hotel pudesse ouvi-lo. Enfim conseguiu que Larry chamasse

Kathy, porque não suportava ficar sozinho. Ela havia acabado de chegar de um encontro romântico, mas não hesitou em atender ao pedido de fazer companhia a Elvis. Ele contou a ela sobre Ginger – o cantor não tinha mais certeza de que pertenciam um ao outro, explicou ele a Kathy. Havia muitas diferenças entre os dois. Kathy "ouviu e segurou a mão dele… E enfim ele adormeceu".

Nas noites seguintes, abordou tópicos sobre os quais costumavam conversar no passado, mas agora assumiam um tom diferente. Falou com ela sobre a mãe dele, falou a respeito da dor que sentia, falou sobre o lugar dele na história. "Com qual imagem vão se lembrar de mim?", indagava inúmeras vezes. "Ninguém vai se lembrar de mim. Nunca fiz algo duradouro. Nunca fiz um filme clássico." Mas então seu humor mudava. Dizia que a missão dele na vida era "alegrar as pessoas com a música. E nunca vou parar até o dia em que eu morrer".

Em Baltimore, no dia 29 de maio, no meio do show teve que deixar o palco de novo. Chamou Kathy e Sherrill Nielsen para assumirem os vocais diante da multidão cada vez mais inquieta, até ele voltar, 30 minutos depois. O resenhista da *Variety* rotulou Elvis de "sem forças", "cansado", "barrigudo" e "com dores". Por sua vez, o porta-voz do auditório atribuiu os "balbucios, os palavrões, e o hiato não programado ao mesmo problema intestinal que havia nocauteado Presley no começo (...) da turnê". Na volta ao palco, ele "veio com energia e entusiasmo", segundo o mesmo relato, "agradecendo seguidamente ao público por ter permanecido com ele" e explicando que havia torcido o tornozelo e atendido a um urgente chamado da natureza – "e é melhor não brincarmos com a natureza". Mais tarde, frisou: "Não tem nada de errado com a minha saúde", mas, "no encerramento, a plateia não aplaudiu de pé. Os fãs saíram balançando a cabeça, pensando no que havia de errado com ele".

De alguma forma, conseguiram cumprir as demais datas da turnê. No dia 1º de junho, a trupe estava em Macon quando foi anunciada a apresentação especial na CBS, combinada pelo Coronel. A filmagem

MAIS TARDE, FRISOU: "NÃO TEM NADA DE ERRADO COM A MINHA SAÚDE", MAS, "NO ENCERRAMENTO, A PLATEIA NÃO APLAUDIU DE PÉ. OS FÃS SAÍRAM BALANÇANDO A CABEÇA, PENSANDO NO QUE HAVIA DE ERRADO COM ELE".

estava programada para o início da próxima turnê, em menos de três semanas. O cachê de 750 mil dólares seria dividido 50-50 entre Elvis e o Coronel, com 10 mil dólares destinados à All Star Shows para despesas promocionais, e os direitos autorais a serem compartilhados pelos dois parceiros após a segunda exibição. Essa foi a primeira vez que o Coronel realmente aplicou o acordo de parceria total que Elvis assinara havia mais de um ano, mas manteve registros cuidadosos, e nessa turnê, pela primeira vez, ele estipulou que a divisão de dois terços/um terço, que continuava sendo observada, representava *somente um acordo temporário*. Até o fim daquele ano fiscal, todas as contas seriam liquidadas, e todas as dívidas de Elvis para com ele, nos termos daquele acordo de janeiro de 1976, seriam totalmente quitadas.

O mero fato de o Coronel Parker ter sequer contemplado um especial de televisão naquele momento pegou todos de surpresa. Até o advogado da William Morris, Roger Davis, encarregado das negociações do contrato, ficou surpreso, mas o Coronel simplesmente encolheu os ombros e ofereceu três variantes da mesma explicação a quem franzisse a testa. Por um lado, Elvis precisava de um desafio e não deixaria de enfrentar este, insistiu o empresário. Em outra ocasião, alegou, era Elvis, e não ele, quem desejava realizar o programa; e a terceira, e mais convincente: reconheceu que pediu um valor, mas nunca pensou que a rede fosse aceitar. Quando toparam, que alternativa ele tinha a não ser submeter a oferta ao seu cliente? A voz dele nunca baixou, o olhar dele nunca vacilou, mas, pela primeira vez, o Coronel parecia não mostrar a mesma convicção, não indicava estar persuadido, sequer entretido, com sua lábia de animador circense. E a diferença entre vincular filmagens de televisão aos shows em Omaha, Nebraska e em Rapid City, Dakota do Sul, e montar um evento de âmbito global, como *Aloha from Hawaii*, não passou despercebida a ninguém, muito menos ao Coronel. Mas ninguém deu um pio, e o empresário, como sempre, seguiu à risca sua própria agenda, sem dar bola às opiniões externas – considerava-se total e irremediavelmente solitário, tão solitário quanto Elvis.

Quando voltaram a Memphis, o livro de Red e Sonny, agora intitulado *Elvis: What Happened?*, começou a aparecer em formato serializado, na Inglaterra e na Austrália. Mundo afora, os fãs de Elvis, chocados, trocavam telefonemas. "Nos dois primeiros capítulos, ele aparece fornecendo drogas a uma moça e negociando um 'contrato' para liquidar com Mike Stone", escreveu Donna Lewis em seu diário, após ouvir os trechos lidos por uma amiga ao telefone. "*Que mentiras odiáveis!*" A angústia de Elvis não era menor. Porém, às vezes, caía em um estado de negação que lhe permitia acreditar que o livro em si jamais seria publicado. Talvez por esse motivo tenha se recusado a responder aos comentários de Frank Sinatra sobre tomar medidas práticas para impedir a publicação, mas Larry achava que isso tinha mais a ver com o sentimento de culpa: uma parte de Elvis parecia aceitar o opróbrio como o castigo que merecia. Por outro lado, às vezes, dizia aos caras que se sentia como Jesus – traído por seus discípulos.

Em 4 de junho, recompensou Larry e Kathy com um Lincoln Mark V bordô e branco para cada um. Enquanto mostrava a eles alguns dos recursos de seus carros novinhos em folha, Charlie, que voltou a beber demais, começou a falar que gente desmerecedora tinha sido premiada e que ia comprar um Rolls-Royce com dinheiro do próprio bolso. Elvis interrompeu a explanação e súbito, na frente de Larry e de todos os outros, "se afastou como se fosse ignorar [o comentário], mas se virou e acertou o nariz [de Charlie] com as costas da mão aberta.* Ao cair em si, Elvis subiu correndo os degraus e entrou em Graceland", deixando Charlie ali, "atordoado, [com] sangue escorrendo no rosto". Mais tarde, o cantor ficou claramente mortificado, mas não conseguiu se desculpar. Em vez disso, enviou Larry para ver se Charlie estava bem. "Ele nunca me bateu antes", gemeu Charlie, estirado no chão de seu quarto. "Por que será que ele me bateu? Eu amo esse cara. E sei que ele me ama."

* O *backhand* é um golpe de caratê executado com as costas da mão e os dedos esticados, diferentemente do *back fist strike*, que é realizado com o punho fechado. (N. de T.)

Mas o máximo que Larry conseguiu de Elvis foi a promessa de que ia falar com Charlie no dia seguinte.

Em fevereiro, tentou limpar a barra de George Klein, indiciado em um inquérito federal, acusado de manipular uma pesquisa de audiência de rádio. Lembrando-se de como havia conseguido entrar no gabinete do presidente Nixon quando as pessoas achavam que Nixon nem saberia quem ele era, telefonou ao presidente Jimmy Carter em 13 de junho, certo de que Carter, também de origem sulista, a quem havia conhecido em 1973 durante um show em Atlanta, quando Carter ainda era governador da Geórgia, interviria a favor de seu amigo. Vinte e quatro horas depois, o presidente retornou a ligação. Porém, Elvis não conseguiu se fazer entender. A conversa de dez minutos deixou Carter com a impressão de que o cantor estava "dopado e não falava coisa com coisa", só ficou pedindo que o presidente perdoasse um amigo que ainda não havia sido julgado. O biógrafo de Carter, Douglas Brinkley, relata que o presidente tentou "acalmar Presley e o afastar de seus delírios paranoicos, apaziguando seus receios de que 'forças sinistras' pairavam sobre ele e que o amigo dele era vítima de perseguição". Porém, quando Elvis voltou a telefonar, às 8h45 da manhã seguinte, Carter não atendeu à ligação.

EMBARCARAM NA QUINTA TURNÊ do ano apenas dois dias depois. Ginger insistiu em ficar em casa para ver a irmã Terry entregar a coroa de Miss Tennessee à sucessora. Mas, a partir da segunda noite, em Kansas City, ela o acompanhou. Até mesmo com a presença de Ginger, ele parecia completamente exaurido. "Apesar das coisas que vocês andam escutando ou lendo por aí, estamos aqui, e estamos saudáveis, fazendo o que gostamos de fazer", anunciou ele à plateia, em tom de protesto. Dificilmente alguém acreditou nessas palavras, observando a sua aparência pálida e inchada, o modo vagaroso e cambaleante com que se locomovia no palco e sua sensação geral de confusão e dúvida. Era igualmente difícil para qualquer espectador do show crer que no dia seguinte seria filmado um especial de televisão. Cada vez mais, crescia a sensação de que haviam embarcado numa malfadada travessia, sem capitão, sem leme, sem esperança de retornar.

A apresentação em Omaha, na noite seguinte, diante das câmeras da CBS, superou os piores medos de todos. Basta ouvir na íntegra a gravação de áudio não editada do show para entender o pânico que parece ter dominado Elvis. Sua voz está quase irreconhecível, um instrumento minguado e infantil em que ele fala mais do que canta a maioria das músicas, tateia em busca da melodia em outras, praticamente incapaz de articular ou projetar. Parece alguém que clama por ajuda e sabe que ela não virá. Décadas depois, ainda é praticamente insuportável escutar o áudio e ver as imagens. É obliterar não só a beleza, mas a memória da beleza, colocando em seu lugar o puro terror. "Era como se ele estivesse dizendo: 'OK, estou aqui, estou morrendo, e que se foda'", disse Tom Hulett, que até o último minuto ainda torcia para ele conseguir. "Nunca vi tanta tristeza nos bastidores."

Curiosamente, Elvis se recuperou duas noites depois, em Rapid City, Dakota do Sul, na segunda noite de filmagem. "Sei que estive péssimo", disse ele aos produtores Gary Smith e Dwight Hemion, como se o primeiro show tivesse sido um acidente ocorrido com outra pessoa. Garantiu a eles que dessa vez ele faria melhor. E cumpriu a promessa. Parecia mais saudável, mais magro e com a voz melhor também. Tudo o que Gary Smith queria neste momento era capturar a empolgação da plateia, a confiança que os fãs ainda depositavam em Elvis, e o produtor conseguiu. De quebra, obteve um algo mais, algo que ele não havia negociado e que acabaria se revelando muito improvisado para ser transmitido em rede nacional.

Perto do fim do show, Elvis se sentou ao piano e, com Charlie segurando o microfone, entoou "Unchained Melody", a canção de Roy Hamilton em que costumava investir cada fibra de seu ser. Debruçado sobre o piano, o rosto emoldurado por um capacete de cabelo preto azulado, de onde camadas de suor brotavam e escorriam nas faces pálidas e inchadas, Elvis mais parecia a criatura de um filme de terror – e mesmo assim ficamos com ele até o fim, enquanto ele se esforçava para alcançar a redenção. Momento que só pode ser descrito como de transcendência grotesca. No final, ele sinaliza para Charlie, "Deixa comigo", e arremata a canção sem a ajuda de Charlie ou Sherrill Nielsen, nem de qualquer outro cantor de apoio que ultimamente sustentava suas notas nos trechos mais difíceis. A expressão em seu rosto, a sensação de alívio de um menininho que acaba de ter êxito, é ao mesmo tempo fascinante e de partir o coração. E em seguida desemboca no encerramento de praxe, a entrega de beijos e lenços e o rito de despedida que compõem a fachada cautelosamente construída por ele a fim de se isolar de tudo, menos da aprovação da plateia.

"Dwight e Gary foram bondosos com ele", concluiu de Joe Guercio, "mas o fato é que ali realmente não havia algo". Porém o desespero para crer no contrário era grande. Isso ficou evidente na conversa telefônica entre Myrna e Jerry Schilling, logo após o show. "Jerry indagou: 'E aí, como foi?'. 'Foi mesmo sensacional.' 'E a aparência de Elvis?' 'Boa, realmente. Perdeu um pouco de peso.' E depois, quando assisti [o programa foi ao ar em outubro], não contive o choro. Era como se a visão de todos nós estivesse limitada por antolhos."

Restavam ainda cinco datas para encerrar a turnê. Ronnie Tutt pediu para sair após o show de Des Moines, alegando uma crise familiar, e Larrie Londin tocou nas últimas duas noites, com o baterista do Sweet Inspirations, Jerome "Stump" Monroe, atuando como substituto em um show. Em Madison, Wisconsin, no traslado do aeroporto ao hotel, Elvis avistou dois jovens perturbando um atendente num posto de gasolina 24 horas. Sob os protestos de Ginger e de Vernon, Elvis saltou da limusine e fez uma pose de caratê, desafiando os dois valentões. A luta terminou sem que novos golpes fossem trocados, quando os três envolvidos estacaram, atordoados, ao reconhecerem quem estava intervindo.

Um relato da agência de notícias descreveu: "Presley só foi embora quando os ânimos se acalmaram. 'Estava disposto a brigar', contou Thomas McCarthy, um dos vários policiais que forneciam segurança a Presley. 'Essa é a parte ruim.' Presley trocou apertos de mãos e posou para várias fotos. Voltou à limusine com ar de satisfação. Todo aquele episódio tinha servido de divertimento para ele".

Em Cincinnati, surpreendeu a todos ao se irritar com a inadequação do sistema de ar-condicionado do hotel. Resolveu o assunto por conta própria: saiu para procurar outro hotel. Desceu a rua em seu agasalho esportivo da DEA (Drug Enforcement Agency), novo nome da Divisão de Narcóticos, escoltado por sua equipe de segurança. Naquela noite, chegou uma hora atrasado ao show, devido a "um problema técnico". Seu desempenho compensou o atraso e em geral foi considerado bom. Na noite seguinte, em Indianápolis, dia do sexagésimo oitavo aniversário do Coronel, o show teve uma energia e uma vitalidade inéditas na turnê. Talvez porque Elvis houvesse desistido dos hotéis: após o show em Cincinatti, voou direto para Memphis e foi descansar em Graceland. Na volta, trouxe o avião repleto de amigos e parentes. John Wilkinson, o guitarrista base, achou Elvis nervoso antes de começar, mas o show durou 80 minutos, 20 minutos mais do que o habitual. Para arrematar, após interpretações potentes de "Bridge Over Troubled Water" e "Hurt", Elvis chamou Vernon ao palco e apresentou vários amigos e parentes. Concluiu o número final, colocou o microfone de volta no suporte e caminhou pela beira do palco estendendo as mãos e cumprimentando o público, como se realmente não quisesse ir embora.

Elvis e Vernon, última turnê
(Cortesia do Espólio de Elvis Presley)

"PRECIOUS LORD, TAKE MY HAND"

Julho a setembro de 1977

Os dias transcorriam monótonos, sem nada para quebrar a rotina. Em Memphis, fazia um verão quente, mas isso pouco afetou Elvis, que raramente colocava o pé para fora de seu quarto com ar-condicionado. Neste ano, em 4 de julho não haveria o show pirotécnico em Graceland. Para piorar, os caras lhe contaram que Ginger, depois de avisar que ia dormir na casa dos pais, em vez disso foi comemorar o feriado em um baile. A incapacidade de Ginger de se comprometer com o relacionamento continuava deixando Elvis frustrado e com raiva. Ginger não entendia que ele *precisava* dela? Tristonho, ele se queixava com o dr. Nick ou seu primo Billy. Mas foi tolerando a situação cada vez mais e encarando aquilo como a impetuosidade natural de uma jovem. Adorava dar presentes a ela – joias, roupas, um pequeno carro esportivo Triumph –, se ofereceu inclusive para comprar uma casa para a família dela em Whitehaven, para ela ficar mais perto dele, e, na ausência de um imóvel de localização adequada, prometeu pagar a hipoteca da casa atual da família Alden e investir o dinheiro numa piscina. Não havia dúvida de que a sra. Alden e as filhas estavam todas agradecidas – pareciam enxergá-lo como um irmão mais velho que havia enriquecido ou algo do tipo –, mas ele não tinha certeza do quanto isso o aproximava de Ginger, que ainda se recusava terminantemente a morar em Graceland em tempo integral. Parecia, ele disse a Charlie, estar vivendo a letra da antiga canção, "One-Sided Love Affair"; o romance com Ginger parecia, cada vez mais, um "caso de amor não correspondido".

Ele não interagia com quase mais ninguém além de Charlie, Billy e Jo Smith, e o dr. Nick. Tentou provocar ciúmes em Ginger saindo com outras garotas, mas lhe faltou energia e interesse. De vez em quando, George Klein ou outros amigos dos velhos tempos apareciam, mas em geral Elvis só os observava pelas câmeras de vigilância e mandava dizer que estava ocupado, que tal se voltassem outra hora? Não tinha intimidade com nenhum dos caras novos. Sam Thompson e Dick Grob faziam um trabalho eficaz e profissional administrando a segurança, Al Strada já colaborava havia algum tempo e era bom manobrista – mas não havia ninguém com quem pudesse mesmo se abrir. Confiava cada vez menos nos enteados de Vernon – seus "irmãos emprestados", Ricky e David Stanley –, que se encarregavam de grande parte de seus negócios pessoais do dia a dia. Tinha feito o possível para instruí-los e transmitir um pouco de sua experiência, mas os dois não aproveitaram essas vantagens. Na maior parte do tempo, Ricky parecia estar chapado. Por sua vez, David, na visão de Elvis, tinha mais coisas em comum com Ginger do que ele, o noivo – David e Ginger zanzavam para lá e para cá, e David muitas vezes ajudava a encobrir o que ela fazia e ficava do lado dela. Sem ter realmente em quem confiar, Elvis então se refugiava em seu quarto, em seus livros e na medicação que ele precisava para afastar sua mente da dor que nunca ia embora.

"Tudo o que fazíamos", recordou Billy Smith, "era nos sentarmos com ele em seu quarto e conversar". Às vezes, o bate-papo evocava memórias das doideiras que costumavam fazer; noutras vezes, parecia mais um episódio do Monty Python. Basicamente aflorou uma obsessividade sombria com a qual Billy não estava acostumado, uma paranoia em relação a pessoas, germes, motivações passadas e eventos futuros, fatores que em mais de uma ocasião o fizeram lembrar de Howard Hughes.*

* Falecido em abril de 1976, aos 70 anos, o aviador e magnata Howard Hughes ficou conhecido por sua preocupação com os germes. (N. de T.)

O livro de Red e Sonny era o único assunto em que Elvis sempre tocava. Às vezes, mencionava a Billy a intenção de matá-los. "Uma vez, eu disse: 'Olha só, eles não valem a pena. E seja como for, sabe que isso não mudaria nada. Não mudaria sequer os seus sentimentos em relação a eles. No fundo, você sabe que ainda gosta deles, e é por isso que essa situação está magoando tanto você'. Nisso ele não se conteve e começou a chorar. Não foram poucas lágrimas e sim um choro quase convulsivo. Chorei junto porque não suportei vê-lo com aquele tipo de dor. (...) Mas, de repente, ele disse: 'Malditos sejam! Se prejudicarem minha carreira, vou *matá-los*'."

À noite, a coisa piorava; ele tinha medo de cair no sono, assim como tinha medo de não conseguir cair no sono. Um mau sonho o perseguia, o mesmo pesadelo que volta e meia o assombrava desde a chegada espontânea do sucesso à sua porta. Em essência, o pesadelo não mudava: acabava a grana, os fãs o abandonavam, o Coronel o abandonava, ele ficava só. O que é que os fãs pensariam ao ler o livro? Indagava isso a Billy, sem parar. Começou a imaginar frases para se defender, no caso de alguém gritar algo enquanto ele estivesse no palco. "No começo, pensou em declarar que muitas coisas tinham sido escritas sobre ele, positivas e negativas, e que não era uma pessoa perfeita." Depois resolveu que talvez fosse melhor admitir que era verdade, tomava remédios, mas precisava deles. Para provar isso, chamaria o dr. Nick ao palco e o apresentaria. Por fim, resolveu adotar uma estratégia de confissão parcial em torno da afirmação: "Após essa turnê, vou tirar um tempo para me recompor". Mas deixou claro a Billy que só faria isso se o problema surgisse de um modo inevitável – "se o público (...) começasse a vaiar e jogar coisas".

Em 31 de julho, a filhinha dele, Lisa, chegou para uma estadia de duas semanas. Ela ia ficar até pouco antes de ele voltar à estrada: a próxima turnê começaria em 16 de agosto. Elvis revelou a todos que mal podia esperar pela turnê; contou ao dr. Nick, achava que seria a melhor até então, mas ao mesmo tempo não fez nada para se preparar

– raramente se exercitava, não escolhia o material novo que pretendia introduzir no show e continuava postergando a dieta. Alegava que ia começar um regime em breve, nem que fosse apenas para calar aqueles malditos críticos que não falavam em mais nada além do peso dele. Alternava crises de depressão e momentos de desafio: qual deveria ser, afinal, a aparência de um sujeito de 42 anos? Gostaria de ver a silhueta de alguns desses críticos nessa idade. Mas ele não parava nunca de se olhar no espelho.

Ginger convidou Amber, a primogênita de Mike, o irmão dela, para passar uns dias com Lisa, e a menina, um ano mais velha que a filha de Elvis, ficou durante a maior parte da estadia de Lisa. Às vezes, Ginger ia passear com elas nas lojas, e as duas meninas gostavam de brincar juntas. Lisa acordava cedo e, em certas manhãs, ao volante de seu carrinho de golfe personalizado com o seu nome na lateral, percorria o trecho entre os portões e a casa, num vaivém incessante. Muitas vezes, as meninas brincavam com outras crianças dos trailers, ou Ginger as levava para nadar. Elvis comprou de seu primo Harold Loyd um pônei para Lisa e quis que a vovó a visse montada nele. Então, um dia, no afã do momento, simplesmente trouxe o pônei à porta da frente, onde o equino prontamente deixou sua marca no tapete.

Por sugestão de Ginger, ele providenciou uma surpresinha especial para as meninas: alugou Libertyland pós-expediente na noite de 7 de agosto (Libertyland, o antigo parque de diversões Fairgrounds, agora operava como parque temático do bicentenário), como fazia noite após noite nos velhos tempos. No último minuto, Elvis recuou e disse a Ginger que achava que não ia conseguir. Ela insistiu: ele havia prometido às meninas! Mas agora o cantor não podia fazer mais nada: já havia avisado o gerente do parque que os planos tinham mudado. Provavelmente todos os funcionários já tinham ido para casa. “Ora, Elvis”, protestou ela, se empertigando para enfrentar essa decisão arbitrária e injusta, “não foi você quem disse que era capaz de fazer qualquer coisa?” E ele teve que pedir a George Klein para ligar ao gerente e reorganizar tudo de novo.

Ficaram até as 6h30 da manhã, e as meninas se divertiram muito, junto com o grupo de 20 acompanhantes. No fim das contas, até Elvis entrou na brincadeira: andou de montanha-russa e pilotou um carrinho bate-bate. O sol raiava quando foram embora, o porta-malas do Stutz lotado de bichos de pelúcia.

Quando os primeiros exemplares de *Elvis: What Happened?* começaram a inundar as livrarias, o cantor reagiu alternando ondas de raiva e vergonha. Tentou se concentrar nos preparativos para a turnê com início em Portland, Maine, e conclusão em Memphis, 12 dias depois. Falou com seu pai sobre a expectativa de excursionar novamente, após quase dois meses de folga. Vernon, pálido e abatido com os problemas de saúde enfrentados nos últimos dois anos, o rosto enrugado agora realçado por um bigodinho grisalho, afirmou que pensava em acompanhar a turnê dessa vez, o que empolgou Elvis. Uns dias antes da data marcada para a partida, adotou a dieta de proteína líquida prescrita pelo dr. Nick. Também começou um programa de exercícios intermitentes, jogando raquetebol com Billy ou pedalando na bicicleta ergométrica alguns minutos todos os dias. Billy e Jo detectaram uma ligeira melhora em seu humor e se animaram com isso. Em 14 de agosto, décimo nono aniversário da morte de sua mãe, mandou entregar flores no túmulo dela, assim como fazia, semanalmente no mínimo, desde o dia em que ela morreu. Mesmo com a mãe sempre em seus pensamentos, Elvis, de bom astral, foi passear de moto. O macacão novo que ele havia encomendado chegou, mas não serviu. Ele comentou com seu primo: "Maldição, Billy, estou gordo demais".

No dia 15 de agosto, acordou por volta das quatro da tarde; três horas depois mandou chamar Billy. Comentou que gostaria de ver o novo filme sobre o general MacArthur, estrelado por Gregory Peck* – não deveria ser tão bom quanto *Patton*, mas, seja como for, não conhecia

* Dirigido por Joseph Sargent, o filme no Brasil recebeu o título *MacArthur, o general rebelde* e acabou valendo o Globo de Ouro de Melhor Ator Dramático a Gregory Peck. (N. de T.)

muitos filmes que eram –, então deu a Ricky a missão de providenciar uma sessão especial, mas não escondeu a decepção ao saber que o cinema não tinha uma cópia disponível. Ficaram assistindo à TV um tempinho, ele e Billy. Em seguida, fez Billy ligar para Ginger e pedir que ela fosse com ele durante a consulta com o dentista, o dr. Hofman, às dez e meia da noite. Será que Ginger embarcaria com ele no avião na noite seguinte? Elvis ainda não tinha certeza. Essa dúvida o aborrecia – mas, no geral, de acordo com Billy, ele mostrou a ansiedade normal antes de qualquer turnê. Um bom sinal, aliás. Comentou inclusive sobre ir a Vail de novo, em breve, para mostrar a Ginger a beleza das montanhas.

Billy o ajudou a vestir o agasalho preto da DEA. Calçou botas de couro preto envernizado, mas o zíper não fechou nos tornozelos, muito inchados. O dr. Nick deu uma passadinha a fim de ver como ele estava e, quando Ginger chegou, Elvis enfiou um par de Colts 45 na cintura do abrigo e desceu a escadaria dos fundos com Ginger, Charlie e seu primo. Joe Esposito, recém-chegado da Califórnia, sentou-se à mesa da cozinha com o pessoal, mas Billy lhe disse que Elvis estava com pressa e não precisava de nada agora; falariam mais tarde.

O dr. Hofman fez uma limpeza nos dentes de Elvis e também algumas obturações. Em seguida, a pedido do cantor, examinou e limpou os dentes de Ginger. Elvis convidou o dentista para visitar Graceland com a esposa outra hora e ver sua Ferrari. O dr. Hofman perguntou se um dia poderia ir de carona à Califórnia com Elvis no *Lisa Marie,* pois queria visitar a filha. Os dois tinham filhas na Califórnia, respondeu Elvis com um sorriso – por que não as surpreendiam um dia voando para almoçar com elas, assim que a turnê terminasse? Segundo o dr. Hofman, Elvis estava de bom humor quando ele foi embora. Nenhum dos dentes tratados pelo dr. Hofman estava incomodando, afirmou Elvis – mas fez questão de pegar uns comprimidos de codeína caso algum dente latejasse.

Chegaram em casa por volta da meia-noite e meia, e Elvis subiu as escadas sem falar com ninguém. Ligou para Joe no térreo a fim de tratar dos últimos detalhes para a turnê. Também conversou com Sam

Thompson sobre levar Lisa de volta à Califórnia, num voo comercial, à tardinha. Em seguida, Sam foi para casa dormir um pouco, enquanto Joe voltou a seu quarto no Howard Johnson's, hotel onde Larry Geller também estava hospedado, ambos à espera da partida, marcada para o decorrer daquele mesmo dia. Larry havia dito a Elvis que teria livros novos para ele na turnê, e não ficou surpreso ao ser acordado por um telefonema de Al Strada. Elvis queria dar uma olhada nos livros imediatamente. No topo da pilha, Larry fez questão de colocar *A Scientific Search for the Face of Jesus* [*Uma busca científica pelo rosto de Jesus*], de Frank O. Adams, investigação sobre o mistério do Santo Sudário de Turim. Ele e Elvis comentavam com frequência sobre esse tópico, e ele tinha certeza de que o cantor ia gostar muito do livro.

Nesse meio-tempo, Elvis e Ginger repetiam a mesma discussão de costume no começo de cada turnê, com os mesmos resultados. Elvis queria que ela voasse com ele naquela noite; ela alegou que não podia, estava com cólicas, como o cantor bem sabia. Mas logo viajaria para se encontrar com ele. Era uma tolice da parte dele, afirmou. Provavelmente se cansaria dela se ela ficasse com ele o tempo todo. Aos poucos, Elvis se acalmou e até voltaram a falar em casamento; ele avaliou que o Natal ou o aniversário dele eram boas datas – talvez até fizesse o anúncio no show de encerramento da turnê, em Memphis.

Por volta das 2h15 da madrugada, Elvis ligou ao dr. Nick para avisar que um dos dentes que o dr. Hofman tinha restaurado estava doendo. Precisava de um pouco de Dilaudid, então Nick fez uma receita de seis comprimidos, Elvis mandou Ricky Stanley comprar na farmácia 24 horas do Baptist Memorial. Duas horas depois, Elvis ligou para Billy. Será que ele e Jo gostariam de jogar um pouco de raquetebol? Estavam no bom do sono, mas Billy disse que sim, e ele e Jo se vestiram e foram até a casa. A chuva que caíra a noite inteira havia dado uma trégua, mas recomeçou na hora em que os dois casais atravessavam a passarela coberta em direção à quadra de raquetebol. Billy comentou que estava cansado daquele clima, só queria que parasse de chover. "Sem problemas", disse

Elvis, bem-humorado. "Vou cuidar disso." Ergueu as mãos, e a chuva parou. "Não falei?", declarou com um sorrisinho e aquele brilho no olhar que sempre intrigava o interlocutor. Estaria ou não falando sério? "Com um pouco de fé, você consegue fazer a chuva parar."

Jo e Ginger jogaram um pouco e deixaram a quadra para os homens, mas Elvis logo se cansou. O esporte se degenerou em um jogo de "queimada", com Elvis tentando alvejar Billy a cada arremesso. Por fim, acertou a raquete na própria canela e desistiu. "Meu amigo, isso dói", disse Elvis; ergueu a calça e se deparou com um feio hematoma. "Se não está sangrando não está doendo", disse Billy, apropriando-se de uma das frases prediletas do primo. Billy e Jo caíram na gargalhada quando Elvis jogou a raquete em Billy.

No lounge da quadra de raquetebol havia um piano, diante do qual Elvis sentou-se e entoou alguns números, terminando com a elegíaca "Blue Eyes Crying in the Rain", de Willie Nelson. De volta à casa, Billy ajudou Elvis a lavar e secar o cabelo, enquanto Elvis folheava prazerosamente o livro sobre o Sudário de Turim que Larry havia trazido para ele. Comentou sobre talvez levar Alicia Kerwin junto na primeira parte da turnê, mas não deu a Billy motivos para pensar que colocaria a ideia em prática. Também voltou a falar a respeito do plano que havia engendrado para matar Red e Sonny. Envolvia atrair os dois a Graceland, sob um pretexto qualquer – mas também não parecia disposto a tomar providências em relação a isso. Essa seria a melhor turnê até então, repetiu ele, no que agora havia quase se tornado um mantra, e Billy saiu um pouco antes de Ricky Stanley chegar com o primeiro de três pacotes de medicação prescrita, ou "bateladas", que o dr. Nick deixava para Tish Henley aplicar todas as noites. Cada coquetel consistia em doses variadas de Seconal, Placidyl, Valmid, Tuinal, Demerol e um leque de outros depressores e placebos que em geral proporcionavam a Elvis várias horas seguidas de sono.

Duas horas depois, o cantor continuava desperto, e Ricky lhe trouxe a segunda "batelada". Na hora de buscar a terceira, no entanto, Ricky havia desaparecido, embora o seu plantão terminasse ao meio-dia. Tish já tinha ido trabalhar, então Elvis pediu à tia Delta que ligasse para ela no consultório do dr. Nick. Depois de conversar com o médico, Tish deu instruções ao marido para levar o terceiro pacote a Delta, que consistia em dois Valmids e um placebo de Placidyl. Quando ela chegou com a medicação, Elvis informou à tia que tencionava acordar por volta das sete horas daquela noite. Não muito tempo depois, disse a Ginger que estava indo ler no banheiro.

Em torno da uma e meia da tarde, Ginger acordou, se virou, voltou a dormir por alguns minutos e depois ligou para a mãe dela. "Como está o Elvis?", sua mãe perguntou, e Ginger disse que não sabia, ele não tinha voltado para a cama. Talvez fosse melhor ela ir ver como ele estava. Lavou o rosto e se maquiou em seu banheiro próprio, então bateu à porta do banheiro de Elvis. Não houve resposta, ela abriu a porta e o encontrou de bruços no chão, a calça do pijama dourado arriada até os tornozelos, o rosto enterrado numa poça de vômito no tapete espesso e felpudo. Atordoada, ligou para o andar de baixo e pediu para falar com alguém de plantão, e a empregada colocou Al Strada na linha. Ela pensava que havia algo errado, Ginger disse a ele. Seria melhor que ele viesse rápido.

Al estava curvado sobre Elvis quando Joe chegou, após galgar os degraus de dois em dois. Juntos conseguiram virar o corpo, e Joe tentou insuflar alguma vida nele. Por um instante, o tempo pareceu estar suspenso, mas então tudo começou a se precipitar. Num piscar de olhos, o quarto rapidamente se encheu de gente. Vernon chegou de braços dados com Patsy Presley. O medo dominou seu rosto ao gritar: "Meu Deus, por favor, filho, não se vá! Por favor, não morra!". Em desespero, Joe tentava reanimar o corpo de Elvis, mas restavam poucas dúvidas em sua mente, ou na de qualquer outra pessoa, de que Elvis havia partido – o rosto inchado e arroxeado, a língua descolorida, pendendo da boca aberta, os globos oculares vermelhos de sangue. No meio disso tudo, a menina Lisa chegou. "O que é que tem de errado com o meu pai?", indagou ela. Ginger fechou a porta do banheiro. "Tem algo errado com meu pai, e vou descobrir", declarou a garotinha em tom desafiador, mas alguém rapidamente chaveou a outra porta do banheiro, impedindo a entrada de Lisa, que veio correndo.

Em meio a choros e gritos, os dois paramédicos do Corpo de Bombeiros chegaram na ambulância do quartel de Whitehaven, Unidade 29, a poucos minutos de Graceland. Mais tarde, os paramédicos descreveram que se depararam com um cenário de morticínio: uma dúzia de pessoas cercava o corpo quase irreconhecível, implorando a eles que fizessem algo – não havia *nada* que pudessem fazer? Um sujeito com óculos escuros de aro dourado de grife e camisa de futebol americano em que se lia "Hawaii '75", que mais tarde identificaram como Al Strada, afirmou achar que Elvis tinha sofrido uma overdose. Informação igual lhes havia sido passada no portão, antes mesmo de saberem quem era a vítima.

Procuraram sinais vitais, sem sucesso. Parecia não haver dúvidas sobre o resultado ao colocarem o corpo na maca. Com a ajuda de Al, Joe e Charlie, o carregaram até a porta da frente e desceram os degraus até a ambulância que aguardava. Vernon tentou entrar na ambulância, mas em vão. Gentilmente foi contido. "Já estou indo, filho", gritou em desespero. "Vou estar lá."

O dr. Nick apareceu em sua Mercedes verde no momento em que desciam pelo caminho entre o portão e a casa. Em frenesi, encostou o veículo, saltou do carro e se uniu a Joe e Charlie na parte traseira da ambulância. "Respire, Elvis, vamos lá, respire por mim", rogava ele, sem cessar, em desespero, tentando reanimar o corpo, ao longo de todo o percurso de sete minutos até o Baptist Memorial Hospital. De acordo com os socorristas, o assombro se estampava no semblante do dr. Nick, como se ele não conseguisse acreditar que Elvis Presley fosse morrer um dia.

Chegaram ao hospital às 14h55, 22 minutos após a ligação inicial. A sala de trauma nº 1 havia sido preparada. A postos, uma equipe médica com especialistas em ressuscitação cardiopulmonar. Mas ela pouco teve a fazer. Enfim, por consenso, interromperam as tentativas. Eram três e meia da tarde. Joe e Charlie e alguns dos outros caras, que vieram por conta própria, estavam todos esperando na sala de trauma nº 2 quando o dr. Nick passou pela porta. "Está tudo acabado, ele se foi", disse o médico. Mas o olhar dele, por si, já fora suficiente para transmitir a notícia. Todos começaram a chorar. Cambaleante, Charlie rumou à saída, como se precisasse fugir, mas Joe o deteve. Precisavam se recompor, Joe disse em meio às próprias lágrimas, antes de saírem e encararem o mundo.

Tanto Joe quanto o dr. Nick tinham negócios imediatos para cuidar. Joe perguntou ao administrador do hospital, Maurice Elliott, se podia usar seu escritório e, a portas fechadas, ligou para o Coronel em Portland. Foi impossível decifrar a reação do Coronel: num primeiro instante, Joe interpretou como um silêncio atordoado, mas logo o experiente empresário foi enumerando todas as coisas que precisariam fazer, a começar pelo cancelamento da turnê. Joe não se surpreendeu enquanto o Coronel passava a lista; nos 17 anos que trabalharam juntos, o Coronel nunca se abalou com a morte. No mundo do empresário, não havia tempo para nostalgia; quando velhos colaboradores morriam, mal se falava deles de novo: o Coronel simplesmente tocava o barco. Chegando em casa, prometeu ele, ligaria de novo. A próxima a ser avisada por Joe foi Priscilla. Como ele já esperava, a notícia a deixou num misto de choque e aceitação. Em meio às lágrimas, Priscilla indagou: e Lisa, como estava? Joe a tranquilizou, Lisa ficaria bem.

Nesse meio-tempo, o dr. Nick obteve a promessa de Maurice Elliott de que a morte só seria anunciada após Nick ter informado Vernon Presley pessoalmente. Elliott explicou que não conseguiria evitar os repórteres por muito tempo. A imprensa já começava a se aglomerar no hospital. Como um rastilho de pólvora, espalhou-se a notícia de que Elvis havia sido internado com "graves dificuldades respiratórias". Nick, porém, pegou uma carona de volta a Graceland com os atendentes da ambulância. Talvez precisasse deles quando Vernon ouvisse a notícia. Já levou um formulário de consentimento para a autópsia a fim de coletar a assinatura de Vernon. Assim, o dr. Nick e Maurice Elliott evitariam o envolvimento do legista estadual. Com isso, os resultados da autópsia não se tornariam públicos sem a autorização da família. No hospital, Joe aguardava. O anúncio à imprensa seria feito tão logo Nick ligasse para avisar que Vernon havia sido informado.

Lisa estava em prantos quando o dr. Nick entrou com uma valise na mão. Ao se deparar com o doutor, Vernon ficou paralisado. "Ai, não, não, não", gritou ele. "Ele se foi." Nick se aproximou de Vernon e fez que sim com a cabeça. "Meus sentimentos", disse ele. O pai desolado emitiu lamentos ouvidos por toda a casa. "O que é que eu vou fazer?", gritou Vernon, enquanto os dois paramédicos aguardavam. "É o fim de tudo."

Ulysses S. Jones Jr., um dos paramédicos, contou que o ambiente "beirava a histeria. Gente correndo para lá e para cá, chorando, berrando e gemendo. O corpo inteiro de Vernon estremecia... não conseguia ficar parado. O médico o levou à cozinha... Lisa começou a correr pela casa gritando: 'Meu pai se foi!'. (...) Meio atordoada, Ginger enfim conseguiu acalmar Lisa Marie e gentilmente a levou para outro quarto, fechando a porta atrás de si". Nisso, o dr. Nick telefonou ao hospital e disse a Maurice Elliott que poderiam ir em frente e fazer o comunicado à imprensa.

Eis que Joe não foi capaz de se desincumbir da tarefa. Bem que tentou se dirigir aos repórteres reunidos, mas se engasgava sempre que começava a falar, e Charlie não fez melhor. Coube então a Maurice Elliott, o administrador do hospital que passou a conhecer Elvis ao longo dos anos, fazer o anúncio. "Com a sala cheia de câmeras de TV, microfones de rádio e jornalistas, de repente me ocorreu o pensamento: meu Deus, aqui estou, na frente do mundo, e tenho que anunciar a morte de Elvis Presley."

Fãs já se reuniam do lado externo dos portões quando Joe e Charlie voltaram a Graceland, a bordo de uma viatura policial, numa carona de cortesia. Por ordem da equipe de segurança de Elvis, uma limpeza completa no quarto já havia sido realizada, a cama feita, o banheiro lavado, e tudo recolocado no lugar, como se nenhum incidente desagradável tivesse ocorrido. Pouco depois, chegou o investigador médico do condado de Shelby, Dan Warlick, acompanhado pelo tenente da polícia Sam McCachern e pelo promotor público Jerry Stauffer. A primeira pessoa que ele viu dentro da casa foi Vernon Presley, falando calmamente com alguém ao telefone. Quando Warlick percebeu, a voz de Vernon assumiu um tom de desolação quase inimaginável e anunciou a seu interlocutor, na outra ponta da linha: "Meu filho está morto. Eles o levaram, ele se foi, meu filho está morto". E irrompeu em lágrimas incontroláveis.

Sam Thompson conduziu o investigador médico ao andar de cima, abriu as portas da suíte de Elvis, permitindo o acesso de Warlick e seu grupo ao estúdio. "Espalhada em sofás ao redor de todo o perímetro da sala, havia uma coleção de ursinhos de pelúcia", escreveram os repórteres investigativos Charles C. Thompson II e James P. Cole, em seu fidedigno trabalho *The Death of Elvis*. "Estavam por toda parte, com olhos obedientemente virados para a enorme escrivaninha em que havia uma placa onde se lia: ELVIS PRESLEY, O CHEFE. Couro legítimo e couro artificial cobriam as paredes... a sala mesclava uma atmosfera infantil com a dura realidade, começando com o maior bicho e terminando com a seringa [vazia] que Warlick encontrou na frente da placa... Warlick passou pela mesa, saiu do estúdio e entrou no quarto. Na parede oposta, viu dois ou três aparelhos de televisão empoleirados numa estante profunda, com as telas viradas em ângulo para a maior cama king-size que Warlick (...) já tinha visto. Em cima da estante jazia uma segunda seringa, [vazia] igual à primeira."

De imediato, Warlick ordenou o isolamento da cena da morte, mas estava ciente da futilidade do gesto antes mesmo de entrar no banheiro, onde notou um tapete vermelho escuro, um capacho amarelo em frente ao vaso sanitário preto, e ainda outro televisor, colocado à vista da cômoda. "Dois telefones e o que parecia ser um interfone estavam fixados ao lado do dispensador de papel higiênico", escreveram Thompson e Cole, um vívido resumo do testemunho posterior de Warlick. "Confortáveis poltronas completavam a decoração do banheiro. O imponente box circular do chuveiro tinha 2,1 metros de diâmetro. (...) Dentro do box havia uma aconchegante poltrona de vinil. (...) À direita da porta, um balcão de mármore claro, de quatro metros e meio de comprimento, com uma pia roxa. Acima do balcão, ao longo de todo seu comprimento, estendia-se um espelho com grandes luminárias. Warlick se aproximou da valise preta sobre o balcão e a examinou. Parecia uma maleta de médico, com fechadura frontal e divisórias internas, com gavetinhas de plástico preto. Todas vazias."

Vazio também estava o armário dos remédios. Na verdade, na suíte não havia sequer os remédios de uso mais comum. Em quatro anos como investigador, Warlick só tinha se deparado com uma situação assim – total ausência de medicamentos, isentos de prescrição ou não – na casa de um fervoroso adepto da Ciência Cristã. Interrogou várias pessoas nessa tarde, mas os relatos também vieram higienizados. O único item que restava, além das seringas vazias, era o livro que Elvis tinha no banheiro quando morreu, um estudo sobre sexo e energia psíquica que correlacionava posições sexuais com signos do zodíaco. Warlick também detectou uma mancha no tapete do banheiro, provável local onde Elvis teria regurgitado após sofrer uma síncope, aparentemente, quando estava sentado no vaso sanitário. Na percepção do investigador médico, parecia que Elvis havia "cambaleado ou rastejado vários palmos antes de morrer".

Um pouco antes das sete da noite, Warlick voltou ao hospital, com a autópsia prestes a começar. Embora não tivesse nenhuma função formal no processo, a presença do dr. Nick como observador salientava o fato de que essa morte por circunstâncias desconhecidas e, inclusive, possivelmente por causas não naturais, seria examinada quase com certeza como assunto privado, não público. Entretanto, o gabinete do escritório do procurador-geral ainda tentava transferir o corpo de Elvis ao hospital municipal, do outro lado da rua, onde o legista atuaria sob os auspícios oficiais do Estado. Em vez disso, munidos do formulário de consentimento assinado por Vernon, nove patologistas do Baptist conduziram os exames com pleno conhecimento de que o mundo os vigiava, mas que divulgariam os resultados apenas ao pai de Elvis. "Entre nossos patologistas, havia a preocupação de impedir controvérsias, como na autópsia do presidente Kennedy", disse Maurice Elliott. "Queriam evitar constrangimentos ao hospital." Ao mesmo tempo, intensamente cientes das restrições de tempo envolvidas, mal haviam terminado os estágios preliminares do processo quando o médico legista do condado de Shelby, Jerry Francisco e o dr. Eric Muirhead, chefe de patologia do hospital, saiu com cinco dos médicos do hospital e o dr. Nick para liderar uma coletiva de imprensa às oito horas, convocada pelo dr. Francisco. Nessa coletiva, Francisco anunciou os resultados, embora a autópsia estivesse em andamento. A morte, afirmou ele, "decorreu de arritmia cardíaca devido a batimentos cardíacos indeterminados". Muirhead, escreveram Thompson e Cole em seu livro, "pareceu visivelmente envergonhado. Encolheu-se quando Jerry Francisco passava por cima das evidências físicas com muitas evasivas cardiológicas. Mas não contradisse o médico legista. 'Eu gostaria de ter recebido a palavra', lamentou Muirhead a seus colegas mais tarde". Mas, de fato, naquele instante, não havia resultados a relatar.

A autópsia propriamente dita se estendeu por mais algumas horas.* Amostras foram coletadas e cuidadosamente preservadas. No exame dos órgãos internos, constatou-se a ocorrência de coração dilatado. Níveis significativos de aterosclerose coronariana também foram observados. O fígado mostrava lesões consideráveis. Matéria fecal obstruía o intestino grosso, prova de um duradouro e sofrido problema intestinal. Por si só, a condição intestinal bastaria para dar aos médicos uma forte indicação do que agora eles já tinham todos os motivos para suspeitar, com base no histórico hospitalar de Elvis, nos danos hepáticos e nos abundantes depoimentos: o abuso de medicamentos tinha uma forte conexão com essa morte inesperada de um homem de meia-idade, sem histórico conhecido de doença cardíaca, que estivera "móvel e funcional nas últimas horas antes de sua morte". Certamente era possível que

* Um médico brasileiro participou da autópsia. Vide reportagem da BBC News, "Encontrei meu ídolo na mesa de necrotério: um brasileiro e Elvis Presley". (N. de T.)

tivesse sofrido uma síncope enquanto "tentava ir aos pés", e ninguém descartava a possibilidade de um choque anafilático causado pelas pílulas de codeína que havia recebido do dentista. Afinal de contas, sabia-se que Elvis tinha uma leve, mas duradoura, alergia a esse remédio.

Por sua vez, os patologistas aguardaram os resultados do laboratório. Estavam confiantes de que esses dados anulariam o anúncio precipitado e um tanto sem sentido do dr. Francisco, como acabou acontecendo. De fato, pouca discordância se verificou entre os dois principais relatórios laboratoriais e de análise arquivados dois meses depois. Ambos afirmavam a forte convicção de que a principal causa de morte foi o uso de polifármacos. O relatório da Bio-Science Laboratories, inicialmente registrado com o nome de paciente "Ethel Moore", detectou a presença de 14 substâncias no sistema de Elvis, dez delas em doses significativas. A codeína aparecia em um nível dez vezes superior ao terapêutico, a metaqualona (Quaalude) em níveis indiscutivelmente tóxicos, três outras drogas pareciam estar cada uma no limite da toxicidade, e "o efeito combinado dos depressores do sistema nervoso central e da codeína" precisava ser levado em consideração. Quase inexplicavelmente, o dr. Francisco e o médico legista mantiveram seu diagnóstico original, e o debate sobre a morte de Elvis se estenderia por mais de 20 anos, por meio de ações judiciais e ações legislativas, dispensas e reintegrações médicas, e inúmeras tentativas de culpar, negar e reconsiderar. Porém, basta olhar para a vida de Elvis, a crescente dependência de medicamentos disponíveis a ele em quantidades quase inimagináveis, a contratação voluntária de médicos que pareciam nunca pensar nos perigos ou nas prováveis consequências do que estavam prescrevendo, e as incontestáveis evidências dos problemas de saúde, decorrentes principalmente do uso de substâncias, sofridos pelo cantor nos últimos quatro anos, para entender as causas de sua morte.

Joe se encarregou dos preparativos para o funeral, mas Vernon especificou suas preferências em todos os detalhes significativos. O plano original era utilizar os serviços da Casa Funerária de Memphis, onde as exéquias de Gladys Presley foram realizadas. Dessa vez, porém, Vernon insistiu que a cerimônia acontecesse em casa – exatamente como ele e Elvis quiseram para a mãe de Elvis. Também não recuou em sua determinação de permitir a última despedida dos fãs – permaneceram leais a Elvis ao longo de sua carreira, e o cantor sempre disse que, sem eles, ele não seria nada. Nada mais justo que tivessem a oportunidade de velar o seu ídolo. Com essas e várias outras considerações em mente, Joe enviou o *Lisa Marie* à Califórnia para buscar Priscilla, Jerry Schilling, a atual namorada de Joe, Shirley Dieu, sua ex-esposa, Joanie, e os familiares próximos de Priscilla. Auxiliou Linda Thompson e Ed Parker, e vários outros, em seus preparativos para a viagem, pessoas que Priscilla tinha indicado que não queria no avião. No geral, porém, Joe não incentivou a vinda de ninguém – aquilo ia ser uma balbúrdia.

Vernon quis um esquife de cobre semelhante àquele em que haviam enterrado Gladys, e o diretor funerário Bob Kendall encontrou um em Oklahoma City. Ao mesmo tempo, localizou 17 limusines Cadillac brancas para o cortejo fúnebre, embora houvesse apenas três na cidade. Elvis seria enterrado no terno branco que seu pai lhe dera, e Vernon pediu a Charlie e Larry que arrumassem o cabelo do cantor, para ele ficar bonito para os fãs. A companhia de telecomunicações South Central Bell solicitou a todos os habitantes de Memphis que só fizessem chamadas de emergência, pois os circuitos estavam muito sobrecarregados. Por outro lado, as floriculturas locais foram inundadas com encomendas, mais de 3 mil ao todo, e tiveram que buscar flores em outras praças, tudo para atender à demanda. Por volta da uma hora da manhã, Vernon ligou para o reverendo C. W. Bradley, pastor da Wooddale Church of Christ, que a ex-esposa de Vernon, Dee, havia frequentado. Vernon conhecia Bradley apenas de vista. Ele próprio não era um frequentador formal da igreja. Elvis só tinha conhecido o clérigo no funeral de seu tio, mas o pastor Bradley compreendeu perfeitamente todos os motivos que levavam o sr. Presley a desejar uma cerimônia adequada para Elvis. "Ele indagou: 'Irmão Bradley, o senhor estaria disposto a conduzir o funeral de meu filho?'. Respondi, claro que sim, estaria disposto. Vernon então acrescentou: 'Sei que vocês não têm instrumentos musicais na igreja, e vamos ter um órgão no funeral. Isso vai incomodá-lo?'." Bradley informou que não, "e começamos a discutir o tipo de culto que ele tinha em mente".

Claro que haveria música, disse Vernon, cantos do bom e tradicional quarteto, o tipo de grupo vocal que Elvis amava desde menino – J. D. Sumner and the Stamps, os Statesmen, Jake Hess e James Blackwood, todos tinham concordado em se apresentar. Se o Irmão Bradley não se incomodasse, o televangelista Rex Humbard, que oferecera conselhos a Elvis em Las Vegas em dezembro anterior, também queria dizer algumas palavras. O pastor Bradley concordou plenamente com todos esses detalhes. Não muito tempo depois, quando Priscilla chegou com o grupo dela, em meio a novas e mais tristes reminiscências, Joe aproveitou para devolver a ela as Polaroids e as fitas de vídeo privadas que Elvis havia feito com a ex-mulher durante todos aqueles anos. Às três da manhã, ninguém tinha ido dormir. O número de fãs na parte externa dos portões não parava de crescer, e 30 almas corajosas acamparam a noite toda na calçada em frente à Casa Funerária de Memphis.

Larry e Charlie, seguindo as instruções de Vernon, compareceram à funerária cedinho na manhã seguinte. Charlie aparou e pintou as costeletas, enquanto Larry cortou e arrumou o cabelo de Elvis, e então conferenciaram com os especialistas em maquiagem. Joe cuidou para que todos os móveis fossem removidos da sala antes de o caixão chegar no carro fúnebre branco, escoltado por motocicletas, pouco antes do meio-dia. A multidão que se apinhava na frente dos portões agora somava em torno de 50 mil pessoas. Todos clamavam por um vislumbre enquanto o caixão de cobre era carregado pela escadaria da porta frontal. Enquanto isso, vários fãs subiram em árvores nos terrenos da Igreja Cristã de Graceland, ao lado, e galhos estalavam enquanto os fãs se esforçavam para obter uma visão melhor.

O caixão foi pousado sob o arco entre a sala de estar e o salão de música, no extremo sul da casa, e familiares e amigos próximos tiveram a chance de prestar suas homenagens, antes do início da visitação pública, que aconteceria no meio da tarde. Os joelhos de Vernon fraquejaram. A vovó quase desmaiou. O Coronel, porém, recém-chegado de Portland naquela manhã, foi resoluto: rejeitou qualquer oportunidade de ver o corpo. Até onde se lembrava, o Coronel nunca antes havia comparecido a um funeral – embora ninguém se lembrasse de ele ter tocado nesse assunto. Na verdade, não era preciso. Na cozinha, a intensidade de seus colóquios com Vernon não passou despercebida. Abotoou a camisa do pai enlutado e tentou avisá-lo sobre a gravidade da situação em que se encontravam. Mesmo em meio ao luto, agora havia a necessidade de fixarem suas mentes no futuro. Era quase como quando Elvis estava na Alemanha, comparou ele – os abutres só aguardavam para pousar sobre eles e assumir o controle. Meia dúzia de fabricantes já pensava em simplesmente capitalizar as oportunidades de explorar o nome e os produtos que, por direito, pertenciam a Vernon e à pequena Lisa Marie. Vernon assentiu com a cabeça. O Coronel enfatizou que não havia tempo a perder, tinham que se proteger imediatamente – esperar alguns dias poderia ser fatal. O rosto magro e delicado de Vernon refletia uma tristeza quase inexprimível; difícil dizer o quanto ele absorvia ao assentir quase em silêncio após cada um dos argumentos do Coronel. Concordou que as coisas deveriam continuar como sempre foram. Tudo permaneceria exatamente igual. Sabia que o Coronel defenderia os interesses da família.

No horário da visitação pública – que aconteceria das três às cinco da tarde –, o ataúde foi transferido ao foyer, sob um lustre de cristal, logo adiante da porta principal. No piso, sob o esquife, foi estendido um lençol branco. Lá fora, o gramado virou um mar de flores. Os artigos das agências de notícias descreviam um cenário que beirava a histeria em massa. "De quatro em quatro, os fãs passavam pelos leões de pedra que escoltavam a porta, passando pelo caixão e saindo para o calor de 32 °C lá fora. Vários fãs emocionados desmaiavam no chão de mármore e precisavam ser carregados. A 400 metros, nos portões da estrada de acesso, sob a vigilância de auxiliares do xerife espalhados em posições estratégicas, a multidão se alastrava até um quilômetro e meio para cada lado. Em meio ao empurra-empurra, os fãs se acotovelavam na ânsia de serem os próximos a ultrapassar os portões... O calor fez centenas de fãs desmaiarem. Muitos deles, reanimados com luvas de borracha cheias de gelo, cambaleantes, voltavam a se misturar na massa, só para desmaiar novamente. Rádios tocavam os maiores sucessos de Presley enquanto três helicópteros da polícia sobrevoavam a mansão. Trinta homens da Guarda Nacional foram enviados para reforçar o batalhão de 80 policiais e 40 assistentes do xerife incumbidos de tentar controlar a multidão."

Guarda-costas protegiam os três lados expostos do caixão, e Vernon não arredou pé, vigilante, protegendo o filho dos perigos onipresentes. Mas nem em vida, tampouco na morte, foi capaz de protegê-lo da traição. Um dos primos tirou uma foto de Elvis em seu caixão com uma Minox fornecida pela *National Enquirer*, coisa que Vernon só descobriu quando a revista publicou a foto na capa de sua próxima edição. A fotografia mostrava Elvis com o rosto pálido, com textura de cera, mas, surpreendentemente, ainda bonito, composto e tranquilo, algo quase exótico para quem se lembrava dele como um homem sempre inquieto. A fiel fã Donna Lewis compartilhou o sentimento da maioria dos fãs ao escrever em seu diário que Elvis estava irreconhecível: "a aparência dele estava péssima... Como dói. Dói profundamente!".

Às cinco horas, Vernon foi persuadido, em consideração à chusma de pessoas que ainda esperava do lado de fora dos portões, a permitir que a despedida continuasse por mais uma hora e meia. Começou a garoar, mas a multidão não deu sinal de se dispersar e continuou avançando devagarinho, até que, por fim, na hora marcada, foi dada a ordem de fechar os portões. "Por um tempo, a situação parecia arriscada", relatou Chet Flippo na *Rolling Stone*, enquanto as 10 mil pessoas que continuavam lá fora "repentinamente ensaiaram uma onda rumo aos portões, em meio a vaias, lágrimas e soluços". Mas os fãs de Elvis Presley nunca decepcionaram seu ídolo; mesmo quando o mundo zombava, a fidelidade deles sempre se manteve, e assim permaneceu. Em meio a justificados receios de um tumulto, uma dúzia de policiais enfim conseguiu fechar os portões. Meia hora depois, paulatinamente, a multidão foi se dispersando. "O muro de pedra defronte ao Elvis Presley Boulevard era baixo o suficiente para ser escalado", escreveu Flippo, "mas ninguém tentou".

Após a visitação pública, o caixão foi reposicionado na sala de estar, onde aconteceria o culto, marcado para o dia seguinte. A noite foi dedicada a uma espécie de velório particular. O cantor de soul James Brown pediu, e obteve, um tempo a sós com o corpo, mas afora isso houve uma notável ausência de celebridades, em alinhamento com o tipo de cerimônia intimista imaginada por Vernon. Charlie parecia quase atordoado, Joe monitorava os parentes o tempo todo, e o Coronel estava estranhamente calado, enquanto Vernon retornava à sala repetidas vezes, para afagar a cabeça do filho.

Após as dez da noite, surgiu a notícia de que Caroline Kennedy, de 19 anos, aguardava no portão. A filha do presidente assassinado foi orgulhosamente escoltada até a porta frontal. Vernon ficou surpreso com o fato de Caroline aparecer no meio da noite para prestar suas homenagens. Discretamente alguém o informou que ela atuava como estagiária para um jornal de Nova York e tinha entrevistado pessoas na rua. "Vester, o tio de Elvis, e a tia Delta e a tia Nash, a avó [dele], de 82 anos... todos assistiam ao noticiário das dez da noite sobre os acontecimentos do dia", relatou ela no artigo que acabou sendo publicado na *Rolling Stone*, esboçando em retratos pungentes os poucos momentos que ela pôde observar até ser delicadamente convidada a sair. Em seguida, a pedido de Priscilla, Sam Thompson sugeriu que todos fossem para suas casas. Assim, a família poderia dormir um pouco. Coube a Thompson velar sozinho o corpo a noite toda, até ser substituído por Dick Grob na manhã seguinte. Do lado externo dos portões, milhares de fãs ainda se aglomeravam na pista interditada da rodovia. Súbito um Ford branco ano 1963, conduzido por um rapaz de 18 anos que, segundo a mãe, sofria de "problemas mentais", invadiu a pista a 60 km/h, causando a morte instantânea de dois fãs.

Às nove horas daquela manhã, 100 vans começaram a levar flores ao cemitério, tarefa que levou quatro horas para ser concluída. Por um momento, parecia que a empreitada não seria terminada a tempo. Ao meio-dia, os convidados começaram a chegar para o culto das duas da tarde. Mais cedo, todos os vocalistas tinham se reunido no quarto de Charlie para combinar suas participações. A pedido de Priscilla, Kathy cantaria "Heavenly Father", que ela sempre cantava no show, deixando Elvis em êxtase, com o fundador dos Statesmen, Hovie Lister, acompanhando-a ao piano. James Blackwood, que já havia cantado no funeral de Gladys Presley e conhecia Elvis desde que ele era um fã adolescente dos Blackwood Brothers, entoaria a canção que era marca registrada de Elvis, "How Great Thou Art", com o líder da orquestra Joe Guercio simbolicamente conduzindo. Jake Hess, ex-vocalista dos Statesmen e um dos cantores que Elvis mais admirou ao longo de sua vida, também marcou presença, recriando "Known Only to Him", uma das várias canções que o tornou famoso, e que Elvis havia gravado em explícita homenagem a seu ídolo. Por fim, J. D. Sumner and the Stamps se encarregariam da maior parte do programa, com uma seleção de hinos, em sua maioria, tocados no show.

Quanto à cor de seus trajes, Linda escolheu lavanda, e Kathy, branco. Cada uma delas sentia que era assim que Elvis teria gostado. Quase todos os outros chegaram em roupas com variações do preto fúnebre. Só o Coronel se destacou, numa exceção caracteristicamente inflexível. Prestes a deixarem o hotel, o Coronel advertiu o *promoter* Tom Hulett: "Quando Elvis estava vivo, você nunca usou gravata para ele" – e fez Tom voltar para retirar a gravata. Ele próprio foi com seu costumeiro boné de beisebol, calça de linho e camisa azul de manga curta, sem mostrar o mínimo arrependimento por alguma ofensa que estivesse cometendo. Aos poucos, os 200 convidados foram enchendo o recinto e aguardaram, em meio ao suave burburinho, o início do culto. Ray Blanton, governador do Tennessee, e Chet Atkins chegaram de Nashville; Ann-Margret e seu marido, Roger Smith, vieram de avião de Las Vegas com o dr. Ghanem. Uma comitiva substancial de funcionários do Coronel e executivos da RCA também se fez presente. Mas familiares e amigos eram a maioria das pessoas acomodadas nas cadeiras dobráveis de madeira que lotavam a sala e preenchiam o hall afora, onde o Coronel permanecia encostado na parede, espiando a cerimônia de vez em quando.

O culto começou com a execução de "Danny Boy" no órgão. Originalmente planejada para durar não mais que meia hora, desde o início ficou claro que a cerimônia levaria um considerável tempo extra. Para isso, contribuíram o sermão do pastor convidado, Rex Humbard, todas as canções escolhidas e o tributo que o comediante Jackie Kahane perguntou a Vernon se poderia prestar. Humbard lembrou de seu encontro com Elvis em Las Vegas, de como se ajoelhou e orou com ele. Por sua vez, Jackie Kahane teve a ideia de uma homenagem informal ao notar que ninguém mais no grupo ia tomar a palavra. Fez um discurso breve, mas gracioso, abordando os laços familiares cultivados entre todos eles, bem como o espírito generoso e peculiar do líder dessa grande família. Quando Kathy entoou "Heavenly Father", com Hovie Lister tocando o piano em um estilo bem diferente que Glen D. ou David Briggs a tocavam no show, ela imaginou Elvis "abrindo um sorriso e dizendo: 'Não foi bem assim que a gente combinou'".

O sermão principal, proferido pelo reverendo Bradley, salientou o inspirador exemplo que Elvis havia deixado, ao explorar o seu potencial "de ser humano com intensa vontade e categórica determinação". Falou a respeito da decência dos valores do cantor, sobre como, "numa sociedade em que tanto se fala a respeito da diferença de gerações, a proximidade entre Elvis e seu pai (...) era algo comovente de se observar". Mas Elvis também era um "ser humano frágil" e, reconheceu o Irmão Bradley, "o primeiro a admitir suas fraquezas. Quem sabe, a rápida ascensão à fama e à fortuna o tenha exposto a tentações que alguns nunca experimentam. Elvis nunca quis passar a imagem de alguém sem falhas ou defeitos. Mas, agora que se foi, acho mais útil lembrar de suas qualidades, e espero que vocês também pensem assim". Os soluços agoniados de Vernon foram ouvidos ao longo de toda a cerimônia. Então, os pranteadores, em fila, um por um, se aproximaram para dar o seu último adeus. Ann-Margret tentou consolar Vernon, mas o choro substituiu as palavras. Em seguida, os nove encarregados de levar o caixão – Joe e Charlie, Felton, Lamar, Jerry Schilling e George Klein, os primos de Elvis, Billy e Gene Smith, e o dr. Nick – o conduziram porta afora. Quando saíram, um galho de um dos imponentes carvalhos da frente se quebrou e quase acertou o grupo. Lamar não perdeu a deixa: "Sabíamos que você ia voltar", comentou, em tom espirituoso. "Mas não assim tão cedo."

O cortejo composto de 49 veículos fez o percurso de cinco quilômetros até o cemitério. À frente, um Cadillac prata. Em seguida, escoltado por motocicletas da polícia, o carro fúnebre branco. Vernon vinha logo atrás, a bordo da primeira das 17 limusines brancas. Uma multidão (estimada em 15 a 20 mil pessoas) se alinhou de ambos os lados da rodovia. O féretro passava quando Joe avistou na calçada, com ar consternado, Cliff Gleaves. Evidentemente, ninguém no portão o reconheceu ou o deixou entrar.

Chegando ao cemitério, o caixão, coberto de pétalas de rosa, foi transportado muros adentro, não sem antes passar pela maciça barreira dos mais diversos arranjos florais dispostos no barranco – coroas, cães de caça (*hound dogs*), corações partidos, violões, singelos ramos de rosas vermelhas e amarelas, oferendas e homenagens humildes. Chegando diante do cinzento mausoléu – a 30 metros do túmulo de Gladys Presley –, o féretro foi levado degraus acima. As mesmas rosas que cobriam o caixão se espalhavam no piso do mausoléu. O Irmão Bradley conduziu uma breve cerimônia de cinco minutos na capela do mausoléu. Em seguida, um por um dos familiares entrou na cripta para tocar ou beijar o caixão. Após todos os outros irem embora, Vernon teve um tempo a sós com o filho. Ao sair da cripta, teve que ser amparado. Em seguida, o mausoléu foi esvaziado, informou o *Commercial Appeal*, e "cinco operários entraram no ambiente com um carrinho de mão cheio de areia, um balde com 20 litros de água, um pouco de cimento e uma caixa de ferramentas". Selaram a cripta com uma laje dupla de concreto, depois aplicaram um revestimento externo de mármore, onde mais tarde seria feita uma inscrição. "Antes mesmo de os operários concluírem o sepultamento, populares entraram pelos fundos do cemitério e começaram a forçar as pesadas portas de aço do mausoléu." Nesse meio-tempo, todos voltaram a Graceland para uma "ceia sulista". Mais tarde nessa noite, Vernon ordenou a doação de todas as flores aos fãs, que às 8h25 da manhã seguinte já se aglomeravam aos milhares diante do cemitério, à espera da abertura dos portões. Ao meio-dia, mais de 50 mil fãs tinham aparecido, e todos os últimos arranjos e flores tinham sido levados.

Ao longo das semanas seguintes, o Coronel planejou os detalhes de sua nova estratégia de marketing com o empresário Harry "The Bear" Geisler, cuja companhia, a Factors Inc., tinha recentemente obtido grande sucesso numa campanha de merchandising com Farrah Fawcett-Majors. Vernon deu sua aprovação formal à manutenção do contrato de Elvis com o Coronel em 23 de agosto, um dia antes de ser reconhecido pelo tribunal como administrador oficial do espólio. O contrato assinado por Vernon confirmava em praticamente todos os aspectos o acordo firmado por Elvis com o Coronel no ano anterior. Capacitava a Boxcar Enterprises, a mais recente identidade corporativa do Coronel, a atuar como uma intermediária para todos os direitos de merchandising, com 50% de todas as receitas da Boxcar a serem divididas igualmente entre o Coronel e o Espólio de Elvis Presley, e o restante, mantido como reserva para todas as despesas (incluindo salários e bônus polpudos, pagos a critério do Coronel), com tudo o que sobrasse (o que ainda não havia acontecido) a ser dividido na base de 56% ao Coronel e o restante entre o espólio e Tom Diskin, o sócio de longa data do Coronel. Vernon assinou o acordo sem apreensões evidentes, e o Coronel continuou a fazer negócios da maneira usual, até ser contestado pelo tribunal de sucessões do condado de Shelby, Tennessee, que decidiu intervir em nome de Lisa Marie, "menor e única beneficiária do falecido Elvis A. Presley", após a morte de Vernon, em 26 de junho de 1979, mesmo dia em que o Coronel completou 70 anos de idade.

A RCA constatou que os discos de Elvis, mesmo após sua morte, continuaram sendo um fenômeno de vendas. O livro de Red e Sonny, *Elvis: What Happened?*, vendeu mais de 3 milhões de cópias, talvez em grande parte em razão das circunstâncias imprevistas de seu lançamento. Por quase duas décadas, os dois principais autores mantiveram uma política de silêncio virtual sobre o assunto. Logo após a morte de Elvis, Ginger Alden vendeu a sua própria história à *National Enquirer* por supostos 105 mil dólares, quantia substancialmente reduzida pelo fato de ela ter violado a cláusula de exclusividade, contando detalhes na entrevista publicada no jornal *Commercial Appeal*, em 19 de agosto. Onze dias após o enterro, foi registrada uma tentativa bizarra e quase ridiculamente inepta de roubar o corpo de Elvis. Um mês depois, em 2 de outubro, Elvis e sua mãe foram enterrados no Jardim da Meditação, em Graceland, após todos os requisitos de licenciamento serem cumpridos. "Acho que enfim vão descansar", comentou Vernon num pequeno círculo à beira do túmulo, formado por parentes próximos, no início da noite.

Muito antes de ser sepultado, a lenda do sucesso de Elvis (única marca que nem mesmo o Coronel foi capaz de registrar) havia sido vendida repetidamente, mas agora estava sobrecarregada por uma enxurrada de reminiscências que, primeiro, se esforçava para negar a "frágil humanidade" que o conectava ao restante da espécie humana, para, em seguida, apressar-se para condená-lo por isso. Às vezes, é difícil abafar a cacofonia de vozes que se uniu para criar um coro de opiniões informadas, especulações desinformadas, hagiografias, simbolismos e culpas, mas no final só uma voz conta. É a voz que o mundo ouviu pela primeira vez naqueles singles de 78 rpm da Sun, com rótulo amarelo, cujo emblema original – um galo cantando no meio de raios de sol ousadamente estilizados envoltos por uma bordadura de notas musicais em uma partitura – proclamava o amanhecer de um novo dia. Silenciar aquela voz é impossível. Isso fica bem claro para quem escuta "That's All Right", "Mystery Train", "Blue Moon of Kentucky" ou qualquer outra canção em que Elvis continuou transmitindo seu senso de possibilidades ilimitadas, praticamente até o fim de sua vida, com sua voz inconfundível. É esse senso de aspiração, que, junto com marcos ou objetivos históricos, continua a dialogar diretamente com um público que, desde o início, reconheceu em Elvis uma alma gêmea. É isso que nos cabe lembrar. Diante dos fatos, por tudo o que conhecemos, é necessário ouvir sem preconceitos, sem amarras, se quisermos ouvir a mensagem de Elvis: o proclamar de emoções há muito reprimidas, a aceitação de uma vulnerabilidade culturalmente negada, a busca escancarada pela liberdade. Elvis Presley talvez tenha perdido o rumo, mas, até mesmo em seus momentos mais sombrios, manteve parte da mesma transparência inocente que, desde o começo, se tornou a marca registrada da música e do homem. Ele tinha plena consciência de suas próprias limitações, mais do que a maioria das pessoas; desafiou a própria fé ao reconhecer quão longe se encontrava da meta que ele havia proposto alcançar – mas, apesar de todas as dúvidas, apesar de toda a decepção, apesar de toda a autoaversão, apesar de toda a desilusão e todo o medo que muitas vezes sentia, ele continuou a crer num ideal democrático de transformação redentora e a buscar a conexão com um público que o aceitasse, não pelo que ele era, mas pelo que ele buscava ser.

"*Bem, eu tentei ser sempre o mesmo ao longo disso tudo, sabe*", declarou um tempo antes. "É natural, a gente aprende muito sobre as pessoas e se envolve em muitas situações diferentes, mas tentei ser *sempre o mesmo. Quer dizer, fui criado para sempre levar em conta os sentimentos das outras pessoas; eu nunca... bem, nunca chutei alguém em meu caminho. E se dou autógrafos, assino fotos e assim por diante, não é só para ajudar a minha popularidade ou fazê-los gostar de mim. Faço isso porque conheço a sinceridade dos fãs. Quando me enxergam, querem levar para casa um autógrafo, trazem seu caderninho de autógrafos ou sua pequena câmera. Não sabem o tipo de vida que você leva, não sabem o tipo de pessoa que você é. E então eu tento me lembrar disso. Nada mais. É simples. Foi assim que a minha mãe e o meu pai me criaram, para acreditar nas outras pessoas e ter respeito por elas. Sempre tivemos consideração pelos sentimentos dos outros.*"

BIBLIOGRAFIA

Referências

Brown, Christopher. *Elvis in Concert*. Ajax, Ontário: Publicação independente, 1993.

______. *On Tour with Elvis*. Ajax, Ontário: Publicação independente, 1991.

Corcoran, John; Farkas, Emil; Sobel, Stuart. *The Original Martial Arts Encyclopedia:* Tradition, History, Pioneers. Los Angeles: Pro-Action Publishing, 1993.

Cotten, Lee. *All Shook Up:* Elvis Day-By-Day, 1954-1977. 2. ed. Ann Arbor, MI: Popular Culture, Ink., 1998.

______. *Did Elvis Sing in Your Hometown*? Sacramento, CA: High Sierra Books, 1995.

______. *Did Elvis Sing in Your Hometown, Too?* Sacramento, CA: High Sierra Books, 1997.

______. *Shake, Rattle & Roll:* The Golden Age of American Rock'n'Roll. Vol. 1, 1952-1955. Ann Arbor, MI: Pierian Press, 1989.

Dellar, Fred; Thompson, Roy; Green, Douglas B. *The Illustrated Encyclopedia of Country Music*. Nova York: Harmony Books, 1977.

Elvis: Like Any Other Soldier. Reimpressão do Anuário da 2ª Divisão do Exército de 1958. Port Townsend, WA: Osborne Productions, 1988.

F.B.I. Files for Elvis A. Presley. Liberados sob a Lei da Liberdade das Informações.

Federal Writers' Project of the Works Progress Administration. *Mississippi: The WPA Guide to the Magnolia State*. Edição de Bodas de Ouro. Jackson: University Press of Mississippi, 1988.

______. *The WPA Guide to Tennessee*. Knoxville: University of Tennessee Press, 1986.

Gart, Galen (comp. e ed.). *First Pressings:* Rock History as Chronicled in Billboard Magazine. Vol. 1, 1948-1950. Milford, NH: Big Nickel Publications, 1986.

______. *First Pressings:* Rock History as Chronicled in Billboard Magazine. Vol. 2, 1951-1952. Milford, NH: Big Nickel Publications, 1986.

______. *The History of Rhythm & Blues*. Vols. 1-8 (1951-1958). Milford, NH: Big Nickel Publications, 1991-1995.

______. *The History of Rhythm & Blues, Special 1950 Volume*. Milford, NH: Big Nickel Publications, 1993.

Gentry, Linnell. *A History and Encyclopedia of Country, Western, and Gospel Music*. Nashville: Linnell Gentry, 1961.

Griggs, Bill. *A "Who's Who" of West Texas Rock 'n' Roll Music*. Lubbock, TX: Rockin' 50s Magazine, 1994.

Hardy, Phil; Laing, Dave. *Encyclopedia of Rock, 1955-1975*. Londres: Aquarius Books, 1977.

McCloud, Barry. *Definitive Country*. Nova York: Perigee, 1995.

The 1953 Senior Herald. Humes High School Yearbook. Reimp. Port Townsend, WA: Osborne Enterprises, 1988.

Petersen, Brian. *The Atomic Powered Singer*. Suécia: Publicação independente, 1994.

Report of Guardian Ad Litem e *Amended Report of Guardian Ad Litem In Re the Estate of Elvis A. Presley, Deceased, in the Probate Court of Shelby County, Tennessee*, No. A-655.

Stambler, Irwin. *Encyclopedia of Pop, Rock and Soul*. Nova York: St. Martin's Press, 1977.

Stambler, Irwin; Landon, Grelun. *Encyclopedia of Folk, Country and Western Music*. Nova York: St. Martin's Press, 1969.

Whisler, John A. *Elvis Presley:* Reference Guide and Discography. Metuchen, NJ: Scarecrow Press, 1981.

Wilson, Charles Reagan; Ferris, William (eds.). *Encyclopedia of Southern Culture*. Chapel Hill, NC: University of North Carolina Press, 1989.

Worth, Fred L.; Tamerius, Steve D. *All About Elvis*. Nova York: Bantam Books, 1981.

______. *Elvis:* His Life from A to Z. Chicago: Contemporary Books, 1988.

Discografias e Guias de Canções, Discos e Filmes

Bartel, Paulina. *Reel Elvis*. Dallas: Taylor Publishing, 1994.

Braun, Eric. *The Elvis Film Encyclopedia*. Woodstock, NY: Overlook Press, 1997.

Crenshaw, Marshall. *Hollywood Rock*. Nova York: HarperCollins, 1994.

The Elvis Presley Album of Juke Box Favorites, No. 1. Nova York: Hill and Range Songs, 1956.

Escott, Colin; Hawkins, Martin. *Sun Records:* The Discography. Vollersode, Alemanha Ocidental: Bear Family, 1987.

Hawkins, Martin; Escott, Colin. *Elvis Presley:* The Illustrated Discography. Londres: Omnibus Press, 1981.

Jancik, Wayne. *Billboard Book of One-Hit Wonders*. Nova York: Watson-Guptill, 1990.

Jenkinson, Philip; Warner, Alan. *Celluloid Rock*. Nova York: Warner Books, 1976.

Jorgensen, Ernst. *Elvis Presley:* A Life in Music. Nova York: St. Martin's Press, 1998.

Kingsbury, Paul (ed.). *Country on Compact Disc:* The Essential Guide to the Music. Nova York: Grove Press, 1993.

McLafferty, Gerry. *Elvis Presley in Hollywood:* Celluloid Sell-Out. Londres: Robert Hale, 1989.

Pavlow, Big Al. *The R & B Book:* A Disc-History of Rhythm & Blues. Providence: Music House Publishing, 1983.

Tunzi, Joseph A. *Elvis Sessions II:* The Recorded Music of Elvis Aron Presley, 1953-1977. Ed. rev. e exp. Chicago: JAT Productions, 1996.

Weisman, Ben. *Elvis Presley:* “The Hollywood Years”. Secaucus, NJ: Warner Brothers Publications, 1992.

Whitburn, Joel. *Pop Memories, 1890-1954:* The History of American Popular Music. Menomonee Falls, WI: Record Research, 1986.

______. *Top Country Singles, 1944-1988*. Menomonee Falls, WI: Record Research, 1989.

______. *Top Pop Records, 1955-1986*. Menomonee Falls, WI: Record Research, 1987.

______. *Top R & B Singles, 1942-1988*. Menomonee Falls, WI: Record Research, 1988.

Zmijewsky, Steven; Zmijewsky, Boris. *Elvis:* The Films and Career of Elvis Presley. Nova York: Citadel Press, 1991.

Livros de Interesse Geral

Alexander, A. L. (ed.). *Poems That Touch the Heart*. Garden City, NY: Doubleday, 1941.

Amburn, Ellis. *Dark Star:* The Roy Orbison Story. Nova York: Lyle Stuart, 1990.

Ann-Margret; Gold, Todd. *Ann-Margret:* My Story. Nova York: G. P. Putnam’s Sons, 1994.

Arnold, Eddy. *It’s a Long Way from Chester County*. Old Tappan, NJ: Hewitt House, 1969.

Atkins, Chet; Neely, Bill. *Country Gentleman*. Chicago: Henry Regnery, 1974.

Atkins, John (ed.). *The Carter Family*. Londres: Old Time Music, 1973.

Bane, Michael. *White Boy Singin’ the Blues:* The Black Roots of White Rock. Nova York: Penguin Books, 1982.

Bane, Michael; Moore, Mary Ellen. *Tampa, Yesterday, Today and Tomorrow*. Tampa: Misher and King Publishing, 1981.

Banks, Ann (ed.). *First-Person America*. Nova York: Vintage Books, 1981.

Bart, Peter. *Fade Out:* The Calamitous Final Days of MGM. Nova York: William Morrow, 1990.

Barthel, Norma. *Ernest Tubb Discography (1936-1969)*. Roland, OK: Ernest Tubb Fan Club Enterprises, 1969.

Bashe, Philip. *Teenage Idol, Travelin' Man:* The Complete Biography of Rick Nelson. Nova York: Hyperion, 1992.

Benson, Bernard. *The Minstrel*. Nova York: G. P. Putnam's Sons, 1977.

Berry, Chuck. *Chuck Berry:* The Autobiography. Nova York: Harmony Books, 1987.

Biles, Roger. *Memphis in the Great Depression*. Knoxville: University of Tennessee Press, 1986.

Black, Jim. *Elvis on the Road to Stardom*. Londres: W. H. Allen, 1988.

Blaine, Hal; Goggin, David. *Hal Blaine and the Wrecking Crew*. Emeryville, CA: Mix Books, 1990.

Blumhofer, Edith L. *Restoring the Faith:* The Assemblies of God, Pentecostalism, and American Culture. Urbana: University of Illinois Press, 1993.

Booth, Stanley. *Rythm Oil:* A Journey Through the Music of the American South. Londres: Jonathan Cape, 1991.

Bova, Joyce, conforme contado a William Conrad Nowels. *Don't Ask Forever:* My Love Affair with Elvis. Nova York: Kensington Books, 1994.

Bowles, Jerry. *A Thousand Sundays:* The Story of the *Ed Sullivan Show*. Nova York: G. P. Putnam's Sons, 1980.

Branch, Taylor. *Parting the Waters:* America in the King Years. Nova York: Simon and Schuster, 1988.

Braudy, Leo. *The Frenzy of Renown:* Fame and Its History. Nova York: Oxford University Press, 1986.

Brown, Peter Harry; Broeske, Pat H. *Down at the End of Lonely Street:* The Life and Death of Elvis Presley. Nova York: Dutton, 1997.

Buckle, Phillip. *All Elvis:* An Unofficial Biography of the "King of Discs". Londres: Daily Mirror, 1962.

Burk, Bill E. *Early Elvis:* The Humes Years. Memphis: Red Oak Press, 1990.

______. *Early Elvis:* The Sun Years. Memphis: Propwash Publishing, 1997.
______. *Early Elvis:* The Tupelo Years. Memphis: Propwash Publishing, 1994.
______. *Elvis:* A 30-Year Chronicle. Tempe, AZ: Osborne Enterprises, 1985.
______. *Elvis Memories:* Press Between the Pages. Memphis: Propwash Publishing, 1993.
______. *Elvis Through My Eyes*. Memphis: Burk Enterprises, 1987.
Cain, Robert. *Whole Lotta Shakin' Goin' On:* Jerry Lee Lewis. Nova York: Dial Press, 1981.
Cajiao, Trevor. *Talking Elvis:* In-Depth Interviews with Musicians, Songwriters, and Friends. Amsterdã: Elvis: The Man and His Music/ Tutti Frutti Productions, 1998.
Cantor, Louis. *Wheelin' on Beale*. Nova York: Pharos Books, 1992.
Capers, Gerald M., Jr. *The Biography of a River Town:* Memphis, Its Heroic Age. 1966. Reimp. Memphis: Burke's Book Store.
Carr, Roy; Farren, Mick. *Elvis Presley:* The Illustrated Record. Nova York: Harmony Books, 1982.
Cash, Johnny. *The Man in Black*. Nova York: Warner Books, 1975.
Cash, June Carter. *From the Heart*. Nova York: Prentice Hall Press, 1987.
Cash, W. J. *The Mind of the South*. 1941. Reimp. Nova York: Vintage Books.
Chapple, Steve; Garofalo, Reebee. *Rock 'n' Roll Is Here to Pay*. Chicago: Nelson-Hall, 1977.
Choron, Sandra; Oskam, Bob. *Elvis!* The Last Word. Nova York: Citadel Press, 1991.
Clayson, Alan; Leigh, Spencer (eds.). *Aspects of Elvis:* Tryin' to Get to You. Londres: Sidgwick and Jackson, 1994.
Clayton, Rose; Heard, Dick (eds.). *Elvis Up Close:* In the Words of Those Who Knew Him Best. Atlanta: Turner Publishing, 1994.
Cocke, Marian J. *I Called Him Babe:* Elvis Presley's Nurse Remembers. Memphis: Memphis State University Press, 1979.
Cohn, David. *Where I Was Born and Raised*. Notre Dame, IN: University of Notre Dame Press, 1967.

Cohn, Nik. *Rock from the Beginning*. Nova York: Pocket Books, 1970.

Conaway, James. *Memphis Afternoons*. Boston: Houghton Mifflin, 1993.

Country Music Foundation. *Country:* The Music and the Musicians. Nova York: Abbeville Press, 1988.

Country Music Magazine, editores da *The Illustrated History of Country Music*. Garden City, NY: Doubleday, 1979.

Crumbaker, Marge; Tucker, Gabe. *Up and Down with Elvis Presley*. Nova York: G. P. Putnam's Sons, 1981.

Dalton, David. *James Dean:* The Mutant King. Nova York: Dell, 1974.

Dalton, David; Kaye, Lenny. *Rock 100*. Nova York: Grosset and Dunlap, 1977.

Daniel, Pete. *Standing at the Crossroads*. Nova York: Hill and Wang, 1986.

Davis Jr., Sammy; Boyar, Jane; Boyar, Burt. *Hollywood in a Suitcase*. Nova York: William Morrow, 1980.

______. *Why Me?* The Sammy Davis, Jr., Story. Nova York: Farrar, Straus and Giroux, 1989.

Davis, Skeeter. *Bus Fare to Kentucky:* The Autobiography of Skeeter Davis. Nova York: Birch Lane Press, 1993.

DeCosta-Willis, Miriam; Delk, Fannie Mitchell. *Homespun Images:* An Anthology of Black Memphis Writers and Artists. Memphis: LeMoyne Owen College, 1989.

Delmore, Alton. *Truth Is Stranger than Publicity*. Editado por Charles K. Wolfe. Nashville: Country Music Foundation Press, 1977.

Dennis, Allen (ed.). *James Blackwood Memories*. Brandon, MO: Quail Ridge Press, 1997.

DeWitt, Howard A. *Elvis – The Sun Years:* The Story of Elvis Presley in the Fifties. Ann Arbor, MI: Popular Culture, Ink., 1993.

Dollard, John. *Caste and Class in a Southern Town*. 3. ed. Nova York: Doubleday Anchor, 1957.

Dundy, Elaine. *Elvis and Gladys*. Nova York: Macmillan, 1985.

______. *Ferriday, Louisiana*. Nova York: Donald Fine, 1991.

Dunne, John Gregory. *Vegas:* A Memoir of a Dark Season. Nova York: Random House, 1974.

Dunne, Philip. *Take Two:* A Life in Music and Politics. Nova York: McGraw-Hill, 1980.

Early, Donna Presley; Hand, Edie; Edge, Lynn. *Elvis:* Precious Memories. Birmingham, AL: The Best of Times, Inc., 1997.

Edwards, Michael. *Priscilla, Elvis, and Me*. Nova York: St. Martin's Press, 1988.

Elvis Presley. Elaborado pelos editores da *TV Radio Mirror Magazine*. Nova York: Bartholomew House, 1956.

Elvis Presley Heights, Mississippi: Lee County, 1921-1984. Compilado por membros do Elvis Presley Heights Garden Club. Tupelo, MS, 1984.

Elvis Presley Speaks! Texto de Robert Johnson. Nova York: Rave Publishing, 1956.

Escott, Colin; Hawkins, Martin. *Good Rockin' Tonight:* Sun Records and the Birth of Rock 'n' Roll. Nova York: St. Martin's Press, 1991.

Escott, Colin; Hawkins, Martin; Davis, Hank. *The Sun Country Years:* Country Music in Memphis, 1950-1959. Vollersode, Alemanha Ocidental: Bear Family Records, 1987.

Escott, Colin; Merritt, George; MacEwen, William. *Hank Williams:* The Biography. Boston: Little, Brown, 1994.

Esposito, Joe; Oumano, Elena. *Good Rockin' Tonight*. Nova York: Simon and Schuster, 1994.

Falkenburg, Claudia; Solt, Andrew (ed.). *A Really Big Show:* A Visual History of the Ed Sullivan Show. Texto de John Leonard. Nova York: Viking Studio Books, 1992.

Farren, Mick (ed.). *Elvis in His Own Words*. Londres: Omnibus Press, 1977.

Finnis, Rob; Dunham, Bob. *Gene Vincent and the Blue Caps*. Londres: Rob Finnis e Bob Dunham, sem data.

Finstad, Suzanne. *Child Bride:* The Untold Story of Priscilla Beaulieu Presley. Nova York: Harmony, 1997.

Fortas, Alan. *Elvis:* From Memphis to Hollywood. Ann Arbor, MI: Popular Culture, Ink., 1992.

Fowler, Gene; Crawford, Bill. *Border Radio*. Austin: Texas Monthly Press, 1987.

Fowles, Jib. *Star Struck:* Celebrity Performers and the American Public. Washington, D.C.: Smithsonian Institution Press, 1992.

Frady, Marshall. *Southerners:* A Journalist's Odyssey. Nova York: New American Library, 1980.

Gabree, John. *The World of Rock*. Greenwich, CT: Fawcett, 1968.

Gaillard, Frye. *Watermelon Wine:* The Spirit of Country Music. Nova York: St. Martin's Press, 1978.

Garbutt, Bob. *Rockabilly Queens:* The Careers and Recordings of Wanda Jackson, Janis Martin, Brenda Lee. Toronto: Robert Garbutt Productions, 1979.

Gart, Galen; Ames, Roy C. *Duke/Peacock Records:* An Illustrated History with Discography. Milford, NH: Big Nickel Publications, 1990.

Gelatt, Roland. *The Fabulous Phonograph, 1877-1977*. Nova York: Collier Books, 1977.

Geller, Larry; Spector, Joel; Romanowski, Patricia. *"If I Can Dream":* Elvis' Own Story. Nova York: Simon and Schuster, 1989.

Gibson, Robert; Shaw, Sid. *Elvis:* A King Forever. Londres: Elvisly Yours, 1987.

Gillett, Charlie. *The Sound of the City:* The Rise of Rock and Roll. Ed. revisada. Londres: Souvenir Press, 1983.

Goldman, Albert. *Elvis*. Nova York: McGraw-Hill, 1981.

______. *Elvis:* The Last 24 Hours. Nova York: St. Martin's Paperbacks, 1991.

Goldrosen, John; Beecher, John. *Remembering Buddy:* The Definitive Biography of Buddy Holly. Nova York: Penguin Books, 1986.

Goodin, Vera-Jane. *Elvis & Bobbie:* Memories of Linda Jackson. Branson, MO: Limited Star Editions, 1994.

Goodman, Fred. *The Mansion on the Hill:* Dylan, Young, Geffen, Springsteen, and the Head-on Collision of Rock and Commerce. Nova York: Times Books, 1997.

Gordon, Robert. *It Came from Memphis*. Boston: Faber and Faber, 1995.

______. *The King on the Road:* Elvis Live on Tour 1954 to 1977. Nova York: St. Martin's Press, 1996.

Graceland: The Living Legacy of Elvis Presley. San Francisco: Collins Publishers San Francisco, 1993.

Green, Douglas B. *Country Roots:* The Origins of Country Music. Nova York: Hawthorne Books, 1976.

Greenwood, Earl; Tracy, Kathleen. *The Boy Who Would Be King*. Nova York: Dutton, 1990.

Gregory, James (ed.). *The Elvis Presley Story*. Nova York: Hillman Periodicals, 1960.

Gregory, Neal; Gregory, Janice. *When Elvis Died*. Washington, D.C.: Communications Press, 1980.

Grissim, John. *Country Music:* White Man's Blues. Nova York: Paperback Library, 1970.

Grob, Dick. *The Elvis Conspiracy?* Las Vegas: Fox Reflections Publishing, 1996.

Gruber, J. Richard (org.). *Memphis:* 1948-1958. Memphis: Memphis Brooks Museum of Art, 1986.

Guterman, Jimmy. *Rockin' My Life Away:* Listening to Jerry Lee Lewis. Nashville: Rutledge Hill Press, 1991.

Hagarty, Britt. *The Day the World Turned Blue:* A Biography of Gene Vincent. Vancouver: Talonbooks, 1983.

Haining, Peter (ed.). *Elvis in Private*. Nova York: St. Martin's Press, 1987.

Halberstam, David. *The Fifties*. Nova York: Villard Books, 1993.

Haley, John W.; Von Hoelle, John. *Sound and Glory*. Wilmington, DE: Dyne-American Publishing, 1990.

Hammontree, Patsy Guy. *Elvis Presley:* A Bio-Bibliography. Westport, CT: Greenwood Press, 1985.

Hand, Albert. *Meet Elvis*. An Elvis Monthly Special: Manchester, 1962.
Harbinson, W. A. *The Illustrated Elvis*. Nova York: Grosset and Dunlap, 1976.
Harbinson, W. A.; Wheeler, Kay. *Growing Up with the Memphis Flash*. Amsterdã: Tutti Frutti Productions, 1994.
Harmetz, Aljean. *Round Up the Usual Suspects:* The Making of Casablanca. Nova York: Hyperion, 1992.
Hawkins, Martin; Escott, Colin (comp.). *The Sun Records Rocking Years*. Londres: Charly Records, 1986.
Hazen, Cindy; Freeman, Mike. *The Best of Elvis*. Nova York: Pinnacle Books, 1994.
______. *Memphis Elvis-Style*. Winston-Salem, NC: John F. Blair, 1997.
Hemphill, Paul. *The Nashville Sound:* Bright Lights and Country Music. Nova York: Simon and Schuster, 1970.
Hess, Jake; Hyatt, Richard. *Nothin' But Fine:* The Music and the Gospel According to Jake Hess. Columbus, GA: Buckland Press, 1995.
Hill, Wanda June. *We Remember, Elvis*. Palos Verdes, CA: Morgin Press, 1978.
Historic Black Memphians. Memphis: Memphis Pink Palace Museum Foundation, sem data.
Hodge, Charlie; Goodman, Charles. *Me 'n Elvis*. Memphis: Castle Books, 1988.
Holmes, Richard. *Footsteps:* Adventures of a Romantic Biographer. Nova York: Viking, 1985.
Hopkins, Jerry. *Elvis*. Nova York: Simon and Schuster, 1971.
______. *Elvis:* The Final Years. Nova York: St. Martin's Press, 1980.
______. *The Rock Story*. Nova York: Signet Books, 1970.
Horstman, Dorothy. *Sing Your Heart Out, Country Boy*. Ed. rev. Nashville: Country Music Foundation Press, 1986.
Hurst, Jack. *Nashville's Grand Ole Opry*. Nova York: Abrams, 1975.
Hutchins, Chris; Thompson, Peter. *Elvis Meets the Beatles*. Londres: Smith Gryphon, 1995.

The Impersonal Life. Marina del Rey, CA: DeVorss, 1988.

Jenkins, Mary. *Elvis:* The Way I Knew Him. Memphis: Riverpark Publishers, 1984.

Jones, Ira, conforme contado a Bill E. Burk. *Soldier Boy Elvis*. Memphis: Propwash Publishing, 1992.

Jorgensen, Ernst. *Elvis Presley:* A Life in Music. Nova York: St. Martin's Press, 1998.

Juanico, June. *Elvis:* In the Twilight of Memory. Nova York: Arcade Books, 1997.

Kienzle, Rich. *Great Guitarists:* The Most Influential Players in Blues, Country Music, Jazz and Rock. Nova York: Facts on File, 1985.

Killen, Buddy; Carter, Tom. *By the Seat of My Pants*. Nova York: Simon and Schuster, 1993.

Kirby, Edward "Prince Gabe". *From Africa to Beale Street*. Memphis: Music Management, 1983.

Krogh, Egil "Bud". *The Day Elvis Met Nixon*. Bellevue, WA: Pejama Press, 1994.

Lacker, Marty; Lacker, Patsy; Smith, Leslie S. *Elvis:* Portrait of a Friend. Nova York: Bantam, 1980.

Laing, Dave. *Buddy Holly*. Londres: Studio Vista, 1971.

Langbroek, Hans. *The Hillbilly Cat*. Publicação independente, 1970.

Latham, Caroline; Sakol, Jeannie. *"E" Is for Elvis:* An A to Z Illustrated Guide to the King of Rock and Roll. Nova York: New American Library, 1990.

Lemann, Nicholas. *Out of the Forties*. Nova York: Simon and Schuster, 1983.

______. *The Promised Land*. Nova York: Alfred A. Knopf, 1991.

Levine, Lawrence W. *Black Culture and Black Consciousness:* Afro-American Folk Thought from Slavery to Freedom. Nova York: Oxford University Press, 1977.

Levy, Alan. *Operation Elvis*. Nova York: Henry Holt, 1960.

Lewis, Donna; Slanker, Craig A. *"Hurry Home, Elvis!":* Donna Lewis'

Diaries, vols. 1 (1962-1966) e 2 (1967-1968). Cincinnati: Busted Burd Productions, 1996.

______. *"Hurry Home, Elvis!":* Donna Lewis' Diaries, vol. 3 (1968-1977). Manuscrito não publicado.

Lewis, Myra; Silver, Murray. *Great Balls of Fire:* The Uncensored Story of Jerry Lee Lewis. Nova York: Quill, 1982.

Lichter, Paul. *The Boy Who Dared to Rock:* The Definitive Elvis. Nova York: Doubleday Dolphin, 1978.

Logan, Horace; Sloan, Bill. *Elvis, Hank, and Me:* Making Musical History on the Louisiana Hayride. Nova York: St. Martin's Press, 1998.

Lornell, Kip. *"Happy in the Service of the Lord":* Afro-American Gospel Quartets in Memphis. Urbana: University of Illinois Press, 1988.

Loyd, Harold. *Elvis Presley's Graceland Gates*. Franklin, TN: Jimmy Velvet Publications, 1987.

Lydon, Michael. *Rock Folk:* Portraits from the Rock 'n' Roll Pantheon. Nova York: Dial, 1971.

Lytle, Clyde Francis (ed.). *Leaves of Gold:* An Anthology of Prayers, Memorable Phrases, Inspirational Verse and Prose. S. l., s. d.

Malone, Bill C. *Country Music, U.S.A.:* A Fifty-Year History. Austin: American Folklore Society, University of Texas Press, 1968.

______. *Southern Music:* American Music. Lexington: University Press of Kentucky, 1979.

Malone, Bill C.; McCulloh, Judith. *Stars of Country Music:* Uncle Dave Macon to Johnny Rodriguez. Urbana: University of Illinois Press, 1975.

Mancuso, Chuck. *Popular Music and the Underground:* Foundations of Jazz, Blues, Country, and Rock, 1900-1950. Dubuque, IA: Kendall/Hunt Publishing Company, 1996.

Mann, May. *Elvis and the Colonel*. Nova York: Drake Publishers, 1975.

Mansfield, Rex; Mansfield, Elisabeth. *Elvis the Soldier*. Bamberg, Alemanha Ocidental: Collectors Service GmbH, 1983.

Marcus, Greil. *Dead Elvis*. Nova York: Doubleday, 1991.

______. *Mystery Train*. 3. ed. rev. Nova York: Dutton, 1990.

Marsh, Dave. *Elvis*. Nova York: Times Books, 1982.

Martin, Linda; Segrave, Kerry. *Anti-Rock:* The Opposition to Rock 'n' Roll. Hamden, CT: Shoe String Press, Archon Books, 1988.

Matthew-Walker, Robert. *Elvis Presley:* A Study in Music. Londres: Omnibus Press, 1983.

McIlwaine, Shields. *Memphis Down in Dixie*. Nova York: E. P. Dutton, 1948.

McKee, Margaret; Chisenhall, Fred. *Beale Black & Blue:* Life and Music on Black America's Main Street. Baton Rouge: Louisiana State University Press, 1981.

McNutt, Randy. *We Wanna Boogie*. Hamilton, OH: HHP Books, 1988.

Meijers, Edwin J. *Off and Back on the Mystery Track*. Holanda: Publicação independente, 1992.

Michael Ochs Archives. *Elvis in Hollywood*. Texto de Steve Pond. Nova York: New American Library, 1990.

Miller, Jim (ed.). *The Rolling Stone Illustrated History of Rock & Roll*. Nova York: Random House, Rolling Stone Press, 1976.

Miller, William D. *Memphis During the Progressive Era:* 1900-1917. Memphis: Memphis State University Press, 1957.

______. *Mr. Crump of Memphis*. Baton Rouge: Louisiana State University Press, 1964.

Milsap, Ronnie; Carter, Tom. *Almost Like a Song*. Nova York: McGraw-Hill, 1990.

Moore, Scotty, conforme contado a James Dickerson. *That's Alright, Elvis:* The Untold Story of Elvis's First Guitarist and Manager, Scotty Moore. Nova York: Schirmer, 1997.

Morris, Willie. *North Toward Home*. Boston: Houghton Mifflin, 1967.

Morrison, Craig. *Go Cat Go!:* Rockabilly Music and Its Makers. Urbana, IL: University of Illinois Press, 1996.

Morthland, John. *The Best of Country Music*. Garden City, NY: Doubleday Dolphin, 1984.

Muir, Eddie (ed.). *'Wild Cat': A Tribute to Gene Vincent*. Brighton, UK: Publicação independente, 1977.

Murray, Albert. *South to a Very Old Place.* Nova York: McGraw-Hill, 1971.
Nash, Alanna. *Behind Closed Doors:* Talking with the Legends of Country Music. Nova York: Alfred A. Knopf, 1988.
Nash, Alanna; Smith, Billy; Lacker, Marty; Fike, Lamar. *Elvis Aaron Presley:* Revelations from the Memphis Mafia. Nova York: HarperCollins, 1995.
O'Grady, John; Davis, Nolan. *O'Grady:* The Life and Times of Hollywood's No. 1 Private Eye. Los Angeles: J. P. Tarcher, 1974.
O'Neal, Sean. *Elvis Inc.:* The Fall and Rise of the Presley Empire. Rocklin, CA: Prima Publishing, 1996.
Palmer, Robert. *Baby, That Was Rock & Roll:* The Legendary Leiber & Stoller. Nova York: Harcourt Brace Jovanovich, 1978.
______. *Deep Blues.* Nova York: Viking, 1981.
______. *Jerry Lee Lewis Rocks!* Nova York: G. P. Putnam's Sons, 1981.
______. *A Tale of Two Cities:* Memphis Rock and New Orleans Roll. I.S.A.M. Monographs: Number 12. Brooklyn: Institute for Studies in American Music, 1979.
Palmer, Tony. *All You Need Is Love:* The Story of Popular Music. Nova York: Viking Press, Grossman Publishers, 1976.
Parker, Ed. *Inside Elvis.* Orange, CA: Rampart House, 1978.
Parker, John. *Five for Hollywood.* Nova York: Lyle Stuart, 1991.
Passman, Arnold. *The Deejays.* Nova York: Macmillan, 1971.
Pearl, Minnie; Dew, Joan. *Minnie Pearl:* An Autobiography. Nova York: Simon and Schuster, 1980.
Peary, Danny (ed.). *Close Ups:* The Movie Star Book. Nova York: Workman, 1978.
Percy, William Alexander. *Lanterns on the Levee:* Recollections of a Planter's Son. Baton Rouge: Louisiana State University Press, 1973.
Perkins, Carl; McGee, David. *Go, Cat, Go!:* The Life and Times of Carl Perkins, the King of Rockabilly. Nova York: Hyperion, 1995.
Perkins, Carl; Rendleman, Ron. *Disciple in Blue Suede Shoes.* Grand Rapids, MI: Zondervan Publishing House, 1978.

Pleasants, Henry. *The Great American Popular Singers*. Nova York: Simon and Schuster, 1974.

Poe, Randy. *Music Publishing:* A Songwriter's Guide. Cincinnati: Writer's Digest Books, 1990.

Porterfield, Nolan. *The Life and Times of America's Blue Yodeler:* Jimmie Rodgers. Urbana: University of Illinois Press, 1979.

Presley, Dee; Stanley, Billy; Stanley, Rick; Stanley, David, conforme contado a Martin Torgoff. *Elvis, We Love You Tender*. Nova York: Delacorte Press, 1980.

Presley, Priscilla Beaulieu; Harmon, Sandra. *Elvis and Me*. Nova York: G. P. Putnam's Sons, 1985.

Presley, Vester. *A Presley Speaks*. Memphis: Wimmer Brothers Books, 1978.

Presley, Vester; Rooks, Nancy. *The Presley Family Cookbook*. Memphis: Wimmer Brothers Books, 1980.

Pritchett, Rev. Nash Lorene Presley. *One Flower While I Live:* Elvis As I Remember Him. Memphis: Shelby House, 1987.

Pugh, Ronnie. *Ernest Tubb:* The Texas Troubadour. Durham, NC: Duke University Press, 1996.

Quain, Kevin (ed.). *The Elvis Reader:* Texts and Sources on the King of Rock 'n' Roll. Nova York: St. Martin's Press, 1992.

Raines, Howell. *My Soul Is Rested*. Nova York: G. P. Putnam's Sons, 1977.

Reagon, Bernice Johnson (ed.). *We'll Understand It Better By and By*. Washington, D.C.: Smithsonian Institution Press, 1992.

Rheingold, Todd. *Dispelling the Myth:* An Analysis of American Attitudes and Prejudices. Nova York: Believe in a Dream Publications, 1993.

Rijff, Ger. *Faces and Stages:* An Elvis Presley Time-Frame. Amsterdã: Tutti Frutti Productions, 1986.

______. *Long Lonely Highway*. Amsterdã: Tutti Frutti Productions, 1985.

______. *Memphis Lonesome*. Amsterdã: Tutti Frutti Productions, 1988.

______. *The Voice of Rock 'n' Roll:* Elvis in the Times of Ultimate Cool. Roterdã: It's Elvis Time, 1993.

Rijff, Ger J.; Van Gestel, Jan. *Elvis:* The Cool King. Amsterdã: Tutti Frutti Productions, 1989.

______. *Fire in the Sun*. Amsterdã: Tutti Frutti Productions, 1991.

______. *Florida Close-Up*. Amsterdã: Tutti Frutti Productions, 1987.

Roark, Eldon. *Memphis Bragabouts*. Nova York: McGraw-Hill, Whittlesey House, 1945.

Rodriguez, Elena. *Dennis Hopper:* A Madness to His Method. Nova York: St. Martin's Press, 1988.

Rose, Frank. *The Agency:* William Morris and the Hidden History of Show Business. Nova York: HarperBusiness, 1995.

Rosenberg, Neil V. *Bluegrass:* A History. Urbana: University of Illinois Press, 1985.

Rovin, Jeff. *The World According to Elvis:* Quotes from the King. Nova York: HarperCollins, Harper Paperbacks, 1992.

Russell, Tony. *Blacks, Whites and Blues*. Londres: Studio Vista, 1970.

Russell, Wayne. *Foot Soldiers and Kings*. Brandon, Manitoba: Wayne Russell, s.d.

______. *Foot Soldiers and Kings*. Vol. 2. Brandon, Manitoba: Wayne Russell, s.d.

Sanjek, Russell. *American Popular Music and Its Business:* The First Four Hundred Years. Vol. 3, From 1900 to 1984. Nova York: Oxford University Press, 1988.

______. *From Print to Plastic:* Publishing and Promoting America's Popular Music (1900-1980). I.S.A.M. Monographs: Number 20. Brooklyn: Institute for Studies in American Music, 1983.

Sawyer, Charles. *The Arrival of B. B. King*. Garden City, NY: Doubleday, 1980.

Schlappi, Elizabeth. *Roy Acuff:* The Smoky Mountain Boy. Gretna, LA: Pelican Publishing, 1978.

Schroer, Andreas. *Private Presley:* The Missing Years – Elvis in Germany. Nova York: William Morrow, 1993.

Selvin, Joel. *Ricky Nelson:* Idol for a Generation. Chicago: Contemporary Books, 1990.

Shaw, Arnold. *Honkers and Shouters:* The Golden Years of Rhythm and Blues. Nova York: Macmillan, 1978.

______. *The Rockin' '50s*. Nova York: Hawthorne Books, 1974.

Shelton, Robert; Goldblatt, Burt. *The Country Music Story:* A Picture History of Country and Western Music. Nova York: Bobbs-Merrill, 1966.

Shore, Sammy. *The Warm-Up*. Nova York: William Morrow, 1984.

Siegel, Don. *A Siegel Film:* An Autobiography. Londres: Faber and Faber, 1993.

Sigafoos, Robert A. *Cotton Row to Beale Street*. Memphis: Memphis State University Press, 1979.

Skar, Stein Erik. *Elvis:* The Concert Years, 1969-1977. Noruega: Flaming Star, 1997.

Smith, Gene. *Elvis's Man Friday*. Nashville: Light of Day Publishing, 1994.

Smith, Wes. *The Pied Pipers of Rock 'n' Roll:* Radio Deejays of the 50s and 60s. Marietta, GA: Longstreet Press, 1989.

Snow, Hank; Ownbey, Jack; Burris, Bob. *The Hank Snow Story*. Champaign: University of Illinois Press, 1994.

Snow, Jimmy; Hefley, Jim; Hefley, Marti. *I Cannot Go Back*. Plainfield, NJ: Logos International, 1977.

Sri Daya Mata. *Finding the Joy Within You:* Personal Counsel for God-Centered Living. Los Angeles: Self-Realization Fellowship, 1990.

______. *Only Love:* Living the Spiritual Life in a Changing World. Los Angeles: Self-Realization Fellowship, 1976.

Stanley, Billy; Erikson, George. *Elvis, My Brother*. Nova York: St. Martin's Press, 1989.

Stanley, David. *Life with Elvis*. Old Tappan, NJ: Fleming H. Revell, 1986.

Stanley, David E.; Coffey, Frank. *The Elvis Encyclopedia*. Santa Monica, CA: General Publishing Group, 1994.

Stanley, Rick; Haynes, Michael K. *The Touch of Two Kings:* Growing Up at Graceland. S. l.: T2K Publishers, 1986.

Staten, Vince. *The Real Elvis:* Good Old Boy. Dayton: Media Ventures, 1978.

Stearn, Jess; Geller, Larry. *The Truth About Elvis*. Nova York: Jove Publications, 1980.

Stern, Jane; Stern, Michael. *Elvis World*. Nova York: Alfred A. Knopf, 1987.

Storm, Tempest; Boyd, Bill. *The Lady Is a Vamp*. Atlanta: Peachtree Publishers, 1987.

Streissguth, Michael. *Eddy Arnold:* Pioneer of the Nashville Sound. Nova York: Schirmer, 1997.

Sumner, J. D.; Terrell, Bob. *Elvis:* His Love for Gospel Music and J. D. Sumner. Nashville: Gospel Quartet Music Company e Bob Terrell, 1991.

Swaggart, Jimmy. *The Campmeeting Hour:* The Radio Miracle of the 20th Century. Baton Rouge: Jimmy Swaggart Evangelistic Association, 1976.

Swaggart, Jimmy; Lamb, Robert Paul. *To Cross a River*. Plainfield, NJ: Logos International, 1977.

Swenson, John. *Bill Haley:* The Daddy of Rock and Roll. Nova York: Stein and Day, 1982.

Taylor, David L. *Happy Rhythm:* A Biography of Hovie Lister and the Statesmen Quartet. Lexington, IN: TaylorMade Write, 1995.

Taylor, William J., Jr. *Elvis in the Army:* The King of Rock 'n' Roll As Seen by an Officer Who Served with Him. Novato, CA: Presidio Press, 1995.

Terrell, Bob. *The Chuck Wagon Gang*. Goodlettsville, TN: Roy Carter, 1990.

______. *The Music Men:* The Story of Professional Gospel Quartet Singing. Asheville, NC: Bob Terrell Publisher, 1990.

Terrel, Bob; Sumner, J. D. *The Life and Times of J. D. Sumner, the World's Lowest Bass Singer*. Nashville: J. D. Sumner, Publisher, 1994.

Tharpe, Jac L. (ed.). *Elvis:* Images and Fancies. Jackson: University Press of Mississippi, 1979.

Thompson, Charles C. II; Cole, James P. *The Death of Elvis:* What Really Happened. Nova York: Delacorte Press, 1991.

Thompson, Sam. *Elvis on Tour:* The Last Year. Memphis: Still Brook Publishing, 1992.

Tobler, John; Grundy, Stuart. *The Record Producers*. Nova York: St. Martin's Press, 1982.

Toll, Robert. *Blacking Up:* The Minstrel Show in Nineteenth-Century America. Nova York: Oxford University Press, 1974.

Torgerson, Dial. *Kerkorian:* An American Success Story. Nova York: The Dial Press, 1974.

Torgoff, Martin (ed.). *The Complete Elvis*. Nova York: G. P. Putnam's Sons, 1982.

Tosches, Nick. *Country:* The Biggest Music in America. Nova York: Stein and Day, 1977.

______. *Dino:* Living High in the Dirty Business of Dreams. Nova York: Doubleday, 1992.

______. *Hellfire:* The Jerry Lee Lewis Story. Nova York: Dell, 1982.

______. *Unsung Heroes of Rock 'n' Roll*. Ed. rev. Nova York: Harmony Books, 1991.

Townsend, Charles R. *San Antonio Rose:* The Life and Music of Bob Wills. Urbana: University of Illinois Press, 1976.

Tribute: The Life of Dr. William Herbert Brewster. 2. ed. Memphis: Brewster House of Sermon Songs, s.d.

Tucker, David. *Lieutenant Lee of Beale Street*. Nashville: Vanderbilt University Press, 1971.

______. *Memphis Since Crump:* Bossism, Blacks, and Civic Reformers, 1948-1968. Knoxville: University of Tennessee Press, 1980.

Turner, Steve. *Hungry for Heaven:* Rock and Roll and the Search for Redemption. Londres: W. H. Allen, 1988.

Urquhart, Sharon Colette. *Placing Elvis:* A Tour Guide to the Kingdom. New Orleans: Paper Chase Press, 1994.

Van Doren, Mamie; Aveilhe, Art. *Playing the Field:* My Story. Nova York: G. P. Putnam's Sons, 1987.

Vellenga, Dirk; Farren, Mick. *Elvis and the Colonel*. Nova York: Delacorte Press, 1988.

Vernon, Paul. *The Sun Legend*. Londres: Paul Vernon, 1969.

Vince, Alan. *I Remember Gene Vincent*. Liverpool: Vintage Rock 'n' Roll Appreciation Society, 1977.

Wade-Gayles, Gloria. *Pushed Back to Strength*. Boston: Beacon Press, 1993.

Wallis, Hal; Higham, Charles. *Starmaker:* The Autobiography of Hal Wallis. Nova York: Macmillan, 1980.

Ward, Ed; Stokes, Geoffrey; Tucker, Ken. *Rock of Ages:* The Rolling Stone History of Rock & Roll. Nova York: Summit Books, 1986.

Washington, Peter. *Madame Blavatsky's Baboon:* A History of the Mystics, Mediums, and Misfits Who Brought Spiritualism to America. Nova York: Schocken Books, 1995.

Weinberg, Max; Santelli, Robert. *The Big Beat:* Conversations with Rock's Great Drummers. Nova York: Billboard Books, 1991.

Wertheimer, Alfred; Martinelli, Gregory. *Elvis '56:* In the Beginning. Nova York: Collier Books, 1979.

Wertheimer, Alfred; Rijff, Ger; Van Gestel, Jan. *Elvis Presley:* Songs of Innocence. Amsterdã: Tutti Frutti Productions, 1995.

West, Red; West, Sonny; Hebler, Dave, conforme contado a Steve Dunleavy. *Elvis:* What Happened? Nova York: Ballantine Books, 1977.

Westmoreland, Kathy; Quinn, William G. *Elvis and Kathy*. Glendale, CA: Glendale House Publishing, 1987.

White, Charles. *The Life and Times of Little Richard:* The Quasar of Rock. Nova York: Harmony Books, 1984.

Whitmer, Peter. *The Inner Elvis:* A Psychological Biography of Elvis Aaron Presley. Nova York: Hyperion, 1996.

Wiegert, Sue. *Elvis:* For the Good Times. Los Angeles: The Blue Hawaiians for Elvis, 1978.

Wiegert, Sue, com contribuições de amigos de Elvis e fãs de Elvis. *Elvis:* Precious Memories. Los Angeles: Century City Printing, 1987.

______. *Elvis:* Precious Memories. Vol. 2. Los Angeles: Century City Printing, 1989.

Williams, William Carlos. *In the American Grain*. Nova York: New Directions Press, 1956.

Winters, Shelley. *Shelley II*. Nova York: Simon and Schuster, 1989.

Wood, Lana. *Natalie:* A Memoir by Her Sister. Nova York: G. P. Putnam's Sons, 1984.

Woodward, C. Vann. *The Burden of Southern History*. Ed. rev. Baton Rouge: Louisiana State University Press, 1968.

______. *Thinking Back:* The Perils of Writing History. Baton Rouge: Louisiana State University Press, 1986.

Wren, Christopher S. *Winners Got Scars Too:* The Life of Johnny Cash. Nova York: A Country Music/Ballantine Book, 1971.

Wynette, Tammy; Dew, Joan. *Stand By Your Man:* An Autobiography. Nova York: Simon and Schuster, 1979.

Yancy, Becky; Linedecker, Cliff. *My Life with Elvis*. Nova York: St. Martin's Press, 1977.

Yogananda, Paramahansa. *Autobiography of a Yogi*. Los Angeles: Self-Realization Fellowship, 1974.

Recortes, Coleções, Livros Ilustrados e *Memorabilia*

Adair, Joseph. *The Immortal Elvis Presley*. Stamford, CT: Longmeadow Press, 1992.

Burk, Bill E. *Elvis:* Rare Images of a Legend. Memphis: Propwash Publishing, 1990.

______. *Elvis in Canada*. Memphis: Propwash Publishing, 1996.

Clark, Alan. *Buddy Holly and the Crickets*. West Covina, CA: Alan Clark Productions, 1979.

______. *Elvis Presley Memories*. West Covina, CA: Leap Frog Productions, 1982.

______. *The Elvis Presley Photo Album*. West Covina, CA: Alan Clark Productions, 1981.

______. *Gene Vincent:* The Screaming End. West Covina, CA: Alan Clark Productions, 1980.

______. *Legends of Sun Records*. West Covina, CA: Alan Clark Productions. Vários volumes de 1986 até o presente.

______. *Rock-a-billy and Country Legends*. West Covina, CA: Alan Clark Productions.

______. *Rock and Roll in the Movies*. West Covina, CA: Alan Clark Productions. Vários volumes.

______. *Rock and Roll Legends*. West Covina, CA: Alan Clark Productions. Vários volumes.

______. *Rock and Roll Memories*. West Covina, CA: Alan Clark Productions. Vários volumes.

Cortez, Diego (ed.). *Private Elvis*. Stuttgart: FEY Verlags GmbH, 1978.

Curtin, Jim. *Unseen Elvis:* Candids of the King. Boston: Little, Brown, 1992.

DeNight, Bill; Fox, Sharon; Rijff, Ger. *Elvis Album*. Lincolnwood, IL: Beekman House, 1991.

DeWit, Simon. *Auld Lang Syne*. Roterdã: Simon deWit Productions, 1995.

______. *King of Vegas*. Roterdã: Simon deWit Productions, 1994.

Elvis in Paris 1959 (sem outros dados).

Esposito, Joe. *Elvis:* A Legendary Performance. Buena Park, CA: West Coast Publishing, 1990.

______. *Elvis… Intimate and Rare:* Memories and Photos from the Personal Collection of Joe Esposito. Thousand Oaks, CA: Elvis International Forum Books, 1997.

Fox, Sharon R. (ed.). *Elvis, His Real Life in the 60s:* My Personal Scrapbook. Chicago: Sharon Fox, 1989.

Hannaford, Jim. *Elvis:* Golden Ride on the Mystery Train. Vols. 1 e 2. Alva, OK: Jim Hannaford, 1986.

Kricun, Morrie E.; Kricun, Virginia M. *Elvis:* 1956 Reflections. Wayne, PA: Morgin Press, 1991 e 1992.

Lamb, Charles. *The Country Music World of Charlie Lamb*. Nashville: Infac Publications, 1986.

Life: 1946-1955. Nova York: Little, Brown, New York Graphic Society, 1984.

Loper, Karen. *The Elvis Clippings*. Houston: "The Elvis Clippings", s. d.

Michael Ochs Rock Archives. Garden City, NY: Doubleday, 1984.

Now Dig This. *The King Forever*. Wallsend, Tyne e Ware, UK: Now Dig This, 1992.

O'Neal, Hank (texto). *A Vision Shared:* A Classic Portrait of America and Its People. Nova York: St. Martin's Press, 1976.

Parish, James Robert. *Solid Gold Memories:* The Elvis Presley Scrapbook. Nova York: Ballantine Books, 1975.

Rijff, Ger; Madsen, Poul. *Elvis Presley:* Echoes of the Past. Voorschoten, Holanda: "Blue Suede Shoes" Productions, 1976.

Rijff, Ger; Minto, Gordon. *60 Million TV Viewers Can't Be Wrong:* Elvis' Legendary Performances on the Ed Sullivan Show. Amsterdã: Tutti Frutti Productions, 1994.

Rijff, Ger; Cajiao, Trevor; Ochs, Michael. *Shock, Rattle and Roll:* Elvis Photographed During the Milton Berle Show. Amsterdã: Tutti Frutti Productions, 1994.

Rijff, Ger; Hannaford, Jim; Minto, Gordon. *Inside Jailhouse Rock*. Amsterdã: Jim Hannaford Productions, 1996.

Tucker, Gabe; Williams, Elmer. *Pictures of Elvis Presley*. Houston: Williams and Tucker Photographs, 1981.

Tunzi, Joseph A. *Elvis:* Highway 51 South, Memphis, Tennessee. Chicago: JAT Productions, 1995.

______. *Elvis:* Standing Room Only, 1970-1975. Chicago: JAT Productions, 1994.

______. *Elvis '69:* The Return. Chicago: JAT Productions, 1991.

______. *Elvis '73:* Hawaiian Spirit. Chicago: JAT Productions, 1992.
______. *Photographs and Memories*. Chicago: JAT Productions, 1998.
______. *Tiger Man:* Elvis '68. Chicago: JAT Productions, 1997.
Tunzi, Joseph A.; O'Neal, Sean. *Elvis:* The Lost Photographs, 1948-1969. Chicago: JAT Productions, 1995.

Periódicos

Eu não poderia nem sequer começar a listar todos os periódicos, antigos e recentes, que consultei. Apenas para a mais breve das referências, constatei que *Now Dig This, Goldmine, DISCoveries, New Kommotion, Kicks, Country Music* e *Picking Up the Tempo* foram particularmente úteis (e, muitas vezes, inestimáveis) ao longo dos anos. Além disso, consultei extensamente as seguintes publicações sobre Elvis: *Elvis:* The Man and His Music; *Elvis:* The Record; *Elvis World*; *Because of Elvis*; *Elvis International Forum*; e *Graceland Express*. O relatório especial de 1992, "Elvis Presley: An Oral Biography", com entrevistas realizadas por Peter Cronin, Scott Isler e Mark Rowland, ofereceu um retrato perspicaz. Por fim, os volumes 3 e 5 de *History of Rock*, de Orbis, publicados em 1981 e 1982, trazem boas fotos e dados interessantes sobre o início da carreira, a vida e a época de Elvis Presley.
Consulte, em "Notas" (ver QR code no Sumário), referências detalhadas a artigos específicos e fontes de periódicos.

BREVE NOTA DISCOGRÁFICA

Em essência, o trabalho de indicar os melhores discos de Elvis Presley já foi realizado, graças aos esforços de Ernst Jorgensen e Roger Semon para a RCA/BMG/Sony Legacy. Embora nem todos os álbuns listados aqui estejam atualmente disponíveis, vale a pena garimpá-los – e se você não conseguir encontrá-los exatamente nesse formato, lembre-se: sempre há uma versão alternativa.

A grande maioria das performances essenciais de Elvis está agora disponível em três conjuntos de cinco CDs. *Elvis: The King of Rock 'N' Roll: The Complete 50's Masters* (RCA 66050); *Elvis from Nashville to Memphis: The Essential 60's Masters* (RCA 66160); e *Walk a Mile in My Shoes: The Essential 70's Masters* (RCA 66670) contêm quase tudo de valor em termos de *masters* de estúdio (os boxes dos anos 1960 e 1970 deixam de fora todo o conteúdo das trilhas sonoras de filmes), com algumas surpresas maravilhosas – e, muitas vezes, esclarecedoras –, tais como: *takes* alternativos, sessões de ensaios, entrevistas, gravações de rádio e faixas ao vivo.

O melhor do gospel na voz de Elvis pode ser encontrado em *Amazing Grace: His Greatest Sacred Performances* (RCA 66421), que inclui, em um CD duplo, algumas das mais fervorosas canções de louvor entoadas pelo cantor de Memphis. *Peace in the Valley: The Complete Gospel Recordings* (RCA 67991) acrescenta um terceiro CD para esgotar o tema.

Claro que nenhuma coleção respeitável de gravações/CD/digital poderia ficar sem *Sunrise* (RCA 67675), compilação com todos os títulos da Sun, a maioria dos *takes* alternativos e conversas de estúdio, os dois acetatos originais (todas as quatro faixas) que Elvis gravou às próprias custas em 1953 e no início de 1954, todos os experimentos e todos os obstinados fracassos, além de seis faixas raras do Hayride e dois números de r&b extras, gravados numa estação de rádio em Lubbock.

Mas se isso apenas aguçar seu apetite pelo que há realmente disponível, compre o suntuoso *Elvis Presley: A Boy From Tupelo*, de Ernst Jorgensen, que inclui tudo, não só as gravações completas, mas fotografias e memórias de praticamente todas as datas que ele tocou em 1954 e 1955, no megalivro de 527 páginas que acompanha (ou talvez seja o contrário) esse conjunto de três CDs. Se você não conseguir a edição original da Follow That Dream, procure uma versão da Sony/Legacy no futuro próximo, mas tenha em mente: o original é inestimável e, seja qual for o preço, não há coisa melhor.

Elvis Presley (RCA 82876-66058) é o primeiro álbum clássico, produzido no auge da fama e aumentado aqui por meia dúzia de faixas bônus, todas gravadas nas mesmas sessões iniciais de 1956 a partir das quais o álbum foi concebido. E então, é claro, há *The Complete Million Dollar Quartet* (Sony/BMG 82876 88035), no qual Elvis, Carl Perkins e Jerry Lee Lewis (o trio virou quarteto porque Johnny Cash apareceu e posou para umas fotos) se juntam mais ou menos por acaso no que Sam Phillips descreveu como "uma boa *jam session* à moda antiga". Cantaram gospel (principalmente), country, blues e rock'n'roll – e apesar de todo o choque produzido pela revelação dessa *jam session* (que se tornou uma história comentada por mais de 30 anos antes de enfim ver oficialmente a luz do dia), seria um erro pensar nela como apocalíptica (é algo muito encantador para isso), mas sim como a melhor pista que jamais teremos sobre o espírito livre e simples, o espírito revolucionário, de toda a era da Sun.

Por outro lado, *Elvis Is Back* (RCA 67737) representa uma das mais amplas explosões de criatividade da carreira do artista. Foi originalmente lançado em 1960 como um álbum de 12 faixas irrepreensivelmente exploratório, concebido a partir de suas primeiras sessões pós-exército, com seis faixas adicionais dessas sessões (incluindo "It's Now or Never" e "Are You Lonesome Tonight?"), dispersas entre três de seus singles mais vendidos. Aqui, todas as 18 faixas estão reunidas no que poderia ser considerado o mais ambicioso empreendimento artístico de Elvis pós-Sun.

Eu digo "poderia ser" porque, bom, seria muito difícil uma sessão superar o escopo criativo da música que ele gravou em 1969 no estúdio American, em Memphis, sob a direção rigorosa de Chips Moman. Esse auge está disponível em todas as suas apaixonadas nuances em *Suspicious Minds* (RCA 67677), conjunto de dois CDs que inclui não só os *masters*, mas também uma generosa variedade de *outtakes*. E, claro, você não gostaria de ficar sem *Elvis/NBC-TV Special* (RCA 61021) e *Tiger Man* (RCA 67611), que representam, respectivamente, primeiro, a trilha sonora do especial de televisão de 1968 que marcou o retorno do cantor aos palcos; e segundo, o show "*sit-down*" na íntegra (que corresponde à seção "Elvis Unplugged" da performance que encapsulou toda a espontaneidade e todos os riscos que estavam no âmago do programa). Outra versão desse material encontra-se em *Memories* (RCA 67612), conjunto de dois CDs que traz o especial em si e uma seleção diferente de performances informais. E, é claro, existem várias versões em DVD, incluindo *Elvis '68 Comeback Special Deluxe Edition* (BMG 82876-60924), com três DVDs.

E não é só isso. Há discos de sessões de gravações, *takes* alternativos, performances ao vivo, as canções dos filmes – e até o abrangente *The Complete Elvis Masters* (RCA/Sony Legacy), com 30 CDs, som exemplar e um livro de 240 páginas. Mas, para escolher entre essas e muitas outras opções, deixo o(a) leitor(a) por conta de seus próprios meios. Lembre-se: todo esse processo é destinado exclusivamente a ser um guia consultivo, fornecendo a você o que espero sejam dicas úteis para suas próprias explorações. A outra sugestão que tenho (e talvez suscite explorações quase infinitas) tem a ver com a música que inspirou Elvis: fontes tão variadas como Roy Hamilton, Hank Snow, Arthur Crudup, Martha Carson, Eddy Arnold, Ray Charles, Bing Crosby, Little Junior Parker, Ink Spots, Statesmen, Blackwood Brothers e Sister Rosetta

Tharpe. Existem dois álbuns com versões originais de algumas das músicas mais conhecidas de Elvis (*The King's Record Collection,* vols. 1 e 2 [Hip-O 40082 e 40083]), que certamente são um bom começo. Mas, se você se emociona com a música de Elvis, vale a pena fazer mais do que um passeio agradável pelos caminhos frequentemente divergentes da grande música vernácula americana. É uma riqueza que há de inspirar a música produzida no futuro.

AGRADECIMENTOS

Ao escrever um livro ao longo de um período tão extenso (que começa bem antes de seu início formal), incorremos em dívidas impossíveis de serem pagas. Literalmente centenas de pessoas me ajudaram em minhas pesquisas e entrevistas, e sou grato a cada uma delas. As pessoas a seguir são apenas algumas das que me auxiliaram ao longo de semanas, meses e anos: Bob Abel, Julian Aberbach, Susan Aberbach, sra. Lee Roy Abernathy, Curtis Lee Alderson, J. W Alexander, Hoss Allen, Terry Allen, Patrick Anderson, Ellis Amburn, Chet Atkins, James Ausborn, Mae Axton, Buddy e Kay Bain, Eva Mills Baker e Sarah Baker Bailey, Jackson Baker, Jimmy Bank, Jonnie Barnett, George Barris, Dick Baxter, Bob Beckham, Fred e Harriette Beeson, Bill Belew, Bill Bentley, Bettye Berger, Freddy Bienstock, Steve Binder, Bar Biszick, Evelyn Black, Johnny Black, James Blackwood, George Blancet, Arthur Bloom, Arlene Piper Blum, Barbara Bobo, Barbara Boldt, Dave Booth, Stanley Booth, Joella Bostick, Ernest Bowen, Horace Boyer, Bill Bram, Will Bratton e Sharyn Felder, Doug Brinkley, Avis Brown, Estelle Brown, Jim Ed Brown, Monty e Marsha Brown, Tony Brown, James Burton, Kenny Buttrey, Sheila Caan, Trevor Cajiao, Louis Cantor, Jerry Carrigan, Martha Carson, Johnny Cash, Anne Cassidy, Margaret Chapman, Marshall Chess, Gene Chrisman, Galen Christy, dr. Charles L. Clarke, Quinton Claunch, Rose Clayton, Jack Clement, Jackie Lee Cochran, Tommy Cogbill, Biff Collie, L. C. Cooke, Al Cooley, Daniel Cooper, X. Cosse, a Country Music Foundation, Floyd Cramer, Jack Cristil, Peter Cronin, Mike Crowley, Chick Crumpacker, Ann Curtis, T. Tommy Cutrer, Bill Dahl, Pete Daniel, Sherry Daniel, Fred Danzig, Fred Davis, Hank Davis, Richard Davis, Roger Davis, Joan Deary, Bill Denny, Jesse Lee Denson, Jimmy Denson, Howard DeWitt, Jim e Mary Lindsay Dickinson, Sander Donkers, Duff Dorrough, Carole Drexler,

Elaine Dundy, Al Dvorin, Vince Edwards, Leroy Elmore, Sam Esgro, David Evans, Eddie Fadal, Charles Farrar, Charlie Feathers, Robert Ferguson, Lamar Fike, Bob Finkel, David Fleischman, D. J. Fontana, Buzzy Forbess, Trude Forsher, Alan Fortas, Lillian Fortenberry, Fred Foster, dr. Michael J. Fox, Sharon Fox, Ted Fox, Andy Franklin, Tillman Franks, Steve Frappier, Ann Freer, Donnie Fritts, Anne Fulchino, Lowell Fulson, Ray Funk, Marty Garbus, Honeymoon Garner, Galen Gart, Gregg Geller, Larry Geller, Gary Giddins, Homer Gilliland, Cliff Gleaves, Glen Glenn, Billy Goldenberg, Stuart Goldman, John Goldrosen, Sandra Goroff-Mailly, Kay Gove, Billy Graham, Betty Grant, Sid Graves, Tom Graves, Bob Green, Alan Greenberg, Bob Groom, Joe Guercio, Jimmy Guterman, Joe Haertel, Rick Hall, Jim Hannaford, Terry Hansen, Glen D. Hardin, Gary Hardy, Buddy Harmon, Sandy Harmon, Dottie Harmony, Phyllis Harper, Homer Ray Harris, Jo Harvey, Randy Haspel, Dot Hawkins, Martin Hawkins, Rick Hawks, Cindy Hazen e Mike Freeman, Joseph Hazen, Anne Helm, Laura Helper, Skip Henderson, Curley Herndon, Lamar Herrin, Jake Hess, Leonard Hirshan, Charlie Hodge, Lester e Sterling Hofman, Big Al Holcomb, Ed Hookstratten, Gary e Michelle Hovey, Bones Howe, Eliot Hubbard, Steve Hughes, Tom Hulett, Maylon Humphries, Nick Hunter, Rick Husky, Mel Ilberman, Bill Ivey, Wayne Jackson, Mark James, Roland Janes, Jim Jaworowicz, Jimmy Johnson, June Juanico, Jackie Kahane, Sandi Kallenberg, Hal Kanter, Joan Kardashian, Marion Keisker, Captain Jerry Kennedy, Jerry Kennedy, Stan Kesler, Rich Kienzle, Merle Kilgore, Buddy Killen, Paul Kingsbury, Millie Kirkham, Allen Klein, George Klein, Pete Kuykendall, Sleepy LaBeef, Charlie Lamb, Grelun Landon, Guy Lansky, Karen Lanza, Dickey Lee, Mike Leech, Alan Leeds, Ed Leek, Lance LeGault, Jerry Leiber, Barbara Leigh, Ed Leimbacher, David Leonard, David e Angela Less, Harry Levitch, Donna Lewis, Leonard Lewis, Stan Lewis, Dixie Locke, Horace Logan, Mary Logan, Larrie Londin, Lorene Lortie, Bert Lovitt, Bill Lowery Archie Mackey, Poul Madsen, Kenneth Mann, Sandy Martindale, Brad McCuen, Judy McCulloh, Dick McDonough, Charlie McGovern, Gerry

McLafferty, Myra McLarey, Andy McLenon, John e Pat McMurray, Scott McQuaid, Pete Mikelbank, Sandi Miller, Bill Mitchell, Chips Moman, Bill Monroe, Sputnik Monroe, Bob Moore, Bobbie Moore, Steve Morewood, Steve Morley, John Morthland, Joe Moscheo, Alanna Nash, David Naylor, Gene Nelson, Jimmy "C" Newman, dr. George Nichopoulos, Thorne Nogar, John Novarese, Herbie O'Mell, Jim O'Neal, Sean O'Neal, Michael Ochs, Bob Oermann, Jay Orr, Terry Pace, Frank Page, Jim Page, Colonel Tom Parker, Ed Parker, Pat Parry, Marty Pasetta, Al Pavlow, Judy Peiser, Carl Perkins, Millie Perkins, Tom Perryman, Brian Petersen, Pallas Pidgeon, Ron Pietrafaso, Bob Pinson, Barbara e Willie Pittman, Randy Poe, Gail Pollock, Doc Pomus, Steve Popovich, Bill Porter, David Porter, Priscilla Presley, John Andrew Prime, Mark Pucci, Ronnie Pugh, Norbert Putnam, David Ragan, Pat Rainer, Charles Raiteri, Linda Raiteri e Beverly Love, Fred Rappaport, Erik Rasmussen, Jerry Reed, Kang Rhee, John Rich, Eleanor Richman, JillEllyn Riley, Johnny Rivers, Fran Roberts, Don Robertson, Jeffrey Rodgers, Jeff Rosen, Steve Rosen, Neil Rosenberg, John Rumble, Wayne Russell, Simon Rutberg, Ben Sandmel, Johnny Saulovich, Jerry Scheff, Tony Scherman, Billy Ray Schilling, Tom Schultheiss, Lee Secrest, Joel Selvin, Jan Shepard, Dick Shurman, Barbara Sims, John e Shelby Singleton, Louis Skorecki, Craig Slanker, o reverendo e a sra. Frank Smith, Gary Smith, Myrna Smith, Ronald Smith, Hank Snow, o reverendo Jimmy Snow, Glen Spreen, Sri Daya Mata, Jessica St. John, Kevin Stein, Jim Stewart, Alan Stoker, Gordon Stoker, Mike Stoller, Dave Stone, Billy Strange, Peter Stromberg, Jon Strymish, Marty Stuart, J. D. Sumner, Billy Swan, Russ Tamblyn, Corinne Tate, Bob Terrell, Rufus e Carla Thomas, Linda Thompson, Sam Thompson, Roland Tindall, dr. Daniel Tolpin, Nick Tosches, Ronny Trout, Ruth Trussell, Ernest Tubb, Justin Tubb, Gabe Tucker, Joe Tunzi, Roy Turner, Cindy Underwood, Billy Walker, Bill Wallace, Slim Wallace, Jan Walner, Harry Warner, Alton e Maggie Warwick, Dick Waterman, Monte Weiner, Jerry Weintraub, Ben Weisman, Alfred Wertheimer, Red e Pat West, Kathy Westmoreland, Jerry Wexler, Cliff White, Jonny Whiteside, Tex Whitson, Sue Wiegert,

Jane Wilbanks, Willie Wileman, Jimmy Wiles, Don(el) Wilson, Charles Wolfe, Gloria Wolper, Terry Wood, Eve Yohalem, Chip Young, Jimmy Young, Reggie Young, David Yount e sra. W. A. Zuber.

Outra vez, Bill Millar generosamente forneceu fitas, recortes, perspectivas e informações, assim como Ger Rijff, Colin Escott, Bill Burk, Karen Loper, Andrew Simons, Dirk Vellenga, Christine Colclough, Bernard Seibel, Jay Gordon, Stephen Stathis e Diana Magrann. Fornecendo percepções e artefatos de sua própria extensa pesquisa sobre a vida de Elvis Presley, Jerry Hopkins não poderia ter sido mais generoso. Incansável, Jim Cole desencavou tudo que é tipo de informações e tradições de Memphis, substituindo Robert Gordon, que continuou auxiliando de várias maneiras enquanto fazia suas próprias pesquisas para escrever a biografia de Muddy Waters. Por sua vez, Shelley Ritter também pesquisou sobre escrituras e contratos, e me permitiu ser o beneficiário de suas viagens ao Mississippi. Em Nashville, David Briggs continuou se revelando o anfitrião mais hospitaleiro, enquanto Harold Bradley fez das tripas coração para marcar uma entrevista conjunta, para mim e Ernst Jorgensen, com vários músicos de estúdio dos anos 1960. Mary Jarvis também foi infalível em seus esforços para localizar pessoas e verdades; a falta dela é sentida por todos.

Jerry Schilling e Joe Esposito deram contribuições muito além do mero protocolo, concedendo entrevistas após entrevistas no intuito de esclarecer a confusão autoral, mesmo que isso envolvesse o despertar de suas próprias e dolorosas lembranças. Sou eternamente grato a Sam Phillips, Knox Phillips, Jerry Phillips e toda a família Phillips, por sua inabalável amizade e dedicação em ajudar este projeto em todos os sentidos, até o último e infinitesimal detalhe. Scotty Moore também foi um baluarte ao fornecer aconselhamento desinteressado e pontos de vista honestos, mesmo quando isso representava diminuir seu próprio papel ativo na história.

Quero expressar a minha gratidão a John Bakke, presidente do Departamento de Teatro e Artes da Comunicação, por me disponibilizar os recursos da Coleção do Vale do Mississippi na Universidade de Memphis e as fitas do programa anual de cerimônia de homenagem póstuma, copatrocinado pelo reitor Richard Ranta, da Faculdade de Comunicação e Belas-Artes, todo mês de agosto, por dez anos, após a morte de Elvis. O incomensurável auxílio de Andrew Solt e Malcolm Leo me permitiu o acesso a recursos, contatos e arquivos (sem falar nos conhecimentos, nas percepções e na boa vontade) que os dois reuniram inicialmente ao realizarem o documentário *Elvis é assim*, bem como seus trabalhos seguintes, tanto em dupla quanto individualmente, ao longo dos anos. E Sam Gill não poderia ter sido mais solícito ao guiar minha esposa, Alexandra, e a mim em nossas pesquisas nos Arquivos da Correspondência Geral de Elvis Presley, na Coleção Hal Wallis da Biblioteca Margaret Herrick, na Biblioteca da Academia de Artes e Ciências Cinematográficas, em Beverly Hills. Por fim, Jack Soden mostrou confiança e amizade ao abrir os arquivos do Espólio de Elvis Presley com o único objetivo de ajudar a tornar a história a mais honesta e verdadeira possível, enquanto Greg Howell, o curador dos arquivos, foi incansável em fornecer informações e assistência no local.

Mais uma vez, Kit Rachlis forneceu sugestões e conselhos editoriais utilíssimos (e tão pertinentes que chegavam a irritar). Com paciência, Alexandra Guralnick leu, transcreveu, debateu e imaginou os detalhes da história a cada passo do caminho. Ernst Jorgensen, autor do livro definitivo sobre as gravações de Elvis, *Elvis Presley:* A Life in Music, leu o manuscrito para conferir a precisão e continuou sendo o interlocutor de um diálogo contínuo (e de um debate interminável) começado há mais de oito anos. Também merecem meus agradecimentos Pamela Marshall, pela edição escrupulosa e empática (inclusive na controversa questão do uso de gerúndios e particípios), e Susan Marsh, para quem escrever com estilo é um compromisso apaixonado, a pessoa que corta as arestas de todos os textos que escrevi, desde 1979! E estou em débito com meu editor, Michael Pietsch, que desde o princípio deste projeto me apoiou, com firmeza, lealdade e, claro, paciência, para levá-lo a cabo.

Obrigado a todos vocês, e a todos aqueles que não foram citados, de quem recebi incentivo, apoio e inspiração, sem mencionar o encorajamento (e o entusiasmo) para seguir em frente!

PERMISSÕES

O autor agradece a permissão para incluir o seguinte material previamente protegido por direitos autorais:

Excertos de *Elvis Aaron Presley:* Revelations from the Memphis Mafia, de Alanna Nash, com Billy Smith, Marty Lacker e Lamar Fike. Copyright © 1995 de Talking Shakespeare, Inc., Billy Smith, Marty Lacker e Lamar Fike. Reproduzidos com a permissão de HarperCollins Publishers, Inc.

Excertos de *Elvis and Me*, de Priscilla Beaulieu Presley com Sandra Harmon. Copyright © 1985 de Graceland Enterprises, Inc. Usados com a permissão de Putnam Berkley, divisão da Penguin Putnam Inc.

Excertos de *Elvis and Kathy,* de Kathy Westmoreland com William G. Quinn. Copyright © 1987 de Glendale House Publishing. Usados com a permissão de Kathy Westmoreland.

Excertos de *Elvis Up Close:* In the Words of Those Who Knew Him Best, editado por Rose Clayton e Dick Heard. Copyright © 1994 de Rose M. Clayton e Richard M. Heard. Usados com a permissão de Rose Clayton.

Excertos de *Elvis:* What Happened?, de Steve Dunleavy. Copyright © 1977 de World News Corporation. Reproduzidos com a permissão do The Ballantine Publishing Group, divisão da Random House, Inc.

Excertos de *"If I Can Dream":* Elvis' Own Story, de Larry Geller e Joel Spector com Patricia Romanowski. Copyright © 1989 de Larry Geller e Joel Spector. Usados com a permissão de Larry Geller.

Letra da canção "Only the Strong Survive", de Kenny Gamble, Leon Huff e Jerry Butler. Copyright © 1968 e 1969 de Ensign Music Corporation e Downstairs Music Company. Usada com permissão.

Excerto do jornal *Memphis Commercial Appeal*. Copyright © 1975 de *Commercial Appeal,* Memphis, Tennessee. Usado com permissão.

Excerto do *Honolulu Advertiser*. Copyright © 1961 de *The Honolulu Advertiser*. Usado com permissão.

Excerto do *Houston Post*. Copyright © 1976 de *The Houston Post*. Usado com permissão.

Excerto do *Nashville Banner*. Copyright © 1976 de *The Nashville Banner*. Usado com permissão.

LISTA DE FOTOGRAFIAS

Elvis, Vernon e Gladys Presley
(Cortesia do Espólio de Elvis Presley)

Outras sugestões para quem curtiu a biografia de Elvis:

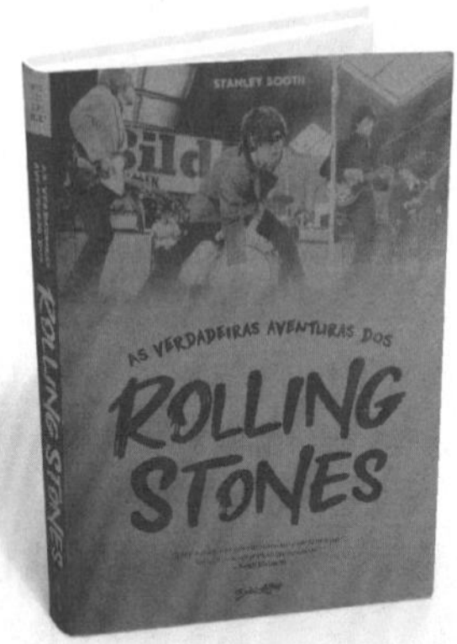

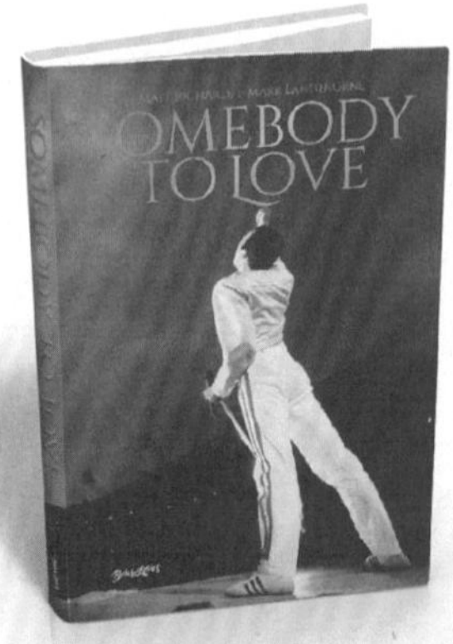

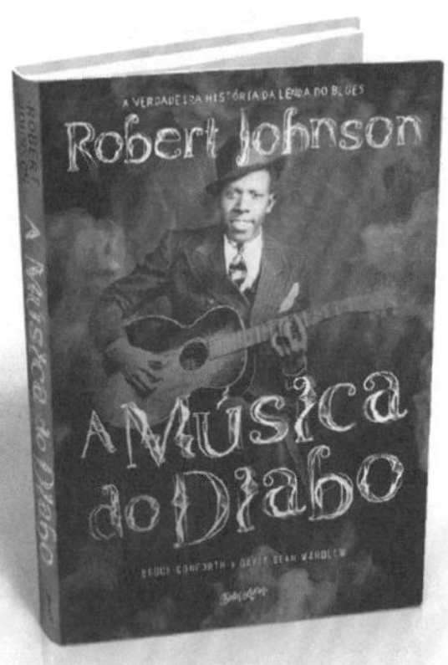

Este livro foi composto em Liberation Serif e Bonoco e impresso em papel pólen bold 70 g pela gráfica BMF em junho de 2023.